国家出版基金项目
NATIONAL PUBLICATION FOUNDATION

國家出版基金項目

教育部哲學社會科學研究重大課題攻關項目

「十一五」「十二五」「十三五」

國家重點圖書出版規劃項目·重大工程出版規劃

「十四五」

國家重點出版物出版专項規劃項目·古籍出版規劃

國家社會科學基金重大項目
北京大學「九八五工程」重點項目

儒藏

精華編一四六冊

史部詔令奏議類

儒藏

精華編

北京大學《儒藏》編纂與研究中心

《儒藏》精華編第一四六册

首席總編纂 季羡林

項目首席專家 湯一介

總 編 纂 湯一介 龐 樸 孫欽善 安平秋 （按年齡排序）

本册主編 張希清

《儒藏》精華編凡例

一、中國傳統文化以儒家思想爲中心。《儒藏》爲儒家經典和反映儒家思想、體現儒家經世做人原則的典籍的叢編。收書時限自先秦至清代結束。

二、《儒藏》精華編爲《儒藏》的一部分，選收《儒藏》中的精要書籍。

三、《儒藏》精華編所收書籍，包括傳世文獻和出土文獻。傳世文獻按《四庫全書總目》經史子集四部分類法分類，大類、小類基本參照《中國叢書綜録》和《中國古籍善本書目》，於個別處略作調整。凡單書已收入入選的個人叢書或全集者，僅存目録，並注明互見。出土文獻單列爲一個部類，原件以古文字書寫者一律收其釋文文本。韓國、日本、越南儒學者用漢文寫作的儒學著作，編爲海外文獻部類。

四、所收書籍的篇目卷次，一仍底本原貌，不選編，不改編，保持原書的完整性和獨立性。

五、對入選書籍進行簡要校勘。以對校爲主，確定内容完足、精確率高的版本爲底本，精選有校勘價值的版本爲校本。出校堅持少而精，以校正誤爲主，酌校異同。校記力求規範、精煉。

六、根據現行標點符號用法，結合古籍標點通例，進行規範化標點。專名號除書名號用角號（《》）外，其他一律省略。

七、對較長的篇章，根據文字内容，適當劃分段落。正文原已分段者，不作改動。千字以内的短文一般不分段。

八、各書卷端由整理者撰寫《校點説明》，簡要介紹作者生平、該書成書背景、主要内容及影響，以及整理時所確定的底本、校本（舉全稱後括注簡稱）及其他有關情況。重複出現的作者，其生平事蹟按出現順序前詳後略。

九、本書用繁體漢字豎排，小注一律排爲單行。

《儒藏》精華編第一四六册

史部詔令奏議類

歷代名臣奏議卷之二百九十三

近習

宋徽宗時，陳次升彈裴彦臣疏曰：

臣竊惟人之無禮於君者，臣子惡之，如鷹鸇之逐鳥雀。况身居言責，其可默乎？臣訪聞今月十三日御藥閤守懃在御前呈進文字，内臣裴彦臣對君上，用手敲守懃幞頭，高聲道「莫錯斬人，莫錯斬人」。顯是不敬，無人臣之禮，罪不可赦，安可置而不問？陛下縱不以身之安危爲念，其如社稷何，其如天下何，其如公議何？昔漢、唐之間，閹官秉國柄、制國命者，其始於陵慢，其終至於跋扈而不可制。今日彦臣悖悍如此，豈可忽之而不慮後日之患乎？伏望聖慈特出睿斷，明正典刑，以爲宫禁之戒。

次升又奏曰：

臣伏見本臺今月十四日據御藥閤守懃狀，論内臣裴彦臣對君上高聲等事，已具申奏，乞行根治，未聞施行者。竊以宫殿之中，❶理當恭肅，敢有聲徹御所者，在法不容，况對君上高聲肆忿而無人臣之禮者乎！夫人主之尊如堂，堂高則難攀，卑則易陵。彦臣果於陛下之前如守懃所陳，顯屬不敬而有凌上之心，若不明正典刑以懲其惡，益無畏憚，何所爲而不可！《易》曰：「履霜，堅冰至。」蓋言漸也。《詩》曰：

❶「中」，《讜論集》卷四《奏彈内侍裴彦臣第二》作「事」。

「肇允彼桃虫，拚飛維鳥。」言事起於至微，儻不防閑，及其成也，終至於不可制。陛下當以古人之言爲戒，社稷之重爲念，除惡於未萌，消患於未然，毋使滋蔓以至於難圖，後悔無及矣。伏望聖慈特降守懃狀詞，付有司考究虚實，因依施行。

次升論劉瑗疏曰：

臣訪聞陛下在潛邸日，察知都門親事官有勞，遂援故例奏留占役使。此事之小者也，非有犯分難行之理，干紊朝廷。而管勾官劉瑗怒其恩非己出，乃誣奏都監使臣爲之干請，置之於罪。又朝旨嚴宗室門令，限都監出入。瑗乃揭牓府第，扃鑰中門，過爲防守，若疏哲宗親友之恩，視萬乘之貴介弟如無有也。按瑗乃本府之管勾官耳，牽❶一府之人奉事陛下，反敢挾令作威，若疏其所親，用情作悖，以較其所事，❷途人聞之莫不扼腕憤懣。逮陛下誕受天命，入奉累聖宗廟，❸瑗宜自知罪咎，恐懼引去。尚敢偃然無所忌憚，握要務，受恩施行，❹彷徉於陛下之左右。雖陛下天地德量，容忍不誅，其如社稷何，其如公議何？昔晉文公爲公子，過曹、衛、鄭，三國之君皆不爲禮焉。及文公既入而主夏盟，伐曹與衛，《春秋》謂其伐無禮，而不議其修舊怨。夫伐不失刑，禮以立政，此文公所以霸也。今瑗以平昔悖悍陵蔑之迹，猶朝夕親近而領方藥之政，臣未敢謂其無包藏姦惡之心也。臣聞而不言，使陛下之失刑政，此臣之大戮也。又聞

❶「牽」，《讜論集》卷五《奏彈内侍劉瑗》作「率」。
❷「較」，《讜論集》作「悖」。
❸「聖」，原作「神」，今據《讜論集》改。
❹「行」，《讜論集》無此字。

英宗之立，非内侍都知任守忠意，因循遲久，未加斥逐，交構百端，幾開兩宫大隙。當時諫臣論奏，以節度副使安置，由是光獻得以脩其慈，英宗得以全其孝。觀瑗前日之迹，陛下之立豈瑗所欲？既懷疑忌，心不自安，焉能保其無它耶？雖今日聖德巍巍，宫殿清肅，必無可開之隙，然小人姦險，操心之危，慮患之深，造事非一端可料，安得不思患而豫防之也？伏望聖衷特正瑗之典刑，以慰中外。

次升又奏曰：

臣近彈奏劉瑗充潛邸管勾官日，誣奏都監干乞留親事官及扃鑰府門過爲防守，顯有凌驁之迹，乞正典刑，未蒙施行，須至再瀆天聽者。竊惟陛下聖德淵懿，出於天縱。頃居潛邸，御下以公，事上以信，中外之人，莫不傳聞。瑗爲本府管勾官，知之尤爲至詳，輒敢陵驁，不存上下之分。且如奏留親事官，爲其有勞也，瑗怒其恩不自己出，乃誣奏以受都監干請之私。例而奏之，非有欺也，瑗以謂不當留，是誣所奏以欺朝廷，頗玷聖德。又府門啓閉，自有時限，瑗乃揭牓府第，過爲扃鑰，待陛下如何人耶？瑗之悍悖不忠，所事如此，宜即誅夷。今陛下入承大統，廼厚授恩施寘左右，恬不防閑。雖聖度包荒，憫瑗昔爲宫僚之舊，不忍加誅，陛下恩德如此，何負於瑗，瑗之負陛下實多。亦當以社稷爲念，較其孰輕孰重，斷以大義，不可循以私恩。孔子曰：「小不忍以致大亂。」此言宜以爲戒。兼聞瑗自懷疑懼，屢嘗請去。小人之心疑懼既生，防患之慮何所不至，竊恐别至生事。若不早正典刑，是陛下爲瑗屈公義而撓法也。法者，天下之所公共，天子不得而私。昔漢昭平君，隆慮公主之子也，醉殺主傅，廷尉請論。武帝曰：「吾弟有是一子，以死屬我。」爲之涕泣良久，曰：「法令，先帝所造也。用弟故誣先帝之法，吾何面而入高廟乎？又下負萬民。」夫昭平君，帝者之親，尚不敢以私撓法。瑗雖係隨龍之人，其待遇之恩，豈宜過於帝者之親乎？兼聞當時更有內臣一名，同瑗誣奏都監干請留親事官，臣不記姓名，亦乞勘會詣實，一就重行黜責。

次升論內侍李偁疏曰：

臣竊聞陛下頃居潛邸，哲宗厚天倫之愛，恩遇甚渥。陛下忠信恭敬，未嘗以毫髮之私上干朝廷，實以本府都門親事官晨昏啓閉甚勞，援例奏留，實占役使，非有它也。其事至微，有何犯分？臣寮之家尚許指名奏人隨行，況天子之貴介弟，豈有不可者乎？御藥李偁輒敢凌侮悖慢，誣奏都監干請，但不明言陛下受請求耳。今陛下續承祖宗之業，位乎天位，豈偁所欲？偁猶領職禁中，給事左右。忠臣良士，莫不扼腕，日夕爲憂。竊謂古之刑人不在君側者，蓋防患於未然，慮禍於不測。今日安可恬然不以爲慮？況偁凌侮之迹甚著，疑忌之心必生，心既不安，慮患必審。若不早正典刑，宮禁之中，恐開釁端，如前日任守忠之事爾。伏望聖慈體英宗之果斷，早賜施行，以清宮禁，以防後患，實天下之福也。

次升又奏曰：

臣近彈劾御藥李偁誣奏陛下潛邸都監干請乞留都門親事官事，乞正典刑，不蒙施行者。臣竊惟陛下之意，必以偁給事宮禁，日在左右，不忍加罪，所以示恩私也。雖然，恩固可行，亦有時而不可行。恩重於義，則恩不可以廢義；義重於恩，則當捨恩而從義。倘前日既有凌侮之迹，今日必生疑忌之心。前日已嘗犯分，今日寧保其無反側乎？陛下宜察其姦謀，酌其情犯，斷之以義，不可牽於私恩，乃可以爲宗廟無窮之計。孔子曰：「小不忍以致大亂。」此言當以爲戒。伏望聖慈檢會臣前奏，早賜施行，無貽後日之悔。

左司諫江公望乞遠便嬖疏曰：

臣讀孟軻之書，至戴不勝曰：「子謂薛居州善士也，使之居於王所。在王所者，長幼尊卑皆薛居州也，王誰與爲不善？在王所者，長幼尊卑皆非薛居州也，王誰與爲善？一薛居州獨如宋王何？」廼知成人君之善，非一人之力也。周公作《立政》戒成王，雖綴衣、趣馬、左右攜僕，必以吉士。乃知左右前後，雖便嬖近習，亦惟其人也。人君位尊勢隆，惟左右大臣日一見，有事則公言之；諫官御史月對不過三四，有事則昌言之；天下之士獲登文陛以望清光者，萬無一二焉，戰栗惶怖，言若不出諸口，矧能劇談天下利病哉？與陛下朝暮起居從事，莫非左右前後便嬖近習之人。一不審所擇，則憸佞柔媚彙進於君側，承風順指，悦意便情。有所不欲，欲無不得；有所不聞，聞無不盡。朝餌夕啗，日浸月潤，切於身則蠹性命之情，延於外則移朝廷之政。唐宦者仇士良嘗語其輩：「人君不可令閒暇，暇必觀書、見儒臣而又納諫，智深慮遠，減玩好，省游幸，吾屬恩且薄矣。莫若以財貨、鷹馬、毬獵、聲色蠹其心，極侈靡，使悦不得息，則必斥經術，暗外事，萬幾在於我矣。」此尤見便嬖近習，其不擇之害，有至於士良。臣望陛下諦思孟軻之言，以求多士之助；佩周公之訓戒，雖攜僕必惟其人；觀士良與其輩計，密驗朝夕從事便嬖近習之忠佞。如是，則貨財、鷹馬、毬獵、聲色之欲不萌於心，❶左右前後既無逢迎之人，朝夕從事莫匪端人善士，雖欲爲之，不可得已。夫言不及大而論小，事不該遠而涉邇，非所當及也。然小者大之基，邇者遠之積，知微之君，尤所當戒。陛下思之毋忽。

欽宗靖康元年，邇英殿説書楊時論不可復近奄人狀曰：

臣竊考自古奄人用事，未有無後患者，漢、唐之末是也。漢之竇武、何進，以肺腑之親，因天下怨怒，收攬英豪如李膺、陳蕃輩，共起而除之，卒不勝，皆駢頸受戮。唐之昭宗信狎宦者，至有東宫之幽。其爲歷世之禍大矣。國家用童貫握兵，爲國生事，二十餘年，覆軍殺將，朝廷不得聞。中外耗竭，而貫之私藏厚積，不可以千萬計。人怨神怒，馴致今日。陛下之所親見也。臨御之初，謂宜屏去此曹，使與輿臺皂隸服掃除之役而已，不可復近。比聞防城所仍用奄人提舉，授以兵柄，此覆車之轍，不可蹈也。使氣焰一熾，則後不可制矣。恩倖持權，貪饕得志，上皇晚雖悔悟，而追救不及，不可不鑑也。

時又上疏曰：

❶「不」，原作「適」，今據《宋朝諸臣奏議》卷六三《上徽宗乞謹擇左右近習之人》改。

臣竊見自古奄人用事，未有無禍者，漢、唐之末是也。比年以來，此曹氣焰尤盛，皆緣蔡京、王黼輩首爲亂階，開通交結，假以重權，使相應援。僥倖之門一開，至不可遏。童貫握兵權於外，梁師成擅大柄於内，陶鑄將相垂二十年，其餘恩倖持權，肆爲貪暴，故人怨神怒，幾致喪邦。原其禍根，皆蔡京、王黼輩爲之也。陛下即位，天下響應。異時之爲惡者，碎於國人之手，投哀請命，乞寄官資，不煩芟夷，而陰自消伏，似非人爲，實出天意。此宗社之福，生靈之幸也。人無賢愚，莫不稱慶。比聞外廷之臣有懷姦患失、務爲身謀而不爲國家遠慮者，復效京、黼輩所爲，陰謀交結，漸令用事。以陛下之英明剛斷，又嘗親見其弊，宜無有此，然臣竊有疑焉。伏見梁平、李彀之徒，皆持權自若，氣焰復熾，未識陛下亦嘗察其所以然否乎？臣謹按梁平嘗爲大理寺、開封府承受，結爲陰獄，殺無罪之人不可數計，罪盈惡貫，人所切齒，陛下之所知。今復處之御藥院，果何意邪？李彀嘗管幹京城，監造軍器，姦欺侵蠹，無所不至。近興復濠之役，調夫數萬，減尅口食，殘虐百端，役夫至於殍踣逃亡，亦不可勝計。近在國門之外，陛下其亦聞之乎？至於直下元豐庫取珠子，及送親事官於開封府處所之類，並不經由三省，外議亦以爲皆宦官爲之。故態漸長，使陛下受疑於天下，所繫豈小哉？臣謂省臺寺監百執事者初不乏人，何苦信用此曹，蹈覆車而履其轍也。如邵成章輩，人或稱之，以爲稍賢於其徒。然此曹縱賢，亦不可用，但使之服掃除、通詔令可也。蓋外廷姦臣一見其用事，則向風觀望，陰以爲肘腋腹心之託，內外相應，馴致禍灾，非特不利於國，亦非所以利此曹也。大抵此類善伺人意，巧爲便佞，浸潤膚受，尤難隄防。自非監古視今以爲深戒，日多漸漬，未有不爲所惑者。禍亂之機，發於至微，漸不可長；拳石之多，積而爲丘山，不可不謹也。宦女之禍，古人所戒，著在方册，非臣私言。謹取五代史書《宦者傳》，繕寫進呈，伏望燕閒之際一賜覽觀，永爲龜鑑，天下幸甚。

右司諫陳公輔論宦人蠱惑人主狀曰：

臣聞宦寺之亡人國家，其來已久。漢自和帝後，中官始盛，至靈、獻之時極矣，故袁紹誅常侍以逞志，然曹操因之，漢遂以亡。唐自明皇後，中官始盛，至僖、昭宗時極矣，故崔嗣血軍容以甘心，然朱温因之，唐遂以亡。大抵假威柄于外以内攘姦人，則大臣愈專，主權愈卑，譬灼火攻蠹，蠹盡木燒。漢、唐之亡，皆由此輩，豈不哀哉！恭惟本朝，祖宗積德深厚，其歷年之長，固非漢、唐可比。比年以來，國家承平，宫廷使令日益增廣，加以財用富足，而横恩濫賞覃及閹寺，故宦官由之而盛，竊弄威權，恣爲姦狀，雖朝士大夫憤疾之甚，曾無以處之。乃緣士庶伏闕獻書，因而諠譁，遂逞積年之忿，殺害宦官二三十人。不由朝廷命令，不假威柄于人，使此曹無所肆怨，而氣勢稍衰，與漢、唐異矣。此何以致其然耶？實天祐我宋，以延宗社無疆之福也。陛下今日固當上承天意，下順人欲，因而摧抑此輩，不使復振。臣竊聞近來稍稍復用事，如盧公裔、王若冲、邵成章之徒是已。臣仰惟陛下臨御以來，崇尚儉約，聲色狗馬、畋游玩好一切屏絶，此曹將無所肆其巧。然大率宦人蠱惑人主，決非一端。唐仇士良謂：「人主不可使閒暇，閒暇則觀書、近儒臣，故我曹不得進用而恩澤始衰。」本朝楊戩亦戒其徒曰：「汝輩不可令天子罷修造，我所得恩澤及財物皆緣修造。」陛下觀此輩用心，果可不防哉！臣區區之心，望陛下鑑唐之亡，因今日之天意，專以此輩爲戒，無使其乘間伺隙以移陛下聰明也。至於進退人才，尤不宜與之謀。孔子不主癰疽，孟子不畏臧倉，賢人君子，決不肯因嬖倖以圖富貴。其所以附麗以進者，貪饕無耻、巇險逞欲之小人。故前日蔡京、王黼、王安中等專倚此曹爲重，此天下所共知。伏惟陛下留神於此，日夜念之，無忘小臣之言，實宗廟社稷之福，而天下之幸也。

御史中丞許翰上言曰：

臣竊考觀載籍，自春秋以來國家昌大、世祚綿永者，惟漢與唐。至於我宋，方建萬世之統，此近古之三代也。漢、唐亂亡皆坐内侍，爲我宋鑑，可謂明矣，是以不可不察。漢、唐之季，世平積久，❶人主不憂敵國外患而安於佚樂，不親法家拂士而昵於近習。於是奸宄得乘其間，興宮室池苑壯麗之觀，致妖冶靡曼傾惑之色，以蔽其明；爲讒諂導諛險詖之辭，奏嚻塵淫放鄭衛之音，以亂其聰；諱避危亡之言，緣飾隆平之事，使之燕安豫怠、廣侈無憂，以壞其志。而後扶輿骫骳以導之喜，忿懟耻辱以導之怒，祈求要請以導之施，私相竊語，一嚬一笑，皆能陰陽人主之意，使國家威福潛移，於是太阿之柄始倒持於下矣。其漸至此，則各隨其世

❶「世」下，《襄陵集》卷六《論宦官》有「治」字。

事勢之流，相激生變，爲亂不同，同歸於亡。東漢祖尚名節，士大夫各持清議以争之，故其季殺戮忠良，禁錮賢儁，袁紹乘天下之忿，起而誅之，而後漢亡。唐北司本兵，權重東漢，而士大夫莫與之敵，是以世無黨錮之禍，而帷闥之隸勢陵人主，幽辱廢置，無不如意，朱温乘天下之忿，起而誅之，而後唐亡。本朝北司之盛殆過漢、唐，學士大夫凛凛久矣。前日緣太學生伏闕論事，數萬之衆，不約而從，發憤讙呼，若天導之，使北司之勢不誅而自折，則袁紹不復施其謀而朱温無所加其暴，此所謂宗廟之靈、社稷之福也。《書》曰「天視自我民視，天聽自我民聽」，「民之所欲，天必從之」。是故上酌民言則下天上施，陛下於何容心，亦憲天而已矣。凡退聽者無所歸怨而國制大定，是乘一時之變而建萬世之利也。而議者猶或非之。夫前日但緣務專國是，不酌民言，鬱其忿怨，以至於此。漢、唐之季，變生豪傑，其禍至於不可復救。今國家徒以赤子啼號赴訴其枉，一言撫之，而萬姓返室，懷仁歸德，豈不賢於前世萬萬也哉！此臣之所以爲陛下賀也。臣竊過計，但慮事定之後邪説摇奪，哀祈感動，法不終守，是以敢申言之。謹按《周官》，宦寺皆隸冢宰，惟内小臣上士四人，鄭康成以爲異其賢者，餘不過僅數十人，未有登于下士者也，是以内侍之禍不産於三代之前。使國家能按今日之法而世守之，則内侍得以保身延祀，不罹誅殺於下，而國家因之垂化定治，不憂禍亂於上，内外休寧，不亦懿乎？故願下臣章於内省，揭示成憲，永戒前非，天下幸甚。

李光乞不用内臣管軍劄子曰：

臣歷觀自古進用奄人，未有不致危亂者，而兵權尤甚。夙沙衛殿齊師，殖綽、郭最曰：「子殿國師，齊之辱也。」區區諸侯之師，使奄人殿之，猶以爲辱，況天子之師乎？自童貫秉軍政二十年，將士零落殆盡，開邊生事，取笑四夷，旋致今日之禍。陛下躬履憂危，亦可以鑑矣。而譚稹、梁方平輩皆久握兵柄，喪師辱國。臣謂陛下更易弊事，當如拯救焚溺。訪聞二人復管勾城壁事，豈倉猝之際，士大夫果無足委任者乎？雖差傅墨卿、王寓等提領，緣此曹用事日久，將士習熟，但知中官，不畏從官。況虜人壓境，朝廷舉措，細大必聞，非所以壯軍威而增士氣也。伏望陛下出自睿斷，早賜斥逐，所有四城壁等事，乞下行營使司專委從官、添差文武臣寮同共管勾。

光論梁師成劄子曰：

臣伏覩虜騎內寇，需索犒軍金銀。陛下以宗社生靈爲重，屈意求和，上自乘輿服御、宗廟器皿，下至民間首飾之物，拘收殆盡，大臣戚里之家不免直取，獨未聞宦官能體陛下憂勞之意者。近年以來，宦官用事，或殖貨利，或治宮室，或開拓邊境，或進退臣寮，皆能竊弄威權以厚自封殖，此陛下耳目所及，不復縷陳。其專權擅勢、桀黠尤甚者，莫如梁師成。師成用事日久，能作威福，計其家貲，無與爲比，當此危急之時，獨不在直取之數，臣切惑之。臣謹按師成出入禁掖踰二十年，罪惡貫盈，不可悉數。方蔡京、王黼相繼用事，朝綱隳壞，賄賂公行，姦邪朋附而爲之用，忠賢擯斥而不得進。師成與之締交關通，表裏蒙蔽，引用浮薄，布滿中外，依憑城社，玷辱聖朝，以至海內怨嗟，養成今日之患。迹其罪惡，久合誅夷。方陛下踐祚之初，聖政日新，一時憸人咸知退縮，而師成偃然居中，執政大臣慮其狡獪多計，恐一旦復得進用，莫敢動摇。伏望陛下斷自淵衷，以師成付有司，籍其家貲，窮究姦慝，以正刑典，因以風厲黨類，庶有懲革，實天下幸甚。

高宗時，左正言鄧肅上疏曰：

臣近准尚書省劄子，奉聖旨令送臣僚所論二章付門下後省，其一章論臺諫之職不可觀望，其二章論宦官之盛不可不戒。臣竊鼓舞，以爲中興之道正在此也。恭惟陛下臨御以來，所用黄門，比之上皇僅百之一，比之淵聖僅十之一，是陛下於北司，蓋未嘗不戒也。然小人無知，尚有敢循舊轍者。陛下既責臣以言，臣敢默默乎？臣於初十日侍班殿下，有肩輿而至横門者，群臣吐舌，莫敢誰何。嘗試遣人詢之，曰内臣陳良弼也。臣切謂百官下馬外門，徒步而入，雖雨作塗深，滅足没踦，未嘗敢以爲勞，蓋君臣之分，不敢廢也。良弼何人，敢爾驕傲？雖宣和以前，宦官最盛，不聞童貫、梁師成等敢用肩輿輒入横門者。今良弼之寵，方之童貫等無萬分之一，便敢輕視朝廷，失禮如此，傳之天下，有損聖德，臣竊痛之。或曰：良弼病矣，不能徒步。臣以爲不然。豈有不能徒步於横門之外，而能徒步於横門之内者乎？又曰：汴河久涸，運漕不至，良弼一出，則黄流瀰漫，一時之功，不可闕也。臣又以爲不然。若恃微功，便忘分義，則趙普之流當乘肩輿以登太祖之庭矣。或者又曰：恐得聖旨，然後敢爾。臣又對之曰：此決無是理也。朝廷之儀定於太祖，陛下孝德，上追虞舜，豈忍以一黄門之故輕變祖宗之法乎？ 臣愚伏望聖慈明正典刑，以示懲戒，不惟消患於未然，亦所以弭天下之謗也。 惟陛下留神。

趙元鎮乞抑内侍奏曰：

臣前日奏事殿中，伏奉聖訓，以言官張致遠論列士大夫有陰結内侍者，陛下既駭且怒，以謂此風寖不可長，宣、政之禍流毒至今，不可不戒，宜降詔開諭，且令有司立法禁止。 臣待罪宰輔，親承玉音，仰見陛下不惑於甘言，無狃於近習，洞鑑覆車之迹，灼知滋蔓之端，好惡一分，邪正自辨，帝王盛德事也。 雖然，小人無他，志在進取，不復顧藉，至於壞風俗，紊紀綱，唱讒佞之風，塞公正之路，以及於喪國亡家之禍，皆所不恤，兹宜可畏歟！ 今雖有所斥逐，而潛形秘迹人莫得知，物論所譏聖心未晤者，臣不知其有無，而亦不能保其必無也。 臣願陛下力懲而亟革之。 與其沮遏波流，孰若絶去根本之爲愈。 臣嘗見齊威王封即墨大夫故事，及本朝歐陽脩奏疏仁宗皇帝，其議論事迹皆可稽考，謹録在前，用見臣區區將順之意，亦因以獻規於陛下。 伏幸寬仁察斯忠懇。

孝宗時，吏部侍郎李椿乞裁抑中貴，奏曰：

臣聞憂先於事，故能無憂；事至而憂，無救於事。 臣私憂過計，願先事而憂之，庶幾乎無憂也。《宦者論》曰：「宦者四星，在皇位之側，蓋中門之禁，女宫之戒，審門閭，謹房室，不可無也。 故宦人之在王朝，其來舊矣。」臣伏覩熙寧五年詔書節文：「前後省内臣轉至承制、崇班、内常侍，許進一子，與下班殿侍、三班差使；内侍省東西頭供奉官、殿頭，許進一子，與下班殿侍。諸班内品更不許進。入内内侍省所管諸班内品，每年通許進五人，餘悉仍舊。内供奉官已下至黄門如願進外官者，比内侍省遞加一等推恩。其内臣諸司使、副合該奏兒男充前班者，今後更不進内臣。」時上諭樞密院曰：「方今宦者數已多，而隸省者又不入内，空絶人之世，仁政所不取，且獨不可用三班使臣以代其職事乎？」臣以此仰見祖宗好生之德，不惜加等推恩，以全人之生世，德至渥也。臣不識今尚守此法與否，但見中官比之陛下初即位時，人數漸多，其勢頗盛。臣又見近年有中官失火者，蠶室中燒死小兒，可見宫刑之室宦官之家皆有之。臣又聞蠶室中小兒十不得四五，少得生全者，豈稱祖宗好生之德？臣慮陛下所未聞也。切緣自古宦官之盛衰，繫有國之興亡。臣不敢遠引漢、唐之禍，切見宣和之末，童貫等罪惡貫盈，軍民怨入骨髓，京師百姓群起而攻宦官，殺之者不可勝數，旋致靖康之禍。建炎間王淵交結宦官，不恤軍士，遂激成苗、劉之兇逆，軍士求康履殺之，併及其黨，遂致明受之變。前轍不遠，言之痛心。蓋宦者體膚既毁，性情柔忍，猜疑驕妬，不期然而然。其間雖有忠直之人，亦多衆所不容，所以互相視效，憑恃浸潤，交結受賄，以資相高。享用過厚，水陸厭飫，侵漁百姓，興建第宅，連亘街陌，始則人畏之，極則人惡之。畏且惡，以致群起而攻之，上貽國家之憂。仰惟陛下神聖在上，宦者雖漸盛，人雖畏之，未甚惡也。於此時有以裁制之，不至於極，則永無前日之患，於宦者亦保富貴，與國長久，此臣所以欲先事而憂者也。裁制之道，臣願出於聖斷，官置蠶室，選精於其事者掌之。應進子者申奏，并保乳入之，俟平復，賜其家。如或不育，願再進者，聽之。再進不育，是上天不許也，即聽進外官以爲後，以絶陰閹傷生之害。其委付差使門禁宮戒之外，毋使干預人材政事，嚴禁士大夫及兵將官與之交通者，稍遵太祖皇帝之制，官品高則外補。《易》曰：「君子思不出其位。」謂艮爲閹寺也。閹者止於門，寺者止於巷。聖人之戒，深切著明，不可不察也。臣非不知言出禍生，臣自念荷陛下恩遇特異，不知所報，故惟有忘身徇國，庶幾萬分之一。如臣言可採，乞出於睿旨施行。

秘書少監趙汝愚乞罷陳源添差總管，奏曰：

臣先準中書門下省送到録黄一道，承樞密院關，十一月十八日奉聖旨，恭奉太上皇帝聖旨，提舉德壽宮陳源爲應奉有勞，可特與遥郡上轉行兩官。臣伏覩陛下天性仁孝，欽承太上慈訓，兢兢業業，惟恐不至，故臣仰遵聖意，即已書讀了當。然當時實不知陳源別有兼職，今再準録到告詞，其後擬稱陳源可特授永州防禦使，依前右武大夫，特添差兩浙西路馬步軍副總管、臨安府駐劄，提舉德壽宮。臣竊惟陳源係内侍，而得參預一路軍政，臣不知其始自何年除授，然其事體重害，漸不可長，要非太上建炎詔書之意，臣請爲陛下誦之。臣嘗讀建炎三年詔書：「自崇寧以來，内侍用事，循習至今，理宜痛革。自今内侍不許與主管兵官交通，假貸饋遺，借役禁兵。」當是時，内侍與兵官交通、借役禁兵且猶不可，今乃假以一路總戎之任，臣恐非太上所以防微杜漸之意也。臣伏思神宗皇帝時，始令王中正、李憲稍預邊事，是時朝廷法度峻整，若無甚害，而卒之夤緣攀援，竟成童貫開邊之禍。靖康之變，至今言之使人心折，陛下安可視今日若無甚害而遂忘前日之戒耶！臣愚欲望聖慈特降指揮，除遵依太上皇帝聖旨與轉行兩官外，所有添差兩浙西路馬步軍副總管職事特與解罷，以爲萬世子孫無窮之法，以成太上建炎詔書之意。宗社幸甚。

光宗即位，楊萬里召爲秘書監，入對曰：

古之帝王，固有知以一己攬其權，不知臣下竊其權。大臣竊之，則權在大臣；大將竊之，則權在大將；外戚竊之，則權在外戚；近習竊之，則權在近習。竊權之最難防者，其惟近習乎！非敢公竊也，私竊之也。始於私竊，其終必至於公竊而後已，可不懼哉！

寧宗慶元元年，大府寺丞吕祖儉奏曰：

臣恭惟本朝立國之規模，所以上接乎唐、虞三代之統紀，而遠過漢、唐者，非假夫强大威力也，非資夫權謀術數也，獨恃夫君子以爲固而已。然君子之能爲固，豈有他哉？亦以其議論氣節可以培根本而支變故也。國家中興，遹追慶曆、元祐之言論風旨，固有以開紹興之正論。然自秦檜用事，導諛成俗，近歲安静和平之説，復壞人心。議論氣節，或幾乎息。而立國規模，終不可忘。紹熙五載夏秋之交，海内皇皇，天未悔禍，小大之臣，盡誠勠力，大明繼照，危而復安，則陛下固已親見。所恃以爲固者，而下改元之詔矣。始政清明，登用忠直，天下之心，蓋將日望維新之政。今日月曾幾何，而人之觀聽則有異焉。講席之臣，或閔其耆艾而使之歸，或因其論事而許之去；臺諫之官，或以舊學有勞而優遷，或以繁難闕守而補外。中批屢下，旨意難明，想謂陛下之心，祇欲昭示獨斷，以防蔽欺，而不知我之操柄，則已潛有所移矣。夫外廷與内廷之勢殊，而君子與小人之情異。左右前後之人，地近情親，巧於伺候，外示畏謹，陽若無他，黜陟廢置，間得關預。時獻微益，或可施行。雖威福權柄，如自上出，而盜竊賣弄，則益難知。彼外廷之欲盡言者，則共指爲矯激；外廷之欲論事者，則共指爲過當。由是列于庶位者，類多遠嫌避事，鮮克分明。斟酌調娱，務爲得體，議論氣節，日就消衰。常時既難盡其心，緩急必將失所恃。天下，大物也，設官分職，所以維持也。聽外朝以爲公，恃君子以爲固，然後能守而無失。若廼嬖近嚽御，所知不遠，寧免循私？非使人主不信外廷，則無由可以擅寵。矧今國勢甫定，人心猶摇，歲事有饑饉之憂，夷狄有窺伺之迹。信任君子，猶懼弗濟；儻或失職，又將疇依？伏望陛下監觀本朝立國之規模，惟念總攬權綱之要道，外廷情實固宜致察，内廷姦欺尤當深防。絶去私邪之門，使得自保寵禄；闢開公正之路，使得展布腹心。夫然後朝廷尊安，君子遂志，議論氣節，足以圖回實政，强壯本朝，而可馴致慶曆、元祐之治矣。臣志在愛君，不遑他恤，惟陛下裁赦。

理宗即位，國子祭酒喬行簡上疏曰：

向者陛下内廷舉動皆有禀承，小人縱有蠱惑干求之心，猶有所忌憚而不敢發。今者安能保小人之不萌是心，陛下又安能保聖心之不無少肆？陛下爲天下君，當懋建皇極，一循大公，不應私徇小人，爲其所誤。凡爲此者，皆戚畹肺肝之親，與近習貴幸之臣，奔走使令之輩。外取貨財，内壞綱紀。上以罔人君之聰明，來天下之怨謗；下以撓官府之公道，亂民間之曲直。縱而不已，其勢必至於假采聽之言而傷動善類，設衆人之譽而進拔憸人，借納忠效勤之意而售其陰險巧佞之姦。日積月累，氣勢益張，人主之威權將爲所竊弄而不自知矣。陛下衰經在身，愈當敬戒，宫庭之間既無所嚴憚，嬪御之人又視昔衆多，以春秋方富之年，居聲色易縱之地，萬一於此不能自制，必於盛德大有虧損。願陛下常加警省。

景定四年，禮部侍郎牟子才論董宋臣不當除押班，奏曰：

臣十年憂患，分老山林，蒙陛下收召，復置諸禁近之列，常恨糜捐，未足補報。今既數月矣，不敢出位有所敷陳者，蓋以陛下自更化瑟，内撫外寧，衆正咸集，群憸悉除，而又稽事告登，文治具舉。靖共爾位，臣之分也。近日以來，在廷之臣、學校之士，乃以内臣之復用，連章公車，紛紛未止。臣意陛下之用此人，不過念其平日給事之勞，拔拭而用之耳。而諸臣深憂思慮，則以其前轍之可監，而慮其舊態之復作。謂今寵以押班之任，而日在陛下左右，譬如木之有蠹，蠹在中而木不覺其腐，禾之有虫，虫在心而禾不覺其槁。雖陛下諄諄開諭，而學士大夫之惑終不可解也。臣静觀數日間，諸臣或以此而決去就者，陛下宣召而復留之。大臣爲國家大體計，爲保固局面計，爲憂惜諸賢計，所以扶持而安全之者，無不盡心焉。竊意一堂都俞之際，必有深長之思、果斷之決，使天下無可復議，朝廷庶可妥安。而老臣又何所容其喙？ 然竚乎有聞而猶未也，但聞諸臣欲去者猶未肯留，已留者猶未忘去，而輿議之遍責於在位者，略不少恕焉。臣謂陛下昭昭聖明如此，大臣孜孜啓沃如此，其於此事轉旋闔闢，蓋亦甚易。微臣愚見，不無望於陛下早有以處此，庶幾一枰全安而無奕子動摇之虞，風休雨止而有安恬泰定之勢。此宗社之幸，生靈之福也。臣甫出獲阱，非不欲懲羹吹虀，保全末路，深恐上負明主，下負夙心，用敢冒昧一言，惟陛下幸赦。

五年，子才爲給事中，繳李忠輔奏曰：

臣伏覩臺臣論列閤長李忠輔，奉御筆，李忠輔降兩官降罷。臣有以見聖慮深遠，天斷奮發，蓋將昭天公而毖後患也。臣惟成周之制，閽人守中門之禁，寺人掌女宮之戒，未嘗畀以事權，所以遏其蠹政害事之漸。自漢以來，恭、顯之用事專恣，朝臣之側目畏憚，亦既任以機要，又何以禁其長禍流毒之慘？ 此防微杜漸者之所當深慮。蓋内轄一司，自來止以小璫爲之，取其服勤恭謹，易以禁制。又以三年爲任，不使之日增月益，聲生氣長，以貽害無窮。惟董宋臣自小璫至於大官，二十年間，皆兼領此職，權傾中外，❶恣爲姦利，至今得罪公論。故每有除授，人言交攻。忠輔乃其所薦，根株

❶「傾」，原作「領」，今據《四庫全書》本改。

此局，以爲依憑。凡其奸犯科條，誣上行私之事，皆出其所教。而忠輔新進氣鋭，爲術轉深，爲害愈烈，大作威福，動稱聖旨，帥漕兩司奉行惟謹。其妄生羅織，使人破家蕩産，往往死於非命。權則歸己，怨則歸君。而甚者窺覘中詗，揣摩密報，曲爲恩倖之地。陛下灼見其奸，奪其内轄職事，遂降旨揮，内轄以三年爲任，立爲定制。又以臺臣之言，降官放罷，天下莫不仰陛下之明斷。但觀臺臣所論，則忠輔處心積慮、傾險反覆可畏，又有甚於前之所陳。使罰止於此，安知其不復出爲惡耶？且宋臣未嘗不罷也，而又復用；未嘗不退也，而又復進。使其不死，禍且不歇，抑亦可以爲監矣。比者城中欝攸既始於宋臣之屋，城外煙焰亦發於忠輔之家。今陛下施行忠輔，而宋臣適死於數日之間，意者惟天惟祖宗望陛下盡取二十年禍根亂本，一掃而空之，雖宋臣死灰無復然之慮，而忠輔則虎兕有出柙之憂。倘陛下盡行臺臣所乞屏斥之言以絶其根，實惟天惟祖宗之意，而陛下子孫萬世無疆之福也。所有將來録黄，係經臣書讀，用敢冒昧，先具奏聞。

金哀宗時，近侍干預朝政，翰林直學士兼左司郎中斜卯愛實諫曰：「今近侍權太重，將相大臣不敢與之相抗。自古僕御之臣，不過供給指使而已，雖名僕臣，亦必選擇正人。今不論賢否，惟以世冑或吏員爲之。夫給使令之材，使預社稷大計，此輩果何所知乎！」

歷代名臣奏議卷之二百九十三

本卷汪允普校點

歷代名臣奏議卷之二百九十四

封禪

齊桓公既霸，會諸侯於葵丘，而欲封禪。管仲曰：「古者封泰山禪梁父者七十二家，而夷吾所記者十有二焉。昔無懷氏古之王者，在伏羲之前。封泰山，禪云云；云云，山名，在梁父東。虙羲封泰山，禪云云；神農封泰山，禪云云；炎帝封泰山，禪云云；黄帝封泰山，禪亭亭；亭亭，山名，在鉅平。又曰在牟陰。顓頊封泰山，禪云云；帝告封泰山，禪云云；堯封泰山，禪云云；舜封泰山，禪云云；禹封泰山，禪會稽；湯封泰山，禪云云；周成王封泰山，禪社首：社首，山名，在博縣。又曰在鉅平南十三里。❶皆受命然後得封禪。」桓公曰：「寡人北伐山戎，過孤竹；西伐大夏，涉流沙，束馬懸車，上卑耳之山；謂將上山，纏束其馬，懸鉤其車也。卑耳，即《齊語》所謂辟耳。❷南伐至召陵，登熊耳山，以望江漢。兵車之會三，而乘車之會六，九合諸侯，一匡天下，諸侯莫違我。昔三代受命，亦何以異乎？」於是管仲睹桓公不可窮以辭，因設之以事，曰：「古之封禪，鄗上之黍，北里之禾，鄗音臛。鄗上，山也。又曰鄗上、北里，皆地名。所以爲盛；江淮之間，一茅三脊，所謂靈茅也。所以爲藉也。東海致比目之魚，魚各有一目，不比不行，其名曰鰈。西海致比翼之鳥，鳥各有一

❶「三」，《漢書·郊祀志第五上》作「二」。

❷「耳」，原作「身」，今據《史記·封禪書第六》集解、《漢書》注改。

翼，不比不飛，其名曰鶼鶼。然後物有不召而自至者十有五焉。今鳳皇麒麟不來，嘉穀不生，而蓬蒿藜莠茂，鴟梟數至，而欲封禪，毋乃不可乎？」於是桓公乃止。

漢武帝時，議欲放古巡狩封禪之事，諸儒對者五十餘人，未能有所定。先是，司馬相如病死，有遺書，頌功德，言符瑞，足以封泰山。上奇其書，以問兒寬，寬對曰：「陛下躬發聖德，統楫與輯同。群元，宗祀天地，薦禮百神，精神所鄉，徵兆必報，天地並應，符瑞昭明。其封泰山，禪梁父，昭姓考瑞，帝王之盛節也。然享薦之義，不著於經，以爲封禪告成，合祛於天地神祇，祇戒精專以接神明。總百官之職，各稱事宜而爲之節文。惟聖主所由，制定其當，非群臣之所能列。今將舉大事，優游數年，使群臣得人自盡，終莫能成。惟天子建中和之極，兼總條貫，金聲而玉振之，以順成天慶，垂萬世之基。」上然之。

東漢光武建武三十年，張純上奏曰：「自古受命而帝，治世之隆，必有封禪，以告成功焉。《樂動聲儀》曰：『以《雅》治人，❶《風》成於《頌》。』有周之盛，成康之間，郊配封禪，皆可見也。《書》曰：『歲二月，東巡狩，至于岱宗，柴。』❷則封禪之義也。臣伏見陛下受中興之命，平海内之亂，脩復祖宗，撫存萬姓，天下曠然，咸蒙更生，恩德雲行，惠澤雨施，黎元安寧，夷狄慕義。《詩》云：『受天之祜，四方來賀。』今攝提之歲，

❶「人」，原作「之」，今據《後漢書·張純傳》、《東漢會要》卷三《封禪》改。

❷「柴」，原脫，今據《後漢書》、《東漢會要》、《玉海》卷九八《郊祀》補。

倉龍甲寅，德在東宮。宜及嘉時，遵唐帝之典，繼孝武之業，以二月東巡狩，封於岱宗。明中興，勒功勳，復祖統，報天神，禪梁父，祀地祇，傳祚子孫，萬世之基也。」中元元年，帝乃東巡岱宗，以純視御史大夫從，并上元封舊儀及刻石文。

太尉趙憙上奏曰：

自古帝王，每世之隆，未嘗不封禪。陛下聖德洋溢，順天行誅，撥亂中興，作民父母，脩復宗廟，救萬姓命，黎庶賴福，海内清平，功成治定。群司禮官，咸以爲宜登封告成，爲民報德，百王所同，當仁不讓。宜登封岱宗，正三雍之禮以明靈契，望秩群神以承天心也。

中元元年，上至泰山，有司復奏河雒圖記，❶表章赤漢九世尤著明者，前後凡三十六事。與博士李充等議，以爲「殷統未絶，黎庶繼命，高宗久勞，猶爲中興。武王因父受命之列，據三代郊天，因孔子甚美其功，後世謂之聖王。漢統中絶，王莽盗位，一民莫非其臣，尺土靡不其有，宗廟不祀，十有八年。陛下無十室之資，奮振於匹夫，除殘去賊，興復祖宗，集就天下，海内治平，夷狄慕義，功德盛於高宗、宣王，宜封禪爲百姓祈福，請親定刻石紀號文，太常奏儀制」。

魏明帝時，中護軍蔣濟奏曰：「夫帝王大禮，巡狩爲先；昭祖揚禰，封禪爲首。是以自古革命受符，未有不蹈梁父，登泰山，

❶「記」，原作「紀」，今據《四庫全書》本、《東觀漢記·郊祀志》、《太平御覽》卷五三六《封禪》改。

刊無竟之名，紀天人之際者也。故司馬相如謂：『有文以來七十二君，或從所繇於前，謹遺跡於後。』❶太史公曰：『主上有聖明而不宣布，有司之過也。』然則元功懿德，不刊山、梁之石，無以顯帝王之功，布生民不朽之觀也。語曰：『當君而嘆堯舜之美，譬猶人子對厥所生，譽他人之父。』今大魏振前王之弊亂，❷拯流遁之艱危，接千載之衰緒，❸繼百世之廢治。自武、文至于聖躬，所以參成天地之道，綱維人神之化。上天報應，嘉瑞顯祥，以比往古，其優衍豐隆，無所取喻。至於歷世迄今，未發大禮。雖志在掃盡殘盜，蕩滌餘穢，未遑斯事。若爾，三苗堀彊於江海，大舜當廢東巡之儀；徐夷跳梁於淮、泗，周成當止岱嶽之禮也。且昔歲破吴虜於江、漢，今茲屠蜀賊於隴右，其震蕩内潰，在不復淹，就當探其窟穴，無累於封禪之事也。此儀久廢，非倉卒所定。宜下公卿，廣纂其禮，卜年考時，昭告上帝，以副天下之望。臣待罪軍旅，不勝大願，冒死以聞。」詔曰：「聞濟斯言，使吾汗出流足。自開闢以來，封禪者七十餘君爾。故太史公曰：『雖有受命之君，而功有不洽，是以中間曠遠者千有餘年，近數百載，其儀闕不可得記。』吾何德之修，敢庶茲乎！濟豈謂世無管仲，以吾有桓公登泰山之志乎？吾不敢欺天也。濟之所言，華則華矣，非助我者也。公卿侍中、尚書、常侍省之而已，勿復有所議，亦不須答詔也。」

❶「跡」，《晉書・禮志下》、《册府元龜》卷三五《封禪》作「教」。

❷「振」，《晉書》作「承」，《册府元龜》卷三五作「乘」。「前」，原作「百」，今據《宋書・禮志三》改。

❸「緒」，原脱，今據《晉書》補。

晉武帝平吳，混一區宇。太康元年九月庚寅，尚書令衛瓘、左僕射山濤、魏舒、尚書劉寔、張華等上奏曰：「聖德隆茂，光被四表，諸夏乂清，幽荒率從。神策廟算，席捲吳越，孫皓稽顙，六合爲家，巍巍之功，格于天地。宜同古典，勒封東嶽，告三府太常爲儀制。」瓘等又奏：「臣聞肇自生民，則有后辟，載祀之數，莫之能紀。立德濟世，揮揚仁風，以登封泰山者七十有四家，其謚號可知者，十有四焉。沉淪寂寞，曾無遺聲者，不可勝記。自黃帝以前，古傳昧略，唐、虞以來，典謨炳著。三王代興，體業繼襲，周道既没，秦氏承之，至于漢、魏，而質文未復。大晉之德，始自重、黎，實佐顓頊，至于夏、商，世序天地，其在于周，不失其緒。金德將升，世濟明聖，外平蜀漢，海内歸心，武功之盛，實由文德。至于陛下受命踐祚，弘建大業，群生仰流，唯獨江湖、沅湘之表，凶桀負固，歷代不賓。神謀獨斷，命將出討，兵威暫加，數旬蕩定，羈其鯨鯢，赦其罪逆。雲覆雨施，八方來同，聲教所被，達于四極。雖黃軒之征，大禹遠略，周之奕世，何以尚今。若夫玄石素文，底號前載，象以數表，❶言以事告，《河圖》《洛書》之徵，不是過也。加以騶虞麟趾，衆瑞並臻。昔夏、殷以丕崇爲祥，周武以烏魚爲美，❷咸曰休哉；然符瑞之應，備物之盛，未有若今之富者也。宜宣大典，禮中嶽，封泰山，禪梁父，發德號，明至尊，享天休，篤黎庶，勒千載之表，播流

❶「數」，原作「姓」，今據《晉書·禮志下》、《册府元龜》卷三五、《西晉文紀》卷六改。

❷「烏」，原作「鳥」，今據《宋書·禮志三》改。

後之聲，俾百代之下，莫不興起。斯帝王之盛業，天人之至望也。」詔曰：「今逋寇雖殄，外則障塞有警，内則民黎未康，此盛德之事，所未議也。」

瓘等又奏：「今東漸于海，西被流沙，大漠之陰，日南北户，莫不通屬。茫茫禹迹，今實過之，則天人之道已周，巍巍之功已著。宜有事梁父，修禮地祇，登封泰山，致誠上帝，以答人神之願。乞如前奏。」詔曰：「今陰陽未和，政刑未當，百姓未得其所，豈可以勒功告成邪！」瓘又奏：「臣聞處帝王之位者，必有曆運之期，天命之應；濟生民之大功者，必有盛德之容，告成之典。無不可誣，有不可讓，自古道也。而明詔謙冲，屢辭其禮，雖盛德攸在，推而未居。夫三公職典天地，實掌民物，國之大事取議於此。漢氏封禪，非是官也，不在其事。臣等前奏，蓋陳祖考之功，天命又應，陛下之德，合同四海，述古考今，宜循此禮。至於剋定歲月，❶須五府上議，然後奏聞。請寫詔及奏，如前下議。」詔曰：「雖蕩清江表，皆臨事者之勞，何足以告成！方望群后，思隆大化，以寧區夏，百姓獲乂，與之休息，斯朕日夜之望。無所復下諸府矣，勿復爲煩。」瓘等又奏：「臣聞唐、虞二代，濟世弘功之君，莫不仰答天心，俯協民志，登介丘，履梁父，未有辭焉者，蓋不可讓也。今陛下勳高百王，德無與二，茂績宏規，巍巍之業，固非臣等所能究論。而聖旨勞謙，屢自抑損，時至弗應，推美不居，闕皇代之上儀，塞神祇之款望，使大晉之典謨，不同風於三、五。臣等誠不敢奉詔，請如前奏施行。」詔

❶「歲月」，原作「盛月」，今據《宋書》、《晉書》改。

曰：「方當共弘治道，以康庶績，且俟他年，無復紛紜也。」

宋孝武帝大明元年十一月戊申，太宰江夏王義恭上表曰：「惟皇天崇稱大道，始行揖讓，迄于有晉，雖聿修前緒，而跡淪言廢，蔑記於竹帛者，焉可單書。紹乾維，建徽號，流風聲，被絲管，自無懷以來，可傳而不朽者，七十有四君。罔仁厚而道滅，鮮義澆而德宣，鍾律之先，曠世綿絶，難得而聞。《丘》《索》著明者，尚有遺炳。故《易》稱先天弗違，後天奉時。蓋陶唐、姚姒、商姬之主，莫不由斯道也。是以風化大洽，光熙於後。炎漢二帝，亦踵曩則，因百姓之心，聽輿人之頌，龍駕帝服，鏤玉梁甫，昌言明稱，告成上靈。況大宋表祥唐虞，受終素德，山龍啓符，金玉顯瑞，異采騰於軫墟，紫烟藹於邦甸，錫冕兆九五之徵，文豹赴天曆之會，誠二祖之幽慶，聖后之冥休。道冠軒、堯，惠深亭毒，而猶執冲約，未言封禪之事，四海竊以惡焉。臣聞惟皇配極，惟帝祀天，故能上稽乾式，照臨黔首，協和穹昊，膺茲多福。高祖武皇帝明並日月，光振八區，拯已溺之晉，濟横流之世，撥亂寧民，應天受命，鴻徽洽于海表，威稜震乎沙外。太祖文皇帝體聖履仁，述業興禮，正樂頌，作象曆，明達通於神祇，玄澤被乎上下。仁孝命世，叡武英挺，遭運屯否，三才湮滅，迺龍飛五洲，鳳翔九江，身先八百之期，斷出人鬼之表，慶烟應高牙之建，風耀符發迹之辰，親翦凶逆，躬清昏壒，天地革始，夫婦更造，豈與彼承業繼緒，拓復禹迹，車一其軌，書罔異文者，同年而議哉！今龍麟已至，鳳皇已儀，比李已實，靈茅已茂，雕氣降霧於宮樹，珍露呈味於禁林，嘉禾積穗於殿甍，連理合榦於園籞，皆耀質離宫，植根蘭囿。至夫霜毫玄文，素翮頳羽，泉河山岳之瑞，草木金石之祥，方畿憬塗之謁，抗驛絶祖之奏，彪炳雜沓，粵不可勝言。太平之應，兹焉富矣。宜其從天人之誠，遵先王之則，備萬乘，整法駕，修封泰山，瘞玉岱趾，延喬松於東序，詔韓岐於西廂，麾天閽，使啓關，謁紫宫，朝太乙，奏《鈞天》，詠《雲門》，贊揚幽奧，超聲前古，豈不盛哉！伏願時命宗伯，具兹典度。」詔曰：「太宰表如此。昔之盛王，永保鴻名，常爲稱首，由斯道矣。朕遭家多難，入纂絶業，❶德薄勳淺，鑑寐崩愧。頃麟鳳表禎，茅禾兼瑞，雖符祥顯見，恧乎猶深，庶仰述先志，❷拓清中寓，禮祇謁神，朕將試哉。」

四年四月辛亥，有司奏曰：

臣聞崇號建極，必觀俗以樹教；正位居體，必採世以立言。是以重代列聖，咸由厥道。玄動上烈，融章未分，鴻光委緒，歇而罔藏。若其顯謚騰軌，則系綴聲采，徽略聞聽。爰洎姬、漢，風流尚存，遺芬餘榮，綿映紀緯。雖年絶世祀，代革精華，可得騰金綵，奏玉潤，鏤迹以燻今，鐫德以麗遠。而四望埋禋歌之禮，日觀弛修封之容，豈非神明之業難崇，功基之迹易泯！自兹以降，訖于季末，莫不欲英弘徽位，詳固洪聲，豈徒深默修文，淵幽馭世而已。諒以縢非虛奏，書匪妄埋，擊雨恕神，淳廕復樹，安得紫

❶ 「業」，原作「孝」，今據《宋書·禮志三》、《宋文紀》卷五改。

❷ 「先志」，原作「失志」，今據《宋書》改。

壇肅祇，竹宮載竚，散火投郊，流星奔座。寶緯初基，厭靈命曆，德振弛維，功濟淪象，玄浸紛流，華液幽潤，規存永馭，思詳樹遠。

太祖文皇帝以啓遘泰運，景望震凝，采樂調風，集禮宣度，祖宗相映，軌迹重暉。聖上韞籙蕃河，竚翔衡漢，金波掩照，華耀停明，運動時來，躍飛風舉，澄氛海、岱，開景中區，歆神還靈，頹天重耀，儲正凝位於兼明，袞嶽蕃華於元列。故以祥映昌基，繫發篆素。重以班朝待典，飾令詳儀，纂綜淪蕪，搜騰委逸，奏玉郊宮，禋珪玄畤，景集天廟，脉壤祥農，節至昕陽，川丘夙禮，綱維巡駐，❶表綏中甸，史流其詠，民挹其風。於是涵迹視陰，振聲威響，歷代之渠，沈□望內，安侯之長，賢王入侍，殊生詭氣，奉俗還鄉，羽族卉儀，懷音革狀，邊帛絕書，爟光弛燭。天岱發靈，宗河開寶，崇丘淪鼎，振采泗淵，雲皇王嶽，摛藻□漢，并角即音，栖翔禁籞，袞甲霜味，翾舞川肆，榮泉流鏡，後昭河源，故以波沸外關，雲蒸內澤。若其雪趾青毳，玄文朱綵，日月郊甸，擇木弄音。重以榮露騰軒，蕭雲掩閣，鎬潁孳萌，移華淵禁，山輿竚衡，雲鶼竦翼，海鰈泳流，江茅吐蔭。校書之列，仰筆以飾辭；濟、代之蕃，獻邑以待禮。豈非神貺氣昌，物瑞雲照，蒲軒轀軫，□泉淳芳。

太宰江夏王臣義恭咀道遵英，抽奇麗古，❷該潤圖史，施詳閎載，表以功懋往初，德耀炎、昊，升文中岱，登牒天關，耀冠榮名，摛振聲號。而道謙稱首，禮以虛挹，將使玄祇缺觀，幽瑞乖期，梁甫無盛德之容，

❶「維」，《宋書・禮志三》作「威」。
❷「抽」，原作「插」，今據《宋書》改。

介丘靡升聞之響。加窮泉之野，獻八代之馴，交木之鄉，奠絶金之楛，肅靈重表，珍符兼貺。伏惟陛下謨詳淵載，衍屬休章，依徵聖靈，潤色聲業，諏辰稽古，肅齊警列，儒僚展采，禮官相儀，懸蕤動音，洪鍾竦節，陽路整衛，正途清禁。於是績環珮，端玉藻，鳴鳳竚律，騰駕流文，間綵比象之容，昭明紀數之服。徽焯天陣，容藻神行，翠蓋懷陰，羽華列照。乃詔聯事掌祭，賓客贊儀，金支宿縣，鏞石潤響。命五神以相列，闢九關以集靈，❶警衛兵而開雲，先雨祇以灑路。霞凝生闕，烟起成宫，臺冠丹光，壇浮素靄。爾乃臨中壇，備盛禮，天降祥錫，壽固皇根，谷動神音，山傳稱響。然後辨年問老，陳詩觀俗，歸薦告神，奉遺清廟。光美之盛，彰乎萬古；淵祥之烈，溢乎無窮，豈不盛歟！臣等生接昌辰，肅懋明世，束教管聞，未足言道。且章志湮微，代往淪絶，拘採遺文，辯明訓詁。

梁武帝天監八年，時有請封會稽、禪國山者，帝命諸儒草封禪儀，欲行之。著作佐郎許懋建議曰：「舜柴岱宗，是爲巡狩。而鄭引《孝經鉤命決》云：『封于泰山，考績柴燎；禪乎梁父，刻石紀號。』此緯書之曲説，非正經之通議也。如管夷吾所説七十二君，燧人之前，世質民淳，安得鐫文告成！結繩而治，安得泥金檢玉！妄亦甚矣。若聖主，不須封禪；若凡主，不應封禪。秦始皇嘗封泰山，孫皓嘗封國山，皆由主好名於上，而臣阿旨於下。非盛德之事，不足爲法也。」上嘉納之。

❶「闢」，原作「門」，今據《宋書》改。

北齊文宣帝天保五年正月，制詔問外中紀號，秀州長史樊孝謙對曰：

臣聞巡嶽之禮，勒在《虞書》，省方之義，著於《易象》。往帝前王，匪唯一姓，封金刊玉，億有餘人。仲尼之觀梁甫，不能盡識；夷吾之對齊桓，所存未幾。然盛德之事，必待太平，苟非其人，更貽靈譴。秦皇無道，致雨風之灾；漢武奢淫，有奉車之害。及文叔受命，炎精更輝，四海安流，天下輯睦，劍賜騎士，馬駕鼓車，乃用張純之文，始從伯陽之説。至於魏、晉，雖各有君，量德而處，莫能擬議。蔣濟上言於前，徒穢紙墨；袁准發論於後，終未施行。世歷三朝，年將十祀，啓聖之期，兹爲昌會。然自水德不競，函谷封塗，天馬息歌，苞茅絶貢。我太祖收寶雞之瑞，握鳳皇之書，體一德以匡朝，屈三分而事主，蕩此妖寇，易如沃雪。但昌既受命，發乃行誅，雖太白出高，中國宜戰，置之度外，望其遷善。伏惟陛下以神武之姿，天然之略，馬多冀北，將異山西，凉風至，白露下，北上太行，東臨碣石，方欲吞巴蜀而掃崤函，苑長洲而池江漢。復恐迎風從火，芝艾共焚，按此六軍，未申九伐。夫周發牙璋，漢馳竹使，義在濟民，非聞好戰。至如投鼠忌器之説，蓋是常談；文德懷遠之言，豈識權道。今三臺令子，六郡良家，蓄鋭須時，裹糧待詔。未若龍駕虎服，先收隴右之民；雹轉雷驚，因取荆南之地。昔秦舉長平，金精食昴，楚攻鉅鹿，枉矢霄流，況我威靈，能無協讚。但使彼之百姓一覩六軍，似見周王，若逢司隸。然後除其苛令，與其約法，振旅而還，止戈爲武，標金南海，勒石東山，紀天地之奇功，被風聲於千載。若令馬兒不死，子陽尚在，便欲案明堂之圖，草射牛之禮，比德論功，多慙往列，升中告禪，臣用有疑。

唐太宗貞觀初，群臣表請封禪。上曰：「卿輩皆以封禪爲帝王盛事，朕意不然。若天下乂安，家給人足，雖不封禪，庸何傷乎！昔秦始皇封禪，而漢文帝不封禪，後世豈以文帝不及始皇邪！且事天掃地而祭，何必登泰山之巔，封數尺之土，然後可以展其誠敬乎！」

太宗謂房玄齡等曰：「封禪是帝王盛事，比表請者不絕，公等以爲何如？」魏徵對曰：「帝王在德，不在封禪。自喪亂已來，近泰山州縣，彫殘最甚。若車駕既行，不能令無使役，此便是因封禪而勞役百姓。」太宗曰：「封禪之事，不自取功績，歸之於天；譬如玄齡等功臣，雖有益於國，能自謙讓，歸之於朕，豈以不言而欲自取？❶今向泰山，功歸於天，有似於此。然朕意常以嵩高既是中岳，何謝泰山？公等評議。」

六年，匈奴克平，遠夷入貢，符瑞日至，年穀頻登。岳牧等屢請封禪，群臣又稱述功德，以爲「時不可失。今日行之，臣等猶謂其晚」。惟魏徵以爲不可。帝曰：「朕欲得卿直言之，勿有所隱。朕功不高耶？」曰：「功高矣。」「德未厚耶？」曰：「德厚矣。」「華夏未理耶？」曰：「理矣。」「遠夷不慕義耶？」曰：「慕義矣。」「嘉瑞不至耶？」

❶「以」，原作「似」，今據《唐會要》卷七《封禪》改。

曰：「至矣。」「年穀不登耶？」曰：「登矣。」「然則何爲不可？」徵對曰：「陛下功高矣，人未懷惠。德厚矣，澤未滂流。華夏安矣，未足以供事。遠夷慕矣，無以供其求。符瑞雖臻，而罻羅猶密。積歲豐稔，而倉廩尚虛。此臣所以竊爲未可。臣未能遠譬，且借近喻於人。今有人十年長患，疼痛不能任持，療理且愈，皮骨僅存，便欲負米一石，日行百里，必不可得。隋氏之亂，非只十年。陛下爲之良醫，除其疾苦，雖已乂安，未盡充實，告成天地，臣竊有疑。且陛下東封，萬國咸萃，要荒之外，莫不奔馳。今自伊、洛之東，暨乎海、岱，萑莽巨澤，茫茫千里，人煙斷絶，雞犬不聞，道路蕭條，進退艱阻。寧可引彼戎狄，示以虛弱？竭財以賞，未厭遠人之望；加年給復，不償百姓之勞。或遇水旱之災，風雨之變，庸夫邪議，悔不可追。豈獨臣之誠懇，亦有輿人之論。」帝稱善，於是乃止。

太宗已平突厥，年穀屢豐，群臣請封泰山。太宗初頗非之，已而遣中書侍郎杜正倫行泰山上七十二君壇迹，以是歲兩河大水而止。其後群臣言封禪者多，乃命祕書少監顔師古、諫議大夫朱子奢等集當時名儒博士雜議，不能決。於是左僕射房玄齡、特進魏徵、中書令楊師道博採衆議奏上之。其議曰：「爲壇於泰山下，祀昊天上帝。壇之廣十二丈，高丈二尺。玉牒長一尺三寸，廣、厚五寸。玉檢如之，厚減三寸。其印齒如璽，纏以金繩五周。玉策四，皆長一尺三寸，廣寸五分，厚五分，每策皆五簡，聯以金。昊天上帝配以太祖，皇地祇配以高祖。已祀而歸格于廟，盛以金匱。匱高六寸，廣足以容之，❶制如表函，纏以金繩，封以金泥，印以受命之璽。而玉牒藏于山上，以方石三枚爲再累，纏以金繩，封以石泥，印以受命之璽。其山上之圓壇，土以五色，高九尺，廣五丈，四面各爲一階。❷天子升自南階，而封玉牒。已封，而加以土，築爲封，高一丈二尺，廣二丈。其禪社首，亦如之。其石檢，封以受命璽，而玉檢别製璽，方一寸二分，文如受命璽。以石距非經，不用。又爲告至壇，方八十一尺，高三尺，四出陛，以燔柴告至，望秩群神。」遂著于禮。

高宗將封嵩山，詔諸儒議射牲事。太常博士裴守真奏：「古者郊祀天地，天子自射牲。漢武帝封泰山，令侍中儒者射之，帝不親也。今按禮，前明十五刻，宰人鸞刀割牲，質明行事，毛血已具，天子至，奠玉酌獻而已。今若前祀一日射牲，則早於事；及日，則晚不逮事。漢又天子不親，古今異宜，恐不可行。」是時，《破陣》《慶善》二樂舞入，帝常立以視，須樂闋乃坐。守真并言：「二舞誠祖宗盛德，然古無天子立觀者。化育詒庇，孰非厥功，不應鼓舞别申嚴奉。」詔可。

玄宗開元中，將封禪，詔有司講求典儀。舊制，盥手、洗爵，皆侍中主之；詔祀天神，太祝主之。四門助教施敬本上言曰：「周制，大宗伯鬱人，下士二，掌祼事。漢無鬱人，用近臣。漢世侍中微甚，籍孺、閎孺等幸臣爲之。後漢邵闔自侍中遷步兵

❶「以」，原脱，今據《文獻通考》卷八四《郊社考十七》補。

❷「各」，原脱，今據《舊唐書・禮儀志三》、《通典》卷五四《禮典一四》補。

校尉，秩千石，其職省起居，執虎子，蓋褻臣也。今侍中位宰相，非褻人比。祝者薦主人意於神，非賤職也。古二君相見，卿爲上儐，况天人之際哉！周太祝，下大夫二，上士四。下大夫，今郎中、太常丞之比；上士，員外郎、博士之比。漢太祝令秩六百石，今太祝乃下士。以下士接天，以大臣奉天子，輕重不倫，非禮也。舊制，謁者引太尉升壇。謁者位下，升壇禮重。漢尚書御史屬，有謁者僕射一，秩六百石，銅印青綬；謁者三十五，以郎中滿歲稱給事中，未滿歲稱謁者。光禄勳屬，有謁者，掌賓贊，員七十，秩比六百石。則古謁者名秩差異等，今謁者班微，循空名，忘實事，非所以事天也。」帝詔中書令張説引敬本熟悉其議。

十三年十一月，封泰山，上備法駕至山足，御馬登山，與宰相及祠官俱登。問禮部侍郎賀知章曰：「前代玉牒之文，何故祕之？」對曰：「或密求神仙，故不欲人見。」上曰：「吾爲蒼生祈福耳。」❶乃出玉牒，宣示群臣。

宋太祖時，孫堪上書曰：聖宋受天眷命，皇帝保綏萬邦，治定德隆，邇治遠同，由是聖時耆艾及公卿臣庶，僉與拜章稽顙，伸道封禪，而皇帝過謙厚損，罔迪俞允。詔聞率土，而神人胥慊，草莽賤臣堪，謹俯酌庶懇，上稽古訓，昧死作《封禪書》一篇。雖不足以敷衍洪烈，啓迪盛猷，庶發揮下誠，贊揚能事，臣之志也。其文曰：

❶「吾」，原作「故」，今據《資治通鑑》卷二一二《唐紀》二八改。

邈乎天地權輿，絪緼混茫，分蒼判黄，品物用章，於是庶類之宗，膠轕旁充，嗜欲之氓，布濩交争。充不已必荒，争不息必傷。荒則慾伏作而顥氣亡，傷則狂暴煽而生類殃。惟天地也，能品物之生，罔克異類之底寧；能黔庶之昌，罔克彝倫之自章。越乃歷選列辟，輔其宏綱。《易》曰：「后以財成天地之道，輔相天地之宜。」裁成之猷罔爽，然後命無忝也；輔相之範克篤，然後功聿成也。丕命元功，允著既從，於是有登封以助高焉，有封禪以報厚焉。稽厥靡他，所以告駿命也，所以告懋功也，所以鑑後嗣也，所以答靈祉也。苟非至德庬鴻，淳化沕潏，同符天休，合節地宜，奚擬議之敢乎！惟皇上帝，厥靈孔爍，匪諄諄其令，而晰晰其符。故當命者儲嘉瑞，違心者極妖灾。肇自生民，君宇内以敷治者，雖皇王殊厥謚，遠邇異厥軫，稽所以克荷景命，允簡帝心者，罔不曰仁義禮樂而已。是以二帝之懿，三王之輝，雖禪代有殊，質文相貿，罔不恢淳仁以懷物，廓正義以幹邦，貫大禮以條上下之宜，盈至樂以結士民之愛。然後風聲踵武，獲參兩儀，逖違心之妖，萃當命之瑞。姬周既逝，又駁古昔。握圖啓極者，鮮不峻慘酷以繩衆，瀆威武以慴遠，奮煩譎以立憲，任巧鋭以周行。故仁義之休，禮樂之淑，稍芽於兩漢，驟委於魏、晉，凋落於齊、梁，枯槁於周、隋，暫斸於巨唐，尋剥於五代。其末醇而復也如是，然猶有乘小康而展盛禮，據淺惠而冒洪威。相如頌於前，班固贊於後，呼壽之徵慶于世宗，宫闕之祉燿于光武。稽其所以克勤濟衆，闡憲軌物，垂諸聖世，胡其相萬歟！

大宋之道，昭晰前古，盛德宏功，春熙

日融。始則伸九伐，平多壘，建王業也；後則緝庶政，諧萬邦，舉彝倫也。是故黃鉞初指，則獷者革，慝者沈，篚厥所以昭武王也。洪恩漸被，則尫斯起，昧斯輝，惟天所以穆唐堯也。洎皇帝誕纘丕圖，繼陟元后，雨露之所豐濡，日月之所委燭，靡不偃息休光，彌綸至澤，曄曄煌煌，雖幽必彰，汪汪洋洋，無遠弗滂，猶復懼古典之未敷，叔弊之未祛。由是訓罰戮於古刑，夷慘酷也；偃鎩戟於靈臺，蕩武威也；篤憲章於簡易，滌煩譎也；起俊乂於鄉遂，剗巧僞也。於是刑清而民和，兵偃而道益隆，憲簡而俗益醇，賢進而官益舉。至則樹仁義之根而復植之，振禮樂之緒而再暢之，俾九有之黎饜飫乎淳仁之濡，栖遲于正義之紀，條暢乎大禮之緒，郁穆乎正樂之統。至若梟瞷辯給之俗，裸袒文身之群，雖古昔之所不臣，舟車之所罕通，相與稽首闕庭，執贄請吏，故大化流也，泛濫乎郊甸，汗漫乎要荒，滌蕩乎戎狄，浮沈乎覆載。

遐考在昔，舜之堯，禹之舜，相襲也。湯之禹，文之湯，未百世也。前憲赫曦，易馴也；餘德渺漭，易沿也；遺氓敦惠，易綏也。然而流殛之罰勞於舜，拜言之屈勤於禹，昧爽之坐役於湯，日昃之思瘁於文。然後舜啓無爲之治，禹成無間之譽，湯闡來蘇之望，武致盡美之聲。曷若聖宋宅千古之下風，提千古之弛綱，使淳源清流，錯落解紐復繼，化一變而仁義醇，道一反而禮樂同。乃伻帝之淳，王之方，民乎翱翔；前之慘，往之頑，民乎遜遷。由是上帝時諶，祥符屢彰，既而乾之精、坤之形，相與絡繹八區，薦珍郊靈。故在上則星緯儲休，慶雲覃輝，甘露榮光，霧散雨霏；在下則靈芝林峙，醴泉波委，羽毛鱗介，更誕厥美。咸瑞牒之所闕，標前史之所罕聞。炳爍簡編，卓出古議，則陟岱宗之崇高，展勒成之皇儀。時乎時乎，斯厥時乎！而皇帝茂謙德之遐芳，損盛業之景炎，稽于衆誠，未之果行，徵諸册牘，非謨明之所存者也。古語曰：「修德以錫符，奉符以行事。」是故績懋爰舉，欺之大也；德至弗圖，慢之甚也。聖王罔從欺而動，靡甘慢而守，宜乎抑厚壤之瑣節，奉皇穹之寵靈，蕆事庶僚，詳禮宗伯，鳴鑾五輅，揚旆九旗，寅亮遐躅，崇配黄軒，俾嘉聲隆震於萬世，王猷翕鑠於一時，其不休哉！

臣生長蓬茨，無位朝廷，不宜越次僭履，擬議文憲，然以惠迪典謨，沐浴大賚，仰酌遠古，參倫聖世，知有未侔焉。是敢首陳列辟受命之猷，次敘二帝、三王雍容之盛，繼道漢晉、隋唐因循之治，❶然後知鼓祥風，振頹基，裁成輔相，非睿聖疇能，焕發闡揚，格斯文之昭著乎！恭以頌聲之聞，本諸木鐸，先民遺範，詢于蒭蕘，則韋褐之間，有其志者，諒可伸也。故敢奮扶愚忠，述贊典符，然後蹈舞遐方，俯伏俟罪。惟聖人不以人廢言，臣之懇也。

歷代名臣奏議卷之二百九十四

本卷張希清校點

❶「繼道漢晉」，原作「繼漢道晉」，今據《四庫全書》本改。

歷代名臣奏議卷之二百九十五

灾祥

殷帝太戊立，伊陟爲相。陟，伊尹之子。亳有祥，桑穀共生於朝，一暮大拱。祥，妖怪也。二木合生，不恭之罰。鄭玄曰：「兩手搤之曰拱。」帝懼，問伊陟。陟曰：「臣聞妖不勝德，帝之政其有闕與？帝其修德。」太戊從之。是時史請卜之湯廟。卜者曰：「吾聞之：祥者福之先者也，見祥而爲不善，則福不生；殃者禍之先者也，見殃而能爲善，則禍不至。」於是乃早朝而晏退，問疾弔喪，三日而桑穀自亡。

周幽王二年，西周三川皆震。涇、渭、洛也。伯陽甫曰：「周將亡矣。伯陽父，周柱下史老子也。夫天地之氣，不失其序；若過其序，民亂之也。過，失也。言民不敢斥王者也。陽伏而不能出，陰迫而不能蒸，蒸，升也。於是有地震。今三川實震，是陽失其所而填陰也。爲陰所鎮笮也。陽失而在陰，在陰下也。原必塞；原塞，國必亡。夫水土演而民用也。水土氣通爲演，演猶潤也。演則生物，民得用之。土無所演，民乏財用，不亡何待？昔伊、洛竭而夏亡，河竭而商亡，今周德若二代之季矣，其川原又塞，塞必竭。夫國必依山川，山崩川竭，亡國之徵也。川竭必山崩。若國亡不過十年，數之紀也。天之所弃，不過其紀。」是歲三川竭，岐山崩。十一年，幽王乃滅，周乃東遷。

晉平公問於士文伯曰：「《詩》所謂『彼

日而食，于何不臧』者，何也？」對曰：「不善政之謂也。國無政，不用善，則自取謫于日月之災，故政不可不慎也。務三而已：一曰擇人，二曰因民，三曰從時。」

平公以「石言于魏榆」，問於師曠，曰：「石何故言？」對曰：「石不能言，或馮焉。不然，民聽濫也。抑臣又聞之曰：『作事不時，怨讟動于民，則有非言之物而言。』今宮室崇侈，民力彫盡，怨讟並作，莫保其性。石言，不亦宜乎？」

齊景公時，彗星見。景公坐柏寢，嘆曰：「堂堂！誰有此乎？」服虔曰：「景公自恐德薄，不能久享齊國，故曰『誰有此』也。」群臣皆泣，晏子笑，公怒。晏子曰：「臣笑群臣諛甚。」景公曰：「彗星出東北，當齊分野，寡人以爲憂。」晏子曰：「君高臺深池，賦斂如弗得，刑罰恐弗勝，茀星將出，彗星何懼乎？」公曰：「可禳否？」晏子曰：「使神可祝而來，亦可禳而去也。百姓苦怨以萬數，而君令一人禳之，安能勝衆口乎？」是時景公好治宮室，聚狗馬，奢侈，厚賦重刑，故晏子以此諫之。公使祝禳之。晏子曰：「無益也，祇取誣焉。天道不諂，不貳其命，若之何禳之也？且天之有彗，以除穢也。君無穢德，又何禳焉？若德之穢，禳之何損？《詩》云：『惟此文王，小心翼翼。昭事上帝，聿懷多福。厥德不回，以受方國。』君無違德，方國將至，何患於彗？《詩》曰：『我無所監，夏后及商。用亂之故，民卒流亡。』若德之回亂，民將流亡，祝史之爲，無能補也。」公說，乃止。

齊太旱，景公召群臣問曰：「天不雨久矣，民且有飢色。吾使人卜之，祟在高山廣水。寡人欲少賦斂以祠靈山，可乎？」群臣莫對。晏子進曰：「不可！祠此無益也。夫靈山固以石爲身，以草木爲髮，天久不雨，髮將焦，身將熱，彼獨不欲雨乎？祠之無益。」景公曰：「不然，吾欲祠河伯，可乎？」晏子曰：「不可！祠此無益也。夫河伯以水爲國，以魚鼈爲民，天久不雨，水泉將下，百川將竭，國將亡，民將滅矣，彼獨不欲雨乎？祠之何益？」景公曰：「今爲之奈何？」晏子曰：「君誠避宮殿暴露，與靈山、河伯共憂，其幸而雨乎！」於是景公出野暴露，三日，天果大雨，民盡得種樹。景公曰：「善哉！晏子之言，可無用乎！其惟有德也。」

宋景公時，熒惑在心，懼，召子韋而問曰：「熒惑在心，何也？」子韋曰：「熒惑，天罰也；心，宋分野也。禍當君身。雖然，可移於宰相。」公曰：「宰相所使治國也，而移死焉，不祥，寡人請自當也。」子韋曰：「可移於民。」公曰：「民死，將誰君乎？寧獨死耳。」子韋曰：「可移於歲。」公曰：「歲饑民餓，❶必死。爲人君欲殺其民以自活，其誰以我爲君乎？是寡人之命固盡矣，子無復言矣。」子韋還走，北面再拜曰：「臣敢賀君。天之處高而聽卑，君有仁人之言三，天必三賞君。今夕星必徙舍，君延壽二十一歲。」公曰：「子何以知之？」對曰：「君有三善，故三賞，星必三舍。舍行七星，星當一年，三七二十一，故曰延壽二十一年。臣請伏於陛下以司之，星不徙，臣請死之。」公

❶「餓」，原空闕，今據《新序·雜事第四》補。

曰：「可。」是夕也，星三徙舍。

魏文侯御廩灾。文侯素服辟正殿，五日。群臣皆素服而弔，公子成父獨不弔。文侯復殿。公子成父趨而入賀，曰：「甚大善矣！夫御廩之灾也。」文侯作色不悦，曰：「夫御廩者，寡人寶之所藏也。今火灾，寡人素服辟正殿，群臣皆素服而弔，至於子大夫而不弔。今已復殿矣，猶入賀，何爲？」公子成父曰：「臣聞之：天子藏於四海之内，諸侯藏於境内，大夫藏於其家，士庶人藏於篋櫝。非其所藏者，不有天灾，必有人患。今幸無人患，乃有天灾，不亦善乎？」文侯喟然嘆曰：「善。」

漢武帝建元六年六月丁酉，遼東高廟灾。四月壬子，高園便殿火。董仲舒對曰：

《春秋》之道，舉往以明來，是故天下有物，視《春秋》所舉與同比者，精微眇以存其意，通倫類以貫其理，天地之變，國家之事，粲然皆見，亡所疑矣。按《春秋》魯定公、哀公時，季氏之惡已孰，孰，成也。而孔子之聖方盛。夫以盛聖而易孰惡，季孫雖重，魯君雖輕，其勢可成也。故定公二年五月兩觀灾。兩觀，僭禮之物，天灾之者，若曰，僭禮之臣可以去。已見辠徵，而後告可去，此天意也。定公不知省。至哀公三年五月，桓宫、釐宫灾。二者同事，所爲一也，若曰燔貴而去不義云爾。哀公未能見，故四年六月亳社灾。兩觀、桓、釐廟、亳社，四者皆不當立，天皆燔其不當立者以示魯，欲其去亂臣而用聖人也。季氏亡道久矣，前是天不見灾者，魯未有賢聖臣，雖欲去季孫，其力不能，昭公是也。至定、哀迺見之，其時可也。不時不見，天之道也。今高廟不當居遼東，高園殿不當居陵旁，於禮亦不當立，與魯所災同。其不當立久矣，至於陛下時天廼災之者，殆亦其時可也。昔秦受亡周之敝，而亡以化之；漢受亡秦之敝，又亡以化之。夫繼二敝之後，承其下流，兼受其猥，難治甚矣。又多兄弟親戚骨肉之連，驕揚奢侈恣睢者衆，所謂重難之時者也。陛下正當大敝之後，又遭重難之時，甚可憂也。故天災若語陛下「當今之世，雖敝而重難，非以太平至公，不能治也。視親戚貴屬在諸侯遠正最甚者，忍而誅之，如吾燔遼東高廟廼可；視近臣在國中處旁昃及貴不正者，忍而誅之，如吾燔高園殿廼可」云爾。在外而不正者，雖貴如高廟，猶災燔之，況諸侯乎！在內而不正者，雖貴如高園殿，猶燔災之，況大臣乎！此天意也。辠在外者天災外，辠在內者天災內，燔甚，罪當重，燔簡，罪當輕，承天意之道也。

宣帝時，大將軍霍光薨，兄子山領尚書，親屬皆宿衛內侍。地節三年夏，京師雨雹，東海蕭望之上疏，願賜清閒之宴，口陳災異之意。帝下少府宋畸問狀，無有所諱。望之奏曰：「臣以爲《春秋》昭公三年大雨雹，是時季氏專權，卒逐昭公。鄉音向。使魯君察於天變，宜亡此害。今陛下以聖德居位，思政求賢，堯、舜之用心也。然而善祥未臻，陰陽不和，是大臣任政，一姓擅埶之所致也。附枝大者賊本心，私家盛者公室危。唯明主躬萬機，選同姓，舉賢材以爲腹心，與參政謀，令公卿大臣朝見奏事，明陳其職，以考功能。如是，則庶事理，公道立，姦邪塞，私權廢矣。」奏對，天子拜望之爲謁者。

元帝時，地震，弘恭、石顯，許、史子弟，侍中諸曹，皆側目於蕭望之等，劉向懼焉，乃使其外親上變事，言：

竊聞故前將軍蕭望之等，皆忠正無私，欲致大治，忤於貴戚尚書。今道路人聞望之等復進，以爲且復見毀讒，必曰嘗有過之臣不宜復用，是大不然。臣聞《春秋》地震，爲在位執政太盛也，不爲三獨夫動，亦已明矣。謂蕭望之、周堪及向。獨夫猶言匹夫也。且往者高皇帝時，季布有罪，至於夷滅，後赦以爲將軍，高后、孝文之間卒爲名臣。孝武帝時，兒寬有重罪繫，按道侯韓説諫曰：説讀曰悦。「前吾丘壽王死，陛下至今恨之；今殺寬，後將復大恨矣。」上感其言，遂貰寬，復用之，位至御史大夫，御史大夫未有及寬者也。又董仲舒坐私爲灾異書，主父偃取奏之，下吏，罪至不道，幸蒙不誅，復爲太中大夫、膠西相，以老病免歸。漢有所欲興，常有詔問。仲舒爲世儒宗，定議有益天下。孝宣皇帝時，夏侯勝坐誹謗繫獄三年，免爲庶人。宣帝復用勝，至長信少府、太子太傅，名敢直言，天下美之。若乃群臣，多此比類，難一二記。有過之臣，無負國家，有益天下，此四臣者，足以觀矣。

前弘恭奏望之等獄決，三月，地大震。恭移病出，後復視事，天陰雨雪。由是言之，地動殆爲恭等。

臣愚以爲宜退恭、顯以章蔽善之罰，進望之等以通賢者之路。如此，太平之門開，灾異之源塞矣。

永光元年，劉向見周堪、張猛在位，幾音

冀。己得復進，懼其傾危，乃上封事曰：

臣前幸得以骨肉備九卿，奉法不謹，乃復蒙恩。竊見灾異並起，天地失常，徵表爲國。欲終不言，念忠臣雖在甽畝，猶不忘君，惓惓之義也。况重以骨肉之親，又加以舊恩未報乎！欲竭愚誠，又恐越職，然惟二恩未報，忠臣之義，一攄愚意，退就農畝，死無所恨。

臣聞舜命九官，濟濟相讓，和之至也。衆賢和於朝，則萬物和於野。故簫《韶》九成，而鳳凰來儀；擊石拊石，而百獸率舞。四海之内，靡不和寧。及至周文，開基西郊，雜遝衆賢，罔不肅和，崇推讓之風，以銷分争之訟。文王既没，周公思慕，歌詠文王之德，其《詩》曰：「於穆清廟，肅雍顯相；濟濟多士，秉文之德。」當此之時，武王、周公繼政，朝臣和於内，萬國驩於外，故盡得其驩心，以事其先祖。其《詩》曰：「有來雍雍，至止肅肅，相維辟公，天子穆穆。」言四方皆以和來也。諸侯和於下，天應報於上，故《周頌》曰「降福穰穰」，又曰「飴我釐麰」。釐麰，麥也，始自天降。此皆以和致和，獲天助也。

下至幽、厲之際，朝廷不和，轉相非怨，詩人疾而憂之曰：「民之無良，相怨一方。」衆小在位而從邪議，歙歙相是而背君子，故其《詩》曰：「歙歙訿訿，亦孔之哀！謀之既臧，則具是違；謀之不臧，則具是依！」君子獨處守正，不撓衆枉，勉彊以從王事則見憎毒讒愬，故其《詩》曰：「密勿從事，不敢告勞，無罪無辜，讒口嗸嗸！」當是之時，日月薄蝕而無光，其《詩》曰：「朔日辛卯，日有蝕之，亦孔之醜！」又曰：「彼月而微，此日而微，今此下民，亦孔之哀！」又曰：

「日月鞠凶，不用其行；四國無政，不用其良！」天變見於上，地變動於下，水泉沸騰，山谷易處，其《詩》曰：「百川沸騰，山冢崒崩，高岸爲谷，深谷爲陵。哀今之人，胡憯莫懲！」霜降失節，不以其時，其《詩》曰：「正月繁霜，我心憂傷；民之訛言，亦孔之將！」言民以是爲非，甚衆大也。此皆不和，賢不肖易位之所致也。

自此之後，天下大亂，篡殺殃禍並作，厲王奔彘，幽王見殺。至乎平王末年，魯隱之始即位也，周大夫祭伯乖離不和，出奔於魯，而《春秋》爲諱，不言來奔，傷其禍殃自此始也。是後尹氏世卿而專恣，諸侯背叛而不朝，周室卑微。二百四十二年之間，日食三十六，地震五，山陵崩弛二，彗星三見，夜常星不見，夜中星隕如雨一，火災十四。長狄入三國，五石隕墜，六鷁退飛，多麋，有蜮、蜚，鸜鵒來巢者，皆一見。晝冥晦，雨木冰。李梅冬實。七月霜降，草木不死。❶八月殺菽。大雨雹。雨雪雷霆失序相乘。水、旱、饑，蝝、螽、螟，螽午並起。當是時，禍亂輒應，弒君三十六，亡國五十二，諸侯奔走，不得保其社稷者，不可勝數也。周室多禍：晉敗其師於貿戎，伐其郊；鄭傷桓王；戎執其使；衛侯朔召不往，齊逆命而助朔；五大夫爭權，三君更立，莫能正理。遂至陵夷不能復興。

由此觀之，和氣致祥，乖氣致異；祥多者其國安，異衆者其國危，天地之常經，古今之通義也。今陛下開三代之業，招文學之士，優游寬容，使得並進。今賢不肖渾殽，白黑不分，邪正雜糅，忠讒並進。章交

❶「不」，原脱，今據《漢書·劉向傳》補。

公車，人滿北軍。朝臣舛午，謬戾乖剌，更相讒愬，轉相是非。傳授增加，文書紛糾，前後錯謬，毁譽混亂。所以營惑耳目，感移心意，不可勝載。分曹爲黨，往往群朋，將同心以陷正臣。正臣進者，治之表也；正臣陷者，亂之機也。乘治亂之機，❶未知孰任，而灾異數見，此臣所以寒心者也。夫乘權藉勢之人，子弟鱗集於朝，羽翼陰附者衆，輻湊於前，毁譽將必用，以終乖離之咎。是以日月無光，雪霜夏隕，海水沸出，陵谷易處，列星失行，皆怨氣之所致也。夫遵衰周之軌迹，循詩人之所刺，而欲以成太平，致雅頌，猶卻行而求及前人也。初元以來六年矣，案《春秋》六年之中，灾異未有稠如今者也。夫有《春秋》之異，無孔子之救，猶不能解紛，况甚於《春秋》乎？

原其所以然者，讒邪並進也。讒邪之所以並進者，由上多疑心，既已用賢人而行善政，如或譖之，則賢人退而善政還。夫執狐疑之心者，來讒賊之口；持不斷之意者，開群枉之門。讒邪進則衆賢退，群枉盛則正士消。故《易》有《否》、《泰》。小人道長，君子道消，君子道消，則政日亂，故爲否。否者，閉而亂也。君子道長，小人道消，小人道消，則政日治，故爲泰。泰者，通而治也。《詩》又云「雨雪麃麃，見晛聿消」，與《易》同義。昔者鯀、共工、驩兜與舜、禹雜處堯朝，周公與管、蔡並居周位，當是時，迭進相毁，流言相謗，豈可勝道哉！帝堯、成王能賢舜、禹、周公而誚共工、管、蔡，❷故以大治，榮華至今。孔子與季、孟偕仕於魯，

❶「乘」，原作「乖」，今據《漢書》改。
❷「誚」，《漢書》作「消」。本篇下二「誚」字同。

李斯與叔孫俱宦於秦，定公、始皇賢季、孟、李斯而誚孔子、叔孫，故以大亂，污辱至今。故治亂榮辱之端，在所信任；信任既賢，在於堅固而不移。《詩》云：「我心匪石，不可轉也。」言守善篤也。《易》曰：「涣汗其大號。」言號令如汗，汗出而不反者也。今出善令，未能踰時而反，是反汗也；用賢未能三旬而退，是轉石也。《論語》曰：「見不善如探湯。」今二府奏佞讇不當在位，歷年而不去。故出令則如反汗，用賢則如轉石，去佞則如拔山，如此望陰陽之調，不亦難乎！

是以群小窺見閒隙，緣飾文字，巧言醜詆，流言飛文，譁於民間。故《詩》云：「憂心悄悄，慍于群小。」小人成群，誠足慍也。昔孔子與顏淵、子貢更相稱譽，不爲朋黨；禹、稷與皋陶傳相汲引，不爲比周。何則？忠於爲國，無邪心也。故賢人在上位，則引其類而聚之於朝，《易》曰「飛龍在天，大人聚也」；在下位，則思與其類俱進，《易》曰「拔茅連茹，以其彙，征吉」。在上則引其類，在下則推其類，故湯用伊尹，不仁者遠，而衆賢至，類相致也。今佞邪與賢臣並在交戟之内，合黨共謀，違善依惡，歙歙訿訿，數設危險之言，欲以傾移主上。如忽然用之，此天地之所以先戒，灾異之所以重至者也。

自古明聖，未有無誅而治者也，故舜有四放之罰，而孔子有兩觀之誅，然後聖化可得而行也。今以陛下明知，誠深思天地之心，迹察兩觀之誅，覽《否》、《泰》之卦，觀雨雪之詩，歷周、唐之所進以爲法，原秦、魯之所誚以爲戒，考祥應之福，省灾異之禍，以揆當世之變，放遠邪佞之黨，壞散險詖之聚，杜閉群枉之門，廣開衆正之路，決斷狐疑，分別猶豫，使是非炳然可知，則百異消滅，而衆祥並至，太平之基，萬世之利也。

臣幸得託肺附，誠見陰陽不調，不敢不通所聞。竊推《春秋》災異，以救今事一二，條其所以，不宜宣洩。

元帝因日蝕地震之變，問匡衡以政治得失，衡上疏曰：

「臣聞五帝不同樂，三王各異教，民俗殊務，所遇之時異也。陛下躬聖德，開太平之路，閔愚吏民觸法抵禁，比年大赦，使百姓得改行自新，天下幸甚。臣竊見大赦之後，奸邪不爲衰止，今日大赦，明日犯法，相隨入獄，此殆導之未得其務也。蓋保民者『陳之以德義』，『示之以好惡』，觀其失而制其宜，故動之而和，綏之而安。今天下俗貪財賤義，好聲色，上侈靡，廉耻之節薄，淫辟之意縱，綱紀失序，疏者踰内，親戚之恩薄，婚姻之黨隆，苟合徼幸，以身設利。不改其原，雖歲赦之，刑猶難使錯而不用也。

「臣愚以爲宜壹曠然大變其俗。孔子曰：『能以禮讓爲國乎，何有？』朝廷者，天下之楨幹也。公卿大夫相與循禮恭讓，則民不争；好仁樂施，則下不暴；上義高節，則民興行；寬柔和惠，則衆相愛。四者，明王之所以不嚴而成化也。何者？朝有變色之言，則下有争鬭之患；上有自專之士，則下有不讓之人；上有克勝之佐，則下有傷害之心；上有好利之臣，則下有盜竊之民。此其本也。今俗吏之治，皆不本禮讓，而上克暴，或忮害好陷人於罪，貪財而慕埶，故犯法者衆，奸邪不止，雖嚴刑峻法，猶不爲變。此非其天性，有由然也。

「臣竊考《國風》之詩，《周南》、《召南》

被賢聖之化深，故篤於行而廉於色。鄭伯好勇，而國人暴虎；秦穆貴信，而士多從死；陳夫人好巫，而民淫祀；晉侯好儉，而民畜聚；太王躬仁，邠國貴恕。由此觀之，治天下者審所上而已。今之僞薄忮害，不讓極矣。臣聞教化之流，非家至而人説之也。賢者在位，能者布職，朝廷崇禮，百僚敬讓。道德之行，由内及外，自近者始，然後民知所法，遷善日進而不自知。是以百姓安而陰陽和，神靈應而嘉祥見。《詩》曰：「商邑翼翼，四方之極；壽考且寧，以保我後生。」此成湯所以建至治、保子孫、化異俗而懷鬼方也。今長安，天子之都，親承聖化，然其習俗無以異於遠方，郡國來者無所法則，或見侈靡而放效之。此教化之原本，風俗之樞機，宜先正者也。

「臣聞天人之際，精祲有以相盪，善惡有以相推，事作乎下者象動乎上，陰陽之理各應其感，陰變則静者動，陽蔽則明者晻，水旱之灾隨類而至。今關東連年饑饉，百姓困乏，或至相食，此皆生於賦斂多，民所共者大，而吏安集之不稱之效也。陛下祗畏天戒，哀閔元元，大自減損，省甘泉、建章宫衛，罷珠崖，偃武行文，將欲度唐虞之隆，絶殷周之衰也。諸見罷珠崖詔書者，莫不欣欣，人自以將見太平也。宜遂減宫室之度，省靡麗之飾，考制度，脩外内，近忠正，遠巧佞，放鄭、衛，進《雅》、《頌》，舉異材，開直言，任温良之人，退刻薄之吏，顯絜白之士，昭無欲之路，覽六藝之意，察上世之務，明自然之道，博和睦之化，以崇至仁，匡失俗，易民視，令海内昭然咸見本朝之所貴，道德弘於京師，淑問揚乎疆外，然後大化可成，禮讓可興也。」

上説其言，遷衡爲光禄大夫、太子太傅。

初元元年，翼奉上封事曰：

臣聞之於師曰，天地設位，懸日月，布星辰，分陰陽，定四時，列五行，以視聖人，名之曰道。聖人見道，然後知王治之象，故畫州土，建君臣，立律曆，陳成敗，以視賢者，名之曰經。賢者見經，然後知人道之務，則《詩》、《書》、《易》、《春秋》、《禮》、《樂》是也。《易》有陰陽，《詩》有五際，《春秋》有灾異，皆列終始，推得失，考天心，以言王道之安危。至秦乃不説，傷之以法，是以大道不通，至於滅亡。今陛下明聖，深懷要道，燭臨萬方，布德流惠，靡有闕遺。罷省不急之用，振救困貧，賦醫藥，賜棺錢，恩澤甚厚。又舉直言，求過失，盛德純備，天下幸甚。臣奉竊學《齊詩》，聞五際之要《十月之交》篇，知日蝕、地震之效昭然可明，猶巢居知風，穴處知雨，亦不足多，適所習耳。臣聞人氣内逆則感動天地，天變見於星氣日蝕，地變見於奇物震動。所以然者，陽用其精，陰用其形，猶人之有五藏六體，五藏象天，六體象地。故藏病則氣色發於面，體病則欠伸動於貌。今年太陰建於甲戌，律以庚寅初用事，曆以甲午從春。曆中甲庚，律得參陽，性中仁義，情得公正貞廉，百年之精歲也。正以精歲，本首王位，日臨中時接律而地大震，其後連月久陰，雖有大令，猶不能復，陰氣盛矣。古者朝廷必有同姓以明親親，必有異姓以明賢賢，此聖王之所以大通天下也。同姓親而易進，異姓疏而難通，故同姓一，異姓五，迺爲平均。今左右亡同姓，獨以舅后之家爲親，異姓之臣又疏。二后之黨滿朝，非特處位，埶尤奢僭過度，吕、霍、上官足以卜之，甚非愛人之道，又非後嗣之長策也。陰氣之盛，不亦宜乎！臣又聞未央、建章、甘泉宫才人各以百數，皆不得天性。若杜陵園，其已御見者，臣子不敢有言，雖然，太皇太后之事也。及諸侯王園，與其後宫，宜爲設員，出其過制者，此損陰氣，應天救邪之道也。今異至不應，灾將隨之。其法大水，極陰生陽，反爲大旱，甚則有火灾，《春秋》宋伯姬是矣。唯陛下財察。

明年夏四月，孝武園白鶴館灾。奉自以爲中，又上疏曰：「臣前上五際地震之效，曰極陰生陽，恐有火灾。不合明聽，未見省答，臣竊内不自信，今白鶴館以四月乙未，時加於卯，月宿亢灾，與前地震同法。臣奉廼深知道之可信也。不勝拳拳，願復賜間，卒其終始。」上復延問以得失。

奉以爲祭天地於雲陽汾陰，及諸寢廟不以親疏迭毁，皆煩費，違古制。又宫室苑囿，奢泰難供，以故民困國虚，亡累年之畜。所繇來久，不改其本，難以末正，廼上疏曰：「臣聞昔者盤庚改邑以興殷道，聖人美之。竊聞漢德隆盛，在於孝文皇帝躬行節儉，外省繇役。其時未有甘泉、建章及上林中諸離宫館也。未央宫又無高門、武臺、麒麟、鳳皇、白虎、玉堂、金華之殿，獨有前殿、曲臺、漸臺、宣室、温室、承明耳。孝文欲作一臺，度用百金，重民之財，廢而不爲，其積土基，至今猶存，又下遺詔，不起山墳。故其時天下大和，百姓洽足，德流後嗣。如令處於當今，因此制度，必不能成功名。天道有常，王道亡常，亡常者所以應有常也。必有非常之主，然後能立非常之功。臣願陛下徙都於成周，左據成皋，右阻黽池，前鄉崧高，後介大河，建滎陽，扶河東，南北千里以爲關，而入敖倉；地方百里者八九，足以自娛；東厭諸侯之權，西遠羌胡之難，陛下共己亡爲，按成周之居，兼盤庚之德，萬歲之後，長爲高宗。漢家郊兆寢廟祭祀之禮多不應古，臣奉誠難亶居而改作，故願陛下遷都正本。衆制皆定，亡復繕治宮館不急之費，歲可餘一年之畜。臣聞三代之祖積德以王，然皆不過數百年而絶。周至成王，有上賢之材，因文、武之業，以周、召爲輔，有司各敬其事，在位莫非其人。天下甫二世耳，然周公猶作詩書，深戒成王，以恐失天下。《書》則曰：『王毋若殷王紂。』其《詩》則曰：『殷之未喪師，克配上帝；宜監于殷，駿命不易。』今漢初取天下，起於豐沛，以兵征伐，德化未洽，後世奢侈，國家之費當數代之用，非直費財，又乃費士。孝武之世，暴骨四夷，不可勝數。有天下雖未久，至於陛下八世九主矣，雖有成王之明，然亡周、召之佐。今東方連年飢饉，加之以疾疫，百姓菜色，或至相食。地比震動，天氣溷濁，日光侵奪。繇此言之，執國政者豈可以不懷怵惕而戒萬分之一乎！故臣願陛下因天變而徙都，所謂與天下更始者也。天道終而復始，窮則反本，故能延長而亡窮也。今漢道未終，陛下本而始之，於以永世延祚，不亦優乎！如因丙子之孟夏，順太陰以東行，到後七年之明歲，必有五年之餘蓄，然後大行考室之禮，雖周之隆盛，亡以加此。唯陛下留神，詳察萬世之策。」書奏，天子異其意。

成帝建始三年冬，日食、地震同日俱發，詔舉方正直言極諫之士，太常陽城侯劉慶忌舉太常丞谷永待詔公車。永對曰：「陛下秉至聖之純德，懼天地之戒異，飭身脩政，納問公卿，又下明詔，帥舉直言，燕見紬繹，以求咎愆，使臣等得造明朝，承聖問。臣材朽學淺，不通政事。竊聞明王即位，正五事，建大中，以承天心，則庶徵序於下，日月理於上；如人君淫溺後宮，盤樂游田，五事失於躬，大中之道不立，則咎徵降而六極至。凡灾異之發，各象過失，以類告人。乃十二月朔戊申，日食婺女之分，地震蕭牆之內，二者同日俱發，以丁寧陛下，厥咎不遠，宜厚求諸身。意豈陛下志在閨門，未卹政事，不慎舉錯，屢失中與？內寵大盛，女不遵道，嫉妒專上，❶妨繼嗣與？古之王者廢五事之中，失夫婦之紀，妻妾得意，謁行於內，執行於外，至覆傾國家，惑亂陰陽。昔褒姒用國，宗周以喪；閻妻驕扇，日以不臧。此其效也。經曰：『皇極，皇建其有極。』傳曰：『皇之不極，是謂不建，時則有日月亂行。』陛下踐至尊之祚爲天下主，奉帝王之職以統群生，方內之治亂，在陛下所執。誠留意於正身，勉强於力行，損燕私之間以勞天下，放去淫溺之樂，罷歸倡優之笑，絕卻不享之儀，慎節游田之虞，起居有常，循禮而動，躬親政事，致行無倦，安服若性。經曰：『繼自今嗣王，其毋淫于酒，毋逸于游田，惟正之共。』未有身治正而臣下邪者也。夫妻之際，王事綱紀，安危之機，聖王所致慎也。昔舜飭正二女，以崇至德；楚莊忍絕丹姬，以成伯功；幽王惑於褒

❶「上」上，原衍「寵」字，今據《漢書·谷永傳》刪。

姒，周德降亡；魯桓脅於齊女，社稷以傾。誠修後宮之政，明尊卑之序。貴者不得嫉妒專寵，以絶驕嫚之端，抑褒、閻之亂；賤者咸得秩進，各得厥職，以廣繼嗣之統，息《白華》之怨；後宮親屬，饒之以財，勿與政事，以遠皇父之類，損妻黨之權：未有閨門治而天下亂者也。治遠自近始，習善在左右。昔龍筦納言，而帝命惟允；四輔既備，成王靡有過事。誠敕正左右齊栗之臣，戴金貂之飾、執常伯之職者，皆使學先王之道，知君臣之義，濟濟謹孚，無敖戲驕恣之過，則左右肅艾，群僚仰法，化流四方。經曰：『亦惟先正克左右。』未有左右正而百官枉者也。治天下者尊賢考功則治，簡賢違功則亂。誠審思治人之術，歡樂得賢之福，論材選士，必試於職，明度量以程能，考功實以定德，無用比周之虛譽，毋聽浸潤之譖愬，則抱功修職之吏無蔽傷之憂，比周邪僞之徒不得即工，小人日銷，俊乂日隆。經曰：『三載考績，三考黜陟幽明。』又曰：『九德咸事，俊乂在官。』未有功賞得於前、衆賢布於官而不治者也。堯遭洪水之災，天下分絶爲十二州，制遠之道微而無乖畔之難者，德厚恩深，無怨於下也。秦居平土，一夫大呼而海内崩析者，刑罰深酷，吏行殘賊也。夫違天害德，爲上取怨於下，莫甚乎殘賊之吏。誠放退殘賊酷暴之吏，錮廢勿用，益用温良上德之士以親萬姓，平刑釋冤以理民命，務省繇役，毋奪民時，薄收賦稅，毋殫民財，使天下黎元咸安家樂業，不苦踰時之役，不患苛暴之政，不疾酷烈之吏，雖有唐堯之大災，民無離上之心。經曰：『懷保小人，惠于鰥寡。』未有德厚吏良而民畔者也。臣聞災異，皇天所以譴告人君過失，猶嚴父之明誡。畏懼敬改，則禍銷福降；忽然簡易，則咎罰不除。經曰：『饗用五福，畏用六極。』傳曰：『六沴作見，若不共御，六罰既侵，六極其下。』今三年之間，灾異鋒起，小大畢具，所行不享上帝，上帝不豫，炳然甚著。不求之身，無所改正，疏舉廣謀，又不用其言，是循不享之迹，無謝過之實也，天責愈深。此五者，王事之綱紀，南面之急務，唯陛下留神。」對奏，天子異焉，特召見。

永又奏曰：「臣前幸得條對灾異之效，禍亂所極，言關於聖聰。書陳於前，陛下委棄不納，而更使方正對策，背可懼之大異，問不急之常論，廢承天之至言，角無用之虛文，欲末殺灾異，滿讕誣天，是故皇天勃然發怒，甲己之間暴風三臻，❶拔樹折木，此天至明不可欺之效也。」上復問永，永對曰：「日食婺女九度，占在皇后。地震蕭牆之內，咎在貴妾。二者俱發，明同事異人，共掩制陽，將害繼嗣也。亶日食，則妾不見；亶地震，則后不見。異日而發，則似殊事；亡故動變，則恐不知。是月后妾當有失節之郵，故天因此兩見其變。若曰，違失婦道，隔遠衆妾，妨絕繼嗣者，此二人也。」

永始二年二月晦，日有食之。永以京房《易占》對曰：

元年九月日蝕，酒亡節之所致也。獨使京師知之，四國不見者，若曰，湛湎于酒，君臣不別，禍在內也。今年日食，賦斂不得度，民愁怨之所致也。所以使四方皆見，京

❶「己」，原作「乙」，今據《漢書》改。

師陰蔽者，若曰，人君好治宮室，大營墳墓，賦斂茲重，而百姓屈竭，禍在外也。

永遷涼州刺史。奏事京師訖，當之部，時有黑龍見東萊，上使尚書問永，受所欲言。永對曰：

臣聞王天下、有國家者，患在上有危亡之事，而危亡之言不得上聞；如使危亡之言輒上聞，則商、周不易姓而迭興，三正不變改而更用。夏、商之將亡也，行道之人皆知之，晏然自以若天有日莫能危，是故惡日廣而不自知，大命傾而不寤。《易》曰：「危者有其安者也，亡者保其存者也。」陛下誠垂寬明之聽，無忌諱之誅，使芻蕘之臣得盡所聞於前，不懼於後患，直言之路開，則四方衆賢不遠千里，輻湊陳忠，群臣之上願，社稷之長福也。

漢家行夏正，夏正色黑，黑龍，同姓之象也。龍陽德，由小之大，故爲王者瑞應。未知同姓有見本朝無繼嗣之慶，多危殆之際，❶欲因擾亂舉兵而起者邪？將動心冀爲後者，殘賊不仁，若廣陵、昌邑之類？臣愚不能處也。元年九月黑龍見，其晦，日有食之。今年二月己未夜星隕，乙酉，日有食之。六月之間，大異四發，二而同月，三代之末，春秋之亂，未嘗有也。臣聞三代所以隕社稷、喪宗廟者，皆由婦人與群惡沈湎於酒。《書》曰：「乃用婦人之言，自絶于天。」「四方之逋逃多罪，是崇是長，❷是信是使。」《詩》云：「燎之方陽，寧或滅之？赫赫宗周，褒姒威之！」《易》曰：「濡其首，有孚失

❶「際」，《漢書·谷永傳》作「隙」。
❷「崇」，《漢書》作「宗」。

是。」秦所以二世十六年而亡者，養生泰奢，奉終泰厚也。二者陛下兼而有之，臣請略陳其效。

《易》曰「在中餽，無攸遂」，言婦人不得與事也。《詩》曰：「懿厥哲婦，爲梟爲鴟。」「匪降自天，生自婦人。」建始、河平之際，許、班之貴，傾動前朝，熏灼四方，賞賜無量，空虛內藏，女寵至極，不可上矣。今之後起，天所不饗，什倍于前。廢先帝法度，聽用其言，官秩不當，縱釋王誅，驕其親屬，假之威權，縱横亂政，刺舉之吏，莫敢奉憲。又以掖庭獄大爲亂阱，搒箠㿔於炮烙，絶滅人命，主爲趙、李報德復怨，反除白罪，建治正吏，多繫無辜，掠立迫恐，至爲人起責，分利受謝。生入死出者，不可勝數。是以日食再既，以昭其辜。

王者必先自絶，然後天絶之。陛下棄萬乘之至貴，樂家人之賤事，厭高美之尊號，好匹夫之卑字，崇聚僄輕無義小人以爲私客，數離深宮之固，挺身晨夜，與群小相隨，烏集雜會，飲醉吏民之家，亂服共坐，流湎媟嫚，溷殽無別，閔免遁樂，晝夜在路。典門户奉宿衛之臣執干戈而守空宮，公卿百僚不知陛下所在，積數年矣。

王者以民爲基，民以財爲本，財竭則下畔，下畔則上亡。是以明王愛養基本，不敢窮極，使民如承大祭。今陛下輕奪民財，不愛民力，聽邪臣之計，去高敞初陵，捐十年功緒，改作昌陵，反天地之性，因下爲高，積土爲山，發徒起邑，並治宮館，大興繇役，重增賦斂，徵發如雨，役百乾谿，費疑音儗。驪山，靡敝天下，五年不成而後反故。又廣盱大也。營表，發人塚墓，斷截骸骨，暴揚尸柩。百姓財竭力盡，愁恨感天，災異屢降，饑饉仍臻。流散冗食，餒死於道，以百萬數。公家無一年之畜，百姓無旬日之儲，上下俱匱，無以相救。《詩》云：「殷監不遠，在夏后之世。」願陛下追觀夏、商、周、秦所以失之，以鏡考己行。有不合者，臣當伏妄言之誅。

漢興九世，百九十餘載，繼體之主七，皆承天順道，遵先祖法度，或以中興，或以治安。至於陛下，獨違道縱欲，輕身妄行，當盛壯之隆，無繼嗣之福，有危亡之憂，積失君道，不合天意，亦已多矣。爲人後嗣，守人功業，如此，豈不負哉！方今社稷宗廟禍福安危之機在於陛下，陛下誠宜發明聖之德，❶昭然遠寤，畏此上天之威怒，深懼危亡之徵兆，蕩滌邪辟之惡志，厲精致政，專心反道，絶群小之私客，免不正之詔除，悉罷北宮私奴車馬媠出之具，克己復禮，毋貳微行出飲之過，以防迫切之禍，深惟日食再既之意，抑損椒房玉堂之盛寵，毋聽後宮之請謁，除掖庭之亂獄，去炮烙之陷穽，誅戮佞邪之臣及左右執左道以事上者，以塞天下之望，且寢初陵之作，止諸繕治宮室，闕更減賦，盡休力役，存卹振捄困乏之人以弭遠方，厲崇忠直，放退殘賊，無使素餐之吏久尸厚祿，以次貫行，固執無違，夙夜孳孳，屢省無怠，舊愆畢改，新德既章，纖介之邪不復載心，則赫赫大異庶幾可銷，天命去就庶幾可復，社稷宗廟庶幾可保。唯陛下留神反覆，熟省臣言。臣幸得備邊部之吏，不知本朝失得，瞽言觸忌諱，罪當萬死。

元延元年，永爲北地太守。時災異尤

❶「宜」，《漢書》作「肯」。

數，當之官，上使衛尉淳于長受永所欲言。永對曰：「臣永幸得以愚朽之材爲太中大夫，備拾遺之臣，從朝者之後，進不能盡思納忠，輔宣聖德，退無被堅執鋭，討不義之功，猥蒙厚恩，仍遷至北地太守。絶命隕首，身膏野草，不足以報塞萬分。陛下聖德寬仁，不遺易忘之臣，垂周文之聽，下及芻蕘之愚，有詔使衛尉受臣永所欲言。臣聞事君之義，有言責者盡其忠，有官守者修其職。臣永幸得免於言責之辜，有官守之任，當畢力遵職，養綏百姓而已，不宜復關得失之辭。忠臣之於上，志在過厚，是故遠不違君，死不忘國。昔史魚既没，餘忠未訖，委柩後寢，以屍達誠；汲黯身外思内，發憤舒憂，遺言李息。經曰：『雖爾身在外，乃心無不在王室。』臣永幸得給事中，出入三年，雖執干戈守邊陲，思慕之心常存于省闥，是以敢越郡吏之職，陳累年之憂。

「臣聞天生蒸民，不能相治，爲立王者以統理之，方制海内非爲天子，列土封疆非爲諸侯，皆以爲民也。垂三統，列三正，去無道，開有德，不私一姓，明天下廼天下之天下，非一人之天下也。王者躬行道德，承順天地，博愛仁恕，恩及行葦，籍税取民不過常法，宮室車服不踰制度，事節財足，黎庶和睦，則卦氣理効，五徵時序，百姓壽考，庶草蕃滋，符瑞並降，以昭保右。失道妄行，逆天暴物，窮奢極欲，湛湎荒淫，婦言是從，誅逐仁賢，離逖骨肉，群小用事，峻刑重賦，百姓愁怨，則卦氣悖亂，咎徵著郵，上天震怒，災異屢降，日月薄食，五星失行，山崩川潰，水泉踊出，妖孽並見，茀星耀光，飢饉薦臻，百姓短折，萬物夭傷。終不改寤，惡洽變備，不復譴告，更命有德。《詩》云：

『乃眷西顧，此惟予宅。』

「夫去惡奪弱，遷命賢聖，天地之常經，百王之所同也。加以功德有厚薄，期質有脩短，時世有中季，天道有盛衰。陛下承八世之功業，當陽數之標季，涉三七之節紀，遭《無妄》之卦運，直百六之灾阸。三難異科，雜焉同會。建始元年以來二十載間，群灾大異，交錯蜂起，多於《春秋》所書。八世著紀，久不塞除，重以今年正月己亥朔日有食之，三朝之會，四月丁酉四方衆星白晝流隕，七月辛未彗星橫天。乘三難之際會，畜衆多之灾異，因之以飢饉，接之以不贍。彗星，極異也，土精所生，❶流隕之應出於飢變之後，兵亂作矣，厥期不久，隆德積善，懼不克濟。内則爲深宮後庭將有驕臣悍妾、醉酒狂悖卒起之敗，北宮苑囿街巷之中、平安之家幽閒之處徵舒、崔杼之亂；外則爲諸夏下土將有樊並、蘇令、陳勝、項梁奮臂之禍。❷内亂朝暮，日戒諸夏，舉兵以火角爲期。安危之分界，宗廟之至憂，臣永所以破膽寒心，豫言之累年。下有其萌，然後變見于上，可不致慎！

「禍起細微，姦生所易。願陛下正君臣之義，無復與群小媟黷燕飲；中黄門後庭素驕慢不謹，嘗以醉酒失臣禮者，悉出勿留。勤三綱之嚴，修後宮之政，抑遠驕妒之寵，崇近婉順之行，加惠失志之人，懷柔怨恨之心。保至尊之重，秉帝王之威，朝覲法出而後駕，陳兵清道而後行，無復輕身獨出，飲食臣妾之家。三者既除，内亂之路塞矣。

❶「土」，原作「七」，今據《漢書·谷永傳》改。
❷「陳」，原作「休」，今據《四庫全書》本、《漢書》改。

「諸夏舉兵，萌在民飢饉而吏不卹，興於百姓困而賦斂重，發於下怨離而上不知。《易》曰：『屯其膏，小貞吉，大貞凶。』傳曰：『飢而不損茲謂泰，厥災水，厥咎亡。』《訞辭》曰：『關動牡飛，辟爲無道，臣爲非，厥咎亂臣謀篡。』王者遭衰難之世，有飢饉之災，不損用而大自潤，故凶；百姓困貧，無以共求，愁悲怨恨，故水；城關守國之固，固將去焉，故牡飛。往年郡國二十一傷於水災，禾黍不入。今年蠶麥咸惡。百川沸騰，江河溢決，大水泛濫郡國十五有餘。❶比年喪稼，時過無宿麥。百姓失業流散，群輩守關。大異較炳如彼，水災浩浩，黎庶窮困如此，宜損常稅、小自潤之時，而有司奏請加賦，甚繆經義，逆於民心，布怨趨禍之道也。牡飛之狀，殆爲此發。古者穀不登虧膳，災屢至損服，凶年不塈塗，明王之制也。《詩》云：『凡民有喪，扶服捄之。』《論語》曰：『百姓不足，君孰予足？』臣願陛下勿許加賦之奏，益減大官、導官、中御府、均官、掌畜、廩犧用度，止尚方、織室、京師郡國工服官發輸造作，以助大司農。流恩廣施，振贍困乏，開關梁，内流民，恣所欲之，以救其急。立春，遣使者循行風俗，宣布聖德，存卹孤寡，問民所苦，勞二千石，敕勸耕桑，毋奪農時，以慰綏元元之心，防塞大姦之隙。諸夏之亂，庶幾可息。

「臣聞上主可與爲善而不可與爲惡，下主可與爲惡而不可與爲善。陛下天然之性，疏通聰敏，上主之姿也。少省愚臣之言，感寤三難，深畏大異，定心爲善，捐忘邪志，毋貳舊愆，厲精致政，至誠應天，則積異

❶「十五」，原作「五十」，今據《漢書》改。

塞於上，禍亂伏於下，何憂患之有？竊恐陛下公志未專，私好頗存，尚愛群小，不肯爲耳！」

對奏，天子甚感其言。

成帝因日蝕、地震之變，詔舉賢良方正能直言士，合陽侯梁放舉武庫令杜欽。欽上對曰：

陛下畏天命，悼變異，延見公卿，舉直言之士，將以求天心，迹得失也。臣愚不足以奉大對。臣聞日蝕、地震，陽微陰盛也。臣者，君之陰也；子者，父之陰也；妻者，夫之陰也；夷狄者，中國之陰也。《春秋》日蝕三十六，地震五，或夷狄侵中國，或政權在臣下，或婦乘夫，或臣子背君父，事雖不同，其類一也。臣竊觀人事以考變異，❶則本朝大臣無不自安之人，外戚親屬無乖剌之心，關東諸侯無强大之國，三垂蠻夷無逆理之節；殆爲後宮。何以言之？日以戊申蝕，時加未。戊未，土也。土者，中宮之部也。其夜地震未央宮殿中，此必適妾將有争寵相害而爲患者，惟陛下深戒之。

變感以類相應，人事失於下，變象見於上。能應之以德，則異咎消亡；不能應之以善，則禍敗至。高宗遭雊雉之戒，飭己正事，享百年之壽，殷道復興，要在所以應之。應之非誠不立，非信不行。宋景公，小國之諸侯耳，有不忍移禍之誠，出人君之言三，熒惑爲之退舍。以陛下聖明，内推至誠，深思天變，何應而不感？何搖而不動？孔子曰：「仁遠乎哉！」惟陛下正后妾，抑女寵，防奢泰，去佚游，躬節儉，親萬事，數御

❶「人」，原作「之」，今據《漢書・杜欽傳》改。

安車，由輦道，親二宮之饗饍，致晨昏之定省。如此，即堯、舜不足與比隆，咎異何足消滅！如不留聽於庶事，不論材而授位，殫天下之財以奉淫侈，匱萬姓之力以從耳目，近諂諛之人而遠公方，信讒賊之臣以誅忠良，賢俊失在巖穴，大臣怨於不以，雖無變異，社稷之憂也。

天下至大，萬事至衆，祖業至重，誠不可以逸豫爲，不可以奢泰持也。惟陛下忍無益之欲，以全衆庶之命。

鴻嘉二年三月，博士行大射禮，有飛雉集于庭，歷階登堂而雊。又集大常、宗正、丞相、御史大夫、大司馬車騎將軍之府，又集未央宮承明殿屋上。時大司馬車騎將軍王音、待詔寵等上言：「天地之氣，以類相應，師古曰：「以經術待詔，其人名寵，不記姓也。」譴告人君，甚微而著。雉者聽察，先聞雷聲，故《月令》以紀氣。經載高宗雊雉之異，以明轉禍爲福之驗。今雉以博士行禮之日大衆聚會，飛集於庭，歷階登堂，萬衆睢睢，呼惟反。驚怪連日。經歷三公之府，太常、宗正典宗廟骨肉之官，然後入宮。其宿留告曉人，具備深切，宿，先就反。留，力救反。雖人道相戒，何以過是！」後帝使中常侍鼂閎詔音曰：「聞捕得雉，毛羽頗摧折，類拘執者，得無人爲之？」音復對曰：「陛下安得亡國之語？不知誰主爲佞讇之計，誣亂聖德如此者！左右阿諛甚衆，不待臣音復讇而足。公卿以下，保位自守，莫有正言。如令陛下覺寤，懼大禍且至身，深責臣下，繩以聖法，臣音當先受誅，豈有以自解哉！今即位十五年，繼嗣不立，日日駕車而出，泆行流聞，海内傳之，甚於京師。外有微行之害，内有疾病之憂，皇天數見災異，欲人變更，終已不改。天尚不能感動陛下，臣子何望？獨有極言待死，命在朝暮而已。如有不然，老母安得處所，尚何皇太后之有！高祖天下當以誰屬乎！師古曰：「不然者，謂不如所諫而自修改也。老母，帝之母，即太后也。言帝不自修改，國家危亡，太后不知處所，高祖天下無所付屬也。屬，之欲反。」宜謀於賢知，克己復禮，以求天意，繼嗣可立，災變尚可銷也。」

定陶共王來朝，太后與上承先帝意，遇王甚厚。大將軍王鳳心不便共王在京師，會日蝕，鳳因言：「日食，陰盛之象，爲非常異。定陶王雖親，於禮當奉藩在國。今留侍京師，詭正非常，故天見戒。宜遣王之國。」上不得已而許之。京兆尹王章素剛直敢言，迺奏封事言日蝕之咎。天子召見章，延問以事，章對曰：「天道聰明，佑善而災惡，以瑞異爲符效。今陛下以未有繼嗣，引近定陶王，所以承宗廟，重社稷，上順天心，下安百姓。此正義善事，當有祥瑞，何故致災異？災異之發，爲大臣顓政者也。今聞大將軍猥歸日蝕之咎於定陶王，建遣之國，苟欲使天子孤立於上，顓擅朝事以便其私，非忠臣也。且日蝕，陰侵陽，臣顓君之咎，今政事大小皆自鳳出，天子曾不壹舉手，鳳不内省責，反歸咎善人，推遠定陶王。且鳳誣罔不忠，非一事也。前丞相樂昌侯商，本以先帝外屬，内行篤，有威重，位歷將相，國家柱石臣也。其人守正，不肯詘節隨鳳委曲，卒用閨門之事爲鳳所罷，身以憂死，衆庶愍之。又鳳知其小婦弟張美人已嘗適人，於禮不宜配御至尊，託以爲宜子，納之後宮，苟以私其妻弟。聞張美人未嘗任身就館也。且羌胡尚殺首子以盪腸正世，況於天子而近已出之女也！此三者皆大事，陛下所自見，足以知其餘，及他所不見者。鳳不可令久典事，宜退使就第，選忠賢以代之。」自鳳之白罷商、遣定陶王也，上不能平。及聞章言，乃感寤，納之，謂章曰：「微京兆尹直言，吾不聞社稷計。」

王鳳專政，灾異寖甚。中壘校尉劉向上奏曰：「臣聞帝舜戒伯禹，❶毋若丹朱傲；周公戒成王，毋若殷王紂。《詩》曰『殷監不遠，在夏后之世』，亦言湯以桀爲戒也。聖帝明王常以敗亂自戒，不諱廢興，故臣敢極陳其愚，唯陛下留神察焉。謹按《春秋》二百四十二年，日蝕三十六，襄公尤數，率三歲五月有奇而一食。漢興訖竟寧，孝景帝尤數，率三歲一月而一食。臣向嘗數言日當食，今當三年比食。自建始以來，二十歲間而食率二歲六月而一發，古今罕有。異有小大希稠，占有舒疾緩急，而聖人所以斷疑也。《易》曰：『觀乎天文，以察時變。』昔孔子對魯哀公，並言夏桀、殷紂暴虐天下，故曆失則攝提失方，孟陬無紀，此皆易姓之變也。秦始皇之末至二世時，日月薄食，山陵淪亡，辰星出於四孟，太白經天而行，無雲而雷，枉矢夜光，❷熒惑襲月，孽火燒宮，野禽戲廷，都門内崩，長人見臨洮，石隕于東郡，星孛大角以亡。觀孔子之言，考暴秦之異，天命信可畏也。及項籍之敗，亦孛大角。漢之入秦，五星聚于東井，得天下

❶「帝舜戒伯禹」，原作「伯禹戒帝舜」，今據《漢書・劉向傳》改。

❷「夜」上，原衍「天」字，今據《漢書》刪。

之象也。孝惠時，有雨血，日食於衝，滅光星見之異。孝昭時，有泰山卧石自立，上林僵柳復起，大星如月西行，衆星隨之，此爲特異。孝宣興起之表，天狗夾漢而西，久陰不雨有二十餘日，昌邑不終之異也。皆著於《漢紀》。觀秦、漢之易世，覽惠、昭之無後，察昌邑之不終，視孝宣之紹起，天之去就，豈不昭昭然哉！高宗、成王亦有雊雉拔木之變，能思其故，故高宗有百年之福，成王有復風之報。神明之應，應若景響，世所同聞也。臣幸得託末屬，誠見陛下有寬明之德，冀銷大異，而興高宗、成王之聲，以崇劉氏，故豤豤數奸死亡之誅。今日食尤屢，星孛東井，攝提炎及紫宮，有識長老莫不震動，此變之大者也。其事難一二記，故《易》曰『書不盡言，言不盡意』，是以設卦指爻，而復說義。《書》曰『伻來以圖』，天文難以相曉，臣雖圖上，猶須口說，然後可知，願賜清燕之間，指圖陳狀。」上輒入之，然終不能用也。

哀帝即位，召李尋待詔黄門，使侍中衛尉傅喜問尋曰：「間者水出地動，日月失度，星辰亂行，灾異仍重，極言無有所諱。」尋對曰：

陛下聖德，尊天敬地，畏命重民，悼懼變異，不忘疏賤之臣，幸使重臣臨問。竊見陛下新即位，開大明，除忌諱，博延名士，靡不並進。臣尋位卑術淺，過隨衆賢待詔，食大官，衣御府，久汙玉堂之署。比得召見，亡以自効。復特見延問至誠，自以逢不世出之命，願竭愚心，不敢有所避，庶幾萬分有一可采。唯弃須臾之間，宿留瞽言，考之文理，稽之《五經》，揆之聖意，以參天心。夫變異之來，各應象而至，謹條陳所聞。

《易》曰：「縣象著明，莫大乎日月。」❶夫日者，衆陽之長，煇光所燭，萬里同晷，人君之表也。故日將旦，清風發，群陰伏，君以臨朝，不牽於色。日初出，炎以陽，君登朝，佞不行，忠直進，不蔽障。日中輝光，君德盛明，大臣奉公。日將入，專以一，君就房，有常節。君不修道，則日失其度，晻昧亡光。各有云爲。其於東方作，日初出時，陰雲邪氣起者，法爲牽於女謁，有所畏難；日出後，爲近臣亂政；日中，爲大臣欺誣；日且入，爲妻妾役使所營。間者日尤不精，光明侵奪失色，邪氣珥蜺數作。本起於晨，相連至昏，其日出後至日中間差瘉。小臣不知内事，竊以日視陛下志操，衰於始初多矣。其咎恐有以守正直言而得罪者，傷嗣害世，不可不慎也。惟陛下執乾剛之德，强志守度，毋聽女謁邪臣之態。諸保阿乳母甘言悲詞之託，斷而勿聽。勉强大誼，絶小不忍；良有不得已，可賜以貨財，不可私以官位，誠皇天之禁也。日失其光，則星辰放流。陽不能制陰，陰桀得作。間者太白正晝經天。宜隆德克躬，以執不軌。

臣聞月者，衆陰之長，消息見伏，百里爲品，千里立表，萬里連紀，妃后大臣諸侯之象也。朔晦正終始，弦爲繩墨，望成君德，春夏南，秋冬北。間者，月數以春夏與日同道，過軒轅上后受氣，入太微帝廷揚輝光，犯上將近臣，列星皆失色，厭厭如滅，此爲母后預政亂朝，陰陽俱傷，兩不相便。外臣不知朝事，竊信天文即如此，近臣已不足仗矣。屋大柱小，可爲寒心。唯陛下親求賢士，無彊所惡，以崇社稷，尊强本朝。

❶「月」，原脱，今據《漢書·李尋傳》補。

臣聞五星者，五行之精，五帝司命，應王者號令爲之節度。歲星主歲事，爲統首，號令所紀，今失度而盛，此君指意欲有所爲，未得其節也。又填星不避歲星者，后帝共政，相留於奎、婁，當以義斷之。熒惑往來無常，周歷兩宮，作態低卬，音昂。入天門，上明堂，貫尾亂宮。太白發越犯庫，兵寇之應也。貫黄龍，入帝庭，當門而出，隨熒惑入天門，至房而分，欲與熒惑爲患，不敢當明堂之精。此陛下神靈，故禍亂不成也。熒惑厥弛，佞巧依埶，微言毁譽，進類蔽善。太白出端門，臣有不臣者。火入室，金上堂，不以時解，其憂凶。填、歲相守，又主内亂。宜察蕭牆之内，毋忽親疏之微，誅放佞人，防絶萌芽，以蕩滌濁穢，消散積惡，無使得成禍亂。辰星主正四時，當效於四仲；四時失序，則辰星作異。今出於歲首之孟，天所以譴告陛下也。政急則出早，政緩則出晚，政絶不行則伏不見而爲彗茀。四孟皆出，爲易王命；四季皆出，星家所諱。今幸獨出寅孟之月，蓋皇天所以篤右陛下也。宜深自改。

治國故不可以戚戚，欲速則不達。經曰：「三載考績，三考黜陟。」加以號令不順四時，既往不咎，來事之師也。間者春三月治大獄，時賊陰立逆，恐歲小收；季夏舉兵法，時寒氣應，恐後有霜雹之災；秋月行封爵，其月土濕奥，恐後有雷雹之變。夫以喜怒賞罰，而不顧時禁，雖有堯、舜之心，猶不能致和。善言天者，必有效於人。設上農夫而欲冬田，肉袒深畊，汗出種之，然猶不生者，非人心不至，天時不得也。《易》曰：「時止則止，時行則行，動静不失其時，其道光明。」《書》曰：「敬授民時。」故古之王者，尊天地，重陰陽，敬四時，嚴月令。順之以善政，則和氣可立致，猶枹鼓之相應也。今朝廷忽於時月之令，諸侍中、尚書、近臣宜皆令通知《月令》之意，設群下請事。若陛下出令有謬於時者，當知争之以順時氣。

臣聞五行以水爲本，其星玄武婺女，天地所紀，終始所生。水爲準平，王道公正脩明，則百川理，落脉通；落，謂經營。偏黨失綱，則涌溢爲敗。《書》云「水曰潤下」，陰動而卑，不失其道。天下有道，則河出圖，洛出書，故河、洛决溢，所爲最大。今汝、潁畎澮皆川水漂涌，與雨水並爲民害，此《詩》所謂「爗爗震電，不寧不令，百川沸騰」者也。其咎在於皇甫卿士之屬。唯陛下留意詩人之言，少抑外親大臣。

臣聞地道柔静，陰之常義也。地有上中下，其上位震，應妃后不順，中位應大臣作亂，下位應庶民離畔。震或於其國，國君之咎也。四方中央連國歷州俱動者，其異最大。間者關東地數震，五星作異，亦未大逆，宜務崇陽抑陰，以救其咎；固志建威，閉絶私路，拔進英儁，退不任職，以彊本朝。夫本强則精神折衝，本弱則招殃致凶，爲邪謀所陵。聞往者淮南王作謀之時，其所難者，獨有汲黯，以爲公孫弘不足言也。❶弘，漢之名相，於今無比，而尚見輕，何况亡弘之屬乎？故曰朝廷無人，則爲賊亂所輕，其道自然也。天下未聞陛下奇策固守之臣也。語曰，何以知朝廷之衰？人人自賢，不務於通人，故世陵夷。

馬不伏櫪，不可以趨道；士不素養，不可以重國。《詩》曰「濟濟多士，文王以寧」，

❶「弘」下，《漢書》有「等」字。

孔子曰「十室之邑，必有忠信」，非虚言也。陛下秉四海之衆，曾亡柱幹之固守聞於四境，殆開之不廣，取之不明，勸之不篤。傳曰：「士之美者善養禾，君之明者善養士。」中人皆可使爲君子。詔書進賢良，赦小過，無求備，以博聚英儁。如近世貢禹，以言事忠切蒙尊榮，當此之時，士厲身立名者多。禹死之後，日日以衰。及京兆尹王章坐言事誅滅，智者結舌，邪僞並興，外戚顓命，君臣隔塞，至絶繼嗣，女宫作亂。此行事之敗，誠可畏而悲也。

本在積任母后之家，非一日之漸，往者不可及，來者猶可追也。先帝大聖，深見天意昭然，使陛下奉承天統，欲矯正之也。宜少抑外親，選練左右，舉有德行道術通明之士充備天官，然後可以輔聖德，保帝位，承太宗。下至郎吏從官，行能亡以異，又不通一蓺，及博士無文雅者，宜皆使就南畝，以視天下，明朝廷皆賢材君子，於以重朝尊君，滅凶致安，此其本也。臣自知所言害身，不辟死亡之誅，唯財留神，反覆愚臣之言。

哀帝與宜陵侯息夫躬議事，躬因言：「往年熒惑守心，太白高而芒光，角星茀於河鼓，其法爲有兵亂。是後訛言行詔籌，經歷郡國，天下騷動，恐有非常之變。可遣大將軍行邊兵，敕武備，斬一郡守以立威，震四夷，因以厭應變異。」上然之，以問丞相。丞相王嘉對曰：「臣聞動民以行不以言，應天以實不以文。下民微細，猶不可詐，况於上天神明而可欺哉！天之見異，所以敕戒人君，欲令覺悟反正，推誠行善。民心説而天意得矣。辨士見一端，或妄以意傳著星歷，傳音附。著，治略反。虚造匈奴、烏孫、西羌之難，謀動干戈，設爲權變，非應天之道也。守相有辠，車馳詣闕，交臂就死，恐懼如此，而談説者云，動安之危，辯口快耳，其實未可從。夫議政者，苦其諂諛傾險辯慧深刻也。諂諛則主德毁，傾險則下怨恨，辯慧則破正道，深刻則傷恩惠。昔秦穆公不從百里奚、蹇叔之言，以敗其師，悔過自責，疾詿誤之臣，思黄髮之言，名垂於後世。唯陛下觀覽古戒，反覆參考，無以先入之語爲主。」上不聽。

哀帝以郡國地震，民訛言行籌，又正月朔日蝕，乃徵孔光，免孫寵、息夫躬，罷侍中諸曹黄門郎。❶ 鮑宣上書言：「陛下父事天，母事地，子養黎民，即位已來，父虧明，母震動，子訛言相驚恐。今日蝕於三始，誠可畏懼。小民正月朔日尚恐毁敗器物，何況於日虧乎！陛下深内自責，避正殿，舉直言，求過失，罷退外親及旁仄素餐之人，徵拜孔光爲光禄大夫，發覺孫寵、息夫躬過惡，免官遣就國，衆庶歙然，莫不説喜。天人同心，人心説則天意解矣。乃二月丙戌，白虹虷日，連陰不雨，此天有憂結未解，民有怨望未塞者也。侍中駙馬都尉董賢本無葭莩之親，但以令色諛言自進，賞賜亡度，竭盡府藏，并合三第尚以爲小，復壞暴室。賢父子坐使天子使者將作治第，行夜吏卒皆得賞賜。上冢有會，輒太官爲供。海内貢獻當養一君，今反盡之賢家，豈天意與民意邪！天不可久負，厚之如此，反所以害之也。誠欲哀賢，宜爲謝過天地，解讎海内，免遣就國，收乘輿器物，還之縣官。如

❶「郎」下，《漢書·鮑宣傳》有「數十人」三字。

此，可以父子終其性命；不者，海內之所仇，未有得久安者也。孫寵、息夫躬不宜居國，可皆免以視天下。復徵何武、師丹、彭宣、傅喜，曠然使民易視，以應天心，建立大政，以興太平之端。高門去省户數十步，求見出入，二年未省，欲使海瀕仄陋自通，遠矣！願賜數刻之閒，極竭毣毣之思，退入三泉，死亡所恨。」上感大異，納宣言，徵何武、彭宣，旬月皆復爲三公。

元壽元年正月朔，上以皇后父孔鄉侯傅晏爲大司馬衛將軍，而帝舅陽安侯丁明爲大司馬驃騎將軍。臨拜，日食，詔舉方正直言。扶陽侯韋育舉杜鄴方正，鄴對曰：

臣聞禽息憂國，碎首不恨；卞和獻寶，刖足願之。臣幸得奉直言之詔，無二者之危，敢不極陳！臣聞陽尊陰卑，卑者隨尊，尊者兼卑，天之道也。是以男雖賤，各爲其家陽；女雖貴，猶爲其國陰。故禮明三從之義，雖有文母之德，必繫於子。《春秋》不書紀侯之母，陰義殺也。昔鄭伯從姜氏之欲，終有叔段篡國之禍；周襄王內迫惠后之難，而遭居鄭之危。漢興，吕太后權私親屬，又以外孫爲孝惠后，是時繼嗣不明，凡事多晻，晝昏冬雷之變，不可勝載。竊見陛下行不偏之政，每事約儉，非禮不動，誠欲正身與天下更始也。然嘉瑞未應，而日食地震，民訛言行籌，傳相驚恐，案《春秋》灾異，以指象爲言語，故在於得一類而達之也。日食，明陽爲陰所臨，《坤卦》乘《離》，《明夷》之象也。《坤》以法地，爲土爲母，以安靜爲德。震，不陰之効也。占象甚明，臣敢不直言其事！

昔曾子問從令之義，孔子曰：「是何言

與！」善閔子騫守禮不苟，從親所行，無非理者，故無可間也。前大司馬新都侯莽退伏弟家，以詔策決，復遣就國。高昌侯宏去藩自絶，猶受封土。制書，侍中、駙馬都尉遷不忠巧佞，免歸故郡。間未旬月，則有詔還，大臣奏正其罰，卒不得遣，而反兼官奉使，顯寵過故。及陽信侯業，皆緣私君國，非功義所止。諸外家昆弟無賢不肖，並侍帷幄，布在列位，或典兵衛，或將軍屯，寵意并於一家，積貴之埶，世所希見、所希聞也。至乃並置大司馬將軍之官。皇甫雖盛，三桓雖隆，魯爲作三軍，無以甚此。當拜之日，晻然日食。不在前後，臨事而發者，明陛下謙遜無專，承指非一，所言輒聽，所欲輒隨，有罪惡者不坐辜罰，無功能者畢受官爵，流漸積猥，正尤在是，欲令昭昭以覺聖朝。昔詩人所刺，《春秋》所譏，指象如此，殆不在它。由後視前，忿邑非之，逮身所行，不自鏡見，則以爲可，計之過者。疏賤獨偏見，疑内亦有此類。天變不空，保右世主如此之至，奈何不應！

臣聞野雞著怪，高宗深動；大風暴過，成王怛然。願陛下加致精神，❶思承始初，事稽諸古，以厭下心，則黎庶群生無不説喜，上帝百神收還威怒，禎祥福禄何嫌不報！

哀帝以日蝕後十餘日，傅太后崩，乃徵孔光詣公車，問日蝕事。光對曰：「臣聞日者，衆陽之宗，人君之表，至尊之象。君德衰微，陰道盛彊，侵蔽陽明，則日蝕應之。《書》曰『羞用五事』，『建用皇極』。如貌、言、視、聽、思失，大中之道不立，則咎徵薦

❶「神」，《漢書・杜鄴傳》作「誠」。

臻，六極屢降。皇之不極，是爲大中不立，其傳曰『時則有日月亂行』，謂朓、側匿，甚則薄蝕是也。又曰『六沴之作』，歲之朝曰三朝，其應至重。廼正月辛丑朔，日有蝕之，變見三朝之會。上天聰明，苟無其事，變不虛生。《書》曰『惟先假王正厥事』，言異變之來，起事有不正也。臣聞師曰，天右與王者，故灾異數見，以譴告之，欲其改更。若不畏懼，有以塞除，而輕忽簡誣，則凶罰加焉，其至可必。《詩》曰：『敬之敬之，天惟顯思，命不易哉！』又曰：『畏天之威，于時保之。』皆謂不懼者凶，懼之則吉也。陛下聖德聰明，兢兢業業，承順天戒，敬畏變異，勤心虛己，延見群臣，思求其故，然後敕躬自約，總正萬事，放遠讒說之黨，援納斷斷之介，退去貪殘之徒，進用賢良之吏，平刑罰，薄賦斂，恩澤加於百姓，誠爲政之大本，應變之至務也。天下幸甚。《書》曰『天既付命正厥德』，言正德以順天也。又曰『天棐諶辭』，言有誠道，天輔之也。明承順天道在於崇德博施，加精致誠，孳孳而已。俗之祈禳小數，終無益於應天塞異，銷禍興福，較然甚明，無可疑惑。」書奏，上說，賜光束帛，拜爲光禄大夫，秩中二千石，給事中，位次丞相。❶

歷代名臣奏議卷之二百九十五

本卷劉永强校點

❶「丞相」，原脱，今據《漢書·孔光傳》補。

歷代名臣奏議卷之二百九十六

災祥

東漢光武以二千石長吏多不勝任，有纖微之過者，必見斥罷，交易紛擾，百姓不寧。六年，有日食之異，父城侯朱浮上疏曰：

臣聞日者衆陽之所宗，君上之位也。凡居官治民，據郡典縣，皆爲陽爲上，爲尊爲長。若陽上不明，尊長不足，則干動三光，垂示王者。五典紀國家之政，《鴻範》別灾異之文，皆宣明天道，以徵來事者也。陛下哀愍海内新離禍毒，保育生人，❶使得蘇息。而今牧人之吏，多未稱職，小違理實，輒見斥罷，豈不粲然黑白分明哉！然以堯、舜之盛，猶加三考，大漢之興，亦累功効，吏皆積久，養老於官，至名子孫，因爲氏姓。當時吏職，何能悉理；論議之徒，豈不諠譁。蓋以爲天地之功不可倉卒，艱難之業當累日也。而閒者守宰數見換易，迎新相代，疲勞道路。尋其視事日淺，未足昭見其職，既加嚴切，人不自保，各相顧望，無自安之心。有司或因睚眦以騁私怨，苟求長短，求媚上意。二千石及長吏迫於舉劾，懼於譏刺，故争飾詐僞，以希虚譽。斯皆群陽騷動，日月失行之應。夫物暴長者必夭折，功卒成者必亟壞，如摧長久之業，而造速成之功，非陛下之福也。天下非一時之用也，海内非一旦之功也。願陛下遊意於經年之

❶「育」，《後漢書·朱浮傳》作「宥」。

外，望化於一世之後。天下幸甚。

建武六年，徵鄭興爲太中大夫。明年三月晦，日食。興因上疏曰：「《春秋》以天反時爲灾，地反物爲妖，人反德爲亂，亂則妖灾生。往年以來，謫咎連見，意者執事頗有缺焉。按《春秋》『昭公十七年夏六月甲戌朔，日有食之』。《傳》曰：『日過分而未至，三辰有灾，於是百官降物，君不舉，避移時，樂用鼓，祝用幣，史用辭。』今孟夏，純乾用事，陰氣未作，其灾尤重。夫國無善政，則謫見日月，變咎之來，不可不慎，其要在因人之心，擇人處位也。堯知鯀不可用而用之者，屈己之明，因人之心也。齊桓反政而相管仲，晉文歸國而任郤縠者，是不私其私，擇人處位也。今公卿大夫多舉漁陽太守郭伋可大司空者，而不以時定，道路流言，咸曰『朝廷欲用功臣』，功臣用則人位謬矣。願陛下上師唐、虞，❶下覽齊、晉，以成屈己從衆之德，以濟群臣讓善之功。夫日月交會，數應在朔，而頃年日食，❷每多在晦。先時而合，皆月行疾也。日君象而月臣象，君亢急則臣下促迫，故行疾也。今年正月繁霜，自爾以來，率多寒日，此亦急咎之罰。天於賢聖之君，猶慈父之於教子也，丁寧申戒，欲其反政，故灾變仍見，此乃國之福也。今陛下高明而群臣惶促，宜留思柔剋之政，垂意《洪範》之法，博採廣謀，納群下之策。」書奏，多有所納。

八年，郡國大水。杜林上疏曰：

❶「師」，原作「思」，今據《後漢書·鄭興傳》改。

❷「頃」，原作「次」，今據《後漢書》改。

臣聞先王無二道，❶明聖用而治。見惡如農夫之務去草焉，芟夷蘊崇之，絶其本根，勿使能殖，畏其易也。古今通道，傳其法於有根。狼子野心，奔馬善驚。成王深知其終卒之患，故以殷氏六族分伯禽，七族分康叔，懷姓九宗分唐叔，撿押其姦宄，又遷其餘於成周，舊地雜俗，旦夕拘録，所以挫其强御之力，詘其驕恣之節也。及漢初興，上稽舊章，合符重規，徙齊諸田，楚昭、屈、景，燕、趙、韓、魏之後，以稍弱六國强宗。邑里無管利之家，❷野澤無兼并之民，萬里之統，海内賴安。後輒因衰麤之痛，脅以送終之義，故遂相牽而陪園陵，❸無反顧之心。追即往法，❹政皆神道設教，强幹弱枝，本支百世之要也。是皆以永享康寧之福，❺無怵惕之憂，繼嗣承業，恭己而治，蓋此助也。其被灾害民、輕薄無累重者，兩府遣吏護送饒穀之郡。或懼死亡，卒爲傭賃，亦所以消散其口救，贍全其性命也。昔魯隱有賢行，將致國於桓公，乃留連貪位，不能早退。况草創兵長，卒無德能，直以擾亂，乘時擅權，作威玉食，狃猱之意，徼幸之望，曼延無足，張步之計是也。小民負縣官，不過身死；負兵家，滅門殄世。陛下昭然獨見成敗之端，或屬諸侯官府，元元少得舉首仰視，而尚遺脱，二千石失制御之道，合得復昌熾從横。❻比年大雨，水潦暴長，涌泉盈溢，灾壞城郭官寺，吏民廬舍，潰從

❶「二」，原作「曰」，今據《後漢書·五行志三》注改。
❷「管」，《東觀漢記》卷一三《杜林傳》作「瞀」。
❸「牽」，《後漢書》作「率」。
❹「即」，《東觀漢記》作「觀」。
❺「皆以」，《東觀漢記》作「以皆」。
❻「合」，《東觀漢記》作「令」。

離處，❶潰成坑坎。臣聞水，陰類也。《易卦》「地上有水比」，言性不用害，❷故曰樂也。而猥相毀埶淪失，常敗百姓安居。殆陰下相爲蠹賊，有小大勝負不齊，均不得其所，侵陵之象也。《詩》云：「畏天之威，于時保之。」唯陛下留神明察，往來懼思，天下幸甚。

明帝性褊察，好以耳目隱發爲明，朝廷莫不悚慄，爭爲嚴切，以避誅責。會連有變異，尚書僕射鍾離意上疏曰：「伏惟陛下躬行孝道，修明經術，郊祀天地，畏敬鬼神，憂恤黎元，勞心不怠。而天氣未和，日月不明，水泉湧溢，寒暑違節者，咎在群臣不能宣化理職，而以苛刻爲俗。吏殺良人，繼踵不絕。百官無相親之心，吏人無雍雍之志。至於骨肉相殘，毒害彌深，感逆和氣，以致天災。百姓可以德勝，難以力服。先王要道，民用和睦，故能致天下和平，災害不生，禍亂不作。《鹿鳴》之詩必言宴樂者，以人神之心洽，然後天氣和也。願陛下垂聖德，揆萬機，詔有司，慎人命，緩刑罰，順時氣，以調陰陽，垂之無極。」帝雖不能用，然知其至誠。亦以此故，不得久留，出爲魯相。

章帝即位，徵馬嚴，拜御史中丞。其冬，有日蝕之災，嚴上封事曰：

臣聞日者衆陽之長，食者陰侵之徵。《書》曰：「無曠庶官，天工人其代之。」言王者代天官人也。故考績黜陟，以明褒貶。無功不黜，則陰盛陵陽。臣伏見方今刺史

❶「從」，《東觀漢記》作「徙」。
❷「用」，《東觀漢記》作「相」。

太守專州典郡，不務奉事盡心爲國，而司察偏阿，取與自己，同則舉爲尤異，異則中以刑法，不即垂頭塞耳，採求財賂。今益州刺史朱酺、揚州刺史倪説、凉州刺史尹業等，每行考事，輒有物故，又選舉不實，曾無貶坐，是使臣下得作威福也。故事，州部所舉上奏，司直察能否以徵虚實。今宜加防檢，式遵前制。舊丞相、御史親治職事，唯丙吉以年老優游，不案吏罪，於是宰相習爲常俗，❶更共罔養，以崇虚名，或未曉其職，便復還徙，誠非建官賦禄之意。宜敕正百司，各責以事，州郡所舉，必得其人。若不如言，裁以法令。《傳》曰：「上德以寬服民，其次莫如猛。故火烈則人望而畏之，水懦則人狎而翫之。爲政者寬以濟猛，猛以濟寬。」如此，綏御有體，灾眚消矣。

建初元年，大旱，穀貴。帝召鮑昱問曰：「旱既太甚，將何以消復灾眚？」對曰：「臣聞聖人理國，三年有成。今陛下始踐天位，刑政未著，如有失得，何能致異？但臣前在汝南，典理楚事，繫者千餘人，恐未能盡當其罪。先帝詔言，大獄一起，冤者過半。又諸徙者骨肉離分，孤魂不祀。一人呼嗟，王政爲虧。宜一切還諸徙家屬，蠲除禁錮，興滅繼絶，死生獲所。如此，和氣可致。」帝納其言。

時校書郎楊終亦上疏曰：

臣聞「善善及子孫，惡惡止其身」，百王常典，不易之道也。秦政酷烈，違牾天心，一人有罪，延及三族。高祖平亂，約法三

❶「相」，《後漢書·馬援傳》作「府」。

章。太宗至仁，除去收孥。萬姓廓然，蒙被更生，澤及昆蟲，功垂萬世。陛下聖明，德被四表。今以比年久旱，灾疫未息，躬自菲薄，廣訪失得，三代之隆，無以加焉。臣竊按《春秋》水旱之變，皆應暴急，惠不下流。自永平以來，仍連大獄，有司窮考，轉相牽引，掠考冤濫，家屬徙邊。加以北征匈奴，西開三十六國，頻年服役，轉輸煩費。又遠屯伊吾、樓蘭、車師、戊己，民懷土思，怨結邊域。《傳》曰：「安土重居，謂之衆庶。」昔殷民近遷洛邑，且猶怨望，何況去中土之肥饒，寄不毛之荒極乎？且南方暑濕，瘴毒互生。愁困之民，足以感動天地，移變陰陽矣。陛下留念省察，以濟元元。

和帝永元四年，丁鴻代袁安爲司徒。是時竇太后臨政，竇憲兄弟各擅威權。鴻因日食，上封事曰：

臣聞日者陽精，守實不虧，君之象也；月者陰精，盈毁有常，臣之表也。故日食者，臣乘君，陰陵陽；月滿不虧，下驕盈也。昔周室衰季，皇甫之屬專權於外，黨類强盛，侵奪主勢，則日月薄食，故《詩》曰：「十月之交，朔日辛卯，日有食之，亦孔之醜。」《春秋》日食三十六，弑君三十二。變不空生，各以類應。夫威柄不以放下，利器不以假人。覽觀往古，近察漢興，傾危之禍，靡不由之。是以三桓專魯，田氏擅齊，六卿分晉；諸吕握權，統嗣幾移；哀、平之末，廟不血食。故雖有周公之親，而無其德，不得行其埶也。

今大將軍雖欲敕身自約，不敢僭差，而天下遠近惶怖承旨，刺史二千石初除謁辭，求通待報，雖奉符璽，受臺敕，不敢便去，久者至數十日。❶背王室，向私門，此乃上威損，下權盛也。人道悖於下，効驗見於天，雖有隱謀，神昭其情，垂象見戒，以告人君。間者月滿先節，過望不虧，此臣驕溢背君，專功獨行也。陛下未深覺悟，故天重見戒，誠宜畏懼，以防其禍。《詩》云：「敬天之怒，不敢戲豫。」若敕政責躬，杜漸防萌，則凶妖銷滅，害除福湊矣。

夫壞崖破巖之水，源自涓涓；干雲蔽日之木，起於葱青。禁微則易，救末者難，人莫不忽於微細，以致其大。恩不忍誨，義不忍割，去事之後，未然之明鏡也。臣愚以爲左官外附之臣，依托權門，傾覆諂諛，以求容媚者，宜行一切之誅。間者大將軍再出，威振州郡，莫不賦斂吏人，遣使貢獻。大將軍雖不受，❷而物不還主，部署之吏無所畏憚，縱行非法，不伏罪辜，故海内貪猾，競爲姦吏，小民吁嗟，怨氣滿腹。臣聞天不可以不剛，不剛則三光不明；王不可以不彊，不彊則宰牧縱横。宜因大變，改政匡失，以塞天意。

六年，旱久，祈雨不應。司空張奮上表曰：「比年不登，人用飢匱，今復久旱，秋稼未立，陽氣垂盡，歲月迫促。夫國以民爲本，民以穀爲命，❸政之急務，憂之重者也。臣蒙恩尤深，受職過任，夙夜憂懼，章奏不能叙心，願對中常侍疏奏。」即時引見，復口陳時政之宜。明日，帝召太尉、司徒幸洛陽獄，録囚徒，收洛陽令陳歆，即大雨三日。

❶「數十」，原作「十數」，今據《後漢書·丁鴻傳》改。
❷「雖」下，《後漢書》有「云」字。
❸「民」，原脱，今據《後漢書·張奮傳》補。

和帝時，策問陰陽不和，或水或旱，方正鬱林養奮對曰：

天有陰陽，陰陽有四時，四時有政令。春夏則予惠，布施寬仁，秋冬則剛猛，盛威行刑。賞罰殺生各應其時，則陰陽和，四時調，風雨時，五穀升。今則不然，長吏多不奉行時令，爲政舉事，干逆天氣，上不卹下，下不忠上，百姓困乏而不卹哀，衆怨鬱積，故陰陽不和，風雨不時，災害緣類。水者陰盛，小人居位，依公營私，讒言誦上。雨漫溢者，五穀有不升而賦税不爲減，百姓虚竭，家有愁心也。

安帝永初初，連年水旱災異，郡國多被飢困，尚書郎樊準上疏曰：

臣聞傳曰：「飢而不損，兹曰太，厥災水。」《春秋穀梁傳》曰：「五穀不登，謂之大侵。大侵之禮，百官備而不製，❶群神禱而不祠。」❷由是言之，調和陰陽，寔在節儉。朝廷雖勞心元元，事從省約，而在職之吏，尚未奉承。夫建化致理，由近及遠，故《詩》曰「京師翼翼，四方是則」。今可先令太官、尚方、考功、上林池籞諸官，實減無事之物，五府調省中都官吏京師作者。如此，則化及四方，人勞省息。

伏見被災之郡，百姓凋殘，恐非賑給所能勝贍，雖有其名，終無其實。可依征和元年故事，遣使持節慰安。尤困乏者，徙置荆、揚熟郡，既省轉運之費，且令百姓各安其所。今雖有西屯之役，宜先東州之急。如遣使者與二千石隨事消息，悉留富人守

❶「百官」，原脱，今據《後漢書·樊準傳》補。
❷「神」，原作「臣」，今據《後漢書》改。

其舊土，轉尤貧者過所衣食，誠父母之計也。願以臣言下公卿平議。

元初六年，司空李郃上書曰：「陛下祗畏天威，懼天變，克己責躬，博訪群下。咎皆在臣，力小任重，招致咎徵。去二月，京師地震，今月戊午日蝕。夫至尊莫過乎天，天之變莫大乎日蝕，地之戒莫重乎震動。今一歲之中，大異兩見，日蝕之變，既爲尤深，地動之戒，摇宫最醜。日者陽精，君之象也。戊者土主，任在中宫。午者火德，漢之所承。地道安静，法當坤陽，今乃專恣，摇動宫闕。禍在蕭牆之内，臣恐宫中必有陰謀其陽，下圖其上，造爲逆也。灾變終不虚生，推原二異，日辰行度，甚爲較明，譬猶指掌。宜察宫闕之内，如有所疑，急摧破其謀，無令得成。修政恐懼，以答天意。十月辛卯，日有蝕之，周家所忌，乃爲亡徵，是時妃后用事，七子朝令。戊午之灾，近相似類。宜貶退諸后兄弟群從内外之寵，求賢良，徵逸士，下德令，施恩惠，澤及山海。」上深納其言。

延光元年，河西大雨雹，大者如斗。詔有道術之士極陳變眚，帝召孔季彦親問其故。對曰：「此皆陰乘陽之徵也。今貴臣擅權，母后黨盛，陛下宜修聖德，慮此二者。」帝默然，左右皆惡之。

四年，馬融上書曰：

伏讀詔書，陛下深惟禹、湯罪己之義，歸咎自責。寅畏天戒，詳延百僚，博問公卿，知變所自，審得厥故，修復往術，以答天命。臣子遠近，莫不延頸企踵，苟有隙空一介之知，事願自效，貢納聖聽。

臣伏見日蝕之占，自昔典籍《十月之交》、《春秋》傳記、《漢注》所載，史官占候，群臣密對，陛下所觀覽，左右所諷誦，可謂詳悉備矣。雖復廣問，限在前志，無以復加。乃者茀氣干參，臣前得敦朴之人，後三年二月，對策北宫端門。以爲參者西方之位，其於分野，并州是也，殆謂西戎、北狄。其後種羌叛戾，烏桓犯上郡，并、涼動兵，驗略效。今復見大異，申誡重諱，❶於此二城，海内莫見。三月一日，合辰在婁。婁又西方之宿，衆占顯明者。羌及烏桓有悔過之辭，將吏策勳之名。臣恐受任典牧者，苟脱目前，皆粗圖身一時之權，不顧爲國百世之利。論者美近功，忽其遠，則各相不大疢病。

伏惟天象不虛。《老子》曰：「圖難於其易也，爲大於其細也。」消灾復異，宜在於今日。《詩》曰：「日月告凶，不用其行。四國無政，不用其良。」傳曰：「國無政，不用善，則自取謫于日月之灾，故政不可不慎也。務三而已：一曰擇人，二曰安民，三曰從時。」臣融伏惟方今有道之世，漢典設張，侯甸采衛，司民之吏，案繩循墨，雖有殿最，所差無幾。其陷罪辟，身自取禍，百姓未被其大傷。至邊郡牧御失和，吉之與凶，敗之與成，優劣相懸，不誡不可。審擇其人，上以應天變，下以安民隸。

竊見列將子孫，生長京師，食仰租奉，不知稼穡之艱，又希遭阨困，故能果毅輕財，施與不弱，❷以獲死生之用，此其所長也；不拘法禁，奢泰無度，功勞足以宣威，踰濫足以傷化，此其所短也。州郡之士，出

❶「諱」，《後漢書·五行志六》注作「譴」。

❷「不」，《後漢書·五行志六》注作「孤」。

自貧苦，長於檢押，雖專賞罰，不敢越溢，此其所長也；拘文守法，遭遇非常，狐疑無斷，畏首畏尾，威恩纖薄，外内離心，士卒不附，此其所短也。必得將兼有二長之才，無二短之累，參以吏事，任以兵法。有此數姿，然後能折衝厭難，致其功實，轉灾爲福。孔子曰：「十室之邑，必有忠信如丘者焉。」以天下之大，四海之衆，云無若人，臣以爲誣矣。宜特選詳譽，審得其真，鎮守二方，以應用良擇人之義，以塞大異也。

安帝嘗數遣黄門常侍及中使伯榮往來甘陵，伯榮負寵驕蹇，所經郡國莫不迎爲禮謁。又霖雨積時，河水涌溢，百姓騷動。尚書僕射陳忠上疏曰：「臣聞位非其人，則庶事不叙；庶事不叙，則政有得失；政有得失，則感動陰陽，妖變爲應。陛下每引灾自厚，不責臣司，臣司狃恩，莫以爲負。故天心未得，隔并屢臻，青、冀之域淫雨漏河，徐、岱之濱海水盆溢，兖、豫蝗蝝滋生，荆、揚稻收儉薄，并、凉二州羌戎叛戾。加以百姓不足，府帑虚匱，自西徂東，杼柚將空。臣聞《洪範》五事，一曰貌，貌以恭，恭作肅，貌傷則狂，而致常雨。《春秋》大水，皆以君上威儀不穆，臨莅不嚴，臣下輕慢，貴倖擅權，陰氣盛彊，陽不能禁，故爲淫雨。陛下以不得親奉孝德皇園廟，比遣中使致敬甘陵，朱軒𫐐馬，相望道路，可謂孝至矣。然臣竊聞使者所過，威權翕赫，震動郡縣，王侯二千石至爲伯榮獨拜車下，儀體上僭，侔於人主。長吏惶怖譴責，或邪諂自媚，發人修道，繕理亭傳，多設儲峙，徵役無度，老弱相隨，動有萬計，賂遺僕從，人數百匹，頓踣呼嗟，莫不叩心。河間託叔父之屬，清河有陵廟之尊，及剖符大臣，皆猥爲伯榮屈節車下不問，❶必以陛下欲其然也。伯榮之威重於陛下，陛下之柄在於臣妾。水灾之發，必起於此。昔韓嫣託副車之乘，受馳視之使；江都誤爲一拜，而嫣受歐刀之誅。臣願明主嚴天元之尊，正乾剛之位，職事巨細，皆任賢能，不宜復令女使干錯萬機。重察左右，得無石顯泄漏之姦；尚書納言，得無趙昌譖崇之詐；公卿大臣，得無朱博阿傅之援；外屬近戚，得無王鳳害商之謀。若國政一由帝命，王事每決於己，則下不得偪上，臣不得干君，常雨大水必當霽止，四方衆異不能爲害。」書奏，不省。

中常侍樊豐、侍中謝惲等詐作詔書，調發司農錢穀、大匠見徒材木，各起家舍、園池、廬觀，役費無數。太尉楊震因地震，上疏曰：

臣蒙恩備台輔，不能奉宣政化，調和陰陽，去年十一月，京師地動。臣聞師言：「地者陰精，當安静承陽。」而今動搖者，陰道盛也。其日戊辰，三者皆土，位在中宫，此中臣近官盛於持權用事之象也。臣伏惟陛下以邊境未寧，躬自菲薄，宫殿垣屋傾倚，支柱而已，無所興造，欲令遠近咸知政化之清流，商邑之翼翼也。而親近倖臣，未崇斷金，驕溢踰法，多請徒士，盛修第舍，賣弄威福。道路讙譁，衆所聞見。地動之變，近在城郭，殆爲此發。又冬無宿雪，春節未雨，百僚燋心，而繕修不止，誠致旱之徵也。《書》曰：「僭恒暘若，臣無作威作福玉食。」

❶「下」下，《後漢書·陳忠傳》有「陛下」二字，則「下」字當爲句。

惟陛下奮乾剛之德，棄驕奢之臣，以掩訞言之口，奉承皇天之戒，無令威福久移於下。

延光四年冬，京都大疫。明年，太史令張衡上封事曰：

臣竊見京師爲害兼所及，民多病死，死有滅户。人人恐懼，朝廷燋心，以爲至憂。臣官在於考變禳灾，思任防救，未知所由，夙夜征營。

臣聞國之大事在祀，祀莫大於郊天奉祖。方今道路流言，僉曰「孝安皇帝南巡路崩，從駕左右行慝之臣欲徵諸國王子，故不發喪，衣車還宫，僞遣大臣，並禱請命」。臣處外官，不知其審，然尊靈見罔，豈能無怨！且凡來私小有不蠲，❶猶爲譴謫，况以大穢，用禮郊廟？孔子曰：「曾謂泰山不如林放乎！」天地明察，降禍見灾，乃其理也。又問者，有司正以冬至之後，奏開恭陵神道。❷陛下至孝，不忍距逆，或發塚移尸。《月令》：「仲冬土事無作，慎無發蓋，及起大衆，以固而閉。地氣上泄，是謂發天地之房，諸蟄則死，民必疾疫，又隨以喪。」厲氣未息，恐其殆此二年，欲使知過改悔。《五行傳》曰：「六沴作見，若時共禦，帝用不差，神則不怒，萬福乃降，用章于下。」

臣愚以爲可使公卿處議，所以陳術改過，取媚神祇，自求多福也。

順帝陽嘉二年，有地動、山崩、火灾之異，公卿舉李固對策，詔又特問當世之敝，

❶「來私」，《後漢書·五行志五》注作「夫私」，中華本據《後漢書集解》黄山校補校改爲「大祀」。

❷「開」，原作「聞」，今據《四庫全書》本、《後漢書·五行志五》改。

爲政所宜。固對曰：

臣聞王者父天母地，寶有山川。王道得則陰陽和穆，政化乖則崩震爲灾。斯皆關之天心，效於成事者也。夫化以職成，官由能理。古之進者，有德有命；今之進者，唯財與力。伏聞詔書務求寬博，疾惡嚴暴。而今長吏多殺伐致聲名者，必加遷賞；其存寬和無黨援者，輒見斥逐。是以淳厚之風不宣，彫薄之俗未革。雖繁刑重禁，何能有益？前孝安皇帝變亂舊典，封爵阿母，因造妖孽，使樊豐之徒乘權放恣，侵奪主威，改亂嫡嗣，至今聖躬狼狽，親遇其艱。既拔自困殆，龍興即位，天下喁喁，屬望風政。積敝之後，易致中興，誠當沛然思惟善道。而論者猶云，方今之事，復同於前。臣伏從山草，痛心傷臆。實以漢興以來，三百餘年，賢聖相繼，十有八主。豈無阿乳之恩？豈忘貴爵之寵？然上畏天威，俯案經典，知義不可，故不封也。今宋阿母雖有大功勤謹之德，❶但加賞賜，足以酬其勞苦。至於裂土開國，實乖舊典。聞阿母體性謙虚，必有遜讓，陛下宜許其辭國之高，使成萬安之福。

夫后妃之家所以少完全者，豈天性當然？但以爵位尊顯，專總權柄，天道惡盈，不知自損，故至顛仆。先帝寵遇閻氏，位號太疾，故其受禍，曾不旋時。《老子》曰：「其進鋭者，其退速也。」今梁氏戚爲椒房，禮所不臣，尊以高爵，尚可然也。而子弟群從，榮顯兼加，永平、建初故事，殆不如此。宜令步兵校尉冀及諸侍中還居黃門之官，使權去外戚，政歸國家，豈不休乎！

❶「宋」，原作「之」，今據《後漢書·李固傳》改。

又詔書所以禁侍中、尚書、中臣子弟不得爲吏察孝廉者，以其秉威權、容請託故也。而中常侍在日月之側，聲執振天下，子弟禄任，曾無限極。雖外託謙默，不干州郡，而諂僞之徒，望風振舉。今可爲設常禁，同之中臣。

昔館陶公主爲子求郎，明帝不許，賜錢千萬。所以輕厚賜、重薄位者，爲官人失才，害及百姓也。竊聞長水司馬武宣、開陽城門侯羊迪等，無他功德，初拜便真。此雖小失，而漸壞舊章。先聖法度，所宜堅守，政教一跌，百年不復。《詩》云：「上帝板板，下民卒癉。」刺周王變祖法度，故使下民將盡病也。

今陛下之有尚書，猶天之有北斗也。斗爲天喉舌，尚書亦爲陛下喉舌。斗斟酌元氣，運平四時。尚書出納王命，賦政四海，權尊執重，責之所歸。若不平心，災眚必至。誠宜審擇其人，以毗聖政。今與陛下共理天下者，外則公卿、尚書，内則常侍、黄門，譬猶一門之内，一家之事，安則共其福慶，危則通其禍敗。刺史、二千石，外統職事，内受法則。夫表曲者景必邪，源清者流必潔，猶叩樹本，百枝皆動也。《周頌》曰：「薄言振之，莫不震疊。」此言動之於内，應之於外者也。由此言之，本朝號令，豈可蹉跌？間隙一開，則邪人動心；利競暫啓，則仁義道塞。刑罰不能復禁，化導以之寖壞。此天下之紀綱，當今之急務。陛下宜開石室，陳圖書，招會群儒，引問失得，指擿變象，以求天意。其言有中理，即時施行，顯拔其人，以表能者。則聖聽日有所聞，忠臣盡其所知。又宜罷退宦官，去其權重，裁置常侍二人，方直有德者，省事左右；小黄門五人，才智閑雅者，給事殿中。如此，則論者厭塞，升平可致也。臣所以敢陳愚瞽，冒昧自聞者，儻或皇天欲令微臣覺悟陛下。陛下宜熟察臣言，憐赦臣死。

順帝以灾異，公車徵郎顗，顗乃詣闕拜章曰：

「臣聞天垂妖象，地見灾符，所以譴告人主，責躬修德，使正機平衡，流化興政也。《易内傳》曰：『凡灾異所生，各以其政。變之則除，消之亦除。』伏惟陛下躬日昃之聽，温三省之勤，思過念咎，務消祇悔。

「方今時俗奢佚，淺恩薄義。夫救奢必於儉約，拯薄無若敦厚，安上理人，莫善於禮。修禮遵約，蓋惟上興，革文變薄，事不在下。故《周南》之德，《關雎》政本。本立道生，風行草從，澄其源者流清，溷其本者末濁。天地之道，其猶鼓籥，以虚爲德，自近及遠者也。伏見往年以來，園陵數灾，炎光熾猛，驚動神靈。《易天人應》曰：『君子不思遵利，兹謂無澤，厥灾孽火燒其宫。』又曰：『君高臺府，犯陰侵陽，厥灾火。』又曰：『上不儉，下不節，炎火並作燒君室。』自頃繕理西苑，修復太學，宫殿官府，多所搆飾。昔盤庚遷殷，去奢即儉，夏后卑室，盡力致美。又魯人爲長府，閔子曰：『仍舊貫，何必改作。』臣愚以爲諸所繕修，事可省減，稟卹貧人，賑贍孤寡，此天之意也，人之慶也，仁之本也，儉之要也。焉有應天養人，爲仁爲儉，而不降福者哉？

「土者地祇，陰性沉静，❶宜以施化之時，敬而勿擾。竊見正月以來，陰闇連日。

❶「沉」，《後漢書·郎顗傳》作「澄」。

《易内傳》曰：『久陰不雨，亂氣也，《蒙》之《比》也。蒙者，君臣上下相冒亂也。』又曰：『欲德不用，厥異常陰。』夫賢者化之本，雲者雨之具也。得賢而不用，猶久陰而不雨也。又頃前數日，寒過其節，冰既解釋，還復凝合。夫寒往則暑來，暑往則寒來，此言日月相推，寒暑相避，以成物也。今立春之後，火卦用事，當温而寒，違反時節，由功賞不至，而刑罰必加也。宜須立秋，順氣行罰。

「臣伏案《飛侯》，參察衆政，以爲立夏之後，當有震裂涌水之害。又比熒惑失度，盈縮往來，涉歷輿鬼，環繞軒轅。火精南方，夏之政也。政有失禮，不從夏令，則熒惑失行。正月三日至乎九日，三公卦。三公上應台階，下同元首。政失其道，則寒陰反節。『節彼南山』，詠自《周詩》；『股肱良哉』，著於《虞典》。而今之在位，競託高虛，納累鍾之奉，忘天下之憂，棲遲偃仰，寢疾自逸，被策文，得賜錢，即復起矣。何疾之易而愈之速？以此消伏灾眚，興致升平，其可得乎？今選舉牧守，委任三府。長吏不良，既咎州郡，州郡有失，豈得不歸責舉者？而陛下崇之彌優，自下慢事愈甚，所謂大網疏，小網數。三公非臣之仇，臣非狂夫之作，所以發憤忘食，懇懇不已者，誠念朝廷欲致興平，非不能面譽也。

「臣生長草野，不曉禁忌，披露肝膽，書不擇言。伏鑕鼎鑊，死不敢恨。謹詣闕奉章，伏待重誅。」

書奏，帝復使對尚書。顗對曰：

「臣聞明王聖主好聞其過，忠臣孝子言無隱情。臣備生人倫視聽之類，而稟性愚慤，不識忌諱，故出死忘命，❶懇懇重言。誠欲陛下修乾坤之德，開日月之明，披圖籍，案經典，覽帝王之務，識先後之政。如有闕遺，退而自改。本文、武之業，擬堯、舜之道，攘灾延慶，號令天下。此誠臣顗區區之願，夙夜夢寤，盡心所計。謹條序前章，暢其旨趣，條便宜七事，且如狀對：

「其一曰：陵園至重，聖神攸馮，而灾火炎赫，迫近寢殿，魂而有靈，猶將驚動。尋宫殿官府，近始永平，歲時未積，❷便更修造。又西苑之設，禽畜是處，離房别觀，本不常居，而皆務精土木，❸營建無已，消功單賄，巨億爲計。《易内傳》曰：『人君者奢侈，多飾宫室，其時旱，其灾火。』是故魯僖遭旱，修政自敕，下鐘鼓之縣，休繕治之官，雖則不寧，而時雨自降。由此言之，天之應人，敏於景響。今月十七日戊午，徵日也，日加申，風從寅來，丑時而止。丑、寅、申皆徵也，不有火灾，必當爲旱。願陛下校計繕修之費，永念百姓之勞，罷將作之官，減彫文之飾，損庖廚之饌，退宴私之樂。《易中孚傳》曰：『陽感天，不旋日。』如是，則景雲降集，眚沴息矣。

「其二曰：去年已來，《兑卦》用事，類多不効。《易傳》曰：『有貌無實，佞人也；有實無貌，道人也。』寒温爲實，清濁爲貌。今三公皆令色足恭，外厲内荏，以虚事上，無佐國之實，故清濁效而寒温不效也，是以陰寒侵犯消息。占曰：『日乘則有妖風，日蒙則有地裂。』如是三年，則致日食，陰侵其

❶「死」，原脱，今據《後漢書》補。
❷「積」，原作「即」，今據《後漢書》改。
❸「皆」下，原衍「當」字，今據《後漢書》删。

陽，漸積所致。立春前後温氣應節者，詔令寬也。其後復寒者，無寬之實也。夫十室之邑，必有忠信，率土之人，豈無真賢，未聞朝廷有所賞拔，非所以求善贊務，弘濟元元。宜採納良臣，以助聖化。

「其三曰：臣聞天道不遠，三五復反。今年少陽之歲，法當乘起，恐後年已往，將遂驚動，涉歷天門，灾成戊己。今春當旱，夏必有水，臣以六日七分候之可知。夫灾眚之來，緣類而應。行有玷缺，則氣逆于天，精感變出，以戒人君。王者之義，時有不登，則損滋徹膳。❶數年以來，穀收稍減，家貧户饉，歲不如昔。百姓不足，君誰與足？水旱之灾，雖尚未至，然君子遠覽，防微慮萌。《老子》曰：『人之飢也，以其上食税之多也。』故孝文皇帝綈袍革舄，木器無文，約身薄賦，時致升平。今陛下聖德中興，宜遵前典，惟節惟約，天下幸甚。《易》曰：『天道無親，常與善人。』是故高宗以享福，宋景以延年。

「其四曰：臣竊見皇子未立，儲宫無主，仰觀天文，太子不明。熒惑以去年春分後十六日在婁五度，推步《三統》，熒惑今當在翼九度，今反在柳三度，則不及五十餘度。去年八月二十四日戊辰，熒惑歷輿鬼東入軒轅，出后星北，東去四度，北旋復還。軒轅者，後宫也。熒惑者，至陽之精也，天之使也，而出入軒轅，繞還往來。《易》曰：『天垂象，見吉凶。』其意昭然可見矣。禮，天子一娶九女，嫡媵畢具。今宫人侍御，動以千計，或生而幽隔，人道不通，鬱積之氣，上感皇天，故遣熒惑入軒轅，理人倫，垂象

❶「滋」，原作「樂」，今據《後漢書》改。

見異，以悟主上。昔武王下車，出傾宮之女，表商容之閭，以理人倫，以表賢德，故天授以聖子，成王是也。今陛下多積宮人，以違天意，故皇胤多夭，嗣體莫寄。《詩》云：『敬天之怒，不敢戲豫。』方今之福，莫若廣嗣，廣嗣之術，可不深思？宜簡出宮女，恣其姻嫁，則天自降福，子孫千億。惟陛下丁寧再三，留神於此。左右貴倖，亦宜惟臣之言，以悟陛下。蓋善言古者合於今，善言天者合於人。願訪問百僚，有違臣言者，臣當受苟言之罪。

「其五曰：臣竊見去年閏十月十七日己丑夜，❶有白氣從西方天苑趨左足，入玉井，數日乃滅。《春秋》曰：『有星孛于大辰。』大辰者何？大火也。大火爲大辰，罰又爲大辰，北極亦爲大辰。』所以孛一宿而連三宿者，言北辰王者之宮也。凡中宮無節，政教亂逆，威武衰微，則此三星以應之也。罰者白虎，其宿主兵，其國趙、魏，變見西方，亦應三輔。凡金氣爲變，發在秋節。臣恐立秋以後，趙、魏、關西將有羌寇畔戾之患。宜豫宣告諸郡，使敬授人時，輕徭役，薄賦斂，勿妄繕起，堅倉獄，備守衛，回選賢能，以鎮撫之。金精之變，責歸上司。宜以五月丙午，遣太尉服干戚，建井旟，書玉板之策，引白氣之異，於西郊責躬求愆，謝咎皇天，消滅妖氣。蓋以火勝金，轉禍爲福也。

「其六曰：臣竊見今月十四日乙卯巳時，白虹貫日。凡日傍氣色白而純者名爲虹。貫日中者，侵太陽也。見於春者，政變常也。方今中官外司，各各考事，其所考

❶ 上「十」字，《後漢書集解》引錢大昕説，以爲衍文。

者，或非急務。又恭陵火灾，主名未立，多所收捕，備經考毒。尋火爲天戒，以悟人君，可順而不可違，可敬而不可慢。陛下宜恭己内省，以備後灾。凡諸考案，并須立秋。又《易傳》曰：『公能其事，序賢進士，後必有喜。』反之，則白虹貫日。以甲乙見者，則譴在中台。自司徒居位，陰陽多謬，久無虚己進賢之策，天下興議，異人同咨。且立春以來，金氣再見，金能勝木，必有兵氣，宜黜司徒以應天意。陛下不早攘之，將負臣言，遺患百姓。

「其七曰：臣伏惟漢興以來三百三十九歲。於《詩三基》，高祖起亥仲二年，今在戌仲十年。《詩氾歷樞》曰：『卯酉爲革政，午亥爲革命，神在天門，出入候聽。』言神在戌亥，伺候帝王興衰得失，厥善則昌，厥惡則亡。於《易雄雌祕歷》，今值困乏。凡九二困者，衆小人欲共困害君子也。經曰：『困而不失其所，其唯君子乎！』唯獨賢聖之君，遭困遇險，能致命遂志，不去其道。陛下乃者潛龍養德，幽隱屈厄，即位之元，紫宫驚動，歷運之會，時氣已應。然猶恐妖祥未盡，君子思患而豫防之。臣以爲戌仲已竟，來年入季，文帝改法，除肉刑之罪，至今適三百載。宜因斯際，大蠲法令，官名稱號，輿服器械，事有所更，變大爲小，去奢就儉，機衡之政，除煩爲簡。改元更始，招來幽隱，舉方正，徵有道，博採異謀，開不諱之路。

「臣陳引際會，恐犯忌諱，書不盡言，未敢究暢。」

臺詰顗曰：「對云『白虹貫日，政變常也』。朝廷率由舊章，何所變易而言變常？又言『當大蠲法令，革易官號』。或云變常以致災，或改舊以除異，何也？又陽嘉初建，復欲改元，據何經典？其以實對。」

顗對曰：「方春東作，布德之元，陽氣開發，養導萬物。王者因天視聽，奉順時氣，宜務崇温柔，遵其行令。而今立春之後，考事不息，秋冬之政，行乎春夏，故白虹春見，掩蔽日曜。凡邪氣乘陽，則虹蜺在日，皆臣下執事刻急所致，殆非朝廷優寬之本。此其變常之咎也。又今選舉皆歸三司，非有周、召之才，而當則哲之重，每有選用，輒參之掾屬，公府門巷，賓客填集，送去迎來，財貨無已。其當遷者，競相薦謁，各遣子弟，充塞道路，開長姦門，興致浮僞，非所謂率由舊章也。尚書職在機衡，宮禁嚴密，私曲之意，羌不得通；偏黨之恩，或無所用；選舉之任，不如還在機密。臣誠愚戇，不知折中，斯固遠近之論，當今之宜。又孔氏曰：『漢三百載，斗歷改憲。』❶三百四歲爲一德，五德千五百二十歲，五行更用。王者隨天，譬猶自春徂夏，改青服絳者也。自文帝省刑，適三百年，而輕微之禁，漸已殷積。王者之法，譬猶江河，當使易避而難犯也。故《易》曰：『易則易知，簡則易從，易簡而天下之理得矣。』今去奢即儉，以先天下，改易名號，隨事稱謂。《易》曰：『君子之道，或出或處，同歸殊塗，一致百慮。』是知變常而善，可以除災，變常而惡，必致於異。今年仲竟，來年入季，仲終季始，歷運變改，故可改元，所以順天道也。臣顗愚蔽，不足以答聖問。」

顗又上書薦黄瓊、李固，并陳消災之術曰：「臣前對七事，要政急務，宜於今者，所

❶「斗」，原作「計」，今據《後漢書》注引《春秋保乾圖》改。

當施用。誠知愚淺，不合聖聽，人賤言廢，當受誅罰，征營惶怖，靡知厝身。

「臣聞刳舟剡楫，將欲濟江海也；聘賢選佐，將以安天下也。昔唐堯在上，群龍爲用，文、武創德，周、召作輔，是以能建天地之功，增日月之耀者也。《詩》云：『赫赫王命，仲山甫將之。邦國若否，仲山甫明之。』宣王是賴，以致雍熙。陛下踐祚以來，勤心衆政，而三九之位，未見其人，是以灾害屢臻，四國未寧。臣考之國典，驗之聞見，莫不以得賢爲功，失士爲敗。且賢者出處，翔而後集，爵以德進，則其情不苟，然後使君子耻貧賤而樂富貴矣。若有德不報，有言不讎，來無所樂，進無所趨，則皆懷歸藪澤，修其故志矣。夫求賢者，上以承天，下以爲人。不用之，則逆天統，違人望。逆天統則灾眚降，違人望則化不行。灾眚降則下呼嗟，化不行則君道虧。四始之缺，五際之戹，其咎如此。❶豈可不剛健篤實，矜矜慄慄，以守天功盛德大業乎？

「臣伏見光禄大夫江夏黄瓊，❷耽道樂術，清亮自然，被褐懷寶，含味經籍，又果於從政，明達變復。朝廷前加優寵，賓于上位。瓊入朝日淺，謀謨未就，因以喪病，致命遂志。《老子》曰：『大音希聲，大器晚成。』善人爲國，三年乃立。天下莫不嘉朝廷有此良人，而復怪其不時還任。陛下宜加隆崇之恩，❸極養賢之禮，徵反京師，以慰天下。又處士漢中李固，年四十，通游、夏之藝，履顔、閔之仁。絜白之節，情同皦日，

❶「如」，《後漢書》作「由」。
❷「伏」，原無，今據《後漢書》補。
❸「加」，原無，今據《後漢書》補。

忠貞之操，好是正直，卓冠古人，當世莫及。元精所生，王之佐臣，天之生固，必爲聖漢，宜蒙特徵，以示四方。夫有出倫之才，不應限以官次。昔顔子十八，天下歸仁；子奇稺齒，化阿有聲。若還瓊徵固，任以時政，伊尹、傅説，不足爲比，則可垂景光，致休祥矣。臣顗明不知人，伏聽衆言，百姓所歸，臧否共歎。願汎問百僚，覈其名行，有一不合，則臣爲欺國。惟留聖神，不以人廢言。謹復條便宜四事，附奏於左：

「其一曰：孔子作《春秋》，書『正月』者，敬歲之始也。王者則天之象，因時之序，宜開發德號，爵賢命士，流寬大之澤，垂仁厚之德，順助元氣，含養庶類。如此，則天文昭爛，星辰顯列，五緯循軌，四時和睦。不則太陽不光，天地溷濁，時氣錯逆，霾霧蔽日。自立春以來，累經旬朔，未見仁德有所施布，但聞罪罰考掠之聲。夫天之應人，疾於景響，而自從入歲，常有蒙氣，月不舒光，日不宣曜。日者太陽，以象人君。政變於下，日應於天。清濁之占，隨政抑揚。天之見異，事無虚作。豈獨陛下倦於萬機，帷幄之政有所闕歟？何天戒之數見也！臣願陛下發揚乾剛，援引賢能，勤求機衡之寄，以獲斷金之利。臣之所陳，輒以太陽爲先者，明其不可久闇，急當改正。其異雖微，其事甚重。臣言雖約，其旨甚廣。惟陛下乃眷臣章，深留明思。

「其二曰：孔子曰：『靁之始發《大壯》始，君弱臣彊從《解》起。』今月九日至十四日，《大壯》用事，消息之卦也。於此六日之中，靁當發聲，發聲則歲氣和，王道興也。《易》曰：『靁出地奮，豫，先王以作樂崇德，殷薦之上帝。』靁者，所以開發萌芽，辟陰除害。萬物須靁而解，資雨而潤。故《經》曰：『靁以動之，雨以潤之。』王者崇寬大，順春令，則靁應節，不則發動於冬，當震反潛。故《易傳》曰：『當靁不靁，太陽弱也。』今蒙氣不除，日月變色，則其效也。天網恢恢，疏而不失，隨時進退，應政得失。大人者，與天地合其德，與日月合其明，琁機動作，與天相應。靁者號令，其德生養。號令殆廢，當生而殺，則靁反作，其時無歲。陛下若欲除灾昭祉，順天致和，宜察臣下尤酷害者，亟加斥黜，以安黎元，則大皓悦和，靁聲乃發。

「其三曰：去年十月二十日癸亥，太白與歲星合於房、心。太白在北，歲星在南，相離數寸，光芒交接。房、心者，天帝明堂布政之宫。《孝經鉤命决》曰：『歲星守心年穀豐。』《尚書洪範記》曰：『月行中道，移節應期，德厚受福，重華留之。』重華者，謂歲星在心也。今太白從之，交合明堂，金木相賊，而反同合，此以陰陵陽，臣下專權之異也。房、心東方，其國主宋。《石氏經》曰：『歲星出左有年，出右無年。』今金木俱東，歲星在南，是爲出右，恐年穀不成，宋人飢也。陛下宜審詳明堂布政之務，然後妖異可消，五緯順序矣。

「其四曰：《易傳》曰：『陽無德則旱，陰僭陽亦旱。』陽無德者，人君恩澤不施於人也。陰僭陽者，禄去公室，臣下專權也。自冬涉春，訖無嘉澤，數有西風，反逆時節。朝廷勞心，廣爲禱祈，薦祭山川，暴龍移市。臣聞皇天感物，不爲僞動，灾變應人，要在責己。若令雨可請降，水可禳止，則歲無隔并，太平可待。然而灾害不息者，患不在此也。立春以來，未見朝廷賞録有功，表顯有德，存問孤寡，賑恤貧弱，而但見洛陽都官奔車東西，收繫纖介，牢獄充盈。臣聞恭陵火處，比有光曜，明此天災，非人之咎。丁丑大風，掩蔽天地。風者號令，天之威怒，皆所以感悟人君忠厚之戒。又連月無雨，將害宿麥。❶若一穀不登，則飢者十三四矣。陛下誠宜廣被恩澤，貸贍元元。昔堯遭九年之水，人有十年之蓄者，簡稅防災，爲其方也。願陛下早宣德澤，以應天功。若臣言不用，朝政不改，立夏之後乃有澍雨，於今之際未可望也。若政變於朝而天不雨，則臣爲誣上，愚不知量，分當鼎鑊。」

書奏，特詔拜郎中，辭病不就。

陽嘉三年，河南、三輔大旱，五穀灾傷，天子親自露坐請雨，又禱祀名山、大澤。以尚書周舉才學優深，特下策問曰：「朕以不德，仰承三統，夙興夜寐，思協大中。頃年以來，旱災屢應，稼穡焦枯，民食困乏。五品不訓，王澤未流，群司素餐，據非其位。審所貶黜，變復之徵，厥効何由？分別具對，勿有所諱。」

舉對曰：「臣聞『天尊地卑，乾坤以定』，《易》稱二儀交構，乃生萬物，萬物之中，以人爲貴。故聖人養之以君，成之以化，順四時之宜，適陰陽之和，使男女婚娶不過其時。包之以仁恩，導之以德教，示之以灾異，訓之以嘉祥。此先聖承乾養物之始也。夫陰陽閉隔，則二氣否塞；二氣否塞，則人物不昌；人物不昌，則風雨不時；風雨不時，則水旱成灾。陛下處唐、虞之位，未行堯、舜之政，近廢文帝、光武之法，

❶「宿」，原作「粟」，今據《册府元龜》卷五三七改。

而循亡秦奢侈之欲，内積怨女，外有曠夫。今皇嗣不興，東宫未立，傷和逆理，斷絶人倫之所致也。非但陛下行此而已，豎宦之人，亦復虛以形埶，威侮良家，取女閉之，至有白首歿無配偶，逆於天心。昔武王入殷，出傾宫之女；成湯遭灾，以六事尅己；魯僖遇旱，而自責祈雨：皆以精誠轉禍爲福。自枯旱以來，彌歷年歲，未聞陛下改過之效，徒勞至尊暴露風塵，誠無益也。又下州郡祈神致請。昔齊有大旱，景公欲祀河伯，晏子諫曰：『不可。夫河伯以水爲城國，魚鼈爲民庶。水盡魚枯，豈不欲雨？自是不能致也。』陛下所行，但務其華，不尋其實，猶緣木求魚，却行求前。誠宜推信革政，崇道變惑，出後宫不御之女，理天下冤枉之獄，除大官重膳之費。夫五品不訓，責在司徒，有非其位，宜急黜斥。臣自藩外擢典納言，學薄智淺，不足以對。《易傳》曰：『陽感天，不旋日。』惟陛下留神裁察。」

因召見舉及尚書令成翊世、僕射黄瓊，問以得失。舉等並對，以爲宜慎官人，去斥貪汙，離遠佞邪，循文帝之儉，尊孝明之教，則時雨必應。帝曰：「百官貪汙佞邪者爲誰乎？」舉獨對曰：「臣從下州，超備機密，不足以别群臣。然公卿大臣數有直言者，忠貞也；阿諛苟容者，佞邪也。司徒視事六年，未聞有忠言異謀，愚心在此。」其後以事免司徒劉崎，遷舉司隸校尉。

舉爲諫議大夫，時帝召於顯親殿，問以變眚。舉對曰：

陛下初立，遵脩舊典，興化致政，遠近肅然。頃年以來，稍違於前，朝多寵倖，禄不序德。觀天察人，準今方古，誠可危懼。

《書》曰：「僭恒暘若。」夫僭差無度，則言不從而下不正；陽無制，則上擾下竭。宜密嚴敕州郡，察彊宗大姦，以時禽討。

順帝時，大旱，尚書僕射黄瓊上疏曰：

昔魯僖遇旱，以六事自讓，躬節儉，閉女謁，放讒佞者十三人，誅税民受貨者九人，退舍南郊，天立大雨。今亦宜顧省政事，有所損闕，務存質儉，以易民聽。尚方御府，息除煩費。明敕近臣，使遵法度，如有不移，示以好惡。數見公卿，引納儒士，訪以政化，使陳得失。又因徒尚積，多致死亡，亦足以感傷和氣，招降灾旱。若改敝從善，擇用嘉謀，則灾消福至矣。

太史令張衡以政事漸損，權移於下，因上疏陳事曰：

伏惟陛下宣哲克明，繼體承天，中遭傾覆，龍德泥蟠。今乘雲高躋，磐桓天位，誠所謂將隆大位，必先倥傯之也。親履艱難者知下情，備經險易者達物僞。故能一貫萬機，靡所疑惑，百揆允當，庶績咸熙。宜獲福祉神祇，受譽黎庶。而陰陽未和，灾眚屢見，神明幽遠，冥鑑在兹。福仁禍淫，景響而應，因德降休，乘失致咎，天道雖遠，吉凶可見，近世鄭、蔡、江、樊、周廣、王聖，皆爲效矣。故恭儉畏忌，必蒙祉祚，奢淫諂慢，鮮不夷戮，前事不忘，❶後事之師也。

夫情勝其性，流遯忘反，豈唯不肖，中才皆然。苟非大賢，不能見得思義，故積惡成釁，罪不可解也。向使能瞻前顧後，援鏡

❶「忘」，原作「忌」，今據《四庫全書》本、《後漢書·張衡傳》改。

自戒，則何陷於凶患乎！貴寵之臣，衆所屬仰，其有愆尤，上下知之。褒美譏惡，有心皆同，故怨讟溢乎四海，神明降其禍辟也。頃年雨常不足，思求所失，則《洪範》所謂「僭恒暘若」者也。懼群臣奢侈，昏踰典式，自下逼上，用速咎徵。又前年京師地震土裂，裂者威分，震者人擾也。君以静唱，臣以動和，威自上出，不趣於下，禮之政也。竊懼聖思厭倦，制不專己，恩不忍割，與衆共威。威不可分，德不可共。《洪範》曰：「臣有作威作福玉食，害于而家，凶于而國。」天鑑孔明，雖疏不失。灾異示人，前後數矣，而未見所革，以復往悔。自非聖人，不能無過。願陛下思惟所以稽古率舊，勿令刑德八柄，不由天子。若恩從上下，事依禮制，禮制修則奢僭息，事合宜則無凶咎。然後神望充塞，灾消不至矣。

桓帝延熹間，火灾，陳蕃、劉智茂上疏諫曰：「古之火皆君弱臣强，極陰之變也。前始春而獄刑慘，故火不炎上。前入春節，連寒，木冰，暴風折樹，又八九州郡並言隕霜殺菽。《春秋》晉執季孫行父，木爲之冰。夫氣弘則景星見，化錯則五星開，日月蝕。灾爲已然，異爲方來，恐卒有變，必於三朝，唯善政可以已之。願察臣前言，不棄愚忠，則元元幸甚。」書奏，不省。

太史令上言客星經帝坐，帝密以問侍中爰延。延因上封事曰：「臣聞天子尊無爲上，故天以爲子，位臨臣庶，威重四海。動静以禮，則星辰順序；意有邪僻，則晷度錯違。陛下以河南尹鄧萬有龍潛之舊，封爲通侯，恩重公卿，惠豐宗室。加頃引見，與之對博，上下媟黷，有虧尊嚴。臣聞之，帝左右者，所以咨政德也。故周公戒成王曰『其朋其朋』，言慎所與也。昔宋閔公與彊臣共博，列婦人於側，積此無禮，以致大災。武帝與幸臣李延年、韓嫣同卧起，尊爵重賜，情欲無厭，遂生驕淫之心，行不義之事，卒延年被戮，嫣伏其辜。夫愛之則不覺其過，惡之則不知其善，所以事多放濫，物情生怨。故主者賞人必酬其功，爵人以甄其德。❶善人同處，則日聞嘉訓；惡人從游，則日生邪情。孔子曰：『益者三友，損者三友。』邪臣惑君，亂妾危主，以非所言則悦於耳，以非所行則翫於目，故令人君不能遠之。仲尼曰：『唯女子與小人爲難養，近之則不遜，遠之則怨。』蓋聖人之明戒也。昔光武皇帝與嚴光俱寢，上天之異，其夕即見。夫以光武之聖德，嚴光之高賢，君臣合道，尚降此變，豈況陛下今所親幸，以賤爲貴，以卑爲尊哉？惟陛下遠讒諛之人，納謇謇之士，除左右之權，寤宦官之敝。使積善日熙，佞惡消殄，則乾灾可除。」帝省其奏。

時宦官專朝，政刑暴濫，又比失皇子，灾異尤數。延熹九年，襄楷自家詣闕上疏曰：

「臣聞皇天不言，以文象設教。堯、舜雖聖，必歷象日月星辰，察五緯所在，故能享百年之壽，爲萬世之法。臣切見去歲五月，熒惑入太微，犯帝座，出端門，不軌常道。其閏月庚辰，太白入房，犯心小星，震動中耀。中耀，天王也；傍小星者，天王子

❶「以」，《後漢書・爰延傳》作「必」。

也。夫太微天廷，五帝之坐，而金火罰星揚光其中，於占，天子凶；又俱入房、心，法無繼嗣。今年歲星久守太微，逆行西至掖門，還切執法。歲爲木精，好生惡殺，而淹留不去者，咎在仁德不修，誅罰太酷。前七年十二月，熒惑與歲星俱入軒轅，逆行四十餘日，而鄧皇后誅。其冬大寒，殺鳥獸，害魚鼈，城傍竹柏之葉有傷枯者。臣聞於師曰：『柏傷竹枯，不出三年，天子當之。』今洛陽城中人夜無故叫呼，云有火光，人聲正諠，於占亦與竹柏枯同。自春夏以來，連有霜雹及大雨靁，而臣作威作福，刑罰急刻之所感也。太原太守劉瓆、南陽太守成瑨，志除姦邪，其所誅翦，皆合人望，而陛下受閹豎之譖，乃遠加考逮。三公上書乞哀瓆等，不見採察，而嚴被譴讓。憂國之臣，將遂杜口矣。

「臣聞殺無罪，誅賢者，禍及三世。自陛下即位以來，頻行誅罰，梁、寇、孫、鄧，並見族滅，其從坐者，又非其數。李雲上書，明主所不當諱，杜衆乞死，諒以感悟聖朝，曾無赦宥，而并被殘戮，天下之人，咸知其冤。漢興以來，未有拒諫誅賢，用刑太深如今者也。永平舊典，諸當重論皆須冬獄，先請後刑，所以重人命也。頃數十歲以來，州郡翫習，又欲避請讞之煩，輒託疾病，多死牢獄。長吏殺生自己，死者多非其罪，魂神冤結，無所歸訴，淫厲疾疫，自此而起。昔文王一妻，誕致十子，今宮女數千，未聞慶育。宜修德省刑，以廣《螽斯》之祚。

「又七年六月十三日，河内野王山上有龍死，長可數十丈。扶風有星隕爲石，聲聞三郡。夫龍形狀不一，小大無常，故《周易》況之大人，帝王以爲符瑞。或聞河内龍死，諱以爲蛇。夫龍能變化，蛇亦有神，皆不當死。昔秦之將衰，華山神操璧以授鄭客，曰『今年祖龍死』，始皇逃之，死於沙丘。王莽天鳳二年，訛言黄山宫有死龍之異，後漢誅莽，光武復興。虚言猶然，況於實邪？夫星辰麗天，猶萬國之附王者也。下將畔上，故星亦畔天。石者安類，墜者失埶。春秋五石隕宋，其後襄公爲楚所執。秦之亡也，石隕東郡。今隕扶風，與先帝園陵相近，不有大喪，必有畔逆。

「案春秋以來及古帝王，未有河清及學門自壞者也。臣以河者，諸侯位也，清者屬陽，濁者屬陰。河當濁而反清者，陰欲爲陽，諸侯欲爲帝也。太學，天子教化之宫，其門無故自壞者，言文德將喪，教化廢也。京房《易傳》曰：『河水清，天下平。』今天垂異，地吐妖，人厲疫，三者並時而有河清，猶春秋麟不當見而見，孔子書之以爲異也。臣前上琅邪宫崇受干吉神書，不合明聽。臣聞布穀鳴於孟夏，蟋蟀吟於始秋，物有微而志信，人有賤而言忠。臣雖至賤，誠願賜清閒，極盡所言。」書奏，不省。

十餘日，復上書曰：「臣伏見太白北入數日，復出東方，其占當有大兵，中國弱，四夷彊。臣又推步，熒惑今當出而潛，必有陰謀。皆由獄多冤結，忠臣被戮。德星所以久守執法，亦爲此也。陛下宜承天意，理察冤獄，爲劉瓆、成瑨虧除罪辟，❶追録李雲、杜衆等子孫。夫天子事天不孝，則日食星鬭。比年日食於正朔，三光不明，五緯錯戾。前者宫崇所獻神書，專以奉天地、順五行爲本，亦有興國廣嗣之術。其文易曉，參

❶「瓆」，原作「躓」，今據《後漢書·襄楷傳》及上下文改。

同經典，而順帝不行，故國胤不興，孝冲、孝質頻世短祚。臣又聞之，得主所好，自非正道，神爲生虐。故周衰，諸侯以力征相尚，於是夏育、申休、宋萬、彭生、任鄙之徒生於其時。殷紂好色，妲己是出。葉公好龍，真龍游廷。今黄門常侍，天刑之人，陛下愛待，兼倍常寵，係嗣未兆，豈不爲此？天宫宦者星不在紫宫而在天市，❶明當給使主市里也。今乃反處常伯之位，實非天意。又聞宫中立黄老、浮屠之祠。此道清虚，貴尚無爲，好生惡殺，省慾去奢。今陛下嗜欲不去，殺罰過理，既乖其道，豈獲其祚哉！或言老子入夷狄爲浮屠。浮屠不三宿桑下，不欲久生恩愛，精之至也。天神遺以好女，浮屠曰：『此但革囊盛血。』遂不眄之。其守一如此，乃能成道。今陛下婬女豔婦，極天下之麗，甘肥飲美，殫天下之味，奈何欲如黄老乎？」

書上，即召詔尚書問狀。楷曰：「臣聞古者本無宦臣，武帝末，春秋高，數游後宫，始置之耳。後稍見任，至於順帝，遂益繁熾。今陛下爵之，十倍於前。至今無繼嗣者，豈獨好之而使之然乎？」尚書上其對，詔下有司處正。

楊秉爲侍中、尚書。帝時微行，私過幸河南尹梁胤府舍。是日大風拔樹，晝昏，秉因上疏諫曰：

臣聞瑞由德至，灾應事生。傳曰：「禍福無門，唯人所召。」天不言語，以灾異譴告，是以孔子迅雷風烈，必有變動。《詩》云：「敬天之威，不敢驅馳。」王者至尊，出

❶ 上「宦」字，《後漢書》作「官」。

入有常，警蹕而行，静室而止，自非郊廟之事，則鑾旗不駕。故《詩》稱「自郊徂宮」，《易》曰「王假有廟，致孝享也」。諸侯如臣之家，《春秋》尚列其誡，況以先王法服而私出槃游。降亂尊卑，等威無序，侍衛守空宫，紱璽委女妾，設有非常之變，任章之謀，上負先帝，下悔靡及。臣奕世受恩，得備納言，又以薄學，充在講勸，特蒙哀識，見照日月，恩重命輕，義使士死，敢憚摧折，略陳其愚。

時連歲饑荒，灾異數見。劉陶時游太學，上疏曰：

臣聞人非天地無以爲生，❶天地非人無以爲靈，是故帝非人不立，人非帝不寧。夫天之與帝，帝之與人，猶頭之與足，相須而行也。伏惟陛下年隆德茂，中天稱號，襲常存之慶，循不易之制，目不視鳴條之事，耳不聞檀車之聲，天灾不有痛於肌膚，震食不即損於聖體，故蔑三光之謬，輕上天之怒。伏念高祖之起，始自布衣，拾暴秦之敝，追亡周之鹿，合散扶傷，克成帝業。功既顯矣，勤亦至矣。流福遺祚，至於陛下。陛下既不能增明烈考之軌，而忽高祖之勤，妄假利器，委授國柄，使群醜刑隸，芟刈小民，彫敝諸夏，虐流遠近，故天降衆異，以戒陛下。陛下不悟，而競令虎豹窟於麑場，豺狼乳於春囿。斯豈唐咨禹、稷，益典朕虞，議物賦土蒸民之意哉？又令牧守長吏，上下交競；封豕長蛇，吞食天下；貨殖者爲窮冤之魂，貧餒者爲飢寒之鬼；高門獲東觀之辜，豐室羅妖叛之罪；死者悲於窀穸，生者戚於朝野：是愚臣所爲咨嗟長懷歎息也。且

❶「爲」，原脱，今據《後漢書·劉陶傳》補。

秦之將亡，正諫者誅，諛進者賞，嘉言結於忠舌，國命出於讒口，擅閻樂於咸陽，授趙高以車府。權去己而不知，威離身而不顧。古今一揆，成敗同埶。願陛下遠覽强秦之傾，近察哀、平之變，得失昭然，禍福可見。

臣又聞危非仁不扶，亂非智不救，故武丁得傅説，以消鼎雉之災，周宣用申、甫，以濟夷厲之荒。竊見故冀州刺史南陽朱穆，前烏桓校尉臣同郡李膺，皆履正清平，貞高絶俗。穆前在冀州，奉憲操平，摧破奸黨，掃清萬里。膺歷典牧守，正身率下，及掌戎馬，威揚朔北。斯實中興之良佐，國家之柱臣也。宜還本朝，挾輔王室，上齊七曜，下鎮萬國。臣敢吐不時之義於諱言之朝，猶冰霜見日，必至消滅。臣始悲天下之可悲，今天下亦悲臣之愚惑也。

永康元年，徵皇甫規爲尚書。其夏日食，詔公卿舉賢良方正，下問得失。規對曰：「天之於王者，如君之於臣，父之於子也。誡以灾妖，使從福祥。陛下八年之中，三斷大獄，一除内嬖，再誅外臣。而灾猶見，人情未安者，殆賢愚進退，威刑所加，有非其理也。前太尉陳蕃、劉矩，忠謀高世，廢在里巷；劉祐、馮緄、趙典、尹勳，正直多怨，流放家門；李膺、王暢、孔翊，絜身守禮，終無宰相之階。至於鉤黨之釁，事起無端，虐賢傷善，哀及無辜。今興改善政，易於覆手，而群臣杜口，鑑畏前害，互相瞻顧，莫肯正言。伏願陛下暫留聖明，容受謇直，則前責可弭，後福必降。」對奏，不省。

歷代名臣奏議卷之二百九十六

本卷劉永强校點

歷代名臣奏議卷之二百九十七

灾祥

漢靈帝建寧二年，青蛇見御坐軒前，又大風雨雹，霹靂拔樹，詔使百僚各言灾應。大司農張奂上疏曰：「臣聞風爲號令，動物通氣。木生於火，相須乃明。蛇能屈伸，配龍騰蟄。順至爲休徵，逆來爲殃咎。陰氣專用，則凝精爲雹。故大將軍竇武、太傅陳蕃，或志寧社稷，或方直不回，前以讒勝，並伏誅戮，海内默默，人懷震憤。昔周公葬不如禮，天乃動威。今武、蕃忠貞，未被明宥，灾眚之來，❶皆爲此也。宜急爲改葬，徙還家屬。其從坐禁錮，一切蠲除。又皇太后雖居南宫，而恩禮不接，朝臣莫言，遠近失望。宜思大義顧復之報。」天子深納奂言。

謝弼亦上封事曰：

臣聞和氣應於有德，妖異生乎失政。上天告譴，則王者思其愆；政道或虧，則姦臣當其罰。夫蛇者，陰氣所生；鱗者，甲兵之符也。《鴻範傳》曰：「厥極弱，時則有蛇龍之孽。」又熒惑守亢，裴回不去，法有近臣謀亂，發於左右。不知陛下所與從容帷幄之内，親信者爲誰。宜急斥黜，以消天戒。臣又聞「惟虺惟蛇，女子之祥」。伏惟皇太后定策宫闥，援立聖明，《書》云：「父子兄弟，罪不相及。」竇氏之誅，豈宜咎延太后？

❶「灾」，《後漢書·張奂傳》作「妖」。

幽隔空宮，愁感天心，如有霧露之疾，陛下當何面目以見天下？昔周襄不能敬事其母，戎狄遂至交侵。孝和皇帝不絶竇后之恩，前世以爲美談。禮，爲人後者爲之子，今以桓帝爲父，豈得不以太后爲母哉？《援神契》曰：「天子行孝，四夷和平。」方今邊境日蹙，兵革蜂起，自非孝道，何以濟之？願陛下仰慕有虞烝烝之化，俯思《凱風》慰母之念。

臣又聞爵賞之設，必酬庸勳；開國承家，小人勿用。今功臣久外，❶未蒙爵秩，阿母寵私，乃享大封，大風雨雹，亦由於兹。又故太傅陳蕃，輔相陛下，勤身王室，夙夜匪懈，而見陷群邪，一旦誅滅。其爲酷濫，駭動天下，而門生故吏，並離徙錮。蕃身已往，人百何贖！宜還其家屬，解除禁網。夫台宰重器，國命所寄。❷今之四公，惟司空劉寵斷斷守善，餘皆素飡致寇之人，四公謂劉矩爲太尉，許訓爲司徒，胡廣爲太傅及寵也。必有折足覆餗之凶。可因災異，並加罷黜。徵故司空王暢，長樂少府李膺，並居政事，庶災變可消，國祚惟永。臣山藪頑闇，未達國典。策曰「無有所隱」，敢不盡愚，用忘忌諱。伏惟陛下裁其誅罰。

熹平元年，青蛇見御坐，帝以問少府光禄勳楊賜，賜上封事曰：

臣聞和氣致祥，乖氣致灾，休徵則五福應，咎徵則六極至。夫善不妄來，灾不空發。王者心有所惟，意有所想，雖未形顔色，而五星以之推移，陰陽爲其變度。以此

❶「今」，原脱，今據《後漢書·謝弼傳》補。

❷「寄」，《後漢書》作「繼」。

而觀，天之與人，豈不符哉？《尚書》曰：「天齊乎人，假我一日。」是其明徵也。夫皇極不建，則有蛇龍之孽。《詩》云：「惟虺惟蛇，女子之祥。」故《春秋》兩蛇鬭於鄭門，昭公殆以女敗；康王一朝晏起，《關雎》見幾而作。夫女謁行則讒夫昌，讒夫昌則苞苴通，故殷湯以之自戒，終濟亢旱之灾。惟陛下思乾剛之道，別内外之宜，崇帝乙之制，受元吉之祉，抑皇甫之權，割豔妻之愛，則蛇變可消，禎祥立應。殷戊、宋景，其事甚明。

光和元年，虹蜺晝降嘉德殿前，帝惡之，引賜及議郎蔡邕等入金商門崇德署，使中常侍曹節、王甫問以祥異禍福所在。賜仰天歎，謂節等曰：「吾每讀《張禹傳》，未嘗不憤恚歎息，既不能竭忠盡情，極言其要，而反留意少子，乞還女壻。朱游欲得尚方斬馬劍以理之，❶固其宜也。吾以微薄之學，充先師之末，累世見寵，無以報國。猥當大問，死而後已。」乃書對曰：「臣聞之經傳，或得神以昌，或得神以亡。國家休明，則鑑其德；邪辟昏亂，則視其禍。今殿前之氣，應爲虹蜺，皆妖邪所生，不正之象，詩人所謂蝃蝀者也。於《中孚經》曰：『蜺之比，無德以色親。』方今内多嬖倖，外任小臣，上下並怨，諠譁盈路，是以灾異屢見，前後丁寧。今復投蜺，可謂孰矣。案《春秋讖》曰：『天投蜺，天下怨，海内亂。』加四百之期，亦復垂及。昔虹貫牛山，管仲諫桓公無近妃宮。《易》曰：『天垂象，見吉凶，聖人則之。』今妾媵嬖人閹尹之徒，共專國政，

❶「游」，原作「雲」，今據《後漢書·楊賜傳》改。

欺罔日月。又鴻都門下，招會群小，造作賦説，以蟲篆小技見寵於時，如驩兜、共工更相薦説，旬月之間，並各拔擢，樂松處常伯，任芝居納言。郄儉、梁鵠俱以便辟之性，佞辨之心，各受封爵不次之寵，❶而令搢紳之徒委伏畎畝，口誦堯、舜之言，身蹈絶俗之行，棄捐溝壑，不見逮及。冠履倒易，陵谷代處，從小人之邪意，順無知之私欲，不念《板》、《蕩》之作，虺蜴之誡。殆哉之危，莫過於今。幸賴皇天垂象譴告。《周書》曰：『天子見怪則修德，諸侯見怪則修政，卿大夫見怪則修職，士庶人見怪則修身。』惟陛下慎經典之誡，圖變復之道，斥遠佞巧之臣，速徵鶴鳴之士，内親張仲，外任山甫，斷絶尺一，抑止槃遊，留思庶政，無敢怠遑。冀上天還威，衆變可弭。老臣過受師傅之任，數蒙寵異之恩，豈敢愛惜垂没之年，而不盡其慺慺之心哉！」

張文上論灾異疏曰：

《春秋》義曰：「蝗者貪擾之氣所生。天意若曰：貪狼之人，蠶食百姓，若蝗食禾稼而擾萬民。獸齧人者，象暴政若獸而齧人。」京房《易傳》曰：「小人不義而反尊榮，則虎食人，霹靂殺人，亦象暴政，妄有喜怒。」政以賄成，刑放於寵，推類叙意，探指求原，皆象群下貪狼，威教妄施，或苦蝗蟲。宜敕正衆邪，清審選舉，退屏貪暴。魯僖公小國諸侯，敕政脩己，斥退邪臣，尚獲其報，六月甚雨之應。豈况萬乘之主，修善求賢？宜舉敦朴，以輔善政。陛下體堯、舜之聖，秉獨見之明，恢太平之業，敦經好學，

❶「封」，《後漢書》作「豐」。

流布遠近，可留須臾神慮，則可致太平，招休徵矣。

靈帝特詔問曰：「比灾變互生，未知厥咎，朝廷焦心，載懷恐懼。每訪群公卿士，庶聞忠言，而各存括囊，莫肯盡心。議郎蔡邕經學深奥，故密特稽問，宜披露失得，指陳政要，勿有依違，自生疑諱。具對經術，以皂囊封上。」邕對曰：「臣伏惟陛下聖德允明，深悼灾咎，褒臣末學，特垂訪及，非臣螻蟻所能堪副。斯誠輸寫肝膽出命之秋，豈可以顧患避害，使陛下不聞至戒哉！臣伏思諸異，皆亡國之怪也。天於大漢，殷勤不已，故屢出祅變，以當譴責，欲令人君感悟，改危即安。今灾眚之發，不於他所，遠則門垣，近在寺署，其爲監戒，可謂至切。蜺墮雞化，皆婦人干政之所致也。前者乳母趙嬈貴重天下，生則貲藏侔於天府，死則丘墓踰於園陵，兩子受封，兄弟典郡。續以永樂門史霍玉，依阻城社，又爲姦邪。今者道路紛紛，復云有程大人者，察其風聲，將爲國患。宜高爲隄防，明設禁令，深惟趙、霍，以爲至戒。今聖意勤勤，思明邪正。而聞太尉張顥，爲玉所進；先禄勳姓璋，有名貪濁；又長水校尉趙玹、屯騎校尉蓋升，並叨時幸，榮富優足。宜念小人在位之咎，退思引身避賢之福。伏見廷尉郭禧純厚老成，光禄大夫橋玄聰達方直，故太尉劉寵忠實守正，並宜爲謀主，數見訪問。夫宰相大臣，君之四體，委任責成，優劣已分，不宜聽納小吏，雕琢大臣也。又尚方工技之作，鴻都篇賦之文，可且消息，以示惟憂。《詩》云：『畏天之怒，不敢戲豫。』天戒誠不可戲也。宰府孝廉，士之高選。近者以辟召不慎，切責三公，而今並以小文超取選舉，開請託之門，違明王之典，衆心不厭，莫之敢言。臣願陛下忍而絶之，思惟萬機，以答天望。聖朝既自約厲，左右近臣亦宜從化。人自抑損，以塞咎戒，則天道虧滿，鬼神福謙矣。臣以愚贛，感激忘身，敢觸忌諱，手書具對。夫君臣不密，上有漏言之戒，下有失身之禍。願寢臣表，無使盡忠之吏，受怨姦仇。」章奏，帝覽而歎息。

邕又應詔上灾異疏曰：

詔問踐祚以來，灾眚屢見，頃歲日蝕、地動，❶風雨不時，疫癘流行，勁風折樹，河、雒盛溢。臣聞陽微則日蝕，陰盛則地震，思亂則風，貌失則雨，視闇則疾，簡宗廟，水不潤下，川流滿溢。明君臣，正上下，抑陰尊陽，修五事於聖躬，致精慮於共御，其救之也。

是年六月丁丑，有黑氣墮北宮温明殿東庭中，黑如車蓋，起奮迅，身五色，有頭，體長十餘丈，形貌似龍。上問邕，邕對曰：「所謂天投蜺者也。不見足尾，不得稱龍。《易傳》曰：『蜺之比無德，以色親也。』《潛潭巴》曰：『虹出，后妃陰脅王者。』又曰：『五色迭至，照于宫殿，有兵革之事。』《演孔圖》曰：『天子外苦兵，威内奪，臣無忠，則天投蜺。』變不空生，占不空言。」「意者陛下樞機之内，衽席之上，獨有以色見進，陵尊踰制，以昭變象。若群臣有所毁譽，聖意低迴，未知誰是。兵戎未息，威權漸移，忠言不聞，則虹蜺所在生也。抑内寵，任中正，

❶ 「頃」，《後漢書・五行志六》注作「頻」。

決毀譽，分直邪，各得其所。勒守衛，整武備，威權之機不以假人，則其救也。」

時頻有雷霆疾風，傷樹拔木，地震、隕雹、蝗蟲之害。又鮮卑犯境，役賦及民。六年七月，制書引咎，誥群臣各陳政要所當施行。邕上封事曰：

臣伏讀聖旨，雖周成遇風，訊諸執事，宣王遭旱，密勿祇畏，無以或加。臣聞天降灾異，緣象而至。辟歷數發，殆刑誅繁多之所生也。風者，天之號令，所以教人也。夫昭事上帝則自懷多福，宗廟致敬則鬼神以著。國之大事，實先祀典，天子聖躬所當恭事。臣自在宰府，及備朱衣，迎氣五郊，而車駕稀出，四時致敬，屢委有司，雖有解除，猶爲疏廢。故皇天不悦，顯此諸異。《鴻範傳》曰：「政悖德隱，厥風發屋折木。」坤爲地道，《易》稱安貞。陰氣憤盛，則當静反動，法爲下叛。夫權不在上則雹傷物，政有苛暴則虎狼食人，貪利傷民則蝗蟲損稼。去六月二十八日，太白與月相迫，兵事惡之。鮮卑犯塞，所從來遠，今之出師，未見其利。上違天文，下逆人事。誠當博覽衆議，從其安者。臣不勝憤懣，謹條宜所施行七事表左：

一、《明堂月令》，天子以四立及季夏之節，迎五帝於郊，所以導致神氣，祈福豐年。清廟祭祀，追往孝敬，養老辟雍，示人禮化，皆帝者之大業，祖宗所祗奉也。而有司數以蕃國疏喪，宫内産生，及吏卒小汙，屢生忌故。竊見南郊齋戒未嘗有廢，至於他祀，輒興異議。豈南郊卑而他祀尊哉？孝元皇帝策書曰：「禮之至敬，莫重於祭，所以竭心親奉，以致肅祗者也。」又元和故事，復中先典。前後制書，推心懇惻。而近者以來，更任太史。忘禮敬之大，任禁忌之書，拘信小故，以虧大典。《禮》，妻妾産者，齋則不入側室之門，無廢祭之文也。所謂宫中有卒，三月不祭者，謂士庶人數堵之室，共處其中耳，豈謂皇居之曠，臣妾之衆哉？自今齋制宜如故典，答風霆灾妖之異。❶

一、臣聞國之將興，至言數聞，内知己政，外見人情。是故先帝雖有聖明之姿，而猶廣求得失。又因灾異，援引幽隱，重賢良、方正、敦朴、有道之選，危言極諫，不絶於朝。陛下親政以來，頻年灾異，而未聞特舉選博之旨。誠當思省述修舊事，使抱忠之臣展其狂直，以解《易傳》「政悖德隱」之言。

一、夫求賢之道未必一塗，或以德顯，或以言揚。頃者，立朝之士，曾不以忠信見賞，恒被謗訕之誅，遂使群下結口，莫圖正辭。郎中張文前獨盡狂言，聖聽納受，以責三司。臣子曠然，衆庶解悦。臣愚以爲宜擢文右職，以勸忠謇，宣聲海内，博開政路。

一、夫司隸校尉、諸州刺史，所以督察姦枉，分别白黑者也。伏見幽州刺史楊憙、益州刺史龐芝、涼州刺史劉虔，各有奉公疾姦之心，憙等所糾，其効尤多。餘皆枉撓，不能稱職。或有抱罪懷瑕，與下同疾，綱網弛縱，莫相舉察，公府臺閣亦復默然。五年制書，議遣八使，又令三公謡言奏事。是時奉公者欣然得志，邪枉者憂悸失色。未詳斯議，所因寢息。昔劉向奏曰：「夫執狐疑之計者開群枉之門，養不斷之慮者來讒邪之口。」今始聞善政，旋復變易，足令海内測

❶「答」上，《後漢書·蔡邕傳》有「庶」字。

度朝政。宜追定八使，糾舉非法，更選忠清，平章賞罰。三公歲盡，差其殿最，使吏知奉公之福、營私之禍，則衆灾之原庶可塞矣。

一、臣聞古者取士，必使諸侯歲貢。孝武之世，郡舉孝廉，又有賢良、文學之選，於是名臣輩出，文武並興。漢之得人，數路而已。夫書畫辭賦，才之小者，匡國理政，未有其能。陛下即位之初，先涉經術，聽政餘日，觀省篇章，聊以遊意，當代博奕，非以教化取士之本。而諸生競利，作者鼎沸。其高者頗引經訓風喻之言，下則連偶俗語，有類俳優，或竊成文，虛冒名氏。臣每受詔於盛化門，差次録第，其未及者，亦復隨輩皆見拜擢。既加之恩，難復收改，但守奉禄，於義已弘，不可復使理人及仕州郡。昔孝宣會諸儒於石渠，章帝集學士於白虎，通經釋義，其事優大。文、武之道，所宜從之。若乃小能小善，雖有可觀，孔子以爲「致遠則泥」，君子故當志其大者。

一、墨綬長吏，職典理人，皆當以惠利爲績，日月爲勞。褒責之科，所宜分明。而今在任無復能省，及其還者，多召拜議郎、郎中。若器用優美，不宜處之冗散。如有釁故，自當極其刑誅。豈有伏罪懼考，反求遷轉，更相放效，臧否無章？先帝舊典未嘗有此，可皆斷絶，以覈真僞。

一、伏見前一切以宣陵孝子者爲太子舍人。臣聞孝文皇帝制喪服三十六日，雖繼體之君父子至親，公卿列臣受恩之重，皆屈情從制，不敢踰越。今虛僞小人，本非骨肉，既無幸私之恩，又無禄仕之實，惻隱思慕，情何緣生？而群聚山陵，假名稱孝，行不隱心，義無所依，至有姦軌之人通容其中。恒思皇后祖載之時，東郡有盜人妻者亡在孝中，本縣追捕，乃伏其辜。虛僞雜穢，難得勝言。又前至得拜，後輩被遺；或經年陵次，以暫歸見漏；或以人自代，亦蒙寵榮。争訟怨恨，凶凶道路。太子官屬宜搜選令德，豈有但取丘墓凶醜之人？其爲不祥，莫與大焉。宜遣歸田里，以明詐僞。

光和元年，❶有日食之異，尚書盧植上封事諫曰：

臣聞《五行傳》「日晦而月見謂之朓，王侯其舒」。此謂君政舒緩，故日食晦也。《春秋傳》曰「天子避位移時」，言其相掩不過移時。而間者日食自巳過午，既食之後，雲霧晻曖。比年地震，彗孛互見。臣聞漢以火德，化當寬明。近色信讒，忌之甚者，如火畏水故也。案今年之變，皆陽失陰侵，消禦灾凶，宜有其道。謹略陳八事：一曰用良，二曰原禁，三曰禦癘，四曰備寇，五曰修禮，六曰遵堯，七曰御下，八曰散利。用良者，宜使州郡覈舉賢良，隨方委用，責求選舉。原禁者，凡諸黨錮多非其罪，可加赦恕，申宥回枉。禦癘者，宋后家屬並以無辜委骸横尸，不得收葬，疫癘之來，皆由於此。宜敕收拾，以安遊魂。備寇者，侯王之家賦税減削，愁窮思亂，必致非常，宜使給足，以防未然。修禮者，應徵有道之人，若鄭玄之徒，陳明《洪範》，攘服灾咎。遵堯者，今郡守刺史一月數遷，宜依黜陟，以章能否，縱不九載，可滿三歲。御下者，請謁希爵一宜禁塞，遷舉之事責成主者。散利者，天子之體

❶「光」，原作「先」，今據《後漢書・盧植傳》改。

理無私積，宜弘大務，蠲略細微。

時連有灾異，郎中梁人審忠以爲朱瑀等罪惡所感，乃上書曰：

臣聞理國得賢則安，失賢則危，故舜有臣五人，而天下理，湯舉伊尹，不仁者遠。陛下即位之初，未能萬機，皇太后念在撫育，權時攝政，故中常侍蘇康、管霸應時誅殄。太傅陳蕃、大將軍竇武考其黨與，志清朝政。華容侯朱瑀知事覺露，禍及其身，遂興造逆謀，作亂王室，撞蹋省闥，執奪璽綬，迫脅陛下，聚會群臣，離間骨肉母子之恩，遂誅蕃、武及尹勳等。因共割裂城社，自相封賞。父子兄弟被蒙尊榮，素所親厚布在州郡，或登九列，或據三司。不惟禄重位尊之責，而苟營私門，多蓄財貨，繕修第舍，連里竟巷。盜取御水以作魚釣，車馬服玩擬於天家。群公卿士杜口吞聲，莫敢有言。州牧郡守承順風旨，辟召選舉，釋賢取愚。故蟲蝗爲之生，夷寇爲之起。天意憤盈，積十餘年。故頻歲日食於上，地震於下，所以勸戒人主，欲令覺悟，誅鉏無狀。

昔高宗以雉雊之變，故獲中興之功。近者神祇啓悟陛下，發赫斯之怒，故王甫父子應時馘截，路人士女莫不稱善，若除父母之讎。誠怪陛下復忍孽臣之類，不悉殄滅。昔秦信趙高，以危其國；吴使刑人，身遘其禍。虞公抱寶牽馬，魯昭見逐乾侯，以不用宫之奇、子家駒以至滅辱。今以不忍之恩，赦夷族之罪，姦謀一成，悔亦何及！臣爲郎十五年，皆耳目聞見，瑀之所爲，誠皇天所不復赦。願陛下留漏刻之聽，裁省臣表，掃滅醜類，以答天怒。與瑀考驗，有不如言，願受湯鑊之誅，妻子并徙，以絶妄言之路。

魏明帝太和中，散騎常侍高堂隆奏：「時風不至，而有休廢之氣，必有司不勤職事以失天常也。」詔書謙虛引咎，博諮異同。光禄勳和洽上奏，以爲：「民稀耕少，浮食者多。❶國以民爲本，民以穀爲命。故費一時之農，則失育命之本。是以先王務蠲煩費，以專耕農。自春夏以來，民窮於役，農業有廢，百姓囂然，時風不至，未必不由此也。消復之術，莫大於節儉。太祖建立洪業，奉師徒之費，供軍賞之用，吏士豐於資食，倉府衍於穀帛，由不飾無用之宮，絶浮華之費。方今之要，固在息省勞煩之役，損除他餘之務，以爲軍戎之儲。三邊守禦，宜在備豫。料賊虛實，蓄士養衆，算廟勝之策，明攻取之謀，詳詢衆庶以求厥中。若謀不素定，輕弱小敵，軍人數舉，舉而無庸，所謂『悦武無震』，古人之誡也。」

青龍中，崇華殿灾，詔問侍中高堂隆：「此何咎？於禮寧有祈禳之義乎？」隆對曰：「夫灾變之發，皆所以明教誡也，惟率禮修德，可以勝之。《易傳》曰：『上不儉，下不節，孽火燒其室。』又曰：『君高其臺，天火爲灾。』此人君苟飾宮室，不知百姓空竭，故天應之以旱，火從高殿起也。上天降鑑，故譴告陛下，陛下宜增崇人道，以答天意。昔太戊有桑穀生於朝，武丁有雊雉登於鼎，皆聞灾恐懼，側身修德，三年之後，遠夷朝貢，故號曰中宗、高宗。此則前代之明鑑也。今案舊占，灾火之發，皆以臺樹宮室

❶「浮」，原作「人」，今據《三國志·魏書·和洽傳》改。

爲誡。然今宮室之所以充廣者，實由宮人猥多之故。宜簡擇留其淑懿，如周之制，罷省其餘。此則祖己之所以訓高宗，高宗之所以享遠號也。」詔又問隆：「吾聞漢武帝時柏梁災，而大起宮殿以厭之，其義云何？」隆對曰：「臣聞西京柏梁既災，越巫陳方，建章是經，以厭火祥。乃夷越之巫所爲，非聖賢之明訓也。《五行志》曰：『柏梁災，其後有江充巫蠱衛太子事。』如志之言，越巫建章無所厭也。孔子曰：『災者修類應行，精祲相感，以戒人君。』是以聖主覩災責躬，退而修德，以消復之。今宜罷散民役，宮室之制，務從約節，内足以待風雨，外足以講禮儀。清掃所災之處，不敢於此有所立作，蓮莆、嘉禾必生此地，以報陛下虔恭之德。豈可疲民之力，竭民之財？實非所以致符瑞而懷遠人也。」

凌霄闕成，鵲巢其上，帝以問隆，隆對曰：「《詩》云：『維鵲有巢，維鳩居之。』今興宮室，起凌霄闕，而鵲巢之，此宮室未成身不得居之象也。天意若曰，宮室未成，將有他姓制御之，斯乃上天之戒也。夫天道無親，惟與善人，不可不深防，不可不深慮。夏、商之季，皆繼體也，不欽承上天之明命，惟讒諂是從，廢德適欲，故其亡也忽焉。太戊、武丁覩災竦懼，祗承天戒，故其興也勃焉。今若休罷百役，儉以足用，增崇德政，動遵帝則，除普天之所患，興兆民之所利，三王可四，五帝可六，豈惟殷宗轉禍爲福而已哉！臣備腹心，苟可以繁祉聖躬，每安社稷，❶臣雖灰身破族，猶生之年也。豈憚

❶「每安」，《三國志・魏書・高堂隆傳》作「安存」。

忤逆之災，而令陛下不聞至言乎？」於是帝改容動色。

時有星孛於大辰，隆又上疏曰：

凡帝王徙都立邑，皆先定天地社稷之位，敬恭以奉之。將營宮室，則宗廟爲先，廄庫爲次，居室爲後。今圜丘、方澤、南北郊、明堂、社稷神位未定，宗廟之制又未如禮，而崇飾居室，士民失業。外人咸云宮人之用與興戎軍國之費，所盡略齊，民不堪命，皆有怨怒。《書》曰「天聰明自我民聰明，天明畏自我民明威」，輿人作頌則嚮以五福，民怒吁嗟則威以六極，言天之賞罰隨民言，順民心也。是以臨政務在安民爲先，然後稽古之化，格于上下，自古及今，未嘗不然也。夫采椽卑宮，唐、虞、大禹之所以垂皇風也；玉臺瓊室，夏癸、商辛之所以犯昊天也。今之宮室實違禮度，乃更建立九龍，華飾過前。天彗章灼，始起於房、心，犯帝坐而干紫微，此乃皇天子愛陛下，是以發教戒之象，始卒皆於尊位，殷勤鄭重，欲必覺寤陛下。斯乃慈父懇切之訓，宜崇孝子祗聳之禮，以率先天下，以昭示後昆，不宜有忽，以重天怒。

帝初治宮室，發美女以充後庭，數出入弋獵。秋，大雨震電，多殺鳥雀。將作大匠楊阜上疏曰：

臣聞明主在上，群下盡辭。堯、舜聖德，求非索諫；大禹勤功，務卑宮室；成湯遭旱，歸咎責己；周文刑於寡妻，以御家邦；漢文躬行節儉，身衣弋綈。此皆能昭令問，貽厥孫謀者也。伏惟陛下奉武皇帝開拓之大業，守文皇帝克終之元緒，誠宜思齊往古聖賢之善治，總觀季世放盪之惡政。所謂善治者，務儉約，重民力也。所謂惡政者，從心恣欲，觸情而發也。惟陛下稽古世代之初所以明赫，及季世所以衰弱至于泯滅，近覽漢末之變，足以動心誡懼矣。曩使桓、靈不廢高祖之法，文、景之恭儉，太祖雖有神武，於何所施其能邪？而陛下何由處斯尊哉？

今吴、蜀未定，軍旅在外，願陛下動則三思，慮而後行，重慎出入，以往鑑來，言之若輕，成敗甚重。頃者天雨，又多卒暴，雷電非常，至殺鳥雀。天地神明，以王者爲子也，政有不當，則見灾譴。克己内訟，聖人所記。惟陛下慮患無形之外，慎明纖微之初，❶法漢孝文出惠帝宫人，令得自嫁，頃所調送小女，遠聞不令，宜爲後圖。諸所繕治，務從約節。《書》曰：「九族既睦，協和萬國。」事思厥宜，以從中道，精心計謀，省息費用。吴、蜀既定，爾乃上安下樂，九親熙熙。如此以往，祖考心歡，堯、舜其猶病諸。今宜開大信於天下，以安衆庶，以示遠人。

齊王即位，曹爽專政。會有日食之變，詔群臣問得失。大尉蔣濟上疏曰：

昔大舜佐治，戒在比周；周公輔政，慎於其朋；齊侯問灾，晏嬰對以布惠；魯君問異，臧孫答以緩役。應天塞變，乃實人事。今二賊未滅，將士暴露已數十年，男女怨曠，百姓貧苦。夫爲國法度，惟命世大才乃能張其綱維以垂于後，豈中下之吏所宜改易哉？終無益於治，適足傷民，望宜使文

❶ 「明」，《三國志·魏書·楊阜傳》作「萌」。

武之臣各守其職，率以清平，則和氣祥瑞可感而致也。

吴大帝時，步騭上疏曰：

天子父天母地，故宫室百官，動法列宿。若施政令，欽順時節，官得其人，則陰陽和平，七曜循度。至於今日官寮多闕，雖有大臣，復不信任，如此天地焉得無變？故頻年枯旱，亢陽之應也。又嘉禾六年五月十四日，赤烏二年正月一日及二十七日，地皆震動。地，陰類，臣之象，陰氣盛故動，臣下專政之故也。夫天地見異，所以警悟人主，可不深思其意哉！

西晉武帝泰始四年，以傅玄爲御史中丞。時頗有水旱之災，玄上疏曰：「臣聞聖帝明王受命，天時未必無灾，是以堯有九年之水，湯有七年之旱，惟能濟之以人事耳。故洪水滔天而免沉溺，野無生草而不困匱。伏惟陛下聖德欽明，時小水旱，人未大饑，下祇畏之詔，求極諫之言，同禹、湯之罪己，侔周文之夕惕。臣伏懽喜，上便宜五事：其一曰，耕夫務多種而旱暵不熟，徒喪功力而無收。又舊兵持官牛者，官得六分，士得四分，自持私牛者與官中分，施行來久，衆心安之。今一朝减持官牛者，官得八分，士得二分，持私牛及無牛者，官得七分，士得三分，人失其所，必不懽樂。臣愚以爲宜佃兵持官牛者與四分，持私牛與官中分，則天下兵作懽然悦樂，愛惜成穀，無有損棄之憂。其二曰，以二千石雖奉務農之詔，猶不勤心以盡地利。昔漢氏以墾田不實，徵殺二千石以十數。臣愚以爲宜申漢氏舊典，以警戒天下郡縣，皆以死刑督之。其三曰，以魏初未留意於水事，先帝統百揆，分河堤爲四部，并本凡五謁者，以水功至大，與農事並興，非一人所周故也。今謁者一人之力，行天下諸水，無時得遍。伏見河堤謁者車誼不知水勢，轉爲他職，更選知水者代之。可分爲五部，使各精其方宜。其四曰，古以步百爲畝，今以二百四十步爲一畝，所覺過倍。近魏初課田，不務多其頃畝，但務修其功力，故白田收至十餘斛，水田收數十斛。自頃以來，日增田頃畝之課，而田兵益甚，功不能修理，至畝數斛已還，或不足以償種。非與曩時異天地，横遇灾害也。其病正在於務多頃畝而功不修耳。竊見河堤謁者石恢甚精練水事及田事，知其利害，乞中書召恢，委曲問其得失，必有所補益。其五曰，臣以爲胡夷獸心，不與華同，鮮卑最甚。本鄧艾苟欲取一時之利，不慮後患，使鮮卑數萬散居人間，此必爲害之勢也。秦州刺史胡烈素有恩信於西方，今烈往，諸胡雖已無惡，必且消弭，然獸心難保，不必其可久安也。若後有動釁，烈計能制之。惟恐胡虜適困於討擊，便能東入安定，西赴武威，外名爲降，可動復動。此二郡非烈所制，則惡胡東西有窟穴浮游之地，故復爲患，無以禁之也。宜更置一郡於高平川，因安定西州都尉募樂徙民，重其復除以充之，以通北道，漸以實邊。詳議此二郡及新置郡，皆使并屬秦州，令烈得專御邊之宜。」詔曰：「得所陳便宜，言農事得失及水官興廢，又安邊禦胡政事寬猛之宜，申省周備，一二具之，此誠爲國大本，當今急務也。如所論皆善，深知乃心，廣思諸宜，動靜以聞也。」

太康五年正月癸卯，二龍見於武庫井中。帝見龍，有喜色，百僚將賀。劉毅獨表曰：「昔龍漦夏庭，禍發周室；龍見鄭門，子産不賀。」武帝答曰：「朕德政未修，未有以膺受嘉祥。」遂不賀也。衛將軍司馬孫楚亦上言曰：「頃聞武庫井中有二龍，群臣或有謂之禎祥而稱賀者，或有謂之非祥無所賀者，可謂楚既失之，而齊亦未爲得也。夫龍或俯潛于重泉，或仰攀于雲漢，游乎蒼昊，而今蟠于坎井，同於蛙蝦者，豈獨管庫之士或有隱伏，厮役之賢没於行伍？故龍見光景，❶有所感悟。願陛下赦小過，舉賢才，垂夢於傅巖，望想於渭濱，修學官，起淹滯，申命公卿舉獨行君子可惇風厲俗者，又舉亮拔秀異之才可以撥煩理難、矯世抗言者，無繫世族，必先逸賤。夫戰勝攻取之勢，并兼混一之威，五伯之事，韓、白之功耳。至於制禮作樂，闡揚道化，甫是士人出筋力之秋也。伏願陛下擇狂夫之言。」

帝詔賢良方正直言於東堂，策問曰：「頃日食正陽，水旱爲灾，將何所修，以變大眚？及法令有不宜於今，爲公私所患苦者，皆何事？凡平世在於得才，得才者亦借耳目以聽察。若有文武器能、有益於時務而未見申叙者，各舉其人。及有負俗謗議，宜先洗濯者，亦各言之。」摯虞上奏曰：「臣聞古之聖明，原始以要終，體本以正末。故憂法度之不當，而不憂人物之失所；憂人物之失所，而不憂灾害之流行。誠以法得於此，則物理於彼；人和於下，則灾消於上。其有日月之眚，水旱之灾，則反聽内

❶「光」，原作「先」，今據《晉書·孫楚傳》改。

視，求其所由，遠觀諸物，近驗諸身。耳目聽察，豈或有蔽其聰明者乎？動心出令，豈或有傾其常正者乎？大官大職，豈或有授非其人者乎？賞罰黜陟，豈或有不得其所者乎？河濱山巖，豈或有懷道釣築而未感於夢兆者乎？方外遐裔，豈或有命世傑出而未蒙膏澤者乎？推此類也以求其故，詢事考言以盡其實，則天人之情可得而見，咎徵之至可得而救也。若推之於物則無忤，求之於身則無尤，萬物理順，内外咸宜，祝史正辭，言不負誠，而日月錯行，夭癘不戒，此則陰陽之事，非吉凶所在也。期運度數，自然之分，固非人事所能供御，其亦振廪散滯，貶食省用而已矣。是故誠遇期運，則雖陶唐、殷湯有所不變；苟非期運，則宋、衛之君，諸侯之相，猶能有感。惟陛下審其所由，以盡其理，則天下幸甚。臣生長篳門，不逮異物，雖有賢才，所未接識，不敢瞽言妄舉，無以疇答聖問。」

東晉元帝即位，時陰陽錯繆，刑獄繁興，著作佐郎郭璞上疏曰：

「臣聞《春秋》之義貴元慎始，故分至啓閉以觀雲物，所以顯天人之統，存休咎之徵。臣不揆淺見，輒依歲首粗有所占，卦得解之既濟。按爻論思，方涉春木王龍德之時，而爲廢水之氣來見乘，加升陽未布，隆陰仍積，坎爲法象，刑獄所麗，變坎加離，厥象不燭。以義推之，皆爲刑獄殷繁，理有壅濫。又去年十二月二十九日，太白蝕月。月者屬坎，群陰之府，所以照察幽情，以佐太陽者也。太白，金行之星，而來犯之，天意若曰刑理失中，自壞其所以爲法者也。臣術學庸近，不練内事，卦理所及，敢不盡言。又去秋以來，沉雨跨年，雖爲金家涉火之祥，然亦是刑獄充溢，怨歎之氣所致。往建興四年十二月中，行丞相令史淳于伯刑於市，而血逆流長摽。伯者小人，雖罪在未允，何足感動靈變，致若斯之怪邪！明皇天所以保祐金家，子愛陛下，屢見灾異，殷勤無已。陛下宜側身思懼，以應靈譴。皇極之謫，事不虚降。不然，恐將來必有愆陽苦雨之灾，崩震薄蝕之變，狂狡蠢戾之妖，以益陛下旰食之勞也。

「臣謹尋按舊經，《尚書》有五事供禦之術，京房《易傳》有消復之救，所以緣咎而致慶，因異而邁政。故木不生庭，太戊無以隆；雉不鳴鼎，武丁不爲宗。夫寅畏者所以饗福，怠傲者所以招患，此自然之符應，不可不察也。按《解卦》繇云：『君子以赦過宥罪。』《既濟》云：『思患而豫防之。』臣愚以爲宜發哀矜之詔，引在予之責，蕩除瑕釁，贊陽布惠，使幽斃之人應蒼生以悦育，否滯之氣隨谷風而紓散。此亦寄時事以制用，籍開塞而曲成者也。

「臣竊觀陛下貞明仁恕，體之自然，天假其祚，奄有區夏，啓重光於已昧，廓四祖之遐武，祥靈表瑞，人鬼獻謀，應天順時，殆不尚此。然陛下即位以來，中興之化未闡，雖躬綜萬機，勞逾日昃，玄澤未加於群生，聲教未被乎宇宙，臣主未寧於上，黔細未輯於下，《鴻鴈》之詠不興，康哉之歌不作者，何也？杖道之情未著，而任刑之風先彰；經國之略未振，而軌物之迹屢遷。夫法令不一則人情惑，職次數改則覬覦生，官方不審則秕政作，懲勸不明則善惡渾，此有國者之所慎也。臣竊爲陛下惜之。夫以區區之曹參，猶能遵蓋公之一言，倚清靖以鎮俗，寄市獄以容非，德音不忘，流詠于今。漢之中宗聰悟獨斷，可謂令主，然屬意刑名，用虧純德。《老子》以禮爲忠信之薄，況刑又是禮之糟粕者乎！夫無爲而爲之，不宰以宰之，固陛下之所體者也。恥其君不爲堯、舜者，亦豈惟古人！是以敢肆狂瞽，不隱其懷。若臣言可採，或所以爲塵露之益；若不足採，所以廣聽納之門。願陛下少留神鑑，賜察臣言。」疏奏，優詔報之。

其後日有黑氣，璞復上疏曰：「臣以頑昧，近者冒陳所見，陛下不遺狂言，事蒙御省。伏讀聖詔，歡懼交戰。臣前云升陽未布，隆陰仍積，坎爲法象，❶刑獄所麗，變坎加離，厥象不燭，疑將來必有薄蝕之變也。此月四日，日出山六七丈，精光潛暗，而色都赤，中有異物，大如雞子，又有青黑之氣共相薄擊，良久乃解。按時在歲首純陽之月，日在癸亥全陰之位，而有此異，殆元首供禦之義不顯，消復之理不著之所致也。計去臣所陳未及一月，而便有此變，益明皇天留情陛下懇懇之至也。往年歲末，太白蝕月，今在歲始，日有咎謫。曾未數旬，大眚再見。日月告釁，見懼詩人，❷無曰天高，其鑑不遠。故宋景言善，熒惑退次；光武寧亂，呼沲結冰。此明天人之懸符，有若形影之相應。應之以德，則休祥臻；酬之以怠，則咎徵作。陛下宜恭承靈譴，敬天之怒，施沛然之恩，諧玄同之化，上所以允塞天意，下所以弭息群謗。臣聞人之多幸，國之不幸。赦不宜數，實如聖旨。臣愚以爲

❶「象」，原作「家」，今據本篇前文及《晉書·郭璞傳》改。
❷「詩」，原作「時」，今據《晉書》改。

子産知鑄刑書，❶非政之善，然不得不作者，須以救弊故也。今之宜赦，理亦如之。隨時之宜，亦聖人所善者。此國家大信之要，誠非微臣所得干豫。今聖朝明哲，思弘謀猷，方闢四門以亮采，訪輿誦於群心，況臣蒙珥筆朝末，而可不竭誠盡規哉！」

太興二年，大旱，詔求讜言直諫之士。著作佐郎虞預上書曰：

大晉受命，于今五十餘載。自元康以來，王德始闕，戎狄及於中國，宗廟焚爲灰燼，千里無烟爨之氣，華夏無冠帶之人，自天地開闢，書籍所載，大亂之極未有若茲者也。陛下以聖德先覺，超然遠鑑，作鎮東南，聲教遐被，上天眷顧，人神贊謀，雖云中興，其實受命，少康、宣王誠未足喻。《南風》之歌可著，而陵遲之俗未改者，何也？臣愚謂爲國之要在於得才，得才之術在於抽引。苟其可用，讎賤必舉。高宗、文王思佐發夢，拔巖徒以爲相，載釣老而師之。下至列國，亦有斯事，故燕重郭隗而三士競至，魏式干木而秦兵退舍。今天下雖弊，人士雖寡，十室之邑，必有忠信，世不乏驥，求則可致。而束帛未賁於丘園，蒲輪頓轂而不駕，所以大化不洽而雍熙有闕者也。

成帝咸和初，夏旱，詔衆官各陳致雨之意。虞預上議曰：

臣聞天道貴信，地道貴誠。誠信者，蓋二儀所以生植萬物，人君所以保乂黎蒸。是以殺伐擬於震電，推恩象於雲雨。刑罰在於必信，慶賞貴於平均。臣聞間者以來，

❶「知」，《晉書》作「之」。

刑獄轉繁，多力者則廣牽連逮，以稽年月；無援者則嚴其櫝楚，期於入重。是以百姓嗷然，感傷和氣。臣愚以爲輕刑耐罪，宜速決遣，殊死重囚，重加以請。寬徭息役，務遵節儉，砥礪朝臣，使各知禁。

蓋老牛不犧，禮有常制，而自頃衆官拜授祖贈，轉相夸尚，屠殺牛犢，動有十數，醉酒流湎，無復限度，傷財敗俗，所虧不少。

昔殷宗修德以消桑穀之異，宋景善言以退熒惑之變，楚國無灾，莊王是懼。盛德之君未嘗無眚，應以信順，天祐乃隆。臣學見淺闇，言不足採。

哀帝隆和元年，詔曰：「天文失度，太史雖有禳祈之事，猶釁眚屢彰。今欲依鴻祀之制，於太極殿前庭親執虔肅。」尚書左丞孔嚴諫曰：「鴻祀雖出《尚書大傳》，先儒所不究，歷代莫之興，承天接神，豈可以疑殆行事乎！天道無親，唯德是輔，陛下祗順恭敬，留心兆庶，可以消灾復異。皆已蹈而行之，德合神明，丘禱久矣，豈須屈萬乘之尊，修雜祀之事！君舉必書，可不慎歟！」

太常江逌亦上疏諫曰：「臣尋《史》、《漢》舊事，《藝文志》、劉向《五行傳》，洪祀出於其中。然自前代以來，莫有用者。又其文惟説爲祀，而不載儀注。此蓋久遠不行之事，非常人所參校。按《漢儀》，天子所親之祠，惟宗廟而已。祭天於雲陽，祭地於汾陰，在於別宮遥拜，不詣壇所。其餘群祀之所必在幽静，是以圜丘方澤列於郊野。今若於承明之庭，正殿之前，設群神之坐，行躬親之禮，準之舊典，有乖常式。臣聞妖眚之發，所以鑑悟時主，故貪畏上通則宋灾退度，德禮增修則殷道以隆。此往代之成驗，不易之定理。頃者星辰頗有變異，陛下祇戒之誠，達於天人，在予之懼，忘寢與食，仰虔玄象，俯凝庶政，嘉祥之應，實在今日。而猶乾乾夕惕，思廣茲道，誠實聖懷殷勤之至。然洪祀有書無儀，不行於世，詢訪時學，莫識其禮。且其文曰：『洪祀，大祀也。陽曰神，陰曰靈。舉國相率而行祀，順四時之序，無令過差。』今按文而言，皆漫而無適，不可得詳。若不詳而修，其失不小。」

帝不納，逌又上疏曰：「臣謹更思尋，參之時事。今强戎據於關雍，桀狄縱於河朔，封豕四逸，虔劉神州，長旍不卷，鉦鼓日戒，兵疲人困，歲無休已。人事弊於下，則七曜錯於上，灾沴之作，固其宜然。又頃者以來，無乃大異。彼月之蝕，義見詩人，星辰莫同，載於《五行》，故《洪範》不以爲沴。陛下今以晷度之失同之六沴，引其輕變方之重眚，求己篤於禹、湯，憂勤踰乎日昃，將修大祀，以禮神祇。《傳》曰：『外順天地時氣而祭其鬼神。』然則神必有號，祀必有義。按洪祀之文，惟神靈大略而無所祭之名，稱舉國行祀而無貴賤之阻，有赤黍之盛而無牲醴之奠，儀法所用，闕略非一。若率文而行，則舉義皆闕；有所施補，則不統其源。漢侍中盧植，時之達學，受法不究，則不敢厝心。誠以五行深遠，神道幽昧，探賾之求難以常思，錯綜之理不可一數。臣非至精，孰能與此！」

漢主劉聰時，東宮鬼哭；赤虹經天，南有一岐；三日並照，各有兩珥，五色甚鮮；客星歷紫宮入於天獄而滅。太史令康相言於聰曰：「虵虹見彌天，一岐南徹。三日並照，客星入紫宮。此皆大異，其徵不遠也。今虹達東西者，許、洛以南不可圖也。一岐南徹者，李氏當仍跨巴蜀，司馬叡終據全吳之象，天下其三分乎！月爲胡王，皇漢雖苞括二京，龍騰九五，然世雄燕、代，肇基北朔，太陰之變其在漢域乎！漢既據中原，曆命所屬，紫宮之異，亦不在他，此之深重，胡可盡言。石勒鴟視趙、魏，曹嶷狼顧東齊，鮮卑之衆星布燕代，齊、代、燕、趙皆有將大之氣。願陛下以東夏爲慮，勿顧西南。吳、蜀之不能北侵，猶大漢之不能南向也。今京師寡弱，勒衆精盛，若盡趙、魏之鋭卒，燕、代之突騎，自上黨而來，曹嶷率三齊之衆以繼之，陛下將何以抗之？紫宮之變何必不在此乎！願陛下早爲之所，無使兆人生心。陛下誠能發詔，外以遠追秦皇、漢武循海之事，内爲高帝圖楚之計，無不克矣。」聰覽之不悦。

劉曜夜夢三人金面丹脣，東向逡巡，不言而退，曜拜而履其跡。旦，召公卿已下議之，朝臣咸賀以爲吉祥，惟太史令任義進曰：

三者，曆運統之極也。東爲震位，王者之始次也。金爲兑位，物衰落也。脣丹不言，事之畢也。逡巡揖讓，退舍之道也。爲之拜者，屈伏於人也。履跡而行，慎不出疆也。東井，秦分也。五車，趙分也。秦兵必暴起，亡主喪師，留敗趙地。遠至三年，近七百日，其應不遠。願陛下思而防之。

時終南山崩，長安人劉終於崩所得白玉，獻於劉曜。方一尺，有文字曰：「皇亡，皇亡，敗趙昌。井水竭，構五梁，咢酉小衰困囂喪。嗚呼！嗚呼！赤牛奮靷其盡乎！」時群臣咸賀，以爲勒滅之徵。曜大悦，齋七日而後受之太廟，大赦境内，以終爲奉瑞大夫。中書監劉均進曰：「臣聞國主山川，故山崩川竭，君爲之不舉。終南，京師之鎮，國之所瞻，無故而崩，其凶焉可極言！昔三代之季，其灾也如是。今朝臣皆言祥瑞，臣獨言其非，誠上忤聖旨，下違衆議，然臣不達大理，竊所未同。何則？玉之於山石也，猶君之於臣下。山崩石壞，象國傾人亂。『皇亡，皇亡，敗趙昌』者，此言皇室將爲趙所敗，趙因之而昌。今大趙都於秦雍，而勒跨全趙之地，趙昌之應當在石勒，不在我也。『井水竭，構五梁』者，井謂東井，秦之分也；五謂五車，梁謂大梁，五車、大梁，趙之分也。此言秦將竭滅，以構成趙也。『咢』者，歲之次名作咢也，言歲馭作咢酉之年，當有敗軍殺將之事。『困』謂困敦，歲在子之年名，玄囂亦在子之次，言歲馭於子，國當喪亡。『赤牛奮靷』謂赤奮若，在丑之歲名也。『牛』謂牽牛，東北維之宿，丑之分也，言歲在於丑當滅亡，盡無復遺也。此其誠悟蒸蒸，❶欲陛下勤修德化以禳之。❷縱爲嘉祥，尚願陛下夕惕以答之。《書》曰：『雖休勿休。』願陛下追蹤周旦盟津之美，捐鄗虢公夢廟之凶，謹歸沐浴以待妖言之誅。」曜憮然改容。御史劾均狂言瞽説，誣罔祥瑞，請依大不敬論。曜曰：「此之灾瑞，誠不可知，深戒朕之不德，朕收其忠惠多矣，何罪之有乎！」

秦主苻堅時，太史令張孟言於堅曰：

❶「誠」，《晉書·劉曜載記》作「誠」。

❷「勤」，原脱，今據《晉書》補。

「彗起尾箕，而埽東井，此燕滅秦之象。」勸堅誅慕容暐及其子弟。堅不納，更以暐爲尚書。苻融聞之，上疏諫曰：「臣聞東胡在燕，曆數彌久，逮于石亂，遂據華夏，跨有六州，南面稱帝。陛下爰命六師，大舉征討，勞卒頻年，勤而後獲，本非慕義懷德歸化。而今父子兄弟列官滿朝，執權履職，勢傾勞舊，陛下親而幸之。臣愚以爲猛獸不可養，狼子野心。往年星異，災起於燕，願少留意，以思天戒。臣據可言之地，不容嘿已。《詩》曰：『兄弟急難』，『朋友好合』。昔劉向以肺腑之親，尚能極言，況於臣乎！」堅報之曰：「汝爲德未充而懷是非，立善未稱而名過其實。《詩》云：『德輶如毛，人鮮克舉。』君子處高，戒懼傾敗，可不務乎！今四海事曠，兆庶未寧，黎元應撫，夷狄應和，方將混六合以一家，同有形於赤子，汝其息之，勿懷耿介。夫天道助順，修德則禳災，苟求諸己，何懼外患焉。」

苻生時，長安大風，發屋拔樹，行人顛頓，宮中奔擾，或稱賊至，宮門晝閉，五日乃止。生推告賊者殺之，刳而出其心。左光禄大夫强平諫曰：「元正盛旦，日有蝕之，正陽神朔，昏風大起，兼水旱不時，獸災未息，此皆由陛下不勉强於政事，乖戾和氣所致也。願陛下務養元元，平章百姓，棄纖介之嫌，含山嶽之過，致敬宗廟，愛禮公卿，去秋霜之威，垂三春之澤，則姦回寢止，妖祲自消，乾靈祇祐皇家，永保無窮之美矣。」

宋文帝元嘉二年，范泰表賀元正，并陳旱災，曰：

元正改律，品物惟新。陛下藉日新以

畜德，仰乾元以履祚，吉祥集室，百福來庭。頃旱魃爲虐，亢陽愆度，通川燥流，異井同竭。老弱不堪遠汲，貧寡單於負水。租輸既重，賦税無降，百姓怨咨。臣年過七十，未見此旱。陰陽并隔，則和氣不交，豈惟凶荒，必生疾疫，其爲憂虞，不可備序。

雩禜之典，以誠會事，巫祝常祈，罕能有感，上天之譴，不可不察。漢東海枉殺孝婦，亢旱三年，及祭其墓，澍雨立降，歲以有年。是以衛人伐邢，師興而雨。伏願陛下式遵遠猷，思隆高構，推忠恕之愛，矜冤枉之獄，遊心下民之瘼，厝思幽冥之紀。令謗木豎闕，諫鼓鳴朝，察芻牧之言，總統御之要。如此，則苞桑可繫，危幾無兆。斯而灾害不消，未之有也。故夏禹引百姓之罪，殷湯甘萬方之過，太戊資桑穀以進德，宋景藉熒惑以修善，斯皆因敗以轉成，往事之昭晰也。循末俗者難爲風，就正路者易爲雅。臣疾患日篤，夕不謀朝，會及歲慶，得一聞達，微誠少亮，無恨泉壤，永違聖顔，拜表悲咽。

三年秋，旱蝗，泰又上表曰：「陛下昧旦丕顯，求民之瘼，明斷庶獄，無倦政事，理出群心，澤謡民口，百姓翕然，皆自以爲遇其時也。灾變雖小，要有以致之。守宰之失，臣所不能究，上天之譴，臣所不敢誣。有蝗之處，縣官多課民捕之，無益於枯苗，有傷於殺害。臣聞桑穀時亡，無假斤斧，楚昭仁愛，不禁自瘳，卓茂去無知之蟲，宋均囚有異之虎，蝗生有由，非所宜殺。石不能言，星不自隕，《春秋》之旨，所宜詳察。禮，婦人有三從之義，而無自專之道，《周書》父子兄弟罪不相及，女人被宥，由來上矣。謝晦婦女，猶在尚方，始貴後賤，物情之所甚苦，匹婦一至，❶亦能有所感激。臣於謝氏，不容有情，蒙國重恩，寢處思報，伏度聖心，已當有在。禮，春夏教詩，無一而闕也。臣近侍坐，聞立學當在入年。陛下經略粗建，意存民食，入年則農功興，農功興則田野闢，入秋治庠序，入冬集遠生，二塗並行，事不相害。夫事多以淹稽爲戒，不遠爲患，任臣學官，竟無微績，徒墜天施，無情自處。臣之區區，不望目覩盛化，竊慕子囊城郢之心，庶免荀偃不瞑之恨。臣比陳愚見，便是都無可採，徒煩天聽，愧怍反側。」書奏，上乃原謝晦婦女。

時旱災未已，加以疾疫，泰又上表曰：

頃亢旱歷時，疾疫未已，方之常災，實爲過差，古以爲王澤不流之徵。陛下昧旦臨朝，無懈治道，躬自菲薄，勞心民庶，以理而言，不應致此。意以爲上天之於賢君，正自殷懃無已。陛下同規禹、湯引百姓之過，言動于心，❷道敷自遠。桑穀生朝而隕，熒惑犯心而退，非唯消災弭患，乃所以大啓聖明，靈雨立降，百姓改瞻，應感之來，有同影響。陛下近當仰推天意，俯察人謀，升平之化，尚存舊典，顧思與不思，行與不行耳。

大宋雖揖讓受終，未積有虞之道，先帝登遐之日，便是道消之初。至乃嗣主被殺，哲藩嬰禍，九服徘徊，有心喪氣，佐命託孤之臣，俄爲戎首。天下蕩蕩，王道已淪，自非神英撥亂反正，則宗社非復宋有。革命之與隨時，其義尤大。是以古今異用，循方

❶「至」，原作「室」，今據《宋書・范泰傳》改。
❷「于」，原作「千」，今據《四庫全書》本、《宋書・范泰傳》改。

必壅，大道隱於小成，欲速或未必達。深根固蔕之術未洽於愚心，是用猖狂妄作而不能緘默者也。臣既頑且鄙，不達治宜，加之以篤疾，重之以惛耄，言或非言而復不能無言，陛下録其一毫之誠，則臣不知厝身之所。

歷代名臣奏議卷之二百九十七

本卷劉永强校點

歷代名臣奏議卷之二百九十八

灾祥

齊武帝始親政，水旱不時。車騎將軍竟陵王子良密啓曰：

臣思水潦成患，良田沃壤，變爲汙澤，農政告祥，因高肆務，播植既周，繼以旱虐。黔庶呼嗟，相視褫氣。夫國資於民，民資於食，匪食匪民，何以能政？臣每一念此，寢不便席。本始中，郡國大旱，宣帝下詔除民租。今聞所在逋餘尚多，守宰嚴期，兼夜課切，新税力尚無從，故調於何取給？政當相驅爲盗耳。愚謂逋租宜皆原除，少降停恩，微紓民命。

自宋道無章，王風陵替，竊官假號，駢門連室。今左民所檢動以萬數，漸漬之來，非復始適，一朝洗正，理致沸騰。小人之心罔思前咎，申之以威，反怨後罰，獸窮則觸，事在匪輕。齊有天下日淺，恩洽未布，一方或飢，當加優養。愚謂自可依源削除，未宜便充猥役。且部曹檢校，誠存精密，令史奸黠，❶鮮不容情。情既有私，理或枉謬。耳目有限，群狡無極。變易是非，居然可見。詳而後取，於事未遲。

明詔深矜獄圄，恩文累墜。今科網嚴重，稱爲峻察。負罪離諐，充積牢户。❷暑時鬱蒸，加以金鐵。聚憂之氣，足感天和。

❶「奸」，原作「好」，今據《南齊書·蕭子良傳》改。
❷「牢」，原作「罕」，今據《南齊書》改。

民之多怨，非國福矣。

頃土木之務甚爲殷廣，雖役未及民，勤費已積。炎旱致灾，或由於此。皇明載遠，書軌未一，緣淮帶江，數州地耳，以魏方漢，猶一郡之譬，以今比古，復爲遠矣。何得不愛其民，緩其政，救其危，存其命哉？

湘區奧密，蠻寇熾彊，如聞南師未能挫戮。百姓齊民積年塗炭，疽食侵淫，邊虞方重。交州敻絶一垂，寔惟荒服，恃遠後賓，固亦恒事。自青德啓運，款關受職，置之度外，不足絓言。今縣軍遠伐，經途萬里，衆寡事殊，客主勢異，以逸待勞，全勝難必。又緣道調兵，以足軍力，民丁烏合，事乖習鋭。廣州積歲無年，越州兵糧素乏，加以發借，必致恇擾。愚謂叔獻所請，不宜聽從，取亂侮亡，更俟後會。雖緩歲月，必有可禽之理，差息發動費役之勞。劉楷見甲以助湘中，❶威力既舉，蟻寇自服。

後魏孝文帝太和二十年七月，以久旱不雨，輟膳三旦，百寮詣闕，引在中書省。帝在崇虚樓，遣舍人問曰：「朕知卿等至，不獲相見，卿何爲而來？」揚州大中正王肅對曰：「伏承陛下輟膳已經三旦，群臣焦怖，不敢自寧。臣聞堯水湯旱，自然之數，須聖人以濟世，不由聖以致灾。是以國儲九年，以禦九年之變。臣又聞至於八月不雨，然後君不舉膳。昨四郊之外已蒙滂澍，唯京城之内微爲少澤。蒸民未闕一餐，陛下輟膳三日，臣庶惶惶，無復情地。」帝遣舍人答曰：「昔堯水湯旱，賴聖人以濟民，朕雖居群黎之上，道謝前王，今日之旱，無以

❶「甲」，原作「申」，今據《南齊書》改。

救恤，應待立秋，克躬自咎。但此月十日已來，炎熱焦酷，人物同悴，而連雲數日，❶高風蕭條，雖不食數朝，猶自無感，朕誠心未至之所致也。」肅曰：「臣聞聖人與凡同者五常，異者神明。昔姑射之神不食五穀，臣常謂矯。今見陛下，始知其驗。且陛下自輟膳以來，若天全無應，臣亦謂上天無知，陛下無感。一昨之前，外有滂澤，此有密雲，臣即謂天有知，陛下有感矣。」復遣舍人答曰：「昨內外貴賤咸云四郊有雨，朕恐此輩皆勉勸之辭，三覆之慎，必欲使信而有徵。比當遣人往行，若果雨也，便命太官欣然進膳。豈可以近郊之內而慷慨要天乎？若其無也，朕之無感，安用朕身以擾民庶！朕志確然，死而後已。」是夜澍雨大降。

宣武帝正始元年夏五月，有典事史元顯獻四足四翼雞，詔散騎侍郎趙邕以問太常卿崔光。光表答曰：「臣謹按《漢書·五行志》宣帝黃龍元年，未央殿路軨中雌雞化爲雄，毛變而不鳴，不將，無距。元帝初元中，丞相府史家雌雞伏子，漸化爲雄，冠距鳴將。永光中，有獻雄雞生角。劉向以爲雞者小畜，主司時起居，小臣執事爲政之象也，言小臣將秉君之威以害政事，猶石顯也。竟寧元年，石顯伏辜，此其效也。靈帝光和元年，南宮寺雌雞欲化爲雄，一身毛皆似雄，但頭冠尚未變，詔以問議郎蔡邕。邕對曰：『貌之不恭，則有雞禍。臣竊推之，頭爲元首，人君之象也。今雞一身已變，未至於頭，而上知之，是將有其事而不遂成之象也。若應之不精，政無所改，頭冠或成，

❶「數」，原作「蔽」，今據《魏書·王肅傳》改。

爲患滋大。』是後張角作亂，稱黄巾賊，遂破壞四方，疲於賦役，民多叛者。上不改政，遂至天下大亂。今之雞狀雖與漢不同，而其應頗相類矣。向、邕並博達之士，考物驗事，信而有證，誠可畏也。臣以邕言推之，翅足衆多，亦群下相扇助之象。雛而未大，脚羽差小，亦其勢尚微，易制御也。臣聞灾異之見，皆所以示吉凶。明君覩之而懼，乃能招福；闇主視之彌慢，所用致禍。《詩》、《書》、《春秋》、秦、漢之事多矣，此陛下所觀者也。今或有自賤而貴，關預政事，殆亦前代君房之匹。比者南境死亡千計，白骨横野，存有酷恨之痛，殁爲怨傷之魂。義陽屯師，盛夏未返；荆蠻狡猾，征人淹次。東州轉輸，往多無還，百姓困窮，絞縊以殞。北方霜降，蠶婦輟事。群生憔悴，莫甚於今。此亦賈誼哭歎、谷永切諫之時。司寇行戮，君爲之不舉，陛下爲民父母，所宜矜恤。國重戎戰，用兵猶火，内外怨弊，易以亂離。陛下縱欲忽天下，豈不仰念太祖取之艱難，先帝經營劬勞也？誠願陛下留聰明之鑑，警天地之意，禮處左右，節其貴越。往者鄧通、董賢之盛，愛之正所以害之。又躬饗加罕，宴宗或闕，時應親肅郊廟，延敬諸父。檢訪四方，務加休息，爰發慈旨，撫賑貧瘼。簡費山池，減撤聲飲，晝存政道，夜以安身。博采芻蕘，進賢黜佞，則兆庶幸甚，妖弭慶進，禎祥集矣。」帝覽之大悦。

光爲撫軍將軍時，又上奏曰：

去二十八日，有物出于太極之西序，敕以示臣。臣按其形，即《莊子》所謂「蒸成菌」者也。又云「朝菌不終晦朔」，雍門周所稱「磨蕭斧而伐朝菌」，皆指言蒸氣鬱長，非有根種，柔脆之質，凋殞速易，不延旬月，無擬斧斤。又多生墟落穢濕之地，罕起殿堂高華之所。今棟宇崇麗，牆築工密，糞朽弗加，沾濡不及，而兹菌歘構，厥狀扶疏，誠足異也。

夫野木生朝，野鳥入廟，古人以爲敗亡之象。然懼灾修德者咸致休慶，所謂家利而怪先，國興而妖豫。是故桑穀拱庭，太戊以昌；雊雉集鼎，武丁用熙。自比鴟鵲巢于廟殿，梟鵩鳴於宮寢，菌生賓階軒坐之正，準諸往記，信可爲誡。且南西未静，❶兵革不息，郊甸之内，大旱跨時，民勞物悴，莫此之甚。承天子育者所宜矜恤。伏願陛下追殷二宗感變之意，側躬聳誠，惟新聖道，節夜飲之忻，彊朝御之膳，養方富之年。保金玉之性，則魏祚可以永隆，皇壽等於山岳矣。

孝明帝正光二年，崔光爲司徒、侍中。時獲秃鶖鳥於宮内，詔以示光。光表曰：「蒙示所得大鳥，此即《詩》所謂『有鶖在梁』，解云『秃鶖也』。貪惡之鳥，野澤所育，不應入殿庭。昔魏氏黄初中，有鵜鶘集于靈芝池，文帝下詔，以曹恭公遠君子，近小人，博求賢俊，太尉華歆由此遜位而讓管寧者也。臣聞野物入舍，古人以爲不善。是以張臶惡鵂，賈誼忌鵩。鵜鶘暫集而去，前王猶爲至誡，況今親入宮禁，爲人所獲，方被畜養，晏然不以爲懼。準諸往義，信有殊矣。且饕餮之禽必資魚肉，菽麥、稻粱，時或餐啄，一食之費容過斤鎰。今春夏陽旱，穀糴稍貴，窮窘之家時有菜色。陛下爲民父母，撫之如傷，豈可棄人養鳥，留意於醜形惡聲哉！衛侯好鶴，曹伯愛鴈，身死國

❶「南西」，《北史·崔光傳》作「東南」。

滅，可爲寒心。陛下學通《春秋》，親覽前事，何得口詠其言，行違其道？誠願遠師殷宗，近法魏祖，修德延賢，消灾集慶，放無用之物，委之川澤，取樂琴書，頤養神性。」帝覽之大悦。

孝武帝永熙中，有風雹之變，詔訪讜言。瀛州刺史王椿上疏曰：

伏奉詔書，以風雹厲威，上動天睠，訪讜辭於百辟，詔輿誦於四海。宸衷懇切，備在綵綸，祇承兢感，心焉靡厝。伏惟陛下啓籙應期，馭育萬物，承綴旒之艱運，纂纖絲之危緒，忘餐日昃，求衣未明，俾上帝下臨，愍兹荼蓼，永濟溝壑。而滄浪降戾，作害中秋。上帝照臨，義不虚變。竊惟風爲號令，皇天所以示威；雹者氣激，陰陽有所交争。殆行令殊節，舒急失中之所致也。昔澍雨千里，實緣教祀之誠；炎精三舍，寧非善言之力。讜不空發，徵豈謬應，誰謂蓋高，實符人事。伏願陛下留心曲覽，垂神遠察，禮賢登士，博舉審官，擢申滯怨，振窮省役。使夫滋水没川之彦畢居朝右，儀表丹青之位未或虚加。圜土絶五毒之民，揆日息千門之費。巖巖廊署，無不遇之士；忪忪惸獨，荷酒帛之恩。則物見昭蘇，人知休泰，徐奏《薰風》之曲，無論《鴻鴈》之歌，豈不天人幸甚，鬼神咸忭。

唐太宗貞觀六年，帝謂侍臣曰：「朕比見衆議以祥瑞爲美事，頻有賀表。如朕本心，但使天下太平，家給人足，雖無祥瑞，亦可比德於堯、舜。若百姓不足，夷狄内侵，縱有芝草遍街衢，鳳凰棲苑囿，亦何異於桀、紂？常聞石勒時有郡吏燃連理木，煮白雉肉喫，豈得稱爲明主邪？又隋文帝深愛祥瑞，遣秘書監王劭著衣冠，在朝堂對考使焚香以讀《皇隋感瑞經》，舊嘗見傳説此事，實以爲可笑。夫爲人君，當須至公理天下，以得萬國之歡心。昔堯、舜在上，百姓敬之如天地，愛之如父母。動作興事，人皆樂之；發號施令，人皆悦之，此是大祥瑞也。自此以後，諸州所有祥瑞，並不用申奏。」群臣皆曰：「誠如聖旨。」

八年，隴右山崩，大蛇屢見，山東及江、淮多大水。太宗問侍臣，秘書監虞世南對曰：「春秋時，梁山崩，晉侯召伯宗而問焉，對曰：『國主山川，故山崩川竭，君爲之不舉樂，降服乘縵，而祝幣以禮焉。』梁山，晉所主也。晉侯從之，故得無害。漢文帝元年，齊、楚地二十九山同日崩，大水出，令郡國無來獻，施惠於天下，遠近歡洽，亦不爲灾。後漢靈帝時，青蛇見御坐。晉惠帝時，大蛇長三百步，見齊地，經市入朝中。案蛇宜在草野，而入市朝，所以爲怪耳。今蛇見山澤，蓋深山大澤必有龍蛇，亦不足怪。又山東足雨，雖則其常，然陰潛過久，恐有冤獄，宜斷省繫囚，庶或當天意。且妖不勝德，唯修德可以銷變。」太宗以爲然，因遣使者賑恤饑餒，申理獄訟，多所原宥。

時有彗星見於南方，長六尺，經百餘日乃滅。太宗謂侍臣曰：「天見彗星，由朕之不德，政有虧失，是何妖也？」世南對曰：「昔齊景公時有彗星見，公問晏子。晏子對曰：『公穿池沼畏不深，起臺榭畏不高，行刑罰畏不重，是以天見彗星爲公誡耳！』景公懼而修德，後十三日而星没。陛下若德政不修，雖麟鳳數見，終是無益。但使朝無闕政，百姓安樂，雖有災變，何損於德？願陛下勿以功高古人而自矜大，勿以太平漸久而自驕逸，若能慎終如始，彗星縱見未足爲憂。」太宗曰：「吾之理國，良無景公之過。但朕年十八便爲經綸王業，北剪劉武周，西平薛舉，東擒竇建德、王世充，二十四而天下定，二十九而居大位，四夷降服，海内乂安，自謂古來英雄撥亂之主無見及者，頗有自矜之意，此吾之過也。上天見變，良爲是乎？秦始皇平六國，隋煬帝富有四海，既驕且逸，一朝而敗，吾亦何得自驕也？言念於此，不覺惕惕而震懼！」魏徵進曰：「臣聞自古帝王未有無災變者，但能修德，災變自消。陛下因有天變，遂能誡懼，反覆思量，深自尅責，雖有此變，必不爲災也。」

十一年，大雨，穀水溢，衝洛城門，入洛陽宫，平地五尺，毀宫寺十九所，漂七百餘家。太宗謂侍臣曰：「朕之不德，皇天降災，將由視聽弗明，刑罰失度，遂使陰陽舛謬，雨水乖常。矜物罪己，載懷憂惕，朕又何情獨甘滋味？可令尚食斷肉，進蔬食。文武百官各上封事，極言得失。」中書侍郎岑文本上封事曰：「臣聞開撥亂之業，其功既難；守已成之基，其道不易。故居安思危，所以定其業也；有始有卒，所以崇其基也。今雖億兆乂安，邊隅寧謐，既承喪亂之後，又接凋弊之餘，户口減損尚多，田疇墾闢猶少。覆燾之恩著矣，而瘡痍未復；德教之風被矣，而資産屢空。是以古人譬之種樹，年紀綿遠，則枝葉扶疏；若種之日淺，根本未固，雖壅之以黑壤，暖之以春日，一人摇之，必致槁枯。今日之百姓，頗類於此。常加含養，則日就滋息；暫有征役，則隨日凋耗。凋耗既甚，則人不聊生；人不聊生，則怨氣充塞；怨氣充塞，則離叛之心生矣。故帝舜曰：『可愛非君，可畏非民。』孔安國曰：『人以君爲命，故可愛。君失道，人叛之，故可畏。』仲尼曰：『君猶舟也，人猶水也，水所以載舟，亦所以覆舟。』是以古人云哲王雖休勿休，日慎一日，良爲此也。伏惟陛下覽古今之事，察安危之機，上以社稷爲重，下以億兆爲念。明選舉，慎罰賞，進賢才，退不肖。聞過既改，從諫如流。爲善在於不疑，出令期於必信。頤神養性，省畋獵之娱；去奢從儉，減工役之費。務静方内，而不求闢土；載櫜弓矢，而無忘武備。凡此數者，雖爲國之常道，陛下所常行。臣之愚昧，唯願陛下思而不怠，則至道之美與三、五比隆，億載之祚隨天地長久。雖使桑穀爲妖，龍蛇作孽，雉雊於鼎耳，石言於晉地，猶當轉禍爲福，變灾爲祥，況雨水之患，陰陽常理，豈可謂天譴之而繫聖心哉？臣聞古人有言：『農夫勞而君子養焉，愚者言而知者擇焉。』輒陳狂瞽，伏待斧鉞。」帝深納其言。

太宗時，飛雉數集宫中。帝問：「是何祥也？」褚遂良曰：「昔秦文公時，有侲子化爲雉，雌鳴陳倉，雄鳴南陽。侲子曰：『得雄者王，得雌者霸。』文公遂雄諸侯，始爲寶雞祠。漢光武得其雄，起南陽，有四海。陛下本封秦，故雌雄並見，以告明德。」帝悦，曰：「人之立身，不可以無學。遂良所謂多識君子哉！」

高宗時，晉州地震不息，帝問侍中張行

成，對曰：「天，陽也，君象。地，陰也，臣象。君宜動，臣宜静。今静者顧動，恐女謁用事，大臣陰謀。又諸王公主參承起居，或伺間隙，宜明設防閑。且晉，陛下本封，應不虚發，伏願深思以杜未萌。」帝然之。

時隕石十八于馮翊，高宗問曰：「此何祥也？朕欲悔往修來以自戒，若何？」太傅于志寧對曰：「《春秋》：『隕石于宋五。』内史過曰：『是陰陽之事，非吉凶所生。』物固有自然，非一繫人事。雖然，陛下無灾而戒，不害爲福也。」

武后延載元年，以杜景佺爲檢校鳳閣侍郎、同鳳閣鸞臺平章事。時后嘗季秋出梨華示宰相以爲祥，衆賀曰：「陛下德被草木，故秋再華，周家仁及《行葦》之比。」景佺獨曰：「陰陽不相奪倫，瀆即爲灾。故曰：『冬無愆陽，夏無伏陰，春無淒風，秋無苦雨。』今草木黄落而木復華，瀆陰陽也。竊恐陛下布德施令，有所虧紊。臣位宰相，助天治物，治而不和，臣之咎也。」頓首請罪。后曰：「真宰相。」

久視二年三月，大雨雪，鳳閣侍郎蘇味道等以爲瑞，率群臣入賀。監察御史王求禮讓曰：「宰相燮和陰陽，而季春雨雪，乃灾也。果以爲瑞，則冬月雷，渠爲瑞雷邪？」味道不從。既賀者入，求禮即厲言于朝曰：「今陽氣僨升，而陰冰激射，此天灾也。主荒臣佞，寒暑失序，戎狄亂華，盜賊繁興，正官少，僞官多，百司非賄不入，使天有瑞，何感而來哉？」群臣震恐，后爲罷朝。

中宗神龍元年，大水，詔文武九品以上官直言極諫。右衛騎曹參軍宋務光上書曰：

后王樂聞過，罔不興；拒諫，罔不亂。樂聞過則下情通，下情通則政無缺，此所以興也。拒諫則群議壅，群議壅則上孤立，此所以亂也。臣嘗觀天人相與之際，有感必應，其間甚密，是以教失於此，變生於彼。《易》曰：「天垂象，見吉凶，聖人象之。」竊見自夏以來，水氣勃戾，天下多罹其災，洛水暴漲，漂損百姓。傳曰：「簡宗廟，廢祠祀，則水不潤下。」夫主者即位，必郊祀天地，嚴配祖宗。自陛下御極，郊、廟、山川，不時薦見。又水者陰類，臣妾之道，氣盛則水泉溢，頃虹蜺紛錯，暑雨滯霪，陰勝之沴也。後廷近習或有離中饋之職以干外政，願深思天變，杜絶其萌。

又自春及夏，牛多病死，疫氣浸淫。傳曰：「思之不睿，時則有牛禍。」意者萬機之事，陛下未躬親乎？晁錯曰：「五帝其臣不及，則自親之。」今朝廷賢佐雖多，然莫能仰陛下清光。願勤思法宫，凝就大化。以萬方爲念，不以聲色爲娱；以百姓爲憂，不以犬馬爲樂。臣聞三五之君不能免淫亢，顧備禦存乎人耳。灾興細微，安之不怪，及禍變已成，駭而圖之，猶水决治防、病困求藥，雖復僶俛，尚何救哉！夫塞變應天，實繫人事。今霖雨即閉坊門，豈一坊一市能感發天道哉？必不然矣。故里人呼坊門爲宰相，謂能節宣風雨。天工人代，乃爲虚設。

又數年以來，公私乏竭，户口減耗，家無接新之儲，國乏俟荒之蓄。陛下近觀朝市，則以爲既庶且富；試踐閭陌，則百姓衣馬牛之衣，食犬彘之食，十室而九。丁壯盡於邊塞，孀孤轉於溝壑，猛吏奮毒，急政破資。馬困斯佚，人窮斯詐。起爲姦盜，從而刑之，良可歎也。今人貧而奢不息，法設而僞不止。長吏貪冒，選舉以私。稼穡之人少，商旅之人衆。願坦然更化，以身先之。凋殘之後，緩其力役。久弊之極，訓以敦厖。十年之外，生聚方足。

臣聞太子者，君之貳，國之本，所以守器承祧，養民贊業。願擇賢能，早建儲副，安社稷，慰黎元。姻戚之間，謗議所集，積疑成患，憑寵生灾，愛之適以害之也。如武三思等，誠不宜任以機要，國家利器，庸可久假於人？祕書監鄭普思、國子祭酒葉静能挾小道淺術，❶列朱紫，取銀黄，虧國經，悖天道。《書》曰：「制治於未亂，保邦於未危。」此誠治亂安危之秋也。願陛下遠佞人，親有德，乳保之母、妃主之家，以時接見，無令媟黷。

景龍二年，武平一上表曰：

臣緣修《起居注》，太史監每季有牒。臣伏見從去歲以來，屢有灾異：熒惑入羽林，太白再經天，太陽虧，月犯大角。臣伏按舊史文志，咸非休吉之感，或爲咎徵之兆。臣聞灾不妄生，變不虚設，象見於上，人應於下，其理昭彰，有如影響。陛下嗣膺鴻業，夤畏上玄，故皇天不言，以灾告譴誡。《詩》曰：「敬天之怒，不敢驅馳。」又曰：「惟此文王，小心翼翼，昭事上帝，聿懷多福。」臣伏見陛下孝愛因心，敦崇戚族，澤濡后氏，恩洽外家，位以慈周，榮因惠假。臣當

❶「静」，原作「舜」，今據《新唐書・宋務光傳》改。

宗親，階越三等，家有數侯，既忝國姻，復叨枝屬，朱輪華轂，金牓瑶簪，過東漢之梁、鄧，邁西京之許、史，光輝焜煌，古今所絶。誠陛下莊於親寵，降於慈貸。臣未息譏謀，深近釁黷，恩彌崇而議彌積，位逾厚而釁逾擁。臣又聞月滿必虧，日盈則蝕，春秋有交謝之理，星律有輪環之次。時不再來，榮難久藉。

昔永淳之後，藩維搆孽，王室多難，先聖考運從權，時居寶曆。臣諸房等地惟宗子，爵列扞城，竊禄疏封，屢迴星紀。今皇明復辟，聖政惟新，自合恭守園廬，遥承雨露，庇影椒房之末，階親槐里之餘。今乃再假寵靈，驟貽獎渥，姻從日茂，爵封如初，但見昇崇，無聞損降，高班厚位，遂超涯極。以此或陰氣僭陽，乾文告變。且頃年以來，河、洛汎溢，東都、西京俱有水潦，蓋以陰氣太盛所致。昔王家驕貴，梅福上書；竇氏專權，丁鴻進諫。臣伏思古來后妃之始，自吕、霍、上官、閻、董之氏，皆以恩寵過深，驕盈過溢，一朝傾覆，竟無噍類。《易》曰：「不遠而復。」又曰：「鼎折足，覆公餗。」伏願思抑損之宜，運長遠之策。或令安車就第，剖符臨州，遠之以機權，錫之以閑逸。上恭乾乾之惕，下全親親之道，則肅彰國圖，殷鑑後葉。臣釁招酷罰，待斃苦壤，聖心不弃窮穢，備官史册，哀緒莫申，餘陰無幾，精魂屢竭，昭恤末流。如將有補明時，不矜荒殆，伏乞假名外郡，遂禮私庭，冀存識爽，少訓醜冒。臣瞻光視漏，豈復支久？既因灾眚，誠兼宗國，俯揆殘骸，退深殞越。

玄宗開元初，大旱，關中饑，詔求直言。禮部侍郎張廷珪上疏曰：

古有多難興國，殷憂啓聖，蓋事危則志

鋭，情苦則慮深，故能轉禍爲福也。景龍、先天間，凶黨構亂，陛下神武，汛掃氛垢，日月所燭，無不濡澤，明明上帝，宜錫介福。而頃陰陽愆候，九穀失稔，關輔尤劇。臣思天意，殆以陛下春秋鼎盛，不崇朝有大功，輕堯、舜而不法，思秦、漢以自高，故昭見咎異，欲日慎一日，永保大和，是皇天於陛下睠顧深矣，陛下得不奉若休旨而寅畏哉！誠願約心削志，考前王之書，敦素樸之道，登端士，放佞人，屏後宮，減外廄，場無蹴鞠之玩，野絶從禽之樂，促遠境，罷縣戍，矜惠惸獨，蠲薄徭賦，去淫巧，捐珠璧，不見可欲，使心不亂。或謂天戒不足畏，而上帝馮怒，風雨迷錯，荒饉日甚，則無以濟下矣。或謂人窮不足恤，而億兆攜離，愁苦昏墊，則無以奉上矣。斯安危所繫，禍福之原，奈何不察？今受命伊始，華夷百姓清耳以聽，刮目以視，冀有聞見，何遽孤其望哉？

開元四年，山東大蝗，民祭且拜，坐視食苗不敢捕。紫微令姚崇奏曰：「《詩》云：『秉彼蟊賊，付畀炎火。』漢光武詔曰：『勉順時政，勸督農桑。去彼螟蜮，以及蟊賊。』此除蝗誼也。且蝗畏人易驅，又田皆有主，使自救其地，必不憚勤。請夜設火坎其旁，且焚且瘞，乃可盡。古有討除不勝者，特人不用命耳。」乃出御史爲捕蝗使，分道殺蝗。汴州刺史倪若水上言：「除天災者當以德，昔劉聰除蝗不克而害愈甚。」拒御史不應命。崇移書誚之曰：「聰僞主，德不勝祆，今祆不勝德。古者良守，蝗避其境，謂修德可免，彼將無德致然乎？今坐視食苗，忍而不救，因以無年，刺史其謂何？」若水懼，乃縱捕，得蝗十四萬石。時議者喧譁，帝復以問崇，對曰：「庸儒泥文不變。事固有違經而合道，反道而適權者。昔魏世山東蝗，小忍不除，至人相食。後秦有蝗，❶草木皆盡，牛馬至相噉毛。今飛蝗所在充滿，加復蕃息。且河南、河北家無宿藏，一不獲則流離，安危繫之。且討蝗縱不能盡，不愈於養以遺患乎？」帝然之。

宰相姚崇遣使分道捕蝗。諫議大夫韓思復上言曰：「夾河州縣，飛蝗所至，苗輒盡，今游食至洛。使者往來，不敢顯言。且天灾流行，庸可盡瘞？望陛下悔過責躬，損不急之務，任至公之人，持此誠實以答譴咎，其驅蝗使一切宜罷。」玄宗然之。

五年，帝將幸東都而太廟壞，姚崇建言廟本苻堅故殿，❷不宜罷行。國子祭酒、舒國公褚无量鄙其言，以爲不足聽，乃上疏曰：「王者陰盛陽微，則先祖見變。今後宫非御幸者，宜悉出之，以應變異。舉畯良，擯奢靡，輕賦慎刑，納諫争，察諂諛，繼絶世，則天人和會，灾異訖息。」帝是崇語，車駕遂東。

七年，日食，帝素服俟變，録囚多所貸遣，賑卹灾患，罷不急之務。侍中宋璟曰：「陛下降德音，卹人隱，末宥輕繫，惟流、死不免，此古所以慎赦也。恐議者直以月蝕修刑，日蝕修德，或言分野之變，冀有揣合。臣以謂君子道長，小人道銷。止女謁，放讒

❶「秦」，原作「奏」，今據《新唐書·姚崇傳》改。
❷「苻」，原作「符」，今據《四庫全書》本、《新唐書·褚无量傳》改。

夫，此所謂修德也。囹圄不擾，兵甲不瀆，官不苛治，軍不輕進，此所謂修刑也。陛下常以爲念，雖有虧食，將轉而爲福，又何患乎？且君子耻言浮於行，願動天以誠，無事空文。」帝嘉納。

十四年六月，大風，詔群臣陳得失。太子左庶子吴競上疏曰：

自春以來，亢陽不雨，乃六月戊午，大風拔樹，壞居人廬舍。傳曰：「敬德不用，厥灾旱。上下蔽隔，庶位踰節，陰侵於陽，則旱灾應。」又曰：「政悖德隱，厥風發屋壞木。」風，陰類，大臣之象。恐陛下左右有姦臣擅權，懷謀上之心。臣聞百王之失，皆由權移於下，故曰：「人主與人權，猶倒持太阿，授之以柄。」夫天降灾異，欲人主感悟，願深察天變，杜絶其萌。且陛下承天后、和帝之亂，府庫未充，冗員尚繁，户口流散，法出多門，賕謁大行，趨競彌廣。此弊未革，實陛下庶政之闕也。臣不勝惓惓，願斥屏群小，不爲慢游，出不御之女，減不急之馬，明選舉，慎刑罰，杜僥倖，存至公，雖有旱風之變，不足累聖德矣。

代宗時，朱泚軍中猫鼠同乳，表其瑞。詔示宰相常衮，衮率群臣賀。中書舍人崔祐甫獨曰：「可弔不可賀。」詔使問狀，對曰：「臣聞《禮》：『迎猫，爲其食田鼠。』以其爲人去害，雖細必録。今猫受畜於人，不能食鼠而反乳之，無乃失其性耶？猫職不修，其應若曰法吏有不觸邪，疆吏有不扞敵。臣愚以爲當命有司察貪吏，戒邊候，勤徼巡，則猫能致功，鼠不爲害。」帝異其言。

德宗貞元十九年，大旱，中書舍人權德輿因陳闕政曰：

陛下齋心減膳，閔惻元元，告于宗廟，禱諸天地，一物可祈，必致其禮，一士有請，必聽其言，憂人之心可謂至已。臣聞銷天灾者修政術，感人心者流惠澤，和氣洽則祥應至矣。畿甸之内，大率赤地而無所望，轉徙之人斃踣道路，慮種麥時種不得下。宜詔在所裁留經用，以種貸民。今兹租賦及宿逋遠貸，一切蠲除。設不蠲除，❶亦無可斂之理，不如先事圖之，則恩歸於上矣。

給事中許孟容亦因旱上疏曰：

陛下齋居損膳，具牲玉，走群望，而天意未答，豈豐歉有定、陰陽適然乎？竊惟天人交感之際，繫教令順民與否。今户部錢非度支歲計，本備緩急，若取一百萬緡代京兆一歲賦，則京圻無流亡，振灾爲福。又應省察流移征防當還未還，役作崇錮當釋未釋，負逋饋送當免免之，沉滯鬱抑當伸伸之，以順人奉天。若是而神弗祐，歲弗稔，未之聞也。

穆宗嘗問禮部尚書韋綬所以振灾邀福者，綬對曰：「宋景公以善言退法星三舍，漢文除秘祝，敕有司祭而不祈，此二君皆受自至之福，書美前史。如失德以却灾，媚神以丐助，神而有知，且因以譴也。」時帝不德，故託諷焉。

文宗太和六年，大旱，詔詢所以致雨者。司門員外郎李中敏上言曰：「雨不時

❶「設」，原作「脱」，今據《新唐書·權德輿傳》改。

降，夏陽驕愆，苗欲槁枯，陛下憂勤，降德音，俾下得盡言。臣聞昔東海誤殺一孝婦，大旱三年。臣頃爲御史臺推囚，華封儒殺良家子三人，陛下赦封儒死。然三人者，亦陛下赤子也。神策士李秀殺平民，法當死，以禁衛，刑止流。宋申錫位宰相，生平饋致一不受，其道勁正，姦人忌之，陷不測之辜，獄不參驗，銜恨而没，天下士皆指目鄭注。臣知數冤必列訴上帝，天之降灾，殆有由然。漢武帝國用空竭，桑弘羊興筦榷之利，然卜式請烹以致雨。況申錫之枉，天下知之，何惜斬一注以快忠臣之魂，則天且雨矣。」帝不省。

懿宗時，羅隱上疏曰：

歲貢賤臣隱，既以文不得意，且抱犬馬之疾于長安。夏五月，京畿旱。癸巳日，聞詔大京兆用器水、鑪香、蒲蕭、絳幡輩致於坊市門，將所以用舊法而召雨也。臣踴起病榻間，以爲明天子憂人，雖舜、禹不如是之勤，幸甚，幸甚！

臣又聞水旱與天地同出，苟時或然，不可以倉卒除去。今秦地旱已逾月矣，而陛下禱祠亦已頻矣。天之高，地之厚，五嶽之綿亘，四瀆之宏遠，陛下命百執事啓祈外，何嘗不以心祝之。雖莖槁苗乾，而百姓不怨嗟者，其感陛下之誠深也。今以蒲蕭輩爲請者，豈陛下謂其靈於嶽瀆者乎？夫嶽瀆視陛下之公輔，裂陛下之土田，苟陛下憂，則嶽瀆亦宜憂矣。受祭據封者尚未能爲陛下出力，彼蒲蕭輩復何以動天？臣爲陛下不取也。

臣又聞天之有雨澤，猶陛下有渥恩。雨澤可以委曲干之，則陛下渥恩亦可以委曲干之矣。臣聞天子有左右史，將所以記事記言，然後付太史氏。臣必恐其得以容易編牘，今冒死請追癸巳日詔。苟若陛下落十六聖之教訓，❶雖五種栖野而百姓不暇掇，豈蒲蕭輩之所及乎？昔殷湯之代，民不以旱爲灾，仁聖之君在上也。今旱未及殷代，而陛下憂已過矣。臣請因旱以賀萬姓，❷俾其知陛下心。

蜀主王建時，李道安上灾異疏曰：❸

倉廪者國之本，糧食者人之命。固其本則邦寧，重其命則人富。今粒食中皆生蜂蠆，切疑在位貪鄙，奪民農時，戕害人命。故天生灾異，以爲警告。又蟲皆曳米而行，恐邊鄙不寧，干戈忽起，饋挽相繼，人不堪命。伏願少精聖慮，與大臣恐懼修省，以消灾異。

後漢隱帝時，宮中大風，發屋拔木，吹鄭門扉起，十餘步而落。帝召司天監趙延義，問以禳祈之術，對曰：「臣之職在天文時日，祈禳非所習也。然王者欲弭灾異，莫如修德。」帝曰：「何謂修德？」對曰：「請讀《貞觀政要》而法之。」

宋太宗雍熙六年，右補闕、知睦州田錫應詔論火灾疏曰：

臣伏念臣才謀不逭於古人，職次忝居於諫省，敢不常思補報，用答休明。六年九

❶「落」，《全唐文》卷八九四《請追癸巳日詔疏》作「法」。

❷「賀」，《全唐文》作「質」。

❸「李道安」，原作「李安道」，今據《十國春秋》卷四二《前蜀八》、《全唐文》卷八八九《上災異疏》、《成都文類》卷一八改。

月十三日，詣閤上書，昧死言事。陛下於是下御札俾人直諫，降敕書奬臣敢言。七年十二月十二日，又再上奏疏入遞，而不知達與未達。直言雖求用，而不知行與未行。今日陛下有所因，方渴聞至言；有所爲，方切待直諫。引咎自戒，修德彌新。臣謂責在近臣，而不在聖躬；罪在臣輩，而不在陛下。

日近陛下有朝令夕改之事，由制敕所行，時有未當，而無人封駮者，給事中之過也。給事中若任得其人，制敕若許之封駮，則所下之敕無不當，所行之事無不精。事無不精，則垂爲典彝；敕無不當，則偏爲格式。❶豈有朝令夕改之弊，豈有不精不當之虞也？臣所以謂責在近臣，而不在聖躬也。

臣又見陛下有捨近謀遠之事，由言動所爲未合至理，而無人敢諫諍者，是左右拾遺、補闕之過也。今遺、補是侍從之臣，而不得在左右；職分當獻替之事，而未有上封章。自此國家舉事有不便於時，遺、補不敢諫；朝廷法令有不合於道，遺、補不敢言。加以時久昇平，天下混一，致陛下謂昇平自得，資陛下以功業自多。日遷月移，浸成聖性；左取右奉，無非睿謀。所以陛下出一言，乃以謂湯、武可偕；陛下行一事，乃以謂堯、舜可繼。自纘大位，于今九年，四方未寧，萬國雖静，然刑罰未甚措，水旱未堪調。陛下謂之太平，誰敢不謂之太平？陛下謂之至理，誰敢不謂之至理？方欲爲民求福，報天之功，有事於太山，展禮於上帝。人謀雖克，天意未從。火于禁

❶「偏」，《長編》卷二五雍熙元年八月癸巳條作「編」。

中，將覺悟於英主；詔下海内，遂布告於輿人。近臣聞陛下感悟之言，寧不惕厲？諫官閱陛下憂勤之詔，誰不彷徨？臣所以謂過在近臣，不在聖躬；罪在諫官，不在陛下。臣死罪死罪。

然臣兩度上疏，而陛下不用一二。今臣在外，而陛下委之以分憂。碌碌隨衆，憂曠瘝之靡暇；皇皇有志，思諫諍之未能。今幸天啓聖心，神贊皇運，感陛下虚佇待犯顔之諫，致陛下專精求逆耳之言。臣是以再罄愚衷，復伸鄙見。

臣所謂陛下有朝令夕改者，試舉其一二以明之。置而尋廢者農師，禁而不嚴者車服也。臣所謂陛下有捨近謀遠者，試舉其一二以明之。宰相不得用人，而委員郎差遣；近臣不專受責，❶而求令録封章也。自此章奏必多，聽用必廣；聽用既廣，則條制必繁；條制既繁，則依從者少；既依從者少，則是法令不行；法令不行，則由規畫不當。有如前年敕下，令鄰近州府互差司理判官；至今年敕下，却令本州仍舊差置。又如前年敕下，應征科官吏，限前得了，即與超陞；限外未了，即當降黜。即不以縣有大小之分，税有難易之征，土田沃瘠之不同，歲時豐稔之不等，風俗勤惰之各異，官吏能否之各殊，而一概以程限所拘，一例以陞降爲定。自後未聞限外欠者降一官，限前了者陞一人，此無乃垂之空言，示之寡信！乞今後凡有所奏，或有所陳，幸陛下察而審之，令大臣議而行之。蓋臣下言之，則謂封章；陛下行之，則出爲法令。法令可簡而不可使繁，制度可永而不可屢變。

❶「不」，原脱，今據《長編》補。

變易不定，是彰思慮之不精；繁多難依，是令手足之無措也。

《尚書》曰：「臨下以簡。」又曰：「得師者王。」今宰臣若賢，願陛下信而用之；宰臣非賢，願陛下擇可用而任之。何以置之爲具臣，而疑之若衆人也？百官若舉其職，願陛下聽而用之；百官未稱其職，願陛下量其才而用之。何以置之爲備員，而待之若冗秩也？臣謂百職若舉，則萬事從而自理；百官未修，則萬務從而亦隳。必若任而疑之，則上下非一心；疑而用之，則君臣非一體。何則？疑能生謗，謗能生疑。疑從謗生，則父子之道或偶虧於慈孝；謗因疑起，則君臣之際或變成於怨尤。魏文侯焚謗書，陛下固當知之；令狐楚有《辨謗論》，陛下時宜覽之。若然，則保得臣下始終，全得君上恩信。方謂君爲元首，臣作股肱。

端拱二年，錫知制誥，論旱灾疏曰：

臣今奉敕，差在太一宫，用青詞文設醮行祈雨者。竊以時雨愆亢，聖慮焦勞，自秋涉冬，諸寺及廟，雖遍祠禱，未彰感通。以至陛下親降乘輿，躬詣諸廟寺觀，有以見仁主憂民之旨，聖人卹物之心。雖災沴流行，何代蔑有，而帑廪儲積，可備不虞。然自今歲以來，天見星祆，秋深雷震，繼以旱暵之沴，可虞饉饑之灾。此實陰陽失和，調燮倒置，上侵下之職而燭理未盡，下知上之失而規過未能。所以成兹咎徵，❶彰乎降鑑，或天文示變，或沴氣生祆。昨陛下以天垂譴告之文，御樓行赦，德音朝發，祆星夕消。

❶「徵」，原作「證」，宋人避宋仁宗名諱改，今據《長編》卷三〇端拱二年九月戊子條改回。

天不言而感報昭彰，神幽贊而應答遄速。今以粟麥未種，甘雨未降，人心不寧，農望已失。或聞小小寇盜，聚散靡常，嗷嗷蒸黎，憂畏實甚。愆陽既盭於寒沍，厥疾乃生於癘疵，民或流亡，穀必翔貴。尚賴陛下聖德，宗廟慶靈，蠢爾獯戎，騷邊稍息，惠然諸國，底貢交修。不然，人心一摇，盜計斯得，何以静潢池弄兵之嘯聚，何以禦胡馬南牧之奔衝？惟是秋冬，久無雪雨，此乃天意尚欲垂戒，聖心諒亦深思。豈刑繫之間尚未平允，法令之設尚爾煩苛？或力役未悉矜蠲，或奢靡未盡撙節。言路雖啓，蹇諤者未必一一聽從；王道雖行，孤苦者未必人人受賜。或刑賞過於常理，或喜怒失於厥中。嘉言納忠，或見破於横議；❶任賢待下，或鮮終於至誠。❷若然，則雖旰食勞懷，宵衣軫念，孜孜萬務，適足勞於聖躬；翼翼小心，尚未臻於至化。今舉大略，上犯宸嚴。《禮》曰：「王言如絲，其出如綸。」《書》曰：「謹乃出令，令出惟行。」今朝廷所言，❸或異於是。謀始稍虧於審謹，令出無愧於改更。有敕下方用，❹尋即罷方用；御札謁清廟，尋罷謁清廟，以是知急速機務，寧無錯行。臣之愚衷，豈敢逭於誅戮；臣之遭遇，安忍負於聖明。是以因事上言，庶裨萬一。伏望陛下因此時旱，更降詔書，引咎責躬，以答天戒，進德覃慶，以安民心。蠲減征徭，簡約科禁；搜察淹滯，登進才良。猛士守方，無使黜賢召怨；❺朝臣典郡，正宜

❶「或」，原脱，今據《長編》補。
❷「鮮終」，原作「難」，今據《長編》改。
❸「言」，《長編》作「行」。
❹「有敕」至「清廟」二十字，原脱，今據《長編》補。
❺「黜賢」，《長編》作「黷鄰」。

選廉任能。或旌別勤勞，或省閱浮泛。振廩通貨以救餓殍，加估收儲以備闕乏。蕃戎蹂踐之處，士庶陷殁之家，哀亡卹存，憫其餘苦，掩骼置奠，慰彼沉冤。閭里再命於復除，孤寡量優其給賜。儉約奉己以合禮，謹静息民以安邊。詳延忠鯁之臣，詢究災祥之理。弭災求理，正在此時；變沴致祥，屬當今日。若旱沴不已，歲歉相仍，盜聚萑蒲，伺隙而動；狄乘饉塞，幸災爲虞，是則國家之慮實深，朝廷之憂非淺也。

太保兼侍中趙普上奏曰：

臣昨覩御批劄子云：「所謂彗星謫見，引證古今，莫知所措。自旦及暮，實不遑寧，每以恤寡矜孤，卿等應知朕意。」又云：「千思萬慮，莫測其由者。」臣等伏捧真蹤，❶同承聖旨，兢惶戰懼，各不勝任。其間老臣，最負深過。三十年之重位，但愧叨塵；一千載之明君，將何輔弼！謬列三台之首，慙無一日之長。自知政術疏遺，寧免祅星謫見。撓至尊之懷抱，皆臣下之作爲。都緣蒙蔽聰明，隐藏苦疾，被虐者無由披訴，偷安者不敢指陳。雖衆議以明知，奈皇情而莫測。隱蔽之咎，惟臣最多，甘俟嚴誅，仰期得罪。今則人心頗鬱，上象仍差。起狂夫思亂之謀，生醜虜犯邊之計。天時人事，不比尋常，惟有今年，倍須保護。伏審陛下初知妖異，親諭德音，便欲遍與覃恩，優加賞賜。發此一言之善，須增萬福之祥。全由惠物之心，必有變災之望。纔經旬朔，似有改移。竊聞司天臺内，妄陳邪佞

❶「真」，原作「直」，今據《宋朝諸臣奏議》卷三七《上太宗論彗星》、《宋文鑑》卷四一《論彗星》改。

之言，深惑聖明之德，猥云妖異合滅契丹。臣竊慮俱是諂諛，未明真僞。乞加詢問，須見實情。乞問司天臺内所有前件奏陳，未委按何經典？臣今將所按經典，逐件進呈。伏望陛下親賜看詳，便知可否。

臣聞五星二十八宿，至於五嶽四瀆，皆居中國，不在四夷。而又《尚書·堯典》云：❶「萬方有罪，罪在朕躬。」豈可謂契丹封疆，不屬萬方之數！臣今老邁，豈會陰陽，惟將正理參詳，復以前書證驗，《三墳》、《五典》，必可依憑。今録到故事五件，謹具分析如後：

一、按《漢書·天文志》及諸書云：「歲星辰見東方，行疾則不見，遲則變爲祅星。」石氏云：「爲欃槍，爲棓。」音棒。又曰：「彗星者，所謂掃星也。其本類星，其末類彗也。小者數寸，長者或竟尺。彗狀如篲，亦爲孛，孛然或如紛絮。形狀雖異，其殃一也，皆是逆亂凶悖，非常惡氣之所生也。見則爲兵、爲喪，除舊布新之狀。不有大亂，必有大兵。天下合謀，暗閉不明。破軍流血，死人如麻，哭聲遍天下，干戈並出，四夷來侵。餘災不盡，爲水旱飢疫。凶惡之事，不可具載。」又云：「凡關天象變異，下方必災殃。如人臟腑生疾，必先形於面色。象不虛發，惟聖德可以消除。」

一、按《左傳》云：「齊有彗星，齊侯使禳之。晏子曰：『無益也，祇取誣焉。天道不諂，不貳其命，若之何禳之！且天之有彗，以除穢也。君無穢德，又何禳焉？若德之穢，禳之無益。《詩》曰：「惟此文王，小心翼翼，昭事上帝，聿懷多福。厥德不

❶「堯典云」三字，原脱，今據《宋文鑑》補。

回，以受方國。」君無違德，方國將至，何患於彗！《詩》曰：「我無所監，夏后及商。用亂之故，民卒流亡。」若德回亂，民將流亡，祝史之爲，無能補也。』公說，乃止。」其後齊國果有田氏篡奪之禍。

一、按《晉書・天文志》：「魏文帝黃初六年五月壬戌，熒惑入太微。」又按《蜀志・先主傳》：「明帝問黃權曰：『天下三分鼎立，何地爲正？』對曰：『當驗天文，即可知也。往者熒惑守心，而魏文帝殂，吴、蜀無事，此其驗也。』」

一、按《梁書》：武帝大通元年，熒惑犯南斗。武帝跣足下殿，走以厭之。是年，後魏孝明帝殂。武帝嘆曰：「索虜亦應天道。」

一、按《唐書》云：高宗總章元年四月，有彗見於五車。上避正殿，減常膳，令內外五品已上各上封事，❶極言得失。❷許敬宗上言：「雖孛而光芒小，此非國眚，不足上勞聖慮，請御正殿，復常膳。」高宗不從。敬宗又曰：「星孛而東北，王師問罪，此高麗將滅之徵。」❸上曰：「我爲萬國之主，豈得推過於小蕃哉！」二十日而星滅。

臣今檢尋故事，聞達宸聰，抑將師古之文，聊證順情之說。伏望陛下勤求理道，獨出前王。雖然，彗星呈祆，自有皇天輔德。臣所願者，除舊布新之事，專乞陛下親行；變灾爲福之祥，乃爲陛下已有。如此，則商高宗之桑楮，遂至中興；周武王之資財，須行大賚。伏望陛下恭承天戒，大慰物情，明施曠蕩之恩，更保延長之祚。蓋緣凡關世

❶「各」，原無，今據《宋朝諸臣奏議》、《宋文鑑》補。

❷「極」，原作「及」，今據《宋朝諸臣奏議》、《宋文鑑》改。

❸「徵」，原作「證」，宋人避宋仁宗名諱改，今據《宋文鑑》改回。

事，否泰相隨，倚伏盈虛，豈能常定！聖朝開國，已三十年，國富兵强，近古無比。諸方僭僞，並受驅除，無一國不亡，無一人敢敵。可謂鞭撻宇宙，震慴華夷。若非聖德神功，何以當兹盛事！又聞物忌太盛，前聖不欲恣情。今則垂象頻差，兆民未泰，争戰勞役，寧有了期！雖哲后修仁，本意固無於虧闕；而群生造業，隨緣應有於感招。儻時運以相逢，於聖賢而不免。堯水湯旱，乃是明徵。❶ 臣又竊聞陛下自覩星文，深勞帝念，轉積動天之德，思覃及物之恩。則知多難興王，但傳聞於往昔；殷憂啓聖，方式見於見今。可謂何福不生，何灾不滅！

臣今更有誠懇，思達冕旒，仍須面具敷陳，不敢形于翰墨。伏恨言詞蹇澁，氣力衰羸，步履猶艱，未任拜跪。自從發動，多有風涎，如或一息不來，便憂一詞難措。以兹情抱，惟有感傷。乞於閑暇之時，伏望略賜宣喚，貴將微細，皆具奏聞。兼緣臣自知久負過愆，因此合專陳首。

伏以臣謬將鄙陋，虚受恩榮，既不能致主安民，又不能除姦殄寇。叨據秉鈞之任，忽招如彗之祆。方抱耻於朝廷，實難安於禄位。伏見前代，每逢天變，必先册免三公。今遇盛時，乞行嚴憲，明加黜責，用激忠良。

真宗咸平二年，京西轉運副使朱台符應詔論彗星旱灾疏曰：

臣伏准詔令内外文武臣，並直言極諫，密疏以聞。此乃陛下祇畏上穹，憂勤庶政，懼一物之失所，俾下情之盡達，廣視遠聽，求治深切之旨也。臣雖不佞，奉明詔，承德

❶「徵」，原作「時」，宋人避宋仁宗名諱改，今改回。

音，有所蘊蓄，豈敢緘默而不言乎？

臣聞皇天無親，王者無私，上下合符，有如影響。若王政缺於下，則天譴見於上，自然之理也。切惟陛下受先帝之顧命，膺兆民之樂推，大孝彰聞，小心畏謹，動遵禮法，不愆舊章。所宜得天，必獲嘉應。而踐阼以來，二年之内，❶彗星一見，時雨再愆者，豈非凶醜未盡服，政令未盡順，天所以示兹警戒也？

夫灾變之來，必以類應。故彗星見者，兵之象也；時雨愆者，澤未流也。何以知其然？今北虜未賓，西羌作梗，荆蠻有猖狂之寇，江浙多飢饉之民。慮其來犯邊陲，變爲賊盗。蜂屯蟻聚之衆，須使討平；鼠竊狗偷之群，亦勞逮捕。此彗星之所以見也。陛下即位肆赦，臨朝聽政，覃恩而宥罪，施惠而及物。然未蠲免殘租，許行榷利，山海之貨悉歸於上，酒税之饒不流于下，元元之民，未盡蒙渥澤。此時雨之所以愆也。陛下宜深惟二者之所以然，設備以禦之，修政以厭之。不然，則事有可慮者。琴瑟不調者，必更絃而改張之。聖朝享國四十年，括地一萬里，經營非不久，❷統御非不衆，而治或未至，政或有闕。意者法術制度尚有可改而更張者乎？臣雖不敏，輒敢條奏其事，陛下垂意而覽。

臣聞農者國之本也，其利在粟多；兵者國之命也，其功在戰勝。此二者，存亡所繫也。方今之患在農少而粟不多，兵多而戰未勝。農少則田或未墾，兵多則用常不

❶「二」，原作「三」，今據《長編》卷四四咸平二年閏三月庚寅條改。

❷「營」，原作「啓」，今據《長編》改。

足。故儲蓄空虛，而聚斂煩急矣。民財盡歸於國，國用盡入於軍，所以民困而國貧也。夫周公之制，用積九年，此堯、湯水旱而民所以無飢色也。❶今郡國闕三月之糧，貧民無終歲之食，稼不一熟，則有飢死之者。軍儲自贍不足，何暇賑貸之乎？且地方百里，每畝取粟一斛，歲計得粟五百四十萬斛。今甸服之內，凡方百里者百，所得曾不能供足軍食，❷而區區運糧於江、淮間，終歲所得，不過百里之出者。由是而論，有以見農政之不修也。臣愚以謂陛下宜詔三事大臣，輔相天地，燮和陰陽，使風雨弗迷，水旱不作。省徭役以寬其力，勸游惰以增其粟，男悉心於畎畝，女盡力於蠶桑，種必刈穫，養必紡績，不出數年，自然家有餘食，而人有兼衣。賈誼有言曰：「積貯者，天下之大命也。苟粟多而財有餘，何爲而不成？以攻則克，以守則固，以戰則勝，懷敵附遠，何招而不至？今驅民而歸之農，皆著於本，❸使天下各食其力，末技游手之民轉而歸南畝，則人樂其所矣。」此農政之修也。

國家養兵百萬，士馬精强，器甲堅利，可謂無敵於天下矣。然自距馬失律以還，夏廷逆命之後，軍聲不震，廟勝無聞，一紀于兹，蒙耻未雪。何者？將帥弗用命而委任不專也，卒既驕惰而不習知邊事也，有以見軍政之不修也。夫將帥者，王之爪牙，登壇授鉞，鑿門推轂，閫外之事，將軍裁之，所以克敵而制勝也。近代動相牽制，不許便

❶「湯」，原作「舜」，今據《長編》、《宋朝諸臣奏議》卷三七《上真宗應詔論彗星旱灾》改。
❷「得」，原脱，今據《長編》補。
❸「本」下，原衍「土」字，今據《漢書・食貨志上》、《長編》删。

宜，兵以奇勝而節制於陣圖，事惟變適而指蹤以宣命，勇敢無所施，智謀無所用。是以動而奔北也。孫武曰：「不知軍之可以進而謂之進，不知軍之可以退而謂之退，是則縻軍。」此之謂也。臣愚以謂疑則勿用，用則勿疑。謹擇其人，專委其任，有功者寵以爵位，有罪者威以斧鉞，明示刑賞，斷在必行，孰敢不用命哉？古者井田之法，兵則民也，民則兵也，出則戰，入則耕，人各自供，官無所贍。今農人不知戰，戰士不知農，離爲二途，絶不相用。臣愚以爲古制不可全取，宜參驗當今便利，酌中而漸制之。況江、浙舊有義軍，秦、隴見屯强壯，執柯取則，其事可行。以天下土地之饒，士民之衆，各于郡縣量置義軍，本户略與復除，歲時少加賞賜，動則就便召發，静則任從營養。陛下於王畿千里之内，蓄兵十萬以制之，天下孰敢動摇哉？州縣本城，隨宜定額，溢剩者不令招置，老病者盡放歸休，果行此道，則天下之兵減太半矣。緣邊人物，氣禀崆峒，便於弓馬，勇於鬭戰，蓋天性也。措置之術，如上所陳。妙選有文武才略之士，爲吏以統之。仍以厚利召募願爲正軍者，隨郡大小，差厥數以備城守。止於趙、魏之間，少屯王師以策其後，亦足減戍卒之太半矣。且耕且戰，足食足兵，削調斂之煩苛，免飛輓之勞苦，此軍政之修也。臣愚以爲不任人無以安邊，不安邊無以省兵，不省兵無以惜費，❶不惜費無以寬民，不寬民無以致治。捨此數事，雖有智者，不能爲陛下計之矣。

❶「不省兵」三字，原脱，今據《長編》、《宋朝諸臣奏議》補。

刺史、縣令，親民之官，有民人焉，有社稷焉，蓋三代之諸侯也。故漢宣帝曰：「與我共治者，其惟良二千石乎？」光武亦曰：「郎官上應列宿，出宰百里，苟非其人，民受其弊。」誠重之也。頃者不除刺史，止以知州代之。其差委也，上自僕射、尚書，下至京官奉職，率多輕受，未盡當任。權不足以威吏民，禄不足以惠貧乏。政皆苟且，事出因循。意者國家以刺史之官爲武夫之任，有支賜公使之費，奏薦僧尼之例，重難其事，而不以授人乎？孔子曰：「名不正則言不順，言不順則事不成。」今文武登朝官、諸司使副，不啻千餘員，代不乏才，豈無循吏？但未選任之耳。臣愚以謂宜詔執事精練名實，明揚俊賢，各以檢校官出爲刺史，但不得支賜公使，奏薦僧尼。其縣令乃子男之任，與民最親切者也。邇來除授，率多冗徒，諸司吏人，分據大邑。識暗則莫能燭理，禄微則鮮克持廉。州縣之職，大抵相類。欲其盡誠于奉上，極力於字民，其可得乎？臣愚以謂宜詔有位，舉爾所知，申命銓司，惟才是擇。諸司吏人，不得處大縣，不得爲長吏。凡牧宰者，復俸户增其月入，受空土爲其職田，俾其衣食足以卹家，車服足以示衆。專其任以勸效，委其權以行事，漸敦教導，❶專務勸課，每歲久，用令文考課之法，以户口增減、墾田多少定其殿最而黜陟焉。如是，則人民受利矣。

簡易者事不黷，節儉者財有餘。今署置之過也，❷官吏森羅於郡邑；差命之煩

❶「敦」，原作「崇」，宋人避宋光宗名諱改，今據《長編》改回。

❷「署」，原作「建」，宋人避宋英宗名諱改，今據《長編》改回。

也，使者旁午於道路。廩禄之費耗，驛券之供給，何可勝數！無名之賞賜，不急之造作，亦無限量。土木窮其麗，工巧極其淫，他費百端，動計千萬。故兩税之外，悉取山海之貨，酒榷之饒，而用猶不足也。加以教化未甚明，廉耻未甚立，❶奢侈之俗未甚變，流亡之民未甚來，租賦未甚均，刑獄未甚簡，藩蘺之倚未甚固，帷幄之謀未甚臧，法有滋章之條，吏無惻隱之實。其餘背理傷道，便文自營，非爲公家忠計者，不可一二遍舉也。陛下亟宜詔問大臣以當世之務，如上所陳，湯沐而櫛治之，瞑眩而針砭之，使百度正，彝倫叙，生靈泰，社稷安，上下協和，章程明密，建皇極之道，立太平之基。陛下坐九重，負斧扆，南面而聽斷，端拱而無爲，垂子孫之貽謀，光祖宗之大業，豈不休哉！

臣愚以爲當今之急，莫若修兵農之政，擇牧宰之官，節軍國之用，弛筦榷之利，稽古以行道，隨時而立法，易權宜之制，定久長之策。陛下撫一統之運，居萬方之尊，號令必行，禁止必舉，兹數者易如反掌耳。傳曰：「雖有鎡基，不如待時。雖有智慧，不如乘勢。」今誠陛下立聖功之時，興王道之勢。矧陛下躬臨大寶，已三年矣。今之天下，古之天下也；今之人民，古之人民也。歷代陳跡，簡册具存。三王已前，遠而難見；魏、晉而下，陋不足數。陛下自視當今事勢，何如漢、唐之盛時哉？有土者不可以言貧，有民者不可以言弱。以陛下神聖聰明，資之以天下之大，而未能比隆於漢、唐，竊爲陛下惜之。伏惟陛下全王業之艱難，握帝圖之宏遠，誕布惟新之政，博求無

❶「廉耻」至「未甚來」十九字，原脱，今據《長編》補。

隱之言。臣備位周行，宣風外計，管穴之見，曷窺於高明；芻蕘之言，願預於詢採。臣又念御札云：「善者必加甄賞，短者亦爲優容。」臣不閑忌諱，輒進狂瞽，理誠短矣，幸陛下優容之。

是年，知黄州王禹偁上奏曰：

臣際會昌辰，忝冒通籍。況在分憂之任，豈忘報禄之心？凡有見聞，皆合論奏。然而言關灾異，事涉機宜，苟非不諱之朝，即恐犯時之忌。今者不避逆耳，用明匪躬，仰冀聖恩，稍寬死罪。

臣本州去年十一月，城南長圻村兩虎夜鬬，一虎死，食之殆半。當時即欲密奏，便值鑾駕北征。既非吉祥，嬾聞行在。臣但只隄防盜賊，撫恤軍民而已。又今年八月十三日、十四日夜，群雞忽鳴，至今時復夜鳴未止。又十月十三日，雷聲自西北起，與盛夏無殊。臣伏讀《洪範五行傳》及《春秋》灾異、《史記·天官書》、兩漢《五行》、《天文志》等，以此詳校。虎者毛蟲，屬金。金失其性，則有毛蟲之祅。又云：虎相食者，其地當大饑。雞者羽蟲，屬火。火失其性，則有羽蟲之祅。又云：雞夜鳴，主兵革。昔人聞雞夜舞是矣。雷者，震也，屬木。木失其性，則有冬雷之祅。又云：發雷之地饑饉。此皆得於儒學，不在禁書。然事有數年而後應者，亦有終不應者。要在臣下無隱，帝王盡知，或修德以答天心，或設備以防時難。故《詩》曰：「畏天之怒，不敢戲豫。」《易》曰：「觀乎天文，以察時變。」只如咸平元年彗星出，吕端等請臣作《避位表》。臣具言：「星見虛、危齊分，請於青、齊間設備，以應天戒。」端等俱以爲然。不知自後作何措置，臣緣不在司言之地，不敢侵官。去年胡虜犯邊，果入齊地。是天以文象告人，人不自知備也。端雖物故，李沆已下，皆見臣言。今黄州有此灾祥，不能依前寢默。雖祆不勝德，終無累於聖明，而遇事敢言，亦粗申於忠鯁。

今年禾小稔，日下無虞。然恐應在他時，即合先有制置。伏望陛下恕臣拙直，察臣愚衷，于淮甸之間，防飢荒之事。假令灾祥不驗，猶勝臨事無備矣。臣又念古之循吏政感神靈，宋均猛虎渡江，臣則有虎相食啗；魯恭雉馴桑下，臣則有群雞夜鳴；百里嵩甘雨隨車，臣則有冬雷暴作。此皆臣化人無狀，布政失和，合寘常刑，亦當自劾。又慮他人陳奏，臣則有昧蔽之愆，冒犯聖慈，無任僭越。

六年，侍御史知雜事田錫上奏曰：

臣伏覩去秋以來，霖雨作沴，近畿諸處，水潦爲灾。雖聞檢覆蠲免租税，又聞相度低下，開決溝渠。雖憂恤之心似有所濟，而利害之半莫知適從。古者不奪農時，慮妨營種，或遇歉歲，即念困窮。故有賑貸糧儲，除放徭役，免令凋瘵，不至流亡。今國家爲少闕軍兵防備邊戍，遂於曹、單、宋、亳、陳、蔡、汝、潁之間點集鄉村，揀選强壯，得五七萬人。訪聞始降宣命指揮，只令在本城防守，及至奏聞都數，即並抽赴京師。昨近臣何以商量，如此失信？令下民皆懷怨望，豈得無詞？況陛下常好讀書，有儒臣時得侍講，《春秋》謂「君命無二」，又曰「信不由中」，諒在聖聰，盡達微旨。豈有命令既宣於群下，而誠信不由於厥中？若外國差人在京探事，事無鉅細，境外既必盡知，知而圖謀，邊上未得安静。其所謀者，謂古者以民爲邦本，食爲民天。今國家取丁壯爲兵，以失邦本；以灾傷去食，寧有民天！糧儲何止無餘，邊備亦恐不濟，以此得計，以此乘時，此外國所謀之小者也。其所謀之大者，以關西去年秋稼不登，京東今歲春種已失，國家營救之不暇，廟堂圖慮之未精。欲以新集未慣之兵，授非材無勇之將，僥倖求勝，輕敵寡謀，此外國所謀之大者也。加以自春以來，多陰少晴，每遇朔風其來，數日不定，變陽春和平之令，爲邊塞動静之占。臣不曉占書，❶不知兵略，但以經史所言之事，求灾祥可見之證，以愚意裁量，望聖慈採納。

雖兵者凶器，不得已而用之。民爲邦本，不得已而取之。今五七萬人並離農畝，日近更差使臣揀點，豈無物議憂虞！以灾沴之餘，寇盗若起，適足爲戎狄之利，有勞宵旰之懷。撿灾傷乃是虚名，行賑貸且非實事，斯乃今日之務最急，而非時之患可憂也。臣謂非十年不足以聚蓄財貨，非十年不足以生育黎元。二十年間，治之得其宜則無慮，治之失其宜則有患。非二十年，尚未能蓄聚財貨，生育黎元，況臨事欲制置乎？望陛下思今日之急務，慮非時之所憂，示信以結之，善謀以成之。若信不由中，事出慮外，必恐國家多難，自今日始。臣受先朝拔擢，不敢不言；臣受陛下指揮，不敢不奏。

景德三年，右正言、京東轉運使張知白

---

❶「占」，原作「古」，今據《咸平集》卷一《上真宗論揀選强壯失信》、《長編》卷五四咸平六年三月辛卯條、《宋朝諸臣奏議》卷一二三《上真宗論揀選强壯失信》改。

上奏曰：

臣伏覩司天監奏周伯星現，請宣付史館，群臣詣闕稱賀者。臣聞人君之德可以動天，至仁積於中，則休氣應於外。祥瑞之出，皆有所因，諒感應之攸致，非徒然爾。故天人相與之際，其道甚大。頃者河朔之間連年地震，陛下知上天之垂戒，考前王之格言，以爲陰氣過盛，則積而當然。地者其道卑柔，其體安静，今動而不止，誠有所謂。且念國家開創已來，基業洪大，干戈之役，皆不得已而用之。然而太平興國至咸平而來，二十年内，邊防多虞，華戎之人，幾殞百萬。兵者，其義主殺。殺者，其事屬陰。陰氣之盛，不亦宜乎？

復念致治之源，惟息兵爲大務。前年北胡之來，議欲通好。陛下不矜兵力之强，不恃邦威之盛，姑以安民在念，惡殺爲事，不阻其誠，許以盟約。由是動植遂其生全，億兆知其休息。然後發德音，施惠澤，賑貧民，省冤獄，敷求時病，精選良吏。側身思道，引咎於己，益兢兢焉，翼翼焉，思答天譴。得不感群心、招和氣哉！故未踰期年，有是福應，所謂德動於天，而辰象昭瑞也。

昔桑楮共生於朝，七日大拱。大戊修仁，桑楮遂枯。祆不勝德，見驗久矣。今陛下修德可謂至矣，非獨弭祆灾，復能致瑞應。斯實我朝之盛美，過前代遠矣。然而皇王之道在乎戒謹，休祥薦至，而講德愈隆。不恃太平之基而驕盈，不矜大寶之位而荒怠。懼亂者治必興焉，思危者安必久焉。斯前代之明鑑也。

古之君天下也，患不恤黎元之疾苦，患不知軍旅之勤勞，患奢侈畋遊之無度，患聲樂之不節，患政事之不勤，患壅蔽之不除，患諫諍之不納。今陛下薄賦斂，省征徭，勸農桑，務稼穡，恤黎元之疾苦矣。優恩撫士，厚賞懋功，解衣哺食，推心置腹，知軍旅之勤勞矣。宮室臺榭不以奇衺害工，服御乘輿不以雕飾過制，所貴惟穀帛，所寶惟賢才，絶侈靡之風矣。弋獵之娱弃捐而不顧，禽荒之戒祗畏而無忘。澤被蟲魚，仁及鳥獸，去畋遊之暴矣。樂府新聲，國伶妙伎，存而勿廢，用之有時，善遠於聲樂矣。觀書乙夜，求衣未明，躬决萬機，將周十稔。雖隆暑沍寒，無愆於一日；雖飄風暴雨，不廢於崇朝，克勤於政事矣。明四目，達四聰，辨讒邪，杜權倖，使下情上達，决壅蔽之方，已流聞於天下矣。延直臣，啓言路，詢求讜議，樂聞上失，納諫之規，固超絶於百代矣。斯不亦天下幸甚？陛下誠能寶兹數事，雖休勿休，則瑞星不出，臣亦賀鴻祚無窮，而青史有光矣。苟異於是，則瑞星雖出，臣亦不敢同衆人之賀矣。

夫善言古者必有證於今，善言天者必有證於人。自古以還，仗富强之基，居隆盛之運，怠於政事以啓危亂者，不可勝紀。況今西北兩隅雖罷征戰之役，然而比夫古者屈膝稱臣，款塞内附，則亦事異而體殊矣，得不虞哉？臣以謂一星爲瑞，善則善矣，若倚之而責承平之效，則慮群心小弛，而警備之方因而不謹矣。

恭惟聖德之大，無不周知。臣聞三才者人居其中，乃天地之和氣。人心和則陰陽和，陰陽和則日月星辰咸順其晷，雪霜風雨不失其時，則知陛下一言之善必上動於天心，一事之美必上關於天道。人君言動視聽，必上法於天。法天之義，誠深矣大矣。臣雖懵昧，然稽之於大《易》，粗知之矣。夫乾之體，六陽備焉；乾之用，萬物生焉。人君之象也。非聖人孰能行之？孔子稱其象曰：「天行健，君子以自强不息。」蓋天之運行，其道不止，終古如一，未常懈倦。苟怠於一息，差於一刻，則六氣大紊，萬物咸病。王者之道，亦當如是。今陛下法天之義亦已至矣，行健之德無不備矣。復能念此乾元，終始不易，則萬方受無疆之賜，萬乘享無窮之休。臣愚陋無取，涉道誠淺，然佩名教，服儒素，考之方策，得之師傳，知君親之義至重，治道之要至大，故不敢避刑辟，愛身名，默而自守。狂夫之詞，聖人採之，或足以輔朝廷之謀，開諫諍之路。伏冀天慈收一益於萬分之中，則臣不勝至幸。

大中祥符元年，龍圖閣待制戚綸上奏曰：

臣伏覩詔書，受天書者。臣謹按稽載籍，歷考秘文，仰惟帝德之厖鴻，握乾符而臨御，見天人之相接，驗靈鑑之垂祥。然未覩昭晰炳煥，若今之明著者也。伏惟陛下道掩百王，功高三古，躅二聖之丕業，啓萬世之鴻基。烝烝之孝日躋，翼翼之心無怠。勤行企道，恭默思元。寬仁爲布政之規，慈儉示固身之寶。巍巍盛德，不可形容；亹亹令猷，固難擬議。武王齋戒，思見丹書之言；漢武虔祈，遥啓竹宮之拜。繇是上天即鑑，瑞牒爰臻，遐垂弈葉之祥，昭示臨民之戒。於鑠景命，奚九齡之足稱；赫弈鴻休，伊七百之何算！

臣叨逢景運，獲睹嘉祥，爲太平之民，已知大幸；遇希世之事，實繫前聞。敢載伸言，誠由過慮；萬一有補，是爲愛君。竊以流俗之人，古今一揆，恐託國朝之嘉瑞，寖生幻惑之狂圖。或詐託於神靈，或僞形於木石。妄陳符瑞，廣述機祥。以人鬼之妖詞，亂天書之真旨。少君、欒大之事，往往有之。伏望陛下端守元符，凝神正道，參内境修身之要，資五千致治之言。建皇極以御人寰，寶大和而延聖算。仰答天貺，俯惠蒸黎。

三年，龍圖閣待制孫奭上奏曰：

臣聞五載巡狩，《虞書》常典；觀民設教，犧《易》明文。何須紫氣黄雲，始能封嶽，嘉禾異草，然後省方！今乃野雕山鹿，並形奏簡；秋旱冬雷，率皆稱賀。將以欺上天，則上天不可欺；將以愚下民，則下民不可愚；將以惑後世，則後世必不信。腹非竊笑，有識盡然。上玷皇明，不爲細也。

天禧三年，奭知河陽，上奏曰：

臣伏見朱能者，姦險小人，偶塵驅使，驟爲侯伯，皆由妄言祥瑞。而陛下崇信之，以至屈至尊以迎拜，歸祕殿以奉安。中外臣僚，[1]降及黎庶，靡不痛心疾首，反脣腹誹，[2]不敢直言。臣所以不避死亡之誅敢言之者，誠以佩荷國恩，思報萬一。聽之罪之，惟在聖斷。

昔漢文成將軍以帛書飯牛，陽言牛腹有奇書。殺視得書，天子識其手跡而斬之。後有五利將軍妄言，方多不讎，坐誅。漢武以能誅文成、五利，前史謂之雄才。先帝時，有侯莫陳利用者，始以方術暴得寵用，一旦發其姦，誅于鄭州，至今輿誦謂之英

[1] 「中外」至「黎庶」八字，《長編》卷九三天禧三年四月辛卯條、《宋文鑑》卷四三《論天書》、《宋史·孫奭傳》作「上自朝廷下及閭巷」。「降」，原脱，今據《宋朝諸臣奏議》卷三六《上真宗論天書》補。

[2] 「反脣腹誹」，原脱，今據《長編》、《宋文鑑》、《宋史》補。

斷。唐明皇得《靈寶符》、《上清護國經》、《寶券》等，❶皆王鉷、田同秀所爲。❷明皇不能顯戮，怵於邪説，自謂德實動天，神必福我。夫老君聖人也，儻實降語，應不妄言。今按唐史，自安、史亂離，乘輿播越，兩都盪覆，四海沸騰，豈天下太平乎？明皇雖僅得歸闕，復爲李輔國刼遷西内，卒以餒終。此豈聖壽無疆，長生久視乎？夫明皇以睿哲之資，處高明之位，禍患猥至，曾不聞知。良由在位多年，驕亢成性，謂人莫己若，謂諫不足聽。心玩居常之安，耳熟導諛之説。復又内惑寵嬖，外任姦回，曲奉鬼神，過崇妖妄。今日見老君于閣上，明日見老君于山中。大臣尸禄以將迎，端士畏威而緘默。既惑左道，即紊政經，民心用離，浸不復振。及至禄山兆亂，輔國刼遷，老君寧肯禦兵，寶符安能排難？身危名辱，負愧包羞。大命既傾，前功併棄。今朱能所爲，頗似王鉷等事。願陛下遠思漢武之雄才，近法先帝之英斷，中鑑明皇之召禍，庶幾災害不生，禍亂不作，享萬世無疆之休。

時宫禁火災，左僕射王旦馳入。帝曰：「兩朝所積，朕不妄費，一朝殆盡，誠可惜也。」旦對曰：「陛下富有天下，財帛不足憂，所慮者政令賞罰之不當。臣備位宰府，天災如此，臣當罷免。」

歷代名臣奏議卷之二百九十八

本卷劉永强校點

❶「券」，原作「勝」，今據《長編》、《宋文鑑》、《宋史》改。

❷「秀」下，《長編》、《宋朝諸臣奏議》、《宋文鑑》、《宋史》有「等」字。

歷代名臣奏議卷之二百九十九

灾祥

宋仁宗天聖五年，右司諫劉隨上奏曰：

臣聞天地定位，陰陽運行，二氣至和，萬物資始。且上天不言，不能自治，遂生聖人以治之；聖人至尊，不能獨治，遂求賢明以佐之。苟聖人推誠以御下，賢臣盡忠以事上，刑罰當其罪，爵賞合其宜，賦役均平，暴横不作，天地之間，無一夫不獲，無一物失所，則至和之氣，爲豐年，爲祥瑞，爲安寧，爲壽考。其或刑不當罪，賞不當功，勞役不時，賦斂繁重，君子在下而未見進用，小人在位而未聞屏黜，❶侵壞綱紀，怨讟並興，有一於兹，足傷和氣。氣或繆戾，則爲凶年，爲水旱，爲灾沴，爲疾疫。自古常然，甚猶影響。今則兩宫明聖，信任大臣，一日萬幾，宵衣旰食，刑必審謹，恩無偏私。誠宜歲必豐穰，物無疵癘。而乃去年大水，包山襄陵，墊溺居民，傷害禾稼。今年經夏，時雨甚愆，早苗欲乾，晚田未種。兼聞磁州大水，損壞城池，仍知河北數州，蟲蝗作孽。繆戾若此，必有其由。竊慮執政大臣，措置失所。遷除之際，或異至公。聽受之間，或容獻佞。或崇不急之務，或縱詭隨之情。循默自安，彌縫或爽。又慮凡關百執，官守因循，事有依違，或公行請託。侵剥及於苛

❶「位」，《宋朝諸臣奏議》卷二一七《上仁宗論水旱蟲螟之異》作「上」。

細，喜怒由於愛憎。刑獄之中，不無冤枉。賦役之內，豈盡公平？或慮諸路使車，州郡守長，縱侵漁之吏，刻剥下民；聽狡獪之胥，黐覆事實。或支移折變，有所不均；或配率科須，不從出産。以容姦爲大體，以受欺爲吉人。贓濫之徒，善承迎而無失；清廉之士，疏取奉以致嫌。則有互掩瑕疵，指爲和睦，巧詞詭詐，目爲能官。詢求若訪於吏人，善惡遂乖於審實。是以紀綱失序，冤訴不伸，如此之徒，十常五六。積其湮鬱，有傷至和，水旱蟲螟，殆因此作。臣賦性愚昧，備位諫官，參校古書，比方時事。上塵聽覽，伏竊兢惶。伏乞將臣此言，宣示兩地，究其事類，何吝改更。拾遺補闕，臣之職業。

六年，隨又論星變疏曰：

臣聞在天成象，在地成形，上自帝王，降及輔相，宰制萬物，感應天文。是以政教紊於下，則躔次變於上。自古聖帝明王，兢兢業業，不敢私縱者，畏天命也。若政有失而不改，天垂戒而不懼者，危亡之道也。近者天象變異，驚駭群情，避殿曲赦，深叶古典。臣雖不知星緯之術，備觀史策之文，謫見於天，警誡人主。伏自兩宮臨御，于兹七年，體貌大臣，延納直亮。觸鱗犯諱者，未嘗加罪；巧言令色者，必察其非。恭儉仁慈，動遵典禮。故得上下無壅，華夷乂安。闕政無聞，咎將安在？臣晝夜思慮，疑者二焉。切慮邪佞小人，急圖富貴，顧其資望，未得陞遷，致有潛結姦雄，密爲表裏，謀傾陷於端士，期進用於明時。不思撓敗國家，且務致身榮達。稍萌凶慝，亦動星辰。前史稱太白食昴、白虹貫日者，皆古人精思密謀之驗也。惟望聖慈，深加審察，邪謀不入，灾異自消。兼慮三聖在天，百孫繁衍，定王之外，封册未行，雜於庶寮之間，班在附馬之下。北使每至，無以威示遠方；聖祖貽謀，實欲本支茂盛。因循歲久，未舉典章，百官固有嗟嘆，三聖豈無動念？伏望聖慈，於皇族中選其賢明，依唐朝故事，封嗣王郡王三五人，以應祖宗之意，用固盤石之基。其次選用大臣，必從公議。古者詢於卿士，謀及庶民，審重之至也。至於才高位下，公議所歸，或因例合遷，久未陞奬者，亦乞申命兩府，次第舉行。昔者宋景善言，袄星乃退；商湯自責，化爲豐年。而況太后聖明，皇帝慈儉，上天變異，不足憂虞。臣職在諫垣，殊無器識，敢陳狂瞽，不避靈誅。

貼黄：臣伏見唐堯至聖，有四凶在朝。大舜繼明，方乃誅逐。是知小人君子，自古並生。君子多則小人衰而天下治，小人多則君子衰而天下危。自古離亂甚多，太平甚少，其故何也？蓋佞言似忠，謀身巧計，是以小人多獲進用；直言正色，邪佞憎嫌，是以君子多遇譏謗。此乃邪正各異，故相憎也。失於防察，禁制漸難。故《書》曰「爲君難，爲臣不易」也。今兩宫明聖，君子道行。小人之心，皆不遂志，多方求進，或受貨財，保證姦邪，上惑天聽。伏乞聖慈，特加防察。

七年，玉清昭應宫灾，太廟齋郎蘇舜欽上疏曰：

臣聞烈士不避鈇鉞而進諫，明君不諱過失而納忠。是以懷策者必吐上前，蓄冤者無至腹誹，則上下之情不鬱，教令之出悦隨。然言之之難，不如容之之難。容之之難，不如行之之難。有能言之，則必容之，容之則必行之。如此，則欲治之主，三代之迹也，願陛下留意焉。臣伏覩今歲自春徂夏，霖雨陰晦，未嘗少止。農田被菑者幾於十九，民情嗷騷，如昏墊焉。臣以謂近位之失人，政令之多過，賞罰弗公之所速也。天之降灾，欲悟陛下，陛下反謂刑獄濫冤之致，故肆赦天下以救之。殊不念如此則殺人者不死，傷人者不抵罪，其爲濫冤，則又加甚。古者决斷滯訟，❶以平水旱，不用赦也。❷故赦下之後，陰霾及今。前志曰：「積冤生陰，積陰生陽，陽生則火灾見焉。」乘夏之氣，❸發洩於玉清宫。震雨雜下，烈焰四起，樓觀萬疊，數刻而盡。誠非慢於禦備，乃上天之深戒也。陛下當降服減膳，避正寢，責躬罪己，下哀痛之詔，罷非業之作，拯失職之民。在輔弼無裨國體者去之，居左右竊弄威權者去之。精心念政刑之失，虚懷收蒭蕘之言，庶幾變灾以答天意。浹辰之間，❹不聞有此告諭。竊知陛下將計工役，再謀興修，都下之人，聞者駭惑，往往聚首横議，咸謂非宜，皆曰章聖皇帝勤儉十餘年，天下富庶，帑府流衍，無所貯藏，乃作斯宫。及其畢功，而海内爲之虚竭。陛下即位未及十年，數歲連遭水潦，雖征賦減入，❺

❶「决」下，《宋朝諸臣奏議》卷三七《上仁宗論玉清宫灾》有「留獄」二字。

❷「不」下，《宋朝諸臣奏議》有「聞」字。

❸「乘夏」，《宋朝諸臣奏議》作「乖戾」。

❹「浹辰」，原作「辰浹」，今據《蘇學士文集》卷一一《火疏》乙正。

❺「減」，原作「咸」，今據《宋史紀事本末》卷二六《天聖灾議》改。

而百姓頗甚困乏。若大興土木之功，則費用不知紀極。財貨耗于内，征役勞于下，内耗下勞，何以濟矣。況天灾之，己爲之，❶是欲競天，無省己之意。逆天不祥，安己難任，欲祈厚貺，其可得乎？豈天譴告而陛下弗寤邪？豈知而固爲之邪？豈再造祈天之祐邪？臣不得反覆而量也。❷今爲陛下計者，莫若采吉士，去佞人，姑務修德，以勤至治，使百姓足給，而寬其征税，則可以謝天意而安民情矣。夫賢君見變，能修道以除凶，亂君無象，天不譴告。今幸得天見之變，是陛下修道之日，豈宜忽哉？

昔漢宣帝三年，茂陵白鶴館灾，下詔曰：「廼者火灾降於孝武園館，朕戰栗恐懼。不燭變異，罪在朕躬。群有司又不肯極言朕過，以至于斯，將何寤焉！」夫茂陵不及上都也，鶴館不大此宫也，彼尚降詔四方以求己過，是知古帝王急治如此。夫火不炎上之罰，正爲是焉。臣謹按《前漢·五行志》云：賢佞分别，官人有叙，帥由舊章，禮重功勳，如此則火得其性矣。若信道不篤，或耀虚僞，讒夫昌，邪勝正，則火失其性矣。自上而降，及濫炎妄起，燔宗廟，燒宫室，雖興師而不能救。故魯成公三年新宫灾，劉向謂成公信三桓子孫之讒，逐父臣之應。襄公九年春，宋灾，劉向謂宋公聽讒，逐其大夫華弱奔魯之應也。今宫灾，豈得亦有是乎？願陛下共默而内省之。省而既知之，願陛下悔過而追革之。罷再造之勞役，行古先之典法，非惟大光基構，亦天

❶「爲」，《長編》卷一〇八聖七年六月丁未條、《宋朝諸臣奏議》、《宋史·蘇舜欽傳》作「違」。

❷「得」下，《宋朝諸臣奏議》有「不」字。

下之幸甚也。臣愚妄之言，不足益國體之萬一，陛下苟容而行之，三代兩漢之風，指顧而可致也。

景祐五年，河東地震，舜欽詣匭上疏曰：

臣昨初到京師，聞河東地大震裂，涌水壞屋廬城堞，殺民畜幾十萬，❶歷旬不止。臣始聞惶駭疑惑，竊思自編策所紀，前代衰微喪亂之世，亦未嘗有此大變。方今四聖接統，内外平寧，戎夷交歡，兵革偃息，固與夫衰微喪亂之際頗異。是何災變之作，返過之耶？且妖祥之興，神實尸之，各以類告，未嘗妄也。臣以謂必無是事，是亦傳言之濫耳。歷問一二朝士，皆曰有之。因退思念，天人之應，古今之鑑，大可恐懼。凡朝廷政教昏迷，下受其弊，積陰鬱不和之氣，上動於天，天於是爲下變異以警戒之，使君人者回心省脩，翻然向道，則民安而災息。是故古之王者，逢天地之變，則必避正寢，徹樂省饌，詢訪正議，考求失德而更去之。蓋以上帝聰明，所作必驗，苟弗知懼，則非常之孽隨之。今此異既告，豈徒然哉？則王者豈常安於逸豫，❷信任近狎，而不省政事乎？廟堂之上執事者，豈有非賢才，或專威福而侵君者乎？其所施設之政，豈有不便於民者乎？深宫之中，豈有陰教不謹，或以媚道濫進者乎？西北之夷，豈有竊萌背盟犯順之心者乎？念自從遠方來，不知近事，心雖疑而口不敢道。宫禁夷狄之事，固未可知。朝廷已然之失，則

❶「畜」，《宋朝諸臣奏議》卷三八《上仁宗應詔論地震春雷之異》作「人」。

❷「豈」下，《宋朝諸臣奏議》有「宜」字。

聽輿論而有聞焉。又訝朝廷知此大異，殊不脩補闕政，以厭天戒而安民心，默然不怪，如平常無事時。諫官、御史，亦不聞進牘白見，鋪陳災害之端，以開上心。然民情洶洶，聚首横議，咸有憂悸之色。豈時與古不同，今朝不宜倣古以爲事耶？又念有天下者，未有監古而亂，❶棄古而治也。豈上位者務在鎮静，不須與民同憂耶？則又民爲邦本，未有本摇而枝葉不動者。豈民愚暗，不當憂而憂耶？則地之震，天之所爲也，民雖愚，天豈愚哉？反復思之，不覺驚怛流汗。自以世受君禄，身齒國命，涵濡惠澤，以長此軀，便欲盡吐肝膽，以拜封奏。

又昨見范仲淹以剛直忤姦臣，果罷中傷，言不用而身竄謫，甚可悲也。是時降詔天下，不許越職言事。臣今苟務激切，不避權右，必恐横遭傷害，無補於時，因自悲嗟，不知所措。既而孟春之初，雷電暴作，臣以謂國家之失，衆臣無有爲陛下言者，唯天丁寧以告陛下也。陛下極聖至明，其肯忽之？果能霈發明詔，許臣寮皆得獻言。臣初聞之，踴躍欣抃。又謂雖有灾異，陛下能講求嘉言，革去時弊，故可變化而召善祥也。旬餘日來，聞頗有言事者。其間豈無切中時病，而絶不聞朝廷從而行之，是亦示虚言而不根實効也。臣聞唯誠可以應上天，唯實可以安下民。今應天不以誠，安民不以實，徒布空文，增人太息耳，將何以謝神靈而救弊亂也。豈大臣蒙塞天聽，不爲陛下行之？豈言事者迂闊無所取，不足行也？此則未可知。今臣竊見綱紀隳敗，政

❶「監古」至「而治」，《蘇學士文集》卷一一《詣匭疏》、《宋朝諸臣奏議》作「不監古而治，棄古而亂」。

化闕失，其事甚衆，不可概舉。謹條大者二事，詣匭以聞，伏望陛下少賜觀覽。苟有所采，乞斷自睿意，即時行焉。言或狂瞽，乞付臣斧鑕，以非所宜言罪之。

一曰正心。夫治國如治家。治家者先脩於己，脩己者先正於心，心正則神明集而萬務理也。今則民間喧傳，陛下數年已來，多引俳優賤人於深宮之中，燕樂無節，賜予過度。燕樂無節則志荒蕩，賜予過度則心侈泰。志荒蕩則政事不親，心侈泰則用度不足。臣竊觀國史，見祖宗逐日視朝，旰昃方罷，猶坐於後苑門上，有白事者，立得召對。委曲詢訪，少善必納。真宗末年不豫，始間日視事。今陛下春秋鼎盛，實宵衣旰食求治之秋，而乃隔日御殿，此政事不親之効也。今又府庫匱竭，民鮮蓋藏，誅歛科率，殆無虚日。三司計度經費，二十倍於祖宗時，此用度不足明矣。政事不親而用度不足，斯大可憂也。伏望陛下脩己以御人，洗心而鑑物，勤於聽斷，舍其燕安，放棄優諧近習之纖人，親近剛明鯁正之良士。因此灾變，以思永圖，効祖宗之勤勞，惜社稷之廣大，則天下之幸甚也。

二曰擇賢。夫明主勞於求賢，而逸於任使。然盈庭之士，不須盡擇，在擇一二輔臣，及御史、諫官而已。今陛下用人，似不慎擇。昨王隨自吏部侍郎轉門下侍郎平章事，超越十資，復爲上相，此乃非常之恩，必待非常之才。而王隨虚庸邪諂，非輔相之器，降麻之後，物論沸騰，故疾纏其身，灾仍於國。此亦天意愛惜我朝，陛下必鑑之。又石中立頃在朝行，以詼諧自任，士人或有宴集，必置席間，聽其言語，以資笑噱。今處之近輔，不聞嘉謀，物望甚輕，人情所忽，使灾害屢降，而朝廷不尊，蓋近臣多非才者。陛下左右尚如此，天下官吏可知也。實恐匈奴輕笑中國，伏望即時罷免，别建賢才。臣又竊見方今以張觀爲御史中丞，高若訥爲司諫。此二人者，皆登高第，本望以詞華進用，素履温和軟懦，❶無剛鯁敢言之才。斯皆執政引拔建置，欲其慎默，不敢舉揚其私。時有所言，必暗相關説。旁人窺之，甚可笑也。故御史、諫官之任，臣欲陛下親擇之，不令出執政門下。臺諫官既得其人，則近臣不敢爲過，乃馭下之策也。

臣以謂陛下身既勤儉，輔弼、臺諫又皆得人，則天下何憂不治，而灾異何由而生？伏望陛下少留意焉，非有難也。臣不勝區區之至。

時玉清昭應宫灾，繫守衛者御史獄，御史中丞王曙恐朝廷議修復，上言：「昔魯桓、僖宫灾，孔子以爲桓、僖親盡當毀者也。遼東高廟及高園便殿灾，董仲舒以爲高廟不當居陵旁，故灾。魏崇華殿灾，高堂隆以臺榭宫室爲戒，宜罷之勿治，文帝不聽，明年，復灾。今所建宫非應經義，灾變之來若有警者。願除其地，罷諸禱祠，以應天變。」仁宗感悟，遂減守衛者罪。已而詔以不復繕脩諭天下。

滕宗諒遷殿中丞，會禁中火，詔劾火所從起，宗諒上疏諫曰：「伏見掖庭遺燼，延熾宫闈，雖沿人事，實繫天時。詔書亟下，引咎滌瑕，中外莫不感動。然而詔獄未釋，

❶「履」，原作「復」，今據《蘇學士文集》、《宋朝諸臣奏議》改。

鞫訊尚嚴，恐違上天垂戒之意，累兩宮好生之德。且婦人柔弱，箠楚之下，何求不可，萬一懷冤，足累和氣。祥符中，宫掖火，先帝嘗索其類實之法矣，若防患以刑而止，豈復有今日之虞哉？況變警之來，近在禁掖，誠願修政以禳之，思患以防之。凡逮繫者特從原免，庶灾變可銷而福祥來格也。」疏奏，仁宗爲罷詔獄。

知諫院包拯戒興作疏曰：

臣伏見十一月初二日夜上清宫火。謹按《春秋傳》例曰「人火曰火，天火曰灾」，《漢書・五行志》曰：「人火、天火，同爲灾異。」皆以朝廷政令參驗得失而勸戒焉。説者曰：賢佞分别，官人有序，則火得其性。若信道不篤，或耀虚僞，則火失其性，自上而降，濫焰妄起，是爲火不炎上。今上清宫者，乃祖宗修建以崇無爲之德，今火燔之者，豈焚修之人不務精潔，以副陛下嚴奉之旨乎？不然，其天意垂誡於陛下乎？固宜勵精治道，謹修人事，以答天變可也。風聞道路云：陛下存留道衆，似有繕脩之意。未辨虚實，咸懷危懼。況天下多事，調發旁午，帑藏未實，邊鄙未寧，豈可先不急之務，重無名之率哉？且宫觀之興，自於唐室，非古制也。若謂先聖真容理當欽奉，則景靈宫、會靈觀殿宇宏壯，可以奉安。願陛下推仁慈之德，念疲敝之俗，且務安之之理，豈忍重困之也？然外議紛紜，頗甚惑衆，欲乞特降詔告諭，以安衆心。

拯又論日食疏曰：

臣伏見四月旦，日當薄蝕，陛下特降德音，親决庶獄，飭身修政，以應天變，此誠古之聖后明辟克謹天戒之至意也。臣聞《漢書》云：「夫至尊莫大乎天，天之變莫大乎日蝕。」蓋日者，陽之精，人君之象也。君道虧，爲陰所乘，故蝕。日者，德也。月者，刑也。故聖王日蝕修德，月蝕修刑。《詩》云：「彼月而蝕，則惟其常。此日而蝕，于何不臧。」説者云：月蝕非常，比之日蝕，固常也。日蝕則不臧矣。然正陽之月，法尤忌之，由是有伐鼓用幣之事。故人君或遭兹變，必避殿徹膳，克己責躬，明君臣，正上下，延納衆議，以輔不逮，如是之至也。今正陽之月，晻然日蝕，而又亢陽益甚，火灾繼作，害孰大焉！得非上天有以丁寧垂誡於陛下耶？伏望陛下奮乾剛之至悳，畏天地之大異。發號施令，審思乎利害；賞德罰罪，無間於疏昵。聽斷不惑，勤儉爲先。抑陰尊陽，防微杜漸。然後日御便殿，博延公卿，詢訪直言，講求古道，勵精爲治，以答天戒。如此，則積異消於上，厲階絶於下，足以導迎善氣，馴致太平。惟陛下留神省察。

拯又論星變疏曰：

臣竊見歲星逆犯房宿，近鈎鈐之位，于今月餘未順。按《天官》云：房四宿爲明堂，天子布政之宫，亦曰四輔，股肱將相位也。北二小星曰鈎鈐，房之鈐鍵，天之管籥，主閉鍵天心。其房心於辰在昴，主豫州，宋之分野。夫五星者，五帝司命，應王者號令爲之節度，歲主歲事，爲其統首。好生惡殺，安静中度，則吉。變色亂行，則不爲福。或有凌犯，淹留不去，咎在仁德未修，誅罰未當。若犯房宿，亦責在將相之不稱職者。伏況國家盛德在火，歲火二曜，俱爲福星，房心又是宋之分野。今歲德失度，逆守于房，復近鈎鍵之次，徘徊未退，本意亦謂人君指意欲有所爲，而未得其節也。乃上天之意，所以篤佑聖宋，丁寧陛下，如是之至。

夫變異之來，各象過失，以譴告人主，猶嚴父之明戒，可不夤畏恐懼乎？古之明王，必正五事，建大中以承天心。能應以德，則咎息；不能應以善，則灾至，要在所以應之。應之之速，非誠不立，非信不行。伏望陛下奮精剛之德，挺獨斷之明，内推至誠，深思天戒，以天下至大，祖業至重，不可謂承平無事而可以佚豫爲治。外則邊防之大，戎狄可憂；内則機務之煩，紀律不振。況今政失於寬，而敝在姑息，官弛於苟簡。近下詔命澄汰流品，而才者未之進，不才者未之退。蓋有司務在因循，憚於甄選爾。且方内治亂，在陛下所任。經曰：「亦惟先正克左右。」未有左右正而百官枉者也。中外臣僚，其有老儒貪殘，苛刻姦佞，不當居職者，宜以時廢退。益選温良惇厚之士，寘之於位，令海内昭然知本朝之所貴，豈不休哉？然後掖庭之中，簡去幽曠；宦豎之内，裁抑重任。發號施令，在乎必行；賞德罰罪，在乎不濫。振舉綱目，杜絶萌漸。如此，則灾異消於上，禍難息於下，五緯循軌，四時和順，召天地之協氣，致邦家於永寧，願陛下力行而已。臣本以孤危，不知忌諱，惟陛下不以位疏言賤，留神省察，則天下蒙幸。

拯又上謹天誡疏曰：

臣竊見近者太白犯月於箕尾之分，熒惑犯鎮星於虚、危之分，而又冬雷震發，雨木成冰，博詢前聞，固不虚發。臣謹按歷代《五行志》曰：太白犯月，月犯太白，熒惑犯鎮星，皆外寇之兆。雨木成冰者，説者謂上陽施不下通，下陰施不上達，故雨木爲之冰。冰者陰之盛，木者少陽貴神，卿大夫之象。亦曰：木冰爲木介，介者甲兵之象。又曰：冬雷者，所發之地主兵。謂雷以二月出，八月入也。今季冬而震雷雨雹者，陽不閉藏而發泄，皆失節之異。夫月者太陰之長，后妃大臣諸侯之象，亦主夷狄。鎮星所管宋、衛、陳、鄭之分，若金火凌犯，固不爲福。況又箕尾屬燕，虚、危屬齊，設或内非其應，則北虜之患，山東之憂，亦須大爲之防。且頃歲有星孛之異，近復有巨嵎之震，不可忽也。今四方灾旱，流亡未復，雖遣使綏撫，貸粟賑給，而上下困竭，濟卹攸艱，此乃天意篤右聖宋，丁寧陛下如是之至也。《書》曰：「暦象日月星辰。」此言王者當仰視天文，俯察地理，觀日月消息，候星辰躔次，揆山川變動，參人民謡俗，以考休咎。若見灾異，則退而責躬，恐懼修德以應之。有不可救者，則蓄儲備以待之，故宗社享無疆之福。伏望陛下省灾異之來，驗休祥之應，謹奉上天之戒，以揆當時之務。外則幅員之廣，戎狄寇盗之可虞；内則機政之繁，號令賞罰之未信。固宜進擢賢傑，振張紀律，廣闢衆正之路，屏絶群枉之門，斥遠姦孅，昚重聽納。近自宮禁，遠及邊陲，杜漸防微，中外協濟。如此，則庶幾後患可弭。惟聖度裁處。

拯又論地震疏曰：

臣近聞登州地震山摧，今又鎮陽、雄州五月朔日地震，北京、貝州諸處蝗蝻疊生，❶

❶「疊」，《包孝肅奏議集》卷二《論地震》作「蟲」。

皆天地先意示變，❶必不虛發也。謹按《漢·五行志》曰：「地之戒莫重於震動。」謂地者陰也，法當安静。今乃越陰之職，專陽之政，其異孰甚焉！又夷狄者，中國之陰也，今震於陰長之月，臣恐四夷有謀中國者。且雄州控扼北鄙，登州密邇東夷，今繼以地震山摧，不可不深思而預備之也。頃歲并、代地震，尋以昊賊拒命；近者廣南英、連等州亦震，而蠻寇内侵，皆必然已應之兆耳。臣近曾上言，沿邊將帥尤在得人，乞委執政大臣，精選素習邊事之人，以爲守將，俾訓練卒伍，廣爲積聚，以大警備之。不然，懼貽陛下之深憂也。況灾變之作，未有無其應者，惟陛下特留聖意。

拯爲户部判官時，上疏曰：

臣竊見冬春以來，天下旱乾爲虐，而陛下避殿徹膳，累下詔書，勤求直言，疏理刑獄，寬省民力，雖古之聖帝明王責躬罪己，無此之甚焉，故詔音所至，甘澤隨降。和氣應於上，民心悦於下。天意聖德，若合符契。當上穹眷佑之如是，則陛下尤宜勵精求治，以答殊貺。臣聞法令者，人主之大柄，而國家治亂安危之所繫焉，不可不慎。緣近歲以來，賞罰之典，或尚因循。且人知法令之不足信，則賞罰何以沮勸乎？昔唐文宗問宰臣李石：「天下何以易治？」李石對以「朝廷法令行則易治」。誠哉！治道之要，無大於此。伏望陛下臨決大政，信任正人。賞者必當其功，不可以恩進；罰者必當其罪，不可以幸免。邪佞者雖近必黜，忠直者雖遠必收。法令既行，紀律自正，則

❶「天地先意」，《包孝肅奏議集》作「天意先事」。

無不治之國，無不化之民，在陛下力行而已。亢旱之灾，天之常數，固不足貽陛下深慮。惟陛下留神省察。

天聖中，天下水旱蝗起，河决滑州。通判常州謝絳上疏曰：

去年京師大水，敗民廬舍，河渠暴溢，幾冒城郭；今年苦旱，百姓疫死，田穀焦槁，秋成絶望：此皆天異也。按《洪範》、京房《易傳》皆以爲簡祭祀，逆天時，則水不潤下。政令逆時，水失其性，則壞國邑，傷稼穡。顓事有知，誅罰絶理，則大水殺人。欲德不用，兹謂張，厥灾荒。上下皆蔽，兹謂隔，其咎旱。天道指類示戒，大要如此。陛下夙夜勤苦，思有以上塞時變，固宜策告殃咎，變更理化，下罪己之詔，脩順時之令，宣群言以導壅，斥近倖以損陰。而聖心優柔，重在改作，號令所發，未聞有以當天心者。

夫風雨、寒暑之於天時，爲大信也。信不及於物，澤不究於下，則水旱爲沴。近日制命，有信宿輒改，適行遽止，而欲風雨以信，其可得乎？天下之廣，萬機之衆，不出房闥，豈能盡知？而在廷之臣，未聞被數刻之召，吐片言之善，朝夕左右，非恩澤即佞倖，上下皆蔽，其應不虚。

昔兩漢日食、地震、水旱之變，則策免三公，以示戒懼。陛下進用丞弼，極一時之選，而政道未茂，天時未順，豈大臣輔佐不明邪？陛下信任不篤邪？必若使之，宜推心責成，以極其效。謂之不然，則更選賢者。比來奸邪者易進，守道者數窮，政出多門，俗喜由徑。聖心固欲盡得天下之賢能，分職受業。而宰相方考資進吏，無敢建白。

欲德不用之應，又可驗矣。

今陽驕莫解，蟲孽漸熾，河水妄行。循依違之迹，行尋常之政，臣恐不足回靈意、塞至戒。古者，穀不登則虧膳，灾屢至則降服，凶年不塗墍。願下詔引咎，損大官之膳，避路寢之朝，許士大夫斥諱上聞，譏切時病。罷不急之役，省無名之歛，勿崇私恩，更進直道，宣德流化，以休息天下。至誠動乎上，大惠浹于下，豈有時澤之艱哉？

仁宗嘉納之。

絳又上言：

蝗亘田野，坌入郛郭，跳擲官寺，井堰皆滿。魯三書螟，《穀梁》以爲哀公用田賦虐取於民。朝廷斂弛之法，近於廉平，以臣愚所聞，似吏不甚稱而召其變。凡今典城牧民，有顓方面之勢。才者掠功取名，以嚴急爲術，或辯僞無實，數蒙奬録。愚者期會簿書，畏首與尾。二者政殊，而同歸於弊。

夫爲國在養民，養民在擇吏，吏循則民安，氣和而灾息。願先取大州邑數十百，詔公卿以下，舉任州守者，使得自辟屬縣令長，務求術略，不限資考。然後寬以約束，許便宜從事。期年條上理狀，或徙或留，必有功化風迹異乎有司以資而任之者焉。漢時詔問京房灾異可息之術，房對以考功課吏。臣願陛下博訪理官，除煩苛之命；申敕計臣，損聚斂之役。勿起大獄，勿用躁人，務静安，守淵默。傳曰：「大侵之禮，百官備而不制。」言省事也。如此而沴氣不弭，嘉休不至，是靈意譎讕，而聖言罔惑歟。

天聖元年，❶太安殿柱生芝草，召群臣就觀，監察御史鞠詠上言曰：「陛下新即位，河決未塞，霖雨害稼，宜思所以應災變。臣願陛下以拔進忠良、退斥邪佞爲國寶，以訓勸兵農、豐積倉廩爲天瑞。草木之怪，何足尚哉！」

右司諫韓琦上奏曰：

臣近聞西京、南京及畿内諸縣遣使疏決刑獄，金明池等亦設齋醮，此必司曆者陳垂象之變以獻于上，使陛下聖懷欽翼，勤懇如是。雖古先哲王覩之感悟，飭身正事，無以過也。臣去歲中不曉禁忌，嘗進狂瞽，以謂上穹譴告，惟增修德政，可以除患而致福。若禮神宥過，即伸禳謝，殆非方册所載消伏災眚之義。前奏粗悉，不敢煩述。今又聞金芝産於化成殿柱，率詔近列，咸覩嘉事。臣竊以《春秋》之法，但紀災異，至于祥瑞，略而不書。豈不以君人者閱瑞牒則意安，覩災符則心懼，意之安則其政怠，心之懼則其德修？聖人垂誡之深，其旨斯在。臣愚伏望陛下開發聖慮，特以天戒爲重，於政教之間，思所未至，隨其變以應之，亦猶日食修德、月食修刑之理是也。至如珍祥奇瑞，雖陛下仁聖所感，亦望日謹一日，以雖休勿休爲念。則穹昊垂貺，答陛下寅畏之心；生靈遂宜，浸陛下慈惠之澤。自然家給人足，時和年豐，永獲上瑞之報，豈不盛歟？

琦又上奏曰：

臣聞動民以行不以言，應天以實不以

❶「天聖元年」，原作「景祐四年」，今據《長編》卷一〇一天聖元年八月甲寅條改。

文，先儒之讜議也。故宋景公以熒惑守心，不忍移臣庶之咎，子韋稱君有至德之言，熒惑必徙三舍。此則以實應天之效也。唐明皇以太陽虧蝕，悉令赦徒隸之人，宋璟謂可以至誠動天，不在德音頻降。此則以文應天之弊也。載籍所記，前範至詳，不敢煩陳，粗此概舉。臣伏覩近者興國寺災，延及開先祖殿，不踰數刻，但有遺燼。伏觀垂象，或失經行。蓋人事之已形，致天災之嗣發，其猶影響，諒非徒然。當是時，臣謂陛下宜虛宁以求讜言，側身以修庶政。有功則賞，以絶其徼幸之路；有罪則罰，以清其姦慝之原。旌别賢愚，撙節財用。抑宴私過度之樂，休營造不急之務。決獄使之無濫，出令斷於必行。斯以念祖業之艱難，答天意之警悟也。而陛下眷三京以肆赦宥，走群望以罄祠祝，中自禁掖，外及觀寺，並設齋醮，逮越晦朔。今北道數郡，繼以地震上聞，即命使軺，就崇法供。矧兹近塞，俯接殊邦，豈無間諜之人往道祈禳之事？徒彰自恐，或誚無稽。

雖陛下欽順皇天之誠可謂至矣，其於銷伏灾眚之道則猶未焉。夫弛刑網以貸頑悖之民，損國貨以奉遊惰之輩，將欲召丕貺、感靈心，是猶却行以求前，揚湯而止沸，無益之驗，信昭然矣。臣苟隱情惜己，不能獻忠盡言，使陛下常以禮緇黄、薦牲幣爲脩德除患之本，則臣豈不上負陛下懼灾思政之意哉？謹按《五行傳》曰：「火南方，揚光輝爲明者也。其於王者，南面嚮明而治，賢佞分明，官人有序，率由舊章，愛重功勳，則火得其性。若乃信道不篤，或耀虛僞，讒夫昌，邪勝正，則火失其性，自上而降，乃濫炎妄起，焚宗廟，燒宮館，雖興師衆，不能救也。」此臣前所謂宜辨賢諂，明賞罰，謹命令，戒奢逸者，由此而言也。曷有流化興政之若是，而天不降福者哉？且地震者，説者以謂天，陽也；地，陰也。陽，君象。陰，臣象。君宜轉動，臣宜安静。乃女謁用事，臣下專政之應。此乃飭宫壼禀教，臣鄰奉法，以當斯變。又夷狄者，亦中國之陰也。今震在北，或恐上天孜孜譴告，俾思孽虜之爲患乎？亦望自今而後，務在嚴勵守臣，密修兵備，審擇才謀之帥，悉去懦弱之士，明軍法以整驕惰之卒，豐廪實以增儲峙之具。或曰：今夷狄守盟，誓約甚固，奉朝廷有禮，初無釁隙，保不騷動，未可生事以疑戎心。此寬陛下宵旰之憂可也，爲國計則疏矣。臣辭意狂鄙，不識禁忌，儻陛下聽斷之暇，一紆睿覽，采而行之，少助萬分之一，則臣退就鈇鑕，死無所恨。

琦又論星變疏曰：

臣近者竊聞星變數見，輒貢瞽見，備言禳謝之理，殆將百日，不賜妄言之誅。是陛下知臣所陳，歸於朴忠，而非惑上好訕也。然臣意有所未盡，更思竭愚，區區鄙誠，萬一開悟。臣近日又聞大慶殿及諸處復建道場，及分遣中使遍詣名山福地，以致精禱。臣以謂陛下俯從常禮，不得已而爲之，是亦達寅亮之深旨也。臣竊以天垂祅象，地見災異，前世之君，覩之感悟，以爲祈禳之法，則必徹樂減膳，修德理刑，大則至有下詔以求讜言，側身以避正寢。是以天意悦穆，轉禍爲福。臣願陛下法而行之。復恐此後宫中或有宴飲之事，欲望比於常時，稍用減節，不獨仰奉於天戒，斯實上安於聖躬。臣子之心，所以昧萬死而獻言者，正爲是也。

且大慶殿者，國之路寢，朝之法宫。陛下非行大禮，被法服，則未嘗臨御。臣下非大慶會，則不能一至於庭。豈容僧道凡庸之人，繼日累月，喧雜于上，非所謂正法度而尊威神也。昔唐高宗立皇太子，❶將會命婦於宣政殿，博士袁利諫曰：「前殿正寢，非命婦宴會之地。望請命婦會于别殿，自可備極恩私。」帝納之，即命移于麟德殿。臣亦望今後凡有道場設醮之類，並於别所安置。臣親逢求諫之朝，復在可言之職，宜推無隱，思所爲報。願陛下特霽天威，一加詳納，天下幸甚。

琦又論星變地震冬無積雪疏曰：

臣旬日前竊聞民間傳言星躔示變，及京師曾有地震之異。亦聞朝廷建置道場。臣自忝諫職，數因災變陳事。意謂陛下粗記臣言，故遷延未敢更獻愚瞽。數日來又聞河東忻州地震連日，大壞官私舍宇，傷損人命。臣慮陛下近歲以來，頻有災異而常事待之，且未足多掛聖念，但齋醮道場而止。臣是以不敢無言，更思云補。臣聞以實應天，則天必報；以德勝妖，則妖自息。今上穹頻頻譴見以感陛下，蓋欲觀變而懼，增修德政，則將轉禍而爲福，豈其虚發哉？若陛下以爲無足可驗，不思警悟之理，或上天倦而且怒，則默而爲禍矣。今躔次之變，知星者必具言其事。至于地震之理，稽于舊史，則大臣專政，後宫用事，陽不足而陰有餘之應也。今朝廷凡百行事，皆由政府，陛下雖知其是非而不加聖斷，亦大臣專政

❶「唐」，原脱，今據《長編》卷一二〇景祐四年十一月乙酉條、《舊唐書·袁利貞傳》補。「宗」，《長編》作「祖」。

之應。後宮之事，非外臣所知，亦望禁其太盛，以答天變。臣願陛下每覩灾異，先詳其理而應之，然後省身之所未思，而思政之所未至。夫崇儉約以訓九族，而純德變於天下；節宴游以謹萬機，而勤政率於天下，亦修身之大略也。輔弼得人，而庶務協其序；賞罰得中，而二柄歸於上；邊陲廣備，而將帥擇其材，亦修政之大略也。陛下若舉其要而行之，則上天豈不降福而何灾沴乎？況陛下首相久病，高卧私室，備禮上章，無堅退之意。安禄固位，上不分聖憂，下不畏人言。假令病愈而出，則中書之事必更無倫理。蓋才短識暗而然也。陛下豈不思求才而代之，使修正紀綱？亦禳謝之一端也。又今冬以來，尚無積雪，旬浹之間，將及春序，不惟已覺愆旱，兼恐人民疾疫。欲望陛下躬行精禱，庶獲嘉應。今舉朝之人，皆以不言爲利，無一人爲陛下切直而言者。臣非不知直言爲患，然選任之恩，不欲碌碌雷同衆人，故昧死論列，不顧鼎鑊之罪。惟望少采狂愚，天下幸甚。

琦又論衆星流散月入南斗疏曰：

臣竊聞近日司天監上言占見衆星流散，又奏月入南斗中。臣職在諫列，得於風聞，不敢隱情惜己，容默於位。實願輸盡愚瞽，有補萬分之一焉。臣聞人事失于下，則天變發于上。惟明聖之君，覩之感悟，責躬修德，所以除患而福至。是猶影響相應之速也。而朝廷自去年秋熒惑失度，及太平興國寺灾，乃命疏理繫囚。自大慶殿至諸寺觀，並集僧道，以爲禳謝之法。繼之以地震北郡，遣使興建道場。近者又聞太陰失行，復詔三京減降罪人，於金明池等處亦設齋醮。臣屢上封奏，極言無益。所期庸妄之説，少開聖聰。而前月中，杭州又奏有大風雨，悉壞官司廬舍。復有獻謀于陛下者，乃降敕本郡，崇佛事以禳之。外方有識之士，必有非笑者焉。陛下若以灾異數見，非政教之失，但可竭財以奉僧道，寬禁以貸罪惡，是謂天戒可答，靈心必回，則今日之譴見，又何從而致哉？今天之譴告，孜孜不已者，得非陛下未達警悟之意耶？夫赦者，前賢以爲偏枯之物，非明世之所行也。苟行之，則小人之幸，而君子不幸矣。又金銀錢帛出自蒼生膏血，取之以供國之用，尚宜撙節，又況枉費，以資游惰之僧道乎？以陛下之聰明睿智，諒久知其不可。今若再舉禳灾之術，復踵前敝，適足誤陛下也。

臣不敢妄究星緯，但取前史所載，開陳其端。夫月爲太陰之精，刑罰之義，列之朝廷，諸侯大臣之象也。故大臣用事，兵刑失理，則月行乍南乍北。又南斗者，丞相太宰之位，主褒賢進士，選授爵禄。若小流星百數四面行，衆庶流移之象也。今天之所戒者，恐宰輔之任，未副聖心；褒賢授禄，或失其宜。故太陰罰斗以應之。夫代天當軸之臣，未副聖心，則政教浸隳矣。政教浸隳，則陰陽失和而水旱移時。水旱移時，則衆庶流移之患亦從而至矣。《漢史》曰：「宰相上佐天子，燮理陰陽。」戴《記》曰：「邇臣守和。」❶言近臣調和君事者也。今聞政府議事，未甚和協，互執所見，或有違戾。即如近斷一大刑名，此特有司之事，又復別

❶ 「戴」，原作「載」，今據《四庫全書》本、《宋朝諸臣奏議》卷三八《上仁宗論衆星流散月入南斗》、《禮記·表記》改。

旨議定。於理明白，而猶固執紛競，上煩聖斷。豈大臣之體哉？廟堂之上，論道之際，必有甚於此者，固非下臣所知矣。如此而望陰陽調，君事和，政不失于下，變不形于上，其可得乎？方今之宜，莫若注意賢宰，協輔朝政，使其同心一意，推用所長。然後賞罰二柄，更思其中。謂名器不可輕授也，則賞不加於無功；謂紀綱不可寖弛也，則刑必行於有罪。知財貨之有限也，則量用度而裁減之；知軍旅之久惰也，則明號令而約束之。一令之出，必信於人；一言可嘉，必用其計。盡平僥倖之路，精辨愛憎之言。推此以斷天下之務，則陛下高居穆清，垂拱而治，太平之基，既隆且固矣。雖有象緯之變，流行之灾，自當易而爲嘉祥，散而爲和氣矣。芻蕘賤言，不曉禁忌，思有報君父甄擢之遇，非敢訐上而取直也，唯陛下熟察之。

琦又論石龜疏曰：

臣聞通利軍奏：衛縣民得石龜一，其上鐫刻讖文，略云：「道士趙永昌於顯慶元年鐫記。後至三百六十五年出現，時有聖君治世。皇后劉氏，今有聖子紹位。」觀其文字鄙俗，固不能上惑天聽。臣竊計唐高宗顯慶元年，至國朝天禧四年，方及三百六十五年。蓋是當年造僞人妄求恩倖，有此刊刻。後恐事迹彰敗，是故隱而不言。至今又經一十八年，方爲縣民所獲。即於讖文，自已乖謬。陛下至明至聖，固已洞鑑其妄。即緣却降下本處軍資庫收附，乃是未詳真僞，猶示秘藏。臣恐中外聞知，有以來欺詐之漸。欲乞特降聖旨下本軍，令知軍當面毁弃訖奏。所貴僞端不起，群聽無疑。

臣以其事雖小，而於體大，故敢上言。

琦答詔論地震春雷之異疏曰：

臣伏聞陛下以灾變頻數，已降詔敕，敷求讜言。此乃陛下警悟天戒，憂勞聖心，普率之間，不勝至幸。臣備位諫列，近因灾變之發，累上密封，既愚且忠，無敢畏避。事頗明白，未見裁納。臣慮應詔而言者，雖不即加之罪，而言者亦不用其説，則是與詔意相戾，而於朝政何益哉？臣欲望陛下應有臣寮應詔上言，一一親垂聖覽。事如可行，即望早加聖斷。或所見非長，及辭涉詆訐，亦望寬而不問。庶成陛下引咎思政之德，以期上穹順道爲福之應。臣前數有所陳，伏惟陛下以一臣之言，所見褊淺，未能符合聖意。臣愚不勝忠憤，再貢狂直，更不敢廣有引援，煩瀆上聽。但直述當今未便、陛下可行者凡十事，具別狀實封進納。又詔書以謂：「或政教未臻於理，刑獄靡協于中，在位有壅蔽之人，效官有貪墨之吏，仰諫官、御史、搢紳、百寮密疏以言。」臣竊以四海至廣，非一人耳目所能遍接。若只許在朝臣寮論奏，實恐言路未廣。臣欲乞頒示天下，亦許所在官吏依詔言事，附遞聞奏。

琦又上別狀曰：

臣伏聞降御札，求讜言。輒有狂鄙之見，不敢文飾，上瀆聖覽。謹直述其事，條列如右：

一、政府大臣，乞選用忠正有才識之人，則紀綱自正，陛下仰成而無憂。如有不堪其任者，望早加聖斷，皆從免罷。使時政日新，天下咸悦。

一、賞罰二柄，本君上執之以馭天下。

若無功者受賞，有罪者不罰，是猶寒暑相違而望歲功之可成也。臣欲乞凡行賞罰，務協中道。或陛下聽斷之際，知其可賞則賞之，知其可罪則罪之，使畏愛出於宸衷。無令國之二柄，專爲臣下所持而任其威福。

一、近日戚里之家，多因入内之際，或無功而望遷轉，或無能而求錫賚。唯圖僥倖，殊無厭足。況莊獻太后朝尚曾懲戒，豈陛下睿明當宁而不抑其奔競？欲望特降詔諭，嚴行止絶。如有譴犯，重加貶責。

一、今之國用不足者，敝在於浮費不節。所入者有限，而所出者無涯，遂令内外帑廩，皆未充贍。臣欲望凡百用度，務令儉約，及乞差公正才識近臣，與三司詳定減省冗費。

一、自茶法改更以來，連年將銀絹配率。河北人户，坐此困竭。明出却内庫物帛，暗虧却舊額課利。欲望選差公正近臣，參定酌中之法，以濟經用。

一、朝廷備禦之急，唯在西北二邊。其如牧守將帥，多非其材。而士卒訓練，未至修整。亦望密諭兩府大臣，常切體量二邊牧守將帥，不堪其任者易之。更用才略武幹之人，以壯國威。御兵之法，務從嚴整，無令益其驕惰。

一、竊以陛下萬機之暇，當有宴飲之樂，所以寛憂勞而慰游豫也。然頻數則有妨政事，無益聖躬，亦望節之有度，則天下幸甚。

一、宫掖之間，女御之衆，豈無繁冗，徒在幽閉？望選其無用之人，放令出外，以消陰盛之變。

一、臣寮中有以言獲罪貶責者，若心本獻忠，非挾邪近詐之人，欲望復其職任，使言路彌廣，人思盡誠。

一、消變之法，惟修德以禳之，則天道感應，自古皆然。若齋醮道場，實不可恃以求福。亦望特賜開悟，更思節減。

太常丞、同修起居注、判三司鹽鐵勾院、直史館葉清臣以京師地震上疏曰：

天以陽動，君之道也；地以陰静，臣之道也。天動地静，主尊臣卑。易此則亂，地爲之震。乃十二月二日丙夜，京師地震，移刻而止。定襄同日震，至五日不止，壞廬寺，殺人畜，凡十之六。大河之東，彌千五百里而及都下，誠大異也。屬者熒惑犯南斗，治曆者相顧而駭。陛下憂勤庶政，方夏泰寧，而一歲之中，災變仍見。必有下失民望、上戾天意者，故垂戒以啓迪清衷。而陛下泰然不以爲異，徒使内侍走四方，治佛事，修道科，非所謂消復之實也。頃范仲淹、余靖以言事被黜，天下之人，齰舌不敢議朝政者，行將二年。願陛下深自咎責，許延忠直敢言之士，庶幾明威降鑑，而善應來集也。

康定元年，清臣爲右正言、知制誥，上奏曰：

臣聞王者上承天之所爲，而下以正其所爲。君政有治亂，天應有災祥，蓋天人相與之際，繫君德之感通。奉天子民，義實一體。昌治之世，未必無災。欲治之主，能以德應，則變災爲福。衰亂之世，未必無祥。庸暗之主，德不能堪，則反祥爲妖。故治亂災祥不可常，在德之厚薄耳。仲尼脩《春秋》，記災異之大者，日食、地震爲先。班固述《漢史》，記日食之對，則變見三朝爲尤異者。今月正元日，日有食之，不幸昌治之辰，遂有尤異之變。豈合朔之會，適當然耶？意上天譴告，有所屬耶？伏惟陛下纘隆慶基，謹守先訓，兢兢業業，十八年于兹。四方底寧，萬物咸遂，百工脩輔，衆績咸熙，信治世矣。

然而天變如是之大，必有申警，以啓聖神。臣嘗學舊史，歷考前志。日，陽德也，君道也。月，陰德也，臣道也。薄食必於朔望，日月之交會也。會而不食，陽勝陰也。其在《詩》曰：「彼月而食，則惟其常。此日而食，于何不臧。」是則陽德君道，或有所虧，則日爲之食。又曰：「敬天之怒，毋敢戲豫。敬天之渝，毋敢馳驅。」是則天變於上，君變於下，恬不爲變，其禍滋甚。臣謂推筴之初，逆知當食，陛下宜出次徹膳，伐鼓用幣，百官守司，爲營救之禮。庶幾天悔其咎，陰不爲眚。今謫已見，救不可追，則當亟下責躬之詔，開敢諫之路，使講求陰所以勝、陽所以虧之理。後增其所虧，損其所勝，猶冀萬一，可厭天戒。其在《易》曰：「君子終日乾乾，夕惕若厲，無咎。」凡言「無」者，言本有咎，以能補過，故得無咎。然習常苟諛之人，必曰此常數也，不足以爲盛德之累。苟内朝左右之臣以此安聖慮，外廷進對之臣以此紓官責，臣恐非敬天之怒，而失補過之義。前歲河東地震，頻年太白晝見，考占辨應，稍稍著驗。今爲此變，豈妄發耶？伏惟陛下深思災異之大，博咨政教之闕，舉賢良方正、能直言極諫之士，待以無諱，使之極言。言或切至，采而行之。此之謂能以德勝妖，變災爲福者。臣幸以謭薄，親逢盛旦，職在詞掖，官居諫省，闕管有得，敢不罄竭。明者之擇，庶可録焉。天下幸甚。

景祐四年，侍御史知雜事龐籍上奏曰：

臣聞應天以實不以文，動人以行不以言。所以天意順感，而人心悦隨也。伏惟陛下躬仁聖之至德，紹積累之慶基，亨嘉式應，文武並用，邊隅不聳，年穀屢登。然而秋冬以來，雷雪不時，流星爲異。今又地震并、忻之郡，傷殞人命，甚可駭也。推本天戒，必有厥由。以陛下恭儉寅畏，動遵軌範，宜不當招致灾眚。臣竊思之，恐在時政有所差失，人情有所壅蔽也。將欲應乎天而動乎人，必當求其實而篤其行。誠在陛下與執政之臣力行之也。力行之道，莫若先正其綱紀。恭以祖宗垂業，典刑具在，守而勿失，可臻至治。將外制四海，當首自京師。故三聖以來，因事立制，凡百司務，皆著條敕。所以禁踰越、塞僥倖也。向來或因一時爲例而破之，或因臣下營私而廢之，法既動摇，政或隳紊，而欲訓齊諸司，規表天下，難矣。故要在執政大臣持守之也。持守之者，要在以身律人，先國後家，以求賢之意爲急，以子孫之計爲末。至公既立，誰敢爲私。然後可以守畫一之法，使無踰越；塞私謁之路，使無僥倖。施恩必平，不以勢地爲異；罰罪必當，不以惠姦爲寬。以國之紀綱，此實至要，在力行之而已。至於前代因天地之異，莫不廣求厥理而消復之。下罪己之詔，開直言之路，人情暢於下，則天理順於上。此誠今之切務，未聞朝廷行之。恐但用釋道齋醮之文，無所益也。臣迹孤地寒，材駑識闇，上賴陛下天地父母之恩，獲立忠義之地。敢冒天威，輒陳愚悃者，亦犬馬之思報也。惟陛下矜憐而察之。

寶元元年，守尚書刑部員外郎、直史館同知太常禮院宋祁上疏曰：

臣聞王者父事天明，母事地察，政合而祥至，道失而咎臻，自然之應也。然至亂之世，不能絶祥；甚治之代，不能無咎。僻君以祥自泰，故益侈而趣亡；賢主以咎脩德，故愈畏而蒙祉。則祥無必慶，咎無固凶，視銷伏之如何耳。臣伏見頃歲以來，灾眚數見，依類託寓，異占同符。天本視法而尊，乃有躔離流星之變；地當安固而静，乃有都國震動之占。陛下奉承郊丘，歲豐月潔，當蒙介福，翻致大異，何哉？得非事有召奸，法有階隙，天於宋室諄諄存顧，先幾豫慮，以啓聖心，欲陛下據易圖難，緣微警著，奮揚剛德，固勢主威，厭銷未萌，以光丕業也。

臣伏讀前史《五行志》，以驗于今，累威重譴，不可不察。若乃群星流散，則民人蕩析之象也。月行黄道，地震州邑，則邊戎窺間，臣下擅恣，后妃將盛，年穀且飢之兆也。去年火焚興國寺浮屠，延燔藝祖神殿，已而盗壞宗廟釦器者再，則神不昭格之意也。自昔灾異之發，遠者十數年，近者三四年，隨方輒應，類無虚已。陛下何不暫概清慮，推求其端？方今典刑設張，上下禔穆，而臣便論危事，必難取信。然陛下試一念之：假有蕩析，以何策固安？假有飢空，以何理振救？脱致窺間，可任之將謂誰？儻令擅恣，可防之奸有幾？灾異不驗，國之福也。苟使遂驗，則陛下禦之之慮，得不素具於彀中哉？然請先言其要。

臣聞君以操柄爲重，臣以奉命爲恭。柄捨之，則重者反輕。命竊之，則恭者更僭。伏惟陛下念爵賞之典，刑罰之權，雖覽群言，一決宸慮，無委成假借，以開貴近牽制之私。《書》稱「惟辟作福，惟辟作威」。夫威福者，天子之所以固大寶、制兆人之術。臣有作福作威，則害于而家，凶于而國。古之王者，亦何能使刑悉當罪，賞皆值功。恐要之事出于主，則納忠者有歸；政出於臣，則樹私者必搆。❶《傳》曰：「倒持太阿。」言柄之不可失也。又曰：「吐珠必含。」言失之不可收也。若夫後宮戚里，祈恩丐賞者，日月不乏，陛下且當斷而不聽，以示至公；內省黃門，給事左右，亦宜數加訓戒，使思不出位。此皆助陽抑陰之術也。臣聞伯禹三王之長，逢辜引慝；宣王成周之良，思患側身。故能感徹神祇，收還威怒，回沴氣爲太和，化已衰爲中興。陛下覽照今古，至詳至熟。今變眚日著，中外暴聞。而罪己之問，不形於詔書；思患之謀，不留於詢逮。委遠天戒，虛而未答。踰時越月，群下默然。間者但引緇黃，晨齋夕咀。脩不經之細祀，塞可懼之大變，人且未信，天胡可欺？臣誠至愚，竊恐銷伏之間，未爲得計也。伏望陛下不以灾之未應，遂爲宴安；不以歲之屢豐，便忘荒饉。普詔百執，各貢所懷，庶幾天下條貫，粲然先見。臣無任瞽狂待罪之至。

秘書省著作佐郎、通判睦州張方平上疏曰：

臣伏覩丙午詔書，以星文流變，坤載震搖，先春而雷，衆異間作，陛下惕然戒懼，思

❶「樹」、「搆」，《景文集》卷二七《請下罪己詔并求直言疏》作「植」、「衆」。

所以當天意。爰下明詔，誕告庶官：凡上躬之闕遺，政刑之闕失，阿枉之黨，蒙罔爲姦，咸使密疏以言，悉心無隱，約之親覽，靡及有司。臣伏覩詔書，悵然感慨。遠惟祖宗造基立法之勤，先帝持盈垂裕之意，敕天之命，撫此下人，無疆惟休，亦無疆惟恤。陛下天資神智，英叡聰明，紹隆基圖，恭承帝事，治民祗畏，罔自暇逸。嚮若僕臣皆正，股肱惟良，協心弼違，將順其失，陛下可以高揖成、康之上，徐步唐、虞之域。惜乎人主有仁明之德，人臣乏輔翼之材，因循蔽欺，偷取一切，治而無法，弊不謀救，沴氣成象，變咎薦臻，遑遑焉獨貽憂於陛下也。臣愚孤遠，學識疏陋，猥逢詔旨，詢于芻蕘，謹稽探天人之情，參合古今之論，上原厥罰之本，下陳致治之方。儻日月之明，照此心之忠義；斧鑕之下，免報讎於權强，是由陛下至明，豈獨微臣受賜？惟陛下留神，察臣狂言。

臣伏思詔書曰「星文流變」者，臣鄙儒，不通天官之學，謹按前志説《春秋》「星隕如雨」爲王者失勢、臣下專恣之應。況紫垣太微，上帝之座，天子之庭。列星布位，近臣之象。流移失次，乃邇臣不恭其職，相朋附下，懷貳苟容，不忠王室之咎也。「坤載震摇」者，臣竊考載籍，歷世以還，地震之異，未有若今兹之甚者。謹按前志，陽伏而不能出，陰迫而不能升，於是有地震，兹謂不陰。夫坤爲陰體，臣道也，妻道也，夷狄之道也。陽薄於陰而不能勝，相乘而震。且定襄之地，直王城西北，正在乾位，君德所在。天之警告，夫豈虚發？「方春雷震」者，臣謹按前志，雷當以二月出，其卦曰「豫」，言萬物因雷出地，皆悦豫也；以八月入，其卦曰「歸妹」，言雷復入地，則孕育根荄，保藏蟄蟲。雷本陽氣，有人君之象，故先時而聲，猶陽不閉藏，發泄無度也。又「正月以來，日蒙少光，輒或數日不解」，臣謹按前志，蒙如塵，其蒙先大温，已蒙日不見，行善不請於上，兹謂作福。蒙微而風解復蒙，下專刑，兹謂分威。蒙濁奪日光，公不任職，兹謂不出。蒙一温一寒，風揚塵，知佞厚之，兹謂蔽。此蒙大略也。臣聞上天無言，示人以象，人君省躬，應天以實。是故考政者必求於天瑞，弭灾者必推於人事。天人之際，其應甚明。臣謹按《春秋》之義，舉往以明來，觀著而思微，天地之變，國家之事，粲然皆見，無所疑矣。故夫星流而隕，地震而裂，先春而雷，日蒙不解，其咎皆由乎陽德舒緩，陰道專縱，下爲阿比以蔽聰明者也。臣愚不達道，敢因四變，推明七事。臣聞之《書》曰：「無敢伏小人之攸箴。」蓋言明王求理，不遺下言也。臣議雖鄙，竊以爲今世之切務，治道之至要，難尚此矣。陛下幸加惠，不以臣之疏遠而廢其言，天下幸甚。

何謂七事？其一曰密機事，二曰用威斷，三曰廣言路，四曰重圖任，五曰正有司，六曰信命令，七曰示戒懼。何謂密機事？臣聞之《易》曰：「君不密則失臣，臣不密則失身，機事不密則害成。」故《春秋》之義，譏君之漏言。是以人臣造辟而對，詭辭而出；人君明以察之，斷以行之，慎之至也。《韓子》云：「事以密成，語以泄敗。」臣比見群下之言事者，深言切論，陛下或播之於左右；囊章密疏，陛下多付之於有司。凡國之庶政，得失之跡，莫不繫乎二府者。故諸臣下之言，其有指擿時病及諸治亂者，則用事之臣，必所不悦。而陛下更暴其言而露其章，緣是而蒙譴者有之矣。此蓋陛下體貌大臣，篤其誠於勿貳；疏外群下，忽其言之未然。大臣固不可以忌疑，下言固未可以輕信，然亦在深思其意旨，徐察其情僞，參諸理道，辨其臧否。言苟可行，自當聽納；言之未善，置而勿揚。使下竭其忠，効所見，則姦謀僻行不萌于下，嘉猷正論日聞于上，致理之要，何以先此？今清問之對，封奏之事，開言爲怨府，灑翰爲禍胎，沮忠義之言，成忌克之俗。人悼後害，孰敢獻納？下情壅隔，國之大禍也。臣深願陛下先務此道，以爲立政之本。凡臣下入告之議，宜斷在聖心；清問之言，姑慎於外泄。念《大易》失臣之誡，防《春秋》漏言之譏，則天下有心之人，皆爲陛下用也。

其二曰用威斷，何謂也？臣聞《書·洪範》曰：「惟辟作福，惟辟作威。臣無有作福作威。臣之有作福作威，害于而家，凶于而國。」故《春秋》之義，譏鄭忽之弱，以其挈於權臣也。君人之柄，惟賞與罰。信賞必罰，惟斷而已。故乾體以剛，天行以健，故能中正無邪，運用不息。人君之德，配乾而法天者，蓋取乎剛且健也。以陛下之英明温叡，而濟之以斷，天下不足治也。往年莊獻晏駕，陛下親政，革弊去蠹，拔材賞忠，斷自淵衷，不撓于下。典刑立正，區極一新，天下翕然，皆謂陛下天機如藝祖，神略如太宗，萬世一時，無窮之福也。今者道路之言，皆謂陛下寬厚敦恕，徽柔廣容，事存大體，動循往例。臣竊惑之。此蓋怙權之臣，攘取邦柄，故説陛下，以爲人主之孝，莫大於奉先志、守成規。夫祖宗之所以建基圖、垂謨訓，炳如日星，信如四時，雖百世，其可易諸？至于操紀律，明賞刑，用正人，去邪慝，治不忘亂，安不忘危，以和其民人，而保其宗廟，此孝之大也。且政由俗革，彼此一時，事體權宜，各有云設。或迹存而理異，或法久而姦生，必踐而行，以爲無改於祖宗之道，尚安足以爲孝乎？《易》曰：「窮則變，變則通，通則久。」故復而不厭，久而不弊之謂道。遵常守故，非聖人之事；因時損益，乃建治之理。昔先王之作爲爵禄賞罰，臨事而制宜。是以爲天下之主，見勞授賞，則衆譽不能進無功；見惡行誅，則衆讒不能退無罪。若政無大小，人無大小，弛張用捨，一取諸例，是爵禄賞罰不在人主而在簿書也。予奪之柄，於陛下何有，一吏持簿書按例而足矣。此蓋用事之臣，自謀之慮，不才而例進者收恩在己，才而例退者歸怨于君。人主欲賞拔忠良，擢用才俊，而用事之臣不悦者，輒曰於例不可。用事之臣猥引親舊，妄援謬庸，而人主欲詰其故，輒曰於例宜然。以致今茲臺閣混淆，賢愚糅雜，典刑都弛，名器益輕，于後執時柄者，便於引例之説，終無發明之言。臣嘗讀《漢書》至晁錯之事，惟錯謀策宏遠，達於權義，有致主經世之志，戮於姦讒之口。而史氏不能褒其忠，更譏以變古易常之説。臣竊憤厲，痛忠臣之難爲也。臣又讀《晉書》至何曾之事，誡其子曰：「吾每進見，未嘗聞經國遠圖，但道平生常語。」此非貽謀之道，及身而已。且曾爲上公，圖之不建，誰任其咎？而史氏不能貶其罪，更美以知幾先識之善。臣竊惋悼，痛諛臣之誤國也。嗟乎！忠諛之無報，淑慝之不顯，其已久矣。又可獨長嘆於茲乎？臣愚伏願陛下奮乾威，發天斷，裁正無不忍之愛，采拔罔疏賤之隔，大稽諸古，小度于今，使天下之耳目常新，萬務之本原必正，無曰引例合義而已。帝王之制，不亦光大乎？

其三曰廣言路，何謂也？臣聞《書》美堯之德，曰「詢于衆」，《春秋》之義大君命，譏大夫之專者。今天下之士，不思結知於人主，思見知於貴臣。願歸恩於强臣，不願受恩於人主。何歟？得强貴之心者，身不涉危而長保富貴；蒙陛下之遇者，立未及安而已罹禍咎。今夫大臣有所薦論，陛下重違其意，或勉從之。陛下之有眷遇者，而大臣獨不能以陛下之故姑收其用，必排而去之。何陛下之待貴臣厚，而貴臣之待陛下薄也！而又多逐善人，指爲鈎黨，使陛下腹心無所寄，耳目無所託，姦無所發，惡無所彰，九重之深，漸成孤立。陛下天縱將聖，知幾其神，此理甚明，豈其不悟？昔漢魏相白去尚書副封，以防壅蔽，而宣帝得以知禍變之微，爲漢明主。唐太宗躬勤政理，明於聽受，著司馬式云：「其無門籍人有論奏者，皆令監門司馬引對，不許關礙。」又制：大臣入論事，輒令諫官隨入，或對問之言有虧理道，即從而諍之。此唐文皇致太平之跡也。至代宗時，元載爲相，邪慝不法，懼爲人言。因議凡群臣奏事，皆先聞諸司長官，關白宰相，而後得上聞。時顔真卿奏疏曰：「往日李林甫欺君擅權，姦驕用事，群下指言者，率皆因事陰中傷之，猶不敢顯爲條約，以絶言路。」以爲元載之惡，過於林甫也。惟在陛下開延讜直，虛心接納，無限卑遠。苟造膝而有益，雖犯顔而必恕。以通天下之志，以成天下之務，其惟廣言路乎？

其四曰重圖任，何謂也？臣聞《書》

曰：「鄰哉，臣哉。」此帝堯所歎，以爲與己密近之臣，必有德也。又曰：「欽四鄰。」此帝舜所歎，以爲在己左右前後之臣，必正人也。故《春秋》之義，以爲天子之宰，通乎天下，重之至也。夫國之所謂大臣者，莫尊乎宰相。君爲元首，宰相乃其股肱。動静休戚，義猶一體。宰相之職，朝夕王所，論道官材，圖議天下之政者也。安有居宰相之位，而足不至王庭，面不見旒扆，言不聞君聽者乎？大臣疾病，君爲之憂軫，上醫治療，内使臨問。數賜告加恩，意禮厚矣。若其偃息卧家，遂罷其朝謁，曠時彌歲則未之有也。伏以台司爲具瞻之地，廟堂非養疾之所。朝廷之儀不可慢，社稷之重不可輕。況今灾釁薦作，人心恟懼，安危所繫，實在柄臣。伏願陛下爲宗社之大計，略恩禮之小節，高選德望，考慎厥相，應譴告於上穹，示大公於天下。且自灾異之作，陛下憂勞謙畏，誕降德音，舉諸闕政，致誠罪己。而元臣當國，莫肯任咎，苟安寵禄，以妨賢路。禮義廉耻，何以訓下？自餘三事，任政之臣，志行忠邪，材智深淺，必料陛下知臣之明，悉存乎聖慮矣。

其五曰正有司，何謂也？臣聞夫子曰：「必也正名乎。」《春秋》之義，君不尸小事，臣不專大名。故尊者主要，卑者位勞。所以正位分，明堂陛也。人君逸於任使，垂拱而治。三公論政，九卿分職，群有司各事其事。故端本而影直，振領而襟整，衆務百職，各安其局。今夫津官亭吏，一命之微，米鹽貨利，毫秒之細，莫不關決衡石，煩黷天衷。三公不脩其職，而猥侵群有司之事。群有司苟謀期課，莫安所守。上下姑息，習以爲常，偷慢懷安，風俗益弊。臣愚以爲方今國體所繫，政府而下，分職之重，臺省備矣。而豸冠乏匪躬之士，蒲規鮮替否之言。當衡鑑者，循資格而無賢愚之別，絕勸賞澄清之義；運計籌者，張空簿而責錐刀之末，無斂散輕重之權。政失其本，事忘其舊，其所召弊，由來漸矣。臣愚伏願陛下少運神智，詳思世務，諸如此弊，宜有興改。撮其機要，謹其關梶，莫若擇任三吏，切摩治本。使夫總百揆者，則謀用庶官之長；列庶長者，則各選衆職之任。付之柄而責其効，盡其才而要其成。官守典司，無相侵紊。有廢厥職，必正于罰。如此，則陛下優游太紫之上，執賞罰之柄，而群下莫敢不奔走其職，庶務肅然而理矣。

其六曰信命令，何謂也？臣聞《書》曰：「慎乃出令，令出惟行。」夫命令者，以簡爲重，以信爲本。簡則易從，信則必行。易從則不犯，必行則可久。此之謂爲國之要，爲政之經。臣比見朝廷出令，或尋即衢改，或俄復停廢。吏易之而奉行不固，民忽之而苟慢多違。揆大體而論之，此害政之深者。夫滋彰召乎巧詆，文煩所以法輕。今條令重累，盈乎几閣，自明習者不能遍覩，況郡縣承用者乎？陷愚蠢於亡辜，羅元元之不逮，其咎由乎格令之煩多而不信，故姦吏因緣而爲市也。臣請今後凡諸臣有請改釐條制，審覆勘會，益加詳慎。無稽之言勿聽，弗詢之謀勿庸。俾萬姓咸曰：「大哉王言。」又曰：「一哉王心。」自然民無起詐之端，吏息侮文之巧，祥刑善制，咸中有慶矣。

其七曰示戒懼，何謂也？臣聞《書》曰：「惟天降灾祥在德，而吉凶不僭在人。」是故或無灾以傾其邦，或有灾以興其國。

無灾者驕怠所以起，有灾者戒懼所由生。故堯、湯遭水旱之期，中、高有桑雉之異。一則以有備而無患，一則以脩德而弭妖。今兹之變，亦在陛下惟德之脩而已。承弼之臣，戒其權重者；侍從之臣，戒其阿諛者。帷幄密近之任，戒其用事之勢；掖庭嬪御之嬖，戒其燕溺之惑。服羞戒其過制，優戲戒其蕩心。嗇用無小，侈費無微。念四方惟正之供，憫小人作業之勞。至于邊防之守，兵食之備，器乘之用，將帥之材，臣謂宜皆存乎聖慮矣。故臣曰：惟備之戒，此其概矣。夫脩省之方，惕厲之意，雖陛下兢兢夙夜，不忘于懷，然天下之人莫之知也。按《春秋左氏傳》：晉梁山崩，晉侯召伯宗而問焉。對曰：「山崩川竭，君爲之不舉，降服乘縵，徹樂出次，祝幣史辭以禮焉。」今震謫之異，衆變重累，何啻乎山川之灾！臣愚以謂陛下宜於常禮有所降損，齋居澄慮，深思天意，揆陰陽之道，察政教之闕。其在陛下者，臣願陛下勿吝其失，必易其度。其在臣下者，臣願陛下内斷於心，明正其罰。俾彝倫咸叙，以邀天之福。則七世之廟，傳裕於無窮；烝民之生，率同於慶賴矣。臣位卑而言高，有陵越之尤；迹疏而意忠，有激訐之咎。但使臣言一經聖覽，微悟主心，幸以涓塵於國家而有補，則雖鼎鑊捐軀命而不辭。干冒天威，臣無任激切待罪之至。

方平請因郊廟致誠以謝灾異疏曰：

伏以禮行于郊，乃陛下所以恭事天地、嚴配祖宗而對越百神者也。故非多儀備物之爲貴，在乎外致精虔，内盡誠志而已。自景祐五年郊禮之後，灾異數作，三辰失次于上，五行作沴于下。水旱流灾于内，夷狄侵寇于外。臣伏思陛下自攬寶圖，其難其慎，恭儉之德，率己無懈，愷悌之化，視民如傷，宜乎三靈降休，萬國戴仰。而天人之際未爲順叙者，蓋由左右中外、百司庶職不能協心將救，輸誠徇公，上承聖猷，以臻至治。臣聞禹、湯罪己，其興也勃焉。《禮》曰：「陽感天，不旋日。」陽者，君也。言人君若發心致誠，上感於天，其爲響答，速不逾日。臣願陛下惟灾異之來，其必有以，因時郊祀，齋居穆清。上思祖宗付授基業之重，下思生民託命賴慶之意，遠思前代邦家興亡之故，近思朝廷紀綱得失之體，内思宫禁帷幄左右之蔽，外思戎狄邊疆侵軼之患。總此六思，深存遠念，晝則思之於匕筯，夜則思之於几席。至于入廟與祖宗相見，登壇與神祇相接，因蠲潔之薦，致精虔之誠，引咎在躬，祈天永命。以示陛下知上天告戒丁寧之意，庶乎上天知陛下寅畏修省之心，則感應之來，必不旋日，勃興之福，不獨在乎禹、湯。竊惟宸衷，明發攸憲，愚陋所見，豈能忖度？緣臣職在規諫，志存裨益，近慮所及，期必上達而已。

慶曆六年，方平爲翰林學士，權御史中丞，又上奏曰：

臣伏見諸路地震，自荆湖、川峽、山東、河北、河東、陝西，❶至于嶺表，相繼未止。比者忻州地震之後，兵難及今。適當此際，登萊山崖摧圮。灾異所示，恐不徒然。歷考前志之言，蓋地主陰，陰者，臣道也，民

❶「河東」，原脱，今據《樂全集》卷二二《論地震請備寇盗事》、《長編》卷一五九慶曆六年十月甲戌條補。

也，夷狄也。推之今日，凡任内外之重，即無權强之臣，則今事之可憂者，外備蠻夷，而内撫民爾。西北二虜，朝廷以爲大患，故於守禦，素爲用心。至如湖湘之間，蠻傜作梗，一方塗炭，七年未解。近日衝突稍及嶺外，如或不即平殄，事亦不可輕忽。而又南海、交阯，氣燄漸張，路接邕、容，頗連溪峒。南方之事，理須經略。昔唐室之盛，屢有中原之難，蕃戎再入京城，而王室尋復寧定。至懿宗時，安南都護李琢失於撫御，❶蠻寇侵擾，遂致用兵。度支困於饋食，方鎮疲於更戍，因而有徐州龐勛倒戈之變。天下緣此以至危亂。則知事常起於細微，禍常成於所忽也。

至如京東、西兩路，中國根幹，畿甸屏蔽，緩急所資，常須安静，以鎮天下。然每患寇賊淵藪其中，所幸歲得豐穰，必不大至連結。若因之以邊警，加之以飢饉，法不勝於姦宄，❷亂必始於鄉閭。何以言之？自慶曆初，遣朝臣分往京東、西路等，招刺强壯、弓手充宣毅軍，❸俄又聽其傭人自代。于時臣知諫院，固争此事，朝議已行，不爲停罷。今民力所以大困，國用所以一空，蓋由此一舉之失也。其諸州宣毅，悉聚游惰不逞之民，非有材力技勇之所程選也。後緣光化軍賊竊發，朝廷條約失體，姑息過當，如養驕子，轉生怨懟。臣比在審刑，諸州奏到宣毅兵士文案，無月不有，大則謀官吏、刦倉庫，小則謀欲刦民户、入山林，多至三五十人，少亦一二十數。以告賞之科重，

❶「琢」，原作「瑑」，今據《長編》改。
❷「宄」，原作「究」，今據《四庫全書》本、《樂全集》、《長編》改。
❸「充」，原無，今據《樂全集》、《長編》補。

故有謀輒被告發。間雖教閱，乃同兒戲，無益軍器，坐竭官私。不征不役，居惟念亂，脱乘釁間，必有應響之勢，此其亂階一也。初定强壯，已屢經教閲，槍刀弓弩，各常學習。及後招刺之時，既聽傭人充代，而其强壯本身並無身力，例各不劭農業，遂樂惰游，攪擾里閭，侵凌細弱，趨坑冶以逐末，販鹽茶而冒禁。儻緣凶歉，搆扇流民，結爲盜賊，必先此類。唐之黄巢，由此起者，此其亂階二也。又京東、西之民，多信妖術。凡小村落，輒立神祠。蚩蚩之氓，惑於禍福，往往奔凑，相從聚散，遞相蔽匿，官不得知。惟知畏神，不復憚法。寖使滋蔓，恐益成俗。漢中平元年，黄巾賊天下同日起，凡三十六萬衆，各有部帥，由積妖而成也。晉盧循輩，乃歷代常有此事。此其亂階三也。所謂地震之異，儻在民與蠻夷，此其最可慮者。潭州劉夔，清素士也，恐非應務之才。邕、桂長吏，尤宜推擇才略；宣毅冗兵，漸謀消汰之術。民之先在强壯籍者，其干法冒禁，謂須別立峻防。頗聞民間猶多當時所教兵仗，亦合嚴降約束，收納入官。村落神堂，令所在毁拆，密加察捕民之習妖者。此亦思患豫防之大略。伏冀採納施行。

劉敞上奏曰：

臣竊聞朝議，以元旦合朔，欲自二十一日避正殿。臣以謂天明雖有可畏之道，然亦當稽古率禮，然後爲允。按三代之典，日食無預避之事。《左氏傳》稱避移時，《曾子問》諸侯入門，不得行禮者，日食居其一。此皆覩有變而戒，非蚤備也。先王制禮，過之者猶不及。其制法，先時者與不及時者，均貴得中而已。漢唐素服寢兵，却朝會，不視事，及求直言，大率皆在合朔之辰，未有先時旬日者也。兆憂太過，《春秋》所譏。今虜使入朝，遠方觀禮，舉措失中，或輕爲所覘。伏乞詳求舊典，折衷於禮。

歷代名臣奏議卷之二百九十九

本卷王鵬校點

歷代名臣奏議卷之三百

灾祥

宋仁宗皇祐四年，劉敞論天久不雨疏曰：

臣伏以古今之通義，主逸而臣勞。陛下親聽萬機，日昃不倦，與群臣等勤矣。今又聞以天久不雨之故，降服徹膳，躬自暴露，夜輒升壇禱祠，達旦不寐。此則聖躬之勞過於群臣，群臣實未有及陛下者也。臣竊聞之，不勝其憂。且水旱之數，未可前測，設復彌月連旬，不如聖意，陛下何能專以萬乘之體爲群臣代勞哉！如令萬一冒風寒霜霧之苦，有所不怡，陛下當使誰受其責？而宗廟社稷之憂，獨在陛下，陛下不可不自愛也。《詩》、《書》百家，聖賢精論，皆曰「人者天地之心」，人和，則天地之和至矣。近者大赦，恩及四海，解宿逋，裁減常税，宥過除罪，與之自新。德厚如此，和氣宜應。而愆亢尤甚者，臣之愚，竊意今日政事所褒進、所刑罰、所施舍、所廢置，猶有未合人心、不當天意者，故令陰陽否隔也。陛下誠少加聖恩，延問正直，日新其德，則和氣可致，時雨可望。何必降服徹膳，躬自暴露，涉風寒霜霧之險，增宗廟社稷之憂，非計之安者也。陛下視群臣百姓如子，群臣百姓望陛下如父。父以子將失所之故，深自克責，不避灾疾，而子方晏然自若，不可謂孝。臣雖賤，切不勝犬馬之心，又以謂救旱之術，在彼不在此，故敢冒昧陳聞，惟陛下裁幸。

至和元年，敞知制誥，又上奏曰：

臣前月十一日延和殿奏公事，因論吴充、馮京謫官本末，面蒙宣諭，云：「中書怒其太直，不與含容。」臣其時曾奏言：「若如是，則大臣蔽君之明，專君之權，而擅作威福也，必恐感動陰陽，有地震日食風霧之異。」今臣竊聞鎮戎軍地震，一夕三發，去臣所言五日之内爾。又京師雪後昏霧累日，復多風埃，太陽黄濁。此皆變異之可戒懼者也。臣所以先知必然者，按《五行志》云：「事雖正，專之必震。」況其不正乎？又《尚書·洪範》「蒙，恒風若」，而京房《易傳》「臣之蔽君，則蒙氣起」，以此數者合之，必知有異也。然皇天保祐陛下至深至厚，以灾異隨事輒應，欲望陛下覩變自戒，永綏四方也。不可不思，不可不憂。今陛下推誠委信大臣，而大臣依勢作威。政事不平，如此甚衆。在外畏憚，已非常時。陛下宜深究天地之意，收攬威權，無使聰明蔽塞，法令不行，則足以消伏灾異矣。臣前已奏陳，故敢再述所聞，特乞留中，詳加省覽。

二年，敞論水旱之本疏曰：

臣伏見城中近日流民衆多，皆扶老携幼，無復生意。問其所從來，或云久旱，耕種失業；或云河溢，田廬蕩盡。竊聞聖慈憫其如此，多方救濟，此誠陛下爲民父母之意，足以感動群心。臣猶謂但可寬目前之急而已，非救本之術也。譬如良醫療病，必先審其病源。病源不除，彊食無益。今百姓之病已可見矣，父子兄弟不能相保，鰥寡孤獨不能自存，彊者流轉，弱者死亡。所以致此者，其源在水旱也；所以致水旱者，其本在陰陽不和也。所以致陰陽不和者，其端在人事不修也。然則三公之職，主和陰陽，而議臣之任，主明天人。陛下何不責三公以其職，使之陳陰陽不和之理；詢議臣以其學，使之述天人相與之際。參之聖心，以觀今日政事。若陛下所委任皆已得人，所施爲皆已應天，則水旱者蓋無妄之灾，不足憂矣。若天人之際少有不合，豈得安然坐視其病，心知其源，不思救之哉？臣言似迂，其理實切。今群臣爲陛下謀者，不過煮粥糶米，名爲救濟，其實亦欲欺聰明、自解免而已，非謀國之體也。又今天氣當暑反寒，率多常風，雨澤愆候，秋成不可必。願陛下速思所以救其本者，召致和氣，無令聖心重增焦勞，則天下幸甚。

嘉祐四年，敞又上奏曰：

臣伏以聖王所甚畏事者莫如天，所甚聽用者莫如民。是故觀天意於灾祥，察民情於謡俗。因灾祥以求治之得失，原謡俗以知政之善否。誠少留意，則皆粲然矣。前古賢智之君，莫不循此以導其下；忠信之臣，莫不緣此以諷其上。上下相飭，而自天祐之。竊見朝廷每有吉應佳瑞，則公卿稱賀。至於灾異非常可怪之事，則寂然莫有言者。雖歸美將順，臣子之常操，而於儆戒吁俞，理似未盡。陛下復不自延問以求天意，恐非所謂「小心翼翼，昭事上帝，聿懷多福」者也。臣愚以謂五經灾異之説，最深最切。設四方所上奇物怪變、妖孽沴疾有非常可疑者，宜使儒學之臣據經義、傅時事以言。若其言是，可以當天意；若其言非，足以廣聖聰。如近日雨雪驟寒，人有凍死者，此亦灾變之一端矣，唯聰明睿智，憂深思遠，順時慎微，不可不慮也。臣忝近列，愚不能通古今，竊觀前世商高宗、周成王畏天威、享福祚之益，誠願陛下留意於此，不勝區區。

康定元年，知諫院富弼上奏曰：

臣學術空疏，才識庸懦，謬蒙獎擢，充職諫垣。苟有見聞，安敢緘默？伏以日者，君之象。日食，則人君恐懼脩省，損饍徹樂，衣素服，避正殿，求萬務所失，許百寮上封事。食於常時已謂非吉，況在歲旦，尤爲深灾。今月一日午後，伏覩太陽虧蝕，衆所觀仰。稽諸前籍，可謂大異。臣竊聞戎使在館，欲取今日御宴。若用常禮，盛饌作樂，是重夷狄而忽天譴，殊無恐懼之心，臣甚爲陛下不取也。假令臣子有過，陛下未欲加責，且示戒勵，而絶無憂恤。怠惰如故，怒之之意當何如也？天之留意於陛下，亦猶是焉。伏望陛下出自聖慮，罷此宴會。或恐定制不可遽已，即宜令戎使就館，別日遣近臣押賜御筵。更慮戎使已入，難於中輟，即今之會秖且徹樂，亦無所妨，不可謂之張皇，亦不謂之輕易。天文謫見，萬姓皆覩，罷會徹樂，不出内庭，非張皇也。救天之灾惟恐不速，感天之意不可不深，觀變側身宜不旋踵，非輕易也。如此則上可以祇警天戒，下可以慰説人心，亦使戎人見陛下脩德禳灾，傳聞外夷，足爲鉅美。僧道法事，一切不用。此外更乞陛下夙夜戒懼，以塞變異，則聖躬無疆之慶，亦宗社無疆之休。臣不勝大願。昨日申未時臣赴館宿，於街衢間見此虧食。遇夜，投進文字不及。伏望聖慈恕此匆迫之罪。

龍圖閣直學士、知耀州趙師民上疏曰：

近覩太陽食于正朔，此雖陰陽之事，亦慮是天意欲以感動聖心。臣非瞽史，不知天道，但率愚意言之。其月在亥，亥爲水，水爲正陰。其日在丙，丙爲正陽。月掩日，陰侵陽，下蔽上之象也。《詩》曰：「十月之交，朔日辛卯。」又曰：「彼月而微，此日而微。」謂以陰奸陽，失其叙也。又曰：「百川沸騰，山冢崒崩。高岸爲谷，深谷爲陵。」謂下陵上，侵其權也。又曰：「皇父卿士，番維司徒。家伯維宰，仲允膳夫。聚子内史，蹶維趣馬，楀維師氏。」謂大小之臣，有不得其人者也。宗周之間，時王失德。今而引喻，蓋事有所譬，固當不諱。凡天之示象，由人君有失，不然，則下蔽其上。古人君之失，不過暴虐怠慢，奢侈縱放，不師古始。捨是，何失道之有？今聖心慈仁恭勤，儉約自檢，動循典禮。如此，自非下蒙上、邪撓正，使主恩不下究，而誰之咎歟？望陛下朝夕咨于丞弼心膂之臣，洎左右近侍耳目之官。其忠而純者，與之慎柬内外百執事及州縣牧宰，使主恩究于下，不爲群邪所蔽塞，則億兆之幸也。

慶曆元年，右正言直諫院孫沔上奏曰：

臣竊見經春已來，時令失序，沉陰不雨，蒙氣連宵，日景青昏，天光慘翳。按《漢書》所述《洪範》云：「皇之不極，厥咎常陰，必有下人竊議上者。」臣晝夜思之，莫知所以。天道雖遠，灾祥不欺。人心至微，氣志必應。豈有變異昭著而終久無患者也？伏惟陛下至明至聖，察之謹之，臣職當言事，心所有疑，不敢自隱，冀愚者之盡慮也。臣又聞臣者君之陰，婦者夫之陰，邪者正之陰。若臣迫於君，婦陵於夫，邪害於正，則有陰蒙之眚。蓋人事動於下，則天變見于上矣。今氣象如是，在陛下專精勵意，察事求端，思所以致感之因，行所以消復之道，以答上穹降鑑之兆，則天下幸甚。伏諒陛下以喪子感傷，宸心悲鬱，又將廣嗣是念，仇淑爲意。每於庭墀之下，頗聞珠玉之音。是冲和未融，而結畜未解也。伏望全神省思，養器加膳，優游適性，燕静端居。節嗜欲之情，戒寵嬖之盛，鐏俎之間，衽席之上，無俾過度，冀盡防微。保聖德於康寧，發純剛之斷決，察姦謀於臣下，嚴左右於禁中。若百事先覺，則萬福來同。庶可以克謹天戒，永綏國家者也。

二年，右正言歐陽脩論澧州瑞木疏曰：

臣近聞澧州進瑞木成文，❶有「太平之道」四字。其知州馮載，本是武人，不識事體，便爲祥瑞以媚朝廷。臣謂前世號稱太平者，須是四海晏然，萬物得所。方今西羌叛逆，未平之患在前；北虜驕悖，藏伏之禍在後。一患未減，❷一患已萌。加以西則瀘戎，南則湖、嶺，凡與四夷連接，無一處無事。而又内則百姓困弊，盜賊縱横。昨京西、陝西出兵八九千人，捕數百之盜，不能一時翦滅，只是僅能潰散，然却於别處結集。今張海雖死，而達州軍賊已刼百人，又

❶「瑞」，《歐陽文忠公文集》卷一〇三《論澧州瑞木乞不宣示外廷劄子》作「柹」。

❷「減」，《歐陽文忠公文集》、《長編》卷一四五慶曆三年十二月庚申條作「滅」。

殺使臣，其勢不小。興州又奏八九十人。❶州縣惶惶，何以存濟？以臣視之，乃是四海騷然，萬物失所，實未見太平之象。臣聞天道貴信，示人不欺。臣不敢遠引他事，只以今年内事驗之。昨夏秋之間，太白經天，累月不滅，金、木相掩，近在端門。考於星占，皆是天下大兵將起之象。豈有纔出大兵之象，又出太平之字？一歲之内，前後頓殊，豈非星象麗天，異不虚出？凡於戒懼，常合修省，而草木萬類，變化無常，不可信憑，漸生懈怠。

臣又思：若使木文不僞，實是天生，則亦有深意。蓋其文止曰「太平之道」者，其意可推也。夫自古帝王，致太平皆自有道。得其道則太平，失其道則危亂。臣視方今，但見其失，未見其得也。願陛下憂勤萬務，舉賢納善，常如近日，不生逸豫，則三二歲間，漸期修理。若以前賊張海等少衰，便謂後賊不足憂；以近京得雪，便謂天下大豐熟；見北虜未來，便謂必無事；見西賊通使，便謂可罷兵。指望太平，漸漸安逸，則此瑞木乃誤人事之妖木耳。臣見今年曾進芝草者，今又進瑞木，竊慮四海相傚，争造妖妄。其所進瑞木，伏乞更不宣示臣寮。仍乞速詔天下州軍，告以興兵累年，四海困弊，方當責己憂勞之際，凡有奇禽、異獸、草木之類，並不得進獻。所以彰示聖德，感勵臣民。

至和三年，脩爲翰林學士，上奏曰：

臣伏覩近降詔書，以雨水爲災，許中外臣寮上封事，有以見陛下畏天愛人、恐懼

❶「十」，《長編》作「千」。

修省之意也。竊以雨水爲患，自古有之，然未有水入國門，大臣奔走，淹浸社稷，破壞都城者，此蓋天地之大變也。至於五城京邑，浩如陂湖，衝溺奔逃，號呼晝夜，人畜死者不知其數。其幸免者，屋宇摧塌，無以容身，縛棧露居，❶上雨下水，纍纍老幼，狼藉于天街之中。又聞城外墳冢，亦被浸注，棺槨浮出，骸骨漂流。此皆聞之可傷，見之可憫。生者不安其室，死者又不得其藏，此亦近世水災未有若斯之甚者。此外四方奏報，無日不來，或云閉塞城門，或云衝破市邑，或云河口決千百步闊，或云水頭高三四丈餘，道路隔絶，田苗蕩盡。是則大川小水，皆出爲災，遠方近畿，無不被害。此陛下所以警懼莫大之變，❷隱惻至仁之心，廣爲諮詢，冀以消復。竊以天人之際，影響不差，未有不召而自至之災，亦未有已出而無應之變。其變既大，則其憂亦深。臣愚謂非小小有爲可以塞此大異也，必當思宗廟社稷之重，察安危禍福之機，追已往之闕失，防未萌之患害，如此等事，不過一二而已。

自古人君必有儲嗣，所以承宗社之重而不可闕者也。陛下臨御三十餘年而儲嗣未立，此久闕之典也。近聞臣寮多以此事爲言，大臣亦嘗進議，陛下聖意久而未決。而庸臣愚士知小忠而不知大體者，因以爲異事，遂生嫌疑之論，此不思之甚也。且自古帝王有子至三二十人者甚多，❸其材高年

❶「棧」，《歐陽文忠公文集》卷一〇九《論水災疏》、《長編》卷一八三嘉祐元年秋七月丙戌條作「棚」。
❷「莫大之變」，原無，今據《歐陽文忠公文集》、《長編》補。
❸「甚多」，原無，今據《歐陽文忠公文集》、《長編》補。

長、羅列於朝者亦衆。而爲其君父，莫不皆享無窮之安，豈有所嫌而斥其子耶？若陛下鄂王、豫王皆在，至今則儲宫之建久矣。世之庸人，偶見陛下久無皇子，忽聞此議，遂以云爾。且《禮》曰：「一人元良，萬國以正。」蓋謂定天下之根本，上承宗廟之重，亦所以絶臣下之邪謀。自古儲嗣，所以安人主也。若果如庸人嫌疑之論，是常無儲嗣則人主安，有儲嗣則人主危，此臣所謂不思之甚也。臣又見自古帝王建立儲嗣，既以承宗廟之重，又以爲國家美慶之事。故每立太子，則不敢專享其美，必大赦天下，凡爲人父後者皆被恩澤，所以與天下同其慶喜，然則非惡事也。漢文帝初即位之明年，群臣再三請立太子，文帝再三謙讓而後從之。❶當時群臣不自疑而敢請，漢文帝亦不疑其臣有二心者，臣主之情通故也。五代之主，或出武人，或出夷狄，如後唐明宗尤惡人言太子事，群臣莫敢正言。有何澤者，嘗上書乞立太子。明宗大怒，謂其子從榮曰：「群臣欲以汝爲天子，我將歸老於河東。」由是臣下更不敢言。然而漢文帝立太子之後，享國長久，爲漢太宗，是則何害爲明主也？後唐明宗儲嗣不早定，而秦王從榮後以舉兵窺覬，陷于大禍，後唐遂亂。此前世之事也。況聞臣寮所請，但欲擇宗室爲皇子爾，未即以爲儲貳也。伏惟陛下仁聖聰明，洞鑑今古，必謂此事國家大計，當重慎而不可輕發，❷所以遲之耳，非惡人言而不欲爲也。然朝廷大議，中外已聞，不宜

❶「讓」，原作「遜」，宋人避宋英宗父名諱改，今據《歐陽文忠公文集》、《長編》改回。

❷「重慎」，原作「謹重」，宋人避宋孝宗名諱改，今據《歐陽文忠公文集》改回。

久而不决。昨自春首以來，陛下服藥于內，大臣早夜不敢歸家，飲食醫藥侍于左右，如人子之侍父，自古君臣未有若此之親者也。下至群臣士庶、婦女嬰孩，晝夜禱祈，塡咽道路，發於至誠，不可禁止。以此見臣民盡忠，蒙陛下之德厚，受陛下之恩深，故屬陛下之慮遠也。今之所請，天下臣民所以爲愛君計也，陛下何疑而不從乎？中外之臣既喜陛下聖躬康復，又見皇子出入宮中，朝夕問安侍膳于左右，然後文武群臣奉表章爲陛下賀，辭人墨客稱述本支之盛，爲陛下歌之頌之，豈不美哉！伏願陛下出於聖斷，擇宗室之賢者，依古禮文，且以爲子，未用立爲儲也。既可以徐察其賢否，亦可以俟皇子之生。

臣又見樞密使狄青出自行伍，遂掌樞密，始初議者以爲不可。今三四年間，外雖未見過失，❶而不幸有得軍情之名。且武臣掌國機密而得軍情，豈是國家之利？臣前有封奏，其説甚詳，具述青未是奇材，但於今世將率中稍可稱耳。雖其心不爲惡，不幸爲軍士所喜，深恐因此陷青以禍而爲國家生事。欲乞且罷青樞密務，任以一州，既以保全青，亦爲國家消未萌之患。蓋緣軍中士卒及閭巷人民，以至士大夫間，未有不以此事爲言者，惟陛下未知之耳。臣之前奏，乞留中而出自聖斷。若陛下猶以臣言爲疑，乞出臣前奏，使執政大臣公議。

此二者，當今之急務也。凡所謂五行灾異之學，臣雖不能知，然其大意可推而見也。《五行傳》曰：「簡宗社則水爲灾。」陛下嚴奉祭祀，可謂至矣，惟未立儲貳。《易》

❶「雖」，原無，今據《歐陽文忠公文集》、《長編》補。

曰：「主器莫若長子。」殆此之警戒乎？ 至於水者，陰也，兵亦陰也，武臣亦陰也，此推類而易見者。 天之譴告，苟不虛發，惟陛下深思而早決，庶幾可以消弭災患而轉爲福應也。 臣伏覩詔書曰：「悉心以陳，無有所諱。」故臣敢及之。 若其他時政之失，必有群臣應詔爲陛下言。 臣言狂計愚，惟陛下裁擇。

嘉祐元年，脩又上奏曰：

臣伏覩近降手詔，以水災爲變，上軫聖憂。 既一人形罪己之言，宜百辟無遑安之意，而應詔言事者猶少，亦未聞有所施行。 豈言者不足採歟，將遂無人言也？ 豈有言不能用歟？ 然則上有詔而下不言，下有言而上不用，皆空文也。 臣聞語曰：「應天以實不以文，動民以行不以言。」臣近有實封應詔，竊謂水入國門，大臣奔走，淹浸社稷，破壞都城，此天地之大變也，恐非小有所爲可以消弭，因爲陛下陳一二大計。 而言狂計愚，不足以感動聽覽。

臣日夜思惟，方今之弊，紀綱之壞非一日，政事之失非一端，水災至大，天譴至深，亦非一事之所致。 災譴如此，而禍患所應于後者，又非一言而可測。 是則已往而當救之弊甚衆，未來而可憂之患無涯，亦非獨責二三大臣所能取濟。 況自古天下之治，必與衆賢共之也。《詩》曰：「濟濟多士，文王以寧。」《書》載堯、舜之朝，一時同列者，夔、龍、稷、契之徒二十餘人，此特其大者耳，其百工在位，莫不皆賢也。 今欲救大弊，弭大患，如臣前所陳一二大計既未果爲，而又不思衆賢以濟庶務，則天變何以塞，人事何以修？ 故臣復敢進用賢之說也。

臣材識愚暗，不能知人，然衆人所知者，臣亦知之。伏見龍圖閣直學士、知池州包拯，清節美行著自貧賤，讜言正論聞于朝廷，自列侍從，良多補益。方今天災人事非賢罔乂之時，拯以小故，棄之遐遠，此議者之所惜也。祠部員外郎、直史館、知襄州張瓌，静默端直，外柔内剛，學問通達，似不能言者，至其見義必爲，可謂仁者之勇。此朝廷之臣，非州郡之才也。祠部員外郎、崇文院檢討吕公著，❶故相夷簡之子，清静寡欲，生長富貴而淡於榮利，識慮深遠，文學優長，皆可過人而喜自晦默，此左右顧問之臣也。太常博士、群牧判官王安石，學問文章，知名當世，守道不苟，自重其身，論議通明，兼有時才之用，❷所謂無施不可者。凡此四臣，皆難得之士也。拯以小過棄之，其三人者進退與衆人無異。此皆爲世所知者猶如此，臣故知天下之廣，賢材淪没於無聞者不少也。此四臣者，名迹已著，伏乞更廣詢採，亟加進擢，置之左右，必有裨補。凡臣所言者，乃願陛下聽其言，用其才，以濟時艱爾，非爲其人私計也。若量霈恩澤、稍陞差遣之類，適足以爲其人累耳，亦非臣薦賢報國之本心也。臣伏見近年變異非止水灾，譴告丁寧，無所不有。董仲舒曰：「國家將有失道之敗，而天乃先出灾害以譴告之。不知自省，又出怪異以警懼之。尚不知變，而傷敗乃至。」斯言極矣。伏惟陛下切詔大臣，深圖治亂，廣引賢俊，與共謀議。

❶「文」，原作「正」，今據《歐陽文忠公文集》卷一一〇《再論水災狀(至和三年)》改。

❷「有」，原無，今據《歐陽文忠公文集》補。

未有衆賢並進而天下不治者，此亦救灾弭患一端之大者。

臣又竊見京東、京西皆有灾傷，並當存恤，而獨河北遣使安撫，兩路遂不差人。或云就委轉運使，此則但虚爲行遣爾。兩路運司只見河北遣使，便認朝廷之意有所輕重，以謂不遣使路分，非朝廷優恤之急者。兼又放税賑救，皆耗運司用物，於彼不便。兼又運使未必皆得人，其材未必能救灾恤患。又其一司自有常行職事，又豈能專意撫綏？故臣以爲虚作行遣爾。伏乞各差一使，於此兩路安撫，雖未能大段有物賑濟，至於興利除害，臨時措置，更易官吏，詢求疾苦，事既專一，必有所得，與就委運司，其利百倍也。又聞兩浙大旱，赤地千里。國家運米，仰在東南。今年灾傷若不賑濟，則來年不惟民饑，國家之物自亦闕供。此不可不留心也。竊以三司今歲京師糧米已有二年準備，外有三百五十萬餘碩未漕之物。今年東南既旱，則來年少納上供，此未漕之米誠不可不惜，然少輟以濟急時，亦未有所闕。欲下三司勘會，若實如臣所聞，則乞量輟五、七十萬碩給與兩浙一路，令及時賑救一十三州，只作借貸，他時歲熟，不妨還官，然所利甚大。此非弭灾之術，亦救灾之一端也。臣愚狂妄，伏望聖慈特賜裁擇。

慶曆三年，知制誥田況上奏曰：

臣竊見比來灾咎頻仍，蝗潦繼作，陛下責躬引咎，不遑寧處，以至躬祈道佛，並走群望，薰祓之意，可謂至矣。求當世之弊，驗致灾之由，其實役斂重而民愁，和氣傷而爲沴。役斂之重，由國計之日窘；國計之日窘，由冗兵之日蕃。今天下兵已踰百萬，比先朝幾三倍矣。自古以來，坐費衣食，養兵之冗，未有如今日者。雖欲斂不重，民不愁，和氣不傷，灾沴不作，不可得也。昔董仲舒、劉向以謂《春秋》所書螽螟之灾，皆政貪賦重之所致。今陝西、河北、河東三路，民力凋弊，人共知之，臣不復言矣。且以江淮之間言之。今江淮菽麥已登矣，而責民輸錢，數斗之費不供一斗之價，物遂大賤而農傷；絹已輸矣，民間貿易無餘，而暴令復下，又配市之，織紝之家寒不庇體，而利盡歸于富賈。累年已來，刻剥不已，民間泉貨已匱竭，其凡百科調，峻法争利，不可勝計。便聞東南之民，大率中産已下，往往絶食。民之愁窘，致傷和氣如此，而未聞陛下與兩府大臣議所以救之之術。乃欲以一爐香、數祝版上塞譴咎，此臣所以不得已而言也。

夫國之所養之兵，其上者戰，其下者役。苟不能堪此，則爲冗食。今諸路宣義、廣捷等軍，其間孱弱者甚衆，大不堪戰，小不堪役。逐處唯欲廣募，邀其賞格，豈復顧國家之利害哉！宜分遣幹臣，選揀諸路宣義、廣捷等軍，其不堪戰者並降爲廂軍，廂軍之不堪役者並放停。議者必曰：兵驕日久，一旦遽加澄汰，則恐立致亂。此慮事者之疏也。且孱弱之兵既不堪戰，則勇强者耻與爲伍。去年韓琦汰邊兵萬餘人，豈聞有爲亂者？今天下財用不足以贍冗食之兵，尚或顧惜細故，而不思救弊之原，臣切憂之。惟陛下裁擇。

諫官孫甫論赤雪地震疏曰：

臣聞《洪範五行》及前代變驗，曰：赤雪者，赤眚也，人君舒緩之應。舒緩則政事弛，賞罰差，百官廢職，所以召亂也。晉太康中，河陰降赤雪。時武帝怠於政事，荒宴後宮，每見臣下，多道常事，不及經國遠圖，故招赤眚之怪，終致晉亂。地震者，陰之盛也。陰之象，臣也，後宮也，戎狄也。三者不可過盛，❶盛則陰爲變而動矣。忻州趙分，地震六七年，每震則有聲如雷。前代地震，未有如此者也。惟唐高宗本封于晉，及即位，晉州經歲地震。宰相張行成言：「恐女謁用事，大臣陰謀，宜制於未萌。」其後武昭儀專恣，幾移唐祚。天地灾變，固不虛應。陛下救舒緩之失，莫若自主威福，時出英斷，以懾奸邪，以肅天下。救陰盛之變，莫若外謹戎備，内制後宮。謹戎備，則切責大臣，使之預圖兵防，熟計成敗；制後宮，則凡掖庭非典掌御幸，盡出之以省浮費，且裁節其恩，使無過分。此應天之實也。

甫又上奏曰：

臣竊見景福内庫，❷祖宗積經費之餘，以備非常之用。近歲諸路物帛，多入内庫，中外盡疑宮中之私費。唐置瓊林、大盈二庫，率供燕侈，楊炎、陸贄請罷之。今日景福之積，頗類唐之二庫。後宮之數，臣雖不知，但聞三司計肉食者千餘人，又上有貴職，❸下有私身，當不啻數千人矣。臣近聞染院計置染綾羅甚急，以備宮中支用。言左藏庫所積紅羅，❹去冬已絶，他物稱此，則浮費可知也。陛下省之，立可感動人心，以

❶「盛」，原脱，今據《長編》卷一四五慶曆三年歲末記事、《宋朝諸臣奏議》卷三九《上仁宗論赤雪地震之異》、《宋史·孫甫傳》補。

❷「庫」，原作「宮」，今據《長編》卷一四五慶曆三年歲末記事改。

❸「上有貴職下」五字，原脱，今據《長編》補。

❹「左」，原作「至」，今據《長編》改。

消灾譴。張修媛寵恣市恩，禍漸以萌。夫后者，正嫡也，其餘婢妾爾。貴賤有等，用物不宜過僭。自古寵女色，初不制而後不能制者，其禍不可悔。

知諫院蔡襄、余靖上奏曰：

臣等伏見自春至今，四方亢旱，日蝕地震，變異相仍，有以見上天垂意於陛下至深至厚。臣不知陛下何以報天戒之貺乎？臣聞古之人君，遇一灾異，循省修飭，或以六事自責，或避正殿不居，或減饍徹樂，或遣使巡察，求直言於朝，究愁苦於下，於是轉灾爲福者有之矣。若天之戒告而不懼，民之冤隱而不救，乘飢旱之會，其變不可量也。伏望陛下避殿減饍，以自修省。仍降詔書，戒敕百官，各舉厥職。遣使天下，求訪闕失，或有官吏貪殘而不糾，刑獄冤枉而不治，賦斂繁數而不均，傜役頻仍而不息，孤獨無所養，流散無所歸，朝廷之惠不逮於下，下民之情不達於上，皆得條奏而施行之。伏惟陛下鑑前王戒畏之理，觀當世安危之勢，留意而行，天下幸甚。

襄等又奏曰：

臣等近以亢旱，請行自古帝王消弭灾譴之術，避殿減饍，發詔書，遣使者，上以答天戒，下以慰民心。數日顒然，德音未降。臣聞天地之氣與人相通，陰陽不和，本自人召。今若不修人事，則無以回天意而召至和。伏自兵興累年，天下困弊。外有三邊百萬仰給之卒，内有四海億兆愁苦之人，方此公私匱乏之時，必無拯救灾傷之力。將來流亡必衆，盜賊必多，患至後思，恐無所及。況朝夕以來，祈禱未應，人心如涸，天意益高。陛下爲蒼生憂念非不勤，臣等爲國思慮無不至，凡人有可爲者，皆勉而爲之，以救災害。況避殿減膳，發詔遣使，此乃典册常行之故事，帝王修省之盛美，伏望陛下早賜施行。苟能下悦人心，自可上消天譴。

四年，襄等又奏曰：

臣等伏覩陛下以災變屢見，飛蝗爲殃，責躬引過，祈于天地宗廟社稷，不令殃及萬方。臣伏念災變之來，實由人事，政治闕失，感動天地。故古之人君，或遇災異，則避正殿，徹常膳，深自刻責，思所以致之之咎，改之之理。以至册免三公者有之，詔求直言者有之。此皆消災異、召和氣之道也。方今天下之勢至危矣。夷狄驕暴，凌脅中國；盜賊縱横，驚刼郡縣；養兵至冗，擇將不精；配率頻繁，公私匱乏。内外之官務爲辦事，而少矜恤之心；天下之民急於供應，而有流離之苦。治道如此，未聞救之之術。臣等伏見數年以來，天戒屢至，朝廷雖有警懼之意，然而因循舊弊，未甚改更。今日災變頻數，蓋天意必欲朝廷大修人事，以救其患，乃可變危爲安也。救患之方，莫若原其致災之本。致災之本，由君臣上下之闕失也。闕失之事，臣等敢次第而言之。

陛下不專聽斷，不攬威權，使號令不信於人，恩澤不及於下，此陛下之失也。持天下之柄，司生民之命，無嘉謀異議以救時弊，不盡忠竭節以副任用，此大臣之過也。朝有闕失而不能救，民有疾苦而不能達，陛下寬仁少斷而不能規，大臣循默避事而不能斥，百官邪正並進而不能辨，四夷交構内侵而不能謀，有顧避之心，無力諍之節，此臣等之罪也。今陛下既有引過之言達於天地神祇矣，伏乞陛下必踐其言，必行其實。踐言行實之要，莫若專聽斷、攬威權。號令信於人，恩澤及於下，則災異消而和氣應矣。其大臣不舉職之過，伏乞陛下以致變之由，赫然督責之。若督責之又無近効，則用災異册免三公故事而去之，别求能賢，以救大患。如臣等蒙陛下非次選擢，不能稱職，尚致陛下有如此之失，大臣有如是之過，臣等負罪至深，伏乞朝廷遠加竄逐，求方正材識之人，俾居諫職，必能裨贊朝綱，上副聖選。臣等謹具狀待罪以聞。

襄等又奏曰：

臣等伏見陛下以灾變屢見，飛蝗爲孽，引咎責躬，告于天地廟社。臣等伏念致灾之本，由君臣上下之闕失，列其事而言之，終以自劾，乞朝廷遠加竄逐，别求方正才識之士，俾居諫職。臣等待罪于今七日，曾不得報，憂媿益深，不知所措。竊以今天下之勢，外有羌戎結連侵脅之憂，内有邊陲守禦戰争之苦，兵冗財竭，賦歛暴興，生民膏血，掊取無極，譬如投石入井，到底乃止。不幸有旱澇飢荒之變，盜賊乘時而起，將何以禦？今日視前一二年，國用民力固不如矣，復且因循，無有更改救弊之術；後一二年還視今日，又可知矣，非獨不如今日，其患至大，縱有知者，不能爲謀。臣等以諫名官，見天下之勢至危如此，既不能開廣陛下恩信以固民心，又不能糾正大臣闕失以救時弊，是致灾異頻數，中外恐懼。臣等上負陛下選擇之恩，下負生靈困苦之望，憂慮終日，譏責滿身，尚何顔面入出朝中。臣等罪咎實深，伏乞朝廷必加竄逐，以謝天下。

京師旱，知諫院王素請帝禱於郊，帝曰：「太史言月二日當雨，今將以旦日出禱。」素曰：「臣非太史，然度是日必不雨。」帝問故，曰：「陛下知其且雨而禱之，應天不以誠，故臣知不雨。」帝曰：「然則明日詣醴泉觀？」素曰：「醴泉之近，猶外朝耳，豈憚暑不遠出邪？」帝悚然。更詔詣西太一宮，諫官故不在屬車間，廼命素扈從。日甚熾，埃氛翳空，比輿駕還，未薄城，天大雷電而雨。

參知政事范仲淹奏災異後合行四事疏曰：

臣近日屢聞德音，以災異數見，畏天罪己。此實聖帝明王至仁之體也，天下幸甚幸甚。昨日宰臣等再奉聖旨：「不須謝過，但自行事。」此又濟時責實之要也。臣等敢不惶恐，思竭誠志，以副宵旰之意。臣觀自古國家皆有災異，但盛德善政及於天下，人不敢怨叛，則雖有災異而無禍變也。如其德衰政暴，兆民怨叛，故災異之出，多成禍變也。陛下今既畏天之戒，上憂宗社，下憂生靈，固已得堯、湯之心矣。如更行堯、湯之事，使天下受賜，其有災異，適足增陛下之盛德。臣待罪輔臣，經年無狀，四方多事，未敢引退，恐負君親擢用之意。臣竊觀自祥符年後以至今日，火不炎上之灾已十數度，又累有地震之異。今夏蝗秋潦，人多妖言。雖陛下修德罪己，自可以動天地、感鬼神，而念及生民，若不遑處。臣請行此數事，少助陛下救生民之萬一，惟聖心裁擇。

一、委天下按察使省視官吏，老耄者罷之，貪濁者劾之，昏懦者逐之。是能去謬吏而糾慢政也。至於激勸善政之術，即未著明。其官吏中，有畏上位之威，希意望進，或矯修廉節，而争爲猛政。求集事之名者，務爲暴斂；求盡公之稱者，專用深文。政尚虛聲，人受實弊。資産竭於科率，舉動觸於刑憲。生民困苦，善人嗟痛，此天下怨叛之本也。秦以天下怨叛而亡，漢以救秦之弊而興。臣請詔諸路按察官，除常程糾察舉薦外，於轄下知州、知縣、縣令中，别選潔己愛民，顯有善政，得百姓心如倚父母者，各具有的實事狀，舉三兩人，特與改官再任，或陞陟委用。如此，則天下官吏知陛下憂赤子之心，各務愛民求理，不爲苛政，足以息生民之怨叛也。如所舉不實，仰御史臺彈奏，當議重行貶黜。今别進呈唐時選刺史縣令條目，便乞約附施行。

一、天下官吏，明賢者絶少，愚暗者至多。民訟不能辯，吏奸不能防，聽斷十事，差失者五六。轉運使、提點刑獄但采其虛聲，豈能遍閱其實？故刑罰不中，日有枉濫。其奏按于朝廷者，千百事中一二事耳。其奏到按牘，下審刑、大理寺，又只據案文，不察情實，惟務盡法，豈恤非辜。或無正條，則引謬例，一斷之後，雖冤莫伸。或能理雪，百無一二。其間死生榮辱，傷人之情，實損和氣者多矣。古者一刑不當，而三年大旱，著於史策，以戒來代，非虛言也。况天下枉濫之法，寧不召灾沴之應耶？臣請詔天下按察官專切體量州縣長吏及刑獄法官，有用法枉曲、侵害良善者，具事狀奏聞，候到朝廷，詳其情理，别行降黜。其審刑、大理寺，乞選輔臣一員兼領，以慎重天下之法。令檢尋自來斷案及舊例，削其謬誤，可存留者著爲例册。

一、今諸道常平倉，司農寺管轄，官小權輕，主張不逮。逐處提點刑獄多不舉職，盡被州府借出常平倉錢本使用，致不能及時聚糴。每有灾沴，及其遣使安撫，雖民委溝壑，而倉廩空虛，無所振發。徒有安撫之名，且無救恤之實。又國家養民之政，本尚務農，因民之利而利之，則朝廷不勞心而民自養之矣。臣請選輔臣一員，兼領司農寺，力主天下常平倉，使時聚糴，以防灾沴。并詔諸路提點刑獄，今後得替上殿，並先進呈本路常平倉斛斗數目，方得別奏公事。移任者亦須依此發奏後，方得起離。仰司農寺常切糾舉，及委輔臣等速定勸農賞罰條約，頒行天下。

一、天下茶鹽出於山海，是天地之利以養萬民也。近古以來，官禁其源，人多犯法。今又絶商旅之路，官自行販，困于運置。其民庶私販者徒流，兵梢盜取者絞配，歲有千萬人罹此刑禍。是有司與民爭利，作爲此制，皆非先王之法也。及以官販之利，較其商旅，則增息非多，而固護之弊未能革者，俟陛下之睿斷爾。臣請詔天下茶鹽之法，盡使行商，以去苛刻之刑，以息運置之勞，以取長久之利，此亦助陛下修德省刑之萬一也。

仲淹奏乞灾異後合行疏决刑獄等六事疏曰：❶

臣今早親聞德音，謂復有灾異，當修德以及民，并詔臣等謹省刑法。此實見聖人憂畏之心，合於天意。臣今條奏數事，皆陛

❶「乞」，《范文正公政府奏議》卷上《奏爲灾異後合行疏决刑獄等六事》作「爲」。

下增修明德之要。一、齋誡發誠，特降詔命，明言災變屢見，敢不罪己祗畏，以告中外群臣，同心修省。二、遣使四方，疏决刑獄，非害人者，悉從減降。三、詔天下州縣長吏，訪問民間孤獨不能存活者，特行賑恤。四、詔逐處籍出陣亡之家，察其寡弱，別加存養。五、邊陲之民被戎狄驅虜者，量支官物，贖還本家。六、詔諸處欠負已該赦恩除放者，官司更不得催理。違者，官吏科違制之罪，遇赦不原。仍差近臣置司與奪。陛下力行此數事，下悦民心，上答天戒。昔商中宗桑穀共生於朝，懼而修德，撫綏百姓，三年而歸者十六國，號爲中興。陛下今日因災修德，則福及兆人，道光千載，天下幸甚。

五年，御史李京上奏曰：

臣伏以陛下因天之戒，恐懼修省，避正殿，減常膳，故精意感格，日當食而陰雲蔽虧。雖商大戊之桑楮並生，宋景公之熒惑退舍，無以異也。然臣區區竊有疑者。自寶元初，定襄地震，壞城郭，覆廬舍，壓死者數萬人，殆今十年，震動不已。豈非西北二虜有窺中國之意乎？二月雷發聲，在《易》爲「豫」，言萬物出地，皆悦豫也。八月收聲，在《易》爲「歸妹」，言雷復入地，避群陰之害也。今孟夏雷未發聲，豈非號令之不信乎？願陛下敕邊臣，備夷狄，戒輔臣，謹出命，以厭禍於未形。又尚美人棄外館多年，比聞復召入，必有假媚道以蠱惑天意者，宜亟絶之。苗繼宗嬪御子弟，乃緣恩私爲府界提點，宜割帷薄之愛，重名器之分，庶幾不累聖政。

六年，京東、兩河地震，登、萊尤甚。胡

宿通陰陽五行災異之學，迺上疏曰：

明年丁亥，歲之刑德，皆在北宫。陰生於午，而極於亥。然陰猶强而未即伏，陽猶微而不能勝，此所以震也。是謂龍戰之會，其位在乾。若西北二邊不動，恐有内盜起於河朔。又登、萊視京師，爲東北少陽之位，今二州置金坑，多聚民鑿山谷，陽氣耗洩，故陰乘而動。宜即禁止，以寧地道。

七年，知潤州錢彦遠上奏曰：

臣伏覩兩浙轉運司謄録三月十九日詔敕節文，以今春大旱，應中外文武臣寮，並許實封言當世切務者。竊念臣近以直言極諫登科，恩擢不次，敢自緘默，苟養資格。謹條方今急政要事，水旱原本，少盡千慮之得。

臣聞天地有常數，陰陽有常度。當進退盈虚之際，雨適均等則氣和，氣和則風雨時，風雨時則萬物育矣。然陰盛則水，陽盛則旱，二者自然之理。故陽主德，陰主刑。德不可以獨任，德過則弛；刑不可以專任，刑過則慘。天之愛物甚矣。春夏生之，必秋冬以節之。所以相爲表裏，而成歲功。求其端，正其本，繫人之事，故在《易》之《泰》曰：「后以裁成天地之道，輔相天地之宜。」言泰極則安而無節，無節則過，其害猶不及也。惟元后輔相而裁成之。在《春秋》魯僖公之三年春王三月，夏四月，雨書不雨者，以僖公能克己求過，放佞臣，理冤獄，精神感天，不雩而雨，故顯書不雨以旌之。此聖人精微極致，謂天人相與，應如影響，俾人君戒之謹之之旨也。

伏自陛下即位二十餘載，内無聲色之娱，外無畋漁之逸，外戚近侍循循守法，未有專權之失。前歲地震，起雄、霸、滄、登，旁及荆湖，幅員數千里，雖往時定襄之異，未有大於此者。今復大旱，以臣愚料之，非他也，蓋天警陛下爾。誠以國家備寇之術未盡要，牧民之吏未盡良，天下之民未盡安，上天垂意陛下，欲因而大治，故先出灾異告焉。陛下知天戒所在，因而修之，則宗廟社稷之鉅福。苟簡忽大事，規規求亡用之言，唯減常膳，避正殿，臣愚謂非「應天以實不以文」之意。臣願爲陛下別白明之。

臣前所謂「禦寇之術未盡要」者，夫西北二虜者，我之堅敵，天性鷙悍，以戰爲生業，非可與以首争首，校一旦之命。且古之所謂夷狄，言語衣服，殊於華夏，其來不過驅略老弱畜産。故《詩》曰：「薄伐玁狁，至于太原。」逐去則止。今北戎据幽、燕山後諸鎮，元昊盜靈武、銀、夏，皆我之州郡。其衣冠車服、子女玉帛，與漢同欲。加以日夜伺我間隙，收我亡叛，迹其深心，非止敺略畜産而已。往時元昊負固不服，朝廷責戰甚速。出入五載，邊臣未有效首虜者，而天下已騷然困矣。下及牛馬諸畜，皆殘衂罷極，他物可知。暨納款錫命，亦朝廷不得已而爲之，紓一時之患可也。我當按甲蓄威，節財嗇用，講過救失，論長短利害以困虜。而臣見自元昊之降，上下安然。器械城壁，治葺稍緩。主兵之官，備邊長吏，皆以次補用，不復銓擇。士大夫高冠侈服，耻言軍旅。臣懼一旦北虜負恩，乘利送死，西結元昊，兩道並來，則國家之力未易支也。臣嘗中夜以思，寒心疾首。臣懼如景祐、康定中待元昊之謀，則殆矣。北虜土地廣，甲兵壯，凶黨多，非元昊比也。臣願陛下無輕待焉。事不預備，不可應猝，此陛下宜深留意。而又湖廣一道，蠻獠繹騷，聞其戕害劫掠，生民流離，調發督斂，軍須百出，而置之不問。但責一二儒生，非有奇蘊祕略，但能治文書，辦期會，深可歎也。亦用兵三年，未聞尺寸之效，歲月持久，其憂不細。惟陛下以此三方之急，因天戒之明，命大臣講長久之計，以安元元性命，天下幸甚。

臣前所謂「牧民之吏未盡良」者，大凡生民之命，舒慘休戚，繫之刺史、縣令，雖遠近閑要，有郡縣大小，然耕田、鑿井、出租税，皆陛下赤子。苟守吏之失，則一方受弊。旦夕利害切於身，飢寒偪於內，彼不起爲盜賊，則當危苦愁厄而死。危苦愁厄之氣，所以致水旱。臣伏見江淮諸郡，地近京輔，皆國家之外府。而守吏年七十者十率三四，往往耳目昏惑，神用耗竭，罷癃俯傴，唯以圭田稍食爲意。縱有心力克壯者，則倚其年齒，陵轢吏民。夫長吏執千里之柄，而昏惑耗竭，則必輸其柄於下吏。下吏操刺史之威而敺良民，亡所不至，甚於長吏之自貪也。江淮一方計之，尚或如此，況天下僻左之地乎？況縣令之猥衆乎？臣願陛下悉按其門閥功狀，命之納禄致仕，優賜子弟官秩，俾之自養。精擇天下長吏，此根本之論也。議者將云，國家惠養老臣，不當如此。謂之曰：古之養老，蓋賜珍膳財帛，豈任之以政事！且陛下胡忍此老耗百十輩，而不忍天下千萬人受其弊，願陛下思之。

臣前所謂「天下之民未盡安」者，臣聞隋、唐之制，有賦、租、庸、調四者之入。自楊炎變兩税法，天下稱便。自五代迄今，斂名雜出，兩税之法漸弊，民已竭力供矣。加以非時配率，和市舉放，利盡歸官。而主計之司，不復設輕重均輸之法，乘用兵之急，唯督取諸路緡錢之用，速濟經費，至專遣内使，四出趣迫。郡國承望風旨，竭取乃已。殊不知錢者以通流移用，則利入公上，民得資販。今四方之錢，月取歲輸，一去不復，故天下之民嗷嗷，商賈失業，酒榷商算，課入益虧。此蓋專取緡錢之過。平日已嚣嚣苦不足，況能禦水旱？在先朝時常患其若此，有三説之法，俾商人入粟邊郡，而受鹽茗雜物於内郡，邊食不復給緡錢，則天下之貨通矣。其三説之法，副在有司，朝廷逮事先帝諸臣，皆能言之。陛下舉而行之，然後詔主計者講利害輕重之術，不許專取緡錢於諸路，俾百姓息肩。《易》曰：「何以聚人？曰：財。」所以感人心而天下和平矣。

再念臣身遠慮淺，實緣陛下詔旨而言之，故安危之語，無所隱避。伏願陛下不以人廢言，不以治忘亂，降意才傑，謹明賞罰，庶幾灾異消釋，導迎善氣。天下幸甚。

宋庠上奏曰：

臣伏覩聖旨，以星文垂見，特開寺觀三日，令臣僚爲民祈福，仍許士庶燒香者。伏玩冲旨，頗見聖心因星次之匪常，答神理之申戒，特使祈請，以示禳除。然珍宇大門，都人駢集，群優雜伎，列肆賈區，遂移清静之場，翻爲遊玩之所，閭里喧會，旦暮奔馳，甚不副陛下側身修德之本意也。臣聞《詩》曰：「恭天之怒，不敢戲豫。」恭天之渝，不敢馳驅。」今都下以燒香爲名，士女填咽，可謂戲豫矣；百司以祈福爲名，車馬遨遊，可謂馳驅矣。若令鑑觀在下，氣焰爲灾，以此應天，恐貽不韙。臣伏乞今後或祇若天意，只令宰臣以下恭款祠庭，齋心祈祝，更不令士庶喧譁寺觀，庶可銷除後咎，申達至誠。

殿中侍御史梅摯以時有灾異，引《洪範》上變戒曰：

「王省惟歲」，謂王總群吏，如歲四時，有不順，則省其職。今日食于春，地震于夏，雨水于秋，一歲而變及三時，此天意以陛下省職未至，而丁寧戒告也。伊、洛暴漲漂廬舍，海水入台州殺人民，浙江潰防，黄河溢埽，所謂「水不潤下」。陛下宜責躬脩德，以回上帝之眷佑。陰不勝陽，則灾異衰止，而盛德日起矣。

皇祐元年，昭文館大學士、中書門下平章事文彦博等上奏曰：

臣等各以非才，忝居大任，不能裨補聖政，燮和陰陽，以致星文屢有變異，下飭人事，上貽聖憂。陛下曲示包容，未賜罷免，責以來效，使之極言。詔旨丁寧，睿恩寬大，跪受伏讀，兢慚失圖。恭以陛下堯、舜用心，禹、湯罪己，欽若天戒，增修聖政，弭灾召和，宜集休應。

聖詔曰：「德政闕修，刑賞差濫。」臣以謂刑不爲貴近而屈，賞不可僥倖而求，則無差濫矣。刑賞不濫，則德政自脩。

又曰：「人有冤滯而無控雪之路，民已匱困而無寬恤之實。」臣以謂人有冤滯，必由郡縣及按察之司節級陳訴，若猶未伸，又許撿、鼓檛訴，固無壅遏之理。然更須州縣官吏常得其人，爲之伸理，則民絶冤滯矣。今冗費無藝，國用窘乏，故歲一不登，下民艱食，雖欲恤之，而力不足也。若減不急之務，罷無功之賞，及兵籍官吏之浮冗者稍澄汰之，則庶幾國用不乏，則可以有恤民之實矣。

又曰：「官局具設而職務或弛，典章備存而紀綱不振。」臣以謂爲官擇人，不使僥倖者求而得之，久於其任，考其殿最而升黜之，無使屢遷速易，不爲苟簡之政，則職務焉敢廢弛。祖宗之法，備在典册，舉而行之，似若甚易，但不爲權倖所撓，則爲至難。苟上下一意，守兹典章，堅如金石，行此號令，信如四時，則綱紀振矣。

又曰：「科役煩重，肆成暴刻，軍政簡惰，而莫爲經制。」臣以謂前之所陳，減不急之務，罷無功之賞，澄汰兵吏之冗，則國用不乏。國用不乏，則可以省科役之煩重。州郡官吏常得其人，雖有科役亦不至於暴刻矣。慎擇將帥，稍假威權，撫馭士卒，不務姑息。勿使貴臣驕將撓於其間，則軍政自肅而有經制矣。

又曰：「教令輕出，有所未安。賢智在下，遺而弗舉。」臣以謂令出惟行，慎乎始出。出而不慎，故行之未安。近歲以來，兹弊頗甚。由議臣輕建言而須必行，行之無効而終無責。或雖有嘉謀，而事無近効，人之多言，橫爲沮議。朝廷不能持之，故多中變。條其事狀，此類尤繁。舉賢任官，宰相之職。宰相不能悉知其人，但當慎擇臺省長官及州縣大吏，使如近制，各舉所知，庶幾無遺才矣。

又曰：「姦倖妄求而不抑。」此正今之所患，臣等繼日議之矣。

又曰：「惠澤施壅而不流。」臣以謂朝廷推恩，靡不下究，然恐郡縣之吏不稱朝廷之意，或逋負之物合除而未除，流竄之人可釋而不釋。如此類者，更宜申明。

聖詔曰：「將此十二條於軍國庶務中推求實事，有合更張振舉者，密具條上。朕當悉心詳究，即議施行。」有以見陛下求治之心，勤切之至。所恨臣等空疏，不能上副好問。雖然，敢不罄竭愚短，粗有所裨。然今所陳乃其大略，蓋慮繁詞終成虚語，徒煩睿覽，無補大猷。臣等欲將十二條事，日舉一兩條，細述合更張振舉事件，逐時面奏，委曲敷陳。所冀言之必行，行之必當，斯亦舜、禹、臯陶吁謨都俞之義也。臣等不勝區區。

聖詔曰：「德政闕修，刑賞差濫。」臣等近奏，以謂刑不爲貴近所屈，賞不爲僥倖所求，則無濫矣。臣等請略舉一端。如往年蘇舜欽、劉巽以進奏院賽神，輒用官錢，即皆坐除名。去年曾奭、宋永宗賽神，亦用官錢，其罰當與舜欽輩均，而曾奭等止停見任。近日史昭文等，以不覺察手下人吏取受稍場錢物，衝替未得，與差遣。尋有監稍場官閻繼隆等，却爲昭文所發，亦是不覺察專典取受，一例衝替，而昭文即時却令與差遣，其同事馮經亦連茹牽復，而繼隆等衝替如故。此蓋昭文、曾奭輩以親近而從輕罰，舜欽、繼隆等以疏遠而受重責。又去年親事官作過，皇城司官吏當坐重責。然皆是近臣貴戚，止於降秩補外，才逾年即皆復職，或更遷官。往年張沔以保州及李歇事降黜，數經大赦，至今未復舊職。言體則皇城司事爲重，議罪則張沔等輩爲輕，升擢廢弃，理似未均。不惟刑罰失平，實恐貴倖壞法。臣等以謂今後用法，理當振舉，更務均平。賞典之濫，則如近日司天監周琮、李用晦，止以選課日辰，便乞轉官任子。醫官別無勞績，妄乞額外轉遷，如馮琦、潘象、蘇惟和、沈遇明之輩。賴陛下聖斷，皆與裁抑。然未悉如先朝之制，及前後條貫，更欲申明遵守。

聖詔曰：「人有寃滯，而無控雪之路。」臣等謂人有寃滯，必由郡縣按察之官節級陳訴。若未申雪，又許撿、鼓院撾訴，計無壅遏之理。今欲更敕約轉運司、提刑司，凡有理訴，並令子細究詳，如事理稍涉寃枉，即選官就近覆勘。勿令煩擾淹延，免致貧窮無資不能詣闕者抑而無告。

聖詔曰：「民已困匱，而無寬恤之實。」又曰：「科役煩重，肆成暴刻。」臣等以謂，國用窘則科役煩，科役煩則民困匱。民力既困，國用自乏，雖欲恤民，不可得已。臣等請言其國用窘乏之由。恭惟祖宗以來，置兵與吏，及賞賚賜予，皆有定制。量入以出，故財不屈乏。自康定用兵之後，添募新兵幾四十萬。數年以來，雖逃亡減廢之後，猶不減三十餘萬。每歲所費衣、糧、錢物等，共約三千萬貫、匹、兩、石、束，賞賚之數不在焉。兼自慶曆二年後來添給二虜金帛，每歲共四十餘萬匹、兩。加以頻遭水旱，復除租賦，則國用不得不窘。故國用窘則科役煩，科役煩則民力困。今將恤民之困窮，寬民之科役，正在省冗費而已。省冗費之大者，在減冗兵。臣等已嘗奏述，欲於今冬別立揀兵之格，密降付逐路轉運使。俟至春首，依常年例，計會帥臣，同共依新格，擇選老弱，以減冗費。其次則罷不急之土木，停無功之賜予，抑僥倖之求請，省員外之冗官。衣服用度，務從敦質，多方節約，諸事簡儉，年歲之間，漸期足用。國用既足，則科役不煩，則是恤民之實矣。

聖詔曰：「官局具設，而職務或弛。典章備存，而綱紀不振。」臣等以謂官得其人，職務自舉。選才任官，正是臣等之責。若官須擇人，不甚拘以資地；❶事須責實，當時校其殿最。三載考績，必行黜陟，百官脩飭，孰敢懈弛？臣等請略舉其弊。只如省府之官及外計之任，近歲以來，遷改頗速，有如假道，豈暇舉職。所以務爲一切苟簡之政，而職業不得不弛。臣等欲乞更頒詔敕，約束中外之官，必須二年之外，方許遷替，考其殿最而升降之。若特敕擢才，則不在茲限。所謂典章者，朝廷之大法，祖宗之舊制。舉而行之，執而用之，豈有綱紀不振哉！蓋近歲已來，緣貴倖之臣墮大法、壞舊制者多矣。臣等略舉其尤者。祖宗之制，官有定員。今員外而置官者多矣，如勾當皇城軍頭司及醫官使副之比是矣。又俸禄之法，各有定制，等級賦與，固不可差。今則有任觀察使而請留後俸者。如此之類，其徒實繁。臣等欲乞今後更不溢舊額而置官，逾本官而受俸。一守祖宗舊制，不爲貴倖所侵，則綱紀振矣。乞持頒一詔敕處分。

聖詔曰：「軍政簡墮，而莫爲經制。」臣等嘗謂慎擇將帥，不務姑息，勿使貴臣驕將害之，軍政自肅矣。

聖詔曰：「教令輕出，有所未安。」臣等嘗謂慎乃出令，令出惟行。若輕出之，必有未允，則數易屢改，此爲政之大弊。若近日錢令鹽法，爲弊不細，而建言者謀之不臧，未嘗有責。此所以致輕改作而易受弊也。往年建言諸州招刺義軍，去歲却揀配諸軍，人心騷然。其始不能詳慎，致不數年便有改易。臣略舉此數條，蓋事之稍大者。

❶「地」，原作「他」，今據《宋朝諸臣奏議》卷四〇《上仁宗答詔論星變》改。

聖詔曰：「賢智在下，遺而弗舉。」臣等嘗謂舉賢擇才，輔臣之職。輔臣不能悉知衆才，惟當慎擇臺省長官、州郡大吏，使如近制，各舉所知，庶幾無遺才矣。然臣等敢不益勵惷愚，博求才智，將期得士之美，上副任賢之心。

聖詔曰：「姦倖妄求而不抑。」臣等以謂近臣、貴戚、醫工、卜祝及諸司人吏，因緣請託，妄述微勞，希求内降。如此之類，盡守條制，一切裁抑，則官邪之蹊可以漸塞。

聖詔曰：「惠澤旋壅而不流。」臣等嘗謂凡有推恩，靡不下究。猶恐州郡之吏，不稱朝廷之意，或逋負之物當除而未除，流竄之人可釋而不釋。臣等欲乞應經前年大赦，合放負欠物色，如省司以未見保明文字，州郡以未受朝省指揮，至今尚行催理者，速令勘會，依赦蠲除。編配之人，除屬揀選路分外，有已經量移、情理輕者，令具元犯奏聞看詳，依赦釋放。

三年，知諫院吴奎上奏曰：

臣竊見近歲以來，水不潤下，盜賊横起，皆陰盛所致。陛下寅畏天命，宜格善祥，而反應以灾沴，其故何哉？夫帝王之美，莫大乎進賢退不肖。賢者進，則君子各以類升而陽勝，陽勝而善祥可致也；不肖者退，則小人各以類伏而陰虧，陰虧而灾沴可銷也。今天下之人皆謂之賢，陛下亦知其賢，然不能進；天下之人皆謂之不肖，陛下亦知其不肖，然不能退。重以内寵驕恣，近習回撓，夷狄桀驁，奸邪交傷，陰盛如此，寧不致大異哉？且朝廷之過，常在乎無事之時，因循而不爲；有事之後，顛沛而失錯。中外臣僚，平時達一策，舉一官，雖有可取，皆沮抑而不行，又從而媒糵，謂之生事。如河北、河東盜賊，行路之人皆已傳布，大臣不以爲事。至執通判，傷巡檢，然後倉皇於數路之間移易官守，立重賞以募之，不亦晚乎？事將有大於此者，將如之何？幸陛下留意。

歷代名臣奏議卷之三百

本卷王鵬校點

歷代名臣奏議卷之三百一

災祥

宋仁宗至和二年，侍御史趙抃上言曰：

臣伏見自去年五月已來，妖星遂見，僅及周稔，至今光耀未退。此谷永所謂馳騁驟步，芒炎長短，所歷奸犯，其爲謫變，甚可畏也。又去冬連今春，京東西路及陝右、川蜀諸郡，旱暵不雨，麥苗焦死。民既艱食，寇攘必興。此京房所謂「欲德不用，玆謂張，厥災荒」，其爲災沴，復可懼也。邇來岠嵎山谷驚裂有聲，他郡數處地亦震動，此伯陽所謂「陽伏而不能出，陰迫而不能升」，蓋土失其性，其爲災異，益可駭也。夫燮調陰陽者，三公之職。天戒若曰：陛下左右輔弼，當得忠賢剛正之人爲之，乃可以召至和之氣，消未萌之禍。不然，何以妖星謫變也，旱暵災沴也，地震祥異也，三者咎應粲明如是之著耶？臣愚伏望陛下謹天之戒，應天以實，取天下公議與天下瞻望之所謂賢人君子者，陟之使居廟堂之上，責以三公四輔之事業，委注而仰成之。若然，則陰陽以和，災異以消，朝廷清明，夷狄畏服，太平之風，可翹足引領而待之也。臣朝夕思慮，載惟擇賢命相，繫國家休戚治亂之本，伏願陛下慎重之，然後發聖斷，力行而不疑，則宗廟社稷之福，天下生靈之幸。

起居舍人、知諫院范鎮上奏曰：

臣伏見去冬多南風，今春多西北風，乍寒乍暑，欲雨不雨，又有黑氣蔽日，此皆人事之所感動也。黑氣，陰也，小人也。日，陽也，君象也。黑氣蔽日者，陰侵陽、小人惑君也。欲雨不雨者，政事不决也。陳執中爲相，不病而家居者百日矣，陛下以御史之言决一婢死而欲退宰相爲是，即乞速退執中，以解天意。以御史之言爲非，亦乞敕執中起視事，無使天意久不决也。寒暑者，賞罰也。乍寒乍暑者，不當賞而賞，當罰而不罰也。鄧保吉有過，於法不當爲内侍都知。鄧宣言不歷邊任，於法不當爲内侍押班，未幾而又改官。石全斌不當爲觀察使，未幾而又爲内侍副都知。其餘攀緣改遷，皆不應法律，是不當賞而賞也。陛下有旨，不應法律賞罰，聽中書、樞密大臣執奏，而中書、樞密大臣不執奏，是當罰而不罰也。冬而多南風，春而多西北風，皆逆氣也。風主號令、主思慮。陛下思慮，若有爲小人所惑，而號令數變易也。天變之發，或發於未然之前，或發於已然之後，皆所以覺悟人君也。人君修人事以應天變，則灾異可爲福祥也。陛下如欲應黑氣蔽日之變，莫若遠小人而近君子，莫若黜小人之言而用君子之言。陛下如欲應乍寒乍暑之變，莫若追還鄧保吉等過恩，❶而明正中書、樞密大臣之罪也。陛下如欲應欲雨不雨之變，莫若速定陳執中進退之勢，以决中外之惑也。陛下如欲應冬多南風、春多西北風之變，莫若精其思慮，而不數變號令也。❷

❶「追」，原作「速」，今據《長編》卷一七九至和二年三月辛巳條改。

❷「變」，原無，今據《長編》、《宋朝諸臣奏議》卷四〇《上仁宗論黑氣蔽日及風雨寒暑變異》補。

凡此皆古聖賢通天人之術，著乎經史，使後世爲人君者視之以奉天，爲人臣者法之以事君者也，非臣之臆説也。陛下無以臣非才，廢臣所陳先聖賢之言，則臣之幸也，非特臣之幸也，天下之幸也，社稷之福也。

惟妖星之變，及今一年，臣消息所未至也。❶今春諸路無麥苗，禾種不入，而山東尤甚。山東盜所起處。萬一盜起，陛下將何以待之？妖星之變，殆恐爲此。臣所以居言責之地而不得默默也。臣四歲而亡父，七歲而亡母，今食陛下之禄，父母之養爲不及也。所可爲者，合忠孝一意以事陛下耳。若於此時畏避而不盡言，則臣負不忠不孝之罪於陛下也。

鎮又上奏曰：

今月二十三日秋分，雷乃收聲。二十四日雷大震，大雨雹。雷當收聲而反大震者，號令之不時也。雹，不和之炁，自上而下，下而害物者也。以況上興不急之務以用於下，如雹之害物也。近歲以來，修集禧觀、醴泉觀、開元殿、公主第，糜費以鉅萬計。尚未訖役，又聞垂拱殿一棟折，太廟一柱損，有司建議舉欲新之。夫一棟折，修一棟，一柱損，修一柱，事理然也。若緣一棟而易一殿，一柱而更一廟，非惟人情不厭，兼恐甚傷天理。近者陝西旱飢，河東薄稔，科採材木，不勝其勞。此所謂號令不時，自上而害物之政也，天變所以作也。古人於承平無事時，尚猶戒土木之費。況今國用不足，民力凋弊，豈可爲此不急以重困之？臣竊惟念以一棟易一殿，一柱易一廟，似非

❶「臣消息所未至也」，《長編》作「誠消息之所先至也」。

恭儉之主所爲。蓋左右近習計此以圖僥倖，大臣不略建一言，誤陛下至此耳。伏乞差官重檢計合修换處，量加功役，其餘一切停罷，上以應天變，中以惜國用，下以愛民力，顧不益聖德耶？昔漢文帝惜十家之産罷露臺，史册書之，至今爲美。陛下如能愛數萬家之産以罷此兩役，則其美過漢文帝遠甚。臣不勝大幸。

金君卿上奏曰：

臣伏讀六月三十日詔書節文，以大水爲沴，應中外臣寮上實封，言時政闕失，無有所諱。遠方小臣，不能詳知國體，惟陛下赦臣進越之罪，留神財擇，幸甚幸甚。臣謹按《五行傳》，宗廟廢祭祀，則水不潤下。伏惟皇帝陛下仁孝之心，格于神明，時享月薦，曾靡有懈，咎譴之來，不應緣此。然臣之愚慮，參考經傳，殆宗廟主器，社稷本根之重，陛下或未之思爾。竊惟古先哲王，雖已大治之後，不能無灾異，惟恐懼脩省，思所未至，爲所未爲，以應天心，則灾異自然而消弭。臣不敢遠引他説，試取兩漢近事以明之。若孝景、孝成、光武、孝章之世，冬雷霆雨，日蝕星隕，地震川竭之變，而能早定封建，固國根本，然後灾變消伏，❶享國長久。陛下睿謀英斷，敻高前古，豈特周旋孝景、孝章之間哉！然比歲已來，日月薄蝕，地震河决，天之告戒，不爲不至。陛下惻然，引咎歸己，故嘗避正殿，損常膳，節服御，釋繫囚，以圖消伏。天鑑不回，水沴仍作，故臣愚以爲宜詢訪故事，思宗廟主器、

❶「伏」，原作「復」，今據《金氏文集》（民國刊宋人集本）卷下《仁宗朝言災異事奏狀》改。

社稷根本之重，以謹天戒。臣又聞《漢書·五行志》曰：「『地上有水，比』，言性不相害，❶故曰比，樂也。而相毀埶淪失之象。」又《易》曰：「君不密則失臣，臣不密則失身，幾事不密則害成。」今朝廷大政，言未出口，則已喧傳于道上矣。願陛下超然遠慮，奮乾剛之斷，詔股肱大臣，早定封建之議，群小之人，無得預聞。不然，臣恐陰下相爲蠹賊，侵陵之禍，萌於今日矣。《詩》曰：「畏天之威，于時保之。」惟陛下垂精留意，天下幸甚幸甚。

嘉祐二年，齊唐論麒麟疏曰：

臣竊見交趾所進麒麟二頭。臣得之道路，圖寫其形，大抵牛身、象耳、狗足、魚鱗。臣謹按《爾雅·釋獸》：「麐，❷麕身，❸牛尾，一角。」郭璞注謂春秋所獲麟也。又云：「麠，大麃，牛尾，一角。」即漢武郊雍所獲麟也。又云：「驨，如馬，一角。不角者麒。」即元康中九真郡所貢也。又唐龍朔三年，嵐州麟見于介山。又聖朝太平興國九年，嵐州獻獸，一角，似鹿，無斑，角端有肉，性甚馴善。當時以爲祥麟，上表稱賀。臣以前典觀之，則麒如馬狀，麟似鹿形。況麟鳳四靈，國家大瑞，天下稱賀，青史具書。故唐改元年，漢名書閣。太平之瑞，莫大於斯。臣切聞此獸頗與書史所聞不同，閉以檻車，與象相觸，所食草木皆中國所無。萬一非是祥麟，海外別有名目，即朝廷殆爲蠻夷所詐。又交趾以進麟爲名，私齎行貨不少，經

❶「言」，原作「吉」，今據《後漢書·五行志三》注改。
❷「麐」，原作「麏」，今據《爾雅·釋獸》改。
❸「麕」，原無，今據《宋朝諸臣奏議》卷三六、《爾雅》補。

過州縣，津送之役，動數千人，以至京師。民間之費，不下百萬。嶺表之民，例皆貧弱，典賣産業，以給公費。儻應圖合驗，爲瑞聖朝，則固不憚民勞以成一代之盛事。果非瑞物，則豈可以無名之怪獸而困一路之生靈哉！

伏惟陛下居尊御極，垂四十年，焦勞萬機，愛惜黔首。誠願日謹一日，雖休勿休。勿以所役細微，則武王有《旅獒》之戒；勿以綏懷遠俗，則文帝有却馬之言。昔西漢因鶡雀飛入府舍，遂爲瑞鳥；隋文帝好祥瑞，有野雀集于宫掖，因改儀鸞之殿。取笑當世，貽羞史策。以斯爲鑑，固宜審詳。伏乞陛下延訪博物之臣，遍考瑞圖所載，確有符驗，方可進呈。事果非真，即宜罷黜，以寬一方百姓之弊。臣素以寡聞，昧於通識，進言不用，默守常聯。儻一辭有補於毫釐，一舉少全於疲瘵，則退甘鼎鑊，萬死無逃。臣不勝區區，越職言事，俯伏待罪。

四年，日食三朝，祕閣校理吴及上言曰：

日食者，陰侵陽之戒。在人事，則臣陵君，妻乘夫，四夷侵中國。今大臣無姑息之政，非所謂臣陵君，失在陛下淵嘿臨朝，使陰邪未盡屏也；后妃無權横之家，非所謂妻乘夫，失在左右親倖，驕縱亡節也；疆埸無虞，非所謂四夷侵中國，失在將帥非其人，爲敵所輕也。

六年，京師大水，知諫院楊畋上言：

「《洪範五行傳》：『簡宗廟則水不潤下。』又曰：『聽之不聰，厥罰常水。』去年夏秋之交，久雨傷稼，澶州河决，東南數路，大水爲沴。陛下臨御以來，容受直諫，非聽之不聰也；以孝事親，非簡於宗廟也。然而灾異數見，臣愚殆以爲萬幾之聽，必有失於審者；七廟之享，必有失於順者。惟陛下積思而矯正之。」乃下其章禮官并兩制考議。

判禮部司馬光論日食遇陰雲不見乞不稱賀狀曰：

臣伏覩近世以來，每有日食之變，曆官皆先具月日時刻及所食分數奏聞。至日，或爲陰雲所蔽，或所食不滿分數，公卿百官皆奉表稱賀，以爲大慶。臣愚以爲日之所照，周遍華夷；雲之所蔽，至爲近狹。今若太陽實虧，而有浮雲翳塞，雖京師不見，四方必有見者。此廼天戒至深，不可不察。臣聞漢成帝永始元年九月，日有食之，四方不見，京師見。谷永以爲沉湎于酒，禍在内也。二年二月，日有食之，四方見，京師不見。谷永以爲百姓屈竭，禍在外也。臣愚以爲永之所言，似未協天意。夫四方不見、京師見者，禍尚淺也；四方見、京師不見者，禍寖深也。日者人君之象，天意若曰，人君爲陰邪所蔽，灾應明著，天下皆知其憂危，而朝廷獨不知也。由是言之，人主尤宜側身戒懼，憂念社稷。而群臣乃始相率稱賀，豈得不謂之上下相蒙，誣罔天譴哉。又所食不滿分數者，曆官術數之不精，當治其罪，亦非所以爲賀也。伏望陛下明敕有司，若六月一日更有日食之異，❶或四方見京師不見，或所食不滿分數，皆不得奉表稱賀，以重皇天之怒，則天下幸甚。臣職在禮部，掌群臣慶賀章表，不敢不言。

❶「更」，《温國文正司馬公文集》卷一八《日食遇陰雲不見乞不稱賀狀》作「果」。

英宗即位，光爲殿中侍御史，乞體量京西陝西灾傷疏曰：

臣竊聞京西、陝西兩路，自夏末以來，殊少雨澤。秋田豐稔者，所收不過五分，枯旱之處，所得尤薄。而官司或務爲聚斂，民有訴旱者，不肯受接。道塗嗷嗷，頗多怨讟，已有流移就食他方者。况此兩路，昨來供應山陵，百姓最爲勞苦，朝廷尤宜優恤，伏望特降詔旨下兩路，體量應有灾傷之處倍加存撫，寬其租税。敢有抑塞旱狀不爲收接者，嚴加譴責，庶使困窮之民有所赴訴。

治平元年，光知諫院，乞車駕早出祈雨劄子曰：

臣伏見權御史中丞王疇等建言，乞陛下循真宗故事，幸諸寺觀祈雨。朝廷雖從其所請，而講議選日，已踰旬浹，至今車駕未出。衆論狐疑，皆云事恐中輟。臣愚竊以陛下踐祚已踰期年，京城百姓未聞屬車之音。重以屬者聖體不安，遠方之人妄造事端，訛言未息。若聞車駕一出，則遠近釋然，莫不悦喜。况今春少雨，麥田枯旱，禾種未入，倉廩虚竭，閭里飢愁。陛下爲民父母，當與之同其憂勞，祈禱群神，豈可晏然視之，不以疚懷？况詔命已降，流聞四方，若復遷延，久而不出，則道路之人愈增猜惑，不若曏時初無此議也。且王者以四海爲家，故稱乘輿，或稱行在。今車駕蹔出，近在京城之内，亦何必拘瞽史之言，選揀時日，而忘萬民朝夕之急？殆非成湯桑林、周宣《雲漢》之意也。臣愚伏望陛下斷自聖志，於一兩日之間，車駕早出，爲民祈雨，以副中外喁喁之望。

二年二月，知磁州程珦上奏曰：

臣伏覩詔敕，以年來水潦爲沴，八月庚寅大雨，應中外臣寮並許上實封言時政闕失及當世利病。此蓋皇帝陛下承祖宗大業，嚴恭天命，祗畏警懼之深也。天下士民欽聞德音，苟有知見，孰不願披忠瀝懇，上達天聽？臣雖至愚，官爲省郎，職分郡寄，敢不竭其區區之誠以應明詔！惟陛下寬其狂易之誅，賜之省覽，則天下幸甚。

臣聞水旱之沴，由陰陽之不和；陰陽不和，繫政事之所致。是以自昔明王，或遇灾變，則必警懼以省躬之過，思政之闕，廣延衆論，求所以當天心、致和氣。故能消弭變異，長保隆平。昔在商王中宗之時，有桑楮之祥；高宗之時，有鳴雉之異。二王以爲懼而修政行德，遂致王道復興，皆爲商宗。百世之下，頌其聖明。今陛下嗣位之初，比年陰沴，聖心驚畏，特下明詔，以求政之闕，❶誠聖明之爲也。然臣觀近古以來，引咎之詔，自新之言，亦世有之。其如人君不由於至誠，天下徒以爲虛語，豈復有如商之二宗興王道於既衰者乎？臣願陛下因此天戒，奮興善治，思商宗之休實，鑑後代之虛飾，不獨消復灾沴於今日，將永保丕基於無窮。

伏觀詔旨：「時政闕失，當世利病，可以佐元元者，悉心以陳，毋有所諱。」臣竊惟天下之勢所甚急者，在安危治亂之機。若夫指一政之闕失，陳一事之利病，徒爲小

❶「闕」，原作「聞」，今據《四庫全書》本、《二程文集》卷六《爲太中上皇帝應詔書》、《宋朝諸臣奏議》卷四一《上英宗應詔論水災》改。

補，不足以救當世之弊，而副陛下勤求之意也。所謂安危治亂之機，臣請條其大端。

所謂安且治者，朝廷有綱紀權持，總攝百職庶務，天下之治，如網之有綱，裘之有領，舉之而有條，委之而不紊也。郡縣之官，得人而職修，惠養有道，朝廷政化，宣達于下也。百姓安業，衣食足而有常心，知孝悌忠信之教，率之易從，勞之不怨，心附於上，固而不可摇也。化行政肅，無姦宄盜賊之患。設有之，不足爲慮。蓋有殲滅之備，而無響應之虞也。民心和而陰陽順，無水旱蟲螟之灾。❶有之，不能爲害。蓋倉廩實，府庫充，官用給於上，民食足於下也。武備修而威靈振，蠻夷戎狄，無敢不服。雖有之，不足爲憂。蓋甲兵利而儲備豐，將善謀而士素練也。

此六者，所謂安且治者。今之事一皆反是。朝廷紀綱，汗漫離散，莫可總攝。本原如此，治將安出？郡縣之官，選不以道，更易之數，雖時謂才者尚莫能稱其職，況庸常者乎？循常苟安，浸以成俗，舉世以爲當然。政治廢亂，生民困苦，朝廷雖有惠澤，孰能宣布以達於下？所與共理者如此，天下可知矣。百姓窮蹙，日以加甚，而徭繁賦重，剥削之不息，天下户口雖衆，而自足者益寡。司牧者治其事爾，非有師保左右之也，其善惡勤惰，趨利避害，或昧而反之，不從其自然。❷而困之陷之之道，又非一塗。人用無聊，苟度歲月，驅之於治則難格，率之於惡則易摇。民惟邦本，本根如

❶「灾」，原作「人」，今據《四庫全書》本、《二程文集》、《宋朝諸臣奏議》改。

❷「不」，《二程文集》作「一」。

是，邦國奈何。民無生業，極困則慮生；民不漸善教，思利則志動。乘間隙則萌姦宄，逼凍殍則爲盜賊。今兹幸無大故，尚爾苟安。設或遇大饑饉，有大勞役，姦雄一呼，所在必應。以今無事之時，尚恐力不能制，況勞擾多事之際乎？天下安危，實繫於此。保民之道，以食爲本。今自京師至于天下，計平時之用，率無三年之蓄。民困空匱，則又甚焉。以萬室之邑觀之，有厚蓄者百無二三，困衣食者十居六七，統而較之，天下虚竭可知矣。豐年樂歲，饑寒見於道路。一穀不稔，便致流轉。卒有方數千里，連數年之水旱，不知何以待之？姦盜鋒起於内，夷狄乘隙於外，雖欲爲之，末如何矣。戎狄彊盛，古未有此。歲輸金帛以修好，而好不可恃；窮天下之力以養兵，而兵不足用。尚幸二虜無謀，厭小欲而忘大利，故我得以紓朝夕之急。若其連衡而來，則必興數十萬之衆，宿於邊境，饋餉不繼，財用不充，將何以濟乎？驕惰之兵，縱無奔潰之患；曠日持久，終有消窮之虞。又況征斂興發而民人轉亡，饑饉愁怨而姦雄競起，事至於此，興衰可知。以此觀之，天下之勢，安乎？危乎？

凡此數端，皆有危亡之虞。而未至於是者，不識朝廷制置能使之然耶？抑天幸而偶然耶？幸然之事，其可常乎？先皇帝至仁格天地，保持之以至於今，歷時既久，言者既已多，朝廷遂以爲果不足憂也，可以常然，姑維持之而已，雖聞至深至切之言，不爲動也。嗚呼！貽天下之患，必由於是乎？今天下尚無事，朝廷宜急思所以救時之道。不然，臣恐因循歲月，前之所陳者一事至，則爲之晚矣。中人之家，有百金之産，子孫保守，不敢不念。陛下承祖宗大業，可不懼乎？

今言當世之務者，必曰所先寬賦役也，勸農桑也，實倉廪也，備灾害也，修武備也，明教化也。此誠要務，然猶未知其本也。臣以爲所尤先者有三焉，請爲陛下陳之：一曰立志，二曰責任，三曰求賢。今雖納嘉謀，陳善算，非君志先立，其能聽而用之乎？君欲用之，非責任宰輔，其孰承而行之乎？君相協心，非賢者任職，其能施於天下乎？三者，本也。制於事者，用也。有本不患無其用。三者之中，復以立志爲本，君志立而天下治矣。

所謂立志者，至誠一心，以道自任，以聖人之訓爲可必信，以先王之治爲可必行，不狃滯於近規，不遷惑於衆口，必期致天下三代之世，此之謂也。夫以一夫之身，立志不篤，則不能自修。況天下之大，非體乾剛健，其能治乎？自昔人君，孰不欲天下之治？然而或欲爲而不知所措，或始鋭而不克其終，或安於積久之弊而不能改爲，或惑於衆多之論而莫知適用。此皆立志不堅故也。❶臣觀朝廷每有善政，鮮克堅守，或行之而天下不從。請舉近年一二事以明之。

朝廷以今之任人，未嘗選擇，一用薦舉之定式，患所舉不得其人也，故詔以飭之。非不丁寧，然而當任者如弗聞也。陛下以爲自後所舉果得其人乎？曾少異於舊乎？又以守令數易之害治也，詔廉察之官，舉其有善政者，俾之再任，于今未聞應詔者。豈天下守令無一人有善政耶？苟誠無之，朝廷負生民不已甚乎？且以爲善

❶「立志不堅」，《二程文集》作「上志不立」。

政行之，何不使天下奉承以見其效？若曰非不欲必行也，奈天下不從何？如此，則是政令不行矣，將如天下何？此亦在陛下而已。苟陛下之志先立，奮其英斷以必行之，雖彊大諸侯，跋扈藩鎮，亦將震慴，莫敢違也，況郡縣之吏乎？故臣願陛下以立志爲先，如臣前所陳，法先王之治，稽經典之訓，篤信而力行之，救天下深沉固結之弊，爲生民長久治安之計，勿以變舊爲難，勿以衆口爲惑，則三代之治可望於今日也。若曰人君所爲不可以易，易而或失，其害則大。臣以爲不然。稽古而行，非爲易也。歷觀前史，自古以來，豈有法先王，稽訓典，將大有爲而致敗亂者乎？惟動不師古，苟安襲弊，卒至危亡者則多矣。事據昭然，無可疑也。願陛下不以臣之疏賤而易其言，則天下幸甚。

所謂責任者，夫以海宇之廣，億兆之衆，一人不可以獨治，必賴輔弼之賢，然後能成天下之務。自古聖王，未有不以求任輔相爲先者也。在商王高宗之初，未得其人，則恭默不言，蓋事無當先者也。及其得説而命之，則曰：「濟川作舟楫，歲旱作霖雨，和羹爲鹽梅。」其相須倚之如是。此聖人任輔相之道也。夫圖任之道，以謹擇爲本。擇之謹故知之明，知之明故信之篤，信之篤故任之專，任之專故禮之厚而責之重。擇之謹則必得其賢，知之明則仰成而不疑，信之篤則人致其誠，任之專則得盡其才，禮之厚則禮貌尊而其勢重，責之重則自任切而功有成。是故推誠任之，待以師傅之禮，坐而論道，責之以天下治，陰陽和。故當之者自知禮尊而任專，責深而勢重，則挺然以天下爲己任，故能稱其職也。雖有姦諛巧佞，知其交深而不可間，勢重而不可摇，亦將見息其邪謀，歸附於正矣。後之任相者異於是。其始也擇之不謹，故知之不明。知之不明，故信之不篤。信之不篤，故任之不專。任之不專，故禮之不厚而責之不重矣。擇不謹則不得其人，知不明則用之猶豫，信不篤則人懷疑慮，任不專則不得盡其能，禮不厚則其勢輕而易摇，責不重則不稱其職。是故任之不盡其誠，待之不以其禮，僕僕趨走，若吏史然。文案紛冗，下行有司之事。當之者自知交不深而其勢輕，動懷顧忌，不肯自盡，上懼君心之疑。下虞群議之奪，故蓄縮而不敢有爲，苟循常以圖自安爾，君子弗願處也。姦邪之人，亦知其易摇，日伺間隙。如是，其能自任以天下之重乎？

若曰非任之難，知之惟難，且何以知其賢而任之？或失其人，治亂所繫，此人君所以難之也。臣以爲知人誠難，亦繫取之之道如何爾。臯陶爲帝謨曰：「在知人。」禹吁而難之。及其陳九德，載采采，則曰：「底可績。」蓋詢行考實，人焉廋哉。歷觀前史，自古已來，豈有履道之士，孝聞於家，行著於鄉，德推於朝廷，節見於事爲，其言合聖人之道，其履蹈經典之訓，❶及用之於朝，反致敗亂者乎？用是而求，其有差乎？若乃人君以爲賢，而用之卒敗於事者，古亦多矣。稽迹其由，蓋取之不以其道也。大率一言一事，合於己心則謂之才而用之，曾不循核本末，稽考名實，如前之云。傷民害政，不亦宜乎？四海之大，未始乏賢，誠能

❶「履」，《二程文集》作「施」。

廣聰明，❶揚側陋，至誠降禮，求之以道，雖皋、夔、伊、周之比，亦可必有。賢德志道之士，皆可得而用也。

願陛下如臣前所陳，既堅求治之志，則以責任宰輔爲先，待之盡其禮，任之盡其誠，責之盡其職。不患其不爲，患其不能爲。不患其不能爲，患其不得爲。蓋不爲者可責之必爲，不能爲者可勉而能爲，惟不得爲則已矣。所謂不得爲者，君臣之志不通，懷顧忌而不肯自盡，此由失待任之道也。今執政大臣皆先朝之選，天下重望，陛下責任之而已。臣願陛下延召宰執，從容訪問今天下之事爲安爲危，爲治爲亂，當維持以度歲月乎？當有爲以救其弊乎？如曰當爲，則願示之以必爲之意，詢之以所爲之政，審慮之，力行之，時不可後，事不可緩也。如曰非不爲也，患不能也，則天下之廣，豈無賢德可以禮問？朝廷之上，豈無英髦可以討論？有先王之政可以考觀，有經典之訓可以取則，道豈遠哉？不求爾。在君相協心勤求，力爲之而已。如曰無妄爲也，姑守常而已，則在陛下深思而明辨之。唐文宗之時，大權漸奪，天下將亂，而牛僧孺欺以爲治矣。史册書之，可爲明鑑。今陛下聖明，執政忠良，無是事也。伏願陛下不以臣之疏賤而易其言，則天下幸甚。

所謂求賢者，夫古之聖王所以能致天下之治，無他術也，朝廷至於天下，公卿大夫，百職群寮，皆稱其任而已。何以得稱其任？賢者在位，能者在職而已。何以得賢能而任之？求之有道而已。雖天下常用易得之物，未有不求而得者也。金生於山，

❶「聰明」，原無，今據《二程文集》補。

木生於林，非匠者採伐，不登於用。況賢能之士，傑出群類，非若山林之物，廣生而無極也，非人君搜擇之有道，其可得而用乎？自昔邦家張官置吏，未嘗不取士也。顧取之之道如何爾。今取士之弊，議者亦多矣，臣不暇條析，而言大概。投名自薦，記誦聲律，非求賢之道爾。求不以道，則得非其賢。間或得其才，適由偶幸，非知其才而取之也。朝廷選任，盡自其中，曾不虞賢俊之棄遺于下也。果天下無遺賢耶？抑雖有之，吾姑守法於上，不足以爲意耶？將科舉所得之賢，已足自治而不乏耶？臣以爲致天下今日之弊，蓋由此也。以今選舉之科，用今進任之法，而欲得天下之賢，興天下之治，其猶北轅適越，不亦遠乎？

臣願陛下如臣前所陳，既立求治之志，又思責任之道，則以求賢爲先。苟不先得賢，則雖陛下焦心勞思，將安所施？誠得天下之賢，置之朝廷，則端拱無爲而天下治矣。此所謂勞於求賢，逸於得人也。歷觀前史，自古以來稱治之君，有不以求賢爲事者乎？有規規守常以資任人，而能致大治者乎？有國家之興，不由得人者乎？由此言之，用賢之驗，不其甚明？若曰非不欲賢也，病求之之難也。臣以爲不然。夫以人主之勢，心有所嚮，天下風靡景從。設若珍禽異獸，瓌寶奇玩之物，雖遐方殊域之所有，深山大海之所生，志所欲者，無不可致。蓋上心所好，奉之以天下之力也。若使存好賢之心如是，則何巖穴之幽不可求？何山林之深不可致？所患好之不篤爾。

夫人君用賢，亦賴公卿大臣推援薦達之力。今朝廷未嘗求賢，公卿大臣亦不以求賢取士爲意。相先引彙，世所罕聞；訪道求師，貴達所耻。大率以爲任己可也，士將安補？今世無賢，求之何益？夫以周公之聖，其自任足矣，尚汲汲求賢以自輔也。以其聖且好賢，與知人之明，宜天下之賢皆爲之用，莫有遺也，尚乃日不暇給，恐失天下之士。後之人，其才不及周公，而自謂足矣，不求賢以自輔也。以其不求，且知之不明，宜賢者在下之多也。乃曰天下無賢矣。噫，何其用意與周公異也！欲其助皇明，燭幽隱，不可得也。然亦係上之所爲而已。陛下誠能專心致志，孜孜不倦，以求賢爲事，常恐天下有遺棄之才，朝廷之上，推賢援能者登進之，蔽賢自任者疏遠之，自然天下嚮風，自下及上，孰不以相先爲善行，薦達爲急務？搜拔既廣，雖小才片善，無所隱晦。如此，則士益貴而守益堅，廉耻格而風教厚矣。得天下之賢，則天下之治不足道也。

今世人情淺近，積習成俗，朝廷進人，苟循常法，則雖千百而取，群伍而用，庸惡混雜，曾不以爲非。設或拔一賢一善出於不次，則求摭小差，衆議囂沸。如真廟擢种放，先朝擢范仲淹是也。設非君心篤信，寧免疑惑，反自爲過，此所以非常之舉，曠久不行也。伏見近日陛下不由言薦，擢范純仁置之言路，在今世爲非常之舉。純仁名臣之子，有才名，在位多言其能，陛下擢之，當也。然臣願陛下自信勿疑，純仁果賢，則陛下知人之明也。如用之而無顯效，則亦曰吾勞心任人，雖未得其效，亦無愧於天下矣。設或大敗厥職，則亦曰吾之失也，當益務選擇，期於得人爾。蓋拔十得五，才不可勝用；求賢而失，尚愈於不求。誠持是心，何患不得賢也？方陛下用純仁，識者皆喜，臣獨憂之，何者？陛下始奮英斷拔一人，誠恐或有差失，遂抑聖心，以爲專守常規，可以無過，不復以簡擢爲意，則天下將何望焉？此在陛下自信勿疑而已。願陛下不以臣之疏賤而易其言，天下幸甚。

臣前所陳三者，治天下之本也。臣非不知有興利除害之方，安國濟民之術，邊境備禦之策，教化根本之論，可以爲陛下陳之。顧三者不先，徒虚言爾。三者既行，不患爲無術也。願陛下以社稷爲心，生民爲念，鑑苟安之弊，思永世之策，賜之省覽，察其深誠，萬一有毫髪之補於聖明，臣雖被妄言之誅，無所悔恨。昔賈誼爲漢文言治亂，漢文不能用者，百世之下爲譏病。陛下勿使後之視今，猶今之視昔，則天下不勝幸甚。狂瞽之言，惟聖明裁恕。

知諫院兼侍御史知雜事吕誨上奏曰：

臣伏覩詔音，責躬引咎，博訪群臣，有以見聖德之至矣。臣聞陰陽和則風雨時，王道正則百川理，五事不修則物不遂性，灾沴繇兹而生矣。斯政化通於天地，見效可信者。天以變異告戒人君者，欲恐懼修省，振起頽弛。如其怠荒，不新厥德，外無保民之慮，中無應變之實，則咎罰薦臻，危亡及之，甚可畏也。方秋令向深，氛潦當息，而霖雨驚驟，泉源湧溢，蕩覆廬舍，墊溺民命。京師訛言，幾至生亂，誠異常之變矣。陛下即位之初，事無過舉，灾沴遽作，殆人情久鬱，怨愁之氣，積陰而成。天意愛陛下之深，以是譴告，不可不求其原也。臣謹按《洪範》曰：「肅，時雨若。狂，常雨若。」肅者貌之恭，狂者事之妄。居上則言動必謹，謀慮必審，號令必信，賞罰必當。一有其妄，咎證斯應。《五行志》曰：「簡宗廟，廢祭祀，水不潤下。」水者北方萬物終藏之地。神道居陰，尚乎安静。虔恭廟祭，所以昭孝道也。廼者濮安懿王一事，始議或將與仁廟比崇，終罷追封，不及燕王之例。禮失中而孝不足，是亦幾乎慢也。京房《傳》曰：「飢而不損謂泰，厥灾水。」謂下民饑饉，上宜減損。去冬及春，許、潁等郡大荒。上方多不急之用，後苑有淫巧之工，宜裁減以崇儉約，量入制用，正在今日也。又曰：「避遏有德，厥灾水。」蓋以有德之人，壅遏而不用也。今則官不試職，名不副實，賢不肖溷淆於下。而况前席詳延，無非藩邸之舊；清塗進用，皆出權臣之門。忠良之人，寧無解體？古者以功舉賢，則萬化成而瑞應著；以毁譽取人，故功業廢而灾異至。斯皆前世已驗之明者，陛下當翼翼循思，追救其失，庶幾消復之理也。然陛下側身恐懼，祗悔誠深，方注意輔臣代天理物，陰陽不順，風雨不時，天變於上，人怨于下，❶致時政之闕失，咎將安歸？臣備員風憲，無補聰明。朝綱之頹弛，時政之闕失，職臣之繇，罪在不赦。詔命既下，著位之臣莫不輸忠畢慮，仰副諮詢，惟陛下省覽無倦。言或可用，克己行之。日謹一日，惟新盛德，更張治具，隱恤民病，感召和氣，以塞灾變。如曰休咎數也，治亂勢也，四輔俱賢，百工皆舉，不責人事，委之天理，臣恐天心未應，沴氣還復，人情動摇，邦國傾矣。愚臣之言，不識忌諱，唯聖明加察焉。

❶「上人怨于」四字，原脱，今據《長編》卷二〇六治平二年八月乙未條補。「天」，原作「灾」，今據《長編》改。

監察御史裏行呂大防應詔論水災疏曰：

臣伏覩乙未詔書，以水潦之變，責躬恤物，延問得失。禹、湯之引咎，漢文之恭己，不過是也。臣伏覩自古人君之失德，必皆有嗜好偏篤、難改之行以害政事。或好征伐，或好田獵，或好聲名，或好行幸，或好治宫室。故臣下之言不可入，而君上之過終莫能改，則天爲出變異以警懼之。如漢文帝之賢，唐太宗之明，皆不免此累。伏惟陛下纂承大統，三年于兹，勤修虜好，屏棄物玩，減後宫之冗，罷不急之費，早朝晏罷，日謹一日，於前數者曾無一焉。而天變之大，如此之甚，臣竊思殆非出於陛下之聖躬，而率由政事之失。臣得爲陛下詳布其説。蓋以天之告人，不能諄諄然，而常以象類示。今雨水之患，至入宫城，壞廬舍，殺人而害物，此陰勝陽之沴也。以人事而言，君弱臣彊，陰勝也。夷狄謀中國，盗賊害平民，亦陰勝也。臣雖愚昧，蒙陛下非次拔擢，日夕爲陛下講求，思慮當今之故，與今日之所宜，無出八事之大：一曰主恩不立，二曰臣權太盛，三曰邪議干正，四曰私恩害公，五曰夷狄連謀，六曰盗賊恣行，七曰群情失職，八曰刑法失平。

何謂主恩不立？陛下自即位以來，所與日相見者，兩府之臣七八人。時與之相見，少接其語言者，兩制主判之臣、經筵侍從、諫官御史輩又數十人。陛下之臣，五日一謁於廷下四五百人，而所與相見，接其語言，日纔一二。如此，則何以通君臣之情哉？至如館閣省府之官，皆陛下選擇養育以進用之人，而有平生未嘗識陛下之龍顔者，此臣所未諭也。竊料陛下非憚其勞而不見，特以故事如此，不能遽改而已。唐之制有待制，本朝建隆、乾德、咸平、天聖，皆常行之。又祖宗臨御，往往非次宣召臣寮，訪以政事。或行幸書林，接見儒臣。臣愚以爲宜復轉對之制，及許轉運判官辭見，并權發遣三司判官授差遣，及委審官擇大郡，自來選差知州人，並令上殿，仍乞非時宣召臣寮以問政事。群臣之情達，則主恩立矣。

何謂臣權太盛？進退百執事，皆由宰司進擬，而陛下直可其奏者，十則十，百則百。故中外之臣，有被任使、當進擢，惟知出執政之門，而罕有歸恩於陛下。士大夫相語，以得官爲經營有力，以失職爲某人不喜。如此，則望宣力盡忠之臣，豈易得哉？臣愚以爲小官冗職，不必煩陛下揀擇。至於修起居注，集賢、史館修撰，天章閣侍講，三司副使，此四五職，名僅及十員，皆進用兩制之門。陛下苟不以留意，則庸人下才，依託干請，從此而進，遂爲陛下侍從之臣。一旦有緩急，須將帥之才，則常患無人，退之則無名，進之則無補，置而不用則位高禄重。陛下試觀今日兩制之臣如此者有幾，即可見其所從來者不謹選也。陛下何不遍接識凡今館閣省府之臣，陰察其可用者記之于籍，間復參問近輔左右之臣，以驗其實。乃與大臣議，某人堪某官、任某事。假如修注、修撰、侍講、副使，共須十員，則采察二十人以待之。遇一官闕，陛下召而接之，則恩自陛下出矣，無經營馳騁之患矣。至如其他進擬，有不合陛下意者，當退而改之。如此，則臣權不盛矣。

何謂邪議干正？昨者朝廷參議濮安懿王典禮，衣冠草茅之士，無賢不肖，上至陛下左右侍從、素所取信之臣，皆以爲出繼帝統，大義甚重，不宜復顧私親追榮之禮，當據禮經。而兩漢衰世故事，不可援用。然一二姦人，内希陛下追懷之意，外協大臣不正之議，而復結濮宫諸貴人之歡，遂不顧公議，妄進邪説，以白爲黑，以是爲非，惑亂聖聽，中外切齒。臣愚以爲應因濮安懿王論奏文字一切付外，委未嘗預議近臣覆定可否，宣示四方，則陰邪之人不敢干正矣。

何謂私恩害公？自古人君即位，無不有攀附故舊之臣。然賢智之君，待故舊之意，恩寵甚重。而至於議政事、論國體，則必與天下之才共之。漢文帝不訪宋昌，而用賈誼、袁盎以議當世之政，不屬景帝以張武，而謂周亞夫爲可用。唐太宗之論人物，薄高士廉、唐儉，而引重劉洎、馬周，其用王珪、魏證也，❶皆仇敵之餘，豈嘗計其新舊親疏哉？陛下比日以來，數引見藩邸之臣，恩禮甚厚。外人不知，皆以爲陛下與之議政事、論人物。誠如此，則害聖德多矣。緣此等人材至下，止可待以恩厚，不宜置之顯路，則私恩雖厚，不害公議矣。

何謂夷狄連謀？元昊晚年，君臣相疑而父子結隙，謀臣壯士，往往被誅。又累爲唃氏所敗，遂有休兵願和之意。而疆臣急於進取，激其成功，❷議和之初，許與太原，歲遺金帛之直蓋三十萬緡。戍邊之兵不能大減，比之寶元以前，戍兵增五六萬，而歲費約二百餘萬。故關中民力之困，而内帑泄於二虜而益虚。今諒祚少年繼襲，多招

❶「證」，當作「徵」，作者避宋仁宗名諱改「徵」作「證」。

❷「激」，《宋朝諸臣奏議》卷四一《上英宗應詔論水災》作「徼」。

亡命與之爲謀，有窺關輔、劍南之意，不獲其意，則又邀朝廷乞增賜予而後已。頗聞近歲與北虜交通，人使旁午。狄人則利羌之賂，羌則恃狄之援，脣齒相依，掎角爲寇。其可不早爲計耶？臣愚以爲擇將帥，增參佐，則邊備可講；置都護，結唃氏，則分諒祚之勢，絶劍南之患；寬禁約，撫屬羌，則防落漸備；久任堡障之戍，得自爲政，則夷狄見畏矣。

何謂盜賊恣行？今京東之民，日夕爲盜之家，往往不敢申舉者，蓋官不能得盜，復能爲害於申舉之家，是盜之威勢常大於官司矣。久而不禁，則屯聚嘯集，以覆州縣如反掌耳。臣愚以爲多盜之邑，令監司舉縣尉，别爲改官之格，以激勸之。以捕盜殿最以課監司、守令，則盜賊消矣。

何謂群情失職？今審官所差知州、通判，得替而赴闕，久而後差，常在一年半之後，而待次者又常及一百人，知縣、監當者，略同其比。是常參之官不釐務，而請俸者常及其半。其弊蓋由每歲流内轉官之類僅及百人，其上簿而待遷者又數百人。凡諸銓未遷者，常及三年而後得。此蓋法之敝也。臣愚以爲改磨勘之法，量入流之數，則群情不失矣。

何謂刑罰失所？今大理、審刑、刑部乃天下所觀定法之地。❶用法不當，立比不一，莫甚於此。蓋法官銓擇，殊爲滅裂。臣愚以爲更法官之法，則刑罰得中矣。

鄭獬論臣寮極言得失疏曰：

臣伏見詔書，以京師大雨爲沴，壓溺者

❶「刑刑」，原作「刑」，今據《宋朝諸臣奏議》補。

衆，許中外臣寮極言得失者。茲實陛下側身求過，思有以消復之，天衷懇懇，至於魚蟲草木，莫不感動，況於能言者哉。臣竊伏思，今陛下發詔以求忠言，將欲用之耶？將欲因災異舉故事而藻飾之耶？苟欲藻飾之，則固無可議者。必欲用之，則臣願陳其方。臣觀前世之君，因怪變而求諫者甚衆，書之史冊，張以爲美事。及考其實，則能用其言而載於行事者，蓋亦鮮矣。徒使後世襲蹈，以爲帝王之值災異者，於此空言而足矣。曷足謂之罪己修德者耶？今詔旨一發，天下忠義之士，必有極其所藴以薦諸朝者。此當有益於治道，不爲妄作。然而疊章累疏，繁委而並集，則陛下果能環復而究覽之耶？計陛下一日萬機，必未能然爾。而將欲如平時章疏，事關深密者則留中不出，事繫政體者則下中書，事屬兵要者則下樞密院，兩府覆奏，則又下群有司及郡邑，至於無所行而後止。如此，則是有求諫之名而無求諫之實，與前世之爲空言者等耳。臣竊謂陛下萬機之繁，既未能遍覽，則宜選置官屬，令專掌之。❶今之群臣所上章疏，日許兩府及近臣番休更直，便殿賜坐，與之從容條陳講貫。其可者則熟究而行之，不可則罷之，有疑焉則廣詢而後決之，群言得而衆事舉，此應天之實也。夫下之爲言也甚難，而上之聽者常忽焉。自非忠憤激於心，則孰肯隳肝膽而冒忌諱者哉？古之能建立功業者，未嘗不好諫也。好之者，繇其能褒進而招徠之也。太祖、太宗時，言事者多被甄賞。自近年以來，茲事寥

❶「之」，原無，今據《鄖溪集》卷一一《論臣僚極言得失疏》、《長編》卷二〇六治平二年八月乙未條補。

闊。仁宗寬仁，最能容直言，而亦不能甄賞也。願陛下采群臣之章疏，如其宏謀偉論可施於當世者，則召見之，與之共議。不惟質其言，且以觀其材，大者擢之以職任，次者加賜金帛，無取焉，報罷之。如此，則陛下下詔有實言，得言有實用。且使史册書之，以爲某年大水，詔求直言，用某人言行某事，以紬夫前世之爲空言者，則無令陛下下詔書藏於有司，復爲數幅空紙而已。惟乞陛下斷而行之，則臣不勝大願。

時大雨霖，灾異數見，論者歸咎濮議，李清臣廷對奏曰：「天地之大，譬如人一身，腹心肺腑有所攻塞，則五官爲之不寧。民人生聚，天地之腹心肺腑也；日月星辰，天地之五官也。善止天地之異者，不止其異，止民之疾痛而已。」

進士范百禄對策曰：

簡宗廟、廢祭祀，則水不潤下。昔漢哀尊共皇，河南、潁川大水；孝安尊德皇，京師、郡國二十九大水。蓋大宗隆，小宗殺；宗廟重，私祀輕。今宜殺而隆，宜輕而重，是悖先王之禮。禮一悖，則人心失而天意睽，變異所由起也。

龍圖閣直學士吕公著上奏曰：

臣聞水旱之灾，雖聖人在上，不能免也。然聖人在上，雖有水旱而終不爲害者，遇灾而恐懼，見異而修德，夙夜自省，以答天戒，故灾可以轉而爲福，危可以徙而爲安。後世人君不知禍福無常，而謂天命爲己有；不知人情可畏，而謂力可以制之。灾害既作矣，猶不自知其非也，乃引堯、湯水旱以爲比，而不知疇咨自責之獲終吉也。故人心不從，天命不祐。災害不已，怪異隨之；怪異不已，傷敗隨之。由是觀之，水旱之災，不能使必無於世，而其終所以安危存亡者，在懼與不懼耳。伏惟陛下蒞政已來，日孳孳於庶事。然累歲旱潦，人多疫疾。又近者大雨爲沴，下民昏墊，陛下徹宴損膳，下毋諱之詔，開直言之路，將克己自新以求天意。然臣愚獨以爲此皆常事，猶未足以弭大災也。唯當兢兢業業以求己過，自奉先養親，以至於任官使人，求賢納諫，愛民節用，無不物物而思之，行所未行，補其闕誤，以謝天心，以順人意，則社稷幸甚。

三年，翰林學士承旨張方平上言曰：

臣自到闕，伏見陛下以垂象之變，避正殿，減膳降服，恤刑罷宴，徹聲樂，弛力役，所以修省答天戒者甚至。竊聞退就宫閤，尤爲憂勞，至以聖躬爲民祈請。臣深惟陛下以上聖之資，自在藩邸，其稽古好德，令聞夙著於四方。繼天纂統，越今四年。始初清明，厲精求治。然未聞有以修明紀律，震耀威靈，以究安危治亂根本之議也。前史推彗星之占，率以爲除舊布新之象。中外之因循久矣。官失其守，事忘其舊，綱目頹紊，憲章隳弛，天其或者儻將以是爲告？先賢以爲政譬之鼓琴瑟，不調甚者必當解而更張之。竊觀朝政，殊未遑及此。《晉書》紀何曾侍武帝，退而告其子曰：「吾每對見，未嘗聞經國遠圖，惟説平生常事，非貽厥孫謀之兆也。及身而已，後嗣其殆乎。」後天下亂危，果如其言。今夫萬機庶政，屬在兩府，願陛下以燕暇之時，就清閒之處，延召執政之臣，從容賜坐，垂意訪逮，各使悉心陳治道之要。以陛下之明，而參擇其言，舉其可施行者，以興敝舉廢，救時急務，匪惟修人事，抑以承天意。又比來災眚間作，率由陰沴。夫陰也者，臣道也，妻道也，夷狄之道也，庶民之象也。陛下推是而求之，則天意可見，而消復之道得矣。惟陛下留神幸察。

知諫院傅堯俞上奏曰：

臣伏讀舊史，見前世已然之效，「國家將有失道之敗，而天迺先出災害以譴告之。不知自省，又出怪異以警懼之。尚不知變，而傷敗乃至」。今陛下操有爲之心，以恭儉求治，而大雨壞廬舍，殺人極衆，水入宗廟，冒宮闕，其譴告警懼、丁寧切至之如是者，何哉？臣伏思其所以然之故，蓋有所得。《傳》曰：「簡宗廟，逆天時，則水不潤下。」昔至和大水，當時議者亦以爲簡宗廟之罰。先帝納諫，事即施行。今陛下受天下於先帝，而昭陵之土未乾，執政之臣導陛下以非義，將以濮安懿王爲皇考，於仁宗之廟，簡孰甚焉。是以大失人心，上干天譴，事重於昔，故害亦過之。陛下儻不感悟，臣恐大異仍至，更有甚於此者。陛下縱不能盡逐執政，猶當黜首議之人以謝上下。此固天道，抑又有人事焉。夫兩日之雨，京師之患如此，陛下謂人事修乎？廢乎？賴天之靈，而姑爲譴懼，儻更一日未止者，豈無傷敗之憂？陛下得不爲之寒心哉？臣愚願陛下取禮官兩制之議，遂定濮王封册，黜歐陽脩以暴其所以誤陛下者，使天下較然知此意不出於陛下。然後進修子道，通廣言路。切責三公，以圖後效；重黜水官，以懲不職。庶幾可以厭塞人情，消弭他變。此所謂應天以實不以文，動民以行不以言者也。若謂降詔責躬、許有位粗陳得失，便爲於事已足，患至則惕然知畏，事緩則置而不思，讜正之言，一切不入，於天人之際，適足有所激耳，求福則未之聞也。況公議鬱而不伸，乃復區區以求直言，臣恐天下不以朝廷爲至誠也。方今佞邪之臣衆，將有以天時常數上惑聖聰，甚者又將有堯、湯水旱之説，願陛下深拒絶之，勿使此曹重誤天下。此繫國家安危成敗，幸陛下留神毋忽。

堯俞爲右司諫，上奏曰：

臣伏見霖雨踰月，漸愆秋望，郡國奏報水害已多，都下細民艱窘尤甚。陛下臨朝咨訪，屢軫睿慈，臣雖甚愚，官有言責，既不能通天下之志以開廣聰明，又不能博貫六經求消弭時灾之術，辜負廩禄，罪在無赦。雖然，輒效愚悃，惟陛下留意。臣聞和氣致祥，乖氣致異。祥異之至，固不徒然。陛下自親攬萬機，恭儉求治，宜享慶雲醴泉之應，廼得旱虐雨淫之沴，天人之際，不得乖剌至此。臣謂天當大有之世，其所以責望於陛下者至深至重，故於即位已來，再三爲異以警動之。又懼廋隱微僻之處有所忽者，故用灾譴以告戒陛下。不然，遠方之人寃失職者衆，愁痛憤疾，聚爲乖氣。至於夷狄，中國之陰也，陰盛頗劇，良可爲虞。大河之防，亦宜預慮。伏願亟降德音，引過自予，極懇惻憯怛之語，以感動人心；致恐懼修省之誠，以祇答天意。然後虚懷採納。特詔百官言事，庶幾朝廷闕失與四方幽隱悉獲上達。陛下詳擇於其間，將有所得。況因灾異以求直言，蓋古盛德之所爲也。

堯俞又上奏曰：

臣伏見今歲已來，既旱而水，灾異仍發，臣竊憂之。臣頃嘗有狀，乞陛下下罪己之詔，令百官言事，求所以消弭之術。逮今未蒙收採，誠恐陛下歸之數而已矣。夫天人相與之際，戒懼禳復之説，豈爲欺於後世？就使爲欺，不猶愈於爲數者哉？伏望以臣前狀速賜施行，必有爲陛下道其所以然者。雖然，臣亦嘗有所言矣，今復有得，不敢自默，數干天聽，實冀粗有裨補，然後雖誅死竄殛，無所憾焉。臣竊謂今乾剛未奮，陽明未融，蓋亦致異之一端也。天之譴告懇懇者，其殆以此。臣謹以見事明之。臣近言審刑院、大理寺匿法以罔上，此豈區區彈劾事，臣前奏所謂方今事體無大於此。何則？陛下高居深念，使人不敢欺，則萬事自舉。苟可欺也，何所不至？臣謂陛下朝得臣言，暮行威罰，而遷延浸久，頗若常務。權大理少卿賈壽雖非罪首，實有關通，未聞劾問，遽擢爲提點刑獄。是豈嫉惡姦猾、開廣言路之旨乎？臣雖至愚，豈不知摭拾小碎可以取容倖進，觸犯衆怒非安身之術？其盡悃愊以深言者，欲上副陛下求治之意，以整齊權綱。陛下儻不以爲然，臣亦安事於貽患招悔者乎？臣又聞法官復有事狀之説，竊恐此語亦曾上聞，蓋重爲欺耳。凡斷案微有情節不圓，乃以事狀改正，安有出入人罪，已經奏斷，可用事狀修改？苟如是，何用不許舉覺條貫？若果有此説，乞陛下取許入事狀改正及不在舉覺兩道全條，特賜親覽，則是非即判。臣與盧士宗輩素無嫌隙，誠嫉其舞文挾詐而虧損陛下德聲。陛下儻亮臣孤忠，奮然獨斷，則天日剛明可以變積陰之沴，朝廷肅正可以杜群枉之萌。

歷代名臣奏議卷之三百一

本卷王鵬校點

歷代名臣奏議卷之三百二

災　祥

宋神宗熙寧元年，翰林學士呂公著論淫雨地震疏曰：

臣伏見夏秋之交，淫雨爲沴，廼甲申地震京師，天威不遠，譴告甚明，此誠陛下抑畏修省之時也。臣竊考自昔人君，每有變異，或因恐懼而致福，或以簡誣而致敗。蓋古之王者，知禍福無不自己，故側身修行以求消復，則天之應也，敏若影響，此所謂恐懼以致福者也；至於後世，乃以爲天地災眚皆有常數，或專修外事，或歸過於下，則是坐視天災，無復自飭，此所謂簡誣以致敗者也。恭惟陛下以聖德在位，將興太平，然而災害重仍，殆有以警懼陛下。臣愚以爲必須歷考庶事，正所未正，則災可轉而爲福。《書》曰：「惟德動天，無遠弗屆。」言至誠之道修於己，則足以感神人也。又曰：「天聰明，自我民聰明。」君能感人，然後可以動天也。蓋人之情僞，最爲難知，上雖以至誠待下，猶恐有不應者。是以古之王者，臨朝接物，莫不以此爲大務。故衆多之臣，皆思盡誠以應之，而不敢挾機以事其君，國耳忘家，主耳忘身，上下如一，至誠無間。如此而天意弗豫，變異不消者，未之有也。在《易》之《咸》曰：「君子以虛受人。」夫衆人之言不一，而至當之論難見，君子者能不自用而欲令天下之公議，❶猶恐未能盡天下之善也。然而論議者，固有其言不正而可喜，其理似是而實非者，不幸而先入之，則後雖有至當之論，亦難於必受也。是以古之王者，去偏聽獨任之弊，而不主先入之語，故能慮無遺策，而不爲邪説所亂。昔顔淵問爲邦，孔子曰：「遠佞人。」蓋佞人之在君側也，先意承旨，惟恐不合於君，則其勢必久而愈親；賢者之在君側也，直言正行，惟恐不合於義，則其勢必久而愈疏。此孔子所以欲遠之。《書》曰：「常厥德，保厥位，厥德靡常，九有以亡。」言天子者，臣下所稟令，不常其德，則人無所錯手足。是以古之王者，思爲可久之德，而事不輕發。方其令之未出也，無所不謹；則令之既出也，無所不行。《書》曰：「三載考績，三考黜陟幽明。」夫以堯、舜之聰明，其於群臣之能否，必至於三考九載而後黜之者，蓋以知人至難，而功用復不可遽見。若徒以一事之得失，一人之毁譽，不待乎久，不究其他，因以定臣之賢不肖而進退之，則所處未必盡當。所處未當，則復有更易。更易既多，則人懷苟且之心，而世無安治之實矣。昔商宗遭鼎雉之異，而祖己訓諸王曰：「惟先格王，正厥事。」夫灾變之來，固不虚發，而天意所指，蓋亦難知。惟王者能因事修飭，以答明戒，則精祲之交，安有不達？然自漢儒以來，言灾異者始穿鑿經意，附會時政，人君若聽其所言，專備一事，脱非灾變所爲起，則得不違天心乎？臣是以竊慕祖己之義，不敢爲漢臣之説，伏望陛下省留聖意，

❶「欲令」，《宋朝諸臣奏議》卷四二《上神宗論淫雨地震》作「考合」。

未行者勉而行之，既行者勉而終之，則天下幸甚。

八年，公著提舉太乙宫，論彗星疏曰：

臣伏覩今月十三日詔書，許中外臣寮直言朝政闕失者。臣世受國厚恩，陛下蒞政之初，首被選擢，自外藩召入翰林，故在左右日口陳手奏，數進愚忠，頗蒙採納。今雖散處閑外，其於愛君憂國，惓惓之心，未嘗敢忘。伏見陛下祇畏天戒，焦勞懇惻，實天下幸甚。臣聞晏子曰：「天之有彗，以除穢也。」考之傳記，皆爲除舊布新之象。皇天動威，固不虛發。意者陛下之仁恩德澤，猶未布於天下，而政令施設所以厲民者衆乎？何其譴告之明也！陛下既有恐懼修省之言，必當有除穢布新之實，然後可以應天動民，消伏變異。伏惟陛下留神幸察。

臣竊觀陛下自即位以來，早朝晏罷，勵精庶務，其規模蓋宏遠矣。固將致堯、舜三代之治，以光太祖之業，豈特區區守文之主哉？然臨朝願治，爲日已久，在廷之士，益乖戾而不和。中立敢言者，罷譴而放逐；阿諛附勢者，引類而升進。其外則郡縣煩擾，民不安業，畎畝愁歎，上干和氣，携老挈幼，流離道路。官倉庫廩，所在闕乏，又無以廣賑濟。至於骨肉相食，轉死於溝壑者多矣。上下相蒙，左右前後莫敢正言者。陛下有欲治之心，而無致治之實者，何哉？殆任事之臣負陛下之高志也。何以言之？前日邪正、賢不肖，蓋素定也。今則不然。前日舉之，以爲天下之至賢；後日逐之，以爲天下之極惡。前後紛紛，玷黷聖慮者，蓋不一矣。其於人才，既反覆而不常；則於政事，亦乖戾而不審，斷可知也。陛下獨不察乎？況如一二人者，方其未進用之前，天下固知其姦邪小人也。但取其一時附會，故極力推進，此所以終累陛下則哲之明者也。

自昔人君委任而責成者，蓋有之矣，如齊之桓公是也。爲其勞於求賢，而逸於任使也。今則不然。水旱不時，人民困乏，則無以分陛下焦勞。戎狄桀驁，疆埸有事，則陛下不免於旰食。又況加之以天變地震之異乎？未見陛下任人之得也。古之爲政而初不順於民者，亦有之矣，鄭之子產是也。子產之爲政也，一年而輿人誦之曰：「孰殺子產，吾其與之。」三年，又誦之曰：「子產而死，誰其嗣之。」今陛下垂拱仰成，七年于兹矣。輿人之誦，亦未異於七年之前也。陛下雖慮亦及此，而終未幡然者，殆左右之臣蒙蔽陛下，使天下之事不得聞也。

臣伏思陛下自即尊位以來，上奉兩宮，仁孝篤至；下逮諸王，累朝貴主，無不極於恩禮。春秋方富，而無聲色之過；孝友恭儉，發自天性。宫中之事，人無間言，而德澤獨不被於民者，何哉？臣聞安危在出令，治亂在所任，故臯陶戒舜曰：「在知人，在安民。」願陛下以知人安民爲先，除穢布新，以答天戒，則轉灾爲福，不旋踵而應矣。

臣昨在朝廷，❶嘗蒙訪逮，當時議者謂祖宗制度不可少變，朝廷用人必循資級。臣固曰不然。何則？興滯補弊者，❷乃人主之先務；任賢使能，亦不宜專較歲月。但一出於至公，當則可爾。臣今所言，亦非

❶「在」，原作「者」，今據《長編》卷二六九熙寧八年十月丁巳條改。
❷「滯」，《長編》作「治」。

謂今日法令皆不可行也。陛下誠能開廣聰明，延納正直，公聽並觀，❶盡天下之議，事之善者固當存之，其未善者則當損之。苟爲非便，不爲已行而憚改；言有可取，不以異議而見廢。如此，則不勞陛下神明，不驚衆人耳目，而庶事條理，百姓安定，然後可以足兵食，禦外侮矣。臣伏自去國六年，未嘗有一言仰達聖聽，至於私居接人，亦未嘗輕議時政。今日所以輒進愚悃者，誠恐陛下不於此時感悟，則後日雖欲改爲，非奇謀高策，亦未易爲也。

程頤代吕公著應詔疏曰：

伏覩今月十三日詔敕，以彗出東方，許中外臣寮直言朝廷闕失。臣自言事得罪，久去朝廷，無所補報，退就閑冗。尚敢區區以言自進者，誠見陛下寅畏天命，有恐懼修省之意。草萊之人，尚思效其忠懇，況臣世荷國恩，久參侍從，雖罪釁之餘，敢不竭其愚誠，以應明詔？

臣伏觀前史所載，彗之爲變多矣，鮮有無其應者，蓋上天之意，非徒然也。今陛下既有警畏之心，當思消弭之道。且以今日之變，孰爲而來？《書》曰：「天視自我民視，天聽自我民聽。」豈非政之所致歟？如曰非政之由，則經爲誣矣，臣復何言？詔之所求，亦爲虚設。若以爲政之所致，則改以順天，在陛下而已。晏子所謂「可祝而來，亦可禳而去」也。❷《傳》曰：「天之有彗，以除穢也。」又曰：「所以除舊布新。」臣

❶「觀」，原脱，今據《長編》、《宋朝諸臣奏議》卷四二《上神宗答詔論彗星》補。

❷「禳」，原作「穰」，今據《二程文集》卷六《代吕晦叔應詔書》改。

願陛下祇若天戒，思當除者何事，而當新者何道。如曰舊政既善，無所可除，則天爲誣矣，臣復何言？若以爲當求自新，則在陛下思之而已。

自非大無道之世，何嘗不遇灾而懼？然而能自新者蓋寡，大率蔽於所欲，惑於所任，明不足以自辨也。視是而爲非，以邪而爲正，敗亡至而不寤，天亦不能戒也。豈其惡存而好亡，憎治而喜亂哉？亦惑而不能辨爾。臣以爲辨之非艱，顧不得其道也。誠能省己之存心，考己之任人，察己之爲政，思己之自處，然後質之人言，何惑之不可辨哉？能辨其惑，則知所以應天自新之道矣。臣請爲陛下辨之。

所謂省己之存心者：人君因億兆以爲尊，其撫之治之之道，當盡其至誠惻怛之心，視之如傷，動敢不慎？兢兢然惟懼一政之不順於天，一事之不合於理。如此，王者之公心也。若乃恃所據之勢，肆求欲之心，以嚴法令、舉條綱爲可喜，以富國家、强兵甲爲自得，鋭於作爲，快於自任，貪惑至於如此，迷錯豈能自知？若是者，以天下徇其私欲者也。勤身勞力，適足以致貪敗；夙興夜寐，適足以招後悔。以是心而致善治者，未之聞也。願陛下内省於心，有近於是者乎？苟有之，則天之所戒也，當改而自新者也。

所謂考己之任人者：謂夫王者之取人，以天下之公而不以己，求其見正而不求其從欲，逆心者求諸道，巽志者察其非，尚孜孜焉懼或失也。此王者任人之公也。若乃喜同而惡異，偏信以害明，謂彼所言者吾之所大欲也，悦而望之，信而惑之，至於甚惡而不察，恣欺而不悟。推是而往，鹿可以爲馬矣。願陛下考己之任人，有近於是者乎？苟有之，則天之所戒也，當改而自新者也。

方陛下思治之初，未有所偏主，好惡取舍，一以公議，天下謂之賢，陛下從而賢之者衆矣，進之於朝亦多矣。及乎既有爲也，皆以不合而去之，更用後來之人，皆昔未嘗以爲賢者也，然後議論無違。始之所賢者皆愚，始之未嘗賢者皆賢，此爲天下之公乎？己意之私乎？自論議無違之後，逆耳拂心之言亦罕聞矣。夫以居至尊之位，負出世之資，而不聞拂逆之言，可懼之大者也。知人之難，雖至明不能無失。然至於朝食則爲不世之賢，❶暮隙則有無窮之罪，顛錯亦已甚矣。在任人之道當改亦明矣。

所謂察己之爲政者：爲政之道，以順民心爲本，以厚民生爲本，以安而不擾爲本。陛下以今日之事，方於即位之初，民心爲歡悦乎，爲愁怨乎？民生爲阜足乎，爲窮蹙乎？政令爲安之乎，爲擾之乎？億兆之口非不能言也，顧恐察之不審爾。苟有不察，則天之所戒也，當改而自新者也。

所謂思己之自處者：聖人謂「亡者保其存者也，亂者有其治者也」，陛下必不以斯言爲妄。自古以來，何嘗有以危亡爲憂而至危亡者乎？惟其自謂治安而危亡卒至者則多矣。不識陛下平日自處，以天下爲如何，聖心所自知也。苟有憂危恐懼之心，常慮所任者非其人，所由者非其道，唯恐不聞天下之言。如此，則聖王保天下之心也，上帝其鑑之矣。或以爲已安且治，所任者當矣，所爲者至矣，天下之言不足恤

❶「食」，《二程文集》作「合」。

矣，如此則天之所戒也，當改而自新者也。

所謂質之人言者，當有其方。欲詢之於衆人乎？衆人之言可使同也。欲訪之下民乎？下民之言亦可爲也。察之以一人之心，而蔽之以衆人之智，其可勝乎？是不足以辨惑，而足以固其蔽爾。臣以爲在外一二老臣，事先朝數十年，久當大任，天下共知其非欺妄人也，知其非覆敗邦家者也，臣願陛下禮而問之，宜可信也。及天下所謂賢人君子，陛下聞之於有爲之前，而不在今日利害之間者，亦可訪也。以是數者參攷之，則所當改者何事，所當新者何道，固可見矣。

天下之人一聞詔音，莫不鼓舞相慶，謂陛下必能上應天心，召迎和氣。臣以爲唯至誠可以動天，在陛下誠意而已。昔在商王中宗之時有桑穀之祥，高宗之時有雊雉之異，二王以爲懼而修政，遂致王道復興，皆爲商宗，百世之下頌其聖明。近世已來，引咎之詔，自新之言，亦常有之。儻人君不由於至誠，則天下徒以爲虚語，其能感天心、弭灾變乎？臣願陛下因此天戒，奮然改爲，思商宗之休實，鑑後代之虚飾，不獨消復灾沴於今日，將永保丕基於無窮，天下幸甚。

熙寧元年，殿中侍御史裏行錢顗上奏曰：

臣伏以今月甲申至辛卯，京師連日地震者五。竊觀人事以考變異，皆陰盛陽微之象也。故《易傳》曰：「凡灾異所生，各以其政，變之則除，消之亦除。」古之王者，或因天地譴告，則必責躬修德，祗畏省懼，思所以致之之咎，務所以改之之理，日新庶政，以答天變。故《詩》曰：「惟此文王，小心翼翼。昭事上帝，聿懷多福。」此之謂矣。臣竊思國家以來，灾變不一，日月薄食，星辰陵犯，天雨毛，雹害稼，始則蝗旱作孽，終則秋霖爲沴。河北諸郡，大河決潰，地復震裂，廬舍摧塌，人民壓溺，幾以萬數。其餘百川涌溢，天下被水患者十有五六，殊可駭愕。雖《春秋》所記灾異，未有若此之甚也。陛下臨御未久，精心萬機，以至德深仁，愛育元元，躬有日昃之勞，而無暇豫之樂。然猶嘉氣尚凝，陰陽繆盭，豈廟堂之燮理有非其人乎？天下郡縣刑獄有所寃濫者乎？深宫之中女謁有過盛者乎？左右近習有竊弄威權者乎？三陲蠻夷兵革有所陰謀者乎？中外姦臣有潛懷不順者乎？讒人昌而下情有不通者乎？土木盛而興不急之役者乎？號令數易而賞罰有所不當者乎？賦役重困而民心有所愁嘆者乎？水灾地震，二者應驗尤急，豈非陰盛陽微之極也？伏望陛下深思遠慮，以杜未萌。陛下無謂堯、湯水旱爲天數也，日月之食爲三辰之行也。彼箕子之陳《洪範》，劉向之傳《五行》，皆非空言也。要在應之以誠，感之以德。宋景公，小國之諸侯爾，有不忍移過之言，熒惑爲之退舍。況陛下之聖明，其肯忽之哉！臣願陛下詢求至言，矯革前弊，密推至誠，以應天變。何灾之不除，何福之不至也。臣叨居言職，不敢緘默。

翰林學士鄭獬上奏曰：

去歲自京師而至于海隅，地皆震。今歲自京師而北至于朔方，又大震，迄今不已。城郭陷入地，民廬悉摧仆，長河決溢，灌深、冀間，兹豈細故哉？地震者，陰盛而迫於陽，其發必有所肇而不爲虛應。考之古而驗于今，似可究其涯略。

漢和帝永元二年，郡國十三震，説者謂竇太后由房闥而制天下。今二宫非竇氏之比，則不爲宫闥發也。安帝建光元年，❶郡國三十五震，或地拆裂，壞城郭，説者謂中常侍江京、樊豐擅天子權。今内省非江京、樊豐之比，則不爲寺人發也。晉元帝太興元年震，説者謂王敦擁兵陵上。哀帝興寧二年震，説者謂桓温跋扈顓朝。今大臣非王敦、桓温之比，則不爲執政者發也。是數者無所當，則殆將有兵禍乎？光武時，郡國四十二震而武溪蠻反。晉成帝時，豫州震而蘇峻亂。近者仁宗時，忻、代間大震而元昊不庭。用此以較之，則非兵而何？

臣之所憂不在河北而在陝西，何者？河北雖被灾而南方大稔，流離之民相携而南，亦可就穀。此惟煩朝廷戒敕所在，務爲存恤，不令餒死於草莽，則無慮矣。至於陝西，則自城綏以來，至今兩議不決。首尾一年，凡自京師所餉縑金，已費四百萬，至於發卒乘器甲、轉芻糧，雜出於民者，尚不在此數。即不知國家以四百萬縑金而與羌人争何事耶？雖得一綏州而所費如此，其利害亦概可見矣。事不早決，何止於此？則將見國力殫于内，民財屈於外，怨讟並起，姦人搖之，其將奈何？此不可不深慮也。如聞羌人率其螻蟻之衆，窺我境上，料其裹糧畜牧，必未能久駐，殆將遁矣。然而數出兵而無所攻取者，此所以困我。彼來則我不可不應，兵師既發，糧芻既集，彼復解而

❶「安帝」，原無，今據《鄖溪集》卷一一《論水災地震疏》補。

去，異時則又來，使我奔走爲備之不暇，此正墮其術内也。則朝廷亦宜破其姦謀，以静自守，不爲之動，彼無所得而退，我無所失而守。若是者，彼來雖數而我備有餘也。夫世之治久而之亂，不過百年，世之亂久而之治，亦不過百年，此大勢也。本朝自藝祖平定四方已來將百年矣，治亂之際，正在陛下。

臣以爲治今之難，難於祖宗之時。何則？自安史之亂至於五代之末，四方之强諸侯已没，其立者皆孱子弱孫，勢與數俱窮，故太祖、太宗一起而掃刈之，若去菅草然，易於力也。至于真宗、仁宗之初，民已離兵革，喜見太平，故收功報成，垂拱而天下治，亦其易也。今陛下非開基之日，過已盛之時，萬事浸以衰弊，此所以難於爲力而甚於祖宗之時也。則豈得不深思遠慮，講求所以致治之術，乃欲以玩夷狄取武功，苟有差跌，則遂成衰亂之勢，可不慎哉？如羌人引衆而遁，則陛下斷之正論，早與通好，涵養生靈，俾之安處，則天災自息。雖曰有震摇，亦不能以勝我矣。

宰相富弼上奏曰：

臣伏見近歲以來，灾異頻數。天文變於上，地理震於下，人情恐懼，物論紛紜。臣被詔至都，復用爲相，雖蒙給假治疾，未遑朝見，而坐於私室，如在冰淵。況蒙累遣使臣，促令陛對，驚惶隕越，寢食不安。然偶於灾異之間，或聞有説者不近正道，臣甚憂之。比俟入見日面具開陳，又恐差緩。蓋救患不可不急，施惠不可後時，臣夙夜揣摩，事無大於此者。今遽以狂瞽，上瀆冕旒，切望聖慈更賜裁擇。

伏聞陛下自始即位，躬親萬機，每有凶災，憂形玉色，孜孜詢訪，以求聞失。此真得修講朝政，答謝天譴之道也。然臣竊知累有人奏請，凡百災變皆繫時數，不由人事者，不知有之乎？若誠有之，此乃姦人諂佞之説，上惑聖聰，臣所謂不近正道者也。陛下明睿英哲，必不信納。又慮姦人口才捷給，能以甘辭，致陛下或時信之。信則卹災救患、答謝天譴之意有時而怠，怠則虧陛下之德，損陛下之政，不爲宗社生民之福，無甚於此焉。臣上所云天變地震，此天下皆知之、皆見之，大可懼者也。昔仲尼作《春秋》，不書祥瑞而獨書災異者，蓋欲以警戒人君，使恐懼修德，以應天地之變，不聞以災異歸之於時數也。至西漢董仲舒傳仲尼《春秋》之學，對武帝策曰：「臣觀天人相與之際，甚可畏也。國家將有失道之敗，天乃出災害以譴告之。不知自省，又出怪異以警懼之。尚不知變，而傷敗乃至。」董仲舒爲西漢群儒之首，所陳災異，謂盡由朝政而致，豈虚語哉！亦不聞以災害怪異歸之於時數也。夫上天之變，幽眇高邈，下民或有不見而不知者。若數路地震之異，河北特甚，則人皆見之，而親被其害，不可悔也。❶因而人民流散，捨棄墳墓骨肉而適他土，去如鳥獸，茫茫不知所止，餓凍病疾，死於道路者不少，甚可痛惜也。孟子對梁惠王曰：「塗有餓莩而不知發，人死則曰『非我也，歲也』。是何異於刺人而殺之，曰『非我也，兵也』。王無罪歲，斯天下之民至焉。」孟子獨得聖人之道爲最深，而勸梁惠王專尚仁政，不可罪歲，是亦足以爲後世

❶「悔」，《四庫全書》本作「諱」。

法。陛下宜深信而行之，可以回災異爲嘉祥，變禍患爲純嘏，致宗社生民之福，豈有窮也！其姦人虧德損政、諂佞不正之語，必不可令眩惑於其間也。

又臣少時讀書，頗嘗探尋天人之理。竊怪有唐韓愈、柳宗元、劉禹錫三子，談天皆不得其要。臣今試陳其梗概。夫太極既判，遂生兩儀，形而上者曰天，形而下者曰地。天地之間，蓋載者曰萬物。萬物至衆，不出乎動與植而已。植物不靈，不能有所運用造作。惟動物惟有命，比植物爲靈，然亦未能爲善惡、知喜怒。獨夫人，又動而有靈者也，可以爲善，可以爲惡者，是人人自爲者也。自爲善、自爲惡者，皆小焉。天地亦隨而應之以禍以福。故《書》曰：「作善降之百祥，作不善降之百殃。」《易》曰：「作善之家，必有餘慶；作不善之家，必有餘殃。」蓋祥與殃祇及其人與家者也。夫所謂可以喜、可以怒者，非人之喜怒也，天下人之喜怒。天下人之喜怒，實繫乎帝王之所爲而然也。帝王所爲之政和，則天下人喜。人喜，則其心亦和。和氣既生，充于上下，天地自然以和氣應之。天地氣和則陰陽順，百穀成，衣食自豐，夭橫不作。故民躋富壽，常懷樂康，雖欲使之爲亂而叛去，必不可得也。若帝王之政不和，則天下之人不喜。不喜，則悲愁怨怒，心亦不和。不和之氣既生，天地自然以不和之氣應之。天地之氣不和，則陰陽不順，百穀不成，衣食不豐，夭横並作。故民皆窮困離散，父母兄弟妻子不能相保。其不思爲亂而叛去者，未之有也。

天下之喜怒所以能感動天地，致禍於國家，如此之可必者何也？本緣天地萬物，通是一氣所生，無有纖間。惟是氣之清者爲天，氣之濁者爲地，清濁之餘氣散於天地之間，是爲萬物。萬物之最靈者爲人。以此觀之，天地萬物，同爲一類，則最靈之人，豈不能以衆喜衆怒之氣感動天地而致福致禍於國家者乎？是故先聖以萬物中獨以人配天地，謂之三才。是知人者，與天地本同而末異，體均而氣通，不可輕視虛用之也。爲帝王者，宜先以仁政調和人心，使之安樂自固而不叛去，以爲國家永永之福。捨此而望天地順成，天下無事，決不可得也。《尚書·洪範》九疇，「八曰庶徵」。謂人君行肅、乂、哲、謀、聖五善道，則雨、暘、燠、寒、風五氣時而爲其休徵，乃百穀用不成，俊民用微，家用平康也。人君行狂、僭、豫、急、蒙五惡道，則雨、暘、燠、寒、風五氣常而爲其咎徵，乃百穀用不成，俊民用微，家用不寧也。夫雨、暘、燠、寒、風，雖先後説之，實則一也。然而可以爲休，可以爲咎者，只繫乎人君爲善爲惡而遂分也。《洪範》者，二帝三王所行之常道也。後之君人者，常信而師尚之，不可謂陳迹不信用也。信之則爲福，不信則爲禍。《書》又曰：「天視自我民視，天聽自我民聽。」又曰：「天聰明自我民聰明，天明畏自我民明威。」夫天本無心，無耳目，亦無喜怒愛威，作《書》者假視聽聰明以爲之説。故《易》曰「聖人以神道設教」者是也。其實只緣天地人本是一氣，善惡動静，必然相應，合若符契，間不容髮。無謂天人形體隔絶至遠，便謂兩不相干，而不以爲信也。氣既相貫，氣動則應。人有喜怒，天應如響。亦猶冬至一陽生，夏至一陰生，其氣眇然，人不可得而見。惟以葭灰驗之，無不刻期以應。天下人喜怒之氣，能感動天地之氣，亦皆刻期而應也。是故治天下者，直宜以仁政悦民心、和民氣，使其氣自通於天地。日星山澤，又皆有神靈主之，則必能默觀君人者所爲善惡，及人之善惡，助其自然之氣，降福降禍，豈不尤速耶？豈不尤可懼耶？以此益見天地灾變不可盡歸之於時數，而不修人事以應之。

然可以歸之時數者，故時亦有焉，獨堯水湯旱是也。夫堯、湯之爲君，必不使人心有不和之氣，以感動天地而致其水旱也。蓋堯、湯大聖人，其佐亦賢，上下協心戮力，無一夫不獲，無一物失所，故其水旱不得已，可以歸之於時數也。然雖有水旱之灾，而不聞有重役横斂、勞民驚衆之事，亦不聞有流移播散、凍餒死亡於道之人。惟聞常有九年之蓄，民無菜色，而天下奉堯、湯，亦如無水旱之時，愛之如父母，敬之如神明，人心熙熙，和氣不減。乃是雖遭水旱而民不被其害，國不憂其危也。自秦漢以降則不然。凡有灾變怪異，皆由時君世主，不能舉直錯枉，用賢退不肖，復有不能行善道，施仁政，悦民心，和民氣，此其以人事致天地灾異，必然之理也。必不可歸之於時數也。灾異既作，又不能恐懼修省，行消復之道，坐視蒼生赤子弃墳墓，離鄉土，父母妻子兄弟奔逃播徙，不能相保守。往往君自君，臣自臣，民自民，不相爲恤而不加救拯。民既如此被其害而不悲愁怨怒以思爲亂者，鮮矣。民既怨怒思亂而國不危者，又鮮矣。彼既上下乖戾，不能同心協力，以致灾變害民而危亡其國，乃妄欲比堯、湯水旱，以己之所致灾異歸於時數，是欺天欺民之甚也，胡可信耶？

天地者，❶至大至厚至静，不可動摇之物也。古今固亦有震動之時，隨其所震大小遠近，必灾患以應之。然未嘗聞數路皆震也。震且不一，有日或十數震者也。又不一日而止，有至今踰半年，尚震而未止者也。是豈不爲大灾害耶？大怪異耶？此陛下正當窮究致震之由，推至誠，行至德，思所以厭塞其變，以謝天之譴告焉。不然，則恐董仲舒所謂「傷敗乃至」者，必將不能免也。陛下即位未久，而天下但聞聖德勤儉恭孝，不聞有過，此變非由陛下而致。然陛下若不爲祖宗任其事，則天地之變，誰復可以任之哉？陛下既任其事，則固宜兢兢業業，夙夜憂勤，登用正人，興行正道，思與天地合其德而濟之以不懈，使天下皆知陛下恐懼修省，視民如傷，悦其心，和其氣，則天地之氣亦和而應之。苟如此，何患灾異之不息，人民之不安乎？其姦人謀身害國，罪在殺無赦，其所説，願陛下絶之，不復留於心術而稍有所惑。其爲宗社之福，邦家之慶，必不出乎此也。若陛下萬一惑其所説，以灾異歸於時數，而聖懷坦然不以爲懼。有司之不職者不加擇，政事之不平者不加治，萬民窮困失所者不加卹，天下人心必益愁怨而不喜，則陰陽之氣何由而和？天地之變何由而息也？大凡姦佞之人，阿諛巧詐，善移人主之意。其説雖目前可喜，而終無益於世。其大指已達者不過欲持身固禄，未達者不過欲希進厚己，而都不以生靈禍福、國家安危爲念也。是可謂大忍人也，大姦邪也。夫違天賊民，背公弃理，臣故曰罪在殺者也。此須陛下詳觀其語，熟

❶「天」，《宋會要輯稿·瑞異三》作「夫」。

察其意，復以其人前後所爲而參考之，則邪正自見，必不能逃聖鑑矣。

臣蒙陛下召作宰相，以疾尚未能一對天表，而不避忤犯，輒敢懇懇如此之切者，何哉？蓋觀今灾變不與常等，實恐姦人以脂韋善柔之説，移陛下憂勞之志，安陛下克責之心，而致陛下不專心於救患卹灾，以悮陛下至大之事也。惟聖慈深賜裁察，非臣之幸，乃天下之幸，宗廟社稷之幸。

二年，弼又上奏曰：

臣於今月一日，❶率百寮拜第一表，上陛下尊號，及請聽樂。今日早，蒙降第二批答，所上尊號不允，已斷來章。在庭數千人，無不相顧稱歎，謂古之帝王雖甚盛德者，無以過之。陛下即位未久，萬方歌頌者不可勝道。今又作此一事，人益悦服。苟美利之德相繼不絶，自中及外，由士大夫以至黔庶，轉相告報，則何憂乎天地灾變不息？臣實内極欣忭，賀陛下非常之美也。然聽樂，批答不許，而未有斷章指揮。臣切慮聖慈未欲遽拂群情，更容上一二表而止。又慮陛下用服除常典，不得已且從衆請。此臣所以更竭愚管，切有所陳也。

初二日，臣與曾公亮已下共聞宣諭，以久旱未雨，尚欲避殿自責。臣退而慚惕，無地容身。然臣雖萬千其數，憂懼以及於死，終不若陛下一人内發至誠，側身修省，則立可以感動上下神祇也。昔周成王不知周公之聖，天大雷電以風，拔木偃禾。王悟出郊，即時天雨反風，歲則大熟。宋景公時，

❶「一」，《宋朝諸臣奏議》卷九二《上神宗論久旱乞罷聽樂上壽》作「二」。

熒惑守心，公有三善辭，熒惑亦即時退度。是知人君修德消變，天應如響，只恐誠意有所未至耳。伏自去秋以來，灾變特異，人情恐駭，于今不寧。在於尋常譴告，尚須損膳徹樂，豈於今來反欲於降聖節日令百寮稱觴上壽，而有聽樂作歡之理哉？聖意以北使在館，且欲循用常禮。臣謂當此之際，正是陛下以中國之大，天子之尊，推行至德，以彰示夷狄之時也。臣見仁廟康定元年，日食正旦，在日者之説，最爲不祥。臣時作諫官，立上章乞避殿撤樂，以應天變，其賀正北使只令就館宴設。而參知政事宋庠力勸仁宗，不納臣議。臣别日面奏，云：昨朝廷已却遣人使虜，恐虜庭舉行此禮，則大爲中國之羞也。久之，奉使者回，果云是日虜主傳宣日蝕，皇帝不聽樂，只令就館宴南使。仁宗思臣前奏，深以爲悔，然事已不及矣。今來聽樂之請，伏望陛下亦如尊號拒而不從，并聖節上壽，亦乞權罷。則上可以答復天譴，下可以慰悦人望。陛下至誠至德，孰曰不能感動天地？亦所以使夷狄知中國天子所爲，與尋常相遠萬萬也。

弼又上奏曰：

臣今日與曾公亮以下議：於十五日拜表，陛下御正殿，聽樂，復膳。此實臣子之至意也。臣等不可不請，陛下不可不從。然竊觀陛下近日戒懼謙損，深自刻責，雖古之聖帝明王，無以過此。陛下答上天不可謂不至，上天報應陛下不可謂不速。夫避殿、減膳、徹樂，此三大事，誠合典禮。然陛下濬發之至，惟於誕日特罷稱觴，最爲至切者。蓋此事諂佞易爲進説，上下易爲取惑，而陛下聰哲英悟，斷然不疑，促降詔書，即日宣布。獨此一事所以遽能感動天地，當日得雨，幽靈降格，如在目前。聖意天心，合如影響，人情欣悦，和氣頓生。矧今戎使目覩中國異事，尤爲陛下非常之慶也。然臣之極爲喜者，又甚於此。何哉？緣累年灾變，實爲至多，地震朔方，益可驚駭，時覽奏報，至今未已。天有常道，必不虚發。臣大爲朝廷憂之。今陛下一發至誠，行所難行之事，上天立有報答，明白卓越，昭示天下。廼知天意諄諄，未厭宋德。更俟陛下恐懼修省，常若不及，遠離奸佞，親近忠良，恭畏上天，始終不改，即灾異可弭而太平可致也。此臣所以爲極喜又甚者也。伏願陛下未以今日雨澤爲喜，當以累年灾變爲懼，兢兢業業，日謹一日，凡百舉動，常爲義理之所存，對接上天，近若咫尺，祇畏惕厲，夙夜無忽。如誕日甘澤之應者，自此必常有焉。苟異於斯，漸生逸豫，則天意人事實未可知。蓋修德致雨，其速如此，萬一於德有損，其灾應豈有緩耶？惟陛下念之不忘，廼天下之幸也。今上表所請，或令再三而允，所貴始末相應也。

弼又上奏曰：

臣於今月十四日因具劄子奏，欲上表請陛下聽樂復膳，還御正寢。因進愚慮，乞陛下未以今日感應爲喜，而當以累年灾變爲懼，益脩聖德，以答天意。十五日晚，夜漏上後，伏蒙陛下特賜内降一封，親灑宸翰，密布淵旨，捧讀之次，驚喜交極。其略曰：「置之枕席，銘諸肺腑，終老是戒。」夫狂瞽之見，何足當聖意如此之厚。昔漢文帝集上書囊爲殿帷，唐明皇寫《無逸圖》置於内殿，憲宗以自古君臣善惡事迹畫於屏風，施諸便殿。臣校之今日，陛下過於三主遠甚。何也？上書囊，乃天下議論所貯。《無逸》篇，乃周公之辭。屏風畫君臣事迹，廼古先衆戒所聚。今陛下只以臣一妄庸人所説，而遽已置之枕席，是所謂市骨始隗之意。若果有真賢出而爲朝廷謀謨天下之事，則陛下待之將如何耶！臣故曰陛下過三主遠甚者，以此也。又曰：「更願公不替今日之志，❶則天災不難弭，太平可立俟也。」此臣尤所惕懼戰汗，達旦不寐，終日不食。臣本何人，徒荷陛下誤聽，付以大柄。臣前在政府，氣壯志鋭，尚何所補？今者且病，氣志凋耗，陛下復何望焉？然臣不敢不勉，惟曰力疾，少副陛下所以用之之意。第恐才業空疏，尚不驅逐目前之務，況營致治乎。❷又況弭天災、立太平乎？惟是圖報之心，死而後已，豈有替於今日哉！然臣向者已嘗爲陛下粗陳其一二，臣只能舉朝廷得失告諸陛下而止矣。必欲變禍爲福，反灾爲祥，須在陛下信納主張而力行，修至德而盡至誠，則方能感動天地，招來善應。《書》曰：「皇天無親，惟德是輔。民心無常，惟惠之懷。」又曰：「民罔常懷，懷于有仁。鬼神無常享，享于克誠。」陛下上事天，下安民，修至德，推至誠，此皆必然日行之事，不可斯須而離也。離之，則弭天災、致太平也遠矣。又不止於遠，董仲舒所謂「天出灾害而不知省，出怪異而不知變，傷敗廼至」者，臣恐必將有焉。更望陛下憂勤厲翼，夙夜不懈。皇天鑑於上，生民應於

❶「公」，原作「允」，今據《宋朝諸臣奏議》卷九二《上神宗論誕日罷燕雨澤之應》改。

❷「營」下，《宋朝諸臣奏議》有「道」字。

下，則陛下可奠枕而卧，垂衣而治矣。犬馬之懇，筆舌難盡。

八年，弼爲使相致仕，應詔論彗星疏曰：

臣伏念向緣衰疾，加之年已及格，不能奔走職事，遂求致政。伏蒙聖慈，俯從愚懇，退處衡茅之下，杜門自守，屏絶私務，朝夕待盡而已。近日忽聞特宣大赦，出於非常。又聞别降手詔，許中外臣寮直言朝政闕失。洛城士庶，歡呼鼓舞，喧于道路，聲徹幽遠。推是而往，則天下之人無不感動矣。

臣伏覽赦、詔二文，始以彗星東出，昭示譴告，陛下仰觀天變，恐懼疚懷，濬發德音，恩霈寰海。臣固知一出聖斷，必無左右之助也。臣再詳陛下手詔，乃陛下親筆，非學士所作，以至比年灾異如山摧、地震、旱蝗之類，前後包括，一一歸咎於己，辭旨哀痛，深切明白。忠義之士，讀之莫不感泣。而又避正殿，減常膳，設齋醮，屏侍御，前代帝王禳灾弭患、責躬罪己之法，陛下盡行之矣。所以上天降鑑，知陛下發於至誠，故星變不旋踵而滅。臣温衣飽食，坐享安佚，灾禍之至，殊無干及。一見聖詔驟發，即日感動天地，譴異消伏，速如影響，臣尚能踴躍欣蹈，不知紀極。彼天下之人，身被灾害，家罹荼毒，流落破散，不能相保者，其爲歡喜感戴，當何如也？人心既喜，和氣充塞，則天意不得不早回，天灾不得不遄息，此理固然也。臣竊知去年久旱，陛下曾降手詔，許臣寮上封論事。人方喜悦，日俟朝廷施設，而不知何人者，上累聖德，遽成反汗。於是天下大失所望。臣近於三月中仰答聖問，略曾引及。今天變益大，詔命益切，陛下萬必不復蹈前車之誤。況云「朝政闕失，朕將虚心以改」，❶此足見聖意畏天愛民，其已至矣。然臣竊聞外議皆云：「天下弊病甚衆，官家多應不知。」人人咸願條列，達于天聽，冀幸有所剗革。邇已大發聖詔，❷許其開陳，忠憤者必能不避誅戮，仰竭肝膽，悉以上聞也。臣願陛下盡取群奏，不遺疏賤，萬機之暇，一一親閲，擇其衆説，所合者斷在不惑，力賜施行，踐虚心以改之辭，應天文尤大之變，使澤及普率，急若置郵，則人心悦，天道順，天人相應，立致和平，國家享無疆之休者，正在此時也。豈復有災眚出見而上駭聖慮哉？萬一姦詐互入，宸聽少惑，俾夫忠告爲妄説，恩詔爲空文，利澤不出於上，人心復愁于下，則天將曰是以虚辭答我，迄無實效，必回今日之喜，爲異日之怒，❸災變之作，當又甚於前日之彗者矣。但以近事證之，此乃必然之理，非臣輒敢狂率也。惟望陛下深賜裁察，爲宗廟社稷生靈之計，不勝天下大幸。

弼又上奏曰：

臣未致仕前，雖有舊病，筋力粗可驅策，尚不能從官。今致仕已數年，衰老益甚，退伏草野，未嘗與人相接，榮辱禍福，都不干預，而輒敢以狂瞽之説，妄陳天聽者，實見陛下仰觀星變，恐懼修省，若不自容也。又聞天下生民，窮困已甚，無所伸訴，恐成嘯聚，爲腹心之患也。亦慮手詔或致中廢，天譴未息，則後來別生災害也。臣所以不顧身之老病而彊作此奏，庶幾有所補

❶「況」下，《長編》卷二六九神宗熙寧八年十月丁巳條有「詔」字。

❷「邇」，《長編》作「矧」。

❸「爲」上，《長編》有「翻」字。

助，而報陛下大恩之萬一也。緣臣閑居終日，❶與野老相見，民間弊病，盈塞耳目，皆是實事，然所説者，尚未盡一二。伏乞聖慈略賜省鑑，而少留聖意焉。臣又輒敢煩陛下親閲群奏者？若委臣寮置局，必恐不能上體聖意憂勞之切，群奏中利害有所不盡，亦恐所委臣寮更存顧望，尚或隱蔽，或陳巧説，妄有沮難，則誤聖君畏天愛民、不吝改悔之意也。臣固無他腸，所憂者如此。惟望陛下特賜矜察，幸甚。

熙寧二年，右正言供諫職孫覺上奏曰：

臣竊見朝廷自今歲以來，四方有年，大河北流，二邊不警，上下驩焉相慶，以爲陛下側躬修德，任賢去邪，興滯補弊於萬事之先，故上天報之以德而動如聖意。發祥薦祉，皇子挺生，此固宗社無窮之休，朝廷莫大之福。然臣竊聞楚莊王天不見妖，地不出孽，則禱於山川曰：「天其忘余歟？」此能求過於天，安不忘危，故能成霸功。臣觀朝廷之上，未可謂皆賢；四方幽隱，未可謂無事；號令施爲，未可謂盡當；北狄西羌，未可謂受賜；鰥寡孤獨，未可謂有養。陛下中天地而立，盡有四海之廣，治教政刑，粗略如此，天之報貺，乃如極治之時，此豈所謂饑者易爲食，渴者易爲飲歟？人情既爾，天意亦猶是耶？恐諂諛之人，進容悦之論；淺聞之士，伐太平之功。陛下如信而矜之，則臣憂天幸不可以爲常，禍故多藏於隱微，而發於人之所忽也。伏願陛下安不忘危，存不忘亡，日新盛德，而勤儉過於

❶「終」，《長編》卷二六九熙寧八年十月丁巳條作「中」。則「日」字當屬下。

平時，損宴游，嗇浮費，不邇聲色，不殖貨利，若楚莊無灾以爲戒懼，垂法後嗣，傳之無窮，則華夷蠻貊，草木昆虫，莫不幸甚。

昭文相曾公亮上奏曰：

臣准降到建州崇安縣草澤楊緯進狀，稱今年三月，所居之西，空中有黄龍蜿蜒於晦冥之間，於其下獲一瑞木，厥狀猶龍。至七月，風雨晦冥如初，復有飛龍騰驤，見木龍之尾翼，連足在焉。畫到圖一面，乞宣取。奉聖旨：可指揮福建轉運使，令指揮建州，於楊緯本家取索上件所陳木龍看驗。若實非僞造，如所圖樣，即差齎擎赴闕進呈，并圖樣降下。臣等竊詳南方山木，偶類鳥獸狀者頗多，不足以異。伏覩真宗至道三年詔書節文：「以刑清俗阜爲嘉祥，以歲稔時和爲上瑞。至於毛羽表異，草木效靈，豈凉德之所堪，亦前聖之不取。諸州今後不得以珍禽奇獸及諸瑞物等來獻。」又覩仁宗慶曆四年詔曰：「諸珍禽奇獸及諸瑞物等，不得進獻。」臣等欲望踐行累詔，更不宣取。

知華州吕大防上奏曰：

臣今月某日中使馮宗道至，伏奉聖旨，令臣照管山摧處見存人户，以次存恤施行，次第聞奏訖。臣累日以來，伏思聖慮深遠，憂及遠民，以致疲病矜寡，皆有恩意。雖堯、舜用心，宜不過此。然臣之愚忠，有私憂者三，過計者一。輒敢條列如左：

一、山變之地，當谷起嶺，山高者五十餘步。臣謹按《十月》之詩曰：「爗爗震電，不寧不令。百川沸騰，山冢崒崩。高岸爲谷，深谷爲陵。哀今之人，胡憯莫懲？」水之爲患，至於懷襄。而山之傾摧，固亦其理。然詩人猶以爲大變，哀其時人不懲其禍。今不震電而驚，不因水而摧，不圮於其下而徙之於遠，岸之高者不止於爲谷，谷之深者不止於爲陵，方之詩人所紀，尤爲奇怪。唐世亦有新豐赤水山阜移涌之變，方武氏僭亂，固不足論。方今聖治日新，厲精庶政，灾沴之作，尤爲可駭。此臣所憂者一也。

一、山變之地，有大石自立，高四丈，周一百七十餘尺。臣謹按：漢昭帝時，泰山有大石自立，高丈五尺，大四十八圍。説者以爲石陰類小人特起之象。觀今之變，則過於前史所載。此臣所以私憂者二也。

一、數年以來，人情洶洶，皆言有陽九之會。臣謹按班固《曆志》所述，經歲四千五百六十，灾歲五十七。推數者取以爲據。臣以爲天命難知，孔子罕言，固非衆人之所能知。然閭巷之民，無所忌憚，竊語相傳，謂之必有。竊恐姦猾小人，乘此天地之變，人情不安之際，狂圖妄作，徼倖萬一。此臣之所私憂者三也。

一、三路、京東，人情豪悍，最宜防備。臣伏覩三路，緣邊則有城池兵械作可恃之具，至於内地州郡，守具素墮，將帥之臣，未至選擇。三路、京東守臣，密付方略，以備戎狄爲名，令葺治城池，講葺守備。其州縣政事，但涉撓動人情者，一切緩之，以待他日。庶使姦猾好亂之人，無所窺其隙。萬一如有緩急，亦吾有以待其變矣。此臣之所過計者四也。

右謹具如前。臣伏聞「畏天之威，于時保之」，此先王之所以興也。「我生不有命在天」，此後王之所以壞也。太戊有桑楮之祥，其《書》曰：「伊陟贊于巫咸，作《咸乂》四篇。太戊贊于伊陟，作《伊陟》《原命》。」

高宗有鼎雉之異，其《書》曰：「惟先格王，正厥事。」桑楮共生，飛鳥之集，未爲大異。然君臣相勸戒，至於數四，原天命、修政事以應之，豈古明王祇畏之道當如此乎？伏惟聖神昭鑑，洞察古今，不待瞽狂之言，乃極事理之要。惟乞仰承天威，俯酌時變，爲社稷至計，天下幸甚。

七年，司馬光應詔言朝政闕失狀曰：

右臣准西京牒，准三月三十日詔敕：「朕涉道日淺，晻于致治。政失厥中，以干陰陽之和。乃自冬迄春，旱暵爲虐，四海之内，被灾者廣。間詔有司損常膳，避正殿，冀以塞責消變。歷日滋久，未蒙休應。嗷嗷下民，大命近止。中夜以興，震悸靡寧。永惟其咎，未知攸出。意者朕之聽納不得於理歟？獄訟非其情歟？賦斂失其節歟？忠謀讜言鬱於上聞，而阿諛壅蔽以成其私者衆歟？何嘉氣之久不效也？應中外文武臣寮，並許實封，直言朝政闕失，朕將親覽，考求其當，以輔政理。三事大夫，務悉心交儆，成朕志焉。」

臣伏讀詔書，喜極以泣。昔成湯以六事自責，今陛下以四事求諫，聖人所爲，異世同符。凡詔書所言，皆即日之深患。陛下既已知之，群臣夫復何云？曾子曰：「尊其所聞，則高明矣；行其所知，則光大矣。」陛下誠知其如是，復能斷志無疑，不爲左右所移，則安知今日之灾沴，不如大戊之桑穀，高宗之雊雉，成王之雷風，宣王之旱魃，更爲宗廟生民之福乎？然自詔下以來，臣不知中外之臣亦有以當今之急務、生民之疾苦，力爲陛下别白言之者乎？蓋必有之矣，而臣未得聞也。臣竊不自揆，伏念父子受國厚恩，備位侍從，騶在朝廷，屢以狂瞽，塵涴聖聰。間以衰疾，自求閑官，不敢復預國家之議，四年於兹矣。幸遇陛下發不世之詔，問以朝政闕失，斯實千載一時。古人雖在畎畝，猶不忘君，況居位食禄者乎？是以不敢畏當塗，避衆怒，愛微軀，保妻子，心知時事之可憂，而塞嘿不言也。

竊觀陛下英睿之性，希世少倫，即位以來，鋭精求治，耻爲繼體守文之常主，高欲慕堯舜之隆，下不失漢唐之盛。擢俊傑之才，使之執政，言無不聽，計無不從，所譽者超遷，所毁者斥退，垂衣拱手，聽其所爲，推心置腹，人莫能間。雖齊桓公之任管仲，蜀先主之任諸葛亮，殆不及也。執政者亦委心竭力以副陛下之欲，耻爲碌碌守法循故事之臣，每以周公自任。是宜百度交正，四民豐樂，頌聲旁洽，嘉瑞沓至，乃其效也。

然六年之間，百度紛擾，四民失業，怨憤之聲，所不忍聞。灾異之大，古今罕比。其故何哉？豈非執政之臣所以輔陛下者未得其道歟？所謂未得其道者，在於好人同己而惡人異己是也。陛下既全以威福之柄授之，使之制作新法，以利天下，是宜與衆共之，捨短取長，以求盡善。而獨任己意，惡人攻難，群臣有與之同者則擢用不次，與之異者則禍辱隨之。人之情，誰肯棄福而取禍，去榮而就辱？於是天下之士躁於富貴者，翕然附之，争勸陛下益加委信，順從其言，嚴斷刑罰，以絶異議。如是者，往往立取美官。比年以來，中外執事權者，皆此屬矣。其懷忠直、守廉耻者，皆擯斥廢棄，或罹罪譴，無所容立。

至於臺諫之官，天子耳目，所以規朝政之闕失，糾大臣之專恣，此陛下所當自擇，而亦使執政擇之。彼專用其所親愛之人，或小有違忤，即加貶逐，以懲後來，必得佞諛之尤者，然後使爲之。如是，則政事之愆謬，群臣之姦詐，下民之疾苦，遠方之冤抑，陛下何從得聞見之乎？

又奉使詢訪利害於四方者，亦其所親愛之人，皆先稟其意指，憑其氣勢，以驅迫州縣之吏，善惡繫其筆端，升黜由其唇吻。州縣之吏，承迎奉順之不贍，何暇與之講利害，立同異哉？其入奏，則云州縣守宰，咸以爲便，經久可行。陛下但見其文書粲然可觀，以謂法之至善，詢謀僉同，豈知其在外之所爲哉？或者更增爲條目，務求新巧，互陳利病，各事改張。使晝一之法，日殊月異，久而不定，吏民莫知所從。蓋由襲故則無功，出奇則有賞。彼皆進身之私計，非有益國便民之言也。❶

又令使者督責所在監司，監司督責州縣，上下相驅，競爲苛刻。奉行新法稍不盡力，則謂之非才不職，及沮壞新法，立行停替。或未熟新法，誤有違犯，皆不理赦，降去官，與犯贓者罪同，而重於犯私罪者。州縣之吏，唯奉行文書，救免罪戾之不暇，民事不復留心矣。

又潛遣邏卒，聽市道之人謗議者，執而刑之。又出牓立賞，募人告捕誹謗朝政者。臣不知自古聖帝明王之政，固如是耶？昔堯稽于衆，舍己從人。舜戒群臣：「予違汝弼，汝無面從，退有後言。」此其所以爲帝王稱首者也。秦惡聞其過，殺直諫之士，禁偶

❶「言」，《温國文正司馬公文集》卷四五《應詔言朝政闕失事》、《長編》卷二五二熙寧七年四月甲申條、《宋朝諸臣奏議》卷一一七《上神宗應詔言朝政闕失》作「志」。

語之人，及其禍敗，行道之人皆知之，而已獨不知。此所以爲萬世戒者也。子產相鄭，鄭人游于鄉校，以論執政。然明請毁之，子產曰：「何爲？夫人朝夕退而游焉，以議執政之善否。其所善者吾則行之，其所惡者吾則改之，是吾師也，若之何毁之？我聞忠善以損怨，不聞作威以防怨。豈不遽止，然猶防川。大決所犯，傷人必多，吾不克救也。不如小決使道，不如吾聞而藥之也。」何今之執政異於古之執政乎？

齊景公謂梁丘據曰：「惟據與我和夫？」晏子對曰：「據亦同也，焉得爲和？和如羹焉，水、火、醯、醢、鹽、梅，以烹魚肉，宰夫和之，齊之以味，濟其不及，以洩其過。君子食之，以平其心。君臣亦然。君所謂可而有否焉，臣獻其否以成其可。君所謂否而有可焉，臣獻其可以去其否。是以政平而不干，民無争心。今據不然。君所謂可，據亦曰可。君所謂否，據亦曰否。若以水濟水，誰能食之？」今朝廷之臣，對揚啓沃，亦有異於梁丘據者乎？

衛君言計非是，而群臣和者如出一口。子思曰：「以吾觀衛，所謂君不君、臣不臣者也。人主自臧，則衆謀不進。事是而臧之，猶却衆謀，況和非以長惡乎？夫不察事之是非，而悦人贊己，闇莫甚焉。不度理之所在，而阿諛求容，諂莫甚焉。君闇臣諂，以在民上，民不與也。若此不已，國無類矣。」子思言於衛侯曰：「君之國事將日非矣。君出言自以爲是，而卿大夫莫敢矯其非。卿大夫出言自以爲是，而士庶人莫敢矯其非。君臣既自賢矣，而群下同聲賢之。賢之則順而有福，矯之則逆而有禍。如此，則善安從生？」今執政主新法，群下同聲賢之，有以異於衛國之政乎？是以士大夫憤懣鬱結，視屋竊歎，而口不敢言。庶人饑寒憔悴，怨嗟號泣，而無所控告。此則陛下所謂「忠謀讜言鬱於上聞，而阿諛壅蔽以成其私者」也。苟忠讜退伏，阿諛滿側，而望百度之正，四民之樂，頌聲之洽，嘉瑞之臻，固亦難矣。

方今朝之闕政，其大者有六而已：一曰廣散青苗錢，使民負債日重，而縣官實無所得。二曰免上户之役，斂下户之錢，以養浮浪之人。三曰置市易，與細民争利，而實耗散。四曰中國未治而侵擾四夷，得少失多。五曰結保甲，教習凶器，以疲擾農民。六曰信狂狡之人，妄興水利，勞民費財。若其他瑣瑣米鹽之事，皆不足爲陛下道也。捨其大而言其細，捨其急而言其緩，外有獻替之迹，内懷附會之心，是姦邪之尤者，臣不敢爲也。凡此六者之爲害，人無貴賤愚智，莫不知之。乃至陛下左右前後之臣，日譽新法之善者，其心亦知其不可，但欲希合聖心，附會執政，盜貴富耳。一旦陛下之意移，則彼之所言亦異矣。臣今不敢復費簡札叙利害以煩聖聽，但願陛下勿詢阿諛之黨，勿徇權臣之意，斷志罷之，必有能爲陛下言其詳者矣。

此六者之中，青苗、免役錢爲害尤大。夫力者，民之所生而有也。穀帛者，民可耕桑而得也。至於錢者，縣官之所鑄，民不得私爲也。自未行新法之時，民間之錢固已少矣。富商大賈，藏鏹者或有之。彼農民之富者，不過占田稍廣，積穀稍多。室屋修完，耕牛不假而已，未嘗有積錢巨萬於家者也。其貧者，藍縷不蔽形，糟糠不充腹，秋指夏熟，夏望秋成，或爲人耕種，資采拾以爲生，亦有未嘗識錢者矣。是以古之用民，各因其所有而取之。農民之役不過出力，稅不過穀帛。及唐末兵興，始有稅錢者。故白居易譏之曰：「私家無錢鑪，平地無銅山。」言責民以所無也。今有司爲法則不然，無問市井、田野之民，由中及外，自朝至暮，唯錢是求。農民值豐歲，賤糶其所收之穀以輸官，比常歲之價或三分減二，於斗斛之數或十分加二，以求售於人。若值凶年，無穀可糶，吏責其錢不已，欲賣田則家家賣田，欲賣屋則家家賣屋，欲賣牛則家家賣牛，無由可售，不免伐桑棗、撤屋材，賣其薪，或殺牛賣其肉，得錢以輸官。一年如此，明年將何以爲生乎？故自行新法以來，農民尤被其患。農者，天下之本。農既失業，餘民安所取食哉？今貨益重，物益輕。年雖饑，穀不甚貴而民倍困。爲國計者，豈可不少思其故哉？此皆斂錢之咎也。

北盡塞表，東被海涯，南踰江淮，西及邛蜀，自去歲秋冬，絶少雨雪，井泉溪澗，往往涸竭。二麥無收，民已絶望。孟夏過半，秋種未入，中户以下，大抵乏食，採木實草根以延朝夕。若又如是數月，將如何哉？當此之際，而州縣之吏督迫青苗、助役錢，不敢少緩，鞭笞縲紲，唯恐不迨。婦子皇皇，如在湯火之中，號泣呼天，無復生望。臣恐鳥窮則啄，獸窮則攫，民困窮已極，而無人救恤，羸者不轉死溝壑，壯者不聚爲盜賊，將何之矣？若東西南北，所在嘯聚，連群結黨，日滋月蔓，彌漫山澤，蹈藉城邑，州縣不能禁，官軍不能討。當是時，方議除去新法，將奚益哉？緑林、赤眉、黄巾、黑山之徒，自何而有？皆疲於賦斂，復值饑饉，窮困無聊之民耳。此乃宗廟社稷之憂，而廟堂之上，方晏然自得，以爲太平之業，八九已成。此臣所爲痛心疾首，晝則忘食，夜則忘寢，不避死亡，欲默不能者也。《易・復》之初九曰：❶「不遠復，無祇悔，元吉。」言過而能改，雖悔不大也。其上六曰：❷「迷復凶，有災眚。用行師，終有大敗。以其國君凶，至于十年不克征。」言迷而不復，凶且有災，於君道尤不利也。昔秦穆公敗於殽，作《秦誓》曰：「唯古之謀人，則曰未就予忌。唯今之謀人，姑將以爲親。雖則云然，尚猷詢兹黄髮，則罔所愆。」蓋悔弃老成之遠慮，用利口之淺謀，以取覆敗，而思補其過也。故能終雪前耻，彊霸西戎。漢武帝征伐四夷，中國虚耗，賊盗群起，及喪貳師之軍，乃下哀痛之詔曰：「廼者以縛馬書遍示丞相、御史、二千石、諸大夫、郎、爲文學者，皆以『虜自縛其馬，不祥甚哉』，公車、方士、太史、太卜皆以爲吉。今計謀、卦兆皆反謬。」蓋始寤公卿、方士之諂諛，對不以誠，致誤國事，有悔于心也。故禁苛暴，止擅賦，力本農，天下復安。自國家行新法以來，天下之人心祈口禱，唯冀陛下之覺悟，而拯救其失，以蘇疲民，如望上天之膏澤，日復一日，以至于今。及今改之，猶可救也，過是則民力屈竭。一旦涣然離散，乃始勞心安集，豈不難哉？

竊觀陛下詔書，寅畏天灾，深自咎責，丁寧懇惻，以求至言。是陛下已知前日之失，而欲有所改爲也。若徒著之空文，而於新法無所變更，是猶臨鼎哀魚之爛，而益薪不已，將何補哉？陛下誠能垂日月之明，

❶「九」，原作「六」，今據《周易・復卦》改。
❷「六」，原作「九」，今據《周易・復卦》改。

奮乾剛之斷，放遠阿諛，勿使壅蔽，自擇忠讜爲臺諫官，收還威福之柄，悉從己出。詔天下青苗錢勿復散，其見在民間逋欠者，計從初官本，分作數年催納，更不收利息。其免役錢盡除放，差役並依舊法。罷市易務，其所積貨物，依元買價出賣，所欠官錢，亦除利催本。罷拓土闢境之兵。先阜安中國，然後征伐四夷。罷保甲教閱，使力田服穡。所興修水利，委州縣相度，凡利少害多者，悉罷之。如此，則中外讙呼，上下感悦，和氣薰蒸，雨必霑洽矣。彼阿諛之人附會執政者，皆緣新法以得富貴。若陛下以爲非而捨之，彼如魚之失水，必力争固執而不肯移。願陛下勿問之也。

臣竊聞：陛下以旱暵之故，避殿撤膳，其焦勞至矣。而民終不預其澤。不若罷此六者，立有溥博之德，及於四海也。又聞京師近雖獲雨，而畿甸之外，旱氣如故。王者以四海爲家，無有遠近，皆陛下之赤子。願陛下雖徇群臣之請，御正殿，復常膳，猶應兢兢業業，憂勞四方，不遽自寬，以爲無復灾也。又諸州縣奏雨，往往止欲解陛下之焦勞，一寸則云三寸，三寸則云一尺，多不以其實，不可不察也。又聞青苗之法，灾傷及五分則倚閣。❶其間官吏不仁者，至有抑遏百姓，止放四分以下税，此尤可罪者也。臣在冗散之地，若朝廷小小得失，臣固不敢預聞。今坐視百姓困於新法如此，將爲朝廷深憂。而陛下曾不知之。又今年以來，臣衰疾寖增，恐萬一溘先朝露，齎懷忠不盡之情，長抱恨於黄泉，是以冒死一爲陛下言

❶「五」，原無，今據《温國文正司馬公文集》、《長編》、《宋朝諸臣奏議》補。

之。儻陛下猶棄忽而不之信，此則天也，臣不敢復言矣。干冒宸扆，臣無任懇切惶懼之至。

歷代名臣奏議卷之三百二

本卷王鵬校點

歷代名臣奏議卷之三百三

災祥

宋神宗元豐三年，直舍人院吕大防上奏曰：

臣伏覩七月二十六日手詔，以彗出西方，責躬引咎，敷求讜言，以正厥事。臣伏讀感欷，以爲天道難知，不可隱度。今聖心恐畏，退託損抑，有以見不諱之朝，度越前古。臣愚不肖，雖吏守外藩，不敢不布肝鬲，少裨萬一，伏惟神明幸察。

臣竊以爲方今政事之急，謾爲三説九宜，上冒天聽。一曰治本，二曰緩末，三曰納言。

治本之宜有三：一宜養民。漢之傳國，至昭帝而六世，藩臣之變，外戚之禍數矣。唐之傳國，至明皇而六世，如漢之變，而又有巨盜之患。今大宋之臨御，而陛下之繼統，世數與漢、唐同，而曾無一方之患，其得人心可見矣。苟非累聖德澤，涵養深厚，視之如傷，愛之如子，則何以固結其心若此？伏自陛下布行新政以來，參酌古今，著爲良法，便民者爲不少矣。而民情戚戚，不以爲安。推原其端，葢緣朝廷措置，大率急於公家而後於民事。竊觀先王之政，上之憂下也深，則下之報上也厚。故其《詩》曰：「駿發爾私，終三十里。」上憂下之詩也。「雨我公田，遂及我私。」下報上之詩也。上下之情，其相親如此，則怨惡不順，何由生乎其間哉？故馬周之對太宗，以爲

「貞觀初，匹絹易斗米，而人不怨者，知陛下憂之也。五六年來，匹絹易穀十數斛，而民怨者，知陛下不憂之也」。此言極要，頗同今日之意。臣試舉其一二。免役錢本率衆以給庸，公家無所利其入。今所在猥積，至有一縣之人，出者半，贏者半，而取之不已。遇水旱未嘗有所蠲減，貧下未嘗有所貸免，此民情戚戚之一也。市易本以抑兼并，便衆業，而公利在其間。民有艱急匱乏之期，方之他取於富室，則無倍稱之息。然吏或不良，乘民之急而掊刻無已，徒欲收贏取賞，❶而不顧事體之宜與法令之本意，誘陷無賴子弟以隳産者有之，予民者高其物估以巧取息者有之，一物朝貴賣而夕賤買者有之。此民情戚戚之一也。保甲者，先王什伍教民之法也，不專爲兵而已。今有司惟以坐作進退、射藝精粗爲急，而不問推行考察姦盜、去惡奬善之意，而又富者逸而貧者勞，或遇饑饉，則將有流散不可號召之虞。此民情戚戚之一也。凡此特法令之未備，或吏奉法不謹之過。以陛下之聖明而修正之，宜無難者。

二宜教士。舜九德，文王作人，周公三物，皆爲先王教士之實。今聞以才選者矣，未聞以德進也；聞以文詞選者矣，未聞以行進也。臣竊以非大變其法，則終不能得教士之實。其變法謂何？責之郡縣監司，保任其才行以升於尚書，各試其所知而命之，則士勸於善。而不專以文辭設科，則士業崇本。凡此一改法令，則天下從之矣。以陛下之聖明而修正之，不五六年必收

❶「賞」，《宋朝諸臣奏議》卷四三《上神宗答詔論彗星上三説九宜》作「償」。

其效。

三宜重穀。自古國家之患，未有不緣民飢而起也。今縣官積錢，所在貫朽，而倉廩至無半歲之實，誠可憂也。蓋自常平之法行，而群司各計其利，故轉運司唯有租税征科之入而已。其歲入既不足以充費，故於儲蓄之計，雖欲賤糴而不暇爲也。常平雖有折納斂糴之法，而吏多不能推行萬一。水旱方千里，則積鏹之饒將無用，而民之强者衆而爲盗，弱者流離溝壑，而無以救矣。臣近嘗上乘歲豐積穀之議，頗合事機，而亦可行於久遠，伏望財察。❶凡此特法令之未備，或吏奉法不謹之過，以陛下之聖明而修正之，宜無難者。

緩末之宜有二：一宜緩治夷狄。中國，本也。夷狄，末也。先王之政，内諸夏而外夷狄。夷狄之國，聲教所暨，故舜之命官，猾夏者治之。然則不爲中國患者，王者不治也。或者謂夷狄之地可闢而郡縣之，夷狄之人可冠帶而賦役之。竊謂過矣。以四海九州之廣，而欲沙漠不毛之地以爲富；以兆民多士之盛，而欲左衽鴂舌之人以爲衆。徒見有糜敝所重，而未見其可也。雖有前代喪失之地，苟非民情來附，未足以用衆。二宜緩治兵。兵者先王所治，而非所以爲先也。衛君問陳於孔子，而孔子答以俎豆之事。蓋禮教有所未修，而先之以軍旅之事，則語道非其序也。今刑政雖講，而未可謂盡中；禮樂雖修，而未可謂盡善；教化雖布，而未可謂盡行。然則今日之政，宜有急於兵者焉。凡此非可廢之事，特在陛下施爲之有先後而已。以陛下之聖明，

❶「財」，《宋朝諸臣奏議》作「裁」。

留意而條别之，宜無不得其序者。

納言之宜有四：一宜廣言路。古者群臣，人人得諫，故曰「工執藝事以諫」。工尚諫，則餘可知矣。所謂争臣七人者，在位皆諫，諫而又當必争者，有七人而後可。今陛下虚心待下，未嘗大聲以色，而諫者未始有聞於天下，諫而必争者未始見其人。方唐太宗之時，當亡隋之後，人物寡少，而諫者滿朝。今陛下承累世文明之盛，而遂使史筆無書諫諍之事，亦可謂闕典矣。二宜寬侵官之罰。凡人臣之居外，見不便於民、有害於政者，大者聞諸朝，小者以其職而行之是也。今一切禁止，不使相侵，則朝廷必有不聞之事，而民庶必有失職之苦矣。三宜恕誹謗之罪。自古有爲之君，更制天下之事，未有不被毁訾於世者。以盤庚之明、周公之聖而不免，况其下者哉。蓋衆人皆常情，❶不達義理，樂因循而憚改作。改作之始，未見其利而翕然非之。聖人於此，特恕其無知而寬之可也，豈足以與之較量長短是非哉？故漢文深知其意，直除其罪以容之而已。苟設峻令以防之，非不遽止，然愚庸之情，不自知語言之過而非其上矣。四宜容異同之論。古者衮服之飾必以黼者，取其兩己相背而能成政也。兩己相背，至銘諸躬，而日服之以爲監，有以見人君御臣之深戒，在於喜同而惡異也。舜伐三苗，禹以爲可，益以爲不可，然不害並爲九官。周公相成王，召公不悦，然不害同爲十亂。《洪範》謀及卿士，則三公之論有不用焉，《周官》詢及萬民，則卿士之謀有不取焉。夫然後可以通達衆志，輔成大業。苟取其

❶「皆」，《宋朝諸臣奏議》作「者」。

所同，而捨其所異，則晏子所謂「以水濟水，孰能食之」者也。非特如此而已，苟欲其同，則必有誕謾詐欺以附同者矣；苟惡其異，則必有詭隨面從以免異者矣。使人臣皆懷誕謾詭隨以事上，殆非朝廷之利也。竊聞議者必使廷臣無異論，乃謂之一道德。爲此説者，似不思也。夫一道德以同俗者，蓋謂典常之教不可不同也。今以政之殊，有可有不可，有宜有不宜，有損有益，而必一而同之，恐非聖人之意也。所惡異論者，豈非以其沮議害事而惡之邪？苟導之使言，而擇之在我，則雖有沮議害事之言，在吾所棄，固不能爲患也。凡此無難改之勢，而有速應之實，蓋在陛下爲之而已。

如前所陳，蓋陛下政事之形容於外者，臣得以揣度而陳之。至如陛下聖性之淵微，君德之崇厚，惟幾以成天下之務，惟深以達天下之志，臣之愚陋，莫得而測焉。伏惟仰觀天心，旁考古義，詘奇論而用中道，❶則天下幸甚。

宮邸教授吕大鈞上奏曰：

臣伏讀詔書，寅畏天變，引過罪己，數求美言，以新盛德，誠意惻怛，發於心畫，自足以消變除慝。況諫行言聽，膏澤逮下，必將感召和氣，溢爲嘉祥。臣愚恨無精識奥學，啓寤天聽，徒有淺聞近見二事，或可以少裨萬一，伏惟聖主留神財察，幸甚。

臣聞《詩》《書》所稱古先哲王，雖清明在躬，俊乂在官，猶孳孳不倦，延禮臣下，講求至道之要而推行之。夫至道之要，莫切於堯、舜之言。其言曰：「人心惟危，道心

❶ 「詘」，《宋朝諸臣奏議》作「絀」。

惟微。」此言至簡至要，古之人君莫能盡行，故常爲中材之所忽，而獨上聖能勤行者也。然則人心者，人君之所日用時出以應萬務者也。其神恍惚，其出入無時，其作於中而見於外也，邪正糾紛，頃刻萬變，其危如是，安得不日夜存養寧息，使之感物應變，無所差失乎？道心者，人心之所默識躬行以立大本者也。凡有生之民，無衆寡小大，無彼我，莫不體之以爲吾心。就其間涵容存養，以生吾誠。其道茫昧，難以言諭，唯忠信默會，庶幾近之。稍或不明，則離而不一。其微如是，安得不閑暇燕處，求索推明，克己體物，常使純一，則仁義禮智油然根於中，睟然見於外，然後爲得乎？故言動之所發，政令之所加，始出於善，而其終常流爲不善。凡此者，皆人心不安而易變故也。誠意之所存，行義之所履，始若充盡，其終常至於天下不爲一家，中國不爲一人。凡此者，皆道心不明而易失故也。由是言之，此二心者，非有一物也，特體用之殊耳。使人心一於道心，則自不危矣；使道心一於人心，則自不微矣。今乘陛下勵精反己之時，謂宜博延德義之士，儲精垂思，相與講求至道之實，使浩然之氣充塞天地，則何患濬哲不生而明德不暢乎？此臣之所謂淺聞者此也。

臣又聞天下衆人言，謂陛下躬勤庶政，日不遑暇，而有司奉行，多不盡理。陛下遠略方外，軍政修舉，而將帥出征，多不諭旨。陛下獎勸人材，柬拔倚注，而或不得其人。陛下優假言事之臣，未嘗深譴，而近日内外望風畏怯，莫敢有言。青苗、免役所以寬民力，而下户凋瘵日甚。常平儲峙錢穀，所以足國用，而有司經費日窘。訓齊保甲所以禁暴，而盜賊如故。增置官局所以革弊，而文書益煩。異時歲饑糴貴，小民常取倍息之貴，亦能自給，今年豐，官出輕貸而束手受困。異時富商大賈，豪奪細民，而不甚爲苦，今市易均輸平準，而負益深。

凡此，皆臣之近見者也。然推見無本而求之，❶豈有他哉？唯知道心之實，則見此時之弊矣。傳曰：「唯道集虛。」陛下既明發德音，虛心待物，則道豈難知哉！古人謂顧力行何如者，此在陛下一動心之間耳，可不深念之乎？

館閣校勘邢恕亦上奏曰：

臣恭惟皇帝陛下，實天祚宋，誕生明聖，有超卓絶異之姿。爰自毓德宮闈，仁心仁聞，載在群口。及初嗣位，動率禮法，承順兩宮，左右就養，發於誠孝；遠近內外，凡厥臣庶，莫不矜式。太皇太后厭世，陛下號慟泣血，百僚在位，不覺隕涕，入臨而出，轉以相告，有識咨嗟，長老嘆息。山陵復土，外雖變禮從吉，而陛下悲哀未怠，宮中實服三年，夙夜念治，躬親政事，小大之臣，咸各率職，十有四年，未嘗一日少懈。後宮燕游，聲色嗜好無所聞。園囿弋獵，輿馬馳騁無所幸。方且闢闔乎乾坤，而步驟乎帝皇，其視天下如一家，中國如一人。其設心操術，豈待問哉？仍年以來，威福自出，惟所指顧，莫不服從，曾未謦欬，莫不響應。赫赫巍巍，朝廷益尊，四方萬里，盜賊消戢，閭里安堵。陛下誠因此美，即此善，據此勢，藉此時，以之上當天心，則可使寒暑平，

❶「無」，《宋朝諸臣奏議》卷四三《上神宗答詔論彗星上三説九宜》作「其」。

風雨時，三光軌度；以之下順地理，則可使五穀熟，庶草茂，山川晏寧。至于景星出，卿雲見，甘露降，醴泉涌，鳳凰、麒麟可使皆在郊藪。天人之際，其形氣有以相通，其變動有以相感，格之以誠，應之以實，密與道俱，則其答猶影響，其合猶符節也。如此，則何災不可消，何異不可去？若夫祈禳小數，豈足道哉？昔宋景公一諸侯耳，出君人之言三，熒惑爲之退舍。況於陛下之仁聖智勇，履席南面之勢，不出殿堂之上，而廣制海内，尺地莫非其有，一民莫非其臣者哉。以誠感天，曾不移刻；以德退星，曾不旋踵。此臣所以殫志畢慮，不量其愚，不避見嫉之嫌，而願畢其惓惓也。伏惟陛下留神加察焉。

疏遠小臣，未嘗得日望清光，奉承德音也。然而間從公卿大夫之後，竊聽於進見下風者，皆以謂陛下才高天下，智出物表，既妙思六經，而多識前載，旁羅百氏。典章制度，律令敕式，靡不淹洽。工作器械，算數米鹽，無不精密。神機天辨，變化無窮，退而鮮不自失。夫人心畏怯，則智勇皆廢。雖朝暮禁闥，陟降殿陛，密近親習之臣，猶且踧踖愧恐，唯諾聽從之不暇，無能有所開發建明，以補助萬一，況于單賤鄙逖之人乎？雖天之高，不可階而升；日月之可仰，無得而踰；性與天道，不可得而聞；然匹夫匹婦之於聖人，有所與知，一有不獲自盡，民主罔與成功。以大舜之智，而自耕稼陶漁以至於爲帝，無非取人以爲善；以孔子之聖，而獄訟文辭可與人共之者，不獨有焉。則所謂聖智者，曷嘗掩衆人之所能，而咸蓋群心之所知哉。衆人所見，而有以處之，使各效其長；群心所知，而有以擇之，使必從其是。竭天下之力，盡天下之思慮，然猶有所不及，而後聖人奮其智能，則所以待之者盡矣，其所得者博矣，其所守者約矣。已而有迹其長，緣其是，則天下之人莫不興起。爲之於其才力之所不給，計之於其思慮之所不獲，則天下之人莫不厭服。何必耗血氣，疲精神，一切親事於法宮之中，然後爲得哉？

臣竊仰陛下之天德，常若太高而或不下接。朝廷之舉事，常若太速而謀之常患不博。雖陛下之聰明睿知，百舉百中，而愚者千慮之一，猶恐有所遺也。況或纖芥闕漏，略於彌縫，而汗涣已施，機張已發，則誰敢出身試臨不測，而輕議於既往哉？且夫履四海之盛位，襲五世之極治，又有冠古之稱，絶俗之事，此乃全盛光大之時，君子之所以尚消息盈虚也。意者陛下或有而矜之，所謂日中則昃，月盈則食，盛衰損益之機，其在是矣。故《易》之「明夷」以蒞衆，「既濟」思患而預防，此古先哲王所以安而不忘危，存而不忘亡，治而不忘亂，日新厥德，以祈天永命也。昔唐太宗自負其文武材略，以爲實兼將相。然不知帝王自有體，下兼將相，不足爲能。不若漢高祖豁達，面諭群臣：吾不如子房、蕭何、韓信也。方是時彗星亦嘗變見，而太宗悟焉？曰：「吾自謂三王以來，撥亂之主莫吾若，故負而矜之，輕天下士。上天見變，其謂是乎？」夫謂古人爲莫吾若而輕時人，則上下之情不通，而無所不至。惟太宗爲能知悔，而又有魏徵、王珪、劉洎、馬周之徒，更戒迭諫，然後貞觀之治，庶幾三代之風，而彗亦不能爲灾。何況陛下盛德至誠，避殿損膳，深自引咎，以來讜言，放出宮女以防隔塞，虚心克己，效於事實，豈特太宗之比哉！于以收視反聽，澹然與神明俱，而默與造化爲友，端拱無營，優游自得，付物以能，委任責成，情僞之變，事物之來，有道以揆，有節以察，不勞而成，不動而化，兼享堯、舜之名，永保喬松之壽，上以奉寧七廟，慰釋皇太后之心，下以幸惠群臣，❶而錫爲蒼生福，則何變異之足憂哉！

抑臣又聞惟德動天，無遠勿屆，而天地之大德曰生。董仲舒亦曰：「刑主殺，德主生。」則脩德者，莫若好生也。朝廷近歲屢起詔獄，深識遠見之士，竊量陛下聖意之過，欲大畏民志，究盡事實，及至便殿親決，時亦有所縱舍。郡府奏讞大辟，類率從生，非必專欲求殺也。然而治獄之吏，典法之官，但見追逮不絕，恐不能無妄意朝廷，便私自營，冀徼盡力首公之名，而規闊略縱出之責，則必至於滋蔓刻核，失出蓋鮮，則失入有之。及至上奏請決，鍛鍊已成，文致已白，囚人雖有懷鬱抑而不得伸，朝廷雖欲加寬厚而無所施，則是豈國家之意哉！臺寺深嚴，自非事守相關，焉知其詳。然法者設於有罪而使惡人知畏也。人無罪者或不自保，❷而善人亦懼矣。此臣所以疑也。

臣知京師玩習久安，大抵懈弛，而嚮者貴近狃於恩幸，不知畏法。方陛下勵精爲治，有以督過訓齊之，誠是也。然而矯枉者貴直，矯枉過直，則是曲而已。孟子曰：「今之與楊、墨議者，如追放豚，既入其苙，又從而招之。」誠使百司自此莫不飭厲，而

❶「下」，原無，今據《宋朝諸臣奏議》卷四三《上神宗答詔論彗星上三説九宜》補。

❷「人」，《宋朝諸臣奏議》作「今」。

貴近益遵約束，然且求之不已，則是亦過直而招之之類也。《書》曰：「寬而有制，從容以和。」在《易》之《節》曰：「苦節不可貞。」先王之所以繩檢群下，未嘗無制也，然必寬之，使赴功有餘地，從容而不迫遽，故和樂而無憔悴。節之爲卦，君子所以制數度，議德行。然至於已甚過中，苦而不甘，不可以通行持久，失其所以爲正。是故先王議道自己，制法以民也。誠以陛下天縱之才，日躋之德，慮靡不周，而志罔或倦，舉以程能課事，而厚望之於群臣，磨以歲月，則鮮不破漏傾覆，失其所操持，行義有跌於繩墨之間，而譴訶有軼於度量之表矣。《易》曰：「窮則變，變則通。」《詩》曰：「四牡騑騑，六轡如馳。」臣意陛下洞達事機，時措之宜，必有以變而通之，如王良、造父御馬，緩急控縱而歸和平，固已得之於精神之會、心術之微。然臣直以耳目所接言之，不能無過計也。獄吏法官，制在陛下，視以好惡，惟所寬恤，易若覆手。至于興甲兵之大，投民於鋒鏑之間，措之矢石之下，以其死争，一跌而不振，則雖有仁智之心，不能救患於已然，而消禍於既往。是故帝王之師，必出於萬全。攻不必取，不苟勞衆；戰不必勝，不苟接刃。蓋以養國威，全人命也。近者瀘南之舉，師出不爲無名，以陛下之威武，將吏鼓勇，軍士思奮。校之以計，若老成人之策孺子；角其有餘不足，若孟賁拉侏儒，檄馳鋒接，萬全必勝而獨克。然臣得之傳聞，不知是否；以謂蠻徼山林阻險，道路狹隘，溪澗隔絶，吏士羊腸魚貫，不輕得進。地饒瘴疫，令人頭痛身熱，漚泄霍亂，而中州之人不服習其水土。使蠻稍桀黠，聞大兵將至，則逃遁而不出，旅距而不可入，曠日引久，留而不決，士卒暴露，疾病死亡者衆，而餽餉或不給，師老械敝，浸成遷延。不然，逆類醜徒，上下救死，爲首尾之勢；旁近種落，相與唱和，有唇齒之援。舉熊羆之士而輕用其鋒，以與獿狙之民角逐於崎嶇偪束、濘淖翳薈之間，以幸頃刻之勝。厮養下卒，有一不備於行間，雖能梟馘其首領，繫纍其徒黨，猶不若多算遠御，以全制其弊也。如師倦而歸，蠻或連結諸種，呼嘯並出。蜀地狹而人稠，雖遇大熟，食猶不足。比歲錢積於官，市用少而益貴，米不加多而益賤，則農人困矣。蜀之所恃以界限蠻夷者，山林也。今承平日久，而虞衡之屬，時禁不講。界上之民，私相交易往來，往往有微徑潛通。道路故號爲險狹者，今率行牛；林木故可以爲障塞者，今皆盡行斤斧。不幸而歲饑，食不足，錢不可以多得，本末俱困，山林之阻，故不設備。屬有姦民，鄉導外寇，表裏俱發，❶郡縣又闕守備，則唐之南詔，前世之均、順，豈可以其無能哉！

古有言：兵者凶器，一方有急，四面皆從。今蜀雖號富饒，爲朝廷外府，以內外輕重較之，則手足標末也。五路，天下之腹心根本也。河北、陝西、河東，又皆控帶戎虜，率計義勇、保甲，籍勝兵不減七八十萬。然則三路尤爲天下之捍蔽。祖宗寬假邊民，稅或不及，分河北特弛鹽禁。誠知天下有急，三路最持其重。三路不可動搖，則天下之勢常安，而他皆坐受其利。故切封疆，捍壁壘，輓齎奉饟，數履危難之地者，則急其力而緩其財。守墳墓，安鄉里，不識戰鬭之事，不知死亡之憂者，則急其財而緩其力。

❶「發」，《宋朝諸臣奏議》作「廢」。

利害之相權，勞逸之相均，勇怯强弱之相資，多寡有無之相濟，蓋未有兼責而獨得者也。祖宗初定天下，所以任戰者皆黥面之兵，固未有義勇、保甲也。猶且恤之若此，況今日乎？誠宜先擇三路之守令，優爲勸獎之法，稍稱職者且使任，俾得以拊循其民，即安田里。因其暇日，隸習戰守，捐其逋負，寬其力役，平居無追須勞苦之歎，則緩急可責其效死。果得民兵之實，則西北之虜且畏威矣。民誠效死，虜誠畏威，則邊鄙不聳，兵刃不頓，不過几席之上，樽俎之間，可以挫四夷。因其亂亡之時，踐其機，投其隙，鼓之以道德，征之以仁義，誘之以恩信，則可簞食壺漿以迎王師，扶老携幼以歸聖德。鞭撻不施，況血刃乎？

方天變之來，陛下過意挹損，即有以反求諸身，又有以固結其民。酌輕重之宜，謹先後之施，則夏、遼異黨，蠻貊荒忽，可使歸命向化。矧惟宮殿之内，左右密勿，常從宿衛之臣乎？至若推廣象類，而脩舉恩澤之政，以導迎善氣，唯陛下所擇，非小臣所得一二言也。臣屬近在輦轂之下，首聞詔旨，猥先衆人而言。陛下赦憐不誅，使能言之士得以繼進，則四海九州之博，内外臣民之衆，方九德咸事之時，安知不有指陳世故，極於天人之分，達於古今之宜，足以上答聖心，抑塞星變者哉？則是臣於國猶爲有補也。

神宗時，承議郎王安禮上奏曰：

臣聞和氣致祥，乖氣致異，人事失於下，變象見於上，能應之以德則咎異消，忽而不戒則禍敗至。蓋天以君爲子，愛之顧之，可謂至矣。政一弗迪，則垂象譴告，將欲人君悔過遠非，慎微省事，以自全安也。自昔言灾異者，皆不出此。廼者彗出西方，異之甚者。陛下恐慄祗畏，避宫省膳，亟下明詔，敷求直言，乾道昭然，今則消復。臣聞無灾而懼，禍亦不萌；患至而思，咎將誰執？當陛下思變責躬之日，臣實不敢懷未信謗己之嫌。共惟陛下即位以來，憂勤庶政，興起敝廢，總持權綱，可謂欲治之主，不世出矣。有仁民愛物之心，而澤不下究；有温恭好問之實，而壅於上聞。廣土衆民，未躋既富，萬方黎獻，罔或彙征。在位多素餐之譏，比屋無囹空之頌。是非雜糅，賢不肖混淆，民勞於室，謫見于天。臣竊思其由，未知其實。意者左右之臣不均不直，謂忠者爲不忠，謂不賢者爲賢，朋黨比周，讒忌蔽塞，以惑陛下之聰明歟？任職言事之臣，附勢以亂情僞，倚法以徇愛憎，賞不及功，罰不當罪，而政事不得其平歟？乘權附利之臣，不察惠養閔仁之意，用力殫於溝瘠，取利究於園夫，兵民嗷嗷，或致愁嘆，人不得安而失職歟？凡此數者，足以干陰陽之和，致乖沴之氣，天象之差，幾在於此。陛下慈仁孝友，格于皇天，外無狗馬玩好之求，内無險詖私謁之事，是陛下修之於上，正之於朝廷，而群臣隳之於私室。伏願陛下察親近之行，使無以濟其私；杜群枉之門，使得以歸於直。省不急之改作，紓弗勝之力役，凡可弛以利民者，一切罷之。則善言可以退舍，美意可以延年，復見於今日矣。若夫貶損之舊章，祈禳之小數，臣竊恐皆非陛下所以昭事上帝之意。臣羈孤惷愚，旁無佽助，獨蒙陛下拔擢，幸得待罪從臣，常懼無以報稱，故敢冒昧，不避斧鉞之誅，以先衆臣。唯陛下留神裁擇，不勝幸甚。干冒天威，臣俯伏俟命之至。

張方平上論曰：

臣蒙恩在朝備員，經歲無施補益，每爲深愧。今被命守藩，旦夕出國門，適值陛下以垂象之變，降御札，發德音，敕宰司率在廷之臣直言過失，改修政事之未協于民者。當陛下憂勞之際，老臣不爲陛下開一言，則忠義之語無復至於天聽，上負知眷，没有餘責，敢以聞見，少報重恩。

臣聞天尊地卑，而君臣之分定。君君臣臣，而後國體正，天下安。故「惟辟作福，惟辟作威，臣無有作福作威。臣而有作福作威，其害于而家，凶于而國」。蓋爲國之體猶權衡，勢不可使有所偏重，偏重之勢，必成傾覆，歷代成敗，何不由此。伏自近歲以來，灾異之作，率由陰侵於陽。陛下天縱聰明，前言往事無不洞鑑，不待臣説也。今聖心所以答天戒，責躬變禮，可謂精誠之至。謂天蓋高，其聽孔卑，故不旋日而星變以隱，感通昭答，足以明皇天眷佑我有宋之意至矣。陛下應之以實，固當踐所言。今夫政事之未協于民者固有之矣，大抵新法行已六年，事之利害非一二可悉。就中役法一事，爲天下害實深，累經更變，竟無長策可以定其法，議論日以紛擾，公私日以勞敝。夫人爲天地之心，天地之變，人心實爲之，故和氣不應，灾害薦作。蓋下令如流水之原，取其順流之易也。經六年而事功莫効，顧其事必有未協于民者矣。法既未協，事資必改，若猶憚改，人將不堪，憂患一成，噬臍安及？

陛下承六世之業，上有二宮，家國大事，願陛下憂深而思遠，寧忍於人情，不可忍於社稷也。憂患既成，人臣各有去就之分，家國之憂，獨在聖人，所以終日不離其輕重，謂此也。此臣所以爲陛下痛心疾首，一夕而九興也。況今習俗奔競，偷敝成風，交黨相傾，勢利相軋。攻訐起於廟堂，獄訟興於臺閣，非所以昭聖化也。毀譽移於好惡，賞罰偏於愛憎，非所以正王度也。士大夫習尚如此，有爲國家死節仗義，臨難虞而不易其操者歟？昔堯、舜之爲君，選于衆，舉十六官，而與臯、夔、稷、契共治天下，猶且明四目，達四聰，而後能協和萬邦。雖大聖賢，未有一人之心力而可以成天下之務也。陛下臨御九年，中外臣庶皆照臨之下，其間必有知忠義、不二心之臣簡在聖衷者矣，願陛下召之左右，從容訪逮。譬之金石，叩之則鳴，人各有心，激之則發。吉人之辭寡，吉人訥於言，外若不足，其中誠也。利口捷給，外若有餘，其中僞也。惟聖鑑精察之。若夫導之以言而不能盡者，使陳之簡牘，必有所効者矣。前代明君莫不以是考于下，故能廣視聽於扶同之外，究得失於幾微之先。攬其權綱，執其柄鍔，慮所以藏身之固，思所以置器於安，此惟獨決於神斷而後可，非所以謀于人者也。

夫事有失於前者，不可不悔；患有在於後者，不可不懼。如救焚溺，勢不可緩，緩則無及於救矣。魚不可脱於淵，國之利器不可以假人。涓涓可以潰堤，熒熒至於燎原，釁端厲階，不可忽也。臣之心惟願國家之善政美事，陛下之盛德鴻烈，高越百王之上，流光萬世之下，天之福祥休嘉之象生，而咎證之象不生，民之愁嘆怨咨之聲不作，而頌聲作，使兆民樂事勸功，尊君親上，欣戴安樂。臣退就田里，以至瞑目泉下，猶知懷此幸願也。老臣無狀，爲陛下慮不敢不精，爲陛下言不敢不盡。亦惟陛下察此至誠，俯垂省納，實天下幸甚。

監察御史裹行彭汝礪上奏曰：

臣竊惟《書》叙休咎之證，時雨以肅，常則以狂，時寒以謀，常則以蒙，蓋各以類焉。然天難諶，命不可知，故先王亦正厥事而已。今年春亢陽，秋苦雨，陰陽之菑各至。其後復大水，冒郡邑，殺人畜，淹禾稼，流蕩廬舍。陛下咨嗟嘆息，憂形於色，爲出使勞徠安集之，則陛下之仁愛可謂至矣。然古以醫諭治國，欲知其身緩急焉，病發於手足而治於手足，其力雖勞，疾終不加損；求其本而治之，七年之病可朝暮而定。陛下寬慈，恭儉仁孝，宫闈嬪御非有過溢之寵，池臺林籞非有不時之游幸。母家后族畏法循理，非有僭侈如漢之外戚也；内外百官承流聽命，非有擅威作福如唐之藩鎮也；蠻夷畏威，非有飛揚跋扈不可制者也。而天災仍重，宜必有在。臣知不足以知天變，言不足以中民病，願陛下財察之。夫豈刑政有不中歟？讒慝苛虐之吏或未逐歟？陰邪之人用歟？亦其臣有所不稱歟？不然，何灾傷之如此也！左右皆曰禍福數也，爲此言者非偷則諛。今人君之事天，猶人臣之事君，其君有所與則附之，有所惡則畏之，威福之至，皆以爲命焉，則人事幾廢矣。《書》曰：「洚水儆予。」又曰：「王司敬民。」此先王所以恐懼修省之意，陛下察之。五經之學，皆陛下所自得，亦何庸臣言哉！

明州通判梁燾以久旱，上書論時政曰：

陛下日者閔雨，靖惟政事之闕，愓然自責。丁卯發詔，癸酉而雨，是上天顧聽陛下之德言，而喜其有及民之意也。當四方仰雨十月之久，民刻於新法，嗷嗷如焦，而京師尤甚，闤闠細民，罔不失職，智愚相視，日有大變之憂。陛下既惠以詔音，又施之行事，講除刻文，蠲損緡算，一日之間，歡聲四起。距誕節三日而膏澤降，是天以雨壽陛下之萬年，感聖心於大寤，有以還其仁政也。

然法令乖戾，爲毒於民者，所變纔能萬一。人心之不解，故天意亦未釋，而雨不再施。陛下亦以此爲戒，而夙夜慮之乎？今陛下之所知者，市易事耳。法之爲害，豈特此耶？曰青苗錢也，助役錢也，方田也，保甲也，淤田也。兼是數者，而天下之民被其害。青苗之錢未及償，而責以免役；免役之錢未暇入，而重以淤田；淤田方下，而復有方田；方田未息，而迫以保甲。是徒擾百姓，使不得少休於聖澤。其爲害之實，雖一有言之者，必以下主吏，主吏妄報以無是，則從而信之，恬不復問，而反坐言者。雖間遣使循行，而苟且寵禄，巧爲妄誕，成就其事，至請遍行其法，上下相隱，習以成風。

臣謂天下之患，不患禍亂之不可去，患朋黨蔽蒙之俗成，使上不得聞所當聞，故政日以敝，而禍亂卒至也。陛下可不深思其故乎？

哲宗元祐元年，梁燾爲右諫議大夫，上奏曰：

臣竊聞華州奏：鄭縣界小敷谷山摧，損覆居民者。臣按《春秋傳》曰「國主山川」，故山川之變，聖人以爲至戒而深懼。然變之來也，或考之人事而相符，或稽諸君德而不類，要之皆有天意，顧世主所以應天意者何如耳。應之得其道，則轉禍而爲福。失其道，則反安而爲危。《詩》曰：「百川沸騰，山冢崒崩。高岸爲谷，深谷爲陵。」此人事相符之變也。然幽王曾不以爲卹，故詩人哀之曰：「胡憯莫懲。」《書》曰：「湯湯洪水方割，蕩蕩懷山襄陵，浩浩滔天。」此君德不類之變也。然帝堯自以爲戒，故命禹之辭曰：「洚水儆予。」

臣竊伏思陛下即位以來，尊用耆哲，登崇儁良，納天下之善常若不及，革天下之弊惟恐不至。以百姓之心爲心，撫而念之，不啻父母之於赤子也。四海内外，物情人意，和樂而舒徐，巍乎太平之象矣。宜乎美祥嘉瑞，交至而迭應。今反有山摧之異者，何也？臣見天心之仁愛陛下，欲以篤佑聖治，日新又新，以盛無疆之休，故於未然，深示警告。願陛下仰思天心而内自勵曰：「予臨兆民，固懔懔乎無不懼矣，豈尚有言動之際，忽而不恭者乎？公言直道，固無間而上下交矣，豈尚有詖辭邪説，反易是非，汩吾之明者乎？正人君子，固並進而朝廷清矣，豈尚有不肖渾淆其間，亂吾之真者乎？天下固安矣，豈尚有宿蠹深弊，遠而難燭，隱而不知，或欲改而復存，或已除而又作，動人之憂者乎？四疆固静矣，豈尚有惜虛名而甘實弊，以養後患，未爲至計者乎？爵賞不爲不謹也，姑息以害公，僭差而紊正者，一能絶歟？刑賞不爲不平也，當罪而縱，宜直而枉者，有不察歟？政令不爲不明也，煩而寡要，輕出而易反，以惑民之聽者，審於思歟？力役不爲不省也，用而不切，偏而弗均者，究之至歟？郡邑之治不爲不飭也，任非其人，遏王澤而不流，病吾民者，知之盡歟？」仰願陛下因天之戒，凡此類者益加意焉，臣愚不勝惓惓。

昔梁山崩，晉侯以傳召伯宗，伯宗以重人之言告，而晉侯從之以自責，《春秋》賢之。夫晉侯列國之君，而梁山一國之望耳，其變也，猶能亟召賢者而謀之。況陛下有天下之大，華山又五嶽之崇乎？其可不畏天之威，思所以應其變也？伏惟陛下鑑周之失，體堯之言，采晉之善，博資賢人之謀，修飭政事，以答天戒，社稷幸甚，天下幸甚。

六年，熹知鄭州，上奏曰：

臣聞日者衆陽之長，人君之象也，以清明博照爲德，而不容蔽虧侵掩之爲患。一有此變，則君德傷矣。乃今春以來，蒙濁霧翳，不見清明之景者跨六十日。間得一仰暘潔，則欣欣然物榮而人喜。今又食于五月之朔，爲變亦已甚矣。《詩》曰：「彼月而食，則維其常。此日而食，于何不臧。」傳曰：「月食，非常也。比之日食，猶爲常也，日食則不善矣。」惡其主君之占，非太平之象也。臣竊爲陛下憂之，亦以爲陛下之賀也。自古衰亂之國，必有日食星辰之變，而日食爲之最，此臣所以憂也。自古明昌之君，逢灾遇變，飭躬夤畏，應天以誠，終回咎譴，不損爲聖，此臣所以賀也。

恭惟陛下以上帝眷命，早有天下，並明文母，臨制四方，退託謙恭，無所專斷，言動中禮，不聞過舉，何其天鑑昭昭示戒，如警失道敗度之君？甚可畏也！或者陛下以盛妙之年，居崇高富貴之位，養心之道猶未加焉，故天心垂以譴告，欲陛下飭躬夤畏，應之以誠，則除灾而集福矣。臣願陛下思所以銷變之理，而上悦天心。夫銷變之道，莫如修德；修德之要，莫如進學；進學之敏，莫如專志。志專於爲善，則氣定性復，聰明日開，真積力久，爲聖益聖。夫如是，可以迎天地之貺，揚祖宗之休，灾害不生，禍亂不作，滃然高拱，坐擁吉隆之符矣。董仲舒有言曰：「天之仁愛人君，欲止其亂，自非大亡道之世，天盡欲扶持而全安之，事在彊勉而已。彊勉學問，則聞見博而智益明；彊勉行道，則德日起而大有功。此皆可使還至而有效者也。《詩》曰：『夙夜匪懈。』《書》曰：『懋哉懋哉！』皆彊勉之謂也。」陛下以堯、舜之資，聖敬日躋，加以好學之志，當爲太平有道之主。天之顧諟，感應純佑，豈止仲舒之所稱者，亦在陛下勉之不懈而已。

夫帝王之學，當知其大者遠者，不在辨章析句，總攬纖微，葳蕤文章，滂沛議論，屑屑若儒臣之爲也。所謂遠大者，豈無要耶？臣謹獻其略。夫明主可以靈承上帝者莫如敬，臣願陛下事天以敬；明主可以得四海之歡心者莫如孝，臣願陛下奉親以孝；使群臣之喜樂盡忠者莫如信，臣願陛下御臣以信；使百姓之家給人足者莫如仁，臣願陛下養民以仁；使政事惟醇、不令而行者莫如勤儉，臣願陛下治己以勤儉；使左右安寧、中外附豫者莫如寬宏，臣願陛下容下以寬宏。敬天之事，蓋多端也，非學無以究至誠之實。孝親之事，蓋多端也，非學無以盡愛敬之力。信臣之事，蓋多端也，非學無以辨邪正之情。仁民之事，蓋多端也，非學無以達富壽之術。勤儉之事，蓋多端也，非學無以適中道之用。寬宏之事，蓋多端也，非學無以識敦大之體。惟其進學，則盡之矣。伏惟陛下屏遠聲色，親近書史，宫中清燕，日深記誦。退朝之餘，經筵之外，間召講讀侍臣，咨訪講議。不必務求多速，常使日力有餘，暇而致精，樂而忘倦，日就月將，自成廣博。克勤于學，則德明而君道彊；不勤于學，則德微而君道弱。君道之弱，雖無災異，足爲懼畏；君道之彊，雖有災異，可以銷伏。陛下誠能存畏天之心，發進學之志，天心聽之，悦然降福。蒙濁之咎，終無辰月之驗；薄食之變，必有雲雨之應。精意所感，吉符是隨，上寬太母憂勞保護之慈，下副中外欣戴瞻望之願，享國永年，比隆仁祖。此宗社之慶，臣民之幸也。臣天與朴忠，向亦自竭，今不敢以在外疏遠，少怠愛君之誠，狂直之言，惟陛下財赦。

元祐二年，右司諫王覿上奏曰：

臣聞《書》曰：「惟吉凶不僭，在人；惟天降災祥，在德。」夫人君之德，配乎天地而協乎陰陽者也。故災祥之來，皆隨其德。古之人君，每見災異，則退而自省以修德焉，乃可以變災爲祥，轉禍爲福。伏見去歲以來，旱災屢作，今春涉夏，亢陽尤甚。陛下焦勞惻怛，精意祈禱，靡神不舉，而又傾倉廩之積以賑飢，省土木之工以寬役，親録囚徒，赦過宥罪。宜可以致雨矣，而雨猶未也。然則天意亦必有在矣。

謹按《洪範》之五事，一曰貌。貌曰恭，恭作肅。見於休證，❶則曰「肅時雨若」也。夫人君外既有恭莊以著於貌，内必有肅欽

❶「證」，當作「徵」，作者避宋仁宗名諱改「徵」作「證」。

以生於心，然後施於政事，一皆主於肅欽，則百官群吏，四方萬里，莫敢不肅，而天應之以時雨，此天人相與之際，如影響也。恭惟陛下春夏以來，凡可以致雨者，無所不講，而雨猶未應。意者，肅欽之道或有所未備乎？陛下起居語默，多在深宫之中，非愚臣所得而見。其見於政事者，臣得以言之也。

夫中都之官，雍容養望者多，而紀綱浸隳；諸司之吏，驕慢玩法者衆，而鞭笞罕及。此京師官吏之不肅也。監司妄意朝廷厭於督責者，以苟簡爲適時；郡縣妄意朝廷主於寬大者，以縱弛爲得計。此監司、郡縣之不肅也。國之凶人，可誅竄以明國之刑者，或沮格於大臣之言；民之巨蠹，可黜削以釋民之怨者，或稽留於典吏之手。此刑罰之不肅也。令出惟行弗惟反。今發號出令，或數日而追，或累月而變者，此號令之不肅也。廣西新州之役，以兵將邀功，無事受戮者千餘人，遠方之民銜冤無訴矣，而久不正其罪。此軍政之不肅也。河北塘泊之險，以大河橫流，漲爲平陸者數百里，胡騎之來，將通行而無礙矣，而莫有任其責者。❶此邊吏之不肅也。凡政事之不肅者類如此，而求所謂時雨順之，不亦難哉！

夫仁恩豈不可致雨，而肅欽乃可以致雨者，何耶？蓋肅欽，❷然後仁恩可行也。朝廷不肅則小人肆，而下有受其弊者矣。政事不肅則萬事隳，而民不保其生矣。夫如是，且將救亂之不暇，❸尚何仁恩之有。

❶「責」，原作「實」，今據《長編》卷三九八元祐二年四月己亥條改。

❷「欽」，原脱，今據《長編》補。

❸「救」，原脱，今據《長編》補。

況可以感天心而致雨乎？惟肅欽，然後政事修而仁恩行，乃所以致雨之道也。然則言動之不可以不肅者，臣願躬行之；政事之不可以不肅者，臣願深圖之。庶幾乎雨可致也。

三年，御史中丞蘇轍乞罷五月朔朝會劄子曰：

臣伏見去冬無雪，今歲春夏時雨絶少，二麥不收，秋種未入，旱勢闊遠，歲事可慮。伏惟皇帝陛下聖心焦勞，禱請備至。發倉粟，留上供米以救饑饉，苟可利民，無所愛惜。而天意未回，旱氣日甚，臣實憂之。竊惟古之明君，遇灾恐懼。内既竭其誠心，嗇用勸分，以濟民厄；外必避殿減膳，廣求直言，以答天意。今二聖既勤其内而外事未修，五月之旦將御文德，朝群臣。臣恐九重之祕，憂懼之實，民莫得知。徒見陛下晏然坐朝，臨御大衆。民愚無知，或謂陛下不畏天灾，不卹民瘼。人心一疑，天意弗順，以此救旱，所損大矣。臣愚伏願陛下舉行祖宗故事，明詔有司，罷朔會，避正殿，損常膳，令百官吏民皆得上封事，指陳時政闕失。如此施行，雖未得雨，而人知陛下寅畏天戒，不吝改過。群情悦服，神亦將助，以此救旱，非小補也。近日執政大臣雖曾奏乞解罷職任，以答天變，而所請未力，無益於事。今若陛下既自引咎，則大臣勢難獨止。雖未可遽從，若且例降一官，竢得雨而復，君臣協心，灾庶可止。臣備位禁林，心有所見，不敢緘嘿。或加采納，乞不出臣此章，只作聖意行下，於體尤便。

轍爲户部侍郎，論陰雪劄子曰：

臣伏見自去冬至今，陰雪繼作，罷民凍餒，困斃道路。聖心憂勞，何所不至。蓋嘗命有司發内庫之錢，出司農之粟，竭大府之炭，以濟其急矣。猶以爲未也，則釋犴獄，罷夫役，凡可以惠民之事，無不爲矣。而天意不順，雨雪如故。臣竊惑之。臣嘗觀先儒論五行之説，以爲聽之不聰，是謂不謀，厥咎急，厥罰常寒。故周之末世，舒緩微弱，政在臣下，則天應之以燠煖；秦之末世，峻刑暴斂，海内重足而立，則天應之以寒慄。是以周亡無寒歲，秦滅無燠年。信如此言，則朝廷之政，今豈失於急歟？竊惟二聖臨御以來，革敝去煩，施惠責己，❶凡所措置，雖未盡得，而民獲其所欲者多矣。苟以爲急，雖三尺童子不信也。然則陰雪之應，其咎安在？

臣聞商高宗雉雊於鼎，其臣祖己告之曰：「惟先格王，正厥事。」夫所謂「正厥事」者，無常事也。惟因其非而正之耳。故臣竊推之古事，以爲天大雷電以風，而成王應之以逆周公。衛國大旱，而文公應之以伐邢。夫親任三公，非所以止風；而興師伐人，非所以致雨。彼既爲之不疑，而天亦報之如響者，誠得其時，當其事耳。臣竊惟近者天地之變，常半歲苦旱，半歲苦陰，陰陽之氣，一有過差，浸淫爛熳而不能反。今雨雪既甚，久而不止，則春夏之際，又將復旱。此其類似有以致之者。古之爲政，德刑並用，寬猛相濟，使天下懷其惠而畏其威，和氣充塞而天地從之，❷故陽不過而陰不忒。

❶「責己」二字，原倒，今據《欒城集》卷四〇《論陰雪劄子》乙正。
❷「和」，原作「民」，今據《欒城集》、《長編》卷四〇八元祐三年二月乙酉條改。

自頃以來，朝廷之政，專以容悦爲先務，上下觀望，化而爲一。監司之臣以不執有罪爲賢，郡縣之官以寬弛租賦、縱釋酒税爲優。至於省臺寺監，亦未聞有正身治事以辦集聞者也。何者？朝廷方兼容是非，以不事事爲安静，以不别白黑爲寬大，是以至此極也。臣竊惟朝廷之意，其始蓋欲以寬治民耳。而不知姦臣猾吏，乘其閒以侵虐細民，其弊不可勝數。名雖近寬，而其實則虐也。

陛下誠欲消復此變，宜訓敕大臣，使之守法度，立綱紀，信賞必罰，使群下凛然知有所畏。苟朝廷無偏甚不舉之政，則陰陽過差、浸淫爛熳、往而不反之氣，宜可得而止也。不然，雖空府庫、竭倉廪以賑貧窮，破囹圄、焚鞭朴以縱罪戾，臣恐天地之意未易回也。臣待罪地官，以簿書米鹽爲職，出位而言，罪在不赦。然陛下頃自疏外擢臣而用之，二年之間，致位於此，豈欲責臣齪齪以吏事自效而已哉？是以冒萬死獻言，惟陛下裁擇。

四年，御史中丞李常上奏曰：

臣聞《漢策》曰：「善言天者必有證於人，善言古者必有驗於今。」臣學荒識淺，智慮不明，豈足以知天，烏足以考古？又況所謂善言者耶？雖然，誦《詩》《書》之文，服師友之訓，稽夫往昔，驗諸當今，以觀天人之際，若有可以言者，輒妄陳一二，干鈇鉞之誅，惟陛下裁擇。

臣伏見今歲已來，日色無光，雷不時震，怒風屢發，甘澤弗降，上天示變，殆非偶然。質之前書，甚可畏也。《易》曰：「垂象著明，莫大乎日。」日者，君象也。照臨下土，暉曜所燭，無有不及，不容有所掩翳而光烈弗舒者也。震迅以時，發揚隱伏者，雷也，刑威之象也。不容於發生之辰，寂然收聲，使人無所懼憚也。鼓動萬物，幽微必達者，風也，號令之象也。不容狂怒輒發，蕩然無時，以抑止甘雨者也。雨之所及，膏潤悦懌，長養嘉穀，惠澤之象也。不容更越時序，枯槁百生，若無意於哀矜者也。臣自不雨以來，博行訪問，雨澤愆少，唯王畿獨甚。雖請禱備至，而嘉應未臻，沉陰欲雨，輒復隨起，霡霂微潤，尋復收霽。天其或者將以此警懼陛下乎？且古之聖王，不以灾譴爲患，患政刑有所不至耳。苟能恐懼省察，修明政刑，而灾譴不弭者，未之有也。臣夙夜伏思陛下臨御以來，發政施仁，莫不本之先王，法乎至德，唯恐一物或失其所。聽言納善，從之如流，惟恐設施未當，害及元元。宜乎和氣感召，風雨順理，以佐百穀，以寬疲瘵矣。又自闕雨至今，陛下焦勞惻怛，憂形言色。犇走幣祝，致誠乎天地山川及群小祀；親臨軒陛，以寬宥獄，命官四出，以察冤滯。然而終未獲應者，將政令之大者有所未盡歟？

先儒謂心和則氣和，氣和則形和，形和則聲和，聲和則天地之和應矣。臣伏見今日政令之最大而設施未安，致人情不和者，役法是也。役法之大，溥及四海，窮邊遠徼，山農野叟，無不繫其利害休戚。今自改更以來，日見未便。户部雖巧爲損益，以求可行，猶朽木糞牆，本根不善，終不能必當。四海之人，形聲靡和，嗸嗸莫訴，而陛下曾未之察也，執政大臣曾未之卹也，觀望百執事，鉗口奉行，曾未之告也。然則陛下之明，有所蔽而不遍照乎四國矣，威刑見玩而有所拂矣，❶號令差忒而設施失當矣。德澤不及乎黔黎，而欲時雨之應期，何可得耶？

臣請詳言力役之爲平民患，差與雇利病重輕之不同。夫耕農之人，儻身常在野而不見官府，入城市，天下之情所同願也。自租庸調法廢，版籍不明，差役寖弊。國朝因仍前代，雖加損益，不免就版籍隨重輕等第差科。然破家産，廢農業，非一日之積矣。熙寧中講知差法之弊，天下州鎮凡因色役害民之事，例皆裁減。如衙前管勾廚庫、❷承符、散從、手力、充場庫子、接送之類也。就其不可減者，悉使召雇而賦錢平民。❸平民隨力出錢，無事於公家，遂得以身常在野，不見官府，入城市，孰便於是耶？雖然，方是時奉令之臣取民過多，務於贏積，遂有輸錢不逮之歎，農民愈貧之憂，而不聞其免徭役而事農業。於家爲病也。陛下即位之初，采納群言，念歲歲輸錢爲非農人之事，又不供力役，以爲非古，遂一切罷之，復行差法。方詔旨初下，愚民未知被差之爲害，臣於是時亦不能盡知如此，四遠之人，蓋嘗呼而相慶矣。行之既久，始覺其患有加於嚮日。何也？蓋差法之廢十有餘年，版籍愈更不明，宜重役者輒輕，宜輕役者反重，交相糾決，獄訟紛然，吏緣爲姦，❹公行賕賄。鄉寬户多者僅有休息之期，鄉狹户窄者頻年在役。況今無限田之制，上等極力之人，昔輸錢有歲百貫者，今止差爲弓手。歲雇弓手

❶「威刑」至「拂矣」九字，《長編》卷四二四元祐四年三月己亥條作「威刑狎玩而有所弗讋矣」。

❷「管勾」，原作「主管」，宋人避宋高宗名諱改，今據《長編》改回。

❸「雇」，原脱，今據《長編》補。

❹「吏」，原作「因」，今據《長編》改。

一名以代身役，不過用錢三四十貫。中下人户舊出錢不過三貫至二貫，而雇承符、散從，手力之類，不下三十貫。以是校之，勞逸苦樂，殊爲不均，至相倍蓰矣。然則今所改法，徒能使上等人户優便安閑，而第三、第四等困苦日甚。《詩》云：「哿矣富人，哀此惸獨。」正謂是也。昔臣待罪户部，嘗獻議曰：「法無新陳，便民者良法也。論無彼己，可久者確論也。」既而典司邦憲，亦屢以此干冒聖聰。有司收格，曾莫之省。以臣料之，人情豈甚相遠哉？不過謂業已施行，憚於改易。殊不知茫茫四國，仰訴無由，蚩蚩微命，相顧受斃。聚爲不和之氣，上動天鑑，豈國家之盛事耶？臣前所奏，尚欲令富者輸錢，貧者出力，折衷二法而爲書。今也博訪輿言，詳究民瘼。在上者既無寬剩之求，則下户皆願出錢矣；而又四方風俗或不同，利害或不一，當差而願雇者有之，當雇而願差者有之。❶誠能使四方隨俗以爲法，不以一偏之好惡示四方，官吏不得觀上所好惡而講法，其歸主於寬民便俗，上下均一，無有偏重而已。今示以一偏之意而爲法，使四海沸騰，細民窮困，朝廷晏然不知慮，卿士大夫畏忌不敢言，況希合之人爲監司與夫守令哉！持之不以介諸懷，使陛下致天怒於上，人怨於下，豈國家社稷計耶？

臣謬司典憲，陛下許其察利害，言得失，復有所顧避而不言，則臣上負朝廷，下孤百姓，罪不容誅矣！伏望聖慈憫民力之愈敝，❷察天意之甚微，特詔一二詳練民事

❶「當雇而願差者有之」八字，原脱，今據《長編》補。

❷「憫民力之愈敝」六字，原脱，今據《長編》補。

臣寮，使與賤臣就差、雇二法取便百姓者修正之，無牽新書，無執舊説，吾民以爲善矣。庶乎灾變可消，和氣可格，天下幸甚，天下幸甚。

劉安世爲愆亢乞徹樂損膳精誠祈禱狀曰：

臣伏見去冬以來，頗愆時雪，今春踰月，陽亢愈甚。詢之四方，率多旱暵，二麥已損，薦飢可憂，然而南畝之間，苗未至槁，近日得雨，猶有可救。方二聖子育黎庶，垂意民事，謂宜責躬修政，以召和氣，而禱祀之禮有所未舉，賑救之目有所未行，臣雖甚愚，竊以爲過。昔堯有九年之水，湯遇七年之旱，而國無捐瘠之民者，蓋備之有素而已。宣王遇裁而懼，側身修行，欲銷去之，故《雲漢》之詩曰：「不殄禋祀，自郊徂宮，上下奠瘞，靡神不宗。」此前代聖帝明王所行之事，陛下之所宜取法也。伏望聖慈祇畏天變，徹樂損膳，精誠祈禱，明敕大臣，講求闕政，申命中外，審決留獄，諸路監司，謹視所部凶荒州縣，廣爲賑濟之備。或官廩有不充之處，仍令勸誘富民納粟，以助公上，擇其尤者，寵以閑官。不急工役，悉俾停罷，庶幾人神和悦，早致膏澤，事有備豫，民無流散。

安世又乞舉禋祀荒政及求言卹刑狀曰：

臣近以時雨愆候，旱勢闊遠，嘗進狂瞽，粗陳銷復之理，又舉前代聖帝明王側身修行、救灾備患之事，條列以聞，乞賜採擇，今已累日，未覩施行。臣聞田家之言，以謂三冬得雪，而中春無雨，則猶不免於歲歉。

今内自畿縣，外逮諸路，率皆旱暵，二麥已損。嗷嗷下民，將罹饑饉。凡可以爲之救助者，安可緩也。臣聞聖王爲國，必有九年之蓄，故雖遇旱乾水溢之灾，民無菜色。今歲一不登，人且狼顧。若有司不度事勢，拘執故常，必俟春夏之交，方行祈禱之禮，民已艱食，旋爲賑貸之計，所謂大寒而後索衣裘，亦無及矣。伏望聖慈特垂軫惻，禋祀之典，救荒之政，先事而講，不必待時。責躬求言，恤刑省役，庶召和氣，以致膏澤。

安世爲右正言，上奏曰：

臣伏見陛下即位以來，于今五載，承天順地，仁民愛物，德澤洋溢，施乎方外，元元鼓舞，歌頌不暇。固宜陰陽順序，風雨時若，諸福協應，百嘉蕃昌。而歲比不登，和氣湮鬱，饑饉流徙，灾害頗衆。今春及夏旱暵爲虐，京畿、西洛，❶二麥失望。農民嗷嗷，且有菜色。雖陛下惻然軫念，靡神不宗，疏決繫囚，降從寬典，而沛然之澤，終未告足。又陜西、河北，屢聞地震，大星晝隕，其光燭地。旬月之間，巨異仍出。臣聞天人之際，精祲有以相盪，善惡有以相推。事作乎下，象動乎上，陰陽之理，各應其感。陰變則静者動，陽蔽則明者晻，水旱之灾，隨類而至。此皆天心之仁愛人君，而先出灾異譴告警懼，使之兢慎修省，而不至失道之敗也。臣竊謂上天之體，雖高而聽卑；明主所應，惡文而尚實。與其爲祈禳之小數，不若圖銷復之大方。

❶「洛」，原作「路」，今據《長編》卷四二四元祐四年三月末記事改。

臣願陛下夙夜祗畏，側身修行，特下明詔，以示罪己；又許中外臣民，極言政事之闕失。專委近臣，考求其當，以施有政。庶幾下情不至壅塞。其諸路灾傷州縣，流民所至，並委守令多方賑濟，無俾捐瘠。申敕緣邊帥臣及捕盜官吏，常切警備，以戒不虞。今日已前，内外營造土木之役，苟非要切，並乞停罷。分命監司，按視留獄。公卿輔弼，同寅協恭，以思天變，開衆正之路，塞群枉之門。誠備灾之善經，應變之至務也。昔宋景公小國之諸侯爾，有不忍移禍之誠，出人君之言三，熒惑爲之退舍。陛下之明聖發於誠心，精意感通，何求弗獲。臣待罪諫列，日聞焦勞，輒効愚忠，庶裨萬一。惟冀聖慈少賜採納，不勝幸甚。

中書舍人曾肇上奏曰：

臣伏見去年諸路灾歉，京西、陜西人至相食。冬間屢得嘉雪，粟麥甚茂，飢民嗷嗷，待此以濟。而雨不時應，旱氣已盛，麥苗萎黄，勢將槁死。雖有收成之處，所得固已無多。若飢饉薦臻，公私受弊有不可言者。此正君臣側身畏懼，憂恤百姓之時，而恬然莫以爲意，此非臣之所諭也。皇帝陛下、太皇太后陛下畏天愛民，海内所知，豈忍生靈轉徙溝壑？恐是上下蒙蔽，苟寬聖心，但云「雨澤小愆，未至害事」。九重深遠，何由盡知？臣等承乏從官，不敢雷同隱默，敢効小補，仰裨萬一。伏見已定今月十七日春宴，臣愚切謂天菑方作，民食未充，乃於此時君臣相與飲食燕樂，恐無以消伏天灾，導迎和氣。伏望特賜德音，爲罷春宴，使百姓咸知陛下之意。人心既悦，天意亦順，必有膏澤應聲而至，猶足以救垂死之苗，獲豐登之望。蓋輟一日之適，而成終歲之功，在於聖心，宜無難者。唯留神無忽，天下幸甚。

歷代名臣奏議卷之三百三

本卷王鵬校點

歷代名臣奏議卷之三百四

災祥

宋哲宗元祐四年，御史中丞傅堯俞上奏曰：

臣伏覩旱勢太甚，爲害非輕，聖心焦勞，和氣未應。臣聞「應天以實不以文」，又聞「萬方有罪，在予一人」。自古聖帝明王，莫不引咎自責，故以誠感格者多矣。是以凡有災異，或減膳、不御正殿，思譴責躬以消弭其變，不惟民被其福，而上德益光。臣願陛下講尋故事，以致憂勤之意，擇日親出，爲人祈請。及選朝臣謹重嚴恪者分詣五嶽四瀆，名山大川，精加祠禱。仍詔所撰祝詞深自刻責，務在感動人神，庶幾必有顯應。

右諫議大夫范純仁論消復陰沴疏曰：

臣竊見去冬以來，寒雪過常，今已中春，陰沴未解。商賈束手，不能營生；貧困之民，死者甚衆。聖心憂勞，修德禳變，賑卹備至，祈禱精虔，尚猶未有消復之應。臣竊思之：君子爲陽，小人爲陰，或慮朝廷之士，君子少而小人多，因致陰氣過盛，而陽不能勝也。伏望深詔三省，選用正人，在外者使復歸朝廷，在京者拔居要近，俾得聚會精神，講求政要，以裨聖治。所謂舉直措枉，庶使民心悅服，自然協氣應誠，災異不作。

七年，簽書樞密院事王巖叟上奏曰：

臣伏見去歲日食五月朔，今歲月食三月望，且食之既。按《十月之交》詩曰：「日月告凶，不用其行。四國無政，不用其良。」傳曰：「國無政，不用善，則自取謫于日月之災，故政不可不謹也。」又曰：「彼月而食，則維其常。此日而食，于何不臧。」考吉凶之言，則日月之食以爲戒。考維常之語，則若專戒日食，而不以月食爲可畏。蓋詩人之時，事異於今。今方兩宫同聽天下之政，實日月並明之道，俱不當有薄食之變也。臣竊惟皇帝陛下以光明純粹之德，淵默臨朝，太皇太后陛下以仁義公恕之行，發而爲政。蓋無一不當天心者。然則何爲謫見于月食之災？臣殆恐陰邪道長，有以蒙蔽盛明，而聖心不以爲疑，故天見變異以示警戒。此天心之仁愛陛下，而欲全聖德之美也。消復之應，宜在此時。願陛下用人之際，則審邪正使必得其真；聽言之際，則察是非使必歸於當。斥遠陰類，深防蒙蔽之害，以答天意。臣愚不勝幸甚。

八年春，多雪，刑部侍郎豐稷上言曰：

今嘉祥未臻，沴氣交作，豈應天之實未充，事天之禮未備，畏天之誠未孚歟？宫掖之臣，有關豫政事，如天聖之羅崇勳、江德明，治平之任守忠者歟？願陛下昭聖德，祗天戒，總正萬事，以消灾變。

右正言鄒浩以京東大水上言曰：

今頻年水異繼作，雖盈虚之數所不可逃，而消復之方尤宜致謹。《書》曰：「惟先格王，正厥事。」不以爲數之當然，此消復之實也。

紹聖元年，翰林學士范祖禹上畏天劄子曰：

臣伏見今月一日，日食不盡如鈎。見者駭懼，以爲數十年來日食之異，未有如此之甚者也。臣聞日食者，陰侵陽、臣侵君也。自古陰盛陽微，小人浸長，虧損人君之明，則謫見于天，日爲之食。陛下初御前殿聽政，月朔之日，皇天見異，以儆聖心，雖言語丁寧，不過於此矣。陛下所宜恐懼修省，以答天戒。深思變異之來，殆由人事有以感致之，務在安静，以寧人心。夫天人之際，相去不遠，應如影響，不可不畏。能應之以德，則灾變而爲福，異變而爲祥；不能應之以德，則重違天意，何由消弭？臣恐邪人佞臣，欲寬陛下聖慮，或言日食自有定數，又云天道遠而難知，此乃小人誤國之言，非聖人畏天之意也。惟陛下留神省察。臣不勝灼怛憂國之至。

四年，陳并上奏曰：

臣伏承詔書，以彗星西見，大赦天下，許中外臣寮直言朝廷闕失。此陛下敬天愛民、罪己好諫之至也。臣聞主聖臣直，臣備員江外山縣窮僻之地，心念朝廷，不敢隨衆唯唯，輒陳愚見。《商書》曰：「惟吉凶不僭在人，惟天降灾祥在德。」天下之治安，常以聽直言，近正人，公喜怒，消朋黨，明法度，節財用，謹興兵，不事游觀，不邇聲色，不急功利，不惑佛老。非獨治安也，榮莫大焉。天下之危亂，常在於逆忠直，近纖佞，私好惡，縱朋黨，紊法度，費財用，好攻戰，事游觀，惑聲色，急功利，尚佛老，非特危亂也，辱莫甚焉。陛下禀堯、舜聰明之資，聖德學問，日益光明，求賢納諫，聲聞中外。然進用之人，或緣不用己而執仇，或觀望大臣而陰助，或元祐持兩端竊位幸用之人，伺意希合，豈免偏私？臣昨聞牓朝堂，不得附會言事。其熙寧、元豐，無問賢不肖，其所行無問是不是，則目爲同心。稍言非是，便相語以指斥先帝，則爲乖背。中書舍人葉濤，謂觀文殿學士安燾爲無甚過，則以濤爲非，奪職知光州。權中書舍人沈銖，以户部侍郎吴居厚爲聚斂掊刻之人，繳還詞頭，則以銖爲疏，羅織罰金。夫詞臣以言而被責，臣下又不得越職言事，臺諫爲陛下耳目官，可以言而不言，則是言路壅塞，下情不通，利害不達，非太平之道也。

乃者彗星見于西，按《漢·曆志》，有掃除之象。又云：「其炎或短或長，内爲後宫之害，外爲諸夏之禍。」又記齊景公彗星見而泣，晏子曰：「君無德於國，穿池沼則欲深以廣也，爲臺榭則欲高且大也，賦斂如攘奪，誅戮如仇讎，彗星之出，庸可懼也。」是時孟皇后廢，天意驗於上，必當以人事驗於下。聖心恐懼，徹膳避殿，赦宥辜罪，求言悔過。中外聞之，率皆鼓舞，知陛下因變而增修其德，如周宣之側身修行而弭灾，宋景公出人君之言而星退舍。真皇咸平間，有妖星見營室北，詔令臣下極言得失。仁皇以彗出，亦嘗下詔求諫。陛下今日所行，以周宣、宋景爲不足學，而稽祖宗之盛，言路開闢，聖政日新，忠臣義士將接迹而出，遭際有道，誰惜危言？然臣聞諂諛軟熟之言易於聽，無益於治；忠鯁法度之言逆於耳，有補於時。譬如良藥，雖苦口而利於病焉。臣不避斧鉞之誅，竊謂缺失，其大有四：中宫廢居瑶華，姬妾寵盛，一也。逐臣未見牽復，臣下互立朋黨，二也。百官趨時而迎合，臺諫觀望而不言，三也。廷臣好談兵，邊將喜攻戰，四也。

所謂中宫廢居瑶華，姬妾寵盛者，臣試言之。陛下，日象也；皇后，月象也。日之與月，天地陰陽相資之理，而坤無以承乾，則無以母儀天下。一旦置之瑶華宫，中外駭聞。且舜使堯女能盡婦道，文王以御始于寡妻。今閭巷賤夫尚以出妻爲耻，况陛下爲天地神明之主，言而爲天下後世法，行而爲天下後世則，朝行乎一堂之上，暮傳之四方萬里之遠，夫婦之道，體合乾坤，理干風化，豈可容易廢黜？臣聞有過則誅，若無過惡，不過詰責。詰責不已，不過放之别館，誘掖誨諭，使之改悔。設有忤旨，不過猜妬，乃婦人之常情。今幽置瑶華外宫，以爲罪大也，則不寘之死；以爲罪小也，則不應終廢。且未聞别降詔選后，天下疑之，臣亦切以爲疑。慶曆中，仁皇欲廢郭皇后爲庶人，司諫范仲淹諫曰：「后者所以長陰教而母萬國，不宜以過失輕廢。且人孰無過，陛下當論后之失，放之别館，擇嬪妃老者侍之，俟其悔而復宫。」書奏，不納。明日又率其屬伏閤論列，上遣中貴人押往中書商量。宰相順旨，以漢、唐有廢后故事。仲淹曰：「上天資堯、舜，相公奈何以前世弊法累盛德？」御史中丞亦與宰相廷辯其非。仲淹以言事出，后廢瑶華宫。其後上嘗密召郭后，后欲宰相召百官立班受册方拜命。今陛下規摹所期，直欲在堯、舜之上，豈宜復用漢唐下衰之時已弊之故事耶？后决無大過也，自可再册后，令復宫，以協天人之願，以正乾坤之位，以著日月之象。諒陛下非不知此，遲遲未肯召者，必左右毁之也，必寵愛蔽之也。内則閹宦嬖佞助言其非，外則百執事之人順以爲是。下不能躋上於唐、虞之盛，而致陛下於有過之地，以漢、唐之弊法同其稱，臣切爲陛下不取也。願陛下俯回天鑑，復正中宮之位，使後日史册全美，天下幸甚。

所謂逐臣未見牽復，臣下互立朋黨者，臣試言之。陛下以妖星譴告，深自戒懼，大施曠蕩之恩，有罪之人，咸得自新。至於殺人情輕，尚獲全宥滌濯，收召和氣。奈何被逐之臣，尚未牽復，人情未順，天意亦乖。元祐名曰垂簾，其實陛下自總機務，事皆奏可，然後得行。一時大臣，念嘗爲陛下左右輔相，雖趨嚮乖背，不爲無過。古人言投鼠忌器，元祐之改更，爲形比先帝。則今日有所行，亦不無形比陛下。理宜顧惜國體，乘此大霈，應遠竄舊臣，召還近地，漸復其職。天下皆知其過，陛下容而貸之，是增益陛下天德之大。内外諸臣，不復分黨。此一舉而數善得也。臣元豐中擢進士第，元祐中實不蒙召用，今日亦不敢干進，故言之無嫌。蔡確之死，當時士大夫私曰：「此太皇太后之意也。」臣下無復敢言。今劉摯、蘇軾之徒，放之嶺表瘴癘之地，吕大防死於半塗，范純仁置之遠地。其他棄逐紛紛不可勝數。士大夫又曰：「上意也。」臣下又無復敢言。是過則稱君，善則稱己，非所謂忠也。夫人所學所守，各自有趨嚮，不能齊也，在朝廷用不用如何爾。舜之命禹，欲征有苗，益以爲不可。周公之東征，群臣異議，獨十夫以爲可。王恢、韓安國之論征伐，張湯、汲黯之同朝，封倫、魏證之論法度，❶皆各有所見，人擇其可而用之，未聞加

❶「證」，當作「徵」，作者避宋仁宗名諱改「徵」作「證」。

罪於異見之人。陛下天容地受，父生母育，無一民非王民也，無一臣非王臣也。雷霆之怒，不當於臣下計較。如天地之於萬物，薄施無報，父母之於子，有教無棄。此天下，陛下之天下；陛下之天下，乃祖宗之天下。前後用事大臣，乃藉利勢利器，恃爲己私，公肆喜怒，以得勝爲快，詾詾紛擾，自爲朋黨，非天下福也。臣願陛下召還逐臣，選用正人，改法行事，姑務安静。朋黨既消，則朝廷日尊。人心既協，則和氣日生。天下幸甚。

所謂百官趨時而迎合，臺諫觀望而不言者，臣試言之。唐太宗有房、杜爲相，有王、魏善諫。近世如仁宗朝容納諫諍，其甚切直者量行貶謫，近不過三兩月，遠不過半年，例行牽復，或遂召用。如此，則忠臣肯言，義士感激，無所顧忌。所以得聞缺失，保守太平。陛下繼人主守成之大業，堯父舜子，重規疊矩，文經武緯，聖作明述，可謂已盛已盈矣。已盛者必善守，已盈者必善持。宜其憂勤兢畏，以保無疆之休。幸天誘陛下之清衷，韜養聖資，有不言之敏德，不怒之神威，終之以禮樂，無以復加矣。傳曰：「治天下之要莫若静。」今用事言事之臣，不求安静，以酬恩怨爲急。百官之中，少識廉耻，貪愛爵禄，務肥妻子者，紛紛如也。其間尊君愛國，以忠義名節自期，千百之中無二三人。且以近事言之。王安石爲相，門下客常不下數百人。安石罷相，則移之吕惠卿之門。惠卿貶黜，則移之吴充、王珪、蔡確之門。逮元祐，則移之司馬光之門。光死，則移之吕大防之門。大防出，則又移今日執政之門。宰相意在東則東，意在西則西，欲財利則財利，欲邊事則邊事，隨事變轉，隨口上落。今之人材卑污如此，甚可恐也。能言元祐之非，能順執政之意者，薦之登對，其次堂除。不能言元祐之非，不能順執政之意者，送歸吏部。雖有忠臣義士，無因得言，無路得進。近者所用言事官，非執政門人，則其親故同里之人。言人之善，必視君相意旨之所必喜；言人之惡，必視君相意旨之所必惡。助恩助仇，至有章疏屢上不報而不決去就。或以不敢言而求他職，或以親老不可言而求外補。臺諫削弱，風憲不振，良以所用非其人之所致也。如侍御史董敦逸、司諫郭知章，乃是元祐用事之人，在元祐則不言元祐之非，所以能安其身；逮紹聖之後，爭言元祐所用所行無一事是，乃獲安其身。此兩面之人，操兩可之説，非所謂一心事上者也。鄉原之徒，君子切齒，而二人偃然居之，不自羞愧。使陛下不聞過失，助百官以報恩仇，敦逸、知章負天下甚矣。如皇后廢而未復，逐臣久而未還，聚斂之臣復進，閹宦用事，内降妨公，臺榭侈費，民力殫窮，邊帥生事，士無廉耻，釋老害教，朝綱未正，法度未清，役法未均，水旱頻仍，略不聞力言。縱言之不聽，未見緣言事而出者。低回苟禄，以要大用。今所力言者，不過暴斥垂簾之事，多形瑣碎之言，一切迎合，亦未容全是也。仁皇初即位，嘗詔内外不許言太后垂簾日事。詔之大略曰：「太后保佑冲人，十餘年間，四海安静，紀綱不亂。今言事者多挾情迎合，罔識遠圖，靡循理體。今後不得輒有上言，庶永先猷，式敦教本。」此詔最爲近厚。紹聖以後，臣嘗觀陛下有詔，謂垂簾時事及元祐大臣，有一切勿問之語。與仁皇詔書意合。然而進用之人既盛，日與仇人爲敵，欲其必死而後已。又希進干禄、求媚取悦之人，不言元祐之失，則爲背馳。陛下雖有此詔，其實臣下不行陛下之詔意。中書、樞密、今所謂執政，官有六人，而閩人居其五。先王之時，取賢無方，或取於漁鹽，或取於耕築，或取於仇讎，未聞止於取一路也。中書侍郎許將，元祐爲翰林學士，一日獨班宣見，明日除尚書右丞，蔡確南行之日也。今尚書右丞黄履，在元祐爲御史中丞，凡涉數年，不知所救何失，所争何事。設言之不行，則亦不可已。尋以己事爲他人所攻罷職，不知履何以自處。或以先朝嘗以善財利稱，而今復用；或以詞誥善罵，而擢之要近。如昨被責閹宦，不唯牽復，更加寵用。此輩只宜備使令，不當使預中書政事。願陛下察視多士，惟賢是用，潛消朋黨，悉爲王臣。招致直言，虚心悔省，法度求當，無問新舊。天下幸甚。

所謂廷臣好談兵，邊帥喜攻戰者，臣試言之。今急功利之人，多無遠慮，但務以雪耻爲名，挑剔起事，徑入築城。士卒不得休息，轉輸絡繹於道。臣恐勤兵勞衆，雖得所侵舊境邊田，無所用之。所可憂者，在乎内地也。莫易於取之，莫難於守之。芻糧器械，積之府庫，適爲其所資也。以臣所見，不若謹備自治以待之。其太盛不軌之甚則戰。戰之有名，無有不勝。其次俟其少衰，當自歸服，如趙充國之屯田，以不戰勝之也。陛下自免西顧之憂，有榮無辱，然後選忠厚政事、智敏老成之人爲之帥，則得民之心，一可當百。兵懦馬飢，用無紀律，雖驅而使之戰，百不當一。今鍾傳江外書生，始爲閹人李憲門客，因緣得官，素號輕浮。今以一方重事委之，又以館職誘之，可攻可戰，有進有退，不能臨事而懼，好謀而成，不唯無功，恐辱國命。熙寧初，富弼議事不合，罷相。去之日，告先帝曰：「陛下二十年莫説用兵。」王安石《五事書》，一曰和戎。是皆天下安靖肥富，而後可以言兵也。所謂莫説用兵者，非不爲兵備。其意謂先帝熙寧初即位未久，歷事未多，天下未富，未可輕用其民。逮元豐間，陝右五路進兵，有靈武之不利。永樂築城，❶有徐禧之敗事。先帝謂在廷輔臣曰：「作事如此之難。」邊奏至，屢爲泣下。信乎邊事不可容易，民之死生，國之安危，君之榮辱係焉，不可不知也。臣前謂太盛不軌則戰，戰之有名，無有不勝。此自投禍也，故取之易。其次侯其少衰，自當歸服，此前世驗也。凡言禦西戎之策，多以斷西北交結之勢。漢武帝命衛、霍屢空其巢穴，列爲張掖、酒泉、武威、燉煌等郡。❷魏晉以下，赫連等互據西河凉州之地，奄有靈、夏。唐開西域，始復其地，置都護節度。僖宗以後，例授功臣。五代擾攘，封李仁福爲西平王。我太祖經略四方，未暇遠略，故彝興尚世襲、領節鉞。至四世外繼遷叛，盡據夏、宥、銀、綏之地。淳化中，始納款歸服。太宗易姓改名，籍于宗正。至道中復叛，景德中又叛。其子德明尚孤幼，又值契丹北和，無以爲援，懼我朝廷併取，乃堅上表，以示臣服。真宗慈仁寬量，不惜靈、夏數州之地，遂以爲定難軍，賜以西平王號。使當時乘其勢衰力敗，有攻必取，建州邑，置靈武、安西都護府，擇帥之賢

❶「樂」，原作「洛」，今據《宋朝諸臣奏議》卷四四《上哲宗答詔論彗星陳四説》改。

❷「燉煌」，原倒，今據《四庫全書》本、《宋朝諸臣奏議》乙正。

者且制且撫，則沿邊鄜延、環慶，不復有今日之患。其間元昊僭號，遣楊守素入朝納旌節，犯延州，執劉平、石元孫，又入渭州界好水川，殺葛懷敏輩。臣以所見，戎虜叛服，往來不常，正如虎豹之性，不足怪也。德明之衰弱，可以攻取而不取。元昊之僭，可以問罪而不問。所以養成其惡也。今西戎謂之盛則有罪，謂之衰則不臣。宜選帥訓兵，謹備斥堠，俟之歲月，彼當自屈服歸疆。然後置都護府，廣開營田，足食足兵，攻守兩得，以永國家之利。天下幸甚。

臣所陳四説，願陛下稍霽天威，容納而行之。負薪之賤，或有廊廟之語。陛下自視，孰與成王賢？且成王有周公旦爲師，召公奭爲保，又有閎、散之徒，朝夕講道明義，爲欲致其君於堯、舜之上。身不比嬖佞纖巧之小人，耳不聞近習小利之邪説，目不覩争地兵戰之危事，聲色者不得惑，游畋者不得作，貨利者不得萌，德已進矣。尚猶有《訪落》之謀廟，《小毖》之求助，《七月》之陳王業，《公劉》之戒民事，《無逸》之戒盤游，無諫不從，無言不聽，而召公尚有不悦。憂王之意如此，乃能君臣相濟，上下維持，以成太平。今近臣則争曰陛下聖德已成，群臣皆所不及，無用諫諍。言事之臣，又不過指斥一二差除小事，與今日不得志之人，於國家大利害，天下之大本末，未聞議論。今左右倚爲廟堂之柱石者爲誰？賴以爲醫工之藥石者爲誰？爲陛下之股肱耳目者爲誰？恭惟先皇帝德業茂盛，播在四海，陛下當思所以繼之之難，不宜輕信偏聽，容易持守。《詩》《書》之所責備成王者，謂文、武之業難繼也。仁宗皇帝所以享國四十餘年，内外無事，以能聽諫諍也。唐陸贄好諫，自謂「上不負天子，下不負所學，言之苟利於國，有補於君，臣雖死不恨」。晉靈公冬寒鑿池，宛春諫之，左右謂鑿池天寒，以春言罷役，則是怨歸於公，恩歸於春。靈公曰：「宛春有善，寡人能用之。春之善，則寡人之善也。」遂罷役。裴延齡佞人，帝欲相之，陽城等詣延英門論争，伏閤不去。帝怒，左右懼不測，金吾將軍張萬福大言曰：「國家有直臣，天下無慮矣。吾年今八十，與見盛事。」臣學術蹇淺，言無文采，發於孤忠，言無忌諱，願陛下萬機之暇，少賜睿鑑。幸而采擇，念祖宗艱難之業，除去四説之患，若稽先王之道以措之當時，非獨臣幸，實天下之幸。

元符中，刑部侍郎王覿上奏曰：

臣聞之《詩》曰：「畏天之威，于時保之。」故成湯以旱灾而彰罪己之德，大戊以桑穀而享中宗之名，鼎雉致高宗之興，風禾致成王之聖，皆此道也。董仲舒對策漢廷，亦曰：「國家將有失道之敗，天乃出灾害以譴告之。不知自省，又出怪異以警懼之。尚不知變，傷敗乃至。此天心之仁愛人君，而欲止其亂也。」比者日官預言將有日食之異，陛下損常珍，避正殿，畏灾之意見於政事。以邀功黷貨之闒吏投之遠方，以勞民蠹國之邊壘付之蕃將，而又赦過宥罪，與民更始。斯足以慰人情而感天意矣。故正陽之朔，陰雲四布，初無日蝕之象。及有司觀渾儀，驗晷刻之際，雲稍開而有覩焉，疑陛下之所以正厥事者雖已留神，而猶有闕歟？不然，何變異之未盡消耶？夫應天以實不以文，臣伏望陛下敬用五事，念休咎之所因，延見群臣，訪安危之所繫，進端方直諒之士，拒讒佞傾邪之言。文德來遠，以久四夷之安；儉德率下，以廣九年之蓄。矜民力之彫弊，而與之休息；愍風俗之澆薄，而化以忠厚。如此類者，陛下深圖而力行之，則何止於消伏變異而已哉！太平之效，無疆之休，可以坐致也。干冒冕旒，退俟誅戮。

哲宗時，侍御史劉摯上奏曰：

臣伏見自入冬以來，並無雨雪，亢陽爲厲，被灾甚廣，群情嗷嗷，驚憂四顧。考原經典，可謂大異。夫人之氣與天地陰陽之氣相爲出入，流通而往來者也。人情和於下則天道順於上，人事乖於此則天變効於彼。是謂天人相與之際也。故聖人之事天也，知其在上不遠，應以類至，則凡祈禳消伏，以爲末節小數，而專修政事以應之。

竊以陛下委國仰成，與之均休戚、同榮辱者，不在三省、樞密院執政之臣乎？今廟堂之上，大臣八人。情志乖暌，謀謨不一，無同心同德之節，有分曹懷貳之意，故議政之際，排抵依違，相激相鬬。❶其語往往播在中外，所以政令壅隔而不下，文書稽滯而不行，官爵濫於無名而不應於典故，公道屈於貴近而獨施於疏遠，私邪朋比，上下隔絶。❷況當皇帝陛下淵嘿諒闇之日，太皇太后陛下制出房闥之時，朝廷政權盡在大臣，而大臣不協如此。❸故天下但聞頗僻之事，而不見和善之政。政不和則人情不和，人情不和則天地之氣繆沴而生此變也。

❶「鬬」，原作「閗」，今據《忠肅集》卷四《歲旱乞修政事奏》、《宋朝諸臣奏議》卷四三《上哲宗論亢旱》改。
❷「絶」，原作「并」，今據《忠肅集》改。
❸「協」，原作「咸」，今據《宋朝諸臣奏議》改。

《書》曰：「肅時雨若。」《五行傳》以謂：冬旱，政令舒緩之所致也。❶ 今上下可謂不肅。朝廷之政，可謂驕慢廢弛。號令可謂二三不振矣。

古者灾異水旱，咎在燮理陰陽之官，故策免三公以塞其譴。今來歲以窮盡，旱暵如此。宿麥在野，無潤澤之入，春氣相乘，有疫癘之變。生民一歲之大命，豈可不念之哉？又一月已來，日青無光，風霾昏翳，考之占驗，皆非小變。而上之人恬不以爲怪，此中外之所以恐懼而不寧也。伏望聖慈深省上天儆告之意，俯察朝廷乖戾之變，特詔大臣，修飭政事。凡賦斂之害人者，法令之未安者，大解而更張之。至於决獄訟之私枉，趣諸司之稽違，進忠良，退阿諛，通壅蔽，去疑貳，務以至誠實事，上塞天譴，下救生民，則和氣之應，將不旋日而得之矣。臣不勝惓惓之心。

諫議大夫陳次升上奏曰：

臣聞《易》曰：「天垂象，見吉凶。聖人象之。」又曰：「觀乎天文，以察時變。」則知古之聖王，嚴恭寅畏，以順承天。天示之以異，則反身修行、下責躬之詔、求直言者有之，册免三公者有之。恭惟陛下近因星變徹常膳，遠聲色，罷游宴，此盛德之舉，雖舜帝之惟幾，文王之小心，何以加諸？然而責躬之詔未下，無以顯聖德，天下直言未求，無以裨聖政。臣竊觀經史所載，以灾異之來，必緣人事，人事正於下，天意應於上。《書》曰「惟先格王，正厥事」，蓋謂此也。伏

❶「令」，原脱，今據《長編》卷三六三元豐八年十二月己丑條補。

願陛下頒尺一之詔，求天下直言，上以昭聖明之聽納，下以盡臣庶之愚忠。如此，則朝政闕失得達於冕旒之前，人事何患乎不修？人事修，則天意得；天意得，則災異自消矣。

次升又上奏曰：

臣觀《書》曰：「皇天無親，惟德是輔。」《詩》曰：❶「皇天親有德，享有道。」以此知有道德之君，天必愛佑之，時出災異以警戒之。恭惟陛下聖德隆盛，朝廷清明，今有此變異者，豈非天之所愛佑，以此警戒乎？竊聞陛下謙沖退托，下詔損常膳，避正殿，罷秋宴，求直言，此盛德之舉，社稷之福也。然考之故事，先朝有遇星變，必頒恩以滌幽枉，臣欲乞斷自聖衷施行，庶使變異自消，福祥日至。不勝幸甚。

徽宗即位，鴻臚寺丞韓宗武上奏曰：

臣伏覩詔書，以日食正陽之月，天下臣庶得以實封言事。臣退而伏思，以謂人君敬畏天象，法古盛德。夫日食星變，山崩涌泉，天地所以警戒，宜以人事察其幾微。自古危亂之國，當其未危未亂，必有事之先見者。忠臣義士，未嘗不發憤流涕，道于當世之君。事之微漸，則人情所忽；亂之既生，又悔無所及。臣竊惟近日之事，亦有微漸而不可不察者。夫大臣不畏公議，私結朋黨；小臣趨利附下，遺忘朝廷，國可危也。人主怠於政事，言路壅絶，威柄下移，怨讟上歸，國可危也。左右謀議，無儒學輔拂之士，守邊捍難，無扞城禦侮之臣，國可危也。開大境土，外連邊患，財用耗匱，民力凋弊，

❶「詩」下，《讜論集》卷一《上哲宗奏星變》有「序」字。

國可危也。歲穀不登，倉廩空虛，民人流亡，盜賊數起，國可危也。

先帝踐祚之初，母后共朝，政出房闥，委任大臣。紹聖之後，神考法度未及盡舉，而根治朋黨，追復私怨，中外觀望，言者同罪，追貶竄逐，流離道路，正士廢黜，耆老殲亡。附下罔上，相排擯以爲進身捷徑。縱有特立之士、一二敢言者，一身流放，旋起大獄，害及善類，歸咎先帝，虧損至德。自侍從官至百執事，非執政親黨不得進。每一官闕，輒闕不補。豈以四海士人之富，朝廷百官之衆，空乏如是耶？侍從官職在獻納，頃年以來，未嘗有一敢言事者，畏大臣、爲身謀耳。竊受重禄，被服冠帶，出入禁省，朝廷何賴焉？文章號令，衰於前朝。劇藩重邊，多非其人。狂士獻説，驟冠三軍。進築生事，不計國費。虚增首級，妄邀厚賞。猥稱招降，陷没驍將。羌人所過，供帳犒設，道路騷然。自陝以西，斗米數百金，泉法低昂，無術以救。重加困擾戎落，不顧士馬疲弊。夫關西，天下之形勝也，使民力内虛，外遺邊患，朝廷何以禦之？邊境一摇，陝右危矣。河北、山東，天下之腹心也，大河決溢，飢饉相仍，老幼扶携，散而之四方者不可勝數，其餓殍填委溝壑者以百萬計，或至父子相食，州縣無以賑給，坐視其死亡。或以郡守非其人，朝廷罷去，後來者率皆以私意除用，或不及前人，尚何賴其拊百姓，爲朝廷究陳利害？河事雖廢，責之水官，至今未見圖利安之策，堪受其任者。執政大臣，無憂國忘家，爲萬世之慮。豈人有腹心之疾，得高枕而卧耶？所恃以爲安者，北虜敦固盟好，邊鄙不聳，此豈中國可亡備耶？《易》曰：「其亡其亡，繫于包桑。」自商虢至伊陽六七百里，山巖重複，林木蔽密，中間無郡縣城郭，逃亡所聚，不啻數千人。萬一有桀惡者相扇而起，其患豈小哉？臣每見朝廷更革政令，但人懷異意，排去舊怨，以立新黨，徒爲紛紛，未有講究治具，建不拔之基，爲國家者也。國是未定，殆爲此也。

誠願明天子躬攬乾綱，收還威柄，公卿大臣圖畫政體，當今所宜施行。因求賢知足以濟務者，隨才録用，無問新舊；敷言奏功，考察名實，中外之任，更番迭處，使勳業著見，朝廷尊光，君臣同福，海内被澤，太平之烈，豈不偉哉！聖人以天下爲度，聰明惠澤，如日月雨露，顧不以小惠小察而自足也。安不忘危，治不忘亂，不以天位崇高，幸天下無事而宴安也。以四海之内一夫失所爲憂，不以侍御之好、鐘鼓之娛爲樂也。大約人情泰然無患，久則放佚生焉。願陛下思大禹寸陰之戒，慕漢文惜百金之費，儲思留神，日謹一日，如太陽朝升，至於豐融以照天下。誦帝堯知人之哲，稽《洪範》威福之正，仁祖惻怛至誠以結天下之心，神考勵精不息以舉天下之事，此陛下之所宜法也。臣在神宗皇帝時，屢蒙清問，未嘗敢獻一言。今至白髮，非以僥倖美官厚禄，特以世受厚恩，誠惜當平治之世，不慮安危之機，而徒爲此紛紛也。小臣謀國大體，罪當砧鑕，昧死以聞。

殿中侍御史陳師錫上奏曰：

臣恭聞今月六日，駕幸懿親宅蔡王位，觀芝草於龍德宮。聖人所居，明神相之，德氣覆之，發爲禧祥，以表休應。宜屈萬乘以注清視。臣伏見祖宗詔有司不得奏祥瑞，蓋慮道未備，德未盛，雖祥圖瑞牒溢于史館，可以爲美，終未爲善。唯賢者在位，能者在職，朝廷之祥瑞也。陰陽氣和，風雨時若，日月光華，星辰順度，天地之祥瑞也。百穀順成，萬民和樂，郡縣之祥瑞也。四夷安靖，五兵不試，邊境之祥瑞也。格此四瑞，仰賴陛下以道治心，以德爲政而已。心以道治則明，政以德爲則仁，故能感人心而天下和平。甘露降，醴泉出，麟鳳至，朱草生，理之自然，物之遂性耳。佞人乃謂之祥瑞也，稱頌歸美，以驕帝王之心，祖宗所以戒之。臣愚狂妄，或有小補，不避斧鉞之誅，冒聞天聽。伏乞政事之暇，曲賜睿聽，臣不勝拳拳之至。

右正言陳瓘論熒惑在房心之間狀曰：

臣近聞衆論，火星之行，頗失常度，曆氏犯房，今乃在房、心之間。臣竊考歷代《天文志》，熒惑犯房，將相惡之。若房、心之間，則天子之明堂也。臣雖不曉天文，然而房、心兩位，最爲易見。恐太史占知，有所隱避，不敢盡奏，臣不可以無言也。臣伏聞仁宗之訓曰：「國家雖無大異，亦當常自修警，况因謫見乎？」自陛下即位以來，正陽之月，日有食之。肆赦求言，所以圖消復也。而星變繼作，厥異甚大。安可以不思其故哉！董仲舒曰：「國家將有失道之敗，而天乃先出灾害以譴告之；不知自省，又出怪異以警懼之；尚不知變，而傷敗乃至。」以此見天心之仁愛人君，而欲止其亂也。」陛下聖德日躋，切於致治，上法祖宗，内稟慈訓，孜孜勉勉，不敢遑暇。而日星之變，重有譴告，非天心仁愛之深，何以得此？革否爲泰，轉灾爲祥，在陛下一念之頊耳。臣聞應天消變，不在文采，非祝禳之所能除也，非末術之所能去也。宋景公有仁人之言，而能使熒惑退舍者，非空言而已也。根於誠心而發於言也。

咸平元年二月，彗出營室北，真宗謂宰相曰：「其祥安在？」吕端等言：「變在齊魯之分。」真宗曰：「朕以天下爲憂，豈獨一方邪？」其年十月，遂用李沆爲宰相，王旦爲參知政事。此二人者，天下之所謂賢也。舉天下之賢而用之，則可以解天下之憂。真宗消變之術，如此而已。臣願陛下用真宗消災之術，❶察朝廷未正之事，勿牽衆論，取決聖心。躬攬之初，大正厥事。當使所用所棄，皆合人心，則合天心矣。漢元之時，蕭望之、周堪、張猛等與石顯、許、史之徒議論交戰，邪正未決。當此之時，有夏寒日青之變。而許、史之徒，以爲堪、猛用事之咎。於是勢孤者危，有力者勝。臣嘗以謂天下大器也，譬如一舟，舟平則安，舟偏則危。自紹聖以來，宰舟之人，實右而虛左，舟勢不平，幾於傾覆。觀者膽落，亦已久矣。自陛下即位以來，好平惡偏，損諸右而遷于左，十損一二，舟勢尚偏。臣願陛下察用偏同濟之人，採傍觀膽落之語，廣諏博訪，而審其所以然也。且星文之變，昭示天下，已數日矣。唯京師陰雨，見之最晚，則是遠方之所已知，而陛下有未知也。幸而蒙蔽忽開，陰雲披剥，垂象粲然，警示陛下，天心仁愛，可見於此。傳曰：「人之所欲，天必從之。」決去姦佞，改用忠良，以合人心之所欲，天意得矣。臣故曰：革否爲泰，轉

❶「災」，《宋朝諸臣奏議》卷四四《上徽宗論星變》作「變」。

灾爲祥，在陛下一念之頃耳。臣愚不知忌諱，唯陛下裁赦，幸甚。

貼黃：淳化二年，熒惑犯房，其年宰相吕蒙正、樞密使王顯、參知政事王沔、陳恕皆罷，而改用寇準等。太宗以是年大旱，延近臣問時政得失。樞密直學士寇準對曰：「天人之際，應若影響。大旱之證，蓋刑有所不平。頃者祖吉、王淮，皆侮法受臟。吉既伏誅，家且籍没，而淮參知政事沔之弟，止杖于私室，仍領濠州定遠主簿。用法重輕如此，亢暵之咎，殆不虚發也。」太宗大悟，明日見沔切責之。是歲擢準樞密副使，徙同知樞密院事。今陛下左右之臣，在紹聖中負誣神考，讎毁宣仁，而不能奉承哲宗繼述之意，同心合謀，非一人也。願陛下躬攬之初，速正其罪，且無使有僥倖苟免之人，則用法輕重不至於不平矣。消弭天變，莫大乎此。臣願陛下以臣此語，深加聖慮。《晉書·天文志》曰：「熒惑司天下群臣之過。」臣竊聞仁祖嘗采前世灾異有應者，編次爲十二卷，御製序引，名曰《洪範政鑑》。遇有天變，則考其所因，以爲修省之資。今其書必在禁中，臣願陛下法仁祖之寅畏，留意修省，以福天下。

瓘又進仁祖故事曰：

帝謂輔臣曰：「比臣僚有言星變者。且國家雖無天異，亦當常自脩警，况因謫見乎？夫天之譴告人君，使懼而脩德，亦猶人主知臣下之過，先以戒飭，使得自新，則不陷於咎惡，此天心之仁也。」

臣瓘曰：仁祖於臣下之過，先以戒飭，而許其自新，此天德也。故天所譴告，終亦消復。《書》曰「惟先格王，正厥事」，如斯而已矣。

瓘又論衛州進瑞麥狀曰：

臣訪聞衛州近進瑞麥，有一莖數穗者。仁祖之時，眉州彭山縣嘗貢獻此瑞，仁祖曰：「可謂真瑞矣。」於是賜田夫束帶以勸賞之。臣竊見近年以來，天下之俗爭言祥瑞，而農夫憔悴，南畝空虚。大兵之後，邊民相食，河北流亡，至今未復。衛州亦河北之地，而有秀麥之瑞，是天以豐年之祥慰陛下之焦勞也。乞於所進呈之日，出於聖意，依仁祖故事，特降睿旨。庶使天下之民知陛下務農之意，益助和氣，以爲永久生靈之福。

知成都路昌衡應詔上奏曰：

頻年以來，西方用兵，致興大役，利源害政，佞臣蔽主，四者皆陰之過盛。自陝以西，民力傷殘，人不聊生。灾異之變，生於天地之不和，起於人心之怨望。故妖星出見，大河横决，秋雨霖淫，諸路饑饉，殍死道路，妻子棄捐，破析貲儲，以應星火之令。勤勞憔悴，多不生還。人心如此而欲其無怨，難矣。

筠州推官崔鶠應詔上書曰：「臣聞諫爭之道，不激切不足以起人主意，激切則近訕謗。夫爲人臣而有訕謗之名，此讒邪之論所以易乘，而世主所以不悟，天下所以卷舌吞聲，而以言爲戒也。臣嘗讀史，見漢劉陶、曹鸞、唐李少良之事，未嘗不掩卷興嗟，矯然有山林不反之意。比聞國家以日食之異，詢求直言，伏讀詔書，至所謂『言之失中，朕不加罪』，蓋陛下披至情，廓聖度，以來天下之言，如此，而私祕所聞，不敢一吐，是臣子負陛下也。

「方今政令煩苛，民不堪擾，風俗險薄，法不能勝，未暇一二陳之，而特以判左右之忠邪爲本。臣生於草萊，不識朝廷之士，特怪左右之人，有指元祐之臣爲姦黨者，必邪人也。使漢之黨錮，唐之牛、李之禍，將復見于今日，甚可駭也。

「夫毁譽者，朝廷之公議。故責授朱崖軍司户司馬光，左右以爲姦，而天下皆曰忠。今宰相章惇，左右以爲忠，而天下皆曰姦。此何理也？臣請略言姦人之迹：夫乘時抵巇以盗富貴，探微揣端以固權寵，謂之姦可也。包苴滿門，私謁踵路，陰交不逞，密結禁廷，謂之姦可也。以奇伎淫巧蕩上心，以倡優女色敗君德，獨操賞刑，自報恩怨，謂之姦可也。蔽遮主聽，排斥正人，微言者坐以刺譏，直諫者陷以指斥，以杜天下之言，掩滔天之罪，謂之姦可也。凡此數者，光有之乎？惇有之乎？夫有其實者名隨之，無其實而有其名，誰肯信之？傳曰：『謂狐爲狸，非特不知狐，又不知狸。』是故以佞爲忠，必以忠爲佞，於是乎有繆賞濫罰。賞繆罰濫，佞人徜徉，如此而國不亂，未之有也。

「光忠信直諒，聞於華夷，雖古名臣，未能遠過，而謂之姦，是欺天下也。至如惇狙詐凶險，天下士大夫呼曰『惇賊』。貴極宰相，人所具瞻，以名呼之，又指爲賊，豈非以其孤負主恩，玩竊國柄，忠臣痛憤，義士不服，故賊而名之，指其實而號之以賊邪。京師語曰『大惇小惇，殃及子孫』，謂惇與御史中丞安惇也。小人譬之蝮蝎，其兇忍害人，根乎天性，隨遇必發。天下無事，不過賊陷忠良，破碎善類。至緩急危疑之際，必有反覆賣國、跋扈不臣之心。比年以來，諫官不論得失，御史不劾姦邪，門下不駁詔令，共持喑默，以爲得計。昔李林甫竊相位十有九年，海内怨痛，而人主不知。頃鄒浩以言事得罪，大臣拱而觀之，同列無一語者，又從而擠之。夫以股肱耳目，治亂安危所係，而一切若此，陛下雖有堯、舜之聰明，將誰使言之，誰使行之。

「夫日者陽也，食之者陰也。四月，正陽之月，陽極盛、陰極衰之時，而陰干陽，故其變爲大。惟陛下畏天威、聽明命，大運乾剛，大明邪正，毋違經義，毋鬱民心，則天意解矣。若夫伐鼓用幣，素服徹樂，而無脩德善政之實，非所以應天也。」帝覽而善之。

右正言任伯雨上奏曰：

臣伏覩陛下自臨御已來，德澤屢下，和氣充塞，曰雨而雨，曰暘而暘。四海九州，罔不豐年，天心人意，如合符節。固宜乖氣異象，消伏不作。然去年四月朔，今年正月朔，莫夜赤氣，起於北方，光焰亘天。又有黑氣在下，漸衝西方，散而爲白。咎證之來，其異如此。天心之愛陛下，欲陛下有所恐懼戒慎也。且正歲之始，建寅之月，其卦爲「泰」。年方改元，時方孟春，月居正首，日爲壬戌，是陛下本命。而赤氣起於莫夜之幽，以一日言之，日爲陽，夜爲陰。以四方言之，東南爲陽，西北爲陰。以五色推之，赤爲陽，黑與白爲陰；以事推之，朝廷爲陽，宮禁爲陰；中國爲陽，夷狄爲陰；君子爲陽，小人爲陰；德爲陽，兵爲陰。今赤氣起於至陰之方，又有黑氣下起，此宫禁陰謀，下干上之證也。漸衝正西，散而爲白，而白主兵，此夷狄竊發之證也。臣謹按《前漢・五行志》云：「視之不明，是爲不哲，時則有赤眚赤祥。」又曰：「不明善惡，親昵近習，無功者受賞，有罪者不殺，時則有赤祥。」其説蓋出於《洪範》五事。故唐世自大曆、貞元、寶曆間，屢有赤氣之異，唯文宗大和中爲多。是時宦官用事，朋黨交結。今日陛下以堯、舜之資，當千載盛明之時，固非唐世衰末之比。然天心愛陛下，以灾異爲警戒，不可不深思遠慮也。臣伏願陛下收主柄，抑臣下，嚴敕宫禁以防慮幾微，訓飭將帥以遏絶生事。用忠良，黜邪佞，正名分，殛奸惡，事至必斷，無以寬仁傷大義，使陰邪小人無得生犯上之心，則變異之起，可轉爲休祥矣。臣疏賤小臣，誤蒙陛下拔擢於衆人之後，付以言責。常恨粉身碎首，未有補報。若見灾異，畏罪不言，不唯虚陛下聖神知遇，孤負大恩，抑恐有佞臣指爲祥光瑞氣以欺聖聽，使陛下畏天小心不得即日恐懼消變，則臣之大罪，膏斧鉞不足以謝言責。伏惟陛下留神采聽，天下幸甚。

貼黄：稱臣所奏爲言赤氣事，按《前漢・五行志》謂之赤眚，乃灾異之變。唐世屢有此異，史臣具載其狀，亦謂之赤祥。臣推考象類，乃陽不制陰，下干上之證。

伯雨又上奏曰：

臣聞天人之交，不啻影響，灾祥之來，必有象類。故格王先正厥事，而聖人惟能畏天。嘗聞修德以弭灾，未有祈禳而消變。

六經所載，百世可知。臣風聞近日内臣打量太一宫側，欲建火星觀，以禳赤氣之異。臣始聞之，深所不信，亦既累日，傳者益衆。臣爲諫官，當救其源，聞雖未詳，敢不先事。犬馬之心，懷不能已。

竊以陛下躬道德生知之資，膺天人共與之運。然即位已來，灾異屢降。蓋天之於人君，猶父之於其子，愛之深則教之至。數有灾異，或者欲陛下戒懼，以慎厥初歟？陛下固宜小心修德，克己正事。謹按《洪範》以五事配五行，而説者謂「視之不明，是謂不哲，時則有赤眚赤祥」。陛下當益廣聰明，判别賢佞，攬權綱以信賞罰，專威福以殊功罪，使皇明赫赫，事至必斷，則乖氣異象，轉爲休祥。昔太戊有桑穀之妖，高宗有鼎雉之異，皆能寅畏，克正厥事，成中興之功，延過曆之年。蓋未聞勞人費財，留心土木也。若使修德之効，不及祈禳，則聖人六經，何獨不載？又若祈禳有感，修德不應，則無私上天，乃可私禱，人之所欲，天必從之，天豈厲民以求報哉！陛下必若建此，臣切妄計其費不下百萬矣。陛下取之有司耶，則帑藏空虚，經費不足。取之有司，必且不辦。取之内庭耶，則括刷内庭，亦已迫矣。河北一路，物貴人饑，前年至今，流移滿道，朝廷熟視，無力可救。與其捐所急以事無用，孰若回所用以恤所急。如此，則所費有名，所惠成德，人人鼓舞，天下相慶，皆以陛下損己便民，道光前古，人心説而天意得矣。赤氣之異，豈不轉而爲祥哉？臣伏願陛下遠稽格王，仰測天意，畏之以心，慎之於事，不泥世俗之論，罷去祈禳之役，則人情自孚，上穹昭答矣。

伯雨又上奏曰：

臣伏見今月初一日夜赤氣，未半月，果有皇太后上僊之禍。其爲災變，亦已明矣。今來亳州、兖州、河中府奏言，因建置道場，獲此祥應。且赤氣所起，天下皆見，如何敢移易方位，增添景象，公肆欺誣，以愚群聽？竊以天人之際，道固幽遠。災祥之出，殆不虚示。豈佞夫孅人，敗壞大體，詭詞異説，指灾爲祥，以輕侮天命，幻惑人主？若縱而不治，則姦諛相師，此風不可滋長。伏願陛下嚴賜黜責，以戒百官。

翰林學士曾肇論日食赤氣之變疏曰：

臣伏見陛下即位之初，首罷後苑工巧之技，放免京城末作之人數百家，使得衣食其業。又罷皇城司探報公事，以省刑獄滋彰之敝；又罷遠方收買明珠翠羽之類，宫室服玩淫侈過甚者，屏而弗御。數日之間，内外歡呼，震動都邑。既又振拔滯淹，申理無告，流放竄逐，皆得生還。增耳目之官以廣視聽，下不諱之詔以開言路。仁心仁聞，洋溢方外，遠夷聞風，咸知敬慕。宜其上應天心，和氣充塞，灾害消弭，符瑞日臻。而乃連年日食，皆在正陽之月，今歲正旦，赤氣亘天。變不虚生，必有所自。

意者陛下簡儉清静之化或衰於前，而宫室服玩之侈，聲色技巧之好，或萌於心歟？抑刑獄滋彰之敝復生，而閭里有不安者歟？不然，則朝廷上下忠邪賢不肖未辨，而政令賞罰有未當歟？抑左右前後有阿諛壅蔽、竊弄威福之人，而四方萬里銜冤失職之民有不得伸者歟？此宜陛下反復循察，一日三省。萬一有纖毫之失，固當痛自克責，改過不吝。使皆無之，猶須戒謹乎其所不覩，恐懼乎其所不聞，博延忠良，使之交儆，庶以答塞天變，轉灾爲祥。至於備邊鄙之虞，防姦宄之發，在於今日，皆不可緩。然蕭牆之内，則所當先。未有腹心和而四支有疾，朝廷正而四遠不治者也。在昔太戊以桑拱，武丁以鼎雉中興商邦，宣王以旱菑中興周室。天人相與之際，敏於影響。灾異之來，未必不爲福也。董仲舒所謂「天心仁愛人君，欲止其亂，迺出灾害以譴告之。不知自省，又出怪異以警懼之。尚不知變，而傷敗迺至。」推此言之，今日之變，豈非天意欲以覺悟陛下，增益聖德，以爲宗廟社稷無疆之福哉。此誠陛下正心誠意，恐懼修省之時也。若夫避殿損膳，寬宥縲繫，此特歷世相承以爲文爾，非應天之實也。惟陛下不以臣言爲狂妄，深思而力行之，天下幸甚。

左司諫江公望乞因日食命百官轉對狀曰：

臣伏見神宗皇帝即位三月，即詔内外文武群臣直言時政。至十一月，再下詔書，每遇起居日，輪百寮轉對。當是時，日食來年正旦，故神宗寅畏天威，諮詢闕失，以圖消伏，以廣聰明，甚盛之舉也。今連年日食，皆在正陽之月，考之前志，殆非小變。陛下去歲已嘗下詔求言，獨轉對之制闕而未講。臣愚伏望因兹薄蝕，特降德音，每遇起居日，輪百寮轉對。庶幾上虔天戒之丁寧，下通人情之壅塞，以追先志，以廣聖德。因之修舉故事，正在此時。伏乞留神詳察，速賜施行。

御史中丞王覿上奏曰：

臣伏見今月十三日集禧觀灾，是日雖大雨，久而後滅，其灾頗異。陛下夜不俟旦，申敕攸司，於延福宮設醮謝咎，足見聖心欲以修人事、謹天變之盛意也。臣聞之《漢史》曰：「賢佞分別，官人有序，則火性得。讒夫昌，邪勝正，則火失其性，濫炎妄起，雖有師衆，弗能救也。」是謂火不炎上。又京房《易傳》曰：「上不儉，下不節，盛火數起。」故古先哲王見灾而懼，則正厥事。今陛下既知天變之可畏，必行所以應天之實也。伏望更留聖意而審慮之：賢佞果已分別乎？官人果不失序乎？讒夫果不昌乎？佞果不勝正乎？不儉不節者果已節儉乎？天變緣類而至，恐不虛發，惟有以正厥事，則變異可消而美祥可召矣。

大觀四年，侍御史毛注上奏曰：

臣恭覩陛下恐懼修省，小心翼翼，雖夏后之謹天戒，周王之畏天威，不能過也。以陛下憂勞若此，臣誤任言責，未知所以誅身之地，遂不自揆，仰瀆天聽，敢罄區區之愚。臣聞應天以實不以文，惟善政修於下，則天心應於上。如文飾浮言，非敢上進。謹列政事之爲當今急務者四，冒昧以聞：一曰省邊事，二曰足財用，三曰收士心，四曰禁技巧。

古人備邊之策，不過來則禦，去則守，以謂得地不足以耕，得人不足以用。近年以來，邊臣貪功生事，不顧朝廷之利害，❶惟僥倖一時之苟得。昔所入貢者，今必城爲郡縣；昔所羈縻者，今盡納其土疆。進築

❶「利」，原無，今據《宋朝諸臣奏議》卷四五《上徽宗答詔論彗星四事》補。

之勞，轉輸之擾，殫内地之金帛以事窮荒不可計之費，士卒傷殞，不可勝數，而官吏冒賞，莫知等級。今黔南已有處分，如夔路新邊之役，宜在裁省；廟堂謀謨，當亦先定。此省邊事宜在所先也。

天下財匱，無甚於今日。方平居無事之時，官軍俸廩多或不給；或倉卒以備不虞，則計將安出？執政大臣恬不爲慮，此臣所未諭也。臣謂運鹽昔主於漕計以助歲給，今則移於他司，則漕計如之何而不匱？常平昔積於郡縣以備凶荒，今則直便而盡輸於京師，則緩急以何移用？鈔法不更，則邊儲糴入終莫能平其價。臣願陛下亟詔二三大臣，選知財用之官，盡講復元豐舊制。若利柄昔主於漕司，錢物昔積於州縣者，宜悉還復。罷科買之擾，蠲不急之貢，使外計稍足，則朝廷泰然亡憂矣。

古人禱雨，有以士失職爲辭。蓋天之視聽在民，而士特爲民之秀，士或失職，宜其有招於天譴也。陛下修崇學校，迥絶前古。慮士有三年之淹，而歲爲之貢，可謂盡善盡美。士生斯時，實爲千載之遇，宜失職非所患者。然學校養士，州有常額，則額外之士無復預教養矣。天下州郡，士人之多者有至三五千人，預教養者惟四之一。歲之入貢，多不過三四十人，少止三五人，補闕以備數者，歲惟止此，則自餘無可進之地，其失職疑已甚矣。如留貢餘三二分，暫存科舉以待學外之士，則士心翕然有歸，而終不爲棄物，和氣可襲而至，是亦應天之一也。

古人以用漆器爲之力諫者，蓋防工技淫巧之漸也。近年以來，更增造作，置局累年。後苑工匠亦無虚日。以至花石綱舡，綿亘不絶。作局則所需百出，數郡爲之搔擾；花石則虚張事勢，一路莫敢誰何。驅迫保伍，牽挽舟舡，道路怨嘆，有傷和氣。伏蒙已降睿旨，造作罷局，花石停運。臣慮監作董造之官，利於自私，夤緣奏請，尚或循舊。臣願陛下斷以必行，速賜禁止，敢有違詔，重行放黜。以至後苑工匠製作，與京城土木營造，有不急之務者，並宜權暫住罷。惡勞喜逸，人情之常，抑末敦本，亦聖政之所先。人心悦則天意解矣。

臣夙夜自勵，思所以圖稱任使之萬一，而智識淺暗，終莫能深達政事之原。惟陛下赦其狂而加擇焉。

政和七年，尚書右丞許翰上奏曰：

謹攷諸經傳，神降而明出，則其數爲二，其象爲火。火象在天，經星二，緯星一。所謂熒惑，緯星也。東方之心，南方之味，經星也。熒惑遲疾、逆順、伏見之不常，故不可以紀時。若心與味則有定次，有常時，是以帝王取節焉。然《堯典》所謂「日永星火，以正仲夏」，《豳》詩所謂「七月流火，九月授衣」，凡稱火者皆心星也。昔蓋自陶唐以來，以心爲火政之君矣，何則？均是火也，而心爲大辰，是以味爲鶉火，心爲大火，大火之所以爲大者，天以心爲明堂故也。昔陶唐氏之火正閼伯居商丘，祀大火，故辰爲商星。而我宋以珍光醇耀，天明地德，受命主之，則明堂之政不可不謹於此。大火以三月昏見於辰，以九月伏於戌，先王之火政視焉。鄭以三月作火鑄刑器，而士文伯知其將灾。周之三月，今正月也，大火未出而人作之，則與天拂，是以火出而灾報之。然則所謂出内火者，謂大陶冶非常火也。

又火之變於天地之間，能革物氣以日新，其在《易》象「木上有火曰鼎」，《鼎》者，取新之卦也。明堂之頌曰：「我將我享，維羊維牛，維天其右之。」羊牛之享蓋鼎實也，是故明堂與鼎相因而成象，相待而成禮，相須而爲國，審矣。❶《鼎》象木上有火，是以先王四時以木變火焉，而時各有所宜木。所謂榆柳，木之木也；棗杏，火之木也；桑柘，土之木也；柞楢，金之木也；槐檀，水之木也。火之變各以其時，則物之新皆得天地之正氣，而人食飲焉，此疾厲之所以不作也。昔晉之遷，有持洛陽火渡江者也，世世傳之，其火不滅。火色變青，至唐氣不復熱，則知火之新舊，氣性必異，審矣。此火不可不變之驗也。師曠侍食於晉平公曰：「飯，勞薪所炊。」平公使人視之，果車輞也。則是木實變火之氣性，火實變物之臭味，亦審矣，此木不可不擇所宜之效也。伏願明詔有司，四時必放古法，各變其所宜木以爲國火而傳之臣庶。若國有大陶冶，則皆作於三月建辰之後而止於建戌，以奉大辰之政而協景炎之運，輔成明堂調鼎之治。天下幸甚。

翰又上奏曰：

臣聞天人之際，精祲相蕩，象類相取，無定方體，惟所感變，是以古先格王深觀乎天道，而均調以人事。在《易》之《復》曰：「先王以至日閉關，商旅不行，后不省方。」商旅者陰也，后者陽也。日之始至，陰壯陽微，故使閉關，商旅不行，以遏陰氣。而后不省方，深存而致養其一，以定陽德。冬至

❶「審」，原作「鎮」，今據《襄陵集》卷五《因時立政疏》改。

者一歲之始也，先王終歲之事，輔相天道，類悉如此，而《易》不可以遍舉，故於《復》首一見之而世得以類推焉。凡陰陽五行之變本原於《易》，而降在《洪範》，散在《太元》，❶惟深思知化之時，能使道通爲一。

某嘗竊原天地之數，考諸《洪範》而爲之説曰：形凝於西而觀生於東，故木爲貌。聲動於東而節成於西，故金爲言。木生火，故貌可視也。金生水，故言可聽也。二之照也，麗乎有方，比視遠之明也。一之虚也，通乎無方，比聽德之聰也。其證諸天也，一潛而寒，水氣之精也。二軋而燠，火氣之變也。三和而雨，木以水滋，仁之愛也，父子之道也。四辨而暘，金以火燥，義之制也，君臣之保也。肅以欽恭，乂以制從，哲以正厥明，謀以審厥聰。不恭以肅，則恣行而狂。不從以乂，則陵節而僭。不明以哲，則豫而無稽。不聽以謀，則急而無稽。❷是故肅、乂、哲、謀，能使雨暘寒燠從時而不愆。狂、僭、豫、急，能使雨暘寒燠常久而無節也。思者風也，思在五行爲土，而風以木氣在中，蓋地以五五相守，數之窮也，而天三變而通之，是以鼓舞之風發於大塊也。變五以三，故睿而通。妙三於一，故聖而化。聖人精一，入乎無思，故能無不思也。思而正勝則脩而爲聖，其風時。思而妄雜則亂而成蒙，其風常。思者，君也，四德之所恃以成者也。土氣之濕，水或使之也，水潛於土，故聖以一妙而御中也。金氣之燥，火或使之也，火緼於金，故乂者慶賞

❶「元」，當作「玄」，作者避宋始祖名諱改「玄」作「元」。本篇下同。

❷「不聽以謀則急而無稽」，原脱，今據《襄陵集》卷六《明堂時令議》補。

刑威唯二，折天下而成方者也。木之恭者，水本之也。火之明者，木資之也。水之聰者，金瑩之也。皆因而用之者也。恭之作肅，金斂之也。明之作哲，水斷之也。聰之作謀，土稽之也。皆制而成之者也。金土異，此天地之數，所以成五位之節者也，是以其德重固，其道制而用之而成於自用。火克金而從，木克土而睿，金凝而作乂，土化而成聖也。是以聖人之相天也，木不足則用恭，木太過則撝肅，金太過則用從，金不足則撝乂，火不足則用明，火太過則撝哲，水不足則用聰，水太過則撝謀，土太過則用睿，土不足則撝聖。木沴則制天下之狂，金沴則禁天下之僭，火沴則飭諸豫，水沴則抑諸急，土沴則祛諸蒙也。

其在《周官》有敍事，有救政。敍事所以治常也，救政所以御變也。何謂敍事？《月令》所載是也，又如春正月《泰》卦御之，太元之氣，其首爲差、爲重、爲增、爲鋭、爲達、爲交，聖人脩其畫贊之德，以道其化。如秋七月否卦御之，太元之氣，其首爲常、爲度、爲亥、爲昆、爲減、爲唫、爲守，聖人修其畫贊之德，以受其福也。何謂救政？庶證所驗是也。又如木不足則聲尚角，色尚青，政尚仁，毋殺鱗虫，毋傷新物，赦小過，解久禁，以扶木氣，木在太元，其類爲鱗、爲新、爲赦、爲解故也。如金太過則聲尚徵，色尚赤，政尚禮，息巫風，戒猛政，警邊城之變，飭寇賊之防，以抑金氣，金在太元，其類爲巫祝、爲猛、爲邊、爲城、爲寇、爲賊故也。歲時適平，則有敍事無救政；歲時有過不及，而敍事救政兼舉焉。古者王公坐而論道，燮理陰陽，寅亮天地，必有以深造乎此。其妙難知，而其麤則有司可得而陳者也。

按《易》之傳，戊戌之歲，泰卦御之，而正月又泰所御，皇帝作興明堂以儀式刑文王之典，日靖四方之義，紹脩古道，資取化源，肇自來歲戊戌正月之吉，號詔天下以大振顯祖宗之烈光。是謂裁成天地之道，輔相天地之宜，以左右民，與泰合符，謂宜因此盡舉《洪範》《太元》之説，系諸《易》象，與時損益，定著《月令》，爲萬世法。有司前期既具叙事，又具一氣救政，義類所宜，告諸朝廷。朝廷以時相觀庶政，攷合師言，或創建新令，或申敕舊法，審則宜類，參乎元精，條列以上，誕布而下，使民由之以安以利，而由其所以然，必有以感移至神，導迎和氣。天下幸甚。

政和末，歲旱，帝以爲念，侍御史黃葆光上疏曰：

陛下德足以動天，恩足以感人，檢具治事，常若不及，而不能感召和氣，臣所以不能無疑也。蓋人君有屈己逮下之心，而人臣無歸美報上之意者，能致陰陽之變；人君有慈惠惻怛之心，而人臣無將順欽承之意者，能致陰陽之變。陛下恭儉敦朴以先天下，而太師蔡京侈大過制，非所以明君臣之分。陛下以紹述爲心，而京所行乃背元豐之法，彊悍自專，不肯上承德意。太宰鄭居中、少宰余深依違畏避，不能任天下之責。此天氣下而地不應，大臣不能尚德以應陛下之所求者如此。

歷代名臣奏議卷之三百四

本卷王鵬校點

歷代名臣奏議卷之三百五

災祥

宋徽宗宣和元年，起居郎李綱論水災狀曰：

臣伏覩陛下以積水暴集，渰浸民居，迫近都城，累降御筆，分遣官吏固護隄防，拯濟漂溺。仰見陛下聖慮焦勞，曲盡防患之理。然臣竊謂國家都汴百有六十餘載，未嘗少有變故。今事起倉卒，遠邇驚懼，誠大異也。臣嘗躬詣郊外，竊見積水之來，自都城以西，漫爲巨浸；東距汴堤，停蓄深廣，湍悍峻激；東南而流，其勢未艾。以宗廟社稷之靈，雉堞防守之固，萬無他虞。然或淹緩旬時，因以風雨，有不可不慮者。此誠陛下寅畏天戒、博詢衆謀之時，而群臣竭智効力、捐軀報國之秋也。累日以來，傾耳以聽，缺然未聞，臣竊怪之。夫變異不虚發，必有感召之因；災害未易禦，必有消弭之策。《周官》於國危，則有大詢之禮。祖宗每遇災變，亦降詔求言。臣愚伏望陛下斷自淵衷，特詔在廷之臣各具所見以聞，擇其可採者，非時賜對，特加驅策，施行其説。因衆智，協衆力，濟危圖安，上以答天地之戒，下以慰億兆之心，天下不勝幸甚。

臣仰荷陛下天地父母之恩，親加識擢，得侍清光，常思奮不顧身，以徇國家之急，輒有已見急切利害事須面奏。伏望聖慈降旨閤門，許臣來日因侍立次直前奏事，庶幾得盡狂瞽，仰裨聖慮之萬一。

綱又論水灾便宜六事狀曰：

臣近嘗奏請以水潦爲患，乞賜燕間，敷陳利害。今月十四日崇政殿侍立，閤門傳旨，令臣先退。惶懼戰慄，居家待罪，不敢供職。聖恩寬厚，未奉誅責，日夕惴恐，跼蹐無地。伏念臣愚蠢謏聞，孤立寡與，惟知仰事陛下，以國家爲心。比見積水暴集，逼邇都城，私憂過計，輒貢狂瞽。情迫意切，言皆不倫，觸盛意，犯隆旨，自干雷霆之威，死有餘罪。自非陛下恕其愚直，天地父母矜而憐之，誰復爲臣言者！

臣竊以水旱之灾，雖堯、湯有所不免，惟聖人爲能遇灾而懼，側身脩行，博詢衆謀，以銷去之。故堯於洪水方割之時有疇咨之言，湯於旱既太甚之日有六事之責，皆能轉灾以爲福，易沴以爲和，此古聖人之明驗也。今者水患之來，起於倉卒，人心惶懼，遠邇震驚。幸賴宗社之靈，陛下睿算之審，屢降御筆處分，疏導通駛，勢漸退落。雖畿甸旁近，皆罹其灾，而都城無虞，人意漸定。然臣竊以謂水灾既退之後，朝廷未可以謂無事。正宜講究利害，增固隄防，夤念天戒，益以脩省，不可忽也。臣愚蠢不揆，輒復妄發，昧死上便宜六事：一曰治其源，二曰弱其勢，三曰固河防，四曰恤民隱，五曰省煩費，六曰廣儲蓄。惟陛下留神幸察。

臣恭惟國家卜世定鼎，建都大梁，❶平

❶「建」，原作「卷」，今據《梁谿集》卷四〇《論水便宜六事奏狀》、《宋朝諸臣奏議》卷四五《上徽宗論水灾（第二狀）》改。

原沃野，彌望千里，非有高山峻嶺爲之阻。而都城以西，京、索交流，陂澤相接，自西徂東，地勢傾下。加以雨潦，不能吞納，則決溢東注，俯灌都城，其勢然也。爲今之計，莫若相視陂塘，疏導京、索，增卑培薄，固以隄防，節以斗門。旱則水有所注，❶澇則水有所泄，雖經霖雨，其勢不得接連而下，可以爲萬世之利。此則治其源之策也。

臣竊觀自昔善捍水患者，必爲長隄以制其衝。其意以謂以數仞之城，而拒方至之水，風濤之所鼓薄，亦已危矣。限以長隄，殺其怒勢，然後人力可施而城益堅。今積水之來，自都城之西，浩如江湖，東抵汴岸，南阻新隄，雖停蓄深廣而卒不能至城下者，有隄以爲之阻也。由隄而行，散漫湍激，至都城之南，則徑抵護龍河者，無隄以爲之阻也。爲今之計，莫若距城數里之外，因高地勢，繚以長隄，使雖有積水決溢之患，循隄四瀉，不能薄城，可以禦一時之急。此則弱其勢之策也。

國家都汴，處大河之下流，其所恃以爲固者，埽岸堅而法制嚴也。比年以來，玩習苟簡，護衛之卒散於抽差，備禦之儲耗於轉易，河嚙隄防日朘月削，恬不加恤。如廣武埽，其距清汴纔百餘步，去冬危殆屢矣，其不決溢者特幸耳。使夏、秋之交，乘霖雨湍暴之勢，果能保其無虞乎？夫以陂澤積水，暴集之患猶可驚駭，況大河之勢，又可不爲之深慮哉！臣愚願擇深知河事者，相地形，回清汴，使與大河相遠。仍詔有司遵守法制，存留兵卒，❷儲積材料，敢有抽差轉

❶「注」至「有所」六字，原脱，今據《梁谿集》補。
❷「卒」，原作「革」，今據《梁谿集》、《宋朝諸臣奏議》改。

易者，必正典刑。此則固河防之策也。

今兹積水之來，衝白沙，蕩中牟，迫都城，散漫畿甸之邑，淹浸屋廬，漂溺民蓄，損傷苗稼，不可以數計。今又決其南以注於陳、蔡之郊，決其北以注於相、衛之境，疏汴渠之下流於陳留，則數千里之内，悉被其患矣。陛下惻怛憂勞，降詔拯濟，德意甚厚。臣猶竊慮州縣監司未能悉意奉行也。願詔諸路，應被灾傷地分，今年秋租並與蠲免。❶水過之後，安集民居，借貸賑濟，務令復業，無使失所，以副陛下之意。此則恤民隱之策也。

臣竊惟去歲江、淮泛溢，東南之民悉皆流移，賴陛下聖慈，以六路上供米斛廣加賑濟，民得無死，德至渥也。然州縣蕭條，帑廩匱乏，迨今未復。今畿甸旁近又有積水之患矣，何以堪之！臣愚願陛下斷自宸衷，凡營繕工役，花石綱運，有可省者，權令減罷。數年之間，民力漸完，國用以足，然後惟陛下之所命耳。裕民豐財，莫是爲大。臣所謂罷不急之務者，此也。

臣又惟古者九年必有三年之蓄，❷二十七年必有九年之蓄，然後無旱乾水溢之患，教化行，習俗美，而頌聲興。是爲太平，治之至也。祖宗以來，舊有封樁米斛以千萬計，所以爲兵民之天，宗社之本也。比年以來，工役寖多，仰食者衆，歲以侵耗，遂致殫竭。今國計所仰者，獨東南六路轉輸歲額耳。假使一方水旱，歲額不登，將胡以自給？靜以思之，可爲寒心。臣愚願陛下明

❶「租」，原脱，今據《梁谿集》、《宋朝諸臣奏議》補。

❷「必有三年」至「必有九年」十四字，原脱，今據《梁谿集》、《宋朝諸臣奏議》補。

詔有司，裁蠶食者，幸歲豐登，自朝廷多降糴本，委彊幹官吏廣行收糴，别項上供，以充封樁之數。歲歲如此，及祖宗舊額而後止。此朝廷之所優爲，何不留意而獨爲懔懔也！養兵足國，莫是爲急。臣所謂廣國計之儲者，此也。

凡此六者，皆當今之要務。顧臣智識淺陋，文字荒疏，言不足以達意，惟陛下財幸，下臣章宰執，議其可否。如可採録，望賜施行。臣比者嘗獻愚計，伏蒙聖慈寬假，未賜斧鉞之誅，輒復自竭，冒昧天聽，庶幾芻蕘之言有補萬一，仰報盛德。

貼黄：臣伏以水患暴至，失於隄防，憑陵都城，久未退息，厥異甚大，誠不可忽。伏望陛下畏天戒，固民心，收士用，嚴守衛，以弭寧灾害，大慰天下之望。避殿損膳，告于天地、宗廟、社稷，所以畏天戒也。法禹、湯之罪己以詔萬方，親御六龍，率群臣負土石以先士卒，所以固民心也。誅水官之不勝任者以正典刑，擇材智而驅策之，與共患難，所以收士用也。輟營繕花石之不急者，併卒伍而部分之，以備不虞，所以嚴守衛也。四者既具，又在陛下脩胸中之誠，感動天心。如此而灾害不弭，和氣不臻，未之聞也。臣不勝惓惓，惟陛下財察。

徽宗次南都，綱時爲尚書右丞，因召對曰：「臣昨任左史，以狂妄論列水灾，蒙恩寬斧鉞之誅。然臣當時所言，以謂天地之變，各以類應，正爲今日攻圍之兆。夫灾異變故，譬猶一人之身，病在五臟，則發於氣色，形於脉息，善醫者能知之。所以聖人觀變於天地，而修其在我者，故能制治保邦，而無危亂之憂。」徽宗稱善。

欽宗靖康元年，左司諫陳公輔上奏曰：

臣聞陰盛則陽衰，陰消則陽長，此天地自然之理也。四月純陽用事，陰氣退聽之時，又陛下誕生之月，宜乎陽德方升，昭明盛大，陰所不能揜者。自數日來，天氣清寒，日色微薄，濃雲不開，霪雨繼作，其故何哉？蓋陰有以蔽之也。臣嘗原其所由，謂夷狄之彊耶，然前日賊兵在外，圍迫京城，而日景晏温，清明自若，今既欲講和好，稍稍遁去，恐咎不在夷狄也。謂女謁之盛耶，然陛下即位，不邇聲色，後宮嬪御不過三二百人，亦無位號隆重者，此中外所共知，恐咎不在女謁也。以臣料之，奸邪去之未盡，而大臣不和，百司苟玩，皆陰盛之象，此不可不知也。自崇、觀以來，諛臣佞士務爲夸淫之説，媚悦人主，未嘗有敢言灾異者。往往以臘月雷爲瑞雷，三月雪爲瑞雪，拜表稱賀，作詩詠讚者有之矣。夫灾祥咎異，雖治世不免，此天所以警懼人君，欲其修德以銷天變也。豈可諱而不言哉！臣今日區區首論及此，蓋不敢復效諛佞之徒以欺陛下聰明也。

臣聞蔡京、王黼、童貫、朱勔數輩，其爲奸邪有不可勝言者，天下之民思食其肉。今雖各曾行遣，然或處善地，或全腰領，其子孫親戚尚有未曾盡行竄殛，田宅物産尚有未曾盡行籍没。若是，豈非奸邪去之未盡耶？陛下謙虚退託以待臣寮，而宰執忿争上前，無所畏避，或詆毁同列，或中傷善良，豈非大臣不和耶？陛下勤儉祗恪，留心萬機，群臣尚仍舊態，不能服勤職事，至有人主假日猶御便殿引對臣下，而百官有司却作休務，豈非百司苟玩耶？

臣願陛下將蔡京、王黼、童貫、朱勔等數輩重行誅戮，其子孫親戚並當流竄，田宅物産並當籍没，以快天下之心。則四海歡欣鼓舞，自足以召和氣，而陰霪寒濕之咎無有不殄矣。然後下臣此章，告諭大臣，各務協心盡力以輔贊聖明，絶其私心，平其宿憾，而百司庶府亦當察其奸邪怠惰、不切奉公者，特與懲戒。如此，則不至於君弱臣强，君勞臣逸，足以使陽德昭升，陰氣消伏矣。然此雖小變，未足深憂，臣必以是爲言，恐陛下忽此而不以爲戒也。又況蠶麥適時，若陰雨不止，不能無損，亦不可不謂之灾。伏惟陛下少留神焉，臣不勝幸甚。

御史中丞吕好問上奏曰：

臣聞民間多言近日彗出寅位，臣雖未嘗親覩，要之天垂象，所以示警戒于下也。彗者，除舊布新之謂。若能恐懼修德，改革弊政，退斥小人，引用君子，不惟可以弭灾變，轉禍爲福亦在於此矣。昨崇寧、大觀間，彗星兩見，太上皇恐懼改革之意，見於當時詔令赦文，可覆視也。然而群小滿朝，閹宦内助，正人終不得用，政事終不得改。蔡京大惡也，逐之未久而復召，況肯逐小惡者乎？張商英未爲甚賢也，用之未久而已貶，況肯用大賢乎？黨籍雖毁而禁錮益牢，言路雖開而箝塞益急。罷諫官，虚講筵，使太上皇不聞身之過差，不念古之治亂，是以天意震怒，犬戎深寇，黎庶驚惶，遂傳位陛下。陛下亦念之乎？

臣竊思之：陛下即位以來，躬行節儉，視民如傷，非有過咎形于多方，而天變復見者，陛下欲行善政，多爲左右鐫改。蓋今所用之人，乃昔日之人也；所施之政，猶昔日之政也。名爲進用賢者，而賢者之言未得盡行；名爲疏遠小人，而小人之欲率皆如志。又况陰害正道，顯倡邪論。欲復祖宗百年之成法，而至今未能復；欲去蔡京紹述之姦説，而至今未能去。致使陛下仁政不得施于朝廷，仁澤不得流于寰宇。故上天昭告如是，以此見天之愛陛下之深也。《書》曰：「惟先格王，正厥事。」幸陛下體天之意，除舊布新，以正其事，則天下之願，望陛下留意。

王襄論彗星疏曰：

臣伏讀八月三日星文責躬詔書節文：「念將循舉故事，而率皆已行，深惟虛文不能應譴告之實。」臣愚無識，竊所未諭。臣聞天子父天而母地，兄日而姊月，皇天之愛聖主，如慈父之愛賢子，凡有謫見不虛發。意者欲警悟陛下而增益其所未至者乎？

臣伏思陛下即位以來，綿歷三時，天下之民戴目傾耳，如旱苗之得甘澤，餓夫之望美食。雖祖宗法度日形於詔旨，而京、貫規模未改於章程。詔旨以謂循舉故事，率皆已行，臣恐皇天昭昭在上，有所未孚也。京、貫用事二十餘年，京變法度於內，貫壞邊鄙於外，王黼益之，以至于今日。今日之法度，非祖宗之法度，亦非熙、豐之法度，乃蔡京之規模也。今日之邊鄙，非祖宗之邊鄙，亦非熙、豐之邊鄙，乃童貫之施設也。陛下守蔡京之規模而不改，遵童貫之施設而不除，在廷之臣懷畏避而不敢輕言，疏遠之人希榮利而不敢輒議，而欲致休祥，召和氣，豈易能哉！蔡京爲相，恣爲紛更，祖宗熙、豐之法，無一事不遭變改者。凡所變改者，未有不爲害者也。若悉舉而具陳之，雖窮年閲月有所未遍，況於尺牘之間而能盡其萬分？臣願試以今日之急務、國家之大政四事言之。

夫養兵之制，祖宗所以威天下者也。東南運漕，宣武因之以爲帝都者也。財用之出，所恃以爲國者也。陝西五路，今日以爲根本者也。臣聞五代不綱，兵疲將弱，凡一遇敵，無不奔潰。故五十年間，離亂相尋。周世宗自斬宿將樊愛能等，知藝祖神武，俾治軍政。藝祖悉汰老弱坐食之人，選練精鋭無前之衆。當時中原不過數十州，禁旅之卒不過數萬人，六七年間，南取淮南，北定三關，謳歌者有歸，遂有天下。因襲前代之迹，建京師於平土，以謂非重兵不足以制四海也，故皇城之内有諸班之兵，京城之内有禁衛之兵，京城之外，列營猶數十里。中夜則造朝，入則奔趨。營居西者，必給東倉之米以遠其途，負糧兩石，不得雇代，以閲其力。諸班娶妻，則太祖引視之；諸軍支糧，則太祖臨幸之。諸班之妻，盡取女子之長者，欲其子孫魁傑，世爲禁衛而不絶也。太祖嘗謂：雖京師有警，❶皇城之内，已有精兵數萬，況天下乎？其養之、教之、親之、愛之，然後嚴治以整齊之，厚賞以激勸之，加之深思遠慮，爲後世子孫無窮之計。至於府界諸邑，輔郡縣鎮，但係河路易致糧餉者，無不屯兵三數千人。重内制外，如此其周密也。及王安石爲相，思復三代民兵，故創教保甲而潛消禁旅。臣元豐間

❶「警」至「已有」七字，原脱，今據《宋朝諸臣奏議》卷四五《上欽宗論彗星》補。

往來京師道中，京南自延嘉以北，廢營壞壘三十餘里。當時禁衛精兵，不知幾千萬人也。其後蔡京枉費，軍儲闕乏，衣糧不充，則教閱之法弛；人無顧惜，則姑息之心生。故弱者鬻食於市，强者負擔於路。高俅壞之於内，童貫斃之於外。數十年間，不知其銷折幾何人。皇城諸班之地，今爲殿閣池臺矣。京城廢營之地，今爲苑籞甲第矣。郡縣之民佃空營地以自給者，蓋千百計。富室大家，尚養健僕數十，❶以待暴客。陛下以萬乘之尊，威懾四海，而皇城之内無諸班以宿衛，京城之中少禁旅以鎮守，近畿輔郡兵將備禦，殆同戲事。一有邊警，則遠追閩、越之人，盡舉淮、浙之衆。此輩飲食異好，風土異宜，往來萬里，載罹寒暑，雖未遇敵，而疾病勞憊者十已四五。萬一南方鼠竊狗偷如異日之警，則何以待之？借使無警，全然得歸，萬里之人，豈可再致！是動天下之兵，而困天下之衆也。此臣略言養兵非祖宗之法者也。

臣聞王公設險以守其國，自古帝王之都皆可考矣。唯宣武之爲都，獨自朱梁而始。晉天福末，就糧而遷焉。祖宗以謂非重兵不足以制天下也，故宿重兵以制之。以重兵非漕運不足以給餉也，故仰東南之運以養之。東南運漕取於六路，年額六百餘萬石。其資以爲本者三：船也，倉也，鹽也。造船之法：六路之船以供江外之綱，淮南之船以供入汴之綱，常六千隻。以六千船運六百萬石，則一舟之運歲常千石。以人船之力有餘，故不勞而能辦。其後漸廢，至章惇爲相，船秖四千，而撥東河之船運西

❶「十」，《宋朝諸臣奏議》作「人」。

河之石，每大石升船，一舟輒壞。比及運畢，壞者過半。蔡京更改法度，廢爲直達，此船法壞也。祖宗置真、楊、泗倉，名曰轉搬。六路綱運，冬月不止。江水低下，運河高淺，冬月潮小，水不登應，則閉閘而不通，故真州置倉以卸之。潮大放閘，則揚、泗以次卸之。六路未至，則發運司收糴，儲於倉中，加息充代，而責其直。汴綱六千，又近者而運之。故一年歲課，應期而敷。倉木鉅萬，皆美材也，京悉取之以供京師之營造。中間雖復興起，曾不足以庇風雨。而發運司糴本又盡於無益之求矣。此倉法之壞也。

臣竊觀蔡京之姦謀，困民之大害，無甚於鹽法者。祖宗河北之鹽不榷以利河北之民，河東自置鹽監以便河東，東南收税上供，委鹽六路，以暗爲六百萬石之本。又發運司因之以制諸綱優重賞罰焉，故三邊充足，不資朝廷之應副，東南運漕常足六百萬石之歲額。蔡京欲取善治財物之功，且以供無益之費也，故盡取鹽利歸之中都。祖宗飛錢於三邊，蔡京收利於榷貨，故中都豐足而三邊匱矣。西北之糧由是而空，西北之兵由是而不繕治。而河北之民驅其車牛，役其人丁，搬輦鹽貨，不得耕織者，不知其破幾千百家。天下縣鎮趨賞避罪，巡門散鹽以及茶礬，吏緣誅求，搔擾百出者殆不可勝言。況有六路轉運司直供運漕之歲額，取之於民，今亦罄矣。天下章疏鉅萬，山積其間，果無一人言及此者，豈非國家邊事未息，尚資鹽利以爲用，未敢遽言之哉！然而祖宗熙、豐之時，以至建中靖國之初，當時未收鹽利也，國用緣何而足？府庫緣何而充？豈非祖宗之經入法度有所未復，冗員浮費有所未減於今日者？講求興復之，裁省抑免之，以代鹽利可也。必欲守鹽法不變而求東南運漕如祖宗之盛，運漕不繼而求内外兵馬如祖宗之强，臣恐未可以歲月冀，此臣略言運漕非祖宗之法者也。

祖宗之時，外置轉運司以漕一路之賦，内置三司使以總天下之財，委任而責其成功耳。神宗皇帝聖文神武，將大有爲，用財有式，節財有政，始分天下之財以爲二司。轉運司獨用民常賦與州縣酒税之課，其餘財利悉收於常平司，掌其發斂，儲之以待非常之用。罷三司而爲户部，轉運之財則左曹隸焉，常平之財則右曹隸焉。當是時，雖一鎮一縣，無不貫朽粟陳者。及蔡京用事，舉天下之財而盡用，諸路漕臣靡然從風，本路無以周給而進羨餘，百姓常税不納而急橫賦。諸縣歲終無以塞責，則令民取常平錢斛，轉易而爲二税。州郡視之而不敢禁，常平知之而不敢劾，上下蒙蔽，以姑息苟且取急於一時。貪污之吏竄名詭冒，猾胥頑民亦中分而有之。斂取之時辭訴紛委，常平之政殆將廢矣，常平之財殆將竭矣。雖欲求明健之吏，爲振舉之職，天下詭冒之獄不勝其誅罰也，編户民財不勝其斂取也。如此，則常平之政雖云不廢而其實廢，常平之財雖云未竭而其實竭。天下貨財不知其失陷者幾千萬億，尚何區區於青苗、助役是非利害之辨！此臣略言財用非祖宗熙、豐之法者也。

陝西秦鳳路，祖宗開拓鞏州矣。熙豐之時，又闢熙、河、蘭、會州以爲熙河路，阻河爲界，設爲三關，平土豐草，可以耕牧，甚美功也。神宗皇帝時，有獻青唐之策者，神宗以爲國家之外廐而不取也。神宗皇帝得疊、宕等州，盡空三百里地，而漢、蕃兩不居之也。蓋青唐之馬最良，而蕃食肉酥，必得蜀茶而後生。故熙、豐時置茶馬司，大率以茶一籠計費三千，而易百千之馬。歲以蜀茶易馬二萬匹，以三十年爲率，則國用馬常四十萬矣。中國之兵安得不强？夷狄之勢安得不弱？自湟、鄯、廓州之入中朝，而茶司之本又盡於市珠玉，國馬至今蓋無幾矣。神宗皇帝之不建疊、宕等州，豈不以城之無利，守之實難，又且以賜忠順之蕃，使耕牧於其間也！疊、宕之地，既皆不毛，而湟、鄯諸州，萬山埆瘠，殆非人跡之所涉。童貫仰國家之財，悉兵民之力，收復三州，增築城寨，又於熙、豐所空之地建城而自以爲功，分屯兵將，轉輸糧食。夫弓箭手、民兵，五路之根本也。每差戍守，一月一易，則必人市頭口，負乾糧器械所需之物而趨焉。路逢蕃寇，則多致殺掠。或得戍滿，三數月間，又當復往。如此勞費，無有已時。而熙河包氏之兵最爲忠順，神宗皇帝特寵異之。心一不滿，勢必不爲吾用，此熙河之兵所以寡弱而不振。四路之兵，恐亦復然。今之士夫見邊兵之凋弊，則以謂未必勝於東兵；見西馬之病瘠，則以謂未必及於東馬。蓋不見其强盛之時，而獨見其衰弊之後耳。陝西之財，百萬爲率，常以七十萬獨供熙河，而以三十萬供秦鳳、涇原、環慶、鄜延、永興軍路也。熙河之財，十常七八以供新邊之費。則是童貫之新邊，常困竭陝西之諸路。陝西之諸路，常煩朝廷之應副，而貽患於天下之諸路矣。自宣武之爲京師，恃河北、河東、陝西以爲根本。故祖宗之時，優恤河北，民則不橫賦，兵則不出戍，鹽則不拘榷也。自蔡京竭其財，榷其鹽，困其民，疲其兵，加以中間盜賊之蜂起，今歲邊事之未寧，河東、河北之民方仰朝廷之援救，不足恃之以爲强。而陝西兵將尚爲朝廷緩急之用，則陝西之爲根本明矣。陛下安得不顧惜其根本而封殖之！臣料廷臣慮非不及於此，自見兩責黨人棄地之罪畏懼，常瞻前却顧而不敢言耳。此臣略言邊防非祖宗之法度者也。

臣願陛下考復臣言而詳思之，則陛下今日政事，果悉舉祖宗之故事乎？果因循京、貫之規模乎？京、貫之惡，天下無不欲殺之者，蓋以其蟊賊生靈，蠹害國家，以至於今日也。借使京之鹽法不改，貫尚有功於國，行之數十年而不可易，臣恐其大不然矣。雖然，常平之政不可廢，在修弊起廢，處之以中制。新邊之地不可棄，在因事制宜，轉敗而爲成。若夫養兵之制，運漕之法，又在謹審而力行之。夫祖宗之法，犬牙相制，不可偏廢也。如論養兵，則干運漕；如論運漕，則干鹽法；如論財賦，則干常平；如論邊防，則干茶馬。千條萬目，豈易遽言！廟堂之股肱，朝廷之肺腑，必有奇材大略能爲陛下處之者，非臣疏遠之敢竊議也。

昔仲山甫，周之賢相耳。詩人歌詠其功德，以謂愛莫助之。况聖君巍巍在上，恭儉寅畏，宵旰焦勞，減珍味者七十品，放宫女者六十人，常御便坐，不奏音樂，雖堯、舜茅茨土階，夏禹卑宫菲食，不是過也。而臨御三時，治功未進，豈非有合《周雅》愛莫助之者乎？恭惟陛下以繼體守文之時，應創業垂統之運，當以太祖之神武英斷，戡定禍亂；仁宗之仁慈納諫，安養蒼生；神宗之聰明剛健，修舉百度。不可優游退託，日復一日以緩事機也。天下之事，已遲三時矣！昔禹惜寸陰，況當救焚援溺之時，而可以坐閲二十七旬乎？且自古君臣，必有道合德契，披肝膽以相照，雖骨肉之親，不可間也。故商高宗以傅説爲旱歲之雨，劉先主以諸葛亮爲如魚得水，蓋不如是不足以有爲也。書傳所載，少有能兼將相之任者。漢高祖相蕭何而將韓信，則西楚不足滅矣。然薦韓信者，蕭何也。唐太宗相房、杜而將英、衛，則天下不足平矣。然濟英、衛者，房、杜也。陛下體此以觀之，則將相之任定。將相之任定，則廟堂敢措議於軍旅，將帥得注意於功名。廟堂之上運用天下，如身使臂，如臂使指，若杜黄裳之平西蜀，李德裕之平河北，指縱發策，不離於樽俎而兩路平。今朝廷人材，豈無杜黄裳、李德裕輩？至於條令之未便，官吏之貪污，斂求之違法，奉行之未善，此皆毛舉小小，監司、郡守片言可除之弊，何足以多繫聖慮哉！臣年老多病，待盡朝夕，祈欲一言而首丘耳。干冒冕旒，惟陛下留神。

侍御史李光論彗星劄子曰：

臣聞《易》曰：「天垂象，見吉凶，聖人象之。」蓋觀乎天文以驗得失者，誠聖王之先務也。臣伏見近者彗出寅艮間，躔度甚速，此變易之大者。或傳朝廷用陰陽家説，以分野言之，爲虜人滅亡之證。此恐進諛之人以甘言諂辭媚悦陛下，陛下輕信其説，無復答謝天譴之意，則虧損盛德，非宗廟生靈之福。臣聞孔子作《春秋》，不書祥瑞而書灾異者，蓋欲警戒人君，使知恐懼脩省以應天變，不聞以灾異歸之夷狄也。二百四十二年之間，彗星三見，禍亂輒應，周室微弱，上下交怨，此皆人事之所感動也。天心仁愛人君，故出灾異以譴告之，不聞天心仁愛夷狄，欲其脩省也。陛下萬一惑於邪説，凡天地變動各以分野言之，則陛下之失，自今以往，誰復敢言！蓋天變之發，或發於未然之前，或發於已然之後，皆所以覺悟人君也。所謂應天變之術，豈有他哉！在於修人事而已。

臣伏見陛下即位以來，凡所施爲，無非仰合天心，下當人意者。勤儉憂勞，不聞有過，然舉措之間，安得每事皆當？亦當窮究致異之由，推至誠，行直道。政事之不中不平者或未加治，萬民之失業窮困者或未加卹，姦邪之徒熒惑主聽者或未加察，言路騣騣復有壅隔之患，則陰陽之和何時而致，天地之變何時而息乎？臣所以居言責之地而不能默默也。冒犯天威，臣無任激切恐懼之至。

高宗建炎二年，中書舍人滕康上奏曰：「去歲郊祀前日食，而日官不以聞，廷臣不以告，使陛下所以應天者未至，故逆臣敢萌不軌者，無先事之戒也。陛下即位行再歲矣，惻怛愛民之政徒爲空言，而百姓不被其恩；哀痛責躬之詔不着事實，四方不以爲信。忠佞並馳而多士解體，刑賞失當而三軍沮氣。臣願陛下取建炎初元以來所下詔書、所舉政事，熟思審度，得無一二不類臣言者乎？望參稽得失而罷行之。」上再三褒諭，稱其有諫臣風。

三年六月，淫雨，詔求直言。中書舍人季陵上言曰：「金人累歲侵軼，生靈塗炭，怨氣所積，灾異之來固不足怪。惟先格王，正厥事，則在我者其可忽邪？　臣觀廟堂無擅命之臣，惟將率之權太盛；宫闈無女謁之私，惟宦寺之習未革。今將帥擁兵自衛，浸成跋扈，苗、劉竊發。勤王之師一至，凌轢官吏，莫敢誰何，此將帥之權太盛，有以干陽也。宦寺縱横，上下共憤，卒碎賊手，可爲戒矣。比聞復召藍珪，黨與相賀，聞者切齒，此宦寺之習未革，有以干陽也。《洪範》「休徵」曰：『肅，時雨若；謀，時寒若。』「咎徵」曰：『狂，恒雨若；急，恒寒若。』自古天子之出，必載廟主行，示有尊也。前日倉卒迎奉，不能如禮。既至錢塘，置太廟於道宫，薦享有闕；留神御於河滸，安奉後時。不肅之咎，臣意宗廟當之。比年盜賊例許招安，未幾再叛，反墮其計。忠臣之憤不雪，赤子之寃莫報。不謀之咎，臣意盜賊當之。道路之言謂鑾輿不久居此，自臣臆度，決無是事，假或有之，不幾於狂乎？　軍興以來，既結保甲，又改巡社，既招弓手，又募民兵，民力竭矣，而猶誅求焉，不幾於急乎？　此皆陰道太盛所致。」帝嘉納之。

御史中丞張守論灾異所自劄子曰：

臣伏準詔旨，以盛夏之月常寒久陰，灾異之來必有所自，令侍從、郎官以及臺諫條具闕失，欲以應天變，收人心，召和氣。仰見陛下畏天之威，遇烖而懼，古帝王之用心也。臣待罪憲府，清問所及，敢不竭愚慮？

臣聞天心之愛人君，自非大無道之世，則必出灾變以譴告警懼之，及其至誠修省，則轉禍爲福，捷於影響。傳曰「禹湯罪己，其興也勃焉」，蓋不特有罪己之言，而有責己之實也。陛下罪己之詔嘗數下矣，而天未悔禍，恐實有所未至爾。倘能應天以實不以文，則安知譴告警懼非誘掖陛下以啓中興之業乎？臣於去秋嘗奏疏，願陛下居處飲食、動作享用，每以二聖、母后爲念，詞頗煩悉，頗簡聖聽。冀不以一日南面之樂而忘萬里北狩之戚也，勿謂九重之邃，外莫得而聞也。正心誠意，日慎一日，則何患天變之不弭，人心之不固，和氣之不至乎？雖然，高宗有鼎雉之祥，祖己訓之曰「惟先格王，正厥事」，則事事欲其正也。臣請爲陛下畢其說。

常寒久陰，陽微陰盛之證也。臣者君之陰也，夷狄者中國之陰也，盜賊者凡民之陰也。方今朝廷不能制將，將不能制兵，强者怙寵有跋扈之風，庸者擁衆爲偷安之計。遣師而出，則必廣求官爵金幣而後啓行；無功而還，則又泛第首級勳勞而邀上賞，虛張軍數而冒請給，陵轢州縣而取犒賜，小不如意，肆爲攽攘。凡此則臣强也。夷狄累年憑陵中夏，連陷郡邑，劇於破竹，深入淮甸，易於探囊，止于山東，偃然自肆，涉此夏暑，未有退期。使吾選將厲兵，固可襲取，今則上下畏怯，莫敢誰何。凡此則夷狄强也。狂寇潰卒，蟻聚蜂屯，大者數萬，小者數千，遠則星布于京西而不勝討，近則鴟張於淮甸而無所憚，或陰懷窺伺而邀求要地，或陽就招納而公肆剽刼。凡此則盜賊强也。陽微陰盛，斷可見矣。是以紀綱未立，號令不行，人心動揺，國勢危蹙。而當長養之時，積雨彌月，寒氣不收，宿麥壞於垂成，禾稼傷於方茂，物價翔貴，商旅斷絶。秋冬之間，夷狄内嚮，盜賊乘之於飢饉之餘，其禍可勝言哉！天時人事，至此極矣！陛下覩今日之勢與去年孰愈？而朝廷之措置施設，蓋與前日未有異也。俟其如今春維揚之變而後言之，則雖斥逐大臣，無救於旣。

臣又聞漢制，灾異策免三公。故陳平曰：「宰相上佐天子，理陰陽，順四時，下遂萬物之宜。」而御史大夫蕭望之謂：「日月少光，咎在臣等。」宣帝以爲意輕丞相。天變之來，宰相預任其責。竊見某雖有勤王之功，初無王佐之略，論其材能則辦一職而有餘，論其器識則斡萬機而不足，算計見效曾未及於前日，豈不殆哉！唐張守珪破可突干有功，明皇欲相之，張九齡曰：「宰相代天理物，不可以賞功。」乃止。今某蓋以勤王入相，不幾於賞功乎？吴起與田文論功，文不及者三，朱買臣難公孫弘十策，弘不得其一，終之田文相魏，公孫佐漢，言宰相自有體也。故黄霸長於治民，及爲丞相，則功名損於治郡，以人之才各有分極故也。

某人固未有顯過，但經濟之略未聞。若以防秋在邇，未宜罷免，則臣愚以謂不若更擇文武全材、海内推服、公願以爲相者，親擢而並用之，庶幾叶謀共計，各效所長，彌縫其失而正救其灾，則天變亦可收、和氣亦可召也。昔汲黯在朝而淮南寢謀，杜黄裳爲相而兩河剋復，蓋其威望鎮物，精神折衝，亦不必事事更張，而臣下爲之凛畏、夷狄爲之竦讋、盗賊爲之退聽矣。

伏願陛下内極嚴恭寅畏以修其德，外更選用輔弼以修其政，人事既盡，天心必歸。古人有云：「未至而言，固嘗爲虚；及其已至，又無所及。」今日之事實繫存亡，顧畏避不言之罪，清議不容，而觸迕權要之罪，聖明必貸。惟陛下留神，不以爲虚言，則天下幸甚。

守爲殿中侍御史，乞捕飛蝗劄子曰：

臣訪聞京西、京東，飛蝗爲灾，上至京師，下及淮甸，遠邇憂懼，恐失有秋。蓋以軍旅之後，必有凶年，言其殺傷之怨薄陰陽之和也。昔周宣王遇烖而懼，側身修行，以致中興。天意若警陛下，以隆中興之政。恭聞淳化三年六月，飛蝗蔽天，徑西南而去，太宗皇帝謂宰相曰：「必恐害及田稼，朕憂心如擣。」亟令人馳詣所集處視之。是夕大雨尺餘，蝗盡殪。慶曆四年六月，仁宗皇帝謂輔臣曰：「方歲旱而飛蝗滋甚，百姓何罪？朕默禱上帝，願歸咎于朕躬。」章得象對曰：「臣不能輔理宣化，以致灾孽，而貽陛下憂。今聖言及此，必有上通天意之應。」伏望聖慈仰體祖宗之德，下憫元元之灾，勝妖以德，以弭天變。仍敕逐處監司、守令檢詳條令，併力撲除。儻不失有年，庶幾軍興之時，國用民食不至甚困，天下幸甚。

四年，張浚乞修德選賢以消天變疏曰：

臣竊惟國家不競，患難薦臻。夷虜憑陵，海宇騰沸。二聖久征於遠塞，皇輿未復於中原，而敵國交兵，方興未艾。郡邑半陷於賊手，黎元悉困於塗泥，自古禍亂所鍾，罕有若此之比。必欲昊穹悔禍，甿庶獲安，非君臣之間更相勉礪，痛心嘗膽，修德著誠，大誅姦邪，頓革風俗，親君子，遠小人，去讒佞，屏聲色，簡嗜慾，崇節儉，則曷以上應天變，下懷民心？四海黔黎，殊未有休息之日。若昔黃帝遭蚩尤之亂，大禹罹洪水之灾，然而卒能誅夷，終歸平治者，正以君臣上下苦心勞形，杜邪枉之門，開公正之道，天人響應，遐邇協謀，故能平難化之寇，成不世之績。是知應非常之變，必當得非常之人。重念臣自叨殊遇，深荷眷知，雖事不辭難，而功無可紀。自知力小而任重，徒能志大以心勞。而況臣濫居政府以來，天文失軌，風雨不時，夷狄交侵，盜賊多起，蚤夜自省，畏懼彌深。欲隆希世之大勳，必非微臣之可致。伏願皇帝陛下念宗廟社稷之重，憫邊陲黎庶之灾，敕己清心，畏天念咎。然後選求賢哲，委付事功，假以歲月之期，漸圖興復之業。俾臣乞身而去，以畢餘生，庶免顛隮，仰負天地生成之賜。不勝至願。

浚爲觀文殿學士，上奏曰：

臣聞太史推測天象，以來年正月之旦日有蝕之。臣竊惟天之愛人君，必示以灾變，使之畏懼修省，勉求爲治。人君脩德畏天，則天心眷祐，享國無窮。如其怠忽不省，歸之時數，禍有不可勝言者矣。然而應天之道在實不在文，當求之於心，考之於行，心有未至者勉之，行有不善者改之。如天之無不公，如天之無不容，如天之至誠無私而不失其信，則何憂乎治道之不興？何患乎賢才之不至哉？惟陛下留神毋忽。

紹興三十二年，浚奏飛蝗爲灾狀曰：

臣今月十一日午後，舟行出國門，有飛蝗自北而南，其長數里。臣竊惟灾異之起，必有所因。恭惟陛下即位之初，厲精求治，憂勞庶政，豈容有此！臣愚伏望聖慈益加欽畏，以答天心。抑天之愛陛下，殆將有以警勉于初，助成聖德，恢張皇業。更乞延見近臣，賜以清閒，咨問時政，必使澤惠實及軍民。臣愚不勝拳拳。

紹興元年，臨安火，延燒數千家，獻謏者謂非災異。殿中侍御史魏矼上言曰：

《春秋》定、哀間數言火災，説者謂孔子有德而魯不能用，季孫有惡而不能去，故天降之咎。今朝廷之上有姦慝邪佞之人未逐乎？百執事之間有朋附奔競之徒未汰乎？搢紳有公忠宿望及抱道懷藝、有猷有守之士未用乎？在位之人，畏人軋己，方且蔽賢，未聞推誠盡公，旁招俊乂。宜鑑定、哀之失，甄别邪正，亟加進用。

三年，天旱，地震，詔群臣言事。知温州洪擬上奏曰：

法行公則人樂而氣和，行之偏則人怨而氣乖。試以小事論之，比者監司、守臣獻羨餘則黜之，宣撫司獻則受之，是行法止及疏遠也。有自庶僚爲侍從者，卧家視職，未嘗入謝，遂得美職而去，若鼓院官移疾廢朝謁則斥罷之，是行法止及冗賤也。榷酤立法甚嚴，犯者籍家財充賞，大官勢臣連營列障，公行酤賣則不敢問，是行法止及孤弱也。小事如此，推而極之，則怨多而和氣傷矣。

侍御史張大經以旱應詔上奏曰：

人心不和，有以致旱。民力竭而愁歎多，軍士貧而怨嗟衆，二者當今大弊。州縣之間，絹帛多折其估，米粟過收其贏，關市苛征，榷酤峻禁。中外兵帥多出貴倖之門，營利自豐，素召衆怨，教閲滅裂，軍容不整。且近習甲第名園，越法踰制，别墅列肆，在在有之，非賂遺何以濟欲？願陛下疏斥憸腐，抑絶倖門，垂意人主之職，責成宰輔。一提其綱，則天下事有能辨之者。

吏部侍郎廖剛論救旱劄子曰：

臣聞金穰水毁，木饑火旱，天數也。雖堯、湯在上，水旱所不能免。聖人惟不以天廢人，故恐懼脩省，必謂己德之愆所致，如湯以六事自責是也。夫以湯之爲君，制事以義，制心以禮，檢身若不及，而不吝於改過，寧復有如是之闕失者哉？凡以畏天之威，罔敢怠豫，而應之以誠如此。是以雖有七年之旱，後世不以爲天譴，而皆歸之於數，爲其所以應之者無不盡耳。不然，後世何獨私於湯哉？比者連月不雨，宸衷憂惻，食息不忘，中外所共知也。臣願陛下嘗試隱之於心，如湯所慮六事之失者，儻有之乎？有之而未能改，則是應天之實未至，雖禱祠庶事之備，亦曰文而已矣，非所以動天也。誠則至矣，過則改矣，將無遠之不格，無灾之不弭，斯須之旱又奚患焉？亦取法於湯而已。區區狂瞽之説，惟陛下裁擇。

剛爲御史中丞，又上奏曰：

臣竊惟旱暵之久，聖心焦勞。如臣輩備位言責，固當有藥石之言，上裨聖政之萬一，而寡陋淺暗，曾無以效其區區，曷勝惶懼愧負之至。然臣竊意陛下朝夕省念，求所以致旱之由，殆將無所不至，臣亦安敢默默自已。

臣聞先儒之論曰：「五行，土制水，土功興則水氣壅閼，其證爲旱。」邇來營造宫殿，土木之役亦既經時，然將以奉吾太母，所不可已者，行且訖工，臣不復敢言。若乃運河淤澱二十餘年，今者遽欲濬治，自杭至秀凡百餘里，工力以數十萬計，乃欲取辦於殘零廂兵，與道路之游手，限以半月，可不謂之使民疾乎？畚鍤之事，若實游手，决不能辦，其勢必科夫於人户。名爲和顧游手，因以救飢，其實皆南畝之民也。方兹久旱，農夫嗷嗷，日待浸灌之澤，有如時雨適至。身拘於官，不得反顧其私，豈不害事而致怨乎？臣謂天降灾盭，正當恐懼修省，静以待之，而更興大役，重擾吾民，恐非所以應天也。臣非不知開河之爲利，今正非其時耳。

又有咈人心者數事，請遂言之。劉光世賜第，漕司收買材植，凡數十里外有以木栰至者，不問大小長短，盡數劄下，不許賣外人。已買者或留之而未償其直，未售者或抑之而日損其價。簰栰鱗次，蔽塞河道。其所使令倚勢搔擾，頗爲民害。如此不急之役，獨不可少緩乎？此一事也。參選冗員充滿邸肆，類遭疑文，百端沮抑。且如沿海巡尉，透漏私鹽滿三十斤，並礙差注。雖已參部，必須下元任州縣再取保明，坐此留滯者皆是，初參選人極多，如縣丞、司法雖多，不許破格差注。然如廣南州軍，多是土人權攝，動經年歲，蓋内地經任人往往不肯屑就。臣謂與其冒濫權攝，孰若期以一年或三季，許破格注授，庶使寒士無滯留之歎，此二事也。近日諸營寨强刺百姓充軍，已蒙聖旨禁戢，今稍革矣。然已刺者多鄉村良民，或負販小商，或單丁養父母之人，雖多與衣糧，非其所願。臣願特降睿旨，明敕將校等人强刺之罪，聽其放出給據，得歸農本，則鼓舞者多矣，此三事也。恭以陛下憂勞之極，至於不御葷肉，則凡可以順人心、合天意、以召和氣而消灾沴者，宜無不爲。况此數事頗關休戚，近在目前，惟聖慈加省，幸甚。

中書舍人洪遵論禱雨思所當戒劄子曰：

臣竊見涉冬至今，累月不雨，人情嗷嗷，無以爲命。陛下夕惕爲治，孳孳在民，閔雨之心，形于夢寐，緇黄祈禬，靡神不宗。以至賑飢窮，決犴獄，止屠宰，出廩粟，大官供膳，蔬素幾旬。每對公卿大臣，焦勞憂嗟，見於睟表，左右從御，瞻顧動色。上天孔昭，若響若答，三日之霖，應誠洊至，中外相慶，歡喜欲舞，天下幸甚。昔成湯遭旱，以六事自責，蓋至七年而後已。《春秋》於魯僖公書三時不雨，以見其憂民之切。今陛下不忍百日之旱，濬發精誠，求之於飲食言動之間，曾不淹辰而丕應如此，視成湯之七年、魯僖之三時，超然遠過，有盛德而無愧辭。人生實難，萬世而遇大聖，吁，其偉哉！

臣立朝日淺，蒙陛下恩顧最厚，不敢作爲頌詩以颺大澤，獨有惓惓之意，願陛下日慎一日，雖休勿休，念萬機之間其所當戒，有在賑飢決獄四端之外者，永思所以上當天心，下愜民情，如今日禱雨之誠，則治道光明，可以粃糠千古，尚何成湯、魯僖之足云哉！臣愚無識，惟陛下留神。

遵爲祕書省正字，乞禁奏祥瑞疏曰：

臣聞《春秋》之作，以示萬世規戒，上之日食、雨雹、隕星、震電，下至多麋、有蜮、蝝生、有蜚之類，纖悉必載。獨祥瑞之事，闕然不聞，豈二百四十二年間皆無可書之實？聖人垂教，以爲無益故也。秦、漢以來，世主往往憑藉以文太平，故此說浸盛。

至若黄龍見于劉聰，蒼麟、白鹿見于石虎，鳳凰、騶虞見于王建之世，是乘時僭竊，何瑞之有？而其導諛之臣，曾罔聞知。史册班班，蓋有《春秋》深意。惟元魏世宗時，芝生太極殿。崔光舉莊周所謂氣蒸成菌，指爲不祥，其言忠切，可爲後世龜鑑。

恭惟陛下聖謨天造，光啓中興，歲仍金穰，可謂上瑞。紹興初，蜀郡有以符瑞來上者，亟行削秩。四方聞之，莫不歌誦聖德。十餘年以來，權臣擅朝，矯誣瑞應，邪諂之徒迎合朋附，藉此爲進身計，臣不敢縷陳。如衢州之寶碑，則設心獻佞，類於符命。贛州之木成「天下太平」字，鎪刻甚明，識者嗤笑。福州之竹實，則傳記所載，初非吉證。揆是三者，概可見矣。臣愚欲望睿慈專下明詔，自今州縣無得輒奏祥瑞，其卓卓顯異不可泯者，上之禮部。庶幾洗滌澆風，化爲忠厚，以稱陛下謙慎之本意，誠非小補。臣愚無識，惟陛下留聽。

歷代名臣奏議卷之三百五

本卷劉永强校點

歷代名臣奏議卷之三百六

灾　祥

宋高宗紹興六年，地震。秘書正字張嵲上奏曰：

比年以來，賦斂繁重，征求百出，流移者擠溝壑，土著者失常業，地震之異，殆或爲此。願深思變異之由，修政之闕，致民之安。

黄次山上奏曰：

臣聞日食、地震，陽微陰盛也。陰盛則静者動，陽微則明者晻。推類言之，則妻者夫之陰也，子者父之陰也，四夷者中國之陰也，小人者君子之陰也。陛下春秋富盛，嬪嬙稀簡，幃幄之私，行義未過。二年之間，大異重至，意者夷狄伺隙，而君子小人之際尚煩聖慮乎？今承板蕩之餘，履顛沛之勢，財不足自富，兵不足自强，天下喁喁，未絶望於中興者，徒以陛下克己自强，大臣同心事國，悔過求言，而善類稍進也。近日士論頗謂朝廷甘受佞人而外欽正士，聲音之拒，禮貌之衰，有得之於言意之表者，此非陛下之福也。

自古求治之君，當軸之臣，夫豈惡治安而樂危殆，薄君子而厚小人，然多不免焉者，何也？君子難親，小人易狎也。願陛下以父兄爲意，大臣爲人主受言，厲謇謇之風，恢蕩蕩之德，遠浮諂，近端方。搢紳之間，衆不可蓋，其有公忠自奮、敢獻異同、不可狎而親者，宜隆寬褒直，俾充本朝，不宜盡聽其求高舉遠引，不留自助也。人主父天母地，子養元元。父虧明，母震動，子訛言相恐，古人猶懼，況食於三朝，震其國都，元元飢餓，自相魚肉，而不思消伏之計乎！惟陛下奮乾剛之威，大臣擴包荒之度，拔進英俊，以强本朝，此抑陰崇陽、應變之至權也。震食之異庶幾可銷，標季之運庶幾可復，夷狄之憂庶幾可弭。陛下召臣千里，誠冀有補萬分，廢承天之至言，指米鹽之細故，未殺灾異，熒惑聖聰，則非臣之忠也，故不敢不盡愚。

江西安撫制置大使李綱以地震應詔條陳八事狀曰：

臣伏覩近降詔書，以地震求言，雖蒭蕘之微，亦得上達。況臣嘗備近司，荷恩隆厚，受知特深，苟有所見，其敢隱默？輒罄狂瞽，冒塵天聽，伏望聖慈特賜睿覽。謹條具奏聞。

一、臣聞地道積陰，以静爲德，理不當動，動必有變。《春秋》二百四十二年間，地震五，聖人必謹而書之者，志變也。漢、唐以來，或頻年震，或一年數震，變不虛發，其感召之因皆有所自，可考而知。乃者六月乙巳，地震于駐蹕之所，陛下克謹天戒，降詔求言，誠得警懼修省之道。然臣聞應天以實不以文，天人一道，初無殊致，唯以至誠，可相感格。臨變而懼，變已則忘，有畏天之言，無畏天之實，皆不足以銷弭變故，導迎吉祥，凡以無至誠惻怛之意故也。夫夷狄、兵革、女子、小人皆爲陰類，願陛下致察於數者之間，每事致戒，則化灾爲祥，何難之有？昔成湯遇旱，禱于桑林，以六事自警，而雨澤時至，天人之際，應若影響，不可誣也。臣願陛下以應詔上封事者特加省覽，其言可採，降旨亟推行之，不必加賞。夫忠義之士有愛君憂國之心者，但以言聽計行爲志，豈待賞而後勸哉！至於草茅疏遠，不識忌諱，論議激訐，亦望容貸，以來直言。日慎一日，不以天地之變爲出於偶然，如日月之蝕，既過則怠於修省，此乃所以爲應天之實也，天下不勝幸甚。

一、臣竊聞諸道塗，車駕將有建康之幸，既降旨以趣營繕，又具例以敕百司，此誠甚盛之舉。然日俟一日，未聞下戒行之詔，豈猶有所疑而未決邪？夫建康在東南爲形勝之地，在今日爲不可不駐蹕之所，臣嘗條具奏聞屢矣，天時、地利、人事皆當捨臨安而幸建康。比者地震不在諸郡而在臨安，不在他所而在宮禁，此無他，天意欲陛下有所遷動，避危以趨吉而已。夫懷與安，實敗名。昔公子重耳安於齊，子犯謀醉而遣之，自齊適秦，秦伯納諸晉，遂成霸業。今陛下久駐蹕臨安，躊躇未遷，無乃有安之之意邪？不然，天意何以丁寧告戒之若此？此天時之不可不幸建康者一也。臨安褊迫偏霸之地，非用武之國，又有海道不測之虞，曷若建康襟帶江湖，控引淮、浙，龍蟠虎踞，自古稱爲帝王天子之宅，此地利之不可不幸建康者二也。諸將重兵已皆分屯淮泗，陛下時乘六龍，躬率六師，進臨建康，則將士之氣百倍其勇，號令賞罰，皆出睿斷，人人願戰，前無堅敵，與夫深居而遥制，豈可同日而語哉！此人事之不可不幸建康者三也。臣願陛下斷自宸衷，不貳不疑，投龜而決，早降詔旨，以慰士民之心，庶幾中興之運不日可致。伏望留神幸察。

一、臣竊觀古之善治兵者，必多其將之員數，而少給之兵，所以爲臂指聯屬、易相運動之術，漢光武之二十八將是也。又必重内輕外，以爲强本弱枝、表裏相濟之術，唐府衛之兵是也。祖宗制兵，每將不過五千人，其不隸將者，每指揮不過五百人，有事則臨行陣，無事則歸營壘，此得所謂多將員而少給兵之法。盡屯天下重兵於京畿，足以制四方州郡之兵，又設禁旅拱衛王室，此得所謂重内輕外之意。海内平定幾二百年，靡有兵革，職此之故。今陛下震皇武以圖恢復之烈，盡以重兵分隸諸大將，多者至十數萬人，平居已不能運掉，而況於倉卒擾攘之際乎？宿衛單弱，初無正兵緩急，何以衛宸極而禦外侮？此臣之所以夙夜寒心者也。雖陛下恩信足以結之，威德足以服之，手撝指顧，莫不從令，然立國之道當爲長久之策，恐不應如此。臣愚伏願陛下常留聖意，偏裨中有可用者親加識擢，漸付以兵，使自成頭項，以備緩急驅策。或收召舊人，或選擇將士，廣置禁旅，更番宿衛，使爲天子正兵。考漢、唐之舊制，遵祖宗之成憲，稍復前規，銷弭後患，以早致中興之功，天下不勝幸甚。

一、臣聞兵法欲致人而不致於人，此猶棋家之争先法耳。故善棋者之置子，必能制於數路；善兵者之禦敵，必能禁其四出。今諸將大兵列屯淮泗，又以宰相督之，可謂重矣。敵人之勢，亦必聚其犬羊以抗王師，則京西一帶必有力不暇及之處。願詔劉光世專事陳、蔡，岳飛專事唐、穎，使敵人分兵以拒我，則淮泗之力紓，使不能分兵，則乘間擣虛，吾無遺策矣。今劉光世軍已進合淝，而岳飛大軍尚留武昌未進，誠恐緩不及事，坐困錢糧，未見其可。伏望聖慈特降詔旨，督促其行，庶幾不失機會，今冬可無衝突之虞。願加睿察。

一、臣聞行師用衆，糧餉爲先。雖有堅甲利兵，非粟無以戰；雖有高城深池，非粟無以守。有國有家者，無三年之蓄曰不足，而況於月支日給，乃旋爲之計乎？去歲旱灾之廣，綿地數千里，穀斗有至千餘錢者。常賦損於減放，漕計困於轉輸，常平、義倉匱於賑濟，公私枵然，皆無儲蓄。使今秋復繼之以水旱，其何以堪？所幸天道佑順，雨暘時若，遂成有年。江、浙、閩、廣悉皆登豐，目今米價已減，將來穡事告成，粒米定須狼戾，此誠朝廷廣糴儲蓄之秋也。昔趙充國討先零，嘗謂塞下糴四十萬斛，賊豈敢動哉。由是觀之，國以兵爲命，兵以食爲天，何可少緩？夫穀太賤則傷農，乘登豐之歲以善價廣糴，官有儲蓄而農不告病，是行一事而兩利也。朝廷近降糴本付轉運司限數收糴，固爲得策，然轉運司不過分降諸州，諸州不過分降諸縣，諸縣不過分配人户，强委之直而責其粟，則是有和糴之名，無和糴之實，非計之得也。臣愚伏望聖慈特降睿旨，令諸路州郡以轉運司所分糴本專委官吏置場收糴，其初即以善價取之民間，量增分數，嚴立約束，使無邀阻糜費，則人户商旅自然樂輸，數百萬斛不難辦也。始時民間唯患交子恐難行用，今朝廷既改交子之法以爲關子，即與見錢無異，自可通行。唯官告、敕牒須勸誘上户，使之入納。亦乞令州縣以勸誘到見錢付之糴場，使之收糴，庶幾革近年科糴之弊，公私兩濟，天下不勝幸甚。

一、臣竊見朝廷近年以來，委辦州縣，

或製造器用，或收買物色，期限太嚴，督責太峻，州縣官吏不敢申明，如期應命，但欲塞責而不爲長久之計，遂使公私皆受其弊，而卒無補於實用。如福建之創海舟，製造滅裂，尋即損壞；廣南之置耕牛，道里遼遠，率多斃踣。此皆所費不貲，無益於事，不可不察也。夫創造不精，曷若買舟之可久；遠致多斃，曷若厚價以招來。雖有所費，蓋不得已，如其不然，所傷實多。方朝廷用兵之際，財賦窘迫，豈可不計較愛惜而耗蠹於無用之地哉！臣愚伏望聖慈特降睿旨，今後朝廷拋降製造、收買物色，或期限太迫，或土産非宜，並許州縣申陳利害，從長相度以聞，朝廷更加審察而施行之。庶幾公私兩便，無虚費而有實利，天下不勝幸甚。

一、臣竊見朝廷前此數年，專以退避爲策，亦不責州郡以捍守。又降詔旨許令保據山澤以自固，城壁守具率皆不治。循習既久，往往以修城壁爲生事，建議官吏反受罪責。如連南夫以修泉州城，❶委官體究；裴廩以修衡州城，重加貶黜。州郡望風畏縮，無敢復議修城者。夫以偷惰苟且之習，而重之以朝廷威令，其誰敢復冒罪責而建長久之計乎？臣恐自此州郡城壁壕塹頹毁湮塞，不復修矣。今與僭逆之寇壤地相接無數百里之遠，而沿江表裏數十州郡，朝廷所恃以爲藩籬者，蕩無城池可恃以守，卒然賊馬驚近邊、摩封疆，不知何以禦之？此臣之所不能曉也。臣愚伏望聖慈特降睿察，令朝廷熟議，如捍禦之計非城池不可，

❶「修」，原作「守」，今據《梁谿集》卷八九《應詔條陳七事奏狀》改。

即乞降旨明告中外，以昨來罪責官吏自緣搔擾，非以修城之故，應沿江州郡候今冬農隙，許之漸次修築城池，建置樓櫓之類，朝廷特與應副。庶幾自保之計既備，進討之策可行，天下不勝幸甚。

一、臣竊覩近降指揮，禪林僧徒貧病不能貼納者，先以常住代支，續令拘收還納，自非出自聖慈曲加矜恤，何以及此？然臣竊謂僧徒中有財利者多是律僧，營生與俗無異，雖重取之，何所不可？其禪林中僧真實學道之人，一缾一鉢，隨時粥飯，往往無餘，今使之貼納，非唯貧病無自而出，亦有害其學道之心。聖慈既加矜恤，許令常住代納，固已深慰物情。伏望特降指揮，委州縣體究，實係貧病無可貼納之人，令本寺常住代支，更不拘收還納。庶幾學道之流得以安心净業，此亦仁政之一端也。伏乞睿察。

綱又上奏曰：

臣聞和氣致祥，乖氣致沴，天人之際，應若影響，不可誣也。政令和平，合於民心，天應以福，雨暘時若，而爲豐歲，此和氣致祥之符也。政令乖戾，咈於民心，天應以灾，水旱極備，而爲凶年，此乖氣致沴之符也。豐凶之本，乃在人主心術、朝廷注措之間，宗社之安危、生靈之休戚繫焉，可不懼乎！

前年江、湖、閩、浙嘗苦大旱，流移失業，殍踣相望，陛下軫慮之深，不遑暇食，親灑宸翰，勸誘賑濟，其所全活不知其幾千萬人。至誠動天，報以休應，曰雨而雨，曰暘而暘，歲大豐穰，民以安樂。自經一稔之後，上下恬嬉，不復勤恤民隱。朝廷意民間之有蓄積，百色誅求，上供不以實數而以虚額，和糴不以本錢而以關子，絲蠶未生，已督供輸，禾穀未秀，已催裝發。州縣困於轉輸，文移急於星火。官吏愁歎，閭里怨咨，感動天心，旱灾復作。江、湖、淮、浙所被甚廣，歲且艱食，人情驚疑，如居風濤，洶洶靡定。然則陛下欲消弭灾異，導迎吉祥，不必他求，但如前日之用心，自然感召和氣，休應立臻，則旱暵必復爲豐年矣。昔周宣遇灾而懼，側身脩行，欲銷去之，而王化復行，《雲漢》之詩是也。安知旱暵之灾，不爲中興之資乎？願詔朝廷益修政事，凡所以賑救民灾、給足軍食者，早正素備，無待倉猝取具於臨時也。方今强虜憑陵，僭竊窺伺，屯兵淮滸以爲控扼，欲進則未能，欲退則不可，開口待哺於縣官者數十萬人。平時運餉已極勞費，歲一不稔，將何以給之？

夫今日之患，欲民力寬則軍食闕矣，欲軍儲裕則民財匱矣，二者如鐵炭之低昂，此首重則彼尾輕，非有術以權之，使斂不及民而軍食足，不可得而均也。孟子曰：「無政事則財用不足。」今屯兵之數不多於前時，而養兵之費十倍於往日，死生去來，無籍可稽，上功行賞，無實可考，轉資遷秩者動以萬計，廩禄之費又不知其幾何也。開端者不可復斂，放行者不可復收，日益月加，無時而已。天地之生財有時，人力之理財有限，而度量不立於其間，養兵之費有增無減，坐致耗屈，竭取於民，謂之有政事，可乎？此臣之所以日夜爲陛下寒心者也。夫政事立然後財用足，財用足然後軍食給，軍食給然後民力寬，民力寬然後天心格，天心格然後和氣可召而爲豐年。此臣所以願陛下救今日之弊，以修政事爲先也。臣仰察天時，俯揆人事，今日誠爲危急存亡之秋，惟陛下念宗社生靈之重，圖爲善後長久之策，留神邦本，天下幸甚。

臣以衰病，屢乞閑散，將歸山林，不勝憂國之情，輒復自竭，陳其大略，以瀆天聽。如聖心尚有所疑，願賜清問，得以展盡底蘊，爲陛下詳言之，誓罄狂瞽，仰酬大恩。

高宗時，左正言鄧肅上奏曰：

臣伏觀十三日赤氛夜起，横貫斗柄，士夫驚嘆，莫知所自，况職在言路者，又當如何？

竊考自古天變，人主所以謝之者，不過避正殿、減常膳而已。陛下自登寶位，未嘗輒居正殿，而飲食菲薄，幾同臣下，其所以事天者，蓋亦無所不至矣。而天變若未息焉，其故何也？蓋嘗考康定元年春三月京師大風，晝冥經刻，是夜東南有黑氣，横亘數丈。赤，兵氣也。黑，殺氣也。用兵之時，豈免兵氣，廼於殺氣，則爲變尤大矣。然仁宗之時，則朝廷無事，人物繁庶，其致治之道過於成康，是果天變不足慮乎？蓋仁宗皇帝應天以實而不以文，此天變所以不能爲灾也。陛下切切願治之心，固無愧於祖宗矣。然風俗頽壞，爲日滋久，雖欲正之，不能遽革。故今日綱紀未肅，賞罰未信，叛臣未去，姦贓未滅，比之仁廟猶有愧焉。此臣愚所以痛心疾首而不能自已也。

臣愚欲望陛下下責己之詔，來切直之言。號令必行，無使壅遏，所以肅綱紀。功過並録，以稽邪正，所以信賞罰。按僞籍以考張楚之臣，不使輒居侍從、臺諫，則叛臣遠矣。驗刑書以責貪污之吏，不使分布内外要職，則姦贓滅矣。如是，則陛下應天之實，亦無愧於仁廟，雖有殺氣，亦不害四十餘年平治，況止於兵氣而已耶！ 蓋天心不遠，人心是已，有德於人則無愧於天，不必於人心之外更求天也。

五季之末，康澄嘗有言曰：❶「爲國家者有不足懼者五，有深可畏者六。 陰陽不調不足懼，三辰失行不足懼，小人訛言不足懼，山崩川涸不足懼，蟊賊傷稼不足懼。 賢人藏匿深可畏，四民遷業深可畏，上下相循深可畏，廉耻道喪深可畏，毁譽亂真深可畏，直言蔑聞深可畏。」蓋天變不常，所以戒人君，倘能自慎，何足懼耶？ 人事不修，所以兆禍亂，苟不知戒，斯不亦可畏哉！ 陛下於其所可畏者日加慎焉，則所謂不足懼者，又何能爲陛下累乎？ 惟陛下察之。

陳長方代人上殿劄子曰：

臣觀自古中興之君，未嘗不有灾祥以警戒之，豈天之獨私於是耶？ 蓋亦愛之深耳。 在商高宗則有鼎雉之異，在周宣王則有旱暵之虐，然二君遇灾修省，故其功德由是以興。 恭惟陛下念雨澤愆期，至誠惻怛，形于詔令。 下至閭巷垂髫戴白之民，莫不歌詠盛德，謂陛下焦勞閔雨之心，商宗、周宣蔑有加矣。 然而方今斗米不啻千錢，尚且踊貴未已，萬一雨至後時，饑饉之患有所不免，流離之民聚爲盜賊，勢不得不慮。 臣愚欲望先敕有司經畫邦計，逆爲之備，❷使儲蓄素定，無至乏絶。 近降詔書之外，凡一毫末未便於民者並令罷去，以成陛下中興

❶「澄」，原作「證」，今據《四庫全書》本、《栟櫚集》卷一二《奏劄子第十九》改。

❷「逆」，《唯室集》卷一《上殿劄子》作「預」。

之政。雖聖心焦勞，格于上下，必無雨澤後時之患。臣妄言之，蓋亦爲國先慮，不勝區區而已。

監察御史龔茂良應詔上奏曰：

水至陰也，其占爲女寵，爲嬖佞，爲小人專制。崇、觀、政、和，小人道長，内則憸腐竊弄，外則姦回充斥，於是京城大水，以至金人犯闕。今進退一人，施行一事，命由中出，人心譁然，指爲此輩。臣願先去腹心之疾，然後政事闕失可次第言矣。

樞密檢正尤袤上奏曰：

天地之氣，宣通則和，壅遏則乖；人心舒暢則悦，抑鬱則憤。催科峻急而農民怨；關征苛察而商旅怨；差注留滯，而士大夫有失職之怨；廪給朘削，而士卒有不足之怨；奏讞不時報，而久繫囚者怨；幽枉不獲伸，而負累者怨；强暴殺人，多特貸命，使已死者怨；有司買納，不即酬價，負販者怨。人心抑鬱所以感傷天和者，豈特一事而已。方今救荒之策，莫急於勸分，輸納既多，朝廷吝於推賞。乞詔有司檢舉行之。

高宗以彗星見，詔求直言。吏部侍郎晏敦復上奏曰：

昔康澄以「賢士藏匿，四民遷業，上下相徇，廉耻道消，毁譽亂真，直言不聞」爲深可畏。臣嘗即其言考已然之事，多本於近習及姦邪以巧佞轉移人主之意。其惡直醜正，則能使賢士藏匿；其造爲事端，則能使四民遷業；其委曲彌縫，則能使上下相徇；其假寵竊權，簧鼓流俗，則能使廉耻道消；其誣人功罪，則能使毁譽亂真；其壅蔽聰明，則能使直言不聞。臣願防微杜漸，以助應天之實。

起居郎胡寅上奏曰：

臣竊以雨暘順序，係乎政事。故漢明親決冤獄，則甘雨應期；東海殺一孝婦，則三年大旱，此其大略也。不修人事而祈禱求福，非聖人之道、先王之政也。宣諭官以敷君德、求民瘼爲職，乃以龍母五子求加封爵，其陋甚矣。又況封爲夫人，爵稱侯伯，施之於人，然後相稱。龍母五子，夫何物哉？舍彼介鱗，襲我冠裳，無乃反常失禮，爲後世笑乎？伏望聖斷特賜寢罷，仍降指揮，監司郡縣當以愛民爲急，若政平訟理，民無愁嘆，和氣所召，必有豐年。更不得陳乞廟額，崇修淫祀，以爲不先勤民，獨致力於神者之戒。所有龍母五子封爵詞命，臣未敢撰行。

孝宗隆興中，起居郎胡銓應詔上奏曰：

臣聞位卑而言高，罪也；立乎人之本朝而道不行，耻也。臣近奉聖旨，以：「秋陽亢旱，飛蝗在野，星變數見，朕心懼焉。意者政令多有所闕，賞罰或至不當。朕雖側身求應以實，卿等各思革正積弊，勿徇倖私，務塞灾異之原，稱朕寅畏之意。」臣伏奉聖訓，中夜以興，思所以對。欲遂言之，則懼位卑言高之罪；欲嘿而已，則又惡立乎人之本朝而道不行之耻。退自惟念，與其忍耻以生，曷若獲罪以死！況聖明在上，容受狂直，萬無獲譴以死之理，臣何忌而不言？

伏讀聖訓，曰：「秋陽亢旱，飛蝗在野，

星變數見，朕心懼焉。」臣有以見陛下遇灾而懼畏天戒之切也。謹按《春秋》書不雨、書旱，夫旱亦不雨，奚又書旱，得非旱比不雨加甚乎？且《春秋》書旱必於夏、秋，不雨皆於春、冬。周之夏、秋，則建午、建未、建申皆其月也。是時天或不雨，則盛炎曝物，立致枯槁，故《詩》云：「旱既太甚，赫赫炎炎。」不雨雖無是酷，然甚者亦兼旱焉。如文二年自十二月不雨至于秋七月，十年、十三年自正月不雨至于秋七月是也。雖皆歷夏抵秋而不言旱者，蓋事起春、冬，不可書旱；已書不雨，則不可中變言旱。故但提其月而總言之，欲人觀文則知旱居其間，且見其灾之久也。若不爲灾，經自不書，故經無書一時不雨者，不爲灾也。雖莊三十一年書冬不雨者，蓋譏莊公冬不雨猶不恤民力，明年春又城小穀也。其他不雨，必踰時而後書，爲灾之深淺，覩文則辨焉。云冬十月不雨、王正月不雨、夏四月不雨、六月雨者，則見夏無麥而秋猶有救也。僖公二年。云自十有二月不雨至于秋七月，文公二年。自正月不雨至于秋七月者，文公十年、十三年。是一歲之望盡失也。八月雖雨，已後時而無益，故略而不書。不爲灾者但書時，莊三十一年。爲灾輕者書首月，僖二年、三年。重者總始末而言。文二年、十年、十三年。書法如此，正欲别爲灾之輕重，而傳云「不雨不爲灾」。夫萬物須雨而生，須雨而成，一時愆亢，猶有所損，且不雨有幾彌年者三，文公二年、十年、十三年。安可謂不爲灾乎？《穀梁》謂一時不雨爲閔雨，歷時不雨爲不閔雨。且僖公果有志於民，則必不愛牲幣，懇請禱祈，經亦必書，如《詩》之《雲漢》，以著其善。今但云不雨，則憂民之意於何見乎？陛下深閔秋陽亢旱，誠得《春秋》書不雨之微旨。然宣王憂旱之誠，不過禱于先祖以及山川鬼神，蓋祀典之正，非若今徼福于佛老氏，爲異端之教也。臣願陛下熟觀《春秋》不雨之旨，躬行周宣憂旱之誠，以應天可也。

飛蝗在野，臣又請以《春秋》明之。謹按魯隱五年書螟。《釋蟲》云：「蟲食苗心曰螟，食葉曰螣，食節曰賊，食根曰蟊。」李巡曰：「食禾心曰螟，言其姦冥冥難知也。食禾葉者言其假貸無厭，故曰螣也。食節者言其貪狼，故曰賊也。食根者言稅取民貨財，故曰蟊也。」孫炎曰：「皆政貪所致，因以爲名。」郭璞以食處爲名。陸機疏云：「舊説螟、螣、賊、蟊，一種蟲也，如言寇、賊、姦、宄，内外言之耳。」《會義》曰：「穀，民之司命也。《春秋》書災異，雖螟之爲害，必詳而録之，此亦重民命之至也。」漢平帝時，天下大蝗，河南二十餘縣皆被其災，獨不入密縣界。建初七年，郡國螟傷稼，犬牙緣界，獨不入中牟。今州縣吏貪墨殘民，去朝廷遠者萬里，近亦數百里，陛下不得而見也，怨嗟之聲，陛下不得而聞也。故天出災異，自淮以南，蝗飛蔽天，以告陛下爾。守令之間，豈無一人如密縣、中牟者乎？臣願陛下嚴戒監司、守令，有貪墨殘民者必罰無赦，是應天以實也。

星變數見，臣又請以《春秋》明之。謹案魯文十四年，有星孛入于北斗，劉向以爲君臣亂於朝，政令虧於外，則上濁三光之精，五星贏縮，變色逆行，甚則爲孛。北斗，人君象；孛星，亂臣類也。時中國既亂，夷狄並侵，兵革縱横之應也。魯昭十七年，有星孛于大辰，劉向以爲時楚彊，宋、衛、陳、鄭皆附之，此皆孛彗流炎所及之效也。魯哀十三年冬十一月，有星孛于東方，董仲舒、劉向以爲其後楚滅陳之應。是《春秋》星變，皆以夷狄陵中國也。今年正月壬辰，其日歲旦，風從乾位來，風爲號令，廼號令不時之沴。戊午雪，陰盛陽微之沴。三月丙申，日有背氣如仰瓦，其夜大雨雹。癸卯夜，月入太微。己酉，日復有背氣。丁巳立夏，其日風從艮位來。五月癸卯夏至，風亦從艮位來。皆與正月壬辰同占。七月丙申，太白經天，法曰晝見午上，星家謂去日四十七度差遠，故見。臣謂不然，《易》曰「日中見斗」，豈亦謂去日遠也？其夜月入氐。壬寅夜，月掩壘壁陣星，又流星出天市。癸卯夜，月入羽林軍。乙巳，日左有珥。丙午夜，流星出天市。❶ 癸丑夜，流星出織女，又月犯井。丙辰夜，流星出輦道。此皆《春秋》之所畏也。又如六月庚寅朔，日又食之，此又變之大者。臣謹案隱三年二月己巳，日有食之，其後戎執天子之使。莊二十五年六月辛未朔，日有食之，宿在畢，主邊兵夷狄象，後狄滅邢、衛。二十六年十二月癸亥朔，日有食之，時戎侵曹。三十年九月庚午朔，日有食之，後狄滅邢，徐取舒，楚滅弦。僖五年九月戊申朔，日有食之，後楚伐鄭，狄滅温，楚伐黄。十二年三月庚午朔，日有食之，時楚滅黄，狄侵衛、鄭。十五年五月，日有食之，後秦獲晉侯，楚敗徐于婁林。文元年二月癸亥，日有食之，楚滅江滅六。❷ 文十五年六月辛丑朔，

❶ 「天市」下，原有「巴星」二字，今據《胡澹庵先生文集》卷七《應詔言事狀》刪。

❷ 「楚」，原作「晉」，今據《胡澹庵先生文集》、《春秋公羊傳注疏》文公元年二月癸亥條改。「江」下，原衍「楚」字，今據《胡澹庵先生文集》刪。

日又食之，楚滅舒蓼。宣八年七月甲子，日有食之，既，楚莊遂彊諸夏，觀兵周室。十年四月丙辰，日有食之，後楚滅蕭。成十七年十二月丁巳朔，日有食之，後楚滅舒庸。襄二十四年八月癸巳朔，日有食之，比食又既，象陽將絶，夷狄主上國之象也，子楚果從諸侯伐鄭。二十七年十二月乙亥朔，日有食之。八年之間，日食七作，禍亂將重起。昭七年四月甲辰朔，日有食之，後楚滅陳、滅蔡。三十一年十二月辛亥朔，日有食之，時吴滅徐，楚圍蔡。定十二年十一月丙寅朔，日有食之，後楚滅頓，吴敗越。❶定十五年八月庚辰朔，日有食之，周室大壞，夷狄主諸夏之象也。明年，中國諸侯從楚圍蔡，以楚爲京師。由是推之，日食皆爲夷狄侵中國之應也。臣願陛下熟觀《春秋》書日食星變之旨，躬行宋景一言之善，以應天可也。

臣伏讀聖訓，曰：「意者政令多有所闕，賞罰或至不當。」臣又有以見陛下遇災而懼畏天戒之切，而修政事以恭禦厥罰也。臣又請以《春秋》明之。謹按魯昭七年四月甲辰朔，日有食之，晉士文伯謂晉侯曰：「不善政之謂也。國無政，不用善，則自取謫于日月之災，故政不可不謹也。」❷是天變繫於政令之闕也明矣。魯莊三年，王使榮叔來錫桓公命，啖氏云：「莊王寵篡逆以黷三綱，不能法天正道，故去『天』字以貶之。」斯言當矣。夫聖王礪世之術，惟賞罰而已，賞當功則錫命一人而萬邦懷，若《師》之九

❶「吴敗越」，原作「越敗吴」，今據《胡澹庵先生文集》、《史記·越王句踐世家》改。

❷「謹」，原作「慎」，作者避宋孝宗名諱改「慎」作「謹」。

二是也。若宜罰而賞，則寵一篡弒而亂臣賊子迹接而起矣，然則去「天」字以貶之，以明賞罰，天之公理也。是天變繫於賞之不當也明矣。今政令之闕有十：監司牧守數易，一也；州縣差役不公，二也；孤寒困於舉將，三也；吏員太冗，四也；任子太濫，五也；朝令夕改，六也；衣服無章，七也；獄訟多冤，八也；酷吏殘民，九也；部胥阨塞衣冠，十也。至如賞罰不當，殆有甚焉。如近日宿州諸將，臣竊謂賞太重，罰太輕。昔太祖皇帝親征晉陽，北戎來援，太祖令何繼筠分精騎數千拒之石嶺關，斬首千餘級，其後遂平并州。其功可謂大矣，止拜建武軍節度而已。李漢超從太祖平李重進，關南之功亦大矣，及卒，太宗皇帝止贈太尉、忠武軍節度而已。宿州之役，比之晉陽、關南之功，不啻九牛之一毛，而諸將超拜官爵，加繼筠、漢超數等，有如平北虜、恢復中原，不知何以賞之？昔周世宗屢爲劉旻所敗，逐大燕將士，斬敗將何徽、樊愛能等七十餘人，軍威大震，果敗旻于高平，取淮南，定三關。夫一日戮將七十，豈復有將可用？而世宗終能恢復如此，得非巽懦者去則勇敢者出耶！太祖初有天下，嘗謂：「唐莊宗姑息將士，朕則不然，惟有劍耳。」諸將股栗，削平僭亂，捷如破竹。自靖康板蕩，將四十年，國勢不競，日就委靡，豈有他哉，罰不必行，將不用命。近者宿州之敗，士死于敵及爲庸將所誤而死者數千人，積屍如丘，暴骴滿野，而誤國敗軍之將乃以宿州所得之金厚賂權貴，巧爲游説以自解，偃然安處善地而戮不加焉。籍没不行，誅戮不加，上天見變，昭然明甚。臣願陛下信賞必罰，以太祖爲法，號令將士，以五代爲戒，斷然必行，正心誠意，以應天可也。

臣伏讀聖訓，曰：「朕雖側身求應以實，卿等各思革正積弊，勿徇佞私，務塞灾異之原，稱朕寅畏之意。」臣又有以見陛下遇灾而懼畏天戒之切，而去華務實，求直言以自警也。臣又請以《春秋》明之。謹案魯莊七年四月辛卯夜，常星不見，夜中星隕如雨。劉向以爲天垂象以視下，將欲人君防惡遠非，❶非以自全安也。如人君有賢明之材，畏天威命，若高宗謀祖己，成王泣金縢，改過修正，立信布德，存亡繼絶，修廢舉逸，裁什一之税，復三日之役，節用儉服，以惠百姓，則諸侯懷德，士民歸仁，灾消而福興矣。嗚呼！向之言可謂深切著明，求應以實者也。人君如堂，人臣如陛。堂岌乎其高，其情與下遼絶，固難以喻；陛隤乎其卑，其情與上遼絶，固難以通。豈上下之情不可合也，其患有十焉：上之患七，下之患三。愎諫以拒人，飾辭以文過，作威以臨下，恃智以衒物，矜慧以取勝，自廣以狹人，恥過而作非，君之患也。便僻，善柔，便佞，臣之患也。愎諫以拒人，晉惠是也；飾辭以文過，文皇是也；作威以臨下，漢宣是也；恃智以衒物，德宗是也；矜慧以取勝，顯宗是也；自廣以狹人，漢武是也；恥過而作非，靈帝是也。人主有一于此，則便僻之臣進矣，善柔之臣逞矣，便佞之臣奮矣。便辟之臣進，❷衣冠皆逢迎也；善柔之臣進，俯仰皆媚悦也；便佞之臣進，語言皆捷給也。如此而欲臣下各思革正積弊，勿徇佞

❶「非」，原脱，今據《四庫全書》本、《胡澹庵先生文集》補。

❷「便辟」至「捷給也」三十三字，原脱，今據《胡澹庵先生文集》補。

私，是猶植曲木而望其影之直也，不亦難乎？自古聽言納諫莫如堯、舜，惡直醜正莫如桀、紂。堯、舜闢四門，明四目，達四聰，雖有共、鯀不能塞也。桀、紂醢諫臣梅伯，剖直臣比干，雖有關龍逢三人不能救也。秦二世以趙高爲腹心，劉、項横行而不得聞；漢成帝殺王章，王氏移鼎而不得聞；靈帝殺陳蕃，天下横潰而不得聞；梁武信朱异，賊臣斬闔而不得聞；隋煬帝信虞世基，李密稱帝而不得聞；唐明皇逐張九齡，安、史胎禍而不得聞。陛下自即位以來，號召逐客，時與臣同召者，張燾、辛次膺、王大寶、王十朋。今燾已去矣，次膺去矣，十朋去矣，大寶行又將去，惟臣在爾。今臣復以瞽言妄發，是臣又將去也。人臣上書不激切，不能起人主意，激切即近訕謗。昔辛甲七十五諫，劉安世論胡宗愈至二十四章，諫者不饜其瀆，而聽者不饜其煩。今言一出而亟還，疏朝奏而夕罷，言者不得盡其意，聞者莫不駭其還。張震、王十朋之去，朝士莫不扼腕結舌，以言爲諱，而欲塞灾異之源，稱寅畏之意，臣知其必不能也。臣願陛下熟觀《春秋》之旨，亟改前日之弊，推誠務實以應天可也。

臣伏讀聖訓，曰：「劄與侍從、臺諫、兩省官照會，仍依今月十二日已降指揮，各條具時政闕失聞奏。」臣終有以見陛下至誠憂灾，思聞時政闕失而惕厲以自改也。臣聞之《詩》曰：「衮職有闕，惟仲山甫補之。」傳曰：「命百官官箴王闕。」夫古之聖帝明王，衮職不云無闕而欲補其闕，王政不云無闕而欲箴其闕。大哉言虖，此亦陛下欲聞闕失之意也。臣終請以《春秋》明之。謹案魯莊三十年九月庚午朔，日有食之。明年三築臺，聖人書以惡之，謂其不畏天戒而勞民也。今天變屢見，而土木之役踵相躡，怨讟嗷嗷，口衆我寡，臺諫不敢指陳，侍從不敢睥睨，陛下處蜵蜎蠖濩之中，必不能盡知也。陛下天資仁儉，寧肯知而不戒耶？臣又聞道路之言，諸軍陰遣悍卒，白晝於市井捉人，手執竹筵以度人長短，有及則者即三數卒擁入軍中，謂之拖軍。怨憤之聲，所不忍聞，村民相戒，不敢入市。輦轂之下，有此寃抑，況千萬里之外乎？臣又聞陛下即位之初，大赦天下，文臣自承務郎以上各轉一官，斯言一傳，天下鼓舞。今乃以一人之言，格二百員朝請大夫轉行之命。夫議赦之日，知其太濫，削之可也，勿許轉行可也。大赦既行，始以爲濫而格之，失大信於天下，復有大於此者乎？傳曰：「主聖臣直。」《語》曰：「邦有道，危言危行；邦無道，危行言遜。」夫非主之聖則臣不容直，非邦有道則言不敢危，惟陛下上法堯、舜，留神財擇。

乾道間，銓以災異應詔上奏曰：

臣聞主聖臣直，非主聖則臣何敢直？邦有道，危言危行，非邦有道則言安敢危？臣八月一日伏准省劄，七月三十日三省同奉聖旨：「政事不修，災異數見，江、浙水澇，有害秋成。朕自八月一日避殿減膳，思所以應天之實。可令侍從、臺諫、卿監、郎官、館職疏陳闕失及當今急務，毋有所隱。」臣伏讀聖訓，見陛下畏天憂民，聞過思治之切也。夫謂「政事不修，災異數見」，是畏天之切也。謂「江、浙水澇，有害秋成」。是憂民之切也。令臣等疏陳闕失，是聞過之切也。又及當今急務，是思治之切也。臣幸蒙大問，敢不上體陛下懇惻之意而索言之。

臣聞《春秋》書雨、雪、水、火皆謂之大，何也？ 雨、雪常也，以大然後爲害；水、火常也，以大然後爲災。 今江、浙水潦，遠及襄、漢，與《春秋》大水何異？ 推原厥咎，豈無所自哉？ 臣嘗攷漢董仲舒、劉向、鮑宣、谷永之疏，皆歸於宦官、女寵、小人、夷狄之盛。 此四者，在廷之士類能言之，臣不暇遠引，以瀆天聽。 然聖明在上，必無此等，借曰有之，安得不致陰沴？ 臣願陛下監鍾離意之奏，如商湯之自責；覽仍叔之語，如周宣之側身以恭禦厥罰可也。 謹案《食貨志》，禹有九年之水而國無捐瘠，《墨子·七患》亦云「禹有七年之水而民不凍飢」，何也？ 備先具也。 今數路水潦，曾不逾時而穀已翔踊，民已流殍，國之無備甚矣！ 臣願亟詔遭水州軍多方賑卹，使民被實惠，無至流移，亦救災憂民之先務也。

臣聞「衮職有闕，惟仲山甫補之」，說《詩》者謂「衮」指君也。 君職有闕，仲山甫能彌縫而補之，則補君職之闕者大臣之事。 今陛下不以責大臣，而令臣等疏陳闕失，是欲聞過之切也。 臣嘗學《詩》，至《小雅·六月》論闕詳矣，其大略云《小雅》盡廢，則四夷交侵。 臣每讀至此，未嘗不掩卷太息也。 臣願陛下監《鹿鳴》和樂之缺而待遇臣下盡誠，監《四牡》君臣之缺而進退大臣以禮，監《皇華》忠信之缺而遴擇虜使，監《常棣》兄弟之缺而敦睦大倫，監《伐木》朋友之缺而肇修人紀，監《天保》福禄之缺而寅畏天命，監《采薇》征伐之缺而精選將帥，監《出車》功力之缺而愛惜名器，監《杕杜》師衆之缺而總覈軍實，監《魚麗》法度之缺而謹守成憲，監《南陔》孝友之缺而訓厲風俗，監《白華》廉耻之缺而旌表孝廉，監《華黍》蓄積之缺而損節浮靡。陛下所謂缺失者，尚有大於此者乎？

當今急務，莫急於備邊。北有醜虜之患，西有川蜀之慮。醜虜之患，宜詔兩淮宣諭嚴爲守備，如趙充國圖先零之策。川蜀之慮，宜擇大臣有威望、素爲吴璘信服者以迮之。臣聞道路之言，皆謂今之大臣有威望、素爲吴璘信服者，無出張浚，宜起浚帥長沙，或鎮荆襄，以遥制川蜀。臣聞沈介前在成都爲吴璘靳侮，五十四州之人岌岌然，有是乎？借曰有之，陛下亦安得高枕而卧也。臣竊聞虜人恐喝我，求索無厭，臣謂今日和議有可爲痛哭者十，臣請爲陛下極言之。

今日之患，兵費太廣，養兵之外，又增歲幣，民力益屈，何以堪之，可爲痛哭者一也。

海、泗、唐、鄧之人不下數十百萬，一旦與之，是陛下無故驅數十百萬生靈，置之死地，可爲痛哭者二也。

海、泗，今日之藩籬、咽喉也。彼得海、泗，且決吾藩籬以瞰吾室，絶吾咽喉以制吾命，則兩淮決不可保。兩淮不保，則大江決不可守。大江不守，則江、浙決不可安，可爲痛哭者三也。

中原謳吟思歸之人，日夜引領陛下拯溺救焚，如赤子之望慈父母也。一與虜和，則中原絶望，後悔無及，可爲痛哭者四也。

自頃秦檜用事，力主和議，生民膏血竭於虜廷之供億，朝廷威勢屈於犬羊之詭謀，民愁盗起，齊述一變，殺數萬人，郡國二十四同時大水。今和議雖未必成，民皆曰：「又將竭吾膏血，瘠中國以肥虜矣。」歸正人嗷嗷然曰：「又將如秦檜時執我北還，以賫虜人之鈇鑕矣。」兩淮之人嗷嗷然曰：「又將如前日疲於虜，使之往來而奔命不暇矣。」可爲痛哭者五也。

秦檜力排不附和議之士九十餘人，賢士大夫、國之元老相踵引去。檜末年遣張常先、汪尹錫網羅張浚、胡寅等三十七人，欲竄海島，賴上天悔禍，檜即隕命，而三十七人者幸脱虎口。然趙鼎、王庶、李光、鄭剛中、曾開、李彌遜、常同、魏矼、高登、吴元美、楊煇、吴師古等，或死嶺海，或死罪籍，冤憤之氣徹天。今日和議萬一或成，則不附時議之士復蹈前日之禍必矣。此可爲痛哭者六也。

紹興戊午，和議既成，檜建遣路允迪等二三大臣往南京等州交割歸地，一旦叛盟，刼執允迪等，遂下親征之詔，虜復請和。其反復如此，檜猶不悟，卒有逆亮之變，驚動輦轂，行朝居民一空。覆轍不遠，陛下不戒，臣恐後車又將覆也。此可爲痛哭者七也。

頃者虜人移書盡取歸正之人，檜一切還之。如江西程師回、趙良嗣等聚族數百人，幾至謀變。今虜必復如前日盡索歸正人，與之則必反側生變，不與則虜決不肯但已。夫反側生變則蕭牆之禍深，虜決不肯但已，則必別啓釁端，卒有逆亮之謀，陛下何以待之？此可爲痛哭者八也。

自檜當國二十年，空竭國力，海内乾耗，迄今府庫無旬月之儲。自此復和，蠹國害民，殆有甚焉者矣。此可爲痛哭者九也。

真宗皇帝時，宰相李文靖公沆，賢相也，嘗謂王旦云：「我死，公必爲相，切勿與北虜講和。吾聞出則無敵國外患，如是者國常亡。若與虜和，中國自此必多事矣。」旦殊不以爲然，既而遂和，十餘年間，祥瑞、天書、土木之役不息，東封西祀，海内乾耗，旦始悔不用李文靖之言。夫祖宗全盛之時，尚以和議爲不可，況今日國勢委靡如此，而復唱此議，使上下解體，士氣惰怯，溺於懷安之酖毒。國之老成，如張浚、張闡、王大寶、王十朋、金安節、黄中、陳良翰相躡黜逐，《詩》云：「雖無老成人，尚有典刑。」韓愈云：「言老成人重於典刑也。」是可輕乎？此可爲痛哭者十也。

陛下乾剛獨斷，如太祖皇帝，臣願堅守和不可成之詔，力行其志，自彊不息，則醜虜何足患哉！天變、水灾亦當消縮，不勞聖慮矣。臣又聞真宗皇帝咸平元年正月甲申，彗出營室北，避殿減膳，彗十有四日而滅。夫真宗皇帝所以致彗滅之速，其應天之實，蓋在於心之精微，而不止於避殿減膳而已也。陛下聖訓謂「避殿減膳，思所以應天之實」，臣願以咸平應天之實，事事而思之，懇懇而行之，則民心悦而天意解矣。

洪适以水灾應詔上奏曰：

臣聞灾變之發，率多緣類而起，漢儒一一牽合，則有附會不經之失。然理之當者，亦不可因噎廢食而曲爲之説。臣謹按《漢書·五行傳》云：「陰氣勝，故其罰常雨，水傷百穀，姦軌並作。」魯莊公十一年秋，大水。董仲舒以爲魯、宋比年爲乘丘、鄑之戰，百姓愁怨，陰氣盛，故二國俱水。厥後水灾皆歸之軍興民怨所致。國家自數載以來，兵民死于戎事，肝腦塗地者不鮮，父母妻子啼號之聲未絶也。陛下有兼愛南北之心，而獷狄變詐，干戈未可得而戢。今水不潤下，江湖逆溢，田疇溝澮與河渠連而爲一，已秀之禾不得而穫，下民噭噭，未有生意，官無積藏，安得人人而飽之？霖潦彌月，勢猶未已，陰氣可謂盛矣。陛下畏天愛民，至誠惻怛，明詔廷臣，使之盡言，堯、舜之用心也。臣愚以謂陰勝陽之沴，夷狄闖于外，姦軌蟄于内也。今外之所以待夷狄者，朝廷有潛算，小臣不敢輕議，而區區愚慮，竊恐季孫之憂不在顓臾。臣入對之始及輪進故事，皆以歸正人爲憂。繼因晚召，亦嘗奏陳，仰勤天問矣。數旬以來，漸已萌芽，臣幸因奉詔，敢復詳言。

向之爲美談者，皆曰中原遺黎望王師之來，則簞食壺漿，願削左衽，所以襁負而至，又其思慕聖德之切者。臣在江、淮之間二年，所聞殊異於是。蓋山東仍年旱蝗，耕者無所得食，故扶老携幼，南來偷生。又聞趙王世隆之徒聚衆攻剽，彼國指名蹤捕，亦以荒歲，故牽連親戚，相率來歸。其意蓋欲王師恢復，因得乘勢横行，逞其所欲，上可以得官爵，次可以得金帛，子女不失，歸其故鄉。既來之後，大失素望，更相嘆恨，而將帥所部又役使罵辱，無以得其歡心。去夏賈和仲以督府之令，驅其孥累數萬口冒暑而來，絶海遇風，已葬魚腹，而婦人老穉數百同舟，蒸鬱相摶，疾病枕籍，死者不暇瘞埋。既抵所屯，雖計口給粟，不能充飢，愁怨之氣，上干陰陽之和，實在於此。初到京口，則掘山中草根以代蔬茹。數月之後，三五成群，掇拾棄菜敗薑于市廛之間，其計無聊，何以久處？此臣目擊耳聞者如此。其人之在山東皆有室廬南畝，生生之具自若也。今父子數口雜于方丈之舍，上雨旁風，無以蔽障，甚者寢處于泥淖之中，以他人視之，不可一朝居也。雖使禽鳥，豈不思歸？欲歸無計，則姦軌之謀不得已而作。今日誅甲，明日誅乙，必草芟獸獮然後已。況邇來北方已有招納之榜，又有訹誘之人，其黨聚於江、浙兩域，散於淮甸諸郡，去帝城不遠，亦復有之，一呼相應，昧未艾也。或曰叛者已治，是大不然，譬之急湍奔流，勢必赴壑。於其中間築土以拒之，終於衝軼横潰而止耳。

臣之管見，以謂其人赳赳可用，大勝江、浙所募，若使人給家足，無飢寒匱乏之患，樂補軍籍之缺，誠爲大利。若其懷土不忘，則宜優其歸費，送以舟楫，使之踰淮而去，則可以窒患於未萌，施恩於不報，怨氣可弭，天災可消。或曰縱之使去，不若遷之別壤以離其黨，是又不然。此輩捐生業、棄墳墓，遠來歸我，亦招誘者誤之。今遷之別壤，居上者誰有仁民之心？官又無以贍之，客居窮處，速其死爾，是無罪而殺之也，可不念哉！當今陰盛之患，在外者猶可隨機而應，在内者莫急於此。蓋浙西非盜賊窟穴，雖流徙困殍，必無弄兵之事。臣私憂過計，伏望聖鑑，曲賜采擇而區處之。至於譏切時政，毛舉小事，言而難行，徒以沽名賣直，則臣所不敢。冒犯天威，臣不勝戰汗。

知湖州王十朋上奏曰：

臣聞聖人以無難而畏，賢君以無灾而懼。國多難而天有灾，此天心仁愛人君，以灾異而警懼之，欲其恐懼修省，舉天下而措之安也。昔堯有九年之水，湯有七年之旱，周宣王外有四夷之交侵，内有太甚之旱魃。天灾國難有若不易支持者，然堯以帝、湯以王、宣王以中興者，豈非天以災難啓之，二三帝王能修德以應之耶？

共惟陛下即位以來，六年于兹矣，躬攬權綱，厲精政事，雖漢宣帝、光武無以加。然天災流行，無歲無有，旱于夏，澇于秋，饑饉薦臻，疾疫繼作。去八月海溢于温，死者以數萬計，今歲川蜀、荆南赤地千里。邇者天作淫雨，害于粢盛，江、浙之間被害尤甚。陛下遇災而懼，遣官分禱，疏決滯獄，減放房緡，詔答大臣，歸過於己，可謂能恐懼修省矣。臣來自遠，不知左右前後論思獻納之臣，亦嘗有以修德之説獻忠于陛下否乎。

《書》曰：「惟德動天，無遠弗届。」《詩》曰：「皇天親有德，享有道。」堯、湯、宣王之所以應天者，蓋在乎是。臣竊謂陛下宜法堯之盡道，湯之自責，宣王之側身修行，早夜孜孜，惕然自念曰：「天道不遠，災異胡爲而來哉？豈吾心有所未正，意有所未誠，欲明明德於天下者有所未至乎？忠直者未用，諂諛者未去，有以害吾之治乎？聚斂之臣未斥，姦贓之吏未除，有以蠹吾之民乎？議法或失之深，用刑或失之過，有以傷吾之仁乎？旨酒之嗜，聲色之邇，毬馬馳騁之娱，有以累吾修身之德乎？」責己以誠，應天以實，而無事乎虚文。孔子曰：「丘之禱久矣。」蓋言出入起居之間罔不欽，顛沛造次之際必於是，不在乎區區禱祈祭祀也。如是，不惟可以弭災難於一時，古先帝王之治効功業當復見於今日。孰謂災異非天所以開陛下耶？臣學識淺陋，惟陛下採擇。

汪應辰論災異劄子曰：

臣伏見去歲冬温無雪，近方立春而震

雹雨雹，不三日間繼以大雪。謹按《春秋》魯隱公九年，周三月癸酉大雨震電，庚辰大雨雪。説者謂雷未可以出，電未可以見，雷電既已出見，則雪不當復降，八日之間再有大變，蓋俶甚也。《春秋》二百四十二年，變異重仍，唯此一事不復再見。況今者當冬温無雪之後，既震雹，又雨雹，又未及三日再有大變，則非特《春秋》所書之比也。《詩》曰「敬天之渝」，又曰「畏天之威」。伏望陛下精思熟慮，諏訪正論，脩省庶事，以盡敬畏之實。臣不勝惓惓。

歷代名臣奏議卷之三百六

本卷劉永强校點

歷代名臣奏議卷之三百七

災祥

宋孝宗淳熙四年，吏部侍郎周必大上奏曰：

臣竊見陰雨已踰兩旬，甚妨收刈。陛下焦心勞思，德音屢下，决遣囚繫，蠲免房緡，申詔有司精加祈禱，而雨意未止，愈勤宸念。臣職在論思，恨無愚者之慮少裨萬一，輒以三事冒昧陳獻。伏聞太祖朝以久雨謂左右曰：「後宮止三百餘人，當更放數十人。」今禁中給使雖少，不知可用太祖故事否？此一事也。近歲員多闕少，到堂及到部官發洩艱滯，不知可詔三省及吏部刷具人數，隨宜措置撥遣否？此二事也。陛下裕民之心甚切，而州縣奉行多有不至，聞浙中諸郡見催積欠頗急，不知可降指揮少寬期限否？其餘更有寬恤事件，望令三省及户部日下條具，取旨施行。此三事也。

臣誠迂陋，然懷不自已，親書奏聞，或有可採，乞賜裁擇，庶幾人心懽悦，指期晴霽。

八年，朱熹上奏曰：

臣竊惟皇帝陛下臨御以來，夙興夜寐，畏天恤民，誠敬寬仁，格于上下，宜其天心克享，民物阜安，而二十年之間，水旱、盜賊略無寧歲。邇者垂象差忒，識者寒心。饑饉連年，民多流殍。陛下側席興嘆，進賢退奸，分命朝臣，振廩出粟，凡所以奉承天意、慰悦人心者，無所不至，又宜若可以少回災沴，召致和平矣。而間者冬氣太温，雷電震激，嗣歲之計，尚有可憂。臣誠愚昧，有不識其所以然者，嘗竊推迹前事以深求之。意者德之崇者有未至於天歟？業之廣者有未及於地歟？政之大者有未舉而其小者無所繫歟？刑之遠者或不當而其近者或幸免歟？君子或有未用而小人或有未去歟？大臣或失其職而賤者或竊其柄歟？直諒之言罕聞而諂諛者衆歟？德義之風未著而污賤者騁歟？貨賂或上流而恩澤不下究歟？責人或已詳而反躬有未至歟？夫必有是數者，然後足以召灾而致異。今以陛下之明聖，則豈有是哉？然而天心未豫，邦本動摇，宸慮雖深，旱氣未究，是則必有説矣。

臣竊不自量，敢冒萬死，伏願陛下聽斷之餘，虚心静慮，試以前數條者反之於身、驗之於事而深自省焉，則淵默之中無微不照，而凡此得失之端，孰有孰無，孰存孰改，皆無所遁其情矣。若猶以爲未也，則願濬發德音，布告中外，反躬引咎，以圖自新。内自臣工，外及甿庶，有能開寤聖心、指陳闕政者，無間疏賤，使咸得以自通。然後差擇近臣之通明正直者一二人，使各引其所知有識敢言之士三數人寓直殿門，凡四方之言有來上者，悉令省閲，舉其盡忠不隱者。日以聞于聰聽，則夫天人之際，譴告所繇，將有粲然畢陳於前者。然後兼總條貫，稱制臨決，畫爲科品，以次施行。使一日之間雲消霧散，堯天舜日廓然清明，則上帝鬼神收還威怒，群黎百姓無不蒙休矣。臣以孤遠受恩過深，圖報無階，抵冒至此，惟陛下寬其斧鑕，留神財幸。

熹提舉浙東常平茶鹽公事，乞修德政以弭天變狀曰：

臣昨爲本路旱傷，祈禱不應，累曾具奏，及申尚書省乞爲敷奏，早作防備。近準省劄，已蒙聖慈特從所請，支錢於明州置場糴米。而又伏覩陛下發自宸衷，特遣中使降香祈禱。臣有以見陛下畏天恤民之心至深至切，不勝感激，願效愚忠。顧恨官有常守，無由瞻望清光，罄竭血誠，庶裨萬一，不勝犬馬螻蟻區區之情。竊謂累年之旱，譴告已深，今日之灾，地分尤廣，非惟官府民間儲備已竭，而大農之積亦已無餘。又當大禮年分，户部催督州縣積年欠負官物，其勢不容少緩。凡所以爲施舍賑恤之恩者，竊恐又必不能如去年之厚。臣竊不勝大懼，以爲此實安危治亂之機，非尋常小小灾傷之比也。爲今之計，獨有斷自聖心，沛然發號，深以側身悔過之誠解謝高穹，又以責躬求言之意敷告下土，然後君臣相戒，痛自省改，以承皇天仁愛之心，庶幾精誠感通，轉禍爲福。其次則唯有盡出内庫之錢，以供大禮之費，爲收糴之本，而詔户部無得催理舊欠，詔諸路漕臣遵依條限，檢放税租，詔宰臣沙汰被灾路分州軍監司、守臣之無狀者，遴選賢能，責以荒政，庶幾猶足以下結民心，消其乘時作亂之意。如其不然，臣恐所當憂者不止於餓殍而在於盜賊，蒙其害者不止於官吏而上及於國家也。臣蒙恩至深，不知死所，敢冒鈇鉞，爲陛下言之。觸犯天威，恭俟夷滅。

十二年，地震，尚書吏部員外郎楊萬里應詔上奏曰：

臣聞言有事於無事之時，不害其爲忠

也；言無事於有事之時，其爲奸也大矣。昔者賈誼陳《治安》之策，有「厝火積薪」之喻，此文帝最盛時也；蘇洵獻《審敵》之策，有「弊船深淵」之喻，此仁宗最盛時也。西漢之文帝，本朝之仁宗，何君也？後世堯、舜之君也。以後世堯、舜之君而二子有「積薪」、「弊船」之喻，何也？臣故曰「言有事於無事之時，不害其爲忠也」。

今則不然，南北和好踰二十年，一旦絶使，虜情不測，而或者曰：「彼有五單于爭立之禍。」又曰：「彼有匈奴困於東胡，復困於柔然之禍。」既而皆不驗，或者曰：「彼將畏我。」或者曰：「彼不敢圖。」使果畏我而不敢圖乎？道塗相傳，繕汴京之城池，開海州之漕渠，又於河南北簽民兵，增驛騎，製馬櫪，籍井泉，又收彼之海舟，入彼之内地，葺而新之，其意甚祕，其禁甚嚴，而吾之間諜不得以入，此何爲者耶？今夫千金之家有巨盜焉，日夜摩厲以圖行刼而奪之貨，爲千金之子者，方且外户不閉，般樂飲酒，處之以坦然。夫有其備而樂之以坦然可也，無其備而處之以坦然，可乎？而説者以爲畏我且不敢圖我也。臣所謂言無事於有事之時者，一也。

或以謂老胡北歸，可以爲中國之賀，臣以爲中國之憂正在此也。何也？昔者逆亮之南侵也，空國而盡鋭於一舉，不知夫此胡乘其虚而奪之國。今此胡之北歸，蓋創於逆亮之空國而南侵也。是胡將欲南之，必固北之。北之者何？或者以身填撫其巢，而以其雛與壻經營其南也。而説者以謂「可以爲中國賀」。臣所謂言無事於有事之時者，二也。

臣竊聞論者或謂：「緩急，淮不可守，

則棄淮而守江。」是不然。有淮所以有江也，淮苟無矣，安得而有江哉！吾果棄淮乎，虜以兵居之。居之而不去，近則通、泰之鹽利爲彼所據，將無以給吾之財用。遠則吴、蜀之形勢爲彼所裂，將無以通吾之脉絡。蓋昔者吴與魏力争而得合肥，然後吴始安。李煜失滁、揚二州，自此南唐始蹙。今曰棄淮而保江，既無淮矣，江可得而保乎？臣所謂言無事於有事之時者，三也。

陛下近日之舉亦可觀矣。如曰舉邊帥，如曰舉都統，其説是也，其意未也。何也？今淮之東西凡十五郡，所謂守帥，不知陛下將使宰相擇之乎，抑將使樞廷擇之乎？使宰相擇之，宰相未必爲樞廷慮也。使樞廷擇之，則除授不自己出也。一則不爲之慮，一則不自己出，緩急敗事，則皆曰非我也，陛下將責之誰乎？至於都統，則令侍從勿以見任，而必曰未顯者，是求他日之將才而非求今日之將才也，舉者得以塞今日之責，受舉者得以逃今日之責，是上下相與爲婾而已。臣所謂言無事於有事之時者，四也。

且南北各有長技，若騎若射，北之長技也；若舟若步，南之長技也。今爲北之計者，尚收其海舟而繕治之，至於南之海舟，則不聞繕治焉。或曰：「吾舟素具也。」或曰：「吾之舟雖未具，而憚於擾也。」自紹興辛巳南北之戰，今幾年矣，當時山東之功、采石之功，不以騎也，不以射也，不以步也，舟焉而已。當時之舟，勝則勝矣，今幾年矣，素具之舟，其可復用乎？且夫斯民一日之擾，與社稷百世之安危，孰輕孰重也？《易》曰：「除戎器，戒不虞。」聖人豈不知其擾哉！夫固有大於擾者也，而曰「素具」，又曰「憚於擾」。臣所謂言無事於有事之時者，五也。

大抵天下之事有緩急。當周公相成王之時，其急在於膺戎狄；當宣王中興之時，其急在於伐玁狁。當今之時，陛下以爲何等時耶？金虜日逼，疆埸日憂，而未聞防金虜者何策，保疆埸者何道，但聞某日修某禮文也，某日進某書史也，是以鄉飲理軍、以干羽解圍也。臣所謂言無事於有事之時者，六也。

臣聞古者人君不能悟之，則天地能悟之。今也國家之事，虜情不測如此，而君臣上下處之如太平無事之時，是人不能悟之矣，故上天見異。相傳異時熒惑犯南斗，邇日鎮星犯端門，熒惑守羽林。臣書生，不曉天文，未敢以爲必然也。至於王春正月，日青無光，若有兩日相摩者，茲不曰大異乎？然天猶恐陛下不信也，至於春日載陽，和氣播物，復有雨雪殺物者，茲不曰大異乎？然天猶恐陛下又不信也，廼五月庚寅，又有戊夜地震者，茲又不曰大異乎？且夫天變在遠，臣子不敢奏也，不信可也；地震在外，州郡不敢聞也，不信可也；今也天變頻仍，地震輦轂，陛下豈得不信乎？信之矣，豈得不懼乎？臣聞匡衡云：「陰變則静者動，陽蔽則明者晻。」曷謂陽？曰君也，德也，中國也，君子也。曷謂陰？曰臣也，兵刑也，夷狄也，女謁、近習也。今也日而無光，春而雪寒，地而動摇，其爲陰之咎徵也昭昭矣。而君臣不聞警懼，朝廷不聞咨訪。人不能悟之，則天地能悟之，臣不知陛下於此悟乎，否乎？臣謹按《國史》，本朝宣和五年十月，京師地震，未幾有粘罕寇汴京之役。紹興三年八月，行在所地震，未幾有金虜寇淮甸之役。宣和遇烖而恬不知懼，我是以有靖康之禍。光堯遭變而詔求直言，❶我是以有韓世忠、劉光世之捷。此近事之驗也，不必遠稽之上古也。今或者謂：「天變不足畏，地震不足畏。」陛下胡不引宣和、紹興之事而觀之乎？臣所謂言無事於有事之時者，七也。

自頻年以來，兩浙最近則先旱，江、淮則又旱，湖廣則又旱。一方有旱，則民之流徙者相續，道殣者相枕。常平之積名存而實亡，入粟之令上行而下不應。靜而無事，尚未知所以振之救之，動而有事，將何仰以爲資耶？昔者漢之伐匈奴，必實塞下之粟；伐先零，必糴湟中之粟。今也倉廩府庫非徒無餘也，且不足也，而或者以爲無足慮。臣所謂言無事於有事之時者，八也。

古者足國裕民，惟食與貨。所謂貨者，今之錢幣是也。今之所謂錢者，富商巨賈、近習閹宦、權貴將相皆盈室以藏之，列屋以居之，積而不洩，滯而不流。至於百姓三軍之用，則惟破楮券爾。一旦緩急，破楮券可用乎？當是之時，萬一如唐涇原之師，因怒糲食蹴而覆之，出不遜語，遂起朱泚之亂，可不爲寒心哉！臣之大憂實在於此。而或者曰「楮券可以富國」。臣所謂言無事於有事之時者，九也。

臣聞善爲備者，備兵不若備糧，備糧不若備人。古者立國，必有可畏，非畏其國也，畏其人也。故苻堅欲圖晉，而王猛以爲不可，謂謝安、桓沖，江左之望，是存晉者二人而已矣。異時名相如趙鼎、張浚，名將如

❶「遭」，原作「知」，今據《誠齋集》卷六二《上壽皇論天變地震書》改。

岳飛、韓世忠，此金虜所憚也。近時劉珙可用則蚤死，張栻可用則沮死，萬一有緩急，不知可以督諸軍者何人，可以當一面者何人，而金人之所素憚者又何人耶？而或者謂：「今日文武之才皆有其人，人之有才，用而後見。」臣聞之《記》曰：「苟有車，必見其式；苟有言，必聞其聲。」今曰有其人，而未聞某人如古之名將，某人如古之名相，是有車而無式，有言而無聲也。且夫用而後見，非臨之以大安危，試之以大勝負，則莫見其用也。平居無以知其人之能否，必待大安危、大勝負而後見焉，見其成事，幸矣，萬一見其敗事，悔何及耶！昔者謝玄之北禦苻堅，而郗超知其必勝；桓温之西伐李勢，而劉惔知其必取。❶蓋玄於履屐之間，無不當其任；温於蒱博，不必得則不爲。二子於平居無事之日，蓋必有以察其小而後信其大也，豈必待用而後見也哉？而今之説者曰：「文武之才皆有其人，人之有才，用而後見。」臣所謂言有事於無事之時者，十也。

願陛下超然遠覽，昭然遠悟。勿矜聖德之崇高，而增其所未能；勿恃中國之生聚，而嚴其所未備；勿以天地之變異爲適然，而法宣王之懼烖；勿以臣下之苦言爲逆耳，而體太宗之導諫；勿以女謁、近習之害政爲細故，而監漢唐季世致亂之由；勿以夷狄仇讎之包藏爲無他，而懲宣政晚年受禍之酷。責大臣以通知邊事軍務如富弼之請，勿以東西二府異其心；委大臣以薦進謀臣良將如蕭何所奇，勿以文武兩途而

❶「取」，原作「敗」，今據《誠齋集》、《宋史·楊萬里傳》改。《四庫全書》本作「克」。

殊其轍。勿使賂宦者而得旄節如唐大曆之弊，勿使貨近幸而得招討如梁段凝之敗。以重蜀之心而重荆、襄，使東西形勢之相接；以保江之心而保兩淮，使表裏唇齒之相依。勿以海道爲無虞，勿以大江爲可恃，增屯聚糧，治艦扼險。君臣之所咨訪，朝夕之所講求，姑置不急之務，專精備敵之策。平居無事，常若敵至，庶幾上可消於天變，下不墮於戎心。《詩》云：「迨天之未陰雨，徹彼桑土，綢繆牖户。」若曰陰雨既至而後徹桑土，則伊尹、周公、孫武、穰苴亦不能爲矣。雖然，天下之事有本根，有枝葉。如臣前之所陳者，皆枝葉而已。所謂本根，臣請誦之。

臣嘗讀《三國志》，見杜恕上疏於魏明帝，臣以爲深有當於人心者。如曰：「陛下憂勞萬機，或親燈火，而庶事不康。」又曰：「今朝臣不自以爲不能，以陛下爲不任也；不自以爲不知，以陛下爲不問也。」又曰：「每有軍事，詔書常曰：『誰當憂此者耶？吾當自憂爾。』」又曰：「知其不盡力也，而代之憂其職；知其不能也，而教之治其事。」恕之意，蓋謂人主不可以自用，而人臣之不忠者幸於人主之自用；人臣不可以不任責，而人臣之無能者患於己之任責。細故小物而人主自用，人臣不任責，若未害也。至於軍事，而猶曰「誰當憂此，吾當自憂」，今日之事，將無類此？臣聞之《易》曰：「乾爲君。」乾之道，何道也？代有終者，坤也。行水火山澤雷風之用者，六子也。乾何爲哉？君道亦然。故孔子曰：「天何言哉？四時行焉，百物生焉。」自堯、舜至於文、武，罔不行此道；自六經至於《語》、《孟》，罔不講此言。惟漢之晁錯以爲不然爾，其説曰：「人主不可以不知術數。」夫以孝景恭儉之資，去成、康不能以寸，然德減於孝文，變生於七國，錯實誤之也。陛下之聖，舍己如舜，從諫如湯，毋我如孔子，無可無不可如漢高帝，而太平未致，中興未開，夷狄寇讎若未有以備之者，得無有如晁錯者惑聖聽而誤聖心者乎？傳曰：「木、水有本、源。」陛下聖學高明，惟思其所以本源者。臣昧死上愚言，惟陛下裁擇。

萬里又因旱上疏曰：

臣伏覩三省同奉聖旨：「政事不修，旱暵爲虐，可令侍從、臺諫、兩省、卿監、郎官、館職疏陳闕失及當今急務，無有所隱。」

臣仰惟聖主在上，德政溥博，和氣昭格，頻年告豐。乃五月以來，上天不雨，聖心焦然，不遑朝夕，親御法駕，禱于群望，至惻怛也。而亢陽爲戾，時雨未應。誕布明詔，疇咨在廷。臣職在宰掾，列在卿監，無以報國，惟有盡言。然臣久不聞聖世求言之詔，而驟當聖主下詢之勤，竊喜憂民之意足以轉灾而爲祥，又竊歎求言之詔無乃似遲而猶隘也。旱及兩月，然後求言，不曰遲乎？上自侍從，下止館職，不曰隘乎？臣請爲陛下歷言致旱之由，然後精講備旱之策。

臣聞天地之氣與人之氣貫通而爲一者也。是氣也，常通而不隔，則爲豐穰，爲治安；一有隔而不通，則爲水旱，爲危亂。今歲之所以旱者，何也？是必有隔而不通者也。《易》曰：「天道下濟而光明，地道卑而上行。」記曰：「天氣下降，地氣上騰。」皆言天地之氣相爲升降，然後相爲貫通也。今也陽亢於上而不下濟，陰伏於下而不上行，是必有戾氣隔於其間也。然則孰爲戾氣？斯民歎息之聲，此至微也，而足以聞于皇天；斯民愁恨之念，此至隱也，而足以達于上帝。此戾氣之所從生，而天地之氣所從隔也。愛民如陛下，憂民如陛下，而安得愁恨歎息之事哉？蓋上澤不下流，下情不上通而已矣。何謂上澤之不下流？上有薄賦斂之君，而民不受其實惠；❶上有省刑罰之君，而民不被其深仁。此臣所謂上澤之不下流也。何謂下情之不上通？陛下之耳目，內寄之於臺諫，而臺諫之情有所不盡達；外寄之於監司，而監司之情有所不盡聞。此臣所謂下情之不上通也。

臣請先言民不受實惠之説。陛下之於民，田租之課所蠲者不知其幾，酒税之課所蠲者不知其幾，茶鹽之課所蠲者不知其幾，可謂上有薄賦斂之君矣。然民之不受其實惠者，何也？下之人有以隔之也。陛下蠲之，版曹督之，監司督之，州縣督之，則是蠲之者言也，督之者意也，蠲之者名也，督之者實也。言不掩意，實不蓋名，是罔民也。或曰：「此經常之費也，不可得而蠲也。」若曰經常之費不可得而蠲乎，真宗之世嘗因蠲民之賦，而出內藏之錢以賜三司以代所蠲矣，大臣何不舉此故事以聞於陛下也？或曰：「人主愛民，人臣愛官，故蠲之者未幾，而督之者愈峻也。」且陛下之愛民，令之則必行，禁之則必止，人臣安得以愛官之故而隔陛下及民之惠也？或曰：「沈復之爲秀州，蓋嘗以獻羨餘而進，自此而得樞密矣。錢良臣之爲總領，蓋嘗以巧聚斂而進，

❶「受其」至「而民不」十四字，原脱，今據《誠齋集》卷六二《旱暵應詔上疏》補。

自此而至參政矣。上之人設大官以誘之，故下之聚斂者奔而趨之。」臣竊以爲不然。陛下之用二臣，或以其寸長，或以其一能也，豈以其獻羨餘、巧聚斂而用之哉！雖然，《詩》不云乎：「人之多言，亦可畏也。」願陛下謹其用人之端，而勿啓其愛官之源，庶乎斯民蒙陛下之實惠也。臣故曰「上有薄賦斂之君，而下不受其實惠」者，此也。

臣請次言民不被深仁之説。陛下邇者御殿慮囚，多從末減，非不欽恤；又推之於京畿輔郡，罔不末減，非不欽恤；又推之於天下郡縣，罔不末減，❶非不欽恤，可謂上有省刑罰之君矣。然民之不被其深仁者，何也？或曰：「京畿縣令之獄，非有訟也，邏者興之也。左帑監官之獄，亦非有訟也，邏者興之也。淮商鄭雱之獄，亦非有訟也，中人興之也。」且夫京畿縣令之罪，信有罪矣，恕之不可也。左帑監臨之官，信有罪矣，恕之不可也。然下無吏民之訟，上無官長之劾，而邏者興之則不可也。天下之事惟公可以服人，惟正可以治人，所謂邏者，豈盡公正乎哉！周之監謗，秦之偶語，其端甚微，其禍甚大，皆此曹爲之也，宜其人之不服也。至於鄭雱之獄，其有罪無罪，臣不得而知也。但聞其發於中人鄧璉之請，人已不服矣。幸而陛下付之於淮西之監司，方有開者鞫之，果以無罪告。陛下赫然震怒，貶鄧璉之秩，此齊威王烹左右者之舉也，人已大服矣。今又有貴戚近習曰：「鄭興裔者爲淮西之帥，再欲實鄭雱之罪，以快中人之憤，以結中人之援，詔下再鞫，中外凜凜也。」邇日復聞鄭雱者詣登聞而乞付廷尉

❶「末減非不」四字，原脱，今據《誠齋集》補。

矣，此蓋恃陛下之明，而自歸於君父。然今之所謂廷尉者，其如張釋之乎？其如徐有功乎？其能不諂附中人而昭洗無罪乎？中外凛凛也。漢黨錮之獄，唐甘露之禍，皆此曹爲之也，可不杜其漸乎？臣故曰「上有省刑罰之君，而下不被其深仁」者，此也。

臣請復言臺諫之情有不盡達之說。臣竊見臺臣蔣繼周言及軍中鞭死二婦之事，其一軍婦也，其一民婦也。既而又聞繼周以言事失實求罷所職。使其果以軍婦爲民婦，是失實也，然臺諫言事，許以風聞，此祖宗之法，所以防姦雄隱伏不測之變也。既曰「風聞」，則豈能事事盡實也哉！今也以言一事失實而遽罷臺職，萬一他日有意外不測之姦，欲言則無其迹，不言則養其患，而臺諫之臣懲於失實之罪，是豈可不爲寒心哉！且言一軍婦而失實，其罪微矣，未至於罷職也。罪不至於罷職而遽罷之，中外相顧，或曰繼周以觸天威而罷也，或曰繼周以言近習而罷也，或曰繼周以擊權貴而罷也。是三説者，初無是事也，而天下不可以户曉也。無是事而有是説，皆非所以章陛下之聖德而適以損聖德，非所以重天朝之國體而適以傷國體，陛下受其名，繼周受其榮也。繼周受其榮，亦繼周受其屈也，陛下豈得而知之乎？臣故曰「臺臣爲陛下之耳目，而臺臣之情有不盡達」者，此也。

臣請復言監司之情有不盡聞之説。臣竊見浙東監司朱熹以言台州守臣唐仲友而畀祠禄，至今六年，朝廷藐然不省，亦廢然不用，天下屈之。或曰：「熹之經學，上祖孔、孟，下師程顥、程頤，舉而用之，必有可觀。」臣未論也。或曰：「熹之才器，大用之則應變，小用之則撥煩。置之散地，深有可惜。」臣亦未論也。臣獨怪熹以監司而劾郡守，郡守廢而不用，監司亦廢而不用。以郡守爲是乎，猶當伸監司以養其直也，不當廢監司也。以監司爲是乎，則當廢郡守矣。今也熹與仲友兩廢而兩不用，臣不知此爲賞耶，爲罰耶？使仲友而無罪，仲友何不請詣廷尉以辨之？使熹而舉按之不實，朝廷何不聲熹之罪以罰之，何直爲此憒憒也？况於細民之冤而求白乎？臣故曰「監司爲陛下之耳目，而監司之情有不盡聞」者，此也。

由前之二説而推之，則上澤之不下流者非一端。由後之二説而推之，則下情之不上通者非一事。亦姑舉臣之所知者而已，抑又有可言者。臣聞能節用而後能愛人，能不傷財而後能不害民。故韓昭侯愛一敝袴以待有功，非愛弊袴也，一絲一縷皆自寒女出也。小民絲粟十百之逋，官捕而笞之縶之，鞭血流地，陛下不得而見也，號呼徹天，陛下不得而聞也。然則財之在官者，豈可妄用哉！如往歲之雪寒，如邇日之火災，陛下皆發帑廩以賜軍民，誰不悦服者？至於史浩之賜金至以千計焉，夏侯恪之賜錢以買宅至以萬計焉，塗之人皆曰「此民之膏血也」，是二人者何功而得此也？弱者嫉焉，强者憤焉，此亦召戾氣之一端也。

臣聞聖人擇狂夫之言。且狂夫者，喪心無知之人也，其言果何足取？而聖人擇焉者，將以來天下之嘉言也。側聞講筵讀《貞觀政要》，至於太宗之導諫而悦從，陛下慕焉；讀《陸贄奏議》，至於德宗恥屈於正論，陛下譏焉。人誰不恃陛下之好諫而争爲狂言者？然自近年以來，如賈偉以妄言兵將而貶，自此，外之小臣相戒而不敢言事矣；許知新以妄引指揮而黜，自此，内之群臣相戒而不敢言事矣。是二事者，必不出於陛下之意也，而中外大惑也，此亦召戾氣之一端也。

雖然，臣前所言者，皆非其大者也。臣聞《洪範》之五事，其一曰「貌」、曰「恭」，又曰「恭作肅」，又曰「肅時雨若」。蓋恭、肅者，謙而不自盈、卑而不自高之謂也，即《易》之「天道下濟」、記之「天氣下降」之理也。是以爲時雨之證。故堯之聖不過於允恭，舜之聖不過於温恭。商之中宗享國五十九年，而猶嚴恭以自度；衛之武公享壽百年，而猶作《抑》之詩以自儆，皆「肅時雨若」之理也。陛下有睿聖不世之資，無聲色盤游之過，而又春秋寖高，享國愈久，閲天下之義理愈多，威德外洽而無疆埸之虞，政教内修而有屢豐之應。是以大臣仰其清光而莫望，敢於將順而不敢於正救；臺諫知其無過之可指，事於悟言而無事於拂辭。是陛下有堯、舜舍己從人之聖，而群臣無禹、臯予違汝弼之忠。臣恐陛下忽心之易生，而驕心之易至也，何以望「肅時雨若」之速應哉！今日之旱，天意或者以是儆陛下之心而進陛下之德乎？成湯遇旱而禱，不在於以身爲犧，而在於六事自責之一語。宣王遇旱而懼，不在於靡神不舉，而在於側身修行之一事。臣之此言，聞者以爲甚迂，而知之者以爲甚大也。惟陛下毋忽，惟陛下毋忽！

至於備旱之急務，則臣復有四説焉：曰寬州縣，曰核積藏，曰信勸分之賞，曰賞捄荒之官。所謂寬州縣者，非寬州縣也，所以寬吾民也。朝廷近時有拘催之官者，是代版曹而行督責之政也，此已失朝廷之體矣。古者錢穀之問不至廟堂，而陳平亦曰：「陛下問錢穀，當責治粟内史。」蓋古之治粟内史即今之版曹也。版曹有司也，有司峻急則朝廷或解而寬之，朝廷所以統有司也。有司急矣，朝廷復自急焉，何以解有司之急哉？是上下俱行急政也，民何堪焉！况當旱歲而督逋益急，州縣將何出哉？出於旱荒之民而已。臣謂版曹逋欠之多如湖、秀之類，因此大旱而蠲之以非常之恩，可乎？拘催所逋欠之數，皆有名無實，無可催理之物，亦因此大旱而蠲之以非常之恩，可乎？所謂核積藏者，常平之粟是也。今天下常平之粟不許他用，其法至重也。然有至重之法而無不用之實，何也？州縣窮空，軍人待哺，不幸而省倉無粟，則不得不支常平之粟矣，故常平之粟往往徒有其數耳。今核之者，核其盈虚多寡，而朝廷預爲來歲救荒之備，❶不至於臨時而無所錯手足也。所謂信勸分之賞者，朝廷非無賞格也，常患於不信而已。如淳熙十一年吉州之旱，守臣趙師擇設賞以募富民，有鍾其姓者出粟萬石以輸之官，州聞之朝廷，至今無一級之爵。今江西又告旱矣，來歲富民之粟肯從官司之勸分乎？此可慮也。所謂賞捄荒之官者，如乾道江西之旱，賞小官者四人；如淳熙浙西之旱，併賞常平使者，擢而登朝之類是也。是四説者，陛下皆嘗行之矣，而臣重及之者，所以望陛下之力行也。雖然，備旱之四説抑末矣，請修其本。

臣一介小臣，蒙陛下不鄙夷其愚陋而垂請問焉。臣空臆盡言，不知忌諱，席槀私

❶「備」，原作「弊」，今據《誠齋集》改。

室，以待天誅。

校書郎兼國史院編修官羅點以天旱應詔上言曰：

今時姦諛日甚，議論凡陋。無所可否則曰得體，與世浮沉則曰有量，衆皆默、己獨言則曰沽名，衆皆濁、己獨清則曰立異。此風不革，陛下雖欲大有爲於天下，未見其可也。自旱暵爲虐，陛下禱群祠，赦有罪，曾不足以感動。及朝求讜言，夕得甘雨，天心所示，昭然不誣。獨不知陛下之求言，果欲用之否乎？如欲用之，則願以所上封事，反覆詳熟，當者審而後行，疑者咨而後決，如此則治象日著而亂萌自消矣。

孝宗時，虞允文奏西蜀草木之妖措置水旱盜賊之備疏曰：

臣竊惟陛下四聰之聽，無遠不達，四方之憂，雖微不置，盛德昭升，至誠默感，固足以易妖而爲祥，革咎而致休矣。豈獨全蜀之幸，天下之幸矣。

臣照得今年二月間，成都府旁近一帶有李實如菜瓜者，桃實如豆莢者，杏株發葉如紫莧者，棗株拆花如牡丹狀者，皆木之孽也。或以爲應在盜賊及大水，蓋未幾而邛、蜀盜作，延及旁郡，比來嘉、眉、瀘、敘果有水菑事，既小應而亟定。但春中彭、漢、懷安三郡雨雹異常，禾稼有傷。雖即已依條檢放，而今日之所當急者，諸郡倉庾多虛，未有備菑之儲。臣先日具奏，乞制置司度牒，已分給彭、漢、石泉等州。比又奏乞成都府路經總制司年額外餘剩錢，欲於邛、蜀等州並行措置和糴。又下諸郡以常平司錢隨多寡之數糴義倉米，以爲一旦水旱不可猝辦之用。而夏中積雨，成都路往往漂壞隄堰，臣之寸心日夜不勝皇皇。今仰憑陛下格天之德，雨暘順序，秋田當大熟，儲積之計可遂，而蜀憂寬矣。其次當略修兵備，日者臣與晁公武共議，輒差一提舉官鄧安國前去成都府，拘收本路係將不係人再行揀汰，團結隊伍，依大軍格法教習武藝，臣亦已應副衣甲之類。使聲勢稍張，則盜賊自息，人心亦安也。

自古天菑流行，治世有所不免，而盜賊之禍不作於有備之國。臣之愚慮所以急急於此。至於積逋虛額之害，明知不可徵取而存之於案籍，適所以長吏奸者，亦已令總領所逐一開具，今別劄繳進，乞自睿斷施行。所有苛目之當損，宿弊之當去，凡爲民蠹者，見不任講求，須先經理餘財，使有實効，乃敢議及寬減，以副陛下軫念遠方之意。若守令不虔，棄法害民，如邛州首亂之地，臣已即按劾，亦已蒙聖斷施行。繼今有貪惡不悛之吏，臣敢不仰遵睿訓，次第以聞？伏乞睿照。

知長沙王師愈上奏曰：

臣聞天人之際，本無二致，究觀人事則天意可卜。辛巳之冬，逆亮敗盟，大舉入寇，自謂談笑可以渡江。未幾而天怒人怨，變生肘腋，竟自斃隕。明年陛下誕膺景命，嗣有丕圖，因知辛巳之役，天所以眷顧陛下，光啓中興，延我宋萬世無疆之休，蓋昭昭矣。而臣竊有疑者。伏自陛下即位以來，灾異之作無歲無之，始則飛蝗蔽天，灾見於昆蟲，可謂微矣。次則虜人復敗盟，淮上流血，灾生於夷狄，亦云遠矣。既而連年輔郡大水大火，旱暵疾疫，死徙者不知其幾，其爲災異也，駸駸乎大且近矣。又其甚者，雷震於郊祀之旦，禍及於骨肉之親，益可懼矣。

竊惟陛下修己任德，未嘗少懈，何上天眷顧於前而災異薦臻於後，或者以謂應天之實，恐有所未盡善耳。不然，何爲而若是也？昔商高宗因升鼎之雉，周宣王遭旱魃之虐，皆能側身修省，爲商、周中興之賢君。以是知災異者，乃天心仁愛人君之深，亦人君恐懼致福之本也。陛下天縱聰明，遠過高宗、宣王，誠能鑑其弭災之由，盡其應天之實，則商、周中興之功不患難致也。

衛涇上奏曰：

臣觀董仲舒告漢武帝曰：「天人相與之際，甚可畏也。」又曰：「國家將有失道之敗，迺先出災害以譴告之，又出怪異以警懼之。尚不知變，而傷敗迺至。以此見天心之仁愛人君而欲止其亂也。」是知天人之際，其應若響，災異之變，良不虛發。自昔帝王未嘗無災異，惟睹變思懼，則災變自弭，轉禍爲福。未聞安於時數之適然，而不思所以應天者也。

仰惟陛下嚴恭寅畏，恪謹天戒，二十六年之間，兢業之誠有同一日。人君患不勤儉，陛下宵衣旰食，菲飲惡衣，勤儉根於天性。人君患不慈恕，陛下勤恤民隱，謙恭接下，慈恕本於至誠。宮室苑囿無所增崇，狗馬珍奇無所玩好，游心典籍，探賾道原，凡君德之所宜有者，陛下兼而全之矣。每遇災眚，側身修行，惟恐不至。陛下畏天之誠，真得聖人之用心矣。

竊見五月以來，恒暘爲沴，田苗就槁，川澤多枯。旱暵之災，所及浸廣。既踰秋序，膏澤尚屯。寬惠屢施，禱祠幾遍，而旱氣盤結，卒未盪除。雲油然而復收，雨將降而輒止。陛下焦勞於上，百姓嗷嗷於下，群臣左右相顧駭愕，莫知所爲。道路傳聞，或云諸郡間亦得雨，而畿甸之内獨爾愆期，此尤足以見天心愛君之仁，正陛下恐懼修省之日也。借曰君德全盡，無有闕遺，陛下亦安可以是自喜也。

成湯至聖也，政之不節，使人之疾，苞苴之行，讒夫之昌，女謁之盛，宮室之營，宜皆所無有也。而桑林之禱必舉此六事以自責，蓋聖人畏天之深，爲民之切，躬自貶損，寧過乎厚，出於此心之誠，非有所勉强不得已而然也。況夫庶事之間，容有未正，上澤壅格而不得下究，下情抑鬱而不能上通，天意人心不甚相遠，以人求天，上下不交，則爲否矣。變異之見，非爲此乎？頃者都城喧傳，謂陛下内出詔音，求言自輔，人人踴躍，莫不思奮。側聽旬日，始命都省降旨言事，而責躬之詔尚遲回而未下。陛下豈以是爲虚文，而所以應天者不在此耶？如近日避殿減膳徹樂，奏告天地宗廟社稷，臣知陛下將次第而舉行之矣。

臣竊惟仁宗皇帝在位四十二年，丕烈懿範，未易殫敘。求其所以致治之盛，莫若盡敬天之誠。信史昭垂，爛然可覩。慶曆四年旱，謂輔臣曰：「方歲旱而飛蝗滋甚，百姓何罪？默禱上帝，願移灾於朕躬。」七年，以久不雨，避殿減膳，下詔責躬，求直言，戒勵百官，罷免輔臣，以答天戒。仁祖敬天爲民如此其切，何灾不弭，何福不臻？太平之盛，冠古莫及，良有以也。臣願陛下遠監成湯，近法仁祖，謹思天變，駿發德音，布宣罪己之辭，益廣直言之路。陛下所以應天者至矣盡矣，爲陛下之臣而不能輔宣主德，實惠生民，所以傷和氣而致乖異者，宜如何自處也？然後嚴敕大臣執政、侍從以下及州縣之吏，更相警懼，思所以致旱之由，爲所以恤灾之備，封章來上，虚心聽納，庶幾下情盡達，精意感通，上天降康，灾沴銷釋，天下幸甚。

臣充賦館職，恩許言事，既得面對，拳拳愛君憂國之誠不能自已，敢無一言先以開廣陛下之心？所有政事闕失及當今急務，續具條奏。臣冒犯天威，罪當萬死。

時集英殿修撰、帥福建趙汝愚以地震乞降詔求言疏曰：

臣不量鄙陋，輒有區區螻蟻之誠，冒瀆天聽。臣所治福州，五月初九日丑時地震，臣自夢中驚覺，悸懼不知所以，但覺所卧牀榻動蕩，如船在波浪中，窗户棟榱，互相摩戛，皆雜然有聲，如是良久方定。臣詢問此方父老，皆言前此所未嘗有。臣實憂懼，因詢問得往來士大夫，竊聞江、浙、閩、廣數路皆然，而本路漳州獨甚。時動止經涉五日方定，民居官舍頗多摧陷，一時居民亦有被壓而致死者。臣已行下本州，委自知、通多方賑救外，臣竊惟坤厚載物，本以安静爲義，今耳目所接，綿亘數千里同時俱震，此其爲變異非小。臣不敢遠引諸儒之説，繁紊宸嚴，姑以目前庶事論之。今彊敵在外，民力困窮，盗賊滋多，士卒貧悴，有志之士無不深憂，雖陛下盛德在躬，動天以實，然於政事之間，委任之際，亦豈無可議者？

臣嘗讀《國朝會要》，伏見景祐、熙寧及太上皇帝紹興中，皆嘗以地震下詔，許群臣言事，豈非徇獨見之明者，不如盡衆人之智。方此弭灾消變，尤宜引咎責躬，屈己從諫也。若聖意勿欲張皇顯言其故，則乞遵用祖宗故事，秖以手詔詢問闕失；或開天章閣，命輔臣條畫；或御迎陽門，召侍從、臺諫條對；或令中書門下頒告在廷之臣，許直言過失；或密札賜舊德名臣，詢問機事。所冀誠意昭達，群議畢陳，惟捨短而用長，斯轉禍而爲福。

汝愚又論客星出傳舍疏曰：

臣聞之知星者曰：「自今夏六月，有客星出傳舍，守之既三月矣。」臣謹按《晉書·天文志》：「傳舍九星在華蓋之上，近河，賓客之館，主胡人入中國。客星守之，備姦使，亦曰胡兵起。」臣竊惟華蓋之上有傳舍，又曰賓客之館，若以人事參之，即今掖門之外閤門客省，是其處也。臣聞閤門中有用事者，陛下委之招接北來人士，蹤跡甚祕，其間真僞相雜，固不可盡知。然竊聞之道路之言，或謂亦有姦細之人，反用之爲間，而其人莫之寤者。臣始疑之，不以爲信，後徐以事考之，然亦有可信者。蓋西北豪傑之士，其資性與南方不同，彼忠純者極其忠純，其狡詐者亦極其狡詐，恐非常識淺慮所能窺測，故雖墮其計中而未必寤也。臣又聞陛下委以將帥之權，付之帷幄之任，奇謀祕畫，世莫得聞，然而不見其形，當視其影。使陛下用之，其人能爲陛下選擇將帥，訓齊士卒，俾中國隱然有不拔之勢，顧雖未能勒銘燕然，掃清塞北，有識之士固自知其可任。今數年以來，將帥屢易，視所居官有同客寄，經營掊斂，惟恐或後。故軍職遷補類不以公選，真才實能之士皆屈沉於下，無以自見，士卒嗟怨，盈於道路。此非陛下撫之不勤，蓋爲之主帥者無以素服其心故爾。然則緩急之際，豈不深悮陛下委令之寄哉！❶今者不幸灾異屢見，人情動摇，誠恐一旦狂狡外興，姦宄内應，蕭牆之事，可爲深憂。

臣又伏思上天垂象，端不虚發，今昭然示戒，獨出於傳舍、客館之間，若明告陛下於其處者，蓋是天心仁愛陛下，誠欲陛下聖心覺寤，庶幾改爲，猶銷鑠於未然也。不然，則楚莊王何以無灾而致懼耶？ 臣世受國恩，義同休戚，惟望朝廷所行皆善政，所用皆忠臣，蓋决不敢肆爲讒毁，以陷害忠良，亦非敢賣直要名，争權取寵，實以事關廟社，理切安危，故敢採諸輿議，瀝陳愚款，惟陛下鑒察。

袁説友應詔上言曰：

臣今月九日恭承明詔，以雷震非時，淫雨爲灾，陛下責己求言，命臺諫、侍從各以朕躬過失、朝政闕違條疏以聞，俾之無有所隱。臣仰見陛下祗畏奉天，恐懼修省，思欲培厚聖德，講行仁政，上銷天變，下慰人心。雖湯以六事自責，宣王遇灾而懼，殆不過此，誠宗廟社稷之休，四海蒼生之幸。臣叨綴從列，身逢不諱之朝，所願披瀝肺肝，盡言無隱，惟陛下財赦。

臣聞之《書》曰：「皇天無親，惟德是輔。」又曰：「惟天降灾祥在德。」又曰：「咸有一德，克享天心。」故修德者，聖王應天之實，未有德不修而能格天者也。又曰：「天明畏，自我民明威。」又曰：「天視自我民視，天聽自我民聽。」又曰：「天佑下民，作之君，作之師。」故安民者，聖王奉天之本，

❶「悮」，原作「悟」，今據《四庫全書》本改。

未有民不安而能事天者也。陛下嗣服之初，閲時未久，舉行初政，每軫聖懷。如五日一朝，以隆孝治，恪意講學，以基遠圖，收召人才，愛惜内帑，坐朝不倦，荒政修明。其於修德安民，次第而舉，宜若天意人事，相爲助順。迺者天降灾異，人心憂疑。方當十月之交，雷已歸地，而震電交作，大雨隨至，浹三晝夜，此蓋陽氣弗藏，陰出用事。考之古占，其在劉向《五行傳》則曰：「冬大雨水而雷電，是陽不閉陰，出涉危難。」其在李尋所占，則曰：「冬靁電，蓋喜怒賞罰，不顧時禁。」二人之占，上係君臨，下關民治，其親切如此。則今日之異，蓋必有致之者。以至熒惑犯心宿，弗循軌道，天目峰斷裂，山復移徙，中夜地震，都邑水灾，又皆迫近帝城，悉非小異。陛下其將隱之於心，考之於事，豈無有上干和氣，下拂衆情者乎？豈無有施置未當，而德意未孚者乎？臣不敢旁舉遠引，以事空言，敢以陛下所當修德而安民者，摭其今可舉行凡八條，伏惟聖慈垂聽焉。

臣所謂修德者有四，其一曰：恭覩太上皇帝安處壽康，已逾三月，陛下定省之禮，風雨弗渝，孝誠之專，中外歎仰。而尚違膝下，未浹親歡，父子之意未孚，軍民之情猶鬱。雖陛下自知親意，非外庭所得盡聞，然而相見之期或更迤邐，不惟浸疑觀聽，亦恐别起猜端。要當力圖調護之方，宛轉之策。陛下内有慈母，可以日達誠意；外有伯祖元舅，可以時道聖衷。庶幾委曲既深，或可一旦感悟。兼日來傳壽康聖體微爽節宣，雖未敢信，然陛下既未一見，則凡慈父之意，皆所未知。至於壽康宫中左右執侍，與凡供御百物，果能日應所需否？

今本宫月得俸料，與内帑月所貢獻者，總不下數萬緡，未知職掌爲誰，支用應副果愜太上聖意否？一或不然，則慈抱愈鬱，無以自娱。司馬光言於英宗皇帝曰：「嚮者皇太后聽政之時，左右侍衛之人不敢不恪，求須之物無敢不備。既委去政柄，臣竊慮有無知小人，隨勢傾移，侍奉懈慢，供給有闕，則天下之責皆歸陛下，此不可不留意，朝夕省察者也。」臣願陛下於未得一見之前，尤當日戒宫中官屬等，俾之加意供侍。凡有少有怠墮，必罰無赦，則兩宫安懌，親侍有期，孝道無闕矣。臣側聞已降指揮，責以限日修整南内。陛下急欲還御正朝，密侍慈極，此蓋孝念之切，故爲是圖。惟是大行之喪，今既在殯，陛下久留重華，以侍喪几。今若於發引之前，急還大内，則是三月侍喪，一朝遽捨，追念皇祖，情若未安。況壽康今已安處倦勤，而陛下又數行問安之禮。若且留喪側，以俟發引，然後還内，情既可安，事亦爲順。

其二曰：臣竊觀陛下布政之初，倚任大臣，塞聰蔽明，不以自用，深得帝王用人之先務，垂拱仰成之要道也。仁宗皇帝嘗諭諫官韓絳曰：「朕固不憚自有處分，所慮未中於理，而有司奉行，則其害已加於人，故每欲先盡大臣之慮，而後行之。」大哉，聖人之謨訓也！蓋人主處於深宫，凡人才之高下，事情之當否，安得而盡知？故黜己聰明，任人以事，以朝廷爲基本，以大臣爲腹心，進退人才，廢置機務，寧屈獨斷，惟務循公。是以黜陟廢興，動合衆望。其或慮權柄之下移，欲威福之自已，聽有偏闇，慮或不周，小有非宜，人情必惑。甚則左右乘間，竊弄國權，主勢浸微，危亂立至。稽之方册，可證弗疑。臣願陛下念主勢之輕重，實係於朝廷，而權柄之下移，寔由於自用。上法仁皇之訓，深思獨斷之難。凡命由中出，少留聖慮，則陛下盡爲君之體，而朝廷無失職之憂矣。

其三曰：臺諫者，天子之耳目。凡論思獻納，箴規劘切，而關於人主之身者，則臺諫爲尤重。故臺諫之一進一退，實係於人主取捨之公，端不可以私意邇言而進退之也。唐介爲殿中侍御史，以論事而去，仁宗皇帝念之，復畀舊官。時論者謂天子優容言事之臣，近世未有。豈非臺諫者上則示人主之好惡，下則係中外之觀瞻，一有少差，事關理亂，綱紀紛糾，邪正混淆，誠不可忽。臣願陛下念朝廷之綱紀本於言責，而臺諫之用否切於治功，取舍進退，重之難之，勿輕勿易，則紀綱立而邪正分，朝廷治而主勢重矣。

其四曰：今歲水旱爲灾，民以饑饉，淮、浙諸郡無不告歉，饑民流離，浸以相望，陛下日議賑卹，捐金發粟，毫髮不靳。惟是朝廷樁管所積數目已少，版曹經常已乏，無可更蠲，常平義倉支撥殆盡，楮幣度牒印賣已多。今去來歲麥熟之期，尚踰半歲，接續賑濟，已無長策。臣竊觀仁宗皇帝景祐元年，以淮南歲饑，出内藏絹二十萬，代充上供。慶曆四年，出内庫銀三萬，下陝西糴穀麥，以濟饑民。皇祐二年，以河朔水灾，出内庫銀四十萬，紬絹六十萬，以助軍儲。是三者，皆因歲歉以捐内帑。仁宗之意，豈特以朝廷州縣之積已不足用，而上軫飢荒之念，蓋欲急以及民，故與之再三而不惜也。陛下臨御以來，儉以足用，浮費盡蠲。竊聞内帑之儲，今已百倍於前，中外聞之，無不感歎。惟是目今賑濟，日月尚長，所幸江西、湖南皆得上熟，可以運米東下，以及淮、浙。臣願陛下念淮、浙饑民之甚衆，知公家事力之已窮，特法仁宗故事，多捐内庫金帛，付之朝廷措置，糴米百萬斛，接續以充賑濟。陛下仁心仁聞，浹于億兆生靈，格天之德，孰大於此！

臣所謂安民者有四，其一曰：民户歲輸夏税，其間折錢者，總曰折帛。當時立價既高，州縣浸復增數，積歲既久，民困重輸。今中産之家已爲希有，况於兼并者乎。比者臺臣嘗及蠲減折帛之價，側聞朝廷見議施行。此誠損上益下也，臣不敢再述。惟是丁錢一項，尤切於農民。蓋游手末作不在科丁之數，獨民不得幸免。頃歲各因守臣之請，有蠲有減。今所存第五等身丁，丁、鹽、綿、絹四色，皆有上供與州用之數，爲錢則當四十一萬餘緡，而上供者計一十一萬耳，餘皆州郡自得支用也。臣竊謂此錢既切於農民，今水旱爲灾，民方艱食，田家枵腹，不保朝暮，若復征以官賦，何止太山之壓也。今若未能盡以蠲放，臣願陛下深念農民饑饉之迫，將來年第五等身丁并丁鹽兩色錢共四十一萬一千餘貫，盡與除放。其今年未足之錢，且令住催。上供者則户部别議對補，州用者則州郡隨宜措置，庶幾田家人人各受實惠，足以感召和氣矣。

其二曰：頃歲朝廷兩下蠲減房金之令，蓋欲取有餘以惠不足，細民受賜，誠爲弗輕。再減之後，今已八年。而有力之家新創房廊，悉皆高定賃直，以備將來裁減。都城新屋，尤倍他州。臣願陛下特降詔旨，應内外房賃已經再減之後，其新造賃屋不曾經減者，並照前來指揮，三分減一，則閭閻細民歡聲洋溢，立可召和，無不均受厚恩矣。

其三曰：天下州縣稅場雖各有定額，而州郡利於贏餘，歲增其數。間有租額素重，趁辦實難，場務橫征，商旅被害，貿易既艱，公私俱困。兩浙諸郡，其害尤甚，殆非細故也。嘉祐六年，仁宗皇帝詔三司取天下場務舊額裁減，別立新額，征稅既寬，商賈被惠。今兩浙稅額最重，而議者指爲常事，多不以言。臣願陛下明詔兩浙轉運司，會本路各州應干稅務之額，取其所收最少年分之數，別立新額，明示商賈，使之收趁，上無厚征之數，下無橫取之擾。庶幾商賈以寬，雖居者亦受其惠矣。

其四曰：國家刑辟之制，具存三尺。而近年監司、郡守多有逞威棄法，悉由己意。刺配之罪，出於臨時，謂之特配。晝一之法，視爲虛文。固有黥配相望于道，而以特配行者凡十五六，甚亡謂也，豈不重干和氣哉？臣願陛下申嚴見行條法，監司、郡守毋得輒用特配之例，須情法相當，照條結録而後可施行。内外臺常切覺察，亦足以全民生而召和氣也。

臣仰惟陛下以天縱之資膺付託之重，温恭允塞，每以誠意爲先，寅畏嚴恭，不敢以位爲樂。中外愛戴，如出一辭。其於畏天之威，應天以實，必已躬行而身履之矣。然而自昔天災流行，固未嘗以絶夫人也，而況人主代天作子，以牧斯民，天之默示儆愛之心，在人主尤不可忽。漢董仲舒之告武帝曰：「國家將有失道之敗，而天乃先出災異以譴告之。不知自省，又出怪異以警懼之。尚不知變，而傷敗迺至。於此見天心之仁愛人君，而欲止其亂也。自非大亡道之世者，天盡欲扶持而全安之。」陛下試觀仲舒之言，則知天之所以眷念人主者，其委曲綢繆如此。陛下繼統御極，甫閲一時，而天變甚洪，昔所少見。感召之自，雖未易知，然皇天譴告警懼之意，以冀陛下自省而知變者，其彰彰已如此。使陛下内發於畏心，外形於仁政，有闕必補，有善必遷。忠言必聽，不以切直而惡聞；長策必圖，不以難行而遽止。修德於己，而天變自銷，安民於下，而天意自悦，則仲舒謂「天盡欲扶持而全安之」者，真如桴鼓之應矣。臣願陛下終始惟一，不替厥初，凡臣之所謂修德者日進而不已，臣之所謂安民者日行而不怠，則受天之祜而享鬼神之靈，宗社緜長而端命于上帝，殆將與天亡極矣，又何灾異之可言哉！《詩》曰：「維此文王，小心翼翼。昭事上帝，聿懷多福。厥德不回，以受方國。」惟陛下深思而力行焉，天下幸甚。

歷代名臣奏議卷之三百七

本卷劉永强校點

歷代名臣奏議卷之三百八

災祥

宋光宗紹熙二年春，雷電交作，有旨訪時政闕失。殿中侍御史林大中以事多中出，上疏曰：

仲春雷電，大雪繼作，以類求之，則陰勝陽之明驗也。蓋男爲陽，而女爲陰，君子爲陽，而小人爲陰。當辨邪正，毋使小人得以間君子。當思正始之道，毋使女謁之得行。

太學博士彭龜年論雷雪之異疏曰：

臣伏覩尚書省劄子，備奉聖旨云云。臣官爲博士，不當越思，然自二月庚辰忽見此異，即嘗博考經史，推驗天人，徒積憂惶，不敢論奏。及見朝廷訪求讜直，已至館職，啓沃之論當亦不少，舉而行之，天意自回。及今旬日，沴氣未散，辛卯之夕狂風大作，已復爲雪。逮至壬辰，日光已見，暖氣已效，而雪猶不止。陰盛侵陽，一至於是，聖心憂惻，必倍於前。臣履陛下之朝，食陛下之禄，則安得不憂陛下之憂？憂而不告，是謂欺君，越職而言，亦爲犯上，勿欺而犯，前訓具明，敢假便文之辭，以負事君之義？又况秦置博士，掌通古今，逮及漢朝，亦承疑問。然則采摭古今之事，以裨國家之闕，乃臣職分所當然也。臣謹先取經史所載雷雪之異，開列如后：

一、按《春秋》：「隱公九年三月癸酉，

大雨，震電。庚辰，大雨雪。」《公羊傳》曰：「大雨，震電，何以書？記異也。何異爾？不時也。庚辰，大雨雪，何以書？記異也。何異爾？俶甚也。」何休注曰：「此桓將怒而弒隱之象。」胡安國《傳》曰：「震電者，陽精之發；雨雪者，陰氣之縱。周三月，夏之正月也。雷未可以出，電未可以見，而大震電，此陽失節也。雷已出，電已見，則雪不當復降，而大雨雪，此陰氣縱也。夫陰陽運動，有常而無忒，凡失其度，人爲感之也。今陽失節而陰氣縱，公子翬之讒兆矣，鍾巫之難萌矣。」

一、按《西漢書·五行志》：「隱公九年『三月癸酉，大雨，震電。庚辰，大雨雪』。大雨，雨水也。震，雷也。劉歆以爲三月癸酉，於曆數春分後一日，始震電之時也，當雨而不當大雨。大雨，常雨之罰也。於始震電，八日之間而大雨雪，常寒之罰也。劉向以爲周三月，今正月也，當雨水。雪雜雨，雷電未可以發也。既已發也，則雪不當復降。皆失節，故謂之異。」

一、按《晉書·五行志》：「吴孫亮太平二年甲寅，大雨，震電。乙卯，雪，大寒。按劉歆說，❶此時不當大雨，常雨之罰也。❷於始震電之明日而雪，大寒，又常寒之罰也。劉向以爲既已震電，則雪不當復降，皆失時之異也。天戒若曰，爲君失時，賊臣將起。先震電而後雪者，陰見間隙，起而勝陽，弒逆之禍將成也。亮不悟，尋見廢。」又：「元興三年正月甲申，霰雪又雷。雷霰

❶「歆」，原作「向」，今據《晉書·五行志上》改。
❷「常」，《晉書》作「恒」，作者避宋真宗名諱改「恒」作「常」。

同時，皆失節之應也。四月丙午，江陵雨雹。是時，安帝蒙塵。」

右，臣開具在前，並是經史本文，別無删潤。其中雖多忌諱之語，不當陳於盛大之時，然若不摭前世之機祥，何以助陛下之警懼！但天之降灾，本各有證，❶而證之在人，亦復不齊，難執一條以盡天意。自《春秋》書魯隱公雷雪之變，說者以爲公子翬之應，繇兹以降，大率皆依據其說以驗其灾，證雖不虛，意則未廣，質之聖訓，殆不如斯。《書》曰：「天有顯道，厥類惟彰。」故求天者必以類而推。又曰：「惟先格王，正厥事。」故應天者必隨事而正。臣觀雷震而復雪，只由陰盛而侵陽，儻悉求陰盛之由，始可見陽微之變。臣嘗俯察近事，仰驗天灾，得其大綱者有三，推其條目則有十三。

何謂大綱有三？一曰陽德不修，二曰小人道長，三曰兵端有形。何謂陽德不修？臣聞天以剛，故能首出庶物；君以剛，故能宰制群動。而所謂剛者，非以獨擅威福、不可沮撓之謂也。無所牽制之謂剛，無所耽惑之謂剛，無所回枉之謂剛，無所縱弛之謂剛。陛下自登大寶，二年于兹，寬仁如湯，懿恭如文，而裁制事物似少剛斷，得非於前數者有不足乎？臣近聞群臣以剛斷之說勸陛下者矣，臣不知其說果如何也，臣但見陛下近日臨決機務，自任太過，未免其間有得有失。如斥逐李隶，不由人言，此剛斷之得者也。大臣有罪，臺臣一章而徑罷，降虜建節，全臺論之而不回，此剛斷之失者也。夫《大有》剛健，必本於明；《中

❶「證」，當作「徵」，作者避宋仁宗名諱改「徵」作「證」。本篇下同。

庸》三德，知先於勇。必知其賢，然後可任之勿貳；必知其邪，然後可去之不疑。是以先正司馬光曰：「聞人之言而能別其是非，故謂之聰；見人之行而能辨其邪正，故謂之明。是非既辨，邪正既分，姦不能惑，佞不能移，故謂之剛。取是而捨非，誅邪而用正，確然無所疑，故謂之斷。」然則所謂剛斷者，豈以獨擅威福，不可沮抑之謂哉？此臣所謂陽德不修之目一也。

國家崇奬臺諫，以爲耳目，政恐人情下壅，姦軌内萌，若非剛正之臣，必重仇怨之慮。責之以言，尚恐顧望，既言復沮，誰復切摩？陛下優容直臣，固爲盛德，而諱忌鯁論，尚有疑形。臣觀近日臺諫之言稍稍不効，雖聽用固亦不少，然或不行，或訓飭，或宣諭而止者，亦不一事也。至於全臺彈擊，近時罕聞，假使發之之輕，尤當勉彊以受，所以存朝廷之綱紀，植抗直之風聲。垂裕之謀，莫便於此，豈可但欲令行不反，人不我違？深恐臺諫之輕，甚非國家之福。此臣所謂陽德不修之目二也。

竊惟經筵講讀之官，實任古者保傅之責，所以程頤謂天下之重任，唯宰相與經筵。天下治亂繫宰相，君德成就在經筵。然其輔養聖躬之方，豈止講論數刻之久？故輪夜直，款侍燕閒，不獨共究義理之微，亦欲潛移逸豫之隙。竊聞近日宣召夜直，多在詰朝，臣不知蜵蜎遊息之時，何以爲存養夜氣之道。陽明升則德性自用，陰濁盛則物欲必行，保護清明，孰如義理？臣聞唐宦官仇士良嘗教其徒曰：「天子不可令閑，常令以奢靡娛其耳目，使日新月盛，無暇及他事，則吾輩可以得志。切勿使親近儒生，彼見前代興亡，心知憂懼，則吾輩疏斥矣。」要知小人陷君於惡，亦自有術。然則人主欲遠小人，安可不知？昔者禹惡旨酒而好善言，旨酒既疏，善言方邇。深思大禹之策，政反士良之謀，蓋此重則彼輕，此消則彼長，安可徒徇一日之樂，反易終身之憂！此臣所謂陽德不修之目三也。

臣聞賤貨貴德，然後可以爲天下；昭德塞違，然後可以臨百官。臣近得之道路，封樁下庫所藏寶器，陛下已宣取入内。夫藏之内府與藏之外府，本亦何間？但前朝所以並寘於外者，蓋有説焉。似聞象箪之類，則没入之器也，四圭有邸，則祀天之器也，此豈容寘内府哉？往者藏之外府，蓋崇貴德之義，踐塞違之訓，而陛下一旦納之宫中，其爲損豈細也耶！至如封樁庫錢，始創之法，非軍事不得支用。壽皇聖帝在位之時，間有宣取，蓋以閲武内庭，欲備犒賞，故實以犒賞之數取之，非託以爲名也。今陛下沿例以取，而人以爲言者，蓋取之惟有此名，用之則無是實。古者天子無私財，至漢雖有少府之藏，已不敢侵大司農之費。政如今日州郡有軍資、公使之别，公使而用軍資之錢，則爲礙條法。陛下既爲天下之主，豈可不以身率天下，内帑之費不加裁損，而但取足於封樁乎？陛下雖曲從近臣之請，更不取撥，然前日陛下所以爲此者，必以内帑錢乏故也。今若欲留封樁之錢，必須痛節内帑之費。費儻不節，錢必不繼，則陛下能保後日之不撥乎？萬一不免取撥，臣下又復執奏，則陛下能必從其請如今日乎？此臣所謂陽德不修之目四也。

天子禁衛，上應天象，所以周防詳密，蓋示名分尊嚴。若以式律言之，夜開宫殿及城門者皆須墨敕魚符，其受敕人具録所開之門，并出帳送中書門下，自監門衛士將軍以下，俱詣閤覆奏，既聽，即請合符開鎖。監門官司先嚴門仗，所開之門，內外並立隊，燃炬火，對勘符合，然後開之。誠以王者所居，體當持重，祖宗立法，自有遠謀。竊聞近日水門之禁，啓閉不時，此非常開之門，尤當謹守其節。有何緩急，自弛隄防？臣聞仁宗朝兗國公主深夜入宫，吕誨即奏劾公主宅使臣及皇城司經歷門户管當人，乞行取勘，以謂宫鑰謹嚴，以時啓閉，蓋備非常，此而不禁，後有竊發，何以備禦？先臣憂國深遠如此。以公主，君父之至親，非時入內，猶被按劾，况下於此者乎！况疏於此者乎！此臣所謂陽德不修之目五也。

何謂小人道長？臣觀今日之勢，正人與邪人較則邪者必勝，朝臣與倖臣較則倖臣必勝，士大夫與吏人較則吏人必勝。臣請得別白言之。夫事君當以道也，則曰不如隨俗；御事當以法也，則曰不如從例。士大夫固知俗不可以違道，例不可以違法，然卒之守道者困，隨俗者顯，徇法者闋，用例者行，以至議論有是非則非常勝是，事理有義利則利常勝義，人情有公私則私常勝公。細察閭閻之間，上至朝廷之際，往往皆然，不知世變何以至此。是宜上感於天變，殆非一人之所爲。然陛下尊據崇高，宗主神民，則不得不自任其責，故曰「正人與邪人處則邪者必勝」。此臣所謂小人道長之目一也。

臣聞人君以法守天下，士大夫以法守官職。人君所爲少出乎法，則士大夫悉力爭之，非爲身也，爲法也，非爲法也，爲國也。周昭，一醫官耳，何致煩陛下破法而令其臣曰：「一切違礙並免。」夫既謂之「違礙」，則是法不可也，給舍執而争之，是官當然也，而陛下不從其説。何周昭能使陛下屈法，而給舍不能屈陛下守法？此門既啓，後孰窒之？故曰「朝臣與倖臣較則倖臣必勝」。此臣所謂小人道長之目二也。

吏道之盛，無如今日。州縣之吏止能制百姓，中都之吏乃能制官員，臺省之吏至能制朝廷。州縣之吏所以能制百姓者，與監司之吏通也。中都之吏所以能制官員者，與臺省之吏通也。臺省之吏所以能制朝廷者，與權倖通也。臣請得以近事明之。其陛下爲《會計録》，所裁損者特毫末耳。其間裁損之目，緣及省吏，事猶未行，即倡言于外曰「減諸軍雪寒錢」，蓋欲藉此以動摇軍情爾。幸而事狀顯著，不能惑衆卒之心，怨謗之言上徹聖聰，似聞陛下亦悔此舉。不知今日困匱如此，若不撙節，何以理財？小者如此，大者不復可議矣。故曰「士大夫與吏人較則吏人必勝」。此臣所謂小人道長之目三也。

何謂兵端有形？今日士大夫遊談族議，特慮北虜耳。北虜不足慮也，所可慮者，彼有邊鄙之警，則或恐有豪傑從中起耳。萬一有此，不特爲彼之禍，亦將爲我之禍也。蓋爲彼禍首者，必假我以爲詞，當是之時，我將何以處之？受之則與北虜爲敵，而吾亦無以處彼；攻之則是爲寇讎除災，而吾終不獲其利。此臣所謂兵端有形之目一也。

國家所以能自固於東南者，以有蜀耳。蜀之所以能自固者，以有劍外之兵耳。今劍外之兵何啻如賈誼所謂「股大於腰，又苦蹠盭」，然亦無如之何也。爲今之策，止有寬兩蜀之民，爲彊本之計。而今日兩蜀事權四分五裂，制置主民，總領主財，戎帥主兵，茶司主馬。兵不可闕食，馬不可無本，則總領不可無財，而制置司不可不恤其民，亦其勢然也。聞之蜀士，兩蜀之民貧至骨矣，民貧既甚，禍亂易興。此臣所謂兵端有形之目二也。

二廣鹽筴，其法屢更，大要不過官搬客販兩説爾。官搬則利於廣西，客販則利於廣東。廣東之鹽專靠販入西路，今廣西既用官搬，則廣東之鹽必發泄不行。使朝廷催逼賣鈔，任事者稍稍營財，禍將起矣。蓋廣東自來有私販之害，祖宗時江西客販未通，官鹽少至贛上，贛州諸縣並食廣東私鹽，朝廷甚費區處。今日淮鹽既通，固無向者之害。然而贛州僻遠諸縣如龍南、安遠等處，食廣東私鹽如故，廣東摧鋒一軍及大奚山一帶人皆以販鹽爲活。官鹽既不流通，必歸罪於私販，萬一禁防稍密，盜賊便興。此臣所謂兵端有形之目三也。

蜀之黎、雅，廣之宜、融，湖北之辰、沅、靖，俱有戎獠之患。唯蜀之黎、雅，朝廷留意鎮撫，諸戎又經敗衂，近頗安靖，不足深憂。如宜、融南丹之族，辰、沅羅鬼之族，皆嘗深入省地，摇動邊陲。而數州邊防聞甚苟簡，至空有寨栅之名，而無卒徒以守，倉卒有變，何以支吾？唐李絳謂受降城兵籍舊四百人，及天德交軍止二十五人，器械止有一弓。以今概之，往往如此。是豈可不慮哉！此臣所謂兵端有形之目四也。

近日會子流通，勝於見錢，官私便之，似覺無敝。然杞人慮短，嘗熟憂之。夫會子不過數寸紙耳，而乃與衆貨埒權者，此無他，官司許作見錢入納，而市井兑便者稍衆也。有如緩急，富人收兑便之鋪，私下無换易之地，則臣恐倉卒之際，未必不擾。近日湖北稍稍見矣，緣湖北會子當來止於湖北、京西界内行使，襄、漢戍卒月得料錢全靠客旅貿易，然其會子止到鄂州便着兑换，而官司無以權之。總司入納，又止視市價，不同見錢，每一貫會子止可作五百左右。會子既輕，商旅不行，商旅不行，軍人所得會子愈難變轉，而會子愈輕矣。諸軍洶洶，頗以爲言，特未有征行，未敢發耳。是豈可不預計哉！此臣所謂兵端有形之目五也。

推是求之，特不止此，姑舉大者，條列以上。仰惟陛下踐臨天位以來，五穀順成，四方無虞，仰觀乾象，俯察地理，灾異絶少，而人情初不以爲喜。今忽有此異，才數日耳，而人情莫不以爲憂，不論賢愚，不問貴賤，各隨所見，推步陰陽。天動于上，人憂乎下，是何故也？得非志不足以勝氣乎？以臣觀今日之勢，政如衰弱之人，天和氣燠，左右顧忌，猶恐不免，忽遇風寒雨濕之變，使有所感觸，其爲疾疢，豈不易耶？當是之時，猶不謹審服食，精調起居，以爲保養身體之策，臣不知其可也。臣愚欲望陛下修身以德，修德以人，親近儒生以講治原，獎進君子以御小人，大明公道以正風俗，增重臺諫以彊朝廷，節用愛人以厚天下，選擇守令以起内治，博求將帥以固疆圉，然後天變可塞，人情可紓，保國寧家，政在今日。

臣之區區，猶有未盡。夫人君之道，莫先於修德，莫切於愛身，人臣納忠於君，亦莫如修德愛身之爲急。恭惟壽皇聖帝，勤勞天下二十餘年，精神未衰，志氣尚彊，即以大位付之陛下，蓋欲親見聖子身致太平。陛下既即大阼，四方之人莫不延頸舉踵，望陛下德業日新，名譽日隆，以仰答壽皇聖帝付託之重。而道塗流言，皆謂陛下宫中宴飲稍失節度。其事信否，固未可知，然萬一有此，則於修德愛身之道無乃虧乎？夫酒之爲物，傷性敗德，莫加於此，匹夫溺之尚且足以殞身喪家，而况人主乎！側聞仁宗皇帝在御之日，灾異屢臻，日食、地震，江、淮騰溢，風雨害稼，司馬光奏疏以爲燕飲過差所致，因乞悉罷宴飲，以解皇天譴告之威。夫日食、地震，江淮騰沸，風雨害稼，以陰陽感應之理推之，何預乎燕飲？而光直指以爲言，蓋人君之身上與天通，光之所言，即《洪範》庶證之微旨。然則臣之所謂以類而推，每事而正者，非臆説也。唯陛下念上天警戒之切，念祖宗創造之艱，念壽皇委寄之隆，念天下屬望之深，側身應灾，改過不吝。人情天意本不相遠，陛下今日儻能擇一二過舉之事繫人耳目者，先與改圖，然後命兩府大臣悉更敝政，内外聞之，孰不歡喜？如此，則何灾不弭，何變不消，永保生民，丕享大福。

臣命輕螻蟻，言涉乘輿，席稾待誅，不敢望赦。

龜年又上奏曰：

臣伏讀詔書，喜至於泣。臣官爲侍從，義則世臣，不能遇事而論思，致勤詔旨之訪問，退揣私分，甘受重誅。儻復略舉細微而言，何以仰稱懇惻之意！謹昧萬死條列以上，唯陛下留神。

臣聞雷者陽精之發，雪爲陰氣之凝。雷震於驚蟄之前，陽已不固，雪作於震雷之後，陰又太彊。唯陰縱而不收，故陽微而受制。驗之古昔，具有證祥。《春秋》所書，

《晉》、《漢》所志，雖人事感召之類不一，而陰氣過盛之證則同。故自一家而言，則男爲陽而女爲陰；自一朝而言，則君爲陽而臣爲陰；自群臣而言，則君子爲陽而小人爲陰；自天下而言，則中國爲陽而夷狄爲陰。陰或侵陽，故爲此變，志壹動氣，實在乎君。然欲尋灾異之源，必致精微之察。儻惟人事少有不盡，是於天理猶未爲純。宜殫聖心，廣求其類。故在内則陽教不可以不立，在外則君道不可以不明。言路不通，則小人或得以蔽欺；折衝無人，則夷狄必至於侵侮。

何謂陽教不可以不立？夫姤卦以五陽之盛，猶畏一柔之牽；成湯無聲色之娛，尚有女謁之戒。私情難制，自古則然。儻有隙之可投，雖一毫而可畏，且如崇飲，尤懼傷和。若禁門啓閉之不時，有緩急憂虞之當慮。冀因警戒，少屈皇明。

何謂君道不可以不明？夫賞必有功，罰必有罪，操此二柄，是爲大君。若賞罰無所勸懲，則善惡何由分别？且如近日廷臣之補外，多因中旨而徑除。若以爲有罪而可懲，何不明言其過？若以爲有材而可任，何不因事而除？惟舉直錯枉之道不能昭明，故乘間抵巇之徒竊以賣弄，遂使人各解體，士不盡心，苟且偷安，緩急難保。君臣之情如此，天人之際昭然，可不明示過功，公行黜陟？庶免賞刑之過，可召陰陽之和。

何謂言路不通則小人得以蔽欺？竊惟臺諫之臣乃寄耳目之責，儻無事之不達，雖有姦而莫容。陛下聽受直言，超邁前古，質之近日之事，似有拒人之疑。蕭鷓巴節鉞之除，全臺論之而不聽；周昭遥刺之命，給舍繳之而不回。雖能申令出不反之威，然殊非改過不吝之道。恐致姦軌，遂輕朝廷，私託横行，公議漸廢。欲令沴氣之消弭，當務奸慝之掃除，盡窒私門，大開正路。

何謂折衝無人則夷狄必致於侵侮？近聞警報之至，狄有它族之兵，雖啓攻人之謀，未免懼我乘其後。或於境上略示疑形，可不審詳，遽作煩擾？有兵不練，又復招兵，兵多不精，重以蠹國。臣聞御敵之法莫若擇帥爲先，苟得其人，付以統御之寄，俾久其任，自爲攻守之謀，一聽所爲，無從中制，課之歲月，必有成功。豈比今日泛然之圖，祇爲諸將自潤之計？如此等事，殆非一條，以次推求，敢擇大者以瀆陳，庶幾萬一之有補。

臣尚有瞽見，上裨聖明。嘗以今日之灾，考之《五行》之傳，唯劉歆以爲常寒之罰，在《洪範》是爲聰之不謀。陛下既盡求言之誠，乃得應天之道。然嘗聞景祐之五載，止因雷震於春初，亟出明綸，博求直諫，首及聖躬之闕失，盡令百辟以箴規。今雖故事之循，尚有未盡之旨。止憂庶政，未及反躬，僅逮館臣，不能盡下。求之既已不廣，用之豈可不誠？蓋言不難求，其難在聽；言不難聽，難於必行。若不能行，徒文無補。陛下自逐遺補之後，屢出言論之臣，雖皆假以它辭，授之美職，人終以其忤上而去，故大率皆以盡言爲懲。况兹明詔之頒，旋有渝古之責，事雖中輟，聲已四馳。伏願亟取封章之言，擇其剴切之論，重加開奬，與之施行，以開天下疑沮之心，以答蒼穹仁愛之意。反禍爲福，如響應聲。

臣識淺言狂，命輕意切，俯伏私室，敬竢大刑。

三年，龜年爲御史臺主簿，又上奏曰：

臣聞四方有敗，必先知之，此之謂民之父母矣。後世唯魏相稍識此意，每敕掾史按事郡國，令白四方異聞，或有逆賊、風雨、灾變，郡不以上，相輒奏之。相與趙充國議擊匈奴，乃曰：「今年計子弟殺父兄、妻殺夫者，凡二百二十二人，非小變也。」夫風雨變異，天之灾，子弟惡逆，人之變。天人變動而朝廷不聞，尚安足以圖治乎？今之州縣每遇灾異，自非水旱，例不以上。頃年江、湖、閩、浙同日地震，唯建昌軍因言失火，併以上聞。前年福建、江西間有地震去處，唯漳州守臣上章自劾。至於子弟惡逆，時亦有之，緣法中有守令量事貶降之文，用是例不舉按，是不可以爲尋常而不問也。夫至和之氣感於人事，大順之治積於閨門。若天示警戒而上不聞，則德不修；人反天常而上不治，則政不舉。如此而欲求天下之治，不可得也。

臣愚欲望聖慈明詔州縣，凡有灾異而輒不以聞，有惡逆而匿不舉按者，令監司覺察，又令御史臺察監司之不舉按者上之，略加懲罰，庶幾上下警懼，各思有以消弭灾變，感召至和，不勝幸甚。

紹熙中，監察御史虞儔上奏曰：

臣聞警懼譴告，上天所以仁愛人君；側身修行，人君所以對越上天。稽之往古，驗之當今，精祲之交，殆若符契。近者太白經天，謫見垂象，六月不雨，咎證常暘，人皆以爲憂，微臣獨以爲喜。何者？蓋知陛下道超象外，識照幾先，必能謹言行以動天地之大，修政事以導陰陽之和，於是焉轉禍而爲福，散沴而爲祥，殆猶反手焉耳。未幾太白漸復常度，一雨遂蘇群槁，人皆以爲喜，微臣反以爲憂。何者？蓋以人之常情，既得天時之助，必忘人事之修。謂天不怒，乃敢戲豫；謂天不渝，乃敢馳驅。於是焉患生於所忽，變起於不圖，可不爲寒心哉！故明君見變，能修道以除凶。若其無象，是不譴告，傷敗所由而至也。

然則當憂而喜，當喜而憂，臣非求異於衆人，抑亦具聞於往訓。《書》曰：「惟上帝不常，作善降之百祥，作不善降之百殃。」又曰：「惟天無親，克敬惟親。」又曰：「天難諶，命靡常。」又曰：「皇天無親，惟德是輔。」夫天不言，所以昭然示人者，不過日月星辰之象、雨暘休咎之證而已。人君承天意以從事，必即此而觀之。臣竊詳太白之應志在《晉史》，雲漢之旱詠於《周詩》，皆非小變也。陛下銷變之道捷於桴鼓，況又自初即位，曰雨而雨，曰暘而暘，年穀順成，百姓和樂，天之眷顧蓋不偶然，其必有以致之者矣。昔唐太宗既得天下，元年關中饑，二年天下蝗，三年大水，方之陛下，固不可同日而語。然太宗因天之戒，勤撫其民，變饑饉爲豐穰，致貞觀之盛治。若陛下每存陟降左右之念，愈加悠久不息之誠，天其申命用休，當與堯、舜比隆矣。大抵天之於人君，其眷顧之既厚，則責望之必嚴。凡其念慮之萌，嚬笑之發，當宁焦勞之際，退朝宴樂之時，鑑觀在上，莫顯乎微。一或不至，則非天意。故天意所與，則三光全，寒暑平，風雨時，五穀熟，草木茂。天意所否，則爲灾異，爲凶年，爲水旱，爲繆盭，爲疾疫。如響應聲，如影隨形，事之必至，理之固然者也。

臣伏願陛下仰順天意，俯修人事，庶幾我之所以對越上天者始終而無愧，天之所以仁愛我者愈久而無窮，社稷之福，生靈之幸也。《詩》曰：「惟此文王，小心翼翼。昭事上帝，聿懷多福。」在陛下强勉之而已。

儔又應詔上封事曰：

臣近奉聖旨，以「陰陽不和，雷雪交作，可令侍從、臺諫、兩省、卿監、郎官、館職，各條具時政闕失聞奏」。顧臣至愚極陋，待罪臺察，已逾一年，自惟無所補報，日負憂責。今陛下虚心求言，以答天變，若猶有所隱避，臣罪大矣。謹條具昧死上獻。

一、臣聞陽奮則爲雷爲電，陰凝則爲雹爲雪。方陰陽之相薄，則雷雹皆至。及陽爲陰所勝，則雷止而雪作。魯隱公九年三月，自癸酉大雨、震電，至庚辰大雨雪，凡八日。劉向以爲周三月，今正月也，雷電未可以發。既發，則雪不當復降，皆失節也，故謂之異。吴太平二年三月甲寅，大雨、震電，至乙卯大雨雪，纔二日耳。史臣以謂先震電而後雨雪，陰見間隙，起而勝陽。其後禍亂之應，有若符契。往牒具載，吁可畏也。今正歲之始，建寅之月，三陽用事，於卦爲《泰》。自戊寅至庚辰，雷電、雪雹俱作於三日之間。視魯則數，視吴則疏。臣願陛下以往事之驗，爲方來之鑑，警懼修省，以答上天仁愛之意。則災意塞於上，禍亂伏於下，在陛下一念之頃耳。

一、臣聞宋景公一言而熒惑即爲之退舍。❶今陛下因雷雪之變，令群臣條具闕

❶「一臣聞宋景公」至「伏乞睿照」八十九字，原脱，今據《尊白堂集》卷六《上時政闕失劄子》補。

失，疑若可以上格天心。乃今月十三日風雨驟變，寒雪復作。臣願陛下應天以實，益加修省，若群臣言有可採，亟賜施行。臣不勝拳拳愛君之至，伏乞睿照。

一、臣聞朝廷者，陽也；宫禁者，陰也。日昱乎晝，月昱乎夜，而寒暑成。天子理陽道，后治陰德，而後國家理。若宫禁之中，宴飲之不節，則非所以崇毖聖躬；❶賜予之不省，則將至於空虛内藏；女謁行乎内，則勢行乎外，尤不可不防其微而杜其漸也。有一于此，則雷雪之變乃上天之所以丁寧陛下之意也。不求之身，是無應天之實，天怒愈深矣。至於勳戚貴近時有排當，倡優伎藝每蒙宣引，水門啓閉多不以時，豈所謂嚴等威、肅宸居哉！臣願陛下畏上天之威，謹正始之道，宗社幸甚。

一、臣聞君子者，陽也；小人者，陰也。自古君子小人勢不兩立。君子在内，小人在外，於卦則爲泰。小人在内，君子在外，於卦則爲否。今朝廷清明，多士濟濟，有官守者修其職，有言責者盡其忠。迺建寅之月，三陽在内，宜泰而否，何也？意者得無在外小人交結黨與，潛謀進用，如某人輩者歟？且將源源而來矣。啓大姦之隙，動上天之威，無足怪者。昔漢元即位之初，蕭望之、周堪、張猛等與夫恭、顯、許、史之徒雜然並立於朝，是非相攻，邪正相激。當時日青之變，反以爲堪、猛用事之咎。未幾堪以病卒，猛自殺於公車，無乃與天意戾乎。漢業之衰，自是基矣。臣願陛下觀拔茅連茹之象以進君子，戒履霜堅冰之漸以防小人，毋使鶚鸞並棲，薰蕕共器，則天意解矣。

❶「聖」，原脱，今據《尊白堂集》補。

一、臣聞中國者，陽也；夷狄者，陰也。自古夷狄之强弱，常係中國之盛衰。今國家南渡，甲子已逾一周，胡運將終，朝野咸意中原可復。近者邊報傳聞，信否雖未可知，第講和日久，邊備廢弛，意者將有姦雄漸萌不肖之心，窺伺間隙，或恐讎耻未復而唇齒先寒矣。侯景之事，可爲深慮。臣願陛下明詔大臣，遴選逐路帥臣，俾之先事經理，以備不虞。

一、臣聞人主進退臣下，必曉然示人以勸沮之意，故進一人而人皆以爲當進，退一人而人皆以爲當退。舜舉皋陶，不仁者遠，四罪而天下服，用此道也。若朝逐一人焉而使人疑，暮逐一人焉而使人懼，此何爲者哉？蓋自余端禮、趙彦逾、石宗昭、徐元德之去，而朝士大夫莫不疑且懼焉。何者？一旦遽然命從中出，去者閔默，莫測其端倪，居者彷徨，每憂於讒毁，日懷去計，莫有固志。臣恐自此無有爲陛下興事造業者，無有爲陛下以身任怨者。陛下孤立於上，將何利焉？臣願陛下守至正以照臨百官，有善則進，有過則退，明示之以好惡，以堅其事上之心，與之共天位、治天職，以答天變。

一、臣聞明主不惡切諫以博觀，忠臣不避重誅以直諫，言路之開，社稷之福也。蓋自楊萬里、徐柟之徒去國之後，朝士大夫多不敢竊議時政，於心有所不然者，不過相視太息而已。此豈盛世氣象耶？如萬里之輕率妄發，暗觸忌諱，柟之强聒不置，似不安静，雖皆不能無過，然其平日亦在能言之流，中道棄之，失古人市骨求駿之意矣。夫敢言之氣作之尚不能起，况沮之耶？近又有狂妄庸人上書不實，陛下止令聽讀，可謂寬恩。但四方萬里，不知其説云何，傳聞不審，將謂朝廷以言罪人。覆巢毁卵，鳳鳥不至，無乃與求言之旨戾乎！惟陛下赦之。漢世每有灾異，必詔賢良文學之士直言得失，兹誠得應天之實也。

一、臣聞之《書》曰：「天命有德，五服五章哉。」又曰：「官不及私昵，惟其能。爵罔及惡德，惟其賢。」又傳曰：「爵人於朝，與衆共之。」此言人君爵賞之施，必賢與能而後足以上當天心，下協人意。近者朝廷侍從之選，或以交結而得節鉞之重，或以無功而授後省繳駁之職，間不經由臺諫論列之言，乃蒙宣諭，不唯名器既輕，遂使紀綱不立，豈爵人於朝之義、天命有德之意乎？上天至明，不虚見異。臣願陛下奮發乾剛，收回涣汗，苟物論惟允，則天變可回矣。

一、臣聞淳化二年大旱，太宗延近臣問時政闕失。樞密直學士寇準對曰：「天人之際，應若影響。大旱之證，蓋刑有所不平。頃者祖吉、王淮皆侮法受贓，吉既伏誅，家且籍没，而淮以參知政事沔之弟，止杖于私室。用法輕重如此，亢暵之咎不虚發也。」太宗大悟，明日召沔切責之。近者銓試代筆事覺，有司觀望，不特有官、宗室不行推治，至於與之干涉者，則又故作遷延，止將餘人具案奏斷。用刑如此，無乃不平，怨讟交興，有傷和氣。臣願陛下特降睿旨，令臨安府催追未到之人，速具奏案，一體施行，以答天變。

起居舍人劉光祖上書曰：

臣近奉聖旨，以「陰陽繆盭，雷霆非時，淫雨爲灾，朕心甚懼。推尋厥咎，未知其繇。凡朕躬有過失，朝政有闕違，可令臺諫、侍從各條疏以聞，無有所隱者」。臣猥以虚庸，日侍左右，詔旨所及，敢不罄竭其愚誠。

伏念國家遭值厄運，方昨者五六月之内，人情離阻，天理乖暌，其時社稷已是傾覆，陛下之身危莫自保，萬姓塗炭，三宫受禍，揆以事勢，間不容髮。上賴祖宗德澤未泯，天命曆數有歸，大器既傳，中外遂定。此陛下目所親見，心所親憂，固無俟於臣言也。而陛下踐阼踰月，洪水發于近畿天目之山，湧裂而出者幾數百道，陂塘決溢，流屍千計，蕩産狼狽者不知其幾。陛下覩此災變，憂惶儆戒，亦嘗存於聖心否乎？明堂禋祀之前，日過熾而氣蒸，衆謂風霆雨雹之兆已見。而陛下潔誠寅畏，將事之夕，雨僅濡塵，足昭上天響答甚邇。然羅點以股肱之良，前期一夕而卒，黄裳以保傅之忠，相踵不幸，皆非細故也。陛下臨御未幾，併奪兩賢之助，此於天命，尤所當思。何況禋祀之後，雨淫不已，穡夫告病，以爲稻不傷於旱者則敗於水，不敗於水者則害於雨。饑年愁苦，而半月以來米價倍蓰，人不聊生，怨咨之聲遠近如一，剽盗漸起，流離已多。方且雷發非時，震電駭異，雨既隨注，天復翳昏，雷雨暴風，兩晝三夕。陛下詔旨責躬，求聞闕失，僅得一日晴霽，而寒氣驟至，連雨重陰，勢不少解，日甚一日。上天威怒，莫測端倪，陛下即是數事觀之，其爲憂惶儆戒，雖欲不存於聖心，不可得也。臣竊意陛下憂惶儆戒之念未甚勤切，是以求言之初，天色頓開，已而謂陛下姑應故事，陰雨復作，繼晝連夜，凡七八日而未止也。漢大儒董仲舒嘗曰：「國家將有失道之敗，而天乃先出災害以譴告之。不知自省，又出怪異以警懼之。尚不知變，而傷敗乃至。以此見天心之仁愛人君，而欲止其亂也。」古今言災異最近理者無若仲舒，仲舒之學純於經而切於理，陛下所宜深味其言，然後見天心仁愛陛下之至，不可不因其譴告而自省也。

臣不敢復引諸儒之説及它占書以瀆聖聽，請質諸六經以言之。《易·震卦》曰：「洊雷震，君子以恐懼修省。」薦者，其震不一也，言雷之震不一，必有其故，是以君子恐懼而修省焉。《無妄》之卦曰：「天下雷行，物與無妄。」言聞雷而懼，物物皆無妄念也。《益卦》曰：「風雷益，君子以見善則遷，有過則改。」言君子觀風雷之象，遷善改過，以爲己之益也。

《書·洪範·九疇》論八庶徵，曰休徵者五，謂「肅時雨若，乂時暘若，哲時燠若，謀時寒若，聖時風若」；曰咎徵者五，謂「狂常雨若，僭常暘若，豫常燠若，急常寒若，蒙常風若」也。人君之於貌、言、視、聽、思五者，苟惟能肅、能乂、能哲、能謀、能聖，則五氣和而爲休徵；其或反之，爲狂、爲僭、爲豫、爲急、爲蒙，則五氣乖而爲咎徵。其感應之理，自然如此也。臣前所爲《謹始五箴》獻諸陛下，蓋慮是也。人之一身本與天通，天人相與之際，可不畏哉！《書·金縢》之篇又載成王、周公之事，王初惑於流言而疑公，時秋大熟，未穫，天大雷電以風，禾盡偃，大木斯拔，邦人大恐。及王悔過，執書以泣曰：「今天動威以彰周公之德，不敢復有疑於公。」天乃雨，反風，偃禾盡起，歲仍大熟。成王之心疑信周公，而天之所應速於反掌，又以見天人之際，其速如此也。

《詩》曰：「天方薦瘥，喪亂孔多。民言無嘉，憯莫懲嗟。」薦瘥謂疾苦不一也。疾苦喪亂之多而曾莫之懲，則可嗟也。又曰：「爗爗震電，不寧不令。百川沸騰，山冢崒崩。高岸爲谷，深谷爲陵。哀今之人，胡憯莫懲。」言天地之變異乃爾，胡爲而曾莫之懲，是令人之可哀也。又曰：「旻天疾威，弗慮弗圖。」言天降灾疾威怒而弗慮圖，則亦喪敗而已矣。又曰：「敬天之怒，無敢戲豫。敬天之渝，無敢馳驅。」渝，變也，言天怒天變之不可不敬也。幽王、厲王無道之君，故當時之卿士作《詩》以刺之，語多及於灾異，謂其睹灾異而不戒，是以爲幽、厲也。

《春秋》雖魯史，然實孔子之書，其書日食、地震、山崩、星隕、晝冥晦、雨木冰、大雨雪、大雨震電、水旱、饑、蝝、螽、螟，不一而足，皆所以示儆戒之意，使後世之君考之。彼遇灾而不懼，則往往至於失國也。

《禮記》曰：「若有疾風迅雷甚雨，則必變，雖夜必興，衣服冠而坐。」皆所以敬天之怒也。

《周禮》保章氏之職，志星辰日月之變動，辨其吉凶；觀天下之妖祥，與夫水旱豐荒之祲象，察天地之氣或和或乖，以詔救政，訪序事。詔救政者，謂預告其所當救之政；訪序事者，謀其事之所施先後之序也。

凡兹六籍之言，足爲萬世之訓。今陛下當法《易》之恐懼修省，正念無妄，遷善而改過；當思《書》之敬用五事，以致休徵，及儆成王因天變而信周公；當誦周人灾異之《詩》，鑑幽、厲之失道；當畏《春秋》灾異之書，懲衰世之失國；當如《禮記》中夜起而衣冠，以敬上天之威怒；當體《周官》覘祲祥則講修政事以救之。如此，乃可謂之應天以實而不以文也。本朝大儒歐陽脩曰：「天人之際，影響不差，未有不召而自至之灾，亦未有已出而不應之變。」此名言也，陛下可不念之乎？

且陛下即位，有大事三：父子之情久而猶未通，宫闈之處久而猶未善，山陵之議久而猶未安。下多浮言，人鮮固志，然則休徵協氣何自而生？又況號令不常，群陰用事。風雷之變所以見號令之不常也，淫雨之灾所以見群陰之用事也。何則？大臣之進退太輕，臺諫之用捨無定，此非號令不常之大者乎？進退大臣，用捨臺諫，事從中出，頗傷急遽，此非群陰用事之著者乎？宜其天人之相應，密若影響之不差。陛下無謂外人之妄言，試反求之於陛下之心，亦必自知其有所未安。但業已爲之，而欲遂其事，是以雖有言者，一切拒而不受。臣請因陛下遇灾而懼，諮訪闕失，爲陛下别白而言之。

夫退留正，未爲非也，何必更易臺諫？擢黄度，可謂善也，未幾而出之，何哉？其所以致陛下號令之不常者，實自群陰之用事故也。而陛下猶爲之隱諱，以爲大權當自己出，威柄不可下移。然則小人之謀，其意將以陰制今日之相臣而動摇之也。陛下所宜早悟，無使大臣懷疑畏之心。大臣懷疑畏之心，則四體不展，群議易摇，朝綱日隳，政令錯出，而國不可爲矣。今陛下有獨斷之意，乃是小人陰竊主權之梯媒，而陛下未知思也。且陛下以爲前日倉皇即位，爲得已乎？爲不得已乎？大臣不得已而立陛下，爲社稷計也；陛下不得已而從大臣之决策，亦爲社稷計也。君臣俱爲社稷計，不知方今之社稷爲已安乎？無乃猶未安乎？而陛下與大臣不圖其始而善其後，使天灾如此，臣恐陛下之君臣異時俱無以辭天下後世之議也。

臣每謂方今當禍變憂危之後，上下內外决能盡心相與扶持，再造家國。乃今不然，人各異趣，事乖始謀，身謀則急，國謀則緩，良可恨也。陛下試因臣言而静察之，且如陛下出令，苟見未可施行，大臣所當面奏，給舍所當封駁，臺諫所當論諍，侍從所當救止。今皆畏避形迹，不敢少忤陛下左右之臣，則又何賴於公卿大夫士哉？是非急身謀而緩國謀也哉？雖然，人臣肯以實告人主者誠少。陛下試思，上皇深居九重，終不盡知大統已傳，大號已正，自太上皇后而下皆務彌縫而蒙蔽之，至使陛下父子久不相見，是皆起於彌縫蒙蔽之故也。陛下於庶事苟不加察，則內外之臣彌縫蒙蔽陛下者亦如此爾。非人主聰明剛健，能主張正論，能親君子、遠小人，能别白是非，未易使人臣之盡言也。

臣至愚之性，於事無所阿私，苟有所懷，當其可言，不復更事形迹。願陛下察臣之赤心，納臣之苦口，勿忘天灾，一切與大臣審修其政。至如陛下孝敬在心，宫庭之內，屋漏之間，凡所躬行，有外人不得而知者，陛下毋使一毫有愧於天可也。

臣草奏之際，更爲陛下反復思之。雷霆之怒，小人妄謂上皇前日孝行之愆。然事既往矣，今日之責付於陛下矣，陛下今日之孝心恐亦有所未至。臣謂宜竭誠盡道，篤事於三宫，贖上皇既往之愆，慰烈祖在天之望。若是，則雷變可得而消也。至若淫雨爲灾，乃是群陰用事，陽氣微而君道弱之證，所宜專責之大臣以朝廷之事，勿以左右近習參之。昭明紀綱以正内治，選任牧守以撫斯民，但使陽長則陰消，即能反剥而爲泰，事理明白，了無可疑。臣數日來聞陛下數出寬恤之令，若軍若民，若刑獄之淹延，若宿衛之暴露，無不介意其間。如捐内帑錢以代赤子和買、身丁之重賦，此最帝王盛德之舉，而曾未足以消弭天灾，則陛下不可不知其故也。既知其故，而陛下之意亦未决。《書》曰：「今天其命哲，命吉凶，命歷年。」斯言蓋憂天命之未知所終也，曰「其」者，蓋未可必之辭也。人主或哲或昏，國家或吉或凶，運祚或短或長，皆未可以前知，則所謂憂之至也。陛下毋信諂諛之言，而乃歸之於時數，以怠其敬天之心。有灾無灾，其敬如一，則天命之休祥可得而必也。

臣之拳拳，請以是塞明詔。干冒宸聰，伏惟留神省察，天下幸甚。

權户部侍郎袁説友上奏曰：

臣竊惟天人之際，自三代以來，已不勝其説矣。至漢董仲舒則曰：「灾異譴告，是天心之仁愛人君也。」蓋天心君德實同一體，灾異譴告所以時示儆戒，非惟亂世，而治世亦然。人君苟能因灾而修省，觀變而兢懼，事合其宜，政得其理，則天心昭格，帝祚靈長，有不待祈而自至者。考之古昔，成湯六事自責而造商，宣王側身修行而興周，其所感召，昭然不誣，可不信哉，可不畏哉！

恭惟陛下神聖文武，有不世出之英姿；仁慈睿哲，有君天下之大德。俯視漢、唐，誠有餘矣。然而受列聖積累之祚，承光堯中興之業，膺壽皇付託之命，憂深遠慮，莫切於此，固有以奉天心，答天貺也。 廼者熒惑失次，太白晝見，金星掩心大星，❶行都地震亦廣。 甚者太陽中天而黑子磨盪，黑祲亘天而赤氣乘之，旬月之間，變至五六，甚非所以安上而全下也。 逮于望日，陛下肅駕乘輿，展禮慈極。 都邑之内，耋老稚幼瞻望翠華，無不鼓舞。 變憂懼爲和氣，易譁謗爲歡聲，曾不信宿而瑞雪時至。 又不兩日而太陽復明，以至群陰消伏，星軌浸順。 夫以前日如彼，而今日如此，豈非災祥之機，關於陛下一舉動之頃耶？ 何其嚮應之速如此也！ 臣懷不自已，輒盡愚衷，深惟天意之難諶，端係人主之一念。 無曰高高在上，靡所聽聞；常使兢兢在心，罔敢失墜。 自今以往，臣願陛下修省戒警，愈久愈篤，堅志詳慮，細大必謹。 勤兩宮定省之奉，念萬務安危之機，倚信大臣，開廣言路。 撙節財用，日積而歲贏；省覽章奏，朝入而暮報。 皆君人之實德，治國之大本也。 陛下天資英睿，即是數者而加之意，則天心喜悦，帝命眷顧，和氣致祥，何事不立？ 豈惟前日災異倏然無之，而天道好還，必有助大業、成大功者，豈不偉歟！

臣本疏庸，誤被簡擢，以論思爲職，用敢盡言不隱，以答天地之造。 惟聖慈留神，苟臣言不忤於宸心，即聖德仰當於天意。 干犯旒扆，隕越不勝。

寧宗即位，充金國弔祭接送伴使彭龜年上奏曰：

❶「大」，原作「火」，今據《東塘集》卷一三《過宫後再入奏狀》改。

臣伏覩詔書節文，以「雷震非時，淫雨爲灾，推尋厥咎，未知其繇。凡朕躬有過失，朝政有闕遺，令臺諫、侍從各條疏以聞」。臣官爲侍從，職在論思，不待訪對而可言，况有詔書之罪己，儻有所隱，寧不負恩？

臣不知陛下此詔果實事邪？抑止虚文邪？果爲實事，則陛下即位之初，嘗詔求直言矣。今四方之言已交公車，其間及陛下之過失、朝政之闕遺者必多有之，未聞略加採擇，見之施行。則今日此詔，臣恐未免如前日之虚文爾。若以虚文事天，天豈可感乎？臣聞慶曆中，灾異數見，一時宰執嘗謝過上前，仁宗諭之曰：「不須謝過，但自行事。」時范仲淹爲參知政事，退而條具應灾四事以上。皇祐中，又以星變，内出手詔十二條，令中書、門下、樞密院於軍國庶務中推求實事，有合更張振舉者，密具以聞。於是文彦博等請日舉兩條合更張振舉者，委曲面奏，所冀言之必行，行之必當。祖宗應天以實如此。臣謂陛下今日先當博採應詔之言，取其條上之事，責之大臣，以次施行，如皇祐故事，則自可應天而消變。雖不爲此舉，臣亦以爲可也。劉敞嘗謂：「三公之職主和陰陽，議臣之任主明天人。陛下當責三公以其職，使之陳陰陽不和之理；當責議臣以其學，使之明天人相與之際。」此誠知治體之論也。陛下儻責實如此，則臣安敢以虚文應詔？陛下儻徒事虚文，則臣雖以實對，亦無益爾。是以臣先以責實望陛下，而後敢言焉。

臣聞之宋祁曰：「灾異之發，政教之本，在朝廷君臣之間耳。」其他瑣瑣細故，誠不足以當陰陽之不和，議天人之相與。今明詔所及，止於上躬過失、朝政闕遺，蓋知當務之爲急。臣敢據是二者，參之災變，爲陛下陳之。

夫天之鼓舞萬物者，雷風也；君之鼓舞萬民者，號令也。天有雷風之變，乃爲人君號令之應。雷爲天地之動物，最爲不測而難信者。然發以二月，收以八月，人事候之以爲節，未嘗爽也。故萬物因之以動蟄而無病焉。若當收而發，則誤物多矣。陛下亦嘗因雷之非時，而反求之號令之間乎？陛下與大臣恐不能辭其責。

陛下自即位以來，好出御筆，陞黜之間，多爲不測。若示人以聰明威斷者，其慰人心者固時有之，而動人心者亦不少矣。陛下抑思人君據天下之利勢，一喜一怒繫萬物休戚，而使人不可得而測，則人其能自安乎？當人情求安之時，而反使之有不自安之意，殆非初政之美也。司馬光嘗告神宗皇帝曰：「陛下好於禁中指揮外事，非公卿所薦舉，牧伯所糾劾，或非次遷官，或無故廢罷，外人疑駭，不知所從。夫公卿牧伯所糾劾，或謂之賢而不賢，或謂之有罪而無罪，皆有迹可見，責有所歸，故不敢大爲欺罔。若姦臣密白陛下，令陛下自爲聖意以行之，則威福集於私門，怨謗歸於陛下。」此光《體要疏》中語也。陛下向在潛邸，固最愛此疏，豈今日乃忘之邪？陛下誠以光之言平心熟誦，反而思之，則今日之舉爲是爲非，可以坐決矣。臣故以號令不測爲陛下之過者，此也。

壽皇聖帝因山之舉，國之大事也。始卜稽山，大臣以爲土薄；復卜赤山，太史又以爲不吉；復令卜下宫，又以下宫爲不可遷也。日月已迫，而神穴未定，有司應辦，蔑知所向，此非朝廷之過乎？太上皇移御之所，有國之大事也，[1]至三易其處，使天下聞之，莫不疑惑，此又非朝廷之過乎？隨龍人推恩，陛下即阼之二日，固嘗有宣諭矣。已而大臣擬進，至于一再，必欲施行，陛下持之不下。臣嘗親聞玉音，謂：「朕尚未見父母，而先推恩隨龍人，孰爲重，孰爲輕？」有識聞此訓也，莫不感歎陛下聖明，而大臣復請下之，使陛下誠心實德不孚於天下，此又非朝廷之過乎？惟廟議無一定之規，故出令有二三之惑，臣故以號令不信爲二三大臣之責者，此也。

雷震不時，應或在是。孟冬之月，六陰過盛，而謂之陽月者，以陰盛則衰，陽當生爾。今乃淫雨爲灾，蓋陰勝也。推之人事，則君弱臣彊，陰勝也；內侵外治，陰勝也；小人害君子，陰勝也；盜賊病平民，陰勝也；蠻夷謀中國，陰勝也。陛下受天明命，大臣雖有翊戴之勳，而威福之柄實在陛下。前日大臣蔽一大吏，出一臺臣，而陛下覺之，罷大臣而進臺臣，人已服陛下之英斷，君弱臣彊之病宜無有也。陛下自在潛邸，不邇聲色，及登大位，親灑宸翰，以聲色及酒爲戒。既已無所耽溺，則亦無所牽制，內侵外治之患宜無有也。唯是陛下思見太上，朝夕不忘，而中有間阻，絕不得通，求之愈切，閡之愈固，使陛下彷徨無策，經營南內，將有移御之意。若果如此，陛下念親可謂至矣。然於宗廟社稷之計，不審熟慮之否乎？此恐未免動陰勝之應也。

天道雖遠，固未易知，人心匪遙，氣到

[1]「有」，原作「又」，今據《止堂集》卷五《應詔論雷雨爲灾奏》改。

自見，自古未有不召而自致之灾，亦未有已出而不應之變，陛下固不可逆料以爲不然而不慮之也。推之已事，亦可監矣。陳瓘嘗謂：「承顔養志，當以大舜、武王爲法。入修家人之禮則恭順無缺，出治朝廷之事則威柄不分，此乃大舜、武王之所謂孝也。」臣願陛下如瓘之言以事其親，則内侵外治之患庶乎他日可以免矣。陛下踐祚之日，即以收召人物諭臣。及召命之出，莫非負天下物望者。今在朝之士彬彬，固多君子矣。然臣嘗密察縉紳之間，則多猜防顧忌之心，無安舒閎雅之意。蓋君臣之情未洽，而邪正之路未分。陛下信重君子之意未孚於人，而昵比小人之跡已見於外。君子告陛下之言，小人或得與聞，而小人誤陛下之意，君子或不能知。正道恐消，邪道恐長。此亦未免動陰勝之應也。

當六七月之間，淮、浙大旱，剽掠之徒所至蝟集。今雖小弭，然飢寒漸近，雖朝廷多方軫卹，而州縣在在無米。失今不圖，向後盜賊安保其不作？此亦未免動陰勝之應也。

湖南蠻獠今年侵擾内地，已費調護，粗得平帖。似聞虜人復求疵於言語文移之間，我方内虞饑饉之迫，豈可外有兵革之釁？備禦之策茫如捕風，此亦未免動陰勝之應也。

淫雨爲灾，應或在是。臣素無學術，不善推步，因灾求類，以薦所聞。願陛下思所以致灾之由，求所以弭灾之道，事事責實，不以虛文。大要君臣之間各自反已，則轉灾爲福，反沴爲祥，直反掌之易耳，唯陛下留神念之。臣以使事在途，輒因詔書驛置以聞。言語狂妄，甘俟顯戮。

慶元中，大旱，下詔求言。知贛州興國縣莊夏上封事曰：

君者陽也，臣者君之陰也。今威福下移，此陰勝也。積陰之極，陽氣散亂而不收，其弊爲火災，爲旱蝗。願陛下體陽剛之德，使後宫戚里、内省黄門思不出位，此抑陰助陽之術也。

權禮部侍郎兼侍講許奕亦應詔上言曰：「國家當以實意行實政，活民于死，不可責償于禱祠之間而已也。蝗至都城，然後下禮寺講醻祭，孰非王土，顧及境而懼，偶不至輦下，則終不以爲災乎？」又曰：「權臣之誅也，下至閭巷，讙聲如雷。蓋更化之初，人有厚望，久而無以相遠也，此謗讟之所從生。」又曰：「内降非盛世事也，王璿進狀不實而經營以求倖免，裴伸何人，驟爲帶御器械。」時應詔者甚衆，奕言最爲剴切。

國子博士張虙亦應詔上疏曰：

上天之心即我祖宗之心，數年以來，蓋有爲祖宗所不敢爲者。凡祖宗之時，幾舉而不遂，已行而復寢，始以人言而從，終以國體而回者，今皆處之以不疑矣。凡祖宗長慮却顧，所以銷惡運、遏亂原、兢兢相與守之者，皆變於目前利便快意之謀矣。議者惟知衰靡之俗不可不振起也，圮壞之風不可不整刷也，抑不知振起、整刷之術，最難施於衰靡、圮壞之後。何者？元氣已傷而不可再擾，人心方蘇而不可駭動也。且造楮初欲便民，朝廷既以一切之政驅其聽，復以一定之價迫之從，郡縣之間遂騷然矣。

監司、郡守老成遲鈍者悉屏而不用，而取夫新進喜功名者爲之，見事則風生，臨事則痛決，❶事未果集而根本已朘，國未有益而民生已困矣。凡此皆有累於祖宗仁厚之德，此旱勢之所以彌甚也。

歷代名臣奏議卷之三百八

本卷劉永强校點

❶「决」，原作「快」，今據《宋史·張慮傳》改。

歷代名臣奏議卷之三百九

災祥

宋寧宗嘉泰中，著作佐郎、知徽州事袁甫上奏曰：

臣將指外服，不當出位言朝廷事。傳聞今月三日京城火災，延及宗廟、三省臺部、百司庶府以至民居，太半灰燼，奔避而死者數亦不少。此殆皇天震怒之極，國家殊常之災，四方聞者莫不駭懼。臣子苟懷愛君之念，正當度越拘攣，披瀝肝膽，感悟上心，挽回天意。今朝廷若止將失火之人梟首示衆，而陛下又不過避殿減膳，僅舉一二典故，止作常事施行，乃欲轉災爲福，此必無之理也。且乖氣致異，蓋有積漸，敬天之怒，當謹幾微。陛下胡不思連年荒歉，民窮無告，流離餓莩，填委溝壑，天意怒矣，而陛下未悟。星行示變，莫匪兵象。今夏水溢，三月不退，天意怒矣，而陛下又未悟。閩中江右寇暴相挻，章貢盱江叛卒繼擾，韃兵犯蜀，摇我襄漢，草寇起衢，迫我畿甸，天意怒矣，而陛下又未悟。董仲舒有言：「天出災害以譴告之，又出怪異以警懼之，尚不知變，而傷敗乃至。」陛下歷觀數年以來，災害譴告有之矣，怪異警懼有之矣。天之於陛下，其仁愛切至如此，而陛下猶未之悟。今京城火災，可謂傷敗之證，天意震怒，至此已極。陛下不於此時深念致災之繇，亟思銷變之道，翻然悔悟，痛自克責，臣恐天怒益烈，甚可憂也，甚可畏也。

臣聞變不虛生，緣事乃起。臣請言其所由起者。宮壼既正，嬪御復增，耽樂是從，虧損聖德，果天意耶？臨御以來，群心顒望，未聞總攬，惟事仰成，果天意耶？國有忠賢，寘爲元氣，摧敗困沮，生意幾絶，果天意耶？上下不交，以言爲諱，鉗口結舌，相習成風，果天意耶？其他如姦贓之吏充斥州縣，椎剥膏血，苞苴肆行，私室之積過於公家，怨讟交興，灾變遂作。天意人心實同一機，産禍之胎端在於此。昨者禁扈之火，中外固已驚異，今乃灾及太廟，陛下念到祖宗，寧不哀痛？况迫近君門，是欲使陛下反躬修德也；延及三省，是欲使大臣戒懼悔過也；又及御史臺、諫院，是欲使風憲之地昭明公論也；又次及六部、寺監、庫務，是欲使舉朝之士洗心滌慮也。上天震怒如是，猶未忍遽忘仁愛之意，故令陛下目擊心解，改絃易轍。儻尚謂鎮静可以應變，毋乃愈重天怒乎？今日下詔罪己，陛下必所不憚，但應天當有實事，空言何足動人？却恐詔令之出稍涉泛常，施行之間無所聳動，四方百姓必謂陛下當如是之灾，而實未嘗知懼。上天之仁愛陛下者，於是有大觖望矣。

事幾所在，間不容髮，上關宗社，臣實寒心，是用不量疏遠，罄竭愚衷。臣願陛下下哀痛之詔，盡革往愆，清心寡慾，躬親庶政。減嬪御以肅宮壼，進忠賢以重朝廷。排斥憸諛，奬扶讜直，誅鋤貪虐之吏，丕變苞苴之風。日與一二大臣開示大公，屏絶私意。如此而天怒不回，灾變復見，則雖碎臣之首以懲繆妄，臣不悔也。國家安危之機，正在今日，惟陛下亟圖之。

甫又上奏曰：

臣仰惟陛下肆頒手札，繼發德音，以回禄挻灾，近在京邑，側身引咎，博求直言，深見陛下祇畏天威、悔過修德之心。臣未奉詔之前，嘗於九月十九日首騰奏疏，上徹天閽，謂答謝明譴，莫若下詔罪己，今求言之詔果下矣。臣苟愛身忘國，不復盡吐肝膈，少効懇款忠愛之義，以仰裨聖明之萬一，是臣大負陛下也。陛下縱不誅臣，天亦將誅臣矣。謹上封事，惟陛下垂聽焉。

臣捧讀明詔，至所謂「痛哭流涕，何以贖愆」，不覺仰天泣下，知陛下真有此心，是以真有此言，决非緣飾於辭令者所能爲也。且夫菑起都城，天意何在？蓋欲陛下因其所可見，察其所不可見耳。陛下深居䕶濩之宫，四方雖有危急之事，君門萬里，烏得盡知？左右之臣雖知而不言，疏逖之臣欲言而無路，所賴以丁寧告戒一悟聖心者，惟天而已矣。天謂寇盜縱横，民罹殘虐，室廬丘墓往往爲墟，大傷孝子慈孫之心，此陛下所不見，故使陛下親見延燎太室，驚動神靈，俄頃之間化爲灰燼，雖欲不痛哭流涕，不可得也。天謂所在州縣水溢爲灾，江湖城市莽爲巨浸，生生之具漂没幾盡，此陛下所不見，故使陛下親見公宇焚蕩，居民荒燬，衆大之區，變爲瓦爍，雖欲不痛哭流涕，不可得也。天又謂頻年以來，干戈滿眼，老稚轉徙溝壑，壯者流散四方，亦陛下所不見，故使陛下親見都人避逃，號呼道路，上及朝士，廨舍爲灰，骨肉犇迸，雖欲不痛哭流涕，不可得也。天又謂歲屢不登，餓殍盈野，公私之力耗於賑荒，迄今饑民氣息尚存，狀如鬼質，此陛下所不見，故使陛下親見都城被焚之家，悉仰贍給，錢粟易竭，民飢無窮，其間死傷之人，卒致銜冤於地下，雖欲不痛哭流涕，不可得也。

夫内之形證即外之形證，❶外之氣象即内之氣象。姦邪導諛之人競欲以甘言佞辭蔽陛下之耳目，而天心仁愛，特以氣象、形證之彰彰者開陛下之聰明，使陛下雖不日接四方萬里之事，而天威赫然，曾不越乎咫尺之間。嗚呼！何其眷陛下之深而愛陛下之切也。然則陛下思所以悔己過、答天心者，可無以踐痛哭流涕之言乎？且臣聞之，憤切之言激於事變，脩省之實决於力行。凡人一語之發，尚當表裏相符。大哉王言，誕告萬方，不特人聞之，天亦聞之，而可不求所以實其言耶？陛下所謂痛哭流涕者，蓋一時憤激之辭，已而怠，久而忘之矣。今日求言之本旨，正欲以昭示修省之實，共圖銷弭之道。陛下對越上蒼而發斯言，臣亦對越上蒼而爲陛下盡吐之。

且陛下爲宗廟、社稷、生靈之主，必當以宗廟、社稷、生靈爲心。自臨御以迄于今，凡八祼矣。陛下所恃以乂安海内者，蓋曰宰臣輔翼於下，真魚水相得之歡也；而宰臣所恃以鎮服人心者，蓋亦曰陛下照臨於上，真風雲際會之辰也。然而中外多事，國步孔艱，宰臣之勤勞亦已至矣。三數年來，積勞成疾，猶不避事，陛下正當深加體恤，以全君臣之誼可也。何爲高拱無營，自暇自逸，而獨使宰輔以有限之筋力當無窮之憂責歟！夫君相之間，其合也甚難，而其全也尤難。《書》曰：「自周有終，相亦惟終。」釋者曰「忠信爲周」，忠信云者，不事形

❶「證」，當作「徵」，作者避宋仁宗名諱改「徵」作「證」。本篇下同。

迹，純全無僞之謂也。陛下以忠信待宰臣，宰臣以忠信事陛下。向也謙冲退托而未遑親政，今也國事明習而總攬萬幾，在我初無私意，而天下信其當然，是之謂忠信，是之謂全君臣之交。若夫臣有所願而不得以自遂，君有所爲而不果於自奮，君臣苟避嫌疑，不用其情，而舉天下國家安危存亡之故，泛泛焉付之無可奈何，固已不能上當天心矣。及其患生於所忽，灾起於非常，僅欲以區區之空言，掩天下之觀聽，吾誰欺，欺天乎？

且陛下先以習安玩常之見入乎胸中，而或者從而附和之曰：「今日之灾乃天數，非人事也。」又曰：「直言不得不求，非必盡聽也。」又曰：「他事不必改更，惟汲汲於營繕可也。」暨乎土木畢興，輪奐復舊，陛下晏然處之，不思改絃易轍。今日素服避殿之心復轉而爲平日荒耽酒色之心，今日減膳徹樂之心復轉而爲平日般樂怠傲之心，今日求言修政之心復轉而爲平日不親庶務之心。陛下既自處於無爲，乃朝夕督責大臣以有爲，而又適遭乎搶攘多故之秋，寇賊之未息，羽書之旁午，東淮尚煩區畫，西蜀更費隄防。殘虜求和，意猶叵測；使命輕遣，或貽後悔。叢此責任，憂慮萬端，陛下盡欲以委宰輔耶？臣恐非元首起股肱喜之義也。

天下之命寄於陛下，陛下之明資於宰輔，宰輔又資於執政、臺諫、侍從、百執事之人，等級相承，血脉相貫。必也陛下以奮厲興起之意率先於上，然後精神之所運用，風采之所振發，機括一轉，群聽咸新，雷動風行，捷若影響，又何患人心之不説、天意之不解乎？陛下若徒謂一時憤切之言形於紙上者足以回天心，不知修省之實關於政事者乃所以消天譴，則所謂「痛哭流涕」亦空言而已。《虞書》曰「后克艱厥后」，孔子曰「爲君難」，蓋謂夫尊居九五，事繁責鉅，非可以易心處也。若如陛下盡諉其事於人，而憂懼不切於己，則爲君者何其甚易而不難耶？臣願陛下澄心定志，深思痛省。今日之天下乃祖宗之天下，立政當以天下而立，用人當以天下而用，行至公無私之大道，全保護宰相之大體，率厲群工，大明黜陟，變委靡衰弱之陋習，爲滌蕩振刷之宏規。斷自聖意，洒然與天下更新。如此，則宗廟、社稷可使久安，天下人心可使咸悦，而皇天威怒庶其可回矣。不然，乾剛不振，政事不親，國勢朝綱日就萎薾，天意謂陛下爲如何，謂宰臣爲如何？日監在兹，凜凜乎甚可懼也。

陛下以直言求臣，臣發於忠愛，不容緘默。位卑言高，罪當誅殛，惟陛下財幸。

嘉定中，甫爲秘書省正字，上奏曰：

臣猥以庸虚，誤蒙親擢，今兹召對，獲覲清光。臣竊惟陛下聖德淵静，默與天契，念慮純一，上與天通。自臨御以至于今，凡幾更變故矣，而隨即消弭，轉危爲安，人以爲天數之適然，而不知皆聖德格天之功。近者殘虜首開兵端，我師既出，虜兵旋退，人以爲群臣禦侮之力，而不知皆天佑皇家之驗。夫以陛下積平日畏天之誠，而天心又有啓佑陛下之實，固宜休祥畢至，灾異盡除，而今乃陰陽未調，旱魃爲虐，不亦深可懼歟！甚矣！君天下者不可一日而無懼心也。懼心常存則妖不勝德，懼心或亡則德不勝妖。陛下如欲因天戒而回天心，變亢陽而致甘澤，其道非他，惟當即陛下畏天之素心愈加警懼而已。

天理流行，隨寓著見，善格天者要必事事知懼。何也？❶賢才之用舍，關天心之向背。今也端良者斥，諂諛者用，盡言者罰，蒙蔽者賞，邪正易位，白黑不分，杜忠臣敢諫之門，孤上天生賢之意，是可懼也。民生之安危，判天命之去留。今也兵戈既興，暴露日久，餽餉不繼，斂將及民，根本一虛，則岌岌焉有蕭牆之憂，國祚倏短，實决於此，是可懼也。廣謀從衆，乃合天心。今也陛下深居高拱，未盡下情，群臣奉行簿書，罕接輿議，獨運密謀之意勝，而虛心諮訪之意微，將恐天下迫切之情無由上聞，是可懼也。君臣一德，克享天心。今也一人憂勤於上，而群臣逸豫於下，外患未弭，內患方深，而熙熙焉無異平時，自謂雅量足以鎮浮，而不知宴安乃爲鴆毒，是可懼也。法天行健，是謂君德。今也陛下恭儉有餘而剛斷不足，庸夫憸人苟求富貴，而未聞大明黜陟，以警動衆心，將帥交結而軍旅之政壞，州郡賄賂而節廉之風衰，此皆自貴近者化之，不改其原，流弊愈熾，是可懼也。夫此五可懼者，特舉其大端耳，其他禍幾亂萌，不可悉數，其將何以答天譴、召和氣哉！臣故曰：「惟當積陛下畏天之素心愈加戒懼而已。」❷

且臣聞之，上有戒懼之君，則下無可懼之事。懼心不存於我，則彼之大可懼者始見，此必然之理也。陛下誠能繼今以始，惕

❶「何」，原作「可」，今據《蒙齋集》卷二《正字上殿劄子》改。

❷「積」，《蒙齋集》作「即」。

然内省，知畏天一念乃我之所固有，初無俟乎外求，自方寸之清明而推之於朝廷之清明，由宫闈之謹肅而達於政令之謹肅，昭公道以破私意之扃鐍，擢正人以鋮邪説之膏肓。陛下以是率先於上，而股肱大臣又能公聽並觀，畢志竭忠，以體君上之心。耳目之官，喉舌之司，亦皆博采公論，盡吐忠赤，以掃積年之弊。下至群工、百執事，無不精白一心，公爾忘私，以赴國家之急。將見天意回於上，灾變弭於下，豈徒自治吾國而已，雖坐制外夷可也，何足懼哉！不然，精神移爲怠昏，剛强銷爲柔懦，君臣上下，一不知懼，而可懼之事衆矣。治亂存亡之勢，其本在此，惟陛下留神省察。

駕部員外郎李鳴復上奏曰：

臣恭覩詔書：「以丙戌之夕，回禄挺菑，信宿之間，上及太室，延燔民廬，皇天動威，孰大於此？應内外臣僚，曁于士庶，咸許直言，指陳過失。」臣至愚極陋，濫玷郎曹，當天心赫然震怒之時，陛下惕然修省之日，立君之朝，食君之禄，不能竭千慮之愚以少裨聖聽，不惟負陛下，亦負所學。

臣觀今之進説者二：獻諛於陛下者必歸其灾於天數，獻忠於陛下者必推其失於人事。此其操心如冰炭之遼絶，不待論也。而推之人事者，則又有緩急焉，有小大焉。因灾及宗廟也，而謂廟制之失禮，因灾及官府也，而謂群有司之失職，非不正也，所以召是變者尤有急於此也。憤將帥之不用命也，而欲戮於社，憤尹漕之不撫摩也，而欲褫其職，非不當也，所以弭是變者尤有大於此也。臣嘗讀《書》，見其有曰：「惟天聰明，惟聖時憲。」又曰：「惟天惠民，惟辟奉天。」又曰：「惟尹躬暨湯，咸有一德，克享天心。」又曰：「昔先正保衡，作我先王，曰：『予弗克俾厥后爲堯、舜，其心愧耻，若撻于市。』一夫不獲，則曰時予之辜。祐我烈祖，格于皇天。」又曰：「我聞在昔成湯既受殷命，時則有若伊尹，格于皇天。在太甲，時則有若保衡。在太戊，時則有若伊陟、臣扈，格于上帝。」自昔有天下國家，所以誕膺天命，罔有天灾，未始不本於人君之脩德，大臣之輔德也。德惟一，動罔不吉；德二三，動罔不凶。論灾祥而不原之人主，不原之宰相，尚得爲知本哉？臣不識忌諱，竊伏妄謂今日所以致天變者在君相，則今日所以回天意者，亦當在君相。

陛下即位，今八年矣，裁成天地之道，輔相天地之宜，非陛下事乎？舊勞于外，陛下固已知稼穡之艱難，留意講學，陛下又已熟古今之理亂。治國平天下之實，所欠闕者特致知而未能力行，得之於心而未能達之於政耳。天下望陛下充其所未至，陛下乃復壞其所已成。聞諸道路，外朝聽政之暇，即嬉游宴飲之時，經筵勸講之餘，皆狎近嬪侍之日。民死於飢不暇問，死於水不暇問，死於寇賊不暇問，死於戎狄亦不暇問。惟東淮之禍近在肘腋，剥床及膚，頗關聖慮。未幾而元兇授首，不謂外懼已去，內蠹復生矣。自夏四月雨，至于秋七月，輪遣百官，日謁群祀，此何時也？天怒未霽而人妖已進，所以恐懼者安在？外事祈禱而內懷耽樂，所以修省者何若？宫禁邃嚴之地，人所不睹，而天實睹之；暗室隱微之間，人所不聞，而天實聞之。陛下父天子民者也，念慮若此，何以當天心？明詔謂「朕德不修」，信乎其不修也。宰相執持國柄，二十餘載矣，論道經邦，燮理陰陽，非宰相職乎？先皇帝更化以來，内撫外寧，天下有泰和之風。陛下臨御以來，内阻外訌，天下多急迫之態。此非獨陛下不逮先帝，宰相自視前日，亦少減矣。内殿不時引，啓心沃心之至情安得相孚？都堂不日至，貳公弘化之實意安能盡達？列庶位者未必皆俊乂，愛焉而莫知其惡也；投散地者未必無真賢，憎焉而莫知其善也。私徑日闢，公道日消，逢迎躁進之士每趨形附影於親要之門，寡廉鮮耻之徒又索響求聲於厮役之賤。除授以賄取，不待領事，已有責償之心；薦舉以賄成，未嘗脱選，已動攫拏之志。天下之財聚於請囑，聚於苞苴，聚於囊橐，而陛下之赤子皆不聊生矣。天命天討，不聞國典之舉行；天視天聽，但覺人心之胥怨。宰相代天理物者也，民俗如此，何以召和氣？明詔謂「朝政多闕」，信乎其多闕也。故曰：「所以致天變者在君相。」

欲修君德，當正其本；欲肅朝政，當清其源。本之不正而欲齊其末，源之不清而欲潔其流，天下無是理也。何謂本？人君之心是也。唐明皇一人耳，心乎厲精，則開元以治；心乎縱逸，則天寶以亂。人君一心，其係乎天下治忽如此。陛下始初清明，志氣恬淡，視古帝王事業，若不難致。苟能思前之所以得，操之而欲其存，戒今之所以失，去之而欲其盡。無安厥位，若將隕于深淵之危；無輕民事，常若凛乎朽索之馭。罔游于逸，罔淫于樂，此念無時而不嚴；莫見乎隱，莫顯乎微，此心無地而不謹。立於無過之地，而常勵其有爲之志，以之正朝廷，以之正百官，又以之正萬民，推而至於四方遠近，將莫不一於正矣。是之謂修君德。何謂源？朝廷表儀之地是也。楊綰以儉素用，制下之日，聲樂之多者以減，騶從之盛者以省，第屋之華者以撤。一相之好尚，其足以轉移風俗如此。今之大臣世司台鼎，身佩安危，如漢之韋平，不足多進。苟能思乾、淳之所以致理而按爲成法，思嘉定之所以更化而不替初心，杜群枉之門，使無一隙之可投，開衆正之路，使無一方之或壅。公論所予，從而予之，不以其疏而遂弃；公論所奪，從而奪之，不以其親而遂止。廉以勵俗，貪者可使之廉，正以率人，邪者可使之正，天下共由於大公至正之途。氣和則形和，形和則聲和，聲和則天地之和亦從而應矣。是之謂肅朝政。君德修於内，朝政肅於外，嘆息愁恨之聲既息，陰陽乖異之變不消，臣未之信也。故曰：「所以回天意者，亦當在君相。」

雖然，臣猶有言焉。有一時之慮，有萬世之慮。慮及一時者，事之已然而指陳其迹；慮及萬世者，事之未然而逆探其理者也。蓋惟辟作威，惟辟作福，正也。權在天子，而宰相輔贊彌縫焉，正之正也。二帝之所以帝，三王之所以王，是也。百官總己以聽冢宰，權也。權在宰相，而天子垂拱仰成焉，正之變也。伊尹之於商，姬旦之於周，霍光之於漢，是也。權不在天子，不在宰相，而或流於女寵，或流於宦寺，變之變也，漢、唐之季世是也。陛下春秋鼎盛，正親攬萬機之時；大臣功業光明，皆乃心王室之日。聖賢相逢，固無他慮，而婦有長舌爲厲之階，識者殆軫憂焉，懼其進而不已，則並后匹嫡之事見矣。又進而不已，則斜封墨敕之害形矣。又進而不已，則柔佞回邪之小人倚勢作威，盤根錯節，而天下之患不可勝窮矣。《坤》之初六，一陰始生之卦也，而曰「履霜，堅冰至」。事雖未然，而理有必然，聖人憂夫辨之不早辨如此。

陛下以直求言，臣不敢不以直對。對以直言，臣之職也，罪以直言，亦臣之分也。惟陛下與大臣熟圖之，臣不勝惓惓。

鎮江府通判蔣重珍以火灾應詔上言曰：

臣頃進本心外物界限之説，蓋欲陛下親攬大柄，不退託於人，盡破恩私，求無愧於己。儻以富貴之私視之，一言一動不忘其私，則是以天下生靈、社稷宗廟之事爲輕，而以一身富貴之所從來爲重，不惟上負天命，以先帝聖母至于公卿百執事之所以望陛下者，亦不如此也。昔周勃今日握璽授文帝，是夜即以宋昌領南北軍；霍光今年定策立宣帝，而明年稽首歸政。今臨御八年，未聞有所作爲。進退人才，興廢政事，天下皆曰此丞相意，一時恩怨雖歸廟堂，異日治亂實在陛下。焉有爲天之子，爲人之王，而自朝廷達於天下，皆言相而不言君哉？天之所以火宗廟、火都城者殆以此。

臣所以痛心者，九廟至重，事如生存，而徹小塗大，不防於火之未至。宰相之居華屋廣袤，而焦頭爛額，獨全於火之未然，亦足以見人心陷溺，知有權勢，不知有君父矣。他有變故，何所倚仗，陛下自視，不亦孤乎？昔史浩兩入相，才五月或九月即罷，孝宗之報功，寧有窮已，顧如此其亟，何哉？保全功臣之道，可厚以富貴，不可久以權也。

著作郎吳泳上奏曰：

京城之灾，京城之所見也。四方有敗，陛下亦得而見之乎？夫慘莫慘於兵也，而連年不戢，則甚於火矣。酷莫酷於吏也，而頻歲横征，則猛於火矣。閩之民困於盜，浙之民困於水，蜀之民困於兵。横斂之原既不澄於上，包苴之根又不絶於下。譬彼壞木，疾用無枝，而内涸之形見矣。

衛涇論火灾疏曰：

臣仰惟陛下寅畏天命，夙夜祇懼。曩者火失其性，京邑屢菑，聖德消弭，薦歲寧謐，都民奠居，上下相慶。迺者濫炎復變，上驚東朝，陛下責躬避殿，減膳徹樂，不遑寧處。即日恭請太皇太后歸奉内庭，昏晨定省，日便娱養。不惟見陛下遇菑修省之意，又因事以昭明陛下篤孝之誠，益固太皇康寧之福，真足以上當天心，下慰人望。恭惟國家以火德王天下，火得其性，則不爲灾。謹按《春秋傳》曰：「凡火，人火曰火，天火曰灾。」故《春秋》書火者一，書灾者十有一，皆紀異以書變也。竊見癸丑火作之夕，先有震電，咎起不測，豈非灾變之大乎？夫菑異者，上天所以仁愛人君而警戒之也。昔楚莊王以天不見妖爲懼，古人不以遇灾而有諱，常以因變而知戒。臣愚欲望陛下睹天變之不虚，益思修省恐懼之未至者，以答上天仁愛之意，勿以目前隨宜區處爲足以應變，勿以旬日貶損儀度爲足以盡誠。方今四陽用事，愆陰苦寒，霖潦爲沴，飛雹屢作，繁霜未止，無非天戒之可警可懼者也。惟聖心每以弭菑銷變爲念，於一身之起居必致其肅，於宫闈之奉益思其未備，於宗廟之禮益盡其當敬，謹察政令之偏，廣訪水旱之病，清獄訟淹枉之失，戒郡邑掊尅之害，凡可以致灾咎者，無一而不加戒懼，如此，則天變可銷，而乖沴可轉爲和平之福矣。臣不勝惓惓之忠。

涇又進故事曰：

天聖五年秋七月，趙州言蝗自邢州南來，纔二頃餘，不食苗。上謂輔臣曰：「但慮州郡所奏不實爾，其遣官按視，速捕瘞以聞。」

臣聞天灾流行，國家代有，或因灾修政而轉爲天下之福，或諱灾玩變而遂貽斯民之害。蓋寅畏警懼，不以灾孽爲諱，而每以民瘼爲憂，則上下勤恤而民被其仁矣。宴安縱弛，君姑務於掩覆，臣相從於諛悦，則有變莫省而民無所愬矣。此休咎之異，治亂之所從分也。是故唐太宗貞觀初年，旱蝗逾歲，米斗三錢，以其不諱灾而勤於恤民也。漢武帝元光五年秋蝗，太初元年夏蝗，而卒致海内虚耗，以其遇灾不懼而不知愛民也。仰惟仁宗皇帝畏天出於誠心，愛民形於實政，方旱蝗之變，不以不害苗稼爲幸，而深以州郡所奏不實爲憂。大哉王言！恐懼修省，憂勤惻怛，可謂兩盡矣。

夫人君之患莫大乎惡灾異而不欲聞，人臣之患莫大乎蔽灾異而不以聞。飛蝗之沴，害民之尤者也。寧言傷稼而思銷變之道，豈可謂不食苗而忘憂民之心乎？然人之常情，恐懼於一時者或怠忽於悠久，自古賢主猶不免。惟我仁宗畏天愛民，終始如一，異時因飛蝗爲孽，責躬引過，祈于天地宗廟，不令殃及萬方。而蔡襄爲諫官，極論旱蝗之變，以謂邊陲守禦戰争之苦，兵冗財竭，賦斂暴興，生民膏血掠取無極，是致灾異頻數。夫君臣上下恐懼凛凛如此，此其上銷天變，内結人心，外弭邊患，所以基四十二年之治歟！　側聞孝宗皇帝乾道元年，淮南漕臣姚岳言蝗自淮北飛渡，皆抱草木自死，仍封死蝗以進。詔鐫秩罷斥，以爲佞邪之戒。仰見祖宗寅畏天變，杜絶諛論，前後若合符節。家法相承，垂裕萬世。臣又觀隆興初蝗蟲爲灾，孝宗謂史臣胡銓曰：「朕逐日禱天，蝗蟲遂滅，安可不至誠。」銓奏曰：「陛下行之不息，豈特滅蝗，虜亦不足慮。」嗚呼！　銷變格天之道，端在乎此，銓又能推廣聖意及於敵國外患。昔益言於禹曰：❶「惟德動天，無遠弗届。」銓之言近於是矣。臣愚惓惓，願今日常以斯言爲警，則弭灾致祥，寧内服外，皆自一念推之耳。

涇又應詔上奏曰：

臣一介疏遠，去歲十月嘗因輪對獲望清光。三劄所陳，竊謂陛下踐祚以來，天意順從，雨暘時若，邊陲不聳，年穀豐登。天之所以愛陛下者既至，則所以望陛下者亦至。苟玩其所愛，不自省循，則天心之愛或有時不可恃，而譴咎傷敗之來未必不基於此。願陛下以無灾爲懼，飭躬厲行，增修聖德，垂神政事，以答天貺。陛下過聽，首肯再三。及堯、舜、文王皆大聖人，猶兢兢業業，小心翼翼，至論仁皇敬天，著《洪範政鑑》，則陛下又曰：「此書參人事而言，朕常

❶「禹」，原作「舜」，今據《四庫全書》本、《尚書正義·大禹謨》改。

置之座右。」退而誦歎，陛下此心實堯、舜、文王之用心，是宜休祥之應日臻，灾異無繇而至。今者建寅之月，震雷非時，雨雹交作，繼以大雪，灾變甚鉅，咎證非虚。由古及今，罕所聞見。《春秋》隱公九年三月癸酉大雨震電，庚辰大雨雪；晉愍帝建興元年十一月己巳大雨雹震電，庚午大雪。然自庚辰至癸酉，相距八日之遠，而雪作於仲冬，毋足深怪。曾未有當此之時，雷電雹雪繼作於一夕之頃者也。雖灾異之出足見天心愛君之仁，而天人之際必有感召相因之理。陛下睹變思懼，亟降明旨，訪求時政之闕失。臣雖愚陋，固嘗先事而言。矧咨詢下逮，安敢知而不言，言而不盡，上負陛下虚懷納忠之意乎？

臣聞應天以實不以文，動民以行不以言。成湯禱旱，以六事自責；宣王遇灾，側身而脩行。古之聖王必先引咎於己，不欲歸過於人，蓋將應乎天而動乎民，固當求其實而篤其行也。今陛下嚴恭寅畏，克謹天戒，恐懼修省，不遑康寧，視成湯、宣王無間然矣。臣誠不自揆，請得一二條陳之，幸陛下不以臣之愚而廢其言。

臣聞自古人主患不容受，陛下每於臣僚奏對，言雖訐直，必務優容，可謂有容受之量。然受言之名甚美，用言之效蔑聞，毋乃聽納雖廣，誠意不加，始説而終違，面從而心拒？軒陛之前，應和酧酢，密若有契於淵扆，進對之臣亦自以爲得上意。退朝之暇，寂不見於施行，蓋有宣泄於小人而遂罹中傷者矣。潛沮士氣，陰長諛習，莫甚於此。言路尚壅，此闕政一也。

臣聞自古人主患好自用，陛下從善如流，改過不吝，可謂無自用之失。然鯁亮之士難合，諂諛之徒易親，豈非信任未明，好惡易惑？鯁亮者未必非忠也，而終惡其忤己；諂諛者無非爲佞也，而終喜其順己。於是特立獨行則浸見疏斥，而偷合苟容則次第進用矣。沮壞忠善，傷敗風俗，端在乎是。人材未振，此闕政二也。

臣聞帝王以勤儉爲德，而不可以位爲樂。以聲色娛其耳目，使日新月盛，無暇更及他事，蓋仇士良蠱其君之至計也。臣進言及此，陛下無不灼知。竊聞萬機之餘，宮中燕飲太頻，聲樂競進。六宮之奉非不備也，而優伶靡曼之容、市井詼諧之戲間被宣召，雜陳于前。道路所傳，未足深信，然所以致謗，必有由也。至於近屬之親，姻戚之貴，尤宜進見以時，交接以禮，然後恩義兩盡，名分素嚴。儻若數陪宴侍，深入禁掖，臣恐歡洽之餘，浮費必廣，眷寵之盛，請謁必行，可不防其漸乎？燕飲未節，此闕政三也。

臣聞府庫金帛皆生民之膏血，州縣之吏鞭撻其丁壯，凍餒其老弱，銖銖寸寸而誅之，幾無聊生之民矣。陛下勤恤幽隱，每以民貧爲念。竊聞上方賜予太多，用度浸廣，緡錢之予，遍於貴近，金帶之賜，逮於微賤。優伶之徒鮮衣靡服，徜徉于道，見者駭目。假以犒軍之名，移用封樁之積，臣僚執奏，僅存虛券，聞者不能無疑也。至於嗣邸后家土木競興，蠹耗無藝，官府厭誅求之苦，閭巷有愁歎之聲。臣恐軍怨民窮，其來已久，緩急之際，卒成禍階，可不慮其微乎？賜予無度，此闕政四也。

臣聞國以紀綱爲本，臺諫、給舍所以寄紀綱之地。命令之頒，爵賞之施，雖出於人主，行於朝廷，而給舍得以駁正，臺諫得以論列，是非可否，一言而定。夫是以姦邪知所凛畏，而國體由此尊嚴。今也侍從擢非其人，節鉞畀非其功，給舍駁正，臺諫論列，固其職也。而連章累疏則沮格不行，備禮請去則眷留甚力。夫以其宣勞而陞之侍從，未爲甚過；憫其降職而寵之節鉞，❶猶可諉也。然祖宗愛護綱紀，曲示聽從，寧屈於所當與而必伸言者之氣，蓋國體所繫而於勢未順也。然則紀綱浸壞，國體漸輕，而姦邪生心矣。紀綱不立，此闕政五也。

臣聞爵禄人主之操柄，而名器不可以假人。必愛惜謹重，不輕於所予，然後足以厲世而磨鈍，興事而勸功。今也正任之留務，去節鉞一等，戚里緣恩而授遥領之刺州，在武列爲寵。❷豎工冒法而得一留務、一遥刺，若非所甚惜也。然成憲既紊，倖門方開，群小争趨，扳援伺隙。不能塞其源，而何以遏其流乎？平居罔功，高爵厚禄，一旦有事，能效尺寸，將何官以賞之乎？唐以官爵賞功，將軍告身纔易一醉，其極必至於是。名器浸輕，此闕政六也。

臣聞人君即位，必有攀附之舊，一時遭遇，無不萌覬寵希榮之心。然其識見至卑，才品至下，待之恩厚可也，禄之優閑可也，至於議政事、論人物，則當與天下之材共之。陛下初政，有二三左右恃恩妄作，自以爲參陪密論，薦進人材，寡廉鮮耻之徒趨而附之，賴陛下威斷，即從罷斥。其尚存者宣對頻數，出入無時，採訪寧免於讒邪，議論豈無於憎愛？近日蹤跡，頗已彰聞。夫外

❶「職」，原作「虜」，今據《後樂集》卷一〇《辛亥歲春雷雪應詔上封事》改。

❷「列」，《後樂集》作「例」。

廷之臣皆陛下所選擢，豈盡不可親信，奚必寄腹心於此曹乎？豈其幸陛下之未覺寤，而爲此鼠竊之計乎？誠恐潛弄威福，養成姦蠹，佞倖漸肆，此闕政七也。

臣聞古之人君待臣下以禮，而責臣下亦重，惟其待以禮而後可以責之重。傳所謂「上設禮義廉耻以遇其臣，而臣以節行報其上」也。國朝體貌大臣尤爲優厚，不以其有罪而廢禮也。間者大臣去位，一章而罷，如棄土梗。借曰臺諫之言不得不從，則前日之抗言極論，列名奏疏，何迫之以宣諭而果於拒人也？從臣之丐去，姑曰不允，而與祠之命忽從中下。雖寵以峻職，而恩意則甚薄矣，何以厲臣節而示衆庶乎？近者一二職事官之補外，悉以御筆，莫測其故。夫出處士大夫之所重也，賢者曖昧而莫辨，不肖者徼倖而苟免，又何以養廉耻而示懲勸乎？遇臣不以禮，而黜陟未明，此闕政八也。

臣聞逆虜之讎在所必復，疆埸之事終於不免，顧有遲有速耳。事不素備，何以應猝？陛下與二三大臣再歲于兹，從容論道，亦嘗講明之乎？守禦之方孰緩孰急，攻取之路孰先孰後，亦有成謨定算矣乎？至於將帥之臣，尤當儲蓄，雖武事非嘗試而後見，而才否亦安可以不知？何者有文武綏懷之道，何者有沈雄攘郤之略，亦可拔擢而收致之乎？微有一警而起之閑散之中者，非貪殘無行，即誕謾不實之流，其人果孰可倚仗乎？安有行義不信於平時，而臨事能以使人者？荆襄、維揚皆號重鎮，戚屬庸才素無望實，居是任者果能當一面乎？邊防之無備，而將帥乏材，此闕政九也。

凡此九者，臣固已條陳於前。雖致灾不專在是，而皆今日之所當慮也。

抑臣猶有疑焉。陛下降旨求言，止於館職，路誠未廣。意者陛下急聞闕失，故必自近始。而人之欲進言者，固無擇於疏賤也。側聞近有布衣言事不實，初令編置，已而聽贖。❶臣實疏遠，不知其人何如，所言何事。此命之出，誠爲未安。使其有求於我，欲加之罪，猶有辭也。一介草茅，奮不顧身，言涉過當，原其用心，亦欲效誠於君上耳。設居無事之時，尚可置而不問，適兹灾異之見，正宜博通下情。今求言之旨方行，罪言之命繼出，衆聽駭愕，物情謂何？竊議陛下以是警言者，而非以勸言者也。夫罪一狂士本不足深惜，因一士而虧損求言之美意，狂士反以得名，乃爲陛下惜耳。若曰已從輕典，則均爲加罪，又將焉擇？儻陛下翻然悔悟，卒從寬赦，則疑謗不辯而自解矣，何憚而不亟行之哉？此理曉然，尤聖明之所易察者也。臣是以始終爲陛下詳言之。

若夫五行之説，臣雖未嘗深究，然據經義而論，則雷陽也，雪陰也。陽氣方升而陰制之，此雪所以降也。以象類而求，則君也、夫也、君子也、中國也，皆陽也；臣也、婦也、小人也、夷狄也，皆陰也。臣迫於君，婦陵於夫，小人害君子，夷狄謀中國，皆陰勝陽之證也。有一于此，臣願陛下熟之復之，止之絶之。制治於未亂，防患於未然。

如前所陳，其切於聖躬者，臣願陛下省之於心，反之於身，勿吝其失，必易其度；其關於臣下者，臣願陛下詢之僉謀，斷之國

❶「贖」，原作「讀」，今據《後樂集》改。

人，務協于中，同歸于治。凡所建置，凡所施行，必上當於天意，下合於人心。人心悦而天意解，豈惟消弭灾咎，亦將轉禍爲祥，可以保和平之福，可以興太平之業，可以永祖宗無疆之慶矣。臣不勝拳拳憂國愛君之誠，冒犯天威，無所逃罪，惟陛下財擇。

嘉定二年，校書郎真德秀上奏曰：

臣寒遠書生，至愚極陋，去夏四月嘗因面對，冒貢瞽言，陛下不以爲狂，俯賜嘉納，今者又獲進瞻天光，不以此時罄竭愚忠，裨萬分一，臣實有辠。

臣聞董仲舒有言曰：「國家將有失道之敗，天迺先出灾害以譴告之。不自知省，又出怪異以警懼之。尚不知變，而傷敗迺至。以此見天心之仁愛人君，而欲止其亂也。」竊惟漢儒之言天，未有深切著明如仲舒者。臣濫綴館職，獲觀太史所申，邇日以來，灾眚薦至：兩旬之間，暴風再起；三月丙申，都城雨雹；越八日癸卯，熒惑失次，行入太微，干犯執法；己酉之夕，留守掖門。譴告丁寧，可謂至矣，而蝗蝻餘孽，寖寖復生。陛下恭儉慈仁，對越無愧，而和氣未應，咎證遄臻，臣愚無知，未測其故。意者上天仁愛，昭示戒儆，欲使陛下君臣之間思先格王所以正厥事者乎？臣敢條上四説，惟陛下財幸。

一曰親正人。臣謹按漢初元二年正月，暴風從西南來，翼奉以爲左右邪臣之驗。延光二年三月，大風拔木，史臣以爲親讒曲直不分之應。今陛下登崇耆哲，褒顯忠良，所謂讒邪，萬無此理。然臣竊聽衆論，或謂正人雖進用而委任未盡專，小人雖退斥而僥倖未盡塞，名雖好忠而實則喜佞，故諫争之塗尚狹，忠鯁之氣未伸，此灾異所緣而起也。臣願陛下親近端良，優容切直，知賢而任之則勿貳，知邪而去之則勿疑，然後政治可興而天心可假矣。

二曰抑近倖。臣聞之傳曰「陰氣之精，凝而爲雹」，故劉向以爲陰脅陽之證，孔季彦以爲陰乘陽之證。考諸前代，凡妾婦乘其夫，臣子倍君父，政權在臣下，夷狄侵中國，皆其事也。求之今日，固亡此患，然臣竊觀近者一二詔旨或從中出，廷尉之官不得守法，環列之職驟畀非人，更化之朝，詎所宜有？意者左右近習之私，甘言悲辭之請，未能以盡絶之乎？夫陰邪之類長則陽剛之道缺，致異之原，其或在是。臣願陛下遵仁祖之規，責大臣以杜衍之事，深遏私情，大融公道，以潛消陰盛之譴，則升平可致矣。

三曰除壅蔽。臣謹按《漢・天文志》：熒惑南方，爲禮爲視，禮虧視失則罰見之。又大微天廷，熒惑守之，爲亂臣在廷之象。陛下恭畏自將，動循典法，固無一不合乎禮矣。意者萬事幾微或未盡察，群情邪正或未盡知，故上天因之以示戒乎？夫視之不明，是謂不哲，《洪範》五事之證昭然可攷。❶臣願陛下體重離之照，炳獨斷之明，察事幾於兆朕之先，燭物情於隱伏之際，使姦邪不能壅蔽，則火得其性而灾害熄矣。

四曰去貪殘。臣觀《春秋》桓公五年秋螽，説者謂貪虐取民之所致。漢光和元年蝗，蔡邕謂貪虐之所致。曩者權姦當國，寵賂日章，州郡監司掊克取媚，愁苦之氣干盭陰陽，餘毒遺殃，迨今未歇。比者固嘗遴監

❶「證」，當作「徵」，作者避宋仁宗名諱改「徵」作「證」。

司之選，重贓吏之罰，而守令貪殘者尚多，苞苴餽遺者未戢。臣願陛下明詔大臣，推行臧否之令，申嚴賄賂之禁，庶幾民瘼可瘳而天變可弭也。

昔者成王悔過，天雨反風，景公一言，熒惑退舍，宣帝因雨雹而躬親萬機，太宗因旱蝗而益施仁政，致治之效，于今可覩。陛下誠能側身脩省於其上，大臣誠能同心燮理於其下，則轉異而祥反掌間耳。

抑臣復有獻焉。夫天人一理，感通無間，民氣舒慘則天心應之。三數年來，生靈窮困，可謂極矣。淮民流離，死者什九，僅存者饘粥弗給，既斃者無所葢藏。陛下軫恤之仁無往不至，而有司奉行未得其術，江淮之間，以人爲糧者猶自若也，欲望災沴之銷，其可得乎？側聞兩淮蹂躪之餘，種麥亡幾，誠恐風傳過實，或誤宸聽，謂麥熟爲可待而不復廣爲振捄之策。又聞廣南數州粒米狼戾，臣願斥内帑封樁之儲及今收糴以濟其飢，是亦振捄之一端也。方今元元之命寄於陛下，倒垂之急近在目前，幸哀憐而亟救之，庶幾人心可回，則天意自解。不然，則愁歎日滋，變異日熾，臣未知其所終也。意切言狂，罪當萬死。

三年，德秀因輪對上奏曰：

臣恭惟陛下天資高明，克自抑畏，檢身約己，敬天愛民，有前代帝王所不及者，固宜至和之氣蟠塞穹壤。❶而歲比旱蝗，民以病告，喁喁之望，日徯有秋。乃仲夏以來，常陰爲沴，淫雨連亘，閲月彌旬，間嘗開霽，

❶「氣」，原脱，今據《西山先生真文忠公文集》卷二《庚午六月十五日輪對奏劄一》補。

旋復霧霔。湖水暴漲，溢入都城，細民失業，粒米翔貴。近畿州縣被灾者廣，或頹城郭，没官寺，毁廬舍，溺人民，决壞堤防，潦浸田畝，平疇沃壤，浩如濤波。是非小變也，陛下亦嘗察其故乎？蓋自柄臣擅政，導諛成風，更化以還，餘習未殄。旱暵酷矣，或謂其不傷農；螟蝗熾矣，或謂其不傷稼。元元愁苦之狀，有閭巷知之而士大夫不知者，士大夫知之而廟堂不知者，况陛下深居九重，其能盡知之乎？下情不通，民隱莫訴，故作淫雨，京畿尤甚，將以感悟宸衷，亟圖惟新之政。天心仁愛，蓋可見矣。陛下惕然祇懼，禱祠賑卹，細大畢舉，休徵潛格，雲陰洞開。臣愚竊慮陛下狃於目前之應，不復推原致異之繇，天意靡常，尤足深懼。臣謹按《春秋》莊公十一年，宋大水，董仲舒以爲陰盛之所致。嘉祐水灾，歐陽脩上疏曰：「水，陰也；兵，亦陰也。」脩之言蓋爲當時發。若推其類言之，則宫庭嚴密之地，左右褻近之私，陰也。内而姦邪小人，外而夷狄、盗賊，亦陰也。人君秉至陽之德以御衆陰，故主道宣明則陽暢陰伏，各由其序而弗爲灾，否則陰盛而忤陽。咎徵之來，未有不緣類而著見者，天人相與之際，甚可畏也。陛下聖性澹然，固無便嬖女謁之累，然除授命令，間煩特旨，寅緣請託，侵紊成憲，尚或有之。倖門既開，奔凑日衆，豈所以杜幾微而窒萌漸乎？此陰沴所爲而作也。

更化之初，分别淑慝，國論嘗一定矣。衆正在廷，元氣充實，姦邪之黨，尚肆窺覘。一二年來，俊賢耆艾引去相踵，甚而一二近臣之進退倉猝遑遽，或不知所從來，於是善良之士寖不自安，而窺伺者益衆矣。朝廷紀綱寄於給舍，維持法守，政所當然，聞諸道途，顧猶有不得職者。紀綱一廢，何事不生？臣恐憸人非類洋洋乎動心矣，此陰沴所爲而作也。

戎翟更成，既難遽恃，弄兵之徒，日益披猖。彼其嘯聚之始，非有跳梁不可制之勢也，使陛下帥守得人，監司得人，撲其焰於未張，一巡尉力耳。奈何擁兵之帥或萌玩寇之心，分士之臣各啓倖功之念，養成癰疽，馴致決潰，乃始草薙而禽獮之，世豈有斃千萬人於干戈而天不爲之變者？或者幸其納降，曲意招誘，不知損威喪重，適啓姦心。二者蓋胥失矣。寇虐肆行，流毒甚慘，嗷嗷之衆，籲辜于天，此又陰沴所爲而作也。

抑臣聞之，澇於夏者，其秋必旱，陰盛之極，陽必生焉。漢儒之言，厥有深指。今庳下之田既厄於水，設不幸七八月之間雨弗時至，高田之稼復壞于成，飢饉相仍，愁歎滋甚，豈獨峒丁逋卒能爲患哉？比者三衢之事，蓋可鑑已。陛下誠能念灾變之可畏，思君道之當修，秉持乾剛，法象天德，開公正之路，窒邪枉之蹊，使裹謁不干于朝，外言不納諸梱，以絶近倖侵權之端，尊信仁賢，容受忠讜，使正人端士得以行其志，而憸邪巧佞不得售其私，以抑小人道長之漸。淮甸創殘之餘，遴柬良牧，寄以赤子之命，招輯流民，咸俾奠居，收瘞遺骸，勿令暴露。江湖之間，寇孽方熾，申敕帥守，戮力同心，仍遣王人，銜命督護，整齊師律，激勵士心，以挫群盗方張之鋭，則積陰之沴庶乎其可銷，方來之患庶乎其可弭也。《易》之初六曰：「履霜，堅冰至。」古之聖人於陰之將盛，不忘戒謹如此，今灾異頻仍，證應甚著，陛下可不亟加聖心乎？

臣以疏庸，備數文館，睿恩拔擢，俾攝禁林，惓惓愚忠，冀吐露久矣。幸因進對，敢竭罣罣之思。意切言狂，惟陛下裁赦。

四年，德秀爲著作佐郎，上奏曰：

臣聞知父母之心者可以知天心，知人君之道者可以知天道。蓋父母之於子也，鞠育而遂字之，仁也；鞭朴而教戒之，亦仁也。君之於臣也，爵賞以褒勸之，仁也；刑罰以聳厲之，亦仁也。天佑民而作之君，其愛之深，望之切，無異親之於子，君之於臣也。故君德無媿則天爲之喜而祥瑞生焉，❶君德有闕則天示之譴而災異形焉。災祥雖殊，所以勉其爲善一也。天之愛君如此，爲人君者其可不以天之心爲心乎？

臣伏觀近歲以來，旱蝗頻仍，饑饉相踵，陛下嚴恭寅畏，不敢荒寧，憂閔元元，形於玉色，上天降康，遂以有年，亦足以觀感格之效矣。而比者乾度告愆，星文示異，廼疊見於清臺之奏。謂陛下躬行之未至與，則豐穰之應若何而致之？謂陛下躬行之已至與，則象緯之災又何爲而數見也？天道幽遠，人所難知。臣竊思之，意者皇天佑宋之心，欲陛下不以積年之憂爲易忘，而以目前之喜爲僅足，其愛之深、望之切爲何如耶！夫宮庭屋漏之邃，起居動作之微，一念方萌，天已洞見。陛下誠能守兢業之志，防慢易之私，孳孳服行，屢省毋怠，則將不待善言之三而有退舍之感矣。況今年雖告稔，民食僅充，然薦饑之餘，公私赤立，如人

❶「而」，原脱，今據《西山先生真文忠公文集》卷二《辛未十二月上殿奏劄一》補。

久疾，甫獲瘳而血氣未平，筋力猶憊，藥敗扶傷，正須加意，朝廷之上未可遽忘矜卹之念也。恭聞間者内庭屢蒇醮事，固足以見陛下畏天之誠，然而修德行政者本也，禬禳祈請者末也，舉其末而遺其本，恐終不足以格天。矧今冬令已深，將雪復止，和氣尚鬱，嘉應未臻，此漢人所謂天有憂結未解、民有怨望未塞者也。

臣愚不佞，伏望陛下體昊穹仁愛之意，思星文變動之繇，延訪近臣，勤求闕失，推行惠政，以活斯民，則愁歎銷於下而休證格於上矣。《詩》曰：「敬之敬之，天維顯思，命不易哉。」惟陛下留神毋忽。

五年，德秀爲軍器少監，上奏曰：

臣比者恭覩御筆，以太廟因雷雨之後鴟吻損動，明詔有司，避殿減膳，有以見陛下夤畏祇懼之心。然臣博觀六經載籍之傳，下及秦、漢以來史傳所志，自非甚無道之世，未聞震霆之警及於宗廟者。魯之展氏人臣耳，己卯之異，《春秋》猶謹書之。蓋雷霆者，上天至怒之威；宗廟者，國家至嚴之地。以至怒之威而加諸至嚴之地，其爲可畏也明矣。

古先哲王遇非常之變異，則必應之以非常之德政，未嘗僅舉故事而已。今自避正朝、損常膳之外，咸亡聞焉。或者固已妄議陛下務爲應天之文而不究其實矣，況禮文所在又有可議者乎！且震霆之作，孟秋之癸丑也，越旬有四日而恐懼修省之詔始頒；避殿減膳之舉，孟秋之丁卯也，甫二日群臣祈請之章已上。夫以蹈故循常之文，非甚難舉者，然猶歷旬浹而後行，甫信宿而遽已，何其自責之約而自恕之多乎！陛下節儉之誠出於天性，其在平日尚不以卑宮菲食爲難，况於畏威省咎之餘，少舒徐之，何所不可，而匆匆若是！借曰禮文之末非所以格天，然文之不存，實於何有？今也誠意弗加，動皆勉强，苟塞己責，徒擠外觀，以此動人，猶且不可，而况於天乎！廼者孟秋之朔，流星示異，其占爲兵憂，而上下恬然，若不之聞，故相距才九日而震霆之變作。夫示之以星象之飛流，亦云切矣，而陛下不知戒。於是警之以震霆，又加切焉。天於我國家，欲扶持而全安之，其心至惓惓也。

《書》曰：「惟先格王，正厥事。」臣願陛下内揆之一身，外察諸庶政，勉進君德，毋以豢安養逸爲心，博通下情，深求致異召和之本，庶幾善祥日應，咎徵日銷。惟天惟祖宗所以望陛下者寔在此。臣不勝愛君勤拳之心。

八年，知潼川府劉光祖上奏曰：

臣伏覩手詔旨揮，以閔雨久而未應，聖心焦勞，凡是寬恩，遍及中外。至於責躬省過，避殿減膳，御筆諄切，敷求讜言，悉許臣民指陳闕失。主憂如此，臣子何敢自安？臣自去國以來，偶因語言文字之間自貽罪戾，其後蒙恩起廢，漸加擢用，以至付之藩閫，列之侍從。日思報稱，凡諸在外職事，不敢不竭愚忠，其所建明，悉荷開納，獨不敢妄論朝廷政事。不惟年衰昏塞，聞事不審，出位而言，且有沽譽干進之嫌。伏覩今日之詔至切至深，爲人臣者豈當避此而隱嘿？

臣竊意天久不雨，陛下之所以求雨者無不至矣。特未思所以獲譴之由耳。陛下之所以獲譴於天者，女真乃吾不共戴天之讎，天亡此虜，送死汴京。而陛下爲天之子，略不思所以圖之，是之謂天與不取。天與不取，是之謂棄天。未有爲天之子，棄天而天不我怒者也。臣非勸陛下輕舉而妄動也，臣之區區不過欲陛下因其來徙汴京，謝絶和好，謹守邊備而已。山東、山西有相結集欲共起而滅之者，陛下胡不因而用之乎？乃聞青、齊、蘭、會求通不納，陛下何惜尺一之札就以付之？藉令事成，疆土爲彼之有，其號名猶戴宋也，不猶愈於使犬羊氈裘獵取而有之耶？臣初得諸傳聞，未敢輕信，而臣寮文字依奏報行，有所謂「黠虜垂亡，中原雲擾，豪傑求附，視吾國勢之强弱以爲進退。邊事方殷，義士鱗集，日夕思奮，視吾上意之激昂以爲盛衰」。觀此言也，則是所傳聞者皆有之矣。而朝廷方且遲疑畏縮，沮豪傑之心，抑義士之氣，坐視赤子塗炭而不之救。且陛下爲中國衣冠之主，人歸我而我絶之，是之謂棄人。未有爲中國衣冠之主棄人，而人不怨者也。天怒人怨，灾咎之生也固宜，而又有理之必然而事之易見者。列聖在天之靈，豈不眷其故都？二帝蒙塵之耻，豈不懷其曩憤？今也虜捨其巢穴而汙我汴京，思之而切齒可也，痛之而嘗膽可也，因其危而圖焉可也。尚復與之通使，使吾使人拜虜于祖宗昔日朝會之庭，可乎？獨不念汴京者，二后執辱之地，乃百世不可忘之深仇，今而忍忘之乎？人非木石，身履其處，能不爲之寒心乎？彼虜居之，無一日寧，而我猶講好如昔，祖宗之所望於陛下者必不如此也。陛下爲人子孫，而忘祖宗之憤，貽怒獲譴，職此之由。不然，以陛下在御日久，未嘗失德，畏天愛民而敬祖宗，莫如陛下，平時無禱不獲，今乃不然，何哉？陛下試思今日之闕失，蓋無大於遣使也；今日之責躬，宜無先於遣使也。臣故不敢以他事應詔，而直吐其狂愚。陛下不可以未雨而懼，既雨而忽也。天人祖宗當畏而不畏，敗亡殘虜不當畏而畏之，臣不知其說也。

抑臣又有一事，懷之七八年而不獲陳，請併言之。憲聖慈烈皇后之大忌，十一月三日也。權臣侂胄專君無上，蔽不以聞，徒云郊祀，國之大事，迷誤陛下，不得過宮問疾，安否無自而知。其時禮部侍郎楊輔討論典故，入劄子於廟堂，乞改卜郊，而宰臣京鏜阿附權臣，只欲苟遂其事。從臣中又有恐喝群臣，使不得言者。已而郊壇示警，暴風異常，猥曰禮成乃赴慈福宮聽遺誥，至今以初六日爲大忌也。且憲聖慈烈乃陛下之曾祖母，克相高宗，艱關再造，天報之以遐齡，而侂胄乃敢以陛下之曾祖母有大勳烈、有穹壽考，視之如卑喪而遷就，可不憤乎！可不痛乎！壽成，陛下之祖母也，其時猶且敢涕而不敢言。此事天人共憤，獨陛下不知之耳。後十年，尸賊臣於玉津園門夾道者三日，其事尤異。太皇太后上仙以慶元五年十一月三日，賊臣之誅則開禧三年，亦以十一月三日。而玉津園者，慈福園子也，園門乃南郊大路之側，豈非天誅之，憲聖慈烈誅之，赫然而可驗者乎？臣在遠方，聞賊臣就戮，以爲改正大忌乃更化第一事，不知何所疑憚，而七八年間無人及此。伏料陛下深居淵默，左右不以告，無緣知之。臣因陛下使人指陳闕失，因遂僭言及焉，乃臣素所鬱蓄于中者。陛下不聞則已，既聞之，當即日諭大臣付禮官告謝宗廟，改從本日，特一反掌耳，又何難乎？日月之食，人皆見之，及其更也，人皆仰之。臣將草奏，筮之於《易》，得「風雷益，君子以見善則遷，有過則改」。夫是以輒陳大義，告陛下而不疑。伏惟聖慈財幸。

著作郎趙崇憲因閔雨上奏曰：❶「今日有更化之名，無更化之實。人才，國之元氣，而忠鯁擯廢之士，死者未盡省録，存者未悉褒揚。言論，國之風采，其間輸忠亡隱、有所規益者，豈惟獎激弗加，蓋亦罕見施用；媮安取容、無所建明者，豈惟黜罰弗及，或乃遂階通顯。」至若勉聖學以廣聰明，教儲貳以固根本，戒宰輔、大臣、同寅盡瘁以濟艱難，責侍從、臺諫思職盡規以宣壅蔽，防左右近習竊弄之漸，察姦憸餘黨窺伺之萌，皆懇懇爲上言之。

歷代名臣奏議卷之三百九

本卷劉永强校點

❶「憲」，原作「鼎」，今據《宋史・趙崇憲傳》改。

歷代名臣奏議卷之三百十

災祥

宋寧宗嘉定十年，袁燮上奏曰：

臣恭聞紹熙二年仲春月朔，疾雷震驚，繼以大雪，光宗皇帝惕然祇懼。越六日，詔侍從、臺諫、兩省郎官、館職，各條具朝政闕失以聞。一時忠臣良士獻言者甚衆，當世急務莫不上達，可謂有應天之實矣。咎徵雖形，邦本自固，姦宄不作，疆埸不聳，豈非變灾爲祥之明驗歟！今陛下寬仁恭儉，不敢荒寧，畏天之心亦已篤矣。迺正月二十四日，氣令甚燠，及夜過半，天大雷電，發於都邑。二十六日，霰集不止，通夕飛雪，積於平地，久而後消。夫雷乃發聲，蟄虫啓户，著于《月令》之仲春。今先期而發，已非其時矣。雷，陽也，中國亦陽也。雪，陰也，夷狄亦陰也。當春而雪，未爲害也。而作於雷震之餘，陽已發舒，而陰忽用事，不宜積而積，陰盛而陽微，有夷狄侵侮中國之象，豈小故哉！蓋自殘虜竄伏汴都，陛下不忍遽絶，仍與通好。群盜之歸附者拒而不納，流民之逃死者却而不受，故此曹皆惟我是怨，而殘虜遂以我爲怯，糾合群怨，致死于我，侵犯王略，無時無之，陛下履至尊之位，而見輕於垂亡之虜，辱莫大焉，其可以不自奮發乎？《虞書》曰：「元首起哉。」「起」云者，奮發之謂也。元首奮發，則國人莫不奮發矣。深懲既往之失，圖回日新之功，恢張紀綱，振起頹惰，以伸中國之威，以破夷狄之膽，此所謂奮發也。

臣不暇遠引，姑以近代之事明之。逆亮之犯淮也，兵力甚强，自謂長江奄忽可渡。我高宗皇帝曾不少懾，下詔親征，敷奏其勇，而益内修政事。王繼先醫術之精，罕見其比，所以保衛聖躬者也。臺諫力排其姦，而籍其家貲。劉婕妤寵冠後庭，中外所知也，一言救解繼先，則斥之不旋踵。張去爲閹官之長，驕横久矣，亦以臺諫之言而投諸散地。此三事者，皆行於逆亮犯境之日，虜勢雖暴，而聖斷赫然，此國威所以復振，而逆亮所以誅滅也。人主之所爲，不必屑屑於細故，惟能舉二三大事，足以聳動天下者，發憤而力行之，則尊居九重而威震六合，反覆手之間爾。

雷雪之變，人皆以爲陰盛陽微之故，此乃皇天啓佑上聖，欲以剛濟柔，以威輔德，而成以陽制陰之功也。陛下其可不仰體天意歟？光宗親遭此變，敷求讜言。陛下必欲銷變致祥，亦宜開忠直之路，以通天下之情。古者孟春之月，遒人以木鐸徇于路，官師相規，工執藝事以諫，求之如此之切。蓋不如是，無以聞己過而修闕政也。天灾固可畏，然人君修省則有其象而無其應。向也陰盛而陽微，今也以陽而制陰，蕞爾殘虜，豈能抗衡於中國哉！大明中天，爝火自息。臣不勝惓惓，惟陛下留神。

十一年，燮又上奏曰：

臣聞《洪範》之有庶徵，古人所以明天人貫通之理也。於「休徵」則曰「哲時燠若」，於「咎徵」則曰「豫常燠若」。❶何謂

❶「常」，當作「恒」，作者避宋真宗名諱改「恒」作「常」。本篇下同。

哲？明於是非之謂也。何謂豫？安於逸樂之謂也。時者，當其可之謂。常者，過於偏之謂。人主明于是非，有如黑白，必能憂勤政治，必能總攬權綱，賢必任而不貳，邪必去而勿疑，利於民者必能興之，害於民者必能除之，和氣所感，嘉祥必應，此時燠所以順之也。人君安於逸豫，昏而不明，窒而不通，舒緩而不肅，寬柔而無斷，朝廷之政事不能自有所施設，天下之人才不能自有所進退，國無定論，人有離心，乖氣所召，灾患必作，此常燠所以應之也。天人一理，隨感而應，可不畏哉！

陛下臨政願治，不爲不久，而和氣有未充，灾異猶未弭。去年久旱，河流斷絶，種麥未及，❶而田已揚塵，不可復種矣。人皆憂之曰：他日其可接食乎？祈雪未應，人情皇皇，又皆曰：疫癘其將作乎？螟蝗其將熾乎？常燠之爲害如此。至於冬深，雨則降矣，而水猶未通，雪亦作矣，而移時即止，是常燠之流毒猶未歇也。陛下早朝晚罷，不殉于貨色，不盤于游田，無逸豫之失，而有逸豫之灾，此豈可不推原其故歟？以臣所見，所謂逸豫，非必貨色、游田之謂，當邊烽未熄、戎事方殷之際，而優游恬愉若四方無虞之日，真才未必能用，宿弊未必能革，浸浸焉日入於頽弊之域，軍民愁怨，無所赴愬，兹非逸豫之所致歟？病已深矣，事已迫矣，汲汲圖之，猶懼不及，又可悠悠乎！毋以嘉祥之略應爲喜，而以餘灾之猶在爲懼，肆頒明詔，引咎責躬曰：天下其許朕自新，改絃易轍，勇於必爲。人主作興於

❶「及」下，原衍「多」字，今據《絜齋集》卷三《論弭咎徵宜戒逸豫劄子》刪。

上，人臣震悚於下，無敢驕奢，無敢耽樂，朝思夕慮，翼贊明主，同以宗社生靈爲憂，何患乎災異之不消乎！

臣聞人主患無其志，不患無其功。竊觀陛下天資之粹美，聖德之純茂，足以冠群倫，足以恢遠略。所以每獲面對，未嘗不陳二帝三王之道；每侍經幄，未嘗不進憂國愛君之言。誠願陛下勿自菲薄，恢張志氣，卓乎如古大有爲之君。今日常燠之災，人皆以爲逸豫所致，臣日夜憂思，不知所出。何者？逸豫之失，人主之大戒也。區區殘虜，假息僑寓，我有其備，何患不克？若因循縱弛，無奮發之心，而專以自守爲説，守不能固，浸微浸弱而遂至於通和，則大事去矣，無可言者矣。堂堂天朝而委靡至此，可不痛哉！此臣所以惓惓而不自已也。《詩》不云乎：「敬天之怒，無敢戲豫。」惟陛下深思此言，常以逸豫爲戒，宗社幸甚，生靈幸甚。

寧宗時，國子祭酒王介上奏曰：

羅日愿爲變，是下人謀上也。修好增幣，而金人猶觖望，是夷人亂華也。內批數出，是左右干政也。諫官無故出省，是小人間君子也。皆謂之僭。一僭已足以致災變，而況兼有之哉！

朱熹上災異劄子曰：

臣竊聞今月五日，夜漏方下五六刻間，都城之内忽有黑烟四塞，草氣襲人，咫尺之間，不辨人物，著於面目，皆爲沙土。臣雖不曾親見，然親舊相訪，見之者多，驗之數人，其説如一，決非虛妄。臣竊思惟間者以來，災異數見，秋冬雷雹，苦雨傷稼，山摧地陷，無所不有，皆爲陰盛陽微之證。陛下雖嘗下責躬之詔，出敢諫之令，而天心未豫，復有此怪，亦爲陰聚包陽、不和而散之象。臣竊懼焉，而恐其未有敢以聞於聖聽者也。

蓋嘗聞之，商中宗時有桑穀並生于朝，一暮大拱。中宗能用巫咸之言，恐懼修德，不敢荒寧，而商道復興，享國長久，至于七十有五年。高宗祭于成湯之廟，有飛雉升鼎耳而鳴。高宗能用祖己之言，克正厥事，不敢荒寧，而商用嘉靖，享國亦久，至于五十有九年。古之聖王遇災而懼，修德正事，故能變災爲祥，其效如此。伏願陛下視以爲法，克己自新，蚤夜思省，舉心動念、出言行事之際，常若皇天上帝臨之在上，宗社神靈守之在旁，懔懔然不復敢使一毫私意萌於其間，以煩譴告，而又申敕中外大小之臣，同寅協恭，日夕謀議，以求天意之所在而交修焉，則庶乎災害日去而福禄日來矣。臣不勝惓惓愛君憂國之至。

理宗紹定四年，都城大火，尚右郎官吴潛上奏曰：

臣願陛下齋戒修省，恐懼對越，菲衣惡食，必使國人信之，毋徒減膳而已。疏損聲色，必使天下孚之，毋徒徹樂而已。閹宦之竊弄威福者勿親，女寵之根萌禍患者勿昵。以暗室屋漏爲尊嚴之區而必敬必戒，以恒舞酣歌爲亂亡之宅而不淫不泆。使皇天后土知陛下有畏之之心，使三軍百姓知陛下有憂之之心。然後明詔二三大臣，和衷竭慮，力改絃轍，收召賢哲，選用忠良。貪殘者屏，回邪者斥，懷奸黨賊者誅，貢怨誤國者黜。毋並進君子、小人以爲包荒，毋兼容邪說、正論以爲皇極，以培國家一綫之脉，以救生民一旦之命。庶幾天意可回，天災可息，弭災爲祥，易亂爲治也。

端平元年，翰林學士、知制誥真德秀上奏曰：

臣伏覩太史奏，元日立春，風起乾位，其占主兵。丁酉之夕，月犯太白，亦爲兵象。或謂星文所主，實在衛、晉，以此仰寬聖憂。夫天道貴華賤夷，而本朝者中原正統之所在也。天之示戒，所以仁愛陛下，豈爲區區胡羯計哉？況時方用兵而占亦主兵，厥類甚明，可不深懼？漢王嘉有言「應天以實不以文」，然則陛下所以仰答天戒者，亦曰實而已矣。何謂實？本之於心則爲實意，修之於身則爲實德，推之於事則爲實政，有是三者，應天之道得矣。《大學》曰：「所謂誠其意者，毋自欺也。」夫爲善而無實，是謂自欺。以之欺人，肺肝且不可隱，況天道神明而可欺乎？

陛下親政以來，乾乾終日，修身進德之誠，發政施仁之目，形之翰墨，播之詔令，無一非善，是宜昊穹昭格，休應狎至。而清臺占驗乃若有未然者，皇皇后帝，厥監非遠，何以致是？意者應天之實，陛下猶有當盡者乎？夫毋不敬，思無邪，陛下所嘗筆之宥坐者也。動静起居，真若神明之在上，然後爲敬之實；聲色玩好，真若寇讎之必遠，然後爲無邪之實。若敬焉而有以害之，正焉而有以汩之，則雖玉音之鏗鏘時發於口，金書之焜煌日接於目，皆虚文而非實也。用人聽言，陛下所嘗詔之百辟者也。登進賢能，不徒寵其身，必有以盡其材，然後爲用人之實；開納忠讜，不徒容其直，必有以行其策，然後爲聽言之實。若賢者固見禮而所藴未獲究，諫者固見容而所陳不盡施，則雖夔龍之武相接於廷，鳳皇之鳴日聞于耳，皆美觀而非實也。况名曰衈民而凋瘵如故，未聞實惠之有加；名曰察吏而汙濁如故，鮮以實廉而自勵。至於財匱而弗贍，幣輕而不行，師徒喪於犇潰，舟楫壞於轉輸，凡若是者，皆未聞經理之實。戎狄豺狼，日伺吾隙，設有不幸，如占書所云，其將何以應之乎？天佑皇家，豫形警告，至惓惓也。

伏惟陛下深體上天仁愛之意，凡其本之心、脩之身、推之於事者，必使無一非實，而去其所謂文具、美觀者，上帝監臨，必垂眷佑，所以延洪國命，銷弭兵菑，當有潛格於冥冥之中者矣。臣竢罪禁林，蒙恩最厚，因人事以推天意，常切隱憂，故不敢避犯顔之誅，僭陳苦口之戒，仰祈叡察。

廣東經略安撫使崔與之上奏曰：「比年以變故層出，盜賊跳梁，雷雹震驚，星辰乖異，皆非細故。京城之灾，七年而兩見，豈數萬户生靈皆獲罪於天者。百姓有過，在予一人，此陛下所當凛凛，惟有求直言可以裨助君德，感格天心。」又曰：「戚畹、舊僚，凡有絲髪寅緣者，孰不乘間伺隙以求其所大欲？近習之臣，朝夕在側，易於親昵，而難於防閑，司馬光謂『内臣不可令其采訪外事，及問以群臣能否』，蓋干預之門自此始也。若謂其所言出於無心，豈知愛惡之私因此而入，其於聖德寧無玷乎？」

三年，工部侍郎李心傳上奏曰：「臣聞『大兵之後，必有凶年』。蓋其殺戮之多，賦斂之重，使斯民怨怒之氣上干陰陽之和，至於此極也。陛下所宜與諸大臣掃除亂政，與民更始，以爲消惡運、迎善祥之計。而法敝未嘗更張，民勞不加振德，既無能改於其舊，而殆有甚焉。故帝德未至於罔愆，朝綱或苦於多紊，廉平之吏所在鮮見，而貪利無恥、敢於爲惡之人挾敵興兵，四面而起，以求逞其所欲。如此而望五福來備，百穀用成，是緣木而求魚也。臣考致旱之由，曰和糴增多而民怨，曰流散無所歸而民怨，曰檢税不盡實而民怨，曰籍貲不以罪而民怨。凡此皆起於大兵之後，而勢未有以消之，故愈積而愈極也。成湯聖主也，而桑林之禱，猶以六事自責。陛下願治，七年于兹，灾祥饑饉，史不絕書，其故何哉？朝令夕改，靡有常規，則政不節矣；行齋居送，略無罷日，則使民疾矣；陪都園廟，工作甚殷，則土木營矣；潛邸女冠，聲焰滋熾，則女謁盛矣；珍玩之獻，罕聞却絕，則包苴行矣；鯁切之言，類多厭棄，則讒夫昌矣。此六事者一或有焉，猶足以致旱。願亟降罪己之詔，修六事以回天心。群臣之中有獻聚斂剽竊之論以求進者，必重黜之，俾不得以上誣聖德，則旱雖烈，猶可弭也。然民怨於內，敵逼於外，事窮勢迫，何所不至！陛下雖謀臣如雲，猛將如雨，亦不知所以爲策矣。」帝從之。

監察御史吴昌裔上奏曰：

臣聞天運常新而無窮，人情循舊而難變。陛下即位以來，坐受春朝凡十二正朔矣，天地變化，歲月推移，光景常新，事會無極。乃以更新之意鄉，復還往昔之規橅，虚老流光，浸渝初志，上恬下翫，甚可惜也。邇者十二月壬子雷，甲寅洊雷，越正月己未大雨雪，辛酉又雪，視魯隱八日之灾儆甚！八月韃寇蜀，十月寇襄，十一月圍黄，視漢陽諸姬之禍爲慘。天變如此，狄患如此，此正陛下君臣濯舊而圖新之時也。然臣仰窺聖德，妄議朝政，私竊有惑焉。

陛下本心清明，向也韜晦於逸欲，今緝熙典學，君德宜日新矣。然妃后之閤妙麗交進，王侯之邸錫賚頻煩，則恭儉之德不加乎舊。陛下八柄予奪，向也牽制於權姦，今垂拱親事，君權宜作新矣。然貂璫之長間通外庭，羽衣之嬖時干私謁，則總攬之權不加乎舊。州縣貪黷之根，皆故相遺種也，而時異事殊，餘孽復起，猶回護於舊惡而不衰。天人乖異之證，皆故王厲氣也，而日邁月征，烝嘗缺祀，猶藏宿於舊怨而不釋。舊染之俗貴咸新也，舊邦之命欲維新也。今細微節目時有一新之功，而大本大端脱然未變于舊，是豈明德新民之極乎！

往者權臣三十年用人，多出私意，每欲用一私昵，則必參以公議一人，謂之帶過。更化初無此弊也，近日除授率乖素望，往往蘭艾同進，而不皆一色純正之人，則除吏復循其舊。往者權臣每臺諫月課，多出風論，及意有所覆護，則言又寢而不行，謂之收起。更化初無此弊也，近日臺疏率多浮沉，往往風采銷沮，而常有危疑引去之意，則玩諫復仍其舊。陳升之引閩人，吕頤浩引山東人，薦士而私其鄉黨，此舊轍也。今著庭之官，督府之屬，左右互擬其一，何以兼攬天下之才？趙雄多用蜀人，王淮多用浙人，選才而偏於鄉舊，此故態也。今執政之召，説書之置，東西並用其二，何以旁招四方之彦？夫使親舊而皆賢，固所當用也；鄉人而皆善，固不當棄也。然陶陶日新，曾幾何時，而昭昭然立的，復尋舊武，此豈至公血誠之心哉？ 然則剥爛而復，鼎否而新，亦在君相加之意而已。

建炎四年正月，雷雨再見，是爲兀术過江之應。 高宗謂輔臣曰：「朕與卿等宜共脩德，以實應天。」此陛下新德畏天之法也。紹興辛巳正月，雷雪交作，是爲逆亮臨江之證。 王十朋遺陳康伯書曰：「相公居燮調之任，當進賢退不肖，以弭天變。」此宰相新國正君之事也。 臣願陛下濯去舊見，以來天下之善；大臣改紀舊習，以公天下之聽。用人必惟其賢，毋使邪黨乘間而錯起；聽言必從其是，毋使公論被厄而不伸。 養君心之源，常戒謹危機以扶天理；清政本之地，務力行好事以順人心。 惜陰愛日，惟新是圖。 如此而天怒不回，民悯不懌，夷狄盜賊不屏息，臣甘伏妄言之誅。

昌裔又論四陰之證狀曰：

臣竊見立秋以來，常陰爲沴，先一日大雨雹，越翼日暴風至，霪雨不止，至于旬時。蚕禾壞於垂成，晚稻傷於既穎。 豐穰之候，轉而凶荒，將恐害于粢盛，無以供我軍實。又聞天目一帶洪浸漂流，水冒近畿，是殆爲兵爲饑之證。《占書》曰：「雨雹，陰脅陽也。 霪雨，陰干陽也。」方金火之交，而厥罰常雨，此非陰盛陽微之故乎！

夫臣者，君之陰也；妻者，夫之陰也；小人者，君子之陰也；夷狄者，中國之陰也。 且自聖上攬權之後，固無昔日擅命之臣。 惟威令積弱，不能以運掉三邊；紀綱浸頽，不能以操制諸將。 習强者方命，怙寵者玩威，第功賞者多肆於誕誣，報軍書者輒輕於狎侮。 偏裨擅離部伍，而不知有國法；士卒敢淩州縣，而不知有朝廷。積是强形，漸不可長，此非將帥之權太盛乎！

方國步艱難之日，正君心恐懼之時，而道路流言，竊議聖德，謂宮庭燕飲頻爲過差，閤分妃嬪多著位號。知書近侍以奇巧而移上意，私謁邪民以險陂而通外交。甚至外庭之除授或倚於幽陰，帥柄之請求輒通於中禁。牽於柔道，職是厲階，此非女寵之謁太勝乎！

端平人才之盛，藹然有小元祐之風，不一二年，初意漸變。君子則厭薄以爲無益，小人則愛惜以爲有才。三凶囑託以潛歸，二孽僥覦而再起。不惟昔之所斥者復乘隙以求進，而今之所擯者亦旋踵而得還。旁啓多門，自塞正路，此非舊人復用之漸乎！

韃虜憑陵中夏，蓋非殘金之比。初犯蜀口，五郡爲墟，繼犯荆襄，十州如燬。將士征行而不得卧，婦子流徙而不得歸。欲戰則窘事力之不强，欲和則慮情款之未實。又況唐、鄧、均、陸之寇導之以扣江，秦、鞏、松、維之族誘之以幹腹。内外受敵，殊可寒心，此非夷狄竊發之證乎！

凡此四端，是皆陰類，事形於下則變見於天，證象孔昭，警戒甚至。陛下代天作子者也，所宜昭德塞違，以回渝怒之威。大臣佐理陰陽者也，所宜開誠布公，以消乖沴之氣。陽明勝則德性用，陰濁勝則物欲行，消長之機，正宜凛凛。今大昕坐朝，間有特不視事之文；私第謁假，或有時不入堂之報。上有耽樂慆逸之漸，下無協恭和衷之風。在内則嬖御懷私，以爲君心之蠹；在外則弟子寡謹，以爲朝政之累。游言噂沓，寵賂彰聞。欲以此銷爍群慝，呼吸大和，得乎？

昔建炎三年六月，陰雨不止，高宗罪己

求言，宰執引咎求去，郎官以上皆許言朝政闕失。時中書舍人季陵以三陰之説應詔，謂能制將帥爲德之剛，能抑宦寺爲德之正。御史中丞張守亦以三陰之説亢疏，願嚴恭寅畏以修其德，更選任輔弼以修其政。上下動色，祇畏明威，卒扶炎精之光，以基中興之盛，皆自高宗君相一念抑畏中來也。臣愚欲望陛下仰繩祖訓，顧諟天明。遠聲色，戢宦寺，以清宅心之源；進忠良，斥姦回，以公用人之柄。宣明典章，以申御將之法；謹固封守，以嚴備敵之防。而二三大臣各一乃心，各和乃政。通宮中府中爲一體，毋使陟罰之異同；合在邊在廷爲一家，毋使細大之偏重。如此，君臣合德，中外革心，未有不轉灾眚而休祥，易陰蒙而暘霽，天下事變亦當陰消潛弭而不足憂矣。臣不勝拳拳。

嘉熙元年，火灾，右司郎中趙必愿應詔上封事曰：「開邊稔禍之刑，牽制而未行；激變棄城之戮，姑息而未舉。荆、襄淪没，祖宗之基業莫能保；淮、蜀蹂躪，赤子之冤魂無所依。履畝之令下而加以抑配，稱提之法嚴而重以告訐。民無蓋藏，每有轉壑之憂；士不宿飽，常有思亂之志。」又曰：「臺諫、給舍骨鯁之論莫容，左右便嬖浸潤之言易入。春夏常享，濶略於原廟之尊；節鉞隆恩，殷勤於邸第之貴。」又曰：「必也正故相專國之罪，嚴貪夫徇貨之誅，思室鬼高明之瞰。先編氓，後親貴，去木妖競治之釁；尚堅固，革奢華，戒宫殿無度之燕酣，節内庭不急之營繕。」

必愿爲宗正少卿，因轉對上言曰：

中才庸主，惟其無所知覺，故言不可入，而敗已隨之。陛下作敬天之圖，朝夕對越，謂宜天意可回，而熒惑失度，虧攸熵灾，迫近禁門，幾燬左藏。烟埃方熄，白晝隕星，貫日之虹，脅陽之雹，疊見層出。陛下觀時察變，何由致此？今日之事，動無良策，惟在側身修行，祈天永命而已。

淳祐五年，侍左郎官徐元杰進故事曰：《高宗皇帝聖政》：建炎四年正月庚申，上曰：「昨雷聲頗厲，《晉志》以雷發非時爲女主顓權、君弱臣强、四夷不制所致。朕與卿等宜共修德，以實應天。」癸亥，上曰：「昨日雷再發聲，今日方二月節，要之亦非時也。《晉志》所占無異，惟發頻者應速耳。」

臣聞雷者，陰陽交會而成聲，動於震宫之中，收於兑澤之後。時當發聲則爲天之號令，所以驚百蟄而榮萬物也。不當發而發，皆非時之灾，陰抗乎陽之所致。夫天時人事，同一脉絡，有是氣，必有理，故於理微有不順而氣之所應舛逆從之矣。有如春陽方動之初，和氣猶未洽也，雷已驚遠而懼邇，此豈非天之所以仁愛人君，默寓其所謂扶持全安之道也歟？高宗皇帝建炎四年正月庚申，以雷聲頗厲，而推《晉志》以明之，懼女主之專擅，懼君弱而臣强，懼四夷之不制。惻然聖訓，詔告在廷，必曰：「朕與卿等宜共脩德，以實應天。」是蓋遇灾知懼，切切於實德之交修，而不敢泛泛然以文具相蒙也。越三日而節應驚蟄矣，雷再發聲，聖心恐懼，有加無已，又必曰：「要之亦非時也。」又謂與晉占無異，而申之以惟頻發應速之言。此豈非我烈祖克謹天戒之盛美乎？今陛下帝學時敏，聖敬日躋，法祖欽天，夙夜匪懈。乃者奮雷霆之斷，開日月之明，政化於是乎作新，家國於是乎齊治，華夷於是乎鎮服，未必有《晉志》所占之患。而聖心寅畏，宸札涣頒，以爲雷發非時，朕心祗懼，避殿減膳，詔求直言，凡可以應天消變者，若不能以終日。蓋與烈祖所謂修實德以應天者同一軌轍，臣又何所容其喙？

然臣聞之《易》曰：「立天之道，曰陰與陽。立地之道，曰柔與剛。立人之道，曰仁與義。」蓋陰陽以氣言，天所以覆乎地也，故雷聲爲天之號令；柔剛以質言，地所以承乎天也，故雷之出地者有時焉；仁義以德言，于以見人爲天地主，當自淵嘿雷聲者驗之，始知貫三極一道爾。故乾元爲萬善之長，惟剛健而不息，所以包四德而爲仁；坤順而承天之所爲，惟敬以直内而後義以方外，德不孤矣。自昔君天下而立之極，必曰定之以仁義中正而主静。蓋主宰之道，惟定而能静，則大中至正之理隨寓而無所轉移。故知仁主乎剛，則寬而有制，動而有勇，理足以勝欲，公足以滅私。又必以姑息拘攣者爲戒，而不至或牽於小不忍之情而害大體之正矣。知義主乎敬，則所由者漸，所辨者早，尊足以統卑，内足以攘外。又必以窺伺間隙者爲慮，陰有以消未形之患而合時措之宜矣。夫仁義，立人之要道也，凡陰陽剛柔之氣，❶莫不由是而兼統。

❶「氣」下，原衍「質」字，今據《楳埜集》卷二《乙巳正月十五日上進故事》删。

自昔君臣上下所以交修其實德，而不敢爲應天之文具者，蓋審諸此而已。不然，剛不足以制欲，義不足以勝情，則是陽爲陰所抗。凡《晉志》所占之象，皆陰類也，故曰「陰疑於陽，必戰」，可不懼哉！可不戒哉！

元杰又上奏曰：

恭惟皇帝陛下貴爲天子，心與天通，動一念慮之微，有善不善，休咎之證即緣而起，常若與天靈密相周旋。況顯而視聽言動之敬肆，其有不關於慘舒之證者乎！邇者亢陽爲沴，陛下齋心屢禱，有感必通。臣每侍清光，陛下不鄙臣愚，必垂閔雨之問。臣之所奏，嘗及於天之所助者順，欲陛下驗之五事之間。玉音曰俞，曾無難色，此宗社生靈之福也。臣聞天理與人事同一脉絡，五事與庶徵相爲影響。視聽言貌皆主於思，而思必無邪，則事事皆敬。敬與不敬，休咎關焉。然則人主欲回咎徵而爲休徵，勿求之於天，求之於己而已矣。

昔禹、湯之有天命，皆原於罪己之一念。鯀湮洪水，禹乃嗣興，叙九疇而先五行，必次以五事之敬用。殷邦旱暵，湯閔弗雨，懼不敬以傷民命，惟急於六事之自責。夫六事之叢其責，意者五事之虧其敬與？臣請先以五事明之。禹之意若曰：人主之耳目不可以偏寄也，故敬心常運於視聽之間，不使媟近得以爲吾聰明之惑，庶乎喜怒中節，氣步以是而準，寒燠其有不時者哉！人主之辭色至易以窺伺也，惟敬心常攝乎貌言之際，不使紛亂得以爲吾肅乂之撓，庶乎形聲俱和，燥濕以類而應，雨暘其有不時哉！不然，狂僭豫急之弗察，反休徵而爲咎徵，一息間耳。此禹所以隨用而持敬與。成湯克享天心之主也，天之不雨，何至此極？六事之失，亂世之常也。湯平政而愛民，不邇聲色，不殖貨利，而又不吝於改過，亦何至民政之失節、讒夫之敢欺與？夫苞苴、女謁、宫室之動其欲，豈果有是當責之事哉？湯則不敢以自信也。惟其自信之不敢，故其自責之甚深。自責之念深，則自欺之意泯。天高聽卑，宜爲之動，桑林之雨，湯之真敬驗矣。且禹、湯聖德之君也，自後世言之，亦何以罪己爲哉？然則人主非知有克己之學，不足以進此。

今陛下天姿冲粹，聖學高明，居皇極五位之中，而體《洪範》五事之敬。遇灾知懼，欲銷去之，責己省愆，不爲文具。夫是以天心有潛格之應，歲事有中熟之占，是烏得不爲今日喜？然臣之所喜，今日也，臣之所慮亦今日也。乃者霄躔多愆，陰精輒蝕，江潮忽洶湧矣，堤岸仍潰決矣，水土之性，亦於是而稍失。吁！天心之仁愛陛下，所以昭示譴告者在是，蓋不特雨澤愆期之一警也。况夫比歲以來，韃酋禍慘，吾之國勢屢警而忽定，固不可謂非備禦之力。然或者以爲太乙福德久躔吴分，此天所以佑宋也。吁！天幸其可以常恃哉？國家陽九之會邇在目前，静察天時，敬修人事，寧深信而無其驗，毋忽視而稔其憂。臣懇懇然每勸陛下以敬用五事者，不但爲閔雨發也。陛下果有所警悟，當深求克己之仁，特發罪己之勇，循大禹敬用之實，加成湯自責之忱，視聽之達於下者必公，貌言之出於上者必謹，民政之利病必察，宫室之增崇必戒。以至塞貢獻之路，杜邪枉之門，使苞苴、女謁之計不行，而讒謟面諛之人可遠矣。如此，則聖心之主宰者愈定，聖德之發彊者愈充，天數之靡常者必回，人事之可恃者必驗，聖宋宗社億萬年靈長之休，只在聖心真積力久之敬而已。不然，五事之敬用或不能以持久，則皇極之建用將恐流而爲六極之弱，何以銷未形之患哉？臣不勝惓惓。

六年正月朔，日食，詔求直言。權兵部尚書、淮東制置使李曾伯上奏曰：

臣一介非材，四年分閫，已試罔效，當去尚留，日懼疏虞，仰負隆委。頃以冬防幸畢，嘗於至後一日即上請代之奏。恭蒙詔旨，未賜俞允，遂於十二月六日再陳愚悃，僭進時才。妄揣宸聰昭鑑，必可其奏。退而席槀俟命，今復踰月矣。星移物換，歲序且更，天高聽遥，化工莫測。臣惴惴朝夕，不遑寧處。俯揆螻蟻之分，宜待鈇鉞之誅，豈應薦犯不韙，有所祈叩？臣伏讀邸文，恭誦奎畫，仰惟陛下以元正日食，方下求言之詔，許中外臣子指陳得失，消復咎眚。臣有見陛下欽承天戒，圖惟治功，開不諱之門，來忠直之告。臣之求退，適際斯時，其敢不昧死以請？

臣拜手竊觀祖宗盛時，康定庚辰正旦日食，是歲元昊寇邊，犯延州，圍塞門、安遠諸寨，諸將畏避莫敢出，朝廷憂之。二月，遂令韓琦安撫陝西。尋命琦及范仲淹爲經略招討使之副，未幾再命仲淹兼知延州，於是賊始懼而不敢犯。攷之於此，則是先朝用韓、范代范雍經理西事實在此歲。臣又觀皇祐己丑正旦亦有日食之異，是年北虜聚兵近塞，詔近臣陳備邊策。葉清臣一疏亦及方面帥領之材，以爲不患無人，患不能用。因舉孫沔、狄青諸臣。其歲九月，儂蠻始犯邕，異時卒賴青、沔等力以平嶺南。又攷之於此，則是先朝因天象以謹邊備，圖帥材，尤以是爲重也。所以有康定、皇祐戒懼之實德，遂以成慶曆、嘉祐太平之極功，實爲陛下今日家法。然則今日之事，其所當爲者固不一。以臣職思其憂，則莫切於守邊，莫急於易帥明矣。

臣自去夏以來，蒙睿旨勉留蓋數日，以俟冬晚，乘此邊隙之暇，謂可得代。兹春令頒矣，若更張之議稍遲月日，青草又生，戎馬復入，臣智慮已殫竭，精采已摧靡，事會無極，利害多端，恐不能制此勍寇，徒誤國事，誅竄何補？用敢仰稽故實，載瀝悃悰，期以副陛下應天保邦之實意，非但爲臣區區之私而已。伏望睿慈特賜宸斷，宣諭大臣，檢會前請，趁此春寇未動，早易閫寄，將臣放歸田里。庶幾天心感格，戎虜震慴，于以寬宵旰之顧憂，復祖宗之盛治，實在斯舉。天下幸甚！

衢州通判牟子才亦以太陽交食應詔上奏曰：

臣伏覩淳祐五年十二月二十六日詔書，以六年正月辛卯朔，太陽交蝕，應中外百職及學校、草茅之士，悉令指陳得失，凡可以消弭咎眚，導迎善氣，各悉心以告者。臣猥以虛庸，蒙恩丞郡，詔旨所及，敢不罄竭其愚忠？

陛下自臨蒞以來，德澤屢下，和氣充塞，四海九州罔不豐稔，天心人意若合符節，固宜乖氣異象消伏不作。乃月正元日，日蝕辛卯，咎徵之來，其異如此。且歲在丙午，則古今之否運也。時方孟春，則陽氣之始施也。月紀建寅，則陽爻之交泰也。王春三朝，則受朔之元辰也，而日月交蝕於方晡之時。❶以一日言之，日爲陽，夜爲陰。以四方言之，東南爲陽，西北爲陰。以人事推之，君爲陽，臣爲陰；夫爲陽，婦爲陰；德爲陽，兵爲陰；君子爲陽，小人爲陰。今支干會于南離之方，其蝕在申，其纏在女，此臣亢乎君、婦敵乎夫、小人加君子之徵也，而尊者尤惡之。

臣嘗讀史，至漢之季世，見其灾異狎至，未嘗不痛恨於一時之諸君也。正月己酉朔，日有食之，成帝元延元年也。是歲禄去公室，政在元舅，王鳳以大司馬、大將軍領尚書事，崇、譚、音、商相繼爲政。其氣焰足以蔽蒙三光。日之所爲蝕者，此也。谷永大儒，涉三七之節紀，直百六之灾阨，乘三難之際會，目覩巨異，意必有殊尤絶異之論警動上心，以殺其勢。今觀其疏，不過曰皇后貴妾專寵也，不過曰中黄門後庭驕恣狂悖也，又不過曰北宫苑囿將有夏、崔之亂也，諸夏下土將有樊、蘇之變也。其言迂緩不切，有所附會，而於竊權之王氏，乃無一言及之。史臣書曰「專攻上身」，蓋譏之也。正月辛丑朔，日有食之，哀帝元壽元年也。是時傅商、鄭業以外親忝封邑，孫寵、息夫躬以姦辯寵侯封，董賢以令色諛言蒙賜予，五侯驕蹇，權震内外，其烜赫足以掩翳陽剛。日之所爲蝕者，此也。鮑宣儒生，當父虧明、母震動、子訛言之時，目覩大異，忠憤所激，思欲一吐胸中之鬱抑，以救當時之失。今考其書，曰深内自責，避正殿也；曰舉直言，求過失也；曰罷退外親及旁仄素餐之人也；曰何武、師丹、孔光、彭宣可大

❶「交蝕」，原重文，今據《四庫全書》本删。

委任也。其言鯁亮明切，無所顧忌，而於貴幸之董賢深嫉焉。史臣贊曰「守死善道」，蓋嘉之也。

夫災由天降，變不虛生。成、哀，漢季世之君也，故當時封章、後世録實，語多及於災異。蓋謂其睹災異而不戒，是以爲漢季世之君也。今日咎異之來，則與漢季世之君相符矣。政事之失，則與漢季世之君無異矣。女寵之盛，則與漢季世之君髣髴矣。權姦接跡，黨與駢肩，則視漢季世之君有加矣。而陛下遇裁而懼，引咎責己，導諫敷恩，則豈肯甘心於漢季世二君之下風哉！

臣嘉熙間待罪史館，與聞討論之事，嘗因輪對，以大臣不公不和六事爲陛下告。陛下不以臣卑鄙，亟賜俞獎，是陛下待微臣之恩深且厚也。有君如此，誰忍負之？臣儻有重於言，以諱爲解，茲謂自誣，且誣吾君。皇天后土，昭布森列，臣罪莫逃。幸因明詔之及，列爲十二條以獻。陛下心志所期，不敢妄自菲薄，效谷永阿媚時好，以羞當世之士。惟深思熟慮，空臆盡言，得從鮑宣游於地下，則愚臣之願也。

其一曰一敬心以澄治原。心者，天也。上古聖人繼天立極，惟用力於性命之原，以酬酢天下之萬變。「人心惟危，道心惟微，惟精惟一，允執厥中」者，堯之所以授舜，舜之所以授禹也。發於聲色臭味之氣者，人心也。根於仁義禮智之性者，道心也。平居暇日，莊敬自持，察一念之所從起，求所以治之，則清明純一，無少間斷。以之對越天地者此心也，以之欽承祖宗者此心也，以之臨朝見群臣者此心也，以之經筵對儒生者此心也，以之接嬪御貂璫者亦此心也。

所遇雖不同，而所以爲敬者未嘗不一也。平居暇日，矜肆誕忽，不能察一念之所從起，求所以治之，則膠擾紛雜，物欲滋長，接嬪御貂璫之時不能如經筵對儒生之時矣，經筵對儒生之時不能如臨朝見群臣之時矣，臨朝見群臣之時又不能如對天地、見祖宗之時矣。所接既異，而所以爲敬亦隨而轉移也。此無他，敬肆之分也。漢元帝臨朝之暇，親近儒生，可謂敬矣。及退而處宮庭，則鼓琴瑟，吹洞簫，自度曲，已爲侍中所窺。此敬肆之見於一日者也。唐玄宗即位之初，延禮文儒，可謂勤矣。及天寶末年，溺於燕安，女子小人内外交煽，旋爲開元之累。此敬肆之見於終身者也。方二君之耽樂也，自謂深宮之中，世無得而知者，故自肆而不反。不知宮庭屋漏顯如日月之照臨，女子宦官凛如蛇虺之在側，未有隱而不彰，久而不變者也。陛下性資超卓，學問緝熙，固非漢、唐二君所跂及。然對越欽承之時如此，而宮闈燕閒之時則如彼也。臨朝親儒之時如此，而嬪御媟狎之時則又如彼也。發之於心術念慮之微，而形之於四方萬里之遠。臣願陛下念祖宗創業之艱，思一身之關繫甚重，監二君燕安之失，退朝無事，延訪名儒，夜直禁中，不時召對。貂璫之干請者却之，嬪妃之御見者疏之，使紛華盛麗不足以爲吾之惑，奇技淫巧不足以爲吾之害，則中外一致，旦夕一心，終始一節。陛下所謂猶有愧者，將仰不愧而俯不怍矣，天怒寧有不回者乎？

其二曰清政本以重相權。臣聞冢宰者，首六卿而統百官，天子之相也。冢宰無職，六卿則分職矣。冢宰論道，六卿則行道矣。六卿異曹，百官異職，管攝之使皆歸于一，非宰相事耶？所以管攝之者，非每事而控制之也。自百而歸之六，自六而歸之一，所操者至簡也。國朝倣周制，改僕射爲丞相，而沿唐舊制，自宰相下侵六曹之職，而三省始多事。自檢正都司之置，而三省愈多事。合二者而六曹輕矣。且以吏、户兩曹言之。吏部掌天下之選事也，而部闕盡歸於堂，堂闕不下於部，參選者不之吏部而之省府，日力困於應酬，工夫困於位置。國家大事姑置不問，而周旋親故、酬酢人情之念，憧憧往來，未免少分經體贊元之功，銓曹要地反成虛設。此吏部之權輕，尚書之職廢，而中書之務所以不清也。户部司天下之財賦者也，然國用房鹽之財，斡於宰相而不斡於户部，朝廷之上所商者鹽策，所括者田契，所問者錢穀，甚非古人置相之義。嗚呼！版曹所掌，朝廷之財也，國用所掌，亦朝廷之財也。均爲朝廷之財，何至自相區別，困於多事耶？此户部之權輕，尚書之職廢，而中書之務所以不清也。其他四曹，大抵皆爾。推原所自，非始於開禧、嘉定間耶？然近歲中書之務愈致紛雜而不清者，則惟宰相之故也。前日之相，機智足以濟其姦雄，而處心積慮，專以收攬事權、張大聲勢爲能事，往往下行六曹之細務，或遺天下之大機。而檢正都司頗多覘伺相意，模稜兩端，以聽所擇。其或禀承面命，猶云合與不合，送部勘當。萬一事有可行，亦云有似此的例。部中不敢明白指定，宰旅不敢訂説必行，是以近者累月，遠者年歲，率多迂回，故作阻難，而中書之務如蝟毛之紛矣。近日之相，精神不足以牢籠機務，而心之所存，亦欲自作聰明，獨運謨略。意或未順，則託病以濟之。事或未周，則拱默以須之。經旬動月，歷歲跨年，不能裁決一事。監司、帥守則類多攝官，侍從論思則亦皆曠職。極而至於國家急務、守禦大計，一切付之浮沉誕謾之場。而檢正都司往往徒自悵歎，雖欲啓擬，厥道無繇。於是滯事猥多，而中書之務如治絲而棼之矣。此日之所爲蝕也。欲弭天變，其惟清中書之務乎？然臣所謂清者，非直付之於無所事也。六卿各率其六十之屬，以倡九州之牧。所謂送部勘當者，則令據事指定，不必繚繞更聽朝廷指揮。檢正都司各贊其長，以檢柅三省之務。所謂欲筆者，不必逢迎相意，多爲沮格之辭。而宰相者總其樞機于上，勿自眩其志而忘要道之執，勿徒詳於小而遺遠大之計。體統正而内外各得其職，規模遠而大小各得其宜，則自天官以下，無非宰相之事，而弊倖去矣。天怒其有不回者乎？

其三曰別邪正以清流品。致治之要，在於辨群臣之邪正。二者常不相容，君子指小人爲邪，小人指君子爲邪。自昔堯、舜已有知人之難，而孔子亦有聽言觀行之戒，則辨之誠難矣。陛下自臨御以來以至于今，國論凡幾變矣，進賢退不肖，不知其幾矣。然比年以來，混淆而不知區別之方，冗雜而不見純一之效，陰陽之證莫辨，是非之心不明。以爲衆賢萃耶，則位文昌者屢辭旌聘之招，班從槖者不願旌麾之擁。或扼於幹方，或扼於秉麾，或扼於閒散，或扼於倅貳，或扼於小官，皆賢者也。以爲任用當耶，則瑣碎戚畹或玷節閫，驕豪貴閥或參幾輔。心權姦者陰肆含沙，跡貴幸者顯媒人爵。或倚賴屬籍之近，翱翔半刺而貽害於一州；或寅緣邸第之親，侵奪民産而流毒於數路。或觀覘窺伺，或模稜含糊，或反覆變詐，皆庸人也。甚至惡毒流行，善類淪没。五年正月諫臣死，而昔日之諫臣自若也。五月丞相死，而昔日之丞相自若也。六月給舍死，而昔日之給舍自若也。自諫臣之死也，而伏蒲論事之地幾鑑之亡矣。自丞相之亡也，而論道經邦之地幾棟之撓矣。自給舍之死也，而塗歸繳駁之地幾玉之燬矣。嗚呼！司馬光、鄒浩、陳瓘、劉安世諸賢人淪亡殆盡，❶虜入中原之禍起。❷君子之消，小人之長，而世道之屯厄常隨之，其所關繫蓋不輕如此。此日之所爲蝕也。然則欲回天怒者，其有大於别賢否乎？臣願陛下清其天君，持其定見。以爲進退人才之本。有才矣，必參以德而用之，不可徒取其才也。有德矣，必觀其行事而用之，不可徒取其德也。才有剛柔，必柔濟剛，剛濟柔，而後無偏弊。才有長短，必取其長，舍其短，而後無棄材。使凡得罪名教之人不足以惑陛下清明之聽，詭譎變詐之士不足以撓陛下堅凝之心，則賢否别矣。天怒其有不回者乎？

其四曰罷女謁以肅宫闈。女子之禍於人也甚矣。古今淫泆之主，溺於衽席之愛，自謂窮天下之樂不足以喻其適，而不知禍胎亂萌已伏於闈闥之中。陛下儀刑家人，中宫上儷宸極，可謂無險詖干謁之私矣。然嬪妃矜寵，眩惑聰明，女覡恃權，交通關節，無藉之權姦主之以安其身，亡恥之士大夫主之以媒其進，無賴之黨予主之以張其

❶「諸」，原作「論」，今據《四庫全書》本改。

❷「虜入」，原誤倒，今據《右編補》（明萬曆三十九年刻本）卷九《牟子才上理宗奏》乙正。

勢，金錢賄賂飛越中都，餽獻苞苴直通中禁，遂使外人指某事，内土庫輸送矣，某事，白鶴觀脩造矣。禁衛所以備不虞也，一男子之妄有所憑藉，則通行而無礙。或以陛下燕間之嚬笑泄於外，則雖昌言而不以爲怪。或以女覡詭秘之蹤跡泄於内，則雖微詞而必致于辟。大臣不敢遏絶而敢逢迎，不敢正救而敢鼓舞，烏得謂之無罪？此日之所爲蝕也。欲回天怒，其有大於罷女謁之干請乎？臣願陛下以社稷爲念，謹宮掖出入之防，嚴非類混淆之禁，使伺間而干進者恐怖而不敢前，乘機而僥覬者退縮而不敢進。宮省既清，浮言自息。天怒其有不回者乎？

其五曰斥權姦以絶禍本。人君所恃以立國者，人材而已。然自古奸臣欲盜其君之國，非挾宮闈之助，合左右之交，則不能獨爲。故寒浞之相羿也，行媚于内而施賂于外。王莽之相漢也，媚事太后，下至旁側長御，内外盤結，無一發其姦者，然後可以愚弄上下而甘心焉。自昔權姦篡人之國，非專兵甲之柄，擁財利之權，則不能以爲。故曹操之輔漢，以討賊爲辭而擁兵自衛。楊國忠之相唐，身調兵食而任其惡。兵、財既專，權勢益重，然後可以劫取神器而恣意焉。是舉也，前日之相實似之。自古大臣欲專其國，非以朋黨之論陷害正人，則不能以自專。故弘恭以蕭望之爲黨而殺望之，李宗閔以李德裕爲黨而疏德裕。自昔小人欲固其寵位，非窺伺迎合，厚自封植，則不能以有爲。故李林甫口蜜腹劍，蔽欺聰明，善養君欲。李義甫笑中有刀，諸子賣官市獄，門如沸湯。是舉也，近日之相實似之。前日之相以公議之所不容，屈伏海濱，陽致其仕而陰賂寵倖，爲他日復用之階，陽處塊苫而陰結宫府，爲他日竊權之地。近日之相以不智不勇之身而横塞要塗，以鍾鳴漏盡之資而控摶富貴，陽爲病倦而陰張虚氣，以示其據鞍矍鑠之能，陽爲推轂而陰懷疑心，以遂其從旁下石之計。天下之人皆知，而陛下獨墮其計中而不知，則其蒙蔽必有甚工且密者。此日之所爲蝕也。欲回天怒，其有大於斥權姦乎？今權姦斥矣，而根苗猶未絶也。臣願陛下昭大智以燭天下之微，奮大勇以決天下之事，勿以儒效爲迂闊而復思小人之有才，勿以直道爲咈逆而復善舊人之多智，使交結左右者其計不得行，而徘徊講筵者其譖不得逞。如是，則朝廷清明，禍本杜絶，而中外大小之臣永堅一心，以事陛下，而無復後憂矣。天怒其有不回者乎？

其六曰通言路以來敢言。昔者聖人之制治也，設敢諫之鼓，立誹謗之木，近臣進規，大夫進謀，公卿納誨，瞽史垂教，庶人議，芻蕘詢，耆艾脩之，而後王斟酌焉。逮及我朝，宰輔之宣召則有言，侍從之論思則有言，進故事則有言，翰苑之夜對則有言，二史之直前則有言，群臣之内引則有言，百官之輪對則有言，監司、帥守之見辭則有言。以至三館之囊封，小臣之特引，臣民之扣匭，三學之伏闕，外臣之附驛，京局之發馬遞鋪，則又皆有言。比年以來，爲大臣者背公營私，崇惡騁怨，惟恐人之議己，思欲以箝天下之舌，告訐察伺，無所不至。人賢不肖，咸謂言出於口，禍及其身，往往畏避謹嘿，自同寒蟬。甚至自隔對班，不肯有言。藉令有言，又皆掇拾細故，徒應故事，不足以裨主聽而慰人望也。時政之闕失，生民之弊病，賞罰之僭濫，獄訟之寃抑，疆事之危急，率皆壅於上聞。其間豈無盡忠協謀，存愛君之心，負濟時之略，明於國家之大體，通於人事之古今者？徒以防禁之厲，隔絶之嚴，雖有言不得上達也。陛下更化以來，宰執有條對，經筵有密啓，三學草茅有清議，可謂言路不壅塞矣。然而議論徒多，施行絶少；調護彌縫之意重，而決裂奮迅之意輕；壅遏沮壞之道勝，而施設云爲之道微。天子曰某言常談也，某事常事也，宰相曰某言過當也，某事風聞也。導人使諫而拒諫彌深，下詔求言而諱言滋甚。言者聽其自言，未嘗以不當於事爲忤；行者聽其自行，未嘗以不合於言爲拘。遂使至當之言徒爲無益之具，咎異沓至，其必由斯。今求言之意非不美矣，然昔者所進，未之能行，今而有求，又恐非實，其於言路之通塞關係匪輕。臣愚願陛下當謀謨並進之時，留神省覽，宣付大臣，俾之分閲，擢其可用，顯奏施行。勿以忌諱爲拘，則忠臣出；勿以文采爲尚，則至計行；勿以與廟堂異議而去之，則謀謨皆合於公論，而陛下誠於聽言之意暴白於天下矣。天怒其有不回者乎？

其七曰明風憲以肅紀綱。給舍、臺諫，國家之元氣也。元氣充則四肢實而壽命長，元氣虧則四肢竭而壽命短，其可畏也。乃者權臣柄國，專用私人，方其權之未固，則一時聲望之士不爲所嗛者，率排斥而無遺。及其權之既固，則一時修飾之士意向小異者，即擊去而不貸。情有未通，則倚腹心以示意向，而腹心者因得以行其私。事或未悉，則假簡槧以導委曲，而簡槧亦有時而漏露。仁人君子誤污丹書，無辜之民或遭簿録，循至于今，未及湔祓。雖以詔令之懇切，不免畫餅之療飢，是信任誠誤矣。然今日之臺諫敢於排奸雄而論宰相，給舍敢於繳權倖而拂貴游，監司、帥守敢於抨戚里而排動閥，雖使祖宗盛時，亦不過如此。陛下以祖宗爲法，則當施行其言，以養其敢言之氣。今以所聞參之，則言者愈激而聽者愈緩，論者愈多而行者愈寡，乃有大不然者。古者言及乘輿，則天子改容，今封章束閣，❶半墮渺茫，天使沓來，徒勞宣諭矣。古者論及廟堂，則宰相待罪，今議政事則敢於爭辯，去人才則旋即録用矣。古者論及左右，則貴戚斂手，今外臺逐之而宰相收之，臺諫誰何之而陛下調護之，不以除授爲非，不以彈擊爲是，而戚畹愈無忌憚矣。吾君吾相，何示天下以不廣如此耶？夫言者之盡言，非爲一身計也。向也爲權奸之所嗾，雖咈陛下之意，而陛下不敢不行。今也爲大臣之所惡，雖合陛下之意，而陛下亦不敢遽行。是陛下之畏宰相無間於初終，而宰相之玩臺諫亦無異於今昔矣。此咎異之來有甚於昔也。陛下而以風憲爲念，則凡給舍、臺諫之有言，皆當見之施行，以示公天下之心。勿以專攻上身爲常事而不加修省，勿以論及大臣爲沽名而委曲回護，勿以事關貴戚爲訐直而緩於施行，則風憲明而紀綱肅矣。天怒其有不回者乎？

其八曰寬繇役以收人心。夫民心得然後可以固邦本，邦本固然後可以保天下。人君所以奄有神器、傳之無窮者，豈有他哉，知愛民而已。恭惟國家祖宗德澤至深至厚，累聖相繼，莫不以愛民爲本。陛下嗣守丕圖，亦莫不以愛民爲先務，下寬大之

❶「束閣」，原誤倒，今據《四庫全書》本改。

詔，敷曠蕩之澤，所以奉承祖宗愛養元元之意，可謂切至。然自用兵以來，獮薙而斲喪之者，非可以一端盡矣。春冬鈔襲而困三邊之民，清野徒治而困兩淮之民，浮鹽和糴而困江、浙之民，鹽丁出没而困閩、廣之民，軍用需索而困荆、湖之民，敵潰迭作而困川蜀之民，盗賊横行而困沿海之民。加以貪夫暴吏不體上意，侵漁蠹蝕靡所不至。血其齒牙，以民爲犧牲，增和糴之入以供羨餘，取田租之赢以豐囊橐，假挨究之名以增賦斂，嚴榷酤之令以伐和氣，長告訐之風以供估籍，派攤賴之目以償逋欠，厚軍需之儲以肆科抑。旱魃爲虐，則縮檢踏之數，吝於蠲租；水灾掩至，則沽抄劄之名，而訒於發廪。索綿帛於方桑蚕之候，追米斛於未秋收以前。拘監未已，械繫隨之。急刻未已，刑獄隨之。號令嚴峻而必行，姦胥寅緣而爲利。苞苴既厚，寵賂又滋，以貪婪之心行暴横之政，以星火之令速疲殘之民。餘息之民，僅僅如縷，而笞箠縲繫，殆無虚時。愁歎之聲，閭里相接，强悍者散爲攘竊，懦愞者倏致流離。重以飢寒，朝不謀夕。嗚呼！上天何用更生此，使爲旱魃以隔陛下之雨露，使爲蟊賊以食生民之根葉？此而不除，陛下之赤子未得安枕而卧也，豈曰國家固民以寧邦本之本指哉？此灾異之所以來也。陛下而以愛民爲心，則宜申飭有司，凡中外蠹國害民之政，一切除去，凡弓張未弛之政，一切罷行。勿以民怨爲可忽，勿以民力爲可窮，深究祖宗被蠧斷手足以全大體之義，時取其無狀者一二人，中出手筆，特行處分，使如雷霆忽然在其側，且使天下皆知誠出聖意之所丁寧，不以詔令爲虚文，則實惠及民，有可以爲祈天永命之地矣。天怒其有不回者乎？

其九曰勞還役以一士心。古者戍役，兩期而還。其出戍之時，則采薇以食而念歸期之遠也。❶然所以使我舍室家而不遑啓處，載飢渴而至於傷悲者，非上之人固爲是以苦我，直以有所不得已而然耳。故出師則歌《采薇》以勉之，其還歸則歌《出車》、《杕杜》以勞之。先王蓋以己之心爲人之心，故能曲盡其情，使民忘其死，以忠其上也。先儒程頤謂「毒民不由其上，則人懷敵愾之心」是也。我國家自有敵難，兵不解甲者垂二十年矣。始也宿師於襄、漢，今襄、漢入於敵而退守荆、湖之北矣。始也宿師於三關，今三關入於敵，而退守堂奥之地矣。始也羈縻宜、邕，今宜、邕警於敵，而嚴守桂林之地矣。始也聚兵山東，今山東歸於敵，而分漣水海道之地矣。敵人無歲而不入，則邊備無歲而不嚴。邊備無歲而不嚴，則中國無歲而不勞。吾之所以待之者，固不可以數入爲常而怠於戍守，亦不可以久戍爲勞而忘於撫循也。今上而朝廷，下而將帥，以敵爲常矣，以敵爲技止此矣。夫以敵爲常則玩心生，以敵爲技止此則忽心生，合玩與忽，而暇以戍役爲勞苦乎？故邊鄙之間，有功而上不見知，有勞而下不知恤，此灾異之所以來也。陛下而有意乎此，則宜申飭有司，嚴戒將帥，察其勞苦憂傷之情，憫其貧窶凄涼之實，番休以時，役使有則，勿以微勞爲不足念，而有功必賞，勿以小校爲不足問，而有憂必恤，則竭力效死而無還心矣。天怒其有不回者乎？

其十曰謹刑罰以召和氣。舜之命官，

❶「遠」，原作「速」，今據《四庫全書》本、《右編補》改。

先播穀以敷教，而後極於刑。蓋有以益其民之身，又有以善其民之心。不獲已制刑焉，而刑之所施又必察其情，當其罪，是亦惟刑之恤之意也。《周官》大司徒以八刑糾民，在三物以教之後，而其所糾有不孝、不睦、不婣、不弟、不任、不恤、造言、亂民而已。所謂刑者，祇所以教之也。其仁愛忠厚之至，上自有虞、成康之世，刑措不用幾四十年。此所謂置天下於仁義者也。今之任廷尉者不以人命爲心，司天牧者不以民庸爲念，爲士師者不以弼教爲事，是其心術念慮匪惟貨惟內，則訖富訖威也。匪指道以明，則鍛鍊以成也。游辭兩造而遯情，析律二端而舞巧。或上下以知術相馭，或彼此以文法相操。錐刀之末而盡争，犴狴之淹而弗悔。民無所措其手足，國無所庇其本根。聞明五刑矣，未聞正四凶之罪以服天下也。聞黜四贓矣，未聞刑不孝之人以勵風俗也。上之人不以善道待天下，故風化所被，刑獄滋章。一歲之内，子弟殺父兄者十之二三，妻殺夫者十之四五，幼凌長者十之六七，下凌上者十之八九，人道絶滅，天理不容。怨毒充盈，上干和氣，刑獄濫矣，日何爲而不蝕乎？臣願陛下以堯、舜爲心，以成周爲法，罔兼庶獄，明清單辭，道上之德意志慮而達之民，悉民之險阻艱難而復其上。春生秋殺，一出無心，刑後德先，哀矜勿喜。如是，則泰和之風、忠厚之俗，沉涵漸漬，入人之深，而天怒可回矣。

其十一曰廣仁恩以安遺黎。外患之禍自古有之，禍患之烈未有如今日也。曩者蜀首被害，淮、襄次之。今又轉而南侵，且驚塵游騎遍於東西南北之境矣。夷城削險，糜爛生民，無貴無賤，駢首就戮。荒烟凍雨，冥漠無歸，結爲妖氛，激爲厲氣，沈爲滯魄，散爲游魂，往往鬼哭，天陰則聞，此死者之銜冤也。摧殘餘黎，幸免屠戮，竄伏山谷，奔走道塗，流澌既竭，生理復空，蒙袂輯屨，待哺嗷嗷。北風其凉，雨雪其雱，無衣無褐，何以卒歲？或捽人臠屍，或易子咬骨，或兄弟之血前後濺野草，或夫夫婦婦更相爲鯨鯢。齊魂爲燕氛，趙骨化魏土，悽痛之聲入金石、出絃匏，聞之者悄蹙酸屑，痛不自禁。此生者之所遭也。嗚呼！均爲王土也，何彼土之樂而吾土之愁也？均爲赤子也，何彼民之幸而此民之重不幸也？上焉者聽民之自生自死而不知恤，下焉者聽民之或去或來而不知救，爲民父母，而恝無情耶？流離如此，日何爲而不蝕乎？臣願陛下念死者之無辜，而求所以慰安之；憂生者之無依，而求所以安樂之。其安土重遷者，則申飭監司、帥守，復其繇役，免其租賦。其轉徙流離者，則專置一使，以任其事。廪有餘粟，❶則傾囷倒廪以紓其目前之急。官有閑田，則給牛種以救其終身之苦。壯者藉以充守禦之兵，弱者藉以備使令之役。或分其勢而不使之結連，或涣其群而不使之爲亂。如此，則淮、襄、秦、蜀之民復得蘇息，爲陛下保境土，爲陛下迓續天休，而禍亂弭、灾異消矣。

其十二曰寬鹽策以裕財用。《易》曰：「理財正辭，禁民爲非曰義。」是爲天下者以義爲本，不以利爲本，以義爲利，不以利爲利也。曰「正」云者，非蓄於義乎？《大學》曰：「長國家而務財用，必自小人始。」且理財者，以君子爲的，不以小人爲的，以君子

❶「廪」，《右編補》作「庾」。

爲利，不以小人爲利也。曰「務」云者，非喻於利乎？蓄於義，則功利之説不足以蝕人主之心；喻於利，則富强之術反足以召天下之亂。有天下者，其亦知所審哉？國家歲用至廣，兩税之外，仰給於鹽鹺者爲多。祖宗相承，朝夕計慮，與夫賢臣謀士，補葺闕遺，纖悉備具，著在令甲，皆可以經久垂遠而無弊。故商賈輸金於官，謂之入納。及其請鹽於煮海之場，則待次之期有遠有近。幸而及期，則泉貨流通。萬一法令或有少變，則本已消折，尚何子利之可冀乎？比者朝廷規求近效，昧忽遠圖，凡鹽策之利，自一孔以上，官司斡運，或謂之國用房鹽，或謂之相府鹽，無非自操利權，大抵下同商賈，與民爭利，至析秋毫，氣燄炎炎迫人，商賈往往積怨。已入納者折閲無餘，未入納者逡巡改業。所貴乎鹽策之流通者，以商人入納之數爲之嬴虧也。今商賈之貲用漸竭，既無以爲販賣之資，而朝廷之子本不繼，又無以爲斡旋之用，則是煮海者無策可措，而停塌者無貨可居。雖壓之以朝廷之勢，❶加之以刑戮之威，而本之則無，其何以責鹽策之登衍哉？此貨鹽之害也。浮鹽即歸朝廷，漕臺專任變賣。鹽未至場，則兵將爲欺，夾和灰土。鹽既至場，則官司爲欺，抑售高價。暨至發泄，則富户爲欺，賣弄斤兩。蚩蚩之民，展轉受害。中間朝廷雖有三分七分發賣之文，然商賈終於疑惑，豈肯公肆貿遷？間有商販之人，多爲官司所抑，坐淹歲月，發泄未能。若謂權宜可以爲糴本之儲，則糴本不專仰是也。若謂多積可以爲國家之利，則往往分散而入於私

❶「以」，原脱，今據《右編補》補。

用也。若謂三分不足以病商賈，則商賈之勢，竟難與官司爲敵也。若謂變賣不足以病民，則高大之直，百姓不樂於與官爲市也。此賣鹽之害也。嗚呼！民，吾民也，商賈亦吾民也，豈有爲民父母，坐視其流離顛沛而不恤也哉？臣願陛下特降睿旨，遵守祖宗之舊法，申嚴前後之指揮，釐革見行之條貫，使行旅流通，邦儲豐衍，以副陛下蓄義爲富之意，則二弊自革。以此而消灾弭變，曷爲而不可？

其他脉絡之或間斷，節指之不相應者，未易殫述。此十數條者，乃陛下之所諮訪於臣民者，誠有關於治體之污隆、氣脉之盛衰也。陛下豈不知屋漏之至嚴，而未能專一於敬心；豈不知萬機之叢脞，而未能肅清於政本；豈不知流品之當清，而未能公平於好惡；豈不知女謁之干進，而未能勇制於情慾；豈不知權姦之爲害，而未能遏絶其萌芽；豈不知言路之當通，而未能疏滌其壅滯；豈不知信任之當謹，而未能致察於賢否；豈不知徭役之當寬，而未能禁戢於貪暴；豈不知士心之當固，而未能撫恤其憂勞；豈不知獄訟之至繁，而未能深察其情實；豈不知邊民之流離，而未能大布於恩澤；豈不知鹽策之病民，而未能一洗於功利。凡皆志慮之因循，率爲聖政之疵累。意者天心仁愛人君，不容不以是爲陛下告乎！

春秋二百四十二年，而日蝕者三十有六。西漢二百一十二年，而日蝕者五十有三。唐二百八十九年，而日蝕者九十有三。未有如今日之蝕也，豈可以尋常之變待之乎？陛下倘不以爲尋常，必穆然而思曰：「夏正謹始，朔旦紀元。天令方新，朝綱甫肅。離明赫赫，遽爾翳蒙。得無陽剛元德有間斷歟？得無君道仁政有虧闕歟？」而愚臣區區之意，則以爲國本者，國脉之所關；國是者，國勢之攸繫。而陛下未及有所諮訪，豈聖心固有定論不待臣民之論列耶？抑亦畏人多言而闕然其問也？然此大事也，豈容置而不問？蓋國本早定，則天下之人望有所歸，而姦權不敢有睥睨漢鼎之心。國論不凝，則萬世之基圖無所屬，而豪傑或有輕視宗祧之意。故臣願陛下深入思慮，早定國計，堅凝國論，正以此也。

陛下春秋四十有三矣，即位亦二十有三年矣，閱天下之義理不爲不多矣。乃者中外小大之臣，不避斧鉞之誅，每有論奏，必以宗社大計爲言。陛下建學于内，博采精擇，似亦有意乎此矣。然聖意猶豫，未即裁决，此臣所以不敢已於言也。陛下端平之政，開衆正之門，塞群邪之路，翕翕向元祐。僅及半載，議論一變，而嘉熙之雜，淳祐之專，紛紛未定矣。陛下既不待群臣之請，自更化絃於前，則豈可不俯聽群臣之言，相與堅凝於後？而聖意過有憂慮，罅隙時見。寢苦掛冠之請，一嘗試也，而陛下與之祠禄。腹心臺諫之除，二嘗試也，而陛下見之施行。不過曰姑存體貌也，不過曰姑止人言也，又不過曰荆棘之路不可開也。然優游漫緩之極，反覆之所基；繚繞包涵之中，禍亂之攸伏。此臣所以不敢已於言也。而况古今厄運，適丁兹時，寅正紀元，又著兹異，失今不圖，則陛下之勢孤而海内寒心矣，其何以弭灾異之變、遏禍亂之萌耶？故嘗爲之説曰：「天下者，祖宗之天下也。」祖宗惟不邇聲色，不殖貨利，不害善類，不用小人，不遏言路，不尚兵刑，不重征斂，故天變弭於上，人心助於下，而主勢尊安。今陛下一壞於女謁之干請而主勢孤，再壞於功利之刻薄而主勢孤，三壞於君子之疏遠而主勢孤，四壞於小人之竊弄而主勢孤，五壞於忠言之不售而主勢孤，六壞於兵甲之未息而主勢孤，七壞於壤地之迫蹙而主勢孤，八壞於暴君汙吏之斲喪、苛征横斂之椎剥而主勢孤。今欲扶其壞而翼其孤，舍國本之定、國是之凝，臣未見其可也。陛下幸聽臣言，則天下事尚可爲。不然，壞者自壞而不自全，孤者愈孤而不自立，則劉蕡所謂「宫闈將變，社稷將危，天下將傾，海内將亂」者，復見於今日矣。

臣不避斧鉞之誅，罄竭愚衷，冒昧一言，以爲消弭灾異之本，惟陛下實圖利之。臣雖畢命山林，死且不朽。干冒天威，罪當萬坐。

子才又上奏曰：

臣不識忌諱，嘗條舉十數事告陛下矣。然此十數事根原雖在陛下，而扶持正救則專有賴於宰相也。比年以來，宰相多不用讀書人，間有用之，又皆書生之靡者。故其所爲，不過逢君之惡，安能格君心之非？陛下奮然開悟，舉儒相而專任之，此上天悔悟以開更化之機也，此九廟神靈陰隲顯相，爲國家植立無疆之休也。大臣於此念付託之匪輕，思爲臣之不易，尤當刷磨舊意，振動新功，圖惟報稱。況今天下内無國本，外有强臣敵國，豈宰相玩歲愒日，坐老天下事機之時乎？必論今樂蕩心之害，陳昔人流連之戒，如王曾之諫仁宗，而後敬心可一。必總朝廷之大體，守國家之法度，如劉摯之事二聖，而後政本可清。必論丁謂之才不可使在人上如李沆，而後邪正可别。必積下内降數十封而面納如杜衍，而後女謁可罷。必如富弼論陳執中無學術，不可爲相，而後權奸可去。必如趙普收拾擲下諫紙，糊綴復進，而後言路可通。必如吕夷簡選用風憲，當出聖意，而後紀綱可肅。必如曾公亮知民疾苦，補助窮乏，而後人心可收。必如吕公著言有勞不報，何以使人，必如寇準論刑罰偏頗，亢旱立致，而後士心可一，和氣可召。必如龐籍論省冗兵、減浮費以蘇川陜，必如王旦戒張士遜，言朝廷権利至矣，而後遺黎可安，財用可裕。乃若固國本、定國是，則必如韓琦挾《孔光傳》以進，必如司馬光言天若祚國，必無此事而後可也。其或過自菲薄，不以渡江以前宰相爲規模，而妄意前日之專，甘心近時之快，則相業卑微，其餘不足觀矣，其何以仰稱陛下專任一相之意哉？

臣仰恃聖明，不能自嘿。陛下惟毋以常談忽之，天下幸甚。

歷代名臣奏議卷之三百十

本卷劉永强校點

歷代名臣奏議卷之三百十一

灾　祥

宋理宗淳祐七年，夏旱。牟子才爲太常博士，上奏曰：

臣伏自丙午之夏被命造朝，今一年餘矣，所見灾異不可勝數。惟巖廊之上宴安自如，而海内之人寒心已久。迺五月不雨，旱暵爲灾，河港斷流，秧不入土。既踰夏至，無望晚禾，縱有沾濡，僅灑塵壒。最可怪者，閩中之水、江西之澇同此一時，而近畿諸郡乃以旱告。上天仁愛之意，厥有攸在，此非責躬修行之時乎？此非下詔求言之時乎？此非避殿減膳之時乎？臣延頸企踵，以望此詔久矣。而九重深嚴，迄無聲聞，臣工觀望，亦失開陳。但聞今日醮内庭，明日禱新宫，今日封神祠，明日迎佛像，倚靠於衲子，聽命於黄冠，是皆無益之舉。所謂咸平、明道、熙寧、紹興、淳熙求言之故事，迄不復講，而專襲靖康不舉行之失，以遏天下敢言之口。此臣所以憤悶不平，激而爲今日之疏也。

且今日之旱與庚子異。庚子之旱，旱於秧苗已種之餘；今日之旱，旱於秧苗未栽之際。已種者尚猶有望，未栽者已無餘覬矣。委之於天數之適然，可乎？或曰：桑林之禱，六事自責，是湯未嘗有此失，特疑其詞而逆致其防耳。今宫中、府中之事室而不通，治内、治外之政闕而不舉，道揆輕而法守紊，刑罰濫而貪黷滋，則政之不節有其實矣。干戈征斂之重交困於民生，飢饉流徙之虞遍形於田里，魚介勞而下多苦，鴻鴈散而民未安，則民之失職已有其證矣。内而邃館，增築石山，外而新宫，大展藩屏，降及侯王之邸第，争興輪奂之斧斤，則宫室之崇有其所矣。權寵之地既窟令萱，請謁之門争求王聖，旁及嬪嬙之貴，亦多依託之私，則女謁之盛有其候矣。貨財多入於水衡，賨賂交通於禁密，力之大者可以營權位，力之微者可以鬻州符，則苞苴之行有其信矣。諂瀆相蒙於上下，奸讒交亂於愛憎，陰毒中人者力比於含沙，睢盱行世者工侔於鬼蜮，則讒夫之昌有其驗矣。而九五之尊亢然居上，未聞出一言，下一詔，如桑林之所謂禱者，其爲褻天不亦多乎？臣應之曰：今日六事之失，其形已成矣，臣民言之亦衆矣，吾君之聽亦玩矣。與其鋪陳舊失以取吾君之玩，曷若於六事之外，求其近事之切於利害者而極言之，以冀吾君之一悟乎？臣生長遠方，賦性愚狷，其敢回隱以負陛下隆天厚地之知？請遂言其概。

臣竊嘗讀《易》至於《恒》，見天地萬物之情惟其常而已。日月惟其常，故冬北夏南，朝震夕兑而能久照，不則不常其道矣。四時惟其常，故春震秋兑、夏離冬坎而能變化，不則不常其化矣。聖人惟其常，故居上不驕、處柔不躁、順動不失、守正不變而能化成，不則不常其德矣。常則久，反常則息；常則善，反常則惡；常則吉，反常則凶。然則常之爲道，其人君凝固善念之大機括乎？陛下以至明至聖之資，臨政願治，于今二十有四年，閲天下之理不爲不多，習國家之事不爲不熟，發而爲政，一一中節，布在天下、著在人心者，固不可以一二枚數。

然最其著見而關係甚大者，有三事焉。

正人，國之精神也。陛下懲衰周監謗之失，垂情容納，天下於是服陛下之量。草茅，國之氣脉也。陛下懲孤秦賤士之失，推誠尊禮，天下於是服陛下之誠。小民，國之大命也。陛下懲潢池弄兵之失，加意撫綏，天下於是服陛下之仁。夫三德者，天下之所仰望以爲平治者也，而陛下勉焉，可謂大過人矣。使行之力，守之篤，持之定，不間斷焉以睽其常，不二三焉以窒其常，則終始如一，時乃日新，而常之功用凝矣。然自去冬以迄于今，僅五閱月，而所爲驟變，不類故常。豈陛下於長久不變之義或未之思歟？抑情意厭倦，易其舊而新是圖，必盡棄平日之程度而不復存歟？不然，何其變之倏、更之驟也？且正臣進者，治之表也。往者柄臣類於千官百辟之中，擇其蹤跡詭秘、敢行不義以爲吾之役，與夫至庸極陋、貪懦無耻，決不至於妨吾之事者，而後用之於要津，由是人主不得聞天下之事，是非淆亂，無所不至矣。比歲以來，此弊已革，所用之人率皆正直。然以建議立論，謇謇諤諤，輒不爲人所容，蓋有厭而棄之者矣。去臘二臺諫之逐，搢紳愕眙，韋布嗟惜，往往私竊妄議，以爲二臣所以獲譴者，必其言宫庭幽隱之過也，必其言宦寺女謁之私情也，必其言君子小人之朋比也。及退而考其所爲，則爲其議論久静而再言嵩之，爲其彈劾甫息而又論陳韡。夫權奸接跡，表裏爲欺，論之誠是也。今乃借中傷善類之名以逐之，而不顧其指揮之乘快也。稽諸故典，唐介劾文彦博，斥去未久，旋復召用。今嵩之已都書殿之榮，陳韡亦受元樞之命，而琰與昴英一斥五月，未聞有召用之期。旌直言者固如是耶？此臣之所未喻也。一詞臣之去，中外小大之臣相與驚疑，私竊妄議，以爲詞臣之所以徑去者，必以其嘗言天倫之不可昧也，必以其嘗言臺諫之不可逐也，又以其嘗言新宮之不當建也。今退而徐考其所爲，則謂其請老非一章，求去凡十疏也。夫重於起家，輕於去國，固臣子之高致也。今預憂暑途之可畏而聽其徑歸，姑徇人言之可畏而復預經幄，予奪軒輊見於思慮委折之餘，而狎侮娛嬉形於詞意抑揚之表，待仁賢者固如是耶？此臣之所未喻也。其他如王佖之直情徑行，雖乏委曲，然他日之事，乃以南陽而獲譴。歲月既周，畀以遠節，非特見天道之當復，亦可驗聖心之易回也，而又屏之。王爚守正不阿，雖少疏通，然龍翔之役論諫甚力，其於聖德所補不細。今杜門求去，非特見去就之當然，抑亦見風操之不屈也，而遂逐之。此陛下不以直臣視直臣，而鋭於逐之，其失一也。旱何爲而不作耶？

議政鄉校，鄭國以昌，策士大廷，漢室以治，是士氣不可一日不養也。然所貴乎士者，以其爵禄可辭也，白刃可蹈也，挾其所甚重而眇其所甚輕也，尊其所可貴而輕其所可賤也，豈區區富貴可得而輕重哉？去歲四學之士始也以敢言而蒙榮，終也以多言而蒙辱。方其敢言也，孰不以青天白日爲清明，鳳凰麒麟爲美瑞？及其多言也，既以一試之餌誘之於前，復以不試之令制之於後。既馳驟之，復束縛之，既羈縻之，復簸弄之，一切以啗嬰兒、御童僕者爲一時之予奪，使患得患失而不敢言，箝口結舌而不復言。意向之所之，甚於斧鉞之誅，而一語之輕出，過於市朝之撻。其爲厭薄，不既多矣乎！三歲取士，古制也。舉於鄉，試於春官，覆試於有司，親策於天子之庭，重事也。方其始也，以鄉三物教萬民而賓興之。曰賓者，敬之至也。及其終也，鄉老及鄉大夫、群吏獻賢能之書於王，王再拜而受之。曰拜者，尊之至也。夫賓之拜之猶恐不敬，今濟濟鏘鏘，群然而來，而搜索挾書之令已擬其後矣。夫挾書有禁，國之法也。徇習於累年法制之寬，縱弛於一朝恩數之濫，陛下而有意更革之，則先期而致戒，三令而五申，夫孰不洗心滌慮以應新令？今告諭甫形，知聞未遍，一旦守閽之吏、禁衛之卒已得而孰何之，顛倒其衣裳，仳離其冠屨，詬罵之聲不絶於口，而士則乍入君門，不敢譁也；掊擊之勢不絶於道，而士則乍入君門，不敢聲也。間有挺特之士，不受屈束，則相與仇視而姗笑之。遂使鯁直之氣沮抑而不得伸，緼蓄之胸迷惑而不得吐。或畏憚而遠遁，或驚疑而成疾。嗚呼！何其重不幸耶！陛下二十四年之間未嘗有此舉動，今此手一滑，而僇辱至於如此，此陛下不以士類視士類，而輕於辱之，其失二也。旱其有不作乎？

「撫我則后，虐我則讎。」天畏棐忱，民情難保。言民則至繁而易安，小民則至微而易動。君臣之間交相警告，使知邦之根本專在小民者，蓋國家之亡不在大族，不在諸侯，不在姦雄、盜賊，而止在於小民之身。是天命未足爲天命，而人心乃所以爲天命也。其所關係，豈小小哉？近者因感生帝，大興土木，拓開輦路，增廣祠庭，七八百家之居屋隨手毁除，一萬餘口之黔黎聚頭嗟怨。陛下雖捐水衡少府之積增直價，然都城之内人心皇皇，道路籍籍，咸謂陛下與此不急之務，以毒我民。彼其窮閻故屋，暑雨淋漓，曾不能以自覆，而陛下忍毀之乎？敗絮破衾，風雪凝沍，曾不能以自温，而陛下忍毀之乎？隆寒皸瘃，坐須窮餓，曾不能以穀其腹，而陛下忍毀之乎？陛下起自民間，其於民之疾苦亦熟悉之矣，胡獨於此而用其忍耶？不寧惟是，毀室之謗未已，失帶之事旋興。祖宗敷遺之寶，一旦失墜，陛下覺之，夫孰不以爲當然？掌寶玉者當誅而不誅，盗寶玉者當誅而未即誅，此國法之不可貰也。而有司奉行過當，無故而估籍平民，乾没寶貨者不可勝數。市井之間，族談聚議，皆謂某人已籍矣，某人已獄矣，所籍已踰所失矣。夫平民見利而遷，初豈知其爲寶玉大弓哉？使其知之，何敢以一身輕冒法禁？此其情亦可以闊略矣。昔太祖皇帝謂：「朕有三條帶：汴河一條，惠民河一條，五丈河一條。」今淮、蜀之要地，祖宗之所寶也，陛下失其半，亦既累年矣，而不之問，顧乃因一帶而擾害百姓耶？甚爲陛下惜此舉措也。秦揭竿之夫，起於閭戍之頻仍；唐天寶之盗，興於百姓之嗟怨。萬事之得，或以一事之失而召怨；萬人之悦，或以一夫之怨而生亂。此天下必然之理也。今所失非一事，所怨非一夫，陛下而可以細微而忽之，至愚而目之乎？此陛下不以小民視小民，而鋭於忽之，其失三也。旱何爲而不作乎？

夫一善之揚，可以順天也。今一失於簡賢，而容受之德反其常，則非所以順天矣。一俊之籲，可以事帝也。今再失於辱士，而敬體之德反其常，則非所以事帝矣。一小民之安，可以永命也。今三失於害民，而仁愛之德反其常，則非所以永命矣。此旱之所應也。人徒見陛下自去臘以至於今茲，所失非一事，而不知上天自去臘以至於今茲，所應亦非一變。陛下不數月而見此三失於天下，上天不數月而見此數異於國中。一事失則一證見，一德虧則一變生，影響形聲，其機甚捷，豈不大可畏哉！

雖然，三者之失固在陛下，而繩愆糾繆則在大臣。古者大臣格君心，皆於過失未形之際，不待已形而後言也。益之戒舜，則曰：「任賢勿貳，去邪勿疑。」是舜未嘗有疑貳之事也。召公之戒武王，則曰：「德盛不狎侮。狎侮君子，罔以盡人心。」是武王未嘗有狎侮之事也。周公戒成王，則曰：「君子所其無逸，先知稼穡之艱難乃逸，則知小人之依。」是成王未嘗有忽小人之事也。未嘗有此事，而二三大臣拳拳告其君若此，是敬其君而不忍置之於有過之地也。今大臣以師臣之舊，居伯益、周、召之位，其可不使陛下爲舜、武、成王之君耶？然則欲改陛下之舊失，以起今日之新功，則大臣當齋戒沐浴，積其誠以告於陛下曰：「寧考所以傳位於陛下者，以陛下能敬賢，能禮士，能安民也。前日不幸而有拒諫之事，又不幸而有辱士之言，又大不幸而有害民之舉，若悔心一生，則前之所謂不幸者，皆如日月之食焉。不然，臣亦末如之何矣。」陛下聖性高明，一聞此言，必翻然改悔，發自聖衷，避殿減膳，詔天下臣民極言朝政之闕失。然後寵章、李於既斥之餘，禮多士於沮辱之餘，安百姓於離析之餘，使天下咸曰：「大哉王言！」又曰：「一哉王心！」則簡賢之失轉而爲容受，慢士之辱轉而爲優禮，害民之舉轉而爲安民。二十四年曰量、曰誠、曰仁，三者之德復全於今日，而無驟反故常之譏矣。天變其有不弭者歟？《語》云：「法語之言，能無從乎？改之爲貴。」惟陛下力行之。

子才又上言曰：

臣不識忌諱，嘗條舉三失以告陛下矣。復有餘悃，願終陳之。

盜賊、水旱之變交萃於今日，人皆以爲國家之灾，臣則以爲國家之福。是何也？天下之禍常伏於人心所不慮之餘，而國家之福每兆於君心常謹畏之日，正孟子所謂「生於憂患，死於安樂」也。昔李沆相真宗，每朝謁奏事畢，必以四方水旱、盜賊奏聞。同列或以爲非，沆曰：「人主一日豈可不知憂懼也？不知憂懼，則無所不至。」其後又謂王旦曰：「沆死，子必爲相。遽與虜和，一朝疆場無事，不有盤游之樂，必興土木之功矣。」及祥符間，契丹既修好，兵革不用，近習用事之人始建議封泰山，祀汾陰，築玉清昭應宮，崇奉天書，耗用寖廣。旦常悒悒不自得，然不忍獨善其身以去，曰：「誰爲國家抗群小者？」乃薦呂夷簡、王曾等二十餘人布列於位，所以小人力不能勝。沆之此言，其千萬世人主恐懼修省之龜鑑乎！今敵國勢大，意欲飲江，禍至烈矣。江、湖、閩、越所在盜起，患亦廣矣。旱暵孔殷，水潦並作，天變亦極矣。當軸居李沆之位，蘊李沆之識，歷此三者之變，固未嘗不奏聞以警上心也。然警省之餘，亦當求所以弭灾銷變之策乎！今禦敵雖得人，而激昂奮厲，振起事功，在廟堂當有以盡其扶持之力。平盜雖有人，而安静不擾，鎮撫得宜，在廟堂當有以示其意向之明。乃若水旱之來，正君相交修力行好事之時也。頃者頻遣使車，慮囚放罪，洊頒寬詔，蠲賦惠民，非不懇切，而旻蒼益高，旱勢彌甚，是必有大不可於帝意者。不然，何其窒而不通、感而不應耶？

臣之愚見，則謂陛下宜痛自悔艾，而深思平日慊然不足於心、惕然不寧於心者，盡其所以愛敬，而彌縫於冥冥之中，以平其恨而釋其冤，則鬼神悦豫，宗廟安妥矣。挽回不可測之天心，消釋不可解之天怒，迓續不可終窮之天命，其機括有大於此者乎！此愚臣所以拳拳納忠於陛下也，惟陛下實圖利之。

子才又上疏曰：

臣濫吹班行，尸素無補。比者天久不雨，嘗不量愚昧，冒萬死裁一書，爲陛下極言三事之失，且於其末致拳拳之忠，所冀聖心開悟，引咎責己，導諫敷恩，以解天下之惑。今已踰旬，未聞有所施行，而天怒不解，旱勢愈張。四海臣民睹此鉅異，愈益憂皇，咸謂祖宗求言，具有故實，惟靖康多難，不及舉行，此等所爲，已非美證。堂堂盛世，所當監其失而敬天怒，何乃襲其咎而玩天災乎？ 臣竦聞其言，退而追惟靖康以前之事，未嘗不痛恨當時而重有感於今日也。

陛下自親政以來，凡三更大化矣。一更於端平，其失也輕。再更於嘉熙，其失也濫。又再更於淳祐，其失也專。曰輕，曰濫，曰專，其事雖殊，其失則一。今政瑟之更，幾二年於茲矣。始焉剛果之氣未嘗不翕然，惟慶曆、元祐之趍，日慆月邁，志氣不强，曾幾何時而委轡中道，已逸而奔於崇、觀、宣、靖之域矣。嘗即其實而考之，其事力反不及於崇、觀、宣、靖，而證候則有類乎崇、觀、宣、靖也。

且人才，國家之精神也。乃者弓旌四出，非不招來，而難進易退，不肯輕出。間有出者，亦不能尊信而用之。其間如極論綱常者，執憲端平者，力拄閹戚者，肅清宮禁者，未嘗無人，而御屏簡記，幾亡其姓名，夾袋薦揚，又遺於物望。彼亦不過甘心空谷，絶意中朝。方之崇、觀、宣、靖，諸臣時望之偉，亦有如李綱者乎？舊學之粹，亦有如楊時者乎？耆德之尊，亦有如許翰者乎？經術之奥，亦有如胡安國者乎？直亮自許，亦有如崔鶠、李光、余應求者乎？威望可倚，亦有如种師道、劉韐、宗澤者乎？是人才反不如崇、觀、宣、靖也。

兵者，國之爪牙也。兵不精利，與空手同。甲不堅實，與袒搏同。古人無日不計軍實，擇令典者正謂是也。今子虛烏有之籍，在在而有之。戍淮之兵殲於戰鬬，防江之兵狃於驕墮，淮東先鋒數僅二千，荆楚壯士十喪八九，山西勁卒類多烏合，郡國禁兵僅充厮役，而倚以捍禦者又多北來之軍，圈豹養虎，禍變難測。加以器械鈍闕，戈戟凋殘，蒙衝海鰍率多壞爛，神臂床弩半就消磨，駐隊舊制之不存，克敵斗刀之不等，方之崇、觀、宣、靖間，亦有十餘萬之京城兵乎？亦有二百萬之諸道兵乎？亦有二十七萬之河南北兵乎？亦有一百七指揮馬步軍乎？亦有二百疋之天駟戰馬乎？亦有五千座之京師砲乎？亦有千餘兩之宣闘造車乎？是兵革之多不如崇、觀、宣、靖也。

財者，國之命脉也。國家一歲通制國用，正當量入以爲出。而近年以來，横費亡藝，歲終會計已加多六七千萬，一朝御札又歲新券三四十萬。督視之行，新楮以一千萬計，銀兩以五十萬計。其他諸闔之非時科降，戎所之制造鎧甲，制闔之臨遣撥賜，合而言之，亦千餘萬。其他如宫掖之横恩，燕飲之用度，權奸之盗竊，郡守之囊橐，要路之苞苴，閑官冗吏泛濫之支吾，邸第宫觀不急之營繕，又不可枚數。府庫所積，在在枵焉。其視崇、觀、宣、靖間，亦有大觀西庫三四千萬緡之積儲乎？亦有諸路所積三千餘萬之積鏹乎？亦有在京庫務一千三百餘萬之積貨乎？亦有諸監所鑄九百萬之錢乎？亦有延豐倉四十萬之積粟乎？亦有宣和六庫上供四百萬乎？亦有無額上供三百萬乎？亦有京師新收一百餘萬乎？亦有諸路免夫錢六千二百餘萬緡乎？雖曰半天下之勢，不及全盛之時，然所積竟不能髣髴其萬一，是財計反不如崇、觀、宣、靖也。

雖然，人才不如，兵財不如，使振而起之，猶可勉强。今所患者，無崇、觀、宣、靖之事力，而有崇、觀、宣、靖之證候。何謂證候？曰奉御筆也，事燕游也，崇土木也，逐君子也，諱讜言也，思權奸也，用戚里也，信宦官也，激盗賊也，致外患也。

御筆始於政和四年，初焉楊球之代書，終焉流弊之滋熾，或稱詔，或稱御筆手詔，或用御寶，或用長印，或有金填紅刻，旨揮由中而出，不在於中書門下之旨也。當時三省，但奉行御筆而已。陛下即位之初，壓於權臣，潛光晦迹，不敢自大，所謂御筆，非惟不能，亦未知其爲何許事。粵自親政攬權，蹊路漸熟，然亦未至於蕩然也。今輕視四海，玩弄諸臣，用力於區區術數之微，偃然自謂人莫己若矣。女子、宦官、邸第、戚里，窺見罅隙，請託紛如，於是御筆沓至，往往夜漏十數刻，省吏傳呼，晷刻不爽，大臣簽押，奉行惟謹。妨害政幾，虧損觀聽，清明之世，爲此弊倖。陛下不欲爲千萬世之令主乎？宰相不欲爲千萬世之賢相乎？不然，何縱弛之如是也？臣所謂有崇、觀、宣、靖之證候者，此其一也。天久不雨，其以是乎？

政和以後，遊燕浸多，燕太清樓有記，燕承平殿有記、曲，燕保和殿有記，幸鳴鑾堂又有記，皆所以記一時燕游之盛。而史臣書之不少隱諱者，將以垂子孫之鑑，爲萬代之勸也。陛下富有四海，紹隆大業，亦幾有年，謂宜兢兢業業，視爲商監。今得之道途，咸謂陛下内庭排當，寒暑不輟。敵騎侵淮，未盡出境，而常舞酣歌，見於自逸。湖寇鴟張，未盡撲滅，而耽樂飲酒，或至罷朝。雖洊歌《雲漢》瘨旱之詩，尚未下避殿減膳之詔。始焉縱容，不過自恕曰：「吾惟今日耽樂耳，一日遊逸，爲害幾何？」不知是心一流，則自一日至於二日，而至於終身不改。雖敵國急警，燎原滔天，駸駸及我，亦罔聞知矣。臣所謂有崇、觀、宣、靖之證候者，此其一也。天久不雨，其以是乎？

祖宗以來，宮室制度不至太廣。政和初始建延福宮，樓殿相望，跨越宮城。自是興作不已，又即延福宮之舊基建保和殿，即誕聖之地作玉清和陽宮，即宮城之東建寶籙宮，疊石爲山，號曰艮嶽，亦汰侈矣。陛下襲十三葉祖宗之業，所宜深監往失，以示古人卑宮之意爲天下先。今得之傳聞，咸謂陛下聖性好大，務營土木，内而宮掖四面築山，多取石於南内燕息之所。雖未必果有玆事，然内臣附會，多以人所不知爲説誤陛下，而陛下不悟其非。此豈可令衆庶見乎？外而龍翔興建祠宇，每拓地於百姓生産作業之地。雖非陛下本意，然奸臣附會，多以異説怵陛下，而陛下不悟其奸。此豈可使外國聞乎？臣所謂有崇、觀、宣、靖之證候者，此其一也。天久不雨，其以是乎？

政和元年，陳瓘台州羈管。崇寧六年，鄒浩永州安置。此皆權奸當國，欺君玩世，借此以報怨也。今章琰、李昴英居瓘、浩之位，而又有瓘、浩區區之心，其排斥嵩之，論列陳韡，此其志豈有他哉，徒以國家比年以來氣勢微弱，精神萎薾，皆起於小人之誤國，所以悉意極陳，將以補闕政而裨聖聰也。不謂疏狂之言上觸宸怒，一斥五月，不復召還。前後臣隣言之屢矣，而陛下終不省悟，遂使二臣墮在遠方，曾不得復齒縉紳之列，豈盛世美事哉？矧今敵國孔熾，盗賊横行，水旱交作，患至迫矣。若不早霽威嚴，亟加萬一，因他人激怒，或以瓘、浩之罪加之，則大體愈虧，非所以爲挽回天心之術矣。此臣所謂有崇、觀、宣、靖之證候者，此其一也。天久不雨，其以是乎？

燕雲之議，吕頤浩謂窮天下之力，竭天下之財，必無以善其後。此忠言也，而御筆則以興訛造訕罪之，此言爲諱也。京城大水，李綱謂變異不虚發，必有感召之由；灾害非易禦，必有消去之策。此忠言也，而以隄防不修即非灾異詆之，此言爲諱也。陛下自去臘以來，每有諱言之意。責實下詔，一諱言也。風諭數語，二諱言也。春官宣諭，三諱言也。搜索懷挾，四諱言也。逐二臺諫，五諱言也。去一詞臣，六諱言也。陛下諱言於其上，群臣緘口於其下。間有冒死一言，則上下相與仇視而深嫉之，不以微罪行，則以他事去之。嗚呼！忠臣烈士所以極言敢諫者，非沽美名也，非好爲不靖也，爲人主心術慮也，爲朝廷大體惜也，爲生民大命計也。而陛下一切厭薄之。非特厭薄之，且憎嫉之矣。非特憎嫉之，且逐而去之矣。此豈盛世之美事哉？臣所謂有崇、觀、宣、靖之證候者，此其一也。天久不雨，其以是乎？

方蔡京之爲中太一宫使也，既許之謝事，又使之削官，又使之居杭。凡京所爲，一切罷之；所用，一切去之。誰曰京不遠矣？上意決不向用矣？曾未三年，而五日一朝，赴堂治事矣。又未幾而落致仕矣，領三省矣。懷憾肆毒之久矣，苟可肆其一螫者，未嘗不甘心焉。積而至於禍敗，尚忍言之哉！今去相之奸與京相埒，而忿戾不可解之之毒則又過之。觀其厚結游士，密伺朝廷，多積金錢，直通宫禁，兼以空鄙塢之積以實水衡少府之儲，窮水陸之珍以供太官玉食之奉，此其意非但如此而已也。安知其不以「北事只我了得」之語刼陛下乎？又安知其不詐爲遼使問京何在之語以竦陛下乎？此臣所謂有崇、觀、宣、靖之證候者，此其一也。天久不雨，其以是乎？

祖宗戚屬不得預政，非故疏之，其所以憂思深遠至矣。鄭居中同知樞筦，勉徇後宫之請。既罷免之，又申命之，中外交疑，道路指目。陛下臨御以來，未嘗不以至公爲務，而肺腑戚屬屢玷班行，子姓怪民濫叨扈節，列辟猥歸於孌族，驕淫不減於曲陽，布列卿郎，日求速化，翱翔丞簿，時冀超遷。材幹者猶有可言，乳臭者是誠無謂。遠而節旄，誤擬南陽之寵；近而畿輔，有同恩澤之倖。雖比之鄭居中固亦有間，然浸淫不已，亦非所以示天下之公也。豈天下之大，果無一人可以供陛下之用耶？臣所謂有崇、觀、宣、靖之證候者，此其一也。天久不雨，其以是乎？

童貫、譚藉首禍燕雲，楊戩、何所踵貫而起，其初起於毫芒，其末流之禍，至於塞天地，亘古今。陛下總攬權綱，豈不能深燭此理？然便嬛側媚有以中欲，甘言巽入有以順情，陛下雖未嘗縱之，而憑依竊弄，蓋有非陛下之所能盡知者。故虛張科斂之數，其力可以移漕臣，而陛下不悟也。憑依格殺之威，其勢可以屈國法，而陛下不疑也。典領營造，費用泥沙，至不貲也，而勘同錢緡，率用新楮，不肯循國計之常。掌司寶玉，愛護不謹，罪當誅也，而轉移主聽，嫁禍他人，幾不遵國法之常。臣所謂有崇、觀、宣、靖之證候者，此其一也。天久不雨，其以是乎？

方臘才亂，連陷數州，諸峒結連，聲勢張大。江西虔、吉以至建昌，盜賊間作，騷擾良民，以至此極。陛下寬以御下，仁以結民，薄海内外，悉主悉臣，豈忍自壞於照臨之下？而比年或多梗化。兩淮流民，吾遺黎也，區處無術，侵迫畿甸，激而爲寇，如往歲之繹騷者有之矣。湖、衢、建昌之民，吾赤子也，憑恃險阻，雄長相角，激而爲盜，如前日之陸梁者有之矣。閩、嶺之鹽丁，江、湖之峒丁，皆王民也，爲守者不知撫循，與之爭刀錐之利，奪衣食之源，憤怨不平，激而爲亂，如今春之猖獗者亦有之矣。始焉之激，常起於細微，終焉之憂，卒至於盛大，遂使橫行數州之廣，綿歷旬時之多。大師克之，猶未即功，茲其爲力，豈不戛戛乎其難哉？臣所謂有崇、觀、宣、靖之證候者，此其一也。天久不雨，其以是乎？

宣和五年秋，虜益兵雲中，經營南寇。其冬宗維寇河東，宗傑入河北，邊遽倏聞，舉朝失色。今北邊新興，哨騎狎至，自春徂夏，勢欲飲江。壽、泗，吾藩籬也，地界南北，敵所必攻。驍將勢窮，士馬物故，則藩籬不可賴矣。通、泰，吾根本也，地據斥鹵，敵所必攻。人民之生聚，亭竈之精儲，公私之餘羡，悉皆破壞，則根本不可支矣。福山，吾屏蔽也，去毗陵纔二十五里，而驚塵游騎直至於此，聲勢幾摇於京邑，烽火直至於甘泉，則屏蔽又不可恃矣。其如淮西諸郡間被傷殘，蜀西諸屯時肆蹂踐，遠而至於廣西一路又有斡腹之憂，恫疑虚喝，其意直不肯置我於度外也。天氣尚熱，變已如斯；秋風纔高，禍尤慘烈。陛下出自聖斷，分命樞臣進屯江面，仗國威靈，克勝而後朝食決矣。然今歲之諜異於他日，料敵制勝不宜輕易，行兵用師不宜退却，定功行賞不宜混淆。一或反是，則何以起人心、興事功耶？此臣所謂有崇、觀、宣、靖之證候者，此其一也。天久不雨，其以是乎？

夫人物、兵、財色色不逮，而亡國證候無一而不相似，此臣所以痛哭流涕，爲陛下言之也。然而欲消證候，則自吾君一心始。君心得其正，則志氣清肅，而天下之證候不生。君心入於邪，則晶光掩黯，而天下之證候皆非。先民有言：「陽明勝則德性用，陰濁勝則物慾行。」萬事之得失，係於一心之正不正如何耳。夫天下以一人爲主，人君以一心爲主。君子方寸物慾多門，撓之者衆，攻之者繁，至可畏也。《大學》言治國平天下之用，而其本在乎正心。仲舒論正朝廷百官之本，而其説則始於正心。大哉心乎！其理慾誠妄消長之源，而天下萬事感應之機乎！然嘗論之，陛下之心，其初未始不正也，自人心汩之，而心始不得其正。陛下之心，其初未始不誠也，自妄念撓之，而心始不得其誠。陛下之心，其初未始不清也，自陰柔濁之，而心始不得其清。陛下之心，其初未始不明也，自利欲昏之，而心始不得其明。不能以禮制欲，而陛下之心始蕩；不能以義制事，而陛下之心始縱。此心一萌於方寸之間，而證候已見於天下國家之大。此無他，理與慾之界限不明，誠與妄之源流不別，而其應如是也。然則澄其源，以爲立政造事之本，其有大於正心乎？

陛下清燕之頃，試省察焉，凡親政以來，聰明不及於前時、事業日負於初心者，誰實爲之？必其聲色貨利有以蝕吾之天也，便辟側媚有以汩吾之天也，蜵蜎蠖濩之中不能存道心而去人心也，虛明應物之地不能純天理而除人欲也。内降之多，必私心之勝也。燕游之數，必淫心之蕩也。土木之崇，必侈心之汰也。君子之疏，必敬心之衰也。正論之嫉，必誠心之怠也。奸邪之喜，必禍心之包也。貴戚、宦寺之積，必愛心之纏繞也，必畏心之芽蘖也。盜賊、外患之盛，必常心之驟反也，必懼心之少弛也。是心之私，起於方寸之端芒，其極至於結爲國家沉痼弗瘳之疾，獨不可克而去之乎？臣願陛下正其身之所主，不以私慾間之；實其心之所發，不以妄念雜之；養此心於虛明公溥之中，一此心於喜怒哀樂之後，敘慶曆、元祐之所以得，監崇、觀、宣、靖之所以失，側身修行，下詔求言，❶凡事之背理

❶「下詔求言」，《四庫全書》本作「察諸邇言」。

傷道者悉更革之，一動作而反欲爲度，一云爲而即誠去僞，萬事皆善，十證並消。此《孟子》所謂「有本者如是」，而《大學》所謂「物有本末，事有終始」也。不揣其本而齊其末，則人欲肆，妄念作，激而爲崇、觀，變而爲宣、靖，不惟不能躋慶曆、元祐之治，而國家之禍恐在丁未，不在丙午也，可不懼哉！

干犯雷霆，不勝震慄。

子才又上言曰：

臣待罪奉常，食粟而已。惟曉夕露香告天，願得一雨，以釋吾君吾相憂勤之心。一二日來，油雲屏屏，微雷隱隱，百姓翹首以望曰：「今夕必雨矣，吾君吾相，庶幾其少寬矣。」曾未頃刻，風吹醨之，雲雨之勢又墮虛無。是雖無言，蓋亦有意。臣因嘿坐，靜而思惟，前時之三失，今日之十證，皆足以致天怒也。而怒之甚者，又有事焉。《常棣》一詩，其廢已久，斲喪國脉，養成敵釁，當必由此，非可以細故忽之也。陛下遠覽古今，飽諳世故，其於禍福倚伏之機，察之熟矣。所宜運思眇綿，動心寂寞，復兄弟本然之天性，洗國家難解之嫌疑，使幽明之際怨恨俱消，泬寥之中魂魄有主，則綱常事定，骨肉釁平。上天之怒豈有久而不釋之理哉？

臣干犯天威，罪當萬死，惟陛下赦宥。

子才又繳進輪對疏曰：

臣日者天久不雨，嘗竭愚忠，首陳三失，次條十證，又於貼黄兩言天倫之當厚，乞陛下恪循故事，下詔求言。今政事之間雖未見陛下有所改悔，而祖宗故事則已施行，仰見陛下聖德本自聰明，前旒未爲蒙蔽，而臣之言亦不爲徒發也。臣初謂政在中書而專攻上身者罪也，政不在中書而專攻上身者亦罪也。臣比進兩疏，既已冒犯罪戾，推究灾異之所從出，爲陛下言之矣，而陛下之諸臣豈得爲無罪耶？請極論其所以然。

臣嘗讀《易》至《否》，而重有感於今日焉。天地交則爲泰，不交則爲否。否者，閉塞不通之名也。故《太元》準之以唫、以守。❶唫曰：「陰不之作，陽不之施，萬物各唫。」守曰：「陰守户，陽守門，物莫相干。」謂天地各居其所，閉塞而不通也。當是時也，内陰不肯應外之陽，下氣不肯應上之氣，此臣之所謂否也。以節令言之，雪者，五穀之精也，去臘不雪。雷者，號令之象也，今春夏不雷。五月，梅節也，地久不梅。夏至，雨節也，天久不雨，至於六七月之間。是皆天地閉塞而陰陽之氣不和也，非否乎？夫否塞之證見於上下不交之時，人孰不以爲天地自閉塞也？而不知天地之所以閉塞者，則陛下之諸臣實爲之。諸臣謂何？宰相、臺諫是也。凡其所爲不能貫通於上下者，皆否也，而可已於言乎？

所貴乎宰相者，以其能輔佐天子而進退百官也。向也端平之初，進賢去佞，位置得宜，天下翕然稱之曰小元祐。雖兑會壞楮，履畝傷民，入洛失地，輕鋭可譏，而用人一節，高掩千古，真賢相也。今再相淳祐，四海蒼生日夜復以端平之治望今日，而免

❶「元」，當作「玄」，作者避宋太祖始祖名諱改「玄」作「元」。

牘未下，旱暵頻仍，❶景象逼迫，上下煎熬。雖日不暇給，而一再進擬，大抵不能盡副天下之望。今觀其布在班行，❷非天子之勳戚，則大臣之鄉舊也；非侯伯之子孫，則臺諫之羽翼也；非邸第之狎客，則京兆之親密也。又觀其布在郡國，非天子之近親，則大臣之婿姪也；非執政之姻婭，則諸邸之子弟也；非諫坡之舊館，則臺臣之婦翁也。苞苴之魄交接於閨闥深邃之間，請託之私周旋於堂從鄉隣之密。黄髮兒齒之老，豈能制依憑機巧之人？赤松從遊之餘，胡亦有顧惜子孫之念？人謂小相若在，猶且善惡相兼；豈謂大老來歸，乃無一事公當。遠視端平，如出兩人；近比淳祐，殆同一轍。而況胡宗愈輩陰結厚確，交相爲朋，人所共嫉，今乃拂逆公論，引據要津。清臣、温伯左袒熙寧，蹤跡顯著，人所共嫉，今乃故開倖門，延入共政。調亭之説一起，吕、范之責難逃。況君子小人勢如冰炭，决無兩立之理，必有反覆之虞。與其自保於一身，孰若均憂於天下？不此之務，乃反誨之，豈不重孤天下之望耶？此宰相之否也。

所貴乎臺諫者，以其能繩愆糾繆，分别邪正於已然之後也。祖宗時，臺諫例不兼講席。自中興後，王賓爲中丞，建請復開經筵，自是每除言路，必兼講讀説書之職。由此臺諫與天子習熟，無復有敢言者矣。向也爲權臣之私人，今則爲天子之私人矣。向也供劾檢於權奸，今則受天子之宣諭矣。向也受劾草於權奸，今則受天子之調亭矣。

❶「頻仍」，原作「百官」，今據《四庫全書》本改。
❷「布」，原作「有」，今據《四庫全書》本改。

故上意所不予，則施矰繳於既逐之諫臣；上語所不樂，則縱斧斤於廣東之倉節。或倚上眷而執人物進退之權，或探上心而掣朝廷行事之肘，此逢君者也。乃若宰旅直士振觸鼎鼐則弋之，惟懼其不早；中書緊官拂逆貴近則擠之，惟恐其或後。樞臣剛愎，睥睨台枋，則傾臺以助之；督視臨遣，請存臺諫，則含茹以翼之。此媚要途者也。其他計使同列，而已獨寂然；陰報私仇，而我若無與。或以惡名而中傷善類，或託公義而輕黜時賢，此行私意者也。所可誚者，擊嫳相於京祠已罷之後，擊殿帥於兵權已解之後，姑以備數，豈果觸邪？此懷苟心也。推原其意，不過如鄧綰輩受笑駡、攫好官而已。最是宥府之臣，才智輻湊，其力足以拒權奸也，中執法則擊之以倒公議之戈。騎省之長，天資柔佞，其術足以援權奸也，中執法則翼之以摩公議之壘。則是開奸邪道路之基、培國家禍亂之本者，中執法也。雖然，此豈人力之所能爲？不知造物者栽埋此禍根，養成此禍胎，將醖造何等事以壞天下國家耶？此臺諫之否也。

宰相之説不過曰：「所以致旱者，非一日之積也。行乎國政，如彼其新也，受任以來未嘗畫一籌也。」是則然矣。然舊學疇庸非他臣比，雋壽在位非新進比，中書再入非生局比，觀棋既久非輕奕比。舉而措之，苟合公論，則天聽雖高，亦且感動矣。今所爲若此，其何以回天怒乎？爲今之計，當公此心以爲進賢退佞之地，固不可乘間而進所私之人，尤不可因便而任所親之吏；固不可顔情而用讒諂之徒，尤不可愛憎而嫉恬退之士也。其他鎮定事機，調齊鼎實，平章棼錯，皆當以一公字行之。否轉而泰，此其機乎？ 其或力不逮心，終以渝始，則否之又否矣。

臺諫之説不過曰：「新宮不可諫也，諫則嬰鱗忤旨矣。大奸不可論也，論則胚胎後菑矣。寵佞不可言也，言則追蹤章、李矣。」是則然矣。然大觀文致仕之命出於睿斷，則權奸未始不可去也。龍翔工役，人以爲不可止，而天子暫止之。戚里貪虐，人以爲不可去，而天子終去矣。則是天子未嘗不可諫，特諸臣觀望顧惜，不肯諫耳。爲今之計，當公一心以爲排擊奸邪之地，固不可任喜怒之情而報宿怨，尤不可因黨予之偏而快私心；固不可以風聞之謾而害善良，尤不可舉瑕纇之微而黜孤遠。其他一德之疵，一事之失，一舉措之誤，皆以公心言之。否轉而泰，此其機乎？ 其或怙終不改，恥過作非，則否之又否矣。

夫宰相失其調燮之職，而道揆之地結而爲一否卦。臺諫失其風憲之職，而法守之地結而爲一否卦。是以上下不交，天地不通，當雪不雪，當雷不雷，當梅不梅，當雨不雨，又激而爲天地間一大否卦也。

雖然，又有所説。臣所論宰相、臺諫，不過舉其事耳，而未論其心也。請爲陛下言之。瑣瑣閹嬺，挾天子之威，窟於宮禁，而爲天下奸邪犇趨之主。赫赫權奸，挾宮闈秘奥之援，窟於海濱，而爲天下諛佞嗾使之主。陛下内牽閹嬺之愛，外怵權奸之賂，佞人憸夫闚見罅隙，遂謂陛下因閹嬺之交通，將權奸之復用也。於是寵幸者内則交結於閹嬺以濟其私，外則接引於權奸以締其好；大佞者内則借譽於閹嬺以固其寵，外則陰主於權奸以効其報，遂使忠臣飲氣，志士吞聲。嗚呼！ 陛下爲社稷宗廟之主，爲四海臣民之主，而不自主張，乃使若權奸、若寵倖等輩反結閹嬺之交以取必於陛下，又倚陛下之勢以脅制於群臣。數日以來，外論頗傳陛下以外權太重，思欲起權奸而用之。又見邇來所用樞臣，皆權奸平日之所與，遂相與讙言權奸復出矣。審如是，必交結諸臣之左右以誤陛下，此其意欲何爲哉？是操王莽、董卓之心，以盜陛下之富貴也。夫奸利之臣所主如此，苟得一重臣如王旦，力遏王欽若之不可當國，如韓琦坐政事堂，出頭子勾任守忠，徑押就貶所，使在我者有泰山喬嶽之勢，則中外之人乃始知畏，不敢爲非。今秉鈞者不惟不能遏絶，乃反倚以爲重，不惟不能竄逐，乃反推波助瀾，則將焉用彼相哉？又如李沆言丁謂有才不可用，如司馬光謂王廣淵奸邪不可近，使在我有壁立萬仞之勢，則巧佞之人乃始斂戢，不敢妄圖。今謀國者不惟不能疏遠，乃反與爲婚姻，不惟不能諫止，乃反與通譜叙，則將焉用彼相哉？夫宰相統百官而一宫府也，今內倚閹嬺，外比奸邪，或相挽推，或相鼓舞，豈持禄保位之念勝而正大之體或虧，患得患失之心多而卓特之見或少耶？豈牽連諸臣之黨與，自度不能勝其奸，姑委靡頹墮以聽其所止耶？抑畏憚權奸之氣燄，自揣不能抗其鋒，姑韜杜斂軸以待其自定乎？不然，何爲徇暱己之私，忘天下之公，隨波逐流，事事鶻突，系小子，失丈夫，以至此極耶？此以張禹、孔光之學誤陛下之國家也，則將天地磔裂，日月錯行，星辰顛踣，如漢之末造，又豈止不交不通而已哉？

然則上有休否之君，則下有休否之臣。《否》之九五曰：「休否，大人吉。其亡其亡，繫于苞桑。」夫否極之世，泰道有將開之機，否道有將傾之勢，然猶未離於否也。君子處此，豈可苟安而玩視乎？故安而不忘危，存而不忘亡，治而不忘亂，常有戒懼危亡之心，則繫於苞桑，堅固不拔矣。陛下當陰不消、陽不虧之時，雖有光明正大之位以爲休否之資，雖有陽剛中正之才以爲休否之道，然必深思遠慮，常懷其亡之戒，而後有苞桑不拔之固。若非恐懼修省，常憂否道之復來，念慮幾微，常思否證之復見，則表裏諸臣不知警懼，相與爲非，則否日益甚而神器移矣，豈四海蒼生所以深望於休否之君也哉！惟陛下留神。

歷代名臣奏議卷之三百十一

本卷劉永强校點

歷代名臣奏議卷之三百十二

災祥

宋理宗淳祐十二年，牟子才爲兵部侍郎，上疏曰：

臣猥以樸學獲侍經帷，講説之餘，蒙垂清問，諮訪世事，勤勤懇懇，略無倦容。此明主可與忠言之時也。兹聞水潦爲敗，綿十數州，奔告於朝，日日相繼。臣雖至愚極陋，其敢隱默不言？謹條變異之因，上瀆淵衷之聽。

臣聞陰陽之氣流行天地之間，舒慘焉而爲寒燠，明潤焉而爲雨暘，均則和，戾則沴。雖云天運有數，實與人事相符。聖人居泰則裁成輔相以保其和，遇災則恐懼修省以求其應，用能導迎善氣，變災爲祥。否則陰疑於陽而陽不能勝，必激而爲災爲沴矣。按孔子作《春秋》，書大水者八，而不明災異之應。至班固著《漢·五行志》，乃取董仲舒、劉向之説，推究其事，或謂弑父弑君，或謂兵連禍結，或謂淫泆過度，或謂百姓愁怨，或謂丹楹刻桷，或謂政在大夫。雖事以類求，微近於鑿，然天人之理實相貫通，迪逆之機常相影響，詎可歧爲二致，泥其感應哉？臣於《春秋》，每獨善宋。方宋大水，魯使吊焉，對曰：「孤實不敬，天降之災，又以爲君憂，拜命之辱。」且一水之變，而隣國至於遣使相弔，其君至於負罪引慝如此。臧文仲曰：「宋其興乎。禹、湯罪己，其興也勃焉。桀、紂罪人，其亡也忽焉。」可謂善於論興亡、明於論感應矣。嗚呼！宋其罪己而興者歟？至於漢、唐，則有李尋、宋務光之流，亦能指陳外親、大臣、後庭、近習爲水灾之應，述其儆戒，深切著明，而其君不能因言致省，推求象類，以陰盛爲虞，往往禍亂接跡，如傳所記者，何可勝嘆！

然則國家興衰不在於灾異，而在於人君之省不省明矣。天人之際，可不懼哉？恭惟陛下膺圖御曆，於今二十有九年，仁心之所感格，善政之所薰陶，自宜天降嘉祥，諸福畢至。乃六月中澣，諸道大水，同日並發，爲變異常。得之傳聞，見之申奏，今日而報嚴、衢、信山澗發洪，溪流暴漲，雨八晝夜不止，城内外如行江漢矣。明日而報台、婺、處之水發山源，出溪谷，而濤頭高數丈矣。又明日而報邵武、延平之水輸灌建寧，而城市莽爲巨壑矣。大抵冒没城郭，淹浸田苗，損壞廬舍，摧陷井邑，抉蕩隄防，漂流儲峙，官吏溺者什之一二，百姓溺者什之六七，軍士溺者什之三四。而湖南北之水、江東西之水聞之道塗，無以異於閩、浙。一郡之水猶爲灾異，今東南諸郡而水毁過半焉，此豈尋常細故，可得而玩耶？且陛下父母天地而陰陽錯逆矣，主山川而摧裂湧决矣，君社稷而邑陷城圮矣，子萬民而暴灾殞溺矣。咸謂陛下駭於巨故，震惕在懷，必有大悔悟、大修省以攙塞變異也。臣夷考國朝敬天愛民，無如仁宗。在位四十二年，雨灾、水灾間見疊作，帝乃詔避殿，詔減膳，詔改元，詔損尊號，詔求直言，詔寬冤獄，詔問疾苦，詔發倉廩，詔息征徭，詔蠲租賦，至誠惻怛，惕然若傷。苟有益於救灾，皆施行而無吝，可謂遇灾而懼矣。陛下所宜取法也，獨奈何其不然耶？

而臣深憂静察，則駸駸乎且宣和矣。宣和之水暴至京城，起居郎李綱上書，以爲變異不虚發，必有感召之因，灾害非易禦，必有消去之策。綱之意蓋謂實德不修，實政不講，可謂切中當時之病。詔乃以水衡失職，波流泛濫，即非灾異，綱竟坐狂絀。諱人言，玩天變甚矣，而今日之證候實似之。雖水未及都城，然去歲水灾疊作，意謂陛下必能悔悟以銷變矣，而漫不經意，今則日甚一日矣。去歲水灾尚遠，意謂陛下必能警省以弭灾矣，而恬不見怪，今則日近一日矣。夫灾異之來，日甚一日，日近一日，而猶不能恐懼修省焉，則宣和都城之水將必突然陛下之前矣。臣非好危言以恐陛下也，陰氣勃戾，感召有端，豈必水哉，蓋將有盜賊之憂、外患之虞，迫逼而不可慮，駭悍而不可支者。宣和自元年之既水，御筆内批之絡繹猶故也，神霄寳録之崇奉自如也，花石應奉之科擾無禁也。師成、童貫之流結怨東南，召釁西北，不五六載虜入中國，以陰召陰，理所必至也。夫「陽明盛則德性用，陰濁勝則物欲行」，故其不能明白洞達以迪其德性之和，而惟晦昧黮黯以行其物欲之私者。意之所感，則爲惑昵，爲蒙蔽，爲柔邪，爲暗僻，爲朋比，爲憸讒，皆陰也。氣之所應，則爲滯淫，爲札瘥，爲祆祲，爲苦蟄，爲昏墊，爲沉晦，皆陰也。豈必水哉？宣和惟不去私欲之偏，是以激陰濁横流之害。今日又將忽陰沴之戒，則必蹈亂亡相尋之轍矣。

臣不佞，敢冒死爲陛下條陳之。其目有五：曰啓私謁而大公至正之理未昭，溺近習而清静純一之德未著，崇土木而恭儉簡樸之化未形，庇小人而公平廣大之見未顯，失人心而仁厚忠恕之澤未洽。此五者，根原於一心之微，而流行於四海之大，極而至於陰濁肆行，災害間作，敗壞國家而已也。

且宣和之失，在於降御筆以專恩威也。陛下天資高明，豈不知監？然牽聯愛欲，紛糾事爲，往往以獨見之偏，撓中書政本之地。陛下之意，豈不曰恩舊之相迭操政枋，而威權幾至於下移，今恩舊雖歇，而威權不可以不收。自是心一起，而獨運萬機之政，安然行之而無吝矣。宗親之除授，戚屬之遷擢，外親之特命，雖邸第祈求，恩舊請託，有非聖心之得已者，而輕重厚薄實出於陛下處分也，如廢法何？天庭之奏狀，臺府之兩造，有司之瑣務，雖宮媪經營，腐夫干預，有非聖心之所樂者，而曲直是非實出於陛下裁制也，如撓政何？他如内批之宣諭，章疏之節貼，臺牒之懲戒，是皆亡國之證候，而宸翰絡繹，詞氣峻嚴，軺使往來，施行急遽，陛下曾不以掣肘外庭爲疑。是國家機括所在，無出於此數事，而陛下悉躬親行之。臣恐行之不已，意輕丞相之譏，兼行將相之失，復見於今日，祇以開私謁之門，啓捷出之徑耳。此陰濁之政有類於宣和也。

宣和之失，在於溺近習而忘遠慮也。陛下至公無私，豈不知監？然情與愛遷，事爲私奪，往往有蹈其覆轍者矣。且宮庭屋漏之間，夫孰無謹獨之學？竊意陛下所以待宮妾者，必有道矣。然聲實流聞，由中及外，天下妄謂陛下微有惑溺。雖閱理至深，觀妄已熟，❶萬無此失，而人言如此。至謂一令萱死，不知幾令萱之復生；一飛燕

❶「妄」，《四庫全書》本作「變」。

來，安保百飛燕之不進？道途流傳雖未必實，而虧損聖德之大，無出於此。雖家置一喙，不可得而解矣，蠕蜎蝮蠖之中，夫孰無省察檢防之念？竊意陛下待閹尹者亦必有道矣，然陪侍習熟，工於揣摩，或亦微有所預，往往時以一二事取信於外，故趍者瀾倒。雖聖性高明，照燭此輩，未能盡竊威福之柄，然玩而弗慮，聲生勢長，趨附浸多，過咎浸積，内則懼陛下之嚴誅，益思伺察詆排，以操公議之戈戟。此陰濁之政有類於宣和也。

宣和之失，在於崇土木以備游幸也。陛下性好恭儉，豈不知監？然居養所移，未能無愛。往歲嘗建龍翔矣，嘗飾苑囿矣，以卑宮之主視之，不翅過矣。既又以爲未足，無故創爲新寺之役。雖云經費取辦御前，大抵施爲率從科抑，規橅浸廣，工役繁興，斬丘木而先朝后妃將相之墓無所庇藏，廣進助而畿輔江浙膏腴之田半歸白奪。方且包撤民居，疏鑿溪港，窮奢極侈，無有已時。黔黎敢怒而不敢言，閭巷敢怨而不敢指。貂璫捨此無以擅其利，内司捨此無以足其欲，遂致轉展工程，悠颺歲月。如聞此役未了，又將轉而他圖。某所之道觀方興，某所之祠廟又起。廟堂遵奉，委曲施行，百姓聞之，心摧膽折。自古人君興土木者，自《春秋》、《史記》歷代以來，並皆書爲過失，以示萬世。今灾異如此，而斧斤之聲不絶於耳，此皆小人圖一旦之利，而致人主於有過之地。此陰濁之政有類於宣和也。

宣和之失，在於用小人以仇公議也。陛下能辨忠邪，豈不知監？而心之所倚，乃拳拳於小人之黨庇。賄相再用，濁亂朝廷，凡五六載，此宰相之凶也。公議方以削美謚爲請，而陛下念之終不忘。老姦蹲踞，椓害忠良，凡數四載，此臺諫之凶也。公議方以鐫責爲請，而陛下眷之終不忘。猥瑣之尹，因怙寵以召鬧，所當却退也，今不却退而反陞之。貪酷之守，因貪婪而召變，所當竄斥也，今不竄斥而反庇之。下至一黥胥之賤，既麗於刑矣，而復脱之縲絏之中；一皂隸之賤，既聲其罪矣，而反芘之主萃之地。君子不幸而爲小人所繫，則一斥不反，不免有收其田里之譏。小人有時而爲君子所排，則左遮右掩，不免有保全愛惜之意。遂使陰氣盤結於兩間，惡儔蕃殖於散地，或處畿輔，或逃海濱，皇惑人心，動摇國是。此陰濁之政有類於宣和也。

宣和之失，在於滅天理而失人心也。陛下銷患於未形，豈不知監？而謀慮之微，乃不及於深綿眇密之中，甚可懼也。天下有道，公議在朝廷；天下無道，公議在草茅。言之是耶，則遷善改過；言之非耶，則皇自敬德。皆所以觸人君進德之機，養天下敢言之氣也。一或仇視，則僇辱隨之。去歲嘗黥士矣，而其過在京兆。今歲嘗僇士矣，而其責在朝廷。上乘快指揮，未免有今日陡如此之憂；下惡傷其類，嘗恐有異時或手滑之慮。雖小夫狂生坐愚至此，所可惜者，朝廷舉動耳。遂使京畿視傚，幾至於與士爲敵，而其心常求以勝士。郡國聞風，甚至於與士爲仇，而其極遂至於殺士。吁！士何負於國家，而意向一偏，其禍遂至於如此哉？「王以小民承天永命」，是天下之變不在族，不在諸侯，不在奸雄、盜賊，而惟在於小民之身。有以安之，則化叛離爲訢合；無以安之，則轉榮懷而爲梐杌。其間不能以寸而害利霄壤，甚可畏也。國家自寶、紹以來，內郡之民未有叛心也，端平之稅畝，淳祐之括田，不翅足矣，而去歲經界一事爲害尤深。祖呂惠卿手實之故智，倣李椿年砧基之陋規，誅求慘毒，租稅重斂，妖孽椓民，一至此極。邊遠未始有離心也，清野之轉徙，軍需之科斂，亦云擾矣。而今歲鈔騎爲害尤深。空山寨儲蓄之利，盡沿淮摧殘之民，渚鴻未定，離散可憐，林燕無巢，歸棲何所？嗚呼！民何負於國家，而釁孽一起，其禍遂至於此哉？此陰濁之政有類於宣和也。

夫水，陰物也，而其所以爲災，則起於陰濁勝而陽明之理有虧，物欲行而德性之和不用。宣和之證候，則背陽明、趨陰暗者也，而今日之證候則無異乎宣和。宣和之災異，則以陰濁感陰沴者也，而今日之災異亦無異乎宣和。感召之政與宣和相合符，陰沴之災視宣和爲有過。臣願陛下側身修行，監宣和之所以失，而一以仁宗爲法，使立政造事之際，全德性而得陽明之純，虧物欲而無陰沴之勝，則天怒可回，天災可弭，而民命可續矣。

臣又聞天聖間，京城大水，宰執方晨朝未入，俄有旨放朝。王曾亟附奏曰：「天變甚異，皆臣等燮調無狀，豈可退安私室，恬然自處？」亟請入見，陳所以備禦之道。其後謝絳抗疏，亦謂：「陛下進用丞弼，極一時選，而政道未茂，天時未順，豈輔佐不明耶？抑委任不篤耶？必若使之，宜推心責成，以極其效。謂之不然，則更選賢者。」是災異之來，大臣任其咎可也。今日暴水爲災，坊門貽誚，大臣固已乏寅亮之德，乖調燮之方矣。所宜蹐地上章，引咎塞變，坦然自恕，則亦何詞？休沐更私，罷朝夙退，外示容與，無異他時。方且啓擬差除，相爲拉拭，上玩至戒，以欺聖明，此則臣之所未喻也。若謂徒崇虚文，無益於事，則所謂實者，竟復如何？

臣竊以爲莫大於協寅恭、除壅蔽。夫和氣致祥，灾氣致異，而不和之象乃在大臣。一堂之内矛盾交馳，一念之間水火鬭進，乏和衷之義，無協一之規，形諸四方，安有肅睦？若使好惡得其正，用舍得其真，不爲苟同，猶足相濟。萬一各持異見，各徇私情，以喜怒爲好惡，以愛憎爲用舍，則必至於政令舛忤而是非亂於上，黨與交盛而邪正亂於下，豈不糾紛盭戾，變怪愈滋哉？此則寅恭之義所當協也。灾異求言，具有故實，所以下通抑鬱而内儆闕遺。陛下樂聞忠嘉，初無厭憚，獨大臣惡人議己，畏人多言，沮不舉行，輿情共鬱。大臣平日自許以賢，未必多有愆尤，廣爲奸利，何用抑遏以至於斯？今召怨干和者非止一端，産灾胎變者非止一事，若非人言，則君門九重，何由自達？若非導諫，則草茅一介，誰肯盡言？今縱壅遏下情，遮蔽耳目，竊恐天變不悟，人怨不知，弗慮弗圖，變起不測，駭而謀之，豈有及哉！此則壅蔽之患所當除也。使大臣能自省其非，深懲二患，協寅恭以補變調之失，除壅蔽以消禍變之原，而又亟爲救菑補敗之圖，行之以至誠懇惻之意，毋諱護以沮吾君爲善之意，毋艱難以隔吾民欲達之情，務惠及飢羸，以召和氣，則所謂實者，猶庶幾於萬一也。

臣隱憂熏心，冒進狂瞽，非敢沽激，惟陛下亮其愚忠。

子才又上火灾封事曰：

臣伏覩近降詔書，以「鬱攸挻灾，令中外臣僚並許實封，直言闕失，毋有所隱」者。臣日者經席再啓，猥以獨班，獲陞緝熙。嘗推明《復卦》大義，仰致聖德修省之助。復於貼黄略述火灾之由而未備也。方將欲有所言，而陛下罪己求言之詔已下，其忍吐而復茹，不告陛下乎？

臣頃所上水疏有曰：「九郡之水非遠也，若以遠而忽之，則所謂遠者將突然陛下之前矣。」臣非好爲危言以恐陛下，蓋欲陛下知所警懼，化灾異而爲休祥也。然下詔方爾，而撥田賜額之事已喧闐於新寺矣。遣使方爾，而内燕排當之事已迭舉於宫闈矣。夫灾異如此，而陛下忍玩之，是樂憂也，是恝然於吾民也。豈陛下以其遠而不足以動吾心耶？夫遠而九郡，近而京畿，均陛下之民也。傷居爾體，痛在朕躬，均陛下之體也。而皆棄置不問，天於是始移其所謂水者而震之以火焉，移其所自遠者而警之於近焉。四明之火方盛大，而紹興之火已襲之。至日之火方信宿，而御街之火又繼之。自是而後，蓋無夕而不火矣。或曰：「塗撤不先，綆缶不具，水潦不畜，火道不表，正徒不儲，是以火不可救。」或又曰：「宰執、尹漕、殿步帥之意，欲先救龍翔、救邸第，而後救民居，是以火不可救。」是則然矣。是徒知以火政爲解，而不知所以致此者，固有出於火政之外也。然則所以致此者何事乎？臣前所謂啓私謁、溺近習、崇土木、庇小人、失人心者是也。使陛下當是時以臣言爲然，稍知悔悟警懼，舉此五者洗而清之，豈不能變灾爲祥，易禍爲福耶？愚臣言之於前，陛下玩之於後，而近又加甚焉，此回禄之灾所以迭發於京師衆大之區，使陛下目此鉅異而痛加修省也。愚臣至是安敢緘嘿取容，不爲陛下復舉崇、觀、政、宣之證而鋪陳之乎？

且私謁之啓，莫御筆爲甚也。去李綱，去陳瓘，斥唐庚，斥吕頤浩，政、宣間之御筆也。今繳駁貴近者奪瑣闥之權，疏排大姦者奪宰旅之職，顧劾御史者奪都曹之階，爲王留行者奪司諫之任，以若所爲，不政、宣乎？臣觀私謁之害，其初蓋出於手滑，手滑不已，而近日所爲又加於前，是玩天災也。玩天災者，天必怒而降之禍焉，此火之所由作也。

近習之溺，惟閹寺爲甚。王黼、童貫陰懷異志，摇撼國本，梁師成、朱勔陰賊於内，結怨於外，此宣和之近習也。今表裏衷私，造謀詭祕，廣開營繕，以啓侈心，甚至與賊隸爲窟穴以抗臺諫之衡，與富民爲道地以爲直臣之穽。多張羅網，如罝飛蟲；廣布腹心，有同鬼蜮。所爲若此，不宣和乎？臣觀近習之害，其初不過順適上意而已。順適不已，而近者所爲又過於前，是玩天變也。玩天變者，天必怒而降之禍焉，此火之所以作也。

土木者，亂之本也。建延福，建和陽，建寶録，建保和，此政和三年事也。今襲慶之架造未輟，而中興觀之工役又新。延祥之塗塈未竟，而西太乙之工役復起。墓木之斫伐可禁也，不惟不能禁，而主萃者又與已去之姦雄互争，幾失國家之體。邸第之包占可禁也，不惟不能禁，而度地者又預指某户民屋之當撤，幾動小民之心。所爲如此，不政和乎？臣觀土木之害，其初起於祇神示、崇祀事而已。爲之不已，而近者所爲又過於前，是玩天變也。玩天變者，天必怒而降之禍焉，此火之所以作也。

小人者，公議之仇也。蔡攸一小人耳，信之庇之；鄭居中一戚屬耳，用之保之，大觀二年事也。今諫長爲君子所仇，則委曲保護以全其歸；御史與善類爲敵，則尊奬扶持以張其氣。棋枰一動，全局危摇，誰之過歟？劉安世元祐諫官也，劾楊畏之反覆至於累疏。今不能亟劾而授人以罇，寧不反害？孔文仲清江人也，劾程頤而旋悔至於歐血。今劾其人而襲其位，能無泚顙？所爲若此，不大觀乎？臣觀小人之害，其初不過仇視公議而已。仇視不已，而近者所仇又過於前，是玩天變也。玩天變者，天必怒而降之禍焉，此火之所以作也。

人心之失，禍亂之源也。錢寶爲輕，鈔法日壞，花石爲擾，和買倍增，此崇、觀間事也。今銅鑼之弊在洩漏，在鉟銷，源日益耗而民悴。楮劵之弊在僞造，在增印，直日益下而民窮。水毁之鄉檢放不實，中熟之郡和糴已興。告訐獻田，廣行包占，雖深山窮谷亦爲之擾。望青採斫，驅抑搬移，嚴霜飛雪曾不之恤。所爲如此，不崇、觀乎？臣觀人心之失，其初不過奪民之利而已。奪之不已，而近日所爲又甚於前，是逆天也。逆天者，天必降之禍焉，此火之所以作也。

夫啓私謁，溺近習，崇土木，庇小人，失人心，是五者若無與於天灾也。而一失而爲九郡之水，再失而爲京城之火，捷如影響，甚可畏也。陛下於此時，亦知所鑑乎？

私謁之不禁，已激而爲水火之灾。陛下知戒天灾，則當痛自懲艾曰：「今而後不復乘快乘怒矣。」遇有當行，則與二三大臣開誠布公，審訂熟議，然後形之奎畫。如此，則天知陛下之心，必能爲陛下弭未來之災矣。今火後所行，乃大不然。內批以今日廷紳氣習澆蕩、文辭浮淺爲可猒，其說是矣；締觀聖意，大率欲使群臣緘口縮舌，噤無一言而後已。以先朝諸老文氣和平、旨趣簡切爲可法，其說當矣；然詳觀聖意，不過使群臣宛轉唯阿，不爲矯激而後已。導諛習諂，則其諂熏灼宇宙。今又浚開其源，使之益諂，則其諂茲甚。是御筆之私猶前日也。以此回天，天可回乎？是之謂筆眚。

近習之不防，已激而爲水火之災。陛下知畏天戒，則當痛自切責曰：「今而後不以左右近習爲耳目矣。」遇有役使，但令達章奏，備掃除，以供禁中之役，而不任之以事。如此，則天知陛下之心，必能爲陛下弭未然之變。今火後所爲，乃大不然。漁獵猥瑣之訟，則傳宣內旨以激不平之怒；羅絡微細之事，則張大聲勢以賈屈抑之怨。盤踞深久者窟倖門而不止，表裏姦蠹者梯媚道以自通。鋪張地圖，意氣揮霍，叱咤禍福，人誰敢違？則近習之恣横猶前日也。以此回天，天可回乎？是之謂人殃。

土木之不禁，已激而爲水火之災。陛下遇災而懼，則當痛自懲戒曰：「今而後不復從事於營繕矣。」遇有補葺關於宗社而不得免者，如《春秋》書城築之類，則當斟酌國力，相度事宜，不得已而後爲之，役皆書時。如此，則天知陛下之心，必能爲陛下弭方來之變。今火後所行，乃大不然。開拓天街，疏通火巷，意非不美，而細民驩言，則曰：「此爲龍翔增築設也。」開浚渠溝，儲積塗潦，慮非不遠，而市井竊議，則曰：「此爲邸第隄防計也。」驪山作徒，昭應斤斧，駕言暫止，其勢方張。是土木之害猶前日也。以此回天，天可回乎？ 是謂木妖。

小人之庇護，已激而爲水火之災。陛下以天灾爲可懼，則當痛自改悔曰：「今而後不復庇護小人矣。」凡有仁賢可信，則當垂情任用，篤意搜揚，不可混以憸壬。如此，則天知陛下之心，必能爲陛下消他日之異。今火後所行，乃大不然。陽遷陰奪，以成小人難拔之形；倏召旋阻，以疑諸賢欲來之志。已去之臣，留者累六七疏以全恩禮，不知能如范純仁救蘇轍，虞允文救陳俊卿之諄篤乎？ 未去之姦，言者連十許章以排姦惡，不知能如歐陽脩移書責高若訥，縣令陳并上疏言董敦逸、郭知章之切至乎？ 好人之所惡，惡人之所好，是否泰易位，邪正倒植。則疑君子而庇小人猶前日也。以此回天，天可回乎？ 是之謂人孽。

人心之不回，已激而爲水火之災。陛下以天變爲可畏，則當痛自修省曰：「今而後不復以小民爲草芥矣。」遇有當恤者，惻隱以達其仁，哀矜以孚其惠，不可蹙奪其生理。如此，則天知陛下之心，必能爲陛下除他日之沴矣。今火後所行，乃大不然。會價低垂，至爲民病也，今雖有稱提之令，而不能寬商税以召和氣。銅鑞日荒，至爲民害也，今雖嚴鉟銷之禁，而不能平物價以救目前。雖有内帑見緡之賜，而散予多不均，何以慰嗷嗷鴻鴈、歸棲無所之民？ 雖有諸庫支犒之賞，而俵散猶未遍，何以慰焦頭爛額、併日宣勞之人？ 下至竹章木箇，百姓所賴以蔽風雪、作生計者也，而邸第之豪譁然占奪，市井之人不敢争。殘廬破屋，百姓所賴以幸朝夕、活凍餓者也，而指揮之嚴遽欲毁拆，無告之民何所訴？ 則人心皇皇猶前日也。以此回天，天可回乎？ 此之謂政癖。

夫九郡之水，天以是警陛下，是陛下脩省之一機也。陛下玩之不已，固已激而爲前日之灾燔。御街之火，天復以是警陛下，是又陛下脩省之機也。陛下若又玩之，則將激而爲其他之變異矣。天豈可玩，變豈可常哉！且臣究觀往諜，殆爲火德將敗之證。臣請痛哭爲陛下終言之。商丘之地，唐自閼伯、商伯相土以來，實主大辰，而祀大火。我宋受命，興於商丘，氣運相因，實感炎德。太祖建號，高宗中興，應天順人，皆在於此。故火德興王，則火潛伏而處晦；火德衰敗，則火濫炎而並起。昔晉士弱謂商人閱其禍敗之釁常始於火，然則火之爲象，其有關於國家運祚之興亡明矣。今一見而爲辛卯之灾，再見而爲丁酉之灾，三見而爲今日之灾，況一夕而至於三數見乎？楚滅陳之歲，晉史趙曰：「陳，顓帝之族也。歲在賁火，是以卒滅。今在析木之津，猶將復由。」明年陳灾，鄭裨竈曰：「陳，水屬也。火，水妃也，以五成。歲五及賁火而後陳卒亡。」夫陳，大皞之墟也，火屬也。宣和之水與崇寧之火稠見疊作，是火王中微，既激而爲靖康之變。今夏之水與今冬之火前後相襲，是火德浸衰，豈不激將來之變乎？此臣所爲懼也。

陛下儻見以宗廟社稷爲念，大加悔悟，毋謂上天爲至遠而必求有以感格之，毋以五事爲無相關而必求有以平和之，使崇、觀、政、宣不佳之政消靡無餘，而又上念國嗣未立，下思姦邪闚覘，舉臣前後之疏及諸臣之疏，深省亟悟，早正皇儲，以系天下之心，則猶可挽回。況資善落成已近龍樓問安之地，教諭遴選已得范仲、朱震之流，舉而施行，亦無難事。惟望陛下深入睿思，亟於明年改元，講行此禮，使匕鬯主乎宗社，羽翼横於四海，問寢問膳，藹然有文王世子孝仁禮義之風，則天人相與，宋室其興，又何卒滅乎？豈如史趙、裨竈之所謂乎？

臣言至此，血淚俱盡。惟陛下念之，以開我宋寶祐億萬年無疆之休。

子才又上奏曰：

臣聞陽失其節則火，極陰生陽則火。夫大臣，燮理陰陽者也，固無所辭其責矣。然已失之，則求所以救之可也。昔子産相鄭而火，亦曷嘗委之天而不求之人哉？今觀《春秋傳》所紀，謂火作，子産使循群屏攝，登大徙主拓，❶儆司宮，府人、庫人各儆其事，司馬、司寇列居火道。懼而有備，君子是以知其政。既則除于國北，禳于玄冥、回禄，祈于四鄘，又大爲社以振除之。灾而能戒，君子是以知其禮。書焚室而寬其征，予之材，而又簡兵大蒐。子太叔之廟將毁焉，子産朝，過之，復使止之。憂而不傷，君子以是知其仁。若是者，大臣救灾者之所宜法也。日者之火，揖遜救焚，且亦幸而無他變耳。脱有駭焉者，臣不知其何以處之也，其無政甚矣。雖從事禜禳，僅講虚禮，而恤灾之事則實未有哀矜惻怛之意也。

今乃忽出指揮，自某所至某所，將盡塹之以爲河港，又自某家至某家，將盡墟之以爲火巷。已燬拆者奪之，未燬拆者去之，既燬拆而再造者又撤之。嗚呼！天已灾之，

❶「登大徙主拓」，疑有脱誤，《春秋左傳正義》魯昭公十八年夏五月作「使公孫登徙大龜。使祝史徙主祏于周廟，告於先君」。

而人又出此以厲之，何其忍也！何其重不幸也！無告之民怨誹載路，廟堂所宜念天變之方新，痛人怨之已極，力伸懇請，緩議施行。是雖出於宣諭，而未必不可挽回也。而乃憚於咈逆，噤無一語。夫子產書焚室而寬其征，未聞毀其室而奪之地也。子產於子太叔之廟猶不忍毀之，未聞其忍於顛連之赤子而莫之恤也，亦安在乎其爲仁也哉！且百姓之言籍籍，皆曰此爲龍翔爾，爲邸第爾，則尤不可以不力爭也。苟徒順上意，令出惟行，使怨叢於君父而禍結於國家，不獨愧子產而已也。晏子告其君有曰：「征斂無度，宮室日更。内寵之妾肆奪於市，外寵之臣僭令於鄙。民人苦病，夫婦皆詛。祝有益也，詛亦有損，聊攝以東，姑尤以西，其爲人也多矣。雖善祝，豈能勝億兆人之詛！」嗚呼！晏子之愛其君者如此，是亦有媿晏子也。陛下堯、舜主也，而二三大臣忍不以子產、晏子之所以事其君者事陛下乎？

臣冒愚忠，不識避忌。

寶祐二年，子才爲起居郎，因災異上奏曰：

臣嘗讀史，見前代災異數見，所感雖不同，而所應亦有異，然未有不趨於亡也。按漢建寧以後五十有二年，日食三十四，地震十，大水五，螟蝗四，星孛九，大雨雹三，大雨水二，大疫三，地裂、青蛇見御坐上、大風雨雷雹、南宮靈臺菑、侍中寺雌雞化爲雄、黑氣墮於温德殿庭中、青蛇見於玉堂殿庭中、自六月雨至九月、自四月不雨至十月皆一。夫《春秋》二百四十二年，古今菑異之頻數，未有甚於此時也。而究其所以然，則皆召於行事之實。今五十二年之中所見菑異，乃反過之。楊賜以爲皇天垂譴告之象，蔡邕以爲諸異皆亡國之怪，是豈無所感召而然耶？夷考其時有西邸賣官之事，有苑囿土木之役，有黨人五屬之禁，有閹尹專國之謀，有黄巾、北宫之寇，有鮮卑寇邊之擾，有奸雄窺鼎之謀。此無他，其氣皆屬乎陰，其類皆纏乎陰。屬乎陰，則其氣盤結於上下而不可解。纏乎陰，則其類布滿於上下而不能解。故二氣五行之流布，日月星辰之運行，風雨霜露之凝結，雷雹虹電之作止，山川草木之變化，遇之則爲殃，爲眚，爲菑，爲怪，爲變異，爲祅祲，捷乎如影響之於形聲，蓋有不期然而然者。臣讀史至此，未嘗不扼腕痛恨於東漢之季年也。

今國家之證候，不幸而類此。蓋自貴德賤貨之風不見於上，而天下率以進奉一説爲博富貴利達之具。自茅茨土階之儉不著於上，而左右率以土木二字爲耗財蠹民之藉。自顯忠遂良之德不崇於上，而諛佞諸臣每以譁競朋比爲媒孽忠賢之地。罔匪正人之論隱而廢壞紀綱，瞽御者反以宣諭節貼爲尋常。苟子不欲之風泯而負乘致寇，盗賊者每以貪官污吏爲藉口。復境進屯，中國所當舉也，自此政不修而敵國外患反憑藉此以爲蹙國驅民之計。任賢使能，朝廷所當行也，自疑忌相乘，而奸雄之徒反竊笑此以爲睥睨神器之資。此天命所以去而無惠顧我國之心，天變所以形而無仁愛吾君之意也。故熒惑挻菑，方躔斗宿，而太白又晝見矣。火星逆行，方犯權星，而日暈又躔壁宿矣。榆火更新，甫降飛雪，而夏霜又隕麥矣。日近妖怪，時見形象，而訛言又狎至矣。最是六陽浸大，一陰未生，反作妖孽。雷，天之號令也，自四月以來，天地閉塞，未聞震虩之聲。日，君之象也，自四月以來，常噴雲飛雨，未見陽明之象。風，物假大之時，資以爲長養也，自四月以後，風來西北，率多肅殺之威。寒，物歸根之時，所資以爲芽蘖者也，自四月以後，陰氣乘陽，率多常寒之罰。漢末之菑異則疊見五十餘年之中，今日之菑異則駢集於三四五月之内，豈造物運行常囿於數，而爲是適然者歟？要必有以爲之感召也。感召者何？臣前所陳七事是也。請爲陛下先言漢之所以失，而後言今日之所當監，可乎！

按光和元年，初開西邸賣官。又按中平二年，帝造萬金堂於西園，引司農金錢繒帛牣積堂中，又令牧守、茂才、孝廉遷除，皆責助軍修宮錢。以大漢堂堂之天下，所少者非財也，乃汲汲焉如窶人聚財之計。一時群工噤無一語，惟吕彊上疏極諫，以爲：「中尚方領諸郡之寶，中府積天下之繒，西園引司農之藏。調廣民困，費多獻少，奸吏困其外，百姓受其敝。」而帝不之省，於是天下蕩然以財賄爲可以致富貴，穢德彰聞，惡聲流播，此非佳證也。今日之證，不幸而類此。蓋自宮掖創進奉之局，而排金門、入紫闥者類皆浩瀚無涯之財。自左右有宣諭之説，而聒省部、撓臺府者類皆兩造不平之事。嘗退觀陛下近事一二，如收換文之御批以懲假托，空黥徒之窟穴以洗奸利，天下皆知陛下本心非急於財利者。然請托之謗猶未洗然者，以左右近習朝夕營求，不能不爲聖德之累也。錢神爲妖，陰氣爲沴，變異之召，其以是乎！

按光和三年，作罼圭靈昆苑。又按五年，起四百尺觀，又繕修南宮玉堂，鑄銅人。

夫以大漢積貯之厚，其力豈不能修一囿？然楊賜以爲：「先王造囿，芻牧皆來。先帝上林，奢約得所。今廢田園，驅居人，蓄禽獸，殆非『保赤子』之義。」而帝不之省，於是小人哆然趨之，以爲無害。侈心一萌，禍本遂大，此非佳證也。今日之證，不幸而類此。蓋自卑宮露臺之儉不傳，而修路寢，修應門，皆極山節藻棁之工。飛廉桂宮之羨未消，而館太一，廣龍翔，皆極輪奂翬飛之制。然猶曰壯麗以示威重也，禊祓以事禬禱也。至於靈臺之飾則侈靡以自奉矣，妃守之建則溺愛以自損矣。嘗退觀陛下之本心，如捐水衡之積而不取大農之藏，未嘗無意於崇儉也。左右之言一入，遂至窮奢極欲而不能已也。如封前代妃嬪之域，申功臣墓木之禁，是其本心未嘗忍於斫伐也。七萃之言一售，遂至斬禿丘隴而不知止也。木妖民怪，隨寓爲沴，變異之作，其以是乎！

按建寧二年，復治鈎黨，殺前司隸校尉李膺等百餘人。又按五年，殺永昌太守曹鸞，更考黨人，禁錮五屬。夫以大漢巍巍之天下，而日與志士仁人相讎，至禁錮以制其出入，殺戮以絶其後裔，此非佳證也。今日之證，雖未至於此，然犯顔敢諫之士半在草萊，率作興事之夫或居槃澗。上方以朋比爲用捨，以静激爲去取，故所捨所去未必皆不肖，所用所取未必皆忠賢，藉令縶維以永今朝，亦不過斯須之貌敬。此其所爲雖未必至於殺前司隸校尉，殺永昌太守，而要其用心之微，往往過於更考黨人而禁錮其屬也。忠義齰舌，憤氣縈紆，變異之作，其以是乎！

按中平元年，殺中常侍吕彊、侍中向

栩、郎中張鈞。二年，封宦者張遜等十二人爲列侯。三年，以宦者趙忠爲車騎將軍。五年，以小黄門蹇碩爲上軍校尉，袁紹等七校尉皆統於碩。夫宮闈腐夫，至不足齒，間有忠者則殺之，與討賊者則爵之，以壯健武略稱者則親任之，此非佳證也。今北司之勢，不幸而類此。其作威福也，則以僮奴之賤而逐天子之臺臣，以交結之豐而庇帥臣之童孺。其好貨財也，則通日進月進之賂而恩寵或致於僥踰，操獻田獻錢之訟而正理率至於抑屈。中書，政本之所由系也。宣諭迅速，則旨揮叱咤雖屈大臣之體而不顧。七萃，殿司之所得轄也。救焚紛拏，則瓦石抛擲雖傷主帥之額而不恤。凌犯階級，莫此爲甚。使典兵枋，又將何如？惡毒流布於里閭，威勢震慴於中外，人皆知北司有可以致富貴之勢，而不知人主實操可致之權。人皆知北司有可以奪命令之理，而不知朝廷實握宰制之枋。其口含天憲，手握王爵，雖十常侍之横行，八校尉之布置，曾不是過。氣勢翕霍，威震恣行，灾異之作，其以是乎！

按中平元年，黄巾賊張角等起，先零及凉州群盜北宮伯玉等反。明年，寇三輔。初平三年，黄巾寇兖州。夫天下之禍不生於外，皆生於内。護軍司馬傅燮上疏以爲：「邪正不宜共國，亦猶冰炭不可同器。宜思四罪之舉，速行讒佞之誅，則善人思進，奸凶自息。」而帝不之省。此非佳證也。今日之内患，不幸而類此。荻浦之寇未息，而長興又擾擾矣。平江之盜甫平，而宜興又道梗不通矣。分據要地，剽掠平民，舟楫爲之不通，行人爲之俘虜。人皆曰捕鹽之令嚴，而民無所措手足也；貪吏之毒流，而民或不能心服也；政令之不得其平，而民或激而爲亂也。是則然矣。而愚臣則以爲邪正雜揉，是否顛倒，奸贓辱臺之臣不戮，而尚志之士反見屈於明時；驕奢誤國之帥不屈，而好修之士反見惡於當世。騃孺叨榮於從橐，貪帥流毒於名都。朝廷行事既無以當其心，郡縣長吏又有以激其忿。人懷笑侮，家蓄憤悶，一嘯呼而鋤耰棘矜皆得讎其上，一結約而江洳溝港皆得嗾其類。釁發蕭牆而禍連四海，此傅燮之所以憂。陰氣積稔，怨氣充盈，菑異之來，其以是乎！

按建寧六年，鮮卑寇幽、并。自是寇三邊，寇遼西，寇酒泉，寇幽、并，入北地，無歲無之。蔡邕建議，謂：「邊陲之患，手足之疥搔；中國之困，胸背之瘭疽。方今郡縣寇賊尚不能禁，況此虜而可伏乎？」此非佳證也。今國家之患，不幸而類此。山東之兵既竄於舊海，而常爲一葦趨浙之謀。秦、鞏之兵復城築於舊利，而日有進屯圖蜀之計。二兵相望，志不在小。而漠北之敵又遣和議之使，臨我邊疆。夫舉大兵以侵伐我之土地，而遣使以要我之金帛，是其爲心蓋以戰爲實務，而以和爲紿計也。若姑聽其和以爲餌，則彼利我鈍，未必能出六總管絶漠之師，而受黄金鵝之獻也。若委順其和以爲信，則彼詭我正，未必不墮平涼刧盟之計，而失涇、隴、邠、汧之地也。妖氛障日，殺氣干霄，灾異之來，其以是乎！

按初平二年，袁紹逐冀州牧韓馥，自領州，表曹操爲東郡太守。三年，黄巾寇兗州，殺刺史劉岱，曹操入據之，遣使上書。自古奸雄窺伺，見我國有疵，則乘權藉勢，託公行私，收人心之涣而後遂其所圖。此非佳證也。今日之勢，不幸而類此。蓋大奸屈伏海濱，日夜幸亂以來逞其操持國枋之心。或飛金羽玉以買游士，或託友㗛僕以結士夫。人見天下之勢浮游而未定也，遂謂仔肩重任無出此奸。故稱功頌德，具見於玉堂策試之文；擬陳十極，求達於排雲叫閽之際。惟冀君心之易轉，豈思國事之可憂？奸儔竄伏近畿，巧於交結，或貽書故吏，延譽京師；或密㗛舊胥，浚明線道。人見京兆之任一歲而數易也，遂謂彈壓要權無踰此輩。故達官貴要每薦引於黼座之前，刑臣腐夫亦稱道於禁廷之密。但冀䵅聽之潛轉，豈知宗社之或危？陰類纏綿，異氣充塞，灾異之來，其以是乎！

臣歷觀東漢之末證候如此，變異如此，使當時將相大臣忠足以結人主之知，謀足以制天下之動，必能上義下利以懲天邸之失，必能清心寡慾以止土木之役，必能開誠布公以除鉤黨之禁，必能深思遠慮以遏閹尹之勢，必能愛護根本以弭黄巾之寇，必能厲兵秣馬以息鮮卑之難，必能觀時達變以遏奸雄之謀。惜乎陳蕃、竇武雖能同心戮力以奬王室，而不能濟之以謀；雖能聘召名賢以參政事，而不能持之以定。自是厥後，劉囂、唐珍、張顥等輩嘗執國枋矣，然其失在於輸西園之錢。忠諫如陽琳，切直如楊賜，才學如荀爽，雖以時望所推，躐居顯位，然皆不免於禍。由是七事之失不能救正，菑異之來不能消弭，漢業由是而遂衰，漢鼎因之而遂失，非當時大臣之罪歟？今天下不幸而有七事之愆，若不大加悔艾，痛自繩削，則一祖十二宗之託，其何以永天命於無疆惟休之地乎？故臣願上而九重力行好事，勿遂前非，下而廟堂力進忠言，勿順上旨。監西園之失，而貴德尚義以化天下；監靈昆之失，而崇朴尚儉以先天下；監黨禁之失，而登崇俊良以福天下。中常侍之縱横可監也，不宜復蹈故轍，以成虎視之形。黄巾之寇鈔可監也，不宜復循舊規，以稔蕭牆之禍。鮮卑之盗邊可監也，不宜復示弱形，以起倖亂之想。如此，則陽明用而天理日明，陰濁消而人慾日止，將見天無變異，民無札瘥，三光全而寒暑平矣。不然，無同心戮力之美而有彌縫宫府之心，無聘召名賢之舉而有喜用敏鋭之意，無忠諫切直才學之稱而有竊言順適小智自私之失，則天心已變而難回，天災已銷而復作，豈不重東漢末年之憂哉！

臣區區樸忠，睹此鉅異，輒瀝忠臣之臆，一紓魯女之悲。積憤所形，血淚俱下。惟陛下以社稷爲念，特采擇焉。

三年，子才又論雷雨變異疏曰：

臣聞一心之中，人主對越穹蒼之地也。心主乎敬，天必祐之。心極於肆，天必警之。感應之機，捷如影響之應形聲。非天心果有異也，敬肆之念一分，而灾祥之應隨至，甚可畏也。去載明禋，陛下致謹於宫庭之間，惟恐少有失墜。故行事之夕，恭謝之旦，霽景舒明，祐順洊至。天下萬姓咸曰：陛下一念謹畏如此，故天應於上，人悦於下。此時此意，雖堯、舜、湯、文所爲不是過也。使陛下緝熙此心，常常謹畏，無一毫少有間斷，則天心眷祐，常如饗帝之時矣。

陛下狃目前之安，乃不知自警，日引月長，而侈心漸生，欲念漸起。至於今春，而侈欲一念如火炎炎，有加無已。乃者燈夕，宫中排當夜以繼日。得之傳聞，見謂熾盛，有獻琉璃亭子者，有獻琉璃蒲萄架者，有獻琉璃木犀棚者，奇形異狀，未易具述。水陸之珍鮮畢集，先時之花果駢臻。教坊隊子、街市傀儡出入宫門，嘈雜喧填，至不可算。此等所爲，已難訓後，猶曰嬉戲云爾。最是號召京師之娼妓，群唱迭和，各盡其藝於蟺淵蠖濩之宫，此何爲者耶？ 雖傳聞之辭間有未實，然上自百官族姓，下至閭閻小夫，竊議聖德，不一而足，雖欲止之，不可也。夫娼優下賤，天下至穢濁、至猥媟之物，世以匪人目之，謂其非復人道也。稍自好者猶不敢近，孰謂萬乘之尊，宫庭之奥，而使此曹冶容盛飾，争爲奇技淫巧之事，以博一笑耶？ 陛下六宫固不乏人，何乃下采至此耶？ 是舉也，不特祖宗無此家法，雖宣、政濁亂之世，亦未嘗有此等舉措也。此必貂璫等輩愚惑陛下以至于此。貂璫小人不識大體，何足多責？ 所可惜者，陛下三十餘年清静無欲之主，一旦爲其所誤，遂使平生素履隳壞于此耳。

陛下貴爲人主，侈然有輕視天下之心，自謂一世莫己若，是以無所畏懼，縱情極欲，而不知上天雖遠，未嘗不在陛下左右陟降間也。歌席甫散，春饗戒嚴，欲念未衰，敬心安在哉？ 故乘輿已駕，天氣尚和，逮至中途，雨忽隨至。事已還内，晴色又開。一雨一晴，變態於俄頃之間，天若有意焉。此距燈夕才隔宿也。逮至二十一日，洊雷忽震，隱隱有聲。越翼日，夜漏下二十刻，震霆大作，終夕軒轟。天威所臨，凛乎可畏。此距燈夕才五日也。由是觀之，一念稍侈，而天以雷雨之變應之，其不可侈肆如此。

雖然，人主不貴無過，而貴改過。過者

天心所必警，改過者天心之所常祐，此理昭昭，不可誣也。繼自今其厲夕惕之心，益冰堅之戒，申敕左右，亟行止絶，勿使貂璫無知之言再惑黈聰，娼妓穢濁之類復汙宫禁。如此，則天意必回，祐順必致，亦祈天永命之一大機也。不然，天怒未已，將降大灾以困吾國，非止一雷雨之變而已也。

臣忠愛陛下，非敢幸灾，亦欲陛下稍稍覺悟，止絶此念耳。

歷代名臣奏議卷之三百十二

本卷劉永强校點

歷代名臣奏議卷之三百十三

災祥

宋理宗淳祐六年，秘書郎高斯得日食應詔上奏曰：

臣竊惟日食之災，固非小變，其在今日，尤謂非常。蓋以歲言之，則適在丙午，國家陽九之會也。以月言之，則是謂三始，前代之所惡也。以日言之，則朔日辛卯，詩人之所醜也。凶裁參會，厥咎已彰。況未食之前，曀陰累日，霽於一朝，譴告曉然，不啻面命。既食之後，餘分逮闇，光不及還，諏之群言，良非美兆。陛下克謹天戒，若稽舊典，豫思所以飭躬正事、攙塞大異者，罷元會而不講，避正衙而不御，却壽觴而不舉，復下明詔，敷求盡言，聖心憂勞，群下震恐。臣幸以虛薄備數周行，懷欲效愚久矣，敢不奉詔而悉陳之。

臣伏覩陛下斥去魁孽、更新大化以來，夙夜刻厲，欲以懲革曩弊，改紀庶政，非不至也。然行之踰年，課其成效，茫若捕風繫影，曾未有以少慰海内之望，臣竊惑之。大姦嗜權，巧營奪服，將以遂其三世執命，包藏睥睨之志，陛下惕然覺悟，奮獨斷而退罷之是矣。諫憲之臣交疏其惡，或請投之荒裔，或請勒之休致，或議奪其麻而壞之。陛下苟行其言，亦足以昭示意嚮，涣釋群疑，顧乃一切寢而不宣，歷時既久，人言不置，然後黽勉傳諭，委曲誨姦，俾於襲經之旨，妄致掛冠之請，因降祠命，苟塞人言，抱擁存全，如護拱璧。夫以蔡京之去，俾之謝事，又削其十一官而謫之杭，凡其鄉里姻婭比爲死黨者，如宋喬年、葉夢得、林攄之徒，悉皆逐去，不得親近，人謂上意堅定，不可回奪矣。曾不三年，復居相位，窮凶極惡，以階政、宣之禍。今罪與京埒而罰不傷其毫毛，又有姦人貪其重賄，怵其甘辭，於密勿之際，日夜乘間伺隙而陰爲之地焉，是以訛言並興，善類解體，謂聖意之難測，而大姦之必還，莽、卓、操、懿之禍將有不忍言者，臣竊爲陛下凜凜也。

皇嗣未建，國本久虛。頃歲以來，言之者唇腐齒落，不知其幾疏矣。陛下始而玩，中而疑，終而諱焉。英宗之選育也，仁廟春秋二十有六，孝宗之選育也，高廟春秋二十有五，雖未正名號，而聖意固已定矣。陛下之年視二祖何如也？顧優游不斷，未有專屬，非玩歟？群臣立長之論雖涉乎嫌，然皆發乎忠誠，非有他也，而陛下深怪其説，非疑歟？近者一二小臣論奏及此，竊聞宣諭宰執咎進言之煩，非諱歟？自頃以來，諸臣杜口矣，日慆月邁，罅隙不塗，安知無如定陶賂遺後宮求爲漢嗣者？天下，祖宗之天下也，陛下受之，將以傳諸萬世，其可牽於私係而不以大公至正之心早正而素定乎？

大臣者，貴乎以道事君者也。今也獻替之義少而容悦之意多，知耻之念輕而患失之心重。内降所當執奏也，則不待下殿而已行；濫恩所當裁抑也，則不從中覆而遽命。揣上之不嚴於絶惡也，則進其餘黨而嘗試；意上之追仇乎盡言也，則擇其甚者而排擯。嫉正而庇邪，善同而惡異，任術而詭道，樂媮而憚勞，凡其過失見於群臣之論奏者固已不少。陛下期年之間，虚心委寄，所責者何事，而其應乃爾，無怪乎望治之勤而收效之遲也。

臺諫者，所以主持公是者也。祖宗之時，言入輒行，無所回撓，將以養其氣也。比日以來，厭其強聒，求以箝之，乃有所謂宣諭者焉。權兇逸罰，交章請罪，則諭止之；扈帶私授，抗疏論列，則諭止之。且陛下以此官爲何官耶？蓋明目張膽立於殿陛，以與天子争是非可否者也，顧可諭止之與？諭之其可止乎？王十朋有言：「紹興末，臺諫奉行天子風旨，有宣諭使言者，有宣諭不得言者。臺諫之職，言不行則去，其可受宣諭乎？」臣謂今日之病何以異此，摧其氣，挫其鋭，則精神風采亦日銷月鑠而已矣。陛下果何便於此？

侍從者，所以論思獻納、補闕拾遺者也。祖宗以來，蒐攬俊乂，列布禁塗，朝廷一有闕失，言語議論之臣交唱迭和，圖惟正救，是以事無過舉。今也班聯寥落，虚位孔多，職業隳廢，氣象衰薾，國有大事，言之而無助，争之而無黨，政之多粃，抑此之由。謂當世之士果無足以充是選乎？則極論綱常，一斥不復者，其人也；執憲端平，拚除非類者，其人也；疏陳三漸，力拄閹戚，顯劾二姦，肅清宫禁者，又其人也。若此數人，漢庭公卿孰有出右者，誠能聚之本朝，豈不足以折群邪而奪之氣？今也或棄之而不召，或召之而不力，天子嚴憚而不復柬記，大臣觀望而不敢薦延，望實之不收，乃徒謂人才乏使，而目前之苟可以充數，豈可厚誣哉！

刑賞者，國之紀綱也。賞公則人知勸，刑肅則人知懼，人主所以御天下者，惟此二柄而已，其可使之私且褻乎？貴介怙親、第賞重複、西垣駁正而遂非不省，恩舊干澤、汙玷郎闈、瑣闥塗歸而終置不問，賞不私乎？近臣毒死，謀出權姦，國人户知，賊豈難得。發姦擿伏者非但失職，又囊橐之，典獄訖威，爰書誕謾，敕牓掛壁，跡捕渺茫，朝廷弗竟也。三凶流竄，令非不嚴，乃有廋伏近畿，狎玩國法，州郡故縱，曾不誰何，搢紳傳言，相與憤惋。舜之流四凶族，曾不如此，刑不褻乎？

兵財者，國之大政也。治兵莫大於謀帥，理財莫先於節用。淮閫巽懦，擢自權姦，趨向既邪，緩急難倚，今縱不能選威望臣以代之，❶見大夫之中豈無可任者？遷延歲月，重於易置，豈非憂邊思職者之過乎？敵窺南徼，事已數載，邊臣交奏，日駭聽聞。夫敵之以斡腹誤我久矣，而廟堂之上將信將疑，應接常緩。飭兵衛，峙糗粻，結邊丁，撫夷落，繕障塞，明斥候，非知兵者不能辦也，乃蹈常襲故，不急擇才臣以畀之。萬一小夷不支，北騎奄至，自嶺以南無復横草之備，乃駭而圖之，豈將有及之乎？軍政之闕孰大於此？國家版圖，數年以來蕩析幾半，承平用度不損圭銖，譬如衰敗之家，産垂盡而費如昔，雖欲不困，不可得已。邊垂久戍，饋餉日繁，鹽滯楮窮，國計大屈，此何時也，而土木不休，好賜無藝。白鶴新宫，斧斤之聲未絶；師臣賜第，版築之役將興。聞之道路，又謂宫掖之間，按明禋之舊，比責幣帛於版曹，貢篚之地既墟，至乃輟移他幣以應命。由是而推，横費侈用，外

❶「選」，原作「輟」，今據《恥堂存稿》卷一《應詔上封事》改。

庭所不得知，有司所不得會者可勝道哉。邦財之蠹，孰大於此！

陛下臨政願治，非不焦勞，而如前所陳，無一嗛志，可不思其故歟？蓋自端平親政以來，號曰更化者屢矣，然其所謂更化者不過下一詔書、易一宰相而已，至於大化之本，關乎氣運之盛衰、治道之隆替，當更而不更者，則固未知思也。本者何？非陛下之心乎？陛下未明求衣，寒心銷志，見於視朝聽斷之時，親近儒臣，詢訪得失，見於旃厦從容之際，雖堯舜之兢業、文武之憂勤，不是過也。然閭閻小人妄議聖德，或謂謹獨之地，立意之未誠；燕閒之時，窒慾之不固。貨利蝕吾之明者也，而不殖之戒未嚴，大姦覬還，私獻絡繹，相位偶缺，多藏交營，君臣之間相覿以貨，相賂以利，此元、靈汙濁之事，豈盛世所宜有哉！至於便嬖側媚之人，所以營惑耳目、感移心意者，尤足以爲清明之累。腐夫巧譖而使傳幾搖，妖媼外通而魁邪密主，❶陰姦伏蠱，互煽交攻，陛下之心至是其存者幾希矣。夫陛下之心，大化之本也，不於是乎洗濯磨淬，力思所以更之，乃徒立爲虛言亡實之名而謂之更化，此天心之所以未當，而大異之所以示警也。

雖然，是心之非，更之雖在陛下，而格之則在大臣。陛下斷自宸衷，並建二相，所以責望之者，豈特簿書期會之故、錢穀甲兵之問而已。繩愆糾繆，陳善閉邪，蓋將以爲澄源端本之地也。捨是不圖，而汲汲於末

❶「魁邪密主」，《耻堂存稿》作「潛開邪徑」。

流，豈足以爲賢相哉！必定立國本，❶如韓琦挾《孔光傳》以悟上心，而犯顔逆指非所懼。必決去小人，如司馬光所謂「天若祚宋，必無此事」，而挑怨蹈禍非所恤。必止絶内降，如杜衍之積至數十連封面還。必裁抑嬖倖，如陳俊卿之面質上前，力去淵、覿。其能及乎此也，則陛下從而聽之。其不能及乎此也，則陛下以此望之。庶乎言動造次交警迭規，涵養薰陶，潛感密悟，必使人主一嚬一笑之間，無往而不中其度焉。夫如是而後大臣之責盡，大臣之責盡而後陛下之心正，陛下之心正而天下之事始可次第而理矣。孟軻曰：「君子之過，如日月之食，人皆見之。及其更也，人皆仰之。」陛下誠能銷變弭殃以彰更化之盛，則孟軻所謂更者盍亦反其本矣。

臣西南寒儒，頃以庚子冬雷應詔上封事，乞陛下擇才並相，以是忤史嵩之，流落三年。不自意得逢陛下更新大化，再玷周行，目睹歲旦日食之異，敢不奉明詔吐其強愚，狂瞽干誅，惟陛下幸赦。

十二年，斯得爲秘書少監兼侍立修注官，進故事曰：

李丞相沆每朝謁奏事畢，必以四方水旱、盜賊、不孝、惡逆之事奏聞，上爲之變色，慘然不悦。既退，同列以爲非，問丞相曰：「吾儕當路，幸天下無事，丞相每奏不美之事以拂上意，然又皆有司常行不必面奏之事，後告已之。」公不答，數數如此，因謂同列曰：「人主豈可一日不知憂懼也？

❶「立」，原作「力」，今據《耻堂存稿》改。《四庫全書》本作「力定」。

若不知憂懼，則無所不至矣。」

臣嘗觀唐虞盛時，大臣進説其君，雖平居無事，未嘗不存警戒之意。蓋人主不可一日無懼心，而保持是心，使久而不怠，則大臣之責也。禹、皐陶論治於舜之前，舜進禹，使之昌言，禹不及其他，獨舉「前日洪水滔天，浩浩懷山襄陵，下民昏墊」者以爲告。禹豈自伐其功者哉，蓋將以保帝舜洚水儆予之心，使之不忘一日之懼。所謂昌言，莫大於此。後世大臣鮮能知此義者，惟漢魏相粗有見乎此。相敕掾史案事郡國，及休告從家還至府，輒白四方異聞，或有逆賊、風雨災變，郡不上，相輒奏言之。夫宣帝之時，吏稱其職，民安其業，亦可以言治矣，相乃常以逆耳之事告其君，使之知所警懼，不敢安逸，可不謂賢乎？我國朝名臣李沆，相真宗皇帝，每奏事畢，必以四方水旱、盜賊、不孝、惡逆之事奏聞，上變色不悦，同列皆止之，而沆不爲止，且曰：「人主豈可一日不知憂懼，若不憂懼，則無所不至矣。」嗚呼！沆之此言真可謂行大臣之體矣。雖周公作《無逸》以戒成王，何以過此！且咸平、景德乃國家至隆極盛之際，而爲宰相者不以已治安爲足，方以儆戒無虞爲心，用能弼我祖宗丕基，❶傳之無窮而施之罔極，豈非萬世宰相之法哉！臣竊見比者江、浙、閩中諸郡同日大水，流殺人民，動以萬計，中外一辭，謂非小變。然大臣恬然視之，未聞有孳孳汲汲推原致異之由、圖惟弭災之策爲陛

❶「丕」，原重文，今據《耻堂存稿》卷二《七月二十三日進〈故事〉》删一「丕」字。

下力陳之者，一二廷臣不得已而有言，亦人臣願忠職分之常耳，頗聞惡其强聒，指爲張皇，抑何居其位而不知其任耶？夫魏相、李沆居天下無事之時而喜言灾變之事，今日大臣當大異較炳之後而惡言灾變之實，豈以陛下不樂聞之而顧望以至此乎？臣願陛下虚懷訪逮，示臣以喜聞警戒之意，如舜之進其臣使之昌言，庶幾自今或有變異，有以開廣上心，博采人言，共圖銷弭之術，宗社幸甚。

斯得又上奏曰：

臣待罪蓬山，録録無補，陛下過聽，擢之攝承記注，辭不獲命，日夜思惟所以稱塞者。就列之初，適覩國家有非常之異，職分所在，敢不皇皇汲汲即爲陛下言之？臣竊見六月以來，饒、信、衢、婺、台、處、嚴、陵、建寧、南劍、邵武諸州同時大水，敗壞官寺屋廬，流殺人民以千萬計，父老咸謂數十百年所無，此非小變也，陛下可不惕然警懼，推原致異之由，求以擥塞之乎？

臣觀漢儒言灾異，謂有某事則有某應，皆爲必然之理，故人或不之信，然本朝大儒程頤、蘇軾、朱熹以爲感應之理甚精，其説不可盡廢，廢之則人主忘警戒之心。臣今采摭漢儒所論水灾之應，驗諸當世行事，蓋真有若合符者，試枚舉而陳之。❶

漢儒謂：「政令逆時則水失其性，霧水暴出，百川逆溢，壞鄉邑，溺人民。」今盛夏之月，土木横興，毁徹民居，妨奪農務，窮晝極夜，不得休息。百姓以其愁苦之氣薄陰陽之和，感天地之精，致異招殃，莫大於此，

❶「枚」，原作「校」，今據《耻堂存稿》卷一《直前奏事》改。

舉動逆時如此，水安得而不應乎？

漢儒謂：「辟遏有德，厥災水，水流殺人。」説者謂：「辟，君也。人君壅遏有德，使不見用，則水災應之。」今在外之臣，固有嘗嬰逆鱗、一斥不復者，有顯劾權姦、久而不召者，當此侍從、卿監班列一空之際，悉招徠之，以補其處可也。而宿疑未化，開悟惟艱，至於詔旨所趣，命召所加，則不過一二朋邪貪刻之人而已，有德壅遏如此，水安得而不應乎？漢儒謂：「道人始去，湧水爲災。」道人者，有道之人也。今陛下招延衆正，列于有位，天下方以慶曆、元祐之治望之，而因一小人輕蔑學校，❶使師儒望士力争而去，若不甚惜。比日以來，復聞小人有欲陷正臣以變時事者，一綱盡去，有其兆矣。善類孤危如此，水安得而不應乎？

漢儒謂：「誅罰絶理，厥災水。其水也，雨殺人。」今陛下寬仁出於天性，而草茅扣閽，或觸黥隸之辟，事謂創見，聞者驚疑。至於州縣之間冤獄孔多，而輔郡殺士尤其著者，道路流傳，莫不切齒。内外臺臣以其肺腑，噤莫敢言，陛下深居九重，亦嘗知其事乎？乃若誅罰所當加者莫垓縈若也，則反擁護存全，不傷毫髮，刑罰絶理如此，水安得而不應乎？

漢文帝後三年，藍田水出，流九百餘家，壞民室八千餘所，殺三百餘人。漢儒謂是時匈奴犯北邊，殺略萬餘人，故有水災之應。往歲之冬，寇入淮西，大掠而去，其所殺者奚翅萬人？創殘之餘，民氣破傷，官吏侵漁，冤苦無告，邊民失職如此，水安得而不應乎？

❶「一」，《耻堂存稿》作「以」。

元帝永光五年，大水壞鄉聚民舍及水流殺人，漢儒謂是時帝違古制，刑臣石顯用事，故有水災之應。比年以來，刀鋸之餘氣燄日盛，士大夫無耻者赴壑投林，倚爲内主，而都邑瑣細之訟亦復漁獵以瀆聖聽，發命不衷，吏道多雜，職此之由。刑臣用事如此，水安得而不應乎？

凡此六者，非臣臆説，質之往諜，考之時事，信而有證，至不誣也，陛下安得視爲偶然而不亟圖所以銷弭之乎？今避殿減膳，罪己求言，既寂無聞，所下寬恤詔書辭氣平緩，殊無哀恫惻怛之意。二府引咎歸政之虚文猶不知改，至於處置救灾恤難之事，若存若亡，未聞有慨然以納溝由溺爲己責，如救頭然而圖之者，此臣之所甚惑也。程頤有言：「天地之間，有感必有應，所應復爲感，所感復爲應。」今灾變如此，忽而不圖，臣恐感應反覆，殆無終窮，不至於大傷敗不已。况陰盛陽微，蓋昭然爲兵革、盜賊、小人將起之證，而於五勝之運，又我國家之所甚惡者乎？臣願陛下深思天戒，采用臣言，亟下求言之詔，博求塞異之方。必先罷新寺土木，必速反忤旨諸臣，必遏絶邪説，主張善良，必謹重刑辟，愛惜士類，必加惠邊民，救其死亡，必抑遠倖臣，絶其干撓，信能行此六者，不惑不疑，則天怒庶乎其可回，和氣庶乎其可召矣。

雖然，臣復有愚見，懷欲吐露已久，今天時人事如此，其敢復有隱忍不爲陛下言之？臣觀漢成帝時灾異至衆，劉向告以銷弭之術，始終不過以和爲言。其論治世之事，曰「衆賢和於朝，萬物和於野」，曰「朝臣和於内，萬國驩於外」，曰「諸侯和於下，天應報於上」。其論衰世之事，曰「幽、厲之際，朝廷不和，禍殃自此始」，曰「朝臣繆戾乖刺，灾異數見」。蓋反覆言之，至爲深切，而又以和氣致祥、乖氣致異之説終焉。若向者，亦可謂善言灾異矣。今陛下更新大化，厲精思治，所望於二相者何如也？協恭和衷，訓誡勉厲，非不諄切，奈何纖芥之隙不杜，佩劒之風浸成，讒人交亂其間，將至不可復合。夫佐人主燮調陰陽，何等職分，顧不以稷、契、臯、夔濟濟相遜者自勉，而甘心於衰世背戾之風，然則乖氣致異，涌水爲灾，二相安得不任其咎乎？臣願陛下因天灾之可畏，明以利害申諭二相，使之各棄細故，戮力一心，以濟國事，以回天意。二相和則衆賢和，衆賢和則萬物和，如此而猶有變異以爲明主之憂，臣不信也。

臣憂愛之深，愚戇妄發，惟陛下幸赦。

斯得又上奏曰：

臣伏覩御筆，以諸郡水灾，分命朝臣體訪被灾輕重，布宣德意，且令有司給降錢米賑濟，仰見聖天子憂念元元、不皇寧處之意。然臣謂近年以來，所在常平義倉例多羽化，况當水毁之後，儲蓄抑又可知，若令有司專仰此以充賑給，必成文具。竊見仁宗皇帝慶曆八年，河北水灾，特出内藏庫錢帛，令三司轉漕斛斗賑贍。嘉祐元年，河北復被水，出内藏庫絹二十萬匹、銀十萬兩賑貸。神宗皇帝熙寧元年，詔三司支錢五十萬貫賜河北轉運司，應副水灾諸州支用，以免科擾民間。孝宗皇帝乾道元年，浙東西水灾，蠲免百姓身丁錢絹，於内庫紐支，撥還户部，以充軍用。祖宗愛民之切，於有司賑給之外，又捐朝廷内帑錢物以助之，實惠及民，不爲空言，所以人心感悦，天意易回。

雖然，此非特祖宗已然之事，亦陛下之所親行者。紹定二年，台州大水，命常平使者葉棠移治經理，發豐儲倉米十萬石、封樁庫錢五十萬貫以充賑濟修城之用。是時楮價四倍於今，計五十萬，爲今二百五十萬，視三祖所捐蓋有過之。今被灾之地既廣，舊比固當悉援，然亦安可漠然視之，而徒責之諸司州郡乎？臣竊料陛下痛傷赤子死亡，未必不欲捐緡賑之，特大臣每事蓄縮，逆畏陛下或有所靳，而不敢言耳。且紹定賑台之事，彌遠猶能行之，曾謂二相之賢而獨不能爲之乎？夫居鈞軸之地，遇國家大灾變，拘文牽俗，躊躇顧慮，不能稍稍度外行事以慰天下之心，而曰國力方屈，吾爲朝廷惜費，殆不得爲知務矣。

臣謂三使者之行，當各以二三百萬緡自隨，所至的度被灾輕重均濟，近郡又當兼給以米，庶幾實德宣布，可以轉灾爲祥。朝廷每造一宮、建一寺，其費動以數千萬計，若捐百之一二以活十州數百萬生靈之命，其爲福田利益蓋有大於宮寺者矣。陛下若以臣言爲可采，伏乞睿旨降付三省，疾速施行。

景定五年，斯得爲秘書少監，以彗出應詔上言曰：

臣伏覩七月六日詔書，以彗出柳宿，許中外臣僚直言時政缺失者。臣一介妄庸，受性愚直，淳祐末禩蒙陛下擢貳蓬省，攝承記言，竟以遇事妄發得罪而去。已而朱熠、沈炎、何夢然之徒相與捃拾，坐廢十年。自分此生永訣聖代，無復一言關于陛下之聽矣。不謂垂死之年，乃承罪己之詔，諄勤懇惻，導之使言。臣目睹皇天震怒，大禍將至，其敢畏避權勢，不聲其所懷以負聖明？謹瀝血忱，以群臣所必不敢言、陛下所必不得聞者爲獻，惟陛下幸聽。

臣謹按《國史》，徽宗皇帝崇寧五年正月戊戌，彗出西方，光芒長十餘丈。徽廟大懼，日進蔬食，每夕焚香涕泣，至數百拜，星没乃止。於是慨然深照蔡京之姦，不由人言，奮自威斷，即日罷其左僕射，凡京所爲政事一切罷之，除毀黨碑，凡元祐姦黨指揮二十項悉從蕩滌，停補役，住方田，廢三衛，徹圜土，更學法，復科舉，罷後苑製造，蠲六尚貢物，以至茶鹽錢法並詔户部議改。內外百姓歌謡鼓舞，溢于塗巷，近世以來以實應天，精切勇猛未有過於此者，後嗣安得不取法哉！陛下數年以來專任一相，虛心委己，事無大小，一切付之，果得其人，宜乎天心克享，灾害不生，禍亂不作矣。而庚申以來，大水爲灾，浙西之民死者數百千萬，繼以連年旱暵，田野蕭條，物價大翔，民命如綫，景象急迫，至此極矣。今又重以非常之異，妖星突出，光芒竟天。夫柳爲鶉火，火者，國家盛德所在，而彗出焉，其變不小，若非朝廷政事大失人心，則何以致天怒如此之烈乎？臣請得而枚數之。

祖宗立國，一本忠厚，大姦巨蠹，始加流竄。今也大臣輕於用之以怖異己，庚申、辛酉之間，大小之臣追停遷放，無月而無，威則立矣，如斵喪祖宗忠厚之澤何？士大夫以仕進爲業者也，今使刻薄小人吹毛求疵，控持扼塞，動觸新制，進退無門，旅困顛連，有歷二三歲竟不得一闕而去者。又使輕鋭少年數人日夜改七司法，煅煉增加，自薄趨薄，❶惟恐一人之得進，然但能困孤寒耳。至己所欲與，則雖碌碌下流，超資越序而無所忌憚也。人才難得，自古而然，並蓄兼收，猶懼乏使。今也以意向爲用舍，以黨類爲去留，自非素出其門，皆棄不録，遂使懷才抱藝之士沉廢流落，咨嗟憤怨，有錮人於聖世之恨，豈不足以傷陰陽之和乎？古之大臣皆以下士爲賢，吐哺握髮，未嘗少懈，所以通達下情，蒐擥人物，共濟國事也。今不務師古，妄自尊大，有造光範，如謁鬼神，越月逾年，竟不得通，雖有奇才異能，何以自見？凡此數者，皆爲陛下失士大夫之心者也。

自井田既廢，養兵之費皆仰税租，漢、唐以來未有能易之者也。今也騁其私智，市田以餉，自謂策略高妙，前無古人，陛下知其非計，嘗欲罷之，有秋成舉行之命，彼悍然不顧也。白奪民田，流毒數郡，告牒棄物，不售一錢，遂使大家破碎，小民無依，米價大翔，飢死相望。有司尚謂田惡，日更月易，無有已時，姦佃乘之，咸叛其主，識者謂異日浙西有亂，必自公田始。不特若此，又四出虎狼之吏，使之磨牙張吻，啖咋良民。柯山一閧，遠近爲之震驚；苕水三貪，朝廷之所妙選。史越翁到郡，數旬而聚斂至三百萬，椎剥之慘不言可知。朝廷鋤去黥吏，本以愛民也，不知反以害民。一吏就擒，視爲奇貨，株連枝蔓，殃數十家，得錢數百千萬而猶未已。質妻賣子，破産亡軀，哭泣載塗，臣所親見，堂堂天朝而甘爲破落州縣攤賴之舉。凡此數者，皆爲陛下失畿甸之心

❶「自薄趨薄」，《恥堂存稿》卷一《彗星應詔封事》作「日事刻薄」。

者也。

江漢上流，國家重地，中興以後，簡畀名臣，彈壓撫摩，未始偏廢。今也舉而付之一夫，容養姑息，如奉驕子，頤指氣使，求得欲從，斬劓殺伐遍於湖、廣，監司、守令畏懾而不敢争，使陛下創殘遺民，淪墜湯火而莫之救。江西、湖北歲糴給錢，其來已久，今亦半給告牒，人情寧不洶洶？以至市舶盡利而蕃夷怨，鹽法苛急而商賈怨。比日以來，復聞廣寇贛盗相挺而起。凡此數者，皆爲陛下失遠民之心者也。

然此特臣田間所知萬分之一二耳。淮海以西，嶺蜀以東，千萬人之怨又奚止是哉！陛下所恃以有天下者人心而已，今大臣盡失之，則其相與愁痛號咷，哀籲上蒼，産妖鍾孽，以警悟陛下，以昭示危亡，又何足怪哉！况近歲以來，天生柔佞之徒布在世間，立人本朝，惟知有權門而不知有君父，或稱其再造王室，或稱其元勳不世，或直以爲功不在禹、周公下，虚美溢譽，日至上前，營惑聖明，掩蔽罪惡。遂使陛下深居九重，專倚一相，高枕而卧，謂如泰山四維之真可倚，不知其下失人心、上招天譴，乃至於此，豈非群臣附下罔上之所致哉！陛下試觀五年之間，廷紳奏疏不知凡幾千百，亦有一語事關廊廟者乎？意之異己者盡斥，位之偪己者盡除，上自執政、侍從，下至小小朝紳，無一而非其黨，雖學校諸生亦復數年噤無一語，言路久已荆棘，所以養成大臣横逆之氣，人怨天怒，不至於彗出不止也。且灾異策免三公，漢、唐以來視爲常事，丙申雷變，陛下亦嘗奮發剛斷，一日而罷二相，今彗星之應至不忍言，豈雷發非時之比？况人心皇皇，萬口一辭，皆指其人，獨陛下不悟耳。且后妃之家不得爲執政官，仁宗皇帝之著令也，政、宣犯之，終至禍敗。陛下違仁宗之令典，蹈政、宣之覆轍，固已不合天心久矣。今遇非常之變，而又不思改圖，則亦何時而覺寤哉！臣恐自今上天不復譴告，而傷敗旋至矣。

臣忠憤所激，不勝大願，陛下取崇寧彗出故事，反覆披覽，力見施行，因大臣求退而亟許之；取庚申以來一切刻薄害人之政，即日罷去，申嚴仁宗著令爲子孫萬世之法，而又盡滌聖心，力行好事，收召真賢，昭洗冤魄，以答天心，以慰人望。如此，十日而妖星不滅，則寸斬臣以謝大臣，以戒狂妄，臣不敢辭。干冒天威，不勝震懼之至。

淳祐十二年，國史實録院校勘湯漢以大水應詔上奏曰：「君心敬肆之分，實上天喜怒之由。一念之敬，上帝臨女，祥風慶雲所從出也。一念之肆，上帝震怒，妖祲陰沴所從生也。」

又火灾應詔上封事曰：「臣聞任天下之大，立心不可不公；守天下之重，持心不可不敬。陛下膺皇天之眷命，受祖宗之寶圖，則不當懷私恩；爲天下共主，爲億兆寄命，則不當隆私親。大臣邇臣，服休服采，皆陛下所倚仗也，則不當信私人。三省、密院，皆陛下之朝廷，發號布政所從出也，則不當有私令。四海九州，土宇版章，皆陛下之倉廩府庫也，則不當殖私財。陛下於皇天祖宗之德弗永念而報答私恩，於群黎百姓之疾苦弗深恤而富貴私親。公卿在廷，其信任不若近習之篤；中書造命，其施行不若内批之專，則陛下之立心既未能盡合乎天下之公矣。往者陛下上畏天戒，下恤人言，内則拘制於權臣，外則恐怯於强敵，敬心既不敢盡弛，則私意亦未得盡行。比年以來，天戒人言既已玩熟，而貪濁柄國，❶黷貨無厭，彼既將恣行其私，則不得不縱陛下之所欲爲。於是前日之敬畏盡忘，而一念之私始四出而不可禦矣。姑以近事迹之：定策之碑忽從中出，鄉未欲親其文也；貴戚子弟參錯中外，鄉不如是之放也；土木之禍展轉流毒，訟牒細故，胥吏賤人皆得藉群璫之勢，徹清都之邃，鄉不如是之盛也；御筆之出，上則廢朝令，下則侵有司，鄉不如是其多也；賄賂之通，書致之操，鄉不如是其章也。故凡陛下之所以未能任大守重，而至於召怨宿禍者，始於立心之未公，成於持心之不敬，私以爲主，而肆以行之。此所以感動天地，而水火之灾捷出於數月之内也。陛下得不亟爲治亂持危之計，而可復以常日玩易之心處之乎！」

理宗時，考功郎官趙景緯以彗出于柳應詔上奏曰：「今日求所以解天意者，不過悦人心而已。百姓之心即天心也。錮私藏而專天下之同欲，則人不悦。保私人而違天下之公議，則人不悦。閭閻之糟糠不厭，而燕私之供奉自如，則人不悦。百姓之膏血日朘，而符移之星火愈急，則人不悦。不公於己而欲絶天下之私，則人不悦。不澄其源而欲止天下之貪，則人不悦。夫必有是數者，斯足以召怨而致灾。願陛下捐内帑以絶壅利之謗，出嬪嬙以節用度之奢。弄權之貂寺素爲天下之所共惡者，屏之絶

❶「柄國」，原倒，今據《宋史・湯漢傳》改。

之；毒民之恩澤侯嘗爲百姓之所憤者，黜之棄之。擇忠鯁敢言之士，置之臺諫，以通闕鬲之壅；選慈惠忠信之人，使爲守宰，以保元氣之殘。又必稽乾、淳以來，凡利源窠名之在百司庶府者，悉隸其舊，以濟經用之急；公田派買不均之敝，聽民自陳，隨宜通變，以安田里之生。則人心悦、天意解矣。人之常情，懼心每發於灾異初見之時，不能不潛移於諂諛交至之後。萬一過聽左右寬譬之言，曲爲他説以自解，毛舉細故以塞責，而恐懼之初心弛，則下拂人心，上違天意，國之安危或未可知。」

又曰：「損玉食，不若捐内帑、却貢奉之爲實。避正朝，不若塞倖門、廣忠諫之爲實。肆大眚固所以廣仁恩，又不若擇循良、黜貪暴之爲實。蓋天意方回而未豫，人心乍悦而旋疑，此正陰陽勝復之會，眷命隆替之機也。」

將作監袁甫上奏曰：

臣仰惟陛下祗畏天威，益隆聖德，因風雨震凌之變，惕然恐懼，以避殿減膳爲未足，廼親灑宸翰布告中外，俾小大臣僚咸以直言來上。聖心篤切，已足上格穹蒼矣。臣昨厠從列，玆叨祠廩，目擊變異，痛心疾首。雖抱沉痼，屏處衡茅，其敢以是爲解，而不思所以仰答清問？是用披瀝肝膈，粗陳管見，惟陛下少垂聽焉。

臣聞聖帝明王之世，天道順於上，地道寧於下，故無疾風苦雨之灾，無地震水涌之變，此皆盛德感召之所致也。而自今夏以來，地震屢矣。廼七月七日，白虹夜見。虹，颶母也。越二日而颶風挾雨，大肆威虐，人皆曰颶母之見，此先兆也。臣則曰：

先兆之見不在乎白虹垂象之時，而已著於地震示變之日。《記》曰：「地載神氣，神氣風霆，風霆流形，庶物露生。」且夫天氣下降，地氣上騰，於是乎風霆流形，發生庶物，斯其所謂神氣者歟？夫何神氣之發育，乃反爲人物之殃？不爲祥風甘雨，乃轉而爲災爲沴，殆有甚可怪者焉。土宇者，所載之神氣也，今則漂蕩室廬矣。民人者，所載之神氣也，今則傷害民命矣。物産者，所載之神氣也，今則垂成之稼，掃地無餘，一飽無期，餓莩將見矣。地震兆其端，而颶風煽其毒，是其咎果安在歟？夫地載神氣，而聖人之神氣實與之相爲流通。「納于大麓，烈風雷雨弗迷」，作《書》者以爲舜之德，即舜之所以爲神氣也。「清明在躬，氣志如神，天降時雨，山川出雲」，記《禮》者又引《崧高》之詩而繼之曰「此文、武之德」，即文、武之所以爲神氣也。成王之神氣微有所昏，故大風偃禾，昭示譴告。及夫啓金縢之書，發悔過之語，而反風起禾，見於不旋踵之頃。當是時成王之神氣，其精明與舜同，亦與天地同，故一念感召，如響斯答。然則今日之變，天道未順，地道未寧，震動漂摇，災異交作，無庶物露生之應，而有蕩析摧敗之憂，陛下盍亦反躬内省，豈吾之神氣有歉於古之帝王而然歟？

臣竊謂天覆地載，人物處於其中，同此一神氣也。惟天地萬物父母，惟人萬物之靈，亶聰明作元后，實所以爲神氣之主也。比歲以來，兵戈滿目，乖戾之氣上干陰陽。西蜀破矣，荆、襄殘矣，淮甸搶攘，江、湖撼摇，民人死亡，何可勝計！今又先之以地震，重之以風雨，凡平時之林然而生、蔚然而茂、神氣之所發育者，率皆憔悴蕭條，觸目酸鼻，而又物價翔踴，日甚一日，民將無所得食，直立而須死耳。夫民物之生，皆地之所載而天之所覆也。今天愛其道，地愛其寶，但見寖微寖衰之形，❶莫覩寖明寖昌之象，可不爲之寒心哉！雖然，亦豈無道以處此？臣敢科別其條，以告陛下。

夫天下譬猶一身，身以神氣爲主，神氣精明，然後骨力堅强，血脉流通，吾身可以久安而無疾。治天下亦然。心源者，神氣也。人才者，骨力也。兵財者，血脉也。自一身而宫闈，自宫闈而朝廷，自朝廷而天下，所以主張是者神氣也，所以運動是者骨力也，所以流行是者血脉也。陛下一澄其心源，則神氣充矣；一振人才之綱領，則骨力强矣；一提兵財之體統，則血脉通矣。故天下之機括，惟在陛下之一身而已。且端平未更化之前，姑置勿論。自更化之後，陛下所歷之艱險變故不爲不多，而所以動心忍性者不爲不至矣。不知陛下因灾異而神氣遂爲之消沮乎？抑因警懼而神氣愈爲之精明乎？

夫憂窘則怵惕，安平則弛緩，常人之情耳。聖帝明王純一不貳之德，則固不當若是也。臣願陛下悼念灾變之可畏，深思平日之過愆，痛自懲艾，以陛下之心，對天地之心。變異卒起之時，固當飭躬自省；變異漸息之後，尤當兢業自持。此心所存，慄慄然常若盲風怪雨拔木發屋之變臨乎其前。絶荒淫之嗜好，戒宴安之鴆毒，杜群枉之邪徑，伸忠賢之正氣。燕居深處與治朝聽覽之際同一莊肅，妃嬪進御與經帷講學

❶「寖微」，原脱，今據《蒙齋集》卷四《戊戌風變擬應詔封事》補。

之時同一敬畏。勿以屋漏闇室而自肆，當以天鑑孔昭爲可懼；勿以借曰未知而自恕，當以人見肺肝爲難欺。視聽管攝乎天君，而毋以外物汩精神；幾務盡付於至公，而毋以私昵寄心腹。斥一時寬釋之邪説，而惟思天下至大至重之責，不可有一日之暇逸；屏目前玩志之細娱，而深念藝祖皇帝之金甌，不可有纖毫之闕損。如此，則大臣不敢養驕以惰股肱，小臣不敢養諛以惑耳目，近臣不敢養安以稔蕭牆之禍，遠臣不敢養寇以遺宗社之憂。君臣上下置此身於岌岌至危至險之中，天地神祇惻然感動，將挈而還之於至安至固之域矣。臣所謂陛下一澄其心源則神氣必充者，此也。

人主無職事，惟以進賢退不肖爲職。史稱郭公之所以亡，在善善而不能用，惡惡而不能去。以臣觀之，郭公之罪固在乎無剛斷之勇，而其受病之原，則在乎未能識善惡之真。如使其真知善善，真知惡惡，則何遽至於亡！惟其顛倒錯亂，莫知適從，當用者如轉石，當去者如拔山，卒之正不勝邪，忠不敵佞，佞邪滿朝，則忠正路塞，是以終陷於亡耳。陛下收攬威福，凡所進退之人不勝其衆矣。昔者所進，今日不知其亡，往往乍賢乍佞，迄無一定之守。人謂陛下剛斷之不足，臣竊窺陛下近年以來未嘗不欲用剛也，特在乎審而行之耳。斷在必用者宜施之於君子，而勿誤施之於小人；斷在必去者宜施之於小人，而勿誤施之於君子，則得其所謂用剛之實，而不蹈郭公之失矣。今陛下未能别白賢否之真，但懲往時議論紛紛異同之弊，遂以安靖爲尚。然所謂安靖者，惟苟同而已矣。君所謂可，臣亦曰可；君所謂否，臣亦曰否。以苟同爲賢，其意將以求安靖也，殊不知是是非非，力爭明辯，合天理，當人心，乃所以爲安靖。阿意順指，媚上諂下，無所救正，蔑聞箴規，則雖求爲安靖，乃所以爲大不安靖耳。今灾異數見，天怒未釋，怪證日新，❶民情易摇，尚得謂之安靖乎？本朝慶曆、嘉祐間，群臣可否相濟，至熙、豐而并爲一談。元祐諸賢亦可否相濟，至紹、符而又并爲一談。由今觀之，孰得孰失？人才之委靡，至近年極矣。臣之愚見，竊謂勿以己意爲逆順，而以義理爲逆順，勿以同異定取舍，而以是非定取舍，庶乎陛下不受人之欺，而國家享得賢之實。今也不然，脱遇有一任使，有一除授，則左顧右眄，輒興乏才之嘆。正如風痺之人，縱緩不收，四肢百骸不爲我用，謂之骨力之强，可乎？陛下赫然聖明，照臨于上，破苟同之説，闢大公之途，使天下人才踴躍奮迅，乃可以固肌膚之會、筋骸之束矣。臣所謂陛下一振人才之綱領則骨力必强者，此也。

今日急切之務，兵、財二事而已。論者但知逐末忘本，臣竊惑焉。自古興王之始，奮徒手而運掉一世，無兵而立有兵，無財而立有財。蓋其精神志念沉深果斷，幾未至，不輕躁以先事；勢可爲，不遲疑而失時。挫而逾厲，弱而益壯，則何事不可爲，何功不可立？兵、財本一事，血脉本相通。今析而言之，執政各主其一，不識兵而非財，兵何以養？財而非楮，財何以辦？苟不通爲一體，大作規模，洗滌積弊而一新之，臣未見其可也。厥今中外所養之兵，與凡屯戍沿邊者，不爲少矣，而猶苦於無兵；楮

❶「證」，當作「徵」，作者避宋仁宗名諱改「徵」作「證」。

弊布在天下者凡四十千萬有奇，其數可謂至夥矣，而猶窘於無財。此豈拘泥常調者所可變而通之哉？陛下必思夫興王之始，奮徒手而運掉一世者，何術而致此，彼惟不以常調處之，危中求安，死中求生，故能易禍爲福如反掌之易耳。是故患兵之少而言增募者，謬説也；患楮之不行而言秤提者，尤謬説也。舉朝群臣泛泛如河中木，而陛下又未嘗毅然振刷，有所改作，則烏能救今日傷敗危亡之天下哉？或者乃曰：「論事易，行事難。今欲振刷改作，必思如之何而發端，又如之何而布置，又如之何而究竟可也。」臣應之曰：「今日非不可振刷改作也，特患未肯振刷改作耳。如陛下果肯振刷改作，必有其道矣。且陛下亦嘗以自昔人主處艱險危急之極者而思之乎？彼口之所食者何食，身之所服者何服？宫嬪凡幾，嬖御凡幾？内外有冗官冗吏否乎？有濫恩横費否乎？興土木否乎？侈宴集否乎？」獻議者或及此，則笑曰：「是不過節用耳。所用如丘山，而所節僅涓埃，此迂談耳。」臣之所言，奚止曰節而已哉！直欲陛下如興王之始，奮徒手而運掉一世，則必思坐卧仰膽，飲食嘗膽，真如越王句踐可也。必思大布之衣，大帛之冠，真如衛文公可也。夫如是，天下將曰：「萬乘帝王而所食如是，所服如是，是真欲興邦矣，是真欲洗一世而更新矣。」妃嬪耶，嬖御耶，土木耶，宴集耶，必能奮然大從減省，天下傳誦曰：「今日汰某人矣，明日又罷某事矣。」冗官耶，冗吏耶，濫恩耶，横費耶，必能確然痛加裁抑，天下傳誦曰：「今日下某令矣，明日又革某弊矣。」陛下立心，務在必行，決不朝作而暮止；朝廷論議，至當歸一，寧有甲可而乙否？萬一左右之臣迎逢陛下之意，以爲方今事勢未至危殆之極，何必先爲苦節窮蹙之態。是説也，乃害陛下之儉德者也，所宜深警而亟斥之。或又以爲方今幸而人無横議，何必爲此紛更張皇之舉。是説也，乃沮陛下之從善者也，尤宜明辯而力排之。陛下胡不思夫夏少康之興，僅有田一成，有衆一旅，可謂至狹至微矣，尚能振作興起，挽回衰亂之邦，復爲隆盛之勢。陛下視少康之時，豈不尚易於斡旋運用乎？梁武帝爲侯景所逼，自知必亡，乃曰：「自我得之，自我失之，亦復何恨！」嗚呼！代天作子，撫有萬方，危迫困辱，至出此語，書之史册，貽羞千古。當其尚可救藥也，怠而不奮；及其不可支吾也，猶不知悔。自昔然矣，可不懲乎！今日之事，不問智愚，不拘中外，同然一辭，皆曰：「巧婦不能爲無麵餅。」甚者則曰：「國將與楮俱敝。」其慮固苦，其言固切，而論及於振刷改作，則又皆曰：「陛下猶未之肯也。不特陛下未之肯，爲陛下左右之臣者皆未之肯也。」毋乃以爲妨己而不暇計國乎？不思皮之不存，毛將安傅，計國乃所以爲己計也。陛下躬率於上，將有管、晏爲時而出。如陛下猶欲以平時架漏之具文而施之於傷敗危亡之天下，則雖有管、晏，猶不知爲陛下計，而況未有管、晏乎？夫管、晏，孔門之所羞稱也，今欲求其所羞稱者尚不可得，陛下亦可反而思之矣。人主，天下之利勢也，陛下操賞罰之利勢於掌握之内，惟在乎善用之，則天下何難治之有？臣所謂陛下一提兵財之體統則血脉必通者，此也。

抑臣復有獻焉。上以言求下，下以言應上，勿謂言爲無益也。臣竊思今日之事，復有十條焉：號令率多反汗，取輕天下，今當謹重其所發，一也；賞罰未行之始，天下已生疑心，今當示信而勿惑，二也；所在軍情不安，敢於陵犯紀律，今當厚恤而嚴法，三也；灾變之後，小民艱食，皆將驅而爲盜，今當招羅以弭姦，四也；秋高馬肥，虜情叵測，區處邊面，已爲後時，豈容更復悠緩，五也；督府制閫，統體相關，所宜戒飭一心，以國事而滅私情，六也；監司按行諸路楮券，徒致煩擾，亟宜別行措置，七也；州縣體量田租，務在實惠，及下以固民志，八也；湖、淮交子盡合易以銅楮，通彼所以寬此，儻是說可行，亦當早有定論，九也；安邊所乏積貯，合議區畫，毋致陰消潛耗，十也。此十條，亦粗足以裨末議。然臣不敢掇拾細微以溷聖聰者，蓋以治天下必使神氣精明，自然骨力强而血脉通，凡此末節有不勞餘力而自舉者。陛下毋以神氣之説爲迂，稽諸天地，驗諸人事，今日之變非向時火灾之比，蓋火灾僅在京城，未爲廣也，今之水灾遍及外方矣。不戒于火，猶可諉曰「居民弗謹，遂至延燎」，水灾非細故也。我宋以火德王天下，先朝河決爲灾，猶且上下恐懼，况風雨肆虐，至於此極，陛下其可不奮志力行，一反衰薾之光景，而爲興隆之氣象哉！《詩》曰：「惟昔之富不如時，惟今之疚不如兹。」又曰：「我瞻四方，蹙蹙靡所騁。」

臣賤性朴愚，懷不自已，幸值陛下導之使言，是以一吐狂僭，惟陛下財幸。

吏部尚書魏了翁上奏曰：

臣伏見比日以來，天文示異，何其稠也！六月庚辰，流星晝隕，其占爲覆軍，爲陰謀。越十日己丑，熒惑入太微垣，其占爲饑，爲逆，爲喪。七月戊戌，太白經天，其占爲兵，爲秦强，爲不臣。此金、火二星之變，至于今未退也。而火迫内垣，尤爲急切。越六日丙午以後，金星行入東井。夫孽非天作，變不虚生，陛下亦思所以省己愆、回天心乎？漢相王嘉謂：「動民以行不以言，應天以實不以文。下民微細，猶不可詐，况於上天神明而可欺乎？」人皆以爲至言。臣謂如此言者，在二漢以來絶少，抑不知民與天一也，安有爲欺民之事而可以應天，亦安有爲欺天之事而可以動民者？此猶未免於擇焉不精。然其立言之大意，則固已深中乎千有餘年應天動民之實病矣。

臣每見近年以來，群臣封章，多言陛下每遇祀饗，必逢開霽，每有禱祈，無不響答。而臣嘗以爲此特淺淺之爲見者耳。大水、大火、大兵、大盗無歲無之，而不此之問乎？姑以今年所聞，如正月而徐、邳覆軍，二月而惠寇作亂，三月而黄陂逐將，四月而建卒違命，❶五月而禁衛失伍，六月而京口挻禍，❷七月而高郵阻兵，封章奏疏非不多矣，而不以是爲異也。不特此也，雖乾文示異，無月無之，亦能盡徹於陛下之聽乎？

陛下聞灾異，聞變故，未嘗不知畏懼也。而臣猶有疑於動民以言、應天以文，則民未可得而動、天未可得而應也。天未可應，臣何以知之？以民未可動知之耳。民未可動，何以知之？臣半年之間，涉萬里長途，所接州縣民吏，語及親政，未有能深信者。至江淮以來，則憂危之語日聞，以此

❶「卒」，原作「辛」，今據《鶴山先生大全文集》卷二〇《乙未秋七月特班奏事》改。

❷「禍」，原作「禍」，今據《鶴山先生大全文集》改。

知民未可以虛言動也。民未可動，則天決不可以虛文應也。惟陛下實體而篤行之。

權中書舍人王應麟以冬雷上言曰：

十月之雷，惟東漢數見，命令不專、姦邪並進、卑踰尊、外陵内之象。當清天君，謹天命，體天德，以回天心。守成必法祖宗，御治必總威福。

洪舜俞進故事曰：

昔神宗時，群臣請上尊號及作樂，神宗以久旱不許，群臣固請。富弼言：「故事有災變皆徹樂，恐陛下以同天節虜使當上壽，故未斷其請。臣以爲此盛德事，正當以示夷狄，乞并罷上壽。」從之。即日而雨。弼又上疏，願益畏天戒，遠姦佞，近忠良。神宗親書答詔曰：「義忠言親，理正文直。苟非意在愛君，志在王室，何以臻此。敢不置之枕席，銘諸肺腑，終老是戒？更願公不替今日之志，則天災不難弭，太平可立俟也。」

臣聞《詩》曰：「文王陟降，在帝左右。」又曰：「陟降厥士，日監在兹。」上天之心與君接，人君之心與天通，一陟一降，隨寓隨在，初無毫髮之間。五事有敬怠，則庶徵有休咎，其應如響之應聲。我神祖以久旱輟同天節上壽之禮，❶亢陽即日而雨；陛下以雷變寢天基節上壽之禮，積陰即日而霽，夫豈人力所能致哉？此心即天心，天心即此心也。富弼於既雨之後，奏「益畏天戒，遠姦佞，近忠良」，蓋姦佞之遠，忠良之近，即以畏天戒。天

❶「以」，原脱，今據《平齋文集》卷二九《故事》補。

意在於進君子，退小人，人君欽承此意而行，則寅畏之實也。答詔欲弼「不替今日之志」，君臣交相儆戒，宜有以祈天永命也歟！臣故亦願陛下與二三大臣不以天意已回爲喜，常以天命難諶爲懼。

許應龍進故事曰：

劉安世嘗言於哲宗之朝曰：「上天之體，雖高而聽卑。明主所以惡文而尚質，與其爲祈禱之小數，不若圖銷變之大方。願陛下夙夜祗畏，側身修行，特下明詔，以示罪己。又許中外之臣民極言政事之缺失，專委近臣，考求其當，以施有政，命公卿輔弼同寅協恭，以思天變。開衆正之路，塞群枉之門，誠備灾之善經，應變之至務也。」

臣謂「應天以實不以文」，兹不易之至論也。夫灾異之來，天所以警人主，苟不講明乎實政，而徒崇尚於虚文，其何以轉禍爲福哉？夫避正殿，减常膳，徹音樂，固足以寓兢業之忱；驗占候，謹齋戒，嚴禱祠，固足以示禬禳之意。然此特應天之文爾。必下詔求言以聞己之過失，必散財發粟以蘇民之疾苦，必輔弼之臣同寅協恭而後可以圖銷弭之方，必賞罰之行不僭不濫而後可以起偷惰之習，如此則君無失德，朝無闕政，感召之機當如影響之隨矣。此則應天之實，在今日所當先也。竊觀近事，所謂應天之文雖已備舉，應天之實尤當加意。中外獻言，盍求其當而施行之必速；賑恤雖行，宜覈其實而給散之必均。私謁不行則衆正之路開，獨斷不惑則群枉之門杜。示恩威以馭將士，振紀綱以尊朝廷。上下一心，無有扞格，則形聲和而天地應，有不期而然者。昔蘇軾有言：「熒惑犯日，以太宗修德而雨足；熒惑守心，以二聖施仁而退舍。」蓋已然之明驗也。惟陛下與大臣亟圖之。

應龍又進故事曰：

真宗景德三年，司天定五月朔日蝕。上避正殿，既而陰晦不見。上語宰相曰：「此非朕德所致，但喜分野之民不被其災耳。」高宗紹興元年，日有黑子。上曰：「日爲太陽，人主之象。應天之道以實不以文，若朕實德未至，徒爲文飾，恐難動天。其在君臣相與盡心行安民利物之事，庶幾天變不至爲災。」

臣聞「皇天無親，惟德是輔。民心無常，惟惠之懷」。苟人心説於下，則天變銷於上，猶影響之相應也。夫天佑民而作君，君承意以從事，苟一念之形必以爲民爲先，一政之施必以害民爲戒。矜憐撫育，布德行惠，使無一夫不被其澤，則形聲和而天地應，尚何災變之足慮？自夫闕政舛令有以干陰陽之和，故譴見于天，以示警戒。苟能因災而懼，是究是圖，舉行寬恤之政，俾斯民無愁嘆怨恨之聲，猶可以上回天意，轉妖爲祥。若徒避正殿、減常膳以示貶損，而無寵綏四方之意，是特循故事耳，果何以盡感格之實哉？故真宗因日蝕不見，不以爲「朕德所致」，而惟「喜分野之民不被其災」，而高宗因日有黑子，而欲「行安民利物之事」者，其意蓋爲是耳。比者日官預占薄蝕，陛下首頒御札，亟率舊章，御便朝，損珍羞，嚴恭寅畏，不遑朝夕。復發德音，赦過宥罪，恤流移而蠲租賦，撫士卒而惠鰥寡。仁心一形，天心隨格，陰雲布濩，靈耀靡虧，若可以上寬憂虞，導迎嘉貺。而謙冲退托，稱慶之禮既不舉行，復常之請又未俞允，雖虞舜之惟時惟幾，文王之小心翼翼，何以踰此？然應天以實不以文，動人以行不以言。必戒謹其所不睹，恐懼其所不聞，而始終如一，然後可以應天；必官吏謹於奉行，遐邇罔不周遍，而不爲文具，然後可以動人。天人之間既和同而無間，則開重暈之祥，建中興之業，可指日以冀矣。

歷代名臣奏議卷之三百十三

本卷劉永强校點

歷代名臣奏議卷之三百十四

災祥

宋理宗時，江東提點刑獄杜範上奏曰：

旱暵薦臻，人無粒食。楮券猥輕，物價騰踴。行都之内，氣象蕭條，左浙近輔，殍死盈道。流民充斥，未聞安輯之政；剽掠成風，已開弄兵之萌。是内憂既迫矣。新興北兵乘勝而善鬬，中原群盗假名而崛起。擣我巴蜀，據我荆、襄，擾我淮堧，近又由夔、峽以瞰鼎、澧。疆埸之臣肆爲欺蔽，勝則張皇而言功，敗則掩覆而不言。脱使乘上流之無備，爲飲馬長江之謀，其誰與捍之？是外患既深矣。

人主上所事者天，下所恃者民。近者天文示變，妖彗吐芒，方冬而雷，既春而雷，海潮衝突於都城，赤地幾遍於畿甸，是不得乎天而天已怒矣。人死於干戈，死於飢饉，父子相棄，夫婦不相保，怨氣盈腹，謗言載路，「等死」一萌，何所不至，是不得乎民而民已怨矣。内憂外患之交至，天心人心之俱失，陛下能與二三大臣安居於天下之上乎？陛下亦嘗思所以致此否乎？

蓋自曩者權相陽進妾婦之小忠，陰竊君人之大柄，以聲色玩好内蠱陛下之心術，而廢置生殺，一切惟其意之所欲爲，以致紀綱陵夷，風俗頹靡，軍政不修，而邊備廢缺。凡今日之内憂外患，皆權相三十年醖成之，如養護癰疽，待時而決耳。端平號爲更化，而居相位者非其人，無能改於其舊，敗壞汙穢，殆有甚焉。自是聖意惶惑，莫知所倚仗，方且不以彼爲讎而以爲德，不以彼爲罪而以爲功。於是天之望於陛下者孤，而變怪見矣；人之望於陛下者觖，而怨叛形矣。

陛下敬天有圖，旨酒有箴，緝熙有記，使持此一念，振起傾頹，宜無難者。然聞之道路，謂警懼之意秖見於外朝視政之頃，而好樂之私多縱於内廷燕褻之際。名爲任賢，而左右近習或得而潛間；政出於中書，而御筆特奏或從而中出。左道之蠱惑，私親之請託，蒙蔽陛下之聰明，轉移陛下之心術也。

範遷吏部侍郎兼侍講，以久旱復上言曰：「陛下嗣膺寶位餘二十年，灾異譴告，無歲無之，至于今而益甚。陛下求所以應天者，將止於減膳徹樂、分禱群祀而已乎？抑當外此而反求諸躬乎？夫不務反躬悔過，而徒覬天怒之釋，天下寧有是理？欲望陛下一洗舊習以新天下，出宫女以遠聲色，斥近習以防蔽欺，省浮費以給國用，薄征斂以寬民力。且儲貳未立，國本尚虚，乞選宗姓之賢者育之宫中而教導之。」

又言銓法之壞：「廟堂既有堂除，復時取部缺以徇人情；士大夫既陷贓濫，乃間以不經推勘而改正。凡此皆徇私忘公之害。」

未幾，復上言曰：「天灾旱暵，昔固有之。而倉廩匱竭，月支不繼，升粟一千，其增未已，富户淪落，十室九空，此又昔之所無也。甚而閭門餓死，相率投江，里巷聚首，以議執政，軍伍譁語，所不忍聞，此何等氣象，而見於京城衆大之區。浙西稻米所聚，而赤地千里。淮民流離，襁負相屬，欲歸無所，奄奄待盡。使邊塵不起，尚可相依苟活，萬一敵騎衝突，彼必奔迸南來，或相携從敵，因爲之鄉導，巴蜀之覆轍可鑑也。竊意陛下宵旰憂懼，寧處弗遑。然宫中宴賜未聞有所貶損，左右嬙嬖未聞有所放遣，貂璫近習未聞有所斥遠，女冠請謁未聞有所屏絶，朝廷政事未聞有所修飭，庶府積蠹未聞有所搜革。秉國鈞者惟私情之徇，主道揆者惟法守之侵，國家大政則相持而不决，司存細務則出意而輒行。命令朝更而夕變，紀綱蕩廢而不存，無一事之不弊，無一弊之不極。陛下盍亦震懼自省。」

詔：「中外臣庶思當今急務，如河道未通，軍餉若何而可運？浙右旱歉，荒政若何而可行？財計空匱，糴本若何而可足？流徙失所，遣使若何而可定？敵情叵測，邊圉若何而可固？各務悉力盡思，以陳持危制變之策。」

右正言兼侍講李大同上言曰：

趙、冀分野，乃有熒惑犯填星之變，則我師之出豈無當長慮而卻顧者？臣願陛下勿以星文爲小異而或加忽，一話一言，一政一事，必求有以格天心而弭灾變。

度宗咸淳九年，起居舍人高斯得進故事曰：

漢董仲舒治國，以《春秋》灾異之變推陰陽所以錯行，故求雨閉諸陽，縱諸陰，其止雨反是。行之一國，未嘗不得所欲。

臣聞水旱之有祈禳，古之道也。何則？民命所關，苟有可以救之者，君子必盡心焉，不若是則謂之無志於民可也。

《周禮・太祝》六祈有罃人、禜門。❶《祭法》曰：「雩禜，祭水旱也。」漢、晉、梁、隋暨唐皆遵用之，不以爲世俗祈禳小數而忽之也。然臣以爲水旱之有祈禳，猶焚溺之有救拯，當急而不當緩，急則可及其未然而弭之，緩則災變成形，無益於事矣。《雲漢》之詩曰：「祈年孔夙，方社不莫。」夙與不莫者，言貴早耳。古人之於民事，皇皇汲汲而圖之，故曰「民事不可緩也」。董仲舒之治江都，史不載他事，獨詳著其求雨止雨之法，亦可見以此爲先務之急矣。行之一國，未嘗不得所欲，忱意感通，宜其應之速也。國家凡有水旱，祈禳之禮著于令甲，有司未嘗不舉而行，然常失之遼緩。赫赫炎炎，苗將槁死，而勤雨之令始行；浩浩洋洋，慮殫爲河，而閉陰之典方舉。其未然者固可及救，然其所傷亦已多矣。有民有社，災已切近，勇於行之，不爲晉越也，而猶拘攣蓄縮，視儀聽唱，亦何爲哉？雖然，水旱者陰陽而已，救之者縱閉而已。所謂縱閉，豈止於城門開闔而已哉！夫淫雨爲沴者，陰盛陽微之證也。今朝廷之上，明目張膽之夫少，而宛舌同聲之士多，此陰也；邊鄙之間，投石拔距之氣衰，而棄甲曳兵之習痼，此陰也；田里之間，擊壤鼓腹之音絕，而疾首蹙頞之恨深，此陰也。光弼出矣，而旗幟未見其精明；勝之用矣，盜賊不爲之衰止。貪墨之吏去之是也，而使之易鎮；債軍之將斥之是也，而使之扞城。朝臣舛午，膠戾乖剌，幾有漢人之患；正衙罷奏，庶官不對，幾

❶「人」，《耻堂存稿》卷二《八月十五日進故事》無此字。

有唐世之風。凡此皆陰盛陽微之證也。微者不縱，使之日消，盛者不閉，使之日長，安得不感天地之精而生戾氣哉！此又祈禳之大者，而尤當皇皇汲汲以圖之也。臣憂愛之深，愚戇妄發，惟陛下幸赦。

牟濴進故事曰：

乾道元年二月甲辰，以久雨避殿減膳，蠲兩浙災傷州縣身丁錢絹，決繫囚，蠲福建寺觀歲輸寬剩。二年四月戊寅，以淫雨爲沴，詔侍從、臺諫講究刑政所宜以聞。

臣恭惟皇帝陛下臨政願治，法祖敬天，肇新初元，與天下更始，德至渥也。乃仲春之月，一雨兼旬，霖霪未已，聖心惻然，憂民之憂，遣使察獄，捐帑賑貧，堯、舜用心何以加此？臣竊觀中興以來之治莫盛於乾、淳，而稽之史册，元年春以久雨避殿減膳，次年夏以淫雨講究刑政。夫以壽皇勵精爲治之初，君德初無絲毫之失，而頻年苦雨如此，壽皇切切然懼一政一事之間有以干陰陽之和者。即此一念，自可格天，故終不能累乾、淳之治者以此。陛下初政，罔匪大公，杜貢獻之門，絶憸壬之路，皆爲民生計也。而陰沴之氣乃見於清明之時，何耶？快活條貫，日見施行，天地生物之心也，或者奉行不虔，德意志慮猶未達於民歟？聖恩汪洋，仁及草木，天地成物之仁也，或者猶有沉鬱于下而不能自拔者歟？禁法令所當禁，欲民知重本也，而京城游手末作者衆，或困於衣食之無資；平物價之未平，欲民易養生也，而在在物價騰湧，每病於貿遷之無術。不傷不困，明主未嘗不欲躋世於治平，而欲壽欲安，人情終莫能盡遂也，得無猶有乖氣致異者歟？不然，有君如此，淫雨何從而來耶？方細民艱食，計日以望二麥之登，而今壞於垂成，何以解陛下爲民之憂耶？陛下謙遜，未嘗御正殿，未嘗享玉食之奉，可無愧於孝宗皇帝避殿減膳矣。臣願陛下以孝宗之心爲心，詔内而侍從、臺諫，講求刑政之所宜，外而監司、帥守，條陳民生之疾苦，因其所已行而求其所未至，一政一令，果合人情乎？人情悦則天意回矣。然此皆目前顯然之憂也，而陰陽消長之機又有大可畏者焉。今正人登進，善類翕集，方陽明用事，而陰晦乃爾，是可不思其故乎？陰爲女子，爲小人，以至夷狄、盜賊，皆陰也。陛下力行通喪，孝思罔極，決無聲色之奉。所可慮者，小人得無包藏乎？夷狄得無窺伺乎？盜賊得無竊發乎？天其或者警吾君吾相，使爲持陽抑陰之計，無事而爲有事之防歟？凡此數端，皆當上關聖慮。《書》曰：「惟事事乃其有備，有備無患。」惟陛下與二三大臣亟圖之，臣不勝惓惓。

宗正少卿趙景緯上奏曰：

雷發非時，竊迹今日之事而有疑焉。内批疊降而名器輕，宮闈不嚴而主威褻。横恩之濫已收而復出，戢貪之詔方嚴而隨弛。宮正什伍之令所以防奇邪，而或縱於乞憐之卑詞；緇黄出入之禁所以嚴宸居，而間惑於禬禳之小數。以至彈墨未乾，而抆拭之旨已下；駁奏未幾，而捷出之徑已開。命令不凝，則陽縱而不收；主意不堅，則陰閉而不密。陛下可不思致灾之由，而亟求所以正之哉？願清其天君，以端出治之源；謹其號令，以肅紀綱之本。毋牽於私恩而撓公法，毋遷於邇言而亂舊章，去讒而遠色，賤貨而貴德，則人心悦而天意得，可以開太平而兆中興也。

金章宗明昌二年，參知政事張萬公賜告省親還，上問山東、河北粟貴賤，今春苗稼，萬公具以實對。帝謂宰臣曰：「隨處雖得雨，尚未霑足，奈何？」萬公進曰：「自陛下即位以來，興利除害，凡益國便民之事，聖心孜孜，無不舉行。至於旱灾，皆由臣等，若依漢典故，皆當免官。」帝曰：「卿等何罪，殆朕所行有不逮者。」對曰：「天道雖遠，實與人事相通，唯聖人言行可以動天地。昔成湯引六事自責，周宣遇灾而懼，側身修行，莫不修飾人事。方今宜崇節儉，不急之務、無名之費可俱罷去。」帝曰：「灾異不可專言天道，蓋必先盡人事耳，故孟子謂『王無罪歲』。」左丞完顏守貞曰：「陛下引咎自責，社稷之福也。」

承安五年，烈風昏曀連日，詔問變異之由。平章政事徒單鎰上奏曰：「仁、義、禮、智、信謂之五常，父義、母慈、兄友、弟敬、子孝謂之五德。今五常不立，五德不興，縉紳學古之士棄禮義，忘廉耻，細民違道畔義，迷不知返，背毁天常，骨肉相殘，動傷和氣，此非一朝一夕之故也。今宜正薄俗，順人心，父父子子夫夫婦婦各得其道，然後和氣普洽，福禄薦臻矣。」因論：「爲政之術，其急有二。一曰正臣下之心。竊見群下不明禮義，趨利者衆，何以責小民之從化哉！其用人也，德器爲上，才美爲下，兼之者待以不次，才下行美者次之，雖有才能、行義無取者抑而下之，則臣下之趨向正矣。其二曰導學者之志。教化之行，興于學校。今學者失其本真，經史雅奥，委而不習，藻飾虚詞，釣取禄利。乞令取士兼問經史故實，使學者皆守經學，不惑於近習之靡，則善矣。」又曰：「凡天下之事，叢來者非一端，形似者非一體，法制不能盡，隱於近似，乃生異論。孔子曰：『義者，天下之制也。』❶記曰：『義爲斷之節。』伏望陛下臨制萬機，事有異議，少凝聖慮，尋繹其端，則裁斷有定而疑可辯矣。」

宣宗時，天旱，宣差河南提控完顔伯嘉上奏曰：

日者，君之象，陽之精。旱暵乃人君自用亢極之象，宰執以爲冤獄所致。夫燮和陰陽，宰相之職，而猥歸咎於有司。高琪武弁出身，固不足論，高汝礪輩之不知所職，其罪大矣。漢制，灾異策免三公，顧歸之有司邪。臣謂今日之旱，聖主自用，宰相諂諛，百司失職，實此之由也。

元太祖征西域，駐鐵門關，有一角獸，形如鹿而馬尾，其色緑，作人言，謂侍衛者曰：「汝主宜早還。」帝以問左右，員外郎耶律楚材對曰：「此瑞獸也，其名角端，能言四方語，好生惡殺，此天降符以告陛下。陛下天之元子，天下之人皆陛下赤子，願承天心以全民命。」帝即日班師。

❶「制」，原作「斷」，今據《金史・徒單鎰傳》、《禮記・表記》改。

世祖至元三十年，❶有星孛于帝座。帝憂之，夜召平章政事不忽木入禁中，問所以銷天變之道，對曰：「風雨自天而至，人則棟宇以待之；江河爲地之限，人則舟楫以通之。天地有所不能者，人則爲之，此人所以與天地參也。且父母怒，人子不敢疾怨，惟起敬起孝。故《易·震》之象曰『君子以恐懼修省』。《詩》曰『敬天之怒』，又曰『遇灾而懼』。三代聖王克謹天戒，鮮不有終。漢文之世，同日山崩者二十有九，日食、地震頻歲有之，善用此道，天亦悔禍，海內乂安。此前代之龜鑑也，臣願陛下法之。」因誦文帝《日食求言詔》，帝悚然曰：「此言深合朕意，可復誦之。」遂詳論款陳，夜至四鼓。明日進膳，帝以盤珍賜之。

世祖聞李治賢，召問昨地震何如，治對曰：「天裂爲陽不足，地震爲陰有餘。夫地道，陰也，陰太盛則變常。今之地震，或姦邪在側，或女謁盛行，或讒慝交至，或刑罰失中，或征伐驟舉，五者必有一于此矣。夫天之愛君，如愛其子，故示此以警之耳。苟能辯姦邪，去女謁，屏讒慝，省刑罰，慎征討，上當天心，下協人意，則可轉咎爲休矣。」帝嘉納之。

成宗大德七年八月戊申夜，地大震，詔問致灾之由及弭灾之道。齊履謙對曰：

按《春秋》言，地爲陰而主静，妻道、臣道、子道也，三者失其道，則地爲之弗寧。弭之之道，大臣當反躬責己，去專制之盛以答天變，不可徒爲禳禱也。

❶「三」，原作「二」，今據《元史·不忽木傳》改。

成宗以恒暘、暴風、星芒之變詔公卿集議弭灾之道。翰林學士承旨劉敏中等上奏曰：

切惟事有本末，政有後先，今摭其本與先者言之，其略有七：

一曰畏天。天育萬物，不能自理，乃立君以主之。故君者，所以代天育物也。惟明君能知天監在上，赫赫甚邇，凡一語動、一政令，罔不兢兢業業，思合天則，期當天心。若論官，則曰天命有德，五服五章，不敢乘一時之喜怒而輕予奪之也。若論刑，則曰天討有罪，五刑五用，不敢因一時之喜怒而輕出入之也。凡事如此，謹守勿失，於是陰陽和，風雨時，而萬物育，天相之也。乃若政令之或爽，天必出灾異以儆之。而儆之者，所以仁愛人君，欲其久安長治，而萬物得其育也。故明君遇此，則必省躬以知懼，昭德而塞違，誠格政修，天意乃得，於是灾變弭而和氣復矣。故雖堯、湯之世不能無水旱，而卒以無害者，堯、湯用此道也。

二曰敬祖。自古帝王創建國家，無不自艱難而得之，而傳之子孫，猶菑者之望播穫，作室者之待堂構也。夫固不易哉！我太祖皇帝起自朔方，身歷百戰，收附諸國，惡衣菲食，櫛風沐雨，何如其辛勤也！世祖皇帝親歷行陣，心籌計畫，恭儉敬畏，以有天下，混一南北，何如其辛勤也！欽惟陛下以仁明天縱之聖，紹膺景命，蓋嘗以此存心，思祖宗開基建業之不易，而遇是儆也，固益兢兢業業。用一財，則必曰：「此民力也，自祖宗艱難而得之也，豈可輕用！」官一人，則必曰：「此國柄也，自祖宗艱難而致之也，豈可輕與！」動靜整敕，每事如此，則百司自然共職，庶政自然修舉，祖宗在天之靈必皆歡悦，而天佑響答，福禄日臻，邦基益固矣。

三曰清心。心者，一身之主，萬事之本也。夫目之於視，耳之於聽，口之於言，手之於執，足之於履，皆惟心之所使。心得其正，則接物臨事之際，視聽言動皆得其正，而無有繆誤乖戾之患。况四海之廣，萬幾之微，皆仰治于一人，而一人之所仰者，非惟心乎？蓋水必止乃可以涵物象，鏡必明乃可以别妍醜，故帝王貴清心。清者，静一不遷之謂也。若聲色之娱，宴飲之樂，所不能無，尤當節適，使不至撓吾心之清。心清，則四海之廣無不燭，萬幾之微無不察，光明洞徹，不言而信，讒諛不得施，邪僞不敢前，百官有司各安其職，無有撓格之患，則法制流行，紀綱振舉，灾變息而天下治矣。《語》曰「本立而道生」，故帝王以清心爲本，實總攬權綱之要道也。

四曰持體。事莫不有體，體者，得其要之謂耳。人君任宰輔以馭百官，守法度以信萬民，斯其體也。若乃任一小官，罰一小過，有司之事耳，而人君親之，則有司懼矣。夫上下正，政令一，賦斂以時，用度有節，賞罰必信，此天下之守也。而朝行夕改，守無所止，則臣下恐懼，皆思爲己而怠其所職，殃害及民，怨讟不免，而或召灾異。故爲君之道在乎持大體，先有司，裁制予奪必信必一，則雍熙之治可坐而致，何灾異之有哉？

五曰更化。傳有之：「琴瑟不調，甚者必解而更張之；爲政不行，甚者必變而更化之。」今有司所甚患者，曰財用不足，曰選法撓亂，曰官府不治，三者而已。改絃更張，此其時也。盍亦思其所由乎？財用不足，豈非所入者有限，所出者無窮歟？選法撓亂，豈非賢不肖混淆，越格者多而非格者不少歟？官府不治，豈非賞罰不明，而名節素不勵歟？宜敕有司詳校一歲錢穀所入幾何，所出幾何。若所出皆爲當出，則財之不足，將無法可理。若猶有不當出而可以已者，如不急之營繕，無名之賜予，據其名件，一皆止之，則財用必足矣。又詳校銓選，除合格外，越格與非格者幾何，任迴量其根脚功過定奪，仍原其所由跡轍，一禁絶之，則選法必行矣。官府之制，上下内外，相維相資，各有條理，果皆得人，何有不治？然人材不齊，善惡必有，故賞罰立焉。若善者當賞而不賞，惡者當罰而不罰，則善者變而爲惡，而惡者紐而益甚。又如犯至不敘，大罪也，而或巧圖復用；老病謝事，常理也，或戀不忍去。至有貪欺害民，善於自蔽，不即敗露，上官不以審，風憲不以察，因習成風，不知有耻，治何由興？宜嚴敕省臺，公賞罰，勵名節，由京朝始，則官府自治矣。凡此三者，更化之大略也。三者果更，民力必紓，人材必多，祥瑞必集，國勢必隆。然非更之之難，行之之難也；非行之之難，守之之難也。惟聖天子以畏天、敬祖、清心之德守而行之，又何難哉！

六曰察吏治。官府之設，本以爲民，然而民弗蒙惠者，豈非任職之人廉正者恒少，而貪邪者恒多歟？恒少者宜培植，而反摧抑之歟？恒多者宜簡除，而反擁護之歟？何以知其然也？夫廉正者仰不能悦上官，而復或忤也，憾怒畜矣；俯不能媚奸民，而又常戢之，怨憎積矣。故舉一事則沮於上，行一政則謗於下，奸人乘釁，猾吏授計，扇黨搆誣，譁然訟之，蓄怒者得以折辱求索，鍛煉而成其罪。夫以縉紳廉正之士，一旦屈膝受誣，置對於無賴之小民，縱萬一得解，而風概掃地矣。彼貪邪者於上則先意以希合，於下則越禮以求媚，贓賄狼籍，無由敗露。憲司、上司佯爲不知，安然秩滿，給由而去。乃且奔走權要，徼取優等，擇授美官，是廉正者少而益少，貪邪者多而益多也。嗚呼！所謂實惠者將孰從而致之哉？夫源清則流清，本治則末治。宜端本澄源，特發嚴令戒敕内外官吏，皆當洗心易慮，奉公爲民，所在憲司及上司衙門毋敢抑正容姦，務要精詳察舉。其治行超衆者，增秩賜金，如漢世故事。貪鄙尤甚者，黜竄不齒，憲司或失察舉，亦行論罪。如是，良吏日多，奸吏日少，官府立而政化行，惠及民而灾變息矣。

七曰除民患。公家百須，皆民所出，取之有法，民不知病。今夫夏絲、秋税，乃其常賦，和買、和雇，官皆給價，宜無所病者。然和買、和雇名件不一，駢至疊出，責辦須臾。故和買必至望户科着，貪吏憸人得緣爲姦，易新鈔爲爛鈔者有之，給價撙除者有之，緣指其物惡，賂焉而受者有之，預嚇以多買而取賂者有之，受賂當買之户而移之下户者有之，而又追呼停留，費用過當，民不勝擾矣。其和雇則十車之運而爲百車之雇，有車之家闔境追攝，必賂而後免。故和買、和雇，姦民之利而細民之病也。今後一切和買、和雇，憲司必須密爲體察，仍許諸人首告，似前犯者，痛行追斷。監臨有失防禁，罰俸摽過，甚者降等。憲司不察，同坐。惟復止於大都將年例和買段疋絲絹等物預期張立榜文，各開色樣幅尺粗細輕重，添價收買，仍許中買鹽引，商旅四集，旬月可辦，不惟省減脚力，防押官兵，及免水火盜賊之虞，實永絶姦人因公規利害民之弊。若慮或有耽誤，且可内外分買。若大都果便，來歲通行，斯亦惠民弭灾之切務也。

英宗至治三年夏，帝以日食、地震、星變，詔議所以弭灾者。大常禮儀院經歷曹元用上言曰：「應天以實不以文，脩德明政，應天之實也。宜撙浮費，節財用，選守令，恤貧民，嚴禋祀，汰佛事，止造作以紓民力，慎賞罰以示勸懲。」至於「科舉取士之法，當革冒濫，嚴考覈，俾得真才之用。」朝廷咸是之。

泰定帝泰定元年，車駕在上都。先是，帝以灾異，詔百官集議。集賢大學士張珪與樞密院、御史臺、翰林、集賢兩院官極論當世得失，詣上都奏之曰：

國之安危，在乎論相。昔唐玄宗，前用姚崇、宋璟則治，後用李林甫、楊國忠，天下騷動，幾致亡國。雖賴郭子儀諸將效忠竭力，克復舊物，然自是藩鎮縱横，紀綱亦不復振矣。良由李林甫妒害忠良，布置邪黨，奸惑蒙蔽，保禄養禍所致，死有餘辜。如前宰相鐵木迭兒，奸狡險深，陰謀叢出，專政十年。凡宗戚忤己者，巧飾危間，陰中以法，忠直被誅竄者甚衆。始以臟敗，諂附權姦失列門，及嬖幸也里失班之徒，苟全其生，尋任太子太師。未幾，仁宗賓天，乘時幸變，再入中書。當英廟之初，與失列門等恩義相許，表裏爲姦，誣殺蕭、楊等，以快私怨。天討元凶，失列門之黨既誅，坐要上功，遂獲信任，諸子内布宿衛，❶外據顯要，

❶「布」，原作「有」，今據《元史·張珪傳》改。

蔽上抑下，杜絶言路，賣官鬻獄，威福己出，一令發口，上下股栗，稍不附己，其禍立至，權勢日盛，中外寒心。由是群邪並進，如逆賊鐵失之徒，名爲義子，實其腹心，忠良屏迹，坐待收繫。先帝悟其姦惡，仆碑奪爵，籍没其家，終以遺患，構成弑逆。其子鎖南親與逆謀，所由來者漸矣，雖剖棺戮尸，夷滅其家，猶不足以塞責。今復回給所籍家産，諸子尚在京師，夤緣再入宿衛。世祖時，阿合馬貪殘敗事，雖死猶正其罪，況如鐵木迭兒之姦惡者哉！臣等議：宜遵成憲，仍籍鐵木迭兒家産，遠竄其子孫外郡，以懲大姦。

君父之讎，不共戴天，所以明綱常、别上下也。鐵失之黨結謀弑逆，君相遇害，天下之人痛心疾首，所不忍聞。比奉旨：「以鐵失之徒既伏其辜，諸王按梯不花、孛羅、月魯鐵木兒、曲吕不花、兀魯思不花，亦已流竄，逆黨脅從者衆，何可盡誅。後之言事者，其勿復舉。」臣等議：古法，弑逆，凡在官者殺無赦。聖朝立法，强盗刼殺庶民，其同情者猶且首從俱罪，況弑逆之黨，天地不容，宜誅按梯不花之徒，以謝天下。

《書》曰：「惟辟作福，惟辟作威。臣無有作福作威，臣而有作福作威，害于而家，凶于而國。」蓋生殺與奪，天子之權，非臣下所得盜用也。遼王脱脱位冠宗室，居鎮遼東，屬任非輕，國家不幸有非常之變，不能討賊，而乃覬幸赦恩，報復讎忿，殺親王妃主百餘人，分其羊馬畜産，殘忍骨肉，盜竊主權，聞者切齒。今不之罪，乃復厚賜放還，仍守爵土，臣恐國之紀綱由此不振。設或效尤，何法以治？且遼東地廣，素號重鎮，若使脱脱久居，彼既縱肆，將無忌憚，況今死者含冤，感傷和氣。臣等議：累朝典憲，聞赦殺人，罪在不原，宜奪削其爵土，置之他所，以彰天威。

刑以懲惡，國有常憲。武備卿即烈，前太尉不花，以累朝待遇之隆，俱致高列，不思補報，專務姦欺，詐稱奉旨，令鷹師强收鄭國寶妻古哈，貪其家人畜産，自恃權貴，莫敢如何。事聞之官，刑曹逮鞠服實，竟原其罪。輦轂之下，肆行無忌，遠在外郡，何事不爲？夫京師天下之本，縱惡如此，何以爲政？古人有言：「一婦銜冤，三年不雨。」以此論之，即非細務。臣等議：宜以即烈、不花付刑曹鞠之。

中賣寶物，世祖時不聞其事，自成宗以來，始有此弊。分珠寸石，售直數萬，當時民懷憤怨，臺察交言，且所酬之鈔率皆天下生民膏血，錙銖取之，從以捶撻，何其用之不吝！夫以經國有用之寶，而易此不濟饑寒之物，又非有司聘要和買，大抵皆時貴與斡脱中賣之人妄稱呈獻，冒給回賜，高其直且十倍，蠹蠹國財，暗行分用。如沙不丁之徒，頃以增價中賣事敗，具存吏牘。陛下即位之初，首知其弊，下令禁止，天下欣幸。臣等比聞中書乃復奏給累朝未酬寶價四十餘萬錠，較其元直，利已數倍，有事經年遠者三十餘萬錠，復令給以市舶番貨，計今天下所徵包銀差發，歲入止十一萬錠，已是四年徵入之數，比以經費弗足，急於科徵。臣等議：番舶之貨，宜以資國用、紓民力，寶價請俟國用饒給之日議之。

太廟神主，祖宗之所妥靈，國家孝治天下，四時大祀，誠爲重典。比者仁宗皇帝、皇后神主，盗利其金而竊之，至今未獲。斯乃非常之事，而捕盗官兵不聞杖責。臣等議：庶民失盜，應捕官兵尚有三限之法，監臨主守倘失官物，亦有不行知覺之罪。今失神主，宜罪太常，請揀其官屬免之。

國家經賦皆出於民，量入爲出，有司之事。比者建西山寺，損軍害民，費以億萬計；刺繡經幡，馳驛江、浙，逼迫郡縣，雜役男女，動經年歲，窮奢致怨。近詔雖已罷之，又聞姦人乘間奏請，復欲興修，流言喧播，群情駭驚。臣等議：宜守前詔，示民有信，其創造、刺繡事非歲用之常者，悉罷之。

人有冤抑，必當昭雪，事有枉直，尤宜明辯。平章政事蕭拜住、中丞楊朶兒只等，枉遭鐵木迭兒誣陷，籍其家，以分賜人，聞者嗟悼。比奉明詔，還給元業，子孫奉祀家廟，修葺苟完，未及寧處，復以其家財仍賜舊人，止酬以直，即與再罹斷没無異。臣等議：宜如前詔，以元業還之；量其直以酬後所賜者，則人無冤憤矣。

德以出治，刑以防姦。若刑罰不立，奸宄滋長，雖有智者，不能禁止。比者也先鐵木兒之徒，遇朱太醫妻女故省門外，强拽以入，姦宿館所。事聞，有司以扈從上都爲解，竟弗就鞫。輦轂之下，肆惡無忌，京民憤駭，何以取則四方！臣等議：宜遵世祖成憲，以姦人命有司鞫之。臣等又議：天下囚繫，冤滯不無，方今盛夏，宜命省臺選官審録，結正重刑，疏決輕繫，疑者申聞詳讞。邊鎮利病，宜命行省、行臺體究興除。廣海鎮戍卒更病者，給粥食藥；力死者，人給鈔二十五貫，責所司及同鄉者，歸骨於其家。

歲貢方物有常制。廣州東莞縣大步海及惠州珠池，始自大德元年，姦民劉進、程連言利，分蜑户七百餘家，官給之糧，三年一採，僅獲小珠五兩六兩，入水爲蟲魚傷死者衆，遂罷珠户爲民。其後同知廣州路事塔塔兒等又獻利於失列門，創設提舉司監採，廉訪司言其擾民，復罷歸有司。既而内正少卿魏暗都剌冒啓中旨，馳驛督採，耗廩食，疲民驛，非舊制，請悉罷遣歸民。

善良死於非命，國法當爲昭雪。鐵失弑逆之變，學士不花、指揮不顔忽里、院使禿古思皆以無罪死，未褒贈；鐵木迭兒專權之際，御史徐元素以言事鎖項死東平，及賈禿堅不花之屬，皆未申理。臣等議：宜追贈死者，優叙其子孫，且命刑部及監察御史體勘其餘有冤抑者，具實以聞。

政出多門，古人所戒。今内外增置官署，員冗俸濫，白丁驟陞出身，入流壅塞日甚，軍民俱蒙其害。夫爲治之要莫先於安民，安民之道莫急於除濫費、汰冗員。世祖設官分職，俱有定制。至元三十年已後，改陞創設，日積月增，雖嘗奉旨取勘減降，近侍各私其署，夤緣保禄，姑息中止。至英宗時，始鋭然減罷崇祥、壽福院之屬十有三署，徽政院斷事官、江淮財賦之屬六十餘署，不幸遭罹大故，未竟其餘。比奉詔：凡事悉遵世祖成憲。若復循常取勘，調虚文，延歲月，必無實效，即與詔旨異矣。臣等議：宜敕中外軍民，署置官吏，有非世祖之制及至元三十年已後改陞創設員冗者，詔格至日，悉減併除罷之；近侍不得巧詞復奏，不該常調之人亦不得濫入常選，累朝斡耳朵所立長秋、承徽、長寧寺及邊鎮屯戍，別議處之。

自古聖君惟誠於治政，可以動天地、感鬼神，初未嘗徼福於僧道以厲民病國也。且以至元三十年言之，醮祠佛事之目止百有二。大德七年，再立功德使司，積五百有餘。今年一增其目，明年即指爲例，已倍四之上矣。僧徒又復營幹近侍，買作佛事，指以算卦，欺昧奏請，增修布施莽齋，自稱特奉、傳奉，所司不敢較問，供給恐後。况佛以清浄爲本，不奔不欲，而僧徒貪慕貨利，自違其教，一事所需，金銀鈔幣不可數計，歲用鈔數千萬錠，數倍於至元間矣。凡所供物，悉爲己有，布施等鈔，復出其外，生民脂膏，縱其所欲，取以自利，畜養妻子，彼既行不修潔，適足褻慢天神，何以要福！比年佛事愈繁，累朝享國不永，致災愈速，事無應驗，斷可知矣。臣等議：宜罷功德使司，其在至元三十年以前及累朝忌日醮祠佛事名目，止令宣政院主領修舉，餘悉減罷；近侍之屬並不得巧計擅奏，妄增名目；若有特奉、傳奉，從中書復奏乃行。

古今帝王治國理財之要，莫先於節用，蓋侈用則傷財，傷財必至於害民；國用匱而重斂生，如鹽課增價之類，皆足以厲民矣。比年游惰之徒，妄投宿衛部屬及宦者、女紅、太醫、陰陽之屬，不可勝數，一人收籍，一門蠲復，一歲所請衣馬芻糧，數十户所徵入不足以給之，耗國損民爲甚。臣等議：諸宿衛宦女之屬，宜如世祖時支請之數給之，餘悉簡汰。

闊端赤牧養馬駝，歲有常法，分布郡縣，各有常數，而宿衛近侍委之僕御，役民放牧。始至，即奪其居，俾飲食之，殘傷桑果，百害蠭起；其僕御四出，無所拘鈐，私鬻芻豆，瘠損馬駝。大德中，始責州縣正官監視，蓋暖棚、團槽櫪以牧之。至治初，復散之民間，其害如故。監察御史及河間路守臣屢言之。臣等議：宜如大德團槽之制，正官監臨，閱視肥瘠，拘鈐宿衛僕御，著爲令。

兵戎之興，號爲凶器，擅開邊釁，非國之福；蠻夷無知，少梗王化，得之無益，失之無損。至治三年，參不郎盗，始者刼殺使臣，利其財物而已；至用大師，期年不戢，傷我士卒，費國資糧。臣等議：好生惡死，人之恒性，宜令宣政院督守將嚴邊防，遣良使抵巢招諭；簡罷冗兵，明敕邊吏謹守禦，勿生事，則遠人格矣。

天下官田歲入，所以贍衛士，給戍卒。自至元三十一年以後，累朝以是田分賜諸王、公主、駙馬及百官、宦者、寺觀之屬，遂令中書酬直海漕，虚耗國儲。其受田之家，各任土著姦吏爲莊官，催甲斗級，巧名多取；又且驅迫郵傳，徵求餼廩，折辱州縣，閉償逋負，至倉之日，變鬻以歸。官司交忿，農民窘竄。臣等議：惟諸王、公主、駙馬、寺觀，如所與公主桑哥剌吉及普安三寺之制，輸之公廩，計月直折支以鈔，令有司兼令輸之省部，給之大都；其所賜百官及宦者之田，悉拘還官，著爲令。

國家經費，皆取於民。世祖時，淮北内地惟輸丁税，鐵木迭兒爲相，專務聚斂，遣使括勘兩淮、河南田土，重併科糧；又以兩淮、荆襄沙磧作熟收徵，徼名興利，農民流徙。臣等議：宜如舊制，止徵丁税，其括勘重併之糧及沙磧不可田畝之税，悉除之。

世祖之制：凡有田者悉役之，民典賣田，隨收入户。鐵木迭兒爲相，納江南諸寺賄賂，奏令僧人買民田者，毋役之以里正主首之屬，逮今流毒細民。臣等議：惟累朝所賜僧寺田及亡宋舊業，如舊制勿徵；其僧道典買民田及民間所施産業，宜悉役之，著爲令。

僧道出家，屏絶妻孥，蓋欲超出世表，是以國家優視，無所徭役，且處之官寺；宜清浄絶俗爲心，誦經祝壽。比年僧道往往畜妻子，無異常人，如蔡道泰、班講主之徒，傷人逞欲、壞教干刑者，何可勝數！俾奉祠典，豈不褻天瀆神！臣等議：僧道之畜妻子者，宜罪以舊制，罷遣爲民。

賞功勸善，人主大柄，豈宜輕以與人。世祖臨御三十五年，左右之臣雖甚愛幸，未聞無功而給一賞者。比年賞賜泛濫，蓋因近侍之人窺伺天顔喜悦之際，或稱乏財無居，或稱嫁女取婦，或以技物呈獻，殊無寸功小善，遞互奏請，要求賞賜回奉，奄有國家金銀珠玉，及斷没人畜産業。似此無功受賞，何以激勸？既傷財用，復啓倖門。臣等議：非有功勳勞效，著明實蹟，不宜加以賞賜，乞著爲令。

臣等所言弑逆未討、姦惡未除、忠憤未雪、冤枉未理、政令不信、賞罰不公、賦役不均、財用不節、民怨神怒，皆足以感傷和氣。惟陛下裁擇，以答天意，消弭災變。

帝不從。珪復進曰：「臣聞日食修德，月食修刑，應天以實不以文，動民以行不以言。刑政失平，故天象應之。惟陛下矜察，允臣等議，乞悉行之。」帝終不能從。

文宗天曆二年，御史中丞史惟良上奏曰：「今天下郡邑被災者衆，國家經費若此之繁，帑藏空虚，生民凋瘵，此政更新百廢之時。宜遵世祖成憲，汰冗濫蠶食之人，罷土木不急之役，事有不便者，咸釐正之。如此，則天災可弭，禎祥可致。不然，將恐因循苟且，其弊漸深，治亂之由，自此而分矣。」帝嘉納之。

順帝至正二年，監察御史王思誠上奏曰：

京畿去年秋不雨，冬無雪，方春首月蝗生，黄河水溢。蓋不雨者，陽之亢，水涌者，陰之盛也。嘗聞一婦銜冤，三年大旱。往歲伯顔專擅威福，讎殺不辜，郯王之獄，燕鐵木兒宗黨死者不可勝數，非直一婦之冤而已，豈不感傷和氣邪！宜雪其罪。敕有司行禱百神，陳牲幣，祭河伯，發卒塞其缺，被灾之家，死者給葬具，庶幾可以召陰陽之和，消水旱之變。此應天以實不以文也。

順帝在位，每遇天變、民灾，必憂見於色。翰林學士承旨巙巙乘間上奏曰：

天心仁愛人君，故以變示儆。譬如慈父於子，愛則教之、戒之。子能起敬起孝，則父怒必釋。人君側身脩行，則天意必回矣。

蘇天爵上奏曰：

蓋聞應天以實不以文，動人以行不以言，此自昔國家消弭天變、感格人心之至計也。洪惟天朝，列聖臨御，深仁厚澤，涵育群生，或遇灾異，猶思修省，誕布德音，務施實惠，是則祖宗畏天愛民之盛德也。邇者日月薄食，星文示變，河北、山東旱蝗爲灾，遼陽、江淮黎民乏食，方此春夏之始，農人播植之時，灾異若此，歲事何望？夫天之變異蓋不虚生，將恐人事有乖和氣。當是之時，國家正宜訪求直言，指切時政，矧在卑職，忝居言官，豈容緘默？伏願朝廷哀矜黎民，誕敷實惠，更新庶政，勿示虚文，庶幾消弭天災，感召和氣，宗社臣民，不勝幸甚。

一、賞罰者，國之大柄，朝廷紀綱繫焉。故賞不失有功則勞臣勸，刑不失有罪則姦人懼，二者或失，綱紀必隳。故古者爵人於朝，與士共之，刑人於市，與衆棄之，雖人君不得而私也，况左右臣鄰敢擅威福而爲之乎？竊聞近日以來，倖門漸啓，刑罰漸差，無功者覬覦以希賞，有罪者僥倖以求免，中外聞之，竊議傷嘆，誠恐刑政從此漸隳，紀綱自此日紊，勞臣何以示勸，姦人無所警懼矣。伏願自今以始，凡官賞刑獄，敢有交結近侍，互相請托，恣爲罔欺，紊亂政治者，嚴行禁治。中書左右兩司及六部等官，所以參贊宰臣，决理政務，若有不思奉公守法，阿容苟從，并許究問，庶幾賞罰攸當，刑政肅清，雍熙之化，可坐而致矣。

一、節用愛民，有國之常經。今朝廷用度不足，弊在於浮費不節，所入者有限而所出者無涯，遂令内外帑廩，皆未充贍。夫天下之財皆出于民，既傷其財，民必罹害，故愛民必謹於節用也。蓋國家財用責之户部，户部責之運司州郡，州責之縣，縣責之民，至民而止。民竭其力以佐公上，而用猶不足，則嗟怨之氣上干天地陰陽之和，此水旱灾變所由作也。宜從朝廷專命中書省官二員，責督户部，詳定減省，罷不急之工役，止無名之賞賜，裁官吏之冗員，減僧道之好事，凡百用度，務令撙節，庶幾國用既充，民無横斂，感召和氣，莫急于此。

一、遇灾知懼，聖賢之明訓。昔之有國家者，凡值凶荒灾異，必減膳徹樂，側身警畏，憂恤元元，惟恐其不至也。蓋天灾方作，民食未充，在位者於此時何忍相與飲食燕樂而不恤其民乎？近年以來，朝廷無事，待遇勳臣固爲優厚，然而宴享太頻，財用不能無費。夫珠璣，國之重寶，馬政，國之大事，今宴享必以殺馬爲饌，珠璣爲花，誠恐習俗成風，奢侈日甚，費財擾民，有損國治。矧當灾異薦臻，尤宜警懼以答天意。今後内外百司凡有必合筵宴，一切浮費奢靡之物並宜裁節禁治，是亦恐懼修省之一事也。

一、在古有訓，作善降祥，不善降殃，蓋言人之爲善、爲惡，殃咎各以其類應也。後世佛教既入中國，始言人能修奉佛事輒獲福利，小民信之，或不能悟，甚至有國家者傾其府庫，捨施金帛，供佛飯僧，唯恐不至，然其徵驗蓋可覩矣。是以中外之臣言其可罷者十常八九，而國家崇信方篤，不忍遽已。邇者徽政院臣以府庫不充，金帛不給，啓奉懿旨，凡在興聖宮常例好事，一切罷止。今朝廷政教惟新，方圖孝治，宜體東朝之意，凡大内常例好事，宜權停止，豈惟制節浮費，有裕于國財，庶幾不惑異端，有關于政化也。

一、建官分職，本以爲民，官冗事繁，適足害治。蓋古者爵禄所以待賢才，熙庶績，非以供人之欲、給人之求者也。是以上自公卿大夫，下及抱關擊柝，皆有定員而無曠職，故官無苟得，人無倖心。洪惟世祖皇帝在位三十五年，建官之制詳酌古今之宜，故治化成而事功立。爰自近歲以來，官府日增，選法愈弊，俸禄既廣，事功益隳。夫文翰之職既同，何爲復列數職？造作所司既一，不應又置數司。掌軍政者亦既俱分，奉祭祀者似太重複。至于屬官群吏，員額雜冗，支俸食米，内外繁多，若不早爲裁減，日久愈難沙汰。夫科場取士，三年止得百人，今吏屬出身，一日不知其幾。即自中書類選，❶已有積年不調之苦，孰思數歲之後，吏部選又將奈何？宜從都省早爲聞奏，照依至元定制，合并裁減，不惟省去冗員，清選舉之方，亦以制節浮用，爲裕財之道。

一、命郡縣之官唯欲圖治，班田禄之制所以養廉。今國家設官固有高下之列，頒禄當無厚薄之分，然而朝廷卿士俸廪既均，郡縣公田多寡不一，亦有創設員闕，逐月止請俸錢。故廉者奉公，凍餒其妻子，貪者受賄，辱及其宗親。各處雖嘗申明其事，主者但言設置已久，廉吏嗟嘆，無可奈何。宜從户部行移取勘各處所闕公田，於係官田內均行標撥，豈惟廪禄惠及官吏之一家，庶責廉能治治郡縣之兆姓。

一、錢幣之制，在古所以惠民；鈔法之行，歲久不能無弊。蓋米粟、布帛養兆民之本，錢幣、鈔法權一時之宜，故法久必更，理當然也。昔者世祖皇帝始立法制，遂行中統交鈔，其後又行至元寶鈔。夫行之既久，真僞不無，坐罪雖曰匪輕，獲利自是甚重。爰稽造鈔以來，元額已踰數倍，以致鈔日益虚，物日益貴，民庶有倒鈔、檢鈔之擾，官吏有監鈔、燒鈔之害，欲救其弊，理宜更張。洪惟武宗皇帝即位之初，始命尚書省更行銅錢，本欲復古以便民，未聞有妨於國計，蓋因至大已後，一切矯枉太過，因併銅錢遂亦不用。夫行封贈所以勸忠，增俸禄所以養廉。禁干名犯義者，厚風化之原；減吏員月日者，奬奉公之吏。是皆尚書省所行，

❶「自」，原作「目」，今據《滋溪文稿》卷二六《灾異告白十事》改。

未聞人以爲非，何於銅錢獨爲不可？况遠自唐虞，❶近及宋、金，明君才臣阜民之制，皆本乎此。矧今國家疆宇萬里，錢幣之制，祖宗已嘗舉行，宜從都省明白奏聞，令户部官講究歷代鼓鑄之方、用錢之制，遠近便宜，斷然行之，豈惟救鈔法一時之宜，實所以遂民生無窮之利也。

一、治平既久，民獲奠居，版籍既定，田無餘畝。蓋山東益都之境，自昔號稱廣斥，《書》所謂「萊夷作牧」是也。今國家平定蓋已百年，户數、土田悉有定籍。邇者姦人妄行呈獻，凡民之田宅墳墓，悉指以爲荒閑。朝廷雖嘗差官覆實，輒與符同，不復考察。夫既設置官吏，遂爲會斂税糧，幸因水旱爲由，不克收滿元額，民既無所控訴，官亦無可奈何。驗其一歲所入之税糧，僅足諸人所支之俸給，既不能裕財富國，徒足以害衆擾民。矧今山東黎民阻飢，盜賊多有，誠恐因之别生利害。欽覩天曆元年詔書節文，有曰：「國家租税自有常例，今後諸人毋得妄獻田土，違者治罪。」擬合欽依明詔，將山東田賦總管府等衙門革去，其百姓合納租賦並依舊制，庶使一方之民咸獲有生之樂，仰稱文宗皇帝發政施仁之盛德。

一、薄賦税者治國之大經，廣聚斂者蠹民之弊法。夫以河南之地，方數千里，所輸税糧已有定數，先之以劉亦馬罕妄獻地土，既已長流海南，是無閑田亦已明矣。自延祐以來，姦人竊取相位，欲興功利以固權寵，輒以經理爲名，惟欲擾害其衆，名曰自實田糧，實是强行科斂。朝廷深知其弊，累降詔書免除，有司失於奉行，至今令民包

❶「虞」，原作「漢」，今據《滋溪文稿》改。

納。夫以堂堂天朝富有四海，差税之入悉有定制，乃因興利之徒，遂遺斯民之害。擬合欽依累朝詔旨，其經理虚樁之數並行革撥，豈惟彰朝廷薄斂惠民之厚澤，亦以植斯民本固邦寧之遠圖。

一、國家之治，當一視而同仁。夫以高麗爲國，僻居海隅，聖朝肇興，首效臣節。世祖皇帝嘉其勤勞，釐降公主，蓋所以懷柔小邦，恩至渥也。比年以來，朝廷屢遣使者至于其國，選取子女，求娶妾媵，需索百端，不勝其擾，至使高麗之民生女或不欲舉，年長者不敢適人，憤怨感傷，無所伸訴。方今遼東歲歉，民適告飢，和氣之傷，或亦由此。今後除内廷必合取索外，其餘官員敢有不經中書擅自奏請取索高麗女子，及因使其國娶妻妾者，擬合禁治，庶幾彰國家同仁之治，慰小邦嚮化之心。

歷代名臣奏議卷之三百十四

本卷劉永强校點

歷代名臣奏議卷之三百十五

營繕

魯莊公丹桓宮之楹，而刻其桷，匠師慶言於公曰：「臣聞聖王公之先封也，遺後之人法，使無陷於惡。其爲後世，昭前之令聞也，使長監於世，故能攝固不解。今先君儉而君侈之，令德替矣。」公曰：「吾屬欲美之。」對曰：「無益於君，而替前之令德，臣故曰庶可以已矣。」

楚靈王爲章華之臺，與伍舉升焉，曰：「臺美夫！」對曰：「臣聞國君服寵以爲美，安民以爲樂，聽德以爲聰，致遠以爲明，不聞其以土木之崇高雕鏤爲美，而以金石匏竹之昌大囂庶爲樂，不聞其以觀大、視侈、淫色以爲明，而以察清濁爲聰也。先君莊王爲匏居之臺，高不過望國氛，大不過容宴豆，木不妨守備，用不煩官府，民不廢時務，官不易朝常。問誰宴焉，則宋公、鄭伯；問誰相禮，則華元、駟騑；問誰贊事，則陳侯、蔡侯、許男、頓子，其大夫侍之。先君是以除亂克敵，❶而無惡於諸侯。今君爲此臺也，國民罷焉，財用盡焉，年穀敗焉，百官煩焉，舉國留之，數年乃成。願得諸侯與始升焉，諸侯皆距，無有至者。而後使太宰啓彊請於魯侯，懼之以蜀之役，而僅得以來。使富都那豎贊焉，而使長鬣之士相焉，臣不知

❶「是以」，《國語・楚語上》作「以是」。

其美也。夫美也者，上下、外内、小大、遠邇皆無害焉，故曰美。若於目觀則美，縮於財用則匱，是聚民利以自封而瘠民也，胡美之爲？夫國君者，將民之與處，民實瘠矣，君安得肥？且夫私欲弘侈則德義鮮少，德義不行則邇者騷離，而遠者距違。天子之貴也，惟其以公、侯爲官正，而以伯、子、男爲師旅。其有美名也，惟其施令德於遠近，而小大安之也。若斂民利以成其私欲，使民蒿焉而忘其安樂，而有遠心，其爲惡也甚矣，安用目觀？❶故先王之爲臺榭也，榭不過講軍實，臺不過望氛祥，故榭度於大卒之居，臺度於臨觀之高。其所不奪穡地，其爲不匱財用，其事不煩官業，其日不廢時務。瘠磽之地，於是乎爲之；城守之木，於是乎用之；官寮之暇，於是乎臨之；四時之隙，於是乎成之。故《周詩》曰：『經始靈臺，經之營之。庶民攻之，不日成之。經始勿亟，庶民子來。王在靈囿，麀鹿攸伏。』夫爲臺榭將以教民利也，不知其以匱也。若君謂此臺美而爲之正，楚其殆矣。」

晉平公使叔向聘於吴，吴人拭舟以逆之，左五百人，右五百人，有繡衣而豹裘者，有錦衣而狐裘者。叔向歸以告平公，平公曰：「吴其亡乎！奚以敬舟？奚以敬民？」叔向對曰：「君爲馳底之臺，上可以發千兵，下可以陳鐘鼓，諸侯聞君者，亦曰：『奚以敬臺？奚以敬民？』所敬各異也。」於是平公乃罷臺。

平公春築臺，叔向曰：「不可。古者聖

❶「目」，原作「自」，今據《國語·楚語上》改。

王貴德而務施，緩刑辟而趨民時。今春築臺，是奪民時也。夫德不施則民不歸，刑不緩則百姓愁，使不歸之民，役愁怨之百姓，而又奪其時，是重竭也。夫牧百姓，養育之而重竭之，豈所以定命安存，而稱爲人君於後世哉？」平公曰：「善。」乃罷臺役。

衛靈公以天寒鑿池，宛春諫曰：「天寒起役，恐傷民。」公曰：「天寒乎？」宛春曰：「君衣狐裘，坐熊席，陬隅有竈，是以不寒。今民衣弊不補，履决不苴，君則不寒，民誠寒矣。」公曰：「善。」令罷役。

齊宣王爲大室，大蓋百畝，堂上三百户，以齊國之大，具之三年而未能成，群臣莫敢諫者。香居問宣王曰：「荆王釋先王之禮樂而爲淫樂，敢問荆邦爲有主乎？」王曰：「爲無主。」「有賢臣以千數而莫敢諫，❶敢問荆邦爲有臣乎？」王曰：「爲無臣。」居曰：「今王爲大室，三年不能成，而群臣莫有諫者，敢問王爲有臣乎？」王曰：「爲無臣。」香居曰：「臣請避矣。」趨而出。王曰：「香子留，何諫寡人之晚也。」遂召尚書曰：「書之，寡人不肖，好爲大室，香子止寡人也。」

漢武帝使太中大夫吾丘壽王與待詔能用算者二人，舉籍阿城以南，盩厔以東，宜春以西，提封頃畝，及其賈直，欲除以爲上林苑，屬之南山。又詔中尉、左右内史表屬縣草田，欲以償鄠杜之民。吾丘壽王奏事，上大説稱善。時東方朔在傍，進諫曰：

❶「有」至「敢諫」凡十字，原脱，今據《吕氏春秋·驕恣》補。

臣聞謙遜静慤，天表之應，應之以福；驕溢靡麗，天表之應，應之以異。今陛下累郎臺，恐其不高也；弋獵之處，恐其不廣也。如天不爲變，則三輔之地盡可以爲苑，何必盩厔、鄠、杜乎！ 奢侈越制，天爲之變，上林雖小，臣尚以爲大也。

夫南山，天下之阻也，南有江、淮，北有河、渭，其地從汧、隴以東，商、雒以西，厥壤肥饒。漢興，去三河之地，止霸、滻以西，都涇、渭之南，此天下所謂陸海之地，秦之所以虜西戎、兼山東者也。其出玉石，金、銀、銅、鐵，豫章、檀、柘，異類之物，不可勝原，此百工所取給，萬民所仰足也。又有秔稻、梨栗、桑麻、竹箭之饒，土宜薑芋，水多蛙魚，貧者得以人給家足，無飢寒之憂。故酆、鎬之間號爲土膏，其賈畝一金。今規以爲苑，絶陂池水澤之利，而取民膏腴之地，上乏國家之用，下奪農桑之業，棄成功，就敗事，損耗五穀，是其不可一也。且盛荆棘之林，而長養麋鹿，廣狐兔之苑，大虎狼之虚，又壞人冢墓，發人室廬，令幼弱懷土而思，耆老泣涕而悲，是其不可二也。斥而營之，垣而囿之，騎馳東西，車騖南北，又有深溝大渠，夫一日之樂不足以危無隄之輿，是其不可三也。故務苑囿之大，不恤農時，非所以彊國富人也。

夫殷作九市之宫而諸侯畔，靈王起章華之臺而楚民散，秦興阿房之殿而天下亂。糞土愚臣，忘生觸死，逆盛意，犯隆指，罪當萬死。

東漢明帝永平三年夏旱，帝大起北宫，尚書僕射鍾離意詣闕免冠上疏曰：「伏見陛下以天時小旱，憂念元元，降避正殿，躬自克責，而比日密雲，遂無大潤，豈政有未得應天心者邪？昔成湯遭旱，以六事自責曰：『政不節邪？使人疾邪？宮室崇邪？女謁盛邪？苞苴行邪？讒夫昌邪？』竊見北宮大作，人失農時，此所謂宮室崇也。自古非苦宮室小狹，但患人不安寧。宜且罷止，以應天心。臣意以匹夫之才，無有行能，久食重祿，擢備近臣，比受厚賜，喜懼相半，不勝愚戇征營，罪當萬死。」帝策詔報曰：「湯引六事，咎在一人。其冠履，勿謝。比上天降旱，密雲數會，朕慼然慚懼，思獲嘉應，故分布禱請，闚候風雲，北祈明堂，南設雩場。今又敕大匠止作諸宮，減省不急，庶消灾譴。」詔因謝公卿百僚，遂應時澍雨焉。

靈帝欲造畢珪靈琨苑，司徒楊賜上疏諫曰：「竊聞使者並出，規度城南人田，欲以爲苑。昔先王造囿，裁足以脩三驅之禮，薪萊芻牧，皆悉往焉。先帝之制，左開鴻池，右作上林，不奢不約，以合禮中。今猥規郊城之地，以爲苑囿，壞沃衍，廢田園，驅居人，畜禽獸，殆非所謂『若保赤子』之義。今城外之苑已有五六，可以逞情意、順四節也，四節謂春蒐、夏苗、秋獮、冬狩也。宜惟夏禹卑宮、太宗露臺之意，以慰下民之勞。」書奏，帝欲止，以問侍中任芝、中常侍樂松。松等曰：「昔文王之囿百里，人以爲小；齊宣王五十里，人以爲大。今與百姓共之，無害於政也。」帝悅，遂令築苑。

魏文帝時，方脩殿舍，❶百姓勞役，衛尉

❶「方」，原作「力」，今據《三國志·魏書·辛毗傳》改。

辛毗上疏曰：「竊聞諸葛亮講武治兵，而孫權市馬遼東，量其意指，似欲相左右。備豫不虞，古之善政，而今者宮室大興，加連年穀麥不收。《詩》云：『民亦勞止，迄可小康，惠此中國，以綏四方。』唯陛下爲社稷計。」帝報曰：「二虜未滅而治宮室，直諫者立名之時也。夫王者之都，當及民勞兼辦，使後世無所復增，是蕭何爲漢規摹之略也。今卿爲魏重臣，亦宜解其大歸。」❶帝又欲平北芒，令於其上作臺觀，則見孟津。毗諫曰：「天地之性，高高下下，今而反之，既非其理；加以損費人功，民不堪役。且若九河盈溢，洪水爲害，而丘陵皆夷，將何以禦之？」帝乃止。

明帝即位，營脩宮室，蘭陵侯王朗上疏曰：

陛下即位已來，恩詔屢布，百姓萬民莫不欣欣。臣頃奉使北行，往返道路，聞衆徭役，其可得蠲除省減者甚多。願陛下重留日昃之聽，以計制寇。昔大禹將欲拯天下之大患，故乃先卑其宮室，儉其衣食，用能盡有九州，弼成五服。句踐欲廣其禦兒之疆，（禦兒，吴界邊戍之地名。）馘夫差於姑蘇，故亦約其身以及家，儉其家以施國，用能囊括五湖，席卷三江，取威中國，定霸華夏。漢之文、景亦欲恢弘祖業，增崇洪緒，故能割意於百金之臺，昭儉於弋綈之服，內減大官而不受貢獻，外省徭賦而務農桑，用能號稱升平，幾致刑錯。孝武之所以能奮其軍勢，拓其外境，誠因祖考畜積素足，故能遂成大功。霍去病中才之將，猶以匈奴未滅，不治

❶「宜」，原作「且」，今據《三國志》改。

第宅。明恤遠者略近，事外者簡内。自漢之初及其中興，皆於金革略寢之後，然後鳳闕猥閌，德陽並起。今當建始之前，足用列朝會；崇華之後，足用序内官；華林、天淵，足用展游宴。若且先成閶闔之象魏，使足用列遠人之朝貢者；脩城池，使足用絶踰越，成國險；其餘一切，且須豐年。一以勸耕農爲務，習戎備爲事，則國無怨曠，户口滋息，民充兵彊，而寇戎不賓，緝熙不作，未之有也。

明帝青龍中，營治宫室，百姓失農時。司空陳群上疏曰：「禹承唐、虞之盛，猶卑宫室而惡衣服，況今喪亂之後，人民至少，比漢文、景之時，不過一大郡。邊境有事，將士勞苦，若有水旱之患，國家之深憂也。且吴、蜀未滅，社稷不安。宜及其未動，講武勸農，有以待之。今舍此急而先宫室，臣懼百姓遂困，將何以應敵？昔劉備自成都至白水，多作傳舍，興費人役，太祖知其疲民也。今中國勞力，亦吴、蜀之所願。此安危之機也，惟陛下慮之。」帝答曰：「王者宫室，亦宜並立。滅賊之後，但當罷守耳，豈可復興役邪？是故君之職，蕭何之大略也。」群又曰：「昔漢祖唯與項羽争天下，羽已滅，宫室燒焚，是以蕭何建武庫、太倉，皆是要急，然猶非其壯麗。今二虜未平，誠不宜與古同也。夫人之所欲，莫不有辭，況乃天王，莫之敢違。前欲壞武庫，謂不可不壞也；後欲置之，謂不可不置也。若必作之，固非臣下辭言所屈；若少留神，卓然回意，亦非臣下之所及也。漢明帝欲起德陽殿，鍾離意諫，即用其言，後乃復作之；殿成，謂群臣曰：『鍾離尚書在，不得成此殿也。』

夫王者豈憚一臣，蓋爲百姓也。今臣曾不能少凝聖聽，不及意遠矣。」帝於是有所減省。

景初元年，愈增崇宮殿，雕飾觀閣，鑿太行之石英，采穀城之文石，起景陽山於芳林之園，建昭陽殿於太極之北，鑄作黄龍鳳凰奇偉之獸，飾金墉、陵雲臺、陵霄闕。百役繁興，作者萬數，公卿以下至于學生莫不展力，帝乃躬自掘土以率之。而遼東不朝，悼皇后崩。天作淫雨，冀州水出，漂没民物。光禄勳高堂隆上疏切諫曰：

「蓋『天地之大德曰生，聖人之大寶曰位。何以守位？曰仁。何以聚人？曰財』。然則士民者乃國家之鎮也，穀帛者乃士民之命也。穀帛非造化不育，非人力不成。是以帝耕以勸農，后桑以成服，所以昭事上帝，告虔報施也。昔在伊唐，世值陽九厄運之會，洪水滔天，使鯀治之，績用不成，乃舉文命，隨山刊木，前後歷年二十二載。災眚之甚，莫過於彼，力役之興，莫久於此，堯、舜君臣南面而已。禹敷九州，庶土庸勳，各有等差，君子小人，物有服章。今無若時之急，而使公卿大夫並與厮徒共供事役，聞之四夷，非嘉聲也，垂之竹帛，非令名也。是以有國有家者近取諸身，遠取諸物，嫗煦養育，故稱『愷悌君子，民之父母』。今上下勞役，疾病凶荒，耕稼者寡，飢饉薦臻，無以卒歲，宜加愍恤，以救其困。

「臣觀在昔書籍所載，天人之際，未有不應也。是以古先哲王畏上天之明命，循陰陽之逆順，矜矜業業，惟恐有違。然後治道用興，德與神符，災異既發，懼而脩政，未有不延期流祚者也。爰及末葉，闇君荒主，不崇先王之令軌，不納正士之直言，以遂其情志，恬忽變戒，未有不尋踐禍難，至於顛覆者也。

「天道既著，請以人道論之。夫六情五性，同在於人，嗜欲廉貞，各居其一。及其動也，交爭于心。欲彊質弱，則縱濫不禁；精誠不制，則放溢無極。夫情之所在，非好則美，而美好之集，非人力不成，非穀帛不立。情苟無極，則人不堪其勞，物不充其求。勞求並至，將起禍亂。故不割情，無以相供。仲尼云：『人無遠慮，必有近憂。』由此觀之，禮義之制非苟拘分，將以遠害而興治也。今吴、蜀二賊，非徒白地小虜、聚邑之寇，乃據險乘流，跨有士衆，僭號稱帝，欲與中國争衡。今若有人來告，權、備並脩德政，復履清儉，輕省租賦，不治玩好，動咨耆賢，事遵禮度。陛下聞之，豈不惕然惡其如此，以爲難卒討滅，而爲國憂乎？若使告者曰，彼二賊並爲無道，崇侈無度，役其士民，重其徵賦，下不堪命，吁嗟日甚。陛下聞之，豈不勃然忿其困我無辜之民而欲速加之誅？其次豈不幸彼疲弊而取之不難乎？苟如此，則可易心而度，事義之數亦不遠矣。

「且秦始皇不築道德之基，而築阿房之宫；不憂蕭牆之變，而脩長城之役。當其君臣爲此計也，亦欲立萬世之業，使子孫長有天下，豈意一朝匹夫大呼，而天下傾覆哉？故臣以爲，使先代之君知其所行必將至於敗，則弗爲之矣。是以亡國之主自謂不亡，然後至於亡；賢聖之君自謂將亡，然後至於不亡。昔漢文帝稱爲賢主，躬行儉約，惠下養民，而賈誼方之，以爲天下倒縣，可爲痛哭者一，可爲流涕者二，可爲長歎息者三。❶況今天下凋弊，民無儋石之儲，國無終年之畜，外有强敵，六軍暴邊，内興土功，州郡騷動，若有寇警，則臣懼板築之士不能投命虜庭矣。

「又，將吏奉禄稍見折減，方之於昔，五分居一；諸受休者又絶廪賜，不應輸者今皆出半。此爲官入，兼多於舊，其所出與，參少於昔。而度支經用，更每不足，牛肉小賦，前後相繼。反而推之，凡此諸費，必有所在。且夫禄賜穀帛，人主所以惠養吏民而爲之司命者也，若今有廢，是奪其命矣。既得之而又失之，此生怨之府也。《周禮》天府掌九伐之則以給九式之用，入有其分，出有其所，不相干乘而用各足。各足之後，乃以式貢之餘，供王玩好。又上用財，必考于司會。今陛下所與共坐廊廟治天下者，非三司九列，則臺閣近臣，皆腹心造膝，宜在無諱。若見豐省而不敢以告，從命奔走，惟恐不勝，是則具臣，非鯁輔也。昔李斯教秦二世曰：『爲人主而不恣睢，命之曰天下桎梏。』二世用之，秦國以覆，斯亦滅族。是以史遷議其不正諫，而爲世戒。」

書奏，帝覽焉，謂中書監、令曰：「觀隆此奏，使朕懼哉！」

時司徒掾董尋亦上疏曰：「建安以來，野戰死亡，或門殫户盡，雖有存者，遺孤老弱。若宫室狹小，當廣大之，猶宜隨時，不妨農務，況作無益之物哉！陛下既尊群臣，顯以冠冕，載以華輿，而使穿方舉土，沾體塗足，毀國之光以崇無益，甚無謂也。孔

❶「者」，原脱，今據《四庫全書》本、《三國志·魏書·高堂隆傳》補。

子曰：『君使臣以禮，臣事君以忠。』無忠無禮，國何以立？臣知言出必死，而自比於牛之一毛，生既無益，死亦何損？秉筆流涕，心與世辭。臣有八子，死後累陛下矣。」將奏，沐浴，以待命。魏主曰：「尋不畏死邪！」主者奏收之，詔勿問。

景初間，宮室盛興，民失農業，期信不敦，刑殺倉卒。秘書監王肅上疏曰：

大魏承百王之極，生民無幾，干戈未戢，誠宜息民而惠之以安静遐邇之時也。夫務畜積而息疲民，在於省徭役而勤稼穡。今宮室未就，功業未訖，運漕調發，轉相供奉。是以丁夫疲於力作，農者離其南畝，種穀者寡，食穀者衆，舊穀既没，新穀繼荒。❶斯則有國之大患，而非備豫之長策也。今見作者三四萬人，九龍可以安聖體，其内足以列六宮，顯陽之殿，又向將畢，惟泰極已前，功夫尚大。方向盛寒，疾疢或作。誠願陛下發德音，下明詔，深愍役夫之疲勞，厚矜兆民之不贍，取常食廩之士，非急要者之用，選其丁壯，擇留萬人，使一期而更之，咸知息代有日，則莫不悦以即事，勞而不怨矣。計一歲有三百六十萬夫，亦不爲少。當一歲成者，聽且三年。分遣其餘，使皆即農，無窮之計也。倉有溢粟，民有餘力，以此興功，何功不立？以此行化，何化不成？

夫信之於民，國家大寶也。仲尼曰：「自古皆有死，民非信不立。」夫區區之晉國，微微之重耳，欲用其民，先示以信，是故原雖將降，顧信而歸，用能一戰而霸，于今

❶「繼荒」，《三國志·魏書·王肅傳》作「莫繼」。

見稱。前車駕當幸洛陽，發民爲營，有司命以營成而罷。既成，又利其功力，❶不以時遣。有司徒營其目前之利，不顧經國之體。臣愚以爲自今已後，倘復使民，宜明其令，使必如期。若有事以次，寧復更發，無或失信。

凡陛下臨時之所行刑，皆有罪之吏，宜死之人也。然衆庶不知，謂爲倉卒。故願陛下下之於吏而暴其罪，鈞其死也，無使汙于宫掖而爲遠近所疑。且人命至重，難生易殺，氣絶而不續者也，是以聖賢重之。孟軻稱殺一無辜以取天下，仁者不爲也。漢時有犯蹕驚乘輿馬者，廷尉張釋之奏使罰金，文帝怪其輕，而釋之曰：「方其時，上使誅之則已。今下廷尉。廷尉，天下之平也，一傾之，天下用法皆爲輕重，民安所措其手足？」臣以爲大失其義，非忠臣所宜陳也。廷尉者，天子之吏也，猶不可以失平，而天子之身反可以惑謬乎？斯重於爲己，而輕於爲君，不忠之甚也。周公曰：「天子無戲言，言則史書之，工誦之，士稱之。」言猶不戲，而況行之乎？故釋之之言不可不察，周公之戒不可不法也。

明帝時，棧潛以衆役並興，戚屬疏斥，上疏曰：

天生烝民而樹之君，所以覆燾群生，熙育兆庶，故方制四海匪爲天子，裂土分疆匪爲諸侯也。始自三皇，爰暨唐、虞，咸以博濟加于天下，醇德以洽，黎元賴之。三王既微，❷降逮于漢，治日益少，喪亂恒多，自時

❶「力」，原脱，今據《三國志》補。

❷「王」，原作「五」，今據《三國志·魏書·高堂隆傳》改。

厥後，亦罔克乂。太祖濬哲神武，芟除暴亂，克復王綱，以開帝業。文帝受天明命，廓恢皇基，踐祚七載，每事未遑。陛下聖德，纂承洪緒，宜崇晏晏，與民休息。而方隅匪寧，征夫遠戍，有事海外，縣旌萬里，六軍騷動，水陸轉運，百姓舍業，日費千金。大興殿舍，功作萬計，徂徠之松，刊山窮谷，怪石珷玞，浮于河、淮，都圻之内，盡爲甸服。當供稾秸銍粟之調，而爲苑囿擇禽之府，盛林莽之穢，豐鹿兔之藪。傷害農功，地繁茨棘，灾疫流行，民物大潰，上減和氣，嘉禾不植。臣聞文王作豐，經始勿亟，百姓子來，不日而成。靈沼、靈囿，與民共之。今宫觀崇侈，雕鏤極妙，忘有虞之總期，思殷辛之瓊室，禁地千里，❶舉足投網，麗擬阿房，役百乾谿，臣恐民力雕盡，下不堪命也。昔秦據殽函以制六合，自以德高三皇，功兼五帝，欲號謚至萬葉，而二世顛覆，願爲黔首，由枝幹既扤，本實先拔也。蓋聖王之御世也，克明俊德，庸勳親親，俊乂在官則功業可隆，親親顯用則安危同憂。深根固本，並爲幹翼，雖歷盛衰，内外有輔。昔成王幼冲，未能莅政，周、吕、召、畢，並在左右。今既無衛侯、康叔之監，分陜所任，又非旦、奭。東宫未建，天下無副。願陛下留心關塞，永保無極，則海内幸甚。

時中書侍郎王基亦上疏曰：

臣聞古人以水喻民，曰「水所以載舟，亦所以覆舟」。故在民上者，不可以不戒懼。夫民逸則慮易，苦則思難，是以先王居之以約儉，俾不至於生患。昔顏淵云：「東

❶「地」，原作「池」，今據《三國志》改。

野子之御，馬力盡矣，而求進不已，是以知其將敗。」今事役勞苦，男女離曠，願陛下深察東野之弊，留意舟水之喻，息奔駟於未盡，節力役於未困。昔漢有天下，至孝文時唯有同姓諸侯，而賈誼憂之曰：「置火積薪之下而寢其上，因謂之安也。」今寇賊未殄，猛將擁兵，檢之則無以應敵，久之則難以遺後，當盛明之世，不務以除患，若子孫不競，社稷之憂也。使賈誼復起，必深切於曩時矣。

帝既新作許宮，又營洛陽宮殿觀閣。少府楊阜上疏曰：

堯尚茅茨而萬國安其居，禹卑宮室而天下樂其業。及至殷、周，或堂崇三尺，度以九筵耳。古之聖帝明王，未有務宮室之高麗以雕弊百姓之財力者也。桀作璇室、象廊，紂爲傾宮、鹿臺，以喪其社稷；楚靈以築章華而身受其禍；秦始皇作阿房而殃及其子，天下叛之，二世而滅。夫不度萬民之力，以從耳目之欲，未有不亡者也。陛下當以堯、舜、禹、湯、文、武爲法則，夏桀、殷紂、楚靈、秦皇爲深誡。高高在上，實監后德。慎守天位，以承祖考，巍巍大業，猶恐失之。不夙夜敬止，允恭恤民，而乃自暇自逸，惟宮臺是侈是飾，必有顛覆危亡之禍。《易》曰：「豐其屋，蔀其家，闚其户，闃其無人。」王者以天下爲家，言豐屋之禍，至於家無人也。方今二虜合從，謀危宗廟，十萬之軍東西奔赴，邊境無一日之娛。農夫廢業，民有飢色。陛下不以是爲憂，而營作宮室，無有已時。使國亡而臣可以獨存，臣又不言也。君作元首，臣爲股肱，存亡一體，得失同之。《孝經》曰：「天子有爭臣七人，雖無道不失其天下。」臣雖駑怯，敢忘爭臣之義？言不切至，不足以感寤陛下。陛下不察臣言，恐皇祖烈考之祚將墜于地。使臣身死有補萬一，則死之日猶生之年也。

吴烏程侯寶鼎二年，作昭明宮。左丞相陸凱上表諫，不聽，重表曰：

「臣聞宮功當起，夙夜反側，是以頻煩上事，往往留中，不見省報，於邑歎息，企想應罷。昨食時，被詔曰：『君所諫，誠是大趣，然未合鄙意，如何？此宮殿不利，宜當避之，乃可以妨勞役，長坐不利宮乎？父之不安，子亦何倚？』臣拜紙詔，伏讀一周，不覺氣結於胸，而涕泣雨集也。臣年已六十九，榮位已重，❶於臣過望，復何所冀？所以勤勤數進苦言者，臣伏念大皇帝創基立業，勞苦勤至，白髮生於鬢膚，黃耇被於甲冑。天下始静，晏駕早崩，自含息之類，能言之倫，無不歔欷，如喪考妣。幼主嗣統，柄在臣下，軍有連征之費，民有雕殘之損。賊臣干政，公家空竭。今彊敵當塗，西州傾覆，孤罷之民宜當畜養，廣力肆業，以備有虞。且始徙都，屬有軍征，戰士流離，州郡搔擾，而大功復起，徵召四方，斯非保國致治之漸也。臣聞爲人主者禳灾以德，除咎以義。故湯遭大旱，身禱桑林，熒惑守心，宋景退殿，是以旱魃銷亡，妖星移舍。今宮室之不利，但當克己復禮，篤湯、宋之至道，愍黎庶之困苦，何憂宮之不安、灾之不銷乎？陛下不務脩德，而務築宮室，若德之不脩，行之不貴，雖殷辛之瑤臺，秦皇之阿房，何止而不喪身覆國，宗廟作墟乎？

❶「位」，《三國志·吴書·陸凱傳》作「禄」。

「夫興土功，高臺榭，既致水旱，民又多疾，其不疑也？ 爲父長安，使子無倚，❶此乃子離於父、臣離於陛下之象也。 臣子一離，雖念克骨，茅茨不翦，復何益焉？ 是以大皇帝君于南宮，自謂過於阿房。 故先朝大臣以爲宮室宜厚，備衞非常，大皇帝曰：「逆虜游魂，當愛育百姓，何暇趣於不急？」然臣下懇惻，由不獲已，故裁調近郡，苟副衆心，比當就功，猶豫三年。 當此之時，寇鈔懾威，不犯我境，師徒奔北，且西阻岷、漢，南州無事，尚猶冲讓，未肯築宮，况陛下危側之世，又乏大皇帝之德，可不慮哉？ 願陛下留意，臣不虚言。」

不聽。

中書丞華覈繼上疏曰：

今倉庫空匱，編户失業，而北方積穀養民，專心東向。 乃舍此急務，盡力功作，卒有風塵之變，驅怨民而赴白刃，此乃大敵所因以爲資者也。

晉穆帝升平中，將脩後池，起閣道，吏部郎長兼侍中江逌上疏曰：

「臣聞王者處萬乘之極，享富有之大，必顯明制度以表崇高，盛其文物以殊貴賤。 建靈臺，浚辟雍，立宮館，設苑囿，所以弘於皇之尊，彰臨下之義。 前聖創其禮，後代遵其矩，當代之君咸營斯事。 周宣興百堵之作，《鴻鴈》歌安宅之歡；魯僖脩泮水之宮，采芹有思樂之頌。 蓋上之有爲，非予欲是盈；下之奉上，不以劬勞爲勤，此自古之令典，軌儀之大式也。 夫理無常然，三正相

❶「無」，原作「有」，今據《三國志》改。

詭，司牧之體，與世而移。致飾則素，故賁返於剥；有大必盈，則受之以謙。損上益下，順兆庶之悦；享以二簋，用致約之義。是以唐、虞流化於茅茨，夏禹垂美於卑室。過儉之陋，非中庸之制，然三聖行之以致至治。漢高祖當營建之始，怒宮庫之壯；孝文處既富之世，愛十家之産，亦以播惠當時，著稱來葉。

「今者二虜未殄，神州荒蕪，舉江左之衆，經略艱難，漕揚、越之粟，北餽河、洛。兵不獲戢，運戍悠遠，倉庫内罄，百姓力竭。如春夏以來，水旱爲害，遠近之收普減常年；財傷人困，大役未已，軍國之用無所取給。方之往代，豐弊相懸；損之又損，實在今日。伏惟陛下聖質天縱，凝曠清虚，闡日新之盛，茂欽明之量，無欲體於自然，冲素刑乎萬國。《韶》既盡美，則必盡善。宜養以玄虚，守以無爲，登覽不以臺觀，游豫不以苑沼，偃息畢於仁義，馳騁極於六藝，觀巍巍之隆，鑑二代之文，仰味羲、農，俯尋周、孔。其爲逍遥，足以尊道德之輔，親搢紳之秀。疇咨以時，顧問不倦，獻替諷諫，日月而聞，則庶績惟凝，六合咸熙，中興之盛邁於殷宗，休嘉之慶流乎無窮。昔漢起德陽，鍾離抗言；魏營宫殿，陳群正辭。臣雖才非若人，然職忝近侍，言不足採，而義在以聞。」

帝嘉其言而止。

漢主劉聰立貴嬪劉氏爲皇后，聰將爲劉氏起鷍儀殿於後庭，廷尉陳元達諫曰：

臣聞古之聖王愛國如家，故皇天亦祐之如子。夫天生烝民而樹之君者，使爲之父母以刑賞之，不欲使殿屎黎元而蕩逸一人。晉氏闇虐，視百姓如草莽，故上天剿絶其祚，乃眷皇漢，蒼生引領息肩，懷更蘇之望有日矣。我高祖光文皇帝靖言惟兹，痛心疾首，故身衣大布，居不重茵；先皇后嬪，服無綺綵。❶重逆群臣之請，故建南北宫焉。今光極之前，足以朝群后、饗萬國矣；昭德、温明已後，足可以容六宫、列十二等矣。陛下龍興以來，外殄二京不世之寇，内興殿觀四十餘所，重之以飢饉疾疫，死亡相屬，兵疲於外，人怨於内，爲之父母固若是乎！伏聞詔旨，將營鵠儀。中宫新立，誠臣等樂爲子來者也。竊以大難未夷，宫宇粗給，今之所營，尤實非宜。臣聞太宗承高祖之業，惠、吕息役之後，以四海之富，天下之殷，尚以百金之費而輟露臺，歷代垂美，爲不朽之迹，故能斷獄四百，擬於成、康。陛下之所有，不過太宗二郡地耳，戰守之備者，豈僅匈奴、南越而已哉！孝文之廣，思費如彼；陛下之狹，欲損如此。愚臣所以敢昧死犯顔色，冒不測之禍者也。

趙主曜命起酆明觀，立西宫，建陵霄臺於滈池，又將於霸陵西南營壽陵。侍中喬豫、和苞上疏諫曰：

「臣聞人主之興作也，必仰準乾象，俯順人時，是以衛文承亂亡之後，宗廟社稷流漂無所，而猶上候營室以構楚宫。彼其急也猶尚若兹，故能興康叔、武公之迹，以延九百之慶也。前奉詔書將營酆明觀，市道芻蕘咸以非之，曰一觀之功可以平凉州矣。又奉敕旨復欲擬阿房而建西宫，模瓊臺而起陵霄，此則費萬酆明，功億前役也。以此

❶「皇后」，原作「后妃」，今據《晉書·劉聰載記》改。

功費，亦可以吞吳、蜀，翦齊、魏矣。陛下何爲於中興之日而蹤亡國之事！自古聖王，人誰無過？陛下此役實爲過舉，過貴在能改，終之實難。

「又伏聞敕旨將營建壽陵，周迴四里，下深二十五丈，以銅爲棺椁，黄金飾之，恐此功費非國内所能辦也。且堯葬穀林，市不改肆；顓頊葬廣陽，下不及泉。聖王之於終也如是。秦皇下錮三泉，周輪七里，身亡之後，毁不旋踵，闇主之於後也如此。向魋石椁，孔子以爲不如速朽；王孫倮葬，識者嘉其矯世。自古無有不亡之國、不掘之墓，故聖王知厚葬之招害也，故不爲之。臣子之於君父陵墓，豈不欲高廣如山嶽哉？但以保全始終，安固萬世爲優耳。興亡奢儉，冏然於前，惟陛下覽之。」

曜大悦，下書曰：「二侍中懇懇有古人之風烈矣，可謂社稷之臣也。非二君，朕安聞此言乎！以孝明於承平之世，四海無虞之日，尚納鍾離一言而罷北宫之役，况朕之闇眇，當今極弊，而可不敬從明誨乎？今敕悉停壽陵制度，一遵霸陵之法。《詩》不云乎，『無言不酬，無德不報』。其封豫安昌子，苞平輿子，並領諫議大夫。可敷告天下，使知區區之朝思聞過也。自今政法有不便於時、不利社稷者，其詣闕極言，勿有所諱。」

曜將葬其父及妻，親如粟邑以規度之。負土爲墳，其下周迴二里，作者繼以脂燭，怨呼之聲盈于道路。游子遠諫曰：「臣聞聖主明王、忠臣孝子之於終葬也，棺足周身，椁足周棺，藏足周椁而已，不封不樹，爲無窮之計。伏惟陛下聖慈幽被，神鑒洞遠，每以清儉恤下爲先，社稷資儲爲本。今二陵之費至以億計，計六萬夫百日作，所用六百萬功。二陵皆下錮三泉，上崇百尺，積石爲山，增土爲阜，發掘古塚以千百數，役夫呼嗟，氣塞天地，暴骸原野，哭聲盈衢。臣竊謂無益於先皇先后，而徒喪國之儲力。陛下脱仰尋堯、舜之軌者，則功不盈百萬，費亦不過千計，下無怨骨，上無怨人，先帝先后有泰山之安，陛下饗舜、禹、周公之美，惟陛下察焉。」曜不納。

後魏文成帝時，給事中郭善明性多機巧，欲逞其能，勸高宗大起宮室。中書侍郎高允諫曰：「臣聞太祖道武皇帝既定天下，始建都邑。其所營立，非因農隙，不有所興。今建國已久，宮室已備，永安前殿足以朝會萬國，西堂温室足以安御聖躬，紫樓臨望可以觀望遠近。若廣脩壯麗爲異觀者，宜漸致之，不可倉卒。計斫材運土及諸雜役須二萬人，丁夫充作，老小供餉，合四萬人，半年可訖。古人有言：『一夫不耕，或受其飢；一婦不織，或受其寒。』況數萬之衆，其所損廢亦以多矣。推之於古，驗之於今，必然之效也。誠聖主所宜思量。」高宗納之。

孝明帝時，胡太后作永寧寺於宮側，又作石官寺於伊闕口，❶皆極土木之美。爲九層浮屠，高九十丈，刹高十丈。塔廟之盛，未之有也。李崇上表曰：「高祖遷都垂三十年，明堂未脩，太學荒廢，城闕府寺頗亦

❶「官」，《資治通鑑》卷一四八梁武帝天監十五年冬十一月條作「窟」。本篇下同。

頹壞，非所以追隆堂構，儀刑萬國者也。宜罷尚方雕靡之作，省永寧土木之功，分石官鐫琢之勞，因農之隙脩此數條，使國容嚴顯，禮化興行，不亦休哉！」太后不能用。

唐太宗貞觀四年，將脩洛陽宮，戴冑上疏諫曰：「比關中、河外置軍團，彊夫富室悉爲兵，九成之役又興，司農、將作見丁無幾。大亂之後，户口單破，一人就役，舉室捐業。籍軍者督戎仗，課役者責糧賚，竭貲經紀，猶不能濟。七月以來，霖潦未止，濱河南北，田正洿下，年之有亡未可預知。壯者盡行，賦調不給，則帑藏虛矣。今宮殿足庇風雨，容羽衛，數年後成，猶不謂晚，何憚而遽自生勞擾邪？」帝覽奏，罷役。

時詔發卒脩洛陽之乾元殿，以備巡狩。給事中張玄素上書諫曰：

「陛下智周萬物，囊括四海。令之所行，何往不應？志之所欲，何事不從？微臣竊思秦始皇之爲君也，藉周室之餘，因六國之盛，將貽之萬葉，及其子而亡，諒由逞嗜奔慾，逆天害人者也。是知天下不可以力勝，神祇不可以親恃。惟當弘儉約，薄賦斂，慎終如始，可以永固。方今承百王之末，屬凋弊之餘，必欲節之以禮制，陛下宜以身爲先。

「東都未有幸期，即令補葺；諸王今並出藩，又須營構。興發數多，豈疲人之所望？其不可一也。陛下初平東都之始，層樓廣殿，❶皆令撤毁，天下翕然，同心傾仰。

❶「樓」，原作「構」，今據《貞觀政要》卷二《納諫第五》、《舊唐書·張玄素傳》改。

豈有初則惡其侈靡，今乃襲其雕麗？其不可二也。每承音旨，未即巡幸，此乃事不急之務，成虚費之勞。國無兼年之積，何用兩都之好？勞役過度，怨讟將起。其不可三也。百姓承亂離之後，財力凋盡，天恩含育，粗見存立，飢寒猶切，生計未安，三五年間，恐未能復。奈何營未幸之都，而奪疲人之力？其不可四也。昔漢高祖將都洛陽，婁敬一言，即日西駕。豈不知地惟土中，貢賦所均，但以形勝不如關内也。伏惟陛下化凋弊之人，革澆漓之俗，爲日尚淺，未甚淳和，斟酌事宜，詎可東幸？其不可五也。臣嘗見隋室初造此殿，楹棟宏壯，大木非近道所有，多自豫章採來。二千人曳一柱，其下施轂，皆以生鐵爲之，中間若用木輪，動即火出。略計一柱，用數十萬功，則餘費又過倍於此。臣聞阿房成，秦人散；章華就，楚衆離；乾元畢工，隋人解體。且陛下今時功力，何如隋日？承凋殘之後，役瘡痍之人，費億萬之功，襲百王之弊，以此言之，甚於煬帝遠矣。深願陛下思之，無爲由余所笑，則天下幸甚。」

太宗謂玄素曰：「卿以我不如煬帝，何如桀、紂？」對曰：「若此殿卒興，所謂同歸於亂。」太宗歎曰：「我不思量，遂至於此。」顧謂房玄齡曰：「今玄素上表，洛陽亦實未宜脩造，後必事理須行，露坐亦復何苦？所有作役，宜即停之。然以卑干尊，古來不易，非其忠直，安能若此？且衆人之唯唯，不如一士之諤諤。可賜絹五百匹。」魏徵歎曰：「張公遂有回天之力，可謂仁人之言，其利博哉！」

太宗作飛山宮，魏徵上疏曰：

臣觀自古受圖膺運，繼體守文，控御英傑，南面臨下，皆欲配厚德於天地，齊高明於日月，本枝百世，傳祚無窮。然而克終者鮮，敗亡相繼，其故何哉？所以求之失其道也。殷鑑不遠，可得而言。

昔在有隋，統一寰宇，甲兵彊盛，三十餘年，風行萬里，威動殊俗，一旦舉而棄之，盡爲他人之有。彼煬帝豈惡天下之治安，不欲社稷之長久，故行桀虐，以就滅亡哉！恃其富彊，不虞後患。驅天下以從欲，罄萬物以自奉，採城中之子女，❶求遠方之奇異。宮苑是飾，臺榭是崇，徭役無時，干戈不戢。外示嚴重，❷內多險忌，讒邪者必受其福，忠正者莫保其生。上下相蒙，君臣道隔，民不堪命，率土分崩。遂以四海之尊，❸誅於匹夫之手，子孫殄絶，爲天下笑，可不痛哉！

聖哲乘機，拯其危溺，八柱傾而復正，四維弛而更張。遠肅邇安，不踰於期月；勝殘去殺，無待於百年。今宮觀臺榭盡居之矣，奇珍異物盡收之矣，姬姜淑媛盡侍於側矣，四海九州盡爲臣妾矣。若能鑑彼之所以失，念我之所以得，日慎一日，雖休勿休。焚鹿臺之寶衣，毁阿房之廣殿，懼危亡於峻宇，思安處於卑宮，則神化潛通，無爲而治，德之上也。若成功不毁，即仍其舊，除其不急，損之又損。雜茅茨於桂棟，參玉砌於土階，悦以使人，不竭其力。常念居之者逸，作之者勞，億兆悦以子來，群生仰而遂性，德之次也。若惟聖罔念，不慎厥終，忘締構之艱難，謂天命之可恃。忽采椽之

❶ 「城」，《貞觀政要》卷一《君道第一》、《舊唐書·魏徵傳》作「域」。

❷ 「嚴」，《舊唐書》作「威」。

❸ 「遂」，原作「是」，今據《貞觀政要》、《舊唐書》改。

恭儉，追雕牆之靡麗，因其基以廣之，增其舊以飾之。觸類而長，不知止足，人不見德，而勞役是聞，斯爲下矣。譬之負薪救火，揚湯止沸，以暴易暴，❶與亂同道，莫可測也。後嗣何觀？夫事無可觀則人怨神怒，人怨神怒則灾害既生，灾害既生則禍亂必作，禍亂既作而能以身名全者鮮矣。順天格命之后，將隆七百之祚，貽厥孫謀，傳之萬葉，難得易失，可不念哉！

時公卿有奏：「依《禮》，季夏之月可以居臺榭。今夏暑未退，秋霖方始，宫中卑濕，請營一閣以居之。」上曰：「朕有氣疾，豈宜下濕？若遂來請，糜費良多。昔漢文將起露臺，而惜十家之産，朕德不逮于漢帝，而所費過之，豈爲民父母之道也？」固請至于再三，竟不許。

太宗謂侍臣曰：「朕近讀《劉聰傳》，將爲劉后起鵾儀殿，廷尉陳元達切諫，聰大怒，命斬之。劉后手疏啓請，辭情甚切，聰怒乃解，而甚愧之。人之讀書，欲廣聞見以自益耳。朕見此事可以深戒。比者欲造一殿，仍構重閣，令於藍田採木，並已備具。遠想聰事，斯作遂止。」

左僕射房玄齡、右僕射高士廉於路逢少府監竇德素，❷問北門近來更何營造。德素以聞，上乃謂玄齡等曰：❸「君但知南衙事，我北門少有營造，何與君事？」玄齡等拜謝。魏徵進曰：「臣不解陛下責，亦不解玄齡、士廉拜謝。玄齡既任陛下大臣，即陛

❶「暴易暴」，《貞觀政要》作「暴易亂」，《舊唐書》作「亂易亂」。
❷「府」，原脱，今據《貞觀政要》卷二《納諫第五》補。
❸「等」，原脱，今據《貞觀政要》補。

下股肱耳目，所有營造，何容不知？責其訪問官司，臣所不解。且有利害，役工多少，陛下所爲善，當助陛下成之；所爲不是，雖營造，當奏陛下罷之。此乃君使臣、臣事君之道。玄齡等問既無罪，而陛下責之，玄齡等不識所守，❶但知拜謝，臣亦不解。」太宗深愧之。

又嘗謂侍臣曰：「爲政之要，必須禁末作。傳曰：『雕琢刻鏤傷農事，纂組文彩害女工。』自古聖人制法，莫不崇節儉、革奢侈。又帝王凡有興作，亦須貴順物情。昔大禹鑿九山，通九江，用人力極廣，而無怨讟者，物情所欲，共衆所有故也。秦始皇營建宮室而人多謗議者，爲徇其私不與衆共故也。朕今欲造一殿，材木已具，遠想秦皇之事，遂復不作也。古人云：『不作無益。』『不見可欲，使心不亂。』至於鏤雕器物，珠玉服翫，若恣其驕奢，則危亡可立待也。自古王公已下，准品秩，不合服用者，宜一切禁斷。」由是數十年間，風俗簡朴，財帛富饒，無復飢寒之弊。

又嘗謂侍臣曰：「隋煬帝廣造宮室以肆行幸，自西京至京都，離宮別館相望道次，乃至并州、涿郡無不悉然。馳道皆廣數百步，種樹以飾其傍。人力不堪，相聚爲賊。逮至末年，尺土一人，非復己有。以此觀之，廣宮室，好行幸，竟有何益？皆朕耳所聞，目所見，深以自戒。故不敢輕用人力，惟令百姓安静，無有怨叛而已。」

高祖時，❷諫議大夫蘇世長侍宴披香

❶「等」，原脱，今據《貞觀政要》補。
❷「高祖」，原作「太宗」，今據《新唐書·蘇世長傳》改。

殿，酒酣，進曰：「此煬帝作邪？何雕麗底此！」帝曰：「卿好諫似直，然詐也。豈不知此殿我所營，乃詭云煬帝邪？」對曰：「臣但見傾宮、鹿臺，非受命聖人所爲者。陛下武功舊第纔蔽風雨，時以爲足。今天下猒隋之侈以歸有道，陛下宜刈奢淫，復朴素。今乃即其宮加雕飾焉，欲易其亂，得乎？」帝咨重其言。

太宗末年，軍旅數動，宮室互興，百姓頗有勞敝。充容徐惠上疏諫曰：

貞觀以來，二十有餘載，風調雨順，年登歲稔，人無水旱之弊，國無飢饉之災。昔漢武守文之常主，猶登刻玉之符；齊桓公小國之庸君，尚圖泥金之望。❶ 陛下推功損己，讓德不居。億兆傾心，猶闕告成之禮；云亭佇謁，未展升中之儀。此之功德，足以咀嚼百王，網羅千代者矣。然古人有云「雖休勿休」，良有以也。守保未備，聖哲罕兼。是知業大者易驕，願陛下難之；善始者難終，願陛下易之。

竊見頃年以來，力役兼總，東有遼海六軍，❷西有崐丘之役，士馬疲於甲冑，舟車倦於轉輸。且召募投戎，去留懷死生之痛；❸因風阻浪，人米有漂溺之危。❹ 一夫力耕，年無數十之獲；一船致損，則傾覆數百之糧。是猶運有盡之農功，填無窮之巨浪；圖未獲之他衆，喪已成之我軍。雖除凶伐暴，有國常規；然黷武習兵，先哲所戒。昔秦皇併吞六國，反速危亡之基；晉武奄有

❶「圖」，原作「塗」，今據《舊唐書·太宗賢妃徐氏傳》改。
❷「六」，《舊唐書》作「之」。
❸「生」，原脱，今據《舊唐書》補。
❹「米」，原脱，今據《舊唐書》補。

三方，翻成覆敗之業。豈非務功恃大，棄德而輕邦國，圖利而忘害，肆情而縱欲？遂使悠悠六合，雖廣不救其亡；嗷嗷黎庶，因弊以成其禍。是知地廣非常安之術，人勞乃易亂之源。願陛下布澤流仁，矜弊恤乏，減行役之煩，增雨露之惠。

妾又聞爲政之本，貴在無爲。竊見土木之功，不可遂兼。北闕初建，南營翠微，曾未踰時，玉華創制。複山藉水，非無構架之勞；損之又損，頗有土力之費。終以茅茨示約，猶興木石之疲；假使和雇取人，不無煩擾之弊。是以卑宮菲室，聖人之所安；金屋瑤臺，驕主之爲麗。故有道之君以逸逸人，無道之君以樂樂身。願陛下使之以時，則力不竭矣；用而息之，則人其悦矣。

夫珍玩技巧，爲喪國之斤斧；珠玉錦繡，實迷心之酖毒。切見服玩鮮靡，如變化於自然；職貢珍奇，若神仙之所製。雖馳華於季俗，實敗素於淳風。是知漆器非延叛之方，桀造之而人叛；❶玉杯豈招亡之術，紂用之而國亡。方驗侈麗之源，不可不遏。夫作法於儉，猶恐其奢，作法於奢，何以制後？伏惟陛下明照未形，智周無際，窮奧秘於麟閣，盡探賾於儒林。千王理亂之蹤，百代安危之迹，興亡衰禍之數，得失成敗之機，故亦包吞心府之中，循環目圍之內，乃宸衷久察，無假一二言焉。唯知之非艱，行之不易，志驕於業著，體逸於時安。伏願抑志摧心，慎終成始，削輕過以添重德，擇今是以替前非，則鴻名與日月無窮，盛業與乾坤永泰矣。

❶「桀」，原作「舜」，今據《舊唐書》改。

太宗甚善其言。

高宗永淳元年，既封泰山，欲遍封五嶽，作奉天宮於嵩山之南。監察御史裏行李善感諫曰：❶「陛下封泰山，告太平，致群瑞，與三皇、五帝比隆矣。數年不稔，餓殍相望，四夷交侵，兵甲歲駕，❷宜恭默思道以禳灾譴，更廣營宮室，勞役不休，天下莫不失望矣。」上不納。

武后長安中，作興泰宮於萬安山。左拾遺盧藏用上疏諫曰：「陛下離宮別觀固多矣，又窮人力以事土木，臣恐議者以陛下爲不愛人而奉己也。且頃歲穀雖頗登，而百姓未有儲。陛下巡幸，訖靡休息，斤斧之役，歲月不空，不因此時施德布化，而又廣宮苑，臣恐下未易堪。今左右近臣以諛意爲忠，犯忤爲患，至令陛下不知百姓失業，百姓亦不知左右傷陛下之仁也。忠臣不避誅震以納君於仁，明主不惡切詆以趨名于後。陛下誠能發明制，以勞人爲辭，則天下必以爲愛力而苦己也。不然，下臣此章，得與執事者共議。」不從。

中宗景龍中，盛興佛寺，公私疲匱。左拾遺辛替否上疏曰：「古之建官不必備，九卿有位而闕其選。故賞不僭，官不濫；士有完行，家有廉節；朝廷餘奉，百姓餘食；下忠於上，上禮於下；委裘無倉卒之危，垂拱無顛沛之患。夫事有惕耳目，動心慮，作

❶「裏行」，原脱，今據《資治通鑑》卷二〇三唐高宗永淳元年五月條補。

❷「甲」，《資治通鑑》作「車」。

不師古，以行於今，臣得言之。陛下倍百行賞，倍十增官，金銀不供於印，束帛不充於錫，何所媿於無用之臣、無力之士哉？古語曰：『福生有基，禍生有胎。』且公主，陛下愛子也，選賢嫁之，設官輔之，傾府庫以賜之，壯第觀以居之，廣池籞以嬉之，可謂至重至憐也。然用不合古義，行不根人心，將變愛成憎，轉福爲禍。何者？竭人之力，費人之財，奪人之家，怨也。愛一女，取三怨於天下，使邊疆士不盡力，朝廷士不盡忠。人心散矣，獨持所愛，何所恃乎？向使魯王賞同諸壻，則有今日之福，無曩日之禍。人徒見其禍，不知禍所來，所以禍者，寵過也。今棄一宅，造一宅，忘前悔，忽後禍，臣竊謂陛下乃憎之，非愛之也。臣聞君以人爲本，本固則邦寧，邦寧則陛下夫婦母子長相保也。願外謀宰臣爲久安計，不使姦臣賊子有以伺之。今疆場危駭，倉廩空虛，卒輸不充，士賞不及，而大建寺宇，廣造第宅。伐木空山，不給棟梁；運土塞路，不充牆壁。所謂佛者，清净慈悲，體道以濟物，不欲利以損人，不榮身以害教。今三時之月，掘山穿地，損命也；殫府虛帑，損人也；廣殿長廊，榮身也。損命則不慈悲，損人則不愛物，榮身則不清净，寧佛者之心乎？昔夏爲天子二十餘世而商受之，商二十餘世而周受之，周三十餘世而漢受之，由漢而後，歷代可知已。咸有道之長，無道之短，豈窮金玉、脩塔廟享久長之祚乎？臣以爲減彫琢之費以賙不足，是有佛之德；息穿掘之苦以全昆蟲，是有佛之仁；罷營構之直以給邊垂，是有湯、武之功；回不急之禄以購廉清，是有唐、虞之治。陛下緩其所急，急其所緩，親未來，疏見在，失真實，冀虛無，重俗人之所爲，而輕天子之業，臣竊痛之。今出財依勢，避役亡命，類度爲沙門，其未度者，窮民善人耳。拔親樹知，豈離朋黨，畜妻養孥，非無私愛，是致人毀道，非廣道求人也。陛下常欲填池塹、捐苑囿以賑貧人，今天下之寺無數，一寺當陛下一宮，壯麗用度尚或過之。十分天下之財而佛有七八，陛下何有之矣？雖役不食之人，不衣之士，猶尚不給，況必待天生地養、風動雨潤而後得之乎？臣聞國無九年之儲曰非其國，今計倉廩，度府庫，百僚共給，萬事用度，臣恐不能卒歲。假如兵旱相乘，則沙門不能擐甲胄，寺塔不足穰飢饉矣。」帝不省。

睿宗爲公主造金仙、玉真二觀，替否時爲左補闕，復上疏諫曰：

「臣嘗以爲古之用度不時，爵賞不當，破家亡國者，口說不如身逢，耳聞不如眼見。臣請以有唐以來理國之得失，陛下之所以眼見者以言之。惟陛下審之聽之，擇善而從之，則萬歲之業自可致矣，何憂乎黎庶之不康，福祚之不永！

「伏以太宗文武聖皇帝，陛下之祖，撥亂反正，開階立極，得至理之體，設簡易之方。省其官，清其吏，舉天下職司無一虛授，用天下財帛無一枉費。賞必俟功，官必得儁，所爲無不成，所征無不克。不多造寺觀而福德自至，不多度僧尼而殃咎自滅。道合乎天地，德通乎神明，故天地憐之，神明祐之，陰陽不愆，風雨合度。四人樂其業，五穀遂其成，腐粟爛帛填街委巷。千里萬里，貢賦于郊；九夷百蠻，歸款于闕。自古有帝皇以來，未有若斯之神聖者也，故得享國久長，多歷年所，陛下何不取而則之？

「中宗孝和皇帝，陛下之兄，居先人之業，忽先人之化，不取賢良之言，徒恣子女之意。官爵非擇，虛食祿者數千人；封建無功，妄食土者百餘户。造寺不止，枉費財者數百億；度人不休，免租庸者數十萬。是使國家所出加數倍，所入減數倍。倉不停卒歲之儲，庫不貯一時之帛。所惡者逐，逐多忠良；所愛者賞，賞多讒慝。朋佞諜諜，交相傾動。容身不爲於朝廷，保位皆由於黨附。奪百姓之食以養殘兇，剥萬人之衣以塗土木。於是人怨神怒，衆叛親離，水旱不調，疾疫屢起。遠近殊論，公私罄然。五六年間，至於禍變，享國不永，受終于兇婦人。寺舍不能保其身，僧尼不能護妻子，取譏萬代，見笑四夷。此陛下之所眼見也，何不除而改之？依太宗之理國，則百官以理，百姓無憂，故泰山之安立可致矣；依中宗之理國，則萬人以怨，百事不寧，故累卵之危立可待矣。

「頃自夏已來，霪雨不解，穀荒于壟，麥爛于場。入秋已來，亢旱成災，苗而不實，霜隕虫暴，草葉枯黄。下人咨嗟，未知賙賑，而營造寺觀日繼于時，檢校試官充臺溢署。伏惟陛下愛兩女，爲造兩觀，燒瓦運木，載土填坑，道路流言，皆云計用錢百餘萬貫。❶惟陛下聖人也，無所不知；陛下明君也，無所不見。既知且見，知倉有幾年之儲，庫有幾年之帛？知百姓之間可存活乎？三邊之士可轉輸乎？❷當今發一卒以禦邊陲，遣一兵以衛社稷，多無衣食，皆

❶「貫」，原脱，今據《舊唐書・辛替否傳》補。
❷「士」，《舊唐書》作「上」。

帶飢寒。賞賜之間，迴無所出，軍旅驟敗，莫不由斯。而乃以百萬貫錢造無用之觀，以買六合之怨乎？以違萬人之心乎？伏惟陛下族阿韋之家，❶而不改阿韋之亂政；忍棄太宗之理本，不忍棄中宗之亂階；忍棄太宗久長之謀，不忍棄中宗短促之計。陛下又何以繼祖宗、親萬國？❷

「昔陛下與皇太子，在阿韋之時，危亡是懼，常切齒於群兇。今貴爲天子，富有海内，而不改群兇之事，❸臣恐復有切齒於陛下者也，陛下又何以非群兇而誅之？❹臣往見明敕，自今已後，一依貞觀故事。且貞觀之時，豈有今日之造寺營觀，加僧尼道士，❺益無用之官，行不急之務，而亂政者也？臣以爲棄其言而不行其信，慕其善而不遷其惡，陛下又何以刑於四海？往者和帝之憐悖逆也，爲姦人之所誤，宗晉卿勸爲第宅，趙履温勸爲園亭，損數百家之居，侵數百家之地。工徒斲而未息，義兵紛以交馳，卒使亭不得遊，宅不得坐。信邪佞之説，成骨肉之刑，此陛下之所眼見也。今兹造觀，臣必知非陛下、公主之本意，得無有趙履温之徒將勸爲之，冀誤其骨肉，不可不明察也。

「臣聞出家脩道者不干預於人事，專清其身心，以虚泊爲高，以無爲爲妙，依兩卷《老子》，視一軀天尊，無欲無營，不損不害。何必璇臺玉樹，寶像珍龕，使人困窮，然後爲道哉！且舊觀足可歸依，無造無營，以

❶ 「族」，《舊唐書》作「續」。「家」，《舊唐書》作「醜跡」。
❷ 「親」，《舊唐書》作「觀」。
❸ 「改」下，原衍「排」字，今據《舊唐書》删。
❹ 「非」，原脱，今據《舊唐書》補。
❺ 「加」，原脱，今據《舊唐書》補。

取窮竭。若此行之三年，國不富，人不安，朝廷不清，陛下不樂，則臣請殺身於朝，以令天下言事者。伏惟陛下行非常之惠，權停兩觀，以俟豐年。以兩觀之財，爲公主施貧窮，填府庫，則公主之福德無窮矣。不然，臣恐下人怨望，不減於前朝矣。前朝之時，賢愚知其必敗，雖有口而不敢言，言未發聲，禍將及矣。韋月將受誅於丹徼，燕欽融見殺於紫庭，此人皆不惜其身而納忠於主，身既死矣，主亦危矣。故先朝誅之，陛下賞之，是陛下知直言之士有裨於國。臣今直言，亦先朝直言之人也，惟陛下察之。」

疏奏，帝不能用，然嘉其切直。

時造金仙、玉真觀，雖盛夏，工程嚴促，黃門侍郎魏知古上奏曰：「臣聞『古之君人，必時視人之所勤，人勤於力則功築罕，人勤於財則貢賦少，人勤於食則百事廢』。故曰『不作無益害有益』。又曰『罔咈百姓以從己之欲』。《禮》：『季夏之月，樹木方盛，無有斬伐，不可以興土功。』此皆興化立治、爲政養人之本也。今爲公主造觀，將以樹功祈福，而地皆百姓所宅，卒然迫逼，令其轉徙，扶老携幼，剔椽發瓦，呼嗟道路。乖人事，違天時，起無用之作，崇不急之務，群心震摇，衆口藉藉。陛下爲人父母，欲何以安之？且國有簡册，君舉必記，言動之微，可不慎歟！願下明詔，順人欲，除功役，收之桑榆，其失不遠。」不納。

中書舍人裴漼亦上言曰：「春夏毋聚大衆，起大役，不可興土功，妨農事。若役使乖度，則有疾疫水旱之災，此天人常應也。今自冬徂春，雨不時降，人心焦然，莫知所出，而土木方興，時暵之孽，職爲此發。今東作云始，丁壯就功，妨多益少，飢寒有漸。《春秋》莊公三十一年冬不雨，是時歲三築臺；僖公二十一年夏大旱，是時作南門。陛下以四方爲念，宜下明制，令二京營作、和市木石，一切停止。有如農桑失時，户口流散，雖寺觀營立，能救飢寒弊哉！」不報。

代宗大曆二年，宦官魚朝恩以賜莊爲章敬寺，以資太后冥福，窮壯極麗，奏毁曲江及華清宫館以給之。衛州進士高郢上書曰：

先太后聖德，不必一寺增輝；國家永圖，無寧以百姓爲本。捨人就寺，何福之爲？且古之明主積善以致福，不費財以求福；脩德以消禍，不勞人以禳禍。今徇左右之過計，傷皇王之大猷，臣竊爲陛下惜之。

宣宗時，欲作五王院以處皇子之幼者，召術士柴嶽明使相其地。嶽明對曰：「臣庶遷徙不常，故有禍福之説，陰陽書本不言帝王家也。」上善其言，賜以束帛。

後唐莊宗同光二年，作清暑樓。初，唐主苦溽暑，宦者因言：「長安全盛時，宫中樓觀以百數。今日官家曾無避暑之所。」唐主乃命王允平别建一樓。宦者曰：「郭崇韜常不伸眉，爲孔謙論用度不足，恐陛下雖欲營繕，終不可得。」唐主曰：「吾自用内府錢，無關經費。」然猶慮郭崇韜諫，遣中使語之曰：「今歲盛暑異常，朕昔在河上，行營卑濕，被甲乘馬，親當矢石，猶無此暑。今居深宫之中而暑不可度，奈何？」崇韜對曰：「陛下昔在河上，勍敵未滅，深念讎耻，雖有盛暑，不介聖懷。今外患已除，海内賓服，故雖珍臺閒館猶覺鬱蒸也。陛下倘不忘艱難之時，則暑氣自消矣。」唐主默然。宦者曰：「崇韜之第，無異皇居，宜其不知至尊之熱也。」唐主卒命允平營樓，日役萬人，所費巨萬。崇韜諫曰：「今河南水旱，軍食不充，願且息役，以俟豐年。」不聽。

後晉天福二年，河南奏脩洛陽宫。諫議大夫薛融諫曰：「今宫室雖經焚毁，猶侈於帝堯之茅茨；所費雖寡，猶多於孝文之露臺。請俟海内平寧，營之未晚。」詔褒納之。

宋真宗大中祥符二年，知制誥王曾乞罷營玉清昭應宫疏曰：

臣伏聞朝廷設諫諍之官，防政治之闕。非其官而言者，蓋表愚忠。況當不諱之朝，復忝非常之遇，苟進思之無補，懼竊禄以貽譏。臣伏覩國家誕受殊祥，薦膺秘籙，祚洪圖於萬載，超盛烈於百王。陛下寅畏寶符，陟封名岳，功垂不朽，澤浸無垠，奉若之心，斯爲至矣。而清衷濬發，成命亟行。就嚴城之北隅，啓列真之秘宇，式昭丕應，特建嘉名。自經始以來，庀徒斯廣，輦他山之石，相屬於道途，伐豫章之材，遠周於林麓，累土陶甓，揮鍤運斤，功極彌年，費將鉅萬。掩祈年之舊制，踰概日之前聞；輟貴近以董臨，假使權而領護。如此，則國家尊奉靈文之意不爲不厚矣，崇飾臺觀之規不爲不壯矣。然臣之愚慤，或異於斯，既有見聞，安敢緘默？

臣以爲今之興作，有不便之事五焉。雖鳩僝已行，未可悉罷，苟或萬一采芻蕘之説，省其功用，抑其制度，亦民之大惠，而憂國之遠圖也。所謂五者之目，請爲陛下陳之。且今來所創立宫，規制宏大，凡用材木莫非梗楠。切聞天下出産之處，收市至多，般運赴官，尤傷人力。雖云只役軍匠，寧免煩擾平民？况復軍人亦是黎庶。此未便之事一也。邇者方畢封崇，頗煩經費，今兹興造，尤耗資財。雖府庫之中，貨寶山積，畚築之下，工徒子來，然皆内帑費積代之蓄藏，百物盡生民之膏血，散之孔易，斂之惟難。雖極豐盈，猶宜重惜。此未便之事二也。夫聖人貴於謀始，智者察之未形。禍起隱微，危生安逸。今雙闕之下萬衆畢臻，暑氣方隆，作勞斯甚。所役諸雜兵士，多是不逞小人。其或鼠竄郊鄽，狗偷都市，有一於此，足貽聖憂。此未便之事三也。王者撫御寰區，順承天地，舉動必遵於時令，財成不失於物宜。靡崇奢侈之風，罔悖陰陽之序。臣謹按《月令》：孟夏無發大衆，無起土工，無伐大樹。❶今肇基卜築，衝冒鬱蒸，俶擾厚坤，乖違前訓。矧復旱暵卒痒，雷雹迅風，拔木飄瓦，温沴之氣，比屋罹灾。得非似未承天地之明効歟？此未便之事四也。臣切聆中間符命之文，有清浄育民之戒。今所脩宫閣，蓋本靈篇，而乃過興剖掘之功，廣務雕鏤之巧。雖屢殫於物力，恐未協於天心。此未便之事五也。伏望陛下思祖宗之大猷，察聖賢之深戒，遷思回慮，懲往念來，詔將作之官，息勤勞之衆，輯寧群品，對越高穹。如此，則遐邇宅心，人祇快望。必若光昭大瑞，須建靈宫，將畢相

❶「樹」，原作「木」，宋人避宋英宗名諱改，今據《長編》卷七一大中祥符二年五月丁酉條、《宋文鑑》卷四三《諫作玉清昭應宫》改回。

勞，聿爰成績，則臣敢效愚計，亦可必行。但能損彼規模，減其用度，止敦樸素，❶無取瑰奇。唯將之以誠明，仍重之以嚴潔。名數之際，加等是宜，實費之資，節儉爲要。俾四海之内，知陛下愛重民力之意，豈不美歟！

昔太宗皇帝建太乙、上清等宫，亦不使窮極壯麗，臣謂陛下宜遵而行之，取爲法制，以示不敢踰節，謙大之德光於千古矣。奈何特欲過先帝之制作乎？并覩西京造太宗影殿，東岳置會真之宫，計其工庸，亦皆不啻中人百家之産，然於尊祖禮神則盛矣，其於邦國大計則猶未足爲當時之急務也。臣料陛下必謂海内承平，邊隅清晏，人康俗阜，時和年豐，縱或築宫，無損於事。則臣復謂其不然也。方今疆埸甫定，虜廷有姑息之虞；民俗苟安，倉箱無紅腐之積。況關輔之地，流亡素多，近甸之氓，農桑失望，雖令有司安慰，亦恐未復田廬。秋冬之間，飢歉是懼。亟經營於神館，慮稍鬱於輿情。且往古廢興之端，前王得失之事，布告方册，是足爲商鑑者，陛下覽之詳矣，非假愚臣一二言焉。試觀自昔人君崇尚土木，孰若清静無爲者之安全乎？願陛下留神垂聽，無忽臣言，則天下幸甚。

今雖上下之人皆知事理如此，而人人自愛，莫敢輕黷冕旒。至於左右大臣，則慮計之不從，致見疏之悔；中外百執，則慮言之難達，招妄動之尤。使忠讜之謀未盡，良爲此也。唯臣出自幽隱，遭遇文明，特受聖知，度越流輩，官爲侍從，身服簪裳，粗識安

❶「敦」，原作「崇」，宋人避宋光宗名諱改，今據《長編》、《宋文鑑》改回。

危之機，未申補報之効。捐軀思奮，今也其時，又安敢循默苟容，不爲陛下別白而論之乎？是以輒率庸妄，輕冒宸嚴，感發於中，無所顧避。陛下寬其鼎鑊之罪，矜其螻蟻之誠，深監古先，試垂採擇，無謂增建靈宮爲一細事而弗恤也。臣以爲興役動衆，尤繫事機，不可不察也。當使鄉校之中，豪奸之黨，無所開切議之口，則微臣之望也，天下之幸也。

歷代名臣奏議卷之三百十五

本卷劉永强校點

歷代名臣奏議卷之三百十六

營繕

宋仁宗景祐三年，左司諫韓琦乞罷寶相禪院創建殿宇，奏曰：

臣竊聞右街寶相禪院見今移拆法堂，創蓋大悲殿宇，特命中官監領其事，所役兵匠數千百人，假以舟車，資其輦運，凡百用度，悉從官給。規模之盛，功作甚崇。臣計其興建之因，恐非陛下之意也。

臣伏覩近者興國寺雙閣災，延及大殿長廊，俱爲煨燼。其寺舊安祖殿，俯逼都市，衆人方慮，再有修葺。而陛下亟降旨命，悉令停寢，任其緣化，使自營造。斯所以重天戒而愛民力也。稽諸載籍，事實難行，戴履之倫，孰不欣幸！何乃遽傷治體，有損邦用，起無名之役，爲不急之務？議者所謂恐非陛下之意，斯亦明矣。

又向者陛下崇務本之仁，念維城之重，即昭應之遺址，建睦親之大第。諸邸之聚，三千餘間，常度不充，侵用南郊材植又且萬計。復令出産州郡，供補其闕。物役之大，從可知矣。今者業已成功，焯爲熙事。何則厚宗枝而隆孝治，豈無益之所爲乎？當時言事者猶比上封章，願寢斯議，蓋亦重改作而節浮費也。臣以謂此役既終，即凡土木不急之事一切宜停，以緩財力。

夫崇采椽三等之制者，唐堯之仁化也。惜露臺百金之産者，漢文之儉德也。焕在方牘，所宜規範。伏望陛下俯從愚説，遠紹前徽，悟色相之非求，本慈仁之足尚，躋民壽域，永底太平。斯乃奉順祖宗愛養元元之本也。其寳相院創蓋殿宇等，臣欲乞詔下有司，令悉停罷，俾其營求施利，得自脩崇。蓋此殿若成，則法堂未立，加之廊宇制度，悉求相稱，必於間隙漸次申陳。事既垂成，理須從許。如此，則功費之廣倍於初矣；利其成而規賞典者，其徒亦繁矣。且罷興國而營寳相，則是休彼役而勞此功，廢置雖殊，耗蠹豈異？臣又慮違陛下重天戒、愛民力之本意，故昧死陳述，冀裨萬一。

慶曆元年，監察御史裏行孫沔乞罷脩萬春閣，奏曰：

臣竊聞内中建起萬春閣，破用至多，役工不少。方當仲春，萬物發生，昆蟲起蟄，按《大禮·月令》，固非興土木之時也。況陝西宿兵三十萬，經冬已來，抱戈被甲，衝風冒雪，受艱苦而爭性命數矣。涉歲無一次特支以慰其懃瘁之節，蓋國家財賦闕乏，未能豐富於士卒。今礱石鏤木，塗朱帖翠，非錢十萬不能成一閣，而爲優閑不急之務。此諒非陛下之意，必恐諂邪冀於僥倖，立木上梁，則獲賞賜，畢工落成，又遷官秩。始謀之人得其利，而使聖明受不恤四方之謗，此義士所不忍聞也。臣請罷營此閣，且葺其舊制，則可弭庶議而省虛費。伏望陛下崇勤儉之風，戒宴遊之樂，節嗜慾之情，養元和之氣，保攝天機，果斷政事，則天下幸甚。

皇祐元年，殿中侍御史何郯上奏曰：

臣伏聞朝廷近有旨揮，以寳相寺昨遭焚蕩，許令寺僧緣化脩葺。蓋朝廷重靡府庫之財，又不欲遂廢其寺，故有此處分。以臣愚心思之，其間尚有利害，不可不具論列。訪聞寺僧主事者素來豪猾，頗善結託。今既開端，許其緣化，彼將假朝廷之命，以脅誘民庶，多求財貨，則京師騷然侵蠹。蓋其意不唯以脩寺爲事，將圖財用爲奉身恣縱之資。或民力不足，則將因緣權倖，復求朝廷出府庫之財以畢其事。此必然之理也。假使民力可辦，於國家雖無所費，亦不可許。何者？方今公私財力大屈，凡起一事、興一役，未嘗不取於民。外方之民已困數斂，唯京師之民幸而未加横賦，緩急有事，亦將不免。固不可使之輕廢家貲，以奉土木不急之務。朝廷頃年脩寺舍佛閣，已費累巨萬，一旦遂爲煨燼。況外議傳云：寺僧常以婦人置於佛閣，昨火發之際，焚死者數人。若傳者果信，是朝廷廣費財以崇奉佛事，適足爲群僧淫戲之所。近日主首坐遺火罪，止於奪師名、紫衣，寬假已甚。不可更啓其姦弊，重耗民財。臣按《春秋》或書「災」，或書「火」，其名雖殊，然於變異之兆，其實同歸。定、哀之間，兩觀、桓、僖宮災，漢儒皆謂「天燔其所不當立」。今寺舍之災豈非以彫靡之過，不當立而立，天命燔之，亦如兩觀等災，以示勸戒？若又重議脩之，非所以畏上天之譴告。伏望陛下追觀前事之監，深究異祥之來，無興功以答天戒。其寺舍佛閣，欲乞一切罷脩，用示聖懷抑畏之美。

臣以朴愚，誤蒙擢進，苟有聞見，不敢不陳。惟聖明不以狂妄廢其言，則死生幸甚。

至和二年，翰林學士歐陽脩上奏曰：

臣近者爲京師土木興作處多，乞行減罷。尋准敕差臣與三司同共相度減定，續具奏聞次。❶今又聞聖旨下三司，重脩慶基殿及奉先寺屋宇。臣伏見近年政令乖錯，綱紀隳頽，上下因循，未能整緝。唯務崇脩祠廟，廣興土木，百役興作，無一暫息。方今民力困貧，國用窘急，小人不識大計，不思愛君，但欲廣耗國財，務爲己利。恣侵欺於官物，圖酬奬之功勞。託名祖宗，張大事體。況諸處神御殿，當蓋造之初，務極崇奉，棟宇堅固，莫不精嚴，雖數百年，未必損動。❷近年已來，不住脩換。昨開先殿只因一柱損，❸遂換一十三柱。前後差官檢計，朝廷並不取信，只憑最後之言，遂至廣張工料。蓋緣廣張得功料，即多圖酬奬恩澤。切以崇奉祖宗，禮貴清淨，今乃頻有遷徙，輕瀆威靈，要其所歸，止爲小人圖利。❹臣見自古人君好興土木者，自《春秋》、《史記》，歷代以來，並皆書爲過失，以示萬世。今小人圖一旦之利，黷祖宗之威靈，致人主於有過之地，誰忍爲之？臣實痛惜。

臣因准敕減定，於三司略見大概。開先殿初因脩柱損，今所用材植物料共一萬七千五百有零，睦親宅、神御殿所用物料又八十四萬七千，又有醴泉、福勝等處，工料不可悉數。此外軍營、庫務合行脩造者，又有百餘處。使厚地不生他物，唯産木材，亦不能供此廣費。自古王者尊祖宗，事神示，各有典禮，不必廣興土木，然後爲能。臣切

❶「次」，《長編》卷一八〇至和二年七月乙酉條無此字。

❷「未必」，原誤倒，今據《歐陽文忠公文集》卷一〇九《論罷修奉先寺等狀》、《長編》改。

❸「一」，《歐陽文忠公文集》、《長編》作「兩」。

❹「止」，《長編》作「正」。

見累年火災，自玉清昭應、洞真、上清、鴻慶、壽寧、祥源、會靈七宫，開寶、興國兩寺，塔殿並皆焚燒蕩盡。足見天意厭土木之華侈，爲陛下惜國力民財，譴戒丁寧，前後非一。陛下與其廣興土木以事神，不若畏懼天戒而修省。其已興作者既不可及，則未修者宜速寢停。況睦親神御殿於禮不宜作，其事甚明，别無禮典講求，乞更不下太常，便行寢罷。其慶基殿如的有損漏，只令三司差官整補，不得理爲勞績。其奉先寺乞令寺家自修。今垂拱殿是陛下常坐之殿，近聞爲無梁木且止未修；諸皇親自火燒居宅後，至今寄寓它所。❶陛下尊爲天子，無梁木修一殿；富有四海，而皇族無屋可居。蓋爲將良材美木，俯徇小人，並於不急處枉費，遂致合行修造處却致乏材。伏望陛下追思累次大火，常發於土木最盛處。凡國家極力興修者，火必盡焚。且天厭土木而焚之，又欲興崇土木以奉之，以此福應未臻，而災譴屢降也。伏乞上思天戒，下察人言。人言雖狂而實忠，天戒甚明而不遠。伏惟陛下聖德恭儉，不樂遊畋，凡所興修，皆非嗜好，但以難違小人一時之請，自取青史萬世之譏，實爲陛下惜之。伏望聖慈廣賜裁擇。

修知開封府、判太常禮院，上奏曰：

臣所領太常禮院得御藥院公文，❷稱奉聖旨送畫到景靈宫廣孝殿後修蓋郭皇后影

❶「所陛下」至「無屋可」二十三字，原脱，今據《歐陽文忠公文集》、《長編》補。

❷下「院」字，原脱，今據《歐陽文忠公文集》卷一一一《論郭皇后影殿劄子》補。

殿圖子一本，赴太常禮院詳定者，❶其圖子已別具狀繳奏訖。臣伏見近年京師土木之功，縻耗國用，其弊特深。原其本因，只爲差內臣監修，利於偷竊官物，及訖功之後，僥求恩賞，以故多起事端，務廣興作，其甚則託以祖宗神御，張皇事勢。近年以來，如此興造，略無虛歲。伏以景靈宮建自先朝，以尊奉聖祖，陛下又建真宗皇帝、章懿太后神御殿於其間，天下之人皆知陛下奉先廣孝之意。然則此宮乃陛下奉親之所，今乃欲以後宮已廢未復之后，建殿與先帝、太后並列，有瀆神靈，莫此之甚。臣切謂事必不出於聖意，皆小人私於興作，有所僥求爾。蓋自前世帝王，於宗廟之外別爲廟享以追奉祖宗者則有之，未聞有自追奉其妃后者。蓋小人不識事體，但苟一時之利，不思損虧聖德。伏乞特賜寢罷，以全典禮。

侍御史趙抃上言曰：

臣竊以邦財匱乏，民力疲敝，土木工役，歲無虛用。伏見京師寺宇宮觀營造連年，始云購募民間，終亦取辦官府。其監修官吏唯務增廣間架，窮極奢侈，貪功冒賞，以爲己利。今醴泉觀將已畢工，更添創獻殿一座；又慈孝殿鴟吻損動，復議自新起蓋。至於洪福寺屋宇、興國寺經藏、開寶寺佛塔等處，紛紛營建，競相夸尚。只如昨者開先殿止換二柱，尚已費官錢十萬餘貫。今來諸寺觀營建衆多，如此侵耗帑藏，不知紀極。且國家財用縻費，如戎狄多事，河流未平，官冗兵衆，是皆仰給縣官，一出于民力，而不得已者也。其不急之務，無益之

❶「赴太常禮院」五字，原脱，今據《歐陽文忠公文集》補。

役，復不能制之，則傷財害民，朝廷有不節之嗟矣。臣愚伏望聖旨指揮，應在京寺院宮觀，見役土木，一切早賜裁減停罷。內慈孝寺殿損動去處，只乞量與修補，無使貪功冒賞之計得行，致國家浮費日廣，而用不易也。

嘉祐三年，知制誥范鎮乞罷修并州神御殿，奏曰：

臣竊見并州素嘗無火災，自建神御殿，未幾而輒火災。天意若告陛下，祖宗御容非郡國所宜奉安者。近日又聞下并州復加崇建，是徒事土木以重困民力，非所以答天意也。自太宗皇帝下并州，距今七十七年，故城父老不入新城。陛下宜寬其賦輸，緩其徭役，以除其患，使河東之民不忘太宗皇帝之德，則陛下孝思豈特建一神御殿之比哉！伏惟上觀天意，下顧人心，特賜停罷。臣不勝區區之愚。

四年，知制誥劉敞論睦親宅不當建神御殿，奏曰：

臣伏見古之正禮，諸侯不祖天子，公廟不可設於私家，所以明正統、尊一人也。今睦親宅興建神御殿，不合王制，不應經義。切聞聖慈以天寒人勞，權罷役徒。臣謂若於禮當作，則不可以人勞之故而止。何則？祖宗至尊也，役徒至賤也，恤至賤之衆，而輟至尊之廟，非所以爲名也。若禮本不當作，則不如遂止之耳，何必權罷哉？伏乞令禮官詳議其事，使下不爽於名，上不愆於禮。

仁宗時，殿中侍御史文彥博上奏曰：

臣聞：「狂夫之言，聖人擇焉。」臣遭逢聖神，敢獻狂瞽。伏惟天地之大德，特貸鈇鉞之嚴誅，則微臣幸甚。

臣伏覩今月十四日詔書，太平興國寺僧紹宗緣化修蓋外，所有太祖神御殿令三司差係官工匠重修。又云：「庶重修於宏麗，獲時薦於芬馨。」有以見陛下奉先思孝之道，高出百王。復又盡給國財，不煩民力，此乃陛下敦崇儉德、勤恤民隱之意也，天下幸甚！

臣切以載營寶殿，嚴奉聖容，仰佇靈游，是爲別廟。臣聞清廟之制，理在去華。茅屋采椽，本貴乎克儉；丹楹刻桷，乃譏其崇侈。《漢書·藝文志》曰：「墨家者流，出於清廟之官，是以尚儉。」由此觀之，則清廟之尚儉明矣。臣伏恐監工之官未詳詔旨，惟務宏麗，不稽典故，乖清廟尚儉之文，累烈祖恭德之美。臣伏望申敕有司，凡所營修，循以典制，經始勿亟，必順天時。臣按《月令》云：「孟春，❶無聚大衆；孟夏，無起事工。」又曰：「孟冬，可以造宫室。」皆不欲妨農事而違天時也。臣竊計今之力役，固應不減千夫。雖用官工，不妨民事，然而聚大衆，起大功，作事不時，恐乖令典。伏望預計徒傭，漸儲財用，俟良月而興作，亦不日而考成。神之格思，宜錫純嘏。

臣又風聞群僧籍籍，道路云云，皆謂既建太祖神御殿庭，則本寺佛殿鐘樓即應次第官修。事之然否，雖未審知，臣忝陛下風憲之任，爲陛下耳目之官，苟有所聞，理當先事言之，庶幾上達宸聽，蓋欲杜其萌漸。

❶「春」，原作「夏」，今據《潞公文集》卷一四《奏爲修開先殿乞循制度事》、《禮記·月令》改。

臣伏覩景祐三年八月十三日所降聖旨云：「太平興國寺佛殿鐘樓并戒壇院舍宇等，官中更不修蓋。令開封府及僧録司告示僧俗諸色人，並許緣化錢取便興修。」明命既行，遠邇胥悦，皆以謂陛下省不急無益之務，軫愛民節用之心。自後已有僧紹宗化錢興修，漸成輪奐。臣伏慮群僧黨扇，希望官中兼修佛殿鐘樓，不復化緣營造。伏乞申舉景祐三年先降聖旨，其興國寺佛殿鐘樓，任令僧俗緣化興修。所冀絶其希望之心，固其緣化之志。況佛寺者非急之務，何須速成；國帑者有限之財，不可虚費。景祐中，昊賊未萌逆節，朝廷未議兵事，尚且愛惜用度，不修佛舍。今則戍重兵於西鄙，一日之費，何啻千金？苟旬時之間，昊賊之首未即梟於藁街，臣恐事邊之費未免重困於民。臣愚以謂宜節營寺之浮費，以濟備邊之急用。邊備既實，則狂寇何憂乎不殲？芻蕘之言，願賜詳擇。

時有詔罷修寺觀，而章惠太后以舊宅爲道觀，諫官、御史言之。帝曰：「此太后奩中物也，諫官、御史欲邀名邪？」參知政事宋綬進曰：「彼豈知太后所爲哉，第見興土木違近詔，即論奏之。且事有疑似，彼猶指爲過，或陛下有大闕失，近臣雖不言，然傳聞四方，爲聖政之累，何可忽也？太祖嘗謂唐太宗爲諫官所詆，不以爲愧。何若動無過舉，使無得而言哉？」

英宗治平元年，知諫院司馬光上奏曰：

臣伏聞感慈塔已有聖旨拆修五層，竊以開封府界、京東、京西、河北、河東、陝西、西川等路自去冬少雪，今春少雨，麥田已無所收。昨得五月十二日雨，方種秋田。自後又經一月無雨，萌芽始生，隨復焦槁。農民嗷嗷，大率無食，棄去鄉里，流離道路，雇妻賣子，以接糇糧。縣官倉廩素無蓄積，贍給軍衆猶恐不足，固無羸餘可以賑貸。陛下當此之際，所宜側身刻意降服損膳以救其患，而更修此佛塔以費國財，臣竊以爲失緩急先後之務矣。且此塔傾欹，爲日已久，借使更經數年不修，於僧徒有何大害？若百姓飢窮，朝不及夕，而國家不能收恤，則老弱轉死溝壑，壯者聚爲盜賊。當是之時，雖有千塔，將安用之？夫府庫之財皆生民膏血，苟非事不得已，安可輕費？今有司既謟諛苟且，曾不爲陛下愛惜，陛下又不以介意，一皆聽之，使四海蒼生將何所依仰？臣愚欲望陛下親發德音，宣諭有司，以今歲旱灾，且罷修此塔。及其餘不急之費，有似此類者，皆仰有司條奏以聞，一切寢罷。候他年豐稔，帑藏有餘，然後徐議其事。於聖政之初，亦足以彰愛民之意，爲盛美之一事也。

光又上論修造劄子曰：

臣伏見近日以來，修造稍多，只大内中自及九百餘間，❶以至皇城諸門，并四邊行廊，及南薰門之類，皆非朝夕之所急，無不重修者。役人極衆，費財不少。此蓋陛下纘極之初，禁廷之中，誠有破漏不可居者，陛下略命整葺，理亦宜然。而左右之臣便謂陛下好興土木之功，遂廣有經度。雖不至損壞之處，亦毁拆重修，務以壯麗互相誇勝。外以希旨求知，内以營私規利。萬一

❶「自」，《長編》卷二〇四治平二年二月辛丑條作「幾」。

陛下更因此賞之，則營造之端猝無窮已，國財必竭，民力必殫。臣竊惟陛下新臨天下，惠澤未孚於民，而以好治宮室流聞四方，非所以光益聖德也。

修造勞費，不可勝數，臣請且言諸州買木一事，擾民甚多。

衙前皆厚有産業之人，每遇押竹木綱，散失陪填，無有不破家者。先帝躬履節儉，宮室苑囿無有增飾，故諸場材木皆有羨餘。屢因赦恩，放免買木，以寬民力。自頃修造倍多，諸場材木漸就減耗。有司於外州科買，百端營致，尚恐不足，而工匠用之，賤如糞土。昔漢文帝惜十家之産，罷露臺而不作，今諸場前後所積竹木，何啻十家之産！陛下至仁，若察其所從來，得不爲之愛惜乎？

況即今在京倉庫疏漏甚多，皆以上數處興功，占使匠人物料，未暇修葺，致粟帛之類大有損敗。古者將營宮室，宗廟爲先，廄庫爲次，居室爲後。今之所修緩急先後，無乃未得其宜乎？又皇子生而富貴，年未及冠，所宜示以樸素，慎其所習。今聞所修三位，規摹侈大，又復過於祖宗之時皇子所居。漢明帝曰：「我子何得比先帝子。」此恐非所以納之於義方也。臣愚伏望陛下特降聖旨，應大内裏外舍屋，即日不至大段損壞之處，及不至要切如南薰門之類，並罷興修。其皇子位，只因舊屋夾截修整，早令畢工，不得過爲宏壯。且令那減匠人物料，修倉庫之損壞者。所有諸處監修之官，自是本職，更不與減年磨勘及轉官酬賞，以塞泰侈之源。使天下皆知陛下去奢從儉，仁民愛物，不亦美乎！

治平二年，同知諫院兼侍御史知雜事呂誨上奏曰：

臣伏以先帝臨御四十餘年，未嘗崇宫室，侈服玩，事宴游，儉德之著，天下共知。臣切見修内一司，居常取索無度。蓋三司逐急應副物色，亦無由會計，以此因緣爲弊，耗蠹滋深。以事驗之，後苑曾修龍船一隻，費用不知紀極，經今四年有餘，尚未畢工。先帝果爲宴遊之備，豈容數歲造一船不成？事何其久？非但費用，直恐成一時奢侈之事，貽譏後世，有累先朝之全德，誠可惜也。臣欲乞朝廷差官點檢，龍船修葺經今幾年，會計所費錢物有無欺弊。所有修内司，自來係中官二人管幹，伏乞減省一員，以武官代之，仍添文官一員，委自三司保舉。所貴拘轄官物，不致枉有費用，實爲利便。

英宗時，知諫院傅堯俞上奏曰：

伏見近日土功併興，其間亦有不甚急者。鳩聚兵力，諸事極有妨闕。況監督官吏不務堅久，但取高峻以夸示目前，趣辦偷功，用希渥賞，隨畢隨壞，日復增多。故營修造完，無有窮已。夫古者用材取譬於梓匠者，蓋以能適其大小曲直之度而無遺木焉。今則不然，雖極大材木，皆斲而小之，以充細碎之用。主掌之人都不顧藉，殊不知斫山日遠，巨材固不易得。京師但知興作，不察外方供億之民極爲勞擾，且積年隳損，恐未能一旦併葺。臣謂宜應不急者一切權停，其須至興修處亦乞次第營之。仍嚴行約束，如敢輒壞大木及工力不至精壯者，悉痛繩之。則不獨粗免枉費，使民力稍寬，亦庶幾多得歲月，崇葺之役有時而減。

至於皇子位舍宇，頗事宏麗。臣竊謂天子之子，所歉不在於此，而潁王等執心謙儉，大率減於制度，蓋庀役者務侈其事，有所覬倖耳。惟陛下裁之，以昭示其德美，則天下幸甚。

臣又聞孝嚴殿成，執事者議推恩例。夫神御非古，固陛下所知，蓋於陛下有不得已者焉。既以不貲之費度越祖宗，又從而賞其官吏，臣恐僥倖之人務極土木，而國家之財益多縻耗。陛下必不欲黜其勞者。乞比附先帝皇堂與太廟賞典，使重輕之間不相踰，則不爲僭矣。

臣又聞禁中之屋舍修者乃至九百餘間，今暴完之，豈易爲力？與夫隨敗隨補，功殆相百。此足以爲陛下之誠。惟他事亦然，苟有頹廢，理之於其初微，無使至於極而後圖之，則力省而功倍。伏惟陛下赦其愚而詳擇。

神宗即位，監察御史裏行劉摯上言曰：

臣竊聞禁中計料修飾福寧殿，彩繪制度極於藻麗。惟人主之奉以文爲稱，而一殿之飾亦無大費，然而敦朴素者所以爲天下先，卑宮室者前聖之盛德。方今生靈靡敝，財用耗竭，居養服用，僭儗無節。陛下正宜躬率儉德，以淳風俗，示以彌文，下必有甚。伏況藝祖遺訓，宮中止用赤白爲飾；仁宗故事，欄楯徹去朱綠之采。陛下纂服，所宜守之。又聞慈壽、長樂二宮殿宇華侈，金碧朱丹，窮人力之巧，豈非誠心孝德，尊事兩宮，故極所以奉養之觀。然踰禮過制，不可以訓。今外論藉藉，以謂左右諛說之人進說陛下，指二宮以爲法。使論者出於臆度，不過臣爲妄言，萬有一實，則於聖德不爲無益，臣所以先事爲言。伏冀寬其狂瞽而采其誠，特賜寢罷，以解天下之疑。

熙寧四年，樞密使文彦博上言曰：

臣伏見修建太一宫，爲民祈福。臣聞太一，天神之貴者。天道貴質，凡所營繕，謂宜簡質，不務雕鏤之巧，不事金碧之華，不重費，不太勞，不日成之，明神安之。虔潔之誠内充，天人之心交感，神應之福，其理必然。臣又見累年以來，禁中營造不已，般運木石，鳩集丁匠，殆無虚日。既有專切提舉修内司，復置都大提舉内中修造司，誠恐所司各以宏麗取悦上心，一作未畢，一作復興，新舊相形，不極不已。國財民力，豈易支供？臣伏見陛下督責水官，以利農畝，必思夏禹卑宫室，盡力乎溝洫；勵精庶政，勤恤民隱，必思漢文罷露臺，思百家之産。臣伏願陛下亟敕中外，應不急營造一切權罷，則國用無窘，民力稍寬。臣又見繼聖堂，祖宗燕射之地，今爲造弩樁所。運斧斤，置鑪鍛，喧煩褻瀆，理恐非宜。《詩》云：「維桑與梓，必恭敬止。」況祖宗之舊跡乎！欲乞將製造弩樁移置他所，或歸之有司。則重明麗正之廷，加之嚴潔；奉先思孝之道，益以光顯。臣職在樞筦，主調兵匠，官忝論道，義當獻納。區區下誠，伏望采察。

八年，彦博又上奏曰：

河北平壤，其城池樓櫓之設尤嚴於他道，凡遣使行邊，所以督責於守臣、按察之吏者必先焉。夫豈以有事則整完，無事則廢弛哉！比者命安撫使以修完屬郡之城壁，周相其摧壞褊狹，將易而新之，使士民有以容，兵械有以施，誠善矣。苟慮事計材，趣期會於歲月之頃，無不完者，此固足以代守國之險，而嚴禦戎之備也。命方行，而反令依倣制度，造作熟材，堆積蓋藏於官舍之中，以俟樓櫓之大壞而易之，未見其利也。北京樓櫓之當修者九百餘所，凡八千餘間，若欲概修於數月之間，雖盡鳩天下之良工，亦不可卒焉就，必在次第而修作之。舊材之中尚有可用者，亦兼取焉。然猶要之一二年，僅可完矣。今乃以成熟之材委積於虚閑之處，敵來而后立，患至而后興，無乃不及於事乎！今若據樓櫓見在區數，内有庳下不及制度并欹側朽弊者，計其數且修其半，仍間隔一座拆一座，所貴城上不至斗然空闕，年歲之間便得周遍完備，乃爲便也。

熙寧七年正月，判軍器監曾孝寬論軍器監事不必謀及殿前馬步軍司，奏曰：

臣伏見朝廷必以武人習用器械，故謀及殿前馬步軍司。然臣體問得，逐司每准朝旨送下定奪事件，只是取責軍校文狀聞奏，非獨務持舊説，不肯改更，又其智慮未必能知作器之意，故凡外人所陳，非己出者，必不肯言是，朝廷亦未嘗考其説之當否，遂從而寢。荀卿以謂「工精於器而不可以爲工師」，❶有人也不能此技，可使治其官，唯精於道者爲然。今陛下置監以除戎器，不屬之介胄之武夫，斧斤之巧匠，而使臣等領其事，則豈以臣嘗能此技而使之

❶ 下「工」字，《荀子·解蔽》作「器」。

乎？殆將以其薄燭道理而可使治其官者也。臣辭不獲命，遂受其職。苟或自度不足以畢事，則亦豈敢當？故其器械必盡觀中外之所藏，其法度必盡考古今之所説，其制作必究良匠之所編，其施用必問邊臣之所試，而臣之愚慮亦以爲可，然後上聞。而朝廷乃下此屬議之。如聞前所定弓箭等，習用故態，亦只聚集軍校曹司共執舊説，未知實否。今軍器式樣又從本監賫送往逐司定奪，則是使臣等營之，而其是否乃取決於此屬也，非獨謀及之而已。臣以從官預典監事，於陛下則爲論思謀畫之臣。朝廷一日有四方之事，若幸得使令於前，當使此屬奔走以聽事。今乃以其悉心并智之所爲，而使之議可否於今日之間，臣固不敢自愛，深恐武夫健卒輩有以窺朝廷之心膂，謂其智慮乃決於我也。以理言之，竊恐爲倒。蓋此屬既多出於行伍，則其底裏淺深，其下之所熟知。而臣等雖不肖，然上託陛下名器寵任之故，猶宜見懾。今又使有以窺之，則不特於朝廷之體爲輕，而又非所以崇堂陛之勢。而陛下經營四方，又未能舍文臣而用此屬，則其名分之定豈可無素？雖政事之臣不慮及此，而陛下豈不自愛國體也？臣等以朝廷已行之命，不敢言改，乞從本監奏，就一司同議。

哲宗元祐元年，右司員外郎張舜民乞罷中慜造寺，奏曰：

臣備員宰屬，無補歲月，苟有所見，不敢不言。祖宗日遠，淺聞狹見，且以嘉祐、治平及熙寧之初年揆之。當嘉祐、治平與熙寧之初，在京寺觀幾何？僧籍幾何？今相距未三十年間，創造修飾寺觀，外來土居之僧徒，無慮數倍之多也。不唯其多，愈見其侈。彼百間不足居也，我則以千楹；彼丹雘不足觀也，我則以金碧。前耻不若，後求勝之。爲朝廷，則曰我一以官錢營造，未嘗取民也。爲僧徒，則曰我唯是化緣修建，不敢仰於官也。究而言之，則財力是何從出哉？皆百姓之膏血也。漢文帝以露臺爲中人十家之産，罷而不爲。孫樵謂：「十農夫之耕，十蠶婦之織，終歲不能養一僧徒。」今一寺觀之興造，又何止中人十家之産？一僧徒之奉養，又何止十農婦之耕織？以古望今，良可歎也。

尤不可忍者，是以軍營地修造寺觀也。祖宗開基，有此都邑，當其經始，可謂勤勞。罷方鎮之兵而聚之京畿，其慮深矣。漕輓金粟，休養區處，靜則雄中，動則制外，不畏一朝之警急。熙寧併廢，鞠爲茂草，有識視之，猶或歎息。今又委爲寺觀，其勢未已。太平日久，兵愈消，地愈空，寺觀愈多。苟有一朝之急，則將驅僧道以禦之乎？累朝敕令：創造寺觀者，徒二年；造殿閣神祠者，杖一百。若殿閣有損壞而欲移修者，申所屬驗實，乃聽。即不得以修造寺觀爲名，求化錢物。此朝廷之法禁也，非不明白。外方州縣以時申明，無敢慢易，唯京師此法不行。京師法令之所出，乃猶不行。前之日官造一寺觀，後之日私起一殿閣，疇敢誰何？不知此俗何時而替也。

今所謂中愍者，既爲西塔，又爲東塔，東塔未起，又請造寺。朝廷爲之響應，不知造寺何時而已乎？又安知今請之寺成，而更不欲造寺修塔乎？在國則以爲蠹，在已則以爲功。於其起塔聚徒之處，居處十數年之間，返謂我爲客寄，棲泊簷廡之下，備極恓惶，此尤見罔上誕謾之甚也。其居其處，其飲其食，享御凡百指呼，王公大人有及之者乎？不唯不及，有似之者乎？是欲窮極饜奪，無有休已。朝廷既許以空閑官地，且京城之中，何處有空閑之官地以待修寺者？非居民則官府，非官府則軍營。民居、官府既不可遷，彼將不滿而再請，則唯有空閑軍營可以從事矣。此役一興，上之宫邸衣冠之家，下之閭閻商販小民，又將征求割剩，三五年間不得休已。

比年已來，豐歉不常。自冬徂夏，雨淫爲災，京之東南千里渺瀰不止。夏秋不成，而復田廬漂没。今已八月，麥未施種，關中又以旱訴。至於來歲，尚未可知。都市飲食儉薄，小民失職，衢巷之中稍有菜色，遷流之民日有過者。二聖焦勞軫惻，分遣使臣，賑恤之方，未知攸濟。豈可因之飢饉，重以此徒蝨賊良民，如水益深，如火益熱！其能賑濟，唯在聖慈。伏乞特賜指揮，將八月四日旨揮更不施行。令中憖止居相國寺東塔。或不自安，即勒歸受業院舍。仍乞申明敕令，自此止絶修寺造塔之役。不唯少阜於民財，亦可仰消於天變。

四年，左司諫劉安世上奏曰：

臣伏見近降指揮，於京東、河北差崇勝、奉化兵士各五百人，及招填廣固四指揮，各令及八百之額，立限五年，修築京城。又許支朝廷應千封樁錢，和雇人夫二千人，令作四年，開掘城壕。臣雖至愚，慮不及遠，詳觀事理，甚有未安。輒進瞽言，以黷天聽。惟陛下留神省覽。

臣伏覩陛下聽政之始，沛發德音，修城兵夫，悉令散遣，道路歌頌，讙仰聖澤。四年于此，未嘗有枹鼓之警。今元元之民，方就休息，四夷順軌，外無戎事，而遽興大役，衆謂無名。又於京東、河北再發廂兵，人心驚疑，不可不慮。況修城與開壕之工幾八百萬計，❶其費用固已不貲。方二聖崇尚寬厚，前日利源之入，去其太半。封樁錢物，尤宜謹惜。而乃竭有限之財，應不急之役，非計之得也。兼臣訪聞近日朝市之間，往往竊議，以謂朝廷將復治茶磨以收其利。雖廟堂之論不能知其有無，而庶人之言何因而起？臣恐傳之四方，皆謂陛下前此所罷之事，漸欲復講，搖動人心，所害不細。伏望聖慈深賜詳察，特罷修城之役。非惟爲國家惜費便民，亦可以杜塞奸人妄意陛下爲善不終之議，❷惟冀獨出睿斷，早賜旨揮。

安世又上奏曰：

臣昨累具狀論奏修城利害，至今未蒙施行。日近訪聞開壕人夫，其數增倍，所散工直頗有掊斂。雖號爲加給，得錢之人多是上下干繫作頭壕寨之類，❸陰有侵刻。既聚大衆，而不以公平處之，積怨日深，或致生事。兼壕身大闊，所出之土占壓民田，壅塞道路，隣近墳墓多被穿掘，怨歎之聲達於衆聽。臣職在耳目，不敢不言。竊謂國家建置治官，本欲循名責實，今修城開壕之工共七百餘萬，日役兵夫無慮數千，付之一二庸人，而不領於將作，名實紊亂，孰甚於此。

❶「八」，《長編》卷四一五元祐三年十月庚子條、《宋朝諸臣奏議》卷一二六《上哲宗乞罷修京城》無此字。

❷「奸」，《長編》、《宋朝諸臣奏議》作「小」。

❸「錢」，原作「力」，今據《長編》卷四一五元祐三年十月庚子條改。

如聞板築方畢，旋致摧毀，蓋上下官吏肆爲誕謾，無所統屬，以糾其繆，此不可以不更張也。伏望聖慈檢會臣累奏事理，特降旨揮，惟用廣固兵士三千二百人，不計歲月，修築城壁，以終其事。所有開壕役夫，並乞放罷。止以兵工隨其地形量加濬治，不必盡如元料。仍專委將作監主轄，所貴事有統領，不至乖戾。

安世又上奏曰：

臣近累具狀乞罷雇夫開壕，止以兵工隨其地形量加濬治，不必盡如元料，仍令將作監專切總領，至今未奉旨揮。臣竊謂事之利害已具前奏，不復委曲再煩聽覽。然臣有所甚疑者，特以帝王之都，而高城深池過於邊郡，雉堞樓櫓之迹，隱然相望。若於京師而爲受敵之具，其如天下何？議者不能爲國家晝久安之策，而區區增峻城隍，欲恃之以爲固，亦已過矣。方朝廷講求國用，正務裁損，而舉百萬之費，棄於無用之地，實爲可惜。伏望聖慈深賜省察，檢會臣累奏事理，特降旨揮施行。

安世爲右正言時，上奏曰：

臣近以自春涉夏，旱暵爲虐，地震星殞，巨異仍出，輒奏狂瞽之論，粗陳銷復之理。方陛下祗畏天戒，側身修行，日俟明詔，採用一二。今既旬浹，未覩施行，惓惓之心，不能自已，再浼天聽，幸垂省覽。臣嘗考《禮記》春夏《月令》，以謂無聚大衆，無置城郭，掩骼埋胔，毋起土功。有以見聖人奉順陰陽，取法天地，力役之事，不奪農時，行道之墐，亦順生氣。是以風雨時若，災害不生，天人和同，上下交泰。其或賦政違道，役使過中，人力疲勞，養氣搖動，❶則國有水旱之變，民罹疾疫之災。此繼天奉元之君所以夙夜恭敬而不敢忽也。《春秋》莊公三十一年冬，不雨，《五行傳》以謂是歲一年三築臺。僖公二十一年夏，大旱，《五行傳》以謂作南門，勞民興役。災祥之應，各以類至，著之方册，皆可稽考。臣伏見京師修城開壕，工費重大，兵夫之衆已至數千，徒庸之計幾八百萬。穿掘墳墓，傷掩骼之仁；違逆天時，犯無戎之戒。人困於役，國傷於財，然則嘉氣之久不効，未必不由於此也。

臣聞天子有道，守在四夷。今帝王之都而爲受敵之具，則在外屏翰將安用之？必謂州郡爲不足恃，則平陸之一城，恐非用武之地。況國家利源之入，比之前日，去其太半，用度漸窘，止務裁節。陛下躬行法度，爲天下先，而乃以不貲之費，棄於無用之所，可不惜哉！或謂先朝已嘗興作，欲終其事，則乞罷雇人夫，止以廣固之兵，不計歲月，漸令完葺。自餘土木不急之役，伏乞特降指揮，悉俾停罷，所貴順承天意，以致膏澤。

右諫議大夫范祖禹上奏曰：

臣伏聞開修京城濠，日役三四千人。雖和雇夫力，調發不及民，其錢不屬户部，然財出於民一也。豈可不計校愛惜而枉費用之？臣聞開濠深一丈五尺，闊二百五十一步，廣於汴河三倍，自古未聞有此城池

❶「養」，《盡言集》卷六《爲愆亢乞罷修城及諸土木之役》作「元」，《長編》卷四二五元祐四年四月丁卯條作「善」。

也。新城，周世宗所築，太祖因之，建都于此百三十年。無山川之險可恃，所恃者在修德，在用人，在得民心。此三者，累聖所以遺後嗣子孫也。神宗時，宋用臣提舉修京城，大興土功，板築過當。小人之情，唯欲廣用民力，多費國財，上則徼幸爵賞，次則隱盜官物，故役無有不大，費無有不廣，此姦臣之所利，本非先帝意也。

陛下始初聽政，散遣修城役夫，百姓皆歡呼鼓舞。今欲終成前功，但完之而已可也，何必廣作無益以害有益乎？又京城外門，正門即爲方城，偏門即爲甕城。其外門皆用純鐵裹之，此祖宗時所無有也。甕城乃邊城之制，非所以施於京師。今東、西、南三面偏門亦欲爲甕城，臣不知大臣以何見而爲此謀也。必以爲威北狄也，使北狄果渝盟南向，大臣將坐守此以受敵乎？

春秋時，楚囊瓦爲令尹，城郢。沈尹戌曰：「子常必亡郢。苟不能衛，城無益也。古者天子守在四夷，天子卑，守在諸侯。諸侯守在四隣，諸侯卑，守在四竟。慎其四竟，結其四援。民狎其野，三務成功。民無内憂，而又無外懼，國焉用城？今吴是懼，而城於郢，守已小矣。卑之不獲，能無亡乎？昔梁伯溝其公宫而民潰，民棄其上，不亡何待？」今大臣不修德政而急於城池，此囊瓦城郢之計也。

唐神龍中，張仁愿爲朔方總管，築三受降城，不置壅門、曲敵、戰格。或曰：「邊城無守備可乎？」仁愿曰：「兵貴攻取，賤退守。寇至，當併力出拒，敢回望城者斬。何事守備，退恧其心哉？」後常元楷代爲總管，始築壅門。議者益重仁愿而輕元楷。今於京城爲受矢石之備，是不如張仁愿之守邊城也。自修城浚池以來，議者皆以爲無戎而城，無寇而溝公宫，此言不可不畏。其北門甕城已就，改之重勞，臣欲乞降指揮，東、西、南三面偏門，止爲方城。其濠廣闊，可減三分之二，稍正王城之體，以惜民力，以省國用。

祖禹又上奏曰：

臣昨上殿論修城開濠，欲乞改東、西、南三面偏門甕城曲門爲方城直門，其濠廣闊可減三分之二，稍正王城之體，以惜民力，以省國用。今將兩月，未蒙施行。臣竊以京城爲甕城，尤爲失體。議者必謂可以威服四夷，今使外國傳聞，天子居於甕城，不足以示威，乃所以啓侮。此公卿大夫之辱也，而大臣以此爲守國之計，臣愚竊所未諭。況當國用窘乏之際，計無所出，而枉興土功，爲此無益之費，不知紀極。假使作之有用，不惜費而爲之可也。今實無用，其費豈不可惜？又發掘既廣，多發人塚墓，害及幽明，恐傷和氣，此皆朝廷所當恤也。伏乞檢會臣前奏，早降指揮施行。

七年，祖禹乞不還開封府狀曰：

右臣準尚書省批送工部狀，乞還開封府於舊南省，令禮、工部與將作監同勘當者。臣竊以開封府自太祖皇帝開國建置於此，太宗、真宗皆嘗尹京，潛龍故迹，至今存焉。昨因廨舍遺火，逼近原廟，遂有遷改之議。若以火而遷，則廟之東北皆有民居，比之開封尤更不遠，火何可防？又舊南省已爲試院，今欲以開封府爲試院，豈可不嚴火禁乎？若以開封敲扑之地，不可近原廟，則景靈宫在祖宗時已有列聖神御，比之今日，輕重亦均。若以狹隘而遷，則祖宗以來官吏所容，亦足以治事。且開封非貯火之所，但長吏與僚屬住家於其中爾，比之民居，孰爲難防？唯當申嚴火禁，或築高牆以爲隔限，亦可以備患矣。今乃欲改已成之試院爲府，廢百三十餘年之府爲試院，此兩大役營造不小。夫土木之功，使匠人度之，無不言費省而易了，及其作之便見費大。臣恐枉勞人力，虛費國用，無大利害，不必遷也。今若因舊興葺，稍徙近南，比之兩處營造，功費猶小。凡官舍數遷改，則民心亦不定，不若因其故便。昔魯人爲長府，閔子騫曰：「仍舊貫，如之何，何必改作？」孔子稱之。蓋爲國者姑務省事，不欲多變革也。伏望聖慈更賜詳擇。

哲宗時，殿中侍御史呂陶上奏曰：

臣伏謂古之明王講求治道以幸天下者，凡不急之務，必先罷去，乃省事省官之一端也。國家自慶曆罷兵以來，武庫百備廢壞幾盡。神宗皇帝以常德立武事，震耀威靈，治兵制器，憲度詳謹。内置軍器監，外創都作院，日程其功，月閱其課。戈矛弧矢、甲冑刀劍之具皆極完具，等數之積，殆不勝計。苟有靈旗之伐，可足數十年之用。方朝廷弭戎息戍，以戢干櫜矢爲意，顧惟兵械，謂非今日之急務也。比嘗降詔，併爲兩坊，坊止三作，省去監督綜轄之員，揀放疲癃拙惰之匠，據所積材具，以漸造制。然至今兵匠尚以六千人爲額，兩坊額外亦四五百人。以一歲計之，爲口食米者凡四萬五千石。又緣内外廂軍大率闕少，亦有廢事去處，若值工役急速，未免於民間差雇人夫。官有耗費，私有騷擾。臣愚欲乞減兵匠三分之二，罷監官四員，小作料次，責其日力，積之歲月，亦無所闕。却將所減之兵，分填添助諸處廂軍差使，候將來修制軍器闕人，仍勾抽赴作。不惟省監官軍匠添給之費，抑亦助廂兵役使之勞。況今財利羡息之端，多蒙蠲罷，如此等事，雖於國家富有之體未必爲害，亦宜裁損均節，以稱量入爲出之義。伏望聖慈付有司相度施行。

右諫議大夫梁燾上奏曰：

臣竊以都城之役工程浩瀚，開廣池隍最爲大事。全如受敵邊備，動搖人心；盡發封樁官錢，蠹耗國力。毀徹廬舍，生者不得安；掀剔墳隴，死者不得息。棄土山積，旁無曠地，稍已堙没園林，浸至壅閼道路。近城居民深以爲勞，兼冒寒暑，怨通幽明，累德損政，莫甚於此。言者相繼，指擿明白。日聽蠲罷，邈未蒙省。敝病之時横在十目，❶愁怨之聲達于四海，未諭朝廷何憚不革？且以糾殊異之情，久則難齊；任困苦之事，極則生變。群疑不解，理有可虞。今若但省工料，別期歲月，未免久勞，終是無益。臣愚欲乞聖慈特賜指揮，放散見雇人夫，只留廣固軍工。濠塹據已開處，❷令結束了當；城壁據未堅處，令漸次修築。除冗費之患，去妄作之擾，使民情安悦而氣和，人力舒暇則功倍。輦轂之下，先見安静，誠今日聖政之所宜爲也。伏望深留宸念。

高宗建炎中，御史中丞許景衡上奏曰：

臣聞天下之事有緩急，其治之也有先

❶「時」，《長編》卷四三〇元祐四年七月乙亥條作「跡」。
❷「據」，原脱，今據《長編》補。

後，聖人常先其所急而後其所緩，故事得其序而治功成矣。今夷狄暴横，盗賊間作，陛下宵衣旰食，圖刷國耻，節省浮費，以應軍須，可謂先其所急者矣。至於工技之末作，掖庭之所須，此其事爲至緩，宜在所後。而有司不知大體，乃欲以承平靡麗之事而修復於艱難之時。若賈詡所領後苑作准備造作生活工匠是也。《書》曰：「不作無益害有益，功乃成。」兹事雖小，其於聖朝致治之功則爲害甚大。❶此臣所以昧死須至上浼天聽也。伏况東南製作甲於四方，或掖庭有須，臨時置買，應手可辦，正不必專置吏卒，徒爲此紛紛也。平日耕桑之民，死傷流亡之餘，尚能竭力以供租賦者，彼誠知國家之艱難，而上體陛下之憂勤，欲足兵食以安中原也，故雖極勞瘁而不敢辭。今若聞置官司、破禄食以營技巧，彼必歎息憤懣，有不平之氣矣。臣愚伏望聖慈深念賦入之耗減，軍須之糜費，凡不急之務，悉詔罷去。掖庭所尚，宜示敦朴，以革近世豪侈之習，以成中興節儉之化，夫豈不美哉！所有八月二十一日後苑作差人吏工匠二指揮，伏乞特賜寢罷。

高宗時，應天府尹葉夢得上奏曰：

右，臣近承尚書工部符，備到七月十八日敕節文：京東路州軍增修城壁樓櫓，仰當職官隨宜修治。勘會本府昨五月内，先准聖旨修城。尋行相度，據舊城外，今添幇城，身底闊一丈四尺，高六尺；增築馬面團敵，創建樓櫓一千八百六十餘間。合起夫

❶「甚大」，原脱，今據《横塘集》卷一一《乞罷後苑工匠劄子》補。

八十餘萬，收買木植一百六十三萬餘條，計合用錢二十一萬貫有零。自臣到任，親再檢視，以勞費浩大，民力不易，兼元料有大計虚費不實去處，遂别措置裁減。據舊城外止合添幇城身底闊一丈，高三尺，及造樓櫓一千間，比元料計減人夫五十餘萬工、木植一百餘萬條，計合用錢七萬餘貫。其合用人夫仍欲召募，日支工食錢米，於民即無搔動，已具狀奏聞去訖。

臣竊惟本府當東南之衝，内屏王室。漢吴、楚七國舉兵西鄉，關中震驚，景帝遣周亞夫將三十六將軍距於洛陽，相持三月。然卒挫其鋒而遁死者，梁孝王力限之於此，而不得西之效也。唐安禄山叛幽、薊，安慶緒遣其下尹子琦將同羅、突厥等勁兵十餘萬來攻，卒能保有江淮，使不敢長驅，唐得保有其財用以濟中興者，張巡、許遠以死守之於此，而不得逞之效也。蓋嘗以此考之，自東南而來，如漢之吴、楚，由西北而下，如唐之尹子琦，皆以睢陽爲襟喉，則控扼之要，利害豈與他郡比哉！

又況本朝王業所基，見奉三聖神御於離宫，夾輔京師，號爲陪都，其形勢又非漢、唐之比，則府城勢決不可不修，以爲非常之備。今有司之所較者，不過目前之費而已。臣今來裁減之數止是七萬餘貫，朝廷豈當以此豪末之費，而不爲王業本基之計乎？契勘發運司并江西轉運司見拖欠本府宣和五年以後年額，合應副斛斗二十七萬石。臣今來更不敢上干朝廷别作施行，支降錢本，只乞於今來上供斛斗内截留十萬石，依准去年御筆指揮，充三年帶納之數，亦可變轉了辦。目今秋田收刈不遠，若不乘農事稍隙之時疾速下手，併力營治，竊恐遷延至冬，必不及事。臣已一面收簇本府諸色椿管經費、係省錢，先次兑那使用，徑自擇日興工外，欲望聖慈特賜開允，許臣依數截留上件斛斗撥還，庶幾不誤年計。

夢得爲兩浙西路安撫使時，又奏曰：

右，臣備員從官，出守藩輔。近者嘗以疾病乞就閑秩，伏蒙聖恩，未即矜許。既勉强承命，方時艱難，身覩陛下宵旰以圖中興之日，曾未纖毫報効，夙夕愧懼，無以自處。惟有隨事納忠，少圖裨益，庶猶愈於緘嘿坐食。故苟在職一日，不敢遽忘此心。

伏見經營建康，以備巡幸，捨二百年定都之業，而即偏霸塹處之地，此誠不得已之下策，非出陛下本意。然而天子以四海爲家，古之帝王一歲而四巡狩，不以爲難，則今萬一順動，固未爲過也。惟無傷財，無動衆，事不求備，居不求安，則何所往而不可？竊聞今建康規畫，有司似不能盡體聖意，道塗之言皆云欲創建宫室，備列百司，規倣京師。臣愚竊以爲未然，此行幸，非遷都也，何遽如是哉？夫功大則費廣，費廣則民勞，此理勢之自然。幾月以來，争傳江東之民有家業錢一千而取三十者，田一畝而出方甎一片者，一邑而率甎灰土木之費以二十萬計者，置窑燒甎而望青斫木者，甚有至於取平江府朱勔家之巧石以備玩設。雖未必皆實，然方陛下恢復之初，愛民恤下之意，如撫赤子，惡衣菲食之念，自比匹夫，此聲豈宜聞於外乎？是殆州縣之吏迫於期會，各課職守，規以自免過咎，而不暇爲朝廷之思也，然所以爲累者大矣！

昔周以公叔帶之亂，挾戎狄以伐京師。襄王出居於鄭，使人告難於魯，自稱曰「不轂」，左丘明以爲易服降名，禮也。非特王者爲然。狄人侵衛，齊小白復之，文公衣大布之衣、大帛之冠，以臨其國。獨務材訓農，通商惠工，謹教勸學，授方任能，而衛復興。故史稱其元年革車三十乘，季年乃三百乘。下至於越王句踐，蠻夷之事，無足言矣，然及圖報吴也，在國親巡孤寡而共其乏困，在軍熟食者分而後敢食，所共嘗者卒乘與焉。居不重席，室不崇壇，器不雕鏤，舟車不飾。故其未戰也，父兄相與請曰：「越四封之内，親吾君也，猶父母也。子而思報父母之仇，臣而思報君之讎，其敢不盡其力乎？」及其將戰也，則又父勉其子，兄勉其弟，婦勉其夫，曰：「孰是君也，而無死乎？」於是敗吴於囿，又敗之於没，又郊敗之，遂以滅吴。

恭惟陛下以神聖文武之資，受天明命，奄有祖宗之大業，天下孰敢不服？即位以來，膏澤屢下，寬大之令日聞於人耳，哀痛之詔日感於人心，天下孰敢不歸？蠢爾叛天不道之虜，合中國之力而共誅之，其殄滅必有日矣，何足懼哉！在陛下行之如何耳。迺者天申節上壽作樂，抑而不行；貢奉之物非天地宗廟陵寢所須，却而盡罷。天下皆知陛下約己思艱之意，堯、舜無以過。然執事之吏乃復因緣舊習，過舉如此，甚不稱陛下盛德美意。愚俗難以家至户曉，願下明詔，顯示戒飭。應建康等處營繕，除城池樓櫓以備守禦，營寨次舍以待屯戍，糧糗儲蓄以充廩給，金錢幣帛以供犒賞外，其餘一切，並從簡約。無以險陋爲不中，無以草創爲非體。古者君在草莽，其臣皆反首茇舍，則百司庶府亦非求安之時。陛下既屏聲色而不御，抑侍衛而弗充，則外朝之制、後宮之儀亦不必備。使天下曉然皆知陛下大讎未雪，不忘嘗膽之心，二聖未還，常切承顔之念，則四海之内，苟非木石，食陛下之禄，沐陛下之恩，誰不欲畢命自效，彎弓而北向乎？設有背德避患者，天下必共起擊之矣。追迎鑾輿，再造王室，復還千里之畿，歸嚴九廟之奉，可剋日而至。

臣位卑人微，未嘗得覯清光，遽冒君威，犯分不韙，罪當萬死，不勝惶懼激切屏營之至。

御史中丞廖剛奏曰：

臣契勘軍器所見造李顯忠所請軍器名件凡一萬八千有奇，爲工幾十萬，而所役兵匠及和顧纔一千八百餘人，人各占一能，不可以相易，則費日非止十萬也。况鐵必精鍊，皮必熟治，漆必俟乾而後再施。若此之類，儻迫以嚴限，不唯難於辦集，所成之器亦將苦窳而不可用。昔晁錯有言：「兵不犀利，與空手同。甲不堅密，與袒裼同。弩不及遠，與短兵同。矢不能入，與無鏃同。」今幸未急於用，臣愚欲望聖慈特降處分，稍寬其工程，則人力裕而器械精矣。必欲速就，不過添雇人匠。本色匠人既不易得，則府縣强雇不能無搔擾，而事亦未必濟也。

孝宗淳熙四年，吏部侍郎周必大上奏曰：

臣聞歐陽脩在翰林日曾上言：「京師土木興作處多，乞行減罷。」尋差修與三司同共相度減定。修因言：「神御殿不住修换，昨開先殿只因兩柱損，遂换一十三柱，用材植物料共一萬七千有零。且崇奉祖宗，貴於清凈，頻有遷徙，輕瀆威靈。」其言甚爲詳備，仁宗嘉納。

臣竊見近歲營造往往委臨安府及轉運司，例皆苟簡趣辦，閲時未幾，即復繕修。秖如景靈宫歲歲换柱，每次所費不下數千緡。蓋抽换之時率用濕木，塗以丹漆，夾以牆壁，纔及數月，又已損爛。近修兩學，亦復如此。官吏只欲速成，冀目前之賞，豈暇計慮久遠，以邦財民力爲念哉！臣愚欲望聖慈嚴賜戒飭，凡遇修宗廟等處，須用乾壯材植。若年歲間依前損壞，即推究元修官吏，重行責罰。其他土木之工，有可節者節之。謂如封樁錢物，雖少屋宇，而左藏東西庫大段有空閑去處，若就用盛貯，别差專庫看守，却令提領官掌其扃鑰，遇有收支，躬親啓閉，户部何由敢有移用？自不必令漕司踏逐地步，枉費十餘萬緡，造屋五百間，拆移大府寺，其爲利害若白黑之易見。仰惟陛下躬儉出於天性，此事偶有未知，知則必爲裁制，此臣所以不避妄言之罪，期效涓埃之補也。

孝宗時，趙汝愚陳便民事宜曰：

臣嘗論奏國家渡江以來費用浸廣，民間兩税之外，科斂不一，民力可謂困矣，而人不以爲怨者，知朝廷養兵之費，蓋不得已故也。然有得已而不已者，寺觀修造是已。近時僧道自知道業無聞於世，而專務營造，以侈相高，用誇己能，至有一樓一閣而工費鉅萬者。其銷鎔金寶，又不可數計，竭民膏血，委於無用，誠爲可惜。臣竊見司馬光奏議謂：「國家明著法令，有創造寺觀一間以上者，聽人陳告，科違制之罪，仍即時毁撤。」臣愚伏望聖慈申嚴前項法禁，今後寺觀除舊管屋宇或有損壞處，許隨宜修葺外，並不得别有創造。或遇水火不測，合行再造者，並委州縣長吏量度費用，務從簡省，須出給公憑，開具間架，方得修造。如有違犯，官吏僧道並與同罪。

金哀宗至蔡，命有司修見山亭及同知衙，爲遊息之所。完顔仲德諫曰：「自古人君遭難，播越于外，必痛自刻苦貶損，然後可以克復舊物。況今諸郡殘破，保完者獨一蔡耳。蔡之公廨固不及宫闕萬一，方之野處露宿則有加矣。且上初行幸已嘗勞民葺治，今又興土木之役以求安逸，恐人心解弛，不足以濟大事。」上遽命止之。

元世祖時，趙天麟上策曰：

臣聞物之有益者，天下之通物也；理之極中者，聖人之極理也。故物涉於玩視，則足以蕩吾之心；而理及於太過，則所以傷吾之道。以九五之位，生殺之權，俯天下而御之，宜若得以從心所欲矣；以祖宗之大，社稷之重，仰天命而思之，雖欲自逸而亦弗敢矣。是以聖人之治天下，事皆從於寬厚。尊在民上，而知民之不可下也，故近之；貴爲人主，而知人之爲王天也，故靖之。審民情之莫不欲富、欲逸、欲安，軫宸心而載行去甚、去奢、去泰。昔堯之不剪其茅茨，禹克卑其宫室，晉成計四十金而射堂遂止，漢文惜十家之産而露臺不興。況今也，去古既遠，澆民難化。不據正以率之，則其誰順哉？不倡正以變之，則烏可清哉？

我國家兩都宫禁，温凊修省，塗粉白丹雘於隨年，整簾幙庭陳於逐節，斯皆理之當然也。臣但以發府庫之財，役生靈之力，崇修佛寺，多積佛緣。畫棟插天，飛甍隱霧，及今古之巧麗，耀金碧之輝光。且依佛經而言，則佛者覺也，將以覺妙悟寂滅、聲聞緣覺之民物。而釋迦者能仁也，將以仁四恩三有、誦經持戒之衆生。今乃以下民之財，下民之力，粧點色身之相好，臣竊以爲非如來之本意也。欽惟皇國，武定四方，文綏一統。握歷世帝王之大柄，爲百家道術之宗盟者，皆孔子三綱五常之力也。豈宜獨崇絶滅綱常之教以率天下奉信浮圖之人哉？

臣又以京師者，天下之所瞻仰也。孔子乃帝王之師、綱常之主，而其廟學猶爲闕然。臣於先所獻萬言策内已言之矣。蓋理貴得中而已。彼老、佛之教乃山林曲士之所奉，虛無寂滅之一術，無父子之恩，無君臣之義。今國家取其一節，而崇其寺觀，猶可也。至如師孔子而獨惜崇興廟學之資費，此臣所以不能無言也。故爲國家者，於所可止者不容不止，於所不可止者不宜遽止也。伏望陛下念孔子道德之尊，報孔子綱常之力，採老氏之知足，法如來之能仁。凡兩都宮禁，但令春秋補葺其弊、革異其損者，不須創建。凡勞民無益之役，不拘時月，並皆停罷。其不急者，如前詔。凡僧道寺觀，截自令下之後，内本京師，外及所在，但許修整，無敢創立。凡所在文廟，依時修整，自有常制，若夫京師廟學。惟陛下識之。

文宗天曆初，詔以建康潛邸爲佛寺，務窮壯麗，毀民居七十餘家，仍以御史大夫督其役。江南行臺監察御史蓋苗上封事曰：「臣聞使民以時，使臣以禮，自古未有不由斯道而致隆平者。陛下龍潛建業之時，居民困於供給，幸而獲覩今日之運，百姓跂足舉首，以望非常之恩。今奪農時以創佛寺，又廢民居，使之家破産蕩，豈聖人御天下之道乎？昔漢高帝興於豐沛，爲復兩縣，光武中興南陽，免税三年，既不務此，而隆重佛氏，何以滿斯民之望哉！且佛以慈悲爲心，方便爲教，今尊佛氏而害生民，無乃違其方便之教乎？臺臣職專糾察，表正百司，今乃委以修繕之役，豈其禮哉？」

順帝至正二十年，欲修上都宫闕，工役大興，參議中書省事陳祖仁上疏，其略曰：「自古人君不幸遇艱虞多難之時，孰不欲奮發有爲，成不世之功，以光復祖宗之業。苟或上不奉於天道，下不順於民心，緩急失宜，舉措未當，雖以此道持盈守成，猶或致亂，而況欲撥亂世而反之正乎！夫上都宫闕創自先帝，修於累朝，自經兵火，焚燬殆盡，所不忍言，此陛下所爲日夜痛心，所宜亟圖興復者也。然今四海未靖，瘡痍未瘳，倉庫告虚，財用將竭，乃欲驅疲民以供大役，廢其耕耨，而荒其田畝，何異扼其吭而奪之食，以速其斃乎！陛下追惟祖宗宫闕，念兹在兹，然不思今日所當興復，乃有大於此者。假令上都宫闕未復，固無妨於陛下之寢處，使因是而違天道，失人心，或致大業之隳廢，則夫天下者亦祖宗之天下，生民者亦祖宗之生民，陛下亦安忍而輕棄之乎！❶願陛下以生養民力爲本，以恢復天下爲務，信賞必罰，以驅策英雄，親正人，遠邪佞，以圖謀治道。夫如是，則承平之觀

❶「棄」，原作「重」，今據《四庫全書》本改。

不日咸復，詎止上都宮闕而已乎！」疏奏，
帝嘉納之。

歷代名臣奏議卷之三百十六

本卷劉永强校點

歷代名臣奏議卷之三百十七

弭盜

漢武帝時，東郡盜起，丞相公孫弘奏言：「民不得挾弓弩。十賊彍弩，百吏不敢前，彍音郭。引滿曰彍。盜賊不輒伏辜，免脱者衆，害寡而利多，此盜賊所以蓄也。禁民不得挾弓弩，則盜賊執短兵，短兵接則衆者勝。以衆吏捕寡賊，其勢必得。盜賊有害無利，則莫犯法，刑錯之道也。臣愚以爲禁民毋得挾弓弩便。」上下其議。光禄大夫吾丘壽王對曰：「臣聞古者作五兵，非以相害，以禁暴討邪也。五兵謂矛、戟、弓、劍、戈。安居則以制猛獸而備非常，有事則以設守衛而施行陣。及至周室衰微，上無明王，諸侯力政，彊侵弱，衆暴寡，海内抏敝，巧詐並生。抏，訛盡也，五官反。是以知者陷愚，勇者威怯，苟以得勝爲務，不顧義理。故機變械飾，所以相賊害之具不可勝數。於是秦兼天下，廢王道，立私議，滅《詩》、《書》而首法令，去仁恩而任刑戮，墮名城，殺豪桀，墮，火規反。銷甲兵，折鋒刃。其後民以耰鉏箠梃相撻擊，犯法滋衆，盜賊不勝，至於赭衣塞路，群盜滿山，卒以亂亡。故聖王務教化而省禁防，知其不足恃也。今陛下昭明德，建太平，舉俊材，興學宮，三公有司或由窮巷，起白屋，裂地而封，宇内日化，方外鄉風，然而盜賊猶有者，郡國二千石之罪，非挾弓弩之過也。《禮》曰男子生，桑弧蓬矢以舉之，明示有事也。有四方扞禦之事。孔子曰：『吾何執？執射乎？』大射之禮，自天子降及庶人，三代之道也。《詩》云『大侯既抗，弓矢斯張，射夫既同，獻爾發功』，言貴中也。中，竹仲反。愚聞聖王合射以明教矣，未聞弓矢之爲禁也。且所謂禁者，爲盜賊之以攻奪也。攻奪之罪死，然而不止者，大姦之於重誅固不避也。臣恐邪人挾之而吏不能止，良民以自備而抵法禁，抵，觸也。是擅賊威而奪民救也。竊以爲無益於禁姦，而廢先王之典，使學者不得習行其禮，大不便。」書奏，上以難丞相弘。弘詘服焉。

宣帝時，渤海左右郡歲飢，盜賊並起，二千石不能禽制。上選能治者，丞相御史舉龔遂可用，上以爲渤海太守。時遂年七十餘，召見，形貌短小，宣帝望見，不副所聞，心内輕焉，謂遂曰：「渤海廢亂，朕甚憂之。君欲何以息其盜賊，以稱朕意？」遂對曰：「海瀕遐遠，不霑聖化，其民困於飢寒而吏不恤，故使陛下赤子盜弄陛下之兵於潢池中耳。今欲使臣勝之邪，將安之也？」上聞遂對，甚説，答曰：「選用賢良，固欲安之也。」遂曰：「臣聞治亂民猶治亂繩，不可急也。唯緩之，然後可治。臣願丞相、御史且無拘臣以文法，得一切便宜從事。」上許焉，加賜黄金，贈遣乘傳，至渤海界。

張敞以勃海、膠東盜賊並起，上書自請治之，曰：「臣聞忠孝之道，退家則盡心於親，進宦則竭力於君。夫小國中君猶有奮不顧身之臣，況於明天子乎！今陛下遊意於太平，勞精於政事，亹亹不舍晝夜。群臣有司宜各竭力致身。山陽郡户九萬三千，口五十萬以上，訖計盜賊未得者七十七人，它課諸事亦略如此。臣敞愚駑，既無以佐思慮，久處閒郡，身逸樂而忘國事，非忠孝之節也。伏聞膠東、勃海左右郡歲數不登，盜賊並起，至攻官寺，篡囚徒，搜市朝，劫列侯。吏失綱紀，姦軌不禁。臣敞不敢愛身避死，唯明詔之所處，願盡力摧挫其暴虐，存撫其孤弱。事即有業，所至郡條奏其所由廢及所以興之狀。」書奏，天子徵敞，拜膠東相，賜黃金五十斤。❶敞辭之官，自請治劇郡非賞罰無以勸善懲惡，吏追捕有功效者，願得壹切比三輔尤異。天子許之。

王莽以璽書令卜者田況領青、徐二州牧事，況上言：

盜賊始發，其原甚微，非部吏、伍人所能禽也。咎在長吏不爲意，縣欺其郡，郡欺朝廷，實百言十，實千言百。朝廷忽略，不輒督責，遂至延曼連州，乃遣將率，多發使者，傳相監趣。郡縣力事上官，應塞詰對，共酒食，具資用，以救斷斬，不給復憂盜賊，治官事。將率又不能躬率吏士，戰則爲賊所破，吏氣寖傷，徒費百姓。前幸蒙赦令，賊欲解散，或反遮擊，恐入山谷轉相告語，故郡縣降賊，皆更驚駭，恐見詐滅，因飢饉易動，旬月之間更十餘萬人，此盜賊所以多之故也。今雒陽以東，米石二千。竊見詔書，欲遣太師、更始將軍，二人爪牙重臣，多從人衆，道上空竭，少則亡以威示遠方。宜急選牧尹以下，明其賞罰，收合離鄉。小國無城郭者，徙其老弱，置大城中，積藏穀食，并力固守。賊來攻城，則不能下，所過無食，勢不得群聚。如此，招之必降，擊之則

❶「五」，《漢書·張敞傳》作「三」。

滅。今空復多出將率，郡縣苦之，反甚於賊。宜盡徵還乘傳諸使者，以休息郡縣。委任臣況以二州盜賊，必平定之。

東漢安帝即位以後，頻遭元二之戹，元二，即元元也。百姓流亡，盜賊並起，郡縣更相飾匿，莫肯糾發。更相文飾，隱匿也。尚書陳忠獨以爲憂，上疏曰：

臣聞輕者重之端，小者大之源，故隄潰蟻孔，氣洩鍼芒。是以明者慎微，智者識幾。《書》曰：「小不可不殺。」《詩》云：「無縱詭隨，以謹無良。」蓋所以崇本絶末，鉤深之慮也。臣竊見元年以來，盜賊連發，攻亭劫掠，多所傷殺。夫穿窬不禁，則致彊盜；彊盜不斷，則爲攻盜；攻盜成群，必生大姦。故亡逃之科，憲令所急，至於通行飲食，罪致大辟。通行飲食，猶過致資給，與同罪也。飲音蔭。食音寺。而頃者以來，莫以爲憂。州郡督録怠慢，長吏防禦不肅，皆欲採獲虚名，諱以盜賊爲負。雖有發覺，不務清澄。至有逞威濫怒，無辜僵仆。或有跼蹐比伍，轉相賦斂。或隨吏追赴，周章道路。是以盜發之家，不敢申告，鄰舍比里，共相壓迮，迮，迫也。或出私財，以償所亡。其大章著不可掩者，乃肯發露。陵遲之漸，遂且成俗。寇攘誅咎，皆由於此。前年勃海張伯路可爲至戒。覆車之軌，其迹不遠。蓋失之末流，求之本源，宜糾增舊科，以防來事。自今彊盜爲上官若它郡縣所糾覺，一發，部吏皆正法，上官謂郡府也。若，及也。部吏謂督郵、游徼也。正法，依法也。尉貶秩一等，令長三月奉贖罪；二發，尉免官，令長貶秩一等；三發以上，令長免官。便可撰立科條，處爲詔文，切敕刺史，嚴加糾罰。冀以猛濟寬，驚懼姦慝。頃季夏大暑，而消息不協，寒氣錯時，水涌爲變。天之降異，必有其故。所舉有道之士，可策問國典所務，王事過差，令處煖氣不效之意。庶有讜言，以承天誡。

桓帝時，零陵、桂陽山賊爲害，公卿議遣討之，又詔下州郡，一切皆得舉孝廉、茂才。尚書陳蕃上疏駮之曰：「昔高祖創業，萬邦息肩，撫養百姓，同之赤子。今二郡之民，亦陛下赤子也。致令赤子爲害，豈非所在貪虐，使其然乎？宜嚴敕三府，隱覈牧守令長，其有在政失和、侵暴百姓者，即便舉奏，更選清賢奉公之人，能班宣法令、情在愛惠者，可不勞王師，而群賊弭息矣。又三署郎吏二千餘人，三府掾屬過限未除，但當擇善而授之，簡惡而去之。豈煩一切之詔，以長請屬之路乎！」以此忤左右，故出爲豫章太守。

靈帝時，鉅鹿張角僞託大道，妖惑小民，侍御史劉陶與奉車都尉樂松、議郎袁貢連名上疏曰：「聖王以天下耳目爲視聽，故能無不聞見。今張角支黨不可勝計。前司徒楊賜奏下詔書，切敕州郡，護送流民，會賜去位，不復捕録。雖會赦令，而謀不解散。四方私言，云角等竊入京師，覘視朝政，鳥聲獸心，私共鳴呼。州郡忌諱，不欲聞之，但更相告語，莫肯公文。宜下明詔，重募角等，賞以國土。有敢回避，與之同罪。」帝殊不悟，方詔陶次第《春秋》條例。明年，張角反亂，海内鼎沸，帝思陶言，封中陵鄉侯。

後魏孝文帝問止盜之方，秘書令高

祐曰：

昔宋均樹德，害獸不過其鄉；卓茂善教，蝗蟲不入其境。彼盜賊者，人也，苟訓之有方，寧不易息？當須宰守貞良，則盜止矣。

宣武帝永平四年，河南尹甄琛上表曰：「國家居代，患多盜竊。世祖廣置主司、里宰，多置吏士，爲其羽翼，始得禁止。遷都已來，四遠赴會，五方雜沓，寇盜公行，里正職輕任碎，多是下才，不能督察。請少高其品，選下品中應遷者進而爲之。」詔從之。琛又奏以羽林爲游軍，於諸坊巷司察盜賊。於是洛城清静，後常踵焉。

隋文帝開皇四年，上以隴西頻被寇掠，而俗不設村塢，命將軍賀婁子幹勒民爲堡，❶仍營田積穀。子幹上書曰：「隴西、河右土曠民稀，邊境未寧，不可廣佃。比見屯田之所獲少費多，虚役人功，卒逢踐暴。且隴右之民以畜牧爲事，若更屯聚，彌不自安。但使鎮戍連接，烽堠相望，民雖散居，必謂無慮。」隋主從之。

煬帝大業十二年，帝問侍臣盜賊，翊衛大將軍宇文述曰：「漸少。」納言蘇威引身隱柱，帝呼問之，對曰：「臣非所司，不委多少，但患漸近。」帝曰：「何謂也？」威曰：「他日賊據長白山，今近在汜水。且往日租賦丁役，今皆何在？豈非其人皆化爲盜乎？比見奏賊皆不實，遂使失於支計，不

❶「勒」，原作「勤」，今據《四庫全書》本、《資治通鑑》卷一七六長城公至德二年四月庚子條改。

時翦除。又昔在鴈門，許罷征遼，今復徵發，賊何由息？」帝不悦。頃之，帝問威以伐高麗事，威欲帝知天下多盜，對曰：「今兹之役，願不發兵，但赦群盜，自可得數十萬，遣之東征，高麗可滅。」帝不懌。

唐太宗即位之初，上與群臣論止盜。或請重法以禁之，上曰：「朕當去奢省費，輕徭薄賦，選用廉吏，使民衣食有餘，則自不爲盜，安用重法邪！」自是數年之後，海内升平，路不拾遺，外户不閉，商旅野宿焉。

穆宗即位，韓愈論黄家賊事宜狀。

其一曰：臣去年貶嶺外刺史，其州雖與黄家賊不相隣接，然見往來過客，并諳知嶺外事人，所説至精至熟。其賊並是夷獠，亦無城郭可居。依山傍險，自稱洞主。衣服言語，都不似人。尋常亦各營生，急則屯聚相保。比緣邕管經略使多不得人，❶德既不能綏懷，威又不能臨制，侵欺虜縛，以致怨恨。蠻夷之性，易動難安，遂至攻刦州縣，侵暴平人，或復私讐，或貪小利，或聚或散，終亦不能爲事。近者征討，本起於裴行立、陽旻。此兩人者，本無遠慮深謀，意在邀功求賞。亦緣見賊未屯聚之時，❷將謂單弱，立可摧破，争獻謀計，惟恐後時。朝廷信之，遂允其請。自用兵已來，已經一年，前後所奏殺獲，計不下一二萬人。儻皆非虚，賊已尋盡。至今賊猶依舊，足明欺罔朝廷。邕、容兩管因此凋弊，殺傷疾患，十室

❶「多」，原脱，今據《昌黎先生文集》卷四〇《黄家賊事宜狀》補。

❷「見」，原脱，今據《昌黎先生文集》補。

九空，百姓怨嗟，如出一口。陽旻、行立相繼身亡，實由自邀功賞，造作兵端，人神共嫉，以致殃咎。陽旻、行立事既已往，今所用嚴公素者亦非撫御之才，不能别立規模，依前還請攻討。如此不已，臣恐嶺南一道未有寧息之時。

其二曰：昨者併邕、容兩管爲一道，深合事宜。然邕州與賊逼近，容州則甚懸隔。其經略使若置在邕州，與賊隔江對岸，兵鎮所處，物力必全，一則不敢輕有侵犯，一則易爲逐便控制。今置在容州，則邕州兵馬必少，賊見勢弱，易生姦心。伏請移經略使於邕州，其容州但置刺史，實爲至便。

其三曰：比者所發諸道南討兵馬，例皆不諳山川，不伏水土，遠鄉羈旅，疾疫殺傷。臣自南來，見説江西所發共四百人，曾未一年，其所存者數不滿百。岳、鄂所發都三百人，其所存者四分纔一。續添續死，每發倍難。若令於邕、容側近召募添置千人，便割諸道見供行營人數糧賜，均融充給，所費既不增加，而兵士又皆便習。長有守備，不同客軍，守則有威，攻則有利。

其四曰：自南討以來，賊徒亦甚傷損。察其情理，厭苦必深。大抵嶺南人稀地廣，賊之所處，又更荒僻。假如盡殺其人，盡得其地，在於國計，不爲有益。容貸羈縻，比之禽獸，來則捍禦，去則不追，亦未虧損朝廷事勢。以臣之愚，若因改元大慶，赦其罪戾，遣一郎官御史親往宣諭，必望風降伏，讙呼聽命。仍爲擇選有材用威信、諳嶺南事者爲經略使，處理得宜，自然永無侵叛之事。

宣宗大中元年，雞山群盜寇掠果州，及

巴南妖賊言辭悖慢，上怒甚。崔鉉曰：「此皆陛下赤子，迫於飢寒，盜弄兵於谿谷間，不足辱大軍，但遣一使者可平矣。」乃遣京兆少尹劉潼招諭之。潼言：「使之歸命，其勢甚易。所慮者，武臣耻不戰之功，議者責欲速之效耳。」

宋真宗咸平三年，濮州盜夜入城，略知州王守信、監軍王昭度。❶知黄州王禹偁聞而奏疏曰：「伏以體國經野，王者保邦之制也。《易》曰：『王公設險，以守其國。』自五季亂離，各據城壘，區分爪剖，七十餘年。太祖、太宗削平僭僞，天下一家。當時議者，乃令江、淮諸郡毁城隍、收兵甲、撤武備者，二十餘年。書生領州，大郡給二十人，小郡減五人，以充常從。號曰長吏，實同旅人，名爲郡城，蕩若平地。雖則尊京師而抑郡縣，爲强幹弱枝之術，亦匪得其中道也。臣比在滁州，值發兵挽漕，關城無人守禦，止以白直代主開閉，城池頹圮，鎧仗不完。及徙維揚，稱爲重鎮，乃與滁州無異。嘗出鎧甲三十副，與巡警使臣，彀弩張弓十損四五。蓋不敢擅有修治，上下因循，遂至於此。今黄州城池器甲，復不及滁、揚，萬一水旱爲灾，盜賊竊發，雖思禦備，何以枝梧。蓋太祖削諸侯跋扈之勢，太宗杜僭僞覬望之心，不得不爾。其如設法救世，久則弊生，救弊之道，在乎從宜。疾若轉規，固不可膠柱而鼓瑟也。今江、淮諸州大患有三：城池墮圮，一也；兵仗不完，二也；軍不服習，三也。濮賊之興，慢防可見。望陛

❶「昭」，原作「順」，今據《長編》卷四七咸平三年十二月壬申條、《宋史·王禹偁傳》改。

下特紆宸斷，許江、淮諸郡酌民户衆寡，城池大小，並置守捉軍士，多不過五百人，閲習弓劍，然後漸葺城壁，繕完甲冑，則郡國有禦侮之備，長史免剽略之虞矣。」疏奏，上嘉納之。

仁宗慶曆三年，知諫院歐陽脩上奏曰：

臣近因軍賊王倫等事，累有論奏。爲見天下空虚，❶全無武備，指陳後漢、隋、唐亡國之監，❷皆因兵革先興，而盜賊繼起，不能撲滅，遂至横流。又見國家綱紀隳頹，法號寬弛，賞罰不立，善惡不分，體弱勢危，❸可憂可懼。欲乞朝廷講求禦賊之術，峻行責下之法。兼聞縉紳之内，憂國者多，日有封章，❹皆論盜賊事。臣但謂朝廷見已形之患，聞衆多之言，必動於心，略知恐懼。及聞樞密院戒勵進奏官，不使外人知事，方認兩府厭苦獻言之人。又見自和州奏破王倫之後，更不講求禦賊之策，又認上下已有偷安之意。殊不知前賊雖滅，後賊更多。今建昌軍一火四百人，❺桂陽監一火七十人，❻草賊一火百人，其餘池州、解州、鄧州、南京等處，各有强賊不少。皆建旗鳴鼓，白日入城，官吏逢迎，飲食宴樂。其敢如此者，蓋爲朝廷無賞罰，都不足畏；盜賊有生殺，時下須從。臣恐上下因循，日過一日，國家政令轉弱，盜賊威勢轉强，使畏賊者

❶「見」，原脱，今據《歐陽文忠公文集》卷一〇〇《論盜賊事宜劄子》、《長編》卷一四二慶曆三年八月辛亥條補。

❷「後漢」，原脱，今據《歐陽文忠公文集》、《長編》補。

❸「弱」，原作「量」，今據《歐陽文忠公文集》、《長編》改。

❹「日有封章」，原脱，今據《歐陽文忠公文集》補。

❺「百」下，《長編》有「餘」字。

❻「十」，《長編》作「百餘」。

多，向國者少，天下之勢從此去矣。

竊聞京西提點刑獄張師錫爲部内使臣與賊同坐喫酒，及巡檢縣尉不肯用心，曾有論奏，其言甚切。臣舊識師錫，其人恬静長者，遲緩優柔，不肯生事。今尚有此奏，則臣謂天下無賢愚皆爲國家憂之，獨不憂者朝廷爾。嗟夫，古之智士能慮未形之機，今之謀臣不識已形之禍，以患爲樂，以危爲安。見盜賊雖多，❶而時有敗者，遂生玩寇之意；見言事者衆，而聽之已熟，遂有忽人之心。臣近曾求對便殿，伏蒙陛下語及賊事，憂形于色。及退見宰輔，從容閒暇，天下之事深可憂矣。今桂陽、建昌軍賊數不少，想其爲害尤甚王倫，❷在於遠處，更合留意。❸今自京發兵，則道遠不及，外處就撥，則處處無兵。欲乞嚴敕大臣，鑑已成難救之患，❹速講定禦盜之法，頒行天下，❺使四方漸爲備禦，仍早擘畫，❻剪撲諸處見在賊數。自有賊已來，群臣上言者皆爲自來寬法，致不肯用心捉賊，皆乞峻行法令。近見池州官吏各只有罰銅五斤，及知言者皆不蒙聽納。❼臣謂大臣爲國計者，寧厭忠言之多，不厭盜賊之多，乃如此行事。臣前後上言賊事文字不少，仍乞類聚，擇其長者，講定法制。陛下欲知大臣不肯峻國法以繩官吏，蓋由陛下不以威刑責大臣。此乃社稷

❶「見」，原脱，今據《歐陽文忠公文集》、《長編》補。
❷「爲害」，原作「害爲」，今據《歐陽文忠公文集》、《長編》改。
❸「合」，原作「不」，今據《歐陽文忠公文集》、《長編》改。
❹「患」，原作「意」，今據《歐陽文忠公文集》、《長編》改。
❺「頒」，原作「兵」，今據《歐陽文忠公文集》、《長編》改。
❻「仍早擘」，原誤作「攻守壁」，今據《歐陽文忠公文集》、《長編》改。
❼「聽」，原脱，今據《歐陽文忠公文集》、《長編》補。

安危所係，陛下之事也。伏望留意而行之。

脩論禦賊四事劄子曰：

臣昨自軍賊王倫敗後，尋曾極言論列，恐相次盜賊漸多，乞朝廷早爲禦備。凡爲國家憂盜賊者，非獨臣一人，前後獻言者甚衆，皆爲大臣忽棄，都不施行。而爲大臣者又無擘畫，果致近日諸處盜賊縱横。自淮海已南新遭王倫之後，❶今自京以西州縣又遭張海、郭貌山等刼掠焚燒，桂陽監昨奏蠻賊數百人，夔、峽、荆、湖各奏蠻賊皆數百人，解州又奏見有未獲賊十餘火，滑州又聞强賊三十餘人燒却沙彌鎮，許州又聞有賊三四十人刼却椹澗鎮，此臣所聞目下盜起之處如此縱横也。此外，京東今歲自秋不雨，至今麥種未得；江淮倫賊之後，繼以飢蝗，陝西灾旱，道路流亡，日夜不絶。似此等處，將來盜賊必起，是見在者未滅，續來者愈多。而乾象變差，譴告不一，於古占法多云「天下大兵並起」。今兵端已動於下，天象又告於上，而朝廷安恬舒緩，無異常時，此臣前狀所謂古之智者能慮未形之機，今之謀臣不識已形之禍者也。臣聞兩漢之法，凡盜賊並起、人民流亡、天文灾異如此等事，皆責三公，或被誅戮，或行黜放。今幸陛下仁聖寬慈，大臣偶免重責，而猶忘忽禍患，偷習因循，此臣所謂大臣不肯峻國法以繩官吏，蓋由陛下不以威刑責大臣者也。

今見在賊已如此，後來賊必更多，若不早圖，恐難後悔。臣計方今禦盜者，不過四事：一曰州郡置兵爲備；二曰選捕盜之

❶「南」下，原衍「而」字，今據《歐陽文忠公文集》卷一〇一《論禦賊四事劄子》删。

官；三曰明賞罰之法；四曰去冗官，用良吏，以撫疲民，使不起爲盗。此四者，大臣所忽，以爲常談者也。然臣視今朝廷於四者未有一事合宜。伏望聖慈嚴敕兩府大臣，問其捨此四事，别有何術可爲？苟無他術，則此四者宜早施行。臣竊聞州郡置兵，富弼已有條奏。其餘三事，前後言事者議論甚多。伏乞合聚群議，擇其善者而行。其禦盗四事，方今措置乖失極多，容臣續具一二條奏。

脩論京西賊事劄子曰：

臣竊聞近日張海、郭貌山與范三等賊勢相合，轉更猖狂，諸處奏報，日夕不絶。伏惟聖慮必極憂勞，不聞廟謀有何處置。臣竊見朝廷作事，常有後時之失，又無慮遠之謀。患到目前，方始倉忙而失措；事纔過後，已却弛慢而因循。昨王倫暴起京東，轉攻淮甸，横行千里，旁若無人。既於外處無兵，須自京師發卒，孫惟忠等未離都下，而王倫已至和州矣。賴其天幸，偶自敗亡，然而驅殺軍民，焚燒城市，瘡痍塗炭，毒遍生靈。此州郡素無守備而旋發追兵，誤事後時之明驗。臣謂朝廷因此必悔前非，須有改更，以防後患。而自王倫敗後，居兩府者了無擘畫，有上言者又不施行，上下拖延，日過一日。遂致張海、郭貌山等又起京西，攻劫州縣，横行肆毒，更甚王倫。依前外處無兵，又自京師發卒。

臣聞張海是李宗火内惡賊，郭貌山在商山已及十年，其驍勇兇姦不比王倫偶起之賊，縱官兵追及，亦其勝負未知，天下之憂恐自此始。臣亦知近日臣寮上言賊事者甚衆，竊慮兩府進呈文字之時，必須奏言已差使臣選兵追捕，將此拙計，便爲廟謀，上寬聖懷，苟自塞責。張海等二百餘人盡有甲馬，日行一二百里，馬力困乏則棄，别奪民間生馬乘騎，竊料官兵必難追逐。縱使追兵能及，生靈已受其殃。此度賊雖能平，後患豈可不慮？以今四方盜起，所在各要隄防，則臣前所言禦賊四事之中，州縣置兵最爲急務。伏望陛下憫此生民見受屠戮之苦，不聽迂儒遲緩悞事之言。其州縣置兵事件，富弼已有起請，伏乞決於宸意，速與施行。

脩再論置兵禦賊劄子曰：

臣近爲張海等賊勢猖狂，曾上言禦賊四事，内一件州郡置兵爲備，風聞朝議已依富弼起請施行。其餘三事：一乞選捕盜官，二乞定賞罰新法，三乞按察老病貪賍之官。此三事至今未聞擬議。臣伏見去年朝廷於諸道州府招宣毅兵士及添置鄉兵弓手，當時搔擾次第不小，本要爲州縣禦賊之備。及一旦王倫、張海等相繼而起，京東、淮南、江南、陝西、京西五六路，二三十州軍，數千里内殺人放火，肆意横行，入州入縣，如入無人之境。則去年所置宣毅兵、鄉兵、弓手等，盡皆何在？無一處州縣得力者，蓋由官吏不得其人，賞罰無法，而所置宣毅、鄉兵、弓手皆不堪使用，所以張皇搔擾，空有爲備之名，而無爲備之用。今朝廷雖依富弼起請，令州郡置兵，若不先擇官吏，嚴立法令，則依前置得不堪使用之兵，空有其名，終不濟事。故臣謂必欲州郡置得精兵，則須採臣所陳三事，一一施行，方可集事。

其州縣官吏誤事，臣請試言京西一兩

處，則其他可知。郢州知州王昌運老病，腰脚行動不得，每日令二人扶出坐衙，三年之内，州政大壞。臨替，得一比部員外郎劉依交代。其劉依亦是七十餘歲，昏昧不堪，昨在滑州寄居，臣爲通判，三四度來看臣，每度問臣云：「中書有一王參政，名甚？」如此不知人事，陛下試思如此等人，能爲國家置兵禦賊乎？今汝州知州鮑亞之，是三司以不才柬退者，鄧州知州朱文郁，是轉運使中不材選退者，二人老懦不才。如此等人，能爲國家置兵禦賊乎？陛下欲知全盛之世盜賊便敢如此者，蓋爲處處官吏非人。故臣前後累言乞按察冗濫之官者，蓋爲恐有此事也。兩府之議，不肯於無事之時先爲禦備，直待打破一州，方議換知州，打破一縣，方議換縣令。其餘未經打破州縣，一任老病貪繆之官壞之，臣謂是大臣不欲以身當怨之過也。今天下生民獲安樂，則皆須上感陛下聖德。若其父子殺戮，離散不安，則亦必歸怨陛下。今大臣不肯澄汰，蓋避百十人官吏怨其身，寧使百萬蒼生塗炭而怨國家。今盜賊一年多如一年，一火强如一火，天下禍患，豈可不憂！伏望聖明特出睿斷，如必行州郡置兵之法，則先須慎擇官吏，免致虛爲搔擾，反更害民。臣前後三次乞案官吏，況國家自來每有灾傷路分，累曾遣使安撫，豈於今日視民如此塗炭，頓以遣使爲難？願陛下力主而行之，則天下幸甚。

脩論募人入賊以壞其黨劄子曰：

臣竊聞京西賊盜日近轉多，在處縱橫，不知火數。所患者素無禦備，不易枝梧。然獨幸賊雖猖狂，未有謀畫。若使其得一曉事之人，教以計策，不掠婦女，不殺人民，開官庫之物以振貧窮，招愁怨之人而爲黨與，況今大臣不肯行國法，州縣不復畏朝廷，官吏尚皆公然迎奉，疲民易悦，豈有不從？若兇徒漸多而不暴虐，則難以常賊待之，可爲國家憂矣。以此思之，賊衆雖多，尚可力破，使有一人謀主，卒未可圖。臣前因王倫賊時，曾有起請十餘事，内一件乞出牓招募諸處下第舉人及山林隱士、負犯流落之人，有能以身入賊算殺首領，及設計誤賊陷於可敗之地者，優與酧奬。所貴兇黨懷疑，不納無賴之人以爲謀主。當時議者頗以爲然。伏乞採臣此意，速降指揮與杜杞，令所在張牓，使賊聞知。所貴投賊之人懷疑不納，但無謀主，尚可剪除。

又論宜專責杜杞捕賊劄子曰：

臣伏見昨張海等賊勢初盛之時，京西未有得力官吏，遂自朝廷差臺官蔡禀催督捉殺。後來已别選杜杞充京西轉運使，委以一路之事。並近日差出兵馬甚多，分爲頭項不少，部分進退，須要統一，指縱號令，不可二三。竊慮杜杞、蔡禀不相叶同，各出異見，凡指揮諸事，使諸將難從，一失事機，反成敗蹤。自兵士差出，今已多時，然未聞奏報與賊鬭敵及殺獲次第。竊慮官兵互相迴避，空作往來，或恐進退之間號令不一，致兹逗遛，未見成功。今雖賊奏稍稀，然亦未見殺獲之數。困獸猶鬭，不可不虞，寇死命窮，恐未易敵，合早除剪，仍須督責。況蔡禀是應急差出，杜杞乃選材用之，責任之間，宜專在杞。兼聞蔡禀自到京西，處置多未合宜，近聞欲枷一巡檢，致得兵士喧噪，幾至生變。苟或如此張皇，竊恐别致生事。

其蔡稟，伏乞早賜指揮抽回。只委杜杞一面催捉，庶得專一，早能了當。

脩論捕賊賞罰劄子曰：

臣伏見方今天下盜賊縱横，王倫、張海等所過州縣，縣尉、巡檢有迎賊飲宴者，有獻其器甲者，有畏懦走避者，有被其驅役者。朝廷於此憂賊之時，正患乏人之際，或於巡檢、縣尉之内得一捕賊可使之人，則必須特示旌酬，以行激勵。苟或未能者，猶須懸賞以待之，何況有而失賞？伏見吏部選人區法，自出身以來，兩任縣尉。初任臨江軍新淦縣，三年之内，大小賊盜，獲四十餘火，内雖小盜數多，其如强刼群賊亦不爲少，據於賞格，合改京官。而有司守纖細之文，執尋常之例，謂其所獲雖爲全火而不同時，因不與理爲勞績。臣料天下州縣盜賊之多，無如新淦，天下縣尉能捉賊之多，亦無如區法。又聞法次任吉水縣尉，使其縣民結爲伍保，至今吉水一縣全無盜賊，民甚便之。法爲縣尉，官至卑賤，所至之處皆有可稱。臣思朝廷非不欲賞善罰惡，以行勸戒，而患於有司法弊，拘守常文，致抑才能，失於旌賞。其區法偶與臣相識，因得知之。然人所不知，抑而不申者，何可勝數？竊以盜賊是方今急患，縣尉方今切要之人，皆朝廷常合留意之事。臣輒有起請事件，具畫一于後：

一、選人區法捕賊之効甚多，但爲有司拘守細碎之文，不理勞績。其人已升得職官，伏乞追取本人歷子，別加考驗。如實有勞能，即乞不拘常格，特與酬奬，以勸後來。

一、臣謂天下群盜縱横，皆由小盜合聚，今但患其大，而不防其微。故必欲止盜，先從其小。能絶小盜者，巡檢、縣尉也。然而賞罰之法，其弊極多。只如捕盜去惡，但要净盡，豈必須是一日之内同時捕獲？假如有全火强賊，縣尉、巡檢以死命鬬敵，若於兩日内捉盡，已不理爲勞績。其守文之弊，如此極多。欲乞下銓司，重定捕賊賞格施行。

一、臣伏見自天下有盜賊以來，議者多陳禦盜之策，皆欲使民結爲伍保，則姦惡不容。今區法於吉水縣立伍保之法，三年之内，劫賊不敢入其縣界。臣欲乞特降指揮下江南西路，體量吉水縣自區法創立伍保之法以來，如實全無劫賊，又民間以爲便利，即乞頒行伍保之法於天下。

四年，脩論湖南蠻賊可招不可殺疏曰：

臣風聞楊畋近與蠻賊鬬敵，殺得七八十人首級。仍聞入彼巢穴，奪其糧儲，挫賊之鋒，增我士氣。畋之勇略固亦可嘉，然朝廷謀慮事機，宜思久遠。竊恐上下之心急於平賊，聞此小捷，便形虚喜，不能鎮静，外示輕脱。其間二事，尤合深思：一曰不待成功，便行厚賞；二曰謂其可殺，更不肯招。苟或如此，則計之大失，而事之深害也。今湖南捕賊者，殺一人頭賞錢十千，官軍利賞，見平人盡殺。平人驚懼，盡起爲盜，除鄧和尚、李花脚等數十頭項外，其餘隨大小成火者不可勝數。今畋所擊只一洞，所聚已二千餘人，於二千人中殺七八十人，是二十分之一，其餘時暫鳥散，必須復集。

臣見自古蠻蜑爲害者，不聞盡殺，須是招降。昨緣邵飾等失信於黄捉鬼，遂恐更難招誘。今若因畋小勝，示以恩威，正是天與招服之機，不可失也。若令畋自作意度招取大頭項者，因此小勝，傳布捷聲，其餘諸處結集者分行招誘，藉此聲勢，必可盡降，旬日之間，湖南定矣。若失此時，漸向夏熱，以我所病之兵，當彼慣習水土之賊，小有敗衄，則彼勢復堅，不惟爲害湖南，必慮自此貽朝廷憂患。今於未了之間便行厚賞，則諸處巡檢、捕賊官等見畋獲賞，争殺平人，而畋等自恃因戰得功，堅執不招之議，朝廷亦恃畋小勝，更無招輯之心，上下失謀，必成大患。其楊畋等，伏乞且降敕書奬諭，授與事宜，俟彼招安，便行厚賞。今湖南賊數雖多，然首惡與本賊絶少，其餘盡是枉遭殺戮、逼脅爲盗之徒，在於人情，豈忍盡殺？惟能全活人命多者，則其功更大。仍乞明説此意，諭與楊畋。其賞典乞少遲留，庶合事體。

脩又上疏曰：

臣風聞湖南蠻賊近日漸盛，殺戮官吏，鋒不可當。新差楊畋鋭於討擊，與郭輔之異議，不肯招降。又王絲去時，朝廷亦別無處分。慮絲到彼，與畋同謀。蓋蠻賊只可招携，卒難剪撲，而畋等急於展効，恐失事機。今深入而攻，則山林險惡，巢穴深遠，議者皆知其不可。若以兵外守，待其出而擊之，則又未見其利也。蓋以蠻所依山在衡州、永州、道州、桂陽監之間，四面皆可出寇。若官兵守於東，則彼出於西。官兵守於南，則彼出於北。四面盡守，則用兵太多。分兵而邀之，則兵寡易敗。此進退未有可擊之便也。今盤氏正蠻已爲鄧和尚、黄捉鬼兄弟所誘，其餘山民莫傜之類，亦皆自起而爲盗。竊聞常寧一縣，殆無平民，大小之盗，一二百火。推其致此之因，云莫傜之俗，衣服言語，一類正蠻。黄、鄧初起之時，捕盜官吏急於討擊，逢蠻便殺，屢殺平人，遂致莫傜驚惶至此。以此而言，則本無爲盜之心，固有可招之理。然欲諸盜肯降，必須先得黄、鄧。

昨邵餙等初招黄捉鬼之時，失於恩信，致彼驚逃，尋捕獲之，斷其脚筋，因而致死。今鄧和尚等若指前事爲戒，計其必未輕降，如云且招，終恐難得，必須示以可信之事，推以感動之恩。若得黄、鄧先降，其餘指麾可定。今深入而攻既不可，待其出而擊之又不可，且殺且招又不可。以臣思之，莫若罷兵曲赦，示信推恩，庶幾招之，可使聽命。臣亦廣詢南方來者，云我若推信，彼不難招。鄧和尚等，大則希一班行，其次不過殿侍足矣。正蠻叛者，得一團主之名亦足矣。莫傜之類，使安耕織，而歲輸皮粟，得爲平民，乃彼大幸，不徒足志而已。今若擊之不已，則其爲害愈深。況漸近夏暑，南方燀濕，❶士卒不習水土，須慮死傷。仍恐迫之太急，則潭、郴、全、邵諸寨向化之蠻皆誘脅而起，則湖南一路可爲國家之憂。臣欲乞速令兩府大臣深究招殺之利害，共思長策，決定廟謀。若遷延後時，致彼猖獗，不幸官吏頻遭殺害，則朝廷之體難爲屈法而招。彼以其罪既多，必恐不能自信，則兵久不解，害未有涯。伏望聖明，斷之在早。

慶曆三年，右正言余靖論禦盜之策莫先安民疏曰：

❶「南」，原作「雨」，今據《歐陽文忠公文集》卷一〇五《再論湖南蠻賊宜早招降劄子》、《長編》卷一四七慶曆四年三月甲戌條改。

臣竊見陝西、京西、京東、淮南、荆湖等路各有群賊，大者數百人，小者三五十人，剽刧州縣，恣行殺伐，官吏罷軟，望風畏懼。如張海等輩，日肆猖狂，逐處州軍爲備者，唯能乞師以自防援。此蓋軍政久弛，又少良吏，故小有寇盜，則上煩朝廷。伏見近日遴擇才臣爲諸路轉運使、提點刑獄等，將令上下相維，謹於伺察，去貪殘之吏，撫疲瘵之民。此誠求治之本也。然臣愚慮思之，自數年以來，寇賊爲害，幸而起於軍伍，烏合成群，百姓尚懷其生，不相應和，兹乃國家自祖宗以來，輕傜薄賦以結人心，至於此也。臣聞孟子曰：「推恩足以保四海，不推恩無以保妻子。」此古今之通論也。

國家西陲用兵以來，經費漸廣，故言利之臣日進其術，不以安民爲意者多矣，惟陛下察之。大抵民有蓄積，能自充足，則隣里親戚共相守衛，不忍棄其安逸以就死。若朝廷略加存撫，則不失其所。凡今之所以害於農者，謬官狡吏、兼并之家、游手之人，乘國家賦斂猝暴而射其利，以耗其蓄聚也。今又加以賊盗驚擾，廢其耕桑，若皆失業困窮而共爲盗，則黄巾、赤眉之患可憂矣。故朝廷尤宜急撫之也。夫州郡之兵多則食不充，少則不足自衛。裁當今之所宜，唯兼濟而後可。若使朝廷遴擇長吏，長吏擇捕盗之官，巡檢得自募勇力之士，嚴捕賊之令，重捕賊之賞，賊無不破矣。安民之術，則但不奪其時，不傷其財，能禁其爲非而去其爲惡者，則皆安堵矣。故盗賊之勢不可使其滋蔓，唯先求安民之術而已矣。欲民之安者，在乎謹改作，勿争其利而已矣。國家不謹改作，而與民争尋常之利者，臣别具條奏。

樞密副使富弼乞諸道置兵以備寇盜疏曰：

臣竊聞知金州比部員外郎王茂先奏：九月十三日卯時，有群賊入州城，打開軍資庫、甲仗庫，般運出衣甲物帛，散與賊衆及貧民等。知州以下，只領當直兵士二十四人，鬬敵不住，州官走出城外，任賊刼掠，直至未時以來，方始出城。臣謂賊勢轉盛，深可憂虞。臣前歲曾陳備賊之策，正爲今日之事。今來累有群賊白日入城，開軍資等庫，刼取衣甲物帛，散與賊黨。州中兵士不滿三十人，州官散走，賊徒恣行刼殺，殊無畏憚，官司勢不能制禦。臣前歲所陳只是過爲隄防，萬一或有此事，不意今來便至如此。小寇聚集，尚陵侮朝廷，臣決知自後更有大盜殺官吏，據州城，盡取官私財物，召募徒衆，必千萬人。且賊頭稱王、稱朕，與朝廷相抗，大刼財物，散施無涯，則貧民樂隨矣。恣行刼殺，務要震恐，則小大脅從矣。朝廷賞必有限，罰必有條，不得如賊之使人樂隨而脅從也。若諸處觀望，奸雄相應而起，賊滿天下，則大事去矣。秦末、隋末、唐末皆由此而亂。臣夙夜思念，實爲寒心。

臣伏以西賊未叛以前，諸處雖有盜賊，未嘗有敢殺戮官吏者。自四五年來，賊殺都巡檢、縣尉官者約五六十員。又西賊未叛以前，諸處雖有盜賊，未嘗敢入州城行刼。自四五年來，賊入州縣打刼者約三四十州。❶向來入城尚皆暮夜竊發，❷潛形往來，今則白日公行，擅開府庫，其勢日盛一

❶「縣」，《長編》卷一四三慶曆三年九月丁丑條作「城」。
❷「向」，原作「尚」，今據《四庫全書》本、《長編》、《宋朝諸臣奏議》卷一四四《上仁宗乞諸道置兵以備寇盜》改。

日。自此以往，只憂轉盛。❶若不早爲隄備，事未可知。臣前歲所上備賊之策，當時不曾施行。近日因兩府奏事，論及淮南賊盜，陛下問臣前策，臣次日再録一本進呈訖。然臣策只是備兵聚東南九路及京東一路，今據金州奏，在城只有兵士二十四人，顯是無備，致盜生心。今并京西一路，亦於要害聚兵，爲州郡聲援。今諸處賊盜已盛，方思設備已是後時，若又遷延，則無所及。伏乞速賜施行。

五年，弼知壽州兼京東路安撫使，乞採訪京東狂謀之士疏曰：

臣近曾親書劄子聞奏，見察訪民間，恐有暗行結扇，不徒驚刼，別蓄奸謀，如劉晉之類者，候見的實，別具申奏次。臣後來察訪京東一路，甚有兇險之徒，始初讀書，即欲應舉，洎至長立，所學不成，雖然稍能文詞，又多不近舉業，仕進無路，心常怏怏。頗讀史傳，粗知興亡，以至討尋兵書，習學武藝。因兹長大胸膽，遂生權謀，每遇灾祥，便有竊議。自以所圖甚大，蔑視州縣，既不應舉，又不別營進身。所臨之官，無由肯見，往往晦名詭姓，潛迹遁形。唯是兇徒密相結扇，或遇饑歲，必有竊發。臣恐此輩一作，卒難剪除，縱無成謀，亦能始禍。似此輩類，的實甚多，散在民間，但未發耳。又緣不希仕進，難以牢籠，不可捕而加刑，加刑則黨類驚而速爲也；不可縱而稔惡，稔惡則根株成而難去也。要在得而縻之，使兇謀不能成，此最上也。欲乞批下，於此一路中，擇三

❶「憂」，原作「有」，今據《長編》改。「盛」，《長編》、《宋朝諸臣奏議》作「熾」。

兩處臣寮可委者，密令多方採訪。如知姓名居處，作草澤遺逸，以禮呼召，薦于朝廷，隨其所能，量加恩命，則奸謀不能成矣。或得稍優者量加異待，則徒黨聞之，未必不冀望而出，因而收拾，或可略盡。若以此輩不作，其它盜賊雖遇飢年蜂起，不足爲慮也。伏望陛下深切留意於此，不可忽也。

八年，弼乞選任轉運守令以除盜賊疏曰：

臣伏見西鄙用兵以來，搔動天下，物力窮困，人心怨嗟。朝廷不能撫存，遂使聚而爲盜。今張海、郭貌山等數火驚擾州縣，殺傷吏民，恣凶殘之威，洩憤怒之氣。巡檢、縣尉不敢向前，遂從京師遣兵，仍令中使監督。尚猶遷延日月，倔强山林，以至白晝公行，平入州縣，開發府庫，劫取貨財，散募凶徒，嘯聚漸衆。陝西、西京、唐、汝、均、房、金、商、襄、鄧，❶相去凡千餘里，大被劫掠，❷殺人放火，所在瘡痍。賊一經過，六親不能相保，人民恐懼，道路艱難。每郡無兵，各不自保。賊若大段結集，❸攻陷諸州，緩急亦未有所以備之之策。賊既轉盛，❹不可不防。秦末、隋末、唐末諸寇，或起於畎畝，或起於商客，或起於士卒，或起於負擔。其初起莫不甚微，尚不得如張海、郭貌山輩如此其盛。然以小合大，漸成巨盜，縱横難制，遂亂天下。今茲賊黨未見剪除，所宜多

❶「陝西」，《長編》卷一四三慶曆三年九月丁丑條作「陝府」。下「西」字，原作「南」，今據《長編》改。

❷「大被劫掠」，原脱，今據《長編》補。

❸「賊」，原脱，今據《長編》補。

❹「盛」，原作「成」，今據《四庫全書》本、《長編》、《宋朝諸臣奏議》卷一四四《上仁宗乞選任轉運守令以除盜賊》改。

設隄防，以備滋蔓。臣前日曾具劄子，奏乞於京西路擇要害數州屯聚兵馬，以爲諸處聲援，此最急務，宜速施行。

臣又思京西諸州，長吏皆非其人。如襄、鄧、唐、汝、光、隨、均、房、金、商、安、郢等十餘州，❶盡是賊盜見今往來之處，長吏尤須得人。伏乞先選轉運兩人，徑令往彼體量。諸州長吏不才及贓濫老病者急罷之，便令於轄下通判或知縣中保舉權充知州。如不足，則朝廷下審官院選差人填補。知州得人，則就令選郡内知縣、縣令。昔前漢宣帝時，渤海郡盜起，帝選能治之人。丞相舉龔遂，遂至郡，盜賊悉平。後漢安帝時，朝歌縣盜賊屯聚，連年未獲，乃以虞詡爲朝歌長，賊遂駭散。此是兩漢時一郡一縣有賊，只得龔遂、虞詡兩人爲守宰，自然破滅之驗也。今且以上項襄、鄧等十餘州論之，其知州、知縣、縣令皆庸謬懦怯尋常之人，盜賊所到，如入無人之境。巡檢、縣尉又一一不堪驅使，賊不猖狂自恣，復何爲哉？

臣竊謂非盜賊果能强盛，自是朝廷只守弊法，不肯更張，唯恐不才不賢者怨恨，不早罷去，故以州縣委賊，任賊殘害。臣謂盜賊之起已是遲矣，若以朝廷自來處置次第，早合賊滿天下。但爲宗社有靈，陛下仁德所感，故未至如此。然今盜賊已起，乃是遍滿天下之漸。若朝廷依舊避人怨恨，不早更張，臣恐賊盜愈多。竊據州縣，或稱將軍，或稱太尉，或稱王，或稱帝，兵戈四起，所在僭僞。事到如此，生靈如何？社稷如何？朝廷守此一城，還得安穩否？況今來不同漢、唐都關中、洛陽，各有險固可恃，

❶「光隨」，原脱，今據《長編》補。

緩急有變，用兵守險，亦未能便至危窘。當日明皇、德宗，❶俱曾播越，唐室危若贅旒者數矣。今來都城並無險固，所謂八面受敵，乃自古一戰場爾。若四方各有大盜，朝廷力不能制，漸逼都城，不知何以爲計？臣每念及此，不寒而戰。

臣又伏思古者亂離，無世不有。然而傾亡至速者，亦各不下三五十年。唯唐室之後，凡更五代十二帝，共只得五十四年。國祚短促，自古未之有也。其故何哉？蓋是都城在四戰之地，並無險固。四方有變，直到城下，略無障礙之所致也。唯是王者能鎮撫天下，常使安寧，灾害不生，賊盜不作，則是都城也，且保無虞。故大宋之興，實賴太祖英武之才，平定禍亂，盡削方鎮兵權，只用文吏守土。及將天下營兵，縱橫交互，移换屯駐，不使常在一處，所以壞其凶謀也。又賴太宗相繼尅復諸國，一統天下。更賴真宗爲民屈己，與北虜西戎議通和好。故能八十餘年，都城無事，海内富庶，不用干戈。雖是人謀，亦有天幸。今則西戎已叛，屢喪邊兵，北虜愈强，且增歲幣。國用殫竭，民力空虚，徭役日繁，率斂日重，官吏猥濫，不思澄汰，人民疾苦，未嘗省察。百姓無告，朝廷不與爲主，不使叛而爲寇，復何爲哉？朝政不舉，都城無依，五代事迹，已復萌露。艱虞之運，正在今日。須是君臣上下同心協力，廢寢忘食，夙夜整救，則數年之内，或致小康。若猶因循苟且，尚務偷安，不練人謀，只求天幸，臣恐五代之禍，不旋踵而至矣。

臣因論京西盜賊，遂至理亂，憂懼所

❶「當日」，原作「尚自」，今據《長編》改。

迫，不覺切至。陛下便賜萬死，亦所甘心。臣所乞選差京西轉運使、知州、知縣，❶不可稽緩。蓋擾攘之際，全藉有才謀轉運使往來按察經營，又藉逐處知州、知縣守護城池，安集百姓，及設方略，驅除寇盜。其餘有朝廷意所不到，旨揮不及者，其良守宰必自能就便處置，不至失所。州縣既各得一人，又得要郡所屯之兵，掎角救應，則盜賊不難擒捕矣。至於巡檢、縣尉，亦可並委轉運、知州揀選，不煩朝廷費力。此策最爲簡要，無可疑難。京西既行，次及諸路。變故或起倉卒，設備皆不可遲。朝廷但能不務因循，不避怨謗，天下之事未有不可爲者。所有諸路揀退不才及贓濫老病轉運、知州、知縣、縣令等，仰只在元守官處聽候朝旨。朝廷只就外旨揮，更不令赴闕。仍乞檢會臣前奏，相度施行。

慶曆五年，翰林學士張方平上言曰：

西鄙征戍未解，天下州郡兵累次料揀赴京，江淮已南空虛尤甚，無復武備。日來逐處盜賊連結，剽劫城鎮，聲勢甚張，至今不能誅擒。自古盜賊之擾攘，不啻四夷之患，漢、唐之事，爲鑑不遠。國家創五代之亂，削方鎮之權，誠爲强幹弱枝之術。及茲敝也，無臂指相爲用之勢，通都大邑，吏守空城而已，慢藏之悔，不可不慮。今諸道提舉兵甲司，向來領爲虛名，但朝廷稍付事權，則猶有古者方面之制。應提舉兵甲州軍，乞慎選良吏，而爲除本路鈐轄一員，各令本路募兵，量其山川險易，封略遠近，而約置兵之數，常令教閱，務爲精練，朝廷更

❶「差」，原脱，今據《長編》補。

不行抽揀，本道亦不得閑雜差使遠出。其一路巡檢、使臣、縣尉、諸捕盜官吏，使得察廉其能否勇怯而升黜之。所部郡縣强惡之民累犯罪禁者，械送本司，酌情法移配。有寇盜結集之處，量其勢力，督遣巡檢等領兵甲捕逐。若賊群黨稍衆，則本路鈐轄親督吏兵會合掩殺。漢制，刺史、太守率以盜賊分數爲最負。其賞罰條目，乞自朝廷比議指揮，所冀郡縣武備氣勢相應，萑蒲不逞，望風知懼，肅清盜賊，消弭厲階。

方平又上奏曰：

臣前在諫院，累曾論郡縣武備，所陳意見，朝廷未加精察。比來軍興多事，賦役煩數，顧亦天幸而屢有年，姦游之民猶聚爲盜，至擁旗鼓，入城邑，殺吏，堂堂無所憚。不幸歲薦饑，民艱食，勢必群聚蜂起爲盜。或數輩匿村閭，至聚吏兵千計，縣鄉爲之殘檄，而不能時擒，即氣燄稍盛，兵連禍結，豈在戎狄也！漢、唐之大業，未嘗無四夷之患，至或長驅而犯宫闕，然無害於根本之固。及黄巾、巢賊，竟以大壞天下。國家創艾五代之亂，藩鎮不得擅兵，常番禁旅，外屯州郡。乃自近歲悉還戍邊，其州郡兵之壯者，亦率點選配諸禁衛，所餘乃罷弱羸卒，供雜役使，官吏導從而已，豈知執兵之事？今愚細之民知窺此隙，故昨王倫等賊起沂州，並淮渡江，歷數千里，若蹈無人地，乃始下京師之甲而趨躡之。使民間而有姦桀，豈不生易朝廷之心歟！

伏以先朝置諸道提舉兵甲司，所以專督盜賊，抑有經遠之旨，粗存方面之制。比來忽略，領爲虚名。今能稍付事權，自可外張形勢。計諸藩郡有兼提舉兵甲處，其爲要地，自用重臣鎮守。自餘地望稍輕，亦領此名者，不過七八。誠選用有風望方略之士以任長吏，各於本路除鈐轄或都監一員，量其路分輕重，提封近遠，約置兵之數，令於本郡及所部州軍見兵中選取壯强，集成指揮，因昨所置武衛爲名而廪給之。若見管兵籍取不足，則令招募及數，明降朝旨，更不揀選調發赴邊，亦不得輒差遠出；內有逃亡，隨即完補；❶所有器甲，必令精良。每道選差班行使臣一兩人，或令長吏薦舉，比監押、巡檢資叙，專管教閱。若所部郡縣有寇盗結集之處，即量事勢發卒赴應，使之統領追捕。其所捕州軍都監、監押、巡檢、縣尉諸督盗官吏，令得察廉其能否、勇怯以聞而升黜之。若所部郡縣强惡奸蠹之民，得以檢察追逮，按情科罪，移配遠方。若賊群黨稍衆，鈐轄、都監親督吏卒會合掩殺。自餘賞罰科條，更自朝廷比議指揮。如此，則不惟壯郡縣武備，抑稍復方鎮事體，庶以式遏寇虐，消除暴害。

仁宗時，侍讀學士宋祁奏曰：

臣伏見近年諸處盗賊結連黨與，州縣不能擒制。雖有巡檢、縣尉，皆畏懦，不肯公心，以時捕捉。臣愚以爲縣尉、巡檢既非其人，而國家立法又不嚴切，是使上下因循，更相推避。盗賊知其如此，故多行賕賂，却與兵士弓手陰相聞知，打劫之時，先爲耳目。只如臣在壽州日，京東透過賊十四人入界，其時五員巡檢、四員縣尉，合兵士八九百人，終無一人用心向前捉賊，賊入州界九日，凡

❶「完補」，《宋朝諸臣奏議》卷一二二《上仁宗論州郡武備》作「收捕」。

八處打劫。臣曾具此奏聞，乞行嚴斷。臣後來採知，只是等第降却差遣。若國家只如此行法，如何使官吏用命，盜賊畏威？譬如嗚佩以救焚，卜日而拯溺，沈淪焦爛，終無全理。

臣愚以爲今後應有賊發去處，如係群黨十人以上，或雖不及十人，但有器械甲冑，不畏州縣，明行劫掠者，本處巡檢、縣尉並令兵士弓手明立部伍，結陣鬪敵，多設方略，粘趁前後，勿令走透。或力有未勝，仍逐村拘集耆壯，分頭設伏圍掩。如更敢公然畏避，放縱賊徒，不能擒制，並乞所屬州軍攝送司理院枷禁勘奏，取朝廷指揮，並行停替，於遠地編管。仍委長吏逐急別選在州有心力曹官、職官、縣令、主簿、監當使臣，交割兵甲，一面追捕盜賊。所差權官，賞罰進退，一如正官。取進止。

范仲淹奏乞召募兵士捉煞張海等賊疏曰：

臣竊見鄧州奏賊人張海等一行已及六十餘人，各騎鞍馬，有弓弩器械，驚劫縣鎮，恣取金帛，强掠士女，不懼朝廷。凶虐如此，百姓被害，不堪其憂。臣恐逐處窮民見其豪盛，各生健羡，聚成徒黨，脅取州縣，事勢漸次張大，不早殄滅，必生他患。漢、唐之末，皆因群盗而天下大亂，朝廷豈得安然？伏乞聖慈來日便差中使計會殿前馬步軍司，於七百料錢已下軍分内，募情願捉殺强賊人員兵士三百。其人須是勇壯，❶喫得辛苦，或曾經使喚之人，限一兩日内引見，面賜盤纏錢并冬寒綿衣，及大與逐月添

❶「其」，原作「五」，今據《范文正公政府奏議》（《四庫全書》本）下《奏乞召募兵士捉殺張海等賊人事》改。

支。選差有心膂使臣部押，與謝雲行同去，分布掩煞，不以遠近粘趁，直候捉煞静盡，即等第優與酬奬。

知諫院包拯上疏曰：

臣竊見廣南東路鈐轄司奏，據連州申，勘到行者孫之道稱，蠻賊三千餘人商量入連州打劫，勘會彼中兵甲數少，已差奉職周僧辨帶兵甲一百人前去防托者。緣廣南英、韶、連、賀四州，並與湖南郴、衡、道、永等州相接，自蠻賊騷動以來，彼處稍有備擬，鹵略無得，賊計必謂嶺南無備，有侵軼之意。兼聞八月九日，蠻賊五百餘人打劫，劫連州桂陽縣兩村人户、財物、牛馬不少，今來賊勢轉盛，所差兵級數少，必難枝梧。況廣南州郡並無城壁及攻守之具，加之兵力綿薄，無堪用者，若不速議措置，使此賊得便乘虛深入，曷以禦之？欲望聖慈特降指揮，下本路轉運、鈐轄司，令於逐州界首可控扼之處，相度添置寨柵，屯兵防托，以警備之。不然，恐爲患轉大，貽朝廷之深慮也。

拯請速除京東盜賊疏曰：

臣竊見江淮、兩浙、京東、河北累年以來，旱澇相繼，物價踊貴，民食艱阻。兩浙一路，灾疫尤甚。雖朝廷寬免租賦，優加賑恤，而迄今未得蘇息。

近聞京東濟、鄆，河北德、博，淮南宿、亳等州，盜賊充斥，所在竊發，州縣不時擒捕，頗甚兇猛。蓋長吏與巡檢、縣尉罕得其人，上下蒙蔽，不以實聞。必恐稔成大患，爲朝廷深憂，不可不速行處置也。

頃歲浙東鄂鄰、淮南王倫、京西張海

等，皆起自倉卒，結爲巨盗，劫害居民，郡邑悉不能制禦，幸而殲滅。「無謂邾小，蜂蠆有毒」。且四方藩郡兵伍絶少，多者不逾數百輩，皆厮役羸卒，又驕惰難用，寬之則逾慢，急之則生禍。心不更訓練，目不識行陣，驅之禦寇，必先事而敗。雖烏合嘯聚，莫能久長，而生靈塗炭矣，則國家將何道而猝安之？況今國用窘急，民心危懼，凡盗賊若不即時誅滅，萬一無賴之輩相應而起，胡可止焉！

伏望陛下督責有司，精擇逐路按察之官及諸州長吏，有不任職者，即令黜罷。其巡檢、縣尉等，並委安撫、轉運、提點刑獄司，專切舉察，如庸懦不才者，速具體量銜替。應有盗賊，不以多少遠近，並須捕捉净盡，免成後害。或少涉弛慢，並乞重行朝典。

知杭州司馬光論兩浙不宜添置弓手狀曰：

臣竊觀兩浙一路，與他路不同。臣謹條列添置弓手不便事件如左，伏惟聖恩省察，少加詳擇焉。

當今西戎梗邊，三方皆聳，人心易動，當務安之。一旦聞異常，❶詔書大加調發，擐甲執兵，學習戰陳，置指揮使、節級等名目，頗似軍法。以爲欲劬河北、陝西沿邊鄉兵，謂國家以權計點之，假名捕盗，漸欲收爲卒伍，戍守邊防。吴人輕怯，易惑難曉，道聽塗説，衆情鼎沸。至欲毁體捐生，竄匿山澤。臣雖明加告諭，嚴行上約，愚民無

❶「聞」，原脱，今據《温國文正司馬公文集》卷一六《論兩浙不宜添置弓手狀》補。

知，不可户説。誠恐差點之後，摇動生憂。其不可一也。

吴、越素不習兵，以故常少盜賊。不過聚結朋黨，私販茶鹽，時遇官司，往往鬭敵，在於兩浙，最爲劇賊。然皆權時利合，事訖則散，不能久相屯結。又無銛利兵器，止偷商税，不敢剽掠平人。近年以來，雖亦頗有强盜，然比諸内地，要自稀疏。今避差點者若竄匿無歸，必例爲寇。加以弓矢刀銛之類，許其私置，自今以後，賊盜必多。及私販茶鹽之徒，皆有利兵抵拒，吏士益難擒討。積微至著，漸不可長。其不可二也。

姦吏貪饕，惟利是務。不畏法令，不顧公議，幸得因緣，惟喜多事。今計杭州管界當差若干人，他州比率，大凡有幾，縣胥里長於兹相慶。民既憂愁而又脅之，煩苦不安而又擾之，所規自潤，豈顧其外。雖朝廷重爲懲禁，特倍常科，長吏勞心，不能悉察。厚利所誘，死亦冒之。加以版籍差誤，户口異同，毫釐不當，互相告訐，追呼無時，獄訟不歇，則民未暇爲公上給役，而先困於貪吏之誅求矣。此之搔擾，勢不能免。其不可三也。

民皆生長畎畝，天性戇愚，所知不過播種之法，所識不過耒耜之器。加之吴人駑弱，天下所知。一旦使棄其所工，學所不能，恐徒煩教調，❶終無所成。就其有成，不堪施用，則是虚有煩費，而與不添置無異。其不可四也。

吴子壽夢以前，世服於楚，自申公巫臣得罪于楚，逃奔于晉，爲晉聘吴，教之乘車，教之戰陳。其後楚人戎車歲駕，早朝晏罷，奔命不息，以至吴亡。自是以來，號稱輕

❶「恐」，原脱，今據《温國文正司馬公文集》補。

狡。遠則劉濞，近至錢鏐，其間承風倔强無數，豈唯其人之跋扈，亦由習俗之樂亂也。幸賴祖宗之馴致，陛下之敦化，至德之醲淪於骨髓，暴亂之風移變無迹。此皆上天降祐，前世所不能庶幾者也。今忽無故黷玩威稜，狎侮危事，示以逆德，弄之凶器，生奸回之心，啓禍患之兆。臣恐以久非國家之至便，❶所以萬全而無害。其不可五也。

方今兩浙雖水旱稍愆，未至流殍，閭閻無事，盗賊不添。縱使有之，舊來吏士隨發擒討，甚有餘力，不假更求，正恐平居興役，有害無益而已。臣職忝密近，官備藩方，不敢默然，理須上列。伏望陛下特令兩浙一路更不添置，或以事須過防，舊人太少，則乞只依近降敕命，量加添補，更不立指揮使等名目。閲習諸事，一如舊規。貴得衆情大安，別無生事。

歷代名臣奏議卷之三百十七

本卷劉永强校點

❶「以久」，《四庫全書》本作「其久」，《温國文正司馬公文集》作「似」。

歷代名臣奏議卷之三百十八

弭盜

宋英宗治平元年，知諫院司馬光論除盜劄子曰：

臣竊聞降敕下京東、京西災傷州軍，如人户委是家貧，偷盜斛斗，因而盜財者，與減等斷放，未知虛的。若果如此，深爲不便。臣聞《周禮》荒政十有二，散利、薄征、緩刑、弛力、舍禁、去幾，率皆推寬大之恩，以利於民，獨於盜賊，愈更嚴急。所以然者，蓋以饑饉之歲，盜賊必多，殘害良民，不可不除也。頃年嘗見州縣官吏有不知治體，務爲小仁者，或遇凶年，有劫盜斛斗者，小加寬縱，則盜賊公行，更相劫奪，鄉村大擾。不免廣有收捕，重加刑辟，或死或流，然後稍定。今若朝廷明降敕文，預言偷盜斛斗因而盜財者，與減等斷放，是勸民爲盜也。百姓乏食，官中當輕徭薄賦，開倉賑貸以救其死，不當使之自相劫奪也。今歲府界、京東、京西水災極多，嚴刑峻法以除賊盜，猶恐春冬之交，飢民嘯聚，不可禁禦，又況降敕以勸之！臣恐國家始於寬仁，而終於酷暴，意在活人，而殺人更多也。凡號令之出，不可不慎，毫釐之失，爲害實多。若纔知其失，隨即更張，猶勝於有害及民，迷而不復者也。伏望陛下速令收還此敕，嚴責京東、京西轉運司及州縣應災傷之處，多方擘畫斛斗，救濟飢民。若有一人敢劫奪人斛斗者，立加擒捕，依法施行。如此，則衆知所畏，不敢輕犯。所以保全愚民，減省刑獄之道也。

二年，侍御史趙瞻論京東盜賊疏曰：

臣伏見群盜殺害輔郡之官吏，繫囚叛起京畿之獄，此皆前古禍亂之萌，朝廷腹心之慮，爲最急務。而政府唯不過發關移爲督責之狀，州郡亦不過備游徼爲期會之迹而已。文書一報，恬爲是事，但用習常，苟求按問，未有爲國家窮淵藪積奸之源，塞萬一不測之計也。

謹按兩漢故事，膠東盜賊起，宣帝即用張敞爲膠東相。渤海左右郡盜賊起，丞相、御史即舉龔遂爲太守。潁川盜賊起，光武即以寇恂爲太守。南山群盜起，大將軍王鳳即薦王尊行京兆尹事。據兩漢時，盜賊奏至，天子與大將軍、丞相、御史擢舉守臣，復尚蠲去繁文，假以一切。而後激勸吏民，鎮安風俗，莫不即著成效也。

平時國家列官校任，即一路有安撫、總管、鈐轄兵馬，一郡有知州、丞、尉、提舉、巡檢，一縣有令、尉，此皆盜賊之司也。今一旦不逞之人數十相聚，遂至賊殺官吏，顧諸備位，誰有受斯責者？環視俟變，無一援救，其間甚者，則必有罪其死戰之忠以爲貪功辱命。然則是無有公家竭力之人矣。且昔用一郡守，則盜賊屏息，今聯縣數十員而尤不能禁者，❶何哉？蓋昔之責以實效，而今之官司取空文也。今盜一發，符牒四走，則曰：「吾有文書下一路矣。」帥府則曰：「吾有文書下郡矣，按具則吾無責也。」郡則

❶「縣」，《宋朝諸臣奏議》卷一四四《上英宗論京東盜賊》作「官」。

曰：「吾有文書下巡邏令、尉矣，關白即吾無責也。」令、尉則曰：「吾有文書下坊里保伍矣，期會則吾無責也。」此其由來，得非自朝廷之守空文邪？使因循巽愞之吏傳執曹按，而與趣公疾惡之人挈度計校，是終無以成實效也。

今知曹州王知賢不能禁盗賊，致成徒黨。知濮州戚舜元年力衰老，素無才術。唯此二州，爲賊所聚。臣今欲乞先於曹、濮專責知州、通判，且令條陳方略，更明賞罰，許其規畫，悉就討捕，督以近限，約以重劾。如其逗遛，無所建明，即下有司，責以無狀，别委輔臣，舉用才吏。京東應諸旁郡，悉可依此更張，且須成績，乃議酬擢。處置之宜，俾先圖上，朝廷更爲裁擇，官吏自無苟簡，足以肅清内郡，震帖外夷。臣愚不勝懇激之至。

神宗熙寧七年，太常博士、直史館、權知密州軍州事蘇軾論河北京東盗賊，奏曰：

臣伏見河北、京東比年以來，蝗旱相仍，盗賊漸多。今又不雨，自秋徂冬，方數千里，麥不入土。竊料明年春夏之際，寇攘爲患，甚於今日。是以輒陳狂瞽，庶補萬一。

謹按山東自上世以來，爲腹心根本之地，其與中原離合，常係社稷安危。昔秦并天下，首取三晉，則其餘强敵相繼滅亡。漢高祖殺陳餘，走田横，則項氏不支。光武亦自漁陽、上谷發突騎，席卷以并天下。魏武帝破殺袁氏父子，收冀州，然後四方莫敢敵。宋武帝以英雄絶人之資，用武歷年，而不能并中原者，以不得河北也。隋文帝以庸夫穿窬之智，竊位數年而一海内者，以得河北也。故杜牧之論以爲山東之地，王者得之以爲王，霸者得之以爲霸，猾賊得之以亂天下。自唐天寶以後，姦臣僭峙於山東，更十一世，竭天下之力，終不能取，以至於亡。近世賀德倫挈魏博降後唐而梁亡，周高祖自鄴都入京師而漢亡。由此觀之，天下存亡之權，在河北無疑也。陛下即位以來，北方之民流移相屬，天灾譴告亦甚於四方，五六年間，未有以塞大異者。至於京東，雖號無事，亦當常使其民安逸富强，緩急足以灌輸河北。缾竭則罍耻，脣亡則齒寒。而近年以來，公私匱乏，民不堪命。

今流離饑饉，議者不過欲散賣常平之粟，勸誘蓄積之家。盗賊縱横，議者不過欲增開告賞之門，申嚴緝捕之法。皆未見其益也。常平之粟累經振發，所存無幾矣，而飢寒之民所在皆是，人得升合，官費丘山。蓄積之家例皆困乏，貧者未蒙其利，富者先被其灾。昔季康子患盗，問於孔子，孔子對曰：「苟子之不欲，雖賞之不竊。」乃知上不盡利，則民有以爲生，苟有以爲生，亦何苦而爲盗。其間凶殘之黨樂禍不悛，則須敕法以峻刑，誅一以警百。今中民以下，舉皆闕食，冒法而爲盗則死，畏法而不盗則飢。飢寒之與棄市，均是死亡；而賒死之與忍飢，禍有遲速。相率爲盗，正理之常。雖日殺百人，勢必不止。苟非陛下至明至聖，至仁至慈，較得喪之孰多，權禍福之孰重，特於財利少有所捐。衣食之門一開，骨髓之恩皆遍，然後信賞必罰，以威克恩，不以僥倖廢刑，不以灾傷撓法，如此而人心不革、盗賊不衰者，未之有也。

元豐元年十月，軾爲尚書祠部員外郎、

直史館、權知徐州軍州事，上書曰：

臣以庸材，備員册府，出守兩郡，皆東方要地。私竊以爲守法令，治文書，赴期會，不足以報塞萬一。輒伏思念東方之要務，陛下之所宜知者，得其一二，草具以聞，而陛下擇焉。

臣前任密州建言，自古河北與中原離合，常係社稷存亡，而京東之地，所以灌輸河北。缾竭則罍耻，脣亡則齒寒，而其民喜爲盗賊，爲患最甚。因爲陛下畫所以待盗賊之策。及移守徐州，覽觀山川之形勢，察其風俗之所上，而考之於載籍，然後又知徐州爲南北之襟要，而京東諸郡安危所寄也。昔項羽入關，既燒咸陽而東歸，則都彭城。夫以羽之雄略，捨咸陽而取彭城，則彭城之險固形便，足以得志於諸侯者可知矣。臣觀其地，三面被山，獨其西平川數百里。西走梁、宋，使楚人開關而延敵，材官騶發，突騎雲縱，真若屋上建瓴水也。地宜宿麥，一熟而飽數歲。其城三面阻水，樓堞之下，以汴、泗爲池，獨其南可通車馬，而戲馬臺在焉。其高十仞，廣袤百步，若用武之世，屯千人其上，聚檑木砲石，凡戰守之具，以與城相表裏，而積三年糧於城中，雖用十萬人，不易取也。其民皆長大，膽力絶人，喜爲剽掠，小不適意，則有飛揚跋扈之心，非止爲盗而已。漢高祖沛人也，項羽宿遷人也，劉裕彭城人也，朱全忠碭山人也，皆在今徐州數百里間耳。其人以此自負，凶桀之氣積以成俗。魏太武以三十萬人攻彭城不能下，而王智興以卒伍庸材恣睢於徐，朝廷亦不能討。豈非以其地形便利，人卒勇悍故耶？

州之東北七十餘里，即利國監，自古爲

鐵官，商賈所聚，其民富樂。凡三十六冶，冶户皆大家，藏鏹巨萬。常爲盗賊所窺，而兵衞寡弱，有同兒戲。臣中夜以思，即爲寒心。使劇賊致死者十餘人，白晝入市，則守者皆棄而走耳。地既産精鐵，而民皆善鍛，散冶户之財以嘯召無賴，則烏合之衆、數千人之仗，可以一夕具也。順流南下，辰發巳至，而徐有不守之憂矣。使不幸而賊有過人之才，如吕布、劉備之徒，得徐而逞其志，則京東之安危未可知也。近者河北轉運司奏乞禁止利國監鐵不許入河北，朝廷從之。昔楚人亡弓，不能忘楚，孔子猶小之，況天下一家，東北二冶皆爲國興利，而奪彼與此，不已隘乎？自鐵不北行，冶户皆有失業之憂，詣臣而訴者數矣。臣欲因此以征冶户爲利國監之捍屏。今三十六冶，冶各百餘人，採鑛伐炭，多飢寒亡命、强力鷙忍之民也。臣欲使冶户每冶各擇有材力而忠謹者，保任十人，籍其名於官，授以卻刃刀槊，教之擊刺，每月兩衙集於知監之庭而閲試之。藏其刃於官以待大盗，不得役使，犯者以違制論。冶户爲盗所擬久矣，民皆知之。使冶出十人以自衞，民所樂也。而官又爲除近日之禁，使鐵得北行，則冶户皆悦而聽命，姦猾破膽而不敢謀矣。

徐城雖險固，而樓櫓敝惡，又城大而兵少，緩急不可守，今戰兵千人耳。臣欲乞移南京新招騎射兩指揮於徐。此故徐人也，嘗屯於徐，營壘材石既具矣，而遷於南京。異時轉運使分東、西路，畏餽餉之勞而移之西耳，今兩路爲一，其去來無所損益而足以爲徐之重。城下數里，頗産精石無窮，而奉化廂軍見闕數百人，臣願募石工以足之，聽不差出，使此數百人者常採石以甃城。數年之後，舉爲金湯之固。要使利國監不可窺，則徐無事，徐無事則京東無虞矣。沂州山谷重阻，爲逋逃淵藪，盜賊每入徐州界中。❶陛下若採臣言，不以臣爲不肖，願復三年守徐，且得兼領沂州兵甲巡檢公事，必有以自效。

京東惡盜多出逃軍，逃軍爲盜，民則望風畏之，何也？技精而法重也。技精則難敵，法重則致死，其勢然也。自陛下置將官，修軍政，士皆精鋭，而不免於逃者，臣嘗考其所由。蓋自近歲以來，部送罪人配軍者，皆不使役人而使禁軍。軍士當部送者，當牒即行，往反常不下十日，道路之費非取息錢不能辦。百姓畏法，不敢貸，貸亦不可復得，惟所部將校乃敢出息錢與之，歸而刻其糧賜。以故上下相持，❷軍政不修，博奕飲酒，無所不至。窮苦無聊，則逃去爲盜。臣自至徐，即取不係省錢百餘千，別儲之。當部送者，量遠近裁取，以三月刻納，不取其息。將吏有貸息錢者，痛以法治之。然後嚴軍政，禁酒博。比期年，士皆飽暖，練熟技藝，等第爲諸郡之冠。陛下遣敕使按閱，所具見也。臣願下其法諸郡，推此行之，則軍政修而逃者衰，亦去盜之一端也。

臣聞之，漢相王嘉曰：「孝文帝時，二千石長吏安官樂職，上下相望，莫有苟且之意。其後稍稍變易，公卿以下，轉相促急，司隸部刺史，發揚陰私，吏或居官數月而退，二千石益輕賤，吏民慢易之，知其易危，小失意則有離畔之心。前山陽亡徒蘇令從

❶「每」，《四庫全書》本作「常」。

❷「故」，原脱，今據《東坡七集·續集》卷二《上皇帝書（徐州上）》、《宋朝諸臣奏議》卷一四四《上神宗論河北京東盜賊》補。

横，吏士臨難莫肯伏節死義者，以守相威權素奪故也。國家有急，取辦於二千石，尊重難危，乃能使下。」以王嘉之言而考之於今，郡守之威權可謂素奪矣。上有監司伺其過失，下有吏民持其長短，未及按問，而差替之命已下矣。欲督捕盜賊，法外求一錢以使人且不可得。盜賊凶人，情重而法輕者，守臣輒配流之，則使所在法司覆按其狀，劾以失入。惴惴如此，何以得吏士死力而破姦人之黨乎？由此觀之，盜賊所以滋多者，以陛下守臣權太輕故也。臣願陛下稍重其權，責以大綱，闊略其小過。凡京東多盜之郡，自青、鄆以降，如徐、沂、齊、曹之類，皆慎擇守臣，聽法外處置强盜，頗賜緡錢，使得以布設耳目，畜養爪牙。然緡錢多賜則難常，少又不足於用，臣以爲每郡可歲别給一二百千，使以釀酒。凡使人葺捕盜賊，得以酒予之。敢以爲他用者，坐贓論。賞格之外，歲得酒數百，❶亦足以使人矣。此又治盜之一術也。

然此皆其小者，其大者非臣之所當言。欲默而不發，則又私自念遭值陛下英聖特達如此，若有所不盡，非忠臣之義，故昧死復言之。昔者以詩賦取士，今陛下以經術用人，名雖不同，然皆以文詞進耳。考其所得，多吴、楚、閩、蜀之人，至於京東西、河北、河東、陝西五路，蓋自古豪傑之場，其人沈鷙勇悍，可任以事，然欲使治聲律，讀經義，以與吴、楚、閩、蜀之士争得失於毫釐之間，則彼有不仕而已，故其得人常少。夫惟忠孝禮義之士，雖不得志，不失爲君子。若德不足而才有餘者，困於無門，則無所不至

❶「百」下，《宋朝諸臣奏議》有「斛」字。

矣。故臣願陛下特爲五路之士別開仕進之門。

漢法，郡縣秀民，推擇爲吏，考行察廉，以次遷補，或至二千石，入爲公卿。古者不專以文詞取人，故得士爲多。黄霸起於卒史，薛宣奮於書佐，朱邑選於嗇夫，邴吉出於獄吏。❶其餘名臣循吏，由此而進者，不可勝數。唐自中葉以後，方鎮皆選列校以掌牙兵，是時四方豪傑不能以科舉自達者，皆争爲之，往往積功以取旄鉞。雖老姦巨盗或出其中，而名卿賢將如高仙芝、封常清、李光弼、來瑱、李抱玉、段秀實之流，所得亦已多矣。王者之用人如江河，江河所趨，百川走焉，蛟龍生之。及其去而之他，則魚鼈無所還其體，而鯢鰍爲之制。今世胥史牙校皆奴僕庸人者，無他，以陛下不用也。今欲用胥史、牙校，而胥史行文書，治刑獄錢穀，其勢不可廢鞭撻。鞭撻一行，則豪傑不出於其間。故凡士之刑者不可用，用者不可刑。故臣願陛下採唐之舊，使五路監司、郡守共選士人以補牙職，❷皆取人材心力有足過人而不能從事於科舉者，禄之以今之庸錢，而課之鎮税場務、督捕盗賊之類。自公罪杖以下聽贖。依將校法，使長吏得薦其才者，第其功閥，書其歲月，使得出仕比任子，而不以流外限其所至。朝廷察其尤異者，擢用數人，則豪傑英偉之士漸出於此塗，而姦猾之黨可得而籠取也。其條目委曲，臣未敢盡言，惟陛下留神省察。

❶「吏」，原作「史」，今據《東坡七集・續集》改。

❷「使」，原脱，今據《東坡七集・續集》、《宋朝諸臣奏議》補。

昔晉武平吴之後，詔天下罷軍役，州郡悉去武備，惟山濤論其不可。帝見之曰，天下名言也，而不能用。及永寧之後，盗賊蠭起，郡國皆以無備不能制，其言乃驗。今臣於無事之時，屢以盗賊爲言，其私憂過計亦已甚矣。陛下縱能容之，必爲議者所笑。使天下無事，而臣獲笑可也。不然，事至而圖之，則已晚矣。干犯天威，罪在不赦。

軾代李琮論京東盗賊狀曰：

臣伏見自來河北、京東常苦盗賊，而京東尤甚。不獨穿窬祛篋、椎埋發塚之姦，至有飛揚跋扈、割據僭擬之志。近者李逢徒黨，青、徐妖賊，皆在京東。凶愚之民，殆已成俗。自昔大盗之發，必有釁端，今朝廷清明，四方無虞，而此等常有不軌之意者，殆土地風氣習俗使然，不可不察也。漢高祖沛人，項羽宿遷人，劉裕彭城人，黄巢宛朐人，朱全忠碭山人，其餘歷代豪傑出於京東者不可勝數，故凶愚之人常以此藉口，而其材力心膽實亦過人。加以近年更改貢舉條制，掃除腐爛，專取學術，其秀民善士既以改業，而其朴魯强悍難化之流，抱其無用之書，各懷不逞之意。朝廷雖敕有司别立字號以收三路舉人，而此等自以世傳朴學，無由復踐場屋，老死田里，不入彀中，私出怨言，幸灾伺隙。臣每慮及此，即爲寒心。揚雄有言：「御得其道，則天下狙詐咸作使。御失其道，則天下狙詐咸作敵。」而班固亦論劇孟、郭解之流皆有絶異之姿，而惜其不入於道德，苟放縱於末流。是知人之善惡本無常性，若御得其道，則向之姦猾盡是忠良。故許子將謂曹操曰：「子治朝之能臣，亂世之姦雄。」使韓、彭不遇漢高，亦與盗賊何異？

臣竊嘗爲朝廷計，以謂窮其黨而去之，不如因其材而用之。何者？其黨不可勝去，而其材自有可用。昔漢武嘗遣繡衣直指督捕盜賊，所至以軍興從事，斬二千石以下，可謂急矣，而盜賊不爲少衰者，其黨固不可盡也。若朝廷因其材而用之，則盜賊自消，而豪傑之士可得而使。請以唐事明之。自天寶以後，河北諸鎮相繼僭亂，雖憲宗英武，亦不能平。觀其主帥，皆卒伍庸才，而能於六七十年間與朝廷相抗者，徒以好亂樂禍之人、背公死黨之士相與出力而輔之也。至穆宗之初，劉總入朝，而河北始平。總知河北之亂，權在此輩，於是盡籍軍中宿將名豪，如朱克融之流，薦之於朝，冀厚與爵位，使北方之人羨慕向進，革其亂心。而宰相崔植、杜元穎皆庸人，無遠慮，以爲河北既平，天下無事。克融輩久留京師，終不録用，飢寒無告，怨忿思亂。會張弘靖赴鎮，遂遣還幽州，而克融等作亂，復失河朔。

今陛下鑑唐室既往之咎，當收京東、河北豪傑之心。臣伏見近日沂州百姓程棐告獲妖賊郭進等，竊聞棐之弟岳乃是李逢之黨，配在桂州，豪俠武健又過於棐。京東州郡如棐、岳者不可勝數，此等棄而不用即作賊，收而用之即捉賊，其理甚明。臣願陛下精選青、鄆兩帥，京東東西職司，及徐、兖、單、濰、密、淄、齊、曹、濮知州，諭以此意，使陰求部内豪猾之士，或有武力，或多權謀，或通知術數而曉兵，或家富於財而好施，如此之類，皆召而勸獎，使以告捕自效，籍其姓名以聞於朝。所獲盜賊，量輕重酬賞。若獲真盜大姦，隨即録用。若只是尋常劫賊，即累其人數，酬以一官。使此輩歆艷其利以爲進身之資，但能拔擢數人，則一路自然競勸。貢舉之外，别設此科，則向之遺材皆爲我用，縱有姦雄嘯聚，亦自無徒。但每州搜羅得一二十人，即耳目遍地，盜賊無容足之處矣。歷觀自古奇偉之士，如周處、戴淵之流，皆出於群盜，改惡修善，不害爲賢。而況以捉賊出身，有何不可？若朝廷隨才試用，異日攘戎狄，立功名，未必不由此塗出也。非陛下神聖英武，不能決行此策。臣雖非職事，而受恩至深，有所見聞，不敢瘖默。謹録奏聞，伏候敕旨。

彭汝礪奏曰：

臣竊聞京東、河北東西群盜不禁，朝廷數月經置，知所以係聖念深矣。臣伏惟河北土地堅固，風俗尚氣好勝，寧死於盜賊，以死於飢餓爲耻，其喜亂蓋天性也。陛下仁儉，朝廷清明，非有可窺之間隙，而豪兇不道烏合蟻附，白晝殺人於市以食，攻劫縣鎮，掠奪妻孥，此亦聖慮之所宜加察。涓涓不已，將不可隄防矣。臣備數言責，不勝日夜之憂。謹具畫一事件，少冀裨補。

臣伏思盜賊之勢，可以智勝，不可以力制也。以國家粟米之多，兵革之堅利，而不能以一日殄絶，狗偷鼠竊之盜，亦不能無之也。比雖聞巡檢、縣尉許不依常例舉差，巡檢、縣尉已指蹤制勝，蓋猶不與焉。臣讀史觀漢京兆盜賊驚擾，王尊不出關而治；渤海多劫掠，龔遂下車而化。然則使逐處有人，則不能縱之至此矣。臣欲乞早賜選差仁明智略之吏出領諸郡，稍寬繩法，使隨宜處之，幾早殄絶，以銷未形之患。

臣竊聞河朔比數不登，民至賣妻鬻子以食，遷徙者相踵，死者相枕藉。有司不知還安定集，而頭會箕斂，然則民至相聚爲盜者，非獨民之罪也，吏亦有罪焉。自北而來，累爲臣言，去年秋不雨，冬亦少雪，麥根多不入土，春夏之初，民食恐不足。朝廷不早加恤，貧弱者或以賊爲依，而黨與浸多矣。臣欲乞專使體量，稍寬諸般色役，以安貧弱。夫使善民懷惠而無敵散之心，姦人畏威而有不敢爲之志，賊之勢易見衰止矣。

劉摯上言曰：

天下雖有極治之政，而不能使民不爲盜，然能禁其爲盜而已。❶三代、兩漢以來，比追胥，嚴捕察，其法張弛。時雖有不同，要皆謹於搜逐奸惡，以安善良者也。國家於盜賊，其防禁固已明具，而近時捕法一二有可言者。舊制，盜發地分，應職在伺察捕索之人，皆給百日以爲三限，每限不獲，抵罪有差。蓋使身任其責，心有所畏，然後肯協心出力，略張耳目，求賊以自免，故官司頗得其用。今新敕雖不獲賊有罪，然乃將兩限科校聽各罰錢，曰以充捕賞，其次仍許收贖。而鄉村耆長壯丁近且廢罷，代以保甲。保甲之法，保內被盜，止出賞錢，更無認限決罰之法。小人之情，不以刑懼勢驅之，使有不得已者，則何事肯僇力爲公家索賊耶？其所輸錢，又不過資取衆人，寅緣自利，正其所便。

❶「然」上，原衍「雖」字，今據《忠肅集》卷六《論盜賊疏》、《長編》卷三六五元祐元年二月辛酉條刪。「然」下，《忠肅集》、《長編》有「要」字。

中書舍人曾鞏上言曰：

臣伏以《周禮》以五家爲比，使之相保，推之至於五州爲鄉，因其民以用之於田役追胥之事。管仲於齊，亦以五家爲軌，推之至於五鄉爲軍，以有三軍之制。蓋生民之業，資於衣食則爲農，資於備禦則爲兵，其所恃之理然也。後世言兵者，以謂九夫爲井，此八陣之法所由出也；五家爲軌，此師旅之法所由出也。以臣考之，所以然者，非三軍之政取法於鄉田，蓋古者生民之業，兵、農非異務也。自經界既廢，而兵、農始殊。秦、漢之際，大率十里一亭，亭有長；十亭一鄉，鄉有三老、有秩、嗇夫、游徼。三老掌教化，嗇夫職聽獄訟、收賦税，游徼循禁盜，亦比閭族黨、卒伍追胥之遺事也。今保甲之制，自五家爲保，推之至於有大小保長，有都副保正，職承文書，督盜賊，與比閭有長，鄉亭有嗇夫、游徼，非異意也。臣昨守亳州，亳爲多盜重法之地，臣推保甲之法，以禁盜賊，幸不至繆戾。誠不自揆，欲於保甲、巡檢、縣尉之法所以防慮盜賊者有所推廣，以稱朝廷立法之意。

一、諸處自來盜賊，並是外來浮浪行止不明之人，或是本處素來無賴之人。保甲之法，使五家爲保，蓋欲察舉非違之事。一保五家，若有一家藏匿外來浮浪行止不明之人，或一家有素來無賴之人，即五家無由不知，而法禁之中不責其顔情蓋芘，則人於鄉里，誰肯告言？若爲設禁防，使不告官者因事發露則有相坐之刑，人情自愛，誰肯苟容？此乃本立保伍、察非違之意也。所察舉者藏匿惡人之家，所以爲人除患，固非開告訐之路，傷隣里之義也。若藏匿之家自不能揜，則惡人何所容入？盜賊不禁而自熄，理之所可必也。欲乞指揮：❶外來浮浪行止不明之人，保内不得舍止；本處素來無賴之人，保内須以姓名申官，官爲籍記。係籍之人，凡有出入，並須告知本保。若保内舍止外來浮浪行止不明之人，犯人嚴斷，同保不糾，科不言上之罪；保内有本處無賴之人，❷同保不以姓名申官，及係籍之人出入不告本保，本保不糾，亦並科不言上之罪，犯人嚴斷。所貴有所關防，可以暗銷盜賊。況自來州縣亦往往有禁絶舍止浮浪及籍記惡人之處，可以斷得盜賊，别無擾煩。兼保甲條，諸保内有外來人，如行止顯有不明，即收領送官。則是法意蓋以及此，今來所乞只是申明，更欲詳備，伏乞裁酌施行。

一、伏見熙寧六年保甲條法：保内如遇有賊盜，晝時告報，大保長已下，同保人户即時前去救應追捕。如入别保，即遞相擊鼓，應接襲逐。元豐二年，詳定上條節文，諸保内賊盜，晝時集本保追捕。如入别保，遞相告報襲逐，舊有鋪屋及鼓處，❸依舊仍輪保丁守宿，未有處，願置者聽。臣竊以謂元條及詳定互有詳略，若合而用之，則彌綸之意無所不備。今所乞指揮：諸保内賊盜，晝時集本保追捕；如入别保，即遞相擊鼓報應襲逐，並置鋪屋及鼓，仍輪保丁巡宿。如此，則保伍之内既不得容止惡人，巡宿之法又備，如有賊發，則合力追捕，措置無所不盡。於本置保甲之意，委曲備具，亦古者井田守望相助，後世置鄉亭徼循盜賊

❶「指揮」，原脱，今據《元豐類藁》卷三二《申明保甲巡警盜賊劄子》補。

❷「有」，原脱，今據《元豐類藁》補。「無」上，《元豐類藁》有「素來」二字。

❸「舊有」至「聽」，二十二字，原脱，今據《元豐類藁》補。

之遺法也。

一、伏見熙寧敕節文：諸巡檢常於地分内巡警，廨宇所在，州給與印曆，逐季點檢。臣欲乞相度指揮，重法地分，巡檢、縣尉常於地分内巡警，每旬具所到地分申州，仍給與行程印曆，每季本州將旬申與印曆委官點磨，違者取勘施行。州不督察，監司按劾以聞。如此，則制置捕盜之官，事體均一，理在必行，不容苟簡之人得以廢法。使捕盜之官分巡不止，保甲候望，轉相承接，盜賊所向，輒遇譏察，竊發之謀，必自衰熄，或有伺間不逞之人，亦易敗獲。

右司諫蘇轍奏請罷右職縣尉劄子曰：

臣伏見舊法，縣尉皆用選人。自近歲民貧多盜，言事者不知救之於本，遂請重法地分縣尉並用武夫。❶自改法以來，未聞盜賊爲之衰少，而武夫貪暴，不畏條法，侵漁弓手，先失爪牙之心，搔擾鄉村，復爲人民之患。臣竊惟捕盜之術要在先得弓手之情，次獲鄉村之助，耳目既廣，網羅先具，稍知方略，❷易以成功。舊用選人，雖未能一一如此，而頗知畏法，則必愛人，使之出入民間，於勢爲便。不必親習騎射，躬自格鬭，然後能獲賊也。今改用武夫，未必皆敢入賊，而不習法律，先已擾民。訪聞河北、京東、淮南等路，凡用武夫縣分，民甚患之。欲乞復令吏部依舊只差選人，所貴吏民相安，不至驚擾。

❶「地分縣尉」，原作「縣尉地分」，今據《欒城集》卷四〇《請罷右職縣尉劄子》、《長編》卷三八五元祐元年八月癸巳條改。

❷「知」，原作「加」，今據《欒城集》、《長編》改。

知洋州文同上奏曰：

臣竊見本州守治之所，正居漢水之上，川陸平衍，廣袤千里。東北諸山，縈帶聯屬，徑路盤屈，隙穴深遠。上通荆楚，旁出岐、雍。其中所産濟人急用之助，品目甚衆。旦夕嬴輂，道路不絶，閭巷井邑，百貨填委，實四方商賈貿易畢至之地，衣被秦、蜀，有足仰者。漢、唐之際，已名重郡。然而至今有所不能稱是者，城池庳漫，全不如事，不知幾年，滅裂爲此。苫茅累土，宛若鼠戲；缺漏頽落，殆不可睹。奸庸取罪，常在跳越；倉庫所寄，僅同空曠。臣自至此，即謀增葺，患無兵夫，不能施手。每一慮至此，沉吟終日。伏以國家設州郡，列官府，具儲蓄，養士卒，大抵本以爲民，故如此其備也。夫何此州當襟喉要害之處，而顧無壁壘壕塹之防以保護之？譬之於人也，筋骨雖云完固，而皮革日已爛墮，將何以爲負恃，而能使其中安且久耶？一體既虧，身不宜矣。❶伏望朝廷慰念黎庶，軫恤遐遠，特降中旨，許令脩築。度其工力，了不至大。庶使郡國制度無有一物廢闕，亦有備無患之深計也。

臣又竊見管内三縣，疆境絶爲曠闊。高山深林，蔓衍重複，直與巴、達、金、鳳、永興、鳳翔等處脣齒相密。其遠者有至五六百里，近者亦不下三四百里。中間有如子午、駱谷之類，斜通直達，徑路不少。私商暗旅，出入如織；逋奸隱罪，萃爲淵藪。嵓谷之民，孱懦畏事，迫於衆勢，遂爾囊橐，所居幽僻，人不敢問。既因全無防守，所以難

❶「身」，《丹淵集》（《四庫全書》本）卷三四《奏爲乞修洋州城并添兵狀》作「事」。

爲檢遏。臣愚常此過慮：忽爾蜂驚鼠駭，妄肆螫齧，散走巢窟，出白爲暴，❶呼集除盪，形影不及，亦須數日，爲之擾擾。往日光化軍，近年慶州叛賊，悉趨此路，謀行於蜀。是時西南郡邑聞風震聳，賴以朝廷威靈，元元之幸，而卒以就敗。然而此州既爲凶盗累伺其隙，是後恬然不爲之備，至今耆眊宿吏語議及此，則無不人人咨嗟嘆惋。是知如此與他州別郡封壤接聚，❷隘阨奔衝之處，平時常宜預設保禦之方。其或事有萬一，臨時取具，必然手足錯亂，不相捄應。前無兵而後無城，未免一方人心不得不使之旦夕恐懼，而莫如之何也。臣今欲乞朝廷特賜詳酌，更添置武寧一指揮，或且先於諸處那屯三五百人，常令住此，不許差出，❸以備緩急驅使。如此，則上可以紓朝廷之憂，下可以慰百姓之望。

臣職在守土，理當建述，此二事者，伏望睿慈不罪其狂瞽而留意焉。

哲宗元祐元年，門下侍郎司馬光乞罷保甲招置長名弓手狀曰：

臣竊見府界及三路保甲雖罷團教，猶冬教一月，於民有損，於官無益，不若盡罷之便。何則？比於團教之時，民間勞費雖十減六七，然猶有三四，此所謂於民有損也。朝廷每歲遣使按閱，所費金帛以百萬計，而終無所用之，此所謂於官無益也。臣以爲不若盡罷之便。

自置保甲以來，盗賊倍多。所以然者，

❶「白」，《丹淵集》作「入」。
❷「接」，原作「按」，今據《丹淵集》改。
❸「差」，原作「亡」，今據《丹淵集》改。

鄉村無賴子弟乍涉城市，聞見紛華，自恃身爲保丁，坐索本家供給，飲博遊蕩，習以成性。今雖罷團教，不肯復歸南畝服田力穡，逸欲既深，資用不足，既家藏利兵，又身挾武藝，由是邀結黨友，群行攻劫，父兄不能禁，州縣不能制，此自然之勢也。是以數年以來，年不甚飢，而府界、三路盗賊縱橫，❶入縣鎮，殺官吏，若遇蟲蝗水旱大飢之歲，將若之何？此不可不爲之無慮也。

以臣愚見，莫若盡罷府界及諸路保甲，據逐縣主户數目、盗賊多少，委提點刑獄相度，每若干户置長名弓手一人，與免户下租税、支移折變及夫役諸般差徭科配，一無所預，務爲優假，使人歆慕。每十人置節級一員，五十人置十將一員，百人置員寮一員，二百人以上置指揮使、副指揮使各一員。雖不及二百人，亦置指揮使、副指揮使名目，盡管一縣弓手，以爲賞功資級。其節級，始初且令本縣令佐依上名下次，或選有部轄者權管。候有長行捉殺到强盗一人，即補充正節級，替下權管之人。自後每捉殺到强賊一人，依此遷一級。若未有闕，且爲守闕，不得管人，候有闕日補正。其累功勞遷至正指揮使滿三年以上，又曾捉殺到强盗三人，從來不曾犯贓罪者，仰本縣官吏結罪保明申州，本州官吏結罪保明申奏，乞朝廷與於三班借差内安排。若遇有强惡賊人，朝廷臨時别立賞格者，不在此限。如此，則保甲中勇健之士見前有出官之望，來應募者必多。除第一、第二等户物力高强，合充重役，不得應募外，其餘但於本縣有户

❶「三」，原作「二」，今據《温國文正司馬公文集》卷五四《乞罷保甲招置長名弓手劄子》改。

籍田産，不以等第高下，並許投充長名弓手，永無解役之期。若一人闕額，有二人以上争投者，即委令佐揀試武藝高强者充。如此，則本縣勇健者皆充弓手，其餘懦弱者雖使之爲盜，亦無能爲患。若見充長名弓手人有勇力武藝衰退者，許令外人指名比較，若勝於舊者，即令充替。如此，則不須教閲，武藝自然長得精熟。仍委本州及提點刑獄常切覺察，令佐有取捨不公者，取勘依法施行。若應募未滿見今鄉差弓手之數，即且令鄉差弓手相兼祗應。候招到長名弓手一人，即替鄉差弓手一人歸農。其鄉差弓手願投長名者，亦聽。若長名弓手及百人以上，即令分一半作兩番。二百人以上，每百餘人分作一番，並年終交替。其上番者，隨縣尉逐捕盜賊。自節級以上，各令管所轄之人。若所轄之人有小可過犯，許一面區分，不得過小杖十下。若所轄之人敢陵犯本轄人員者，杖一百，毆者徒一年。雖權管亦同。本轄人員若於所轄人處取受財物，並依律科罪。犯贓罪杖者，若係管轄權管，即降充長行下名；若係正人員，即降一資，自後每捉殺到强盜兩人，始當一人。罪至徒者，不以權正，並降充長行下名，自後每捉殺到强盜三人，始當一人，雖許還資，並係額外，不得管人，不得出官。若遇下番，則不相管轄，亦無階級。其下番者，自十將以下，各隨所居之處，與耆長同覺察本管地分内曾有爲强盜之人及窩藏之家。

凡爲强盜者，不肯於本管分作過，❶須在他處，蓋恐累及本地分捕盜人，無所自容

❶「肯」，原作「等」，今據《温國文正司馬公文集》改。

故也。其本地分捕盗人往往知之，莫肯發舉。盗既得財分贓，則絶迹遠遁，其賊發地分捕盗人雖欲擒捕，莫知其處。官中雖立三限科校，終無所益，由此賊發地分，捕盗人每有賊發，莫肯申舉。若變主懦弱，則多方抑塞，不令聲賊；變主强梁，則共陪所失之財，勸和使休。是致群盗無所忌憚，日益昌盛。又告捕得賊，多被賊人讎報，焚燒莊舍，屠害老小。其賞錢豈宜留滞，而往往爲州縣沮難，有司靳惜，動有經年請領不得，使之解體。欲乞今後應賊發地分，❶其捕盗人更不立三限科校，捕盗官亦不批罰，只以擒賊多少論其功賞。若敢抑塞隱蔽，從嚴法施行。仍每州各隨大小、賊盗多少，借官錢數千貫，專充告捕賞錢。每獲强盗，勘得從來住止、窩藏去處，候斷遣已了，委本州長吏當日先以官錢支給告捕之人。即移牒出賊州縣，勾追住止、窩藏地分捕盗人，科不覺察罪，弓手杖一百，耆長杖八十，壯丁笞四十。先籍没賊人及窩藏家財産，償所支賞錢外，其不足之數，令捕盗人等均攤，限一月催足津般，赴給賞州軍補填官錢。若路遠難以津般，則各於本州官錢内關牒折兑。其强惡賊人，朝廷特於常法外多立賞錢者，自以省錢充，不在捕盗人均攤之限。如此，則盗賊無所容身，必思改過自新。

若果行此法，府界、三路既免教閲勞費之患，無賴子弟又有所歸投，得以羈縻。諸路正鄉村之名，復國家舊制。勇健之士前有仕進之望，争討賊立功，不待教閲而弓手武藝自然不敢衰退，不須點差而鄉兵自足，兼有所用。人雖衆多，而上下有綱紀，不敢

❶「分」，原作「方」，今據《温國文正司馬公文集》改。

相侵暴。賊發地分，捕盜人不知賊處，免虛受刑責。出賊地分，爲累及身，不敢蔽匿景跡之人。被盜之家，無人抑塞，有所伸訴。賊盜窮窘，無所容身，稍冀衰息。

六年，禮部侍郎范祖禹奏曰：

臣聞昔季康子患盜，問於孔子，孔子對曰：「苟子之不欲，雖賞之不竊。」季康子又問政於孔子，曰：「如殺無道以就有道，何如？」孔子對曰：「子爲政，焉用殺？子欲善而民善矣。君子之德風，小人之德草。草上之風必偃。」臣始讀書，蓋嘗疑之，以爲聖人之言主於教化而已，行之未必有近效也。及觀唐太宗初即位，與群臣論止盜。或請重法以禁之，太宗哂之曰：「民之所以爲盜者，由賦繁役重，官吏貪求，飢寒切身，故不暇顧廉耻耳。朕當去奢省費，輕徭薄賦，選用廉吏，使民衣食有餘，則自不爲盜。安用重法耶？」自是數年之後，海内升平，路不拾遺，外户不閉，商旅野宿焉。臣觀太宗之政如此，乃始知聖人之言不欺後世，行之必有近效也。

夫以區區之魯國，季康子爲相，孔子猶勸之不欲所以止盜，而況天子之於天下乎？季康子，魯之執政，猶不可以言殺，當欲善而已，而況天子之於天下乎？自古用重法以止盜者，莫如五代之漢。漢高祖即位之年，患四方盜賊衆多，敕盜賊無問贓多少皆抵死，仍分命使者逐捕。宰相蘇逢吉草詔意云：「應賊盜，其本家并四隣同保皆全族處斬。」衆以爲盜猶不可族，况隣保乎？逢吉固争，不得已，但省去「全族」二字。由是鄆州捕賊使者張令柔殺平陰縣十七村民。其法可謂重矣，然盜賊不爲衰止，漢室不四年而亡。夫唐太宗之政如彼，漢高祖之法如此，有天下者當以盛唐爲法乎？當以季漢爲法乎？至周太祖時，竊盗贓滿三匹者猶棄市。太祖皇帝代虐以寬，稍輕盗法，累聖仁厚，哀矜庶獄，遞加減貸，故竊盗遂無死刑。然今編敕所定，盗贓猶重於律三倍，蓋承五代刑罰世重，減之極輕，猶至於此，豈可更增重乎？

臣伏見熙寧四年，中書檢正官奏請開封府東明、考城、長垣等縣，京西滑州，淮南宿州，河北澶州，京東應天府、濮、齊、徐、濟、單、兖、鄆、沂等州，淮陽軍，别立盗賊重法。其後又有他州奏請，乞比東明等處行重法者。有重法之地，又有重法之民。夫「溥天之下，莫非王土」，「食土之毛，誰非君民」，今獨視此州縣如夷貊異域之人，别立盗法。自行法以來，二十餘年，不聞盗賊衰止，但聞其愈多耳。老子曰：「法令滋彰，盗賊多有。」又曰：「民常不畏死，奈何以死懼之。」夫上以善待民，乃可望民爲善以應上，若其不應，罪在民也。上以惡待民，則民爲惡以應上，乃其理也，何足怪其多乎？古者開衣食之源，立教化之官，先之以節儉，示之以敦樸，倉廪實而知禮節，衣食足而知榮辱，則自不爲盗，有邪僻之民，然後從之以刑。豈有不治其本而專禁其末，不清其源而欲塞其流也？若以重法爲權時之宜，行之數年，而盗少於前，固當除之，復用中典；若盗益多於前，則是重法不足止盗甚明，其可除去無疑也。又重法之地皆舉知縣，必擇彊健之吏。被此選者奉法除盗，視民如讎，一切以擊斷爲稱職，此豈平世所宜爲乎？臣愚欲乞悉除重法，改重法地分爲舉知縣地分。夫天下縣令皆不可不擇，獨此諸縣先已舉吏，則不可廢。民多奸猾，尤須良吏以治之。選吏以養民，不命吏以敵民也。及今四方人情少安，改峻法爲平法，庶可以變惡俗爲善俗，止用常典，足以禁奸，其刑亦不輕矣。若行重法不已，盗賊益多，臣將見此數十州之民無樂生之心，一有凶年飢饉，則爲等死之計，群起而爲大盗，雖有重法，又可禁乎？惟陛下無以孔子之言爲迂，無以唐太宗之治爲難，無以教化爲不急，無以峻法爲足恃，則民皆可使爲善矣。

哲宗時，右司諫蘇轍乞招保甲充軍以消盗賊狀曰：

臣聞薄賦斂，散蓄聚，若以致貧，而民安其生，盗賊不作，縣官食租衣税，廩有餘粟，帑有餘布，久而不勝其富也。厚賦斂，奪民利，若以致富，而所入有限，所害無窮，大者亡國，小者致寇，寇盗一起，盡所得之利，不償所費之十一，久而不勝其貧也。臣未敢遠引陳勝、吴廣、龐勛、黄巢之類，只如淳化中李順、慶曆中張海等、熙寧中廖恩，此數火盗賊，計其燔燒官寺，劫略倉庫，以至發兵命將，轉輸糧食，耗失兵械，募士賞功之費，大率不下數百萬貫。但得事了，豈敢言費！然方其未發，有能建言乞捐數十萬貫以消其變，則上下争執，如惜支體，不肯割截。此天下之大迷，古今之通患也。故臣願於元豐庫或内藏庫乞錢三十萬貫，上以爲先帝收恩於既往，下以爲社稷消患於未萌。伏願陛下權禍福之重輕，較得喪之多少，斷而行之，毋使有司吝於出納以害大計。

河北之民喜爲剽劫，所從來尚矣。近歲創爲保甲，驅之使離南畝，教之使習凶器。一夫在官，一家資送。窮苦無聊，靡所不至。椎埋爲奸，十人而九。號爲保甲，莫敢誰何。若更一年不罷，則勝、廣之事可立而待也。今雖已罷，而弓刀之手不可以復執鋤，酒肉之口不可以復茹蔬，既無所歸，勢必爲盜。今河北寇賊成群，訪聞皆是保甲餘黨。若因之以饑饉，則變故之作不可復知。

近歲富弼知青州，是時河北流民百萬，轉徙京東。弼既設方略振活其老幼，而招其壯悍者爲軍，不待朝旨，皆刺「指揮」二字，其後皆爲勁兵，百萬之衆無一人爲盜者。弼，人臣，便宜行事，猶能若此，況陛下富有四海，而元豐及内庫錢物山積，莫可計數。只如近日内降睿思殿金銀一色令別庫收貯者，自約及百餘萬貫，皆是先帝多方收拾，以備緩急支用，不取於民。聖算深遠，非凡所及。若積而不用，則與東漢西園錢，唐之瓊林、大盈二庫何異？於先帝聖德不爲無損。

故臣願乞三十萬貫爲招軍例物，選文武臣僚有才幹者一二人，分往河北逐路，於保甲中招其彊勇精悍者爲禁軍，隨其人才以定軍分。本州無闕，則自近及遠，或押上京，不過一二萬人，則河北豪傑略盡矣。其間武藝絶倫，舊日以補班行者，押赴闕試驗有實，即以補内六班之闕，或以補本貫及鄰近闕額軍員。但當嚴賜指揮，候了日當遣人覆按，有不如法，重坐官吏。臣聞先帝本謂保甲可用，故欲隱兵於農，以漸消正兵，是以禁軍多有闕額。今保甲既罷，正使無事猶合補填，況如前所陳者？惟陛下深察，果斷而力行之。今冬春大旱，二麥不熟，事勢如此，恐不可緩。

侍御史劉摯論盜賊疏曰：

臣竊以天下雖有極治之政，而不能使民不爲盗也，然要能禁其爲盗而已。歷世以來，法嚴則盗衰，法寬則盗盛。國朝自近歲差役用募法，而官弛捕盗之禁；保甲行教法，而民滋爲盗之心。前來滑州之單安，商州之王冲，以村野之人，逃亡之卒，一有呼嘯，遂能横行，蹂踐鄉縣，殺害官吏，以至煩遣兵將，重爲騷擾，大勞大費，僅能散撲。皆由防禁寬縱，賞罰不明，而寒飢猖狂之人附之者衆故也。近日制旨，既薄斂輕賦，稍還其衣食之路，又復置弓手及縣尉、巡檢，而察捕賞罰，並從舊典，所以防備奸惡、安養善良之意可謂甚厚。然訪聞州縣不甚疚心，召募弓手，至今殊未就緒，巡檢兵級多未差填。見今河北、陜西、京東西所在，常有盗賊，攘劫鈔竊，殆無虚日，鄉野閭井，人頗不安。蓋前來保甲、巡檢、指使既有更不管勾指揮，則其意固已不在於捕盗，而新復官吏又未就職，此盗之所以乘間而作。累歲已來，民間豐稔，今尚如此，自去冬大旱，二麥失望，積穀之家觀望不發，人已艱食，臣慮將來寇盗更有甚於今日。欲乞指揮逐路監司爲備盗之計，督促州縣，速招弓手及差撥巡檢兵級，嚴責近限，早令數足，以時訓齊，准備緩急。及再乞指揮吏部所差注巡檢、縣尉，略加選擇，催遣赴任。

畢仲游上言曰：

臣伏見開封府盗賊條禁至多，而禦盗之方，其大節有未備者。以外路州軍言之，捕盗之官在城内則都監、監押，城外則巡檢、縣尉，蓋不可易之官也。今京城外巡檢、縣尉與外州軍略同，而京城内巡檢之職，寓於馬軍、步軍帥臣與四廂主者，雖主徼巡於國中，而尋常盜賊，舊不干預。自來開封府承例，令使臣人員等密行緝捕，獲賊有賞，而不獲無甚譴罰。人微責輕，往往返與盜賊爲市。而諸廂小使臣雖帶督察盜賊，其實分管估計家業，取問病人口詞，并檢驗救火等雜務，不類捕盜之官，理如未盡。臣愚欲乞於馬、步軍帥及四廂主巡檢之下，別增置廂巡檢六員，其二在舊城內，其四在新城内四壁。使諸司使副或大使臣爲之，隸於開封府，得以職事舉薦按劾，仍倣外州軍都監、監押功過殿最之法而增損之，使專治巡檢職事，亦不廢開封緝捕公人。則京師盜賊知有專一責任之官，自然人户安居，奸盜屏息，輦轂之治，不爲無助。

仲游又奏曰：

捕盜之法，遇有賊，必立重賞購人緝捕。立賞既重，則宜人人鬬用智力以應賞格。然則州縣每有盜賊更一二十火，未見有賊因賞而敗者。此非重賞不足以捕盜，蓋州縣給賞須拘條格。每有人捕賊到官，留連勘鞫，近者一兩月，遠者須半年一歲，等候獄成，然後檢坐條格，支給賞物。其該賞之人捕賊到官，經隔歲月，未有所得，或者過狀陳訴，邅延詰難，方始得賞。又其甚者，則勾追往返，取問捕賊因依，拘繫一兩月，費用錢物，方始得賞。其人居家，各有生計，因官司勾追理會賞格，往往暫廢經紀。設使賞格不行，反成失所。故皆謂官司立賞雖重，及至獲賊，未必如數皆得。縱得所賞，亦留滯别有妨廢，以此人人無意捉賊。雖見榜揭，視爲空文。

今欲乞令州縣各預儲賞錢，在逐處收掌。遇有盜賊，曉示數目，召人緝捕。如獲到官，見得委是賊人，别無虚僞，未勘得賊人情狀，先取問捉獲因依，不候結解，令州縣先次保明，給賞與捕緝之人，不得淹延追擾。如此，即小人雖不知義理，但見捕賊入官，别無留滯，便得重賞，更相傳告，宜有勸慕，人人鬬用智力捕賊以應賞格。故立賞在信，行賞在速。立賞不信，行賞不速，不足以使衆。非唯今日之當爲，蓋亦古人之常事也。

劉攽上奏曰：

臣昨因轉對獻議，欲以盜賊罪至極刑而遇恩赦及以按問自首减死者，加以刖刑。事下有司，不蒙施行。臣竊聽衆論，以謂肉刑慘烈，驚駭人聽，故不可用。臣以謂不然。臣所議刖刑，非施之常民，以禁盜賊爾。又非施於常盜，以馭當死而遇減者。如此，亦何慘刻之有？凡民能爲盜賊，必其强壯凶悍，有過人之資，其犯至死罪者，又必其桀黠無道者也。雖遇恩宥寬貸，豈其有自新反善之意？幸創痛完復，則重爲惡，譬蠚蟲之被傷而復完者，其毒人必深。臣故願加之刖刑，纔廢其一足，完全其生，不去鄉里，然雖有暴虐害物之心而材武絶衆，不得復用，於以懲奸絶惡，其益不輕。乞重下有司，詳定指揮。

高宗建炎三年，張浚上言曰：

臣竊謂當今盜賊竊發，理宜誅伐，使無遺類。然事有出於權宜而不可輕舉者。臣聞盜賊之徒，多河北、京東失業之人，義不歸虜，偷生中國。若欲盡殺之，是必使之盡歸虜人而後已。又御前之師儻百戰百勝，固無足道，萬一稍挫鋭於盜賊，則王師之勢愈弱，何以捍禦敵人？臣謂不如臨之以聲勢，如差某軍行，且令駐軍未發，先遣辯士往諭之。來則徙其老弱於江南，分屯少壯於淮甸，以待防秋。他日國勢苟立，何施而不可者？惟陛下留意。

建炎中，御史中丞許景衡奏乞措置杭州軍賊疏曰：

臣契勘杭州軍賊比已招降，今訪聞逐人雖已拜命，尚閉城門，未曾解甲，仍稱薛昂已有申請，須候朝廷回降指揮，方肯開門。即未知薛昂如何奏請，朝廷曾未報應也。竊原仁聖之意，不欲進兵討賊，正恐濫及無辜，所以招降仍加爵命者，蓋爲一城生齒也。而群賊反側未安，却以待報爲名，故作遷延。今閉門已五十餘日，一城生齒飢餓狼狽，日俟朝廷之報。若不速賜撫循，不唯失招降之初指，竊恐淹久，別致生事。杭爲東南重地，而士風輕脱，易於從亂，不可不慮也。臣愚欲望睿明檢會薛昂所奏，若只是乞放群賊之罪，招降之後有司不得殺戮，則乞詳酌，依其所請，再降敕牓，專差使臣星夜前去，開諭群賊，速令開門，以救一城垂死之命，寔天慈終始之賜也。

景衡論捉殺鎮江賊劄子曰：

臣聞鎮江府群賊聞官軍且至，頗有逃遁之計。其一路係本府下熟驛，前此已曾鈔虜，今來官軍若繇真州渡江以往，則此路無虞矣。其一路東走常州，昨者已曾許以金帛犒設，其無備爲可知。若更前進，則不獨浙西諸州爲可慮，深恐與杭賊合謀，❶如

❶「與」，原脱，今據《横塘集》卷一〇《論捉殺鎮江賊劄子》補。

臣前日所策也。契勘揚州管下柴虚鎮亦名口岸，渡江後四十里至常州，最爲捷徑。如蒙裁酌，别遣人馬繇此路以往，遏其奔衝，則賊勢亦窘矣。如前日官軍方事奮擊，則今所遣者亦可夾攻，庶幾朝夕殄滅。今車駕駐蹕于此而賊在毗境，非所以振國威也。伏乞速降指揮，即行措置，使兇徒就擒，江渡通快，誠今日之急務也。

景衡又奏乞招捉軍賊疏曰：

臣契勘杭州軍賊以蒙詔書招降，已拜恩命，而不解甲，復閉城門。間緣陰霧，輒出城戰破官軍，虜執提點刑獄官。訪聞秀州守城復入招降，即未見得後來如何奏報。逆黨反覆如此，神人所不容。今來若已招安開城門，在朝廷不欲失信，當一切赦其罪惡。不然，所宜痛治，以戒將來也。提點刑獄官屯守城外，乃爲賊虜劫，則其才略可知矣，豈可復倚仗耶？今杭州閉門已七十五日，殺傷之外，飢餓而死者已不勝其多。生靈無辜，誠可憐憫。如秀州守臣不曾奏到招降次第，伏望聖慈明詔三省、樞密院，即行措置。如合捉殺，亦乞精選將卒疾速前去。杭爲東南都會，其俗輕脱，易於從亂。今城門久閉，援兵不至，若被誘脅，則皆從賊，其勢益張，爲害大矣，豈獨殺傷餓殍爲可憐哉！如拯溺救焚，不可時刻濡滯也。臣以言責，既有所聞，不免喋喋凂聖聽，蓋事有不得已者。伏乞裁擇，速降指揮。

景衡又論捉殺杭州鎮江軍賊劄子曰：

臣昨論奏杭州、鎮江府軍賊事，乞朝廷措置施行。臣曉夕思之，若二賊止於閉城自守，官軍疾速掩殺，可無他虞。蓋杭爲二浙之腹心，而鎮江爲咽喉，今二賊同惡，皆據要地，若不速行措置，則閱日滋久，奸計愈多，萬一交通消息，一日合謀而起，則浙西諸州皆爲賊所據矣。此在朝廷不可不深慮而早爲之區處也。兼訪聞辛道宗下軍賊自到平江府吴江，即肆焚劫。比至本府城下，守臣初欲犒設，既而徇郡人之請，必欲擊賊。初戰雖敗，繼能乘城，矢石交擊，晝夜不息，賊遂遁去。使他郡皆如平江，則無可慮者。聞所過常、秀州皆厚斂金帛，以爲犒設而已，設有緩急，果何賴哉！今錢伯言已除鎮江守，及遣將兵前去外，唯杭州閉關幾八十日，一城生齒若不從賊，必皆垂死之命也。而招降、捉殺二説至今未決，欲望朝廷擇其一而處之，毋使合謀而起，爲意外之變也。其平江府官吏能堅壁拒賊，伏乞聖慈行下核實褒賞，不獨養其後來鋭氣，亦所以爲列郡之勸也。

景衡又奏乞不招安建州軍賊劄子曰：

臣訪聞建州兵變，殺傷漕臣及二三命官，見閉城門抄虜居民。本州奏請招降，自非出於迫脅，當是循襲近例。蓋招降之説乃是出於便宜，非止寇之良策也。前日杭州之事，勢非獲已，今若踵而行之，則是縉紳横被殺傷，而逆賊反受爵命，賞罰顛倒，莫甚於此。蓋自去歲福州兵變，朝廷不曾窮治，遂致江寧、杭州相繼而作。今日建州設更招安，則習以成俗，此禍未易息也。況福建鎗仗手自是勁兵，可以殄滅，顧朝廷用之何如耳。臣愚欲乞聖慈詳酌，不須別遣兵將，只乞指揮本路鈐轄、提刑司，令糾集將兵及隣州鎗仗手，許以厚賞，疾速措置捉殺。除首惡同謀之外，其餘脅從更不究治，仍不管逗留闕誤，庶幾革招降之弊，他州不敢視傚。

景衡又奏曰：

臣聞建州兵變事，昨日急於奏稟，思慮未審，其言有所未盡，須至再具敷奏，以備采擇。臣乞更不招降，只令捉殺。則召募鎗仗手，預合犒設，其勇於入賊有功者，亦合量借官資，以俟奏功正授；獲級者第賞，仍令先次告報，脅從之人，喻以朝廷寬貸之意。以上並乞令帥臣、監司公共措置，仍許便宜施行。契勘閉城今已一月，比及指揮到彼，則又須一月，不唯玩寇長奸，而一城生齒日遭虜劫，設或遲久，則盡爲賊誘，其勢益張，未易制也。伏望睿慈詳酌，速降指揮，令差來人星夜齎持前去，以究仁聖軫恤遠民之意。

樞密院編脩官胡銓奏曰：

臣伏見江西州軍自金人侵犯之後，未嘗一年間無寇，而虔州數縣號爲賊淵。每一出寇，則大焚殺，至傷三四千人，敺掠子女牛馬不可數計，州縣官吏往往多遭其害。連年跳梁，無所忌憚，遂至散剽廣南諸州，殺令破縣，甚至攻城。官司熟視，無可奈何。幸其去則遣烏合之卒，名爲追捕，因緣剽虜，又作一賊。監司、郡守諱言部中有寇，不敢備申朝廷。至其大段猖獗，方始陳奏，已無及矣。況今清蹕進駐建康，江東、西實陛下關中，而江西安撫司兵不滿千，守備疏闊。有如虔寇乘吾防秋，又復竊發，陛下未得置之度外。臣愚欲望朝廷宜及防秋以前，增遣一將，付之帥司，令於虔、吉兩界之間措置招捉，仍令萃一路之兵以爲聲援，須務戢盗，不得因而騷擾，庶使遠方細民安土樂業，獲見中興之治，不勝幸甚。

高宗時，殿中侍御史張守上奏曰：

臣聞叛而伐之，服而舍之，德刑並舉，帝王之略也。伏見陛下臨御以來，建康、丹陽、錢塘之寇次第勦除，國威遠暢，固足以慰一方之憤，快將士之心。然皆始於招諭，則皆貰其愆尤，授之禄秩，使改過以自効，且示陛下寬仁之大德也。然德音未絶于耳，而兵屬其頸矣，計其罪戾，固葅醢不足以塞責，但卷甲退聽之時，正如掌上嬰兒，殺之不武。雖或其初無朝廷招安之文，其後有長惡不悛之迹，然豈能遽使天下户曉哉？方今四方寇盗尚多，聞有欲降而反側猶豫者，往往以江寧、杭、潤之戮爲詞也。況陛下赤子，弄兵潢池，豈皆本心？第困於誅求，迫於寒餓，脅於兇逆，不得已者固不少矣。既已招安，當示以大信，待以不疑，聽其自新。遲之歲月，俟其復出爲惡，則與衆棄之，其誰曰不然？側聞江寇亦已就降，臣以謂國勢未强，兵力單敝，不免用招安之策以平群盗，儻循前轍，爲害不細。欲望聖慈詔諭三省、密院以及將士，應賊已就招安，不得輒殺，仰稱聖明所以伐叛捨服、招携懷遠之意。

守知建康府，乞措置丁家洲劄子曰：

臣自到任，詢訪本路公私利害，大小緩急，隨宜施行。其大且急者，惟江賊出没作過，爲往來商賈士庶之患。見今府院禁勘，賊火多是江中殺人劫盗。蓋緣江流去岸稍遠，雖有捕盗官司，難於巡察。内有丁家洲在池州下、太平州繁昌縣上，長八十餘里。

洲分爲二，江流出其中，及兩旁洲上並無居民，去兩岸人家亦遠，爲從來盜賊盤結之地。他處口岸被賊舟船，多是昏夜見無宗伴獨宿，乘不備以取之。如丁家洲，往往白晝劫掠，每得一舟，必盡殺其人，取其財，沉舟水中，官司無從根究。於是商賈行上水則自蕪湖結甲而上，行下水則自江州湖口結甲而下，少者亦須十數舟而後敢行。經過此處，而或一二舟稍後，即遭劫掠，前舟回視，駭愕而不敢赴救。又以被害舟船不見蹤緒，則同伴雖欲投訴，官司無以驗實，或反爲己累，往往不復陳告，州縣無由知之。深恐日久，爲害不細。朝廷向來雖於洲上置巡檢，聞亦相去闊遠，又土兵全闕，亦無舟船。巡檢既不能誰何，賊亦無所忌憚，則是置巡檢司有名無實。竊見沿江諸處見有屯駐水軍，若令都統制就近輪差將官統一二百人及船十餘隻於丁家洲駐劄，一月一替，既奪其巢穴，則無從盤結。又知大軍屯戍，則不逞之輩自然銷弭。伏望睿慈詳酌施行。

章誼上奏曰：

臣竊見邵青、張琪兩項賊兵捕竄日久，猶未伏誅，頗聞朝廷已有指揮，更不招安，此誠有誅無赦之義。然三農穡事垂成，邊邑防秋密邇，賊徒所向，不患無食，而我之將士追捕撲滅不得暫息，可無權宜制勝之策哉？臣觀朝廷累年以來，其於盜賊止是誅其首惡，赦其餘黨，今來邵青、張琪手下人兵亦是赤子，何可盡殺？雖其渠魁罪在不赦，自餘脇從徒黨，乞降指揮許之自新，庶幾反仄之人得復舊業，而聖主好生之德所被彌廣。不勝幸甚。

誼又奏曰：

臣聞建州、南劍州兩處盜賊未息，朝廷專倚辛企宗一軍控制一路，誠可彈壓。然臣謂兩處盜賊，其起殊塗，則今日措置亦宜異術。蓋范汝爲自招安之後，首破劉時舉之兵，故余勝等作亂，聲言欲爲劉時舉報怨，三家結仇，各慮報復，是以兵不肯散，此建州盜賊之所自起也。李捧、辛企宗之兵壓賊而戍，日月漸久，糧餉漸艱。建、劍既爲盜區，無可供餽，故錢米百費取之漳、汀、泉、福、邵武之間，行船者泝流而上，負擔者一跰不息，齊民騷動，無以自全，遂相團結，以避征役，此南劍州將樂縣盜之所自起也。所起不同，而欲一切齊之以兵，則禍亂不息。以臣所見，如范汝爲之衆，非有重兵彈壓，使離其巢穴，散其黨與，則建州境內之人終不自安，劉時舉、余勝之黨終不敢復業。至於將樂之盜，本因賦斂之煩，力役之困，若朝廷速行措置，使范汝爲之衆可起，辛企宗之兵可還，朝廷仍復遣官宣諭，有所蠲除，則其餘弄兵之人可使棄兵而就耕矣。臣聞福建官私空匱，上下艱食，朝廷今有益兵而不疾決，則財力愈困。比者朝廷委福建漕臣發米十萬石轉至行在，若盡數存留，使贍大軍，仍於盜發之地量行賑糶，候至賊平，徐議補發，則人情欣然，便就安帖，寔聖主之大惠也。如臣所言仰合國論，伏望早降詔旨，以安反側，不勝幸甚。

誼又奏曰：

臣伏見朝廷昨遣朝請郎謝嚮招安建州范汝爲之兵，存留彊壯、無業可歸者萬人，以備使喚，其慮遠矣。文書奏報，往返數月，就招之兵欲行則未有所之，已散之人還鄉則指爲賊黨，失此幾會。於是喜亂之徒如劉時舉者聚兵自衞，以討捕汝爲爲名，聲迹相聞，遂相屠戮，不以逆順爲彊弱，但以衆寡爲勝負矣。今聞劉時舉既敗之後，領其餘黨南趨邵武，范汝爲戰勝之餘，恃其兵彊，武斷於鄉曲。朝廷方遣辛企宗正兵三千交割謝嚮一萬之衆，若其聽命，固爲善矣，或敢旅拒，將如之何？竊惟李捧所以不能制范汝爲者，以李捧兵寡於汝爲也；謝嚮所以能招范汝爲者，以汝爲乃謝嚮之部曲也。今令謝嚮之兵盡交與辛企宗，然而企宗之兵何異於李捧？切慮汝爲懷謝嚮之小惠而未肯行，輕企宗之兵寡而不聽命，萬一出此，福建兵革之禍未有平寧之日也。兼聞劉時舉見在邵武軍光澤縣，有衆萬人，又南劒州順昌縣賊徒余勝等一項衆亦數千，朝廷果欲消患於未形，則莫若命謝嚮爲企宗之副而與之偕行，別遣能臣招撫劉時舉、余勝之兵，使之歸業。如此，則范汝爲一軍近憚企宗正兵之威，遠懼時舉、余勝來歸之衆，無不聽命矣。福建數郡盜賊連結如此，且復半年，安撫提刑司曾無措置，爲陛下分東顧之憂者，其人材不足以副朝廷委任之意，亦可見矣。今不遣能臣早加綏撫，使數州之人廢農桑之業，因之以飢饉，臣恐盜賊不息，疆土日蹙，非國家之福也。伏望聖慈特賜施行，不勝幸甚。

王元渤論弭盜之術曰：

臣竊謂弭盜之術有二：小盜宜求所以安之，勿思所以勝之；大盜宜求所以勝之，勿思所以安之。何者？小盜鼠竊，千百爲群，或因規利貨財，或緣不忍小忿，順而撫之，❶宜有悛革。若官軍不知出此，必欲窮誅，勝之不足增威，不勝反成窺侮。是以龔遂之臨渤海，安赤子以稱良；虞詡之在朝歌，殺降者而生恨。臣故曰「盗之小者宜求所以安之，勿思所以勝之」也。若乃大盗株連，踰州跨邑，嘯聚不逞，攻劫善良，此夷狄之所視以卜我興衰，寇賊之所憑以相爲唇齒。若不講明軍律，選練群鋒，斷之以必取之謀，示之以不赦之意，使彼群醜必底滅亡，則將大盗不除，小寇是傚，州州相煽，轉發禍梯，安能風示遠夷，擴清宇内，成中興之漸，覬奠枕之安乎？臣故曰「盗之大者必思所以勝之，勿思所以安之」也。今者群盗之中，江州爲最。昔憲宗已平淮蔡，河朔遂朝，然方師未有功，群言屢至，賴憲宗明斷，以有蔡功。臣恐江州之寇稍成遷延，官軍淹時或有小衄，則必有言其外順之埶，謂可懷柔者。臣願朝廷斷而行之，勿卹群言，必殄此賊，以爲四方之戒也。

歷代名臣奏議卷之三百十八

本卷劉永强校點

❶「撫」，原作「接」，今據《東牟集》（《四庫全書》本）卷一〇《弭盗之術》改。

歷代名臣奏議卷之三百十九

弭盜

宋高宗時，監察御史鄭剛中奏曰：

臣竊聞張守以江西盜賊未平，兵力單寡，乞行增戍，朝廷降指揮，差左護軍千人、馬三百疋聽張守節制。皆謂李宲既宣諭德意於前，張守又增强兵力於後，江西之盜無矣。無何，左護軍之人更不差撥，却於殿前司後軍差二千人、馬一百疋權聽張守節制，所有李貴、申世景兵却替歸行在扈衛，此未能曉也。李貴之兵，臣實未知其詳。申世景之兵，人多稱其忠勇、有謀慮，其在江西久不能弭盜者，則盜多兵少，力所不能制也。又從來節制不一，郡守不能皆良，因循玩習，養成盜勢，亦專非李貴、申世景之過。今筠州黄十五等負險不服，李宲督申世景等圍捕正急，若遽聞更戍之命，則衆必解體而無功。今新差人與彼處人情窟穴，卒未相諳，恐賊未平而先有擾人之患，此臣所以重惜之也。

又今所差二千人權聽張守節制，它日盜平之後，必復歸於殿司，則是二千人暫出，三千人即來，通五千人，殿司皆得以有之也。今日兵勢，正當拔置偏裨，多作頭項，使各自奮立。聚而增大之則易，析而運動之則難，此臣所以又重惜之也。

陛下已降睿旨差撥左護軍人矣，不知何爲而遽改？若出於朝廷議論，猶之可也。若有請而從之，則更望陛下將今來所陳事理曲賜裁斷，務令允當。淳化二年，太宗皇帝嘗謂近臣曰：「前代武臣難爲防制，苟欲分移，必先與之商議，今日且無此事。」呂蒙正曰：「上之制下，如臂使指，乃爲合宜。」夫差撥二三千人，事非甚大，但人主之命令一行，不可爲人所改易，此臣所以又重惜之也。

陛下聽言從善，舜、禹不能過，微臣之愚，必蒙幸赦。

剛中爲殿中侍御史，又上奏曰：

海賊之患，今而不慮，恐爲他日之害。晉孫恩初因報仇結聚，其後破州縣，殺長吏，永嘉、東陽等八郡皆相應，遂至有衆數萬。雖劉牢之輩將兵轉鬬，而恩出没海上，吴、會、閩、廣皆被其毒。恩没，盧循繼之，劉裕因之以成事，可不戒哉！說者曰：「海上之盜，招之則無矣。」曾不知海盜非招安所能盡也。往年招朱聰矣，其徒聚而爲劉廣；後又招廣矣，其徒聚而爲李元。蓋招致其魁，其徒必縱以歸業；魁得官，其徒謂可取以爲準也，什百嘯聚，又作一頭。凡其所略，縱而不殺，又厚以物予之，許其去而復來，無業者欣然附之。官兵弱則奮臂而爲敵，官兵强則乘風絶洋而遁，又急則孤槳單下，變爲客舟。官兵不能辨也，止能於瀕岸淺海互相回避，驅入深洋，則巨浪之中不能坐立，何暇議鬬哉？臣以是知招安之不能盡，捕殺之不可及也。臣官永嘉，聞瀕海諸郡各有土豪，習知鄉道。凡海旁桀黠無賴之人，彼皆素得其情，盜之所向，豪皆知之。爲今之計，莫若使諸郡以禮求訪，使自爲捍守，仍將海旁之民結爲保伍。如其境上無盜賊侵擾，或自設方略而能格捕之者，朝廷第其勞而官之。容隱坐視者，待之有法，如是則朝廷不費官，官兵不費糧，而海盜可以漸息。如只以招安爲術，制置司兵爲用，常使江北無警則已，萬一被兵，或飢饉仍歲，則孫恩、盧循之患蔓難圖也。

右正言陳淵上奏曰：

臣嘗謂僭竊未平，則二聖之歸無期，夷狄之禍不解，南北分裂，生靈塗炭，此固不可一日而寧居也。然而欲平僭竊，而内有盜賊爲之梗，則盜賊未除，僭竊亦不可得而平矣。牽制踰淮之師，涵養逆寇之勢，因循不振，職此之由。故爲今日之計，莫若先除盜賊，俟其不能爲患，然後北向以定中原，跨河越岱而并居之，乘機應變，坐制黠虜，宜無不如意者。昔劉先主之入蜀也，欲資其富饒以争天下，其先定之計，固將滅魏并吴而存漢。然孟獲未平，諸葛孔明不敢越險而東出，則以掣肘者在其後故耳。故其討獲也，七擒而七縱之，力屈而不誅其人，勢敗而不絶其欲，竄之山谷，乃所以安之。獲安而蜀人安矣，蜀人安，然後孔明得以十倍曹丕之才，併力而擊魏。魏亡吴服，而漢不得不興，此其志也。惜乎謀已定而數奇，師未捷而身殞。然其所建立，已足以取信於後世矣。今江、湖、荆、楚、閩、廣之寇，蓋不止一孟獲而已。而其所過殘滅，井邑爲墟，暴虐之甚，又非獲比。則爲民除害，誠有不可緩者。而陛下連歲出師，必遣宰執，又副之以大將，芟夷招納，舉無遺算。其所以度内外之勢，審先後之序，固不待臣之言矣。

然臣以謂討之之難，不若安之之難。蓋自宣和以來，監司、守令不得其人，掊刻相師，繼以殘忍，民無所赴愬，棄鋤櫌而帶刀劍者，幾年于兹矣。今旌旄所臨，次第平定，而郡縣牧民之官又不加擇，兇渠雖殲，禍根未絶，萬一舊弊繁興，逆意復萌，雖欲人人誅之，不可得矣。臣故曰討之之難。漢宣帝謂龔遂曰：「選任賢良，固將安之。」故臣願陛下及其初定，愼擇忠信之使分按諸路，諭以重民之意，委以刺舉之權，俾姦貪不法之吏不容於時，而公正廉勤之人得以自效。然後拔其殊尤，聞之朝廷，以爲郡縣之長，則遠方受賜，鰥寡孤獨宜無不得其所矣。此安之之道也。必欲濟師舊邦，以慰簞食壺漿之民，而盡復祖宗之境土，須吾民之安，然後擁衆横行，以圖決勝，似或未晚。傳曰：「欲速則不達。」又曰：「必有忍，其乃有濟。」區區之忠，惟陛下察之。

給事中胡交修上疏言：「昔人謂甑有麥飯，床有故絮，雖儀、秦説之，不能使爲盜。惟其凍餓無聊，日與死迫，然後忍以其身棄之於盜賊。陛下下寬大之詔，開其自新之路，禁苛慝之暴，豐其衣食之源，則悔悟者更相告語，歡呼而歸。其不變者，黨與携落，亦爲吏士所係獲，而盜可弭，盜弭則可以保民矣。沃野千里，殘爲盜區，皆吾秔稻之地。操弓矢，帶刀劍，椎牛發塚，白晝爲盜，皆吾南畝之人。陛下撫而納之，反其田里，無急征暴斂啓其不肖之心，耕桑以時，各安其業，穀帛不可勝用而財可豐，財豐則可以裕國矣。日者翟興連西路，董平據南楚，什伍其人，爲農爲兵，不數年積粟充牣，雄視一方。盜賊猶能爾，況以中興二百郡地，欲彊兵以禦寇，不能爲翟興輩之所爲乎？」世以爲名言。

李光進龔遂故事論旱荒狀曰：

臣聞堯、舜在上，天下無窮民，文王之民無凍餒者。孟子曰：「無常産而有常心者，惟士爲然。若民則無常産，因無常心。苟無常心，放僻邪侈無不爲已。」夫民至於捐棄父母妻子，甘心爲盜賊者，豈得已哉？帝王之術無他，在黎民不飢不寒而已。故百畝之田，勿奪其時，八口之家，可以無飢矣。五畝之宅，植之以桑，五十者可以衣帛矣。雞豚狗彘之畜，無失其時，七十者可以食肉矣。百姓免飢寒之患，而有以相生養，雖驅之使爲盜，不從也。善乎！龔遂之言曰：「海瀕遐遠，不霑聖化，其民困於飢寒而吏不恤，故使陛下赤子盜弄陛下兵於潢池中耳。」故其治一切以仁恩，而盜賊卒以解散，此真良二千石也。近年以來，福建、湖南盜賊間作，范汝爲、楊么相繼猖獗，吏不能制。朝廷不免遣發大兵，空其巢穴，如聞其間殺戮不無過當，多及無辜。今諸路旱荒，百姓失業，流丐道路，强者不免結集爲盜，弱者則轉徙溝壑矣。雷進尚據鼎、澧、辰、沅諸山，出没作過，近聞福建海道又告急矣，此不可不慮。昔唐太宗嘗與群臣論止盜，或請重法以禁之，上哂之曰：「民之爲盜者，正以官吏貪求，飢寒切身，故不暇顧廉耻耳。朕當去奢省費，輕徭薄賦，選用廉吏，使民衣食有餘，則自不爲盜，安用重法耶？」嗚呼！太宗真聖主哉！臣愚伏望陛下深詔大臣，遴選循良之吏，髣髴龔遂之流，以招懷撫納爲先。仍切責諸路監司按贓貪，卹流殍，則陛下德音豈患不達，百姓豈肯從亂哉！

蘇籀上議曰：

竊伏覩正月二十五日詔書節文「本路帥守、監司，各令具所以安輯撫綏、消弭盜賊、便民利物之事」者。竊竊伏詳味聖意，憂愍元元，省刑薄斂，視之如傷，待遇僻遠，一如輦轂。此堯、舜之德度，中興之基址。臣下並體此意，群寇竦聞德音，寧有不懷？消盜安民，無以易此也。竊竊惟致盜之由與治盜之術，又有愚誠：在朝廷莫若選賢能守令，任擊斷使者；在州郡當寬其文法，重其事權。

方今盜賊，如本路近日三十餘火，大者一萬，小者數千百人。姦民恃亂以爲富貴之資，非但失業乏食者也。驅擁讙騰，椎埋焚劫，所在之處，官私一空，人不聊生。鼠輩恣睢，謂莫己敵。是可忍也，孰不可忍也！鄭子産有言：❶「政寬則民慢，慢則糾之以猛；猛則民殘，殘則濟之以寬。」太叔以其説治鄭之群盜，若吹鴻毛耳。方今天下多事，而郡邑惟務姑息衹畏。朽索蒲鞭，寬待强狡之屬；文吏自愛，不任桴革之事。爪牙鈐束之職無不曠弛，致使州兵縣卒飽嬉游惰，驕而難使，軍政無紀，師律不行。一夫被甲行二百里，而耗庫錢不下十一二千，故重於遣兵。布衣氓隸圜視而窺國家之隙，誘詃南畝，一日成市。蓋賊自寡少而嘯聚，官司覺舉不可少緩。萌蘖易與，滋蔓難圖，故平居無寇，亦當謹隣保之法，嚴警察之備。盜若糾集，豈容不知？及勢孤力劣、爪牙缺短之際，不煩大兵，亦可擒制。此事今已無及，賊黨已多，郡邑兵少，回遑之不暇，專務餌之以錢帛，縻之以官爵，一切不問，以安反側。或能以方略使之摧敗，

❶「鄭子産」，原作「子太叔」，今據《四庫全書》本改。

或能以反間使相戕併，盜必少弭。捨此不務，與之官惟恐不高，給之錢惟恐不厚，含垢忍詬，莫敢擒捕。僥倖既開，小人嗜利，倣效者衆，今日此鄉賊發，明日某村又告急矣。譬如養癰長疽，厭棄鍼艾，坐視胷背之潰者也。至有已受招安恩命，亦不肯投戈散群，小失其意則奮臂背約，破壞縣鎮，掠千百室，太阿在手，無不可者。東漢李傕、唐朱克融以不赦而成大亂，故以招安爲務。

然賊方蟠據，招之往往不聽，非能使之摧敗，詎肯歸我乎？漢時所以置繡衣直指，用干戈斧鉞，豈不仁哉？不得已也。開其自新之門不得不寬，禦其不悛之心不得不猛。無辜之民脅從叛援，若夫訓導柔輯，施其困乏，扶其疲弱，復其常產，此所以待良民之不幸者也。若夫招之而不歸，懷之而不伏，此頑民不可恕者也。節制將士，裁節冗費，振起驕惰，賞重罰明，借俸侯王，以充其費。緩急之際，州郡兵將相與戮力，亦不煩朝廷顧憂。慮勝而戰，用惟其人。殲厥渠魁，分其徒黨，願爲軍者撥隸諸營，其勇力易以使，遇它盜發，則以既降擊未伏，皆良策也。至於守邦之人，陟廉黜濫，選如龔遂者，以收安靜之功。若夫豺狼塞路，以力戰邀我，選如王尊、虞詡文武之才，並假之以便宜，勿拘之以常法。如此，朝廷必無盜賊之顧憂，安民利物，誠在此耳。

籀不勝區區，冒昧陳聞。

孝宗時，王質上鎮盜論：

一曰收其所畏。夫所謂「收其所畏」者，何也？臣嘗論之，江西之贛，其俗尚鬭而喜殺；浙西之嚴，其俗好大而敢爲。蓋其山川水土，峻急暴厲，故其風聲氣俗，頑獷悍戾而不可告語。平居無事，聚博族飲，叫號鬬詈，以輕犯鞭朴；甚至於發塚露刃，揭關而掠財物，以輕犯刀鋸；又甚者至於捍城保壘，蕩覆都邑，竊立名字，以輕犯兵革。蓋臣嘗聞之，犯鞭朴者無日而無，犯刀鋸者無歲而無，犯兵革者雖不常有，而遠者數年，近者間歲，時猖狂竊發乎其間。此二郡者，蓋今日盜賊之淵藪也。臣嘗以爲贛之盜不可使出，而嚴之盜不可使守。贛之巨鎮不二百里，而南安小壘介乎其間，未足以分贛之勢也，故贛之盜坐而守贛則必爲禽，縱而越嶺則二廣可以鼓行而無憂矣。二廣之城池、器械、士卒、錢穀，以臣度之，恐不可支倉卒之急，一旦有數千百人掉臂而疾呼，不知其誰爲抗也。故曰贛之盜不可使出。嚴地險阨而峭狹，崇岡之路不可並臂，頑口之溪不可横舟，一夫守其衝，可以當百夫之力，故曰嚴之盜不可使守。往者齊寇之擾贛所以易擒者，在於守而不能出；方寇之擾嚴所以不長者，在於出而不能守。使二郡不幸有警，而又有豪傑深謀遠慮者爲之畫，彼其鑑齊寇之失，必不肯守，❶鑑方寇之失，必不肯出，若是則非可以卒制也。臣嘗熟講歷代制禦盜寇之術，雖紛紜多端，而其要不出於刑以爲之懲，賞以爲之誘。而二郡之民，蓋刑之有所不能懲，而賞之有所不能誘也，故兩策皆不可施於二郡之間。臣嘗聞之二郡者，曰二郡之民不畏天子之官吏，而畏鄉里之豪强，是以不伏官吏之約束，而伏豪强之號令。蓋豪强之所以爲重者有三：智過人，勇過人，穀粟

❶「必」下，原衍「有」字，今據《雪山集》卷三《論鎮盜疏》删。

之蓄過人。有是三者，❶則桀驁之民不得不低首下心，折節而歸豪强之門。爲今之計者，莫若喻郡縣之官吏，重爲之禮貌以致其敬，輕爲之科率以結其愛。内有盜賊，則假之以權以要其成，苟有功効，則縻之以爵以收其桀驁之民。何者？郡縣之官吏不能制其命，而豪强能服其命，此其爲畏侮固不同矣。故臣以爲漢武帝不當殺郭解。解之陰賊感概，姦人之雄也，恃氣以犯法，藉義以報仇，其情固可疾，而其人亦甚不可廢。蓋臣嘗讀西漢《游俠傳》，而觀郭解之始末，以爲容一夫之姦而可以制千夫之姦，雖有害，亦不能無利。蓋天下之事，利害兼行而不可偏去，所貴夫善計，惟擇其利多害少者爲之。故算計見效，利可以掩害，而害不可以勝利，此非深窮乎利害之端者，有不能知，雖知，亦不能行。嗟夫！愚臣之策將爲文吏之所汩矣。❷

二曰制其所主。夫所謂「制其所主」者何？❸臣論之曰：盜賊之所出者有三：一曰飢民，二曰愚民，三曰姦民。飢民求生，愚民求福，姦民求利，其初皆生於有所避、有所慕，而要其情之所終，則有可返者，有不可返者。可返者飢民，而不可返者乃愚民、姦民也。何者？飢民之爲盜，非有所大欲也，無可生之計，是以爲冒死之策，而其心未嘗不好生而惡死也。至於情之所迫而勢之所切，以爲生者必死，而爲盜者猶介乎可生可死之間。當是之時，苟非忠信廉耻之人，其誰能安生而待必死也？故歲凶

❶「三」，原脱，今據《雪山集》補。
❷「汩」，《雪山集》作「誚」。
❸「何」下，《雪山集》有「也」字。

則不得不爲無聊之謀，攻掠攘奪，以濟一旦之命。歲豐則逡巡銷縮，返而顧其有可生之路，黐然動其欲生之心，其勢不得不返田畝。故飢民可閔而不可疾，可濟而不可殺，有所甚擾，亦有所甚不必畏也。惟夫愚民之求福也無厭，求之於佛者而以爲未足，又轉而求之於鬼神，求之於鬼神而以爲未足，❶故左道惑人焉，則是食菜事魔者，蓋生於愚民求福之無厭也。姦民之求利也無已，然憧而不肯爲農，拙而不能爲技藝，以爲務農而業技藝，所獲無幾，而其勞有不可償者，故相率而猖狂於三尺之外，以僥倖於十倍之利。得利而死，姦民之所不恤，則是盜販茶鹽者，蓋生於姦民求利之無已也。求福之無厭，求利之無已，是心易入而難出，易聚而難散，可以術解而不可以刑迫。且朝廷所以禁切食菜事魔者可謂甚嚴，而此弊未嘗除；所以限制盜販茶鹽者可謂甚密，而此弊未嘗絶。爲官吏者熟視而不敢訶，曲蔽而不敢去，無事而去官，則後人當其患而任其責，豈暇爲拔本塞源之術也？然臣以爲小人可離而不可合，小人合而爲朋，未有帖然者也。臣往在江西，見其所謂食菜事魔者彌鄉亘里，誦經焚香，夜則閧然而來，旦則寂然而亡。其號令之所從出而語言之所從授則有宗師，宗師之中有小有大，而又有甚小者。其徒大者或數千人，其小者或千人，其甚小者亦數百人。其術有雙脩、二會、白佛、金剛禪，而其書則又有《佛吐心師》、《佛説涕淚》、《小大明王出世》、《開元經》、《括地變文》、《齊天論》、《五來曲》。其所以爲教戒傳習之言，不過使人

❶ 「求之於鬼神」，原脱，今據《雪山集》補。

避害而趨利，背禍而向福。里民眩惑而莫知其所以然，❶以爲誠可以有利而無害，有福而無禍。故其宗師之御其徒，如君之於臣、父之於子，而其徒之奉其宗師，凛然如天地神明之不可犯，較然如春夏秋冬之不可違也，雖使之蹈白刃、赴湯火可也。由是言之，莫若擒宗師，則其徒不解而自散。盗販私鹽，臣之所甚詳也。臣往在江西，見其所盗販茶者多輒千餘，少亦數百，負者一夫而衛者兩夫，横刀揭斧，叫呼踴躍以自震其威，使人有所畏而不敢迫。其在江西，則江州、興國軍屢被其害。其在江北，則舒、蘄之國不堪其擾。積累浸漬而不已，臣恐其患不止此數郡也。臣嘗推其源，以爲非獨此曹之過也。北界利其茶，則以貨誘之於外；園户利其貨，則以茶誘之於内。北界雖未可以制，而園户我之所及也。園户有茶而不敢售，則姦民欲茶而無所得，臣不知其自能採刈煮治之耶？由是言之，莫若禁園户，則其黨不治而自銷。然而欲擒宗師，要使勿驚；欲禁園户，要使勿怨。何者？無故而擒其首則其黨疑，其黨疑則懼而有所扇而爲亂者。臣願陛下密詢州縣之臣，籍記其宗師之姓名、鄉里，多方誘之，使自陷於刑辟，而後鋤治而誅絶。夫如是，則可使不驚。園户所資以爲生，私茶之商也，驟塞其資之之門，則必有不平之心。臣願陛下增降長短之引，使其茶有所宣洩，而不至於底滯。夫如是，則可使勿怨。陛下試熟思之，足以見愚臣計利算害如此其深也。

侍御史王十朋上疏曰：

❶「然」下，《雪山集》多「而然」二字。

臣聞王者將欲治外，必先安其內，不有小忍，則不能成大謀。臣竊見陛下剛斷不惑，神武維揚，命將出師，平定淮甸，曾未踰月，捷音屢聞，蓋將復祖宗之境土，會諸侯於東都，可謂得宣王外攘之道，有光武大敵之勇矣。然臣愚計以謂治外必先安內、欲小忍以成大謀者，今欲外攘夷狄，而境內有廣寇海賊嘯呼爲患，猶未勦除。外未寧而內有憂，不無上貽聖慮者。臣竊聞朝廷議遣鄂渚之師進誅廣寇，想蕩滌固有期矣。然臣相時度宜，恐未可遽進。嶺外當盛夏，乃瘴癘大作之秋，北人銜之，未有不病者，尤非行師之利。臣以謂不如頓兵於桂林以爲聲勢，而下詔赦其罪惡，許其投降，或不受命，斯可以必殺而無赦矣。海寇出没無常，尤爲瀕海州縣之患，聞樞府嘗遣人招安之，亦有受招之意。臣謂二寇皆可開其自新之路，庶得境內稍平，可專意外攘。臣所謂治外必先安內、小忍以成大謀者，此也。臣又聞二寇之作，皆緣監司、郡守不得其人所致。既未能弭之於未萌之前，又未能誅之於已覺之後，養成其亂，以致猖獗，隱匿不聞，遂致滋蔓，爲監司、郡守者其可不懲之乎？欲乞陛下宣諭宰相，稍正典刑，仍別擇賢才，以爲外臺共理之寄，以分陛下宵旰之憂。不勝幸甚。

知婺州李椿上奏曰：

臣聞禮義生於富足，盜賊起於貧窮。臣自今年二月末到官，計隣州交傳過犯盜配軍，自三月至九月，七月之內，凡八十八名，先後爲盜蓋數十火。兩浙州軍素號少盜，婺州又不當衝路，經過犯盜配軍如此之多，則江、湖、閩、廣、襄、淮不知其幾何人，其未發未獲之盜又不知幾何。臣所領州雖無强盜發覺，鼠竊亦時有之，而貧民游手日益以衆，蓋爲盜之漸也。略計婺州一郡所出財賦，臣到官七月日起發過錢四十八萬餘貫，及州用支遣併支錢七十餘萬貫，終歲計之，無慮百萬緡，物帛起發二十萬餘匹、兩，春秋衣賜、每月軍糧在外，是皆取於七邑之民。婺州財賦如此之盛，猶且窘迫，則他州亦可料而知也。官司窘迫，則多取於民，民被多取，不得不貧，貧民爲盜，非得已也。臣憂不得已之民日多，盜賊滋盛，實繫國家之休戚。漢武帝惡盜賊之多，遣繡衣使者捕逐，誅殺不知其數而盜不息，必用富民侯然後民寧盜消。然則何以消盜？其必寬民而後可。何以寬民？其必寬州縣而後可。何以寬州縣？其必省冗食而後可。冗食誰可省？凡非親非賢、無補於國、無益於民者，皆可省也。臣愚願出睿斷，詔有司各具合省冗食之人，州具一州之冗食，監司具一路之冗食，條列而申朝廷，詳議省去之。謂如婺州一郡，乞令臣具。蓋冗食不省則州縣不得寬，州縣不寬則民力不蘇，盜賊不弭。臣願陛下察之念之。

椿爲檢詳文字時，奏曰：

臣竊見水旱爲灾，民或流離爲盜，加以茶寇日盛，海賊時有，雖曰盜賊起於貧窮，臣以謂乃官司有以致之也。其誅求剋剥，使民不得安業，流而爲盜者，姑且别論。臣先論承勘官司受賂出脱，不得其情，兇惡殺人者例皆漏網，所以兇頑之徒不知畏戢，盜賊日滋，良善受害。臣備數都司，每見刑寺奏擬强盜案，當極刑而貸配者十八九。每雖退駁問難，拘於獄案已成，上下相徇，亦無如之何。謂如本無殺人之意，及爲人强率而行，所盗不多，不傷害人，偶罪法至死而貸其命，猶曰從恕可也。其累犯不悛，傷殺被主，殺害捕告，放火姦污，江海之險，逼人入水，情理巨蠹者，而獄吏弄情，或作聲勢不接，或作歸罪未獲。或拒殺捕人，則曰身在屋内；或殺傷被主，則曰身在卓望，又曰負擔先行，又曰别船般載。詳覽案情，人知有弊，雖扼腕不平，無以制之。臣愚以謂宜令承勘强盗官司，如未獲下手殺傷人者及未獲爲首者，不得完結。知宣州許尹曾令諸縣獲强盗全火而後結解，不數月盗皆屏息，已試之驗也。議者無過曰淹延刑禁。强盗，害人之人也，使食獄糧而坐獄中，置虎兕於匣，亦何過焉？唯當嚴逸囚之禁足矣。其强盗配軍，不得差充。監司并屬官下白直，委守臣常切加意拘管，不能差出，如有逃逸，坐兵官部轄人責罰，亦止盗之一術也。臣之愚説如有可採，即乞特降睿旨，下有司施行。

集英殿脩撰、帥福建趙汝愚論汀贛盗賊利害，奏曰：

臣伏見比歲州縣盗賊滋多，其間類多汀、贛之人者，非惟兩州山川氣習固然，亦由居官者擾之特甚，故百姓弗安其居，彊者四出爲盗，而兩州事勢常使人惴惴然有甚可畏者，臣不敢不以實聞也。

臣昨任江西路運判時，所見江西十一州内，贛州地最險，俗最悍，而官吏科擾爲最甚。臣今任本路，八州内汀州與贛州爲隣，亦地最險，俗最悍，而官吏科擾爲最甚。臣自到任以來，不住詢訪，得汀州一郡係在福建一路最高處，四面皆崇山峻嶺，其民皆十百爲群，依山阻險而居，散居田野者絶少。其道路間行旅稀闊，亦難得邸店。其人不能蠶桑，除耕田、織布之外，皆別無生業。其俗喜兵而好鬬，争奪殺傷之事，蓋無時無之。至官司遣人追捕，則相率數百爲群，抗拒不出。居官者豈能深思遠計，惟幸其任内一時無事，往往不分曲直，姑將巡尉下人行遣，以爲生事，遂致長養成俗，無復紀綱法度矣。所可爲深憂者，今諸寨土軍與百姓積怨既深，皆相視如仇，動相讎殺。自臣到任數月之間，已目擊兩事。如去秋本州行下清流縣追捕編管人蕭漢臣不獲，執其母與妻在明溪寨，蕭漢臣者輒率數百人圍守明溪而不去。近復有寨兵以捕私鹽爲名，❶殺死百姓葉陶之子，其黨屯聚，捉去寨兵三人，非理苦楚，至今争競紛紛不已。其互相陵暴，大率類此。此臣所以朝夕惴惴不能自安者也。

臣因詢問得其致弊之由，其大者有二，而官吏侵漁苛刻之害不與焉。其一曰賦役不均之弊，其二曰措置官鹽之弊。初紹興中行經界法，是時惟本州盗賊方定，不曾推行經界，至今有税者未必有田，而有田者未必有税。比歲諸縣逃亡者衆，有司窘於調度，不肯爲之從實倚閣，遂將逃亡税賦均及見存隣保，隣保又去，則展轉及之，貧弱之民横被追擾。其間却有豪猾之家不納租賦，一彊者爲之倡首，則群弱者從而附之，至有一鄉一村公然不肯納常賦者。縣道無如之何，遂將上項最難催理去處徑撥與諸寨，以爲寨兵衣糧，令自催納。其寨兵催官

❶「寨」，原作「秦」，今據《宋趙忠定奏議》卷三《論汀贛盗賊利害疏》改。

物者至，皆被甲持刃，遍下鄉村。此既飢寒切身，彼方固拒不納，互相仇怨，職此之由。又本州地勢最高，去海絶遠，祖宗舊法，係以運鹽了辦歲計。近歲諸縣闕少本錢，官吏苟簡，所運鹽綱盡不及祖額，其運鹽船户復大爲姦弊，多以灰土雜之，其鹽已甚惡矣。却有姦民就近私販廣鹽入界，比之官鹽，不致雜惡，其價復賤，常争數倍，致官鹽發泄不行，遂有配抑之患，上下減刻，其弊尤多。故强悍者皆拒而不受，其貧弱易制者則抑配無時。又每鹽綱内，例有轉運司增鹽、通判廳經總制鹽，諸縣已難敷賣，而本州復有自運歲額鹽，又分令諸縣變賣，故有轉運司鹽，有本州鹽，有通判廳鹽，有本縣鹽。或以委令丞，或以委巡尉，文書旁午，雜然並出，其民誠不勝其擾矣。聞每有欠户入縣，則諸廳吏卒擒捕紛然，致百姓有終身不敢望縣門者，故寧以死抗拒官司，而官亦無如之何也。臣伏思之，其始皆緣諸縣歲計不足，故一切之政行，加以爲守令者措畫無方，威信不立，平時既無以信服其下，而數遣吏卒復侵擾之，使百姓懷蓄不平，日盼盼然視官吏如怨敵。若非朝廷早爲區處，使之上下各安其分，誠恐異時激爲大盗，必重煩朝廷憂顧也。

臣又聞建炎、紹興間，所在盗賊蜂起，然皆不數年間隨即勦絶，惟汀、贛兩州之盗群聚山谷間，甚費朝廷經理。後十餘年不得已，本司遣官招撫，方得平定。今安撫司尚有使臣數員，皆當時所招汀、贛之盗也。臣愚欲望聖慈深詔有司，遴選守臣爲上，銓擇知縣次之，減節浮冗又次之。如鄉來旱傷四十餘州軍，吏部添差窠闕，並權與住差，而養老歸正等人亦不至久待闕次。伏望特降指揮，除本州宗室、忠順官添差員闕，係是見居住人依舊存留使闕外，其餘堂除、吏部添差岳廟等員闕並免差注。仍於本路選委監司一員，將州縣官吏依條格不該支破請給並與減罷，通計一州六縣比歲財賦出納之數而均節之。凡官吏軍兵冗食無用去處及其他利害有可罷行者，亦許隨宜條具聞奏，然後蠲除逃閣，招集流亡，嚴減刻之科，絶配抑之弊，使吏與民各安職業，一方幸甚。

汝愚又上奏曰：

臣伏見閩中諸郡，惟汀州數多盜賊，十年之間，已三弄兵矣。雖其山川、風土與他郡不同，然以人事考之，要亦深有未盡。其一曰獄訟不明，其二曰科鹽不已，其三曰賦役不均。

臣竊惟國家自有常法，使州縣官吏能盡心獄事，殺人者必死，傷人者必刑，罪不可逃，人孰不畏？惟汀州之弊，獄訟不明，殺人者不敢告官，告官者不敢就逮，就逮者未必追證得實，追證得實者亦不圓結解州。囹圄之內多殺無辜，豪强之民卒以倖免，故强陵弱，衆暴寡，小不忍則互相屠戮，不復申訴於州縣，積習薰染，成此惡俗。此其弊一也。

科鹽之弊，抑配百端，臣屢以奏聞，不敢重述。惟鄉民不堪吏卒之擾，是以聚集徒衆，依阻山林，初欲抗拒官司，終至養成姦惡。故强梁者一人倡之，則貧弱者十百和之，非惟科鹽不行，併與常賦不納，官吏畏懦，亦無如之何。觀此事情，即是官吏驅之使爲盜賊。此其弊二也。

汀州六縣未曾經界，税賦不均。貧者

産去税存，富者有田無税，人被追擾，多致逃亡。逃亡之田亦復歸富室，逃亡之税則害及里閭。失業之民既多，往往散而爲盗。此其弊三也。

臣愚伏望聖慈特加軫恤，深詔有司遴選本州守臣，仍稍重其權任，俾之深察民隱，審究獄情，但得官司清明，自然盗賊稀少。仍乞檢會帥、漕兩司近條具到减鹽運等利害，早賜指揮施行。所有經界一節，乞候鹽運既减，民情漸安，徐而圖之，蓋亦未晚。

任湖南諸州安撫辛棄疾上疏曰：

臣竊惟方今朝廷清明，法令備具，雖四方萬里之遠，涵泳德澤，如在畿甸，宜乎盗賊不作，兵寢刑措，少副陛下厲精求治之意。而比年以來，李金之變，賴文政之變，姚明敖之變，陳峒之變，及今李接、陳子明之變，皆能攘臂一呼，聚衆千百，殺掠吏民，死且不顧，重煩大兵剪滅而後已，是豈理所當然者哉？臣竊伏思念，以爲實臣等輩分閫持節，居官亡狀，不能奉行三尺，斥去貪濁，布宣德意，牧養小民，孤負陛下使令之所致。責之臣輩，不敢逃罪。

臣聞唐太宗與群臣論盗，或請重法以禁，太宗哂之曰：「民之所以爲盗者，由賦繁役重，官吏貪求，飢寒切身，故不暇顧廉耻爾。當輕徭薄賦，選用廉吏，使民衣食有餘，則自不爲盗，安用重法邪？」大哉斯言！其後海内升平，路不拾遺，外户不閉，卒成貞觀之治。以是言之，罪在臣輩，將何所逃。

臣姑以湖南一路言之。自臣到任之初，見百姓遮道，自言嗷嗷困苦之狀，臣以謂斯民無所愬，不去爲盗，將安之乎？臣一一按奏，所謂「誅之則不可勝誅」。臣試爲陛下言其略。陛下不許多取百姓斗面米，今有一歲所取反數倍於前者；陛下不許將百姓租米折納見錢，今有一石折納至三倍者，併耗言之，横斂可知。陛下不許科罰人户錢貫，今則有旬日之間追二三千户而科罰者，又有已納足租税而復科納者，有已納足、復納足，又誣以違限而科罰者，有違法科賣醋錢、寫狀紙、由子、户帖之屬，其錢不可勝計者。軍興之際，又有非軍行處所公然分上中下户而科錢，每都保至數百千；有以賤價抑買、貴價抑賣百姓之物，使之破蕩家業、自縊而死者；有二三月間便催夏税錢者。其他暴征苛斂，不可勝數。然此特官府聚斂之弊爾，流弊之極，又有甚者。州以趣辦財賦爲急，縣有殘民害物之政而州不敢問；縣以並緣科斂爲急，吏有殘民害物之狀而縣不敢問；吏以取乞貨賂爲急，豪民大姓有殘民害物之罪而吏不敢問。故田野之民，郡以聚斂害之，縣以科率害之，吏以取乞害之，豪民大姓以兼并害之，而又盗賊以剽殺攘奪害之，臣以謂「不去爲盗，將安之乎」，正謂是耳。且近年以來，年穀屢豐，粒米狼戾，而盗賊不禁乃如此，一有水旱乘之，臣知其弊有不可勝言者。民者國之根本，而貪濁之吏迫使爲盗，今年剿除，明年掃蕩，譬之木焉，日刻月削，不損則折。臣不勝憂國之心，實有私憂過計者。欲望陛下深思致盗之由，講求弭盗之術，無恃其有平盗之兵也。

臣孤危一身久矣，荷陛下保全，事有可爲，殺身不顧。況陛下付臣以按察之權，責臣以澄清之任，封部之内，吏有貪濁，職所當問，其敢瘝曠，以負恩遇？自今貪濁之吏，臣當不畏强禦，次第按奏，以竢明憲。庶幾荒遐遠徼，民得更生，盗賊衰息，以助成朝廷勝殘去殺之治。但臣生平剛拙自信，年來不爲衆人所容，顧恐言未脱口而禍不旋踵，使他日任陛下遠方耳目之寄者指臣爲戒，不敢按吏，以養成盗賊之禍，爲可慮耳。伏望朝廷先以臣今所奏，申敕本路州縣：自今以始，洗心革面，皆以惠養元元爲意，有違棄法度、貪冒亡厭者，使諸司各揚其職，無徒取小吏按舉以應故事，且自爲文過之地而已也。臣不勝幸甚。

光宗時，蔡戡上奏曰：

臣於去年十一月二十六日至郴州宜章縣界首交割本司職事。自到任以來，凡一路刑獄冤濫、禁繫淹延、事在目前可以决遣者，敢不盡心畢力，仰稱陛下欽恤之意。惟是事雖未形，而慮不可不早者，盗賊是也。臣聞盗賊之端，未有不起於微，方其微則易以討捕，及其多則難於剪撲。今州縣之間所恃以制盗賊者，土軍、弓手耳。所謂土軍、弓手，往往名存實亡。其初招填也，未必擇强壯之人；其已應募也，未必知教閲之事。鄉間之間，小小盗竊，猶有遷延歲月不盡獲者，况於劇賊巨寇嘯聚山谷，動以千百計，而責土軍、弓手以擒滅之效，亦已難矣。提刑素以督捕盗賊爲職，近降指揮，今後如有盗賊竊發稍甚去處，提刑躬親起發前去措置收捕，毋致滋長，則督捕之責自此愈重。然所督者不過於土軍、弓手，又不足恃以破賊。以甚重之責，而用不足恃之人，緩急豈不誤事？臣自到本路，刷具一路弓手見管二千六百五十人，土軍見管二千四百二十九人。總其大數，不爲不多，然散在九郡三十八縣，其間又有連接溪峒去處，如有緩急，不可盡發。兼照本路向來李金、陳峒作過，當時調發止是比近數縣弓手、土軍，人數不多，又皆烏合，未必可用，故招募土豪、義丁、峒丁等人，又不能制，必待起發鄂州大軍，然後擒滅。則弓手、土軍不足恃以破賊明甚。

臣竊見廣西提刑徐詡奏請，乞撥本路摧鋒軍、効用等兵五百人隸提刑司；及帥司選差係將、❶不係將兵，只令本將部轄，亦隸提刑司督捕。朝廷悉從其請，併劄付廣東帥司遵守。兼訪聞廣東提刑司當李金、賴文政、陳峒侵犯之時，亦循例於諸州差撥禁軍各五十人、十四州軍共七百人隨行督捕。惟本路提刑司既無舊例差撥禁軍，兼前任提刑詹儀之於去年八月内奏請，乞將帥司調發到將兵在軍前者，權令提刑制其進退；亦未蒙朝廷施行。

臣竊謂廣西妖賊蓋不常有，廣東本無盜，乃湖南之盜侵擾之。唯本路郴之宜章、桂陽之臨武兩縣，莽山、烏峒之間，地險而民悍，素爲盜賊淵藪，歲有小歉，則百十爲群，出没剽掠，大則千數，侵犯州縣。自建炎以來，有李冬至、李壽，有鄧庄，有李鬼七，有唐廣六，有駱科、曹雄，有歐二十五，有李十五。近年則有李金，有陳峒，皆猖獗之甚者。本路利害，尤非二廣之比。臣職思其憂，不容隱嘿。必待事至，然後有請，預計往復之程，坐待可否之命，勢須兩月，豈不有失事機？臣今不敢如廣西提刑司撥兵自隸，但乞遇有盜賊警急，非弓手、土

❶「係將」，《定齋集》卷二《論備盜劄子》無此二字。

軍所能制禦者，許令於潭、邵、全、永、武岡軍將兵内量行分撥五百人，與弓手、土軍併力討捕。或乞如詹儀之請，帥臣未親臨之間，帥司調發將兵，許令提刑制其進退；如帥臣親出，則專聽帥司節制。庶幾盗賊易於擒滅，不至猖獗，重煩朝廷區處，臣亦免虚負督捕之責。所有廣西提刑徐詡及本路前提刑詹儀之奏劄，除已備録申三省、樞密院，欲望睿斷特賜詳酌施行。

戡又奏曰：

臣近準尚書省劄子，備坐湖南轉運副使辛棄疾劄子，奏官吏貪求、民去爲盗事，恭奉聖旨指揮，劄下諸路監司、帥臣遵守施行。臣猥以非才，亦預陛下臨遣一人之數。臣祗役三時，尸素無補，不能布宣德意，勤求民瘼，屏斥貪吏，撫循遠人，少寬陛下南顧之憂。至勤戒敕如此，臣聞命震恐，無所逃死。臣敢不精白一心，上體聖意，遵守施行外，臣有禦賊事宜，冒昧聞奏。

臣所部封、恩州，德慶、肇慶府，與廣西高、容、藤、梧接境，諸州探報日至，大抵妖賊李接深入山林，擁衆自衛，驅迫平民，以抗官軍。凡所殺獲，無非脅從之人，終未得其首領。容、化、欝林等州太半爲盗，其餘或禦寇，或運糧，戰亦死，遁亦死，數州之民墜於塗炭，深可痛傷。臣聞李接本一弓手，奮臂而起，嘯聚數千人，刼掠州縣，迫殺官吏，勢便猖獗。又有陳子明、陳南容、徐鐵條、楊壽、彭四十、蘇生、陳方寄、謝寧、周國生等，各以衆應之。自五月至今，首尾半年，未就翦撲。臣竊謂向來陳峒憑據險阻，結集姻黨，急之則入巢穴，緩之則出抄掠，似未易圖。一旦朝廷專委帥臣，分撥大軍，出其不意，直擣巢穴，曾未旬月，賊徒授首。今李接乃偶起之賊，其徒亦烏合之衆，非陳峒比，勢亦易於平殄。積日累月，未聞成功。蓋陳峒志在抄掠，不敢輕犯城邑，力抗官軍，尚有招降之望。李接狂僭，萬死有餘，自知不復生全，在朝廷亦無招降之理，所以誑誘其徒，致死拒捕，僥倖一勝，計窮勢蹙，必須奔竄入海。借使李接就戮，其餘首領尚多。陳南容有衆數千，亦非小盜。若不速爲之所，不惟此賊得以假息，深慮生靈苦於荼毒，軍士疲於征戍，州縣困於供億。緣邊溪洞、瀕海蠻蜑萬一扇動，豈不可憂？臣身在遠外，不當言事，又念盜發隣境，密邇封部，先事而言，亦臣之職。竊惟廟謨自有長算，廷臣豈無忠言，何取疏逖小臣千慮之微？然廣西去朝廷五千里，臣置司處去廣西不過數百里，所得探報爲甚詳，傳聞爲甚審。臣久辱陛下教養，又膺陛下委寄，憂國之心不能自已。臣有管見十事，備列如後：

一、李接竊發已來，所至州縣，不專殺戮，往往開發倉廩，振施貧乏，招納亡命，僞補官資，愚民翕然從之。臣恐有無賴士人爲之謀主。蓋賊衆雖多，亦不足慮，使一稍有智慮者教以計策，卒未可圖。臣愚欲乞朝廷行下，給榜招募本處下第舉人、負罪官吏及流落無聊之人，有能身入賊營誘殺首領，或設計誤賊陷於敗亡者，優加旌賞。或但獻策可采者，亦量給錢米，以羈縻之。庶幾賊黨疑貳，不肯招納無賴之人，人亦不爲賊用。

一、臣近據探報，廣西招到脅從之人，例皆文手遣之。此曹室廬焚蕩，田業荒蕪，妻子離散，已無所歸，勢必再入賊黨。後所擒獲，既係前日文手之人，不得不誅。臣恐自此難以招降。臣愚欲望朝廷行下，凡招到人，擇其强壯者刺充將兵，月給糧食，弱者支常平錢米，權贍養之。候事平日，或分隸諸軍，或放歸田里。庶幾招降之人不至再入賊黨。

一、爲首作過，惟李接一人，陳子明等皆是後來相應。李接之罪滔天，萬無招降之理，其他首領尚有可赦之域。臣愚欲乞朝廷行下，重立賞格，應次首領能殺李接以衆降者，赦其罪犯，補以官資，賜以賞給。應係賊黨能殺次首領者，亦如之。離間其徒，使之互相殺害，庶幾不勞甲兵，此賊自潰。

一、臣聞廣西賊黨雖多，然首惡與同起之人有數，其餘無非脇從，又況皆是陛下赤子，愚戇無知，迫於飢寒，信其誑誘，遂陷賊黨，竊慮枉遭殺害，有傷和氣。臣愚欲望朝廷申諭督捕官司，若能全活人命，其功尤多，不必專事屠戮。招降之人全在處之得宜，不可已降而殺。其出戰軍士、運糧人夫或有避事愆期，亦宜分首從、量輕重處分，難以一例行誅，庶幾仰稱陛下好生之意。

一、臣竊見廣西宜、邕等處連接諸蠻，高、化等州瀕近海道，深恐賊勢窮蹙，必爲遁計。若竄諸蠻，則誘引爲寇；若入海道，則無所不通，卒難收捕，害未有涯。臣愚欲望朝廷行下廣西，把截要路，及謹備海道，不得艤泊舟船，無使走透賊徒，致貽後患。

一、臣竊謂自古盜賊之起皆緣守令貪殘，巡尉怯懦，民已困而不加恤，盜將作而不知禁，馴致猖獗。若守令得人，巡尉振職，則民自樂生，盜亦知畏。然所以澄汰守令與巡尉者，監司、帥臣之責也。比年士風習爲寬大，不肯按吏，間有劾奏，聞見必駭，怨謗並興，甚則以爲生事邀功。人情避怨遠嫌，遂至失職。雖陛下督責切至，終恐不能仰體聖懷，不過指摘一二小吏塞責而已。臣愚欲望朝廷遴選朝臣，或只於各路監司中就差强幹廉明者巡行州縣，遍察守令、巡尉，貪殘者奏劾之，庸謬者斥逐之，老病者與之嶽祠，怯懦者易以他任。使州縣之間，近民之官稍稍澄肅，則期月之間，民悉受賜。臣伏見慶曆中從歐陽脩之請，分遣朝臣按察官吏，本朝自有故事，可舉而行。

一、臣聞辟以止辟，刑期無刑。古先哲王非不好生而惡殺，乃不可不殺者，聖人亦豈爲是姑息也？況盜以害人爲事，不殺之則人被其害矣。祖宗舊法，强盜持仗五貫者死。今州縣勘鞫，務爲姑息，多出其罪，以圖陰報。或有爲之囊橐，密行賄賂，以求末減。凡所供款，先申不曾殺人放火姦污等事，獄成，又以情輕或刑名疑慮奏裁，遂得免死，不過流配。行不數驛，破枷去械，奔竄他所，又復爲盜，數十爲群，所在剽略。若有大盜，相率從之。此皆累犯劇賊，非若愚戇村民，百人之中有此數人，則難禽制。臣愚欲望聖慈嚴切行下諸州，應犯强盜罪至死者，並依見行條法處斷，不得以情輕或疑慮奏裁，庶幾盜賊即漸衰息。

一、臣竊見祖宗舊法，諸賞應減磨勘三年者，承直郎以下循一資，因軍功捕盜者改次等合入官。近歲臣僚奏請，若非親獲，止許循資。夫縣尉捕盜，多是遣人，親身擒獲者未必有之，故僥倖者十八九，大抵如臣僚所陳。然祖宗之時亦非不知酬賞太厚，僥倖必多，所以不吝此賞者，蓋欲止盜也。凡選人改官，必待七考五章，又無過犯，方能合格。若一日之間獲盜七人，便得改秩。

人情慕賞，莫不盡力求盜，以覬恩典。況兇惡强盜多處極刑，亦人情之所甚惡，以所惡易所慕，蓋不得已。❶今薄其賞，人心自怠，何肯殺人以就循資？儻監司州郡督責不嚴，不過坐視而已，甚者盜發所臨，蔽不以聞。小盜既多，浸成大盜，理之必然。臣愚欲望聖慈特賜詳酌，應選人捕盜賞格並依祖宗舊法，仍令吏部不得故作阻難，庶幾激勸，使之盡力。

一、臣竊見二廣縣尉多是恩科出身，巡檢亦有揀汰離軍使臣，或老或病，或頑鈍無耻，或貪黷無厭。大抵此類，❷志在苟得，但知減尅弓兵錢糧，誅求保正常例，或收接詞狀，公受賄賂，或判押文引，縱容乞覓，所謂本職，漫不加省。遇有盜發，怯懦畏避，不即追捕，先往定驗，追呼隣保，須索百端，責立賞錢，使大小保甲與被盜之家均備椿管，盜不可得，錢已乾没。往往鄉村有盜，隣保共備所失償之，不敢聞官，正恐徒擾而無益。如此，盜安得而不滋？臣愚欲望朝廷行下吏部及二廣轉運司，注擬捕盜官，並先銓量，年五十已上，或老病者，或恩科出身，或揀汰離軍使臣，不得差注。庶幾無事之時不甚擾民，緩急之際可以倚仗。

一、恭惟祖宗創立兵制，最爲詳密。州郡之兵悉名禁軍，守貳曰知州軍、通判州軍，幕職官以諸使爲號，曹掾官以參軍爲名。凡所以張官置吏，爲軍民而已，豈爲是虚名哉？名立而實存，故階級甚嚴，紀律甚明，教閲有法，犒賞有格，逃亡者有律，私

❶「蓋不得已」，《定齋集》卷一《禦盜十事劄子》作「誰不樂爲」。

❷「大抵此類」，原作「初爲此來」，今據《定齋集》改。

役者有刑，莫不纖悉備具。閱歲滋久，名存實亡，州郡之兵有如兒戲，祖宗之制徒爲虚文，階級紊亂，紀律縱弛，教閱廢而不舉，犒賞闕而不支，逃亡者自若，私役者皆是。狃於聞見，以爲當然，一旦緩急，驅使之戰，何異市人？故盜賊侵犯州郡，無以禦之，爲守臣者或棄城以逃，或納賂而免。養兵如此，國家何賴焉？臣愚欲望朝廷戒敕守臣，申嚴法令，於諸州廂禁軍内，遴選强壯勇力之人以充禁軍，帥府千人，大郡七百人，中郡五百人，小郡三百人，不及額者增募。置營壘以别處之，益廩給以優異之。而又嚴階級，明紀律，逃亡者必誅，私役者必刑。一日二教，每旬守臣親閲，角其優劣而第其賞罰。每歲集于帥府，較其臧否，而爲守臣兵官之黜陟。月具教閲日辰、人數申安撫司，歲具姓名、年甲、藝能申樞密院。奉行不虔者以違制論，庶幾州郡兵備不至單弱。禦賊之要，莫急於此。

右臣所陳十事，五事治盜於已然，五事止盜於未然。伏望聖慈察其憂國之心，赦其冒犯之罪，或有一得，乞賜施行。

周南代池陽太守上裕民五事疏曰：

契勘池陽控扼大江，拱護行闕，迨此暇時，宜思式遏姦萌，以利永久。臣竊照本州有重役黥徒五十八人，在法五年無過，許將刺充牢城。蓋朝廷始以其情重，既欲苦役以困其力，終念其悛改，復開改刺以全其生。然臣竊詢此輩，從初習慣兇狡，至此轉無藉賴，加以軀幹長大，獷力强猛，怙其無良，少得五年無罪犯者。尋常越逸一人，須至申陳密院。兵廂擔負督責，管營土牢堅固，巡察嚴密，猶有毁擘鉆筒，掣脱杻械，夜行書伏，累日絶食而不獲者。若照管少懈，則別生暴横。慶元三年，數内有傅旺始因脇污營婦，後緣隔絶不通，輒乃白晝鼓刀傷人，幾至殞死。已而徉爲重困，脱出牢户，隨即逋逃。本州關牒戎司，邀截津渡，僅免越淮，至今人言傅旺百夫未必能當。推此一端，其儔可見。加以州郡無事役使，反以養成驕悍。小有營葺，荷一畚土，便即誶語。不知者徒見冶鐵爲械，將謂舉步有礙，不知其歷梯級、登牆屋，健者唶弗能及。臣竊思方時無虞，本州又宿重軍，此輩縱無忌憚，尚何能爲？臣所慮者，萬一州郡殫虛，少失彈壓，此曹破械而出，掠坊市，盜庫兵，臣恐異時爲沿江患者必此曹也。

臣聞漢法用兵至發亡命，或取刑徒。此曹今置在州郡，則勢應悍戾而難制，若來入於軍，則便須禀畏而馴伏。況其輕生，足備摧鋒，軍旅得之，未爲無用。不過別立一軍號，選擇一將副，御之有其方而已。臣照得前任守臣鄭汝諧亦曾有此申請，牒歸池州大軍收管，幾及半年。臣考驗案牘，自汝諧牒發之後，不聞一人干犯紀律，足見軍中足以讋服此輩。後緣此輩乞行改刺勇捷，遂致省部駮難，再命發還本州。蓋重役人五年無過，始刺牢城，牢城只是廂軍。今若便爲勇捷，却係躐升禁軍，既戾元降旨揮，而所請反居配隸牢城之上，是一不可。又朝廷大軍素號禁旅，忽與剽盜連營共壘，宜其羞與噲伍，是二不可。二事既未順便，兼當來亦不説給以何等請受，復於何處支請，往往亦教軍中倍費區處，所以卒難收受。今臣欲得軍中別立軍號，則便已分別等夷，免得軍士有言。至於軍糧，既不可躐升勇捷，若只依舊支與重役名糧，又恐略無增勸。要得不礙見行條制，稍令豐約得中，只乞支與廂軍糧賜。仍須管認人數，逐州不過幾名，發往軍前支散，死亡許行開落，添續不許過數。如此，則暗合改刺牢城之法，明有附著統壹之所，行之沿江州郡，諸屯有益兵之實，州郡寬控制之憂。剪除芽孼，陰護本根，計無出此。

寧宗嘉定中，知江州袁燮上便民劄子曰：

臣竊惟江之爲州，土瘠民貧。豐稔之歲，常賦之所入僅足以支經費之所出。不幸而歉，所入者無幾，而所出者自若，將何所取辦？嚴於督責，則民必重困，惟恐傷民，則事無由集，此誠進退惟谷之秋也。臣承乏以來，夙夜懔懔，思之無策，惟有裁節冗費而已。於是以身率之，力行儉約，凡可節者無所不節，庶乎其少寬矣。而諸司合發之錢，亦可得而節歟？符移之峻，先期而下，操之如束濕，督之如逐寇。既催其職所當辦者皆如期而發，則又催夫前任人之所逋者，亦不容少遲。推原其心，豈不知民生之憔悴如此？亦豈不知州郡之匱乏如此？用度既廣，上下交急，不得不然，民將何以堪之？

盜所不發，猶不聊生，寇攘之地將如之何？城市居民無以自活，窮僻之處將如之何？沿江諸郡民猶若是，兩淮之民又當如何？嗚呼！民生至此，窮而無告，亦已甚矣。膏血既竭，何可復取？迫之不已，有爲亂而已爾。今竊發之徒，固非本心，凍餒交切，旦夕且死，而爲奸爲惡猶未遽死也，故忍棄其身而爲之。穿窬不已，至於攘敓，攘敓不已，至於戰鬭。嗚呼！仁聖在上，而赤子之陷溺一至於此極乎！

《書》曰：「民惟邦本，本固邦寧。」當今之務，惟有姑置他事而專講求固本之策。夫本之不固，抑有由矣。用度無節，則斂不得不重，而民不得不殘，此本之所以摇也。節用之道，當由近始。朝廷之用有節，則諸路財計可寬。諸路財計浸寬，則諸州征斂可薄。征斂既薄，民力必紓。民力既紓，姦盗自息。本末源流之次第如此，焉有安土樂業之民而肯爲盗者乎？唐太宗與群臣論止盗，或請重法以禁之，太宗曰：「民所以爲盗者，賦煩役重，官吏貪求，飢寒切身，故不暇顧廉耻爾。去奢省費，輕徭薄賦，選用廉吏，使民衣食有餘，自不爲盗，安用重法？」竇軌奏益州獠反，請討之。太宗曰：「獠依阻山林，鼠竊乃其常俗，當撫以恩信。豈其漁獵比之禽獸乎？」臣謂斯言明於止盗之本，可爲今日法。

理宗時，秘書郎許應龍上奏曰：

臣聞當寇攘未殄之日而欲求平定之策者，其大要莫若用人。然用人之道，選擇貴精，委任貴專，報應貴速。三者兼盡，則有才者可以自見，而任責者可以成功矣。夫人固難知而才亦難得，操切大過者易至於激變，巽懦無術者不足與辦事，力小任重則臨難而必懾，志廣才疏則好謀而無成。必參之公論，驗之已試，庶乎得真實之才而爲緩急之用，以攻則克，以守則固，顧何施而不宜哉！臣故曰選擇不可以不精。夫疑則勿用，用則勿疑，苟其人之足以任是責也，則委而信之，使體統相屬，議論歸一，運動伸縮莫不如意，則可以圖决勝之功。倘事權一分，則或捕或招，各自爲謀，相忌相傾，惟欲求勝，緩急誰復應援，盜賊必至猖獗。臣故曰：委任不可以不專。兵少則不足以禦寇，財匱則不足以贍兵。今諸郡之卒太半老弱，傷殘之邑復無賦入，搏手無策，寧免奏聞。況事勢方棘，延頸待報，如救焚溺，有求必應則可以解倒垂之急，一或稽遲則有不及事之憂。臣故曰報應不可以不速。然是三者實相關係，人雖可用而任之不專，固不足以成事；任之雖專而有所奏陳，或猶豫而不報，則亦何以制變哉？爲人上者苟於此而加意，則目前雖擾不足以爲憂。蓋任責有人，事至能應，轉危而安，直反手耳。苟惟不然，則一時之勝未足以爲喜，而玩心一生，守備必弛，事變之來將有出於意料之所不及者矣。

今日盜賊竊發，民不奠居，原其召釁則始於官吏之非人，迨其鴟張則失於備禦之無術，事權渙散，兵財困乏，遂至悠悠歲月猶未殄滅。然隨機應變，夫豈無策？今改弦易轍，任賢使能，貪者斥之，懦者易之，固欲精於選擇矣，然豈無已試有功，可與圖事而不肯輕進者乎？沉静有謀，隱於下僚而無以自達者乎？招捕特創一司，郡守俾參議幕，固欲專於委任矣，而投機之會間不容髮，可不許以便宜從事乎？天下之事成於同而敗於異，可不使之協謀以共濟乎？奏捷則亟與推賞，告警則即爲調兵，是固速於報應矣，然不暫費者不永寧，財所當用，豈容不急與之乎？兵機以速爲神，謀或可用，豈容不即聽之乎？深思而預圖之，使無一之不盡，則以之攘夷狄、復境土，無往不可，又何寇賊之足慮哉？

雖然，用人之道，臣已略陳於前矣，用兵之策，敢僭及之。夫外郡之兵，其不可用固也，而大軍之遺足以壯聲勢，備守禦，使奸宄聞風而氣懾。然山川險要，盜賊巢穴，則非其所素知也。潛窺而陰伺，疾馳而深入，則不如民兵之捷。況焚蕩之慘，衆所共憤，皆有復讎之志，而豪民糾集，又欲爲自衛之計，因其鋒而用之，可以決勝，已事之驗也。第糗糧不繼，難以持久，若助其廩給，厚其賞犒，而能獲寇所有者悉以與之，至於功狀顯著則又錫以告命，孰不樂爲吾用？復以大軍爲之應援，則兵威益振，其策動也必矣。但行賞之際當眡功爲輕重，若優於將士而薄於民兵，則不惟解體，尤恐激變，此又主帥之所當察。儻欲行招撫之策，則盍先爲不可勝之計？如聲勢未張，乃卑辭厚賂以冀其服，縱使聽命，猶慮反覆，矧頭目非一，競欲邀索，更仆迭起，❶未易悉定。爲今之計，莫若赦脅從之徒以離其黨與，行反間之術而俾相攻擊，分遣重兵，固守要害，使之進不得前，退無所掠，其勢稍屈，然後從而招之，蔑不濟矣。

臣佔畢腐儒，軍旅未學，輒摭輿人之論以備采擇，惟陛下赦其愚。

金章宗時，山東盜起，往往潛匿泰山巖穴間。按察司請發數萬人刊除林木，使盜賊無所隱。山東路統軍使承暉奏曰：「泰山五嶽之宗，故曰岱宗。王者受命，封禪告代，國家雖不行此事，而山亦不可赭也。齊人易動，驅之入山，必有凍餓失所之患，此誨盜非止盜也。天下之山亦多矣。豈可盡赭哉？」議遂寢。

❶「仆」，《東澗集》卷八《論寇盜劄子》作「作」。

元世祖時，秘書少監程鉅夫奏曰：

盗之害民，劫盗爲甚。劫盗不已，群盗生焉。故自古立法，劫盗必死。江南比年殺人放火者，所在有之。被害之家纔行告發，巡尉吏卒名爲體覆，而被害之家及其鄰右先已騷然。及付有司，則主吏又教以轉攤平民，坐展歲月。幸而成罪，又不過杖一百七。而枝蔓逮捕，平人之死獄中者乃十四五。況劫盗幸免，必圖報復，而告發之家無遺種矣。被賊劫者，誰敢告發？盗勢日張，其禍何可勝言！夫諸藏兵器者處死，況以兵器行劫而罪乃止於杖，此何理也？故盗無所畏，黨日以多。今後强盗持軍器劫人財物，贓證明白，只以藏軍器論罪，郡府以便宜從事，並免待報。庶使凶人警畏，平民安帖，其於治勢實非小補。

成宗元貞元年，盗賊群起，山東居多，詔求弭盗方略。山東西道廉訪使陳天祥上奏曰：

古者盗賊之起，各有所因。除歲凶飢饉，諉之天時，宜且勿論，他如軍旅不息、工役薦興、聚斂無厭、刑法紊亂之類，此皆群盗所起之因。中間保護存恤長養之者，赦令是也。赦者，小人之幸，君子之不幸，一歲再赦，善人喑啞，前人言之備矣。彼强梁之徒，各執兵杖，殺人取物，不顧其生，有司盡力以擒之，朝廷加恩以釋之，旦脱縲囚，暮即行刼，又復督勒有司結限追捕。賊皆經慣，習以爲常，既不感恩，又不畏法，兇殘悖逆，性已頑定。誠非善化能移，惟以嚴刑可制。

順帝時，蘇天爵上奏曰：

審天下之勢者當謹其微，論生民之治者當究其本。夫審勢而不謹于微，至于著則不可爲矣；論治而不究其本，求其末則夫何益矣。欽惟國家布列臺憲，蓋以重内外耳目之寄，達遠近聞見之詳。惟兹山東，奄奠齊魯，控制千里，按臨百城。爰自去歲以來，諸處盗賊竊發，始則潛形塗面，猶恐人知，甚則鳴鼓樹旗，不畏官捕。郡縣聞風而避，弓兵望影而逃，生靈遭其荼毒，府庫恣其攘奪，致煩朝廷遣官，中外始獲寧息。比者各州盗竊復有，或二十爲群，或七八作黨，白晝殺人，刼其財物。昔人有言：盗猶火也。火之爲灾，撲之於將然則易爲力，救之於已然則難爲功。故小盗不滅，則大盗不絶，可不豫防之乎！伏望朝廷恤民以安其生，選官以責其治，録囚以除其惡。且山東禦盗之方，前後言者不一，有曰浚城池者矣，有曰繕修兵備者矣，有曰分軍鎮守者矣，有曰申明賞罰者矣。夫言之甚者，人則以爲張皇，言之緩者，人或以爲迂闊，是以言者甚難，而聽者不可不審也。今兹略陳當行實事，尚冀採擇焉。

一、恤民。夫好生而惡死，趨安而避危，人之常情也。今山東之民，往往甘就死亡、起而爲盗者，蓋有其由矣。始於水旱傷農而貧窮，歲無衣食飽煖之給，次則差役頻併，而官吏日有會斂侵漁之害，此其爲盗之原也。昔有人言蜀人樂禍貪亂者，或對曰：蜀人積弊，實非一朝。百家爲村，不過數家有食，窮迫之人十有八九，束縛之使旬有二三，貪亂樂禍，無足多怪。若令家畜五母雞、一母豕，牀上有百錢絮被，甑中有數升麥飯，雖蘇、張巧説于前，韓、白按劒于後，將不能使一夫爲盗，況貪亂乎！然則後世民之爲盜者，豈非飢寒之故歟？兹者山東田畝不加于前，户口日倍于昔，年穀既已不收，衣食至甚不足，初則典田賣屋，急則鬻子棄妻，朝廷雖嘗賑恤，一家能得幾何？兼以去秋大水，今春疫癘，無牛者不克耕耨，下種者不克耘耔，致使田畝荒蕪，蒿萊滿野，即目秋成，民已無食，不知來春又將若何。欲民之不爲盜難矣。夫國家之設刑名，本不欲民犯法，小民至愚而神，又豈不知法之不可犯乎？蓋犯法而爲盜則死，畏法而不爲盜則飢，飢餓之與受刑，均爲一死，賒死之與忍飢，禍有遲速，則民之相帥爲盜，是豈得已！長民者可不爲之深念乎！惟望朝廷明示六部百司，凡山東軍兵征行之苦，站赤走遞之勞，食鹽辦課之重，和雇和買之煩，土木不急之工役，食用無益之貢獻，但是可以動衆擾民者，皆當一一簡其號令之出，量其科派之數，節其緩急之用，優其輸送之期，俾民普受其實惠，皆不至爲虚文。庶幾生靈得以休息于田里，官吏不能大肆其姦貪。大抵安民之術，不奪其時，不傷其財，能禁其爲非，而去其爲害，則民皆按堵矣。

一、選官。夫官不必備，惟其人，蓋言三公之選。其餘庶官各有所治之事，不可一日而缺也。況在山東頻年水旱，盜賊竊發，民多貧窮，可不選官撫治之乎！昔漢宣帝嘗曰：「庶民所以安其田里而亡歎息愁恨之心者，政平訟理也。與我共此者，其惟良二千石乎！」❶今國家守令之選不爲不嚴，但廟堂銓選有時，而各處闕官無已。即

❶「二」，原作「一」，今據《四庫全書》本、《滋溪文稿》卷二七《山東建言三事》改。

目山東見闕宣慰使二員，濟南、東平、濟寧、東昌、益都見闕總管五員，高唐、海寧、沂州見闕知州三員，其餘佐貳之職闕者尚多有之。且年六十五以上者先行銓注，固爲令典，然多係老耄疾病之人，日暮途遠，但知求公田俸禄肥家飽妻子而已，其能潔己奉公、勤力于政務者幾何人哉！方今山東郡縣達魯花赤俱係投下守令，見闕者十居二三，老病者又居其半，然則欲治化之興行，盜賊之屏息，其可得乎？宜從朝廷將山東按治所屬宣慰司、各路州縣等官，下及鎮店巡檢捕盜之屬，但是見闕守闕，省除部注，共爲一選，作急銓注。仍須選擇年方盛强、歷練政務、無大過犯、附近籍居見闕者，勿候宣敕，即便赴任。如此，則郡縣有人，庶可責以政務。政務既脩，則善民獲安，惡人知懼。仍須今後但有急闕，隨即申達補注，庶不闕官撫治其民矣。

一、録囚。夫刑者詰姦禁暴，所以輔治也。近年以來，郡縣或不得人，刑政因以失度。民怨傷于和氣，水旱因以爲灾，年穀不收，實原於此。且陰陽燮理，雖根本于廟堂，而政化承宣，實責任于郡縣。故東海殺一孝婦，枯旱三年，及表其墓祭之，天立大雨，此一郡休咎之徵，豈非守令所當責乎！今山東郡縣罪囚，除憲司審理疏决外，在禁常有八九十起，枷鎖不下數十百人。罪狀昭著者不得明正典刑，事涉疑似者不敢輕易釋放，豈惟淹延囹圄，誠恐别生事端。且如去秋大盜王五十等刼掠開、濮等處，脱放禁中罪囚，同惡相濟，往往得其死力，是則所係蓋甚大也。宜從朝廷聞奏，選差五府通曉刑名官員前來山東，一一審録。如果無疑，比及春分，各正其罪，庶幾刑政肅清，惡黨警懼。傳曰：「國家閑暇，及是時明其政刑。雖大國必畏之矣。」夫以戰國之時，明其政刑，大國猶知畏之，況今山東草竊有不知畏者乎？

歷代名臣奏議卷之三百十九

本卷劉永强校點

歷代名臣奏議卷之三百二十

禦　邊

漢文帝時，太子家令晁錯言守邊備塞急務曰：

「臣聞秦時北攻胡貉，築塞河上，南攻揚粵，置戍卒焉。其起兵而攻胡、粵者，非以衛邊地而救民死也，貪戾而欲廣大也，故功未立而天下亂。且夫起兵而不知其勢，戰則爲人禽，屯則卒積死。夫胡貉之地，積陰之處也，木皮三寸，冰厚六尺，食肉而飲酪，其人密理，鳥獸毳毛，其性能讀曰耐，下同。寒，揚粵之地，少陰多陽，其人疏理，鳥獸希毛，其性能暑。秦之戍卒不能其水土，戍者死於邊，輸者僨於道。秦民見行，如往棄市，因以讁發之，名曰「讁戍」。先發吏有讁及贅壻、賈人，後以嘗有市籍者，又後以大父母、父母嘗有市籍者，後入閭，取其左。發之不順，行者深怨，有背畔之心。凡民守戰至死而不降北者，以計爲之也。故戰勝守固則有拜爵之賞，攻城屠邑則得其財鹵以富家室，故能使其衆蒙矢石，赴湯火，視死如生。今秦之發卒也，有萬死之害，而無銖兩之報，死事之後不得一算之復，天下明知禍烈及己也。陳勝行戍，至於大澤，爲天下先倡，天下從之如流水者，秦以威刧而行之之敝也。

「胡人衣食之業不著於地，其執易以擾亂邊境。何以明之？胡人食肉飲酪，衣皮毛，非有城郭田宅之歸，居如飛鳥走獸於廣壄，美草甘水則止，草盡水竭則移。以是觀之，往來轉徙，時至時去，此胡人之生業，而中國之所以離南晦也。今使胡人數處轉牧行獵於塞下，或當燕代，或當上郡、北地、隴西，以候備塞之卒，卒少則入。陛下不救，則邊民絶望而有降敵之心；救之，少發則不足，多發，遠縣纔至，則胡又已去。聚而不罷，爲費甚大；罷之，則胡復入。如此連年，則中國貧苦而民不安矣。

「陛下幸憂邊境，遣將吏發卒以治塞，甚大惠也。然令遠方之卒守塞，一歲而更，不知胡人之能。不如選常居者，家室田作，且以備之。以便爲之高城深塹，具藺石，布渠答，（藺石，城上雷石也。渠答，鐵蒺藜也。）復爲一城其内，城閒百五十步，要害之處，通川之道，調立城邑，毋下千家，爲中周虎落。（虎落，外蕃也，若今時竹虎也。一説以竹篾相連遮落之也。）先爲屋室，具田器，迺募辠人及免徒復作令居之；不足，募以丁奴婢贖罪及輸奴婢欲以拜爵者；不足，迺募民之欲往者。皆賜高爵，復其家。予冬夏衣、廩食，能自給而止。郡縣之民得買其爵，以自增至卿。其亡夫若妻者，縣官買予之。人情非有匹敵，不能久安其處。塞下之民，禄利不厚，不可使久居危難之地。胡人入驅而能止其所驅者，以其半予之，縣官爲贖其民。如是，則邑里相救助，赴胡不避死。非以德上也，欲全親戚而利其財也。此與東方之戍卒不習地埶而心畏胡者，功相萬也。以陛下之時，徙民實邊，使遠方亡屯戍之事，塞下之民，父子相保，亡係虜之患，利施後世，名稱聖明，其與秦之行怨民，相去遠矣。」

上從其言，募民徙塞下。錯復言：

「陛下幸募民相徙以實塞下，使屯戍之

事益省，輸將之費益寡，甚大惠也。下吏誠能稱厚惠，奉明法，存恤所徙之老弱，善遇其壯士，和輯其心而勿侵刻，使先至者安樂而不思故鄉，則貧民相募而勸往矣。臣聞古之徙遠方以實廣虚也，相其陰陽之和，嘗其水泉之味，審其土地之宜，觀其草木之饒，然後營邑立城，製里剖宅，通田作之道，正阡陌之界。先爲築室，家有一堂二内，門户之閉，置器物焉，民至有所居，作有所用，此民所以輕去故鄉而勸之新邑也。爲置醫巫，以救疾病，以修祭祀，男女有昏，生死相卹，墳墓相從，種樹畜長，室屋完安，此所以使民樂其處而有長居之心也。臣又聞古之制邊縣以備敵也，使五家爲伍，伍有長；十長一里，里有假士；四里一連，連有假五百；五百，帥名也。假音假借之假，大也。十連一邑，邑有假候，皆擇其邑之賢材有護，❶習地形，知民心者，居則習民於射法，出則教民於應敵。故卒伍成於内，則軍政定於外。服習以成，勿令遷徙，幼則同遊，長則共事。夜戰聲相知則足以相救，晝戰目相見則足以相識，驩愛之心足以相死。如此而勸以厚賞，威以重罰，則前死不還踵矣。所徙之民非壯有材力，但費衣糧，不可用也；雖有材力，不得良吏，猶亡功也。陛下絶匈奴不與和親，臣竊意其冬來南也，壹大治，則終身創矣。欲立威者，始於折膠，來而不能困，使得氣去，後未易服也。愚臣亡識，唯陛下財察。」

宣帝元康三年，先零遂與諸羌種豪二百餘人解仇交質盟詛。羌人無大君長，而諸種豪

❶「護」，原作「識」，今據《漢書・晁錯傳》改。

遞相殺伐，故每有仇讎，往來相報。今解仇交質者，自相親結，欲入漢爲寇也。上聞之，以問趙充國，對曰：「羌人所以易制者，以其種自有豪，數相攻擊，埶不壹也。往三十餘歲，西羌反時，亦先解仇合約攻令居，與漢相距，五六年迺定。至征和五年，先零豪封煎等通使匈奴，煎讀曰翦。匈奴使人至小月氏，傳告諸羌曰：『漢貳師將軍衆十餘萬人降匈奴。羌人爲漢事苦。事，使役也。張掖、酒泉本我地，地肥美，可共擊居之。』以此觀匈奴欲與羌合，非一世也。間者匈奴困於西方，聞烏桓來保塞，恐兵復從東方起，數使使尉黎、危須諸國，設以子女貂裘，欲沮解之。設謂開許之也。沮，壞也。欲壞其計，令解散之。其計不合。疑匈奴更遣使至羌中，道從沙陰地，出鹽澤，過長阬，入窮水塞，南抵屬國，與先零相直。臣恐羌變未止此，且復結聯他種，宜及未然爲之備。」

後月餘，羌侯狼何果遣使至匈奴藉兵，藉，借也。欲擊鄯善、敦煌以絶漢道。充國以爲：「狼何，小月氏種，在陽關西南，埶不能獨造此計，疑匈奴使已至羌中，先零、罕、开迺解仇作約。到秋馬肥，變必起矣。宜遣使者行邊兵豫爲備，敕視諸羌，毋令解仇，以發覺其謀。」於是兩府復白遣義渠安國行視諸羌，分別善惡。安國至，召先零諸豪三十餘人，以尤桀黠，皆斬之。縱兵擊其種人，斬首千餘級。於是諸降羌及歸義羌侯楊玉等恐怒，亡所信鄉，遂劫略小種，背畔犯塞，攻城邑，殺長吏。安國以騎都尉將騎三千屯備羌，至浩亹，爲虜所擊，失亡車重兵器甚衆。安國引還，至令居，以聞。是歲，神爵元年春也。

時充國年七十餘，上老之，使御史大夫

丙吉問誰可將者，充國對曰：「亡踰於老臣者矣。」上遣問焉，曰：「將軍度羌虜何如，當用幾人？」充國曰：「百聞不如一見。兵難隃度，隃，遥也。臣願馳至金城，圖上方略。然羌戎小夷逆天背畔，滅亡不久，願陛下以屬老臣，勿以爲憂。」上笑曰：「諾。」

充國至金城，須兵滿萬騎，欲渡河，恐爲虜所遮，即夜遣三校銜枚先渡，銜枚者，欲其無聲，使虜不覺。渡輒營陳，會明，畢，遂以次盡渡。虜數十百騎來，出入軍傍。充國曰：「吾士馬新倦，不可馳逐。此皆驍騎難制，又恐其爲誘兵也。擊虜以殄滅爲期，小利不足貪。」令軍勿擊。遣騎候四望陿中，亡虜。夜引兵上至落都，召諸校司馬，謂曰：「吾知羌虜不能爲兵矣。使虜發數千人守杜四望陿中，兵豈得入哉！」杜，塞也。

充國常以遠斥候爲務，行必爲戰備，止必堅營壁，尤能持重，愛士卒，先計而後戰。遂西至西部都尉府，日饗軍士，士皆欲爲用。虜數挑戰，充國堅守。捕得生口，言羌豪相數責曰：「語汝亡反，今天子遣趙將軍來，年八九十矣，善爲兵。今請欲壹鬬而死，可得邪！」

充國子右曹中郎將卬，將期門佽飛、羽林孤兒、胡越騎爲支兵，至令居。虜並出絶轉道，卬以聞。有詔將八校尉與驍騎都尉、金城太守合疏捕山間虜，疏，搜索也。通轉道津渡。初，罕、幵豪靡當兒使弟雕庫來告都尉曰先零欲反，後數日果反。雕庫種人頗在先零中，都尉即留雕庫爲質。充國以爲亡罪，迺遣歸告種豪：「大兵誅有罪者，明白自別，毋取并滅。天子告諸羌人，犯法者能相捕斬，除罪。斬大豪有罪者一人，賜錢四十萬，中豪十五萬，下豪二萬，大男三千，女子及老小千錢，又以其所捕妻子財物盡與之。」充國計欲以威信招降罕、开及劫略者，解散虜謀，徼極迺擊之。徼，要也，要其倦極者也。

時上已發三輔、太常徒弛刑，弛刑謂不加鉗鈦者也。弛之言解也。三河、潁川、沛郡、淮陽、汝南材官，金城、隴西、天水、安定、北地、上郡騎士、羌騎，與武威、張掖、酒泉太守各屯其郡者，合六萬人矣。酒泉太守辛武賢奏言：「郡兵皆屯備南山，北邊空虛，埶不可久。或曰至秋冬迺進兵，此虜在境外之册。今虜朝夕爲寇，土地寒苦，漢馬不能冬。能，讀曰耐。屯兵在武威、張掖、酒泉萬騎以上，皆多羸瘦。可益馬食，以七月上旬齎三十日糧，分兵並出張掖、酒泉，合擊罕、开在鮮水上者。虜以畜産爲命，今皆離散，兵即分出，雖不能盡誅，亶奪其畜産，虜其妻子，亶，讀曰但。復引兵還，冬復擊之，大兵仍出，虜必震壞。」仍，頻也。天子下其書充國，令與校尉以下吏士知羌事者博議。充國及長史董通年以爲：「武賢欲輕引萬騎，分爲兩道出張掖，回還千里。❶回，謂路紆曲也。以一馬自佗負三十日食，爲米二斛四斗，麥八斛，又有衣裝兵器，難以追逐。勤勞而至，虜必商軍進退，稍引去，商，計度也。逐水草，入山林。隨而深入，虜即據前險，守後阸，以絶糧道，必有傷危之憂，爲夷狄笑，千載不可復。而武賢以爲可奪其畜産，虜其妻子，此殆空言，非至計也。又武威縣、張掖日勒皆當北塞，有通谷水草。臣恐匈奴與羌有謀，且欲大入，幸能要杜張掖、酒泉以絶西域，要，遮也。杜，塞也。其郡兵尤

❶「還」，《漢書·趙充國傳》作「遠」。

不可發。先零首爲畔逆，它種刧略。故臣愚册，欲捐罕、幵闇昧之過，隱而勿章，先行先零之誅以震動之，宜悔過反善，因赦其罪，選擇良吏知其俗者揃循和輯，此全師保勝安邊之册。」天子下其書。公卿議者咸以爲先零兵盛，而負罕、幵之助，負，恃也。不先破罕、幵，則先零未可圖也。

上迺拜侍中樂成侯許延壽爲强弩將軍，即拜酒泉太守武賢爲破羌將軍，賜璽書嘉納其册。以書敕讓充國曰：「皇帝問後將軍，甚苦暴露。將軍計欲至正月迺擊罕羌，羌人當獲麥，已遠其妻子，精兵萬人欲爲酒泉、敦煌寇。邊兵少，民守保不得田作。今張掖以東粟石百餘，芻稾束數十。轉輸並起，百姓煩擾。將軍將萬餘之衆，不早及秋共水草之利，争其畜食，欲至冬，虜皆當畜食，此畜讀曰蓄。蓄，聚積也。多藏匿山中，依險阻，將軍士寒，手足皸瘃，皸，坼裂也。瘃，寒創也。皸音軍。瘃音竹足反。寧有利哉？將軍不念中國之費，欲以歲數而勝微，久歷年歲，乃勝小敵也。數音所具反。將軍誰不樂此者！言凡爲將軍者，皆樂此。今詔破羌將軍武賢將兵六千一百人，敦煌太守快將二千人，長水校尉富昌、酒泉侯奉世將婼、月氏兵四千人，服虔曰：「婼音兒，羌名也。」蘇林曰：「婼音兒遮反。」師古曰：「蘇音是也。」亡慮萬二千人。亡慮，大計也。齎三十日食，以七月二十二日擊罕羌，入鮮水北句廉上，句廉，謂水岸曲而有廉稜也。去酒泉八百里，去將軍可千二百里。將軍其引兵便道西並進，雖不相及，使虜聞東方、北方兵並來，分散其心意，離其黨與，雖不能殄滅，當有瓦解者。已詔中郎將卬，將胡越佽飛射士、步兵二校，益將軍兵。今五星出東方，中國大利，蠻夷大敗。五星所聚，其下勝。羌人在西，星在東，則爲漢。太白出高，用兵深入敢戰者吉，弗敢戰者凶。將軍急裝，因天時，誅不義，萬下必全，勿復有疑。」

充國既得讓，以爲將任兵在外，便宜有守，以安國家。迺上書謝罪，因陳兵利害，曰：「臣竊見騎都尉安國前幸賜書，擇羌人可使使罕，諭告以大軍當至，漢不誅罕，以解其謀。恩澤甚厚，非臣下所能及。臣獨私美陛下盛德至計亡已，故遣开豪雕庫宣天子至德，罕、开之屬皆聞知明詔。今先零羌楊玉，此羌之首帥名王，將騎四千，及煎鞏騎五千，阻石山木，候便爲寇，罕羌未有所犯。今置先零，先擊罕，釋有罪，誅無辜，起壹難，就兩害，誠非陛下本計也。臣聞兵法『攻不足者守有餘』，又曰『善戰者致人，不致於人』。致人，引致而取之也。致於人，爲人所引也。今罕羌欲爲敦煌、酒泉寇，宜飭兵馬，練戰士，以須其至，坐得致敵之術，以逸擊勞，取勝之道也。今恐二郡兵少不足以守，而發之行攻，釋致虜之術而從爲虜所致之道，臣愚以爲不便。先零羌虜欲爲背畔，故與罕、开解仇結約，然其私心不能亡恐漢兵至而罕、开背之也。臣愚以爲其計常欲先赴罕、开之急，以堅其約，先擊罕羌，先零必助之。今虜馬肥，糧食方饒，擊之恐不能傷害，適使先零得施德於罕羌，堅其約，合其黨。虜交堅黨合，精兵二萬餘人，迫脅諸小種，附著者稍衆，莫須之屬不輕得離也。莫須，小種羌名也。如是，虜兵寖多，誅之用力數倍，臣恐國家憂累繇十年數，不二三歲而已。臣得蒙天子厚恩，父子俱爲顯列。臣位至上卿，爵爲列侯，犬馬之齒七十六，爲明詔填溝壑，死骨不朽，亡所顧念。獨思惟兵利害至熟悉也，於臣之計，先誅先零已，則罕、开之屬不煩兵而服矣。先零已誅而罕、开不服，涉正月擊之，得計之理，又其時也。以今進兵，誠不見其利，唯陛下裁察。」

六月戊申奏，七月甲寅璽書報從充國計焉。充國引兵至先零在所。虜久屯聚，解弛，望見大軍，棄車重，欲渡湟水，道阸狹，充國徐行驅之。或曰逐利行遲，充國曰：「此窮寇不可迫也。緩之則走不顧，急之則還致死。」諸校皆曰：「善。」虜赴水溺死者數百，降及斬首五百餘人，鹵馬牛羊十萬餘頭，車四千餘兩。兵至罕地，令軍毋燔聚落，芻牧田中。罕羌聞之，喜曰：「漢果不擊我矣！」豪靡忘使人來言：「願得還復故地。」靡忘，羌帥名也。充國以聞，未報。靡忘來自歸，充國賜飲食，遣還諭種人。護軍以下皆爭之，曰：「此反虜，不可擅遣。」充國曰：「諸君但欲便文自營，苟取文墨之便而自營衛。非爲公家忠計也。」語未卒，璽書報，令靡忘以贖論。後罕竟不煩兵而下。

其秋，充國病，上賜書曰：「制詔後將軍：聞苦脚脛、寒泄，脛，膝以下骨也。寒泄，下利也。言其患足脛，又苦下利。脛音下定反。泄音息列反。將軍年老加疾，一朝之變不可諱，朕甚憂之。今詔破羌將軍詣屯所，爲將軍副，急因天時大利，吏士鋭氣，以十二月擊先零羌。即疾劇，留屯毋行，獨遣破羌、彊弩將軍。」時羌降者萬餘人矣。充國度其必壞，欲罷騎兵屯田，以待其敝。作奏未上，會得進兵璽書，中郎將卬懼，使客諫充國曰：「誠令兵出，破軍殺將以傾國家，將軍守之可也。即利與病，又何足爭？一旦不合上意，遣繡衣來責將軍，將軍之身不能自保，繡衣謂御史。何國家之安？」充國歎曰：「是何言之不忠也！本用吾言，羌虜得至是耶？往者舉可先行羌者，吾舉辛武賢，丞相御史復白遣義渠安國，竟沮敗羌。金城、湟中穀斛八錢，吾謂耿中丞，糴二百萬斛穀，羌人不敢動矣。耿中丞請糴百萬斛，廼得四十萬斛耳。義渠再使，且費其半。失此二冊，羌人故敢爲逆。失之豪氂，差以千里，是既然矣。今兵久不決，四夷卒有動摇，相因而起，雖有知者不能善其後，羌獨足憂邪！吾固以死守之，明主可爲忠言。」

遂上屯田奏曰：「臣聞兵者，所以明德除害也，故舉得於外，則福生於内，不可不愼。臣所將吏士馬牛食，月用糧穀十九萬九千六百三十斛，鹽千六百九十三斛，茭藁二十五萬二百八十六石。難久不解，繇役不息。又恐它夷卒有不虞之變，相因並起，爲明主憂，誠非素定廟勝之策。且羌虜易以計破，難用兵碎也，❶故臣愚以爲擊之不便。計度臨羌東至浩亹，羌虜故田及公田，民所未墾，可二千頃以上，其間郵亭多壞敗者。臣前部士入山，伐材木大小六萬餘枚，皆在水次。願罷騎兵，留弛刑應募，及淮陽、汝南步兵與吏士私從者，合凡萬二百八十一人，用穀月二萬七千三百六十三斛，鹽三百八斛，分屯要害處。冰解漕下，繕鄉亭，浚溝渠，治湟陿以西道橋七十所，令可至鮮水左右。田事出，賦人二十晦。至四月草生，發郡騎及屬國胡騎伉健各千，倅馬什二，就草，爲田者遊兵，以充入金城郡，益積畜，省大費。今大司農所轉穀至者，足支萬人一歲食。謹上田處及器用簿，唯陛下裁許。」上報曰：「皇帝問後將軍，言欲罷騎兵萬人留田，即如將軍之計，虜當何時伏誅，兵當

❶「也故」，原作「故也」，今據《漢書》乙正。

何時得決？孰計其便，復奏。」

充國上狀曰：「臣聞帝王之兵以全取勝，是以貴謀而賤戰。戰而百勝，非善之善者也，故先爲不可勝以待敵之可勝。蠻夷習俗雖殊於禮義之國，然其欲避害就利，愛親戚，畏死亡，一也。今虜亡其美地薦草，愁於寄託遠遯，骨肉離心，人有畔志，而明主般師罷兵，萬人留田，順天時，因地利，以待可勝之虜，雖未即伏辜，兵決可期月而望。羌虜瓦解，前後降者萬七百餘人，及受言去者凡七十輩，此坐支解羌虜之具也。臣謹條不出兵留田便宜十二事。步兵九校，吏士萬人，留屯以爲武備，因田致穀，威德並行，一也。又因排折羌虜，令不得歸肥饒之地，貧破其衆，❶以成羌虜相畔之漸，二也。居民得並田作，不失農業，三也。軍馬一月之食，度支田士一歲，罷騎兵以省大費，四也。至春省甲士卒，循河湟漕穀至臨羌，以眎羌虜，揚威武，傳世折衝之具，五也。以閒暇時下所伐材，繕治郵亭，充入金城，六也。兵出，乘危徼幸，不出，令反畔之虜竄於風寒之地，離霜露疾疫瘃墮之患，坐得必勝之道，七也。亡經阻遠追死傷之害，八也。內不損威武之重，外不令虜得乘間之勢，九也。又亡驚動河南大开、小开，使生它變之憂，十也。治湟陿中道橋，令可至鮮水，以制西域，信威千里，從枕席上過師，十一也。大費既省，繇役豫息，以戒不虞，十二也。留屯田得十二便，出兵失十二利。臣充國材下，犬馬齒衰，不識長册，唯明詔博詳公卿議臣採擇。」

上復賜報曰：「皇帝問後將軍，言十二

❶「貧」，原作「貪」，今據《漢書》改。

便，聞之。虜雖未伏誅，兵決可期月而望，期月而望者，謂今冬邪，謂何時也？將軍獨不計虜聞兵頗罷，且丁壯相聚，攻擾田者及道上屯兵，復殺略人民，將何以止之？又大开、小开前言曰：『我告漢軍先零所在，兵不往擊，久留，得亡效五年時不分別人而并擊我？』其意常恐。今兵不出，得亡變生，與先零爲一？將軍孰計復奏。」充國奏曰：「臣聞兵以計爲本，故多算勝少算。先零羌精兵今餘不過七八千人，❶失地遠客，分散飢凍。罕、开、莫須又頗暴略其羸弱畜産，畔還者不絶，皆聞天子明令相捕斬之賞。臣愚以爲虜破壞可日月冀，遠在來春，故曰兵決可期月而望。竊見北邊自敦煌至遼東萬一千五百餘里，乘塞列隧有吏卒數千人，虜數大衆攻之而不能害。今留步士萬人屯田，地勢平易，多高山遠望之便，部曲相保，爲塹壘木樵，校聯不絶，便兵弩，飭鬭具。烽火幸通，勢及并力，以逸待勞，兵之利者也。臣愚以爲屯田内有亡費之利，外有守禦之備。騎兵雖罷，虜見萬人留田，爲必禽之具，其土崩歸德，宜不久矣。從今盡三月，虜馬羸瘦，必不敢捐其妻子於它種中，遠涉河山而來爲寇。又見屯田之士精兵萬人，終不敢復將其累重還歸故地。是臣之愚計，所以度虜且必瓦解其處，不戰而自破之册也。至於虜小寇盗，時殺人民，其原未可卒禁。臣聞戰不必勝，不苟接刃；攻不必取，不苟勞衆。誠令兵出，雖不能滅先零，亶能令虜絶不爲小寇，則出兵可也。即今同是而釋坐勝之道，從乘危之勢，往終不見利，空内自罷敝，貶重而自損，非所以

❶「今」，原作「分」，今據《漢書》改。

視蠻夷也。又大兵一出，還不可復留，湟中亦未可空，如是，繇役復發也。且匈奴不可不備，烏桓不可不憂。今久轉運煩費，傾我不虞之用以贍一隅，臣愚以爲不便。校尉臨衆幸得承盛德，奉厚幣，拊循衆羌，諭以明詔，宜皆鄉風。雖其前辭嘗曰『得亡效五年』，宜亡它心，不足以故出兵。臣竊自惟念，奉詔出塞，引軍遠擊，窮天子之精兵，散車甲於山野，雖無尺寸之功，媮得避嫌之便，而無後咎餘責，此人臣不忠之利，非明主社稷之福也。臣幸得奮精兵，討不義，久留天誅，罪當萬死。陛下寬仁，未忍加誅，令臣數得孰計。愚臣伏計孰甚，不敢避斧鉞之誅，昧死陳愚，唯陛下省察。」

充國奏每上，輒下公卿議臣。初是充國計者什三，中什五，最後什八。有詔詰前言不便者，皆頓首服。丞相魏相曰：「臣愚不習兵事利害，後將軍數畫軍册，其言常是，臣任其計可必用也。」上於是報充國曰：「皇帝問後將軍，上書言羌虜可勝之道，今聽將軍，將軍計善。其上留屯田及當罷者人馬數。將軍强食，慎兵事，自愛！」上以破羌、强弩將軍數言當擊，又用充國屯田處離散，恐虜犯之，於是兩從其計，詔兩將軍與中郎將卬出擊。强弩出，降四千餘人，破羌斬首二千級，中郎將卬斬首降者亦二千餘級，而充國所降復得五千餘人。詔罷兵，獨充國留屯田。明年五月，充國奏言：「羌本可五萬人軍，凡斬首七千六百級，降者三萬一千二百人，溺河湟飢餓死者五六千人，定計遺脱與煎鞏、黄羝俱亡者不過四千人。羌靡忘等自詭必得，請罷屯兵。」奏可，充國振旅而還。

元帝竟寧元年，以後宫良家子王嬙字昭君賜單于。單于驩喜，上書願保塞上谷以西至敦煌，傳之無窮，請罷邊備塞吏卒，以休天子人民。天子令下有司議，議者皆以爲便。郎中侯應習邊事，以爲不可許。上問狀，應曰：「周、秦以來，匈奴暴桀，寇侵邊境，漢興，尤被其害。臣聞北邊塞至遼東，外有陰山，東西千餘里，草木茂盛，多禽獸，本冒頓單于依阻其中，治作弓矢，來出爲寇，是其苑囿也。至孝武世，出師征伐，斥奪此地，攘之於幕北。建塞徼，起亭隧，築外城，設屯戍，以守之，然後邊境得用少安。幕北地平，少草木，多大沙，匈奴來寇，少所蔽隱，從塞以南，徑深山谷，往來差難。邊長老言匈奴失陰山之後，過之未嘗不哭也。如罷備塞戍卒，示夷狄之大利，不可一也。今聖德廣被，天覆匈奴，匈奴得蒙全活之恩，稽首來臣。夫夷狄之情，困則卑順，彊則驕逆，天性然也。前以罷外城，省亭隧，今裁足以候望通褒火而已。古者安不忘危，不可復罷，二也。中國有禮義之教，刑罰之誅，愚民猶尚犯禁，又況單于，能必其衆不犯約哉！三也。自中國尚建關梁以制諸侯，所以絶臣下之覬欲也。設塞徼，置屯戍，非獨爲匈奴而已，亦爲諸屬國降民，本故匈奴之人，恐其思舊逃亡，四也。近西羌保塞與漢人交通，吏民貪利，侵盗其畜産妻子，以此怨恨，起而背畔，世世不絶。今罷乘塞，則生嫚易分争之漸，五也。往者從軍多没不還者，子孫貧困，一旦亡出，從其親戚，六也。又邊人奴婢愁苦，欲亡者多，曰『聞匈奴中樂，無奈候望急何！』然時有亡出塞者，七也。盗賊桀黠，群輩犯法，如其窘急，亡走北出，則不可制，八也。起塞以來百有餘年，非皆以土垣也，或因山巖石，木柴僵落，谿谷水門，稍稍平之，卒徒築治，功費久遠，不可勝計。臣恐議者不深慮其終始，欲以壹切省繇戍，十年之外，百歲之內，卒有它變，障塞破壞，亭隧滅絶，當更發屯繕治，累世之功不可卒復，九也。如罷戍卒，省候望，單于自以保塞守禦，必深德漢，請求無已。小失其意，則不可測。開夷狄之隙，窺中國之固，十也。非所以永持至安，威制百蠻之長策也。」對奏，天子有詔：「勿議罷邊塞事。」

光武建武九年，隗囂死，司徒掾班彪上言曰：「今涼州部皆有降羌，羌胡被髮左衽，而與漢人雜處，習俗既異，言語不通，數爲小吏黠人所見侵奪，窮恚無聊，故致反叛。夫蠻夷寇亂，皆爲此也。舊制益州部置蠻夷騎都尉，幽州部置領烏桓校尉，涼州部置護羌校尉，皆持節領護，理其怨結，歲時循行，問所疾苦。又數遣使驛通動静，使塞外羌夷爲吏耳目，州郡因此可得儆備。今宜復如舊制，以明威防。」光武從之，即以牛邯爲護羌校尉，持節如舊。

時遼西烏桓大人郝旦等九百二十二人率衆向化，詣闕朝貢，獻奴婢牛馬及弓虎豹貂皮。是時四夷朝賀，絡繹而至，天子乃命大會勞饗，賜以珍寶。烏桓或願留宿衛，於是封其渠帥爲侯王君長者八十一人，皆居塞内，布於緣邊諸郡，令招來種人，給其衣食，遂爲漢偵候，助擊匈奴、鮮卑。彪又上言曰：「烏桓天性輕黠，好爲寇賊，若久放縱而無總領者，必復侵掠居人，但委主降掾史，恐非所能制。臣愚以爲宜復置烏桓校尉，誠有益於附集，省國家之邊慮。」帝從之。於是始復置校尉於上谷甯城，開營府，并領鮮卑，賞賜質子，歲時互市焉。

和帝時，安定降羌燒何種脅諸羌數百人反叛，郡兵擊滅之，悉没入弱口爲奴婢。時西海及大、小榆谷左右無復羌寇。隃麋相曹鳳上言曰：「西戎爲害，前世所患，臣不能紀古，且以近事言之。自建武以來，其犯法者常從燒當種起。所以然者，以其居大、小榆谷，土地肥美，又近塞内，諸種易以爲非，難以攻伐。南得鍾存以廣其衆，北阻大河因以爲固，又有西海魚鹽之利，緣山濱水，以廣田畜，故能彊大，常雄諸種，恃其權勇，招誘羌胡。今者衰困，黨援壞沮，親屬離叛，餘勝兵者不過數百，亡逃棲竄，遠依發羌。臣愚以爲宜及此時，建復西海郡縣，規固二榆，廣設屯田，隔塞羌胡交關之路，遏絶狂狡窺欲之源。又殖穀富邊，省委輸之役，國家可以無西方之憂。」於是拜鳳爲金城西部都尉，將徙士屯龍耆。

安帝時，北虜與車師連兵入寇河西，朝廷不能禁，議者因欲閉玉門、陽關，以絶其患。延光二年，敦煌太守張璫上書陳三策，以爲：「北虜呼衍王常展轉蒲類、秦海之間，專制西域，共爲寇鈔。今以酒泉屬國吏士二千餘人集昆侖塞，先擊呼衍王，絶其根本，因發鄯善兵五千人脅車師後部，此上計也。若不能出兵，可置軍司馬，將士五百人，四郡供其犁牛、穀食，出據柳中，此中計也。如又不能，則宜棄交河城，收鄯善等悉使入塞，此下計也。」朝廷下其議。尚書陳忠上疏曰：「臣聞八蠻之寇，莫甚北虜。漢興，高祖窘平城之圍，太宗屈供奉之耻。故孝武憤怒，深惟久長之計，命遣虎臣，浮河絶漠，窮破虜庭。當斯之役，黔首隕於狼望之北，財幣縻於盧山之壑，府庫單竭，杼柚空虛，算至舟車，貲及六畜。夫豈不懷，慮久故也。遂開河西四郡，以隔絶南羌，收三十六國，斷匈奴右臂。是以單于孤特，鼠竄遠藏。至於宣、元之世，遂備蕃臣，關徼不閉，羽檄不行。由此察之，戎狄可以威服，難以化狎。西域内附日久，區區東望扣關者數矣，此其不樂匈奴慕漢之效也。今北虜已破車師，執必南攻鄯善，棄而不救，則諸國從矣。若然，則虜財賄益增，膽執益殖，殖，生也。威臨南羌，與之交連。如此，河西四郡危矣。河西既危，不得不救，則百倍之役興，不訾之費發矣。議者但念西域絶遠，卹之煩費，不見先世苦心勤勞之意也。方今邊境守禦之具不精，内郡武衛之備不修，敦煌孤危，遠來告急，復不輔助，内無以慰勞吏民，外無以威示百蠻。蹙國減土，經有明誡。臣以爲敦煌宜置校尉，案舊增四郡屯兵，以西撫諸國。庶足折衝萬里，震怖匈奴。」帝納之。

順帝時，大將軍梁商以羌胡新反，黨衆初合，難以兵服，宜用招降，乃上表曰：「匈奴寇畔，自知罪極，窮鳥困獸，皆知救死，況種類繁熾，不可單盡。今轉運日增，三軍疲苦，虛内給外，非中國之利。竊見度遼將軍馬續素有謀謨，且典邊日久，深曉兵要，每得續書，與臣策合。宜令續深溝高壁，以恩信招降，宣示購賞，明其期約。如此，則醜類可服，國家無事矣。」帝從之，乃詔續招降畔虜。商又移書續等曰：「中國安寧，忘戰日久。良騎野合，交鋒接矢，決勝當時，戎狄之所長，而中國之所短也。强弩乘城，堅營固守，以待其衰，中國之所長，戎狄之所短也。宜務先所長，以觀其變，設購開賞，宣示後悔，勿貪小功，以亂大謀。」續及諸郡並各遵行。於是右賢王部抑鞮等萬三千口詣續降。

桓帝時，以陳龜世諳邊俗，拜爲度遼將軍。龜臨行，上疏曰：「臣龜蒙恩累世，馳騁邊陲，雖展鷹犬之用，頓斃胡虜之庭，魂骸不反，薦享狐狸，猶無以塞厚責，答萬分也。至臣頑駑，器無鈆刀一割之用，過受國恩，榮秩兼優，生年死日，永懼不報。臣聞三辰不軌，擢士爲相；蠻夷不恭，拔卒爲將。臣無文武之才，而忝鷹揚之任，上慙聖朝，下懼素餐，雖歿軀體，無所云補。今西州邊鄙，土地塉埆，鞍馬爲居，射獵爲業，男寡耕稼之利，女乏機杼之饒，守塞候望，縣命鋒鏑，聞急長驅，去不圖反。自頃年以來，匈奴數攻營郡，殘殺長吏，侮略良細。戰夫身膏沙漠，居人首係馬鞍。或舉國掩户，盡種灰滅，孤兒寡婦，號哭空城，野無青草，室如懸磬。雖含生氣，實同枯朽。往歲并州水雨，災螟互生，稼穡荒耗，租更空闕。老者慮不終年，少壯懼於困戹。陛下以百姓爲子，品庶以陛下爲父，焉可不日昃勞神，垂撫循之恩哉！唐堯親捨其子以禪虞舜者，是欲民遭聖君，不令遇惡主也。故古公杖策，其民五倍；文王西伯，天下歸之。豈復輿金輦寶，以爲民惠乎！近孝文皇帝感一女之言，除肉刑之法，體德行仁，爲漢賢主。陛下繼中興之統，承光武之業，臨朝聽政，而未留聖意。且牧守不良，或出中官，懼逆上旨，取過目前。呼嗟之聲，招致灾害，胡虜凶悍，因衰緣隙。而令倉庫單於豺狼之口，功業無銖兩之効，皆由將帥不忠，聚姦所致。前涼州刺史祝良，初除到州，多所糾罰，太守令長貶黜將半，政未踰時，功效卓然。實應賞異以勸功能，改任牧守，去斥姦殘。又宜更選匈奴、烏桓、護羌中郎將、校尉，簡練文武，授之法令，除并、涼二州今年租更，寬赦罪隸，埽除更始。則善吏知奉法之祐，惡者覺營私之禍，胡馬可不窺長城，塞下無候望之患矣。」帝覺悟，乃更選幽、并刺史，自營郡太守、都尉以下，多所革易，下詔：「爲陳將軍除并、涼一年租賦，以賜吏民。」

靈帝時，西羌反，邊章、韓遂作亂隴右，徵發天下，役賦無已。司徒崔烈以爲宜棄涼州。詔會公卿百官，烈堅執先議。議郎傅燮厲言曰：「斬司徒，天下乃安。」尚書郎楊贊奏燮廷辱大臣。帝以問燮，燮對曰：「昔冒頓至逆也，樊噲爲上將，願得十萬衆横行匈奴中，憤激思奮，未失人臣之節，顧計當從與不耳，季布猶曰『噲可斬也』。今涼州天下要衝，國家藩衛。高祖初興，使酈商别定隴右；世宗拓境，列置四郡，議者以爲斷匈奴右臂。今牧御失和，使一州叛逆，海内爲之騷動，陛下卧不安寢。烈爲宰相，不念爲國思所以弭之之策，乃欲割棄一方萬里之土，臣竊惑之。若使左衽之虜得居此地，士勁甲堅，因以爲亂，此天下之至慮，社稷之深憂也。若烈不知之，是極蔽也；知而故言，是不忠也。」帝從燮議。

諫議大夫劉陶上疏曰：

臣聞事之急者不能安言，心之痛者不能緩聲。竊見天下前遇張角之亂，後遭邊章之寇，每聞羽書告急之聲，心灼内熱，四體驚竦。今西羌逆類，私署將帥，皆多段熲時吏，曉習戰陳，識知山川，變詐萬端。臣常懼其輕出河東、馮翊，鈔西軍之後，東之函谷，據阨高望。今果已攻河東，恐遂轉更豕突上京。如是則南道斷絶，車騎之軍孤立，關東破膽，四方動摇，威之不來，叫之不應，雖有田單、陳平之策，計無所用。臣前驛馬上便宜，急絶諸郡賦調，冀尚可安。事付主者，留連至今，莫肯求問。今三郡之民皆以奔亡，南出武關，北徙壺谷，冰解風散，惟恐在後。今其存者尚十三四，軍吏士民悲愁相守，民有百走退死之心，而無一前鬬生之計。西寇寖前，去營咫尺，胡騎分布，已至諸陵。將軍張温，天性精勇，而主者旦夕迫促，軍無後殿，假令失利，其敗不救。臣自知言數見厭，而言不自裁者，以爲國安則臣蒙其慶，國危則臣亦先亡也。

吴孫權時，吕岱從交州召出，薛綜懼繼岱者非其人，上疏吴主曰：

昔帝舜南巡，卒於蒼梧。秦置桂林、南海、象郡，然則四國之内屬也，有自來矣。趙佗起番禺，懷服百越之君，珠官之南是也。漢武帝誅吕嘉，開九郡，設交阯刺史以鎮監之。山川長遠，習俗不齊，言語同異，重譯乃通，民如禽獸，長幼無别，椎結徒跣，貫頭左衽，長吏之設，雖有若無。自斯以來，頗徙中國罪人，雜居其間，稍使學書，粗知言語，使驛往來，觀見禮化。❶ 及後錫光

❶「見」，原作「其」，今據《三國志・吴書・薛綜傳》改。

爲交阯，任延爲九真太守，乃教其耕犁，使之冠履，爲設媒官，始知聘娶；建立學校，導之經義。由此已降，四百餘年，頗有似類。自臣昔客始至之時，珠崖除州縣嫁娶，皆須八月引户，人民集會之時，男女自相可適，乃爲夫妻，父母不能止。交阯糜泠、九真都龐二縣，皆兄死弟以妻其嫂，世以此爲俗，長吏恣聽，不能禁制。日南郡男女倮體，不以爲羞。由此言之，可謂蟲豸，有靦面目耳。

然而土廣人衆，阻險毒害，易以爲亂，難使從治。縣官羈縻，示令威服，田户之租賦，裁取供辦，貴致遠珍名珠、香藥、象牙、犀角、瑇瑁、珊瑚、琉璃、鸚鵡、翡翠、孔雀、奇物，充備寶玩，不必仰其賦入，以益中國也。然在九甸之外，長吏之選，類不精覈。漢時法寬，多自放恣，故數反違法。珠崖之廢，起於長吏覩其好髮，髠取爲髲。及臣所見，南海黄蓋爲日南太守，下車以供設不豐，撾殺主簿，仍見驅逐。九真太守儋萌爲妻父周京作主人，并請大吏，酒酣作樂，功曹番歆起舞屬京，京不肯起，歆猶迫彊，萌忿杖歆，亡於郡内。歆弟苗帥衆攻府，毒矢射萌，萌至物故。交阯太守士燮遣兵致討，卒不能克。又故刺史會稽朱符，多以鄉人虞褒、劉彦之徒分作長吏，侵虐百姓，彊賦於民，黄魚一枚，收稻一斛，百姓怨叛，山賊並出，攻州突郡。符走入海，流離喪亡。次得南陽張津，與荆州牧劉表爲隙，兵弱敵彊，歲歲興軍，諸將厭患，去留自在。津少檢攝，威武不足，爲所陵侮，遂至殺没。後得零陵賴恭，先輩仁謹，不曉時事。表又遣長沙吴巨爲蒼梧太守。巨武夫輕悍，不爲恭服，所取相怨恨，逐出恭，求步隲。是時津故將夷廖、錢博之徒尚多，隲以次鉏治，綱紀適定，會仍召出。呂岱既至，有士民之變。越軍南征，平討之日，改置長吏，章明王綱，威加萬里，大小承風。由此言之，綏邊撫裔，實有其人。

牧伯之任，既宜清能，荒流之表，禍福尤甚。今日交州雖名粗定，尚有高涼宿賊；其南海、蒼梧、鬱林、珠官四郡界未綏，依作寇盜，專爲亡叛逋逃之藪。若岱不復南，新刺史宜得精密，檢攝八郡，方略智計，能稍稍以漸能治高涼者，❶假其威寵，備之形勢，❷責其成効，庶幾可補復。但如中人，近守常法，無奇數異術者，則群惡日滋，久遠成害。故國之安危在於所任，不可不察也。竊懼朝廷忽輕其選，故敢竭愚情，以廣聖思。

晉武帝時，吴既平，普減州郡兵，冠軍將軍陶璜上言曰：

交土荒裔，斗絶一方，或重譯而言，連帶山海。又南郡去州海行千有餘里，外距林邑纔七百里。夷帥范熊世爲逋寇，自稱爲王，數攻百姓。且連接扶南，種類猥多，朋黨相倚，負險不賓。往隸吴時，數作寇逆，攻破郡縣，殺害長吏。臣以尫駑，昔爲故國所採，偏戍在南，十有餘年。雖前後征討，翦其魁桀，深山僻穴，尚有逋竄。又臣所統之卒本七千餘人，南土温濕，多有氣毒，加累年征討，死亡減耗，其見在者二千四百二十人。今四海混同，無思不服，當卷甲消刃，禮樂是務。而此州之人識義者寡，

❶「凉」，原作「流」，今據《三國志》改。
❷「備」，《三國志》作「借」。

厭其安樂，好爲禍亂。又廣州南岸，周旋六千餘里，不賓屬者乃五萬餘户，及桂林不羈之輩，復當萬户。至於服從官役，纔五千餘家。二州脣齒，唯兵是鎮。又寧州興古接據上流，去交阯郡千六百里，水陸並通，互相維衛。州兵未宜約損，以示單虚。夫風塵之變，出於非常。臣亡國之餘，議不足採，聖恩廣厚，猥垂飾擢，蠲其罪釁，改授方任，去辱即寵，拭目更視，誓念投命，以報所受，臨履所見，謹冒瞽陳。

孝武帝時，徵益州刺史郭銓，❶犍爲太守卞苞於坐勸銓以蜀反，殷仲堪斬之以聞。朝廷以仲堪事不預察，降號鷹揚將軍。尚書下以益州所統梁州三郡人丁一千番戍漢中，益州未肯承遣。仲堪乃奏之曰：「夫制險分國，各有攸宜，劍閣之隘，實蜀之關鍵。巴西、梓潼、宕渠三郡去漢中遼遠，❷在劍閣之内，成敗與蜀爲一，而統屬梁州，蓋定鼎中華，慮在後伏，所以分斗絶之勢，開荷戟之路。自皇居南遷，守在岷、邛，衿帶之形，事異曩昔。是以李勢初平，割此三郡配隸益州，將欲重複上流爲習坎之防。事經英略，歷年數紀。梁州以統接曠遠，求還得三郡，忘王侯設險之義，背地勢内外之實，盛陳事力之寡弱，飾哀矜之苦言。今華陽乂清，汧、隴順軌，關中餘燼，自相魚肉，梁州以論求三郡，益州以本統有定，更相牽制，莫知所從。致令巴、宕二郡爲群獠所覆，城邑空虚，士庶流亡，要害膏腴皆爲獠有。今

❶「銓」，原作「鈴」，今據《晉書·殷仲堪傳》改。本篇下同。

❷「宕」，原作「巖」，今據《晉書》改。

遠慮長規，宜保全險塞。又蠻獠熾盛，兵力寡弱，如遂經理乖繆，號令不一，則劍閣非我保，醜類轉難制。此乃藩扞之大機，上流之至要。昔三郡全實，止差文武三百，❶以助梁州。今俘没蠻獠，十不遺一，❷加逐食烏散，❸資生未立，苟順符指以副梁州，恐公私困弊，無以堪命，則劍閣之守無擊柝之儲，號令選用不專於益州，虚有監統之名，而無制御之用，懼非分位之本旨，經國之遠術。謂今正可更加梁州文武五百，合前爲一千五百，自此之外，一仍舊貫。設梁州有急，蜀當傾力救之。」書奏，朝廷許焉。

桓冲爲荆州刺史、持節將軍，既到江陵，欲移阻江南，乃上疏曰：「自中興以來，荆州所鎮，隨宜迴轉。臣亡兄温以石季龍死，經略中原，因江陵路便，即而鎮之。事與時遷，勢無常定。且兵者詭道，示之以弱，今宜全重江南，輕戍江北。南平孱陵縣界，地名上明，田土膏良，可以資業軍人。在吴時樂鄉城以上四十餘里，北枕大江，西接三峽。若狂狡送死，則舊郢以北堅壁不戰，接會濟江，路不云遠，乘其疲惰，撲滅爲易。臣司存閫外，輒隨宜處分。」於是移鎮上明，使冠軍將軍劉波守江陵，諮議參軍楊亮守江夏。

宋文帝時，索虜南侵，遂至瓜步，太祖使百官議防禦之術，御史中丞袁淑上議曰：

臣聞函車之獸離山必斃，絶波之鱗宕

❶「止」，《晉書》作「正」。
❷「一」，《晉書》作「二」。
❸「烏」，《晉書》作「鳥」。

流則枯。羯寇遺醜，❶趨致畿甸，蟻萃螽集，聞已崩殪。天險巖曠，地限深遐，故全魏戢其圖，盛晉輟其議，情屈力殫，氣挫勇竭，諒不虞於來臨，本無怵於能濟矣。乃者變定携遠，阻違授律，由將有弛拙，故士少鬪志。圍潰之衆匪寇傾淪，攻制之師空自班散，濟西勁騎急戰躄旅，淮上訓卒簡備靡旗。是由綏整寡衷，戎昭多昧，遂使椑潞入患，泉伊來擾，紛殄姬風，泯毒禹績，騰書有渭陰之迫，懸烽均咸陽之警。然而切揣虛實，伏匿先彰，校索伎能，譎詭既顯。綿地千里，彌行阻深，表裏躓硋，後先介逼。捨陵衍之習，競湍沙之利。今虹見萍生，土膏泉動，津陸陷溢，痁禍洊興，蒻藁已單，米粟莫係，水寓衿帶，進必傾賨，河隘扁固，退亦墮滅。所謂栖烏於烈火之上，養魚於叢棘之中。

或謂損緩江右，寬緒淮内。竊謂拯扼閩城，舊史爲允，棄遠涼土，前言稱非。限此要荒，猶弗委割。況聯被京國，咫尺神甸，數州摧掃，列邑殲夷，山淵反覆，草木塗地。今丘賦千乘，井竿萬集，肩摩倍於長安，締袂百於臨淄，什一而籍，寔慊氓願，履畝以税，既協農和。户競戰心，人含鋭志，皆欲贏糧請奮，釋緯乘城。謂宜懸金鑄印，要壯果之士，重幣甘辭，招摧決之將，舉薦板築之下，抽登臺皂之間，賞之以焚書，報之以相爵，俄而昭才賀闕，異能間至。

戎貪而無謀，肆而不整，迷乎向背之次，謬於合散之宜，犯軍志之極害，觸兵家之甚諱。咸畜憤矣，僉策戰矣，稱願影從，謠言緡命。宜選敢悍數千，鶩行潛掩，偃旗裹甲，鉗馬銜枚，會稽而起，晨壓未陣，旌譟

❶「羯」，原作「竭」，今據《宋書·袁淑傳》改。

亂舉，火鼓四臨，使景不暇移，塵不及起，無不禽鎩獸讋，冰解霧散，掃洗嶕類，❶漂鹵浮山。如有決罣漏網，逡窠逗穴，命淮、汝戈船，遏其還遲，兗部勁卒，梗其歸塗。必剪元雄，懸首麾下，乃將隻輪不反，戰轄無旋矣。於是信臣騰威，武士繕力，緹組接陰，鞞柝聯響。

若其僞遁羸張，出没無際，楚言漢旆，顯默如神，固已日月蔽虧，川谷蕩貿。負塞殘孽，阻山燼黨，收險竊命，憑城借土，則當因威席卷，乘機芟勦。泗、汴秀士，星流電燭，徐、阜嚴兵，雨湊雲集，蹙亂桑溪之北，摇潰瀚海以南，絶其心根，勿使能植，銜索之枯，幾何不蠹。是由涸澤而漁，焚林而狩，若峻風之儛輕籜，杲日之拂浮霜。既而尉洽荷掠之餘，望吊網悲之鬼。然後天行樞運，猋舉煙升，青蓋西巡，翠華北狩，❷經啓州野，滌一軫策，俾高闕再勒，燕然後銘。方乃奠山沉河，創禮輯策，闡燿炎、昊之遺則，貫軼商、夏之舊文。

今衆賈拳勇，而將術疏怯，意者稔泰日積，承平歲久，邑無驚赴之急，家緩餽戰之勤，闕閲訓之禮，簡參屬之飾，且亦薦採之法，庸未蒇歟。若乃邦造里選，擢論深切，躬擐盡幽，斬帶尋遠，設有沉明能照，俊偉自宣，誠感泉雨，流通金石，氣懾飛、賁，知窮葅、起，審邪正順逆之數，達昏明益損之宜，能睽合民心，愚叡物性，登丹墀而敷策，躡青蒲而揚謀，上説宸鑑，下弭素言，足以安民紓國，救灾恤患。則宜拔過寵貴之上，褒升戚舊之右，別其旂章，榮其班禄，出得專譽，使

❶「嶕」，原作「哨」，今據《宋書》改。
❷「北狩」，《宋書》作「東幸」。

不禀命，降席折節，同廣武之請，設壇致禮，均淮陰之授。必有要盟之功，竊符之捷。

夷裔暴狠，内外侮棄，始附之衆，分莅無序，蠱以威利，勢必携離，首順之徒，靡然自及。今洓繹故典，瀍土纓綏，翦焉幽播，折首凶狡。是猶眇者願明，痿之思步，動商諯會，功終易感。刼晉在於善覘，全鄭實寄良諜，多縱反間，汩惑心耳，發險易之前，抵興喪之術，衝其猜伏，拂其嫌嗜，汩以連率之貴，餌以析壤之資，罄筆端之用，展辭鋒之鋭，振辯則堅圍可解，馳羽而巖邑易傾。必府鬲土崩，枝幹瓦裂，故燕、樂相悔，項、范交疑矣。

或乃言約功深，事邇應廣，齊圍反駕，趙養還君，盡輿誦之道，畢能事之効。臣幸得出内層禁，游心明代，澤與身泰，恩隨年行，無以逢迎昌運，潤飾鴻法。今塗有遺鏃，蠆未息蜂，敢思凉識，少酬閎施。但坐幕既乏昭文，免胄不能致果，竊觀都護之邊論，屬國之兵謨，終、晁之抗辭，杜、耿之言事，咸云及經之棘，猶闕上竿，燭郛之敬，裁收下策。自耻懦木，智不綜微，敢露昧見，無會昭採。

虜自彭城北歸，復求互市，顔竣議曰：

臣愚以爲與虜和親無益，已然之明效。何以言其然？夷狄之欲侵暴，正苦力之不足耳。未嘗拘制信義，用輟其謀。昔年江上之役，乃是和親之所招。歷稔交聘，❶遂求國婚，朝廷羈縻之義，依違不絶，既積歲月，漸不可誣，獸心無厭，重以忿怒，故至於深入。幸今因兵交之後，華、戎隔判，若言

❶「聘」，原作「騁」，今據《宋書・顔竣傳》改。

互市，則復開曩敝之萌。議者不過言互市之利在得馬，今棄此所重，得彼下駟，千匹以上，尚不足言，況所得之數裁不十百邪！一相交關，卒難閉絶。寇負力玩勝，驕黠已甚，雖云互市，實覘國情，多贍其求，則桀慠罔已，通而爲節，則必生邊虞。不如塞其端漸，杜其觖望，内修德化，外經邊事，保境以觀其釁，於事爲長。

御史中丞何承天上《安邊論》，凡陳四事，曰：

伏見北蕃上事，虜犯青、兖，天慈降鑑，矜此黎元，博逮群策，經綸戎政，臣以愚陋，預聞訪及，率其管窺，謹撰《安邊論》。庶或開引群慮，研盡衆謀，❶短長畢陳，當否可見。其論曰：

寇雖習戰來久，又全據燕、趙，跨帶秦、魏，山河之險，終古如一。自非大田淮、泗，内實青、徐，使民有贏儲，野有積穀，然後分命方、召，總率虎旅，精卒十萬，使一舉盪夷，則不足稍勤王師，以勞天下。何以言之？今遺黎習亂，志在偷安，非皆耻爲左衽，遠慕冠冕，徒以殘害剥辱，視息無寄，故繦負歸國，先後相尋。虜既不能校勝循理，攻城略地，而輕兵掩襲，急在驅殘，是所以速怨召禍，滅亡之日。今若遣軍追討，報其侵暴，大翦幽、冀，屠城破邑，則聖朝愛育黎元，方濟之以道。若但欲撫其歸附，伐皋弔民，則彼必輕騎奔走，不肯會戰，徒興巨費，無損於彼。復奇兵深入，殺敵破軍，苟陵患未盡，則困獸思鬬，報復之役，將遂無已，斯秦、漢之末策，輪臺之所悔也。

❶「研」，原作「延」，今據《宋書·何承天傳》改。

安邊固守，於計爲長。曹、孫之霸，才均智敵，江、淮之間，所居各數百里。魏舍合肥，退保新城，吴城江陵，❶移民南涘，濡須之戍，家停羨溪。及表陵之屯，民夷散雜，晉宣王以爲宜徙沔南，❷以實水北，曹爽不許，果亡柤中，此皆前代之殷鑑也。何者？斥候之郊，非畜牧之所轉戰之地，❸非耕桑之邑，故堅壁清野以俟其來，整甲繕兵以乘其敝。雖時有古今，勢有彊弱，保民全境，不出此塗。要而歸之有四：

一曰移遠就近，以實内地。今青、兖舊民，冀州新附，在界首者三萬家，此寇之資也。今悉可内徙，青州民移東萊、平昌、北海諸郡，大山以南，南至下邳，左沭右沂，田良野沃，西阻蘭陵，北阨大峴，四塞之内，其號險固。民性重遷，闇於圖始，無虜之時，喜生咨怨。今新被鈔掠，餘懼未息，若曉示安危，居以樂土，宜其歌忭就路，視遷如歸。

二曰浚復城隍，以增阻防。舊秋冬收斂，民人入保，所以警備暴客，使防衛有素也。古之城池處處皆有，今雖頹毁，猶可修治。粗計户數，量其所容，新徙之家悉著城内，假其經用，爲之閭伍，納稼築場，還在一處。婦子守家，長吏爲師，丁夫匹婦，春夏佃牧，秋冬入保。❹寇至之時，一城千室，堪戰之士不下二千，其餘羸弱，猶能登陴鼓譟。十則圍之，兵家舊説，戰士二千，足抗群虜三萬矣。

三曰纂偶車牛，以飾戎械。計千家之

❶「吴城」，原脱，今據《通典》卷一九六《邊防》十二補。

❷「徙沔南以實水北」，原作「從江南以北岸」，今據《通典》改。

❸「所轉戰之」，原脱，今據《通典》補。

❹「秋冬入保」，原脱，今據《通典》補。

資，不下五百偶牛，爲車五百兩。參合鈎連，以衛其衆。設使城不可固，平行趨險，賊所不能干。既已族居，易可檢括。號令先明，民知夙戒。有急徵發，信宿可聚。

四曰計丁課仗，勿使有闕。千家之邑，戰士二千，隨其便能，各自有仗，素所服習，銘刻由己，還保輸之於庫，出行請以自衛。弓幹利鐵，民不辦得者，官以漸充之，數年之内，軍用粗備矣。

臣聞軍國異容，施於封畿之内；兵農並修，在於疆埸之表。攻守之宜，皆由其習，任其怯勇。山陵川陸之形，寒暑温凉之氣，各由本性，易則害生。是故戍申作師，遠屯清濟，功費既重，嗟怨亦深。以臣料之，未若即用彼衆之易也。管子治齊，寄令在民；商君爲秦，設以耕戰。終申威定霸，行其志業，非苟任强，實由有數。梁用走卒，其邦自滅；齊用技擊，厥衆亦離。漢、魏以來，兹制漸絶，蒐田非復先王之禮，治兵徒逞耳目之欲，有急之日，民不知戰，至乃廣延賞募，奉以厚秩，發遽奔救，天下騷然。方伯刺史拱手坐聽，自無經略，唯望朝廷遣軍，此皆忘戰之害，不教之失也。今移民實内，浚治城隍，族居聚處，課其騎射，長吏簡試，差品能不，甲科上第，漸就優別，明其勳才，表言州郡。如此，則屯部有常，不遷其業，内護老弱，外通官途，朋曹素定，同憂等樂，情由習親，藝因事著，晝戰見貌足相識，夜鬭聞聲足相救，斯教戰之一隅，先哲之遺術。論者必以古城荒毁，難可修復。今不謂頓便加功，整麗如舊，但欲先定民居，❶營其閭術，墉壑存者，因而即之，其有

❶「居」，原脱，今據《通典》補。

毁缺，權時栅斷。足以禦彼輕兵，防遏游騎，假以方將，漸就只立。車牛之賦，課仗之宜，攻守所資，軍國之要，今因民所利，導而率之。耕農之器爲府庫之寶，田疇之氓兼扞城之用，千家總倍旅之兵，萬户具全軍之衆，兵强而敵不戒，國富而民不勞，比於優復隊伍，坐食廪糧者，不可同年而校矣。

今承平來久，邊令弛縱，弓簳利鐵，既不都斷，往歲棄甲，垂二十年，課其所住，理應消壞。謂宜申明舊制，嚴加禁塞，❶諸商賈往來，幢隊挾藏者，皆以軍法治之。又界上嚴立關候，杜廢間蹊。城保之境，諸所課仗，並加雕鐫，别造程式。若有遺鏃亡刃，及私爲竊盗者，皆可立驗，於事爲長。又鉅野湖澤廣大，南通洙、泗，北連青、齊，有舊縣城，正在澤内。宜立式修復舊堵，利其埭遏，給輕艦百艘。寇若入境，引艦出戰，左右隨宜應接，據其師津，毁其航漕。此以利制車，運我所長，亦禦敵之要也。❷

後魏太武帝延和中，薄骨律鎮將刁雍表曰：「臣聞安不忘亂，先聖之政也。況綏服之外，帶接邊城，防守不備，無以禦敵者也。臣鎮所管河西，爰在邊表，常懼不虞。平地積穀，實難守護。兵人散居，無所依恃。脱有妖奸，必致狼狽。雖欲自固，無以得全。今求造城儲穀，置兵備守。鎮自建立，更不煩官。又欲三時之隙，不令廢農。一歲、二歲不訖，三歲必成。立城之所，必在水陸之次。大小高下，量力取辦。」詔許之。

❶「嚴」，原作「延」，今據《宋書》、《通典》改。
❷「禦」，原作「微徽」，今據《通典》改。

帝蒐于河西，詔司徒崔浩詣行在所議軍事。浩表曰：

昔漢武帝患匈奴彊盛，故開凉州五郡，通西域，勸農積穀，爲滅賊之資。東西迭擊，故漢未疲，而匈奴已弊，後遂入朝。昔平凉州，臣愚以爲北賊未平，征役不息，可不徙其民，案前世故事，計之長者。若遷民人，則土地空虚，雖有鎮戍，適可禦邊而已，至於大舉，軍資必乏。陛下知此事闊遠，竟不施用。如臣愚意，猶如前議，募徙豪彊大家，充實凉土，軍舉之日，東西齊勢，此計之得者。

孝文帝延興中，尚書奏以敦煌一鎮介遠西北，寇賊路衝，慮或不固，欲移就凉州。群官會議，僉以爲然。給事中韓秀獨謂非便，曰：「此蹙國之事，非闢土之宜。愚謂敦煌之立，其來已久，雖土隣彊寇，而兵人素習，縱有姦竊，不能爲害，循常置戍，足以自全。進斷北狄之覘途，退塞西夷之闚路。若徙就姑臧，慮人懷異意。或貪留重遷，情不願徙，脱引寇内侵，深爲國患。且敦煌去凉州及千餘里，捨遠就近，遥防有闕。一旦廢罷，是啓戎心，則夷狄交構，互相往來。恐醜徒協契，侵竊凉土及近諸戍，則關右荒擾，烽警不息，邊役煩興，艱難方甚。」乃從秀議。

時車駕南伐，以李冲兼左僕射，留守洛陽。車駕渡淮，别詔安南大將軍元英、平南將軍劉藻討漢中，召雍、涇、岐三州兵六千人擬戍南鄭，尅城則遣。冲表諫曰：「秦州險阨，地接羌夷，自西師出後，餉援連續，加氏胡叛逆，所在奔命，運糧擐甲，迄兹未已。今復豫差戍卒，懸擬山外，雖加優復，恐猶驚駭，脱終攻不尅，徒動民情，連胡結夷，事或難測。輒依旨密下刺史，待軍尅鄭城，然後差遣，如臣愚見，猶謂未足。何者？西道險阸，單徑千里，今欲深戍絶界之外，孤據群賊之中，❶敵攻不可卒援，食盡不可運糧。古人有言：『雖鞭之長，不及馬腹。』南鄭於國，實爲馬腹也。且昔人攻伐，或城降而不取；仁君用師，或撫民而遺地。且王者之舉，情在拯民；夷寇所守，意在惜地。校之二義，德有淺深。惠聲已遠，何遽於一城哉？且魏境所掩，九州過八，民人所臣，十分而九。所未民者，惟漠北之與江外耳。羈之在近，豈急急於今日也？宜待大開疆宇，廣拔城聚，多積資糧，食足支敵，然後置邦樹將，爲吞并之舉。今鍾離、壽陽密邇未拔，諸城、新野跬步弗降。所剋者舍之而不取，所降者撫之而旋戮。東道既未可以近力守，西蕃寧可以遠兵固？若果欲置者，臣恐終以資敵也。又今建都土中，地接寇壤，方須大收死士，平蕩江、會。輕遣單寡，棄令陷没，恐後舉之日，衆以留守致懼，求其死效，未易可獲。推此而論，不戍爲上。」

高祖從之。

尚書中書監高閭上表曰：

臣聞爲國之道，其要有五：一曰文德，二曰武功，三曰法度，四曰防固，五曰刑賞。故遠人不服則修文德以來之，荒狡放命則播武功以威之，民未知戰則制法度以齊之，暴敵輕侵則設防固以禦之，臨事制勝則明刑賞以勸之。用能闢國寧方，征伐四剋。北狄悍愚，同於禽獸，所長者野戰，所短者攻城。若以狄之所短，奪其所長，則雖衆不

❶「中」，原作「口」，今據《魏書·李冲傳》改。

能成患，雖來不能内逼。又狄散居野澤，隨逐水草，戰則與家産並至，奔則與畜牧俱逃，不齎資糧而飲食足。是以古人伐北方，攘其侵掠而已。歷代爲邊患者，良以倏忽無常故也。六鎮勢分，倍衆不鬪，互相圍逼，難以制之。昔周命南仲，城彼朔方；趙靈、秦始，長城是築；漢之孝武，踵其前事。此四代之君，皆帝王之雄傑，所以同此役者，非智術之不長，兵衆之不足，乃防狄之要事，其理宜然故也。《易》稱天險不可升，地險山川丘陵，王公設險以守其國，長城之謂歟？今宜依故於六鎮之北築長城，以禦北虜，雖有暫勞之勤，乃有永逸之益，如其一成，惠及百世。即於要害，往往開門，造小城於其側。因地却敵，多有弓弩。狄來有城可守，有兵可捍。既不攻城，野掠無獲，草盡則走，終必懲艾。

宜發近州武勇四萬人及京師二萬人，合六萬人爲武士，於苑内立征北大將軍府，選忠勇有志幹者以充其選。下置官屬，分爲三軍，二萬人專習弓射，二萬人專習戈楯，二萬人專習騎矟。修立戰場，十日一習，採諸葛亮八陣之法，爲平地禦寇之方，使其解兵革之宜，識旌旗之節，器械精堅，必堪禦寇。使將有定兵，兵有常主，上下相信，晝夜如一。七月發六部兵六萬人，各備戎作之具，敕臺北諸屯倉庫，隨近作米，俱送北鎮。至八月，征北部率所領與六鎮之兵，直至磧南，揚威漠北。狄若來拒，與之決戰，若其不來，然後散分其地，以築長城。計六鎮東西不過千里，若一夫一月之功，當三步之地，三百人三里，三千人三十里，三萬人三百里，則千里之地，彊弱相兼，計十萬人一月必就，運糧一月不足爲多。人懷永逸，勞而無怨。

計築長城，其利有五：罷遊防之苦，其利一也；北部放牧，無抄掠之患，其利二也；登城觀敵，以逸待勞，其利三也；省境防之虞，息無時之備，其利四也；歲常遊運，永得不匱，其利五也。

又任將之道，特須委信，遣之以禮，恕之以情，閫外之事，有利輒決，赦其小過，要其大功，足其兵力，資其給用，君臣相體，若身之使臂，然後忠勇可立，制勝可果。是以忠臣盡其心，征將竭其力，雖三敗而踰榮，雖三背而彌寵。

歷代名臣奏議卷之三百二十

本卷劉永强校點

歷代名臣奏議卷之三百二十一

禦邊

後魏宣武帝正始間，議選邊戍事，豫州中正袁飜議曰：

臣聞兩漢警於西北，魏晉備在東南。是以鎮邊守塞，必寄威重；伐叛柔服，寔賴温良。故田叔、魏尚聲高於沙漠，當陽、鉅平績流於江、漢，紀籍用爲美談，今古以爲盛德。自皇上以叡明纂御，風凝化遠，威厲秋霜，惠霑春露，故能使淮海輸誠，華陽即序，連城請面，比屋歸仁。懸車劒閣，豈伊曩載；鼓譟金陵，復在兹日。然荆、揚之牧宜盡一時名望，梁、益之君尤須當今秀異。❶

自比緣邊州郡，官至便銓；❷壃埸統戎，❸階當即用。或值穢德凡人，或遇貪家惡子，不識字民温恤之方，唯知重役殘忍之法。廣開戍邏，多置帥領，或用其左右姻親，或受人貨財請囑，皆無防寇禦賊之心，唯有通商聚斂之意。其勇力之兵，驅令抄掠。若值彊敵，即爲奴虜；如有執獲，奪爲己富。其羸弱老小之輩，微解金鐵之工，少閑草木之作，無不搜營窮壘，苦役百端。自餘或伐木深山，或耘草平陸，販貿往還，相望道路。此等禄既不多，資亦有限，皆收其實絹，給其虛粟，窮其力，薄其衣，用其工，

❶「益」，《魏書·袁飜傳》作「郢」。
❷「銓」，《魏書》作「登」。
❸「戎」，《魏書》作「戍」。

節其食，綿冬歷夏，加之疾苦，死於溝瀆者常十七八焉。是以吴、楚間伺，審此虚實，皆云糧匱兵疲，易可乘擾，故驅率犬羊，屢犯壃埸。頃年已來，甲冑生蟣，十萬在郊，千金日費，爲弊之深一至於此，皆由邊任不得其人，故延若斯之患。賈生所以痛哭，良有以也。

夫潔其流者清其源，理其末者正其本，既失之在始，庸可止乎？愚謂自今已後，荆、揚、徐、豫、梁、益諸藩，及所統郡縣、府佐、統軍至于戍主，皆令朝臣王公已下各舉所知，必選其才，不拘階級。若能統御有方，清高獨著，威足臨戍，❶信能懷遠，撫循將士得其忻心，不營私潤，專修公利者，則就加爵賞，使久於其任，以時褒賚，厲其忠款。所舉之人亦垂優異，奬其得士，嘉其誠節。若不能一心奉公，才非捍禦，貪惏日富，經略無聞，人不見德，兵厭其勞者，即加顯戮，用彰其罪。所舉之人隨事免降，責其謬薦，罰其僞薄。如此，則舉人不得挾其私，受任不得孤其舉，善惡既審，沮勸亦明。庶邊患永消，譏議攸息矣。

宣武帝時，蠕蠕入寇，詔侍中源懷征之。懷至雲中，蠕蠕亡遁。懷旋至恒、代，案視諸鎮左右要害之地，可以築城置戍之處，皆量其高下，揣其厚薄，及儲糧積仗之宜，犬牙相救之勢，凡表五十八條。表曰：「蠕蠕不羈，自古而爾。遊魂鳥集，水草爲家，中國患者，皆斯類耳。歷代驅逐，莫之能制。雖北拓榆中，遠臨瀚海，而智臣勇將力算俱竭，胡人頗遁，中國以疲。于時賢哲

❶「戍」，《魏書》作「戎」。

思造化之至理，推生民之習業。量夫中夏粒食邑居之民、蠶衣儒步之士，荒表茹毛飲血之類、鳥宿禽居之徒，親校短長，因宜防制。知城郭之固，暫勞永逸。自皇魏統極，都於平城，威震天下，德籠宇宙。今定鼎成周，去北遥遠。代表諸蕃北固，高車外叛，尋遭旱儉，戎馬甲兵十分闕八。去歲復鎮陰山，庶事蕩盡，遣尚書郎中韓貞、宋世量等檢行要險，防遏形便。謂準舊鎮東西相望，今形勢相接，築城置戍，分兵要害，勸農積粟，警急之日，隨便翦討。如此，則威形增廣，兵勢亦盛。且北方沙漠，夏乏水草，時有小泉，不濟大衆。脱有非意，要待秋冬，因雲而動。若至冬日，冰沙凝厲，遊騎之寇終不敢攻城，亦不敢越城南出。如此，北方無憂矣。」帝從之。

孝明帝神龜末，袁飜遷冠軍將軍，涼州刺史。蠕蠕主阿那瓌、後主婆羅門並以國亂來降，朝廷問飜安置之所。飜表曰：

「謬以非才，忝荷邊任，猥垂訪逮，安置蠕蠕主阿那瓌、婆羅門等處所遠近利害之宜。竊惟匈奴爲患，其來久矣，雖隆周、盛漢莫能障服，衰弱則降，富彊則叛。是以方叔、召虎不遑自息，衞青、去病勤亦勞止。或修文德以來之，或興干戈以伐之，而一得一失，利害相侔。故呼韓來朝，左賢入侍，史籍謂之盛事，千載以爲美談。至于皇代勃興，威馭四海，爰在北京，仍梗彊埸。自卜惟洛食，定鼎伊瀍，高車、蠕蠕迭相吞噬。始則蠕蠕衰微，高車彊盛，蠕蠕則自救靡暇，高車則僻遠西北。及蠕蠕復振，反破高車，主喪民離，不絶如綫。而高車今能終雪其恥，復摧蠕蠕者，正由種類繁多，不可頓滅故也。然鬬此兩敵，即卞莊之算，得使境上無塵數十年中者，抑此之由也。

「今蠕蠕爲高車所討滅，外憑大國之威靈，兩主投身，一期而至，百姓歸誠，萬里相屬。進希朝廷哀矜，剋復宗社；退望庇身有道，保其妻兒。雖乃遠夷荒桀，不識信順，終無純固之節，必有孤負之心。然興亡繼絶，列聖同規；撫降卹附，綿經共軌。若棄而不受，則虧我大德；若納而禮待，則損我資儲。來者既多，全徙内地，非直其情不願，迎送艱難。然夷不亂華，殷鑑無遠，覆車在於劉石，毁轍固不可尋。且蠕蠕尚存，則高車猶有内顧之憂，未暇窺窬上國。若蠕蠕全滅，則高車跋扈之計豈易可知。今蠕蠕雖主奔於上，民散於下，而餘黨寔繁，部落猶衆，處處棊布，以望今主耳。高車亦未能一時并兼，盡令率附。

「又高車士馬雖衆，主甚愚弱，上不制下，下不奉上，唯以掠盗爲資，陵奪爲業。河西捍禦彊敵，唯涼州、敦煌而已。涼州土廣民希，糧仗素闕，燉煌、酒泉空虚尤甚，若蠕蠕無復竪立，令高車獨擅北垂，則西顧之憂匪旦伊夕。愚謂蠕蠕二主皆宜存之，居阿那瓌於東偏，處婆羅門於西裔，分其降民，各有攸屬。那瓌住所非所經見，其中事勢不敢輒陳。其婆羅門請修西海故城以安處之。西海郡本屬涼州，今去酒泉直北、張掖西北千二百里，去高車所住金山一千餘里，正是北虜往來之衝要，漢家行軍之舊道，土地沃衍，大宜耕殖。非但令處婆羅門，於事爲便，即可永爲重戍，鎮防西北。宜遣一良將，加以配衣，❶仍令監護婆羅門。

❶「衣」下，原衍「糧」字，今據《魏書·袁翻傳》删。

凡諸州鎮應徙之兵，隨宜割配，且田且戍。雖外爲置蠕蠕之舉，内實防高車之策。一二年後，足食足兵，斯固安邊保塞之長計也。若婆羅門能自克厲，使餘燼歸心，收離聚散，復興其國者，乃漸令北轉，徙渡流沙，即是我之外蕃，高車勍敵。西北之虞，可無過慮。如其姦回返覆、孤恩背德者，此不過爲逋逃之寇，於我何損？今不早圖，戎心一啓，脱先據西海，奪我險要，則酒泉、張掖自然孤危，長河以西終非國有。不圖厥始，而憂其終，噬臍之恨，悔將何及。

「愚見如允，乞遣大使往凉州、敦煌及於西海，躬行山谷要害之所，親閲亭障遠近之宜，商量士馬，校練糧仗，部分見定，處置得所。入春，西海之間即令播種；至秋，收一年之食，使不復勞轉輸之功也。且西海北垂，即是大磧，野獸所聚，千百爲群，正是蠕蠕射獵之處。殖田以自供，籍獸以自給，彼此相資，足以自固。今之豫度，微似小損，歲終大計，其利實多。高車豺狼之心，何足以信？假令稱臣致款，正可外加優納，而復内備彌深，所謂先人有奪人之心者也。」

時朝議是之。

孝明帝時，尚書左僕射拓跋暉上疏曰：

安人寧邊，觀時而動，頃來邊將亡遠大之略，貪萬一之功，楚、梁之好未聞，而蠶婦之怨屢結，斯乃庸人所爲，鋭於姦利之所致也。平吴之計，自有良圖，不在於一城一戍也。又河北數州，國之基本，飢荒多年，户口流散。方今境上，兵復徵發，即如此日，何易舉動。愚謂數年以來，唯宜静邊以息占役，安人勸農，惠此中夏。請嚴敕邊將，自今有賊戍求内附者，不聽輒遣援接，皆須表聞，違者雖有功，請以違詔書論。

隋文帝以隴西頻被寇掠，甚患之。彼俗不設村塢，敕大將軍賀婁子幹勒民爲堡，營田積穀，以備不虞。子幹上書曰：「比者兇寇侵擾，蕩滅之期匪朝伊夕，伏願聖慮勿以爲懷。今臣在此，觀機而作，不得準詔行事。且隴西、河右土曠民稀，邊境未寧，不可廣爲田種。比先屯田之所獲少費多，虚役人功，卒逢踐暴。屯田疏遠者，請皆廢省。但隴右之民以畜牧爲事，若更屯聚，彌不獲安。只可嚴謹斥候，豈容集人聚畜。請要路之所加其防守，但使鎮戍連接，烽候相望，民雖散居，必謂無慮。」帝從之。

唐高宗永淳中，突厥圍豐州，都督崔智辯戰死，朝廷議棄豐保靈、夏。朔州長史唐休璟以爲不可，上疏曰：「豐州控河遏寇，號爲襟帶，自秦、漢以來，常郡縣之，土田良美，宜耕牧。隋季喪亂，不能堅守，乃遷就寧、慶，戎羯得以乘利而交侵，始以靈、夏爲邊。唐初，募人以實之，西北一隅得以完固。今而廢之，則河傍地復爲賊有，而靈、夏亦不足自安，非國家利也。」高宗從其言。

武后永昌中，詔右鷹揚衛將軍王孝傑爲武威道行軍總管，率西州都督唐休璟、左武衛大將軍阿史那忠節擊吐蕃，大破其衆，復取四鎮，更置安西都護府於龜兹，以兵鎮守。議者請廢四鎮勿有也，右史崔融獻議曰：「戎狄爲中國患尚矣，五帝、三王所不臣。漢以百萬衆困平城，其後武帝赫然發憤，甘心四夷，張騫始通西域，列四郡，據玉關，❶斷匈奴右臂，稍稍度河、湟，築令居，以絶南羌。於是障候亭燧出長城數千里，傾府庫，殫士馬，行人使者歲月不絶，至作皮幣，算緡法，税舟車，榷酒酤。夫豈不懷，爲長久計然！匈奴於是孤特遠竄，遂開西域，置使者領護。光武中興，皆復内屬，至於延光，三絶三通。太宗文皇帝踐漢舊跡，並南山，抵葱嶺，剖裂府鎮，烟火相望，吐蕃不敢内侮。高宗時，有司無狀，棄四鎮不能有，而吐蕃遂張，入焉耆之西，長鼓右驅，踰高昌，歷車師，鈔常樂，絶莫賀延磧，以臨燉煌。今孝傑一舉而取四鎮，還先帝舊封，若又棄之，是自毁成功而破完策也。夫四鎮無守，胡兵必臨西域，西域震則威憺南羌，南羌連衡，河西必危。且莫賀延磧袤二千里，無水草，若北接虜，唐兵不可度而北，則伊西、北廷、❷安西諸蕃悉亡。」議乃格。

永昌中，歲以兵五百戍姚州，地險瘴，到屯即死。蜀州刺史張柬之論其弊曰：

姚州，古者哀牢之舊國。❸絶域荒外，山高水深，自生人以來，洎於後漢，❹不與中國交通。前漢唐蒙開夜郎、滇笮，而哀牢不附。至光武季年，始請内屬，漢置永昌郡以統理之，乃收其鹽布氊罽之税，以利中土。其國西通大秦，南通交阯，奇珍異寶進貢歲時不闕。劉備據有巴、蜀，常以甲兵不充。及備死，諸葛亮五月渡瀘，收其金銀鹽布以益軍儲，使張伯歧選其勁卒勇兵以增武備。

❶「玉」，《新唐書·吐蕃上》作「兩」。
❷「廷」，原誤作「延」，今據《四庫全書》本、《新唐書》改。
❸「古者」，《舊唐書·張柬之傳》作「者古」，「者」屬上。
❹「漢」，原作「代」，今據《舊唐書》改。

故《蜀志》稱自亮南征之後，❶而國以富饒，甲兵充足。由此言之，則前代置郡，其利頗深。今鹽布之稅不供，珍奇之貢不入，戈戟之用不實於戎行，寶貨之資不輸於大國，而空竭府庫，驅率平人，受役蠻夷，肝腦塗地，臣竊爲國家惜之。

昔漢以得利既多，❷歷博南山，涉蘭倉水，❸更置博南、哀牢二縣。蜀人愁怨，行者作歌曰：「歷博南，越蘭津，渡蘭倉，爲他人。」蓋譏漢貪珍奇鹽布之利，而使蠻夷之所馳役也。漢獲其利，人且怨歌，今減耗國儲，費用日廣，而使陛下之赤子身膏野草，骸骨不歸，老母幼子哀號望祭於千里之外。於國家無絲髮之利，在百姓受終身之酷。臣竊爲國家痛之。

往者諸葛亮破南中，使其渠率自相統領，不置漢官，亦不留兵鎮守。人問其故，亮言置官留兵有三不易，大意以置官夷漢雜居，猜嫌必起；留兵運糧，爲患更重；忽若反叛，勞費更多。粗設綱紀，自然久定。臣竊以亮之此策，妙得羈縻蠻夷之術。

今姚府所置之官既無安邊静寇之心，又無葛亮且縱且擒之技，唯知詭謀狡算，恣情割剥，貪饕劫略，積以爲常。扇動酋渠，遣成朋黨，折支諂笑，取媚蠻夷，拜跪趨伏，無復慙耻。提挈子弟，嘯引兇愚，聚會蒲博，一擲累萬。劍南逋逃，中原亡命，有二千餘户，見散在彼州，專以掠奪爲業。姚州本龍朔中武陵縣主簿石子仁奏置之，後長史李孝讓、辛文協並爲群蠻所殺。前朝遣

❶「之後」，原脱，今據《舊唐書》補。
❷「昔」，原脱，今據《舊唐書》補。
❸「涉」，原作「沙」，今據《四庫全書》本、《舊唐書》改。

郎將趙武貴討擊，貴及蜀兵應時破敗，噍類無遺。又使將軍李義總等往征，郎將劉惠基在陣戰死，其州遂廢。臣竊以諸葛亮稱置官留兵有三不易，其言乃驗。至垂拱四年，蠻郎將王善寶、昆州刺史爨乾福又請置州，奏言所有課税自出姚府管内，更不勞擾蜀中。及置州後，録事參軍李陵爲蠻所殺。延載中，司馬成琛奏請於瀘南置鎮七所，遣蜀兵防守，自此蜀中搔擾，于今不息。

且姚府總管五十七州，巨猾遊客不可勝數。國家設官分職，以化俗防姦，無耻無厭，狼藉至此。今不問夷夏，負罪並深，見道路劫殺不能禁止，臣恐一朝驚擾，爲禍轉大。伏乞省罷姚州，使隸巂府，歲時朝覲，同之蕃國。瀘南諸鎮亦皆廢，於瀘北置關，百姓自非奉使入蕃，不許交通來往。增巂府兵，選擇清良宰牧以統理之。臣愚將爲穩便。

萬歲通天中，發兵戍疏勒四鎮，同鳳閣鸞臺平章事狄仁傑諫曰：

臣聞天生四夷，皆在先王封域之外。故東距滄海，西隔流沙，北横大漠，南阻五嶺，此天所以限夷狄而隔中外也。自典籍所紀，聲教所及，三代不能至者，國家盡兼之矣。此則今日之四境已逾於夏、殷者也。詩人矜薄伐於太原，美化行於江、漢，是則前代之遠裔，而國家之域中。至前漢時，匈奴無歲不犯邊，殺略吏人。後漢則西羌侵軼漢中，東寇三輔，入河東、上黨，幾至洛陽。由此言之，則陛下今日之土宇過於漢朝遠矣。若其用武荒外，邀功絶域，竭府庫之實，以争磽确不毛之地，得其人不足以增賦，獲其土不可以耕織。苟求冠帶遠夷之稱，不務固本安人之術，此秦皇、漢武之所行，非五帝三王之事業也。若使越荒外以爲限，竭資財以騁欲，非但不愛人力，亦所以失天心也。昔始皇窮兵極武以求廣地，男子不得耕於野，女子不得蠶於室，長城之下死者如亂麻，於是天下潰叛。漢武追高、文之宿憤，藉四帝之儲實，於是定朝鮮，討西域，平南越，擊匈奴，府庫空虛，盜賊蜂起，百姓嫁妻賣子，流離於道路者萬計。末年覺悟，息兵罷役，封丞相爲富民侯，故能爲天所祐也。昔人有言曰：「與覆車同軌者未嘗安。」此言雖小，可以喻大。

近者國家頻歲出師，所費滋廣，西戍四鎮，東戍安東，調發日加，百姓虛弊。開守西域，事等石田，費用不支，有損無益。轉輸靡絶，杼軸殆空。越磧踰海，分兵防守，行役既久，怨曠亦多。昔詩人云：「王事靡盬，不能藝稷黍。」「豈不懷歸？畏彼罪罟，念彼蒸人，涕零如雨。」此則前代怨思之辭也。上不是恤，則政不行而邪氣作。邪氣作，蟲螟生而水旱起。若此，雖禱祀百神，不能調陰陽矣。方今關東饑饉，蜀漢逃亡，江、淮已南，徵求不息。人不復業，則相率爲盜，本根一摇，憂患不淺。其所以然者，皆爲遠戍方外以竭中國，争蠻貊不毛之地，乖子育蒼生之道也。昔漢元納賈捐之之謀而罷朱崖郡，宣帝用魏相之策而棄車師之田，豈不欲慕尚虛名？蓋憚勞人力也。近貞觀年中，剋平九姓，册李思摩爲可汗，使統諸部者，蓋以夷狄叛則伐之，降則撫之，得推亡固存之義，無遠戍勞人之役。此則近日之令典，綏邊之故事。竊見阿史那斛瑟羅，陰山貴種，代雄沙漠。若委之四鎮，使統諸蕃，封爲可汗，遣禦寇患，則國家有繼絶之美，荒外無轉輸之役。如臣所見，請捐四鎮以肥中國，罷安東以實遼西，省軍費於遠方，并甲兵於塞上，則恒、代之鎮重，而邊州之備實矣。況綏撫夷狄，蓋防其越逸，苟無侵侮之患則可矣。何必窮其窟穴，與螻蟻計校長短哉？

且王者外寧，必有内憂，蓋爲不勤修政故也。伏惟陛下棄之度外，無以絶域未平爲念，但當敕邊兵，謹守備，蓄鋭以待敵，待其自致，然後擊之。此李牧所以制匈奴也。當今所要者，莫若令邊城警守備，遠斥堠，聚軍實，蓄威武。以逸待勞，則戰士力倍；以主禦客，則我得其便；堅壁清野，則寇無所得。自然賊深入必有顛躓之慮，淺入必無獲虜之益。如此數年，可使二虜不擊而服矣。

玄宗開元六年，張説上書曰：

臣頓首死罪，皇帝陛下：先帝以臣踐履忠孝，使臣啓發聖明，故得侍讀春宫，風承天眷。景雲中歲，兼掌樞密，内當沸騰之口，外禦傾奪之勢。陛下監撫既安，自天所祐，臣協贊之意，明神啓之。開元之始，首典鈞軸，智小任大，福過灾生，出守三州，違離六載，曲直非己，昇降由人，惟君知臣，事不待説。今改秩邊鎮，委重戎麾，竊以兩蕃近和，能無同異？九姓遠附，未聞撫納，欲賊殺無侵擾之慮，保寧兩蕃受徵發之盟，臣愚料之，恐未然矣。何者？賊殺新立，必逞兵威，賊兵所加，必收九姓，九姓若去，兩蕃摇矣。九姓雖屬并州節度，然共幽州密邇，脱有風塵，何事不至？臣熟聞幽州兵馬寡弱，❶卒欲排比，

❶「熟聞」，原作「孰問」，今據《文苑英事》卷六一四《幽州論戎事表》、《全唐文》卷二二四《論幽州邊事書》改。

未可即戎，城中倉糧全無貯積，設若來迫，臣實憂之。伏乞聖慈深以垂意，博詢舊將，預爲籌畫，若早圖之，必無後悔。且孤臣揔衆，易起猜嫌，寬大失濟事之宜，嚴整招怨讟之謗，遠辭天聽，臨路徬徨。如有論告臣身、奏劾軍事者，乞追臣面問，對定真虛，則日月無可蔽之期，幽遠有自通之望。伏願留書在内，時加矜察。

玄宗時，張九齡論東北軍未可輕動狀奏曰：

右，高力士宣奉敕張守珪所進送突厥生口，具問知委曲，故令劉思賢去者。臣等伏以北虜凶狡，誠以難保其心，然陛下以恩澤懷柔，歲月已久，使彼豺武頓改頑暴，以事觀察，信然不虛。何者？昨李佺使迴，虜亦具云東下，中間或言難信，至今果如所説，即是輸誠於國，未有他詐。且契丹等翻覆，或往或來，今其東討雖未禀命，在於夷狄亦不可責於常理。若因而屠之，亦便除患。陛下先有聖料，以爲如此，臣等常竊志之，固非所及。今其來也，若契丹等偶勝，北虜勢衰，因而乘之，滅其太半。審料必取，始可決行。事若不然，而軍將妄動，復結大隙，亦以不信，爲國生患，莫甚於此。臣伏以在邊諸將，苟利一軍，便即行之，以邀榮賞，不思遠計，誠是大失。今劉思賢往，望將降書處分守珪，必爲遠圖，無得妄動，切約諸將，使知聖心。縱虜廷聞之，尤彰天澤。未審可否，謹録狀奏聞。

代宗大暦八年，元載上言曰：

四鎮、北庭既治涇州，無險要可守。隴山高峻，南連秦嶺，北抵大河。今國家西境盡潘原，而吐蕃戍摧沙堡。原州居其中間，當隴山之口，其西皆監牧故地，草肥水美。平涼在其東，獨耕一縣，可給軍食。故壘尚存，吐蕃棄而不居。每歲夏，吐蕃畜牧青海，去塞甚遠，若乘間築之，二旬可畢。移京西軍戍原州，移郭子儀軍戍涇州，爲之根本，分兵守石門、木峽，漸開隴右，進達安西，據吐蕃腹心，則朝廷可高枕矣。

九年，郭子儀入朝，對延英，帝與語吐蕃方彊，慷慨至流涕。退，上書曰：

朔方，國北門，西禦犬戎，北虞獫狁，五城相去三千里。開元、天寶中，戰士十萬，馬三萬匹，僅支一隅。自先帝受命靈武，戰士從陛下征討無寧歲。頃以懷恩亂，痍傷彫耗，亡三分之二，比天寶中止十之一。今吐蕃兼吞河、隴，雜羌、渾之衆，歲深入畿郊，勢踰十倍，與之角勝，豈易得邪？屬者虜來，稱四節度，將別萬人，人兼數馬。臣所統士不當賊四之一，馬不當賊百之二，外畏内懼，將何以安？臣惟陛下制勝，力非不足，但簡練不至，進退未一，時淹師老，地廣勢分。願於諸道料精卒滿五萬者，列屯北邊，則制勝可必。竊惟河南、河北、江淮大鎮數萬，小者數千，殫屈稟給，未始蒐擇。臣請追赴關中，勒步隊，示金鼓，則攻必破，守必全，長久之策也。

中書侍郎、同中書門下平章事陸贄論緣邊守備事宜狀奏曰：

右，臣歷覽前代史書，皆謂鎮撫四夷，宰相之任。不揆闇劣，屢敢上言，誠以備邊禦戎，國家之重事，理兵足食，備禦之大經。兵不理則無可用之師，食不足則無可固之地。理兵在制置得所，足食在斂導有方。陛下幸聽愚言，先務積穀，人無加賦，官不費財，坐致邊儲，數逾百萬。諸鎮收糴，今已向終，分貯軍城，用防艱急，縱有寇戎之患，必無乏絶之憂。守此成規以爲永制，恒收冗費，益贍邊農，則更經二年，可積十萬人三歲之糧矣。足食之原粗立，理兵之術未精，敢試籌量，庶備採擇。

伏以戎狄爲患，自古有之，其於制禦之方，得失之理，備存史籍，可得而言。大抵尊即序者，則曰「非德無以化要荒」，曾莫知威不立則德不能馴也。樂武威者，則曰「非兵無以服凶獷」，曾莫知德不修則兵不可恃也。務和親者，則曰「要結可以睦鄰好」，曾莫知我結之，而彼復解之也。美長城者，則曰「設險可以固邦國而扞寇讎」，曾莫知力不足而人不堪，則險之不能恃，城之不能有也。尚薄伐者，則曰「驅遏可以禁侵暴而省征徭」，曾莫知兵不鋭，壘不完，則遏之不能勝，驅之不能去也。議邊之要，略盡於斯。雖互相譏評，然各有偏駁。聽一家之説，則理例可徵；考歷代所行，則成敗異效。是由執常理以御其不常之勢，徇所見而昧於所遇之時。

夫中夏有盛衰，夷狄有强弱，事機有利害，措置有安危，故無必定之規，亦無長勝之法。夏后以序戎而聖化茂，古公以避狄而王業興；周城朔方而玁狁攘，秦築臨洮而宗社覆；漢武討匈奴而貽悔，太宗征突厥而致安；文、景約和親而不能弭患於當年，宣、元弘撫納而足以保寧於累葉。蓋以中夏之盛衰異勢，夷狄之强弱異時，事機之利害異情，措置之安危異便，知其事而不度其時則敗，附其時而不失其稱則成。形變不同，胡可專一？

夫以中國强盛，夷狄衰微，而能屈膝稱臣，歸心受制，拒之則阻其嚮化，滅之則類於殺降，安得不存而撫之，即而序之也？又如中國强盛，夷狄衰微，而尚棄信扞盟，蔑恩肆毒，諭之不變，責之不懲，安得不取亂推亡，息人固境也？ 其有遇中國喪亂之弊，當夷狄强盛之時，圖之則彼釁未萌，禦之則我力不足，安得不卑詞降禮，約好通和，啗之以利以引其懽心，結之以親以紓其交禍？ 縱不必信，且無大侵，雖非御戎之善經，蓋時事亦有不得已而然也。 儻或夷夏之勢强弱適同，撫之不寧，威之不靖，力足以自保，勢不足以出攻，安得不設險以固軍，訓師以待寇，來則薄伐以遏其深入，去則攘斥而戒於遠追？ 雖非安邊之令圖，蓋勢力亦有不得已而然也。 故夏之即序，周之于攘，太宗之翦亂，皆乘其時而善用其勢者也。 古公之避狄，文、景之和親，神堯之降禮，皆順其時而不失其稱者也。 秦皇之長城，漢武之窮討，皆知其事而不度其時者也。 向若遇孔熾之勢，行即序之方，則見侮而不從矣。 乘可取之資，懷畏避之志，則失機而養寇矣。 有攘却之力，用和親之謀，則示弱而勞費矣。 當降屈之時，務翦伐之略，則召禍而危殆矣。 故曰：知其事而不度其時則敗，附其時而不失其稱則成。 是無必定之規，亦無長勝之法，得失著效，不其然歟！ 至於察安危之大情，計成敗之大數，百代之不變易者，蓋有之矣。 其要在於失人肆慾則必蹙，任人從衆則必全。 此乃古今所同，而物理之所一也。

國家自禄山搆亂，肅宗中興，撤邊備以靖中邦，借外威以寧内難。 於是吐蕃乘釁，吞噬無厭，回紇矜功，馮凌亦甚。中國不遑振旅四十餘年，使傷耗遺甿，竭力蠶織，西輸賄幣，北償馬資，尚不足塞其煩言，滿其驕志。復又遠徵士馬，列戍疆陲，猶不能遏其奔衝，止其侵侮。小入則驅略黎庶，深入則震驚邦畿。時有議安邊之策者，多務於所難而忽於所易，勉於所短而略於所長，遂使所易所長者行之而其要不精，所難所短者圖之而其功靡就。憂患未弭，職斯之由。

夫制敵行師必量事勢，勢有難易，事有後先。力大而敵脆則先其所難，是謂奪人之心，暫勞而久逸者也。力寡而敵堅則先其所易，是謂固國之本，觀釁而後動者也。頃屬多故，人勞未瘳，而欲廣發師徒，深踐寇境，復其侵地，攻其堅城，前有勝負未必之虞，後有餽運不繼之患，儻或撓敗，適所以啓戎心而挫國威。以此爲安邊之謀，可謂不量事勢而務於所難矣。

天之授者，有分事，無全功，地之産者，有物宜，無兼利。是以五方之俗，長短各殊。長者不可踰，短者不可企。勉所短而校其所長必殆，用所長而乘其所短必安。强者乃以水草爲邑居，以射獵供飲茹，多馬而尤便馳突，輕生而不耻敗亡，此戎狄之所長也。戎狄之所長，乃中國之所短。而欲益兵蒐乘，角力爭驅，交鋒原野之間，决命尋常之内，以此爲禦寇之術，可謂勉所短而校其所長矣。務所難，勉所短，勞費百倍，終於無成。雖果成之，不挫則廢。豈不以越天授而違地産，虧時勢以反物宜者哉！

將欲去危就安，息費從省，在其慎守所易，精用所長而已。若乃擇將吏以撫寧衆庶，修紀律以訓齊師徒，耀德以佐威，能邇以柔遠，禁侵掠之暴以彰吾信，抑攻取之議以安戎心，彼求和則善待而勿與結盟，彼爲寇則嚴備而不務報復，此當今之所易也。賤力而貴智，惡殺而好生，輕利而重人，忍小以全大，安其居而後動，俟其時而後行。是以修封疆，守要害，壍蹊隧，壘軍營，謹禁防，明斥候，務農以足食，練卒以蓄威。非萬全不謀，非百剋不鬬。寇小至則張聲勢以遏其入，寇大至則謀其大以邀其歸，據險以乘之，多方以悞之，使其勇無所加，衆無所用，掠則靡獲，攻則不能，進有腹背受敵之虞，退有首尾難救之患。所謂乘其弊，不戰而屈人之兵，此中國之所長也。我之所長，乃戎狄之所短；我之所易，乃戎狄之所難。以長制短，則用力寡而見功多；以易敵難，則財不匱而事速就。捨此不務，而反爲所乘，斯謂倒持戈矛，以鐏授寇者也。今則皆務之矣！ 然猶守封未固，寇戎未懲者，何也？ 其病在於謀無定用，衆無適從；所任不必才，才者不必任；所聞不必實，實者不必聞；所信不必誠，誠者不必信；所行不必當，當者未必行。故令措置乖方，課責虧度，財匱於兵衆，力分於將多，怨生於不均，機失於遥制。臣請爲陛下粗陳六者之失，惟明主慎聽而熟察之。

臣聞工欲善其事，必先利其器；武欲勝其敵，必先練其兵。練兵之中，所用復異。用之於救急，則權以紓難；用之於暫敵，則緩以應機。故事有便宜而不拘常制，謀有奇詭而不徇衆情。進退死生，唯將所命。此所謂攻討之兵也。用之於屯戍，則事資可久，勢異從權。非物理所愜不寧，非人情所欲不固。夫人情者，利焉則勸，習焉則安，保親戚則樂生，顧家業則忘死。故可以理術馭，不可以法制驅。此所謂鎮守之兵也。夫欲備封疆，禦戎狄，非一朝一夕之事，固當選鎮守之兵以置焉。古之善選置者，必量其性習，辨其土宜，察其技能，知其欲惡。用其力而不違其性，齊其俗而不易其宜，引其善而不責其所不能，禁其非而不處其所不欲。而又類其部伍，安其室家，然後能使之樂其居，定其志，奮其氣勢，結其恩情。撫之以惠則感而不驕，臨之以威則肅而不怨。靡督課而人自爲用，弛禁防而衆自不携。故出則足兵，居則足食，守則固，戰則强。其術無他，便於人情而已矣。今者散徵士卒，分戍邊陲，更代往來，以爲守備。是則不量性習，不辨土宜，邀其所不能，强其所不欲，求廣其數而不考其用，將致其力而不察其情，斯可以爲羽衛之儀，而無益於備禦之實也。何者？窮邊之地，千里蕭條，寒風裂膚，驚沙慘目，與豺狼爲鄰伍，以戰鬭爲嬉遊，晝則荷戈而耕，夜則倚烽而覘，日有剽害之慮，永無休暇之虞。地惡人勤，於斯爲甚。自非生於其域，習於其風，幼而覩焉，長而安焉，不見樂土而不遷焉，則罕能寧其居而狎其敵也。關東之壤，百物阜殷，從軍之徒尤被優養，慣於温飽，狎於歡康，比諸邊隅，若異天地。聞絶塞荒陬之苦則辛酸動容，聆强蕃勁虜之名則慴駭奪氣。而乃使之去親族，捨園廬，甘其所辛酸，抗其所慴駭，將冀爲用，不亦疏乎？矧又有休代之期，無統帥之馭，資奉若驕子，姑息如倩人，進不邀之以成功，退不處之以嚴憲。其來也，咸負得色；其止也，莫有固心。屈指計歸，張頤待飼。僥倖者猶患還期之賒緩，恒念戎醜之充斥。王師挫傷，則將乘其亂離，布路東潰。情志且爾，得之奚爲？平居則殫耗資儲，以奉浮冗之衆；臨難則投棄城鎮，以搖遠近之心。其弊豈唯無益哉，固亦將有所撓也。復有抵犯刑禁，謫徙軍城，意欲增户實邊，兼令展效自贖。既是無良之類，且加懷土之情，思亂幸灾，又甚戍卒，適足煩於防衛，諒無望於功庸。雖前代時或行之，固非良算之可遵者也。復有擁旄之帥，身不臨邊，但分偏師，俾守疆埸。大抵軍中壯鋭，元戎例選自隨，委其疲羸，乃配諸鎮。節將既居内地，精兵祇備紀綱。遂令守要禦衝，恒在寡弱之卒。寇戎每至，力勢不支，入壘者纔足閉關，在野者悉遭劫執，資其芟蹂，盡其搜敺。比及都府聞知，虜已剋獲旋返。且安邊之本，所切在兵，理兵若斯，可謂措置乖方矣。

夫賞以存勸，罰以示懲。勸以懋有庸，懲以威不恪。故賞罰之於馭衆也，猶繩墨之於曲直，權衡之揣重輕，輗軏之所以行車，銜勒之所以服馬也。馭衆而不用賞罰，則善惡相混，而能否莫殊。用之而不當功過，則姦妄寵榮，而忠實擯抑。夫如是，若聰明可衒，律度無章，則用與不用，其弊一也。自頃權移於下，柄失於朝，將之號令既鮮克行之於軍，國之典常又不能施之於將，務相遵養，苟度歲時。欲賞一有功，翻慮無功者反側；欲罰一有罪，復慮同惡者憂虞。罪以隱忍而不彰，功以嫌疑而不賞，姑息之道，乃至於斯！故使忘身效節者獲誚於等夷，率衆先登者取怨於士卒，僨軍蹙國者不懷於愧畏，緩救失期者自以爲智能。褒貶既闕而不行，稱毁復紛然相亂，人雖欲善，誰爲言之？况又公忠者直己而不求於人，反罹困厄；敗撓者行私而苟媚於衆，例獲優崇。此義士所以痛心，勇夫所以解體也。又有遇敵而所守不固，陳謀而其效靡成。將帥則以資糧不足爲詞，有司復以供給無闕爲解。既相執證，理合辨明，朝廷每爲含糊，未嘗窮究曲直。措理者含聲而靡訴，誣善者罔上而不懟。馭將若斯，可謂課責虧度矣。

課責虧度，措置乖方，將不得竭其才，卒不得盡其力，屯集雖衆，戰陣莫前，虜每越境橫行，若涉無人之地。遞相推倚，無敢誰何，虛張賊勢上聞，則曰兵少不敵。朝廷莫之省察，唯務徵發益師，無裨備禦之功，重增供億之弊。閭井日耗，徵求日繁，以編户傾家破産之資，兼有司搉鹽、税酒之利，摠其所入，半以事邊。制用若斯，可謂財匱於兵衆矣。

今四夷之最强盛，爲中國甚患者，莫大於吐蕃。舉國勝兵之徒，纔當中國十數大郡而已，其於内虞外備，亦與中國不殊。所能寇邊，數則蓋寡。且又器非犀利，甲不堅完，識迷韜鈐，藝乏趫敏。動則中國懼其衆而不敢抗，静則中國憚其强而不敢侵，厥理何哉？良以中國之節制多門，蕃醜之統帥專一故也。夫統帥專一，則人心不分；人心不分，則號令不貳；號令不貳，則進退可齊；進退可齊，則疾徐如意；疾徐如意，則機會靡愆；機會靡愆，則氣勢自壯。斯乃以少爲衆，以弱爲强，變化翕闢，在於反掌之内。是由臂之使指，心之制形，若所任得人，則何敵之有？夫節制多門，則人心不一；人心不一，則號令不行；號令不行，則進退難必；進退難必，則疾徐失宜；疾徐失宜，則機會不及；機會不及，則氣勢自衰。斯乃勇廢爲尫，衆散爲弱，逗撓離析，兆乎戰陣之前。是由一國三公，十羊九牧，欲令齊肅，其可得乎？開元、天寶之間，控禦西、北兩蕃，唯朔方、河西、隴右三節度而已，猶慮權分勢散，或使兼而領之。中興已來，未遑外討，僑隸四鎮於安定，權附隴右於扶風。所當西、北兩蕃，亦朔方、涇原、隴右、河東四節度而已，關東戍卒至則屬焉。雖委任未盡得人，而措置尚存典制。自頃逆泚誘涇原之衆，叛懷光汙朔方之軍，割裂誅鋤，所餘無幾。而又分朔方之地，建牙擁節者凡三使焉，其餘鎮軍數且四十，皆承特詔委寄，各降中貴監臨，人得抗衡，莫相稟屬。每候邊書告急，方令計會用兵，既無軍法下臨，唯以客禮相待。是乃從容拯溺，揖讓救焚，冀無阽危，固亦難矣。夫兵以氣勢爲用者也，氣聚則盛，散則消，勢合則威，析則弱。今之邊備，勢弱氣消，建軍若斯，可謂力分於將多矣。

理戎之要，最在均齊。故軍法無貴賤之差，軍實無多少之異，是將所以同其志而盡其力也。如有誘其志意，勉其藝能，則當閱其才，程其勇，校其勞逸，度其安危，明申練覈優劣之科，以爲衣食等級之制，使能者企及，否者息心，雖有厚薄之殊，而無觖望之釁。蓋所謂日省月試，餼廩稱事，如權量之無情於萬物，人莫不安其分而服其平也。今者窮邊之地，長鎮之兵，皆百戰傷夷之餘，終年勤苦之劇。角其所能則練習，度其所處則孤危，考其服役則勞，察其臨敵則勇。然衣糧所給唯止當身，例爲妻子所分，常有凍餒之色。而關東戍卒歲月踐更，不安危城，不習戎備，怯於應敵，懈於服勞。然衣糧所頒，厚踰數等，繼於茶藥之饋，益以蔬醬之資。豐約相形，懸絶斯甚。又有素非禁旅，本是邊軍，將校詭爲媚詞，因請遥隸神策，不離舊所，唯改虛名，其於廩賜之饒，遂有三倍之益。此則儔類所以忿恨，忠良所以憂嗟，疲人所以流亡，經費所以褊匱。夫事業未異，而給養有殊，人情不能甘也。况乎矯佞行而廩賜厚，績藝劣而衣食優，苟未忘懷，孰能無愠！不爲戎首則已可嘉，而欲使其協力同心，以攘寇難，雖有韓、白、孫、吴之將，臣知其必不能焉。養士若斯，可謂怨生於不均矣。

凡欲選任將帥，必先考察行能，然後指以所授之方，語以所委之事，令其自揣可否，自陳規模。須某色甲兵，藉某人參佐，要若干士馬，用若干資糧，某處置營，某時成績，始終要領，悉俾經綸。於是觀其計謀，校其聲實。若謂材無足取，言不可行，則當退之於初，不宜貽慮於其後也。若謂志氣足任，方略可施，則當要之於終，不宜掣肘於其間也。夫如是，則疑者不使，使者不疑，勞神於選才，端拱於委任。既委其事，既足其求，然後可以覈其否臧，行其賞罰。受其賞者不以爲濫，當其罰者無得而辭。付授之柄既專，苟且之心自息。是以古之遣將帥者，君親推轂而命之曰：「自閫以外，將軍裁之。」又賜鈇鉞，示令專斷。故軍容不入國，國容不入軍，將在軍，君命有所不受。誠謂機宜不可以遠决，號令不可以兩從。未有委任不專，而望其剋敵成功者也。自頃邊軍去就，裁斷多出宸衷，選置戎臣，先求易制，多其部以分其力，輕其任以弱其心，雖有所懲，亦有所失。遂令分閫責成之義廢，死綏任咎之志衰，一則聽命，二亦聽命，爽於軍情亦聽命，乖於事宜亦聽命。若所置將帥必取於承順無違，則如斯可矣，若有意乎平兇靖難，則不可也。夫兩疆相接，兩軍相持，事機之來，間不容息，蓄謀而俟，猶恐失之，臨時始謀，固已疏矣。

况乎千里之遠，九重之深，陳述之難明，聽覽之不一，欲其事無遺策，雖聖者亦有所不能焉。設使謀慮能周，其如權變無及。戎虜馳突，迅如風飈，馹書上聞，旬月方報。守土者以兵寡不敢抗敵，分鎮者以無詔不肯出師。逗留之間，寇已奔逼，託於救援未至，各且閉壘自全。牧馬屯牛，鞠爲椎剽；嗇夫樵婦，罄作俘囚。雖詔諸鎮發兵，唯以虛聲應援，互相瞻顧，莫敢遮邀。賊既縱掠退歸，此乃陳功告捷。其敗喪則減百而爲一，其捃獲則張百而成千。將帥既幸於總制在朝，不憂罪累；陛下又以爲大權由己，不究事情。用帥若斯，可謂機失於遥制矣。

理兵而措置乖方，馭將而賞罰虧度，制用而財匱，建軍而力分，養士而怨生，用師而機失。此六者，疆場之蝨賊，軍旅之膏肓也。蝨賊不除而但滋之以糞溉，膏肓不療而苟啗之以滑甘，適足以養其害，速其灾，欲求稼穡豐登，膚革充美，固不可得也。臣愚謂宜罷諸道將士番替防秋之制，率因舊數而三分之：其一分委本道節度使募少壯願住邊城者以徙焉；其一分則本道但供衣糧，委關内、河東諸軍州募蕃、漢子弟願傅邊事者以給焉；又一分亦令本道但出衣糧，加給應募之人，以資新徙之業。又令度支散於諸道和市耕牛，雇召工人，就諸軍城繕造器具。募人至者，每家給耕牛一頭，又給田農水火之器，皆令充備。初到之歲，與家口二人糧，并賜種子，勸之播植。待經一稔，俾自給家。若有餘糧，官爲收糴，各酬倍價，務奬營田。既息踐更徵發之煩，且無幸灾苟免之弊。寇至則人自爲戰，時至則家自力農，是乃兵不得不强，食不得不足。

與夫倏來忽往，豈可同等而論哉！

臣又謂宜擇文武能臣一人爲隴右元帥，應涇、隴、鳳翔、長武城、山南西道等節度管内兵馬，悉以屬焉。又擇一人爲朔方元帥，應鄜坊、邠寧、靈夏等節度管内兵馬，悉以屬焉。又擇二人爲河東元帥，河東、振武等節度管内兵馬，悉以屬焉。三帥各選臨邊要會之州以爲理所。見置節度有非要者，隨所便近而併之。唯元帥得置統軍，餘並停罷。其三帥部内太原、鳳翔等府，及諸郡户口稍多者，慎柬良吏以爲尹守，外奉師律，内課農桑，俾爲軍糧，以壯戎府。理兵之宜既得，選帥之道既明，然後減姦濫虚浮之費以豐財，定衣糧等級之制以和衆，弘委任之道以宣其用，縣賞罰之典以考其成。而又慎守中國之所長，謹行當今之所易，則八利可致，六失可除。如是而戎狄不威懷，疆場不寧謐者，未之有也。諸侯軌道，庶類服從，如是而教令不行，天下不理者，亦未之有也。

以陛下之英聖，人心之思安，四方之小休，兩寇之方静，加以頻年豐稔，所在積糧，此皆天贊國家，可以立制垂統之時也。時不久居，事不常兼，已過而追，雖悔無及。明主者不以言爲罪，不以人廢言，罄陳狂愚，惟所省擇。謹奏。

贄又請邊城貯備米粟等狀奏曰：

右，兵之所屯，食最爲急，若無儲蓄，是棄封疆。自昔敗亂之由，多因餽餉不足。臣以任當體國，職合分憂，奏減河運脚錢，用充軍鎮和糴，幸蒙聖恩允許。又屬頻歲順成，二年之間，緣邊諸軍共計收糴米粟一百八十餘萬石，準元敕各委當道節度及監軍中使、度支知巡院官同勾當檢納，仍以貯備軍糧爲名，非緣城守乏絶，及不承別敕處分，並不得輒有費用。若能堅守此制，有用隨即却填，則是邊城當貯十五萬人一歲之糧，以爲急難之備，永無懸絶，足固軍情。

去歲版築五原，大興師旅，所司素無備擬，臨事支計缺然，齎送悉貸此糧，乃得軍行辦集。過事之後，准敕合填，迨今二年，竟不支遣。加以諸鎮軍食例皆闕供，及其告急上聞，宣旨下迫，則又請貸貯粟，以充將士月糧。既務廢隳，且無愧畏，所未匱竭，其能幾何？夫栽植至難，毁拔至易，古人以樹楊爲喻，能不爲之歎惜哉！况水旱流行，固宜有備。戎狄爲患，可不爲虞？將欲安邊，先宜積穀。今當歲稔，令益軍儲，反罄聚蓄之資，用供朝夕之費，倘遇灾難，則如之何？惟陛下詳思後圖，不貽他日所悔，臣之願也，疆埸之幸也。不勝區區慮患之意，謹冒昧以聞。

贄又請邊鎮儲糧狀奏曰：

臣伏見陛下每垂睿心，經略邊境。增築城壘，加置戍兵，至於春秋衣裝，歲時宴犒，先後遲速，悉由宸衷。其爲憂勤，可謂至矣；其爲資費，❶亦以多矣。蓋以安人固國，不憚煩勞，此誠慎慮之深者也。然於儲蓄大計，則未降意良圖，但任有司，隨月供應。近歲蕃戎小息，年穀屢登，所支軍糧猶有匱乏，邊書告闕，相繼于朝。儻遇水旱爲灾，粟糴翔貴，兇醜匪茹，寇擾淹時，或負輓

❶「費」，原作「貴」，今據《翰苑集》卷一八《請減京東水運收脚價於緣邊州鎮儲蓄軍糧事宜狀》改。

力殫，❶或饋餉路絶，則戍兵雖衆不足恃，城壘雖固不克居。是使積年完聚之勞，適資一夕潰敗之辱。此乃理有必至，而事無幸濟者也。臣竊爲陛下惜之。

《軍志》曰：「雖有石城十仞，湯池百步，無粟不能守也。」故晁錯論安邊之策，要在積穀；充國建破羌之議，先務屯田。歷代制禦四夷，常爲國之大事。勇者奮其力，智者貢其謀，攻守異宜，盛衰殊勢。柔服而不勞師旅者，則常聞之矣，屯師而不務農食者，未嘗有焉。今陛下廣徵甲兵，分守城鎮，除所在營田税畝自供之外，仰給於度支者尚八九萬人。千里饋糧，涉履艱險，運米一斛達于邊軍，遠或費錢五六千，近者猶過其半。犯雪霜皸瘃之苦，冒豺狼剽掠之虞，四時之間，無日休息。傾財用而竭物力，猶苦日給之不充，其於儲蓄以備非常，固亦絶意而不暇思也。夫屯兵守土以備寇戎，至而無糧，守必不固矣。遇寇不守，則如勿屯。平居有殘人耗國之煩，臨難有啓敵納侮之禍，所養非所用，所失非所虞，以爲制備之規，臣竊謂疏矣。

貞元十三年，上以方渠、合道、木波皆吐蕃要路，欲城之，使問邠寧節度使楊朝晟：「須幾何兵？」對曰：「邠寧兵足以城之。」上曰：「鄉城鹽州，用兵七萬。今三城尤逼虜境，如此何也？」對曰：「今發本鎮兵，不旬日至，出其不意而城之，虜謂吾衆不減七萬，不敢輕來。不過三旬，吾城已畢，虜雖至，城旁草盡，不能久留，虜退則運芻糧以實之，此萬全之策也。若大集諸道

❶「或」，原脱，今據《四庫全書》本、《翰苑集》補。

兵，踰月始至，虜亦集衆而來，與我争戰，勝負未可知，何暇築城哉！」上從之。朝晟分軍爲三，各築一城。三月，❶三城成。朝晟軍還至馬嶺，吐蕃始出追之，相距數日而去。朝晟遂城馬嶺而還。

德宗時，兩河罷兵，轉運使韓滉上言：「吐蕃盜河、湟久，近歲寖弱，而西迫大食，北抗回鶻，東抗南詔，分軍外戰，兵在河、隴者不過五六萬。若朝廷命將，以十萬衆城涼、鄯、洮、渭，各置兵二萬爲守禦，臣請以本道財賦饋軍，給三年費。然後營田積粟，且耕且戰，則河、隴之地可翹足而復。」帝善其言。

憲宗元和八年，振武河溢，毁受降城。節度使李光進奏請修城，兼理河防。李吉甫請徙於天德故城，以避河患。李絳、盧坦以爲：「受降城，張仁愿所築，當磧口，據虜要衝，美水草，守邊之利地。欲避河患，退二三里可矣。天德故城僻處确瘠，烽候不相應接，虜忽唐突，勢無由知，是無故而蹙國二百里也。」城使周懷義奏利害，與坦、絳同。上卒用吉甫策，以受降城騎士隸天德軍。李絳言於上曰：「邊兵徒有其數而無其實，將帥但緣私役使，聚其貨財以結權倖而已，未嘗訓練以備不虞，此不可不於無事之時豫留聖意也。」受降兵籍舊四百人，及天德交兵，纔五十人，器械一弓而已，故絳言及之。

❶「月」，原作「日」，今據《資治通鑑》卷二三五唐德宗貞元十三年春正月條改。

元和九年，李吉甫奏：「開元中，置宥州以領降户，寶應以來，因循遂廢。今請復之，以備回鶻，撫党項。」上從之。先是，回鶻屢請昏，朝廷以費廣未許。李絳言：「回紇凶强，不可無備；淮西窮蹙，事要經營。萬一北方有警，則非步騎數萬不足抗禦，而淮西遺醜復延歲月之命。爲國家費，豈特降主之比？」上不聽。

憲宗時，宰臣李絳嘗因延英論及邊事，上言曰：「自古及今，戎狄與中國並，雖代有衰盛强弱，然常須邊境備擬，烽候精明，雖繫頸屈膝，而亭障未嘗一日弛其備也。何者？夷狄無親，見利則進，不知仁義，惟務侵盜，故强則寇掠，弱則卑伏，此其天性也。是以聖王以禽獸蚊蚋待之，其至也則驅除之，其去也則嚴備之。今北虜蕃臣復多歷年載，雖實有功於國家，報之以厚，施者已倦，求者未厭。滿其意則曰事當宜爾，悍氣益驕；酌其中則曰效之難圖，怨辭立至。故印馬益廣，望價轉多，無厭之心，實難爲足。若不如此，異日必有不顧恩德，爲患封疆。寇至而謀，事則不及矣。今西、北兩都皆無備擬，兵但虛數，坐盗衣糧，將無成效，歲邀官爵。衣甲器械之類，破官錢空有其名；部伍訓練之方，務酒樂都亡其制。古者兵無二事，志在殺敵，將無異望，專在誅寇，器用犀利，斥候精明，若有煙塵，負爲力戰，若無警急，即營生業。今則不然，戰士採拾以供上命，惟責程課，不卹飢寒；主將刻削以結内寵，不輯戎事，惟濟己身。今戎狄繼來婚嫁，於國情實，巨細必知，邊塞空虛，有無咸悉。至於山川要害，道途險易，已皆探知熟習，委曲諳識，脱或見利忘義，因便乘間，風塵暴至，羽檄交馳，急詔徵兵，無及係纍之苦；閉壁逃禍，寧救驅掠之灾？使邊人仰天而呼，望國而泣，蓄甲不足以衞疆埸，命將不足以扼寇讎，此聖主所宜圖之，不可忘於終食之間也。伏望詔敕邊鎮節度，俾其虛實、有無、少闕事宜，分析聞奏。仍請於八座丞郎兩省中，選擇公忠清幹不撓之臣奉使，各與大鎮節度使，各與點閱軍中訪問事理，一時上聞。然後申明制度，增緝募兵，謹其殿最，行其賞罰。罪在不捨，刑罰必加；功有可褒，爵賞必及。如此，則陛下高枕，邊人永寧。古人曰：『備豫不虞，有備無患。』此經國之常制也。」上驚曰：「今邊上豈如此空虛也！卿等便令點檢，切爲殿最。」時天德軍中城舊屬振武，有鎮兵四百人，其時却割屬天德軍，交割惟有十人，并軍將在此，其器械惟有弓一張，餘可知也。數月後，李絳罷相，遂因循舊弊。

元和中，左拾遺元稹論西戎表奏曰：

臣蒙恩顧問，竊見陛下患戎之意深矣。自貞元以來，國家所以甘億兆之費於塞下，蓋以犬戎有侵軼之患，而邊人思守禦之利也。然而河湟之地日削，田萊之業日空，塞下之人日亡，戎狄之心日熾。若此非他，不得備之之術也。且臣聞之：君之命帥，帥之命將，將之使卒，猶心之使臂，臂之使指，然後敵可擒，而軍可制也。今之屯戍者則不然。衆其城堡，異其師長，獲一馬則圖功，虜一戎則告捷。至於屠縣道掠萬人，則曰力弱不足以應敵，援寡不足以摧凶。苟謹閑繕完不失其守者，則朝廷議賞之不給，又孰肯摧鋒刃，冒殊死，而出入於係虜哉？

此又非他，衆分力散，而責師之刑無所加也。而又加之以爲農者不教戰，屯聚者不兼農，寇至則卒伍被甲而乘城，野人空拳以應敵，此又耕戰之術不修，而屯聚之方太逸也。

今夫邠、岐、汧、隴之地，皆后稷、公劉之所理也，土宜植物，人務稼穡。陛下誠能使本道節制，廣於荒隙大建屯田，塞下諸軍除使令守防之外，一切出之於野，限人名田，復其租入，然後因其阡陌，制之閭井，因其卒伍，樹之師長，固其塍塹，以備不虞。犬戎適至，則有連阡接畛之兵；戎騎纔歸，則復耰鋤穫耨之事。若此，則曩時之聚食者盡歸之於服勤之農矣，前此之係虜者盡化爲守禦之兵矣。三五年間，塞下有相因之粟，邊人無侵軼之虞。陛下又董之以良帥，威之以必刑，則彼瑣瑣之戎，陛下將署其君長，征其牛羊，奴虜以擒之可也，螻蟻以攘之可也，又何必詢王恢，使蘇武，用晁錯，訪婁敬，而後復河湟稱即叙哉？此備戎之大略也。

方今猶有急於此者，臣敢冒昧殊死而言之。臣聞善弈棊者將劫其棊，必固其羸，是以敵可殺而地不危。今庸蜀有犬吠之驚，南蠻絶貢誠之路，陛下又輟邊將以統問罪之師。脱或蜂蠆相完，尚稽天討，兵連不解，綿夏涉秋，則犬戎乘釁啓心之日也。陛下其圖之。臣無任懇款憂邊之至。

杜佑拜司徒，封岐國公。党項陰導吐蕃爲亂，諸將邀功，請討之。佑以爲無良邊臣，有爲而叛，即上疏曰：「昔周宣中興，獫狁爲害，追之太原，及境而止，不欲弊中國，怒遠夷也。秦恃兵力，北拒匈奴，西逐諸羌，結怨階亂，實生謫戍。蓋聖王之治天下，惟欲綏静生人，西至於流沙，東漸于海，在北與南止存聲教，豈疲内而事外邪？昔馮奉世矯詔斬莎車王，傳首京師，威震西域，宣帝議加爵土，蕭望之獨謂矯制違命，雖有功不可爲法，恐後奉使者爲國家生事夷狄。北突厥默啜寇害中國，開元初郝靈佺捕斬之，自謂功莫與二，宋璟慮邊臣由此邀功，但授郎將而已。由是訖開元之盛，不復議邊，中國遂安。此成敗鑑戒之不遠也。党項小蕃，與中國雜處，間者邊將侵刻，利其善馬子女，斂求繇役，遂致叛亡，與北狄、西戎相誘盜邊。傳曰：『遠人不服，則修文德以來之。』管仲有言：『國家無使勇猛者爲邊境。』此誠聖哲識微知著之略也。今戎醜方彊，邊備未實，誠宜慎擇良將，使之完輯，禁絶誅求，示以信誠，來則懲禦，去則謹備。彼當懷柔，革其姦謀。何必亟興師役，坐取勞費哉？」帝嘉納之。

穆宗立，時吐蕃寇邊，西北騷然，又略雅州，劍南節度使王涯調兵拒之。上言：「蜀有兩道直擣賊腹，一繇龍川清以抵松州，一繇綿州威蕃栅抵棲雞城，皆虜險要地。臣願不愛金帛，使信臣持節與北虜約曰：『能發兵深入者，殺某人，取某地，受其賞。』開懷以示之，所以要約諄熟異它日者，則匈奴之鋭可出，西戎之力衰矣。」帝不報。

太和四年，❶上命李德裕修塞清溪關以

❶「太和」，原作「長慶」，今據《資治通鑑》卷二四四唐文宗太和四年三月條改。

斷南詔入寇之路，德裕上言：「通蠻細路至多，不可塞，惟重兵鎮守，可保無虞。」時北兵皆歸本道，惟河中、陳許三千人在成都，有詔來年亦歸，蜀人恟懼。德裕奏乞鄭滑五百人、陳許千人以鎮蜀，且言：「蜀兵脆弱，新爲蠻寇所困，皆破膽，不堪征戍。若北兵盡歸，則與杜元穎時無異，朝廷建言罷兵，蓋由禍不在身，望人責一狀，留入堂案，他日敗事，不可令臣獨當國憲。」朝廷皆從其請。

歷代名臣奏議卷之三百二十一

本卷劉永强校點

歷代名臣奏議卷之三百二十二

禦邊

宋太宗時，王化基權御史中丞。一日侍便殿，問以邊事，對曰：「治天下猶植木焉，所患根本未固，固則枝榦不足憂。朝廷治，則邊鄙何患乎不安？」

朝廷議城古威州，遣内侍馮從順訪于工部員外郎鄭文寶，文寶上言：「威州在清遠軍西北八十里，樂山之西。唐大中時，靈武朱叔明收長樂州，邠寧張君緒收六關，即其地也。故壘未圮，水甘土沃，有良木薪秸之利。約葫蘆、臨洮二河，壓明沙、蕭關兩戍，東控五原，北固峽口，足以襟帶西涼，咽喉靈武，城之便。然環州至伯魚，伯魚抵青岡，青岡拒清遠皆兩舍，而清遠當群山之口，扼塞門之要，芻車野宿，行旅頓絶。威州隔城東隅，堅石盤互，不可浚池。城中舊乏井脉，又飛烏泉去城尚千餘步，一旦緣邊警急，賊引平夏勝兵三千，據清遠之衝，乘高守險，數百人守環州甜水谷、獨家原，傳箭野貍十族，脅從山中熟户党項，孰敢不從。又分千騎守磧北清遠軍之口，即自環至靈七百里之地，非國家所有，豈威州可禦哉？請先建伯魚、青岡、清遠三城，爲頓師歸重之地。古人有言：『金城湯池，非粟不能守。』俟二年間，秦民息肩，臣請建營田積粟實邊之策，修五原故城，專三池鹽利，以金帛啖党項酋豪子弟，使爲朝廷用。不唯安朔方，制竪子，至於經營安西，綏復河湟，此其漸也。」詔從其議。

端拱二年，右拾遺直史館王禹偁上禦戎十事狀奏曰：

臣伏以中國之病匈奴，其來久矣。故《書》云「蠻夷猾夏，寇賊奸宄」，則五帝之所不免也。又《詩》云：「薄伐玁狁，至于太原。」則三王之所爲患也。爰自秦漢，降及隋唐，擊伐通和，布在方册，皆陛下之所詳覽矣。臣今獨引漢之文帝時事跡，以爲警戒，望陛下留意而覽之，則天下幸甚。

蓋以漢之十二帝，言乎聖明者文景也，言乎昏亂者哀平也。然而文景之時，軍臣單于最爲强盛，❶大肆侵掠，候騎至雍，火照甘泉宫。哀平之時，呼韓耶單于每歲來朝，委質稱臣，❷邊烽罷警。此豈繫乎曆數，而不由于道德邪？臣以爲不然矣。且漢文景當單于强盛之時，而外能任人，内能修德，使不爲深患者，由乎德也。哀平當單于衰弱之際，外無良將，内無賢臣，而使之來朝者，繫于時也。臣以爲國家廣大，不下漢朝，陛下聖明，豈讓文帝。❸犬戎之强盛，未及軍臣單于時。至如撓亂邊土，觸犯天威，豈有候騎至雍，而火照甘泉之患乎。在陛下外任其人，内修其德矣。以臣計之，外任其人，内修其德之道，各有五焉，謹列如左。

外任其人有五者：一曰兵勢患在不合，將臣患在無權。陛下固未能專委一人，

❶「軍臣」，原脱，今據《長編》卷三〇端拱二年正月癸巳條、《宋史·王禹偁傳》補。下「軍臣單于」同。

❷「質」，原作「職」，今據《長編》、《宋史》改。

❸「讓」，原作「減」，宋人避宋英宗父名諱改，今據《長編》、《宋史》改回。

則請於沿邊要害之地，爲三軍以備之，若有唐受降城之類。如國家有兵三十萬，則每軍十萬人，使互相救援，責以成功。有功者行賞，無功者明誅，則犬戎不能南下矣。二曰伺邏邊事，罷用小臣。用小臣，則邊情有隱而不盡知也。臣伏見往來邊上者，多闒茸小臣，雖有愛君之心，而無愛君之實，恐邊疆塗炭而不盡奏，邊民哀苦而不盡聞。陛下誠能用老成大僚，往來宣撫，賜以温顔，使盡情無隱，則邊事濟矣。三曰行間諜以離之，因釁隙以取之。臣風聞犬戎中婦人任政，荒淫不法，陛下宜委邊上重募邊民諳練蕃情者，❶間諜蕃中酋長，啗之以厚利，推之以深恩。蕃人好利而無義，待其離心，因可取也。四曰以夷狄攻夷狄，中國利也。今國家西有趙保忠、折御卿爲國心腹，陛下亦宜敕此二帥，率麟、府、銀、夏、綏五州，張其犄角，聲言直取勝州，則犬戎懼而北保矣。此實不用，但張其勢而已。五曰下哀痛之詔，以感激邊民。頃歲陛下弔伐燕薊，❷蓋以本是漢疆，晉朝已來，方入戎虜，既四海一統，誠宜取之。而邊民蚩蚩不知陛下之意，皆以貪其土地，致犬戎南牧。陛下宜下哀痛之詔，告諭邊民，則三尺童子皆奮臂而擊之矣。然後得蕃人一級者賜之帛，得胡地一馬者還其價，得酋帥者與之散官。如此則人百其勇，而士一其心也。

内修其德有五者：一曰併省官吏，惜經費也。竊以唐虞稽古，建官惟百。夏商官倍，亦克用乂。周設六官，寮屬漸廣。秦併六國，郡縣益多，食禄者日增，力田者日

❶「重」下，《長編》有「臣」字。
❷「弔」，原作「首」，今據《長編》改。

耗。降及漢魏，以至隋唐，員數有加，職名無減。清介者止餘俸料，貪濁者又恣侵漁。是以約人署官，❶斯爲中矣。今百官之内，三班之中，若備論冗食，且恐迂迴，有煩聽覽。只如臣舊知蘇州長洲縣，七千餘家，自錢氏納土已來，聖朝命官之後，七年無縣尉，使主簿領之，未嘗缺一事。三年增置縣尉，❷主簿又存之，未嘗立一功。以臣詳之，天下大率如是。臣請黜陟庶寮，併省群吏，賢者得以陳力，不肖得以歸耕。誠能省官三千員，減俸數十萬，以供邊備，以寬民賦，亦平戎之大計也。二曰重選舉，抑儒臣而激武臣也。❸伏自陛下臨御以來，崇尚儒術，親至文闈，志在得人，未嘗求備。上自文士，下及腐儒，大則十數年之間便居富貴，小則數月之内便預官常。或一行可觀，一言可采，寵賜之數，動踰千萬，不獨破十家之産，抑亦起三軍之心。臣亦其人，因自言爾。臣恐擐甲之士，有使鶴之言。望陛下減儒官之賜，均戰士之恩矣。三曰信用大臣，參決機務。蓋以分閫外之事者，在乎將帥；用堂上之兵者，在乎相臣。宜資帷幄之謀，以決安危之策。方今君臣親愛，宰執賢明，振古而來，未之有此。然而限以常禮，隔以朝儀，情恐未通，言恐不盡。臣每見千官就列，萬乘臨軒，中書有平章之文，密院有機務之奏，三司有出納之計，歷階而進，禮成而退，爲定制也。臣望陛下坐朝之暇，聽政之餘，頻召大臣，共議邊事，定而後行，無容小臣間厠。即係單于之頸，斷匈奴

❶「署」，原作「命」，宋人避宋英宗名諱改，今據《長編》改回。

❷「增」，原脱，今據《長編》補。

❸「抑儒臣而激武臣也」八字，原脱，今據《長編》補。

之臂，必有人矣。四曰不貴虚名，戒無益也。臣以爲聖人無名，神人無功，跡用不彰，品物自化。道德既喪，功名始生。五帝之時，猶能不伐。三代而下，多有自矜。討蠻夷則重困生靈，得土地則空標史册，禍敗之本，何莫由斯。方今萬國駿奔，四方康樂，聖德被矣，神功著矣。唯兹北狄，未服中原。以臣思之，恐是宗廟之靈，天地之意，慮陛下驕于大寶，怠于安民，用廣聖謨，以爲警戒。陛下誠宜作備邊之計，示憂民之心，不必輕用雄師，深入虜境，竭蒼生之衆力，矜青史之虚名。如此，則天道順，人心悦，年歲之間，可緩而圖也。五曰禁止游手，厚民力也。夫牧民者君也，聚人者財也，産財用者土地也，闢土地者人民也。民衆則土地闢，土地闢則財用足，財用足則國家安矣。方今雖務農桑，尚多凉薄，耕織者鮮矣，衣食者衆矣，加以飛芻輓粟之勞，妨鑿井耕田之力，若無條禁，曷禦凶荒？臣請陛下先問户部，則輸税之家可見矣。又問吏部，則食禄之人可知矣。又問兵部，則軍人受食者可數矣。又問祠部，則僧道蠹人者可明矣。復有臺寺之小吏，府監之雜工，總其數而計之，聚其人而校之，臣恐以三分勤耕苦織之人，贍七分坐衣待食之輩，欲望民泰，不亦難乎。况今郡縣雖多，要荒且遠，除河北備邊之外，❶民力可用者，唯東至登、萊，西至秦、鳳，南抵淮、泗而已。❷此數十州者，乃中土之根本，不可不惜也。望陛下少度僧尼，少崇寺觀，勸其風俗，務于田農，則人力彊而邊民實也。若輦運勞於

❶「除」、「外」二字，原脱，今據《長編》補。
❷「泗」，原作「西」，今據《長編》改。

外，游惰耗於内，人力日削，邊用日多，不幸有水旱之災，則寇不獨在外而在乎内也。惟陛下熟計之。

是年朝廷將討幽薊，詔群臣各言邊事。吏部尚書宋琪上疏謂：

大舉精甲，以事討除，靈旗所指，燕城必降。但徑路所趨，不無險易，必若取雄、霸路直進，未免更有陽城之圍。蓋界河之北，陂淀坦平，北路行師，非我所便。況軍行不離於輜重，賊來莫測其淺深。欲望回轅，西適山路，令大軍會於易州，循孤山之北，涞水以西，挾山而行，援糧而進，涉涿水，並大房，抵桑乾河，出安祖砦，則東瞰燕城，裁及一舍，此是周德威收燕之路。自易水距此二百餘里，並是沿山，村墅連延，溪澗相接，採薪汲水，我占上游。東則林麓平岡，非戎馬奔衝之地；内排槍弩步隊，寔王師備禦之方。而於山上列白幟以望之，戎馬之來，二十里外可悉數也。從安祖砦西北有盧師神祠，是桑乾出山之口，東及幽州四十餘里。趙德鈞作鎮之時，欲遏西衝，曾塹此水。況河次半有崖岸，不可徑度，其平處築城護之，守以偏師，此斷彼之右臂也。仍慮步奚爲寇，可分雄勇兵士三五千人，至青白軍以來山中防遏，此是新州、嬀川之間，南出易州大路，其桑乾河水屬燕城北隅，繞西壁而轉。大軍如至城下，於燕丹陵東北横堰此水，灌入高梁河，高梁岸狹，桑水必溢。可於駐蹕寺東引入郊亭淀，三五日瀰漫百餘里，即幽州隔在水南。王師可於州北繫浮梁以通北路，賊騎來援，已隔水矣。視此孤壘，浹旬必克。幽州管内洎山後八軍，聞薊門不守，必盡歸降，蓋勢使然也。

然後國家命重臣以鎮之，敷恩澤以懷之。奚、霫部落，當劉仁恭及其男守光之時，皆刺面爲義兒，服燕軍指使，人馬疆土少劣於契丹，自被脅從役屬以來，常懷骨髓之恨。渤海兵馬土地，盛於奚帳，雖勉事契丹，俱懷殺主破國之怨。其薊門洎山後雲、朔等州，沙陁、吐渾元是割屬，咸非叛黨。此蕃漢諸部之衆，如將來王師討伐，雖臨陣擒獲，必貸其死，命署置存撫，使之懷恩，但以罪契丹爲名。如此則蕃部之心願報私憾，契丹小醜，克日殄平。其奚、霫、渤海之國，各選重望親嫡，封册爲王，仍賜弓器鼓旗、軍服戈甲以優遣之，必竭赤心，永服皇化。俟克平之後，宣布守臣，令於燕境及山後雲、朔諸州，厚給衣糧料錢，別作禁軍名額，召募三五萬人，教以騎射，隸於本州。此人生長塞垣，諳練戎事，乘機戰鬭，一以當十，兼得奚、霫、渤海以爲外臣，乃守在四夷也。然自阿保機時至於近日，河朔户口，虜掠極多，並在錦帳。平盧亦邇柳城，遼海編户數十萬，耕墾千餘里，既殄異類，悉爲王民。變其衣冠，被以聲教，願歸者俾復舊貫，懷安者因而撫之，申畫郊圻，列爲州縣，則前代所建松漠、饒落等郡，未爲開拓之盛也。

俄又奏曰：

國家將平幽薊，臣敢陳十策：一、契丹種族，二、料賊衆寡，三、賊來布置，四、備邊，五、命將，六、排陣討伐，七、和蕃，八、饋運，九、收幽州，十、滅契丹。契丹，蕃部之别種，代居遼澤中，南界潢水，西距邢山，疆土幅員，千里而近。其主自阿保機始彊盛，因攻渤海，死於遼陽。妻述律氏生三男：長曰東丹，次曰德光，德光南侵還，死於殺胡林。季曰自在太子。東丹生永康，永康代德光爲主，謀起軍南侵，被殺於火神淀。❶德光之子述律代立，號爲「睡王」。二年，爲永康子明記所篡。明記死，幼主代立。明記妻蕭氏，蕃將守興之女，今幼主，蕭氏所生也。晉末，契丹主頭下兵謂之大帳，有皮室兵約三萬，皆精甲也，爲其爪牙。國母述律氏頭下，謂之屬珊，屬珊有衆二萬，乃阿保機之牙將，當是時半已老矣。南來時，量分借得三五千騎，述律常留餘兵爲部族根本。其諸大首領有太子、偉王、永康、南北王、于越、麻答、五押等。于越，謂其國舅也。大者千餘騎，次者數百騎，皆私甲也。别族則有奚、霫，勝兵亦萬餘人，少馬多步。奚，其王名阿保得者，昔年犯闕時，令送劉琋、崔廷勳屯河、洛者也。又有渤海首領大舍利高模翰步騎萬餘人，並髠髮左衽，竊爲契丹之飾。復有近界尉厥里、室韋、女真、党項亦被脅屬，每部不過千餘騎。其三部落，吐渾、沙陁，洎幽州管内、鴈門已北十餘州軍部落漢兵合二萬餘衆，此是石晉割以賂蕃之地也。蕃漢諸族，其數可見矣。

每蕃部南侵，其衆不啻十萬。契丹入界之時，步騎車帳不從阡陌，東西一概而行。大帳前及東西面，差大首領三人，各率萬騎，支散遊奕，百十里外亦交相偵邏，謂之欄子馬。契丹王吹角爲號，衆即頓舍，環繞穹廬，以近及遠。折木梢屈之爲弓子鋪，不設槍營壍柵之備。每軍行，聽鼓三伐，不問昏晝，一匝便行。未逢大敵，不乘戰馬，俟近我師，即競乘之，所以新羈戰蹄有餘力

❶「火」，原作「大」，今據《宋會要輯稿·蕃夷》一之一四改。

也。且用軍之術，成列而不戰，俟退而乘之，多伏兵斷糧道，冒夜舉火，土風曳柴，饋餉自齎，退敗無耻，散而復聚，寒而益堅，此其所長也。中原所長，秋夏霖霪，天時也。山林河津，地利也。槍突劍弩，兵勝也。財豐士衆，力强也。乘時互用，較然可知。王師備邊破敵之計，每秋冬時，河朔州軍緣邊砦栅，但專守境，勿輒侵漁，令彼尋戈，其詞無措。或戎馬既肥，長驅入寇，契丹主行，部落萃至，寒雲翳日，朔雪迷空，鞍馬相持，氈褐之利。所宜守陴坐甲，以逸待勞，令騎士並屯於天雄軍、貝、磁、相州以來，若分在邊城，緩急難於會合。近邊州府，只用步兵，多屯弩手，大者萬卒，小者千人，堅壁固守，勿令出戰。彼以全國之兵，此以一郡之衆，雖勇懦之有殊，慮衆寡之不敵也。國家別命大將，總統前軍，以遏侵軼，只於天雄軍、邢、洺、貝州以來，設掎戎之備。俟其陽春啓候，虜計既窮，新草未生，陳荄已朽，蕃馬無力，疲寇思歸，逼而逐之，必自奔北。前軍行陣之法，馬步精卒不過十萬，自招討以下，更命三五人藩侯充都監、副戎、排陣、先鋒等職，臨事分布，所貴有權。追戎之陣，須列前後，其前陣萬五千騎，陣身萬人，是四十指揮，左右梢各十指揮，是二十將。每指揮作一隊，自軍主、都虞候、指揮使、押當，每隊用馬突或刃子槍一百餘，並弓劍、骨朶。其陣身解鐙排之，俟與戎相搏之時，無問厚薄，十分作氣，搶突交衝，馳逐往來，後陣更進。彼若乘我深入，陣身之後，更有馬步人五千，分爲十頭，以撞竿、鐙弩俱進，爲回騎之舍。陣梢不可輕動，蓋防橫騎奔衝，此陣以都監主之，進退賞罰，便可裁決。後陣以馬步軍八萬，招討董之，與前陣不得過三五里，展梢實心，布常山之勢，左右排陣分押之。或前陣擊破寇兵，後陣亦禁其馳驟輕進，蓋師正之律也。《牧誓》云：「四伐五伐，乃止齊焉。」慎重之戒也。是以開運中晉軍掎戎，未嘗放散，三四年間，雖德光爲戎首，多計桀黠，而無勝晉軍之處，蓋併力禦之。厥後以任人不當，爲彦澤之所誤。如將來殺獲驅攘之後，聖人務好生之德，設息兵之謀，雖降志難甘，亦和戎爲便。魏絳嘗陳五利，奉春僅得中策，歷觀載籍，前王皆然。《易》稱高宗用伐鬼方，《詩》美宣王薄伐玁狁，是知戎狄侵軼，其來尚矣。然則兵爲凶器，聖人不得已而用之。若精選使臣，不辱君命，通盟繼好，弭戰息民，此亦策之得也。臣每見國朝發兵，未至屯戍之所，已於兩河諸郡調民運糧，遠近騷然，煩費十倍。臣生居邊土，習知其事。況幽州爲國北門，押蕃重鎮，養兵數萬，應敵乃其常事。每逢調發，惟作糗糧之備，入蕃旬浹，軍糧自齎，每人給麨斗餘，盛之於囊以自隨。征馬每匹給生穀二斗，❶作口袋，飼秣日以二升爲限，旬日之間，人馬俱無飢色。更以牙官子弟，戮力津擎裹送，則一月之糧，不煩饋運。俟大軍既至，定議取捨，然後圖轉饟，亦未爲晚。

淳化五年，琪又上書言邊事曰：「臣頃任延州節度判官，經涉五年，雖未嘗躬造夷落，然常令蕃落將和斷公事，歲無虚月，蕃部之事熟於聞聽。大約党項、吐蕃風俗相類，其帳族有生户、熟户，接連漢界、入州城

❶「征」，原作「得」，今據《長編》卷二七雍熙三年正月戊寅條、《宋史·宋琪傳》改。

者謂之熟户，居深山僻遠、横過寇略者謂之生户。其俗多有世讐，不相來往，遇有戰鬭，則同惡相濟，傳箭相率，其從如流。雖各有鞍甲，而無魁首統攝，並皆散漫山川，居常不以爲患。党項界東自河西銀、夏，西至靈、鹽，南距鄜、延，北連豐、會。厥土多荒隙，是前漢呼韓邪所處河南之地，幅員千里。從銀、夏至青、白兩池，地惟沙磧，俗謂平夏。拓拔，蓋蕃姓也。自鄜、延以北，多土山栢林，謂之南山。野利，蓋羌族之號也。從延州入平夏有三路：一、東北自豐林縣葦子驛，至延川縣接綏州，入夏州界。一、正北從金明縣入蕃界，至盧關四五百里，方入平夏州南界。一、西北歷萬安鎮經永安城，出洪門至宥州四五百里，是夏州西境。我師如入夏州之境，宜先招致接界熟户，使爲鄉導，其强壯有馬者，令去官軍三五十里踏白先行。緣此三路，土山栢林，溪谷相接，而復隘陿，不得成列，躡此鄉導，可使步卒多持弓弩槍鋸隨之，以三二千人登山偵邏，俟見坦塗寧静，可傳號勾馬遵路而行，我皆嚴備，保無虞也。長興四年，夏州李仁福死，有男彝超擅稱留後。當時詔延州安從進與李彝超換鎮，彝超據夏州，固不奉詔，朝廷命邠州藥彦稠總兵五萬送從進赴任。時頓兵城下，議欲攻取，軍儲不繼，遽命班師。而振旅之時，不能嚴整，失戈棄甲，遂爲邊人之利。

「臣又聞党項號爲小蕃，非是勍敵，若得出山布陣，止勞一戰，便可盪除。深入則饋運艱難，窮追則竄穴幽隱，莫若緣邊州鎮，分屯重兵，俟其入界侵漁，方可隨時掩擊，非惟養勇，亦足安邊。凡烏合之徒，勢不能久，利於速鬭，以騁兵鋒。莫若持重守疆，以挫其鋭。彼無城守，衆乏餱糧，威賞不行，部族分散，然後密令覘其保聚之處，預於麟、府、鄜、延、寧、慶、靈、武等州約期會兵，四面齊進，絶其奔走之路，合勢擊之，可以剪除無噍類矣。仍先告諭諸軍，擊賊所獲生口、資畜，許爲己有，彼爲利誘，則人百其勇也。靈武路自通遠軍入青岡峽五百里，皆蕃部熟户。向來人使、商旅經由，並在部族安泊，所求賂遺無幾，謂之『打當』，亦如漢界逆旅之家宿食之直也。此時大軍或須入其境，則鄉導踏白，當如夏州之法。況彼靈州便是吾土，芻粟儲畜，率皆有備。緣路五七程，不煩供饋，止令逐都兵騎，裹糧輕齎，便可足用。諺所謂『磨鎌殺馬』，劫一時之力也，旬浹之餘，固無闕乏矣。又臣曾受任西川數年，經歷江山，備見形勢要害。利州最是咽喉之地，西過桔栢江，去劍門百里，東南去閬州，水陸二百餘里，西北通白水、清川，是龍州入川大路，鄧艾於此破蜀，至今廟貌存焉。其外三泉、西縣，興、鳳等州，並爲要衝，請選有武略重臣鎮守之。」奏入，上密寫其奏，令繼隆擇利而行。

端拱二年，知制誥田錫答詔論邊事，上奏曰：

臣伏覩今月十一日御札，宣示内外文武臣寮，以北鄙多虞，戎人爲患，延佇良策，降諭德音，詢禦侮之嘉謀，問安邊之遠略，俾悉陳於異見，將擇用其所言。臣之顓愚，豈足上副宸旨。臣之狂直，敢不罄盡鄙懷。儻駁納可裨於事宜，則明聖不罪於狂瞽。臣每讀史傳，詳觀古來戎狄騷邊，乃是常事，朝廷設備，自有常規。舉其大略而言之，不過訓練師徒，選擇將帥。廣蓄儲備，多置屯田。嚴其池城，明於斥候。謹於烽火，利其甲兵。行間諜以離狄心，禁侵擾以怠敵意。待彼羸弱，因勢取之，候其賓服，以德綏之。此皆方册備陳，采擇可用也。捨此則未見禦戎之術，用此在臨事之宜。兵機則不可定謀，邊議則須依古制。今具條奏，惟陛下擇而行之。

一、今之禦戎，無先於選將帥。既得將帥，請委任責成，不必降之以陣圖，不須授之以方略，自然因機設變，觀釁制宜，以此無不成功，以是無不破敵。昔漢之西羌犯塞，攻城邑，殺長吏，趙充國年七十矣，上使邴吉問曰：「誰可爲將？」充國對曰：「無踰老臣。」以是言之，則請令宰臣已下，各舉堪爲將帥者，又令宿舊武臣素有問望者，亦令自舉，然後陛下詳擇而用之。又趙充國既爲將，宣帝遣問曰：「將軍度羌虜如何，當用幾人？」充國曰：「百聞不如一見，兵難隃度，臣願馳至金城，圖上方略。然羌戎逆天背叛，滅亡不久，願陛下以屬老臣，勿以爲憂。」以是言之，昔充國爲老將，尚謂「百聞不如一見」。況今委任將帥，而每事欲從中降詔，授以方略，或賜與陣圖。依從則有未合宜，專斷則是違上旨。以此制勝，未見其長。伏乞速命宰臣，令舉良將，及令素有問望宿舊武臣，自舉其能及舉所知者也。

一、將帥行恩信，卹士卒，必豐財貨，方得士心。昔趙奢爲將，所得王之賞賜，盡與軍吏。又李牧爲將，軍市之租，皆用享士卒，魏尚守雲中，其軍市租盡以給士卒，出私養錢享賓客軍吏，是以匈奴不近雲中之塞。今國家所命將帥，雖古今異宜，凡有給賜，今則誰敢效古？散家財、賞士卒、去吝嗇，有幾何人哉？若以年年供億輓運，老師費財，曷若厚給將帥，使之賞用也。又聞近侯伯亦有廳直三五十人，❶習騎射爲心腹，每出入敵陣，❷得以廳直隨身，翼衛主帥。後來不敢養置。昨來楊業陷陣，訪聞亦是無自己腹心從人護助捍禦，以致爲狄之所獲。今雖時異事殊，然廢置利害，亦繫詢訪行之。❸

一、今之禦戎，以沿邊諸郡有勇智者，命爲刺史，委之自用方略，警急利便，事訖方奏，使人人各盡其才術。此必爲陛下各立殊勳，控制侵侮。昔後漢郭伋爲漁陽太守，時匈奴數抄郡界，邊境苦之。伋乃整飭士馬，設攻守之略，匈奴畏憚，不敢入塞，人得安業。在職五歲，户口增倍。又張堪爲騎都尉，破匈奴於高柳，拜漁陽太守，捕繫姦猾，賞罰必信，人皆樂爲用。匈奴以萬騎入漁陽，堪乃率數千騎奔擊，大破之，郡界以靜。乃於狐奴開稻田八千餘頃，❹勸人耕種，以致豐富，百姓歌之。視事八年，匈奴不敢犯塞。以此言之，則沿邊諸郡，請令擇有智勇者爲刺史，必副陛下之憂寄也。

一、今之禦戎，更在悦取軍情。凡經揀退，尚堪力役者，却與元本料錢。其歿陣及守戍死亡兵士，所有在營老幼，宜矜憫優恤。或給賜令各存活，勿使寒飢無所歸向。又不可取充洒掃裁縫之隸。其次揀中新招到軍，雖稍有身首人材，未宜便令管轄舊人。須是經歷行陣，稍知軍伍次第，微有勞

❶ 「近」下，《長編》卷三〇端拱二年正月癸巳條有「代」字。

❷ 「敵陣」，原倒，今據《長編》乙正。

❸ 「繫」，《長編》作「宜」。《咸平集》卷一《上太宗答詔論邊事》作「須」。

❹ 「田」，原脱，今據《咸平集》、《後漢書·張堪傳》補。

效者，方令充節員。所貴已下亦各甘心，兼易爲驅使。若曾有功勞、未得優賞者，即乞別作名目優異酬賞。臣未知朝廷府庫錢帛之大數，亦不知國家支費用度之衆寡，若陛下省罷塔廟之費耗，迴充軍旅之賞給，則孰不革其怨心，孰不致其死力。若是破敵，必副陛下平戎之心也。

一、今之禦戎，亦宜別設條例，等第立賞。若得一堡壘，或復一障亭，與某官，與若干賞。賞不踰時，必誠必信，條例不煩，令軍中曉會。此必有果敢智謀之士，副陛下之立賞也。

一、今之禦戎，又宜以重賞召募敢死之士，仍以古來選士之科以取士卒。亦於軍中擇取應得選士之條目，令舉其六七，更可詳酌增損。且據兵書言之，取曾習韜鈐者，有謀畫者，又取能知敵情僞者，取能知山川險易徑路迂直者，取强弓過人能斬虜搴旗者，又取往復數百里不及暮至者，又取能破格舒鈎，或負數百斤行五十步者，又取趫捷若飛、能踰塹壘、出入無形、堪窺覘者。各區別技能，置立部分，以副將帥之指使也。

一、今之禦戎，外則委任將帥，內則詢謀宰臣，行一事必使宰臣知之，出一詔必令宰臣議之。臣聞前年出師向北，命曹彬以下欲取幽州，是侯利用、賀令圖之輩誤惑聖聽，陳謀畫策，而宰臣昉等不知。又去年招置義軍，刺配軍分，宰相普等亦不知之。豈有議邊陲，發師旅，而宰相不與聞？若宰相非才，何不罷免？宰相可任，何不詢謀？今宰相普三入中書，再出藩鎮，重望碩德，元老大臣，人所具瞻，事無不歷。乞陛下以軍旅之事，機密之謀，悉與籌量，盡其規畫。此乃國體，君父至公。臣聞偏信生奸，獨任成亂。侯利用、賀令圖等既誤陛下機宜於前，無令似侯利用、賀令圖者復誤陛下機宜於後。伏乞陛下一一與宰臣謀議，事事與宰相商量，悔目前獨斷之明，詳今後公共之理。則事無不允當，下無不盡忠，則大臣之間，足以副陛下憂勤之旨也。

一、今之禦戎，在乎辨邊上奏報之虚實，察左右蒙蔽之有無。奏失利則未必盡言，報大捷則不足深信。陛下未當信而先信，陛下本欲知而未知。如此何以料安危，如此何以策成敗？安危成敗之理，乞陛下詳而察之。

一、今之禦戎，無先用諜。兵書曰：「事莫密於間，賞莫重於間。」狄中自有諸國，未審陛下曾採得凡有幾國否，幾國與匈奴爲讎。若悉知之，可以用重賞，行間諜。間諜若行，則夷狄自亂。夷狄自亂，則邊鄙自寧。昔李靖用間破突厥，心腹之人自離貳也，書在唐史，其事可知。以募能往絶域，❶鬬亂蕃部，使交相侵害，如漢之陳湯、傅介子之流，則不勞師徒，自然歸化。此可以緩陛下憂邊之心也。其餘謹烽火，明斥候，亦可以依古法爲警備。《趙充國傳》曰：「五星出東方，中國大利，蠻夷大敗。太白出高，用兵深入，敢戰者吉。」雖天道遠而難知，然昭昭垂象緯者，爲陛下言兵之利害也。

一、今之禦戎，凡召發兵士，或儲糧草，亦宜謹静，勿使喧煩。臣竊聞去年於户税上折科馬草，及官中和買，當買納未足之間，即有使臣催督貧下户婦女有行科校者。又聞汴河乾淺，遂分南河水添注汴河，以待

❶「以」，《四庫全書》本作「宜」，《咸平集》作「今」。

漕運。國家計度何在，而臨時一至於此？輦轂之下，豈無外國諜人？臣即不知國家見在軍儲支得幾年。若是無九年之糧，實爲無備。若是無三年之糧，實爲窘急。若不窘急，則何以科校婦女而納草，添注河水而待漕運也。

一、今國家富有天下，精卒利兵，計有百萬，然無將帥爲陛下治兵。昔吴起爲將，爲士卒吮癰。霍去病爲將，漢帝欲爲治第，去病曰：「匈奴未滅，豈以家爲。」竇嬰爲將，得所賜金千斤，陳於廡下，軍吏過者，則量取爲用。未諭陛下以今之將帥，如吴起、霍去病否？若以臣所見，即將帥必無其人。何以知之？將帥肯與士卒吮癰乎？若賜第宅，肯不要乎？將帥非材，即無威名，何以使匈奴望風而懼。今有居顯位，食厚禄，爲國之謀即不足，奉身之謀即有餘，何以副陛下致太平之心？何以致陛下成清静之理？然以臣所見，凡小小公事，不勞陛下一一用心。若以社稷之大計，爲子孫之遠圖，則在乎舉大略，求將相，務帝王之大體也。❶設如人欲理身，先理心，心無邪則身自正。欲理外，先理内，内既理則外自安。臣謂邊上動，由朝廷動之。邊上静，由朝廷静之。任賢相於内，則百職舉而紀綱振。委良將於外，則四夷服而邊鄙安。臣之愚衷，備於此矣。已然之患，既陛下遍訪直言。未然之虞，乞陛下常切留意。

一、已上條奏，悉是國家已然之事，所以勞陛下謀及卿士，詢于芻蕘，凡百臣寮，悉陳所見。然臣謂國家復有未然之事，得不爲陛下言之，得不爲陛下憂之。今戎主

❶「務」，原脱，今據《長編》補。

一姥而已，用黠虜爲謀主，頗有輕中國之志。今春夏必漸退，秋冬必復來，制之禦之，雖在前所籌數事而已。若將狄人禦之而不去，❶邊境備之而未寧，加以匈奴間諜於西蕃，漢家未斷其右臂，即秦隴千里之外，瓜、沙、玉關之西，恐非國家之所有。萬一兵歉相仍，寇盗多起，此時何以謀之？此時何以禦之？聖人不能不災，而能禦災。今陛下聖德合天，二邊無虞，萬里晏然，居安思危之計，得不由未然之事而豫防之。此亦禦戎之遠意也。

右臣備位掖垣，忝司誥命，祇奉睿旨，俾陳方略，昧於時事，思慮不精，然於狂愚，庶或可采。

端拱中，契丹撓邊，節度副使何承矩上疏曰：「臣幼侍先臣關南征行，熟知北邊道路川源之勢。若於順安砦西開易河蒲口，導水東注於海，東西三百餘里，南北五七十里，資其陂澤，築隄貯水爲屯田，可以遏敵騎之奔軼。俟期歲間，關南諸泊悉壅闐，即播爲稻田，其緣邊州軍臨塘水者止留城守軍士，不煩發兵廣戍，收地利以實邊，設險固以防塞，春夏課農，秋冬習武，休息民力，以助國經。如此數年，將見彼弱我强，彼勞我逸，此禦邊之要策也。其順安軍以西，抵西山百里許無水田處，亦望選兵戍之，簡其精鋭，去其冗繆。夫兵不患寡，患驕慢而不精。將不患怯，患偏見而無謀。若兵精將賢，則四境可以高枕而無憂。」太宗嘉納之。

真宗即位，李宗諤拜起居舍人，從幸大

❶「將」下，《咸平集》有「來」字。

名，上疏曰：

國家馭邊之術，制勝之謀，將帥之短長，兵衛之衆寡，宸算廟謨，盡在吾術中矣。今之言事者，不過請陛下益兵貯糧，分道掩殺，言之甚易，行之則難。始受命則無不以攻堅陷陣爲壯圖，及遇敵則惟以閉壘塞關爲上計，孤君父之重委，致生靈之重困，興言及此，誠可歎息。自古行軍出師，無不首擇將帥。夫將帥隨材任使，守一郡，控一城，分領驍勇，争據要害，又豈直三路主帥之名，然後能制六師生死之命乎？今陛下選任非不至也，權位非不重也，告戒非不丁寧也，處置非不專一也。而外敵犯塞，車駕親征，曾不聞出丁人一騎爲之救助，不知深溝高壘，秣馬厲兵，欲安用哉。臣以爲臨軍易帥，拔卒爲將，在此時也。有功者拔於朝，不用者戮於市，亦在此時也。惟陛下圖之，然後下哀痛之詔，行蠲復之恩，回鑾上都，垂衣當宁，豈不盛哉。

咸平元年，京西轉運副使朱台符上言曰：❶

臣聞蠻夷猾夏，帝典所載，商周而下，數爲邊害。或振旅薄伐，或和親脩好，歷代經營，斯爲良策。至於秦築長城而黔首叛，漢絶大漠而海内虚，逞志一時，貽笑萬代，此商鑑不遠也。頃者，晉氏失御，中原亂離，太祖深鑑往古，酌取中道，與民休息，遣使往來。二十年間，罕聞入寇，汰省戍邊之卒，不興出塞之兵。關防謐寧，府庫充溢，信深得制禦之道也。幽薊之地，實維我疆，

❶「符」，原作「苻」，今據《長編》卷四四咸年二年三月癸亥條、《宋史·朱台符傳》改。

尚隔混同，所宜開拓。太宗平晉之後，因其兵勢，將遂取之。人雖協謀，天未厭亂，螗斧拒轍，用稽靈誅。重興弔伐之師，又作遷延之役。自玆厥後，大肆兇鋒，殺略軍民，攻拔城砦，長驅深入，莫可禁止。當是時也，以河爲塞，而趙、魏之間，幾非國家所有。既阻歡盟，乃爲備禦，屯士馬，益將帥，芻粟之飛輓，金帛之委輸，贍給賞賜，不可勝數。繇是國家之食貨匱於河朔矣。陛下自天受命，與物更始，繼遷授節，黎桓加爵，咸命使者鎮撫其邦。惟彼契丹，未加渥澤，非所以柔遠能邇，昭王道之無偏也。今祥禫將終，中外引頸觀聽德音。臣愚以爲宜於此時赦契丹罪，擇文武才略習知邊境辨説之士，爲一介使，以嗣位服除，脩好隣國，往告諭之。彼十年以來，不復犯塞，以臣計之，力有不足，志欲歸嚮，而未得其間也。今若垂天覆之仁，假來王之便，必懽悦慕義，遣使朝貢。因與之盡捐前惡，復尋舊盟，利於貨財，許以關市，如太祖故事，使之懷恩畏威。則兩國既和，無北顧之憂，可以專力西鄙，繼遷自當革心而束手矣，是一舉而兩得也。

二年，度支判官梁顥扈蹕大名，詔訪群臣邊事，顥上疏曰：「臣聞自古用兵之道，在乎明賞罰而已。然而賞不可以獨任，罰不可以少失。故《兵法》曰：『罰之不行，譬如驕子之不可用。』又曰：『善爲將者，威振敵國，令行三軍。盡忠益時者，雖讎必賞。犯法敗事者，雖親必罰。』故孫武斬隊長而兵皆整，穰苴斬監軍而敵遂退。以此言之，兵法不可不正也。昨者命將出師，乘秋備塞，而傅潛奉明詔，握重兵，逗撓無謀，守障翫寇，老精兵於不用。以至蕃馬南牧，邊塵晝驚，河朔之民流移失所，魏博以北，蹂踐一空。遂致殘妖未殄，鑾輅親征，此所謂以賊遺君父者也。乃或赦而不問，則何以謝横死之民。或黜而不戮，則何以恢用兵之略。以軍法論之，固合斬潛以徇軍中，降詔以示天下。如此，則協前古之典章，戒後來之將帥，然后擇邊臣之可用者，就委用之。臣嘗讀漢史，李廣之屯兵行師也，無部伍行陣，就善水草，人人自便，不擊刁斗以自衛，遠於斥候，未嘗遇害，而廣終爲名將，士卒樂用。又唐高祖之備北邊也，選勁兵爲游騎，不齎軍糧，隨逐水草，遇敵則殺，當時以爲得策。願於邊將中不以名位高卑，但擇其武勇謀略素爲衆所推服者，取十人焉。人付騎士五千，器甲完備，輕齎糧糗，逐水草以爲利，往復扞禦。不令入郡邑，不許聚處，遇有寇兵，隨時掩捕。仍令烽候相望，交相救應。緣邊州郡守城兵帥，即堅壁以待之。遇游騎近城，掩殺邊寇，内量出兵甲援救。如此，則乘城者不堅閉壘門，免坐觀於勝負。捍邊者不苟依郡郭，可行備於寇攘。雖匪良籌，且殊膠柱。」時論頗稱之。

右司諫孫何論禦戎畫一利害十，奏曰：

臣聞禦戎之道，選將爲難。將求邊鄙之乂寧，必假英雄而鎮撫。居其位不可一日無其寵，得其人不可一日無其權。責成之效既多，錫命之儀須重。謹按《史記》，漢高祖將定三秦，擇良日齋戒，設壇場，拜韓信爲大將軍，部署諸將。❶魏故事，遣將出

❶「署」，原作「管」，宋人避宋英宗名諱改，今據《史記·淮陰侯列傳》回改。本篇下同。

征，符節即授節鉞，跪而推轂。北齊命將出征，則太卜諸廟灼龜，授旗鼓於廟。皇帝陳法駕，服衮冕，拜於太廟。遍告訖，降就中階，引上將操鉞授柄。將軍既執斧鉞，對曰：「國不可從外治，軍不可從中制，臣即授令，有鼓旗斧鉞之命，而無一言之命於臣。」帝曰：「苟利社稷，將軍以之。」將軍就載斧鉞而出，皇帝推轂度門曰：「從此已外，將軍制之也。」今國提封萬里，臣妾四夷，唯此契丹，獨迷聲教，暴犯我疆理，殺傷我士民。以陛下英武天資，睿謀神授，可以斷匈奴之右臂，焚老上之龍庭，而無戰之師，或聞挫衄，久安之地，亦被憑陵者，良由將帥或非其人，委任未能盡善，監制之臣寮稍衆，倚毗之恩禮猶輕。所賴陛下親御六師，按巡河朔，盡逐腥羶之類，方安黎庶之心。臣伏見駐泊、行營都部署，即古之將軍、大總管之任也。授任赴鎮之際，錫賜甚厚，公使稍優之外，縱握十萬之師，但受尺一之詔，前所謂築壇、告廟之禮皆闕而未建，良可惜也。又都部署、副部署之任，多是將領，久經勞苦，攀附鱗翼，特沐寵光，或決裂以無謀，或遷延而玩寇，所以動煩聖算，鮮有成功。謹按太公《六韜》，有妻子之將，有十人之將，百人之將，千人之將，萬人之將，百萬人之將，則風彩名聲，器度權變，亦不可不察之，察之亦不可不精也。伏乞於中外文武臣寮中，以將將之術，采赫赫之名，取其文武相資、智勇兼備者，盛其禮，重其權。使受命之初，可以聳動人聽。出疆之日，可以震懾虜庭。先是監陣先鋒之類，本用中官內使者，減去其半，皆以偏將爲之。庶其各禀指蹤，無憂掣肘。果用此道，則四塞可以高枕，萬里如有長城矣。設若探刺邊情，宣傳機事，必藉使者，以寧衆心，則乞於親信臣寮中選。如有所聞，亦乞閱其實事，然後指揮。

一、臣聞犬戎之爲患中國也久矣，周曰獫狁，漢曰匈奴，晉有五胡，周有蠕蠕，隋有突厥，唐有吐蕃。皆伺隙窺邊，乘間犯塞。蜂蠆有毒，殺掠吏民。豺狼無厭，吞噬亭障。前代憤其如此，亦嘗按劍憑怒，命將出征，或十萬以横行，或五千而深入。而犬羊之衆，種落繁滋，不諭文告之言，不以遯肥爲耻，蜂屯大漠，鳥散窮荒，有利即來，無得而去。中國奪其地不足耕墾，獲其人不足訓齊，徒勞師而費財，終有損而無益。故宣王之詩曰：「薄伐獫狁，至于太原。」蓋譬乎蚊虻螫人，驅之而已，終不與禽獸角乎勝負，螻蟻計其短長。唯始皇、孝武，秣馬利兵，長驅萬里，雖南牧暫息，而中國蕭然。故嚴尤以爲漢得下策，周得中策，秦無策焉。與夫保境庇民，訓兵練將，來則勿縱，去即勿追，固不可同年而語矣。且契丹者，腥羶小蕃，虵豕異類，料其土地，計其人民，固不敵中原之數郡。多行不義，公肆無厭，惡既貫盈，天當勦絶。但沿邊將吏等，亦有設奇沽譽，恃勇貪功：遇彼射鵰，便稱虜衆；逢其飲馬，即舉邊烽。間隙一生，干戈不已；及逢大敵，又怯先登。或堅壁以自安，或死戰而無益，兵連禍結，何莫由斯。伏乞嚴誡邊防，俾謹疆界，運權謀而制勝，嚴斥堠以防奸。彼將動以必知，此有謀而皆祕。若犬羊之侵軼，必在驅除；如將帥之張皇，亦宜禁戢。昔羊祜之鎮襄漢，李牧之守鴈門，破敵却胡，皆此術也。惟陛下不以臣愚而用其言，則邊民幸甚。

一、臣聞唐堯建國，有此冀方。廉頗帥

師，思用趙卒。蓋土風雄毅，民性剛方，静足以控壓四方，動可以驅除七狄。故杜牧有言曰：「河北視天下猶珠璣也，天下視河北猶四支也。」當六雄之角立，則大魏爲擾；洎三鎮之横行，則常山最盛。豈不以慣聞金鼓，狃習干戈，不憚轉餉之勤，不怨征戰之死。國家恭行天討，屢出王師，雖睿算所加，舉無遺策，靈旗所指，告厥成功。然推鋒陷堅之人，斬將搴旗之士，不居貝冀，必出邢洺。與夫河南之人，主客既已不同，勇怯又甚遼絶。伏惟陛下去冬已來，講求軍政，詳究武經，惻隱防虞，形於詔旨。憫疲民之轉粟，蠲彼賦租；念猛士以守方，優其月給。凡是廳直、静塞、雲翼、驍捷之類，皆降宣旨，昇爲禁軍，甚叶機宜，頗聞效用。但或聞沿邊屯駐、駐泊兵士等，尚多河南之人，亦有江、浙、西川、廣南等揀到軍伍。臣恐土宜既異，習俗不同，緩急之間，誤累邊事。况寓縣之地至廣，鎮守之處亦多，何必强其不能，違其本性。欲乞特降宣命，應是河南及江南、兩浙、西川、廣南軍人，並不令邊上駐泊、屯駐，却支分於别處防遏。一則使趙魏之士固彼疆埸，一則免吴蜀之人彰其畏懦。鬭志既皆齊一，軍聲亦皆雄豪。臣愚以爲斯事亦防秋備寇之大端，惟陛下采而行之。

孫何從幸大名，詔訪邊事，何上疏曰：

「陛下嗣位以來，訓師擇將，可謂至多，以高祖之大度，兼蕭王之赤心，神武冠於百王，精兵倍於前代。分閫仗鉞者，固當以身先士卒爲心，賊遺君父爲耻。而列城相望，堅壁自全，手握强兵，坐違成算，遂使腥羶得計，虵豕肆行，焚刼我郡縣，係累我黎庶。

陛下攄人神之憤怒，憫河朔之生靈，爰御六師，親幸澶、魏，天聲一振，敵騎四逃，雖鎮、定道路已通，而德、棣烽塵未息，此殆將帥或未得人，邊奏或有壅閼，隣境不相救援，糗糧須俟轉輸之所致也。將帥者何？或恃勇無謀，或忌功玩寇，但全城堡，不恤人民。邊奏者何？護塞之臣，固禄守位，城池焚刼，不以實聞，老幼殺傷，託言他盜。不救援者何？緣邊州縣，城壘參錯，如輔車脣齒之相依，若頭目手足之相衛，託稱兵少不出，或待奏可乃行。俟輦輸者何？敵騎往還，猋馳鳥逝，贏糧景從，萬兩方行，迨乎我來，寇已遁去。此四者，當今急務。擇將帥，則莫若文武之内，參用謀臣。防壅閼，則莫若凡奏邊防，陛見庭問。合救援，則莫若督以軍令，聽其便宜。運糗糧，則莫若輕齎疾馳，角彼趫捷。今大駕既駐鄴下，契丹終不敢萌心南牧，所慮薦食者，惟東北無備之城，繕完周防，不可不慎。且蜂蠆有毒，豺狼無厭。今契丹西畏大兵，北無歸路，獸窮則搏，物不可輕，餘孽尚或稽誅，奔突亦宜預備。大河津濟，處處有之，亦望量屯禁兵，扼其要害，則請和之使，不日可待。」真宗覽而嘉之。

契丹南侵，屢遣内侍以密詔問禦遏之計，密封以獻。嘗詔聽邊民越拒馬河塞北市馬。何承矩上言曰：「緣邊戰櫂司自淘河至泥姑海口，屈曲九百餘里，此天險也。太宗置砦二十六，鋪百二十五，廷臣十一人，戍卒三千餘，部舟百艘，往來巡警，以屏姦詐，則緩急之備，大爲要害。今聽公私貿市，則人馬交度，深非便宜，且砦、鋪皆爲虚設矣。」疏奏，即停前詔。

三年，承矩知雄州，又上言曰：

契丹輕而不整，貪而無親，勝不相讓，敗不相救。以馳騁爲容儀，以弋獵爲耕釣。櫛風沐雨，不以爲勞。露宿草行，不以爲苦。復恃騎戰之利，故頻年犯塞。臣聞兵有三陣：日月風雲，天陣也。山陵水泉，地陣也。兵車士卒，人陣也。今用地陣而設險，以水泉而作固，建設陂塘，綿亘滄海，縱有敵騎，安能折衝？昨者契丹犯邊，高陽一路，東負海，西抵順安，士庶安居，即屯田之利也。今順安西至西山，地雖數軍，路纔百里，縱有丘陵岡阜，亦多川瀆泉源，因而廣之，制爲塘埭，自可息邊患矣。

今緣邊守將多非其才，不悅詩書，不習禮樂，不守疆界，制御無方，動誤國家，雖提貔虎之師，莫遏犬羊之衆。臣按兵法，凡用兵之道，校之以計而索其情，謂將孰有能，天地孰得，法令孰行，兵衆孰强，士卒孰練，賞罰孰明，此料敵制勝之道也。知此而用戰者必勝，否則必敗。夫惟無慮而易敵者，必擒於人也。伏望慎擇疆吏，出牧邊民，厚之以奉禄，使悦其心，借之以威權，使嚴其令。然後深溝高壘，秣馬厲兵，爲戰守之備。修仁立德，布政行惠，廣安輯之道。訓士卒，闢田疇，勸農耕，畜芻粟，以備凶年。完長戟，修勁弩，謹烽燧，繕保戍，以防外患。來則禦之，去則備之，如此則邊城按堵矣。

臣又聞古之明王，安集吏民，順俗而教，簡募良材，以備不虞。齊桓、晉文皆募兵以服鄰敵，故强國之君，必料其民有膽勇者聚爲一卒，樂進戰效力以顯忠勇者聚爲一卒，能踰高赴遠輕足善鬬者聚爲一卒，此三者兵之練鋭，内出可以決圍，外入可以屠城。況大小異形，强弱異勢，險易異備。卑身以事强，小國之形也。以蠻夷伐蠻夷，中國之形也。故陳湯統西域而郅支滅，常惠用烏孫而邊部寧。且聚膽勇、樂戰、輕足之徒，古稱良策，請試行之。且邊鄙之人，多負壯勇，識外邦之情僞，知山川之形勝。望於邊郡置營召募，不須品度人才，止求少壯有武藝者萬人。俟契丹有警，令智勇將統而用之，必顯成功，乃中國之長算也。

工部侍郎、集賢學士錢若水答詔論邊事，奏曰：

臣官忝貳卿，曾叨大用，國家得失，臣合先言。但以仲夏朝廷舉兵以來，秋末犬戎鈔邊之後，凡有機事，臣莫得聞。是以不敢上言，恐成狂瞽。今陛下躬擐甲冑，蒙犯雪霜，駐蹕大名，已踰旬浹。一日遍詢輿論，明發德音，大率不過即今禦戎之策，將來安邊之術耳。唯兹二事，試爲陛下言之。

臣聞孫武著書，以伐謀爲上。漢高將將，以用法爲先。伐謀者何？蓋將帥料敵制勝也。用法者何？蓋朝廷能賞罰不私也。今傅潛領數萬雄師，閉門不出，坐看戎虜俘掠生民，上則孤陛下委注之恩，下則挫陛下鋭師之氣，此蓋傅潛不能制勝，朝廷未能用法使然也。軍法：臨陣不用命者斬。若陛下明申重法，斬潛以徇，然後擢如楊延昭，楊嗣者五七人，增其爵秩，分授兵柄，使各將萬人，間以强弩，令分路討除，孰敢不用命哉。犬戎聞我將帥不用命，退則有死，豈不懼慴。豈獨思遁邪，亦來歲不敢犯邊矣。如此，則不出半月，可以坐清邊塞，然後鑾輅還京，陛下威聲振四海矣。臣嘗讀

《五代史》，見周世宗即位之始，劉崇結犬戎，遣大將楊衮領騎數萬隨崇至高平。當時懦將樊愛能、何徽等臨敵不戰，世宗知之，翌日大陳宴會，斬愛能、徽等，拔偏將十餘人，令分兵擊太原。劉崇聞之，股慄不敢出，犬戎即日而遁，是以兵威大振。爾後收淮甸，下秦鳳，平關南，如席卷耳。以陛下睿聖神武，豈愧于周世宗乎。此所謂即今禦戎之策也。

其將來安邊之術，臣不敢廣引前事，慮煩聖聰，止以近事言之。太祖朝制置最得其宜，❶止以郭進在邢州，李漢超在關南，何繼筠在鎮定，賀惟忠在易州，李謙溥在隰州，姚内斌在慶州，董遵誨在通遠軍，王彦昇在原州，然但得沿邊巡檢之名，不授行營部署之號，❷皆十餘年不易其任，立功者厚加賞賚，其位皆不至觀察使。位不高則朝廷易制，久不易則邊事盡知，然後授以聖謀，不令生事，來則掩殺，去則勿追。所以十七年中，北戎、西蕃不敢犯塞，以至屢遣戎使，先來乞和。此皆布在耳目，陛下之所知也。伏望遵太祖之故事，察下臣之愚衷，精擇名臣，分理邊場。罷部署之號，使其不相統臨。置巡檢之名，俾其遞相救應。如此，則出必擊寇，入則守城，不數年間，可致邊烽罷警矣。

若水知開封府，時北邊未寧，内出手札訪若水以策。若水陳備邊之要有五：「一曰擇郡守，二曰募鄉兵，三曰積芻

❶「置」，原脱，今據《長編》卷四五咸平二年十二月丙子條、《宋史·錢若水傳》補。

❷「署」，原作「管」，宋人避宋英宗名諱改，今據《長編》改回。本篇下同。

粟，四曰革將帥，五曰明賞罰。

「何謂擇郡守？ 今之所患，患在戰守不同心。 望陛下選沉厚有謀諳邊事者，任爲邊郡刺史，令兼緣邊巡檢，許召勇敢之士爲隨身部曲。 廩贍不充則官爲支給。 然後嚴亭障，明斥候，每得事宜，密相報示。 寇來則互爲救應，齊出討除。 寇去則不令遠追，各務安静。 苟無大過，勿爲替移。 儻立微功，就加爵賞。 如此則戰守必能同心，而敵人不敢近塞矣。

「何謂募鄉兵？ 今之所患，患在不知敵情。 望詔逐州召邊民爲招收軍，給與糧賜，蠲其賦租。 彼緣兩地之中，各有親族，使其懷惠，來布腹心。 彼若舉兵，此必預知，苟能預知，則百戰百勝矣。

「何謂積芻粟？ 今之所患，患在困民力。 望陛下令緣邊各廣營田，以州郡長官兼其使額，每歲秋夏，較其課程，立旗鼓以齊之，行賞罰以勸之。 仍縱商人入粟緣邊。 儻鎮戍有三年之備，則敵人不敢動矣。

「何謂革將帥？ 今之所患，患在重兵居外，輕兵居内。 去歲傅潛以八萬騎屯中山，魏博之間鎮兵全少，非鑾輅親征，則城邑危矣。 望陛下慎選將臣，任河北近鎮，仍依舊事節制邊兵，未能削部署之名，望且減行營之號。 有警則暫巡邊徼，無事則却復舊藩。 豈惟不啓戎心，况復待勞以逸。 如此，則不失備邊之要，又無舉兵之名，且使重兵不屯一處，進退動静，無施不可矣。

「何謂明賞罰？ 今之所患，患在戍卒驕惰。 臣自知府以來，見侍衛、殿前兩司送到邊上亡命軍卒，人數甚多。 臣試訊之，皆以思親爲言，此蓋令之不嚴也。 平時尚敢如此，况臨大敵乎？ 望陛下以此言示將帥，俾申嚴號令，以警其下。古人云：「賞不勸謂之止善，罰不懲謂之縱惡。」又曰：「法不可移，令不可違。」臣嘗聞郭進出鎮西山，太祖每遣戍卒，必諭之曰：「汝等謹奉法。我猶赦汝，郭進殺汝矣。」其假借如此，故郭進所至，未嘗少衂。陛下能鑑前日之事，即今日之元龜也。」

若水又言：「邊部用兵，唯視太白與月爲進退者，誠以太白者將軍也，辰星者廷尉也。合則有戰，不合則無戰。合於東則主勝，合於西則客勝。陛下能用臣言以謹邊備，則邊部不召而自來矣。太祖臨御十七年間，未嘗生事疆埸，而敵人往往遣使乞和者，以其任用得人而備禦有方也。陛下苟思兵者凶器，戰者危事，而不倒持太阿，授人以柄，則守在四夷，而常獲静勝，此備禦之上策也。」

右正言直集賢院趙安仁答詔論邊事上奏曰：

臣以爲當今有急務者三，❶經久有大要者五。

急務三者：其一激勵戎臣，舉賞罰之典。何者？自防秋以來，有保一軍、守一壘而有功者，有握重兵、居重地而無功者，故未能屏黠虜之迹，止猾夏之謀。今若有功者被加等之賞，益以强兵，使居要害之地；無效者奪主兵之柄，賜之重罰，以懲逗撓之失，則軍威自振，虜塵自消，故賞罰不可不舉也。其二振救邊民，行優卹之惠。何者？自犬戎入寇以來，邊民有鬭敵之時

❶「三」，原作「二」，今據《長編》卷四五咸平二年十二月丙子條改。下一「三」字同。

没於兵刃者，遣使收瘞之。有骨肉支離、廬舍焚毁者，本部撫卹之。有保守城壘失於種蒔者，❶有司給復之。故優恤不可不行也。其三請車駕還京，重神武之威。陛下光宅中興，照臨四海，以一方之騷動，勞萬乘之撫巡。今封疆之臣，既行信賞，邊鄙之俗，又叶來蘇，所宜歸奉宗祧，以安遠近，則神武不可不重也。

大要五者：其一選將略。當今兵卒素練而其數甚廣，用之邊方，立功至少，誠由主將之無智略也。豈非有一夫之勇者，不足以爲萬人之敵乎？昔郤縠爲將，敦《詩》閱《禮》。杜預平吴，馬上治《春秋》。蓋儒學之將，則洞究存亡，深知成敗，求之今世，亦代不乏賢。太祖、太宗親選天下士，令布在中外，不啻數千人。其間有材武、知兵法、可以爲將者，固有之矣。若選而用之，則總戎訓旅，安邊制敵，不猶愈於一夫之勇者乎？况其識君臣父子之道，知忠孝逆順之理，與夫不知書者，固亦異矣。其二持兵勢。京師，天下之根本也。澶、魏，河朔之咽喉也。鎮、定，股肱之地也。是知根本在乎深固，咽喉在乎控制，股肱在乎運用。蓋用兵衆寡，貴得其宜。若支大於體，末重於本，是以利器授人也。其三求軍謀。古者用軍必有成算，諮謀籌畫，以贊戎機。比來用軍，都無此選。自今凡命將守邊，仍取識孤虚成敗、知寇戎情狀者爲參謀，入官階資，優與選職。❷况今武舉，已議復行，其軍謀宏遠、武藝絶倫科，望依唐室故事，復開

❶「有保守」至「神武之威」三十五字，原脱，今據《長編》補。

❷「選職」，《長編》作「遷陟」。

此選。其四修軍政。古之名將，必得衆心，師克在和，戰則必勝，投醪挾纊，史册具陳。若非畏愛兼行，豈得士卒樂用。故《穀梁傳》云：「善爲師者不戰。」言敵人畏其法令也。今之將帥，請先以軍政能不黜陟之，則人人自謹於法令矣。其五愛民力。國家邊備尚嚴，經費猶廣，今歲輦運，固已重勞。苟或可議蠲租，❶與免緣科折變，不須給復，可息疲羸，仍望特戒有司，務令省事，用全民力，以備軍須。陛下以上聖之資，兼神武之略，盪平醜虜，止在朝夕。臣之狂言，姑以竭愚忠之一效，烏足以資廟勝之成算也。

歷代名臣奏議卷之三百二十二

本卷王鵬校點

❶「可」，原作「未」，今據《長編》改。

歷代名臣奏議卷之三百二十三

禦邊

宋真宗咸平四年，兵部尚書張齊賢論陝西事宜，上奏曰：

臣竊見昨者清遠軍陷没以來，青崗寨燒棄之後，靈武一郡，援隔勢孤，賊遷必窺覘城池，刼脅熟户，兵力傷沮，難固壘垣。况塞北未寧，方有調發，若果分兵西面，亦恐兩失機宜。以今日西鄙事勢言之，窮討則不足，防遏則有餘，其計無他，惟在激勵自來與繼遷有讐蕃部，招誘遠處大族首領，啗之以官爵，誘之以貨財，推恩信以導其誠，述利害以激其志。若山西蕃部響應，遠處族帳傾心，則兇醜之勢滅矣。以弓箭手及旋點義軍對本城兵士，臣責得十三州軍有二萬餘人，若更於他州及近處對替，又合得五六千人，其本城兵士試加料揀，亦甚有材勇可捍邊者。若沿邊兵得及五萬餘，更誘蕃部，踰十數萬，但彼出則我歸，東備則西擊，使其奔命不暇，矧更能外侵哉。仍許蕃漢兵獲得馬畜貲財，悉令自取，明行曉諭，遠近皆知，則蕃漢將士之心，孰不見利争進？

今靈州軍民不翅六七萬，陷之死地，危難可知。臣又慮賊遷謂來春必發兵救援靈武，於我未舉兵之際，盡驅虵豕，併力攻圍，則靈州孤城，亦必難固。萬一陷失，賊勢益增，縱使多聚兵革，廣積財貨，亦難保必勝矣。所以臣乞封潘羅支爲六谷王，及厚賜金帛，仍先敦諭，彼必向風，恐遷賊旦暮用兵，斷彼族賣馬之路。苟朝廷信使得達潘羅支，則泥埋等族、西南遠蕃不難招輯。西蕃既已禀命，沿邊兵勢自雄，則鄜、延、環、慶之淺蕃，原、渭、鎮戎之熟户，自然齊心討賊，竭力聖朝。設能與對替兵甲及駐泊軍馬，互爲聲援，伺間而興，則萬山聞之，必不敢於靈州、河西頓兵矣。萬山退縮，則賀蘭山蕃部亦稍叛遷賊矣。如此，靈州孤壘，未至憂虞。

今議者謂六谷虛名終宜吝惜，❶靈州孤壘翻未籌量，與其濫賞而收羌夷之心。臣謂濫賞之失輕矣，苟若蹙地而稔豺狼之勢，則蹙地之恥大矣。今議者不過曰名器不可假人，刑賞不可濫及。此乃聖人治中國之道，非議於夷狄者也。陛下即位之初，以銀夏一管，盡與繼遷，委高爵於匪人，屈王臣於穹帳，分儲廩以悦其志，輦金帛以慰其心，有以見陛下愛全生靈，耻用凶器，惠此中國，以綏四方者也。朝廷於遷賊之恩，可謂厚矣，殊不知契丹慮遷賊感大國之恩，斷右臂之勢，防患甚切，其謀甚深，置王爵以賜之，遣戎使以鎮之。王爵至，則旌節之命輕矣。旌節之命，適所以資之也。戎使至，則動静皆伺之，向背之心異矣。我使往，適所以堅之也。夫西平之命，亦虛名也。契丹命之，有何損哉。以今日言之，當時之策，豈不爲失乎？

且六谷者，西北之遠蕃也，羌夷之内，推爲雄豪。若於平時，但以市馬，須示羈縻，則一懷化將軍亦已厚矣。酌今日事體，似失權宜，兼恐今後邊事兵機，更有準前失

❶「虛」，《長編》卷四九咸平四年十月丁未條作「美」。

中，即於國家大有妨損。昨清遠之陷，是使奸宄轉成豐富，兵民官吏六七千餘，或含恨重泉，或永囚異域，傷和致沴，思之痛心。顧惟靈州，還同穽獸，外則虞寇戍之逼，內則憂變故之生，朝夕之間，垂餌虎口。然而握兵者畏懦逗遛，坐觀覆敗，運籌者安然自若，曾不憂邊。臣雖至愚，不勝忠憤。且戎虜之性，變詐多端，必恐醜類之謀，潛俟開隙。伏望明諭邊將，內備外虞，臣不任憂國思報之至。

齊賢又請調江淮荆湘丁壯八萬，以益防禦，朝議以爲動摇，兼澤國人民，遠戍西鄙亦非便，計遂寢。齊賢又言：「靈州斗絶一隅，當城鎮完全、磧路未梗之時，中外已言合棄，自繼遷爲患以來，危困彌甚。南去鎮戎約五百餘里，東去環州僅六七日程，如此畏途，不須攻奪，則城中之民何由而出，城中之兵何由而歸？欲全軍民，理須應接。爲今之計，若能增益精兵，以合西邊屯駐、對替之兵，從以原、渭、鎮戎之師，率山西熟户從東界而入，嚴約師期，兩路交進。設若繼遷分兵以應敵，我則乘勢而易攻。且奔命道途，首尾難衛，千里趨利，不敗則禽。臣謂兵鋒未交，而靈州之圍自解。然後取靈州軍民，而置砦於蕭關、武延川險要處以僑寓之，如此則蕃漢土人之心有所依賴。裁候平寧，却歸舊貫，然後縱蕃漢之兵，乘時以爲進退，則成功不難矣。」時不能用，未幾靈武果陷。

齊賢改吏部尚書，上疏言曰：

臣在先朝，常憂靈、夏兩鎮終爲繼遷并吞，言事者以臣所慮爲太過，略舉既往之事以明本末。當時臣下皆以繼遷只是懷戀父祖舊地，別無他心，先帝與以銀州廉察，庶滿其意。爾後攻刧不已，直至降麟、府州界八部族蕃酋，又脅制賀蘭山下帳族，言事者猶謂封奬未厚。洎陛下賜以銀、夏土壤，寵以節旄，自此姦威愈滋，逆志猶暴。屢斷靈州糧路，復撓緣邊城池，數年之間，靈州終爲吞噬。當靈池、清遠軍垂欲陷没，臣方受經略之命。臣思繼遷須是得一兩處强大蕃族與之爲敵，此乃以蠻夷攻蠻夷，古今之上策也。遂請以六谷名目封潘羅支，俾其展效。其時近臣所見，全與臣謀不同，多爲沮撓。及繼遷爲潘羅支射殺，邊患謂可少息。今其子德明依前攻刧，析逋遊龍鉢等盡在部下，其志又似不小。臣慮德明乘大駕東幸之際，去攻六谷，則瓜、沙、甘、肅、于闐諸處漸爲控制矣。向使潘羅支尚在，則德明未足爲虞。今潘羅支已亡，厮鐸督恐非其敵。望委大臣經制其事。

咸平中，詔近臣議靈州棄守之事，左司諫知制誥楊億奏曰：

臣奉御劄子：「朕常覽古書，備詳邊事。得其人則舉無遺策，失其事則謀之不臧。朕三復斯文，終朝在念。未嘗不察言觀行，捨短從長，希戮力於邦家，冀太康於宇縣。其如妖氛不息，邊塞未寧，北狄雖具於隄防，西鄙尚多於艱阻。靈武是中原巨屏，平夏乃近域小蕃，久興虵豕之心，常作壃埸之患。阻絶道路，侵犯軍城，狂妖轉恣於無厭，大郡翻成於孤壘。縱之則終成暴亂，討之則慮困生靈。兩途宜在於咨詢，百中須從於籌略。卿職當綸綍，位列清華。披經史之遺文，大資智略；觀古今之盛事，必蘊機謀。黠虜用何策以翦除？靈州以何方而廢置？棄之則有何利害？存之則有何便宜？專聽必當之謀，無吝酌中之論。分明擘畫，密具奏聞。用符果決之誠，以副蕩滌之望者。」

竊以詢于芻蕘，前王之盛德；謀及卿士，載籍之格言。蓋所以竭盡下情，詳求中道，使舉無失策，動必有成，斯聖皇慎重之至也。然而狂夫之言，聖人擇焉。謀之欲多，斷之在獨。伏惟皇帝陛下清問之宴，親紆睿覽，言可用者，行之不疑。臣某幸甚幸甚。

臣嘗讀舊史，見漢武北築朔方之郡，平津侯諫，以爲罷敝中國，以奉無用之地，願罷之。上使辯士朱買臣等發十策以難平津，平津不能對。臣以爲平津侯爲漢賢相，深明經術，習知利害。屬武帝以雄侈自任，志在開拓，買臣等以詞辯獲進，並侍左右。前史又稱平津每朝會議論，但開陳其端，使人主自擇，不肯面折廷諍。由此言之，非不能折買臣之舌，蓋所以將順人君之意耳。即朔方之非便，有自來矣。且其地非《禹貢》九州之内，非《周官》職方所領。在要荒之外，固聲教不及。元朔中，大將軍衛青攘却匈奴，取其河南地以列置郡縣。今靈州是赫連果地，後魏置州。蓋朔方之故墟，即匈奴之舊壤，僻介西鄙，懸絶諸華，數百里之間，無有水草，烽火不相應，亭障不相望。當邊境謐寧，羌戎即叙，道路不壅，饟饋無虞，猶足以張大國之威聲，爲中原之扞蔽。自胡雛作梗，邊邑屢驚，雜虜爲其脅從，兇黨因而猖熾。待之以爵賞，頗驕蹇而不恭；討之以甲兵，又遁逃而無獲。凡有羸糧之役，必興狙擊之謀。每至靈武轉輸，大須發卒防援。離去内地，皆無鬬心，經涉畏途，多有菜色。自曹光實、白守榮、馬紹忠及王榮之敗，資糧扉屨，所失至多，將士丁夫，相枕而死。以至募商人入穀輸帛，償以數倍之價，復於積石之孤壤，别築清遠之一城。邊民繹騷，國帑匱乏，既不能制黠虜之死命，又不能救靈武之急難。數年之間，兇黨逾盛。靈武危堞，巋然僅存。河外五城，繼聞陷没。但堅壁清野，坐食糗糧。閉壘枕戈，苟度朝夕。且使賊遷横行沙漠，俶擾壃陲，擊列鎮之戍兵，侵屬國之蕃部。雖有警急，無候望而得知；縱或憑凌，但繕完而自保。未嘗出一兵、馳一騎，敢與虜捔。此靈武之存，無益明矣。平津所言罷敝中國以奉無用之地，正爲今日也。臣以爲存之有大害，棄之有大利。

且如國家募人入粟，價以十倍之直。發卒轉餉，涉兹不毛之地。此古人所謂率二十鍾而致一石，敺民於死地者也。今或棄之，即可以歲省戍卒，分守内郡。一卒之費，可給十夫。國家無飛芻輓粟之勞，士卒免暴露流離之苦。必謂廢之，即虧失土地，傷損威重。且如堯、舜、夏禹，聖之盛者也，地不過數千里，而明德格天，四門穆穆。武丁、成王，商、周之明主也，然地東不過江、黄，西不過氐、羌，南不過荆蠻，北不過太原，而頌聲並作，號爲至治。及秦、漢拓土，窮兵遠略，雖疆理益廣，而干戈日尋，府庫之資財屢空，生靈之肝腦塗地，校功比德，豈可同年而語哉。夫蝮蛇螫手，壯士斷腕，蟻壤不塞，將漏山阿。今靈武之存，爲害甚於蝮蛇。供饋之費，爲蠹逾於蟻壤。無鴻毛之益，有泰山之損。豈可忽遠大之略，徇悠悠之談。昔西漢賈捐之嘗建議棄朱崖，當時公卿亦有異論，元帝能排衆多之説，奮獨見之明，下詔廢之，人頌其德。元帝之意，寧欲自棄其地？當其内屬爲郡，固已置吏而拊循；及其稱兵搆亂，豈可勞民而征戍？故其詔書曰：「議者以棄朱崖，羞威不行。夫通于時變，即憂萬民。萬民之饑餓，危孰大焉？且宗廟之祭，凶年不備，況乎避不嫌之辱哉。」臣以爲正與今日靈武之事相類。當羌夷寧謐，靡有寇孽，可以存而勿論。及勞師費財，無益保障，固宜廢而不舉，何足以傷威重而貽羞辱哉。必以失地爲言，即燕薊八州，河湟五郡，所失多矣，何必此爲？

議者又以西北諸蕃，戎馬是産，資其控制，以通貿易。環、慶諸州，内附蕃落，藉其屏翰，以免驚騷。此又迂闊之甚。且戎人爲利所誘，故牙市於邊關。蕃部之族自强，故能庇於種類。必來寇於環、慶，固無隔於藩籬。百雉危城，千里懸隔，自救不暇，豈及於他。議者又以其土田沃饒，有漢陂之利，恐賊遷因而播種，益以富强。況戎人但以攻剽爲能，罔知耕稼之事。河隴之外，棄地甚多，延袤百城，提封萬井，西漢屯田之所，疆畔猶存，儻事力耕，可以積穀，何必獨耕靈武，乃能足食？若靈武於賊有大利，即是必争之地，當朝夕攻取，豈至於今？皆爲孟浪之談，殊非經久之計。況又歲有調發，動致敓斁。借寇兵而賫盗糧，竭民力而耗國用，爲患之大，無出於斯，雖庸人豎子，亦知其可棄也。

然自清遠淪陷，斥候不通，孤城之人，如釜中之魚躍，黠虜之勢，若崑山之火炎。朝廷必欲棄之，須牙璋徵兵，靈旗直指，約賫深入，執殳前驅，鼓行賊中，傳于城下，然後合其將卒，遷其人民，隳城復隍，塞井夷竈，乃爲棄也。臣伏料國家物力尚屈，未暇此行，雖曰棄之，亦空言耳。今一城生齒，正在焚溺之中，咸懼必死，以是憂思自脱而無路。若陛下愼選單介，間道而行，齎持詔書，宣布王命，令其盡焚廬舍，自狀而歸，丁壯悉令持兵，老幼以之襁負。古稱歸師不可遏，又曰置之死地而後生之。當此之時，人百其勇，臨難思免，其鋒莫當。國家又須申命偏師，揚言出塞，軍聲既振，賊勢自分。即靈州東遷之民，不虞邀擊之患，雖有掠刼，易爲枝梧。且國家所惜者士民，所急者財用，豈可以驍果之旅，委於餓虎之蹊，府藏之實，塡於盧山之壑？今若棄去靈武，退守環、慶，卒免戍於絶域，民思保其室家。供饋不出於郊圻，恩德自淪於骨髓。民力不竭，士氣益揚，何敵不摧？何戎不克？恭惟陛下欲康宇縣，慮困生靈，求必當之謀，思酌中之論。臣以靈州之廢置，計無出於此，望陛下採之而已。

陛下又憤兹黠虜，思欲翦除。臣以爲不可黷武以窮兵，止可伐謀而制勝。臣竊料賊遷睢盱邊塞之外，倔强沙漠之中，脅制諸羌，嘯聚不逞，無耕農之業，無蠶織之工。爲鼠竊之謀，以資衣食；聚烏合之衆，以擾塞垣。致蕃夷之服從，用兇威而驅迫，非有厚利，能誘其人？朝廷今廢棄靈州，每歲更無饋運，絶其覬望，何所窺圖？此困賊遷之一也。平夏之西，池鹽斯在，先是貿易粟麥，用資餱糧。今條禁甚嚴，法網尤密，無敢踰越，漸致攜離，此困賊遷之二也。嚴敕疆吏，謹奉國經，辯其非常，禁其闌出，使竹頭木屑不遂其求，狗盜雞鳴無施其巧，游魂空磧，坐抵困窮，此困賊遷之三也。然須精選鋭師，分守邊地，慎擇名將，授之廟謀。訓練驍雄，隄防侵軼，驗其走集，明其偵候。苟鴟張而豕突，必烽舉以燧燔，併力翦除，分路驅逐。如秦人之鹿，掎角以攻；譬常山之蛇，首尾相應。蕞爾兇醜，坐致滅亡。臣竊見太祖朝命姚内斌領慶州，董遵誨領環州，二人所統之兵，纔五六千而已，閫外之事，一以付之，軍市之租，不從中覆，用能士卒効命，❶羌夷畏威，朝廷無旰食之憂，壃埸無羽書之警。臣欲望陛下於武臣中選有將帥之才、知邊鄙之事者三數人，分布諸郡，各量其所將兵多少付之。除廪禄之外，賜與一大縣租賦，恣其犒設。令開幕府，辟召髦俊，爲之僚佐，咨以策略。勇力之士，禀其指蹤之用。軍旅之政，許以便宜而行。儻賊還侵邊郡軍城，擾内屬蕃部，並脣齒相援，腹背夾攻。或戰馬正肥，戎士思奮，即徵發内屬討虜生羌，俘獲之餘，盡分麾下。且戎人利於降附，羞迫兇渠。儻撓之以勁兵，示之以大信，懷荒振遠，推亡固存，出金帛以購酋豪，懸爵秩以寵降附，明立賞格，厚答戰功，即賊還之腹心，稍稍奔潰，親離衆叛，事去運乖，煢煢獨夫，誰與爲伍？但塞外一胡人耳，安能與大邦爲讐哉。陛下若欲謀成廟堂，功在漏刻。臣以爲此虜方黠，其財猶豐，腥羶之群，如臂使指，未可以歲月破也。直須廢棄靈州，退保環、慶，然後以計困之耳。如臣之策，祇得三兩驍將，付以一二萬精卒，以數縣租賦給其用度，令分守邊郡，賊還可以計日成禽，朝廷可以高

❶「効」，原作「劾」，今據《四庫全書》本、《宋文鑑》卷四二《論靈州事宜》改。《長編》卷五〇咸平四年十二月丁卯條、《宋朝諸臣奏議》卷一三〇《上真宗論靈州爲便》作「致」。

枕無事矣。臣從事儒學，豈知軍旅，耳剽日久，心知其然，輒罄謏聞，仰祇清問。談不稽古，詞非據經。進思盡忠，蓋事君之無隱。謀或可用，豈以人而廢言。

刑部郎中陳貫上形勢、選將、練兵論三篇，大略言：

地有六害。今北邊既失古北之險，然自威虜城東距海三百里，沮澤磽确，所謂天設地造，非敵所能輕入。由威虜西極狼山，不百里，地廣平，利馳突，此必争之地。凡争地之利，先居則佚，後趨則勞，宜有以待之。昔李漢超守瀛州，契丹不敢視關南尺寸地。今將帥大抵用恩澤進，雖謹重可信，卒與敵遇，方略何從而出邪？故敵勢益張，兵折於外者二十年。方國家收天下材勇以備禁旅，賴廩給賜予而已。恬于休息，久不識戰，可以衛京師，不可以戍邊境。請募土人隸本軍，籍丁民爲府兵，使北捍契丹，西扞夏人。敵之情僞，地勢之險易，彼皆素知，可不戰而屈人之兵矣。

都巡檢使、平州刺史李繼和，命兼涇、原、儀、渭鈐轄。時繼遷未弭，命張齊賢、梁顥經略，因訪繼和邊事。繼和上言：

鎮戎軍爲涇、原、儀、渭北面扞蔽，又爲環、慶、原、渭、儀、秦熟户所依，正當回鶻、西凉、六谷、吐蕃、咩逋、賤遇、馬臧、梁家諸族之路。自置軍已來，克張邊備，方於至道中所葺，今已數倍。誠能常用步騎五千守之，涇、原、渭州苟有緩急，會于此軍，并力戰守，則賊必不敢過此軍。而緣邊民户不廢耕織，熟户老幼有所歸宿。

此軍苟廢，則過此新城，止皆廢壘。有

數路來寇：若自隴山下南去，則由三百堡入儀州制勝關；自瓦亭路南去，則由彈箏峽入渭州安國鎮；自清石嶺東南去，則由小盧、大盧、潘谷入潘原縣；若至潘原而西則入渭州，東則入涇州；若自東石嶺東公主泉南去，則由東山砦故彭陽城西並入原州。其餘細路不可盡數。如以五千步騎，令四州各爲備禦，不相會合，則兵勢分而力不足禦矣。故置此城以扼要路。即今自靈、環、慶、鄜、延、石、隰、麟、府等州以外河曲之地，皆屬於賊，若更攻陷靈州，西取回鶻，則吐蕃震懼，皆爲吞噬，西北邊民將受驅刼。若以可惜之地，甘受賊攻，便思委棄，以爲良策，是則有盡之地，不能供無已之求也。臣慮議者以調發芻糧擾民爲言，則此軍所費，止出四州，地里非遥，輸送甚易。又劉綜方興屯田，屯田若成，積蓄有備，則四州税物，亦不須得。

況今繼遷强盛，有踰曩日。從靈州至原、渭、儀州界，次更取皺子山以西接環州山内及平夏，❶次并黄河以東以南、隴山内外接儀州界，及靈州以北河外。蕃部約數十萬帳，賊來足以鬭敵，賊還未盛，不敢深入。今則靈州北河外、鎮戎軍、環州並北徹靈武，平夏及山外黄河以東族帳，悉爲繼遷所吞，縱有一二十族，殘破奔迸，事力十無二三。自官軍瀚海失利，賊愈猖狂，群蕃震懼，絶無鬭志。兼又咸平二年棄鎮戎後，繼遷徑來侵掠軍界蕃族，南至渭州安國鎮北一二十里，西至南市界三百餘里，便於蕭關屯聚萬子、米逋、西鼠等三千，以脅原、渭、靈、環熟户，常時族帳謀歸賊者甚多。賴聖

❶「更」，原作「東」，今據《宋史·李繼和傳》改。

謨深遠，不惑群議，復置此軍，一年以來，蕃部咸已安集，邊民無復愁苦。以此較之，則存廢之説，相失萬倍矣。

又靈州遠絶，居常非有尺布斗粟以供王府，今關西老幼，疲苦轉餉，所以不可棄者，誠恐滋大賊勢，使繼遷西取秦、成之群蕃，北掠回鶻之健馬，長驅南牧，何以枝梧。昨朝廷訪問臣送芻糧道路，臣欲自蕭關至鎮戍城砦，西就胡盧河川運送。但恐靈州食盡，或至不守，清遠固亦難保，青岡、白馬曷足禦扞，則環州便爲極邊。若賊從蕭關、武延、石門路入，縱鎮戎有五七千兵，亦恐不敵，即回鶻、西凉路亦斷絶。

伏見咸平三年詔書，緣邊不得出兵生事蕃夷，蓋謂賊如猛獸，不怫其心，必且不動。臣愚慮此賊他日愈熾，不若聽驍將鋭旅屢入其境，彼或聚兵自固，則勿與鬭，妖黨纔散，則令掩擊。如此則王師逸而賊兵勞，賊心内離，然後大舉。及靈州孤壘，戍守最苦，望比他州尤加存恤。且守邊之臣，内憂家屬之窘匱，外憂姦邪之憎毁。憂家則思爲不廉，憂身則思爲退迹，思不廉則官局不治，思退迹則庶事無心，欲其奮不顧身，令出惟行，不可得已。良由賞未厚、恩未深也。賞厚則人無顧内之憂，恩深則士有效死之志。古之帝王皆懸爵賞以拔英俊，卒能成大功。

大凡君子求名，小人徇利。臣爲兒童時，嘗聞齊州防禦使李漢超守關南，齊州屬州城錢七八萬貫，悉以給與，非次賞賚，動及千萬。漢超猶私販榷場，規免商算，當時有以此事達于太祖者，即詔漢超私物所在，悉免關征。故漢超居則營生，戰則誓死，貲産厚則心有所繫，必死戰則動有成績。故畢太祖之世，一方爲之安静。今如漢超之材固亦不少，苟能用皇祖之遺法，選擇英傑，使守靈武，高官厚賞，不吝先與。往日，留半奉給其家，半奉資其用，然後可以責潔廉之節，保必勝之功也。又戎事内制，或失權宜，漢時渤海盗起，龔遂爲太守，尚聽便宜從事。且渤海，漢之内地，盗賊，國之飢民。况靈武絶塞，西鄙彊戎，又非渤海之比。苟許其專制，則無失事機，縱有營私冒利，民政不舉，亦乞不問。用將之術，異於他官，貪勇知愚，無不皆録，但使法寬而人有所慕，則久居者安心展體，竭材盡慮，何患靈州之不可守哉。又朝廷比禁青鹽，甚爲允愜。或聞議者欲開其禁。且鹽之不入中土，困賊之良策也。今若爲糧食自蕃界來，雖鹽禁不能困賊，此鬻鹽行賄者之妄談也。蕃粟不入賊境，而入于邊廪，其利甚明。况漢地不食青鹽，熟户亦不入蕃界博易，所禁者非徒糧食也，至於兵甲皮榦之物，其名益多。以朝廷雄富，猶言摘山煮海，一年商利不入，則或闕軍須。况蕃戎所賴，止在青鹽，禁之則彼自困矣。望固守前詔爲便。

真宗時，❶權御史中丞賈昌朝上備邊六事：

「其一曰馭將帥。自古帝王以恩威馭將帥，賞罰馭士卒，用命則軍政行而戰功集。太祖脱裘帽賜王全斌曰：「今日居此幄，尚寒不可禦，况伐蜀將士乎？」此馭之以恩也。曹彬、李漢瓊討江南，太祖召彬至

❶「真宗時」，按據《長編》卷一三八慶曆二年十月戊辰條、《宋史·賈昌朝傳》，當作「仁宗時」。

前，立漢瓊等於後，授以劒曰：「副將以下，不用命者得專戮之。」漢瓊股栗而退，此馭之以威也。太祖雖削武臣之權，然一時賞罰及用財集事，皆聽其專，有功則賞，有敗則誅。今每命將帥，必先疑貳，非近倖不信，非姻舊不委。今陝西四路，總管而下，鈐轄、都監、巡檢之屬，悉參軍政，謀之未成，事已先漏，甲可乙否，上行下戾，主將不專號令，故動則必敗。請自今命將，去疑貳，推恩惠，務責以大效，得一切便宜從事。偏裨有不聽令者，以軍法論，此馭將之道也。

「其二曰復土兵。今河北河東强壯、陝西弓箭手之類，土兵遺法也。河北鄉軍，其廢已久，陝西土兵，數爲賊破，存者無幾。臣以謂河北、河東彊壯，已詔近臣詳定法制，每鄉爲軍。其材能絶類者，籍其姓名遞補之。陝西蕃落弓箭手，貪召募錢物，利月入糧，奉多就黥涅爲營兵。宜優復田疇，使力耕死戰，世爲邊用，可以減屯戍、省供饋矣。內地州縣，增置弓手，如鄉軍之法而閲試之。

「其三曰訓營卒。太祖朝，令諸軍毋得食肉衣帛，營舍有粥酒肴則逐去，士卒有服繒綵者笞責之。異時被鎧甲、冒霜露，戰勝攻取，皆此曹也。今營卒驕惰，臨敵無勇。舊例三年轉員，謂之落權正授，雖未能易此制，即不必一例使爲總管、鈐轄，擇有才勇，可任將帥者授之。況今之兵仗製造，殊不適用。宜按八陣、五兵之法，以時教習。使啓殿有次序，左右有形勢，前却相附，上下相援，令之曰：失一隊長，則斬一隊。何慮衆不爲用乎？

「其四曰制遠人。今四夷蕩然與中國

通，在北則臣契丹，其西則臣元昊，二國合從，有掎角中國之勢。借使以歲幣羈縻之，臣恐不可勝算。古之備邊，西有金城、上郡，北則雲中、鴈門。今自滄之秦，綿亘數千里，無山河之阻，獨恃州縣鎮戍爾。歲所供贍，又不下數千萬，一穀不熟，或至狼狽。契丹近歲兼用燕人，治國建官一同中夏。元昊據河南列郡而行賞罰，此中國患也。宜度西方諸國如沙州、唃厮、明珠、滅臧之族，近北如黑水女真、高麗、新羅之屬，舊通中國，募人往使，誘之使歸我，則勢分而釁生，體解而瓦裂矣。

「其五曰綏蕃部。屬户者，邊垂之屏翰也。延有金明，府有豐州，皆戎人内附之地。朝廷恩威不立，彊敵迫之，塞上諸州，藐焉孤壘，蕃部既壞，土兵亦衰，破敵之日，未可期也。臣請陝西緣邊諸路守臣，皆帶安撫蕃部之名，擇其族大有勞者爲酋帥，如河東折氏之比，庶可爲吾藩籬之固也。

「其六曰謹覘候。古者守封疆，出師旅，居則有行人之覘國，戰則有前茅之慮無，其謹如此。太祖命李漢超鎮關南，馬仁瑀守瀛州，韓令坤鎮常山，賀惟忠守易州，何繼筠領棣州，郭進控山西，武守琪戍晉陽，李謙溥守隰州，❶董遵誨屯環州，王彦升守原州，馮繼業鎮靈武。筦榷之利，悉輸之軍中，聽其貿易，而免其征税。邊臣富於財，得以爲間諜，羌夷情狀，無不預知。二十年間，無外顧之憂。今日西鄙任邊事者，敵之情狀與山川、道路險易之勢，絶不通曉。使蹈不測之淵，入萬死之地，肝腦塗地，狼狽相藉，何以破敵制勝耶？ 願監藝

❶「隰」，原作「慶」，今據《長編》改。

祖任將帥之制，邊城財用悉以委之。募勇敢之士爲爪牙，臨陣自衛，無殺將之辱；募死力爲覘候，而望敵知來，無陷兵之恥。」

書奏，多施行之。

夏臺益部寇擾，王顯上疏曰：「間歲以來，戎事未息，李繼遷負恩於靈、夏，王小波干紀於巴、邛，河右、坤維，並興師旅。而繼遷翻然向化，遣子入覲，願修職貢，陛下曲加容納，許其內附，示以德信，申以恩錫，所以綏懷之者至矣。然而狼子野心，未可深信，所宜謹屯戍，固城壘，積芻糧，然後遴選才勇，付以邊任，縱有緩急，則備禦有素，彼又奚能爲患哉。至若蜀寇未平，神人共憤，謂宜申飭將帥，速期蕩平。既免老師以費財，且防事久則生變。又況邛、蜀物產殷富，其間士卒驕怠，遲留顧戀，寔兼有之。莫若勿憚往來，潛爲更代，既可均其勞逸，抑可免於遷延。至於河北關防，所當加謹者，誠以國家方事西南，密謀興舉，若分中朝之勢力，則長外寇之姦謀矣。」

時制沿邊糧斛不許過河西，河西青鹽不得過界販鬻，犯者不以多少處斬。顯請多者依法，自餘別爲科斷，以差其罪。章上未報，移知秦州。

仁宗明道二年，劉平自雄州徙知成德軍，奏曰：「臣嚮爲沿邊安撫使，與安撫都監劉志嘗陳備邊之略。臣今徙真定路，由順安、安肅、保定州界，自邊吴淀望趙曠川、長城口，乃契丹出入要害之地，東西不及一百五十里。臣竊恨聖朝七十餘年，守邊之臣，何可勝數，皆不能爲朝廷預設深溝高壘，以爲阨塞。臣聞太宗朝，嘗有建請置方田者。今契丹國多事，兵荒相繼，我乘此以引水植稻爲名，開方田，隨田塍四面穿溝渠，縱廣一丈，深二丈，鱗次交錯，兩溝間屈曲爲徑路，才令通步兵。引曹河、鮑河、徐河、雞距泉，分注溝中，地高則用水車汲引，灌溉甚便。願以劉志知廣信軍，與楊懷敏共主其事，數年之後，必有成績。」帝遂密敕平與懷敏漸建方田。

寶元二年，平爲鄜延環慶路副部署，❶乞選用酋豪各守邊郡疏曰：

臣聞五代之末，中國多事，四方用兵，唯制西戎，似得長策。于時中國未嘗遣一騎一兵遠屯塞上，但任土豪爲衆所伏者，以其州邑就封之，凡征賦所入，得以贍兵。由是兵精士勇，將得其人，而無邊陲之虞。太祖廓清天下，❷謂唐末諸侯跋扈難制，削其兵柄，收其賦入，自節度使以下，第其俸禄，或四方有急，則領王師行討，事已，兵歸宿衛，將還本鎮。雖無長策，然當時大臣不能遠計，亦以朔方李彝興、靈武馮繼業移於内地。自此靈、夏漸敝，中國命將出守，發兵出屯，千里就糧，遠近搔擾，十年之中，兵民交困。靈武既失守，趙德明以僻守一隅，且懼問罪，亟馳驛奏，願備藩臣。朝廷姑務息民，即以靈、夏兩鎮授之。德明潛治甲兵，日滋邊患。當時若止棄靈、夏、綏、銀四州，限山爲界，使德明遠遁漠北，則無今日之患。既以山界蕃漢人户并授之，而鄜延、環慶、涇原、秦隴，歲宿兵數萬。今元昊僭逆，

❶「署」，原作「管」，宋人避宋英宗名諱改，今改回。本篇下同。

❷「廓」，原作「掃」，宋人避宋寧宗名諱改，今據《長編》卷一二五寶元二年歲末記事改回。

恣行殺害，衆叛親離，復與唃厮囉相持已久，結隙方深，此乃天亡之時。臣聞寇不可玩，敵不可縱。或元昊一旦爲人殺戮，酋豪代之，與唃厮囉通和，約契丹相爲表裏，則西北之憂未可測矣。

若以鄜延、環慶、涇原、秦隴四路軍馬分爲兩道，益以蕃漢弓箭手、步騎，得精兵二十萬，比元昊之衆三倍居多。乘人心離散，與唃厮囉立敵之時，沿邊州軍轉徙糧草二百餘里，不出一月，可坐致山界洪、宥等州。招集土豪，授以職名，給衣禄金帛，自防禦使以下、刺史以上，次第封之，以土人補將校。勇者貪於禄，富者安於家，不期月而人心自定。或授唃厮囉以靈武軍節度使、西平王，使逼元昊河外族帳。❶復出鄜、延、石州蕃漢步騎，❷攻西河部族，以厚賞招其酋帥，其衆離貳，則大軍進討，以所得城邑而封之。元昊不過竄身河外一窮寇爾。今元昊倚山界洪、宥等州蕃部爲肘腋，以其勁勇而善戰鬭。若失之，是斷其左右臂。靈、夏、綏、銀不産五穀，蕃部馳騁，不習山界道路，每歲供給資糧以贍之。若收復洪、宥，限以山界，憑高據險，下瞰沙漠，各列保障，量以戍兵鎮守，此天險也。彼靈、夏、綏、銀，千里黄沙，本非華土。往年調發遠戍，老師費財，官私疲弊，以致小醜昌熾，此謀之不臧也。或朝廷貸元昊之罪，更示含容，宿兵轉多，經費尤甚。恐北狄謂朝廷養兵百萬，不能制一小戎，有輕中國之心。然亦須議守禦之長計。或元昊潛與契丹結爲援以張其勢，則安能減西兵以應河北。譬

❶「外」，原作「北」，今據《長編》改。
❷「漢」，原脱，今據《長編》補。

如一身二疾，不可並治，必輕者爲先，重者爲後也。請召夏竦、范雍與兩府大臣議定攻守之策，令邊臣遵守。

寶元元年，張方平上平戎十策及表曰：

臣某言：臣於景祐元年以茂材異等對詔策，陛下擢臣祕書省校書郎。至寶元元年以賢良方正能直言極諫對詔策，陛下擢臣祕書省著作佐郎。夫士感知己，猶許以死，況陛下自臨御已來，十五年中三策天下士，中選者止五人，而臣再濫揀拔，等比三人而已。今雖遠在江湖之外，而聞朝廷有鄙上之虞，其可悠悠自同常人者哉。臣不佞，才見短淺，然歷代之書備嘗涉獵，至于成敗得失，尤用心探討，略能言其梗概。至于國論大體，時務細故，參詳措置，使臣間議其中，臣潛自量，亦未敢在諸生後，是陛下再選臣于大問之下，臣幸不辱也。頃聞元昊猖獗，敢干邊吏，出車遣戍，頗煩旰昃。臣竊投筆憤歎，西望毛豎，恨身在遐遠，不得請纓闕下。思效愚者之慮，輒上《平戎十策》。

臣未嘗遊函、潼之西，故其山川地形、風土人物，不無闕略。至于軍國機事，臣以疏遠，莫得詳知。今所論著，徒採歷代史册，兵謀地志，及所見朝廷施爲顯然之事。臆度道聽，懼不精審，至有所得，或足以發。伏惟陛下神機天略，固無遺算，萬機之暇，清閒之餘，少迴日月之光，一登衡石之末。以臣策不甚迂疏，乞召兩府大臣試於御前商搉，或有一得，上稱清衷，則於海嶽亦有涓塵之益也。所撰《平戎十策》，謹別録實封，附遞上進。干黷天威，臣無任戰汗殞越待罪之至。臣誠惶誠恐，頓首頓首。

攻心

臣聞「上兵伐謀」，又曰「攻心爲上」。竊料戎心之蓄叛謀有日矣。國家自藝祖剗除五代之弊，始大一統，立太平之基。太宗、真宗休養生息，仁澤覆露，文德綏遠，戎狄侵軼，驅逐出疆，謹備邊而已，未嘗耀威靈，勤遠略，深入虜地，以恢封境也。今元昊猖狂負恩，且習我之舊，有輕我之志，而無備我之心，謂我必不能長驅出塞，薄伐問罪也。臣謹按地志，麟、府本銀、勝之地，去銀州三百里，夏州五百里，其去興州封壤相接，賊巢穴在興州中都山，若因鄉導渡河，直趨五七日可到。賊來入寇，必自延、渭，比還自救，程途自倍。若徒遣輕騎，姑謀犯邊，清野深溝，足挫其鋭。儻悉發其衆，身來入寇，則中都守備勢當單寡。誠能先以精兵屯布旁河州郡，至元昊犯塞之時，爲奇兵自麟府路入，卷甲掩其巢穴。使西邊城壘守險自固，勿與之戰。元昊聞兵臨國，正所必救，事出慮表，衆懷沮懼，數道伏擊，潰敗可保。且彼州父老，我之遺人，飲潼荷旃，猶懷華土，王師奄至，可以恩信招徠，則朔方之地庶復歸國。伐其謀於已定，攻其心於不測，所謂出其不意，掩其不備，一舉破賊，策之上也。臣聞先人有奪人之心，軍之善志。自國家失朔方，棄靈武，置戍内地，控扼益蹙，專爲静勝，深戒生事。然戎心貪戾，益思蠶食，今若屯兵邊郡，坐縻餽廩，來則自保，去又不追，費財無功，損威示弱。計者若不厚姑息之，使甘心而後止，則臣恐邊鄙之虞，未能徹警也。

伐交

用兵之道，其次伐交。今元昊所恃爲交者，豈非北虜乎？臣聞元昊與虜通姻，揆其事勢，必先要結。我與契丹通好餘三十年矣，自漢氏以來，夷夏之和而能謹守信誓如今之久者，未之有也。非惟懷我恩信，利我聘幣，抑當我盛德之世，無釁可乘。今其與我之和好也在外，而其與戎人之親睦也在内，外雖我睦，陰爲戎助，此又不可不過慮也。示我之有禮，防彼之有辭，此爲事機，不可失者。臣願遣使一介，齎書一函，示之以元昊背義之由，朝廷備禦之意。其書曰：夏州自德明以來，受恩于國，至于元昊，綏撫彌隆。今忽恣睢，虧廢貢職，藩臣阻命，法當致討。如聞元昊連彼婚姻，遽興問罪之師，實損與國之好。彼誠矜其狂易，遣喻此情：若元昊悔過改圖，效誠請命，則我爲之寬宥，待之如初。誠元昊不禀訓辭，居然愎扈，違我二國之命，自恃獨夫之强，則當明下詔書，削其爵命，申敕守將，蕩除鯨鯢。如此，則我於契丹，以元昊之故，益示敦睦之道。契丹於我，雖元昊之姻，莫興閒嫌之説。雖未能破彼之交，而我之親隣伐叛，兩有辭矣。

專勝

善用兵者，我專而敵分，我專爲一，敵分爲十。是以十擊其一也，則我衆而敵寡，吾所與戰者約也。吾所與戰之地不可知，則敵所備者多，吾所與戰者寡矣。寡者備人者也，衆者使人備己者也。昔吴爲三軍而病楚，隋以易戍而弊陳，多方誤之，用此算也。今緣邊城壘緜接千里，臣慮元昊分布兇黨，間出討掠，示欲掩襲，分我守備，務以疲我。而諸守將輕請濟師，我備彼去，正墮其計。今鄜延、環慶、涇原諸路，皆國家控制西陲，置兵之根本也。形勢影援，足相首尾，緣邊城壘，於兹倚重。臣請諸境上州軍擇守將，使脩築堡戍，斥遠烽候，非時寇至，姑使斂衆清野，閉壘自保，勿與輕接。又元昊犯塞，路皆荒磧，地無水草，齎糧而至，假有攻圍，勢不能久。若賊亟來攻，我則逐路發師，設謀邀逐，無輕動衆，以損威重。如此，則不爲多方之誤，而取專勝之功矣。

以夷狄攻夷狄

邈川大首領唃厮囉，本吐蕃之遺種也。自潘羅支殺繼遷，而德明破滅六谷，世爲仇怨。今諸戎能爲元昊後患者，惟洮、凉爾。比聞效順，來獻戎捷，朝廷撫納，恩信亦厚，此誠以夷狄攻夷狄之策也。臣以爲馭戎夷之道，不惟賞利懷誘，亦在誠信要結。今邈川介于西鄙，感慕恩德，納忠爲用，常所贈賄，恐未足以致其力。儻於朝臣中擇一有機辯材謀之士，銜命臨撫，諭以國家眷遇之意，凡元昊部族與洮河接境，而我應援可及者，使自攻取之，爲出偏師、趨要害，爲之掎角，是令邈川自爲戰也。或難臣曰：元昊既弱，邈川復强，是元昊未破，又生一秦矣。臣曰：不然。今量邈川之衆，固未能困元昊也。我因其力而假之勢，羌有貪利之心，且爲我用，足以牽持元昊之後，分其備禦，兹亦多算之一端也。

安民

臣聞武有七德，先安民而後可以保大定功也。今聚師西陲，凡百調率，應期趨辦，實在關中。若百姓力屈，流亡掻動，則嘯聚草竊不逞之民乘焉。《語》曰：「鳥窮則啄，獸窮則搏。」民窮斯爲盜矣。群黨連結，展轉相雄，兹亦患起於甚微，釁生乎所忽，則朝廷之憂不在邊防，而在四郊之内矣。伏願陛下深念兹哉。諸陝西將帥轉運使等，宜得識大體、明時務、周材之人充之，凡廢置之宜，弛斂之事，當循寬大，無使躁急。陝西州縣長吏，悉爲選擇，特降深詔，告諸守令，所聽民政，務從簡直，宿逋久負，一切除免。諸所科率，起自近年，有害於民者，悉且權罷。應徭役重色，破民産力者，使更張之，以便安百姓。關津山澤，侵民小利者，與衆公共，以惠貧弱。上以布國家之德澤，下以裕編氓之生路，以弭盗賊，以固根本，安民之要，此其大節。若其不先恤之，而先困之，寇未至而民已疲，則是自取弊也，何保大定功之有哉。

置兵根本

用軍決勝，在乎統帥。統帥不一，則威令不行，不相爲用，非成功之勢也。近觀唐時元濟淮西之誅，慶緒相州之圍，成敗之由，其事可見。淮西之師，中外疑阻，以用裴度爲宣慰使，度纔至師，諸將各圖立功，惟恐在後，故元濟卒擒焉。相州之圍，子儀、光弼皆在，非無名將也。以九節度之師不相統制，但用魚朝恩爲觀軍容使，故相觀望，卒以潰歸。今環慶、鄜延、涇原等路各有部分，莫相統領，臂指伸縮，當從中御，機宜緩急，勢不相及。夫同舟而濟，胡越一心；利害背馳，則爲路人矣。臣伏觀唐氏制度，方面重權，不欲專授戎帥，故命皇子弟爲元帥及節度大使，而藩帥但授副元帥、節度副大使及長史、行軍司馬，亦或命宰臣遥領節度及副元帥者。今自陝以西，永興當咽喉之要，大河之南，褒漢之北，滎陽之西，輸餽供億，此其都會。臣愚竊以爲大軍根本，宜駐此地，而置陝西處置招討使之名，應鄜延、環慶、涇原諸路皆節度之，其大使請自聖心選置，留止都下，使遥領之。擇命大臣才望威略可任以重者爲副大使，行大使事，以永興爲治所，以臨制諸路。凡緣邊城戍要害控扼之處，爲寇衝突，或邀襲討逐，當得鄰道相會合應援者，聽其處置焉。此則權用雖在外，而柄鐏實在内，輕重相持，易以移改，蓋馭將之要道也。

足食

關中雍州之域，厥田上上。昔秦鄭國引涇水注洛三百餘里，溉澤鹵之田，皆畝收一鍾。至漢，白公復引涇水注渭，袤二百里。故關中號爲沃野千里，而無凶年。自漢唐之盛，此焉作都，非惟百二之固，抑資膏腴之利也。臣竊以爲西疆之事，宜聚重師於永興，爲臨制根本之地。然今關中地有遺利，山陸險阻，飛輓爲艱，邊儲軍資，供須勞瘁。今誠能按兩渠之故迹，豐衣食之本原，檢責經界，開置屯務，則不煩遠爲調發而足食矣。或難臣曰：昔唐氏都關中，肅、代兵興，中外艱食，禁軍乏餉，百姓至挼穗以供之。及劉晏領租庸轉運使，最達食貨輕重之術，然徒能引江淮之粟，以食秦人，豈二渠之利不興於爾時乎？臣對曰：昔在唐初，二渠所溉猶萬餘頃，及承平漸久，事不務本，沃衍之地占爲權豪觀游林苑，而水利分於池榭碾磑，以故亡天府之利，貽天下之害。故二渠難復於唐氏之時，正爲建都于彼也。今議復之，又何憚焉。

豐財

夫兵事之大，財用爲急。豐財足用，必有根本，財用根本在乎三司。比來邦費瘁事積矣，有司徒張空簿，而國財糜散於姦游之手。伏望選用材幹精力之吏，通輕重之數，明功利之術者，覆實天下之金穀，以入爲出，以有餘補不足，以會中外一歲經用之實，則財賦之盈虚可預料矣。而又通其積滯，權其贏縮，使闤市不乏，貨物平準，此理國行師之本也。諸不急之務，無益之作，浮冗之費，欺侵之弊，精爲節度，以集大計。子曰：「足食足兵。」《洪範》八政，先食貨而後賓師。故知師旅大事，財用爲急也。

備姦

臣聞用兵之術，多方誤之。伏以東南糧運在於汴渠，比來重惜民力，久不開濬，每歲霜寒水落，沉沙填淤，遂至渠底高於堤下民屋。❶至於黄河奔流湍瀉，亦全藉隄防之固。所謂築垣行水，今黄、汴是也。自戎人即叙，通其行商，憧憧往來，布于都市，其所通結，素無禁限。唐憲宗初討淮西，而姦臣王承宗、李師道輩潛遣刺客，暴害大臣，斷陵廟之戟，焚芻廩之聚，此亦慮外之事也。今黄河横腹心之内，汴渠爲輸委之本，若姦人窺伺，潛有決鑿，汙瀦我良田，損墊我邑屋，阻絶我運路，則是肘腋之下，更生一役。其汴渠、黄河隄障，益望擇勤幹吏密爲分地巡邏，以譏察姦人。《書》曰：「惟事事乃其有備。」有備無患，其此之謂矣。

購募

竊聞元昊勇而好殺，安忍無親，背面之間，必有讐敵。可重行購賞，以動其人，有能得其首級者，舉元昊之爵位土疆授之，而許以重師爲之援護。戎人不義，聞利必動，則彭寵喪元於家奴，苻生殞命於近族，事或有之矣。

右《禦戎十策》。伏念臣齪齪書生，本學俎豆之事；區區壯志，頗涉孫、吴之書。豈達權謀，徒得糟粕。頃聞元昊飽飛，朝廷

❶「於」，原作「淤」，今據《樂全集》卷一九《平戎十策（及表）》改。

備禦，雖蜂蟻屯聚，犬羊躑躅，仰惟聖慮，未忘憂軫。臣身紆郡紱，神馳塞垣，不得一至軍前，圖上方略，輒此遥度，或裨萬分。天地容覆，日月照被，蠢蠕微動，各得盡情，臣之芻蕘，伏望採納。

時方平又請延召近臣訪議邊事，上疏曰：

臣微聞人言北虜不守封略，築城鄙上，邊吏諜知料閲兵馬，且復遣使來。事固未審虚實，然國家與虜通好已四十年，事窮必害起，利盡則交疏，理之常者，顧但紆緩歲月。北方諸戎羈屬於虜者，如奚、高麗、達靼，❶常内懷不服，特强役屬之爾。去冬虜以大兵臨河西，謂如拾芥之易，既而遁散以歸，内羞諸戎，且疑我之納夏人。既羞且疑，則其起辭生事，思有逞於我，豈保無他。夫兵，危事也，不當易言之。若信好可繼，朝廷豈願事四夷？即事至於不獲已，亦在上下奮勵，講所以折衝之策，圖所以式遏之算。河朔之兵不啻三十萬，邊境千里，塘水居其八，得以專力而控其要害，城邑樓櫓，守在九天之上。若頓重師澶、魏、中山，堅壁而弗與戰，清野以待其敝，出奇伺便，邀其重歸，是不可勝在我，可勝在虜矣。且虜久與中原通，甘心豢餌，其貴人習於驕佚，其部人不練於戰鬬，於其本俗，衰敝已甚。而又母子兄弟内結疑隙，上下離貳，持去就心。此其亂危之形，中國可乘之機會，若朝廷有意於遠略，幽薊可圖也，尚實能爲中原患哉？

❶「麗」，原作「與」，今據《樂全集》卷二二《請延召近臣訪議邊事》、《長編》卷一五〇慶曆四年六月戊午條改。

誠陛下震其威靈，廟堂審其計議，內外文武各致其力，使虜一舉而不得志，不有內變，必有外叛，諸戎勢且瓦解，山後之地，天其或者使復合於中土，未可知也。臣願陛下思患預防，考謀事先。秋氣漸清，宫殿凉爽，時因燕閑，延對大臣，俾各盡其謀猷，以定其帷幄，一日有邊境之急，庶無倉卒之擾。今西疆粗寧，縱不保其久，未有旦夕之虞也。其將校可任者稍徙河北，使得與士卒相服習，漸諳土俗，至于選官吏，峙糗糧，繕器械，葺廐牧，皆今切務而可以素備者也。備而未用，爲政之常，臨事紛紜，何以鎮静？此皆朝廷塵熟之論，而儒生之常談，臣忝在近班，愚慮所及，不敢自隱，惟宸鑑裁擇。

方平又請罷陝西招討經略司事，上疏曰：

竊惟羌虜叛命，王師致討，分命重臣，委之統帥，故授夏竦陝西招討等使，四路軍政，實節制之。空國事邊，于兹三歲，師惟不出，出則喪敗。寇惟不來，來必得志。控要城寨，殘蕩無幾。内屬藩落，驅掠向盡，鈍兵挫鋭，財殫力屈。去歲劉平、石元孫之没，奪范雍節鉞。今春任福之敗，罷韓琦經略使。中外皆謂朝廷威罰不舉，責效太輕，然猶薄示損懲，微塞物論。安有權握大衆，坐翫寇敵，至于覆軍殺將，蹙國損威，而曰我不預知，是安用名爲統帥也？昔自三代至于春秋列國，凡起軍旅，未有其國君不親預戎事者。自漢至唐，興兵舉衆，未有元帥不身先士卒在於行陣者。後漢段熲征西羌二十餘年，未嘗蓐寢，訖平羌虜。若將率奮身許國，發憤殄寇，有如是之臣，則陛下何憂焉？事既乖失，理須更張。臣竊聽輿人之議，皆謂前後喪師，非賊能敗我，我自取敗爾。何哉？

凡諸邊臣稟命招討司，機宜事會，不失之急，即失之緩，勇者不得施其力，智者不得專其謀。而又愛惡相攻，異同相戾，文檄矛楯，人無適從。且朝廷設此司，所以使臂指相用，首尾相救，决衆謀於獨斷，通四路爲一家。近如麟、府之圍，雖非陝西疆域，然爲統帥，苟急國患，即未能請行赴救，猶須耀師境上，助爲聲援。陛下旰食軫慮，遣敕使齎璽書，督之出偏師，使遥牽賊後。逗遛立異，❶竟不奉命，至使賊如蹈無人之境，因以平豐州，夷寧遠，麟州幾陷，今雖僅存，勢已孤絶，如秦人視越人之肥瘠，一不動念。但恐涇原、鄜延即有警急，亦必不能如首尾之相爲救也。陛下曲全事體，乞還諫舊官，與之一郡，遂其自全之計。且精擇逐路守將，使人自爲功，家自爲固，量其邊勢，配之兵力。仍於永興益置重兵，以爲諸路根本，以爲人心鎮重。春秋擇遣重臣出巡邊，春則量禦備之力，遷其軍馬，人就倉牧，命守將脩治城塹，完利器用，以待防秋之政令焉。秋則閲其訓練之法，蒐捕之術，審官吏勞能，以明升降之典，按賦輿盈虚，以通貨食之計，以嚴其戰守。但邊城能堅其守，已足弊賊，若將率各盡其用，自當有功。伏願天衷垂納裁擇。

方平又請省陝西兵馬及諸冗費事，上

❶「異」，原作「却畢」，今據《樂全集》卷二一《請罷陝西招討經略司事》、《長編》卷一三三慶曆元年八月乙巳條改。

奏曰：

臣伏聞陝西夏旱，二麥不收，近雖有得雨處，秋田亦未必有望。民已艱食，頗有流移，邊警雖寧，兵戎尚衆，因之飢饉，事實可憂，芻糧委輸，最爲切務。朝廷綏懷夏寇，本爲休兵息民，若其役費不紓，必見物力日困，經久之計，殆無以支。又比來諸州累報地震，考諸咎證，由陰有餘。夫陰者，妻道也，臣道也，民也，夷狄也。此時後宫無過制，外廷無權强，所當戒慮者，民與夷狄爾。内安民而外待夷狄，其要在貨力有備而已。今境上堡寨兵分力微，假如寇來，勢必不能出戰。如其守也，即隨處土人自應足用，況春夏之際，戎人必無大舉。若每年三月以後，緣邊所屯軍兵一切抽向内地就食，至八九月復遣出戍。又邊城一馬之給，當步卒三人，既多羸駑，不任馳敵，平時虚芻粟，動輒兼人送命，若今後所發緣邊屯駐馬軍約度足以巡邏外，稍用步人替還，寬減調度，此其略也。近聞勾抽陝西提點刑獄曹穎叔到闕，欲令簡省邊計。臣兩見穎叔，據其説畫，亦恐虚行。今邊臣惟務留兵，朝廷無肯任咎，悠悠穎叔，如大計何？必在内外協心，休戚齊慮，乘邊隅之粗閒，極夙夜以疢懷。儻詳利害之原，猶有異同之論，斷之欲獨，當繫聖裁。穎叔此行，每事乞明與處分，凡干冗費，深加裁減。如恐其勢輕，事難獨任，或推選近臣一員，承命而往。其陝西四路部署，乞各賜一詔書，諭之此意，使與穎叔公共詳議。所有陝西轉運使，亦乞察臣前言，早賜别行擇任。

寶元初，陝西經略安撫使夏竦陳邊事十策狀曰：

今月八日，陝西安撫使、天章閣待制龐籍等到府，奉傳聖旨，商量西鄙事宜者。竊以繼遷一族，本党項遺類，居呼韓舊地，東薄銀夏，西至靈鹽，南趣鄜延，北抵豐會，迤邐平下，輻員千里。太平興國中，繼遷逃背，鳩集萬騎，屢寇朔方。歲發兵夫，送糧旱海，❶邀險肆掠，爲害不一。至道初，特遣洛苑使白守榮等率重兵護糧四十餘萬，遇寇浦洛河，兵夫潰走，自相蹈藉，糧卒並没，守榮等僅以身免。朝廷旰食，關輔騷然。太宗皇帝召宰臣議之，吕端始欲發卒由麟府、丹鄜延、環慶三路趣平下，襲其巢穴。太宗難之，且曰：「三道深入，用甲卒幾萬，何人爲將帥，何人護輜重？表裏砂磧，何處會合？須更熟籌，不可輕舉。」是時邊患方深，議者不已。至秋，遂命李繼隆出環州，丁罕出慶州，范廷召出延州，王超出夏州，張守恩出麟州，五路趣平下，竭内帑之國財，罄關中之民力。繼隆與丁罕合行十數日，不見賊。張守恩見賊不擊，相繼引還。王超、范廷召至烏白池，以諸將失期、士卒困乏而回。此際先臣隸於廷召，備見輕舉之害。然是時繼遷當兄繼棒入朝之後，爲曹光實掩襲之餘，遁逃之迹，窮蹙可知。凉州潘羅支、沙州曹延禄皆受朝廷節度，使掎角追討。靈州、河外大凉、小凉，河西北臧才等數十大蕃族皆有讐怨，願助國討除，尚猶累歲積年，不能撲滅。

太宗又問宰臣曰：「卿等莫別有擘畫？」當時宰相但錯愕，莫之能對。太宗亦

❶「旱海」，《文莊集》卷一四《陳邊事十策》作「草每」，《長編》卷一二三寶元二年六月癸酉條作「瀚海」。

不悦。久之，先皇帝即位，鑑追討之弊，愍關輔之勞，唯戒疆吏謹烽堠，嚴卒乘，來即驅逐，去勿追捕。嘗出陜地圖，自指山川堡塞示宰臣，令移兵簡費。又以涇原地最要害，屯兵且衆，命增置鈐轄、都監，以備奔軼。此實先帝之聖斷遠圖也。

然拓拔之境，自靈武陷没之後，銀、綏割棄以來，假朝廷威靈，聚中原禄賜，略有河外，役屬小蕃。德明、元昊久相繼襲，貿易華戎，掊剥財用，拓地千餘里，積貨數十年，較之繼遷，勢已相萬。其於妄作名器，僭製車輿，媮咤旃廬，跳梁沙幕，亦有日矣。朝廷付以犬羊，置而不問，芻豢過飽，猖蹶遽彰。所宜誅夷，以塞公議。然而兵者凶器，戰者危事，聖人不得已而用之。自昔兵家皆欲先勝後戰，則舉無遺策。以繼遷窮蹙，比元昊富實，事勢可知也。以先朝累勝之士，較當今關東，勇怯可知也。以興國習戰之帥，方沿邊未試之將，工拙可知也。繼遷逃伏平夏，元昊窟穴河外，地勢可知也。若分兵深入，則軍行三十里。自齎糧糗，則不能支久。須載芻粟，則難於援送。師行賊境，利於速戰。儻進則賊避其鋒，退則敵躡其後，晝設奇伏，夜撓營栅，師老糧少，深可虞也。若窮其巢穴，須渡大河，既無長舟巨艦，則須浮囊挽綆。苟賊列寨河上，以逸待勞，我師半渡，左右來攻，未知何謀可以捍禦？臣以爲不較主客之利，不計攻守之便，議追討者，是謂無策。若繕完壁壘，脩利器械，約束將佐，控扼險隘，但輒過於歲月，不豫計於勝負，是今之常制也。則慮體分勢異，衆力不齊，曠日持久，軍食難繼。事不先定，則有後憂。若威以文誥，格以干羽，勝决帷幄，師行衽席，必有成算，繫於前籌，此非臣之可及也。臣今但有十策十事，列上如左：

一、今之關塞，延安險阻，秦州地遠，易爲控扼。所最憂者涇原，次則環慶。涇原莫急於慶州。戎人狡猾，必不肯舍平易而趣險隘，此敵情之易料也。古之用兵，皆擇其精鋭，先當矢石，謂之握奇跳蕩，是爲奇兵。其次疲軟，則以守城壁。近年之弊，强弱兼用，强爲弱累，戰多無功。又中國長技，莫先强弩，近年之弊，參以他兵，不能專用己長，攻彼之短。今若令涇原、環慶兩路，各於土兵、禁兵或弓箭手内，擇弓刀槍槊手三二千副之，涇原令高繼嵩、張亢主之，環慶令劉平、趙振主之。日夕訓練，常如寇至。如有警急，則令自涇原界望環慶路横絶邊徼，數百里間往來交擊，互爲首尾。傳矢持滿，俟中而發，一發萬矢，三得一中，則十發之矢，以殪三萬餘人，羌胡氈毳，不易支也。仍乞立爲强弩指揮，特升兵額，稍增月給，以震軍聲，以壯士心。但恐賊界聞此有謀，必不敢容易窺塞。其偏裨將校，道路堡塞，並委劉平等臨時選擇處當，此實制勝之大端也。

二、緣邊熟户，號爲藩籬，除延州李金明、胡繼諤二族與賊世讐，受國厚恩，勢必向漢，自餘熟户如二族者十無一二。羌戎之性，貪利畏威，若不結以恩信，憚以威武，而欲倉卒驅之禦敵，漢强則助漢，賊盛則助賊必矣。其明朱、滅臧等族又納質賊境，居既首鼠，戰必倒戈。元昊窺見此隙，所以勾招打虜，脅以鋒鏑，誘以貨財。國家非不知其若此，所宜速見良畫，深破賊計，及早羈束，以固藩籬，此西垂之急務也。臣前後累狀陳啓，未蒙開可。伏乞采臣前奏，下臣令勘會，❶逐州部族首領，量人馬事力，授以職名，第給禄賜。蕃官俸料至微，所費不厚。若控制有宜，得其死力，則爲利至大。或其間向漢不堅，即令重納有力量質子。或有自恃兇强，招撫不至者，則令劉平等非時伺便，以强弩屠其種落。此策若行，足以破賊計而張國威也。《軍志》云：「先人，有奪人之心。」伏乞觀此事機，早賜裁定。

三、甘凉首領，河西大族，繼遷賜爵之後，德明承襲以來，仰恃國威，吞噬略盡。回鶻、吐渾，去朝廷地遠，難收其效。唯有吐蕃與賊世仇。角厮羅住宗哥，對賊巢穴。蝦氊來劉心，據賊上游。臣累奏乞詔角厮羅進討，破賊之日，許以西平之封，授二子靈夏節制。又乞遣使劉心撫存蝦氊，令父子和協，共力破賊。未奉回旨。竊慮議者以爲元昊既破，地入吐蕃，則角厮羅勢大，復生一敵，此議乃計之不熟者也。平夏逆黨，❷習於刼掠，吐蕃雖衆，兵技不敵。但欲使且牽賊勢，必未能盡平狡穴。若此際不收實效，而徇空言，非國家之利也。伏乞采臣前奏，早賜指揮。先朝潘羅支充靈州西面都巡檢使，尚欲蠻夷相攻，遥制遷賊。况今厮羅向化，父子受官，不於此時遂其忠憤，差之毫釐，深可惜也。若前議得行，必恐昊賊未敢輕離巢窟。伏乞聖鑑，深察此議。

四、陝西四路兵甲不少，但地有險易，路有遠近，寨柵有多少，軍分有勇怯。易防處合減兵，難守處當增兵。兵之增減，即須察其險易，量其遠近，計其城寨，均其勇怯，使各盡其宜。朝廷去邊陲遠，但因逐路所

❶「令」，原脱，今據《文莊集》補。
❷「夏」，原作「下」，今據《文莊集》改。

乞，差發士卒，所以臣前後累奏乞均匀加兵。今來伏蒙朝旨，許令那移駐泊。尚慮邊臣占吝甲兵，鮮克公共。方今西鄙，唯涇原、環慶最須備禦，其兩路犬牙相入，烽候相望，分之則勢孤，併之則勢大，物理之常也。欲乞劉平罷鄜延安撫，兼涇原總管。所貴表裏相助，首尾相應，張大軍勢，壯勵士心，亦防邊之最要害也。

五、設使元昊謀犯邊境，量其事勢，豈能四路俱來？必是擇一平易路分，併兵衝突。其餘邊界即分三二千騎往來出没，牽制我師，此賊計之可前料者也。今來沿邊兵馬總而計之，數亦不少。若各守路分則不足，互相策應，則最近者雖朝旨許令互相照應，切恐緩急，邊臣執守文義，不肯分兵相援。欲乞朝廷詳酌，特降指揮，有賊馬犯邊，令四路互相關報，分兵策應。鄜延可以策環慶，秦隴可以策涇原。若此，則沿邊勢合，軍聲大振。是計儻行，固足以預制狂賊也。

六、元昊旅拒已來，陝西加兵，所費糧餉不少。尚賴累年關輔大稔，易爲計置。今夏稍旱，二麥薄熟，粟豆苗晚，秋成未克。設使元昊復稱臣納款，沿邊亦未敢班師。若宿兵塞上，邊稼不豐，持久之謀，未知安在？所以臣前奏乞令陝西諸州各招置神虎、保捷等軍，各一兩指揮，令逐州訓練精熟。却乞那移關東兵馬歸回，有警急則令逐州量留士卒外，並勾赴邊臣。一則關中土兵勁悍，耐於馳騁。二則减省沿邊芻粟。三則可爲悠久之計。

七、關右沿邊，舊俗輕悍，喜爲寇賊。山林深阻，難爲搜捕。加以近邊蕃户，以藏盜爲業。若虜犯邊，人情恐動，或飛輓稍頻，丁夫逃潰，互相扇摇，聚而爲盜，關中官司不可不預爲之計也。咸平中，陝西轉運司曾抄點保毅軍六萬八千餘人，防城備邊。今來西陸安静多年，若遽行此法，則恐人户驚擾，别生寇劇。前奏乞添置弓手三兩倍，及乞置壯丁獵户，緩急可以防守城壁，把截要害，却那得正兵出入野戰，此實今之寓令也。朝廷檢詳前奏，早賜行下付臣。當司差官添置，候賊平日，即却罷遣。一則不費供饋，坐獲其用。二則不動群情，易爲辦集。比點保毅軍及抄弓箭手，利害相萬也。

八、沿邊小寨，多是曹瑋建置。常時禦備讐賽，防遏逋逃，似有小利。羌戎入寇，則難於處當。分兵固守，則州郡勢危。守禦不定，則所蓄芻粟，翻爲寇糧。又遠近傳聞，亦是亡一城寨，滋益賊氣，且損軍聲。欲乞宣旨，沿邊總管司勘會小寨，有兵少糧多，不係要害，先支沿邊巡檢等軍馬就食盡糧草。所有小寨逐月廪給，却令就大寨旋請。如有大段警急，勢必難敵，則令併小寨士卒入大寨，把隘相殺。一則免資寇盗，二則併得兵力，於要衝之處，以衛奔衝。❶

九、方今備邊之計，最宜積穀。故趙充國云：「糴三百萬斛穀，羌人不敢動矣。」況關輔税租有限，歲時豐儉難常。若卒調兵食，急賦横斂，則秦民輕悍，咨怨易興，此不可不預計也。近者有詔，入粟拜爵。須是巨富之民，方能佐縣之急。欲望朝廷詔關中州縣，有犯過誤連累之罪，情願收贖者，許令召保，於沿邊諸郡入粟贖罪，每銅一斤，准粟五斗。良民救患，何止樂輸？諒不踰年，塞下之粟必稍充羡。寬宥過誤，全

❶「以衛奔衝」，原作「以衛奔衛」，今據《四庫全書》本改。「衛」，《文莊集》作「禦」。

民膚體，足以上副陛下至仁之德。又慮議者以爲國家全盛之際，不當貨刑示弱，此議亦思之未切也。且爵者名器，尚許拜授。若寬刑赦過，得粟便民，比之拜爵，此爲優矣。

十、候教習勁弩指揮，招置士兵，添差弓手，各有次序，即乞委自當司，差官揀選沿邊冗兵於近裏州軍，及減騎軍回關東，仍省沿邊閑冗吏員。古者將帥授命本朝，皆假之威權，許以便宜，使以盡力。今來朝廷儻來所陳，令集西事，則乞特依古制，借以銜勒，令竭疲駑。仍乞指揮諸路總管司臣寮，今後每事遵禀安撫司指揮，不得怯懦自謀，妄説事理聞奏，上惑朝聽。如有寇賊奔衝，並須出兵守險，持重伺便，痛行殺戮。不得披城玩寇，放過賊馬，令入他處。如違，以軍法處分。如此令行下，則邊防畏懦之臣預謀戰鬬，不敢只作守城自全之計。

右謹具如前。伏以國家富有四海，重雍累洽，物力全盛，忠賢間出。昔魏有一段干木，晉人不敢窺西河。江左有一謝安，苻堅喪百萬之衆。以此計之，蠢爾羌戎，豈敢輕犯邊境？但元昊資性兇忍，輕背國恩，鬼得而誅，滅亡可待。未授首間，朝廷之議，不得不過爲備禦。然賊境最多姦人，盡知緣邊虛實，料其逆黨聚謀，必須潛闞間隙，方敢作過。若國家處置得宜，任人不雜，使陝西内外城邑，戰守有備，元昊豈敢容易輕離巢穴，自取敗亡？况關塞防秋，古今常事。傳云：「無恃寇之不至，恃吾有以待之。」此言誠得守邊之要也。頃繼遷亡没，德明尚幼，族中親屬强梁者衆，德明甚懼，愴惶送款。當時有司不能裂河南之地，封拓拔諸親，令其勢分間起，自相殘賊。而乃併錫真命，受一孽童。數十年間，禄賜豢養，資寇糧者多矣，至今義士爲之歎惋。是知此際巖廟裁處，不可不深圖遠算也。

臣素業刀筆，不諳軍旅，昨蒙推擇，付以西事。雖繼陳方略，多以迂闊，不合廷議，進退維谷，憂駭可知。豈謂天慈更容訪逮，拜恩瀝懇，敢不自竭？其所陳十事，實臣在職見聞。夙夜惟忖，心慮所及，咸罄於是。伏乞聖慈下兩府裁酌，如稍近於理，即乞特賜詳擇施行。敢不虔奉德音，漸圖遠績？然而成大益者有小害，獲遠利者無近效。方今許國者多，言事者衆，或不周知利害，别議建明，事未成間，遽有更改，則邊臣之計惑矣。此則須賴陛下倍賜主張，敕左右大臣專主斯議。自古内外相維則有成績。羊祜、杜預非張華主之，則不能平吳。石雄、劉沔非李德裕主之，則不能平上黨。布在方策，較然可知。若臣所陳庸昧，不遠前談，徒煩聽聰，無足采録，即乞早選能吏，代臣經略西事，别詢奇畫，免誤公朝。矧將者三軍司命，國家安危之主，不可一日輕付常才，忽於大計。若西陲失備，則他寇相因。伏乞朝廷深賜哀察。干冒宸嚴，臣無任祈天瀝懇激切之至。謹録狀陳。

竦又論復塞垣進策曰：

臣聞匈奴以北有陰山，草木茂盛，冒頓依阻，寇虐中州。漢奪其地，邊用少安，匈奴過之，未嘗不泣。夫有一陰山，猶資虜勢，況哀晉不武，盡割燕地？幽薊雲朔，良田沃野，以之畀敵，❶得無彊盛？由兹兇醜，轉爲邊患。故國家懷之以文而不庭，加

❶「畀」，原作「界」，今據《四庫全書》本、《文莊集》卷一三《復塞垣》改。

之以武而不至，要之以盟而無信，賂之以貨而無厭。憑陵我邊鄙，虐害我生靈。自邇以來，爲患非一。蓋不復塞垣而勞捍禦，猶張疏羅以隔蚊蚋。秦、趙築長城，漢築五原塞，因其山谷，設爲險阻。先代之勞，後王之利。不惟經略有方，兼使華夷有限，應變無壅。深詳其理，夫爲萬世之畫。削黠虜之勢，莫若復漢故地，外錮塞垣。復地之謀，必資良畫。誠當計其寇敵，選其將帥，明其兵政，謹其邊防，制其閫外，皆如所言。然則陽示畏弱，陰整用度。命將領之臣，修李牧之法。訓兵利器，明賞信罰。按行營壘，親視疾病。膏之以恩惠，勞之以言辭。同其苦樂，和其上下。整其騎乘，名其等列。習其擊刺，養其勇鋭。於是豐其金帛，陰遺五間，訪彼山川紆直之勢，察彼將助好惡之性。相其機而觀其變，因其釁而發其謀。疑其君臣，焚其積聚。優寵降附，撫綏邊境。令幽薊之民積思漢之心，匈奴之臣有叛主之計。乃選一良將爲之謀主，陰勒士馬，出其不意。夫今之邊界，距塞垣裁二三百里。匈奴入中國之路，不過四五。及其險隘，不闊尋丈。若分奇兵之甲，杜薊門之路，出并岱之弩，守蜚狐之口，然後正兵數道，攻城略地。先平小邑，以沮其氣。次克大城，以觀其變。胡人不善嬰守，救兵無路而至，幽陵朔易，不降即潰。乃命良臣以葺完，留飛將以扞禦，復修亭障，遵漢舊規，則胡馬之塵罕能南暨矣。

竦又論謹邊防奏策曰：

臣聞防邊扞寇，其要有四：遠烽候，明約束，謹關梁，慎間諜。遠烽候則寇鈔不至，明約束則守禦不怠，謹關梁則姦覘不行，愼間諜則敵情可得。不知烽候約束之道者，不能無禦敵之患。不知關梁間諜之事者，不能有得敵之利。善守邊者，令敵不知所攻掠，奸不知所刺探。敵動静之計，進退之期，山川之勢，法令之制，知之而後制之，譬如乘高建瓴。方今邊邑使領循守規轍，政無奇狀，以警寇心。晝日喧呶唯喏，昏夜傳呼更漏。暇則飲醱餔觴，急則它陳甲馬。寇至則扃鍵城郭，受圍則坐食芻粟。内無奇兵，外無相援。四野蒼生，任爲魚肉。以此守邊，殆非良畫。誠宜選任梟雄，列分遠鎮，堅甲精金，匀於給授。寇來勿縱，敵去勿追。仍任偏裨，經絡邊境，相爲肘腋，互張聲勢。數年之間，深務完葺，是則邊民既安，邊用亦足矣。

　元昊寇延州，手詔咨訪輔臣攻守方略，同知樞密院事陳執中既上對，退復奏疏曰：

　元昊乘中國久不用兵，竊發西垂，以游兵困勁卒，甘言悦守臣，一旦連犯亭障，延安幾至不保。此蓋范雍納詭説，失於戒嚴。劉平輕躁，喪其所部。上下紛擾，遠近震駭。自金明李士彬族破，而並邊籬落皆大壞。塞門、金明相距二百里，宜列修三城，城屯兵千人，益募弓箭手。寇大至則退保，小至則出鬬。選閤門祇候以上爲塞主、都監，以諸司使爲盧關一路都巡檢，以兵二千屬之，使爲三砦之援。熟羌居漢地久者，委邊臣拊存之。反覆者，破逐之。至於新附黠羌，如涇原康奴、滅臧、大蟲族，久居内地，常有叛心，不肆剪除，恐終爲患。今軍須之出，民已愁嘆，復欲遍修城池如河北之制，及夏須成，使神運之猶恐不能，民力其堪此乎？陝西地險，非如河北，惟涇州、鎮戎軍勢稍平易，若不責外守而勞内營，非策之上也。宜修並邊城池，其次如延州之鄜、同，環慶之邠、寧，不過五七處，量爲營葺，則科率減、民力蘇矣。今賊勢方張，宜静守以驕其志，蓄鋭以挫其鋒，增土兵以備守禦，省騎卒以減轉饟。然後徐議盪平，改張節度，更須主張，將臣使横議不入，則忠臣盡節而捐軀矣。

歷代名臣奏議卷之三百二十三

本卷王鵬校點

鳴謝

《儒藏》精華編惠蒙善助，共襄斯文；謹列如左，用伸謝忱。

本焕法師　壹佰萬元

智海企業集團董事長　馮建新先生　壹佰萬元

NE·TIGER時裝有限公司董事長　張志峰先生　壹佰萬元

張貞書女士　壹佰萬元

方正控股有限公司、金山軟件有限公司創始人　張旋龍先生　壹佰萬元

北京大學《儒藏》編纂與研究中心

本册審稿人　李曉明
本册責任編委　谷　建

圖書在版編目(CIP)數據

儒藏.精華編.一四六/北京大學《儒藏》編纂與研究中心編.—北京：北京大學出版社，2022.3

ISBN 978-7-301-11864-1

Ⅰ.①儒… Ⅱ.①北… Ⅲ.①儒家 Ⅳ.①B222

中國版本圖書館CIP數據核字（2022）第036346號

書　　名	儒藏（精華編一四六） RUZANG（JINGHUABIAN YISILIU）
著作責任者	北京大學《儒藏》編纂與研究中心　編
責任編輯	王　應
標準書號	ISBN 978-7-301-11864-1
出版發行	北京大學出版社
地　　址	北京市海淀區成府路205號　100871
網　　址	http://www.pup.cn　　新浪微博：@北京大學出版社
電子信箱	dianjiwenhua@126.com
電　　話	郵購部 010-62752015　發行部 010-62750672　編輯部 010-62756449
印 刷 者	北京中科印刷有限公司
經 銷 者	新華書店
	787毫米×1092毫米　16開本　62.75印張　608千字
	2022年3月第1版　2022年3月第1次印刷
定　　價	1200.00元

ISBN 978-7-301-11864-1
9 787301 118641 >
定價：1200.00元